2018年度国家出版基金资助项目

中国生态工业系统与循环经济发展战略研究
（下卷）

主编 王静康

天津出版传媒集团
天津科学技术出版社

图书在版编目(CIP)数据

中国生态工业系统与循环经济发展战略研究 / 王静康主编. -- 天津：天津科学技术出版社, 2018.9
 ISBN 978-7-5576-5786-4

Ⅰ.①中… Ⅱ.①王… Ⅲ.①生态工业-循环经济-经济发展战略-研究-中国 Ⅳ.①F424.1

中国版本图书馆 CIP 数据核字(2018)第 228301 号

中国生态工业系统与循环经济发展战略研究
ZHONGGUO SHENGTAI GONGYE XITONG YU XUNHUAN JINGJI FAZHAN ZHANLÜE YANJIU

策划编辑：	蔡 颢　李启华　孟祥刚
责任编辑：	刘 颖　布亚楠　吴 顿　侯 萍　刘 磊
	张建锋　傅雪莹　王朝闻　韩 瑞
责任印制：	兰 毅
出　　版：	天津出版传媒集团
	天津科学技术出版社
地　　址：	天津市西康路 35 号
邮　　编：	300051
电　　话：	(022) 23332372
网　　址：	www.tjkjcbs.com.cn
发　　行：	新华书店经销
印　　刷：	北京盛通印刷股份有限公司

开本 889×1194　1/16　印张 133　插页 6　字数 3 500 000
2018 年 9 月第 1 版第 1 次印刷
定价：800.00 元(共三卷)

周逍雅　天津大学管理与经济学部
贾启君　天津大学材料学院
晏佳莹　三峡大学材料与化工学院
殷可欣　天津大学管理与经济学部
龚俊波　天津大学化工学院
鲁逸人　天津大学环境学院

中　卷

王　侃　天津商业大学管理学院
刘长根　天津大学机械工程学院
袁希钢　天津大学化工学院
袁德奎　天津大学机械工程学院
聂红涛　天津大学海洋科学与技术学院
陶建华　天津大学机械工程学院

下　卷

王　志　天津大学化工学院
王宇新　天津大学化工学院
王纪孝　天津大学化工学院
王海英　南开大学化学学院
毛国柱　天津大学环境科学与工程学院
白宏涛　南开大学环境科学与工程学院
乔志华　天津工业大学化学与化工学院
李正名　南开大学化学学院
李保安　天津大学化工学院
张　文　天津大学化工学院
赵　颂　天津大学化工学院
贾晓强　天津大学化工学院
黄　俊　天津大学环境科学与工程学院
解利昕　天津大学化工学院

编者名单

主　编

　　王静康　天津大学化工学院

副主编

　　李正名　南开大学化学学院
　　王　志　天津大学化工学院
　　冯亚青　天津大学化工学院
　　陶建华　天津大学机械工程学院
　　袁希钢　天津大学化工学院

编　委（按姓氏笔画排列）

上　卷

　　王国庆　天津大学管理与经济学部
　　王静康　天津大学化工学院
　　冯亚青　天津大学化工学院
　　冯亚凯　天津大学化工学院
　　司省厂　天津大学管理与经济学部
　　刘　翔　天津大学环境学院
　　刘金兰　天津财经大学
　　闫喜龙　天津大学化工学院
　　李祥高　天津大学化工学院
　　张　宝　天津大学化工学院
　　张时佳　天津大学环境学院
　　张诺诺　三峡大学材料与化工学院
　　陈立功　天津大学化工学院
　　陈志坚　天津大学化工学院
　　周　艳　天津大学药学院

王志，天津大学化工学院教授，天津市膜科学与海水淡化技术重点实验室主任。长期研究用于海水淡化及气体分离的膜与膜过程，主持或作为骨干参加国家自然科学基金、国家海洋公益性行业科研专项、国家"863计划"、国家"973计划"、天津市科技支撑计划等重点项目30余项，担任国际期刊《膜科学》编委，在《自然材料》《德国应用化学》《先进材料》等国际知名期刊发表论文170余篇，被引用3000余次。

冯亚青，天津大学化工学院教授、博士生导师。1993年获奥地利维也纳技术大学博士学位，长期从事精细化工领域教学、科研工作。获国家教学成果一等奖2项，教育部高等学校科学研究优秀成果科技进步一等奖1项、二等奖1项。获全国三八红旗手称号、全国女职工建功立业岗位标兵称号、第六届中国十大女杰提名奖、第四届国家教学名师奖。

陶建华，天津大学力学系教授、博士生导师，第八、九、十届全国政协委员。1981—1982年赴荷兰和丹麦留学。在国内最早用数值模拟为60余项国内外重大海岸、海洋工程服务。20世纪90年代后承担了以渤海为背景的重大课题研究，如：国家"863计划"渤海项目、世界银行全球环境基金资助项目"渤海水资源、水环境战略研究"和国家科技支撑计划"天津人工岸线的污染控制"等。1999年任天津大学环境科学与工程研究院院长。2003年获原国家环保总局和香港"地球之友"颁发的"地球奖"，2006年出版专著《水波的数值模拟》。

袁希钢，天津大学教授，天津大学化学工程研究所所长，化学工程联合国家重点实验室天津大学分室主任。1982年毕业于天津大学化工系，获学士学位；1986年和1988年在法国图卢兹国立理工学院(INPT)化学工程学院分别获硕士和博士学位。中国系统工程学会过程系统工程专业委员会副主任委员，英国化学工程师学会会士，欧洲化学工程联合会流体分离委员会委员。在国内外出版学术专著4部。专长：化学工程、化工传质与分离工程、化工过程系统工程。

作者简介

王静康,中国工程院院士,天津市授衔专家,我国化学工业领域著名专家,中国化学工程工业结晶技术的开拓者和奠基人之一,现任国家工业结晶工程技术研究中心名誉主任,国家结晶科学与工程国际联合研究中心主任,国家工业结晶技术研究推广中心主任,天津大学教授、博士生导师。其攻关成果多次被列入国家重大科技成果推广计划。她带领团队连续承担并完成了国家下达的重大科技攻关及科技支撑计划项目,以及省部级攻关和"产学研"合作项目,国家及地方基金资助项目等110项。王静康教授在我国循环经济和绿色化工研究方面有突出的贡献。2015年主持了建设生态城市和绿色工业园区国际研讨会。发表的论文有《可持续发展与现代化工科学》《绿色化学科学与工程及生态工业园区建设进展》《绿色化学化工与和谐社会的发展》等,获国内外相关领域专家高度评价。

李正名,中国工程院院士,南开大学讲席教授、博士生导师,有机化学与农药化学家。1953年获美国欧斯金大学学士学位,1956年获南开大学化学系硕士学位。曾任南开大学元素有机化学研究所所长、国家重点实验室主任、化学学院副院长、农药国家工程研究中心主任、国家自然科学基金委化学部有机化学组组长、教育部长江学者化学化工评审组组长、中国工程院化工冶金材料学部常委、天津市科学技术协会副主席等职。长期从事有机合成,农药化学、生物活性分子设计及构效规律研究。承担国家"六五"到"十三五"期间国家科技攻关、国家"863计划"、国家"973计划"、国家自然科学重点基金等项目,获得良好成绩,均通过国家验收。曾获全国科技大会奖、国家自然科学二等奖、国家科技进步一等奖、国家技术发明二等奖、化工部科技进步一等奖等20项国家与部级奖项。还获中国农药工业协会杰出成就奖、建国60周年中国农药工业突出贡献奖、日本农药学会外国科学家奖、国家有突出贡献中青年专家、天津市劳动模范等23项个人奖项。

序

生态工业系统是推进传统产业生态转型和结构重组的重要方法，它的完善和发展对帮助我国推进绿色发展、建立健全绿色低碳循环发展的经济体系有重要的促进作用，对我国把握新一轮科技革命和产业变革的机遇，走好新时代新型工业化道路具有十分重要的意义。

作为新中国工业结晶技术的奠基人之一，天津大学王静康院士一直非常关注国家生态工业系统与循环经济发展战略研究，希望通过科学、创新的研究方法，设计出符合中国国情的生态工业系统，进而更好地推进生态文明建设。为此，王静康院士与李正名院士、冯亚青教授、袁希钢教授、王志教授、陶建华教授共同努力，完成了《中国生态工业系统与循环经济发展战略研究》这本著作，并获得了2018年度国家出版基金的支持。著作按照国家"十三五"规划中对工业结构升级与布局优化研究的要求，进一步明确了生态工业系统和循环经济的概念，明晰了现代生态工业园的规划设计方法，聚焦海岸带生态工业系统和沿海城市循环经济发展并开展了相关研究，值得高校师生、科技工作者和产学研合作团队等学习参考。

这本著作凝聚了多位科学家的智慧和心血，希望广大读者在汲取科学知识的同时，学习他们勇立潮头、引领创新的科学精神并发扬光大，为建设富强民主文明和谐美丽的社会主义现代化强国贡献力量。

是为序。

钟登华

天津大学校长

前　言

国家"十三五"规划指出,绿色是永续发展的必要条件和人民对美好生活追求的重要体现。必须坚持节约资源和保护环境的基本国策,坚持可持续发展。而生态工业系统的建立是绿色发展的重要标志,生态工业园则是实现生态工业体系的重要途径,也是我国可持续发展的必经之路。同时,发展生态工业园是"一带一路"建设的重要组成部分。环境保护部、外交部、国家发展改革委和商务部联合发布了《关于推进绿色"一带一路"建设的指导意见》,意见提出,鼓励环保企业开拓沿线国家市场,引导优势环保产业集群式"走出去",借鉴我国的国家生态工业示范园区建设标准,探索与沿线国家共建生态环保园区的创新合作模式。生态工业园区"走出去"有利于促进中国与"一带一路"沿线国家之间的政策沟通、设施联通、贸易畅通、资金融通、民心相通,是建设"一带一路"、构建人类命运共同体的重要路径。

生态工业园区以生态工业理论为指导,着力于园区内生态链和生态网的建设,最大限度地提高资源利用率,遵循的是"回收—再利用—设计—生产"的循环经济模式。它仿照自然生态系统物质循环方式,使上游生产过程中产生的废物成为下游生产的原料,达到相互间资源的最优化配置。

我国从1999年开始积极推进绿色低碳发展,全力进行生态工业园区的建设。在中央和各级政府的大力支持下,截至2017年,我国通过验收批准的生态工业园为48家,正在建设的达到了45家。这些生态工业园区中的企业通过各系统之间中间产品、产品和废物的相互交换,使园区内的资源得到最佳配置、废物得到有效利用、环境污染降低到较低水平,改善了生态环境。实践证明,生态工业园区在推进绿色发展、循环发展、低碳发展中取得了明显成效,是未来我国工业发展的必经之路。《中国生态工业系统与循环经济发展战略研究》一书正是在这样的背景下应运而生的,一经提出就得到了广大同道、专家们的大力支持与协助,特别荣幸的是,本书邀请到中国工程院院士,天津大学党委副书记、校长钟登华教授为本书作序。

本书分为上、中、下三卷,分别对生态工业系统的基本概念,生态工业园的规划、建设、设计,中国典型海岸带生态工业系统发展现状、现状评估和压力分析,海岸带工业园区对海洋生态环境的影响,海岸带流域的污染控制、水质改善方法和策略,以及我国工业循环经济发展的总体思路与政策措施，规划环境影响评价等进行了详细深入的阐述。全书由浅入深，包罗万象，其内容既可供生态工业系统的建设者深入学习，又可供生态环境领域学者了解工业园周边环境特别是海岸带生态环境现状，以及控制污染和保护生态环境的方法策略。本书内容充实，涵盖领域广泛，对国内外研究、实践中的经典案例和成果进行了详尽的阐述与点评，为读者进一步学习和研究提供了良好的指引，相信能对每位生态工业和循环经济相关领域的研究者和实践者提供全方位的指导与帮助。

在本书的筹备和编写过程中，我们获得了大量来自各领域专家的建议和指导，正是他们的无私帮助，保证了本书的顺利完成，我向他们表示由衷的感谢。同时，感谢各位副主编、编委的辛勤工作，感谢天津科学技术出版社编辑们的不懈努力，并由衷地感谢为本书出版付出辛勤劳动的每一位参与者！

本书涉及的知识领域广泛，专业性强，为本书的编写工作增加了难度。虽然编者始终谨慎落笔，仔细求证，但由于水平有限，书中难免存在疏漏和错误，望广大读者予以批评和指正。

2018 年 8 月

目 录

上 卷

第一篇 生态工业系统 1

第一章 生态工业系统的基本概念 3
第一节 工业生态学原理 3
第二节 生态工业系统的特点、分类 6
第三节 生态工业系统的标志及评价指标 7
第四节 生态工业系统的发展状况 10
第五节 生态工业系统建设 13

第二章 国外生态工业园研究 16
第一节 概述 16
第二节 美国生态工业园 23
第三节 加拿大生态工业园 28
第四节 丹麦生态工业园 30
第五节 日本生态工业园 32
第六节 其他国家的生态工业园 38
第七节 结论 45

第三章 国内生态工业示范园区 48
第一节 概述 48
第二节 国家生态工业示范园区的规划 52
第三节 国家生态工业示范园区管理办法 55
第四节 部分生态工业示范园区的进展 64

参考文献 73

第二篇 地理、资源环境与生态工业系统 77

第一章 地理环境与生态工业系统 79
第一节 地理环境对生态工业系统的要求 79
第二节 水环境与生态工业系统 143

第三节　土地环境与生态工业系统 ·· 162
　　　第四节　大气环境与生态工业系统 ·· 187
　　　第五节　社会环境与生态工业系统 ·· 224
　第二章　资源环境与生态工业系统 ·· 243
　　　第一节　资源环境对生态工业系统的要求 ··· 243
　　　第二节　石油资源与生态工业系统 ·· 251
　　　第三节　海洋资源与生态工业系统 ·· 262
　　　第四节　矿产资源与生态工业系统 ·· 268
　　　第五节　再生资源与生态工业系统 ·· 278
　第三章　中国资源环境与生态工业系统的案例 ·· 294
　　　第一节　华东资源环境与生态工业系统的案例 ··· 297
　　　第二节　华南资源环境与生态工业系统的案例 ··· 306
　　　第三节　华北资源环境与生态工业系统的案例 ··· 329
　　　第四节　西北资源环境与生态工业系统的案例 ··· 354
　第四章　天津滨海新区资源环境与生态工业系统 ·· 366
　　　第一节　南港工业区 ·· 367
　　　第二节　空港经济区 ·· 375
　　　第三节　临港经济区 ·· 383
　　　第四节　化工生态园区 ·· 392
　　　第五节　其他生态工业园区 ·· 399
　参考文献 ·· 407

第三篇　生态工业系统中的企业 ·· 415
　第一章　概述 ·· 417
　　　第一节　生态工业系统在国家发展战略中的定位 ··· 417
　　　第二节　企业在生态工业系统中的要求 ·· 427
　　　第三节　生态工业系统中企业的定位与作用 ·· 433
　　　第四节　我国生态工业系统中的企业现状 ·· 436
　第二章　生态工业系统中的企业分类 ·· 447
　　　第一节　生态工业系统中的各类型企业简介 ·· 447
　　　第二节　产业链中企业之间的关系分析 ·· 448
　第三章　国外生态工业系统与化工企业 ·· 451
　　　第一节　美国化工生态园区 ·· 451
　　　第二节　日本化工生态园区 ·· 454
　　　第三节　欧盟化工生态园区 ·· 456
　第四章　中国生态工业系统与化工企业 ·· 459
　　　第一节　万州盐气化工园区 ·· 461

	第二节 江苏化工园区	461
	第三节 南阳化工园区	463
	第四节 天津南港工业区	464
	第五节 贵港国家生态产业园区	465
	第六节 鲁北化工生态产业园区	466
参考文献		467

第四篇 生态工业园建设与设计 471

第一章 生态工业园规划 473
- 第一节 概述 473
- 第二节 生态工业园区建设必要性分析 474
- 第三节 生态工业园区建设总体设计 474
- 第四节 园区主导行业生态工业发展规划 476
- 第五节 资源循环利用和污染控制规划 477
- 第六节 重点支撑项目及其投资与效益分析 479
- 第七节 生态工业园区建设保障措施 480

第二章 生态工业园建设评价 483
- 第一节 经济指标 483
- 第二节 生态环境指标 485
- 第三节 生态网络指标 487
- 第四节 管理指标 488
- 第五节 环境保护指标 490
- 第六节 信息公开指标 494

第三章 生态工业园建设展望 495
- 第一节 欧盟生态工业园区发展趋势 497
- 第二节 日本生态工业园区建设现状及展望 501
- 第三节 美国生态工业园区建设现状及展望 505
- 第四节 韩国生态工业园区建设现状及展望 509
- 第五节 中国生态工业园区的发展趋势及展望 513

参考文献 515

第五篇 绿色化学科学与工程类生态工业园区规划系统工程 517

第一章 概述 519
第二章 绿色化学科学与工程进程 531
第三章 绿色化学科学与工程类生态工业园区发展动态 543

第四章　国内绿色化学科学与工程类生态工业园区建设进展 585
第五章　结论 613
参考文献 614

附录 615

附录一　中华人民共和国国民经济和社会发展第十三个五年规划纲要 617
附录二　京津冀协同发展规划纲要 678
附录三　国家创新驱动发展战略纲要 683
附录四　中华人民共和国安全生产法 692
附录五　关于加快推进生态文明建设的意见 715
附录六　中华人民共和国大气污染防治法 724
附录七　生态环境监测网络建设方案 737
附录八　河北雄安新区规划纲要 740
附录九　中华人民共和国清洁生产促进法 756

中　卷

第六篇　中国典型海岸带的生态工业系统 761

第一章　概述 763
第一节　海岸带的定义和特征 763
第二节　海岸带的重要性 765

第二章　国内外海岸带流域治理与海洋环境保护研究进展 767
第一节　国外海岸带管理和保护研究进展 767
第二节　国内海岸带管理和保护研究进展 769

第三章　海岸带开发对海洋生态环境的影响 771
第一节　人类对海岸带的开发利用 771
第二节　人类活动对海岸带环境的影响 772

第四章　我国海岸带开发现状 775
第一节　我国海岸带资源开发 775
第二节　我国海岸带资源开发面临的问题 776

第五章　渤海海岸带生态工业系统建设的必要性 781
第一节　渤海海岸带生态工业系统建设的重要意义 781
第二节　人类活动对渤海的影响 782

参考文献 ··· 784

第七篇　渤海湾天津海岸带生态环境现状评估和压力分析 ········· 787

第一章　环渤海区域自然环境和社会经济概况 ································· 789
第一节　自然环境概况 ··· 789
第二节　社会经济概况 ··· 790
第三节　自然资源概况及其开发利用 ··· 797
第四节　人类活动对渤海湾的环境压力 ··· 799

第二章　海域非污染损害变化趋势分析及评价 ································· 801
第一节　非污染损害影响因子变化趋势分析 ··· 801
第二节　非污染损害导致的生境及生态变化分析 ··· 810
第三节　小结 ··· 816

第三章　海域污染损害变化趋势分析及评价 ····································· 817

第四章　天津近岸海域污染时空特征总体分析 ································· 836
第一节　调查区域与数据 ··· 836
第二节　天津近岸海域污染状况评价 ··· 836
第三节　天津近岸海域水环境时间变化特征 ··· 839
第四节　天津近岸海域水环境空间分布特征 ··· 842
第五节　小结 ··· 844

第五章　天津近岸海域生态环境评价 ··· 845
第一节　海岸带生态环境指标体系选择 ··· 845
第二节　海岸带生态环境评估技术方法 ··· 848
第三节　海岸带生态环境评价结果 ··· 854

参考文献 ··· 868

第八篇　渤海湾天津海岸带社会经济环境协调状况分析 ········· 869

第一章　海岸带综合管理模型研究进展 ··· 871
第一节　海岸带管理模型研究进展 ··· 871
第二节　海岸带管理模型分类 ··· 872

第二章　典型海岸带环境—生态—经济系统模型 ····························· 875
第一节　概述 ··· 875
第二节　污染负荷模型 ··· 876
第三节　水动力学模型 ··· 883
第四节　水质响应模型 ··· 889
第五节　经济计量模型 ··· 894
第六节　资源利用模型 ··· 896

第七节　海岸带生态功能模型 ... 899
第八节　生境修复效益模型 ... 904

第三章　天津城区子系统生态健康评价 ... 906
第一节　生态系统健康评价方法研究 ... 906
第二节　天津城市生态系统指标体系 ... 911
第三节　天津城区子系统健康综合分析 ... 913
第四节　结论与讨论 ... 918

第四章　天津近岸海域子系统生态健康评价 ... 919
第一节　天津近岸海域环境质量状况 ... 919
第二节　天津近岸海域子系统指标体系构建 ... 920
第三节　数据来源 ... 922
第四节　结果与分析 ... 923
第五节　结论与讨论 ... 929

第五章　天津区域生态系统健康协同发展研究 ... 930
第一节　模型介绍 ... 930
第二节　天津区域生态系统健康协同发展评价 ... 932

参考文献 ... 934

第九篇　渤海湾天津人工岸线的污染控制、水质改善方法和策略 ... 937

第一章　渤海湾典型海岸带污染现状调查和控制规划分析 ... 939
第二章　天津近海水交换特性及其对污染物分布的影响 ... 944
第三章　天津近海排污总量控制优化 ... 948
参考文献 ... 981

第十篇　国外典型海域的生态环境保护研究前沿和管理 ... 983

第一章　美国切萨皮克湾环境保护与公众参与 ... 985
第一节　切萨皮克湾简介 ... 985
第二节　切萨皮克湾的四大污染问题 ... 986
第三节　切萨皮克湾水域环境与生态保护的基本做法 ... 989
第四节　美国海洋保护区项目 ... 991
第五节　美国建立海洋保护区的依据 ... 992
第六节　美国海洋保护区的管理和国际交流 ... 994
第七节　结论和建议 ... 994

第二章　日本濑户内海环境污染和修复 ... 997
第三章　欧洲北海环境污染、治理和管理 ... 1004

        第一节　北海环境概况 1004
        第二节　《应对北海油污合作协议》 1005
        第三节　《防止倾倒废物和其他物质污染海洋公约》 1006
        第四节　《防止陆源物质污染海洋公约》 1007
        第五节　《保护东北大西洋海洋环境公约》 1008
        第六节　欧盟《海洋战略框架指令》 1008
        第七节　欧盟《水框架指令》 1012
    第四章　欧洲芬兰湾海洋环境保护与管理 1015
        第一节　芬兰湾海洋环境特征 1015
        第二节　芬兰湾海洋环境保护面临的主要挑战 1015
        第三节　芬兰湾的海洋环境保护和管理措施 1017
    参考文献 1020

第十一篇　我国近岸海洋生态环境保护研究前沿与管理对生态工业系统的影响 1023

    第一章　概述 1025
        第一节　国际海洋环境保护立法概述 1025
        第二节　国际海洋环境保护立法发展 1026
    第二章　国际海洋环境保护对我国海洋环境法规的影响 1029
        第一节　我国海洋环境保护法律体系 1029
        第二节　国际公约对我国《海洋环境保护法》的影响 1030
    第三章　发达国家的海水标准和基准体系 1033
        第一节　海水水质标准和海水水质基准的概念 1033
        第二节　日本海洋环境质量标准体系 1033
        第三节　美国海水水质基准及标准体系 1035
    第四章　我国现行海水水质标准存在的问题 1036
        第一节　我国海水水质标准存在的问题 1036
        第二节　国外经验启示和对策分析 1038
    第五章　渤海典型海岸带生态工业系统的建设路径 1041
        第一节　渤海海岸带的产业规划布局与循环经济发展 1041
        第二节　管理体制与法律法规建设 1042
        第三节　监测体系与基础研究 1043
        第四节　试点与示范 1044
    参考文献 1045

第十二篇　现代物流与综合运输基础在生态工业系统中的作用与现状 1047

第一章 概述 ... 1049
第一节 引言 ... 1049
第二节 现代物流的演化过程 ... 1051
第三节 现代物流的主要内容 ... 1057

第二章 现代物流技术 ... 1065
第一节 流动技术 ... 1065
第二节 节点技术 ... 1077
第三节 辅助技术 ... 1089

第三章 现代物流经济 ... 1105
第一节 经济分析 ... 1105
第二节 产业政策 ... 1121

第四章 现代物流系统 ... 1127
第一节 物流系统分析 ... 1127
第二节 物流应用系统 ... 1134

第五章 现代物流管理 ... 1167
第一节 现代采购管理 ... 1167
第二节 仓储配送管理 ... 1188
第三节 供应链管理 ... 1210

第六章 综合运输基础 ... 1231
第一节 运输基础与运载概述 ... 1231
第二节 合理运载与综合运输 ... 1245
第三节 运载工具的技术性能 ... 1256
第四节 运载方式的分析 ... 1285
第五节 货物运输组织与管理 ... 1298

参考文献 ... 1315

附录 ... 1317
附录一 中华人民共和国海洋环境保护法 ... 1319
附录二 海水水质标准 ... 1329

下 卷

第十三篇 循环经济总论 ... 1335
第一章 循环经济定义 ... 1337
第一节 循环经济产生与发展的背景 ... 1337
第二节 循环经济的内涵 ... 1343
第三节 循环经济的理论框架和基本原理 ... 1346

第四节　循环经济相关理论 ... 1356

第二章　循环经济发展模式 ... 1371
第一节　企业内部的循环经济模式 ... 1371
第二节　工业园区模式 ... 1376
第三节　循环型社会模式 ... 1391

第三章　循环经济与工业生态 ... 1407
第一节　工业生态的内涵与特点 ... 1407
第二节　工业生态系统分析技术 ... 1409
第三节　循环经济理论与工业生态技术研究 ... 1416

参考文献 ... 1423

第十四篇　世界典型国家循环经济发展状况 ... 1425

第一章　北美洲循环经济发展状况 ... 1427
第一节　美国循环经济发展状况 ... 1427
第二节　加拿大循环经济发展状况 ... 1433
第三节　墨西哥循环经济发展状况 ... 1442

第二章　亚洲循环经济发展状况 ... 1446
第一节　日本循环经济发展状况 ... 1446
第二节　以色列循环经济发展状况 ... 1453
第三节　中国循环经济发展状况 ... 1457
第四节　新加坡循环经济发展状况 ... 1466

第三章　欧洲循环经济发展状况 ... 1470
第一节　俄罗斯循环经济发展状况 ... 1470
第二节　德国循环经济发展状况 ... 1479
第三节　法国循环经济发展状况 ... 1497

第四章　大洋洲循环经济发展状况 ... 1500
第一节　澳大利亚循环经济发展状况 ... 1500
第二节　新西兰循环经济发展状况 ... 1508

参考文献 ... 1511

第十五篇　世界典型沿海城市循环经济发展状况 ... 1515

第一章　大西洋沿岸城市循环经济发展状况 ... 1517
第一节　纽约循环经济发展状况 ... 1517
第二节　鹿特丹循环经济发展状况 ... 1530
第三节　巴黎循环经济发展状况 ... 1543

第二章　印度洋沿岸城市循环经济发展状况 ····· 1558
第一节　德班循环经济发展状况 ····· 1558
第二节　孟买循环经济发展状况 ····· 1570
第三节　吉布提循环经济发展状况 ····· 1582
第四节　珀斯循环经济发展状况 ····· 1590
第五节　科伦坡循环经济发展状况 ····· 1603

第三章　太平洋沿岸城市循环经济发展状况 ····· 1611
第一节　休斯敦循环经济发展状况 ····· 1611
第二节　洛杉矶循环经济发展状况 ····· 1622
第三节　东京循环经济发展状况 ····· 1634

参考文献 ····· 1649

第十六篇　中国循环经济发展状况 ····· 1653

第一章　东部城市循环经济发展状况 ····· 1655
第一节　大连市循环经济发展状况 ····· 1655
第二节　日照市循环经济发展状况 ····· 1661
第三节　上海市循环经济发展状况 ····· 1668
第四节　苏州市循环经济发展状况 ····· 1677
第五节　舟山市循环经济发展状况 ····· 1685
第六节　天津市循环经济发展状况 ····· 1692

第二章　中部城市循环经济发展状况 ····· 1700
第一节　武汉市循环经济发展状况 ····· 1700
第二节　长沙市循环经济发展状况 ····· 1710
第三节　界首市循环经济发展状况 ····· 1717
第四节　娄底市循环经济发展状况 ····· 1729

第三章　西部城市循环经济发展状况 ····· 1741
第一节　成都市循环经济发展状况 ····· 1741
第二节　贵阳市循环经济发展状况 ····· 1748
第三节　青海柴达木地区循环经济发展状况 ····· 1755

参考文献 ····· 1765

第十七篇　中国工业循环经济发展的总体思路与政策措施 ····· 1767

第一章　发展循环经济的总体思路 ····· 1769
第一节　发展循环经济的指导思想、主要原则和近期目标 ····· 1769
第二节　发展循环经济的基本途径和重点 ····· 1771
第三节　发展循环经济的主要措施 ····· 1772

第二章 工业循环经济发展机构 ········ 1777
第一节 政策法规 ········ 1777
第二节 发展协会 ········ 1788
第三节 研究机构 ········ 1793

第三章 工业循环经济发展专项领域 ········ 1795
第一节 产业循环经济发展 ········ 1795
第二节 园区循环化发展 ········ 1805
第三节 资源再生利用发展 ········ 1808
第四节 再制造产业发展 ········ 1812

第四章 雄安新区循环经济发展研究 ········ 1822

参考文献 ········ 1827

第十八篇 规划环境的影响与评价 ········ 1829

第一章 规划环境影响评价概述 ········ 1831
第一节 规划环境影响评价 ········ 1831
第二节 规划环境影响评价工作程序 ········ 1834

第二章 中国规划环境影响评价实践 ········ 1835
第一节 规划环境影响评价法律规章 ········ 1835
第二节 规划环境影响评价理论研究进展 ········ 1841
第三节 规划环境影响评价实践进展 ········ 1844

第三章 规划环境影响评价技术方法研究 ········ 1851
第一节 规划环境影响评价技术方法研究应用现状 ········ 1851
第二节 规划环境影响评价的具体方法及应用 ········ 1853
第三节 专项规划环境影响评价方法应用 ········ 1869

第四章 规划环境影响评价主要技术方法的应用 ········ 1886
第一节 指标体系分析方法在规划环境影响评价中的应用 ········ 1886
第二节 情景分析法在城市发展规划能源评价中的应用 ········ 1915
第三节 系统动力学在水资源承载力研究中的应用 ········ 1922
第四节 第二代法规空气质量模型在规划环境影响评价中的应用 ········ 1934
第五节 噪声地图法在规划环境影响评价中的应用 ········ 1944
第六节 生态学评价方法在规划环境影响评价中的应用 ········ 1950
第七节 循环经济分析方法在规划环境影响评价中的应用 ········ 1962
第八节 费用效益分析方法在规划环境影响评价中的应用 ········ 1970
第九节 低碳分析方法在规划环境影响评价中的应用 ········ 1977

第五章 规划环境影响评价技术方法应用案例——以天津滨海新区规划环境影响评价为例 ········ 1988

第一节　评价技术路线 …………………………………………………… 1988
　　第二节　评价内容和思路 …………………………………………………… 1990
　　第三节　主要评价方法应用 ………………………………………………… 1992
第六章　规划环境影响评价有效性研究 ………………………………………… 2008
　　第一节　规划环境影响评价有效性内涵 …………………………………… 2008
　　第二节　规划环境影响评价有效性研究 …………………………………… 2008
　　第三节　规划环境影响评价有效性评估标准 ……………………………… 2010
　　第四节　规划环境影响评价有效性评估方法与框架 ……………………… 2011
　　第五节　规划环境影响评价有效性案例分析 ……………………………… 2013
　　第六节　结论 ………………………………………………………………… 2019
第七章　中国规划环境影响评价的问题与展望 ………………………………… 2020
　　第一节　规划环境影响评价开展中的主要问题 …………………………… 2020
　　第二节　规划环境影响评价发展方向 ……………………………………… 2022
第八章　工业生态系统监督保障——以天津滨海新区为例 …………………… 2025
　　第一节　工业生态系统监督保障概述 ……………………………………… 2025
　　第二节　国内外先进工业园区经验 ………………………………………… 2031
　　第三节　滨海新区工业生态系统发展分析 ………………………………… 2037
　　第四节　滨海新区工业生态系统监督保障建议 …………………………… 2044
参考文献 …………………………………………………………………………… 2051

附录 ……………………………………………………………………………… 2057
　　附录一　中华人民共和国环境影响评价法 ………………………………… 2059
　　附录二　中华人民共和国环境噪声污染防治法 …………………………… 2064
　　索引 …………………………………………………………………………… 2069

第十三篇

循环经济总论

第一章 循环经济定义

第一节 循环经济产生与发展的背景

一、循环经济的产生背景

(一)经济发展阶段与循环经济

人类发展的历史是不断调节人类与自然关系的历史。人类以自己的聪明才智不断深化对自然界和人类本身规律的认识,并依据这种认识开展改造自然的活动,创造了巨大的生产力,推动了社会的发展。与此相联系,人类历史也经历了一次次社会文明的转型。从经济的发展史来看,可以把经济发展分为四个阶段。

1. 原始经济阶段

大约始于5万年前。在这个阶段,人类改造自然的能力比较低,基本上是被迫地接受自然。人类的生命安全得不到保证,主要是依靠较低的生产力和简单的生产工具进行狩猎、捕鱼等改造自然的活动,对自然的影响力也是十分有限的,因此人口数量在这一阶段的增长也是极其缓慢的。

2. 农业经济阶段

大约始于公元前4000年,是以农牧业为主的开垦荒地、种植谷物的时期。随着原始农业和畜牧业的产生,人类开始进入农业文明时代。在这一经济阶段,人类改造自然的能力得到了一定提高,对自然规律的认识有所增加,人类寿命延长,人口增长率提高,社会组织水平复杂程度增加。由于自然经济的无序增长,人类肆意砍伐森林,过度放牧,无休止地开垦耕地等,在农业经济阶段已显现出了自然对人类的无情报复。如诞生于尼罗河流域的古埃及文明、发源于美索不达米亚平原的巴比伦文明、我国的楼兰古国的繁荣与消亡,不仅证明了农业革命使自然经济发生了质的飞跃,也让人们领教了大自然的威力。

3. 工业经济阶段

18世纪60年代,英国发明了纺织机和蒸汽机,人类由此进入了以线性经济为主的工业文明时代。由机器大生产代替了自然经济的手工劳动,使得劳动效率空前提高,产品也极大丰富,社会经济以空前的规模和速度发展,而自然生态相对稳定的循环链条被一次次强烈地打破,由此造成的对生态平衡的破坏也日益严重。人们在享受生产力大幅度增长、生活水平快速提高的同时,却忽视了生态灾难的隐患。环境污染、自然资源匮乏和生态破坏问题,造成了地球上物种的快速消失、石油危机、20世纪的"八大公害"等一系列的问题,引起了人类的极大关注,人们开始反思自己的行为,污染治理也引起人类的重视。但是,此时政府和企业进行污染治理只是迫于社会和舆论的压力,大多仅考虑污染物的最为经济和安全的排放、处置出路,还没有考虑资源再利用等循环经济的方式。此时的经济发展模式采用的是"先污染、后治理"的方法,即"末端治理"。然而"末端治理"在花费了惊人的巨资后,并未从根本上解决环境污染、生态破坏的问题,人类对自然的掠夺仍然在加速进行。无疑,"末端治理"式的线性经济使工业文明陷入窘迫的境地。

4.循环经济阶段

循环经济阶段以资源循环利用为导向改造传统产业,由此涌现出一批如电子、信息和环保等不以资源消耗线性增加为其发展前提的新兴产业。在这个阶段,人们开始采用资源化的方式处理废弃物。可持续发展的理念被提到各国经济发展的日程上来,源头预防和全过程治理替代了末端治理成为国家环境与发展政策的主流。人们在不断探索和总结的基础上,提出了以资源综合利用最大化和污染排放最小化为主线,逐渐将清洁生产、资源综合利用、生态设计和可持续发展等融为一套系统的循环经济战略。

(二) 环境、资源问题为人类敲响警钟

过去若干年,经济发展显示出了极大的进步,人们的物质生活水平也不断提高,但伴随而来的生态、资源和环境等问题也不得不引起人类的高度重视。

1.生物多样性的减少

地球上动物、植物和微生物彼此之间相互作用以及与其所生存的自然环境间的相互作用,形成了地球丰富的生物多样性。这种多样性是生命支持最重要的组成部分,维持着自然生态系统的平衡,是人类生存和实现可持续发展必不可少的基础。生物资源提供了地球生命的基础,包括人类生存的基础。这些资源的社会、伦理、文化和经济价值,从有记载的历史的最早时期起,就已经在宗教、艺术和文学方面得到认识。可以说没有丰富的生物资源就不存在人类的任何发展。

在地球上 1 000 万~3 000 万的物种中,只有 140 万已经被命名或被简单地描述过。对多数生物类群来说,物种的丰富程度从极地到赤道呈增加趋势。密闭的热带森林几乎包含了世界上一半以上的物种,这儿充满着各种生命:林木、灌木、攀缘植物、藤本植物;附生植物、寄生植物;地衣、苔藓、水藻、真菌等。但是,目前地球上的生物多样性正以非常快的速度在减少,如果生物多样性继续以这样的速度衰减,50%的物种就将消失。生物的衰减几乎源于其栖息地的丧失,而栖息地的丧失又缘于人类活动不断扩大,或者是由于人口的增长,或者是由于人类开发环境和利用自然资源技术能力的增强。这在热带雨林中是最明显的,这些森林占地球陆地表面积的60%,却含有地球上所有物种的一半。但是它们正以比其他大型生物群落更快的速度毁灭。

除了人口压力之外,技术类型、能量供应、经济体制、贸易关系、政治信念、政策策略以及一系列能缩小或增大人口增长的其他因素也是生物多样性丧失的重要原因。据保守估计,每年大约有 500 种物种不可避免地灭绝,这大约比人类出现之前增长了 1 000 倍。这对于地球生态系统来说是相当严重的问题。由于生物链的作用,地球上每消失一种植物,往往有 30 种依附于这种植物的动物和微生物也随之消失。每一个物种的丧失都减少了自然和人类适应变化的选择余地。生物多样性的减少,必将恶化人类生存环境,限制人类生存发展机会的选择,甚至严重威胁人类的生存与发展。

2.能源的匮乏

随着世界经济规模的不断增大,世界能源消费量持续增长。1990 年全球国内生产总值为 26.5 万亿美元(按 1995 年不变价格计算),2000 年达到 34.3 万亿美元,年均增长 2.7%。根据《BP世界能源统计年鉴(2004 年版)》,1973 年世界一次能源消费量仅为 57.3 亿 t 油当量,2003 年已达到 97.4 亿 t 油当量。过去 30 年来,世界能源消费量年均增长率为 1.8%左右。根据美国能源信息署(EIA)预测结果,随着世界经济、社会的发展,未来世界能源需求量将继续增加。预计 2020 年达到 128.89 亿 t 油当量,2025 年达到 136.5 亿 t 油当量,年均增长率为 1.2%。亚洲、中东、中南美洲等地区将保持增长态势。

化石燃料能源仍然是当今世界经济发展的基础,没有化石燃料的支撑,世界经济的增长将

不可避免地受阻。但是这些化石燃料能源的产生和形成是不可再生的,其在整个地球上的储藏量是固定的,如果按照目前的发展和开采速度,终究会被消耗殆尽。到那时人类的经济系统不可避免地就要面临崩溃。如果不能很好地解决能源问题,人类的发展只能是暂时的,而不能是可持续的。如何建立新型的能源消耗模式,最大限度地延长能源使用年限,循环利用资源,就是循环经济应该探索的问题。

3.环境污染

科技的发展的确改善了人类的生活环境,提高了人类的生活水平,但科技的发展也给我们赖以生存的地球带来了致命的破坏。环境污染已成为一个全球性问题,如果这一问题得不到妥善解决,人类就将面临毁灭的危险。如今人类面临各式各样的污染,其中最严重的有水源污染、空气污染、噪声污染,这些污染源严重影响到了人们的日常生活。

水是生命的来源,而人类赖以生存的这一小部分水,日益受到污染。目前世界上约有12亿人享受不到卫生、清洁的饮用水。预计到2025年,失去卫生饮用水的人数将增加到23亿。在20世纪的30年代到60年代,震惊世界的环境污染事件频繁发生,使众多人群非正常患病甚至死亡的公害事件不断出现,其中最严重的有8起,人们称之为"八大公害"。其中比利时马斯河谷烟雾事件、美国洛杉矶烟雾事件、美国多诺拉事件、英国伦敦烟雾事件、日本四日市哮喘病事件等5件均是由空气污染所引起的。空气污染问题已经开始严重地影响着人类的生存空间。噪声污染目前也成为威胁人类健康的一大杀手。世界卫生组织发表的一份调查报告中说,美国及发达国家的噪声污染问题越来越严重,在美国,生活在85 dB以上噪声污染环境中的居民人数20年来上升了数倍;在欧盟国家,约40%的居民几乎全天受到交通运输噪声污染的干扰,这些居民相当于每天生活在55 dB的噪声环境中,其中20%的人受到的交通噪声污染超过65 dB。此外,在发展中国家的一些城市,噪声污染问题也已相当严重,有些地区全天24 h的噪声达到75~80 dB。世界卫生组织称,噪声污染不但能够影响人的听力,而且能够导致高血压、心脏病、记忆力衰退、注意力不集中及其他精神疾病综合征。

二、循环经济的发展

(一) 循环经济的兴起

循环经济是随着可持续发展的不断发展而逐渐兴起的。随着传统工业化发展模式的弊端日益显露,人们逐渐意识到传统发展模式的不可持续性,并开始寻求新的发展模式,于是"可持续发展"的思想逐渐产生并日益完善,而且已经成为当今世界发展的主题。循环经济就是人们不断探索如何实现可持续发展的产物。单纯依靠污染的末端治理来解决经济发展与环境之间的矛盾已经不能满足人类发展的需求,要从根本上解决发展与环境之间的矛盾,必须从源头、从生产的全过程控制,于是产生了"循环经济"的思想。循环经济运用生态学规律重构人类社会经济活动,以可持续发展思想为指导,是实现可持续发展的最新模式和重要途径。

(二) 循环经济的发展阶段

循环经济作为人类探索可持续发展道路的必然产物,是目前国际上可持续发展战略的一种新型的发展模式。它的发展大致上经历了以下两个阶段。

1.萌芽阶段

循环经济的思想萌芽可以追溯到环境保护兴起的20世纪60年代。其中,美国经济学家鲍尔丁提出的"宇宙飞船理论"可以作为循环经济的早期代表,他受当时发射的宇宙飞船的启发来分析地球经济的发展。他认为,地球就像在太空中飞行的宇宙飞船,要靠不断消耗和再生自身有限的资源而生存,如果不合理开发资源,破坏环境,就会走向毁灭。只有实现对资源的循环利用,人类才能得以长存。随着环境问题在全球范围内日益突出,人类赖以生存的各种资源从稀缺走向枯竭,这就要求抛弃原有的单向的经济发展模式,代之以循环型的经济发展模式,即应该改变传统的"资源—产品—废物"单向流动的线性经济,转变为"资源—产品—再生资源"的闭路循环型流程,使物质和能源在这种经济环境中得到充分、合理、持久的利用,从而把经济活动对自然环境的影响降低到尽可能小的程度。

2.认识及实践阶段

在20世纪70年代,人们已经认识到了环境污染的危害性,但世界各国开展的环境整治活动仍然是把污染物产生后如何治理以减少其危害作为重点,即采用"先污染,后治理"这种传统环境保护的末端治理方式。到了20世纪80年代,人们认识到末端治理的局限性,开始对废弃物进行资源化处理加以利用,思想上和政策上都有所升华。人们的认识经历了从"排放废物"到"净化废物"再到"利用废物"的过程。但对于污染物的产生是否合理这个根本性问题,是否应该从生产和消费源头上防止污染产生,大多数国家仍然缺少思想上的认识和政策上的举措。总的说来,20世纪七八十年代环境保护运动主要关注的是经济活动造成的生态后果,而问题产生的根源即经济运行机制本身始终没有引起人们的注意。

到了20世纪90年代,特别是随着人类对生态环境保护及可持续发展的理论和认识的深入发展,人们认识到原有的经济发展模式是不可持续的,开始积极探索可持续发展的经济模式,于是源头预防和全过程治理替代了末端治理。人们在不断探索和总结的基础上,提出以资源利用最大化和污染排放最小化为主线,将清洁生产、资源综合利用、生态设计和可持续消费等融为一体的循环经济战略。

20世纪90年代以来,循环经济在发达国家已经成为一种潮流和趋势,有的国家以立法的方式加以推进,许多发达国家正在把发展循环经济、建立循环型社会作为实施可持续发展战略的重要途径和实现方式,循环经济得到了越来越多的重视和快速发展。

(三) 循环经济的国际实践与在我国的发展

1.循环经济在国外的发展情况

(1)循环经济的国际动向

从世界范围看,尤其是在发达国家,发展循环经济、建立循环型社会,已经成为自20世纪90年代确立可持续发展战略以来,实现环境与经济协调发展的重要途径,循环经济已经在一些发达国家中取得了成功的实践。目前,从企业层次污染排放最小化实践,到区域工业生态系统内企业间废弃物的相互交换,再到产品消费过程中和消费过程后物质和能量的循环,都有许多成功的实例,循环经济也已上升到了国家法律层次。

从企业层次来看,最典型的循环经济实例是美国杜邦化学公司采用的3R(减量化、再利用、再循环)制造法。20世纪80年代末,杜邦化学公司的研究人员把工厂当成试验新的循环经济理念的实验室,创造性地把循环经济的3R原则(reduce,减量化原则;reuse,再利用原则;recycle,再循环原则)发展成为与化学工业相结合的3R制造法,以达到少排放甚至零排放的环境保护目标。通过3R制造法的实践,放弃使用某些对环境有害的化学物质,减少某些化学物质的使用量以及开发回收本公司产品的新工艺,杜邦化学公司1994年生产产生的塑料废弃物和排放的大气污染物,相比80年代末分别减少了25%和70%。同时,他们在废塑料如废弃的一次性塑料容器、牛奶盒中回收化学物质,开发出了耐用的乙烯材料"维克"等新产品。从1997年开始,杜邦公司又实施"地毯回收计划",全美80个杜邦的零售商参与了这一计划,每年回收10 000 t以上的废弃地毯,作为再生资源加以利用,有效减少生态环境污染的同时,大大提高了公司综合经济效益。

从区域层面来看,企业通过工业代谢和共生关系,形成生态工业园区,最为典型的是丹麦卡伦堡生态工业园区。

在该园区内,各种企业按照工业生态学原理建立了一种和谐复杂的互利互惠的合作关系。园区以发电厂、炼油厂、制药厂和石膏板厂4个厂为核心企业,通过贸易的方式利用另一家企业产生的废弃物或副产品,作为自己生产中的原料,或部分替代原料,建立工业共生和代谢生态链关系。这样,不仅降低了治理污染的费用,而且企业也获得了可观的经济效益。

目前,美国、加拿大、日本、德国、奥地利、瑞典、爱尔兰、荷兰、法国、英国、意大利、印度尼西亚、菲律宾、泰国、印度等国家都在积极建设生态工业园。美国自20世纪90年代以来已建立了20多个各具特色的生态工业园,美国总统可持续发展理事会专门成立了生态工业园特别工作组;加拿大建起40多个生态工业园,其中9个被认为具有很强的生态工业性质;日本目前有40多个各种形式的生态工业园正在运行或建设之中。

从国家层次来看,实施循环经济最具代表性的当属德国的双元系统模式,这是一种针对消费后排放的循环经济模式。德国的双元回收系统(DSD)是一个非政府组织,专门针对包装废弃物进行回收利用。它接受企业的委托,组织收运机构对包装废弃物进行回收和分类,送达相应的资源再利用厂家进行循环利用,对其中可以直接回收的包装废弃物则送返原制造商再次规整利用,避免造成不必要的浪费。

(2)循环经济立法的国际实践

德国是世界上发展循环经济的先驱国家,最早为循环经济的发展制定了相关的法律。1972年德国制定了《废物处理法》,1986年将其修改为《废物限制及废物处理法》,强调要通过节省资源的工艺技术和可循环的包装系统,把避免废物产生作为废物管理的首要目标。1991年德国通过的《包装条例》,是德国首次按照"资源—产品—资源"的循环经济理念制定的一部法律。1992年通过的《限制废车条例》规定汽车制造商有义务回收废旧车辆。1996年德国提出了《循环经济与废物管理法》,系统地将资源闭路循环的循环经济思想理念推广到所有的生产部门。该法律规定每年总计产生超过2 000 t以上废物的制造者,必须对避免、利用、消除这些废物制订一个经济方案。德国法律还明确规定,自1995年7月1日起,玻璃、马口铁、铝、纸板和塑料等包装材料的回收率全部达到80%。在德国的影响下,欧盟和北美国家相继制定旨在鼓励二手副产品回收、绿色包装等措施的法律,同时确定了包装废弃物的回收、复用或再生的具体目标。法国规定自2003年应有85%包装废弃物得到循环使用。荷兰规定自2000年,废弃物循环使用率达到60%,奥地利的法规要求必须对80%的包装材料进行再循环处理或再利用。丹麦规定自2000年,所有废弃物至少要有50%须进行再循环处理。为了推动包装废弃物的回收再生和重复使用,欧洲设计了一组包装回收象征性标识,供包装商将其标示在包装上。这些标识包括:可以重复周转再用的包装标识、可以回收再生(再循环)的包装标识、使用再生材料超过50%的包装标识等。

美国于1976年通过了《资源保护回收法》,1990年通过了《污染预防法》,提出了用污染预防政策补充和取代以末端治理为主的污染控制政策,但目前还没有一部全国施行的循环经济法规或再生利用法规。不过自20世纪80年代中期,俄勒冈、新泽西、罗德岛等州先后制定促进资源再生循环法规以来,已有半数以上的州制定了不同形式的再生循环法规。

日本是发达国家中循环经济立法最全面的国家,也是国际上较早建立循环经济法律体系的发达国家之一。其所有相关的法律精神集中体现为"三个要素、一个目标",即资源再利用、旧物品再利用、减少废弃物,最终实现"资源循环型社会"的目标。日本的循环经济法律体系比较健全,与德国先在个别领域逐渐建立相关法规最后建立整体性循环经济法不同,日本采用了自上而下的办法,即先建立综合性的再生利用法,再在此法指导下建立各具体领域的循环经济法律法规。日本的循环经济法律体系可以分为三个层面:第一个层面是一部基本法,即《推进形成循环型社会基本法》,作为母法,这部法律提出了建立循环型经济社会的根本原则,即"根据相关方面共同发挥作用的原则,通过促进物质的循环,减轻环境负荷,谋求实现经济的健康发展,构筑可持续发展的社会。"可以说,这是世界上第一部循环经济法。第二个层面是两部综合性的法律,分别是《废弃物处理法》和《促进资源有效利用法》。第三个层面是几部具体的法律法规,主要根据各种产品的性质制定,包括《特定家庭用机械再商品化法》《建筑工程资材再资源化法》《容器包装循环法》《化学物质排出管理促进法》《绿色采购法》《食品循环资源再生利用促进法》等,对不同行业的废弃物处理和资源再生利用等做了具体规定。日本的这些法律法规的实施,既控制了垃圾的数量、实现了资源再利用,同时又为建立"循环型社会"奠定了基础。

2.循环经济在我国的发展现状

虽然循环经济在我国发展比较迟缓,但是也有了一定的进展,从2000年我国将发展循环经济、建设生态工业园区作为走新型工业化道路,实现区域可持续发展,经济和环境"双赢"的一个重要举措以来,在全国范围内,从不同的层次、角度和领域,在发展循环经济方面进行了理论的探索和实践的尝试。

辽宁省是我国第一个循环经济建设的试点省,在原国家环保总局的指导下,编制了《辽宁省发展循环经济试点方案》,制定了辽宁省发展循环经济的总体目标和近期具体目标。计划用10年左右时间,形成新型的经济发展模式,建立完善的循环经济发展机制和框架,使辽宁省步入生产发展、生活富裕、生态良好的发展道路。目前辽宁省的循环经济发展规划已经初具成效。

上海历来都走在我国经济发展的前沿。2000年上海市发展计划委员会就组织开展了"上海发展循环经济研究"课题,围绕上海发展循环经济的方向和重点领域开展专题研究,提出了上海发展循环经济的目标、原则和对策思路。目前上海市在其实施的"三年行动计划"中根据课题的研究成果来指导城市管理和环境建设,对企业的生产、管理,工业园区的建设、城市垃圾的回收利用等做出了指导。目前上海市的循环经济发展已经取得了一定的成效,工业企业废弃物的利用率提高;作为我国垃圾分类回收的试点城市,生活垃圾的分类回收、资源化处理以及焚烧发电得到了一定的推广。

除了辽宁和上海,其他许多地方也都采取了一定的措施来发展循环经济。原国家环保总局主持通过论证了6个国家生态工业示范园区建设——广西贵港国家生态工业(制糖)示范园区、广东南海国家生态工业示范园区、石河子国家生态工业(造纸)示范园区、包头国家生态工业(铝业)示范园区、长沙黄兴国家生态工业示范园区、山东鲁北国家生态工业(化工)示范园区,同时正在进行两个循环经济试点——辽宁省循环经济试点、贵阳市循环经济生态城市建设的工作,并在生态工业示范园区建设和循环经济试点的基础上,结合我国国情,初步总结形成循环经济示范区和生态工业园区的评价指标体系和规划指南等,逐步将中国循环经济和生态工业的建设引入科技含量高、规范和高效的轨道。

从1993年起,我国在29家企业开展了清洁生产试点,各级地方政府也先后进行了一批企业的试点。通过实施世界银行技术援助项目,培训了一大批企业生产审计人员和清洁生产教员。2003年1月1日,我国第一部有关循环经济的法律《中华人民共和国清洁生产促进法》正式颁布实施,对我国发展循环经济和建立循环型社会起到了十分重要的作用。

目前我国处于发展循环经济的初始阶段,在发展过程中存在着很多需要解决的问题,主要有:①认识不足。虽然循环经济的理念在我国日益受到重视,但是在理论和实践等方面还处于起步阶段,从上到下都有待进一步提高认识。②有关的法律法规体系尚不完善。与发达国家相比,我国的循环经济发展起步晚,相应的法律法规如促进循环经济发展的基本法、促进废物回收与循环利用的法规或条例等也较缺乏,可操作性不够强。③资源综合利用技术落后。我国企业工艺和技术装备以及资源节约综合利用和环保产业技术水平都是比较落后的。我国环保产品的总体水平相当于国外20世纪80年代的水平,大多数产品落后发达国家20年左右,资源节约综合利用技术装备水平亟待提高。④缺乏一套实施循环经济的制度、指标和规范等。导致我们在发展循环经济和生态工业过程中因缺乏管理依据和明确的努力方向、企业缺乏技术依据和指南而进展缓慢。⑤缺乏鼓励和支持性政策,资金投入不足。⑥公众参与不足。垃圾分放的设施在一些大城市已经出现,但是仍有很多人随意投放垃圾;一些经济较发达的地区,仍有大气污染严重,水体污染严重,固体废弃物乱堆放等问题。这些都说明公众的参与意识较差。

发展循环经济是一个社会系统工程,需要政府引导,企业自主,社会介入。整个社会,不论是工业、农业、服务业,都应强化循环经济观念,按照循环经济的原则和要求,加强技术改进,推行清洁生产,自觉进行废旧物资的回收利用,减少乃至消除环境污染。社会各界和全体居民也应积极参与到循环经济的建设中来,主动地减少废物产生,充分利用废旧物品,自觉进行垃圾分类处理,减少能源和资源消费,成为循环型社会的建设者。

第二节　循环经济的内涵

一、循环经济的概念

在我国,"循环经济"这个概念较早由刘庆山在1994年使用,他从资源再生的角度提出废弃物资的资源化,其本质是自然资源的循环经济利用。1997年,阎毅梅将德国1996年生效的法律翻译成中文时使用了"循环经济"。1998年同济大学诸大建教授在《社会科学》《科技导报》《上海经济东向》等刊物上连续发表文章,介绍循环经济相关内容。时任水利部水资源司司长吴季松撰写的《循环经济——全面建设小康社会的必由之路》中对循环经济的定义是:循环经济就是在人、自然资源和科学技术的大系统内,在资源投入、企业生产、产品消费及其废弃的全过程中,不断提高资源利用效率,把传统的、依赖资源净消耗线性增加的发展,转变为依靠生态型资源循环来发展的经济。国家发展改革委对循环经济的定义是:循环经济是一种以资源的高效利用和循环利用为核心,以减量化、再利用、资源化为原则,以低消耗、低排放、高效率为基本特征,符合可持续发展理念的经济增长模式,是对"大量生产、大量消费、大量废弃"的传统增长模式的根本变革。

目前学术界对循环经济的概念还未达成完全一致。根据对有关循环经济的书籍和文献的总结分类,笔者认为对循环经济的概念有如下几种有代表性的阐述。

1. 从资源综合利用的角度界定

循环经济是一种以资源的高效利用和循环利用为核心,以减量化、再利用、资源化为原则,以低消耗、低排放、高效率为特征,符合可持续发展理念的经济增长模式,是对"大量生产、大量消费、大量废弃"的传统增长模式的根本变革。

2. 从环境保护的角度界定

循环经济是以物质、能量和闭路循环使用为特征的,在环境方面表现为污染少排放,甚至污染零排放。循环经济把清洁生产、资源综合利用、生态设计和可持续性消费等融为一体,运用生态学规律来指导人类社会的经济活动,因此本质上是一种生态经济。

3. 从技术范式的角度界定

循环经济是一次范式革命,倡导的是一种与环境和谐的经济发展模式,遵循"减量化、再使用、再循环"原则,是一个"资源—产品—再生资源"的闭环反馈式循环过程,最终实现"最佳生产、最适消费、最少废弃"。

4. 从人与自然的关系界定

循环经济是把清洁生产和废弃物的综合利用融为一体的经济,本质上是一种生态经济,要求运用生态学规律来指导人类社会的经济活动。按照自然生态系统物质循环和能量流动规律重构经济系统,使得经济系统和谐地纳入自然生态系统的物质循环过程中,建立起一种新形态的经济模式。

5.从经济学角度界定

所谓循环经济就是按照自然生态系统物质循环和能量转换的规律重构经济系统,通过资源的循环利用,使资源利用效率最大化和废弃物排放最小化,将经济系统和谐地纳入自然生态系统的物质循环过程,从而实现经济与环境协调发展的经济模式。

广义的循环经济,是指围绕资源高效利用和环境友好进行的社会生产和再生产活动,包括资源节约和综合利用、废旧物资回收利用、环境保护等产业形态。狭义的循环经济是指通过废物的再利用、再循环等社会生产和再生产活动来发展的经济,相当于"垃圾经济""废物经济"范畴。

综上所述,循环经济仍属于经济的范畴,是一种新的经济形态和经济发展模式。对于循环经济的定义应归纳为:循环经济是以资源的高效和循环利用、环境保护为核心,以减量化、再利用、再循环为原则,以低消耗、低排放、高效率为基本特征的社会生产革新范式,其实质是以尽可能少的资源消耗和尽可能小的环境代价实现最大的发展效益。

二、循环经济的内涵

1.以资源循环利用为客观基础

循环经济归根结底是为了实现资源的循环利用。循环经济产业链的形成也正是建立在资源循环利用的基础之上。如何以科学、有效的方式实现资源的循环利用成为循环经济系统形成的根本。资源循环利用既是循环经济系统存在的基础,也是循环经济发展的内在动力。

2.以法人与政府机构为主要行为主体

循环经济系统的行为主体是指直接参与组织或从事生产要素加工、处理的企业、组织或机构。企业是生产要素加工、处理的主要行为主体,是循环经济的主体,大多数微观循环经济活动都是由企业或公司承担完成的。政府机构在区域经济合作中主要起到方向指导、宏观调控等作用。行业协会等社会经济组织在循环经济合作中发挥中介和服务的作用。在市场经济条件下,循环经济系统的主体主要是企业和政府机构,在市场机制引导下企业和政府机构进行经济合作活动。

3.以资源、环境、生态与经济和谐发展为发展方向

资源循环利用是循环经济存在的基础,资源、环境、生态与经济的和谐发展则是循环经济努力的目标。循环经济发展的目的,就是为了寻求资源可持续利用、环境保护、生态恢复与经济发展的平衡点。人类经济的增长不能建立在对资源的肆意浪费、环境破坏的基础上,但是也不能为了资源、环境、生态的保护不发展经济,如何在它们之间寻求平衡点是循环经济实现的发展方向。

三、循环经济的相关概念

在对循环经济进行研究之前,有必要先对一些与循环经济有关的概念加以熟悉,以了解它们之间的区别和联系。

1.清洁生产

清洁生产是指既可满足人们的需要又可合理使用自然资源和能源,并保护环境的实用生产方法和措施。其实质是一种资源和能量消耗最少的人类生产活动的规划和管理,它将废物减量化、资源化和无害化或消费于生产过程之中。清洁生产技术从源头上控制废物的产生,是一种积极的治理观念,它既是技术上的可行性和经济上的可营利性的综合体现,也是发展循环经济在环境与发展问题上的双重意义的充分体现。清洁生产是推行循环经济的前提条件。

2.废物资源化

废物资源化技术其实是狭义的循环经济,是指废弃物再利用的技术,通过这些技术实现产业废弃物和生活废弃物的资源化处理。这些技术的发明与发展,均对实现整体社会的循环经济模式起着积极的作用。

废物资源化与循环经济有着密切的联系,但不完全等同于循环经济。第一是涵盖范围不同:循环经济不仅包含了废物资源化,将生产与

生活废弃物再利用,同时还包含了生产源头的废弃物控制,即在生产技术的可行性下,尽可能地减少废物的产生。第二是目的不同:废物资源化的目的是实现废弃物的重复利用,节约原材料,减少垃圾排放,保护环境,而循环经济则有着更深层次的目的,实现资源利用最大化和废物排放最小化,同时使经济系统和谐地融入生态系统,实现可持续发展的经济才是循环经济的最终目的。

3. 环境保护

循环经济的目的之一就是减少污染物的排放,保护环境。因此,发展循环经济本身就是重要的环境保护措施。保护环境的方式是多种多样的。最初,西方国家采取"末端治理"的方式来处理污染,以达到环境保护的目的。这种做法有一定的现实意义,但付出的代价极高,对经济的发展也没有起到很好的促进作用。实现循环经济,通过清洁生产的手段进行污染处理,则无疑是明智的选择。只有共同努力,实施生产过程和治理污染过程的双控制才能保证环境保护最终目标的实现。

四、循环经济的特征

循环经济作为一种新型的经济发展模式,与传统经济模式有很大的区别。

1. 循环经济的物质循环性

物质循环流动是循环经济的主要特征,也是循环经济模式与传统经济模式的主要区别。传统经济的着眼点在于满足人类的物质需求,经济活动的目标往往是追求高产值、高产量,对资源的利用往往是粗放的或一次性的,生产方式主要体现为"高消耗、高排放"的粗放型增长,物质流动是单向的,表现为资源—产品、用品—废物。从根本上说,传统经济是大量生产、大量消费、大量废弃式的经济,从而导致许多自然资源的短缺或枯竭。循环经济是一种生态型经济,是按照自然生态系统物质循环流动方式组织生产的经济模式。在循环经济中,一切的物质、能源可以在不断进行的经济活动中得到梯次利用或最合理使用,整个经济系统不产生或只产生很少的废物、污染,生产、消费过程对环境的影响小。循环经济的物质流动方式是循环式的,表现为资源—产品、用品—再生资源。从根本上说,循环经济是低投入、高产出、低污染的经济,可以消除长期以来环境和发展之间的矛盾。当然,在此提到的物质循环性并不仅指经济系统的物质循环。因为生态经济学的创始人包括肯尼斯·博尔丁、尼古拉斯·乔治斯库、罗根、赫尔曼·戴利以及罗伯特·埃尔斯等人已经通过证据表明,经济系统封闭的物质循环不仅难以实现而且也不符合自然规律。因此在此意义上的物质循环,体现了经济系统对生态系统的依赖关系,是在广义的生态系统上的物质循环。

2. 循环经济的综合性

循环经济的研究对象本身就是综合的。循环是指在一定系统内的运动过程,循环经济的系统是由人、自然资源和科学技术等要素构成的大系统。循环经济观要求人在考虑生产和消费时不再置身于这一大系统之外,而是将自己作为这个大系统的一部分来研究符合客观规律的经济原则。在这个庞大的综合系统中,不仅包括环境、资源、生态系统,还包括复杂的经济系统。广义的经济系统不仅包括生产、交换、分配、消费等各个环节和许多产业部门,而且包括结构复杂的技术系统等。不仅如此,循环经济系统还不能脱离社会、政治、国家、意识形态等因素孤立地加以考察。由于循环经济涉及人、社会和自然之间相互关系、相互作用的各个方面,因此循环经济具有很强的综合性。作为一门综合性和交叉性很强的学科,循环经济学把基础理论研究、发展战略研究和应用技术研究融为一体。在基础理论研究中,将生态经济学、环境经济学、资源经济学结合在一起,同时遵循系统论、控制论、信息论等原理;在发展战略上,它以各种类型的经济系统为基础,把环境、资源与生态结合在一起;在应用研究上,它将清洁生产、废物利用结合起来,进行更深层次的研究。

3. 循环经济的战略性

战略问题一般是指带有全局和长远性的主

导问题,循环经济学所研究的经济、技术、社会和生态问题,一般来讲都具有这一特征。如人口和资源,经济发展和生态环境,技术进步与人口、资源、环境之间的关系,等等。在几年甚至十几年内都看不出其后果。一旦达到质变的程度,就会对整个社会和人类产生无法挽回的影响。循环经济是在着眼于长远利益的基础上,把眼前利益和长远利益结合起来,重视研究事关长远的重大问题,重视探索一条人与自然和谐共存,当代人与子孙共享资源与环境的持续、稳定、协调发展之路。

第三节　循环经济的理论框架和基本原理

一、循环经济的系统特性

循环经济系统遵循了系统原则,具有整体开放性、动态相关性、层次等级性、系统有序性这些系统的普遍特性;同时还具有多层次性、非线性作用、系统开放、远离平衡态的特性。

耗散结构理论指出,开放是系统有序化的前提,是耗散结构得以形成、维持和发展的首要条件。循环经济的发展是在高度发达的现代社会条件下,充分利用统一开放的市场进行资源配置,从而实现经济与生态、社会的和谐发展。

循环经济系统尽量实现物质的循环再生利用,减少对环境、生态的压力。循环经济系统不是一个封闭的循环系统,"永动机"式的能量循环是不可能实现的。循环经济系统的开放程度如何,直接决定着循环经济发展的快慢。循环经济的发展离不开它赖以生存和发展的资源、环境与生态的发展现状。它要通过充分的开放不断地与外界交换物质、能量和信息,不断吸收先进的经济发展思想、发展方式、发展所必需的资源与人才,以求得自身的生存和发展。循环经济正是在这种开放、交流、竞争和挑战中,获得生存和发展的机会。

在循环经济发展过程中,特别要注意吸收负熵流,排除正熵流。负熵流是指那些对循环经济发展有益的东西,包括产业循环的建立与完善、生产要素的引进与交流等。正熵流指那些对循环经济发展起干扰和破坏作用的东西,例如企业污染增大、资源利用率降低等。负熵流的大量吸收会促使系统向有序发展,而这种负熵流吸收得越多、越快,系统趋向有序化的程度就越高、速度就越快。随着系统的充分开放,必须充分发挥负熵流的积极作用,遏制正熵流的消极影响,以达到促进循环经济发展的效果。

在循环经济中,物质循环的反馈过程具有多层次性。在物质和能量的转化过程中,输入和输出相互作用,形成多层次、多步骤的循环过程。其中,在每一次输出进入新的循环成为输入部分时,又会形成新的步骤和层次。每次的输出对输入都是一个质能的反馈,有其各自在新的循环中要履行的步骤。输入和输出的循环构成循环经济复杂的网络和层次,这是循环经济多层次性的一个显著特征。

循环经济系统通过非线性机制调节获得自我完善。在循环经济系统中,这种非线性作用集中体现在园区产业结构的优化调整。进行产业合作,并非几个产业进行简单的线性叠加,而是在综合考察整体的发展优势和循环经济发展原理的基础之上进行产业结构的动态调整。在此过程中,相干效应使元素间相互制约、耦合而产生整体效应,打破园区企业的独立性,使之融为一体,使系统产生自组织结构。

循环经济系统通过非平衡态达到动态平衡。普利高津在耗散结构论中关于"非平衡是有序之源"的科学论断,为在循环经济系统中处理平衡与非平衡的问题提供了科学的依据和正确的方法。根据这一原理,一个具有内动力和充满活力的区域合作系统是一个有差异的、非均匀的、非平衡的系统。因为在平衡态下，系统内部混乱度最大、无序性最高、组织最简单、信息量最小。这种从表面上看来的平衡，实际上会对循环经济发展起到阻碍和窒息作用，由此而产生的离心力必然会使循环经济系统趋于瓦解。所以，"活"的动态平衡是循环经济系统机制完善的根本标志和根本目标。

二、现有生态经济系统的失调

现有生态经济系统已经在很多方面表现出力不从心了。垃圾处理问题、资源浩劫问题、污染严重问题，等等，已经开始影响现代人的生活，对子孙后代的生活更是造成了几乎不可修复的恶劣影响。模拟生态系统时，我们可以将现有的经济系统中的元素归结为以下几类：生产者、资源开采者、加工制造者；消费者——资源、产品和服务的消费群体；分解者——对"废物"和副产品等进行处置、转化、再利用等的研究机构与企业；环境——由自然环境、社会环境、人文环境和经济环境融合而成。生态经济系统平衡失调是指生态系统稳定状态被削弱或消失。这种失调主要表现在有序性削弱，自组织能力降低甚至消失，其实质是生态结构和功能被破坏。因此，生态经济系统失调主要表现在结构、功能和效益方面。

(一) 生态系统的结构失调

一个完整、稳定的生态系统的一级结构应该是由生产者、消费者、环境和分解者所组成。而目前大部分的技术创新生态系统的一级结构都只是由"生产者""消费者"和"环境"构成，缺少"分解者"这一成分。这使得生态经济系统的平衡被破坏，从而导致整个系统失调。目前从事"分解者"的企业数量很少，包括专业从事废旧物回收利用的企业和自身循环"消化"废旧物的企业。由于"分解者"无论从数量上还是功能上都无法与"生产者"与"消费者"相比较，其分解速度也是远远赶不上"生产者"与"消费者"的排泄速度，因此整个生态经济系统受到的威胁越来越大，问题也就越来越严重。

二级结构失衡是指生态经济系统的某一成分的结构发生变化，如新迁入的经济单元与原有的经济单元类型发生偏离；新的经济单元加入与原有的经济单元退出而使得经济种群增加或减少；经济单元的空间配置发生变化，环境结构发生变化等。同时，"生产者"获得能量的效率低下，尤其是获得煤、石油等储备能源的效率低下，造成大量能源的浪费。从而使"消费者"获得的能量非常少。此外，"消费者"的过度消费，引发不必要的资源浪费，也是生态系统二级结构失调的重要原因。这些变化都有可能引起整个生态经济系统失调。二级结构是随着经济单元的变化而在不断变化的，使整个生态经济系统处于一种动态的平衡中，才是理想状态。

(二) 生态经济系统的功能失调

生态经济系统的基本功能是能量、信息转化，主要表现在生态功能、对环境的调节功能、分解还原功能、对外界压力适应功能等。生态经济系统功能失调主要是因为物质循环中断，能量信息流动受阻，但其根本原因还是结构失调。目前很多企业和部门之间物质供应是一个线性开放系统，它们的"食物"关系呈线性状态，该模式类似于自然生态系统的"二级生态系统"中准循环的物料流动。

二级生态系统模式从长远来看不具有可持续性，因为物质与能量流动的方向是单一的"下流式"的，没有实现物质的封闭循环，其结果必然是资源不断减少和废物不断增加。这种模式没有实现物质与能量的循环利用。因此，在这种生态系统内部，资源和废物的进出量受到资源数量与环境容量的共同制约。同样，目前这种技术创新生态系统物料流动的线性模式将受到资源数量与环境容量的共同制约，当资源数量变得稀少，周围的环境容量超过其一定的阈值时，生态经济系统中物质循环就会中断，能量、信息流动也将受阻，从而导致其功能失调，最终使得整个生态经济系统失调。

(三) 生态经济系统的效益失调

由于生态经济系统是区域生态系统和区域

经济系统的复合体,所以它必然同时受到自然规律和经济规律的制约。如果片面地追求生态经济系统的生态效益,就会使经济效益降低;如果片面地强调生态经济系统的经济效益,就会使生态效益降低。而生态效益降低又将反过来影响经济效益和社会效益。由此可见,任何一种单一目标的抉择均会引起对应目标的负效应,从而不能实现生态效益、经济效益和社会效益相统一的整体效益,导致生态经济系统失调。

由以上分析可得,生态经济系统失调主要是由结构失调引起的,结构的失调引起功能失调,而结构与功能的失调又将导致效益失调。所以,生态经济系统失调主要是因为缺少"分解者"这一成分,致使整个生态经济系统中产业链中断,从而使得物质流、能量流、信息流中断。

三、循环经济的系统调整

循环经济系统就是对现有经济系统的结构重组,是对现有经济系统出现失调现象的纠正。它旨在通过建立全新的生态经济系统,改善现有系统的结构、功能和效益失调问题。循环经济系统遵循了系统原则,具有整体性、层次性、目的性、稳定性等特性,同时,循环经济发展的核心——非均衡系统的实质是非均衡趋于有序的耗散结构,是建立在远离平衡态基础之上的,通过非线性机制进行调节,使非均衡系统趋于有序。

(一) 循环经济系统对原有系统的结构性调整

目前经济系统失调的原因是因为"分解者"的缺少、"生产者"的能量利用不足及"消费者"的过度消费,由此引发废旧物无法分解、能源匮乏,从而引发资源和环境危机。从根本上解决生态经济问题,就要根据"生产者""消费者"和"分解者"的自身特点,对生态经济系统进行调整,实现物质和能量的循环流动。

经济系统结构的调整,主要是指"生产者""消费者"和"分解者"的数量与结构调整。需要强调的是,"消费者"并不是仅指专业从事废旧物资回收利用的经济单元,同样包括那些在生产过程中对生产、消费废物进行回收利用的经济单元。

发展循环经济应该以物质循环为基础,以提高资源效率为核心,建立一种广泛意义上的循环经济。不仅在资源、废旧物回收方面要建立循环经济,同时还要通过在资源采选、生产、消费的全过程中全面贯彻"减量化、再使用、再循环"的基本原则,最大限度地提高资源效率,减少污染产生。在社会生产的不同阶段,物质循环的重点和实施途径也是不同的。资源采选环节的循环:主要体现在通过改进工艺技术和开展综合利用提高资源的开采效率和利用效率,以及采选部门直接回收在原生资源开采和冶炼过程中产生的废品、废料、废渣等。生产环节的循环主要体现在两个层面,即资源替代和源头减少,以及生产企业内部副产物的再利用和生产企业之间副产物及废弃物的再生利用。消费环节的循环与绿色消费行为密切相关,既包括消费者的绿色采购,也包括通过发展功能经济,利用产品维修、升级和旧物再用等措施延长产品使用寿命,从而最大化产品使用价值,减少物质消费总量。消费后的循环:即社会大系统中的循环,它以静脉产业为依托,实现废旧物资的回收、分拣、加工及再生,其加工后的再生资源绝大多数再提供给生产部门,共同构成再生资源主要组成部分。

(二) 循环经济系统对原有系统的功能性调整

人类消费的物质可以分成三种,可再生物质、可循环利用的不可再生物质、不可循环利用的不可再生物质。生物质、太阳能是可再生物质;铁、铜等金属是可循环利用的不可再生物质;而石油、天然气等作为能源使用时被公认为是不可循环利用的不可再生物质。对循环经济的功能性调整就是要科学地大幅度地实现可再生物质的利用,最大限度将可循环利用的不可再生物质循环利用,尽量减少使用直至完全不使用不可循环利用的不可再生物质。

原始生态系统的不可持续是因为物质、能量的单方向流动,没有实现物质的封闭循环。在图13-1-1中,有限的废物和副产品可以通过技术手段实现循环利用,重新成为可循环利用的不可再生资源,从而实现了物质和能量的循环流动,实现了可持续发展。不可循环利用的不可再生资源如煤炭、石油等,目前是人类能源的主要获取途径,这种资源一旦消耗完毕,人类将面临极大的能源挑战。因此,减少对不可再生资源的依赖,是我们解决今后经济问题的根本出路。可循环利用的不可再生物质是指该物质在使用之后,通过化学、物理等变化,仍然可以恢复为可被人类所利用的物质。目前,对这些物质的初次开发比较多,但实现其循环利用的并不是很多,其中由于技术、能量等原因,对其循环使用的方式方法仍有待于进一步改进,并逐步代替不可循环的不可再生资源。生物质、太阳能、风能、潮汐能等可再生资源,可以说是取之不尽,用之不竭,同时对环境造成的危害也是十分微小的。无论是"生产者"和"消费者"都应该加强对可再生物质的利用。

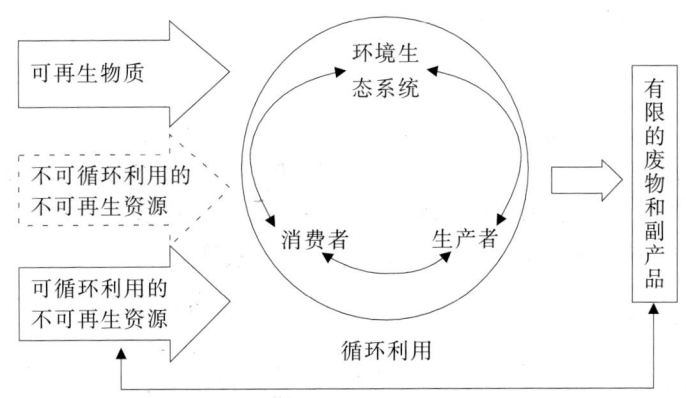

注:虚线箭头表示减少使用不可循环利用的不可再生资源,直至完全不使用。

图 13-1-1　循环经济系统物料流动方式

(三) 循环经济系统对原有系统的效益性调整

原始的经济系统过分追求经济效益,从而对环境、资源造成了极大的威胁。循环经济系统的建立就是要寻找经济效益与生态效益的平衡点,实现经济与生态效益的同时优化。循环经济的目的是以尽可能少的资源消耗和尽可能小的环境代价实现最大的发展效益。如果仅以简单的单一目标考虑,势必会造成生态效益、社会效益、经济效益的整体不平衡,从而影响人类社会的和谐发展。

经济系统的结构与功能优化是解决经济系统效益的根本途径。只有实现经济系统能量与物质的循环流动才能实现。通过引进"分解者",增加"分解者"数量,提高"生产者"的能量利用效率,减少"消费者"的过度消费,是实现循环经济发展的重要问题。

四、循环经济的运行平台

循环经济的运行平台主要由以下三部分构成:企业平台、生态园区平台和生态城市平台。三个层面的运行平台构成了循环经济从微观层面到中观及宏观层面的整体运营结构。

(一) 循环经济系统的构建基础——企业平台

企业是国民经济的细胞,是社会生产和产品流通的直接承担者,其生产和经营活动的效率与效果直接关系到社会经济发展的速度和方向。因此,企业自然地成为发展循环经济的起点和基本动力元素。循环经济要求企业通过提高资源的利用效率和重新制定新的发展战略,来应对市场的各种挑战和提高自身竞争力,实现企业的可持续发展,同时能够使经济、社会和环境效益协调发展。

企业实现循环经济的方式,可以从清洁生产和绿色经营管理两大方面入手。

1.清洁生产

清洁生产是指不断采取改进设计、使用清洁的能源和原料、采用先进的工艺与装备、改进管理、综合利用等措施,从源头削减污染,提高资源利用率，减少或避免生产、服务和产品使用过程中污染物的产生和排放，以减轻或消除对人类健康和环境的危害。清洁生产要求企业在各个生产环节遵循绿色化原则。

(1)产品设计阶段

在产品设计之初，就注意未来的可修改性，基础设计要容易升级以及可生产多种产品，极大地减少固体废物的污染。在产品设计时还应考虑在生产中使用更少的材料或更多的节能成分，优先选择无毒、低毒、少污染的原辅材料替代原有毒性较大的原辅材料，防止原料及产品对人类和环境的危害。

(2)产品生产过程

在生产过程中要注意：在选择材料时关心材料的再使用与可循环性；实行合理的材料闭环流动，主要包括原材料和产品回收处理过程的材料流动、产品使用过程的材料流动和产品制造过程的材料流动。原材料的加工循环是自然资源到成品材料的流动过程以及开采、加工过程中产生的废弃物的回收利用所组成的一个封闭过程。在生产的各个环节里，都要将废弃物减量化、资源化和无害化，或消灭在生产过程之中，不仅要实现生产过程的无污染或不污染，而且生产出来的产品也不要对环境造成威胁。

2.绿色经营管理

绿色经营管理即循环经济在企业管理中的具体实现。企业在经营管理的过程中，除遵循一般的企业管理原则外，还要遵循绿色经营管理原则。目前企业大多只注重于产品生产过程中产生的环境问题，而对产品在完成使用功能后对环境造成的污染和破坏则缺乏相应的管理。因此，实施以产品为龙头，面向全过程的管理是绿色经营管理的原则之一。同时，在处理环境与经济的冲突时，必须追求既能保护环境，又能促进经济发展的方案，实现经济与环境的双赢，满足可持续发展的要求。有时这一原则表现为在遵守规则前提下经济与环境两者相互做出一定程度的妥协，而不是双方都得到最大限度的利益。这一原则即绿色经营管理的双赢原则。另外，企业不但应该做到自身不破坏环境，而且应该向企业的员工和社会公众积极宣传环境保护的意义，积极参与社会和社区内各种环境整治的活动，在社会公众中树立起绿色企业的良好形象。

(二)循环经济系统的重要构架——生态园区平台

清洁生产等是企业个体对循环经济的实现活动，有着一定的局限性。单个企业元素在资源回收利用、原材料循环使用方面存在着各种不足。因此，建立生态园区平台，连接各企业生产过程，是循环经济的重要实现基础。

生态工业园区是以循环经济理论为指导，以生态工业体系的构建为核心，将区域环境保护和环境污染综合整治充分融入，促进产业结构调整和布局的合理化，以此带动对工业污染的治理，真正实现园区内环境与经济统一协调发展的园区模式。生态工业园区建设的主导思想既非人本主义，也非自然主义。生态工业园区建设应坚持人与自然和谐共存原则。

生态工业园区是一个相对独立的综合体，是包含着相对完整的自然、社会和经济的生态系统，其内部也存在着物质、能量、信息的频繁流动和交换，其空间结构必须有效地保证这些流动和交换的进行。在建设生态工业园区时必须全面考虑到规划对象各个构成部分及其相互关系，同时要考虑到目的系统与相关系统的关系，按照它们的联系进行统一筹划；必须注意系统内部结构各个因素之间的相互作用，相互反馈的因果连锁关系，注意目的系统和其他相关系统之间的外部相互制约的连锁性。生态工业园区要倡导绿色管理，从园区整体环境管理方式到企业的全过程控制，甚至到产品的生态化设计等不同层次、不同环节上的管理都要实施绿色化。

(三)循环经济系统的宏观构架——生态城市平台

生态城市是结构合理、功能高效、关系协调的城市。具体说，生态城市就是指城市空间布局合理，基本设施完善，人为建设与自然的选择相统一，环境清洁优美，生活安全舒适，物质能量高效利用，信息传递流畅快速，经济发展、社会进步与环境保护三者保持高度协调,人与自然互惠共生、和谐发展,生态良性循环的城市复合生态系统。

生态城市的建设主要有以下几个方面。

1.转变思想,提高国民的环保意识和生态意识

要转变生态城市建设的思想基础,提高公众的生态意识,使人们认识到自己在自然中所处的位置和应负的环境责任,规范环境行为,营造社会公德大环境,尊重历史文化,改变传统的消费方式,增强自我调节能力,维持城市生态系统的高质量运行。

2.加快理论研究,制定生态城市指标体系

必须建立一套适用于生态城市建设的科学理论和指标体系。生态城市建设的目标是多元化的。分解为人口、经济、社会、环境、生态目标,结构优化目标以及效率公平目标。这些目标又应该按生态城市建设的阶段(初级、过渡、高级)分解为阶段性的目标,形成评价指标体系。

3.建立生态城市环境保护新机制

环境质量是生态城市建设的基础和条件。环境保护是城市生态建设、生态平衡维持的重要而直接的手段。建立政府主导、市场推进、执法监督、公众参与的环境保护新机制是生态城市建设的保障。

4.把握关键环节——生态城市建设规划

生态城市总体规划应全面地从城市的经济、社会、生态环境各方面进行综合研究。以人为本制定战略性的、能指导和控制生态城市建设与发展的蓝图。它必须具备科学性、综合性、预见性和可操作性。生态城市总体规划应把生态建设、生态恢复、生态平衡作为强制性内容。生态城市建设规划一旦被批准,必须具有权威性,其任何改变都必须严格按照一定的程序进行。

5.重视城市间、区域间的合作

城市和区域是密不可分的。城市是区域的核心,区域是城市的基础。两者相互依存、互相促进。城市间、区域间不断地在进行着物质、能量、信息的交换。城市越发展,这种交换就越频繁,相互作用就越强。生态城市的建设特别要强调城市间、区域间的协作。不仅要注重自身的繁荣,还要确保城市自身的活动不损害其他城市的利益。

五、循环经济的运行机制

(一)企业循环体系的内在机制——盈利

企业的任何经济行为或社会行为都是建立在盈利基础上的,在循环经济中实现企业的盈利是循环经济得以建立和发展的重要内在机制。

1.传统经济下的企业盈利分析

在传统经济条件下,由于生态成本的外部性以及谁污染谁治理的政策,企业要进行生产经营活动,需要进行固定资产投资,购买原材料、燃料、动力等,要支付工人工资,要进行污染治理,等等,所以这时企业的成本核算主要是:

$$C_0 = I + D + V + G + W$$

式中,C_0 为生产成本;

I 为企业的固定资产投资;

D 为除工资以外的企业经营费用;

V 为工人工资;

G 为由政府征收的对企业外部不经济性的补偿费;

W 为企业支出的环境治理费。

以销售产品的企业为例,其销售额主要由两部分决定:

$$I_0 = P \times Q$$

式中,I_0 为销售额;

P 为企业销售的产品价格;

Q 为企业销售产品的数量。

因此,企业的利润可以表示为:

$$R_0 = I_0 - C_0 = P \times Q - (I + D + V + G + W)$$

企业为了获得最大利润,势必要努力提高销售额 I_0,降低生产成本 C_0。在一般经济条件下,企业的固定资产投资水平与生产水平相一致,不可随意削减;D 主要包括原材料、燃料、动力等,倘若这些商品的市场价格不变,通过提高效率、采用节能措施等,大幅下降 D 的可能性不大;V 是对员工工作行为的肯定,是激励员工和获取

员工忠诚度的有效途径;而理论上 G 和 W 则是相关度为-1 的负相关关系,即企业对污染治理投入减少 X,政府就因此向企业多征收补偿费 X,反之亦然。然而在实际操作过程中,由于当前我国政府对企业造成环境污染的惩罚力度不够,实际多征收为 Y,而 $Y<X$。因此,企业选择不治理或少治理污染来减少成本从而增加利润。

2.循环经济下的企业盈利分析

循环经济要求企业在进行生产经营活动中遵循"减量化、再使用、再循环"的原则。

(1)减量化原则

就是要求用较少的原料和能源投入来达到既定的生产目的或消费目的,进而从经济活动的源头就注意节约资源和减少污染。减量化有几种不同的表现,在生产中常常表现为产品小型化和轻型化,从而在产量不变时,仍能减少原材料的投入,降低生产成本 ΔC_{11}。此外,减量化原则要求产品的包装应该追求简单朴实而不是豪华浪费,从而达到减少废物排放的目的,降低污染治理成本 ΔC_{22}。

(2)再使用原则

要求制造产品和包装容器能够以初始的形式被反复使用。再使用原则要求抵制当今世界一次性用品的泛滥,生产者应该将制品及其包装当成一种日常生活器具来设计,使其像餐具和背包一样可以被反复使用,同时应避免过分包装,从而减少废物排放,降低污染治理成本。再使用原则还要求制造商尽量延长产品的使用期。这样,在一定的时期内在社会需求总量不变的前提下,产品的销售量会减少 ΔQ。

(3)再循环原则

要求生产出来的物品在完成其使用功能后能重新变成可以利用的资源,而不是不可恢复的垃圾。按照循环经济的思想,再循环有两种情况:原级再循环,即废品被循环用来生产同类型的新产品;次级再循环,即将废品资源转化成其他产品的原料。不管何种形式的再循环,都可以降低企业的生产成本 ΔC_2。

要贯彻循环经济的原则,必须首先提高企业自身的技术条件,这就要求企业增加技术研发方面的资金投入,从而增加了企业的研发成本 ΔC_3。

综上所述,在其他条件不变的情况下,企业的成本核算主要是:

$$C=I+D+V+G+W-\Delta C_1-\Delta C_2+\Delta C_3$$

式中,$\Delta C_1=\Delta C_{11}+\Delta C_{12}$,$\Delta C_2=\Delta C_{21}+\Delta C_{22}$

企业的收益则可以表示为:

$$I=P\times(Q-\Delta Q)$$

企业的利润表示为:

$$R^*=I^*-C^*=P\times(Q-\Delta Q)-(I+D+V+G+W-\Delta C_1-\Delta C_2+\Delta C_3)=R_0+\Delta C_1+\Delta C_2-\Delta C_3-P\times\Delta Q$$

式中,R^*、I^*、C^* 分别为循环经济模式下的利润、销售额、成本。

企业增加利润的方式有:企业或者增加 R_0、ΔC_1 或 ΔC_2,或者减少 ΔC_3 或 ΔQ。要想增加 ΔC_1 和 ΔC_2,就必须加强循环经济在企业生产中的应用,由上一部分可知,有的企业为了增加收入而放弃污染治理;减少 ΔC_3 或 ΔQ 同样意味着放弃循环经济而回归到传统经济。因此,是否采取循环经济取决于这两个值的大小,高度的不确定性影响着企业的行为。

企业在竞争的环境中,其最终目标是自身价值的最大化,许多企业仍然是以短期利润最大化作为目的。当企业利益与社会利益发生矛盾时,假如不存在任何惩罚机制,就会有企业放弃社会利益而追求自身利益。因此,企业在进行经济模式选择时,既不会遵循传统经济,也不会遵循循环经济,它选择的唯一准则就是利润最大化,所以当 $R_0>R^*$ 时,即 $\Delta C_1+\Delta C_2-\Delta C_3-P\times\Delta Q<0$ 时,企业污染环境创造的利润要大于循环经济模式下的利润,此时,有的企业就会采取污染环境、缴纳罚款的生产方式。

当 $R_0<R^*$ 时,即 $\Delta C_1+\Delta C_2-\Delta C_3-P\times\Delta Q>0$ 时,企业循环经济模式下创造的利润要高于污染环境创造的利润,此时,企业选择采取循环经济模式经营,在达到企业利润最大化的同时,也实现了社会总福利的增加。

根据以上对企业的盈利分析可知,企业是否采取循环经济的生产方式,取决于循环经济所带来利润的增长与成本增加的差值。如果差值为正,则理性的企业决策人会决定采用循环经济方式生产,如果差值为负,企业则选择破坏环境、缴纳罚款、拒绝循环经济的生产方式。差值的正负与大小,一方面取决于企业运用资源的能力的大小、循环经济技术水平的高低,另一方面则取决于政府对循环经济的引导、支持与监督。

(二)循环经济实现的外在机制——政府推进

"循环经济"是区别于传统经济模式的经济发展方式,需要政府的积极引导才能很好地实现。由于存在"外部性""公共产品""市场垄断"等因素,市场不能使资源配置达到最有效的状态。"看不见的手"不能对市场进行很好的调控,这就为政府调节经济提供了有力依据。对于市场失灵的领域,必须通过政府的干预来保证宏观经济运行的效率稳定和公平。政府要充分运用政府的宏观调控手段来弥补市场手段的缺陷,从而更好地促进循环经济的发展。

1. 政府对循环经济发展的引导与激励作用

我国在循环经济的激励方面存在一定问题。在资源利用方面,资源价格和要素价格存在一定扭曲,使原料价格过低,产品价格过高,助长了资源的浪费;排污收费标准过低,在许多行业,甚至远远低于污染治理成本或清洁技术使用成本,致使很多企业宁肯接受罚款或交排污费,也不愿治理污染或推行清洁生产技术;资源核算制度不健全,在国民收入核算中资源利用等经济发展成本不能在核算体系中显示出来,资源耗竭状况得不到反映,使人们无法进行经济发展成本与经济发展收益的比较,造成人为忽视资源的浪费与短缺等。政府对循环经济的发展有着重要的引导与激励作用。

(1)调节资源价格机制,制定资源价值计量

政府要充分发挥价格杠杆的激励作用,促进循环经济的发展。这主要表现在理顺自然资源和环境资源的价格,促进资源的合理利用。长期以来,自然资源的廉价交易及环境资源的无偿使用,减少了企业本应负担的大量成本,严重影响了企业循环利用自然资源的积极性。企业应用循环经济生产方式,需要大量技术投入和设备投入,如果循环利用资源而节约的费用比重新购买新资源的费用低,则企业决策者可能不会采用循环经济方式。资源价格制定普遍较低,是造成我国循环经济发展较慢的一个主要原因。

在自然资源定价方面,相关的政府管理部门应研究和制定实施方案,尽快进行自然资源核算的研究和试验,加强国际合作与交流,分析国内有关资源的价格以及国际上同类资源的可比价格。建立评价程序,提出如何把资源核算纳入国民经济核算体系的方法以及自然资源的定价政策。政府经济政策的重点在于利用市场机制,明晰环境、资源产权,建立完整的环境、资源价格体系,使其价格正确反映它的全部社会价值。

(2)创建企业合作单元,实现循环经济快速发展

循环经济的运行平台包括企业平台、生态园区平台与生态城市平台。可以看出,循环经济不仅仅是一个企业的事情,它需要上下游企业、横向企业之间的联合与配合,共同投入,共同发展。但是,企业的行为多是个体行为,是以自身最大利益为出发点。虽然这种运行方式能有效提高企业的运营效率,但同时也带来了一定的局限性,对企业间的合作带来阻碍。

循环经济的实现,不能仅依靠单个企业的行为,必须通过整个社会集体行动来完成。按照横向或纵向工业生态链建立的生态企业群,不但可以降低生态企业独自处理废弃物的经济成本,而且可以将企业的废弃物变为企业的新价值源泉。实现资源在区域和全国范围内的循环利用,必须借助政府的力量完成。政府需要充分履行规划和协调职能,通过科学规划,提出区域和国家循环经济发展的重大战略,制定与之相适应的相关产业发展指导政策,建立企业合作单元,统筹协调资源互补、循环利用的发展格局,促进区域或国内各产业部门之间形成相互支撑、相互促进的发展关系,各系统之间通过产品、中间产品、废弃物的交易与利用而互相衔接,形成一个比较完整的资源利用链,减少资源无效或低

效率损耗、提高资源利用率、实现废弃物资源化、降低环境成本。

(3) 政府加大技术支持，推动技术创新

循环经济的减量化、再利用和再循环，任何一个环节都离不开科学技术的支持，只有依靠科技进步，积极采用新工艺、新技术，才能不断降低原材料和能源的消耗，实现少投入、高产出、低污染、零排放的目标。但是企业对技术创新的热情仅限于提高自身企业资源循环效率的提高，对于全国范围内的技术革新，仍需要政府在中长期科技发展规划中将循环经济作为科技发展战略。

要积极探索节约能耗和物耗、污染轻或无污染的工艺、方法，大力推行节约技术，特别是推广清洁生产技术；研究污染防治技术，研究成本低、效果好的防治方法，通过建设高水平的废弃物净化装置实现有毒有害废弃物的净化处理；积极探索研究资源再生技术，加强对风能、太阳能、潮汐能等可再生资源的利用，对产业废弃物和生活废弃物进行资源化处理，变废为宝。

(4) 税收优惠政策的实施

税收政策作为政府宏观调控的重要手段，在鼓励和引导行业发展、促进循环经济的发展中发挥重要的作用。一方面通过制定合理的税收政策，利用税收优惠政策减轻资源再利用企业的税收负担，使这些企业能够扩大企业生产规模，不断开发新技术、新产品，提高这些企业对资源再利用的能力；另一方面通过税收优惠政策，可以吸引和引导社会资本投入到物资回收再利用领域中来。

为了适应形势发展的要求，我们必须在新一轮税制改革中制定促进循环经济发展的税收政策。一是本着区别对待的原则，专门制定适应循环经济发展要求的税收政策。二是以鼓励技术创新为突破口，提高税收政策的科技导向，起到典型示范作用。

(5) 引导绿色消费，开展绿色教育

倡导绿色消费政策来推动循环经济发展是构建循环经济的重要环节。绿色消费的含义：倡导消费未被污染或者有助于公众健康的绿色产品；在消费过程中注重对垃圾的处置，不造成环境污染；引导消费者转变消费观念，注重环保，节约资源和能源，改变公众对环境损害的消费方式。在消费引导方面，各级政府应起表率作用，在政府采购中确定购买循环经济产品的法定比例，推动政府绿色采购，从而影响企业和公众消费。

绿色教育政策包括：在义务教育阶段、大学教育、在职培训、社区居民学习当中普及循环经济知识；经常举办环境污染案例听证会，加强环境案件的社会影响；加强舆论宣传，强化环境意识，新闻媒体对绿色产品类的广告予以优惠，政府部门带头使用绿色产品并定期公布环境质量状况；广泛宣传普及生态知识、循环经济知识和相关法律法规，引导社会公众树立科学的价值观，倡导文明生活方式和绿色消费理念；增强公众参与、监督环境保护的自觉性和积极性，营造绿色优先的社会氛围。

2. 政府对循环经济发展的监督与管理作用

(1) 建立健全循环经济法律体系

构建健全的循环经济法律法规体系，是促进我国经济发展、建设资源节约型和环境友好型社会的一个基本保障，也是确保循环经济健康发展的长效机制。政府要通过完善法律法规，对循环经济加以规范，做到有法可依，有章可循，形成有利于循环经济发展的法律环境，协调经济发展、资源利用和环境保护三者关系，促进经济持续发展，提高资源利用效率，强化环境保护，实现人与自然、人与社会和谐发展。结合我国现实，借鉴发达国家立法经验，我国的循环经济立法应该是由综合法、专项法、基本法、行政法规、地方法规和行政规章相结合构建的循环经济法律体系；既要注重污染和资源浪费的预防，又要注重废弃物排放的末端治理。要使循环经济立法更好地服务于循环经济建设和节约型社会的建立，需要不断地研究和探索。

(2) 建立促进循环经济发展的政策制度

从政策角度来看，政府需要制定适合我国国情的循环经济中长期发展规划，循环经济相关理论要将提高资源利用效率、减少资源消耗量和污染产生量纳入国家发展的战略目标。政府还要改革现行的经济核算体系，从企业到国家，建立一套绿色经济核算制度和绿色国民经济核算体系。核算体系改革的核心是改变传统国民生产总值统计为绿色国内生产总值，将自然资源的消耗和环境污染破坏的损失纳入经济核算体系中，引导企业自觉树立循环经济理念，走循环经济发展之路，增强企业自身的竞争力。加强循环经济的各项法规、政策实施的监督管理工作。政府应带头履行好管理者职责，并加强监管。

(3) 构建绿色税收体系

除了法制、政策等管制与约束方式以外，政府积极主动构建绿色税收体系也是促进循环经济发展的一个重要方面。要修改整体税收结构和体制，建立新型税收体系，以利于循环经济的管理与监督。目前，我国整体税收体系已有大幅度调整，并不断地做出修正，以适应社会经济的发展。但是，从循环经济的角度来看，现有税收体系还是存在着一些问题。

1) 较多地通过征收排污费以抑制污染。这种方法虽然起到了一定的抑制污染的作用，但随着污染的日益严重，排污收费制度日益暴露出其弊端。过低的排污收费标准难以解决环保资金严重不足的问题，并且其实际征收情况非常不理想。同时，排污收费成本过高。排污收费的具体办法可根据污染物浓度或总量等征收控制，有不同的标准可供选择，但都需要对有关指标逐一测定，加重征收成本。

2) 有关税种的设计不利于循环经济的实施。资源税以调节级差收入为主要目的，征税范围较窄，计税依据不合理，税率偏低，带来资源开采、使用中的负外部性问题，严重限制了资源税应有的保护环境的作用；消费税范围狭窄，没有将以煤炭能源消费为主体的大气污染纳入征收范围；城市维护建设税的税基不稳定，影响环保资金的来源；车船使用税没有对车船由于性能、耗油、尾气排放量的不同对环境损害程度不同等因素加以考虑，纳税人的税收负担与车船对环境的污染程度没有直接关系等。

由此可见，我国的税收"绿色"程度还应加大，做进一步的调整和修改。其调整方式主要可以从以下几个角度着手。完善现行税收中有关环保的规定，对于资源税而言，扩大征税范围，将一些重要资源列入其中，如水资源、森林资源、草场资源等；改进计税方法，采用定额税率，对使用量差额计征，以提高资源利用率；建立绿色关税体系，对污染环境、影响生态、可能造成环境破坏的进口产品征收进口附加税；完善其他税种中的环保条款，调整消费税、城建税等相关税种，以促进循环经济的发展。开征环境保护税，改变我国以前以收费罚款的方式限制污染、保护环境的做法，将多数环境保护的收费项目纳入环境保护税的范围。采取分步进行、循序渐进的办法，先从重点污染和易于征管的对象入手，然后不断扩大征税范围，逐步完善。

六、循环经济的运行杠杆

(一) 建立生态园区平台，加快循环经济利益主体的形成

生态工业园区是依据循环经济理论和工业生态学原理设计而成的一种新型工业组织形态，是生态工业的聚集场所。生态工业园区作为循环经济一个重要的发展形态，通过模拟自然生态系统建立工业系统"生产者—消费者—分解者"的循环途径和食物链网，采用废物交换、清洁生产等手段，使一个企业产生的副产品或废物可以用作另一个工厂的原材料，实现物质闭环循环和能量多级开发利用，从而形成一个相互依存、类似自然生态系统食物链过程的工业生态系统。

生态工业园区克服了在单个企业层面上推行清洁生产，发展循环经济的局限而日益受到重视。利用生态系统整体性原理，将各种原料、产品、副产物乃至所排放的废物，利用其物理、化学成分间的相互联系、相互作用、互为因果的生态产业链，组成一个结构与功能协调的共生网络经济系统。

(二) 坚持创新是循环经济的发展动力

(1) 创新是推动循环经济系统发展的内在动力

虽然循环经济可以凭借已有产业链以及原

有产业结构的调整和整合实现自我完善,但是循环经济的快速发展和经济增长质量的提高,还需要依靠不断开拓循环经济新的增长点,需要依靠企业创新、产业创新来带动整个社会的循环经济创新。创新是循环经济快速发展的动力,主要表现在:循环经济创新可以优化、整合社会内的创新资源,提高创新能力,形成创新合力;创新可以提高资源利用率,优化产业结构;创新有利于生态环境的保护和改良;提高创新能力可以提高企业自身对先进技术的消化、吸收能力,逐步形成企业的自主创新能力。

(2)科技创新是循环经济发展的关键

科技创新是提高资源利用效率的主要途径。经济学的一个基本假定是资源的稀缺性,但是科技进步可以缓解资源的稀缺程度:一方面,科技进步可以提高资源的利用效率,从而使最大可能的产量组合尽可能向生产可能性边界靠近;另一方面,科技进步可以使几年前还难以想象其利用价值的物质成为今天宝贵的资源,为人类突破资源供给的限制带来了希望,使生产可能性边界向外扩张。科技创新是优化产业结构的主导力量。科技创新有利于生态环境的保护和改良。

(3)制度创新是循环经济发展的保障

循环经济的发展需要改变现有的利益格局,要求把生态环境和基本资源作为生产要素进入市场流通,这就必须从制度创新入手,设计一种新制度框架,明确生态环境和基本资源的产权关系,并制定和实施一系列相互配套、切实有效的政策和举措,从而影响经济社会发展的绩效。进一步深化经济体制改革,建立起完善的社会主义市场经济体制。推进循环经济的发展,建设资源节约型、环境友好型社会需要完善的市场经济体制,需要坚定不移地深化经济体制改革,更大限度地发挥市场在资源配置中的基础作用。

我国循环经济发展目前正处于起步和发展阶段。在这个关键阶段,建立明确深刻的循环经济理论体系框架将有利于循环经济的宏观调控和微观操作机制,有效地将企业活动与循环经济联系起来,从而建立一种持续、快速发展的循环经济系统。

第四节 循环经济相关理论

一、循环经济的自然科学基础

(一)热力学定律

热力学是关于能量的科学。一个"开放"的系统是与其环境有能量和物质交换的系统,而"封闭"系统与其环境存在能量交换但没有物质交换。一个"孤立"系统与其环境既没有物质交换也没有能量交换。

根据热力学第一定律,能量既不会凭空产生也不会凭空消失,只能从一种形式转化为另一种形式,物质和能量是守恒的。这一定律指出,物质和能量既不能被消灭也不能被创造,一度曾被无神论当作宇宙永恒的根据。热力学第二定律是描述热量的传递方向的:分子有规则运动的机械能可以完全转化为分子无规则运动的热能,热能却不能完全转化为机械能。热力学第二定律有多种表述方式,常用的是以下两种。开尔文表述:不可能从单一热源吸取热量,使之完全变为有用的功而不产生其他影响。克劳修斯表述:热量不能自发地从低温物体传到高温物体。这两种表述分别揭示了热功转换过程和热传导过程的不可逆性。第二定律和第一定律不同,第一定律否定了创造能量和消灭能量的可能性,第二定律阐明了过程进行的方向性,否定了以特殊方式利用能量的可能性。在孤立系统内对可逆过程而言,系统的总熵保持不变;对不可逆过程而言,系统的总熵是增加的。这个规律叫作熵增加原理。这也是热力学第二定律的又一种表述。熵的增加表示系统从概率小的状态向概率大的状态演变,也就是从比较有规则、有秩序的状态向更无规则、更无秩序的状态演变。熵体现了系统的统计性质。

热力学定律与循环经济有着密切的关系。经济学家乔治斯库·罗根将热力学定律描述为"经济短缺的主根"。他认为:物质转化需要做功,因此需要能量。因为人类整体系统的能量输入——太阳能辐射地球的速率是一定的,所以人类的经济发展受到了太阳能速率的限制。但是化石燃料是由埋藏在地下的古生物经长期自然演化形成的燃料。而目前我们所能探明的化石燃料是有限的,只能维持人类社会几百年甚至仅有几十年的能量需求。如果缺乏与化石燃料相似质量的燃料,人类社会可能会回到工业革命以前的阶段。

热力学通常认为只要有足够的能量,物质的完全循环在理论上是可行的。这为我们实现循环经济起到了很好的理论支撑,同时也为循环经济的发展指明了道路。但是根据目前人类的科技研究水平,实现物质的百分之百循环是非常困难的,并且需要大量能量的输入。从成本角度考虑,一味追求物质的循环效率,对人类经济发展速度的影响是负面的。因此,一方面我们要将精力投入到提高物质循环效率上,另一方面我们也要在现有经济水平下,实现广义的物质循环。

通常所说的物质循环主要包括两个层面:一是企业内部生产废弃物的回收再加工,二是消费后废旧物资的回收利用。在传统的物质循环模式下,参与循环的主体多为单个生产企业或物资回收公司,较少出现企业间的合作行为,社会上也并未形成具有较高技术水平的回收产业,并未能从根本上解决经济、资源、环境的持续发展问题。因此,实现一种社会层面上的广义的经济循环,由政府、企业、消费者共同合作,寻求各个集团的利益共同点,在物质消费的每一个环节都尽可能实现物质的有效循环,才是实现可持续发展的有效道路。可以肯定的是,将热力学定律和循环经济中物质循环和能量流动理论应用于人类社会经济系统的研究具有非常深远的意义。虽然目前在人类经济系统中,物质的完全循环是无法实现的,但是随着科学技术的进步和人类思想的转变,人们可以尽量提高物质循环的效率,以达到整个经济系统的持续发展。

(二) 系统论

系统是由相互作用和相互依赖的若干部分(要素)组成的、具有确定功能的有机整体。系统是普遍存在的。在自然界领域中,大至太阳和八大行星组成的太阳系,小至由原子核和核外电子组成的原子,都可以看成一个系统。同样在社会领域里,整个人类社会是由经济系统、政治系统、文化系统、军事系统等构成的大系统。经济系统又由农业系统、工业系统、商业系统和交通系统等子系统构成。系统具有共同的特点:整体性、层次性、目的性、稳定性、突变性、开放性、自组织性和相似性这 8 种特性。

运用系统论的方法来研究问题,就必须对循环经济进行系统的分析。在系统的要素方面,循环经济是由经济、资源、环境、企业、科技、社会、人口这 7 个子系统构成的。这 7 个子系统之间相互制约、相互依赖,具有各自不同的功能,从而构成了循环经济系统的整体功能。

熵可以描述某个系统的存在状态,而且熵的变化还可以表现出系统演化的方向。地球上各种自然资源不是孤立存在的,而是相互联系、相互制约,共同构成一个有机整体。把一定空间范围内各种自然资源相互联系所构成的同一整体称为自然资源系统,其状态及其变化可以用自然资源系统熵来表示,也就是指某一自然资源系统内部各种自然资源不能被利用程度的综合指标,其熵值低表明该资源系统的开发利用比较合理,无用消耗较少;反之,则说明自然资源的开发利用不合理,无用消耗较多。所以,自然资源系统熵是表征某一地区自然资源开发利用是否科学合理的重要参数,可用于自然资源综合评价及资源决策。

(三) 自组织理论

理论物理学家认为,从组织的进化形式来看,可以把组织分为两类:他组织和自组织。如果一个系统靠外部指令而形成组织,就是他组织;如果不存在外部指令,系统按照相互默契的某种规则,各尽其责而又协调地自动形成有序结构,就是自组织。自组织现象无论在自然界还是在人类社会中都普遍存在。一个系统自组织功能愈强,其保持和产生新功能的能力也就愈强。

自组织理论是20世纪60年代末期开始建立并发展起来的一种系统理论。它的研究对象主要是复杂自组织系统(生命系统、社会系统)的形成和发展机制问题,即在一定条件下,系统是如何自动地由无序走向有序,由低级有序走向高级有序的。20世纪六七十年代兴起的耗散结构理论、协同理论、超循环理论、突变理论、混沌理论和分形理论是以系统的发生、发展为重点,探讨系统组织演化问题。

系统自组织理论使我们认识到,充分开放是系统自组织演化的前提条件。非线性相互作用是自组织系统演化的内在动力,涨落成为系统自组织演化的最初诱因,循环是系统自组织演化的组织形式,相变和分叉体现了系统自组织演化方式的多样性,混沌和分形揭示了从简单到复杂的系统自组织演化的图景。

首先,循环经济系统是一个开放的系统,系统中的各元素不断地与外界进行着能量与物质的交换,且受到环境的重大影响。其次,循环经济系统处于远离平衡的非线性区。经济的发展时涨时落,自行协调,是处于非平衡状态的时空有序状态。再次,循环经济系统是具有非线性的动力学过程。即在循环经济系统中,经济与生态、环境和资源具有一种正负反馈机制,相互影响、相互制约。正是这种正负反馈机制,使循环经济系统对环境具有一定的自组织能力,能通过结构、功能、涨落的调节,使循环经济系统不断地形成新的稳定的有序结构。

生命系统、社会经济系统都是耗散结构,具有丰富的层次和结构。这些系统内部不断产生正熵流,使系统朝着混乱的方向发展。为维持自身在空间、时间或功能上的有序状态,系统要不断地从外界引入负熵流,进行新陈代谢过程。耗散系统中局部的微小事件,其效应是通过某些复杂的非线性机制的不断放大,促使系统自组织产生新的有序结构和新的功能。

总之,只有遵循自组织超循环运行规律,将循环经济的物质循环纳入整个生态物质循环系统之内,并通过培育循环经济的"外催化剂"来促进"内催化剂"的形成并强化"内催化剂"对循环经济的驱动力和耦合力,才能加速循环经济和循环型社会的形成,最终实现社会、经济和环境的可持续发展。

(四) 信息论

现代科学研究表明,物质、能量和信息是构成世界的三大基本要素,在系统内部各要素以及系统与环境相互作用过程中不仅存在着物质和能量的交换,而且存在着信息的交换。信息论可以分成两种:狭义信息论与广义信息论。狭义信息论是关于通信技术的理论,它是以数学方法研究通信技术中关于信息的传输和变化规律的一门科学。广义信息论,则超出了通信技术的范围来研究信息问题,它以各种系统、各门学科中的信息为对象,广泛地研究信息的本质和特点,以及信息的取得、计量、传输、储存、处理、控制和利用的一般规律。信息论为控制论、自动化技术和现代化通信技术奠定了理论基础,为研究遗传密码和生命系统开辟了新的途径,为管理科学化和决策科学性提供了思想武器,将进一步提高人类认识与改造自然的能力。最具权威的定义由申农于1948年提出,他认为信息是用来消除不确定性的东西。其概念可以用以下公式表示:

$$I = U_0 - U$$

式中,I 为信息接受者所接受的信息;

U_0 为信息接受者在接收信息以前对事物的不确定性;

U 为信息接收者在接收到信息之后对事物的不确定性。

信息具有不可替代性、不可相加性、不可逆性、非磨损性、不可分性、共享性和无限增值性。信息的这些特点决定了信息与一般的生产要素有着本质的区别,当信息成为知识增长的要素后,经济增长方式会发生根本性的变化,经济的高速、持续增长也就有了可能。因此,发挥信息的优势,将信息转化为经济发展的主要生产要素,对实现循环经济有着积极的作用。

二、循环经济的哲学基础

马克思主义是我国当代社会发展的指导性理论,也是当前我国发展循环经济的理论基石。生态文明是马克思主义理论体系的应有之义,面对全球生态危机,对马克思、恩格斯的有关思想进行研究,挖掘马克思主义理论体系中蕴含的哲学思想精华以指导循环经济,对于循环经济的建立和发展有着极其积极的意义。

人类要按自然规律办事,从必然王国走向自由王国。人类只有认识自然规律,遵循自然规律,按客观规律办事,自然才会向着有利于人类社会的方向发展。否则,人类就会受到自然的报复。马克思说:"不以伟大的自然规律为依据的人类计划,只会带来灾难。"恩格斯则指出,我们必须时时记住:我们统治自然界,决不像征服者统治异民族一样,相反地,我们连同我们的肉、血和头脑都是属于自然界,存在于自然界的。我们对自然界的整个统治,是在于我们比其他一切动物强,能够正确认识和运用自然规律。

自然生态系统在长期演化过程中有着内在的生态规律,制约着生态系统的各要素包括人类的活动。传统的工业经济只考虑工业生产过程本身的线性联系,是一种"资源—产品—污染排放"单向流动的线性经济,即把资源不断变成垃圾的运动,通过反向增长的自然代价来实现经济的数量型增长。由于垃圾的增长速度大于自然界的分解能力,违背了自然界的生态规律,所以造成生态环境的急剧恶化。而循环经济遵循自然生态长期演化而来的自组织法则,循环经济是物质闭环流动型经济,它倡导一种与地球和谐的经济发展模式,它要求把经济活动组成一个"资源—产品—再生资源"的反馈式流程,所有的物质和能源都要在这个不断进行的经济循环中得到合理而持久的利用。

联系是指事物之间以及事物内部各要素之间的相互影响、相互制约的关系。事物之间的联系具有普遍性:任何事物的各个部分、要素和环节是相互联系的;任何事物都与周围的其他事物相互联系着;事物的过去、现在、将来也存在着联系;整个世界是一个相互联系的统一整体。循环经济的发展则是遵循普遍联系的理论。在循环经济的观点中,每一个生产环节生产出的废料通过充分的加工利用,都可能成为另一个环节的原料,每一个企业都不是孤立存在的。一个企业生产出的废物通过适当的利用,也可能成为另一个企业价廉质优的原材料。循环经济充分考虑到工业生产整体及其各个环节的关联,考虑到工业生产与自然生态环境的关联,反映了一种普遍联系的哲学观点。

一切事物都是不断地在变化和发展的,必须用发展的观点来对待一切事物。也就是说,要在变化和发展的过程中去考察事物,不仅要看到事物的现状,而且要看到事物的过去和将来,要使自己的思想适应变化了的情况。而要这样做,就必须克服那种否认事物的变化和发展,把事物看成静止不变的思想和做法。

发展并不是对原有事物的简单否定,而是建设性、创造性的发展。发展与继承是统一的,没有继承与积累也就没有发展。新生事物的发展并没有抛弃旧事物中的一切因素,而是保留了旧事物中一切合理的因素,变得更加全面。新生事物的发展是以旧事物的存在为条件,发展的高级阶段是以低级阶段为基础。

循环经济的产生并不是对传统生产模式的全面否定,而是在传统模式的基础上,运用减量化、再利用、资源化原则,不断地创新生产流程工艺,提高资源利用效率,形成一种更为科学、对环境和资源压力最小的生产模式。循环经济为工业化以来的传统经济转向可持续发展的经济提供了战略性的理论范式,从而从根本上消解长期以来环境、资源与发展之间的尖锐冲突。

三、循环经济的经济学基础

(一)经济学

1.古典和新古典经济学对循环经济的关注

1776年,亚当·斯密在《国富论》中提出了国富就是生产力的论断,强调经济首先应当注意生产力发展。新古典经济理论主张建立生产和消费的平衡关系,保持供应和需求的平衡,使资源得到最优的配置即帕累托最优。在马歇尔的《经济学原理》中,包括了较多的环境和资源经济内容。马歇尔除了认同古典经济学家对资源环境的分析之外,深刻阐述了资源环境为生产提供要素投入的功能。经济学家对资源、环境与生产的关注及贡献见表13-1-1。

表13-1-1 西方学者对生态经济的贡献

姓名	主要文献
斯密	认为财富的源泉是劳动,在处理个人利益和社会利益上强调市场"无形的手"的作用,提倡自由经济,反对管制
马尔萨斯	首次提出人类自身种群的繁衍和赖以生存的食物数量之间的矛盾,即人口的增长比物质增长更快的矛盾;首次提出了生态学中的种群生存的环境负荷问题
李嘉图	提出了级差地租理论,将物质投入和区域总生产联系起来,阐述了资源状况对经济发展的影响
卡尔	提出了物质—能量之间的一般规律、物质不灭和熵增原理
达尔文	运用物竞天择、适者生存的学说,阐明了自然界物种的形成、变异、适应、竞争进化和协调进化等生物学共有的一般规律
米勒	拓展了亚当·斯密关于个人和社会行为之间的关系,认为所有权的使用和其他一些社会责任是市场经济的基础;同时还阐述了竞争性经济对自由的重要性;把生产要素概括为人口增长、资本积累、技术进步和自然资源,并逐一分析了它们与经济增长的关系;还认为分配规律是人为的、可以改变。其经济理论被认为是西方经济学历史上的第一次综合
海克尔	边际效用价值研究的先驱,首先意识到能源对经济社会发展的重要性。首先对生态学加以定义,并指出生态学是研究有机体与外部世界关系的一般学科,外部世界是广义的生存条件
斯坦利·杰文斯	将生态问题和经济问题纳入一个体系加以考察,揭示了能量流动的非线性动态性质
庇古和科斯	在存在外部性的条件下,可采用税收来弥补私人成本和社会成本之间的差距,以实现资源的优化配置,构成了新古典主义《福利经济学》的基本框架;科斯认为只要产权明晰,私人之间的交易活动不存在交易成本,则私人之间达成的契约可以解决外部效应所引起的问题,实现资源的最优配置
霍泰林	研究了资源稀缺性和租金的动态变化,得出了资源稀缺性租金的动态变化,在最优化的表现方式上,租金率的变化与社会贴现率相等

2.外部性与库兹涅茨曲线理论

(1)外部性理论

由马歇尔提出的所谓外部性是指当一种消费或生产活动不通过价格对其他消费或生产活动产生影响,而这种影响又没有通过市场价格反映出来时,就产生外部性。外部性是市场失灵的一种现象,即市场机制本身无法实现帕累托效率最优。对外部性的解决办法主要是:①征收庇古税。英国经济学家阿瑟·庇古认为,解决外部性的方法是对污染方强行征收与其逃避的成本或未负担的费用相当的税金。②明晰产权。罗纳德·科斯提出无论资源的所有权最初如何分配,在交易成本为零的条件下,只要界定产权,就可解决外部性引发的问题。外部性一类现象可借助市场来"内部化",从而实现资源的最优配置。事实证明,以上两种方法在遏制环境恶化上的确发挥了一定作用,但无法从根本上扭转环境恶化的趋势。征收庇古税可能引发环境污染的进一步恶化,因为如果征税的数额没有超过污染所带来的收益,那么企业一定不会采取环保措施。明确所有物品的产权也是行不通的,因为在现实生活中的交易成本是不可能为零的。产权明晰的成本将是十分巨大的,而且,并不是所有的东西都可以明确产权的,即使产权明晰,在侵权后借助法律来解决问题,其效率也是极其低下的。

(2)库兹涅茨曲线理论

库兹涅茨曲线理论认为,伴随一国人均收入的上升,人均污染排放量呈现先升后降的倒"U"形。其隐含之意是传统经济增长对环境不仅不是威胁,还会带来环境的改善。后来的实证研究文献显示,就二氧化碳排放量而言,确实存在一个由升转降的拐点,但此拐点的人均收入水平比目前任何一个国家的收入水平都要高得多,因此,即使这个拐点存在,对于目前人类的环境保护也无法起到任何积极的作用,一旦盲目地将其应用到社会经济发展的各个阶段(纵向)、全球范围内的各个国家、各个领域(横向),那么对这一时空域的盲目性、主观性的扩张,势必会造成该理论的失效,最终成为谬误。在传统经济学解决环境污染手足无措的情况下,证明循环经济以资源化、减量化、再利用为原则,从根本上减少对传统能源的依赖,减少对环境污染的压力,实现物质和能量最大限度的循环利用,才是解决环境、资源、生态危机的根本之道。

3.经济学的激励机制

(1)供求理论

需求是指消费者在某一个特定的时期内,在每一价格水平上愿意并且能够购买的商品数量。在消费者的收入一定的情况下,如果价格下降,可以引起消费者对该种商品的需求上涨,如果价格上升,消费者将减少对该种商品的需求。供给是指生产者在某一特定时期内,在每一个价格水平上愿意并且能够供应的商品量,对于生产者而言,在其他条件不变的情况下,价格越高,生产和销售商品的动力就越强,生产和销售商品也就越多;价格越低,参与生产销售商品的厂家越少,所能供应的商品越少。需求和供给的关系是当供给量与需求量相等时,市场达到均衡状态。

循环经济的实现层次分为三层:企业层次、园区经济层次、社会层次。其中,企业是实现循环经济的最基本单位,也是实现循环经济的基础。在企业的经营过程中,经理层不一定总是以利润最大化为目标,如有时通过追求收入最大化支付红利以满足股东的利益,为避免风险而影响决策等。即便如此,对于经理层来讲,追求利润最大化以外的其他目标的自由度是有限的。因为一味如此,可能会在市场竞争中失败,或者因为不能满足资源所有者的利益而被撤换。因此,经济学上关于追求利润最大化的假说是合理的。在以利润最大化为目标的前提下,假设一个造纸企业A不采用任何环保措施,将产生的废水直接排放至下游的河水中,则认为在废水处理中的费用为零,此时生产1单位产品成本为1,市场的平均价格为1.5,因此该企业愿意以1.5的价格出售产品。如果该企业购入先进技术,使生产过程中产生的废水能够得到二次利用,由于设备的投入导致产品成本上升为1.8,而此时的市场均衡价格仍然为1.5,则该企业的产品无法出售,或者每出售1单位的产品,将面临损失0.3的风险。因此,A企业一定不会主动购买废水处理设备,对环境造成的污染也不愿承担任何责任。

(2)替代效应

资源按是否可更新可以分为不可再生资源和可再生资源。不可再生资源是指资源的储量(存量)一定,随着人们对资源的开发利用,其储量不断减少,最终会耗尽。可再生资源是指资源的储量在自然过程中或在人类参与下可以更新产生或持续地补充。由于人类经济的高速发展,对于能源的利用速率高涨,石油、煤等不可再生资源已经明显不能满足人类的需求。循环经济并不能实现资源100%的循环利用,也就是说不可再生资源的耗竭还是很有可能出现的。因此,寻求可替代的可再生资源将是解决全世界能源危机的有效方法。循环经济应是在生态极限范围内的循环,而再循环的关键是追求资源利用的合理性和可持续性。资源的利用和资源的必需性有很大的关系。因为不可再生资源的数量是有限的,从长远的目光来看,随着资源的利用,这种资源将会不断地减少,这样一种不可再生资源作为投入若是必需的,则生产和消费将不可能无限维持下去。产出的状况取决于不可再生资源能够被其他资源替代的程度以及这种替代发生时的产出行为。在某种程度上自然资源可以相互代替,这是自然资源的一个特点。

(二)生态经济学

生态经济学是一门边缘学科,是综合不同学科(包括生态学、经济学、生物物理学、伦理学、系统论等)的思想,分析目前人类系统所产生的问题及其对地球生态系统的影响,进而研究整个地球生态系统和人类经济亚系统应该如何运行才能达到可持续发展的科学。

1.生态学理论

(1)生态学的产生和发展

生态学的形成和发展经历了一个漫长的历史过程,其主要思想来源于古希腊的亚里士多德以及18世纪达尔文的进化论等。生态学这个词来源于古希腊语,是住所或栖息地的意思。但是其作为一个科学名词,是由德国动物学家恩斯特·海克尔于1866年在其所著《普通生物形态学》一书中首先提出来的,他认为生态学是研究生物在其生活过程中与环境的关系,尤其是指动物有机体与其他动物、植物之间的互惠或者敌对关系,是一门关于自然的经济学,因此,对于人类来说,经济学就是人类的生态学。人类及其与环境的关系对于生态学而言是一个主要的研究范围。因此,从作为一门科学开始,生态学就已经具有了把人类和社会科学合并到生态学中的思想。但是这些并没有变成现实,社会科学中有一个趋向是,他们认为人类活动从某种意义上说可以游离在其他动物的规则和限制以外,而且生态学家也并不坚持将生态学的思想扩展到人类。

生态学发展到20世纪中叶,工业的高度发展和人口的大量增多带来了许多全球性的问题,这些问题关系到人类的发展,甚至涉及人类的生存和死亡。人类居住环境的污染、自然资源的破坏迅速改变着人类自身的生存环境,造成了对人类未来生活的威胁。这些问题的出现给今天生态学的发展带来了许多新的课题。

(2)生态学理论对于循环经济的指导意义

生态平衡与生态阈限原理是发展循环经济必须遵循的基本生态规律。在生态学中认为,经济体系是生态系统共生的子系统,经济系统的发展必然要遵循基本的生态规律。在经济发展中重视生态平衡和生态阈限,无论是对资源的利用还是对生态的影响,都要给予生态系统自身调整和喘息的机会。一味地向自然界索取人类生存所需的物质资料并向环境中排放废弃物,只能引起生态系统超过其自身调节能力,导致不可恢复的生态系统崩溃。循环经济则要以生态平衡和生态阈限作为发展的基本生态规律,实现可持续发展的目标。

共生共存、协调发展原理是循环经济的根本目的。循环经济的根本目的就是实现人类与经济系统、生态系统协调发展,共生共存。在传统的经济学中,总是将经济发展的地位优先于生态系统的发展,因此形成了以损失生态系统为代价的经济高速发展。但是,事实证明,将经济系统凌驾于生态系统之上的发展模式是错误的。因此,实现经济发展与生态系统和谐共生,将经济系统的发展与生态系统发展相联系,才能解决目前面临的各种生态问题。

循环再生原理是循环经济的本质。循环经济的本质就是要对人类复合生态系统破缺的结构和功能进行重新耦合,再次实现生态系统的物质循环和再生利用。当然,这一工程是十分复杂的,需要人类不断发展新的理念、运用新的技术,以一种全新的价值观对待生态系统。

2.生态经济学的研究对象

就其一般意义来说,生态经济学的研究对象是生态经济系统。它是从生态学和经济学的结合上,以生态学原理为基础、经济学理论为主导,以人类经济活动为中心,围绕着人类经济活动与自然生态之间相互发展的关系这个主题,研究生态系统和经济系统相互作用所形成的生态经济系统。

生态经济学不是一般地研究生态系统和经济系统的相互关系,而是研究作为整体的生态系统和经济系统统一有机体运动发展的规律性。社会物质资料生产和再生产的运动过程,是人类和自然之间进行物质交换的运动过程。因此,社会物质资料再生产运动不断进行,人类不断占有自然物质的有用形态,同时不断将废弃物和排泄物返回自然。人类就是这样不断往复循环地和自然进行物质交换,这是人和自然的最基本的关系，也是经济系统和生态系统最本质的联系。这种相关的联系是以物质循环、能量流动、信息传递和价值增值为纽带,把生态系统和经济系统耦合成为生态经济有机整体的。这一有机整体的运动发展是生态经济系统运动发展的表现。在此基础上构成了生态经济学的研究对象。因此可以说,生态经济学是研究社会物质资料生产和再生产运动过程中经济系统与生态系统之间物质循环、能量流动、信息传递、价值转移和增值以及四者内在联系的一般规律及其应用的科学。

3. 生态经济学的基本理论

(1) 生态经济系统研究

生态系统是指一定时空范围内,由生物因素与环境因素相互作用、相互影响所构成的综合体,是生命系统与环境系统在特定空间的组合。生态系统是由有生命的生物群落和无生命的无机环境组成,主要包括:无机环境、生产者、消费者和分解者。这四种因素相互影响、相互配合,在生态系统中起着重要的不可替代的作用。经济系统是生产力系统和生产关系系统在一定的地理环境和社会制度下的组合。经济系统一般由三个系统组成:生产资料所有制系统及相应的生产关系系统、生产力系统、经济运行系统,主要包括生产、交换、分配和消费四个环节,这四个环节各具有不同的功能,相互之间存在着内在的必然联系和衔接关系。

生态经济系统是由生态系统和经济系统相互交织、相互作用、相互混合而成的复合系统。在生态系统与经济系统之间有物质、能量和信息的交换,与此同时,还存在着价值循环与转换。因而,生态经济系统是一个具有独立的特征、结构和机能的生态经济复合体;是一个能利用各种自然资源和社会经济、技术条件,形成生态经济合力,产生生态经济功能和效益的单元。生态经济系统是由生态系统和经济系统组成的一个复合系统,所以一般认为生态经济系统的组成包括人口、环境、科技与信息等基本要素。

(2) 生态经济系统的物质循环和能量流动

生态经济系统中存在着物质循环和能量流动,并且在系统中这种循环和流动是普遍存在的。物质循环和能量流动是生态经济系统最主要的功能,正因为有物质循环和能量流动才使得生态经济系统可以存在和发展,能量流动推动了物质循环,物质循环带动能量流动,两者相互联系、不可分割。

1) 物质循环。人类经济活动从环境中获取各种资源,经过生产和消费,又将其释放到环境中,产生了一个封闭的物质循环。如果人类的经济规模适合,将和自然生态系统以及环境相协调,使这种循环持续地进行下去。在目前的经济发展中忽略了这种循环,并因此引发各种问题,阻碍了经济的发展。

2) 能量的流动。生态系统的维持和运行是靠太阳能,人类经济系统的运行和发展同样也是靠太阳能来维持,整个地球系统都是以太阳能作为运行基础,也就是说没有太阳能就没有生态经济系统。首先,绿色植物通过光合作用获取太阳能,把无机物转化为有机物,把太阳能转化为化学能。此后植物被动物逐级消费,能量也随着物质的流动而流动。而后,通过微生物作用,把复杂的有机物分解成可溶性化合物或元素,同时,以热能的形式释放出有机物中贮存的全部能量。

此外,生态经济系统的能量还有一部分来自于地球内部的能量,除了各种绿色植物是直接利用太阳能之外,人类所用的化石燃料也间接地来自于太阳能,这些化石燃料是地质时期的绿色植物经过地质作用而形成的能源,可以说是地质时代太阳能的积累。因为形成化石燃料所需的时间相对于人类生命周期而言是相当长的,可以认为这种储蓄是固定的。所以以化石燃料为主要能量的人类经济系统不是可持续发展的,当没有能量输入的时候,这个系统就将崩溃。所以人类现在要做的,是要尽可能地提高化石燃料的利用效率,同时不断寻找其他的可替代能量,如太阳能、风能、潮汐能等清洁能源。

(3) 生态经济系统的平衡

生态经济系统平衡是指生态系统及其物质、能量供给和经济系统对这些物质、能量供给与经济系统对这些物质、能量需求之间的协调状态。生态经济系统平衡，是保持生态平衡条件下的经济平衡，其特点决定了它既是符合自然生态系统进化发展目标的经济平衡，又是符合人类经济社会发展目标的生态平衡，是生态平衡和经济平衡的辩证统一。

(三) 环境经济学

环境经济学是在社会经济发展的过程中，以及环境污染和破坏日益严重的情况下，对环境问题的科学研究进入一定阶段后才逐渐形成的一门新学科。

1. 环境经济学的形成与发展

大规模工业化在给人类带来丰富的物质生活的同时，也带来了巨大的环境问题。从20世纪70年代开始，一些经济学著作中已把环境问题作为一个主要内容来论述，也开始出现污染经济学或公害经济学的论文与著作。这不但推动了经济学的研究，也推动了环境经济学的产生，为环境科学增添了重要组成部分。

1980年，联合国环境规划署在斯德哥尔摩召开了关于"人口、资源、环境和发展"的讨论会，会议指出这四者之间是紧密联系、相互制约、相互促进的，新的发展战略要正确处理这四者之间的关系。联合国环境规划署经过对人类环境各种变化的观察分析，总结了人类管理地球的经验，决定将"环境经济"列为联合国环境规划署1981年《环境状况报告》中的第一项主题。由此表明，作为环境科学的重要分支，环境经济学已成为一门独立的学科。近年来，环境经济学快速发展、不断完善，达到了一个新的阶段。研究方向涉及宏观和微观的多个领域，在方法上也由定性分析转入定量分析，并且建立了一定的指标体系和计算模式。环境经济学是在20世纪70年代末被介绍到我国的。1978年，我国制定了《环境经济学和环境保护技术经济八年发展规划(1978—1985年)》。1980年，"中国环境管理、经济与法学学会"成立，由此推动了我国环境经济学的研究。从20世纪80年代中期以后，结合我国环境保护和经济发展的实际，借鉴国外有益经验，不少学者在环境经济学的理论体系建设和实际工作应用方面做了许多工作。总体上看，环境经济学在我国的发展可以沿着两条路径来追寻：一是环境经济学作为独立学科的建设和发展，其中包括理论发展和学科教育的完善；二是环境经济学作为经济发展政策、环境保护政策和可持续发展政策的理论基础所起的实际作用和效果。在这两个方面，环境经济学都表现出它鲜明的特点，即把环境问题作为一个经济问题来对待，从而分析环境问题的经济本质并提供有效的政策选择。环境经济学是连通经济发展与环境保护的桥梁。

2. 环境经济系统

人类通过各种经济活动方式完成与环境之间的物质和能量的交换，以提供人类社会经济发展的物质条件。在这个过程中，环境与经济同属于一个大系统，一方发生变化，必然影响到另一方。环境系统与经济系统的相互耦合，构成了环境经济这一复合的大系统。

(1) 环境系统

自然环境是由大气圈、水圈、岩石圈和生物圈四个子系统组成的复杂系统。在这四个系统中，大气圈、水圈和岩石圈三个子系统是环境系统的基础子系统；生物圈是在此基础上形成的子系统，包括动物、植物、微生物等。生物圈子系统是环境系统中最活跃的子系统，它在环境系统的物质循环、能量循环、信息传递方面有着特殊的重要作用。

(2) 经济系统

经济系统是由经济再生产、交换、分配和消费四个环节组成的相互制约的有机整体。环境系统是经济系统的自然物质基础，经济系统是在环境系统的基础上产生和发展起来的。环境系统向经济系统提供各种资源，也要承受经济系统废弃的各种物质，同时经济系统又对环境系统的保障提供资金和技术。

(3) 环境经济系统

环境经济系统是由环境系统和经济系统复合而成的大系统。环境系统和经济系统之间存在着复杂的联系。在环境与经济共同发展的过程中，通过物质、能量和信息的双方流通和相互作用，两者耦合为一个整体，即环境经济系统。作为人类生存和发展的环境经济系统，不仅受客观经济规律的制约，同时受到自然的制约。环境经济系统有其层次性和边界性。环境经济系统可从不同的角度划分为一些子系统。不同的划分方法侧重面不同，这是对环境问题从不同角度研究的需要，也是在实际工作中，在不同方面采取相应对策和措施的需要。

3.环境成本

对于环境成本的定义，目前并没有完全一致的概念。联合国统计署（UNSD）1993年发布的"环境与经济综合核算体系"中，把环境成本界定为：因自然资源数量消耗和质量减退而造成的经济损失以及环保方面的实际支出，即为了防止环境污染而发生的各种费用和为了改善环境、恢复自然资源的数量或质量而发生的各种支出。美国环境管理委员会把环境成本定义为环境损耗成本、环境保护成本、环境事务成本和环境污染消除费用。联合国国际会计和报告标准政府间专家工作组对环境成本的定义为：环境成本是指本着对环境负责的原则，为管理企业活动对环境造成的影响采取或被要求采取措施的成本，以及因企业执行环境目标和要求所付出的其他成本。

通过以上定义不难得出，环境成本包括的内容主要有：第一方面，企业活动中与环境相关的支出，这包括企业为获得环境资源的使用权所付出的成本，以及企业为弥补或改善其环境行为所付出的成本。第二方面，企业活动对环境造成的数量和质量的损失。第三方面，人类为改善环境所需要付出的所有成本。

4.环保投资效益

环保投资是为了治理环境污染、维持生态平衡而投入资金，用以转化为实物资产或取得环境效益的行为和过程。简单地说，环保投资就是用于环境保护的资金活动。需要指出的是，环保投资与环境成本是不同的概念。环境成本是指环境污染和破坏造成的经济损失，以及使环境资源得到治理、恢复和保护所需的资金。而环保投资是计划或实际用于环境资源的治理、恢复和保护的资金。

环境效益是指由于人类的活动给环境系统的生物因素和非生物因素以及整个生态系统造成某种影响而产生的效应，也可以说环境效益是指人类活动引起的环境质量变化，从而对人和其他生物产生某种影响的效果。环境效益有正效益和负效益之分。如，植树造林活动会改善生态环境，使得空气清新，气候正常，其环境效益为正值；向环境排放污染物，使得环境质量下降，就是负效益。

环保投资效益是指在环境保护方面投入的资金所带来的效益。环保投资效益可以用实现特定的环境目标所投入的资金与所获得的各种效果的集合体的对比关系来表示。环保投资效益主要体现在环保效益上，但许多环保投资项目同时也产生了很好的经济效益和社会效益。

(四) 资源经济学

1.自然资源

资源是指在一定的技术、经济条件下，能为人类利用的一切物质、能量和信息，是创造人类社会财富的源泉。其中既包括现在正为人类所使用的资源，也包括现在虽然还未被人类所利用，但将来可能被人类利用的潜在资源。资源主要有两类：一类是自然资源，主要是指自然界中人类能够开发利用的物质和条件，如光、热、土地、大气、空间、矿产、海洋、森林等；另一类是社会资源，是人类通过自身劳动，在开发利用自然资源的过程中形成的物质与精神财富，诸如人力资本、资金、技术、信息、知识、文化等。自然资源是人类社会赖以生存与发展的物质基础和保障，社会资源则决定着自然资源开发利用的效率和效果。人类社会的发展永远离不开对自然资源的开发利用。自然资源永远是人类生存与发展的物质基础和生产力发展的基本条件。联合国环境规划署（UNEP）对自然资源所下的定义为："在一定时间、地点、条件下能够产生经济价值，以提高人类当前和将来福利的自然因素和条件。"自然资源主要包括土地、水、矿产、生物、气候（光、热、降水、大气）和海洋六大资源。自然资源有两对基本矛盾：一是来自资源系统的内部，土地、水、矿产、生物、气候和海洋资源的组合与匹配,组成了不同的资源类型与资源结构;另一个是来自系统外部,表现为人类与自然资源的矛盾。在这两类矛盾中,人类与自然资源的矛盾往往起到主要的作用,人类永远占据矛盾的主要方面。自然资源的供应是有限的,而人类的需求是无限的。人类由于不合理地掠夺性滥用资源,从而导致自然资源的流失、破坏、退化甚至枯竭。为了改变这一现象,人类应该在了解自然资源的属性基础上,运用自己的智慧,合理科学地利用资源,不断提高资源的利用率,使自然资源与人类社会可持续发展。

自然资源具有可用性,一定时间和技术、经济条件下,自然资源可以满足人类利用的功效和性能;自然资源具有稀缺性,在一定的时空范围内,能够被人们利用的自然物是有限的,而人类对物质需求的欲望是无限的,两者之间的矛盾构成资源的稀缺性;自然资源具有可更新性,自然资源通过自身繁殖、复原、再生,得以年复一年或代复一代地不断推陈出新,能被持续利用;自然资源具有时效性,反映自然资源形成、数量、质量、存在的状态及利用效益随时间而变化;自然资源具有耗竭性,资源在再利用过程中导致被消耗或改变位置、形态和存在形式。了解自然资源的属性,对于实现循环经济有着十分重要的意义。只有按照自然资源的属性开采、利用、再利用资源,避免资源的耗竭,人类才能更持久地利用资源。

2. 资源产权

产权是指由于物的存在及其使用而引起的人与人之间相互认可的行为关系,即在资源稀缺条件下,人们使用资源的适当规则。产权安排确定了每个人相对于物的行为规范。产权又叫财产权,是财产所有权及相关权利的法律关系的总和,是人们在财产占有和运用方面的权利关系。产权不仅反映财产的归属,而且是以财产为基础的一系列权利,包括所有权、使用权、收益权以及转让处置权等。产权具有排他性、分割性、有限性、收益性和可交易性的特点。科斯的产权定理指出,无论资源的所有权最初如何分配,在交易成本为零的条件下,只要界定产权,就可解决外部性引发的问题。虽然科斯的产权定理并不能彻底解决外部性引发的所有资源问题,但某些资源的产权界定,仍然对解决全球环境问题有着积极的意义。对资源产权有广义和狭义的理解。广义的理解是指赋予资源权利主体的一切保护资源价值特征的权利,包括资源债权和资源物权。资源债权是指资源权利主体处置资源使自己或有债务关系的他人受益(或受损)的权利。这里的债不单是一般的借贷关系,而是泛指通过契约、侵权行为所产生的人与人之间的权利和义务关系。资源物权是指资源权利主体对资源占有、享用和处置的权利,又可以分为资源自物权和他物权两类。前者是指资源权利主体对自己所有的资源享有的权利;后者是指资源权利主体对他人所有的资源享有的权利。资源产权的狭义理解是资源债权。

资源产权是一组权利,也可称为一个权利集合,其内容主要包括:

(1) 资源所有权

资源所有权是指社会赋予资源所有者对自己所有的资源行使的排他权利。它不是一系列财产权利的集合,而仅仅是一种体现资源价值的权利,一种最完整、充分的自物权。完整的资源所有权包括资源所有者对自己所有资源行使占有、使用、收益和处置等方面的权力。不同的历史时期,对资源所有权界定的权限是不相同的。

(2) 资源使用权

资源使用权是指资源使用者在法定范围内和一定的契约关系下,对资源按其性能和用途进行实际利用的权利。在大多数情形下,资源使用权初始是界定给资源所有者的。资源使用权是派生于资源所有权而建立起来的一系列权利,是根据一定契约关系从资源所有者的资源所有权中转移让渡来的一系列权利,是一系列对资源不同用途行使利用权利的总称,并可细分为一系列不同用途的具体使用权。

(3) 资源收益权

资源收益权是指所有者和使用者在所拥有或所占有使用着的资源上获得经济利益的权利。

资源收益权对资源所有者而言，其收益是资源所有权的收益，对使用者而言，其收益因使用资源而产生，收益权与使用权紧密联系，是资源使用的结果。由于资源的所有权具有多种不同的产权形式，而资源的使用权又具有国有制下和私有制下的不同使用形式，因此，资源收益权的实现是一个复杂的问题，世界各国通行的做法是通过建立和完善适合本国国情的产权制度和相关的法律法规体系，以保证资源收益权的实现。

(4) 资源处分权

资源处分权是指资源所有者在法律规定允许的范围内对所拥有资源进行处置的权利，处分权是拥有所有权的根本标志，它最直接反映了所有者对资源的支配，其重要支配形式为资源所有权的让渡，包括出让、转让、抵押、出租等，资源处分权的行使决定着资源的归属。需要指出两点：其一是资源所有者可以依据法律将处分权转移出去，由使用者享有部分的处置权；其二，对耗竭性资源如矿产资源而言，处分权又可以分事实上的处分权和法律上的处分权，事实上的处分权是指变更或消灭矿产资源。

资源产权制度是自然资源法律制度的核心内容，是关于资源归谁所有和使用，以及资源的所有者、使用者对资源所享有的所有、使用等权利的法律规范的总称，是其他一切资源法律制度的基础。资源产权制度主要包括自然资源所有权制度和自然资源使用权制度，它们分别是自然所有制度和使用制度在法律上的反映和确认。明确产权制度将有利于降低资源交易成本，提供激励约束机制，有利于外部效应内部化。资源产权制度的制定，能够适应经济发展的需要，促进资源的市场配置，使资源产权涉及的各方面有合作的基础，最终实现自然资源有效配置的经济功能。

四、循环经济的社会学基础

(一) 创新论

1. 创新的概念

创新成为一种理论是 20 世纪初的事情。哈佛大学教授约瑟夫·熊彼特在其 1912 年德文版的《经济发展理论》一书中，运用创新理论解释了发展的概念，此书在 1934 年被译为英文版。他在 1928 年的文章《资本主义的非稳定性》中，首次提出了创新是一个过程的概念，在 1939 年出版的《商业周期》一书中比较全面地提出了创新理论，指出"创新是新技术、新发明在生产中的首次应用，是在生产系中建立新的生产函数或供应函数，是在生产体系中引进一种生产要素和生产条件的新组合"。熊彼特所说的创新包括五种情况：创造一种新产品，也就是消费者还不熟悉的产品，或者已有产品的一种新的特征；采用一种新的生产方法，这种新的方法不一定要建立在科学新发展观的基础之上，是以新的商业方式来处理某种新的产品；开辟一个新的市场，有关国家的某一制造部门以前不曾进入的市场；取得或控制原材料或半成品的一种新的供给来源，不论这种来源是已有的还是首次创造出来的；实现任何一种新的产业组织方式或企业重组。

熊彼特所说的创新，定义过于严格，过分强调经济学上的意义，忽略了商业上的初始创新至少是有同等经济价值的渐进性创新。应把对现行技术和生产系统的改造、产品质量的提高与性能的改进以及企业改革看成是创新。

2. 技术创新

实现循环经济的一个重要任务就是实现循环技术的创新，包括资源开采、利用、再利用的技术创新，环境污染处理、治理的技术创新，环境保护的技术创新，等等。通过循环技术的创新，加快循环技术进步和产业升级，是推动循环经济发展的一个重要方面。

几十年来，技术创新定义有许多观点。对几十年来在技术创新概念和定义上的多种主要观点和表述中，缪尔赛在 20 世纪 80 年代做了较系统的整理分析，得到比较被学者认可的技术创新的定义：技术创新是以其构思新颖性和成功实现为特征的有意义的非连续性事件。这一定义突出了技术创新在两方面的特殊含义：一是活动的非常规性，包括新颖性和非连续性；二是活动必须获得最终成功。应该说，这一定义是比较简练地反映了技术创新的本质和特征的。

任何技术创新活动均有一定的发生过程和发展规律。一个完整的技术创新过程是从基础研究阶段开始到市场销售阶段结束的动态发展过程。技术创新过程是一个把科学原理和工艺规则相结合的渐进过程。根据创新过程的运动方向和创新动力来源可以把活动分为四类：研究推动模式、需求拉动模式、内在驱动模式和双重驱动模式。双重驱动模式：一个技术创新活动如果既有研究推动的作用，又有需求拉动的作用，就形成了双重驱动模式。双重驱动模式服从从高层长链式向低层短链式创新靠拢的发展趋势，即当一个产业逐步趋于成熟时，它的技术创新模式就会从高层次的长链创新向低层次的短链创新模式改变，并同时从需求拉动向研究推动发展。研究双重驱动模式的运动规律对于准确把握技术创新活动发展趋势、为政府制定有关政策提供依据、指导科研机构和企业的技术企业活动及促进双方的相互合作有着重要的意义。了解技术创新将有助于政府激发技术创新的动力。如正确引导消费者对绿色产品的消费、激发消费者对可循环使用产品的需求以促进技术创新，同时在研究方面，给予循环技术创新较高的奖励措施，加快技术创新的步伐。

3. 创新环境

创新环境就是指对创新者产生影响的非创新对象客体，它既包括各种外部条件，也包括主体对外部条件的感应。对特定的创新活动而言，它支持或约束着创新活动中的主体，同时又与主体的诸多因素发生相互作用而形成一个创新的空间。为实现循环经济的创新，营造一个健康的创新环境是十分必要的。宽松的创新环境可以为创新活动带来激励作用，从而实现创新的飞速发展。

(1) 社会、制度环境

社会环境中的诸多因素影响和制约着人类的创新活动。研究社会环境中影响创新发展的主要因素，对提高循环经济的创新能力无疑是有意义的。

我国是一个历史悠久的文明古国，我们的中华民族创造了许多的物质文明和精神文明成就，显示了中华民族的聪明才智、创造精神和不屈不挠的顽强意志，对人类文明的发展做出了巨大贡献。但是我们也应该看到，在中华民族的传统文化中，除了有利于创新的因素外，也存在不利于创新的因素：在我们的传统文化中存在着保守的倾向，孔子教导人"乐天知命"，在为人处世方面，"知足常乐""安分守己""明哲保身"等保守思想对人们有着深刻的影响，遏制了中华民族的创新精神。

创新活动面对的是一个不确定的世界，这种不确定性分为自然的不确定性和社会的不确定性。人与自然之间的关系是创新系统内部自发形成的一种随机性，这种不确定性既是创新活动存在的根据，也会给创新活动带来障碍。制度环境则具有克服这种障碍的功能。制度会降低社会的不确定性程度，进而为提高技术创新或知识创新的效率提供一种比较稳定的秩序。它在制约机会的同时，也降低了创新的风险性。同时它的存在还降低了创新过程的交易费用，即通过制度来消除交易方式中的部分不确定性，降低交易费用。在给定资源的状况下，恰当的制度安排是创新绩效最大化的重要手段。因此，建立一种对创新活动产生激励作用的制度，对创新的发展具有积极的意义。

(2) 教育、科技环境

教育、科技环境作为创新的另一外部环境，对启发创新思维、培养创新人才、提供创新的有利条件都有一定的影响。"国运兴衰，系于教育"，教育在科技为第一生产力的当今社会中的重要地位是不言而喻的。在创新环境的诸多因素中，教育对创新活动起着举足轻重的作用。良好的教育环境有助于创新活动的开展。

创新是社会实践的一种形式，是在一定的社会背景和群体氛围下进行的，个人的创新活动和创新能力的发展与发挥必然受到科技、学术群体、工作等方面环境的影响和制约。一个国家的科技环境，会影响创新活动中创新主体的积极性和主动性。科技文化战略规定了整个社会出现创新型人才的性质、规模和方向。科技战略具体化的科技政策则是鼓励人们积极地进行发明创新的具体措施。它们都关系到社会创新的繁荣与发展。由于创新具有探索性，应允许创新者根据自身的专长和爱好选择创新目标，应允许失败，坚持灵活性和民主性原则。由于创新群体的不可忽视性，也必须坚持互补性原则，使群体中的个体有互补效应，这种互补将使得个体的智力和创新能力在集体中得以充分的表现。学术环境中也有诸多因素支持和约束着创新活动，其中主要有科学协作、图书资料、实验技术设备等，它们的发展也影响着人类的创新。实事求是、灵活、诚信的学术环境将对创新活动产生积极的意义。

(3) 环境与创新主体

创新精神和创新能力能否正常发挥，社会环境固然有很大的影响作用，但这只是外因，关键还在于创新主体本身，这就要求我们了解利于创新和阻碍创新两种环境的特点，以便在创新实际中发扬优点和摒弃缺点，更好地进行创新实践，更多地发挥主体创新潜能。

(二) 可持续发展理论

1. 可持续发展

可持续发展是20世纪80年代提出的一个新概念。1987年世界环境与发展委员会在《我们共同的未来》报告中第一次阐述了可持续发展的概念，得到了国际社会的广泛认可。可持续发展是指既满足现代人的需求又不损害满足后代人需求的能力。经济、社会、资源和环境保护协调发展，是一个密不可分的系统，既要达到发展经济的目的，又要保护好人类赖以生存的自然资源和环境，使子孙后代能够永续发展和安居乐业。可持续发展的基本思想是我们不仅要注重经济增长的数量，同时要注重追求经济增长的质量，主要的标志是资源能够永续利用，保持良好的生态环境。可持续发展追求的不仅仅是经济，还有社会进步，人类在教育、健康和自由平等方面的权利。

对于可持续发展概念的理解是在不断深化的，其含义已远远超过了原有的内容。其核心思想是强调经济、社会、人口、资源、环境、科技协调发展，意味着在人与自然的关系和人与人的关系不断优化的前提下实现经济效益、社会效益、生态效益的有机协调，从而使社会的发展获得可持续性。在时间上，它体现了当前利益与未来利益的统一；在空间上，它体现了整体利益与局部利益的统一；在文化上，它体现了理性尺度和价值尺度的统一。可持续发展中的"发展"不仅仅是指"经济增长"，而且是一个广义的发展的概念，从而突破了将经济和技术增长作为社会发展的全部的传统发展观念，把社会发展理解为人的生存质量及自然和人文环境的全面优化。而循环经济的诞生使可持续发展有了实现的途径。

2. 循环经济与可持续发展的一致性

可持续发展是人类与自然相协调的必然选择。循环经济是以3R为原则，以实现资源、环境、生态的和谐发展为目标。因此，循环经济的内涵、原则与可持续发展是一致的。循环经济是以资源的高效和循环利用、环境保护为核心，以"减量化、再利用、资源化"为原则，以低消耗、低排放、高效率为基本特征的社会生产革新范式，其实质是以尽可能小的资源消耗和尽可能小的环境代价实现最大的发展效益。其中"减量化"是指用较少的原料和能源投入来达到既定的生产目的和消费目的，从经济活动的源头节约资源和减少污染。"再利用"是指要求生产和消费中尽可能多次或以多种方式使用各种物品，延长产品使用和服务的时间，以此来实现资源消耗的减量。而"资源化"是通过废弃物的循环再利用，把废弃物再次变成资源，以减少环境污染并节约对原生资源的使用量。从对循环经济内涵的深层次理解，可以看出循环经济与可持续发展所追求的目标是一致的，都是为了实现人类和环境的和谐发展。

3. 循环经济是实现可持续发展的重要途径

循环经济有助于实现污染的控制和资源的节约。传统经济发展中依靠先污染再治理的方法对于生态环境的改善是极其有限的，花费大量的成本且没有很好的收益。依靠污染控制技术使得末端的所谓的污染物没有被利用，造成了资源的浪费。而循环经济则可以较好地解决这个问题。人类要想实现可持续发展,就要实现资源的可持续利用。通过资源的循环利用,既能保持生产的发展,又能减轻资源的消耗,减少排出,从而把经济活动对自然环境的影响控制到最低的程度。循环经济可以从经济活动的源头节约资源和降低污染,并在产品制造、消费、回收等各个环节系统地最大限度地减少污染物的排放,有助于恢复生态平衡,提高环境的自净能力。循环经济有助于增加就业,发展循环经济能带动整个环保产业的发展。环保产业是循环经济体系的重要组成部分,也是国民经济和就业岗位新的强劲增长点,对于解决就业问题具有重要的作用。根据3R原则,循环经济的核心是资源和能源的少投入,而社会产品产量不减甚至增加。发展循环经济有益于摒弃粗放式经营方式,在企业中推行清洁生产,提高能源和原材料的使用效率,改进生产工艺和流程,对可能产生的污染进行全程控制。

第二章 循环经济发展模式

第一节 企业内部的循环经济模式

循环经济倡导的是社会效益、经济效益和环境效益三者的和谐统一，主张这三者之间的协调发展，循环经济是实施可持续发展战略的重要经济模式。循环经济产业体系体现在生产的不同层次和阶段，以此来实行渐进式循环经济推进战略。按照经济社会活动所涉及的规模和范围，循环经济可分为企业层面的小循环、区域层面的中循环和社会层面的大循环。

循环经济发展模式是指循环经济发展的标准形式，是人类在发展循环经济的长期实践中总结出来的推动循环经济发展的行为规范和运行标准，是一个国家或地区发展循环经济的一切活动的基本方向和着力点，是协调生态系统、经济系统、社会系统内部及系统之间关系的实践途径。

小循环是指以一个企业内部运行为标准，依照经济理念和原则，有效利用所有资源和能源，并配合清洁生产，达到无污染排放和零排放的经济运行模式。企业内部的循环经济模式主体是企业，提倡建设循环型企业，在循环型企业中实现清洁生产，提高生态效率，用清洁生产技术改造落后的工艺技术，最大限度地降低单位产品物耗、能耗、水耗和污染物排放。图13-2-1为半导体厂的企业内部的循环经济模式的运作形式。

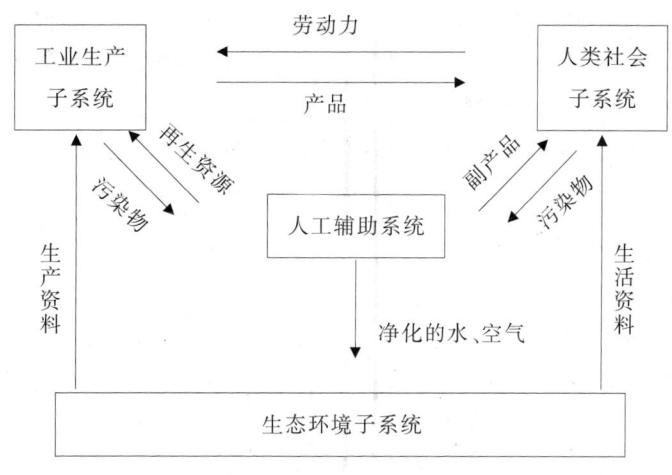

图 13-2-1 企业内部的循环经济模式

一、循环经济原则下企业面临的问题以及企业应重新处理的关系

概括而言,一个企业总有两个目标:一是短期的目标即生存,二是企业长期的目标即发展。这两个目标本应是内在统一的,但实际情形如何,则主要取决于内外两方面的原因。内因是指企业自身的机能,外因是指企业所处的外部环境状况。我们将内因与外因都分解为三个方面:人的因素、物的因素、制度因素。另外,按照传统经济学的理论,企业行为的指导原则或者说行为动机是追求利润最大化,或者是既定产量下的成本最小化,或者是既定成本下的产量最大化,总之要实现投入要素的最优组合。下面我们仍假设企业追求利润最大化,来分析其面临的局限条件的变化。

(一) 内因

外界环境的变化使得企业要想既获得当前的收益又能进一步发展,就必须改善自身的机能。我们从三个方面简单讨论一下企业内部的问题。

1. 人的因素

一方面是指企业内部人员包括管理者和普通职工,在观念认识、生产过程等方面还不满足循环经济的要求的问题。另一方面是指企业是否拥有发展循环经济的各方面的人才。

2. 物的因素

这主要是指企业要解决资源、环境等问题,发展循环经济所面临的资金、设备以及技术等方面的问题。

要发展循环经济,需要提高资源的利用效率,减少污染的排放,对废弃物进行适当的回收利用,这些都需要有资金、设备和技术的支持。但现实情况是许多企业在这方面很欠缺。

3. 制度因素

企业行为的改变要靠一定的制度来保证。这包括企业的生产标准、技术规范、管理制度、企业文化等方面。

(二) 外因

1. 人的因素

我们将人的因素分为两方面,一是消费者,二是政府。在消费者方面,由于经济的发展,人们的生活水平普遍提高,消费观念发生改变,更加注重生活质量。与此相应,人们可能更加偏爱绿色食品,更加喜欢优美清洁的环境,这既直接影响到企业产品的生产和销售,又对企业在环保方面提出了更高的要求。在政府方面,由于资源、生态、环境方面的问题日益严重,不仅影响到经济发展,还波及社会、政治的稳定,于是政府不得不在这方面投入更多的注意力,政府的态度必然影响到企业的行为。

2. 物的因素

这主要指两方面,即资源(尤指自然资源)稀缺和环境污染(环境污染也可看成环境资源的稀缺)。资源稀缺迫使企业必须节约资源和寻找替代资源,否则当前的生存都成问题,更别说未来的发展了。环境容量有限(比如污染程度超过了环境的自净能力)使得企业必须减少污染物的排放。在这种情况下,循环经济发展模式为企业指出了一条明路。废弃物回收利用(当然,循环经济不仅是废弃物的回收利用,内涵要丰富得多)既可在一定程度上作为替代资源,同时又减少了环境污染。

3. 制度因素

制度因素也可以从两个方面来考虑,即"硬制度"(或者叫正式制度)和"软制度"(或者叫非正式制度)。前者主要指正式的政策、法律法规等,后者主要指观念、文化、风俗习惯等。为了解决经济、社会、资源环境的协调发展问题,国家已经出台了一些相关的政策和法规。在大力倡导循环经济的情况下,与之相对应的制度措施必然进一步完善。同时,人们的价值观、消费习惯、生活理念等也将逐渐改变,追求物质文明、精神文明的同时,也更加注重生态文明,从而形成新的社会风气。这些都会影响到企业的生产行为、营销策略以及管理方面的变革。

(三) 循环经济原则下企业要重新处理的关系

由以上所分析的企业所面临的问题,我们

认为企业要想遵循循环经济原则就必须改变行为、调整战略,在这个过程中,企业应该重新认识并解决好以下几方面的关系。

1. 企业与自然的关系

在循环经济理念下,企业不再是单纯的经济单位,而是"自然—经济—社会"复杂系统中的一个环节。企业已经不能单纯地作为自然资源的消费者甚至掠夺者,而是与自然资源形成一种互相影响、互相制约、彼此共生的关系。

2. 企业与社会的关系

发展循环经济,企业需要承担更多的社会责任。企业作为市场经济的主体,提供物质产品的同时,产生了大量的污染。在新形势下,企业需要在环境问题上付出更多的努力。此外,为了给企业自身的长期发展开辟空间,它必须在改变社会的消费习惯、生活方式等方面投入更多的精力。

3. 企业与政府的关系

政府与企业两者的目标并不完全一致,如果考虑生态环境的问题,二者的利益冲突可能会更明显。虽然发展循环经济已经是大势所趋,从政府到企业似乎都达成共识,但在新条件下,二者之间博弈的内容和形式都会发生变化。

4. 企业与企业之间的关系

一方面,由于发展循环经济不可能靠一个企业单独运作,所以一些企业可能会组成企业链,形成共生关系。另一方面,资源环境问题的突出,也会使一些企业在资源和产品等方面进行更激烈和多样化的竞争。

5. 企业与消费者的关系

发展循环经济,企业在产品上需要有两方面的转变,一是从关注产品的数量到关注产品的功能,二是从生产优先到服务优先。这就决定了发展循环经济要求企业与消费者之间的关系更加紧密。另一方面,如果企业在环境等问题上做得不好,与消费者的冲突可能也更强烈。

6. 企业内部的关系

发展循环经济,企业需要在生产、营销、管理、制度、人员、部门等方面做一系列的调整变化,这就要协调好各方面的关系并做好利益的重新分配。企业只有调整好内部各方面的关系,改善自身机能,才能在新的环境中有更强的竞争力,才能在循环经济的理念下,使企业真正地发展。

下面将结合国外、国内循环型企业的典型实例,来说明循环经济的企业发展模式。

二、国外循环经济的企业实践模式

西方许多企业在微观层次上运用循环经济的思想,进行了有益的探索,形成了一些良好的运行模式。其中,美国的杜邦模式是企业内部循环经济模式的典范。

杜邦公司是一家以化学制品、材料和能源为业务重心的全球性企业,公司已经有200多年的历史。杜邦公司把环境保护作为公司的一种经营理念,早在20世纪30年代,杜邦公司就发表了环保责任宣言,20世纪40年代便把环境保护小组纳入公司的架构当中,负责管制公司对水资源和空气质量的影响。20世纪80年代,杜邦公司已经在环境保护和发展循环经济方面成为领跑者,提出了零排放的目标。杜邦公司的环境保护理念为尽量减少经营活动对环境的印记。杜邦公司每年将总投资额的20%用于环境保护和安全生产,投入比例在全世界各行各业的企业中名列前茅。

杜邦公司循环经济模式的最大特点就是把3R原则和化学工业结合在一起,被称为3R制造法。减少一些污染化学物质的使用量,重复使用生产过程中的工具和原料,循环使用不同生产流程的副产品,同时发展新工艺,将污染物的排放量减到最少,资源的投入量减到最少。1990—2006年间《京都议定书》中规定国际标准的温室气体减排指标是5.2%,杜邦公司的温室气体排放量减少了72%,其循环经济的实施卓有成效。

企业循环经济的实施应该借鉴杜邦公司在

环境保护方面的态度,将经营目标由短期的利润最大化向企业的长远发展方向转变,将环保理念和循环经济实施融入公司发展过程当中,加大企业在循环经济方面的投入,在合理的周期内计算投入产出比,实现盈利与环保的双赢。企业的循环经济实施过程应借鉴杜邦公司的3R制造法,制定出适合自己企业的循环经济流程,以减量化、再使用、再循环为原则调整原料的使用种类和使用量,改善副产品和废物的处理途径,重复使用某些工具和原料,减少资金和能源的消耗。

三、中国循环经济的企业实践模式

1. 河北西柏坡发电有限责任公司

河北西柏坡发电有限责任公司是1999年建成投产的特大型电力企业。由于作为公司主要水源地和受纳水体的黄壁庄水库的功能由名酒水源改为城市饮用水源,该公司被要求减少从黄壁庄水库取水、不向水库二级保护区内排水。为此,公司投资6 000万元实施了废水零排放节污水减污工程。该工程包括循环冷却系统排水弱酸处理净化系统、循环冷却系统排水反渗透处理净化系统、灰场系统大坝渗出水回收设施、生活污水回收利用系统、农洒供水系统等5个系统。其主要措施是:循环冷却系统补水不再直接使用水库新鲜水,而改用辅机冷却排水;循环冷却系统排污水回收净化,重复使用,不排入环境;弱酸处理系统再生废水经中和处理后用于冲灰渣;反渗透处理系统污水用于冲灰渣;灰场大坝渗出水回收后用于冲灰渣;含油废水用于露天煤场防扬尘喷淋;输煤系统冲洗水经沉淀池处理后重复利用;处理后的生活污水用于冲灰渣补水等。工程完成后,2004年公司的发电能力和实际发电量比1997年翻了一番,而实际消耗的新鲜水仅增加了5.75%,同比节约水1 810万t/a,节水率高达47.28%,同时,消除了每年近2 000万t的废水排放量。节水减污产生的经济效益,按现行价格计算可节约资金786万元;按"南水北调"中线水价年可节约资金3 213万元。

西柏坡发电有限责任公司在企业内部将可循环利用的废水尽可能地处理后再回用到生产中去,从而大幅度减少新鲜水的使用量,少量的污水经过污水厂的处理达标后,用于灌溉农田,彻底解决了污水排放没有受纳水体的问题,取得了很好的环境效益和经济效益。他们的做法值得面临水资源短缺和污水无处排放问题的众多企业借鉴和学习。

2. 诺维信(中国)生物技术有限公司

诺维信(中国)生物技术有限公司(以下简称诺维信天津公司),位于天津经济技术开发区,是由丹麦投资的生产技术级、食品级、饲料级酶制剂和最先进的洗涤剂工业用酶的企业。公司2000年投产之初,就通过了ISO14001认证。该公司具有独特的环境友好理念,企业定位是运用自然清洁的技术为工业提供最富创新和高效的、有利可图的、环境友好的酶制剂解决方案,承诺在公司取得经济效益的同时,必须有利于中国的环境保护和社会发展。该公司的产品(酶)是源于自然、可生物降解的蛋白质,是环境友好的产品。酶制剂应用于工业,可提高生产效率,降低成本,代替化学制剂,减少化学品需求,减少废弃物产生,减少水、能源、原材料消耗。公司拥有世界最先进的酶制剂生产工艺控制系统,实施GMP和HACCP控制,保证了产品质量,避免了不合理的物料和能源使用与浪费。对环境安全参数的控制,使企业的各项污染排放指数均大大优于国家和地方排放标准。公司对使用的原材料都会按其对人类的毒性、生物持续性、生物积聚度和对环境的毒性4个方面进行环境影响评估,最大限度地使用环境友好的原材料。该公司实行环境友好的废弃物处理方式:使废弃物回归自然。一是工艺废水资源化即绿地灌溉。该公司拥有自己的生物废水处理厂,采用与生产系统一体化的计算机控制,可最优化地处理生产过程废水,污水中的化学需氧量、氨氮、生化需氧量、悬浮物和磷酸盐的减少率分别达到96.1%、91%、

98.6%、96.4%和66.8%,经处理的废水能够达到灌溉和生活杂用标准。除用于厂区绿化外,每年约6万t的再生水无偿提供给天津经济技术开发区绿化公司和环卫公司,用于开发区公共绿地的灌溉和环卫清洁。二是发酵渣资源化——有机肥料。该公司将生产过程中产生的发酵渣,用石灰热处理杀灭其中的生物菌株,进行无害化处理,制成有机液体肥料——诺沃肥,无偿提供给天津经济技术开发区绿化公司和塘沽地区农户使用,使公司的固体废弃物综合利用率达到91.6%。

作为环境友好企业,诺维信天津公司的做法主要是:第一,在原辅材料方面,最大限度地使用环境友好的原材料。第二,在生产过程方面,正常的生产中覆盖了对环境安全参数的控制,使企业的各项污染排放指数均大大优于国家和地方排放标准。第三,在废弃物方面,将生产中产生的工艺废水用于绿地灌溉,将渣制成有机肥,使其资源化回归大自然。他们的做法为广大企业发展循环经济、实行清洁生产提供了很好的启示。

3.鞍钢集团公司

鞍钢集团公司是有一百多年历史的老钢铁企业,设备比较陈旧,工艺比较落后,生产中既存在着资源和能源浪费问题,也存在着向环境中排放二氧化硫、烟尘和废水等污染物的污染环境问题。为解决这些问题,鞍钢开展循环经济和清洁生产实践,走出了一条以废养废、自我完善、良性循环的道路。已建成了钢铁渣开发、瓦斯泥及转炉煤气全回收、余热和水资源回收利用、粉末冶金、建筑材料等"三废"综合利用项目40多项,工业"三废"实现资源化。在废弃物减量化和资源化方面:改造选矿工艺,提铁降硅,提高入炉矿品位,减少产渣量;引进德国设备,对钢渣进行选铁处理,选出含铁品位高的钢渣返回原料生产系统;建成微粉工程,将水渣磨成微粉用于建材;利用粉煤灰、石灰筛下料生产水泥熟料等。在二次能源利用方面:将转炉煤气进行回收,与焦炉煤气混合用于中板和中型轧钢工序加热炉。在实现工业废水零排放方面:将厂区大循环改为工艺小循环用水,各工艺用水可用净化水的不使用新水,可用浊环水的不使用净化水;充分发挥污水处理厂的作用,污水处理后回用;将轧钢落地水回收再用。在节约能源资源、减少污染方面:全部淘汰平炉,实现全转炉炼钢,每年减少外排废气26.5亿m^3,减少粉尘排放量1.8万t;淘汰模铸、初轧工艺,实现全部连铸,能耗大幅度降低。在矿山生态恢复治理方面:在尾矿库上种植速生杨树、果树等经济树种,将昔日扬尘的尾矿库变成生态果林场。

鞍钢集团公司作为资源型老企业,通过实施原生矿的复垦、废弃物减量化和资源化、废水零排放等措施,挖掘可能和潜在的资源,使资源得到了充分的利用,为资源型企业发展循环经济,实行清洁生产提供了借鉴。

上述国内外循环型企业发展模式,各有不同的特点,有的从制造过程和工艺角度实践3R制造法,有的着重从水循环利用、从废弃物资源化、从资源综合利用角度实践循环经济的3R原则。它们的共同特点都是根据本行业、本企业的生产特点和资源利用特点,抓住主要矛盾和核心环节,实现重点突破。

吸取成功模式的经验,运用到自身的生产过程当中,开拓出最适合本企业发展的循环经济模式是企业发展循环经济的首要任务。企业应全盘考虑各个生产环节中可能产生的废弃物和相应的处理方法,加大资金和技术投入,形成切实可行的循环经济模式。建立合理的循环经济模式既能获得经济效益又能获得环境效益,同时实现企业的可持续发展。

第二节 工业园区模式

清洁生产等是企业个体对循环经济的实践活动,有着一定的局限性。单个企业元素在资源回收利用、原材料循环使用方面存在着各种不足。因此,建立循环生态园区平台,连接各企业生产过程,是循环经济的重要实现基础。

一、生态工业园的内涵

(一) 生态工业园的概念

1989年,美国弗罗施在《加州工业的战略》一文中,首次提出工业生态学概念,即通过将产业链上游的"废物"或副产品,转变为下游的"营养物"或原料,从而形成一个相互依存、类似于自然生态系统的"工业生态系统",为生态工业园建设和发展奠定了理论基础。

20世纪90年代初期,加拿大达尔豪斯大学和美国康奈尔大学的学者们对工业园的发展进行了构思。1992年,美国Indigo发展研究所首先提出了生态工业园的概念。美国RPP公司首席科学家、Indigo发展研究所主任欧内斯特·洛伊教授对生态工业园下的定义为:一个生态工业园区是一个由制造业企业和服务业企业组成的群落。它通过在管理包括能源、水和材料这些基本要素在内的环境与资源方面的合作来实现生态环境与经济的双重优化和协调发展,最终使该企业群落寻求一种比每个公司优化个体表现就会实现的个体效益的总和还要大得多的群体效益。在生态工业园区内,企业模仿自然生态系统,相互之间存在协同和共生关系,将最大限度地充分利用资源和减少环境污染,达到工业可持续发展的目标。生态工业园的概念被提出以后,立刻得到许多国家的重视,迅速在实践中进行试验和推广,特别是美国、加拿大等国家,取得了非常显著的效果。丹麦的卡伦堡生态工业园区是世界上最早且目前最成功的生态工业园。

(二) 生态工业园的特征

生态工业园区是一个相对独立的综合体,包含着相对完整的自然、社会和经济的生态系统,其内部也存在着物质、能量、信息频繁的流动和交换,其空间结构必须有效地保证这些流动和交换的进行。通过建立生态工业园区,将区域内的企业、工厂和有关部门联系起来,以模拟自然系统建立产业系统中"生产者—消费者—分解者"的循环方式,实现物质闭环循环和能量多级利用。园区内运用废物交换、清洁生产等方式,将一个企业生产过程中产生的废水、废物、废气、废热等转化成为其他企业生产所需的原料和能源,并在企业间形成资源共享和副产品互换的产业共生组合,以达到物质和能量的最大利用以及废物排放的最小化。在建设生态工业园区时必须全面考虑规划对象各个构成部分及其相互关系,同时要考虑目的系统与相关系统的关系,按照它们的必然联系,进行统一筹划;必须注意系统内部结构各个因素之间的相互作用、相互反馈的因果连锁关系,注意目的系统和其他相关系统之间的外部相互制约的连锁性。生态工业园区要倡导绿色管理,从园区整体环境管理方式到企业的全过程控制,甚至到产品的生态化设计等不同层次、不同环节上的管理都要实施绿色化。图13-2-2是机械加工生态工业园区的循环经济模式的运作形式。

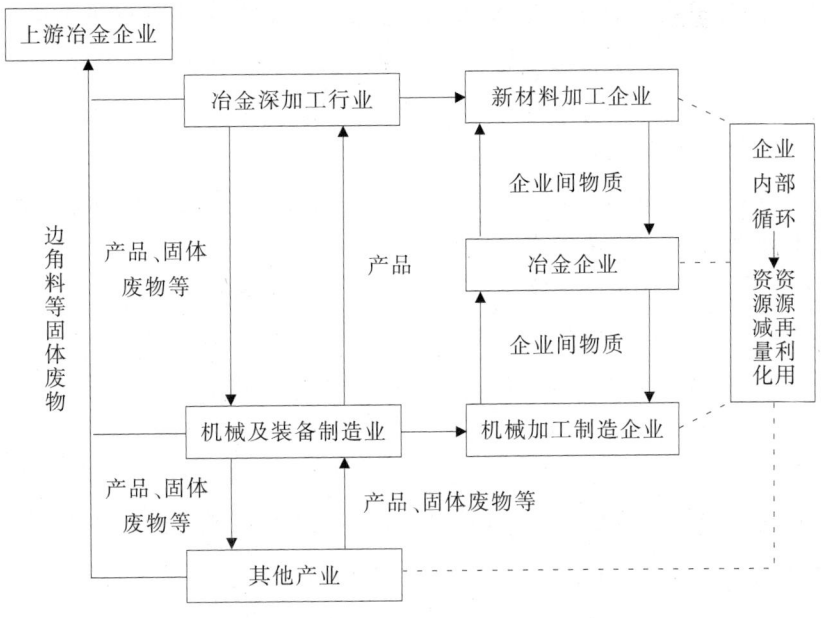

图 13-2-2　生态工业园区模式

(三) 生态工业园的类型

从原有基础看,可以划分为现有改造型和全新规划型;从产业结构看,可以划分为联合企业型与综合园区型;从区域位置看,可以划分为实体型和虚拟型。

现有改造型:是以现有的园区条件为基础,在其现有的工业网络中,对其物质循环利用体系、能量交换体系的链条进行分析,发现其"断点"位置,并优先开发"粘连"技术和方案,使得在园区内形成高度交叉的"产业链"和"产业网"。这样就可以在不进行大规模的投资的条件下完成现有的高新开发区的升级换代。

全新规划型:是在良好规划和设计的基础上从无到有地进行建设,主要吸引那些具有"绿色制造技术"的企业入园,并创建一些基础设施,使得这些企业间可以进行废水、废热等的交换。这一类工业园区投资大,对其成员的要求较高。

联合企业型:通常是以某一大型的联合企业为主体,围绕联合企业所从事的核心行业构造工业生态链和工业生态系统,典型的如美国杜邦模式、我国贵港国家生态工业(制糖)示范园区等。冶金、石油、化工、酿酒、食品等行业的大企业集团,非常适合建设联合企业型的循环产业园区。

综合园区型:生态工业园区内存在各种不同的行业,企业间的工业共生关系更为多样化。与联合企业型园区相比,综合型园区需要更多地考虑不同利益主体间的协调和配合,如丹麦的卡伦堡生态工业园区和我国浙江衢州沈家生态工业园区是综合型循环产业园区的典型。目前大量传统的工业园区适合朝综合型循环产业园区的方向发展。

实体型:生态工业园区内的成员在地理位置上聚集于同一区域,可以通过管道设施进行成员间的物质、能量交换。

虚拟型:生态工业园区内的企业在地理上比较分散,按照生态工业的思想进行组织和运转,通过计算机模型和数据库,在计算机上建立其成员间的物料或者能量的联系,并为入园企业提供信息和指导。虚拟生态工业园可以省去一般建园所需要的昂贵的购地费用,避免进行工厂的迁址工作,具有很大的灵活性。如果相关的企业位于同一地区,距离较近,还可以降低运输成本。

(四) 生态工业园区建设原则

1.人与自然和谐共存原则

园区建设与区域自然系统相结合,充分考虑当地的生态环境容量,尽可能地保持更多的生态功能。以循环经济理念对现有园区内的产业结构进行调整,最大限度地提高资源利用效率,从源头减少污染物的产生,减轻对环境的压力。

2.生态效率原则

按照循环经济的"减量化"原则在园区建设的各个环节中实施清洁生产,实现原料、产品和废物的多重利用和循环再生。通过园区各企业及企业间的清洁生产,减少本企业的资源消耗和废物产生;通过各企业及生产单元间的副产品交换,降低园区内总的物耗、水耗和能耗;通过物料替代、工艺革新,减少有毒有害物质的使用和排放;在建筑材料、能源使用中,尽可能利用可再生资源和可重复利用能源。在园区内形成一套横向共生、纵向耦合的生态链或生态网络。

3.生命周期原则

加强原材料入园及产品和废物出园后的生命周期管理,最大限度地降低产品生命周期对环境的影响。鼓励生产和提供资源、能源消耗低的产品和服务;鼓励生产和提供对环境少害或无害、安全的产品和服务;鼓励生产和提供能够循环使用和安全处置的产品和服务。

4.区域发展原则

尽可能将园区发展与社区发展和地方特色经济相结合,将园区建设与区域环境综合治理相结合。通过宣传和教育计划、工业开发、住房建设、社区建设等加强园区与社区间的联系,将园区纳入当地的区域经济发展计划,并与区域环境保护方案相协调。

5.高科技原则

大力采用现代信息技术、生物技术、新材料技术、新能源和可再生能源技术及管理科学技术等,大大减少物质和能量等自然资源投入,即尽可能以知识投入来替代物质投入。尽可能实现经济效益和环境效益最佳平衡的"双赢"局面。

6.管理绿色化、运作市场化原则

通过采用现代管理科学技术,对园区的物质、能量、信息进行统筹规划,实现从园区整体环境管理方式到企业的全过程控制,以及产品的生态化设计等不同层次、不同环节的管理绿色化。以现有的发展规划、政策、产业导向和地方政府的综合协调、指导作用为基础,在园区建设的全过程始终贯穿以市场化为导向的企业运作机制。以市场利益驱动企业间的联合,保证生态企业的实现和不断发展。

二、生态工业园的发展条件

(一)政府行为

从我国目前的实际情况看,在尚未建立有效的循环经济制度和没有高效的管理模式支撑的情况下,如果单纯依靠企业自身进行各方面的协调和组合多个产业或企业间的产业链,整个生态园的建设就不能高效地进行或者不能维持太久。

1.法规建设

政府通过建立综合决策和协商机制,从决策体制和管理模式上为发展循环经济提供支持保障,制定法律法规,确定循环经济在社会发展中的地位,明确政府、企业、公众在发展循环经济中的权利和义务。

目前,我国已经颁布实施了《中华人民共和国节约能源法》《中华人民共和国清洁生产促进法》,要求企业用"绿色技术"改造传统产业,建立"资源使用最小化、废物产生减量化和生产过程无害化"的循环型工业生态体系,促进企业污染物实现零排放。《中华人民共和国大气污染防治法》《中华人民共和国水污染防治法》和《中华人民共和国固体废物污染环境防治法》等法规也为生态工业园区的建设提供了法律基础。但是这些法律法规普遍比较粗略,绝大多数是从环境的末端治理出发的,没有形成一整套详细的关于再生资源和固体废弃物回收利用、清洁生产审核、重点行业如化工行业的清洁生产评价、强制回收的产品和包装物回收等循环经济法律法规体系。政府应该参考国外实施循环经济比较成功的国家经验,结合我国国情,建立一整套针对不同行业、不同类别产品和服务的循环经济法律法规体系。

2.激励政策

循环经济不是公益经济,没有实际利益,就很难调动市场主体的积极性。循环经济首先是要让企业有利可图,企业才会积极参与。从口号到企业的自觉行为,必须通过制度创新构建新的赢利模式,才能形成循环经济发展的自发机制。我国循环经济在相当一个时期都将是政策性产业,需要适宜的政策培育环境,才能吸引社会资金进入,形成循环经济自身的良性循环。

推动循环经济可以借助法律强制手段和政策手段,在目前我国立法尚不健全的情况下,促进循环经济发展的政策应首先通过国家综合经济部门、财政部门、税收部门制定的产业政策、财税政策、投资政策来体现。在资源综合利用、生态产业、节约能源、技术开发等方面实行按等级减免税收的优惠政策,并充分利用价格、税收和财政等经济激励政策,鼓励企业使用循环再生资源,促进扶持企业内部循环、企业间共享及社会的资源回收利用。通过财政、税收部门的工作,将发展循环经济逐步从投资引导转向税收优惠,使得循环经济从政府投资拉动变为市场经济体制下的市场选择。

3. 制度建设

产权制度:生态型工业的环境产权制度是指包括排污许可证、配额许可证、环境股权等的交易制度。资源产权制度是指为明晰土地、水、矿产等资源的产权、使用权、管理权、特许权、开发权等做出的相关制度规定。政府要采用环境和资源产权制度安排的形式,根据使用者付费和污染者负担原则,使环境和资源成本成为其真实成本的一部分。

税收制度:引入各种生态税,重点扶持以减少废弃物和资源再循环再利用为导向的循环技术的开发和应用。对预防和控制污染效果好的企业实行税收优惠;对传统的废弃物处理方法征收填埋和焚烧税等增加企业不使用再生资源的机会成本;对仍然采用粗放型生产方式并对环境造成污染的企业视其程度进行高于社会平均处理成本的经济惩罚;对高能耗产品征收高额出口关税。同时,通过对绿色产品实行税收优惠的方法增加市场需求,引导全社会逐渐向绿色消费靠拢。最后,政府将减少环境治理节省下来的财政支出用于产业生态化改进,增强企业开发和应用循环技术的能力,不断降低绿色产品的生产成本。

财政制度:政府应对从事和循环经济相关的生产技术工艺研究、示范和培训给予一定数量的财政支持,对实施清洁生产和自愿消减污染物的技术改造项目给予资金补助。政府可以依法筹集环境友好项目的绿色投资基金,开展环境友好生产审核以及实施环境友好的中小企业,可以向投资基金机构申请低息或无息贷款。列入重点污染防治和生态保护的项目,由于其公共产品的性质应列入政府的财政投资计划;将城市维护费用于环境保护设施建设;征收的排污费必须用于污染防治;企业用于循环经济技术开发和生产的审核和培训的费用,可以列入企业经营成本,对企业经营过程中使用无污染和可能减少污染的机器设备实行加速折旧制度。未来我国将逐步加大对清洁生产、可再生资源和新能源开发等项目的支持力度,并整合资金用于支持与发展循环经济有关的科技研发、技术推广和重大项目建设示范;运用有关财税政策措施,引导形成有利于节约资源、减少污染的生产和消费模式。

金融制度:循环经济具有很强的异域融资特点,因此需要更加配套的风险监测和信息咨询服务。尤其是资本密集型石油和化学工业产业,开辟多种多样的资金来源渠道十分必要。针对我国目前循环经济发展的融资障碍,政府金融部门应树立正确的发展观,将部门利益与宏观经济效益结合起来。优先支持循环经济项目,在优化自然生态环境的同时改善金融生态环境;战略性地减少对浪费资源、污染环境的落后企业的支持,对发展节能、降耗、减污的高新技术产业优先支持;推出适合循环经济项目资金回收特点的贷款品种,减少企业在项目投建前期的资金集中偿还压力;为园区内资本密集型产业中成熟的项目上市融资开辟绿色通道;逐步摒弃短期化和集中化经营,支持可持续再生资源加工企业。同时应高度注意防止对循环经济项目单一环节固定资产规模的盲目扩张,合理搭配对不同链条、不同环节的资金投放量。政府金融部门率先从战略和行动上支持发展循环经济，形成良好的金融生态，逐步引导商业金融机构向有利于循环经济的方向发展。

环境责任制度：针对环境问题的复杂性和危害性，政府应建立环境责任制度。通过促使生产者对其产品的回收、循环利用和最终处置承担责任，从而降低产品总体的环境影响，通过开发环境责任产品和产品的回收利用达到可持续发展的目的。环境责任制度的实质是污染者付费原则的延伸，生产者承担产品生命周期内全部或部分环境成本。将废物管理责任与生产者挂钩，要求生产商对他们的产品在使用寿命终结之后对环境的负面影响承担经济和社会责任。支持建立、健全生态建设和环境保护政策机制。按照"污染者付费"原则，逐步提高排污收费水平，将环境要素成本化；按照"谁开发谁保护、谁利用谁补偿"的原则，建立健全生态补偿机制。

4.技术体系

指标体系：建立包括清洁生产指标体系，环境管理体系，政策、法规、制度评价指标，生态建设指标等生态工业园区的技术经济评价指标体系，以科学评价生态工业园区及生态示范行业的建设水平。我国生态工业园区依照《综合类生态工业园区标准（试行）》《行业类生态工业园区标准（试行）》和《静脉产业类生态工业园区标准（试行）》等三项标准进行验收。这三项标准依次分别规定了国家级和省级综合类生态工业园区验收的基本条件和21个指标，行业类生态工业园区验收的基本条件和19个指标，静脉产业类生态工业园区验收的基本条件和20个指标。这些试行指标体系的建立是我国生态工业园建设指标体系的雏形，将极大地促进生态园区的发展。

技术支撑体系：建立循环经济的技术支撑体系，包括用于消除污染物的环境工程技术、进行废弃物再利用的资源化技术，以及在生产过程中无废、少废和生产绿色产品的清洁生产技术。在充分利用已开发的技术的基础上继续研发一些关键的资源回收利用技术，以提高技术的经济合理性和可利用性。建立循环经济信息系统，及时向社会各界提供有关部门循环经济的政策、技术、管理等方面的信息，加强信息交流。园区内企业之间可通过信息系统及时共享各种信息，保证园区运作的经济性。

(二) 企业行为

在经济日益增长的背景下，企业对经济社会生活的影响越来越大，扮演着前所未有的重要角色。关注自然资源、生态环境、劳动权益和商业伦理，承担对利益相关者和社会的责任，不仅是全球企业发展的共同趋势，而且是建设和谐社会的内在要求。在生态工业园的发展过程中，企业是推动园区经济发展的主体。对于园区内的企业，应该有严格的审核机制以及管理机制，最终通过生态工业园的建设带动整个社会的循环经济发展。

1.准入机制

一般而言，生态工业园创建初期要根据城市规划要求和当地工业的组织结构、区域资源条件、环境容量和环境自净能力有计划地进行总体设计和自觉控制，确定生态工业园的发展规模：一般采取就近的原则选6~8个彼此联系密切的企业作为基础规模，分期实施，同时为生态工业园的发展留出足够的空间。对于入园企业，应该设置相应的准入机制，避免由于不合格的企业入园而造成整个园区经济的发展障碍。入园企业首先要符合国家的产业政策和环保政策，符合园区规划的产业发展方向，能充分利用当地优势能源和资源。

产品要求：运用先进的生态设计手段对即将入园的企业的产品进行生命周期分析。由于生态工业园要求经济效益、社会效益和环境效益有机的统一，因此要使物质循环利用，做到物尽其用。对于企业产品的生产、销售、消费以及回收等过程进行生命周期评价，寻找环境效益、经济效益和社会效益的平衡点。企业的产品，要尽可能少使用或不使用有毒有害的原料，这样做即使产品在使用生命周期结束之后，也易于拆卸和综合利用。在产品设计中，尽量要求采用标准设计，使一些装备可以便捷地升级换代，而不必整机报废。同时,产品的生产过程要尽量不产生或少产生可能对人体健康和环境造成不利影响的有毒有害物质。

工艺要求:入园企业的工艺应该以技术进步为依托,采用低害或无害的新工艺、新技术,实现少投入、高产出、低污染,尽可能在生产过程中消除环境污染物的排放。尤其是化工类的企业,在采用耗能少、效率高、污染小的工艺和设备的同时,搞好生产过程的余热回收和副产品的回收利用,减少化工过程的能耗和物耗;开发用水量小的工艺;进行包装革命,推行绿色包装形式和材料,减轻由此带来的白色污染;在全过程控制的同时,加强末端治理,减少废水、废气、废渣、废热的排放。特别是危险化学品,要加强管理,及时回收处理失效化学品,保证化工产品的使用安全。

系统复杂性的要求:根据生态学的原理,生态工业园的共生系统组成要素越复杂,系统稳定性越高,物质、能量利用越合理。园区内企业形态较少、企业间的联系渠道单一,将会造成园区生态极大的不稳定,任何一个企业生产状况的变化都会干扰其相关联企业的正常运行。适度增加园区内的企业形态会使得系统更趋于复杂化,每个企业之间既有关联又有补充,这样整个园区经济才会相对稳定,不会因为企业形态相对较少而导致园区生态的脆弱性。同时,企业之间的联系渠道越多,就越不会因为企业的上下游生态链上某一个企业因无法预料的偶然因素导致企业原料供应链的断裂或产品及副产物的堆积。一个完整的生态工业园一般包括生产原料的企业、生产生产资料的企业、生产消费资料的企业,构成类似自然生态系统的金字塔形。根据当地资源优势,选择彼此间存在物质、能量传递流动关系或通过一定环节的补充,能够建立多渠道产业链接的清洁生产企业。

匹配的要求:园区内的行业及企业要根据本地区特色和园区定位、规模等,对行业及企业供需关系、供需规模及供需的稳定性,来进行类别、规模、方位的有效匹配。即入园各类企业应该具有产业关联度或潜在的关联度,尤其是具备与核心产业和企业的关联性,符合园区发展对生态链的补充需求。

2.清洁生产

清洁生产是在企业层面发展循环经济的重要措施,以污染的源头和全过程控制为切入点,在设计、生产、服务以及废弃物的资源化利用和合理处置等方面采取措施,通过严格的审核和方案的实施,减少污染物排放,提高资源能源的利用效率,追求经济增长方式的彻底转变。作为生态工业园的基本生产单位,企业是污染的源头,从末端治理到源头控制,企业负有不可推卸的责任。实施清洁生产,企业必须改进生产工艺,对于高消耗、高能耗、高污染的产品和原料应该从战略上逐步减少或替代。多生产低消耗、低能耗、低污染及能够循环使用的产品。对于释放有毒有害物质的中间环节,应采取改进工艺、寻找替代原料或回收利用的方法最大限度地控制污染物的排放。应该在企业内部加强循环经济理念的宣传,使得从基层员工到高层主管都自觉地将清洁生产细化到每一天每一个细节的工作中。企业应该加强管理人员和技术人员的业务培训,有条件的企业可以请各行各业的专家为清洁生产提供技术指导,为企业提供最佳的生产方案和管理措施。

3.绿色管理

园区内企业实施清洁生产必然要有与之配套的绿色管理机制,把经济系统的运行与发展转到严格按照生态经济规律办事的轨道上来,企业的经营管理活动要遵循市场经济规律和生态规律的要求,由效益最大化原则向可持续发展转变。企业的绿色管理首先应从产品层次做起,根据产品生命周期分析、生态设计和环境标志产品要求,开发和生产低能耗、低消耗、低(或无)污染、经久耐用、可再循环和能够进行安全处置的产品。针对清洁生产,企业应建立绿色管理体系,不仅确保在各个环节真正实施清洁生产,同时,企业也可以将清洁生产中循环经济的思想运用到日常管理中,实现管理的集约化。企业通过绿色管理正确处理企业与自然环境、社会环境的关系,以及企业内部人与人、人与物、物与物的各种关系,使工业生产、技术、生态、经济、社会的各个方面都能够协调发展。

4. 企业间的整合

单一的企业内部循环经济模式（清洁生产）往往不能从根本上消除环境污染,通过在企业间建立完善的产业生态联系,有助于减少单一企业内部循环经济模式不能消除的环境污染,实现经济效益和环境效益的"双赢"。企业间的整合实行闭环一体化策略,依据循环经济理念在企业间建立产业环。根据产业生态联系建立的闭环一体化整合战略符合循环经济环境效益、经济效益和社会效益"三赢"的基本思想。企业之间建立信息共享、资源共享和能源共享系统,通过规模整合效应实现企业间的低成本耦合。同时,在企业间建立废弃物和副产品的交换网络,使物质流和能量流在企业间实现高效配置和闭环流动,最大限度地降低工业废弃物和副产品的排放。园区内的企业间不仅具有竞争关系,更重要的是企业间形成我中有你、你中有我、互惠互利和共生共存的共生关系。与此同时,生态工业园区内不同产业链的延伸和不同企业之间的互补,通过这种超越门户的整合形式,使得企业相互间资源得到最优化的配置。

(三) 生态产业链

生态产业链一般是指依据生态学的原理,以恢复和扩大自然资源存量为宗旨,为提高资源基本生产率,根据社会需要,对两种以上产业的链接所进行的设计(或改造)并开创为一种新型的产业系统的系统创新活动。生态产业链的开发和设计以技术创新、管理创新、体制创新为基础。

从生态系统的角度看,生态工业园实际上是一个生物群落,由初级材料加工厂、深加工厂或转化厂、制造厂、供应商、废物加工厂、次级材料加工厂、燃料加工厂、废物再循环厂等多种工业形式有机组合成的一个企业群落。生态工业园的生态产业链建设应该依托现有或可能形成的企业集群优势,充分考虑具有支撑产业发展的独特优势。在以优惠政策吸引和扶持高新企业的基础之上,发展具有独特区域优势的企业集群。充分发挥现有产业链上优势环节的作用,并针对产业链必需的中间环节实施"补链"战略,引进与现有产业链急缺的企业或产业,促进园区产业链由"工业链"向"生态链"转变。在生态产业链的建设过程中,应该充分考虑产业链长期运作的弹力特别是抵御外界变化的恢复力,即生态产业链的柔性。生态产业链的建设以价值链为基础,包括信息链、物质循环生态产业链、能量阶梯利用生态产业链、水资源循环利用生态产业链等。

1. 价值链

生态工业园区建立生态产业链的同时,也形成了循环经济的价值链。价值链体系是一个以园区内企业为核心的产业协作体,已经跨越了行业的限制,将园区内企业连接在一起,实现资源共享,形成合力。充分利用价值链的资源,优化内部管理,使自己在上下游一体化的大体系中成为不可取代的链条。

2. 信息链

信息链是实现园区内外企业间物质、能源和资源充分交换的基础,通过现代信息能对所有的链上和链下的企业进行动态有机的调整和运营。通过信息手段并结合经济手段实现产业链上企业多渠道的原料、产品及副产品的输入、输出链及资金链的迅速良性循环,还可以根据市场供求关系对产业链进行适当的调整。信息链是实现园区物质循环、能源和资源阶梯利用以及水资源循环利用的信息基础。园区只有在充分的信息交流的基础上才能实现生态产业链的有效运作,否则可能会由于信息不对称出现产业链的断裂。

3. 物质循环链

物质循环链是利用生态系统整体性原理,将各种原料、产品、副产物及所排放的废物,利用其物理或化学成分间的相互联系、相互作用,在生态工业园区、生态工业网络中的各成员之间进行物质传递、供应、副产品交换建立的生态产业链。物质循环链包括企业内部、上下游企业之间的物质循环利用系统以及废弃物资的回收系统。通过企业内部和上下游企业间的物质循环利用系统实现整个生态产业链的清洁生产，最大限度减少废弃物的产生量。但由于生产技术条件的限制和链内消费者系统不合理的消费使用模式，废弃物的产生不可能被完全消除。生态产业链通过废弃物资回收和处理系统对这些资源进行更新利用，促进废物减量化、无害化及资源化，在节约大量资源的同时还可以实现废弃物的处置低成本化，达到保护环境的目的。园区内的物质循环链有3个环节：企业内部循环、上下游企业间的物质循环、园区内企业靠资源循环利用无法处理的废弃物可设立专门的处理厂进行处理。物质循环链的这3个环节均以循环物质本身的物理化学性质为依据。园区内的物质循环链见图13-2-3，图中省略了企业内部的物质循环。

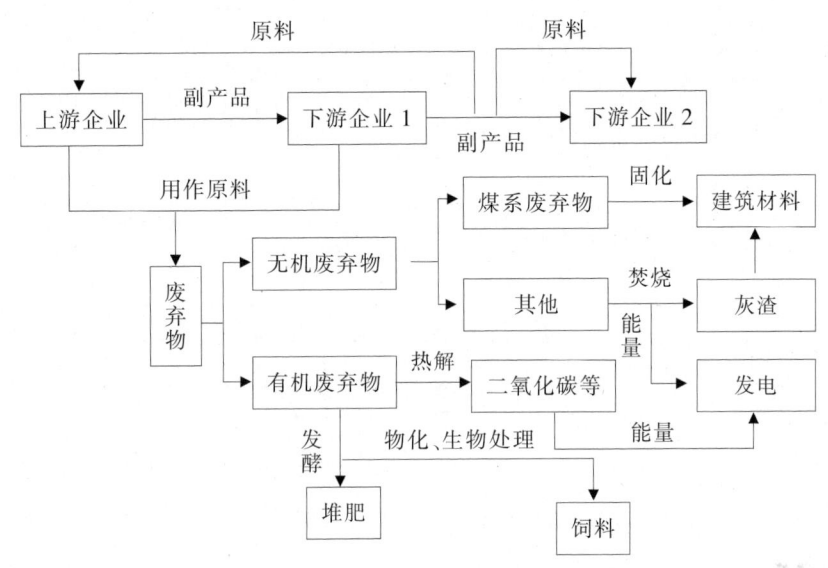

图 13-2-3　物质循环链示意图

4. 资源梯级利用链

资源梯级利用链是生态工业园区、生态工业网络成员依照资源的品质差异，进行"资源层叠"梯级利用的生态产业链。资源梯级循环利用是提高生态效率的有效手段。园区内构建生态产业链是在充分考虑自然生态系统的承载能力的基础上，尽可能地节约自然资源，循环使用资源，不断提高自然资源的利用效率，减少能源消耗。在资源的开发利用上，要尽可能利用可再生资源，综合开发利用不可再生资源，以达到减少资源消耗和减少污染物排放的目的。在现有资源减量化利用的基础上，加强废弃物的综合回收利用。发展产品电子线路板及废弃物回收、边角废料铸钢、生物发酵残渣加工、有机食品废弃物废水处理等补链产业，逐步形成企业间紧密联系、资源上闭合流动、产品上下游最佳衔接、社会再生资源回收利用网络比较完善的区域型循环经济体系。在资源稀缺的情况下，通过资源阶梯利用可以缓解资源短缺与经济高速增长的矛盾，取得可观的环境、经济和社会效益。

5. 水资源循环链

由于水资源本身特殊的性质以及在工业生产中的特殊用途，它是可以循环使用的，不像煤、石油等自然资源只能利用其化学组成，各个单元根据自身需要进行阶梯式的开发利用。水资源循环链是根据水的5个质量等级分类，通过循环利用、分级使用水资源、节约用水，提高水资源利用率的生态产业链。首先，以循环经济理念在园区内推动以节水为目标的清洁生产，推广和采用节水器具和设备，加强管理和配水管网的维修检查与监控。其次，对水基础设施进行高标准的规划，加快污水处理基础设施建设步伐，新建、扩建污水处理工程，雨水收集工程和污泥综合利用工程，使节水、水回用、水处理、雨水利用等设施结合成为一个梯级利用的系统，为实现水资源循环利用奠定基础。对园区内废水进行深度处理并回用，将企业产生的废水通过污水处理厂或企业内部进行初步处理，这些水部分用于工业冷却等，其余可根据下游企业对于水资源的要求进行二次处理产生新的水源循环利用。园区内水资源循环链如图13-2-4所示。

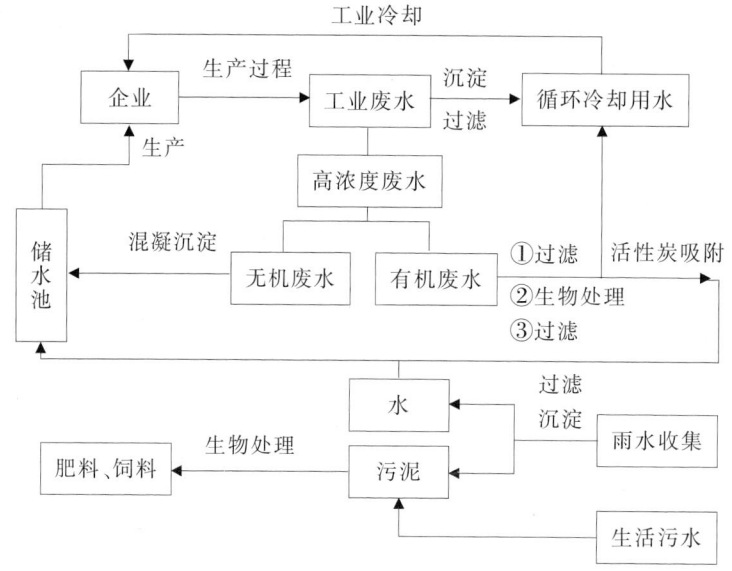

图13-2-4 水资源循环利用示意图

6.能量集成

我国是一个能源消耗大国，然而煤炭等传统能源却相对比较缺乏。园区集中供热，可降低企业的分散投资费用，也可提高能源利用率，避免能量分散利用所带来的额外的损失。从供热学角度看，小锅炉的效率只能到60%~70%，而采用集中供热将有效地降低无效损耗，提高燃烧效率，节省能源。另外，园区内上游企业产生的余热除在本企业内部循环利用外，可成为下游企业的热源，也可用于居民供暖或集中热水供应系统。

除采用集中供热外，园区可根据需要引进沼气技术、太阳能光电转化技术等开发利用可再生能源，建设分散式能源供应系统，实现园区基础设施的共享和规模化经营，促进园区内部以及园区之间的能量梯级利用体系建设。生物质资源是一种典型的可再生资源，指利用自然界的植物、粪便以及城乡有机废弃物转化成能源的资源。我国拥有农作物秸秆、能源作物、畜禽粪便和农产品加工业副产品等丰富的农业生物质资源。这些农业生物质具有资源种类多、分布范围广的特点，可转化为电力、燃气和液体燃料等多种高品位能源。生物质能源转化利用将是解决我国未来能源短缺的战略措施，同时，由于生物质能源是一种清洁能源，符合循环经济的发展理念，在能源消费中的比重必将逐渐提高。

（四）技术支持

科学技术是建设生态工业园的重要支撑，作为一个发展中国家，我国在经济发展中面临很多技术障碍。目前我国虽然也在进行清洁生产技术、环境无害化技术和废物资源化技术的开发和应用，并已取得一些成绩，但是从总体上看，仍然是低水平的资源综合利用，缺乏系统配套的废物资源化利用技术体系。由于技术的开发具有高成本、高风险的特点，提高了企业的开发门槛，政府应该重视和加大废物资源化技术的开发力度，引导企业和科研单位进行具有自主知识产权的循环经济技术的开发，并予以适当的经费支持。同时，需要建立生态经济信息系统和技术咨询服务体系，及时向各行业发布有关生态经济的技术、管理和政策等方面的信息，开展信息咨询、技术推广、宣传培训等。

1.生产技术体系

发展园区循环经济，在建立信息系统实现

信息共享的同时需要建立以清洁生产技术、环境无害化技术以及废弃物资源化利用技术为基础的技术支撑体系。

清洁生产技术：园区循环经济发展是以企业实施清洁生产为基础的，而清洁生产又是建立在清洁生产技术发展的基础上的。清洁生产技术包括资源节约和替代技术、能量梯级利用技术、零排放技术、有毒有害原材料替代技术等。

环境无害化技术：当生产过程不可避免地产生废弃物排放时，企业需要对所排放的废弃物进行分析，判断能否通过新的工艺和技术使之进入原有的生产流程中。当企业本身对废弃物的处理无能为力时，可通过工业园区的其他企业来处理。环境无害化技术是对已产生又无法或暂时尚不能综合利用的废弃物，经过物理、化学或生物学方法，进行对环境无害或低危害的安全处理、处置，达到废弃物的消毒、解毒或稳定化，以防止并减少废弃物的污染危害。环境无害化处理技术包括生物学方法、热处理和固化处理方法，目前主要采用垃圾焚烧、卫生填埋、堆肥、有害废物的热处理和解毒处理等。

废弃物资源化利用技术：当企业产品进入消费领域后，一旦失去使用价值就变成废弃物。社会消费领域的废弃物不像企业的废弃物那么均质和单一，它不仅来源广泛、排放量大，而且种类繁多、性质复杂，是一种极其繁杂的非均质体系。过去通过掩埋和焚烧等最简单方式来处理，不但没有从根本上消除污染，反而带来更大的环境隐患。从循环经济角度看，它需要建立两大体系：废弃物回收网络体系和废弃物再资源化体系。园区通过开发延长产业链和相关产业链接技术实现废物资源化，提高废弃物资源化利用率。

2. 产业链技术

生态产业园的运行不仅需要基本生产技术的支持，同样也需要派生出许多新的链接性技术和扩展链接性技术的支持。生态产业链上的企业内部以及企业之间的生产连接需要相应的链接性技术的支持，尤其是企业跟园区内的龙头企业之间的联系。产业园要想实现真正意义上的生态链，必须建立在链接性技术和扩展链技术创新的基础上。一个生态产业链可以通过扩展链接性技术创新带动产业链的规模效益及社会牵动效益。

3. 信息技术

生态工业园区的建立和完善是一个长期复杂的过程，在整个过程中需要大量的信息支持。政府循环经济推动机制的紊乱、管理者和实践者对循环经济模式认识不清、企业废弃物的排放的地方保护主义、技术开发与生产脱节、政策保障与法律建设不健全等因素，造成各方面的信息不对称。园区在进一步加强基础设施的同时，要注重构建综合信息系统，并在此基础上建立以清洁生产信息系统、信息决策系统、信息流通系统为支撑的信息平台。综合信息平台主要负责基础信息收集、园区日常运作以及对外的信息发布，是园区其他信息系统的主要信息来源和基础平台。企业利用信息平台，可将自身的生产情况、所需原料、产品、副产品、废弃物以及闲置的设备、库房、多余的原料和积压产品等信息放入平台，互通有无，交换利用以节约能源。信息流通系统负责对园区内链接或耦合的企业进行内部管理和宏观调控，实现园区内实时的环境监测监督、统一的资源调配、优化生产布局，合理地引进和淘汰工业，从而为实现生态工业园区内生产、消费与还原的均衡机制提供从定性到定量的科学分析手段和技术支持。不同信息平台之间通过信息流、物流和资金流的运行，彼此协调融通，通过各单元相互间及时有效的信息交流最终实现园区内资源相互利用的最优化、低成本，整个信息系统如图13-2-5所示。

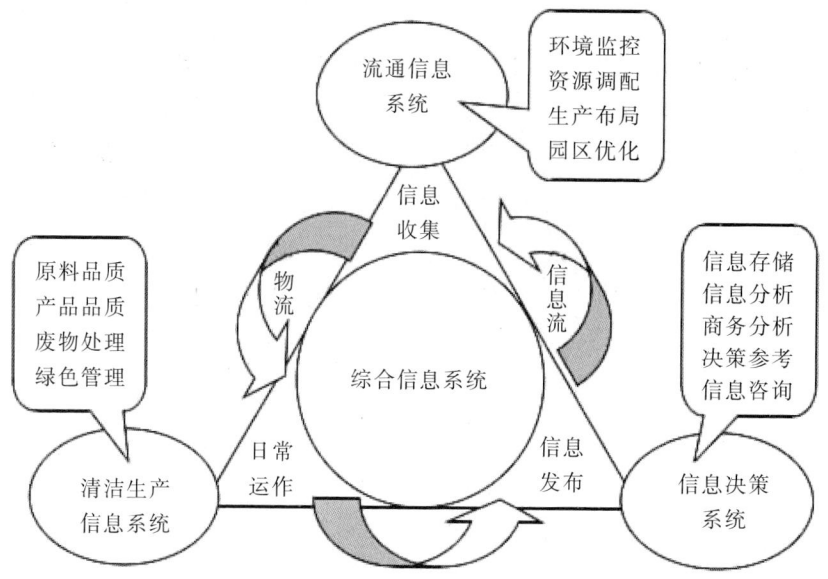

图 13-2-5 园区信息系统简图

(五) 经济分析

循环经济不单单是国家经济政策在资源紧张状况下一个不得已的选择，循环经济更是在经济效益方面具备可行性。作为循环经济的特定形式，生态工业园同样具有经济可行性。生态产业链的核心价值来自于产业链内部整体资源的协同利用，来自于各利益相关者的协同效应，从而实现生态产业链的生态性机理和利益性机制相结合的要求。

生态工业园具有的地域性特点和产业生态链上的资源耦合降低了园区内企业的交易成本。一方面，由于园区具有地理上相对集中的优势，有效地降低了园区内的企业之间的信息成本、搜寻成本、合约谈判和执行成本等。通常在企业布局分散的情况下，这些成本对于企业来说都是一笔不容忽视的开支。另一方面，如果把整个园区看成一个制造型企业，则园区内的每一个企业就如同一个生产工艺流程，而将企业联系在一起的废弃物就如同半成品从一个工艺流程进入另一个工艺流程，如此形成流水线，从而降低了废弃物从一个企业到另一个企业的运输成本和存储成本。同时，在生态园区中，企业产生的废弃物和多余的能量可以用于下游企业的生产。可以廉价获得上游企业产生的废弃物或多余的能量作为资源不仅降低了企业的原料成本和能源成本，而且企业也节省了由于处理本企业产生的废弃物而须支付的巨额费用。此外，国家对生态工业园发展的政策性优惠和法律倾斜也可以降低企业的非生产性成本。

园区内企业形成的长期稳定的共赢关系，可以减少供应链企业的交易成本，提高了供应链的快速反应能力，减少由于选择新的合作伙伴带来的行为风险与合同风险。同时园内企业在产业上的关联性使企业在原料和服务的供应上具有集聚优势，降低企业原料采购成本和运输成本；有利于获得稳定的原料供应，保证产品质量的稳定性；本地供应减少了生产延误，降低企业的经营成本；较少的存货减少资金的占用量，从而可以降低产品储存成本，使产品具有较强的成本优势。

生态产业链上的企业通过以上游企业废弃物作为本企业的原料实现上游企业废弃物的资源化，这样既消除了潜在的有害物质的排放，又减小了废弃物堆放场地并减少废弃物储量。除了环境效益外，废弃物的资源化还可以有效地降低企业生产成本、提高生产效率、降低能耗。以用废铁炼钢为例，炼 1t 钢可节省资源 47%~70%，减少空气污染 85%，减少矿山垃圾 97%，节省 5~6 h，节省能耗 74%。

国家对资源的综合利用实行了一系列的优惠政策,如明确利用"三废"的建设项目和治理污染工程享受的所得税和固定资产投资方向调节税优惠政策,购进废旧物资可按照税务机关批准的收购金额的一定百分比(如10%)计算进项税额。

生态工业园在降低企业交易成本的同时,也相应地提高了其他方面的成本。包括企业开发新技术、新工艺,建立信息系统,上下游企业间的搜寻等带来的费用支出。

(六)政策导向

在2006年的博鳌亚洲论坛循环经济国际峰会上,时任国家质检总局局长李长江从五个方面说明了质检总局推动循环经济发展的政策导向和具体措施。①发挥标准化的引导作用;②大力发展可再生能源,加快制定我国节能产品认证标准和技术要求;③强化质量监督作用,制定严格的生产许可证实施系统,贯彻实施能效标准;④发挥口岸查验作用,防止不符合我国标准的"洋垃圾"进入国内市场;⑤发展计量的衡量作用,完善计量法规体系和技术保障体系。此次峰会明确了我国未来的循环经济的政策导向:通过建立健全循环经济的法律体系和方针政策,保证在市场经济条件下,发展循环经济产业有法可依,有利可图;与此同时,高度重视新技术、新设备在发展循环经济中的应用和推广,为发展循环经济提供坚实的技术保障。

三、生态工业园区的结构模型

一个生态工业园可以看成一个生物群落。生态工业园中的各种要素、元素可以分为三大类:一类是公共设施类,即支持生态工业园中的企业发展的一些公共设施,包括信息中心、技术中心、环境中心、道路交通、垃圾填埋厂、能源中心等;第二类是生态产业链,是指生态工业园中的各企业,这是园中的主体,它们按照生产者、消费者和分解者的关系分别处于产业链条的不同节点上,并按照生物链的运行规律进行着资源(材料、能源、水)、信息、资金和人才的流动;第三类是支持服务链,包括政府园区管理者、市场和法律、金融制度等,这些因素将从政策、资金和市场的角度来影响园区内的企业。

三类要素内部具有十分密切的关系,同时,它们之间也有很强的依存关系。公共设施类是为了提高生态工业园内企业的资源和生态效率而建立的一些基础设施,由于这些设施的存在,节省了企业大量的本来需要由自己去投资建设的开支,成为吸引企业进驻生态工业园的一个重要因素,同时也是构成企业生物群落的基础;生态产业链是生态工业园中的主体因素,相当于企业生物群落中的生物种群;支持服务链构成了生态工业园区企业生物群落生存与发展的大的环境与条件,对于生态工业园内的各要素都将产生影响。

下面我们将结合国际、国内循环型生态工业园区的典型实例,来说明循环经济的生态工业园区发展模式。

四、国外循环经济的生态工业园区实践模式

丹麦的卡伦堡生态工业园区是目前国际上工业生态系统运行最为典型的代表。卡伦堡是一个小型工业城市,小城内的主要生产企业有发电厂、炼油厂、生物工程公司、石膏厂和市政府以及其他一些小型企业,这几家企业相互之间交换使用能源和副产品,把其他公司的废料作为自己的生产原料,几家企业相互依赖,逐渐形成了一个工业共生体系,如图13-2-6所示。

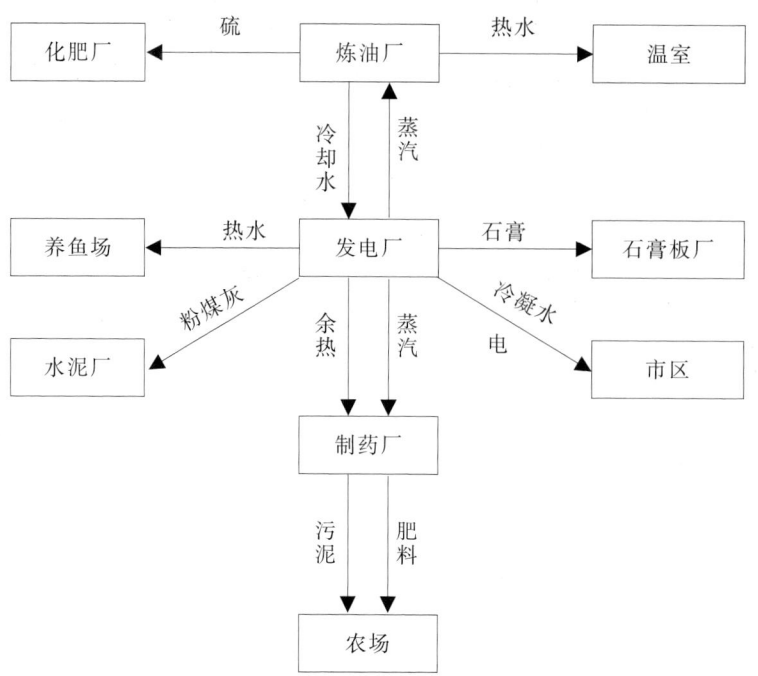

图 13-2-6 卡伦堡生态工业园区共生关系

卡伦堡生态工业园区的主体企业是阿斯内斯火力发电厂、斯塔托伊尔炼油厂、诺沃诺迪斯克制药厂和济普洛克石膏板厂,以这 4 个企业为核心,通过贸易方式利用其他企业生产过程中产生的废弃物或副产品,作为本企业生产中的原料,建立工业横生和代谢生态链关系,最终实现园区的污染零排放。其中火力发电厂位于这个工业生态系统的中心,对热能进行了多级使用,对副产品和废物进行了综合利用。发电厂向炼油厂和制药厂供应发电过程中产生的蒸汽,使它们获得生产所需的热能;通过地下管道向卡伦堡全镇居民供热,由此关闭了镇上 3 500 座燃油锅炉,减少了大量的烟尘排放;将除尘脱硫的副产品——工业石膏,全部供应石膏板厂做原料。同时,还将粉煤灰出售,供铺路和生产水泥之用。炼油厂产生的火焰气通过管道供石膏板厂用于石膏板生产的干燥工序,减少了火焰气的排放;酸气脱硫生产的稀硫酸供附近的硫酸厂,脱硫气则供给电厂。卡伦堡生态工业园区还进行了水资源的循环利用。炼油厂的废水经过生物净化处理,每年通过管道向发电厂输送 70 万 m³ 的冷却水。整个工业园区由于进行水的循环使用,每年减少 25% 的需水量。

五、中国循环经济的生态工业园区实践模式

(一) 广西贵糖模式

1999 年,广西贵港开始建设我国第一个国家级生态工业示范区——国家生态工业(制糖)示范园区。广西贵糖集团的循环经济模式是国内比较成功的循环经济模式,集团内包括不同业务内容的一些子公司和分公司,如制糖厂、酿酒厂、纸浆厂、造纸厂、碳酸钙厂、水泥厂、发电厂。虽然广西贵糖的生产活动与杜邦公司和卡伦堡完全不同,但其子公司内部有类似于杜邦公司的单个企业的循环经济模式,各个子公司之间又建立了类似于卡伦堡模式的相互利用副产品和能源的循环经济实践方式。该园区是对现有工业企业通过适当的技术改造,在区域内企业间建立废物和能量的转换关系,或建立起上下游产业系统,形成产业链,充分发挥企业园的集聚效应,形成互利共生的横向耦合关系,形成稳定的生态工业网状结构,该生态工业园生态链如图 13-2-7 所示。

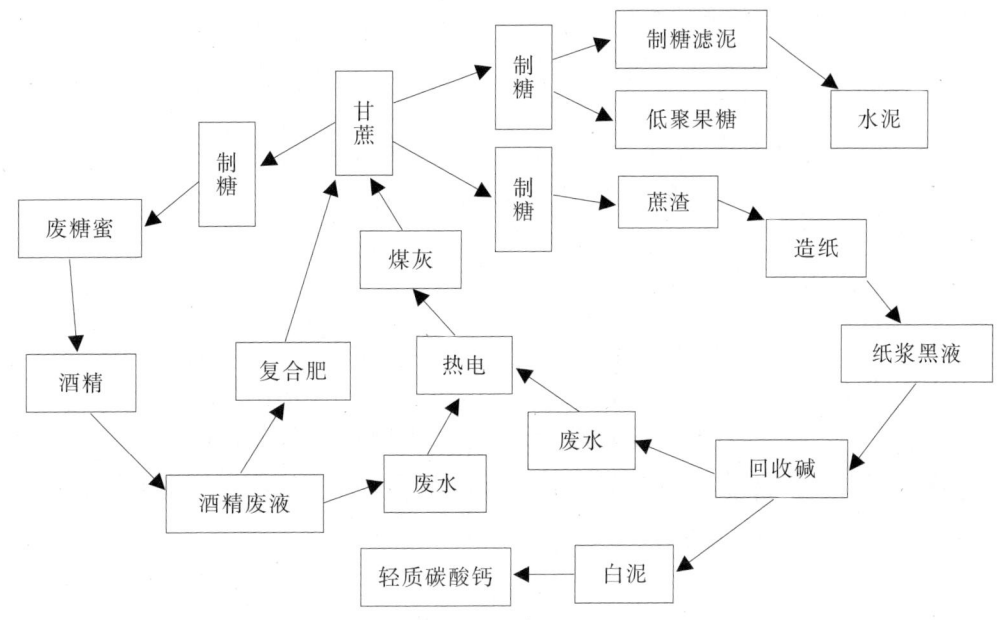

图 13-2-7　广西贵糖生态工业园生态链示意图

广西贵糖的主要生产业务是制糖,围绕制糖的循环经济生产链主要是在制糖厂和酿酒厂之间:甘蔗制糖—废糖蜜制酒精—酒精废液制复合肥—甘蔗,以及制糖厂和造纸厂之间:甘蔗—制糖—蔗渣制浆造纸。同时还有利用制糖滤泥制造水泥等副生产链。通过广西贵糖循环经济的实践,广西贵糖实现了废气的100%利用,改善了水质,提高了经济效益,节约资源的同时减少了环境污染。

具有多种业务范围的大型集团性企业可以借鉴广西贵糖的循环经济模式,在单个公司内部以及集团的各个公司之间形成交叉的循环经济生产链,减少整个集团的资源投入和污染物排放。广西贵糖是中国制糖业循环经济发展的领军人物,广西贵糖循环经济模式中的生产流程设计、生产链节点的选取等方面都是其他制糖企业应该借鉴的。制糖企业可以借鉴广西贵糖的生产模式实现经济效益和环境效益的双赢。广西贵糖循环经济模式的出现对我国工业中结构性污染比较严重的制糖业、酿酒业、造纸业提供了一种全新的产业结构调整方向,可以为政府提供一个区别于惩罚措施的治理结构性污染企业的思路,政府可以采取经济调控,实现多个污染性企业建立相互利用副产品和原料的生产链。

(二) 鲁北化工集团模式

鲁北化工集团主要生产磷复肥和用磷石膏制硫酸,还包括热电厂、煤气厂等其他生产过程,属于结构性污染较为严重的行业,这类生产活动所造成的水污染和大气污染较为严重。

鲁北化工集团在集团内部形成了一个循环经济系统,有效地控制了污染物的排放。鲁北化工有3个主要的产业链:热电厂利用海水代替淡水进行冷却,既节约了淡水资源又蒸发了海水;磷石膏制硫酸的生产过程中产生的二氧化硫用于海水产业链的提溴,硫元素转化为硫石膏又用于生产水泥和硫酸;热电厂的煤渣可作为生产水泥的原料,热电厂的蒸汽用于其他产业链过程中,形成了几个交叉的循环经济产业链。鲁北化工在生产过程中所释放的气体种类多,对环境的污染严重,因此鲁北化工在完成其他产业链的同时,加强了对有害气体的循环利用,尽量减少有害气体的排放。磷石膏煅烧过程中产生的二氧化硫被大部分用来制造硫酸,少部分用于海水的提溴。生产过程中产生的氢气用来制作盐酸和合成氨。系统中产生的氯气用于盐酸的制作,也有一部分作为产品销售,排出量为零。

鲁北化工集团的循环经济模式的共生链达17个之多,各共生链之间的最优状态需要集团综合协调,实现多个小循环系统的综合共生。生产链多的大型集团可以借鉴鲁北化工集团在17个共生链之间实现的循环经济模式。有害气体排放量比较多的企业可以借鉴鲁北化工集团对多种有害气体的综合利用,减少有害气体的排放量。大气污染检测的难度对政府采取惩罚性措施强制企业减少有害气体排放量有一定的阻碍,像鲁北化工一样多一个简单的废气循环利用生产流程,既能调动企业的积极性,又能从根本上解决大气污染难以控制的局面,因此政府引导企业加强有害气体回收、加大生产设备的投入是控制环境污染的重要途径。

(三)天津泰达模式

天津泰达模式是以天津经济技术开发区发展循环经济、进行生态化改造的实践为基础,探讨综合园区型循环经济的发展模式。

天津经济技术开发区建立于1984年12月。2004年4月26日由原国家环保总局批复同意其进行国家生态工业示范园区建设。目前,园区内四大主导产业包括以三星、三洋、松下为代表的电子通信产业;以丰田、SEW、艾默生为代表的机械制造产业;以葛兰素史克、田边、诺和诺德为代表的医药化工产业;以顶新、可口可乐、雀巢、大家为代表的食品饮料产业。

该园区发展模式的主要做法是:

1.成立废物最小化俱乐部,促进废物资源化

"废物最小化俱乐部"是欧盟2003年8月在中国开展的中欧环境管理合作计划的子项目,从天津开发区的支柱产业中选取部分企业参加,邀请专家考察每个成员企业,总计提供了52个节能、节电、节水改进技术方案。俱乐部还为成员企业提供沟通交流的机会,促成一家企业的废物成为其他企业的原料。如拉法基铝酸盐(中国)有限公司需要大量的包装袋,每个50元。公司的高管人员在参加俱乐部活动时,得知同区的博爱(中国)膨化芯材有限公司就有废弃的这种包装袋,两家公司沟通洽谈后,一家公司的废料便成了另一家企业稳定的原料。

2.发展补链项目,建立物质循环产业链

他们在对全区固体废弃物进行调查的基础上,围绕电子信息、生物制药业、汽车制造业和食品饮料业四个支柱产业,根据循环经济理念,发展企业间互利共生的副产品交换关系,形成了一定规模的生态工业雏形。目前,工业固体废物的交换系统内已经包括了废钢铁,废橡胶及橡胶制品,计算机及通信废品,旧、废汽车,塑料废物等15个大类。他们还根据生态工业系统建设需求,有选择地进行主题招商和绿色招商,重点发展补链企业,力争形成多产品多链条的生态工业网状结构。如引进了电子线路板及电子废物回收加工企业、汽车拆解和废钢回收再利用企业、回收和处理铅废料和废铅酸电池企业以及利用与丰田汽车配套的废料铸钢的企业等,形成了区域层面的物质循环的产业链、产品链和废物链。

3.以高新科技,引领静脉产业发展

天津开发区特别关注资源瓶颈问题,利用技术优势,积极抢占对区域发展起决定作用的各种资源,包括废物资源市场。如投资兴建目前国内最大规模的海水淡化综合示范工程,缓解水资源短缺困境,为我国广大沿海缺水地区和西部高浓度苦咸水地区的新型水源开发提供示范;投资兴建双港垃圾发电厂,可消纳天津市1/4的生活垃圾,形成日处理垃圾1 200 t,发电装机容量24 MW,年上网电量1.2亿kW·h的能力,并可实现垃圾无害化、减量化和资源化;基本形成了以泰达自来水公司为主体的供水系统、以泰达污水处理厂为主体的污水处埋系统、以新水源公司(连续微滤产水和RO反渗透法产水)为主体的中水回用系统共同构成的区域水循环系统;引进台湾金益鼎企业股份有限公司、天津东邦铅资源再生有限公司、天津虹冈铸钢有限公司和天津丰通资源再生利用有限公司等废物资源化企业,不仅将开发区自身产生的废物进行资源化利用,还能消纳周边地区的废物资源,从而使区域人工生态系统的废物,成为开发区一座蕴藏着丰富矿产资源的巨大矿山。

4.加强信息建设,构筑生态工业信息平台

天津开发区在区政务网首页开设生态工业园专题网页,介绍生态工业、循环经济理念;开

通"中欧合作计划"泰达试点项目专题网——固体资源信息网,开设项目动态、政策法规、成功案例、科学与技术、废物最小化俱乐部、固体废物调查、固废交换等栏目。为产生和回收利用固体废物的企业之间搭建了信息交换平台,为开发区形成良性的物质循环流动奠定了基础。

通过开发区、高新技术产业园区的生态化转型,改造成为生态工业园区的模式可以借鉴天津泰达国家生态工业示范区的循环经济模式。泰达生态工业园区的水资源工业链已比较完善,可供给不同需求的园区企业,但其热能工业链和固体废弃物工业链还需进一步完善。

(四)广东南海模式

在理论上,企业实行了清洁生产后,并不一定能在企业内部将其所有废物取得社会意义上的最大化再利用,必然会有一部分可以被其他企业以有效的方式利用,并有一部分排向环境。在现实中,也不可能将所有实行清洁生产后的企业的剩余有用废物进行利用,构建连接所有企业的物质能量链。因此,就必须通过建立工业废弃物再利用及资源化产业来消化这部分废物,同时,建立废物无害化产业安全处置那些在现有技术经济条件下无法利用的废物,连接所有企业,形成虚拟生态工业园。

广东南海生态工业园区是我国第一个全新规划型的国家级生态工业园区。该园区位于广东省佛山市南海区丹灶镇,以华南环保科技产业园为核心,根据生态工业的思想对园区进行规划和设计,通过环保科技产业园区(核心区)和虚拟生态工业园区(虚拟区)的林业生态链建设,分步建立资源再生园(RBP)、零排放园(ZIP)和虚拟生态园(VEP),实现园区、企业和产品3个层次的生态管理,从而再建立一个生态工业示范园区。园区主导产业定位为高新技术环保产业,包括环境科技咨询服务、环保设备与材料制造、绿色产品生产、资源再生等4个主导产业群。虚拟生态工业园区企业主要是南海区现有支柱产业——铝业、陶瓷、塑料加工等远程企业。

全新规划型生态工业园区的构建可以借鉴南海循环经济模式,在园区现有良好规划和设计的基础上,从无到有地进行全面建设,主要吸引那些具有"绿色制造技术"的企业入园,并创建一些基础设施使得这些企业间可以进行废水、废热、废物等的交换。这一类工业园投资大,对其成员要求高。虚拟型生态工业园区的构建也可以借鉴南海循环经济模式。虚拟型园区不严格要求其成员在同一地区,它是利用现代信息技术,通过园区信息系统,首先在计算机上建立成员间的物质能量交换,然后再在现实中加以实施,这样园区内企业可以和园区外企业发生联系。虚拟园区可以省去一般建园所需的昂贵费用,避免建立复杂的园区系统和进行艰难的工厂迁址工作,具有很大的灵活性,其缺点是参与的企业可能要承担较昂贵的运输费用。

第三节 循环型社会模式

循环型社会是循环经济思想的发展和深化,是循环经济体系的重要组成部分。其本质是以可持续发展为基本指导原则,提倡适度生产和适度消费,并适当处置废弃物,通过再利用、再循环,使资源得到持续利用,形成人与自然和谐统一,经济、社会和环境得以持续发展的社会。我国应借鉴国外循环型社会建设的成功经验,按照生态价值观和绿色消费的理念,以3R原则为取向,在生产、流通、消费诸环节中,倡导绿色生产、绿色消费和绿色社会生活模式,逐步形成循环型社会。通过强调产品、服务功能的实现,达到再利用或反复利用,从而延长产品、服务的时间和强度,减少输入和有害输出,促进资源减量化、再利用与再循环,提高资源生产率;通过提高全社会资源节约和生态环境保护意识,在全社会形成崇尚节约、节俭,合理消费、适度消费的理念,用节约资源的消费观念引导消费方式的变革,逐步形成文明、节约的行为模式。

一、循环型社会发展规划

(一)规划目标

以进口再生资源加工基地建设为重点,形成再生资源回收、加工、利用的产业链条;在工业固体废物综合利用率保持100%的基础上,不断提高利用水平和产出效益;通过物流分析,建立环境管理信息系统,培育和发展副产品回收、处理和交换利用企业;在危险废物全部安全处置的基础上,逐步实现资源化。

(二)规划思路

通过宣传教育,营造资源回收利用的社会氛围;加大政府的政策支持力度,多渠道融资;引进和消化吸收国外先进的再生技术、设备,提高再生资源回收利用技术和管理水平;培育资源回收公司集中分拣并进行副产品交换;利用地区优势,推动再生资源回收、加工、利用的规模经营和一体化进程;建立工业固体废物数据库和信息服务系统,完善产业废物的回收和交换制度。

(三)规划内容

在对不同行业的工业废物进行分类统计的基础上,分析工业废物再生利用的现状和存在的问题,预测近期和远期各行业的工业废物产生量,制定工业废物的循环利用目标,提出各行业固体废物回收利用方案,建立工业废物数据库和信息服务系统。

创新再生资源转能源模式、大力发展低碳经济是我国建设环保节能型社会的重要保证,对提高资源利用率、缓解资源短缺、减轻环境污染压力将产生显著效果。

在全球气候变化的背景下,"低碳经济""低碳技术"日益受到世界各国的关注。

低碳经济是以低能耗、低污染、低排放、高产出为基础的新型经济模式,是人类社会继农业文明、工业文明之后的又一次重大进步,是工业革命、信息革命之后又一次改变世界经济的创新浪潮。

深圳已将发展循环经济、推进节能减排放在突出的战略地位。深圳已被住房和城乡建设部列为建筑垃圾的综合利用试点城市,其已规划建设的建筑垃圾综合利用项目进展顺利。深圳市环卫部门还出台了发展循环经济的多项措施,构建实施循环经济战略的垃圾管理政策法规体系,以保障全市垃圾处理无害化、资源化,方式从以填埋为主向以焚烧发电为主转变,进一步完善垃圾处理无害化、减量化、资源化的技术结构和优化配置,完善再生资源回收利用系统,提高再生资源回收利用率。深圳环卫系统创新再生能源无害化的发展模式,又一次为全国发展低碳经济探索了一条可行之路,为在全国推动低碳经济的发展起到了重要的示范作用。

二、国外社会循环经济实践模式

(一)国外循环型社会建设发展模式

1.德国循环型社会建设发展模式

德国循环型社会建设的发展模式主要包括废旧电子电器回收处理模式和废弃物双元回收体系模式。这两种模式为实现德国的可持续发展和循环型社会的建设起到了巨大的作用。

(1)废旧电子电器(WEEE)回收处理模式

德国是欧洲WEEE产出量最大的国家,占欧洲总量的近三分之一。据相关统计,WEEE是增长最快的废物,主要由家用电器、娱乐设备、办公设备、信息设备、通信设备、工业设备、医疗设备、实验室设备等组成。德国WEEE回收处理体系主要是建立在市政系统或制造商联盟基础上,分别建立了市政系统专业回收处理公司、制造商专业回收处理公司、社会专业回收处理公司、专业危险废物回收处理公司等。

德国WEEE回收处理企业需要政府许可,由法定管理部门审核发证。另外还有自愿性的认证活动,提供证书证实该企业的技术能力以获得客户的信任。电气电子供应和回收处理渠道主要是由产品制造商通过销售商把产品卖给消费者,消费者使用后将WEEE回送到市政当局的废物收集站点、销售商、专业收集公司和制造商的收集点等。收集的 WEEE 如果还有使用价值，经翻修后再使用，主要赠送给地方福利当局、慈善机构、低收入家庭等，剩余的转送到专业公司回收处理。专业公司主要包括制造商专业回收处理公司、社会专业回收处理公司、专业危险废物回收处理公司等。这些公司采用生态设计思想，控制产品在整个生命周期的环境负荷，而且利用回收的物质，大大降低了成本，创造了巨大的价值。

(2) 废弃物双元回收体系模式

德国是世界上循环经济实施最早、发展水平最高的国家之一，包装废弃物收集和处理的双元回收系统模式是循环经济实践和运行机制的典型模式。1990 年 9 月，德国 95 家包装公司和工厂企业以及贸易零售商联合建立了双元回收系统(DSD)，它接受企业的委托，组织回收者对废弃物进行分类，然后分送到相应的资源再利用厂家进行循环利用，能直接回收的则送返制造商，目前共有 1.6 万家企业加入了 DSD 系统。德国自 1991 年开始对包装物进行分类，在需要回收的包装物上打上绿点标识，有此标识的商品，表示它的包装可以回收，也就是要求消费者把它放入盛包装物的分类垃圾箱，然后由 DSD 委托回收企业进行处理。政府只规定回收利用的任务指标，其他一切均按市场机制运行。该系统的建立大大促进了德国包装废弃物的回收利用，不仅带来了资源的高效利用，产生了积极的生态效应，而且为社会提供了成千上万的就业机会。

DSD 是由近 100 家生产和销售企业组成的非营利的民间回收组织，专门针对包装废弃物进行分类收集和回收利用，将整个消费和生产改造成为统一的循环经济系统。该公司接收企业的委托，组织收运机构对它们的包装废弃物进行回收和分类，送达相应的资源再利用厂家进行循环利用，对其中可以直接回收的包装废弃物送返原制造商再次规整利用，避免造成不必要的浪费。DSD 系统的建立极大地促进了德国包装废弃物的回收利用，有效地保护了原材料资源，1997 年仅包装废弃物的回收率就高达 89%，循环利用率高达 86%。

双元系统的运作有两种体系：即街头回收系统和上交式回收系统。街头回收系统是双元系统最基本的模式，直接在人员聚集的地方设置垃圾收集箱，将垃圾箱分为不同颜色，分类收集分散的包装废弃物。另一种模式是上交式回收，即消费者将所有用过的包装直接交到当地回收站。

DSD 双向系统的分离及再生主要针对废纸、废复合包装及废塑料包装。废纸的分离及再生通过"送""取"两系统回收后，采用全自动的废纸分拣线进行分检，在废纸切碎后按重量(比重)分开，这样能保证送到造纸厂后再生纸浆的质量，故德国对分选质量要求很高，规定混杂纸不得超过 1.25%。目前对废旧塑料回收再生采用两种方法：一是原料法，又称化学法，即将混杂塑料破碎分离去杂质清洗造粒喷射到高炉内，代替重油、煤粉炼铁的还原剂——一氧化碳。二是材料法，又称物理法，即将废旧塑料膜、瓶、周转箱破碎采用沉浮法、旋涡法、离心法对各类塑料进行分离烘干，再加上部分新塑料挤压成颗粒，生产再生塑料制品。德国和法国已生产出红外线分离设备，用红外线进行分离，可获得纯度很高的再生颗粒。各类包装废弃物可再生的产品如表 13-2-1 所示。

表 13-2-1 各类包装废弃物的再生制品

包装废弃物	再生制品
废玻璃	玻璃,高质量的、在建筑或预制构件中使用的绝热材料等
纸	厨房用卷纸、写字抄纸、信封、包、新闻印刷纸等
铝	再生原料颗粒,制作自行车轮缘,铝盒包装等
马口铁	自动化工业上用钢、罐头盒

续表

包装废弃物	再生制品
复合材料饮料纸板盒	纸的碎片:制作抗撕裂纸;波纹纸板、芯板、厕所或纺织用薄纸,纸背包等;铝的碎片:供铝矾土生产厂作水泥的原材料
塑料	桶、窗、汽车牌架支撑件、周转箱、电缆、交通岛等

对于双元系统来讲,进行包装废弃物的回收和再循环并非最终目标,更重要的是促使包装用材的大规模削减。越来越多的企业在朝着有利于环境的方向改进自己产品的包装。早在1992年已有80%使用绿点标识的企业对其产品包装进行了优化,包装正逐渐变得更薄、更轻和更易于再循环（采用新材料和避免复合材料）。二次包装(多层)已在市场上逐渐消失。更重要的是,顾客从绿点标识上感觉到了自己作为消费者对包装回收所负的责任。

2. 日本的循环型社会模式

日本建立循环型社会的实践模式可以概括为:一是环保产业化,即发展"静脉"产业;二是地区经济环保化;三是建立社会化的DSD联盟;四是产业环境化,即发展环境友好型"动脉"产业。

日本是在社会层面上建立循环型社会模式最典型的国家。由于资源有限,日本特别注重资源的再利用。自20世纪90年代实施可持续发展以来,日本正在把发展循环经济、建立循环型社会看作实施可持续发展战略的重要途径与方式。通过构建循环经济法律体系、完善循环经济的政策机制来推动生产与生活方式的转变。日本政府提出的建立循环经济社会的战略方针已经深入人心,得到了广大国民的理解和支持。企业和国民都十分积极地响应,主动配合有关部门做好废弃物的循环利用工作。日本理光、松下电器、索尼、丰田汽车、三洋电机、夏普等公司都采取了有效措施,基本上达到了产业垃圾零排放的标准。

日本把循环型社会建设的总体框架概括为:产业生态化,即发展环境友好型"动脉"产业;环保产业化,即发展废弃物再生利用的"静脉"产业;按照生态学的原理,实现"动脉"系统与"静脉"系统的有机协调、和谐连通,在企业、区域和社会多层面扎实有效地展开3R行动,即废弃物减量化(reduce)、资源再利用(reuse)、废弃物再循环(recycle),以构筑和谐、协调的循环型社会(图13-2-8)。

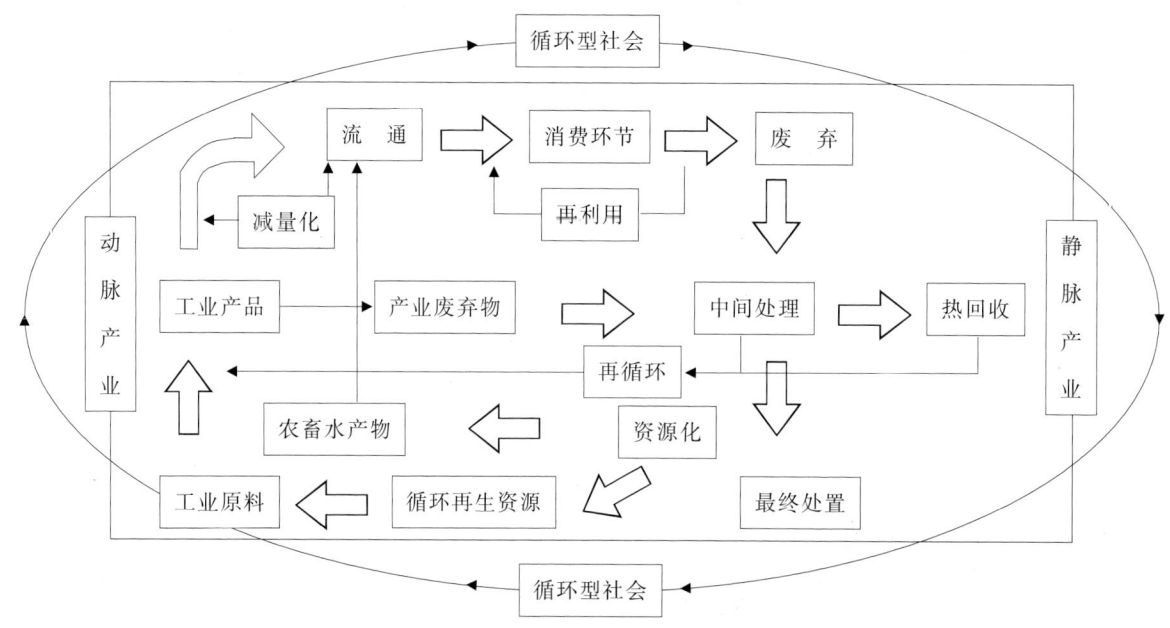

图13-2-8 日本循环型社会推进计划的总体框架示意图

(1) 日本的"静脉产业"模式

"静脉产业"是那些将废弃物转换为再生资源的产业的总称，因这些产业能使生活和生产中产生的垃圾变废为宝、循环利用，如同将含有较多二氧化碳的血液送回心脏的静脉而得名。目前日本"静脉产业"已初步形成三个主要发展方向，即分别把生活垃圾转换成家畜饲料、有机肥料和燃料电池用燃料。"静脉产业"不仅将成为日本建设"循环型社会"的主力军，而且能成为扩大就业机会、促进经济发展的新领域，有着广阔的发展前景。

随着"静脉产业"的发展，产业废弃物的处理和利用已不再是消极的、被动的行为，而是开发新技术、创立新产业的动力。在经济上，它也不再只是投入，而是可观的产出。各种环保技术和资源循环利用技术，如环境污染治理技术、废弃物回收利用技术、清洁生产技术等正在成为日本企业的热门研究开发课题，为企业带来新的商机。

(2) 地区循环经济模式

地区经济环保化是建设循环型社会的基础。目前，日本已出现了一些环保型地区经济的萌芽。茨城县筑波地区建设以有机资源循环为目标的地区有机农业，不仅推动了当地有机农业的发展，并将当地生产的蔬菜等在地区内流通、推销，形成"地产地销"的地区内资源循环系统，这样可以减少运输的能源消耗，有效利用废弃资源和发展有机农业，提高了环境效率。日本北九州市、札幌市等7个地区建设以资源循环为中心的环保城市。根据各自地区特点，建立和完善饮料瓶再利用、废塑料再利用、废汽车再利用和环保水泥制造等技术装备。以再利用为中心的环保产业正在这些地区形成和发展。兵库县推行以有效利用地区资源为中心的零排放计划，对当地的经济可持续发展、生态系统的改善做出了很大贡献。

(3) 日本的DSD联盟模式

日本的包装物和废弃物回收有其自身的特点。其做法是由制造业和店铺等流通业组成DSD联盟，制造业者在每个包装上印刷绿色回收标识并付给DSD一定数额的经费，DSD联盟用这笔钱制作印有绿色标识的黄色集装容器，消费者将印有绿色标识的废弃物投入这种回收容器内，然后这些资源由DSD或DSD委托的部门回收，回归到包装材料制造厂商或原料公司。据日本环境省的统计资料表明，现在的家庭垃圾有1/3可回收再利用。

总之，由于日本产业结构和技术工艺水平已处于先进水平，所以，除了清洁生产外，环境友好型产品和企业环境经营是产业环境化的主要做法。"静脉产业"是日本建立循环型社会的切入点。主要做法是建立废弃物再生利用行业的生态工业园。但由于技术经济成本比较优势和国际贸易市场的原因，一个国家内部可能并不容易建成相对闭合的物质循环体系，废旧资源可能流向处置成本低的国家和地区。因此，日本目前正在研究和推动以东亚国家为主的物质循环利用国际体系。

日本模式意味着发展循环经济往往以企业内部的集约生产与原料、能源良性循环为先导和基础；意味着环境保护技术和产业经济发展进入了新的发展阶段，其社会结构开始从过去"大量生产、大量消费、大量废弃"的传统经济社会，向降低环境负荷、实现经济社会可持续发展的循环型社会转变。循环型社会包括企业循环和企业间组合循环，以及集约消费、绿色消费和社会废物的循环利用等。

(二) 国外循环型社会建设的经验与启示

德国和日本在推进循环型社会建设的进程中，理念先进，措施具体，效果明显。其中，完备的立法和严格的执法是根本保障；强化行政管理，制定经济优惠政策是重要条件；建立生态工业园区，以政府绿色采购来启动和引导市场需求是有效手段；加强科学研究，发挥公众和中介组织作用是重要措施。

1. 构建完备的循环经济立法体系

日本为建立循环型社会，搭建起了世界上最先进的立法体系，为日本成为资源循环利用率最高、环境保护最好的国家提供了重要保证。首先，在立法体系上具有较强的规划性，采取了基本法统领综合法和专门法的模式。其次，在立法中明确规定了国家、地方政府、企业和公众的责任与义务,特别是规定企业和公众的"排放者责任"原则和"扩大生产者责任"原则,规范了官、产、民在建立循环型社会方面的社会行为。再次,对利用、处置废旧资源的基本顺序法定化,明确了利用再生资源的优先顺序,对在物质生产、流通和消费过程中最大限度地降低污染负荷发挥了重要作用。

2.强化行政管理,制定经济优惠政策

有效的政策是循环经济发展的重要推动力和必要保障。充分发挥市场机制对资源配置的基础作用,利用各种政策,包括建立政府补贴费制度、财政信贷鼓励制度、税收优惠制度等,从而实现符合发展循环经济的要求,形成发展循环经济的激励和约束机制。

3.通过绿色采购,为环境友好型产品创造市场需求

通过法律约束个人行为,使公众做到绿色采购,促使环境产业产品在政府采购中占据优先地位,并对公众的绿色消费起到良好的示范和导向作用。通过优先购买环境友好型产品,为绿色产业的发展创造了巨大的市场需求,极大地调动了企业参与循环型社会建设的积极性。

4.加强科技研究,发挥公众参与和中介组织作用

循环经济的减量化、再利用和再循环,哪一个环节都离不开先进的处理和转化技术,离不开工艺、装备的开发和更新。花大气力进行开发研究,鼓励开发研制有利于发展循环经济的设备和装置。发达国家经济的增长,带动了技术进步,也推动了循环经济关键技术的创新和进步,促进了循环经济的快速发展。发展循环经济需要以建设先进的环境文化为先导,牢固树立全面、协调和可持续发展的思想,在全社会形成热爱自然、参与循环的良好氛围,环境文化既是发展循环经济的先导,也是循环经济成长的基础。

我们应该参照国外的成功经验,结合本国的实际情况,选择一条适合中国可持续发展的道路。首先,循环型社会的发展必须靠法律法规来制约。要做到有法可依,为建立循环型社会提供法律保证。其次,要制定促进循环社会发展的有力政策。有政策的存在,才能为建设低消耗、低污染、资源循环利用的循环型社会建设指明道路。再次,培养全民循环经济意识势在必行。推进循环型社会的形成,还需提高公众的环境保护和资源节约意识。为此,要加大循环经济的宣传力度,倡导生态价值观和绿色消费观,使绿色消费深入人心。

三、中国的区域循环经济实践模式

我国目前已有许多省市在循环经济的某一方面进行了试验示范,或正在积极准备全面推进循环经济工作。江苏省、山东省、辽宁省等省市规划已出台,并正在实践较系统的循环经济模式。

1.江苏的循环型社会模式

结合生态省的建设,江苏省立足当地经济社会发展和资源环境状况,制定了发展循环型工业、循环型农业、循环型服务业和循环型社会的多项规划,并形成了江苏省循环经济发展总体规划,在全省范围内积极开展了循环经济试点,探索出一条东部沿海发达地区自发战略转型的循环经济发展模式,取得了较好进展。

循环型社会是循环经济理念在社会生活中的体现,要求把绿色消费与生活模式融入社会生活中,逐步形成循环型生活方式和消费方式,在日常生活中尽可能使用可循环利用的产品或绿色产品,减少消费过程中废弃物的产生,建立垃圾分类处理与利用体系,实现城市垃圾的资源化和无害化,尽可能回收再利用废旧物资,形成资源节约型社会。

在循环经济总体规划指导下,江苏省确定了108家循环经济试点单位,围绕3R原则和目标,积极推动资源在企业内部、不同企业、不同产业之间的循环,取得明显的经济、环境和社会效益。

2. 山东的"点、线、面"和"八创建活动"模式

以《山东省生态环境建设与保护规划纲要》为依托，山东省将循环经济试验示范融入生态省建设之中，初步建立了具有山东特色的"点、线、面"循环经济发展模式。

(1) "点、线、面"模式

所谓"点"是在企业层面建立点上的小循环。做法是推行清洁生产，依据ISO14000环境管理体系认证，采用生态设计和现代技术，将单位产品的各项消耗和污染物排放量限定在标准许可范围之内，实现企业内部的资源综合利用和循环利用。所谓"线"是按行业建立线上的中循环。运用生态经济原理，根据行业间的关联特点，通过物质、能量和信息集成，拉长和扩大生态工业产业链，形成一个及多个行业组成的生态园区，在园区内各主体形成互补互动、共生共利的有机产业链网。所谓"面"是在社会区域层面建立的大循环。以开展系列创建活动为载体，以建设循环型社会为目标，在社会各行业、产业间建立生态产业体系，倡导生态文明，打造环境友好型产业群，建设循环型社会。

(2) "八创建活动"模式

山东省以"八创建活动"为平台，将循环经济发展模式渗透到正在开展的生态环境保护和经济发展活动之中，使"创建活动"成为循环经济试验示范的载体，大大促进了循环经济的发展。

所谓"八创建活动"，包括创建生态示范区、创建环保模范城、创建环境优美乡镇、创建生态村、创建生态工业园区、创建环境友好企业、创建循环经济试点单位、创建生态市(县、区)。在实践中，科学规划是顺利实施融入了循环经济内容的"八创建活动"的重要保障。

3. 辽宁的"3+1"循环经济模式

辽宁省是原国家环保总局批准的第一个循环经济试点省。在振兴东北老工业基地的背景下，在循环经济发展试点方案的基础上，辽宁省提出了循环经济"3+1"发展模式，探索出一条具有一定技术、经济基础的资源型地区战略转型的循环经济发展模式。

4. 甘肃省循环经济型生态城市建设模式

我国循环型社会建设的总体目标是：用50年左右的时间，全面建成人、自然、社会和谐统一的、资源节约的循环型社会，资源生产率、循环利用率、废弃物的最终处理量等循环经济的主要指标以及生态环境、可持续发展能力等达到当时世界先进水平，极大限度地提高生态环境质量、整体改善生存空间，全面进入可持续发展的良性循环。甘肃省循环型社会模式的设计紧紧围绕这一目标，在生产、流通、消费诸环节中，通过合理生产、高效利用、提倡节约、杜绝浪费等手段，以尽可能少的资源消耗，满足人民不断提高的物质文化需求，转变不可持续的生产模式和消费模式；变革对环境不友好的道德观、价值观和行为方式，树立绿色的生产观和消费观。

5. 日照市海滨生态城市建设模式

日照市地处我国沿海中部，是一个新兴港口城市。日照市把建设生态企业作为发展循环经济、建设生态城市的基础工程来抓，加快技术改造步伐，积极推行清洁生产，加强环境管理，使污染防治逐步由末端治理为主向生产全过程控制转变。

在生态工业园建设方面，日照市围绕传统产业的生态化转型，按照循环经济理念改造现有工业园区，规划设计新的可持续发展园区，在推行清洁生产、发展生态企业的基础上，积极引进建设与现有企业配套互补的企业和项目，努力实现企业间资源的循环利用与园区内废物的零排放。

在产业结构方面，日照市按照生态学原理，积极应用新的生态技术，发展生态产业，规划建设了日照市高科技工业园、大学科技园，将高新技术产业、大学经济、旅游经济作为新兴主导产业加以培育。

在生态文化建设方面，日照市坚持通过政府引导、企业兴办、群众参与、社会教育和科学普及等方法，大力加强生态文化建设，引导全社会转变思想观念和生产、生活方式，逐步树立起整体、循环、共有的生态观念和适度消费观念，倡

导与港口城市相适应的文明意识、文化氛围和舆论环境。同时，深入开展"文明在港城、满意在日照"文明城市系列创建活动，并结合发展旅游经济，进一步挖掘城市文化内涵。

日照市坚持在发展中保护环境，在保护环境中促进发展，加快建设现代化海滨生态城市，使全市在经济快速增长、城市迅速扩大、人口不断增加的同时，环境质量基本保持20世纪80年代的良好水平，初步实现了经济社会与环境保护、生态建设的协调发展。

6.铜川市"场"模式循环经济发展模式

铜川市循环经济模式可以概括为一种"场"的模式，构建这一模式包含三个方面的转变。第一个方面是指导思想的改变，改变以往的线性思维，强化集成的思想，通过分层面推进、资源统筹以及标准体系的变化来加以指导。变以往单一的经济效益标准为全方位的标准，以更加科学有效的标准来规范和矫正经济发展；第二个方面是结构的转变，变以往线性的、单一的经济结构为综合性立体化的经济网络，实现从单线到集成的结构优化；第三个方面是要素的转变，通过特色产业的培育、创新能力的增强、引教入市等措施，实现经济要素质的转变，从而增强整个城市的经济发展现状。

煤电铝联产工程、提高城镇化水平、拉动农业产业化水平成为铜川循环经济场的三个支点，其中农业产业化水平的提高是对第一产业的调整；煤电铝联产工程则是传统第二产业的升级和整合；而改善环境、提高城镇化水平则是第三产业发展的重要条件。这种三足鼎立的局面，正是对铜川市经济结构的全面优化和提升。在此基础上，特色产业群的培育、建材产业的发展以及引教入市战略的实施都将成为必要的补充，也是铜川市发展循环经济的必经之路。

从实施主体的角度来看，城镇化水平的提高、标准体系的建立健全、产业结构和布局的调整等宏观层面的问题都是属于政府统筹层面的大循环；煤电铝联产、建材产业群、特色产业群的培育和发展都是属于产业集群、产业链层面的中循环；而增强自主创新能力，通过技术革新和改造实现清洁生产、提高效益则属于企业层面的小循环。这样一来，一个多层次、全方位的铜川循环经济场初现雏形，从长远来看，将大大提高铜川市经济的整体效益和抗风险能力。

铜川市循环经济场将为城市发展带来全方位的好处，具体来说能够减少经济成本。通过经济要素匹配，实现优势互补，可以改善城市环境，实现可持续发展；并且有利于资源共享，获得规模经济效应。最重要的是，通过产业的集群优势，能够增强创新能力，促进自主创新。由此可见，构建循环经济场对于铜川市具有巨大的经济效益。同时，对于铜川市这种具有悠久历史和文化底蕴的城市来说，循环经济场将全面激发城市潜力，改善城市生态，更具有深层和长期的社会效益和文化效益。

7.中国实践模式的特点分析

江苏、山东、辽宁、甘肃、日照、铜川循环经济实践模式较好地体现了循环经济概念的本质，符合当地社会经济和资源环境特点，而且，容易被企业和公众接受，便于操作。尽管各地循环经济实践模式的称谓多样，但具有许多共同的特点，基本覆盖了生产和消费两大领域，涉及4个方面的模式内容。一是发展循环经济的企业模式；二是循环经济的产业模式，涉及工业、农业、服务业、废弃物再生利用产业；三是区域模式，即如何将循环经济与生态省、生态市建设结合起来，或者说解决了循环经济与区域可持续发展的关系和定位问题；四是以循环经济为基础的区域社会经济发展战略转型模式。

四、循环经济中的回收利用

在循环领域，要在企业实施清洁生产，提高生态效率，发展绿色消费的基础上，建立和发展资源回收产业，只有这样才能在整个社会范围内形成完整的"自然资源—产品—再生资源"的循环经济环路，促进循环经济的全面发展。

发达国家经验表明，消费领域废弃物的回收和再利用环节，一方面可以向生产领域源源不断地提供大量的再生资源，减轻末端处理压力，拉长产业链,创造新的就业机会。根据测算,相对于开采矿山产生的废矿,每年多回收利用1 t再生资源,相当于减少4 t生活垃圾的产生量,节省了因大量填埋垃圾而占用的宝贵的土地资源,减少了对环境的污染。研究表明,再制造业、再循环产业每产生100个就业岗位,采矿业和固体废弃物安全处理业将失去13个就业岗位,两者相比,可以看出再制造、再循环产业创造的就业机会远大于因其减少的就业机会。另一方面可以通过生产责任者延伸制度使企业强化对资源的减量化、再利用、资源化和无害化。另外,从发展潜力看,消费领域废弃物的再利用和资源化环节在中国比较容易取得突破性进展。所以,废弃物再利用、资源化和无害化处置产业是中国循环经济发展中的一个重点产业,属于"节点"产业,具有特殊的重要意义。

循环经济主要遵循三个经济活动的原则,即减量化原则(reduce)、再利用原则(reuse)和再循环原则(recycle),简称3R原则。坚持走新型工业化道路,形成有利于节约资源、保护环境的生产方式和消费方式;积极推进经济结构调整,依靠科技进步和强化管理,提高资源利用效率,减少废弃物的产生和排放;坚持以企业为主体,政府调控、市场引导、公众参与相结合,努力形成促进循环经济发展的政策体系和社会氛围。

可持续发展的内涵十分丰富,主要包括:①共同发展,即每个子系统都和其他子系统相互联系并发生作用。②协调发展,包括经济、社会、环境三大系统的整体协调。③公平发展,一是时间维度上的公平,当代人的发展不能以损害后代人的发展能力为代价;二是空间维度上的公平,一个国家或地区的发展不能以损害其他国家或地区的发展能力为代价。④高效发展,公平和效率是可持续发展的两个轮子。可持续发展的效率既包括经济意义上的效率,也包括自然资源和环境损益的成分。因此,可持续发展思想的高效发展是指经济、社会、资源、环境、人口等协调下的高效率发展。⑤多维度发展,可持续发展是综合性、多样性、多模式的多维度发展。

走可持续发展道路,建设循环经济发展模式,必须要对资源回收再利用,做到减量化、再利用和再循环。对于资源的回收利用,主要包括以下几个方面。

(一)农业废弃物再利用

人们在20世纪70年代初就已经认识到"石油农业"是一条死胡同,提出了"生态农业"概念。生态农业应该创建能与自然生态循环相一致的人工生态循环技术体系,既要保持"石油农业"所创造的高效劳动生产率,又要消除"石油农业"存在的弊端。因而除包括种植业、养殖业、农副产品加工业外,还要应用现代技术创建以农副产品废弃物为主要原料的人工生态循环系统,实现农业的可持续发展。

构建农业循环经济发展模式总的指导思想是:充分发挥农业自身优势,科学运用循环经济理论和农业生态学原理,农、林、牧、渔、加工业多业结合,坚持生态效益与经济效益相统一,注重传统实用技术与现代技术相结合、农艺措施与工程措施并用、技术创新与市场手段双轮驱动,合理安排生产结构和产业布局,建立一个生态上自我维持、经济上高效的农业生产系统,促进系统内部物质多层次循环与能量高效转化,推动物质利用最优化,废弃物产生最小化,经济效益、生态效益与社会效益同步发展,实现农业可持续发展。农业循环经济模式构建必须遵循一些基本的标准和要求。构建过程中要遵循以下原则。

模式应遵循农业自身发展规律,发挥农业自身优势;模式应因地制宜,具备良好的区域适宜性;模式应坚持技术驱动,以市场为导向;模式应坚持科学性与实用性相统一;模式应注重整体性、稳定性,实现"三效统一"。

1.农业废弃物利用规划

(1)规划目标

以农业废弃物的产生和利用现状为依据,全面提升农业废弃物利用效率,使农业废弃物得到最大限度的利用,降低农业废弃物随意堆积所造成的环境负面影响。

(2)规划思路

提高农业废弃物的集中处理能力,推进农业

废弃物的回收利用,削减污染负荷;在农村地区推广规模化处理技术,减少农业废弃物污染;在安全的前提下,做到农业废弃物的回收利用。

(3) 规划内容

在对农村农业废弃物堆积情况调查的基础上,分析其循环利用现状及存在的问题,制定废弃物再利用的具体目标,从集中回收利用和分散式小规模再生利用两个方面提出农业废弃物循环利用方案,指出回收利用的具体途径,提出循环利用的保障措施。

2. 主要农业循环经济模式

经过近10年的农业循环经济实践,在借鉴生态农业模式的基础上,中国农业循环经济正在逐步形成符合中国国情的模式群,形成了若干有价值的成功模式,对我国农业循环经济实践和农业可持续发展起到了重要支撑作用。从全国农业循环经济发展的整体出发,主要农业循环经济模式可归纳为以下几类主要模式。

(1) 以沼气发酵为纽带的农业循环经济模式

该类模式是以沼气发酵为纽带,把养殖业和种植业联系起来。微生物是天然的"转换器"。该类模式利用微生物分解有机废弃物,使有机物质在厌氧条件下转化为可以燃烧的甲烷,从而为农村提供清洁的生活能源。该类模式的优点在于:一是原料丰富易得,且成本低廉,多为废弃物。二是转化方便,主要靠微生物在合适的条件下参与反应,不需要复杂的设备,且发酵罐埋于地下,不占庭院空间。三是产出的物质,不仅利用方便,而且对环境无害,有些产出物甚至是下一个生活生产环节的原料。

(2) 以食物链组装为核心的农业循环经济模式

该类模式是按照农业系统能量流动和物质循环规律而设计的一种良性循环模式。该模式按照食物链的构成和维系规律,合理组织生产,最大限度地发掘资源潜力,节省资源且减少环境污染。该类模式设计通过模拟生态系统中的食物链结构,在农业生态系统中实行物质和能量的良性循环与多级利用,使系统中一个生产环中的产出与另一个生产环的投入相联系,使得系统中的废弃物多次循环利用,从而提高能量的转换率和资源利用率,获得较大的经济效益,并有效地防止农业废弃物对农业生态环境的污染。

(3) 以农林牧复合为特征的农业循环经济模式

该类模式是借助接口技术或资源利用在时空上的互补性所形成的两个或两个以上产业或组分复合的生产模式。农林复合生态系统就是将树木和农作物通过时间和空间的合理搭配,在同一土地单元上同时经营,不但可以增加农作区的产品效益,同时也可以起到防风固沙、涵养水源、改善局地小气候、减少自然灾害发生、保护农田的作用。该类模式可以进一步挖掘农林、农牧、林牧不同产业之间相互促进、协调发展的能力,可以充分利用自然资源和农牧业的产物,对于改善生态环境,减轻自然灾害有重要作用,是充分利用区域水热资源,提高农作区资源利用率的较好经营形式。这种模式可以充分利用空间和地力提高产量,还可以调剂用工、用水和用肥等矛盾,增强抗击自然灾害的能力。

(4) 以生态立体开发利用为重点的农业循环经济模式

该类模式利用生态系统中不同海拔地带、不同空间环境组分的差异和不同生物种群适应性的特点,在空间立体结构上进行合理布局,发挥生态系统整合效应。立体种植、立体养殖或立体种养是在半人工或人工环境下模拟自然生态系统原理进行生产的方式。它巧妙地组成农业生态系统的时空结构,建立立体种植和养殖业的格局,组成各种生物间共生互利的关系,合理利用空间资源,并采用物质和能量多层次转化手段,促使物质循环再生和能量的充分利用,同时进行生物综合防治,少用农药,避免重金属污染物或有害物质进入生态系统。

(二) 城市生活垃圾再利用

从生态角度看,废物和垃圾是污染源,但从资源角度看,废物和垃圾是一种放错地方的资源。再生资源回收和再利用业(即垃圾产业)是21世纪人类最主要的效率革命,是通过市场机制发展起来的、以减量化和资源化为中心、以再生资源回收利用为主要目的的新兴产业。发展垃圾产业，体现了循环经济再循环(资源化)原则的基本要求，是解决城市生活垃圾问题的根本出路，也是有效开发利用再生资源、培育新经济增长点的重要途径。

1.城市生活垃圾利用规划

(1)规划目标

通过实施生活垃圾减量及循环利用方案，形成生活垃圾分类收集的社会氛围，生活垃圾分类收集率近期达到30%，远期达到50%，生活垃圾无害化处置率近期和远期均须达到100%，实现生活垃圾的减量化、资源化、无害化。

(2)规划思路

建立和逐步完善生活垃圾"减量化—废旧物质回收—安全填埋"的垃圾资源综合开发与利用系统。挖掘生活垃圾资源化潜力，减少区域经济社会发展的资源需求量，开发利用新型能源；利用宣传教育等多种方式改变城镇居民传统的消费方式，提高生活垃圾的分类收集率，按照危险废物、可回收利用的一般性固体废物、有机垃圾和剩余生活垃圾分别处置，实现减量及循环回用目标。

(3)规划内容

在对生活垃圾产生量以及组成分析的基础上，对生活垃圾产生量进行科学预测，制定出垃圾减量化和循环利用的近期和远期目标，提出生活垃圾资源化方案及最终处置方式，制定相应的保障措施。

2.固体废物的回收利用

固体废物在全面分类以后，应该尽快加以回收利用，对可回收废物、可燃废物、有机废物、危险废物和一般废物应该分别采取不同的措施，通过设计系统的处理方案，实现固体废物回收利用率的提升。可回收废物是资源化的重点对象，在回收时要进一步细分，可以根据细化的产品类别、不同组分或可利用程度进行归类。可燃废物可以用于焚烧发电，对于具有较高热值的废物可以直接高温焚烧，将热能转化为高温蒸汽，推动涡轮机转动带动发电机产生电能。另外，对于不能直接燃烧的有机废物，经过发酵、厌氧处理、干燥脱硫以后可以产生沼气，沼气也可以用于燃烧发电。有机废物可以用于堆肥，主要利用有机物与泥土和矿物质混合堆积，在高温、多湿的条件下，经过发酵腐熟、微生物分解来形成有机肥料，堆肥营养物质丰富，肥效期长而且稳定。

一般废物在粉碎以后，可以用来生产建筑材料，生产时要尽可能剔除或转化其中的有害成分，避免影响人类健康，建材使用时可以以公共基础设施为主，特别是用于公路路基建设。对剩余的一般废物进行填埋，填埋时需要严格防范环境风险。

3.固体废物的循环经济发展模式

区域固体废物的循环经济发展模式如图13-2-9所示。

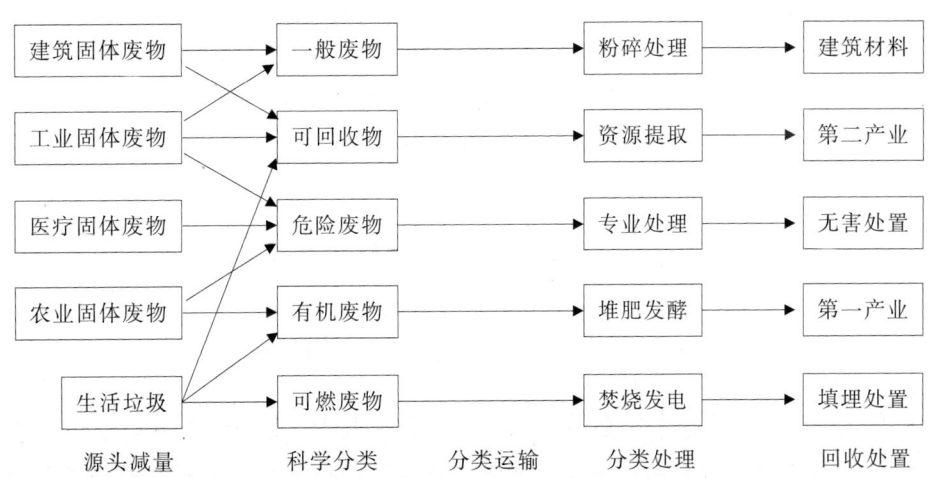

图13-2-9　固体废物的循环经济发展模式

图13-2-9表明,固体废物的循环经济发展模式是以源头减量为起点,以废物精细化分类为核心,以多种方式利用为途径,以提高资源回收率、减少末端最终处置量为目标的综合治理模式。

(三)城市污水再利用

根据我国的城市污水总的特点,应做到以下几点:首先,建立城市用水的综合规划,在城市范围内对水源、供水、污水处理、水回收利用、工业用水等进行统筹规划,制定城市可持续发展的用水规划,并设立城市水规划审批制度。其次,发展循环用水、一水多用、废水回收再利用等节水技术。提高钢铁、电力、煤炭、石油等工业领域的工业水回用,发展化工、草浆造纸、酿造、电镀、皮革、纺织印染等企业废液中有用化学物质的回收利用技术,提高废液回收利用率,减少污染。最后,促进工业清洁生产,从源头减少废水量,通过清洁生产达到节水、减污的目的,以保障污水回收利用的安全性。

1.再生水利用规划

(1)规划目标

以水资源状况和水资源开发利用现状为依据,全面提升再生水利用效率,再生水回收利用率近期达到30%,远期达到50%,最大限度减轻废水排放造成的环境负面影响,保护水资源,改善区域水环境质量,保证水资源的可持续利用。

(2)规划思路

提高城区生活污水的集中处理能力,推进生活居住区再生水回收利用,削减水污染负荷;农村地区推广小规模生活污水的零排放处理技术,减轻面源污染;在保证生活质量和产品质量的前提下,提高水的过程使用效率,减少水的使用量,开展废水的循环利用。

(3)规划内容

在对城镇生活污水和工业废水排放情况调查的基础上,分析再生水的循环利用现状及存在的问题,制定再生水循环利用的具体目标,从再生水集中回用和分散式小规模再生利用两个方面提出再生水循环利用方案,指出再生水回用的具体途径,提出再生水循环利用的保障措施。

2.水资源的循环经济发展模式

水资源的循环经济发展模式是以水资源的源头增量为起点,以水体保护和水资源节约利用为核心,并以污水处理和再生水利用为回归的一种模式。

区域水资源的循环经济发展模式如图13-2-10所示。

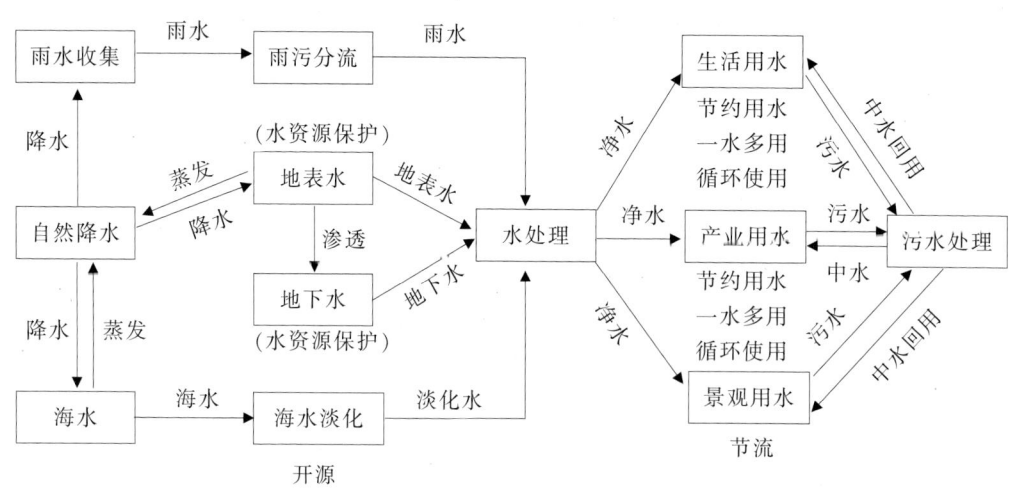

图13-2-10 水资源的循环经济发展模式

(四)可再生能源再利用

能源问题已经成为现今社会的一个重要问题,开发新能源就成为一个重要课题。但是,对于能源问题,我们不仅要开发新能源,更重要的是能源的再利用。不同品位的能源可按需求进行回收利用。

1.可再生能源利用规划

(1)规划目标

优化能源结构,加速开发利用可再生新能源,逐步增加其在能源消费总量中的比重,近期达到5%,远期达到15%;进一步完善节能和可再生能源技术服务市场,达到技术现代化、产品标准化、企业规模化、市场规范化的目标,确立一定的产业竞争优势;建立健全可再生新能源管理体系和保障体系,实现可再生新能源开发利用的商业化发展。

(2)规划思路

加快太阳能、生物能源和生物质能等可再生能源的开发利用,引进国外知名企业和技术,依托高校和科研机构,利用国内外资金和技术,开发太阳能发电、地热供热供冷系统、废热发电等高新技术;开发利用生物质能,农村地区重点发展大中型秸秆汽化和沼气示范工程,改善农村生活,提高农业效益。

(3)规划内容

分析能源消耗情况及可再生新能源的开发利用现状,分析尚未开发的新能源及潜力,制定近期和远期的可再生新能源开发利用目标,规划可再生新能源开发的重点领域和重点项目,制定相应的技术方案。

2.再生资源利用模式

随着我国电力、电线电缆、机电设备、电子设备、通信设备、交通运输设备、建筑和装修材料等产业的迅速发展和更新,我国金属的社会保有量和再生资源迅速增加。全国有各类回收企业5 000~6 000家,回收网点15万个左右,从业人员1 500万~3 000万人,其中约有2 000万人从事个体回收,承担再生资源社会回收量的80%,我国每年约50万t废铝、40万t废铜、近30万t废铅(均为金属量)经由这支队伍回收,使各种再生资源得到充分回收。宁波金田再生金属公司从废电缆、废杂铜中回收再生铜已超过40万t,与全国最大的铜生产企业江西铜业年产量相当(当地矿山铜储量仅占7%),被称作"城市矿山"。原生铅企业大举进入再生领域,积极从事废铅酸蓄电池的回收利用。一些公司加大投入研发综合利用新技术,如湖南水口山有色金属集团公司利用自主研发的SKS炼铅法处理废铅酸蓄电池,创造了国内金属企业发展特色循环经济、走可持续发展道路的模式。根据中国有色金属工业协会统计,通过2003年坑采、露采、冶炼过程的能耗计算出生产每吨原生铜、铝、铅、锌与生产每吨再生金属平均能耗,比较后发现,再生金属每吨平均节能分别为3.328 t标准煤、8.199 t标准煤、1.360 t标准煤和2.632 t标准煤,经济效益巨大。

五、城市和农村循环经济发展模式

循环型社会发展模式按照区域可划分为城市循环经济发展模式和农村循环经济发展模式。所谓区域即地域,指地理上的某一范围的地区,区域划分以地理和经济特征为基础。经济区域是人的经济活动所造就的、围绕经济中心而客观存在的、具有特定地域构成要素并且不可无限分割的经济社会综合体。区域可以大到全球范围、洲际范围、国家等;小到省、市、地、县,甚至乡、村、开发区等。以地理、人口、经济特征为基础,区域通常可以划分为城市和农村。

(一)城市循环经济发展模式

"城市"的提法本身就包含了两方面的含义:"城"为行政地域的概念,即人口的集聚地;"市"为商业的概念,即商品交换的场所。而最早的"城市"就是因商品交换集聚人群后而形成的。城市的出现,也同商业的变革有着直接的渊源。最初城市中的工业集聚,也是为了使商品交换变得更为容易(可就地加工、就地销售)而形成的。一般而言,人口较稠密的地区称为城市,主要包括住宅区、工业区和商业区,并且具备行政管辖功能。

21世纪是城市的世纪和生态文明时代。面对城市化,以及人口、环境资源的巨大压力和严峻的挑战,未来城市发展也必将体现生态文明这一时代特征,走城市生态化发展道路。建设生态城市是生态回归所追求的城市发展目标,是城市发展变革的系统工程,也是走出"人类困境",实现城市可持续发展的必然要求。

城市发展循环经济的目标模式须通过循环型生产、循环型流通服务、循环型消费、基础设施、生态循环、循环型社会等6个子系统的发展得到实现,因此,其实现模式可以分解为各个子系统的发展模式(图13-2-11)。

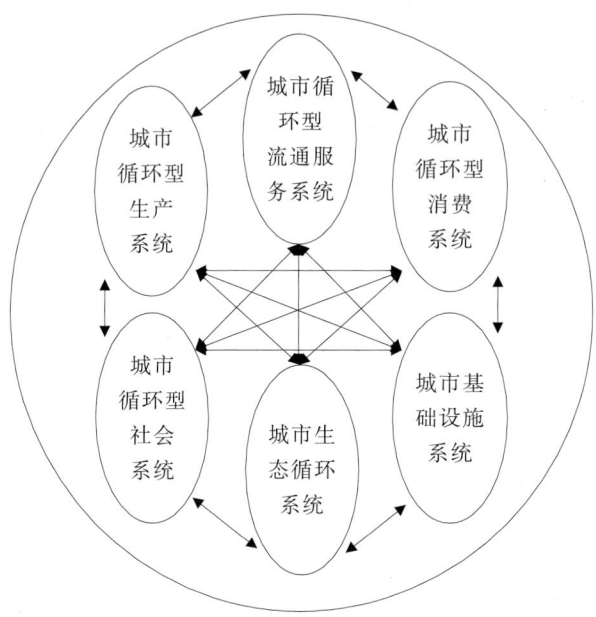

图13-2-11　城市循环经济系统模式

1.城市循环型生产系统的实现模式

生产系统一方面是现代社会经济系统的核心,是社会发展不可缺少的动力,它提供的产品和服务构成了现代文明生活的物质基础;另一方面是人类社会与自然生态系统相互作用最为激烈的一个子系统,它快速、大量地从自然资源库中提取、消耗各种可再生和不可再生的资源,在生产过程中大量地排放各种废弃物。因此,构建与自然生态系统协调发展的循环型生产系统,是城市发展循环经济、实现人类社会可持续发展的核心环节。

城市循环型生产系统的实现模式是:通过推广清洁生产,发展特色工业园和生态工业园,在企业之间和园区之间,按照自然生态系统的模式,构筑生态工业链,建立物质交换关系,使系统中的物质和能源都得到充分的利用,形成企业、产业、特色工业园和生态工业园之间的共生组合,实现整个城市生产系统的循环化和生态化转向。

2.城市循环型流通服务系统的实现模式

流通服务业具有"节点"产业的性质,连接并影响生产、消费等其他经济系统和社会系统,因此,发展循环型流通服务业能有效地促进循环型生产、消费等经济系统和循环型社会系统的共生发展。

城市循环型流通服务业的发展模式是:重点突破、全面推进,将减量化、再使用、再循环的原则落实到服务产业内各行业各部门,特别是城市重点发展的服务业部门,与此同时,大力发展废旧物资回收产业。

重点突破就是在重点发展的服务业部门中,选择物质流量较大的部门,率先构建物质循环系统。一是循环型商贸服务业。可先从创建绿色宾馆、绿色餐饮、绿色商场抓起,做到绿色使用、绿色消费。二是循环型物流业。主要是提高物流资源的重复使用率;控制物流各个环节相关资源消耗,使物流过程中的资源投入减量化;加强对物流系统污染源的控制,减少物品(特别是化学物品)的损坏率,减少污染。

城市循环型流通服务业既要尽量减少流通服务业本身的物质消耗,还要将生产和生活中产生的废弃物回收上来,返还到相关企业再循环、再利用。因此，要大力发展废旧物资回收产业和为实现资源回收再利用而进行的逆向物流业等，加快再生资源分类收集的基础设施建设，尽快建立和完善多渠道的可利用的废旧物资分类收集、分类运输、分类处置的产业化和社会化服务体系，在社会范围内形成循环经济环路。同时，培育再生资源集散交易市场。把过去的分散回收集中到规范的市场中来，为资源调控和优化配置提供更多选择。

3. 城市循环型消费系统的实现模式

消费领域是发展循环经济的"助推器"，是重要的战略环节。人类生产活动的目的是为了满足人的消费需求，而消费就必然产生废弃物，对于这些废弃物的资源化和再利用，构筑循环型消费系统，是实现城市可持续发展的重要内容。

城市循环型消费系统的实现模式应该是积极倡导绿色消费，逐步推进城市生活垃圾分类收集、处理与利用。

积极倡导绿色消费，就是要在消费领域逐步形成循环型生活方式和消费方式，在日常生活中尽可能使用可循环利用的产品或绿色产品，减少消费过程中废弃物的产生。逐步推进城市生活垃圾分类收集、处理与利用体系建设，就是要实现城市生活垃圾的资源化和无害化。构建城市垃圾循环利用体系，首先要确定城市垃圾分类收集的分步骤推行办法；其次，大力宣传垃圾分类的重要意义以及每个居民在垃圾分类中应履行的义务，使其主动对垃圾分类给予支持配合；再次，政府应增加垃圾分类的物质设施投入；最后，结合文明社区建设，开展小区生活垃圾分类收集试点，在试点基础上，向整个城市推广。

4. 城市基础设施系统的建设模式

城市基础设施是构成城市循环经济体系的基础，基础设施不健全就无法对城市内产生的排放物和废弃物进行资源化、无害化处理，实现循环利用。

城市基础设施系统的建设模式应该是：按照循环经济理念建设和改造公共基础设施系统。以构建城市水资源循环利用体系为例，首先，要将城市污水再生利用纳入城市水资源合理分配与开发利用计划，针对城市实际情况进行总体规划。其次，结合城市新建和改造，统筹安排好城市雨水、肥源管网与污水、肥源处理厂的位置、线路、规模、标准和能力，预埋管网，预留建设用地和发展空间，避免重复建设和决策失误。再次，结合楼宇的新建与改造，将城市居民、工厂企业、机关单位、公共设施（除医院）的厨房和洗浴间下水与厕所马桶的下水管道分设，分别通过城市污水和肥源排放输送管网，输送到污水处理厂和肥源处理厂。由此实现城市污水由集中综合处理向集中分类处理的转变。

5. 城市生态循环系统的实现模式

城市生态循环系统的发展模式应该是：在城市这个人工系统中建立起像自然生态系统那样的自我平衡机制，扭转城市发展中缺少对生态因素关注的局面。

城市生态循环系统包括许多除上述种种循环系统以外的其他的循环系统，此外，城市中有些废弃物不能完全在城市内部实现循环，还可以在更大的范围内与乡村结合起来形成更大的循环链。如城市中的生活污水、有机垃圾、粪便等，可以经过处理后用于农林牧渔业生产等。

6. 城市循环型社会系统的实现模式

循环型社会是循环经济理念在社会生活中的体现，它涉及除经济领域之外的其他所有领域，如政府机关、事业单位、医院、学校、社区等。

城市循环型社会系统的发展模式是重点推进，即重点推进环境标识、有机食品和节能产品的认证；重点推进政府机关、事业单位的绿色采购；重点推进绿色社区的创建；重点推进建设生态节能建筑等。通过宣传、引导和利用财政、税收等经济手段，鼓励公众绿色消费。

（二）农村循环经济发展模式

所谓农村，指的是具有特定的自然景观、生态环境，以传统农业、农产品加工为主要生产方式的、与城市相对应的地区。所谓农村经济，指的是人们在一定社会发展阶段从事农村生产、交换、分配、消费的内容和方式的总和。

农村循环经济中的小城镇发展模式，可参考

城市循环经济发展模式,因地制宜地加以改进。建设农村循环经济发展模式,必须建设生态经济,所以要建立以生态经济为核心的生态家园。

所谓生态家园,是指以农户为生产经营单位,挖掘以居家为中心的庭院之生产经营潜力,改土建园,把居住环境和生态环境有机地结合起来,发展庭院生态经济,促进农民增收的生态经济模式。建设生态家园,对充分利用每寸土地资源和农村闲散劳动力,保护农村生态环境,提高农民生产水平和生活质量都具有十分重要的意义。

近年来,各地在生态家园建设中,按照循环经济的原理,经过实践、总结、探索出了一些较成功的生态家园建设的典型模式。主要有南方的"猪—沼—果"、北方的"四位一体"和西北的"五配套"等以沼气为纽带的生态家园建设模式。这些模式将农村沼气、庭院经济与生态农业紧密结合起来,改变了农村传统的生产、生活方式和思想观念,实现了农业废弃物资源化、农业生产高效化、农村环境清洁化和农民生活文明化,取得了显著的经济、生态和社会效益,正朝着社会主义新农村目标迈进。

六、小结

建设生态城市为发展循环经济创造了空间、舞台、机遇和条件,而发展循环经济为实现城市生态回归、建设生态城市找到了有效的实现途径和形式。而且发展农村循环经济是建设社会主义新农村的必由之路。所以我们要坚定不移地走发展循环经济的道路。

第三章 循环经济与工业生态

第一节 工业生态的内涵与特点

一、工业生态系统的由来

工业革命为人类创造了巨大的物质财富和精神财富，人类的生活水平得到了极大的提高，然而它带给人类的问题是触目惊心的环境恶化和资源耗竭。面对日益突出的资源、环境约束以及地球承载力的有限性，我们必须走可持续发展之路。传统的"过程末端治理"是将污染进行时间和空间的转移，并不能从根本上解决问题，取而代之的是最早由罗伯特·弗罗施和尼古拉斯·加劳布劳斯于20世纪70年代末提出的工业生态学理念，主张从系统水平上消除环境污染，并最大限度地利用资源。

在传统的工业体系中，每一道制造工序都独立于其他工序，消耗原料，产出待销售的产品和堆积起来的废料。我们完全可以运用一种更为一体化的生产方式来代替这种过于简单化的传统生产方式，那就是工业生态系统，它是工业生态学在实践中的载体。自20世纪90年代以来，随着工业生态学理论的不断发展和完善，世界各地纷纷建立起生态工业园（Ecological Industrial Parks，简称EIP），掀起了工业生态化的热潮。

20世纪50年代以来，为破解经济社会发展与资源、环境之间的矛盾，实现经济社会可持续发展，各国企业家、学者进行了深入探索，提出了工业生态学、循环经济学等基础理论，并进行了清洁生产、生态工业园、区域副产品交换网络等方式的积极实践。围绕可持续发展产生的基础理论、基本概念和实践方式有很多，其中，工业生态学的提出，为可持续发展提供了坚实的理论基础，工业生态系统的理念，改变了经济社会的运作模式，生态工业园则为工业生态学的应用、工业生态系统的实践提供了合适的载体。

1989年9月，美国通用汽车公司研究部副总裁罗伯特·弗罗施和负责发动机研究的尼古拉斯·加劳布劳斯在《科学美国人》杂志上发表了《可持续工业发展战略》一文，提出了工业生态学的概念，"一个工业生态系统完全可以像一个生物生态系统那样循环运行：植物吸收养分，合成枝叶，供食草动物享用，食草动物本身又被食肉动物所捕食，而它们的排泄物和尸体又成为其他动物的食物。当然，也许人们永远也达不到一个完美的工业生态体系的境界，但是企业家与消费者完全可以改变他们的习惯，既保持或提高生活水准又不破坏环境。"

随后，工业生态学的概念受到各国学者普遍关注，但工业生态学不存在标准的定义。1995年，加拿大的雷蒙·柯特做了一番统计，关于工业生态学的概念有20种之多，但三大基本要素是有共识的：工业生态学是一种关于工业体系的所有组成部分及其同生物圈关系问题的全面的、一体化的分析视角；工业体系的生物物理基础，亦即与人类活动相关的物质和能量流动与储存的总体,是工业生态学研究的范围;科技动力,亦即关键技术种类的长期发展进化,是工业体系的一个决定性(但不是唯一的)因素,有利于从生物系统的循环中获得知识,把现有的工业系统转换为可持续发展的体系。1997年,斯坦福大学和耶鲁大学联合创办了《工业生态学》杂志(Journal of Industrial Ecology),探讨工业生态学理论与实践;2000年1月,国际工业生态学学会(International Society for Industrial Ecology, ISIE)在纽约成立,工业生态学的研究迅速普及开来。

二、工业生态的内涵

工业生态经济在可持续发展的社会里,创造出可持续发展的产业。布莱恩·罗伯茨提出了工业生态系统的8个基本原则:一是战略性企业寻求废料、能量、副产品能够被其他相关企业最大化运用;二是促进建立真实可靠的伙伴关系及政府和社区一起致力于培育工业发展实践;三是由于废料和能量回收利用运用到具体实践工业系统中,创造和获得增加价值的机会;四是提供一个催化剂产生协同作用,创造一个管理废料、培育清洁生产和工业可持续发展的技术先进的环境;五是具有从废物、副产品贸易中获得经济利益的共处一地的企业;六是提供有价值的基础设施,保证生态工业可持续发展,确保生态工业增长推动创新,维持高水平竞争力;七是支持工业政策、新商业主义和鼓励创新合作的动机,改善水、原料、能源的使用和生产;八是兑现对可持续发展工业利益的承诺。

三、工业生态系统的基本特征

(一)一般生态工业系统的基本特征

一个完备的生态工业系统应该具备下列基本特征。

1.系统整合性

生态工业系统通常依据一定的空间范围,以工业产业为主体,将不同功能、不同规模的产业整合在有限的区域内,使一个系统在产业种类、生产工艺、运行机制、产品模式等方面呈现复杂多样的形式,而各产业之间稳定的网状连接保证了系统的整体性。

2.系统开放性

一个生态工业系统的开放性体现在该系统与外界之间各种要素的流动。从经济学意义上考虑,一个开放的生态工业系统,其进出的障碍很少,系统的产业能够自由进出该系统。与此同时,系统与外界环境之间存在着连续不断的交换。

3.复杂、有序的层级特征

生态工业系统由于自身所拥有的要素很多、产业种类极为复杂、维持系统的稳定所面临的各种变动因素很多,因此为了维持系统必需的稳定性,从系统论的角度考察,一个生态工业系统应具备十分科学、合理的层级结构。通过层级结构的编排,形成大小不一的各类子系统,形成控制与被控制的关系。

4.系统自我调整能力

生态工业系统中的产业与周边环境的适应是经过长期进化、不断调整实现的。生态工业系统的自我调整能力主要表现在3个方面:一是同一类型产业在数量、规模上的自我调整,以适应更大系统的整体规范;二是不同种类产业之间通过工业食物链(网)调整产业规模和数量;三是生态工业系统自我形成的复杂的网状物质流动结构。系统的自我调整能力意味着生态工业系统整体上具有一定可塑性、弹性和变动性。

5.系统具有成长、发育的生命特性

如同生物生态系统一样,生态工业系统也有产生、形成和发展的过程。生态工业系统同样具有生命周期,在生命周期的不同阶段表现出不同的特征。

6.生态工业系统的双重性

生态工业系统的双重性是指工业生态系统不仅受到生态学规律的约束,同时还要受到市场经济规律的制约。一个生态学上合理而经济

学上不合理的工业生态系统是无法生存的,市场调节对生态工业系统中的企业的荣衰与成败以及整个系统的稳定性起着决定性的作用。所以,一个稳定运行的生态工业系统必然具有经济学原理和生态学原理相结合的完美性。我们应当在追求经济利益的同时充分考虑到系统的整体利益,而不应当只为追求经济利益而损害系统的整体利益。

(二) 各类型生态工业系统的基本特征

依据系统产业之间的相互关系,生态工业系统形态框架有以下3种类型。不同类型的生态工业系统具备不同的特征。

1. 共生型生态工业系统

共生型生态工业系统中的产业多为主动产业。由主动产业和被动产业构成的共生关系很少。在这类生态工业系统中,主动产业本着"平等互利、互通有无、优势互补"的基本原则达到经济、生态的协同进化,两者共存于一个环境之中,实现经济和环境等各方面的共生或双赢。

一个共生型生态工业系统呈现的基本特征主要有:

1) 系统中没有明显的主动、被动之分。
2) 产业地位平等,共同存在,缺一不可。
3) 产业间的链接稳定。
4) 物质在这种共生关系中形成近似封闭的循环系统。

2. 寄生型生态工业系统

与共生型生态工业系统相比,寄生型生态工业系统中有明显的主动产业和被动产业(寄生产业)之分。寄生产业通常从主动产业(被寄生产业/寄主)处获取自身生产所需的各种原材料,并且以此减轻被寄生产业的环境污染压力。但在工业上,这种寄生关系由于不存在对工业寄主生存上的威胁,不会像自然生态系统中的寄生关系一样最终造成寄主的死亡。由于现代工业生产技术水平所限,在生产中所形成的工业废物非常大,因此寄生型生态工业系统将成为一种极为普遍的模式。这一模式具有如下基本特征。

1) 产业具有明显的主动、被动之分,由此造成这类生态工业系统中的产业地位不平等。
2) 核心主动产业在资源使用、生产工艺、流程设计、产品设计等方面具有十分明显的优势,而且必须拥有一定数量规模的剩余物。
3) 产业间对应关系复杂,一个主动产业可以带动多个被动产业。
4) 系统中由于主动产业提供稳定的"工业食物",从而使产业之间的寄生关系比较稳定。

3. 异生型生态工业系统

通过一连串前后关联的产业构成的一个连续"链状"的多个厂商生态协同的生态工业系统稳定模式。异生型生态工业系统的基本特征有:

1) 系统形状多样,有直线、环状、放射状等。
2) 系统较脆弱,当某一关键环节出现断裂时,整个生态系统面临崩溃。
3) 系统中产业关系相对不稳定。

现实中,生态工业系统没有明显的结构种类划分,而是由以上3种最基本的结构形态组合而成的复杂的生态系统。

第二节 工业生态系统分析技术

一、基于循环经济的生态工业代谢分析方法

(一) 工业代谢分析方法

工业代谢分析方法是认识生态工业代谢和物质流动的一种行之有效的分析方法,其依据是质量守恒定律,通过建立物质结算表,估算物质流动与储存的数量,描述其行进的路线和复杂的动力学机制,同时也指出,它们的物理和化学状态可反映工业活动物质利用情况。它是基于模拟生物和自然界新陈代谢功能的一种系统分

析方法。与自然生态系统相似,生态工业系统同样包括4个基本组分,即生产者、消费者、再生者和外部环境。工业代谢分析通过分析系统结构、进行功能模拟和输入输出信息流分析来研究生态工业系统的代谢机制。与以往的系统分析方法的不同之处在于它以环境为最终的考察目标,追踪资源从提炼到经过工业生产和消费体系后变成废物的整个过程中物质和能量的流向,给出系统造成污染的总体评价,并力求找出造成污染的主要原因。

工业代谢方法可以适用于不同层次的分析,既可以是全球性、国家性或是地区性的工业生产分析,也可以是对某一个具体行业、公司或是特定场所的调查分析。这种分析可以为公众或是企业的决策者提供一幅详细的物流图,从中可以看出某一地区或企业所具有的可持续发展的潜力。经济部门对原料与能量流动的研究通常关注的是原料与能量的投入与产出之间的关系。而把这些引入对环境影响的研究,则是在20世纪80年代以后。艾尔斯等人对经济运行中原料与能量对环境的影响进行了开拓性的研究,提出了工业代谢的概念。

工业代谢研究有很多种形式:

1)可以在有限的区域内追踪某些污染物,江河流域特别适合这种研究。江河流域地区往往工业集中,人口密度也高。莱茵河、多瑙河、恒河、湄公河以及我国的长江、黄河等大江大河都可使用这种分析方法。

2)可以分析研究一组物质,特别是某些重金属物质。由于其潜在的毒性,重金属应列入首选研究对象。分析环境中的重金属相对比较容易。有些合成的有机物,如多氯联苯,其毒性与重金属相当,甚至超过重金属。但是实际上,极难在工业体系的加工过程中以及环境中被跟踪研究。

3)可以仅限于追踪某种物质成分,以确定某种物质不同形态的特征及与自然生物化学循环的相互影响。比如硫、碳等的工业代谢分析。

4)可以研究与不同的产品相联系物质与能量流。比如橙汁或电子芯片的工业代谢分析。

可见,根据不同的具体需要,工业代谢可以发挥其特有的功能。对大至世界范围、国家范围的宏观层次,小到区域范围和企业范围的微观层次,都可运用该分析方法。通过对上述不同的特定层次的工业生产的分析,可以提供一幅详细的物流图,通过对该图的分析可以对不同层次的可持续发展能力有系统的了解,为不同层次的发展提供决策依据。

(二)工业代谢的度量

工业代谢分析是根据质量守恒定理而进行的。一定数量的物质在人类活动过程中从生物圈中消失,这类物质不再存在,但根据质量守恒定理,它们并没有从地球上消失。工业代谢研究的目的在于揭示经济活动纯物质的数量与质量的规模,展示构成工业活动的全部物质(不仅仅是能量)的流动与储存。因此,工业代谢的研究方法就在于建立物质结算表,估算物质流动与储存的数量,描绘其行进的路线和复杂的动力学机制,同时也指出它们的物理和化学状态。在工业代谢分析中,常用两个指标来度量:再循环和再利用率、原料生产力。

1.再循环和再利用率

在工业系统中物质处于运动状态,在运动过程中和最终阶段,物质以废弃物的形态返回自然环境。废弃物最终有两个归宿,即再循环和再利用、耗散损失掉,两者均符合质量守恒定理。再循环的物质越多,耗散到环境中的就越少。工业代谢理论认为,可持续的一个好的度量是有无消耗性地使用资源,这有别于资源的有用性,物质的再循环和再利用率是工业体系是否为一个持续稳定体系的度量。

物质原料的再循环和再利用对工业的可持续发展有重要意义。一方面减少了原材料的消耗,另一方面又降低了工业生产对环境造成的危害和影响,充分体现了生态工业发展中的生态的概念。

2.原料生产力

原料生产力即每单位原料输入的经济输

出。单纯的原料的消耗量并不能表示出原料的被利用程度，只有在与目的产物的产出结合在一起时，原料才能显示出其生态价值。

3.工业代谢分析的基本内容

工业系统的物质与元素代谢作为工业代谢比较重要的一个环节，主要分析原材料在提取、使用、再循环、处置整个生命周期与经济和环境的关系，寻找这些过程中每一步减少废物、减缓自然资源消耗和减少对环境影响的机会。其基本内容包括：

1）工业系统是全球生态系统的子系统，应以生物科学家处理生态系统的同样的方法来观察和分析工业系统的物质和元素的流动。工业活动中的物质和元素的流动是全球物质和元素流动的一个组成部分，在考虑物质流动时，应考虑物质的天然流动和工业流动，对于某些物质，其天然流动一定压倒人类活动产生的流动。在另外一些情况中，某些物质的工业流动活动将占支配地位。

2）着重考虑经济活动对氮、碳、硫、磷等营养元素的生物化学循环的影响以及对各种重金属元素全球流动的影响。

3）采用整体与系统的方法表征与量化元素与物质的流动，研究可以涉及的国家、区域和部门。工业系统中，在原料从提取、制造、消费者使用，到回用、再循环和处理的整个生命周期中，有物质和能量的输入和输出，应对这些过程的元素、物质和能量的输入和输出损失进行跟踪与评估，以便了解原料流动循环的完整过程。这样的核算可为经济和环境的分析提供数据，为环境管理提供崭新的模式。

4）由元素与物质流动分析获得的结果鼓励人们创造性地解决原料使用效率和消除废物等方面的问题。例如，把单个企业接入工业生态系统，平衡自然生态系统容量的输入与输出，重新设计能量与原料的工业使用，用工业系统进化的观点来调整政策，等等。

5）研究减少原料使用强度的策略与方法。在该领域的研究主要有：可供选择的原料来源、有毒与有害废物的减少、源头的减量与替换、再循环、再制造、绿色设计、延伸生产者责任。

原料与能量流动分析的研究对象可以不同，可以从不同的空间角度对元素、能量进行分析；可以从区域或国家的角度研究人类活动对物质循环的影响；可以从部门的角度研究元素与能量在部门内和部门之间的流动；可以从某一产品的视角，分析原料与能量在产品的整个生命周期的流动。这样的分析可以使人们了解处于自然生态系统之中的工业系统对原料与能量流动的影响，从而找出解决的办法。因而，工业代谢和原料与能量的流动分析只是不同的说法，其研究的实质是相同的。

二、生态工业能量分析方法

(一) 量质分析

1.焓利用分析

在我国鲁北生态工业系统中，磷铵、硫酸、水泥(简称PSC)产业链是整个系统的核心，大部分物质和能量在此产业链中得到了充分的利用。因此，将PSC产业链作为重点来分析鲁北的能量利用情况。

对PSC产业链的能量利用情况分两个层次进行分析：一是量的层次。即焓分析，是建立在热力学第一定律基础上的能量数量分析法。分析可以揭示能量在数量上转换和利用的情况，从而确定系统能量利用率或能效率。二是质的层次。因为只从量的角度衡量是较为片面的，它缺乏对能量流匹配、能量利用合理度的考察。因此需要从能量利用的质的层次去分析鲁北工业园微观的能量利用情况，去评价目前能量利用的程度，更深层次地挖掘能量利用的潜力。这部分分析的重点是PSC产业链的热交换网络的能质分析。

但是仅仅从焓分析并不能得出整个系统能量利用情况的综合评价，缺乏对能量利用深层次的分析。以下通过引入分析方法来对整个系统在能量质的方面的情况进行分析。

2.有效能分析

依据热力学第一定律分析可知能量在量的方面的损失，而实际上能量的利用是以热和功两种形式在不同水平上的利用。对于不同水平的能量仅以量表示往往不能反映能量利用的实质。衡量能量质的标准就是有效能。

有效能是指在一定的环境条件下，系统总能量中可以最大限度地转化为有用功的那部分能量。通过对过程系统和设备中能量变化和损失的分析，可以更全面地衡量系统能量利用程度。根据有效能的定义，对不同系统和不同的能量形式，存在不同的有效能计算方法。

(二) 余热利用情况分析

余热回收利用是节约能源的一个重要方面。余热是指在各种热能转化和利用过程中，未被利用而排弃的能量。由于科学技术的发展和能源价格的上涨，过去认为在技术上无法回收或经济上不值得回收的这部分能量，现在重新予以回收利用，称为余热。余热的类型主要有高温排气余热、高温产品和炉渣余热、冷却介质余热、化学反应余热、可燃废物余热和废气、废水余热等。对于排出高温烟气的各种热设备，其余热应优先在本设备或本系统加以利用；在余热余能无法回收用于加热设备本身，或利用后仍有部分可回收时，应用来生产蒸气或热水，以及产生动力等；根据余热的种类、排出情况、介质温度、数量和利用的可能性，进行企业内部综合热效率及经济可行性分析，决定设置余热回收设备的类型及规模；对必须回收余热的冷凝水，高低温液体，固态高温物体，可燃性和具有余压的气体、液体等的温度、数量和范围制定具体管理标准。

(三) 清洁能源利用情况分析

生态工业所追求的理想的能量利用模式是与自然界的能量流动模式一致的，即一个完善的生态系统只有极少量的外来能量输入，所有能量和物质在体系内部实现循环，实现能量的自给自足。但目前的生态工业系统还远未达到此目标，目前应用的大部分还是以不可再生的矿物能源为主，因此对于能量集成的分析除了优化能量利用网络、合理利用余热等方面外，还应该大力倡导尽可能地使用包括太阳能和生物质能在内的清洁能源。

三、生态工业系统的共生分析

(一) 工业共生的内涵

在生物学上，共生是指不同物种以不同的相互获益关系生活在一起，形成对双方或一方有利的生存方式。在生物界，共生是一种普遍存在的现象，存在着各种各样不同或相同种群生物之间的共生；在人类社会，存在着各个不同的社会群体之间的共生。工业共生是指不同企业之间的合作，通过这种合作，合作共同提高企业的生存及获利能力，同时，通过这种共生实现对资源的节约和对环境的保护。工业共生着重用来说明相互利用副产品的工业合作关系。

在生物学上，种群之间的相互关系(种间关系)，有的是互助关系，有的是对抗关系，在这两种极端之间，还有各种形式。一般地，种间关系的作用可以分为：中性作用，竞争、偏害作用，捕食或寄生作用，偏利作用和互利共生作用。对工业共生而言，共生双方一般是正相互作用。根据共生物种的利益关系，共生关系可分为寄生、偏利共生和互利共生。其中寄生是对一些物种有利而对另一些物种不利的情况；偏利共生(也叫共栖)是指对一些物种有利，对另一些物种无关紧要的情况；互利共生则表现为对所有的物种均有利的情况。

根据共生参与企业的所有权关系划分，工业共生可分为自主实体共生和复合实体共生。所谓自主实体共生，是指参与企业都具有独立的法人资格，企业间不具有所有权上的隶属关系，均是独立的。它们的合作关系不是依靠上级公司的行政命令来约束，完全是受利益机制驱动。复合实体共生是指所有参与共生的企业同属于一家大型公司，它们是该大型公司的分公司或某一生产部门。这种共生模式的合或散完全取决于总公司的战略意图，参与实体往往没有自主权。在生物学上，共生指不同物种以不同的相互获益关系生活在一起，形成对双方或一方有利的生存方式。

(二)工业共生分析的主要内容

1. 基本分析

对于工业共生系统,首先要分析该系统是如何构成的。通常,共生系统被看作系统内所有共生单元及共生关系的集合。共生单元指构成共生关系系统的基体物质能量生产和交换单位,它是形成共生体的基本物质条件。共生体是指其共生单元相互作用或相互结合的形式。它既反映共生单元之间作用的方式,也反映作用的强度;既反映共生单元之间的物质信息交流关系,也反映共生单元之间的能量交换的关系。对于工业共生系统,共生单元主要是构成该系统的各个企业。

共生关系是指参与工业共生各个企业之间的合作关系。共生关系能否成立,首先取决于共生单元性质之间的联系,即要建立共生关系,在共生单元之间就必须存在质参量的兼容。质参量是指决定共生单元内的性质及变化的因素。对于共生单元而言,其质参量往往不是唯一的,多数情况下是一组质参量,这一组质参量共同决定共生单元的内部性质。质参量的兼容就是指不同共生单元上的质参量具有某种对应关系。对于工业共生系统,单元模块的原料、产品及副产品排放都是共生单元重要的质参量。那么这时共生单元质参量的兼容就表现为某一企业提供的物质、能量或信息恰好为另一企业所需要。特别需要指出的是,如果某一企业的副产品恰好是另一企业所需要的某种原料,那么这种质参量的兼容最有利于共生关系的建立。

若共生单元之间存在质参量的兼容,则表明共生关系的建立已经具有一定的可能性。这时就需要另外一个重要条件——共生界面的建立。共生界面是共生单元相互作用相互沟通的媒介或接触介质。共生单元之间的物质、信息和能量交流只有通过共生界面才能进行。在工业共生系统,共生界面指各个单元之间传输物流、能量及信息的各种管道、运输工具以及输送线路等。此外,共生界面还可以扩展为一个更为广泛的定义。除了共生关系所需的传输物流、能量和信息的这些实体以外,为建立共生关系所需要或已经突破的技术难关,也是共生界面的一个重要方面。当共生界面建立起来,物质能量信息等要素开始在各个单元之间流动时,共生关系就建立了。

其次,对于共生系统,其所处的共生环境也是一个不能忽略的要素。共生环境指共生单元外所有因素的总和。对于工业共生系统,其共生环境一方面包括所处的地理、气候等自然环境,另一方面也包括国家政策及经济状况等社会环境。共生环境与共生关系之间具有相互作用的关系。共生关系对共生环境的影响有3种类型:正向作用、反向作用及中性作用。与之对应,共生环境对共生关系的影响也有积极作用、消极作用和中性作用3种。

2. 共生效益分析

当共生关系形成时,就会有共生效益产生。共生效益是一个抽象的概念,总的来讲,是指与没有共生相比,共生后整个系统增加的利益。不同的领域共生效益具有不同的表现。对自然生态系统,共生效益主要表现为共生带来的动物或植物生存能力的提高;在人类社会,共生效益表现在该群体生存能力及生存状态的提高;在经济领域,共生效益表现为企业之间的共生带来的经济效益的提高。对工业共生系统,经济效益是共生效益的一个方面,同时,资源消耗以及废物排放等环境方面的效益,也是工业共生系统共生效益的一个重要方面。

通过共生效益分析,可判断共生关系的类型或共生关系对共生单元的影响。

例如,鲁北的PSC产业链的物流主要有4个组成部分,分别是磷铵厂、硫酸厂、合成氨厂、水泥厂。每一个组成部分都是共生单元,这样PSC产业链就存在4个主要的共生单元。PSC产业链中,磷矿与硫酸制取得到的磷酸与合成氨反应制得磷铵,副产品磷石膏送往水泥厂生产水泥。富含二氧化硫的水泥窑气送往硫酸厂生产硫酸和液体二氧化硫,液体二氧化硫去生产溴素。硫酸送往磷铵厂用于磷铵的生产,合成氨厂与热电厂的炉渣送水泥厂生产水泥。因此PSC产业链共存在5个共生关系：①合成氨厂—磷铵厂；②硫酸厂—磷铵厂；③磷铵厂—水泥厂；④合成氨厂—水泥厂；⑤水泥厂—硫酸厂。

鲁北PSC产业链工业共生关系是这样建立的：在PSC产业链中，技术的关键是有效地解决了磷铵生产废渣（磷石膏）所造成的环境问题，开辟了磷石膏制硫酸联产水泥的新路线。所以在PSC产业链中，重要的质参量为磷石膏的量、磷石膏分解的二氧化硫及生产硫酸的量、合成氨的产量及其产生的炉渣量。在各个共生关系中，前一共生单元产生的量也是下一共生单元所需要考虑的，表现了PSC产业链中各共生关系质参量的兼容。在PSC产业链中，共生界面为各共生单元间的传输管道及鲁北公司独有的PSC联产技术。通过传输管道，不同的质参量在传输管道中流动，将各个共生单元联系起来，从而形成PSC工业共生关系。此外，PSC联产技术也是共生能够成立的一个重要因素，因此此项技术也是共生界面的一个重要方面。鲁北PSC产业链工业共生所处的环境也有利于这种共生关系的建立。鲁北企业集团在地理位置和自然资源方面均有独特的优势，这样的共生环境对于PSC工业共生系统有着积极的作用，为PSC产业链的发展奠定了物质基础。同时，国家对环境保护日益重视，政策上鼓励对资源充分利用，对PSC产业链的形成也起到积极的作用。

由于PSC产业链内各企业节点紧密关联，减少了对环境的污染，因此这种共生关系的存在对共生环境的作用是正向的。同时，共生关系的存在带来的巨大经济效益则会鼓励企业完善这种共生关系，实现环境友好，从而改善所处的共生环境。

作为生态工业系统，其共生效益主要来自于一个单元的废物作为另一个单元的原料加以再利用这种共生关系，因此计算时应重点考虑这方面的共生效益。在定性分析基础上，根据物料的流量、产品产出比例以及物料的价格或处理费用，逐项进行定量计算。作为输出副产物一方，共生效益为节省的处理废料费用；作为再利用副产物的一方，共生效益为节省的相应原料费用。

四、生态工业系统的柔性分析

（一）柔性分析的必要性

在绝大多数系统中，都存在许多不确定的因素，生态工业系统也不例外。例如，在系统内部，有工艺参数改变、设备故障以及工厂检修等意外情况；在系统外部，则有经济方面的不确定因素，如市场需求和价格，以及环境方面的不确定因素，如天气等。生产系统必须采取一定的措施来应对这些不确定因素。这样该系统就是一个带有柔性的系统。柔性是指一个系统灵活适应不确定因素的能力。柔性分析就是计算柔性的大小，考察柔性是如何获得的，以及如何改进才能增大系统的柔性。

对生态工业系统来说，这些不确定因素不仅会直接影响某些成员，而且会由于成员之间物质、能量、信息的交换而影响到其他的成员。例如，一个生产企业的生产状况发生了变化，其产生的废物组成也会发生变化。如果废物在另一个企业被当成原料加以使用，就很有可能使该企业生产的产品不符合要求，这样生态工业系统就有瓦解的危险。从这个角度来讲，生态工业系统不确定因素的影响有一个放大的效应。同时，从另一个角度来讲，企业间彼此的连接，使得企业在调整自身的操作时必须同其他企业互相协调。这样，企业调整的余地反而有减少的趋势。综上所述，在生态工业系统中，柔性问题已经成为制约系统发展的一个瓶颈。必须采取必要的措施来解决这一问题。

（二）仓储柔性

在生产过程中，为了应对可能出现的各种意外情况，生态工业产业链在连接物流的上下游之间修建仓储设施，以此来增大系统的柔性。这样，当某一个企业因出现设备故障等意外情况而停产时，其上游或下游的企业仍然可以正常工作。以鲁北PSC产业链为例，在该产业链系统中，建有磷石膏堆放场地和硫酸储罐。当磷铵生产工段出现故障停产时,水泥工段可利用堆放在场地内的磷石膏来继续维持正常生产,而硫酸工段生产的硫酸也可以先储存在储罐中,等待磷铵工段恢复正常后再来使用。当水泥联产硫酸工段出现故障时,同样也可以利用储罐使磷铵工段正常生产。仓储设施,不仅可以用于设备故障等意外情况的应急,而且可以在设备检修时发挥作用。当磷铵厂检修时,由于磷石膏堆放场地和硫酸储罐的存在,使水泥硫酸工段仍然可以正常生产;同样,硫酸水泥工段检修时,磷铵厂也可正常工作。但是这些仓储柔性都是需要成本的。磷石膏堆放场地需要占用土地资源,同时还要付出维护费用。硫酸储罐,同样需要设备制造或购买费用。因此,应该尽可能减少系统所需的存储量,以减小仓储设施的规模,达到降低费用的目的。由于设备故障这类事先无法预知的意外情况,无法通过安排使所需要的柔性降低,因此只能针对设备检修这类可以人为安排的情况,通过统一安排使达到所需柔性的费用降低。这一优势可以表现在以下两个方面。

1)对于相互连接的企业安排相同检修时间使达到所需柔性的费用降低。在企业运行当中,需要定期进行必要的检查维修工作,以利于企业设备的及时更新与修理,避免事故。因此安排企业全年生产时一个很重要的任务就是明确企业检修的时间。影响企业检修时间的因素很多,如当地的风俗以及气候,等等。其中一个非常重要的因素就是产品需求在一年中的变化情况。其他条件不变时,企业必然愿意在需求比较少的时候进行检修,而在需求较多的时候维持正常生产,这样可以获取最大的经济效益。然而对于生态工业系统,一个企业的变化会影响到系统中的其他企业。当一个企业进行检修时,另一个企业就必须利用仓储设施中的备用原料来维持正常生产,同时产出的副产物也要暂时存放在这类仓储设施中。由于仓储设施具有成本,需要尽量减少所需要的存储量,因此对于相互连接比较紧密的企业,一般要将检修安排在同一时间进行。

2)对生产同一产品的工段安排不同检修时间,使达到柔性要求的费用减少。当两个工段生产同一种产品时,可以通过将这两个工段的检修时间错开,来减少达到柔性所需的费用。

(三)价格柔性

在市场经济条件下,有很多不确定的因素。其中一个重要因素就是产品的市场价格。而对这些不确定的市场变化,企业必须采取措施增强自己适应变化的能力,即要增加自身的柔性。只有这样才能在竞争中取得优势地位,才不会被市场所淘汰。

生态工业系统中,不同企业通过物质、能量和信息交换彼此关联。这些企业之间的关联,使得原本只影响某一个企业的不确定性因素有可能对整个系统的运行都产生影响。例如,企业 A 以企业 B 的某个产品或副产品为原料,当企业 B 因产品价格过低而出现亏损并停产时,由于两个企业之间的关联,企业 A 也无法正常生产。这样一个企业的不确定因素就影响到了其他企业,从而使这一影响的后果得到了放大。

(四)其他方面的柔性

除了前文所述的几个方面以外,生态工业系统的柔性还包括统一工艺管理带来的工艺改进的柔性。当今社会是知识经济的社会。各方面的高新科技随时可能出现。企业时刻存在着技术改造的要求。但是对于工业生态系统,由于成员之间的相互连接,一个企业进行某些技术改造必然也会影响到系统其他企业的运作。在这种情况下,这类技术改造就只有整个产业链统一安排才能进行。一方面,一个企业进行技术改造时,其他企业的生产只有进行相应的调整才能适应条件的变化。另一方面,一个企业技术改造之后引起的工艺条件变化可能使其他企业的技术改造失去作用,因此各个企业的改造都应该协调安排。

第三节 循环经济理论与工业生态技术研究

一、研究现状与发展趋势

国内外发展循环经济的实践已有很多，纵观国内外循环经济发展的现状，开展循环经济建设的国家以及城市都有一个相同点——为自己制定了循环经济发展目标及指标。日本、德国、美国等是倡导和实践循环经济较早的国家，它们在法律的框架下，分别制定了循环经济的目标和指标。

工业生态作为一个新的理念，在国内外被广泛深入地研究。根据文献检索结果，还没有针对工业生态园区的系统评价指标体系。在工业生态评价方法上，国外的研究主要集中在国家层面和企业层面，对于生态工业园区的评价还没有见到报道。在国家层面上，国外与环境评价相关的研究主要集中在可持续发展方面，在企业层面上，相关的研究集中在环境管理体系和企业内部的环境管理。在企业层面上，典型的企业环境指标主要针对材料、生产过程的资源消耗、残留物和污染排放、产品使用几个方面，细化的指标有单位销售额的材料用量，再生材料和再使用材料的比例，单位销售额能耗，单位销售额水耗，单位销售额产生的废物量，单位销售额向大气、水体和土壤排放的污染物，单位产品产生的包装废物量，单位产品使用所产生的废物量，单位产品使用的能耗等。

人类工业化历程表明，工业系统是人类社会与自然生态系统相互作用最为强烈的一个子系统。在人类各种经济活动中，工业活动对自然环境作用最大，由此造成对自然环境的影响和损害也最为严重。工业对自然环境的影响主要表现为：

1）随着工业技术进步，人类工业生产活动的规模、范围越来越大。大规模的自然资源和能源开发活动导致自然资源耗竭，客观上冲击和影响了自然生态平衡。

2）工业生产过程需要消耗资源、能源，特别是对不可再生资源和能源的大量消耗，显著降低了自然环境系统的可持续性。制造和产生了大量自然环境系统中本不存在的物质，阻滞和破坏了自然界物质循环和生态代谢过程。

3）受技术经济水平的限制，工业生产过程产生的大量"三废"物质，以及产品消费后变成的废物，当其通过不同途径、以不同方式排向环境时，就会对环境和人体造成直接或间接损害。

工业对环境的影响本质上是工业技术生态负效应的表现，生态环境危机是技术在逆生态模式下不断增长的不可避免的结果。康芒纳认为，人类发展对资源和环境等自然资本的影响主要受到人口增长、富裕程度和技术能力的约束，而人口和富裕这两个因素的增长不足以解释环境污染的高速增长，显然，生态环境危机与技术变革紧密相关。传统工业技术体系是依据物理和化学原理建构的，其物质转化过程是线性的而非网状的，开放的而非闭环的。工业技术进步主要通过劳动生产率单一指标衡量，基本忽视了技术使用对生态环境的影响。日益加深的传统工业技术所产生的生态负效应成为人类经济和社会可持续发展的强大制约因素，迫使人们开始关注工业技术的生态化问题。

为了彻底解决工业活动带来的环境污染问题，欧美等发达国家率先提出以末端治理为主导的工业污染控制技术体系，这一技术体系在许多国家得到了推广应用。不可否认，末端治理技术在控制工业污染方面曾起到过积极作用，可能还将长期主宰环境问题的治理环节。然而，由于其种种缺陷和不足，它不能从根本上解决环境污染问题，还可能产生恶性经济效益。在这种情况下，探索新的更有效的环境污染预防与控制技术成为工业界和学术界的紧迫课题。自20世纪70年代以来,无废工艺、废物最小化、清洁生产等概念先后被提出,极大地拓展了污染末端治理的思维框架。随着人们对技术与环境关系认识的不断深化,生态工程(或生态技术)、绿色化学、绿色制造等概念也应运而生。

从技术角度看,末端治理不能从根本上解决工业污染问题,清洁生产虽然可通过持续改进生产工艺、设备及产品设计、原材料,从源头预防污染和减少废物产生,但由于仅限于单个企业内部,因此不能解决区域性的工业污染问题。工业生态学为人们深刻认识技术与环境的关系,重新审视和评价传统工业技术的建构理论、性能特点、使用方式合理性等问题提供了一个全新视角,同时也为从根本上解决工业活动对环境的影响提供了一个一体化方案。工业生态是基于工业生态学理论的具体实践模式,它从企业群落、区域层面入手,仿照自然生态系统中物质和能量流动方式规划和设计工业生产系统,形成一种全新的、生态化的工业生产系统或工业生产组织形式。一个企业的产品或废物成为另一个企业的原材料,两个或两个以上生产体系或环节通过中间产品或副产物的交换形成了有序的工业食物链、网,显著提高了资源、能源利用效率,减少了污染排放和对环境的影响。

实际上,工业生态系统组成成员之间形成的共生关系是借助一类具有"链接"功能的技术的支持,这类技术就是工业生态技术。

综上所述:

1)传统工业技术体系及其支持下的工业化过程是造成全球资源耗竭和环境污染的技术根源。传统工业技术的生态创新是新型工业化过程中的必然选择。

2)环境污染控制与治理技术的发展经历了"末端治理—清洁生产—工业生态技术"的历程。工业生态技术是随着人们对传统工业技术与环境关系认识的不断深化而逐步产生的,本质上体现了环境友好性。

3)工业生态学为重新审视和评价传统工业技术的建构、性能特点、使用方式合理性等问题提供了全新视角,它与系统科学一并成为工业生态技术建构的理论基础。

4)工业生态技术是工业生态这一新型工业组织形式系统形成和发展的基本条件。

二、基于循环经济的工业生态原则

(一)基本原则(3R原则)的内容

基于循环经济的工业生态的发展模式是一种善待地球的经济发展新模式,它要求人们在生产和消费活动中倡导新的行为规范和准则,3R原则就是实施循环经济战略思想的基本指导原则。

1.减量化原则(reduce)

减量化原则是针对输入端的原则,旨在减少进入生产和消费过程的物质的量。要求用较少的原料和能源(特别是有害于环境的资源)投入来达到既定的生产目的或消费目的,即在经济活动的源头就注意节约资源和减少污染。在生产中,制造厂可以通过减少每个产品的原料使用量、通过重新设计制造工艺和流程来节约资源和减少废弃物排放。在消费中,人们以选择包装物较少的物品,购买耐用的可循环使用的物品而不是一次性物品,来减少垃圾的产生。

2.再利用原则(reuse)

再利用原则属于过程性原则,目的是延长产品和服务的利用效率。要求产品和包装容器能够以初始的形式被多次使用和反复使用,避免物品过早地成为垃圾,充分注意物质的循环利用,而不是用过一次就废弃。在生产中,尽量采用标准设计,使一些装备便捷地升级换代,而不必整机报废。在消费中,产品在使用生命周期结束后,要易于拆卸和综合利用,以便于返回市场体系供别人使用或捐献给需要此物品的人。

3.再循环原则(recycle)

要求生产出来的物品在完成其使用功能后能重新变成可再利用的资源,而不是不可恢复的垃圾。再循环主要是输出端方法，通过把废物再次变成资源来减少末端处理的负荷。再循环既能够减少垃圾的产生，又可变废为宝，实现废物的综合再利用。与此相适应，消费者也应增强消费再生物品的观念，以促进循环经济的良性发展。再循环有两种情况，一种是原级再循环，即废品被循环用来产生同种类型的新产品。例如，纸张再生纸张，塑料再生塑料，等等。另一种是次级再循环，即将废物资源化成为其他类型的产品原料。原级再循环在减少原料消耗上达到的效率比次级再循环高得多，是循环经济追求的理想境界。

(二) 3R原则之间的相互关系

1. 3R原则的层次性

根据3R原则的要求，应先从源头加以控制，即按照减量化原则，首先针对输入端，减少进入生产和消费过程的物质的量，这是最为重要和基本的一步。如果不能在这一环节上加以很好的控制，就会给后续的控制带来较大的难度。而再利用主要属于过程性方法，目的是提高产品和服务的利用效率，相对再循环而言，其作用也较大。再循环主要是输出端方法，即把废物再次变成资源以减少末端处理的负荷。

2. 3R原则的综合性

人类在对于环境与发展的问题上的思想历程直接在循环经济"三原则"的排列顺序上得以充分和直接的反映。在以破坏环境为代价的经济增长模式被抛弃后，人类的思想上升到了要对排放物进行处理的高度，即从传统的经济方式上升为末端治理，在对待环境和发展问题上前行了一步。接着，人们又认识到排放物实际上也是一种资源，可以被重新加以利用。于是，从末端治理又向前迈进一步，进行再利用。到如今，随着思想的进步，人们逐步认识到，对废物的再利用只不过是种手段而已，只有通过废物资源化，再循环才能真正实现经济的循环。虽然只有第三种再循环的方式才是循环经济内涵的最终体现，但循环经济的实现仅仅只依靠某一环节还是不能完全实现的，只有在不同的层次上综合应用3R原则，才能实现资源的最优化利用。

三、基于循环经济的工业生态环境与条件

(一) 实现工业生态化的条件

1. 观念创新

环境资源从无限到有限是观念创新的核心内容。伴随着经济发展与自然环境之间矛盾的加剧，自然资源耗竭、生态破坏与环境污染等现象所代表的环境资源与环境容量的有限性逐渐凸现出来。面对有限的环境资源，粗放型与浪费型的资源使用与消费模式将不可持续，人类必须采用绿色的生产与消费方式降低资源的使用强度。同时，我们必须充分认识到单纯依靠自然生态系统的物质循环已不能满足经济发展的需求，需要将物质循环内生于现行的经济系统中。废物是相对于某一生产单元、工艺流程或消费主体而言的，它对于其他利益主体可能存在着使用价值。对废物进行再循环处置，一方面相当于人为增加了环境资源的供给数量，另一方面则减少了废物的排放量。

2. 制度创新

环境资源从无价到有价是制度创新的核心。加大废物再循环力度对人类社会的可持续发展进程影响巨大。从人与自然的关系看，进入工业文明以后，随着人类社会经济活动规模与范围的扩张，整个地球系统从"空的世界"(empty world)，变为"实的世界"(full world)，为维持人类社会的可持续发展，它要求经济系统中的物质从"开放的循环"(open cycle)转向"封闭的循环"(closed cycle)。将废物转变成资源的废物资源化过程，在某种程度上人为地增加了自然环境的源与汇的能力，成为现阶段实现可持续发展的基本途径，尤其是在人口数量与物质消费水平难以在短时间内有所改变的现实背景下。随着可持续发展战略的逐步实施，废物再循环已成为社会经济系统中不可或缺的组成部分。

3. 技术创新

技术创新是观念创新与制度创新落到实处与发挥作用的重要保障。传统的技术创新是以

满足人类生产与生活需要为目标的，而可持续发展则要求技术创新的方向转向以实现人与环境的和谐为目标。这就要求一方面技术的发展方向应向低消耗型与少污染型方向转变，另一方面则应积极探索将现有废物转变为有用资源的技术。废物再循环产业不仅需要研究废热、残料、废渣的利用技术，而且需要其他产业从产品设计阶段就考虑到后来的再循环过程，例如"为拆卸而设计"与"为再循环而设计"，等等。

(二) 提供适宜发展的环境

1. 法律环境

建立促进循环经济的法规制度。国家虽然制定了一些鼓励开展资源综合利用的政策措施，但截至本书出版还没有一部这方面的法律。我国要实现生产方式由粗放型向集约型的转变，提高经济发展的质量和效益，不是一朝一夕所能完成的。受发展阶段所限，国家的很多宏观政策的实效在不知不觉中被一个个浪费资源和污染环境的微观行为抵消了。因此，根据国外发展循环经济的经验，我国必须加快制定必要的循环经济法规，通过法规对循环经济加以引导和规范，坚决杜绝不利于循环经济发展的急功近利的现象出现。2002年6月29日，全国人大通过了《中华人民共和国清洁生产促进法》，并于2003年1月1日起开始实施。这是从法律上促进我国循环经济发展的良好开端，但还不够，还应有更多的法律法规。在《中华人民共和国固体废物污染环境防治法》总则中虽已提到"充分合理利用固体废物"，但仅为原则表述，并无可操作性的内容，所以应加快立法步伐，形成我国循环经济发展的法律框架体系。

2. 政策环境

通过政策引导循环经济的发展。投资和消费是拉动循环经济发展的火车头。产业政策应强调资源利用效率的提高和环境保护，提高经济的竞争力；促进经济结构的战略性调整，以有利于循环经济体系的形成和发展。在投资政策和项目选择上，以及在对投资方向的鼓励和限制上，应向产业结构调整和升级的方向倾斜。例如，投资天然气工程建设可以改变城市能源的供应结构，减少燃煤产生的二氧化硫和烟尘排放。通过对环境友好宣传教育，引导公众消费绿色产品，以需求拉动循环经济的发展。各级政府应起表率作用，通过采购计划拉动循环经济的需求，并影响社会公众。如优先采购经过生态设计或通过环境标志认证的产品，优先采购经过清洁生产审计或通过ISO14001认证企业的产品。要强化宏观管理，建立工业环境保护管理新机制。关于如何建立社会主义市场经济体制下的工业环境管理体制，我国年轻的环境工程学学者王金南在总结国内外经验的基础上，曾提出过一个比较完整的思路。他认为，在市场经济条件下，一个完整的宏观工业环境管理体制应该包括以下几个方面的内容：第一，建立权威的、职责明朗的环境管理体制；第二，建立健全工业环境污染防治政策和法规体系；第三，对环境实行直接管制，包括建立统一的环境标准，实施环境影响评价和排污许可证制度；第四，更多地利用经济手段防止工业污染。联合国专门从事环境保护工作的官员也认为，应该更多地使用经济方法治理工业污染，但他们更强调用经济方法鼓励企业家保护工业环境，而不是对企业家进行惩罚。从我国的实际情况出发，工业环境管理体制的建立应在建立政府的工业环境宏观管理体制的同时，致力于建立起企业新的工业环境保护体系，把宏观管理和微观管理结合起来，因为在市场经济体制下，企业是市场竞争的主体，只有把环境的宏观管理和微观管理有机地结合起来，才能更好地适应市场经济的变化，有效地防治工业环境的污染。

3. 经济环境

利用经济手段，形成循环经济发展的激励机制。用经济手段促进循环经济的发展，是经济合作与发展组织(简称经合组织)成员国采用激励机制保护环境的有机延伸。由于经合组织成员国实施了严格的"污染者付费"政策，因此废旧物资回收和综合利用企业可以得到废物产生者的资金补助。我国的情况则完全不同，主要差距在于：一是虽然我国的"谁污染谁治理"政策类似于"污染者付费"政策，但实施的效果并不好；

二是我国企业一旦使用其他企业的废弃物，如工业废渣、粉煤灰等，原来的废物产生者不仅不付费，而且还要向使用者收费，使综合利用企业无利可图，严重挫伤了资源综合利用企业的积极性。因此，政府有关部门需要进行认真的调查研究，利用经济手段形成有效的激励政策，推动循环经济的发展。要充分利用市场经济机制，促进工业生态的可持续发展。《中国21世纪议程》一书指出：随着中国向社会主义市场经济体制转变，在政府的宏观调控下，市场价格机制在规范对环境的态度和行为方面将起到越来越重要的作用。这正确地阐明了建立社会主义市场经济体制在我国工业环境保护中的地位和作用。

建立现代市场经济体制，至少从以下几个方面对我国工业环境的保护是有利的。第一，市场经济崇尚效率，建立社会主义市场经济体制有利于加强我国经济的综合实力，增强政府和企业治理工业环境污染的能力。第二，市场经济有利于企业的技术进步，减少污染物的排放。在市场经济条件下，价格机制与竞争机制迫使企业必须按照少投入、低消耗、多产出的原则组织生产，这就要求企业必须大力采用先进技术，推进技术进步，降低原材料消耗。第三，建立社会主义市场经济体制，有利于政府部门加强工业环境的保护，因为在市场经济条件下，政府不用再直接管理企业，这就使政府有更多的精力去从事工业环境的保护和治理。第四，建立社会主义市场经济体制还有利于促使企业与国际社会接轨，因为当前国际市场的一个重要趋势是，人们在购买物品时，对那些污染环境的产品加以抵制，在这种情况下，企业只有致力于绿色产品的开发，才能在国际市场立于不败之地。当然，市场经济不是万能的。在早期的市场经济条件下，企业作为市场竞争的主体，在竞争中总是希望以较少的投入获得较大的经济效益，环保投入不同程度地会增强企业的生产成本，必然减少企业的效益，有的企业为了单纯追求经济效益而不愿增加对环保的投入。但是，应该看到，市场经济发展到今天已经经过两个发展阶段：第一个阶段是早期的市场经济。这个时期，政府主要实行自由放任的政策，不干预企业的经济活动。第二个阶段，是现代市场经济阶段。这一时期，政府通过财政、货币政策对经济进行宏观调控和行政干预，市场经济已演变为由市场进行有效调节的现代市场经济。也就是说，在现代市场经济中，由于政府的干预，以及经济运行机制的转变，早期市场经济对环境的破坏作用已大大缩小。因此，建立现代市场经济对加强工业环境的保护是有益的。我们必须充分认识建立现代市场经济体制对促进工业可持续发展的重大作用，加快工业经济体制的改革，实现经济增长方式的根本转变。

4.技术环境

开发形成技术支撑体系。运用循环经济的思路，通过对经济系统的物质流和能量流分析，设计我国的工业化城市化路径，建设工业生态共生体系，降低生产和消费过程的资源、能源消耗及污染物的产生和排放。循环经济的发展，最终要靠技术进步。研究开发那些循环经济发展所必需的技术，诸如信息技术、能源综合利用技术、回收和再循环技术、重复利用和替代技术等。积极推进清洁生产，采用无害或低害的新工艺、新技术，实现少投入、高产出、低污染，把对环境污染物的排放消除在生产过程之中，并且把着眼点从单个企业扩大到工业生态园，通过试验示范，建立一批工业生态示范园，形成新的发展模式，实现可持续发展。循环经济下的工业体系主要有三个层次，即单个企业的清洁生产，企业间共生形态的工业生态共生体以及产品消费后的资源再生回收。

（1）清洁生产

清洁生产是将整体预防的环境战略特性用于生产过程、产品和服务中，以增加生产效率和减少人类及环境的风险。对生产过程，要求节约原材料和能源，淘汰有毒原材料，减少废弃物的数量和毒性；对产品，要求减少从原材料到产品最终处置的全生命周期的不利影响；对服务，要求将环境因素纳入设计和所提供的服务中。清洁生产是从全方位、多角度的途径去实现企业的清洁生产过程，与末端治理相比，具有十分丰富的内涵,主要表现在:用无污染、少污染的产品代替毒性大、污染重的产品;用无污染、少污染的能源和原材料替代毒性大、污染重的能源和原材料;用消耗少、效率高、无污染、少污染的工艺和设备替代消耗高、效率低、污染量大、污染重的工艺和设备;最大限度地利用能源和原材料,实现物料最大限度的厂内循环;强化企业管理,减少跑、冒、滴、漏和物料流失;对必须排放的污染物,采用低费用、高效能的净化处理设备和"三废"综合利用的措施进行最终的处理或处置。

(2) 工业生态共生体的建设

工业生态共生体是三个层次中发展循环经济的重要发展形态,正在成为许多国家工业园区改造的方向,同时也正在成为我国第三代工业园区的主要发展形态。工业生态共生体是依据循环经济理念和工业生态学原理而设计建立的一种新型工业组织形态。工业生态共生体的目标是尽量减少废物,将系统内的一个工厂或企业产生的副产品用作另一个工厂的投入或原材料,通过废物交换、循环利用、清洁生产等手段,最终实现园区的零排放。

建设工业生态共生体必须在设计上体现循环经济和工业生态学思想,根据生态园区的要求选择进入共生体的企业。同时,要真正实现工业共生体的生态化,还必须有工业生态共生体的特定技术。这些技术包括信息技术、水重复利用技术、能源综合利用技术、回收和再循环技术、环境监测技术以及网络运输技术等。

(3) 建立废弃物资源化产业体系

资源的循环利用,使废弃物资源化、减量化和无害化,把危害环境的废弃物减少到最低限度,这是循环经济的一个重要标志。废弃物的循环利用有两种方式:一是原级资源化,把废弃物变成与原来相同的产品,如将废纸生成再生纸、废玻璃生成新玻璃、废钢铁生成再生钢铁等,这种利用方式可以减少原生材料量的 20%~90%。二是次级资源化,即把废弃物变成与原来不同的新产品,可减少原生材料量的 25%。据不完全统计,世界上主要发达国家再生资源回收总值已达到每年 2 500 亿美元,并且以每年 15%~20% 的速度增长。而且,利用再生资源进行生产,要比用原料进行生产能耗低、污染物排放少。例如,利用 1 t 废纸,可造纸 800 kg,节约木材 3 m³、烧碱 300 kg、电 300 kW·h,还可以少排大量造纸废水。

四、循环经济理论与工业生态化之间的关系

(一) 工业生态化体现了循环经济理念

工业生态化以兼顾经济效益和生态效益为目标,在生态经济系统的共生原理、长链利用原理、价值增值原理、耐受性原理等生态学原理以及循环经济和可持续发展理论的指导下,对资源进行合理开采,使各种工矿企业相互依存,形成共生的网状工业生态链,达到资源的集约利用和循环使用,从战略上重视环境保护和资源的集约、循环利用。这充分体现了循环经济"按照自然生态系统的能量转化和物质循环规律重构经济系统,使得经济系统和谐地纳入到自然生态系统的物质循环过程中,通过废弃物的再生资源化减轻经济系统对自然资源的需求压力,使得自然资源可持续利用,同时减少了废弃物向自然环境的排放量,降低环境污染程度,从而建立起一种新形态的能持续发展的工业经济系统的理念。

工业生态化不仅从环保的角度遵循生态系统的耐受性原理,尽量减少废弃物的排放,而且还充分利用共生原理和长链利用原理,改过去的"原料—产品—废料"生产模式为"原料—产品—废料—原料"模式,通过生态工艺关系,尽量延伸资源的加工链,最大限度地开发和利用资源,既获得价值增值,又保护环境,实现工业产品的"从摇篮到坟墓"的全过程控制和利用。这充分体现了循环经济所倡导的"资源—产品—再生资源"反馈式生产模式,要求工业经济活动从生产、流通、消费过程中产生的废弃物,一部分经废物利用等技术加工分解形成新的资源返回到经济活动中,另一部分经环境无害化处理后形成无污染或低度污染物质返回自然环境

中,由自然环境对其进行净化处理,所有的物质和能源要在这个不断进行的经济循环中得到合理和持久的利用,以把经济活动对自然环境的影响降低到尽可能小的程度,践行物尽其用、废物资源化的环境与经济和谐发展的理念。

(二) 工业生态化是实现循环经济的重要形式

工业生态园区是工业生态化思想的具体体现,工业生态园区就是要在较大范围内实施循环经济的法则,把不同的企业连接起来形成共享资源和互换副产品的产业共生组织。循环经济下的工业体系,主要从单个企业的清洁生产、企业间共生形成的工业生态园区来实践 3R 原则,其中,工业生态园区已经成为循环经济的一个重要发展形态,因为工业生态园区建设是实现循环经济的最有效途径。工业生态园区的建设,不仅使区域工业层次的循环经济成为现实,还可以引导国家层次循环经济的实现和循环型社会的建立。

工业生态园区是依据循环经济理念和工业生态学原理设计建立的一种新型工业组织形态。它的目标是尽量减少废物,将园区内一个工厂或企业产生的副产品用作另一个工厂的投入或原材料,通过废物交换、循环利用、清洁生产等手段,最终实现园区的污染零排放。工业生态园区采用的环境管理模式是一种直接运用工业生态学的生态管理模式。工业生态园区的工业生产,把经济视为一种类似于自然生态系统的封闭体系。在这个体系中,一个企业产生的"废物"或副产品是另一个企业的"营养物",这样,区域内彼此靠近的工业企业或公司就可以相互依存,形成类似于自然生态系统食物链的"工业生态系统"。

参 考 文 献

[1] 吴春梅.循环经济发展模式研究及评价体系探讨[D].青岛:山东科技大学,2005.
[2] 李伟.我国循环经济的发展模式研究[D].西安:西北大学,2009.
[3] 刘旌.循环经济发展研究[D].天津:天津大学,2012.
[4] 牛桂敏.循环经济发展模式与预测[M].天津:天津社会科学院出版社,2008.
[5] 刘庆广.甘肃省循环经济发展模式研究[D].兰州:兰州大学,2007.
[6] 刘焱.铜川市循环经济发展模式研究[D].北京:中国地质大学,2006.
[7] 任勇,周国梅,等.中国循环经济发展的模式与政策[M].北京:中国环境科学出版社,2009.
[8] 耿详雨.中国家电行业资源回收循环利用问题研究[D].青岛:中国海洋大学,2008.
[9] 杨文.宁夏农业循环经济发展模式研究[D].西安:西北农林科技大学,2008.
[10] 王鲁明.区域循环经济发展模式研究[D].青岛:中国海洋大学,2005.
[11] 张庆文.云南省金属产业循环经济发展模式研究[D].昆明:昆明理工大学,2010.

第十四篇

世界典型国家循环经济发展状况

第一章 北美洲循环经济发展状况

第一节 美国循环经济发展状况

一、美国循环经济概况

循环经济是进入21世纪以来风靡世界的经济发展模式，发展循环经济是新型工业化的最高形式，也是消除经济增长泡沫的必由之路。美国是生产大国，也是资源消耗大国。美国人口不到全世界的5%，但自然资源消耗量超过了全世界的1/4。美国人均每天产生垃圾2.3 kg，比发展中国家高出5倍。在一般人的印象中，美国人大手大脚，不重视节约。其实不然，美国人个人生活很节俭，国家则一向重视发展循环经济。作为最先提出发展循环经济的国家之一，美国政府早在20世纪70年代末，就制定了一系列以循环为目标的能源政策。此后虽不断调整，但其核心内容一直围绕3点：一是促进可再生能源的开发利用，二是充分合理利用现有资源，三是鼓励节能。纵观世界各国循环经济的发展历程，美国不仅是提出和推行循环经济概念较早的国家，而且是发展循环经济较早的国家，并取得了巨大的成效。美国在循环经济发展过程中，无论是制度创新，还是循环经济模式的构建以及采取的措施，都较好地保证了循环经济的有效发展，有许多经验可供借鉴。

二、美国——循环经济思想的起源

现代意义上的循环经济是对"大规模生产、大规模消费"经济发展模式深刻反思的结果，其思想源于美国，行动始于德国而兴于日本。

在国内循环经济的大讨论中，美国并没有作为一个正面的形象出现。石油消耗全球第一和二氧化碳排放全球第一，美国着实是"大规模生产和大规模消费"模式的典范。布什政府拒绝签署《京都议定书》更是招致了诸多非议。

然而，翻看现代可持续发展史，美国在每次的浪潮中几乎都出现了里程碑式的人物或事件。20世纪60年代，美国经济学家鲍尔丁提出了"循环经济"一词，主要指在人、自然资源和科学技术的大系统内，在资源投入、企业生产、产品消费及其废弃的全过程中，把传统的依赖资源消耗的线形增长经济，转变为依靠生态型资源循环来发展的经济。其"宇宙飞船经济理论"可以作为循环经济的早期代表。大致内容是：地球就像在太空中飞行的宇宙飞船，要靠不断消耗自身有限的资源而生存，如果不合理开发资源而是破坏环境，就会像宇宙飞船那样走向毁灭。因此，"宇宙飞船经济"要求一种新的发展观：第一，必须改变过去那种"增长型"经济为"储备型"经济；第二，要改变传统的"消耗型经济"，而代之以休养生息的经济；第三，实行福利量的经济，摒弃只看重生产量的经济；第四，建立既不会使资源枯竭，又不会造成环境污染和生态破坏，能循环使用各种物资的"循环式"经济，以代替过去的"单程式"经济。之后发生于20世纪70年代的两次世界性能源危机所造成的经济发展与资源短缺之间的矛盾，引发了人们对经济增长方式的深刻反思。随后于1962年，美国生态学家蕾切尔·卡逊面对日益被破坏的自然环境和由于生产和生活中的严重浪费而日益减少的资源，发表了具有重大影响的惊世之作——《寂静的春天》，她在文中指出了生物界以及人类所面临的化学品危险，对农业科学领域的实践活动和政府的某些政策提出了质疑和挑战，号召人们改变自己对自然界的漠视，理性地与自然界和平相处，爱护自己的生存环境。1972年，美国麻省理工学院教授米尔斯等人发表《增长的极限》，系统地分析了经济增长与人口、生态环境、自然资源以及科技进步之间的关系，警告人口、粮食生产、工业产出、资源消耗以及环境污染的增长都存在极限，超过极限人类会崩溃；1989年，美国通用汽车研究实验室的弗罗施和加劳布劳斯发表文章指出，未来的产业应该全方位地对资源开展循环使用而非一次性使用，该文被普遍认为是工业生态学领域的第一篇论文。

三、美国循环经济立法情况

随着美国经济的迅速发展，高能源、高消耗的生产方式和消费方式导致资源供给的日渐短缺和环境恶化。为此，美国政府相继出台了一系列措施改变这一局面，而立法是其中最重要的手段。美国通过制定一系列促进经济社会可持续发展的法律和环境法规，通过制定完备的保护生态环境的法律体系，形成了一个严格的全方位的资源保护与合理利用以及防治污染法规体系，为循环型经济发展提供制度保障。

1965年，美国颁布了《固体废物处理法》，之后又多次对其修改，并重新定名为《资源保护和回收法》，这对美国废物再循环和综合利用工作起到了很大的促进作用。1969年制定的《国家环境政策法》是综合性的环境成文法，《资源保护和回收法》是对危险废物实施全过程监控的综合性环境基本法。20世纪70年代后的单行立法有《清洁空气法》《清洁水法》《环境教育法》《职业安全和健康法》《噪声控制法》《宁静社区法》《综合环境反应、补偿和责任法》等。1986年，美国国会公布了有毒物排放清单(TRI)。1990年，美国出台了《污染预防法》，对污染预防的实施和贯彻做出了明确的规定，并宣布"对污染应该尽可能地实行预防或源削减是美国的国策"。1992年颁布的《能源法》，规定开发和利用太阳能、风能、生物能及沼气等新能源享受税收优惠，立法鼓励使用新能源、推广新技术和淘汰落后工艺等。2000年，美国出台了《有机农业法》，该法律的实施对美国农业循环经济的发展产生了深远的影响。2002年，美国出台了《2002年农场安全与农村投资法案》，进一步加大了对农业生态环境的保护力度。除此之外，在促进农业可再生资源的开发利用方面，美国联邦政府还出台了《多重利用、持续产出法》《森林、牧场可更新资源规划法》《联邦土地利用和管理法》《濒危物种法》等，所有这些法规虽没有以循环经济命名，但都体现了循环经济的思想和原则。

上述政府和民间的努力极大地促进了生产领域中资源能源效率的提高以及污染排放的减少。仅以TRI的实施为例，在TRI实施之前，关于有毒物质排放量的估计争议很大。工业部门的代表常常批评环保学家与国会提出的数据是"夸大"的，而1988年第一年度的报告显示总排放量远远高于工业部门或环保署的估计。在随后的12年里，包含在最初清单中的有毒物质直接排入空气中的数量降低了63.5万t(63.3%)，排入地表水体的数量降低了65.1%。

美国虽然还没有一部全国性的循环经济法规，但现有的《资源保护和回收法》和《污染预防法》一定程度上体现了发展循环经济的要求。除联邦政府外，一些州也制定了相关法律法规。如，1990年美国加州颁布的《综合废弃物管理法令》，要求通过源削减和再循环减少50%的废弃物。在固体废弃物处置方面，自20世纪80年代中期，俄勒冈、新泽西、罗德岛等州先后制定促进资源再生循环法规以来，现已有半数以上的州制定了不同形式的再生循环法规。正是法律明确了企业和民众在维持循环经济发展中的责任，使得美国社会把循环经济的理念作为自身发展不可分割的一部分，有力地保证了国家良好的生态环境。

四、美国的循环经济政策

政策的目的在于通过降低成本或提高收益为企业和居民实施循环经济的行为提供支持。美国是发达的市场经济国家，注重利用经济手段和市场机制来促进循环经济发展。

在政府采购政策方面，1991年，联邦政府发布总统令规定政府必须优先采购绿色产品，而几乎所有的州也都制定了对使用再生材料的产品实行政府优先购买的政策或法规，甚至联邦审计人员有权对各个联邦代理机构未按规定的购买行为处以罚金。在税收优惠政策方面，政府通过财政手段鼓励可再生能源的开发和利用。美国不仅拨款资助可再生能源的科研项目，还为可再生能源的发电项目提供额度不断提高的抵税优惠，受惠的可再生能源范围也从原来最初的两种逐渐扩大到风能、生物质能、地热、太阳能、小型水利灌溉发电工程等更多领域。同时也通过为消费者提供抵税优惠促进消费者的生态消费。例如，亚利桑那州规定，对分期付款购买再生资源及污染控制型设备的企业可减征销售税10%；康涅狄格州对再生资源加工利用企业除提供低息风险资本小额商业贷款以外，还实行州级企业所得税、设备销售税及财产税减免。除了提供相应的优惠政策，在征税政策方面，美国政府还通过征收垃圾税、新鲜材料税、填埋焚烧税和污水治理税等措施引导居民减量化和再生化使用，直接刺激循环经济发展。美国政府还实行了农业"绿色补贴"的试点，即从20世纪90年代起，美国政府设置了一些强制性条件，要求受补贴农民必须检查自己的环保行为，定期对自己农场所属区域的野生资源、森林、植被进行情况调查。同时还要对土壤、水、空气进行检验和测试，定期向有关部门提交报告。政府再根据农民的环境保护实际检查情况，来决定对其是否给予补贴以及补贴多少。在收费政策方面，已有200多个城市实行倾倒垃圾收费政策。此外，在奖励政策方面，1995年设立"总统绿色化学挑战奖"，专门支持那些对工业界有实用价值的化学工艺新方法，以通过减少资源消耗实现污染防治；同时，鼓励低能耗、小排量汽车的生产，鼓励乘坐公交车，对乘坐公交车、地铁者给予适当的补贴，并用控制汽车里程来提高乘坐率和装载量，以充分利用资源和节约资源。

节能是美国能源政策的另一大重要内容，也是循环经济的一个重要方面。在2004年到2006年间，美国政府每年拨款34亿美元给地方州政府，用于旧家电回收和鼓励购买节能新产品。美国还在法律中对一些耗能型商用和民用产品设定了新的节能标准。这些产品包括变压器、电风扇、自动售货机、商用冷柜和冰箱等。另外，美国还为生产节能型家电的厂家提供抵税优惠。同时，消费者购买节能设备也可获得抵税优惠。

五、美国的循环经济战略

美国传统上主要是从环境保护入手，以垃圾处理和废弃物回收利用为主，推进资源的循环利用，现今则注重通过实施新的资源环境战略，促进经济社会的可持续发展。

一是实施新能源战略。石油是战略性资源。美国对石油特别是外国石油的依赖性太强，不仅削弱了国家安全，给气候、生态和环境造成严重破坏，还导致经济的不健全，增加了财政压力。为节约石油资源，减少对石油的依赖，使能源来源多样化，美国政府从石油消费大户——汽车下手，鼓励研发和使用新型可再生能源汽车。美国政府规定，购买燃料电池车等新型汽车的消费者可享受抵税优惠。美国政府还鼓励乙醇和氢电池的研发和生产，以便为车辆提供新的燃料。此外，为了扩大可再生能源市场，美国采用了由政府部门带头使用这一新能源的办法。美国政府要求其联邦机构使用可再生能源的比例，在2011年达到总能耗的7.5%。2004年，美国政府根据《能源政策法》拨款3亿美元，用于实施太阳能工程项目，其目的是在2010年前在联邦机构的屋顶安装2万套太阳能系统。

在不影响环境的前提下，充分合理利用现有资源也是美国政府的一贯方针。水电占美国能源产量的10%，也是美国最大的传统可再生能源。美国现有约7.5万处堤坝，但只有约1/3得到利用。美国联邦政府去年增拨1亿美元用于提高现有水电站的生产能力，进一步提高水电站发电量。煤是美国最丰富的传统资源之一，美国提出"让煤更干净"的口号，联邦政府在2004年到2012年期间，每年拨款2亿美元，用于减少煤电环境污染等技术的开发和相关工程建设。美国政府还承诺为建设更安全、更高效的新核电站提供贷款担保。

实施新的资源环境战略的第二个方面是促进城市智慧型增长。长期以来，美国一直采用蛙跳式的低密度城市蔓延模式。这种模式将居住、就业、购物、娱乐、教育等设施相分离，因而对小汽车形成了高度依赖。城市蔓延带来能源和土地的巨大浪费，造成严重的交通拥挤和环境污染。有鉴于此，美国提出城市智慧型增长战略，包括混合型土地使用、紧凑式城市设计、住宅和交通方式多样化、加强社区建设等。节约资源、保护环境，需要有相应的技术支撑。美国非常注重对相关技术特别是关键技术的投入。如，美国能源部2003年提出建设"未来电厂"，由政府部门与私营机构及国际组织共同投资10亿美元，设计、建造和运行一座零排放的煤基发电厂。与传统燃煤电厂不同，"未来电厂"将首先利用最新技术把煤炭变为富煤气，其产品可以用于清洁发电，也可以供给炼油厂提升石油产品标号。

此外，美国还将先进的科学技术应用在农业上，通过推广新农作模式、发展精准农业等措施大力促进农业循环经济的发展。20世纪80年代初，美国在有机农业、生态农业的基础上，提出了可持续农业的概念，并大力推广可持续农业的新农作模式。可持续农业模式由作物轮作、休闲农作、覆盖作物轮作、残茬还田免耕、农牧混合和水土保持耕作等组成，强调农业的生态与经济效益。如作物轮作中的"玉米—（大麦+牧草）—玉米"模式，即玉米连作2年，再种大麦并套播牧草，种3~4年牧草后再种玉米，这种模式有助于抑制杂草及病虫害，可改善植物养分的供给，防止土壤流失，降低水资源的污染。再比如，残茬还田免耕法主要是将小麦、大豆等作物秸秆采用机械化秸秆粉碎还田和高留茬收割还田，并采用专用的6行或4行大中型免耕播种。大量试验表明，这种方式可以明显减少化肥用量，增加土壤有机质。该技术20多年来一直是美国免耕农田的主导技术，全美国有约70%的农田采用该技术。另外，覆盖作物轮作也在美国东部温带湿润地区试行推广。它以豆科绿肥、豆科作物、饲草作物为主，通过种植覆盖作物越冬后直接用作覆盖绿肥还田。试验表明，在基本不用氮肥的情况下，采用该技术农作物产量可提高30%~40%。

发展精准农业是促进农业循环经济发展的另一条措施。精准农业也称为精确农业、精细农作，追求以最少的投入获得优质的高产出和高效益。其含义是按照田间每一操作单元的具体条件，精细准确地调整各项土壤和作物管理措施，最大限度地优化使用各项农业投入，如化肥、农药、水、种子和其他方面的投入量，以获取最高产量和最大经济效益，同时减少化学物质使用，保护农业生态环境，保护土地等自然资源。因此，精准农业的本质就是农业循环经济。精准农业是现有农业生产措施与新近发展的高新技术的有机结合，核心技术是3S技术（全球定位系统，GPS；地理信息系统，GIS；遥感技术，RS）和计算机自动控制系统。20世纪70年代，由于电脑技术的发展，美国将信息技术引入农业领域，开始了精准农业的探索。1993年，精准农业技术首先在美国明尼苏达州的两个农场进行试验，结果当年用GPS指导施肥的产量比传统平衡施肥的产量提高30%左右，而且减少了化肥施用总量，经济效益大大提高。美国200多万个农场，有60%~70%的大农场采用精准农业技术，取得了明显的经济效益。

六、美国循环经济发展的重点

美国发展循环型经济，在生产、消费等诸多领域都采取了有力措施。在广泛推进的同时，还注意抓好重点。其中一个引人关注的重点是在全社会开展废物循环利用。自从20世纪80年代中期俄勒冈、新泽西、罗德岛等州先后制定促进资源再生循环法规以来，已有半数以上的州制定了不同形式的再生循环法规。美国加州于1989年通过了《综合废弃物管理法令》，要求在2000年以前，实现50%废弃物可通过源削减和再循环的方式进行处理，未达到要求的城市将被处以每天1万美元的行政罚款。对纸的循环利用是美国循环经济的一个重要表现，在美国，超过50%的纸张来自于废纸回收，有近200家造纸厂只使用回收纸。7个以上的州规定新闻纸的40%~50%必须使用由废纸制成的再生材料。除了再生纸，美国其他的回收利用项目也名目繁多，如炼铁、塑料、橡胶以及家用电器、计算机设备、办公设备、家居用品等产业。废物回收利用在美国已经形成了一个巨大的产业，全国有5.6万个企业参与，年均销售额高达2360亿美元，其规模与美国的汽车业相当，已经成为美国经济的重要组成部分。

美国政府也十分重视废旧钢材的循环使用。几乎所有丢弃的汽车全被再循环使用，家用电器中钢的再循环率达77%，而建筑工业再循环使用钢条和钢板达到95%。如今，美国钢产量的58%是来自废钢材，仅仅42%的钢材生产是源自原生铁矿石。在利用废钢高效产钢的电弧炉出现后，再循环生产钢更大量增长。因为由废钢生产钢消耗的能源，仅为由原矿石生产钢的1/3，且消除了开矿产生的污染和环境破坏。在金属铝使用方面，美国所生产的1020亿个铝罐中，已有640亿个铝罐获再循环利用，循环利用率为63%。

另一个引人关注的重点是生态工业园区建设。为了促进生态工业园区的发展，美国政府在总统可持续发展委员会下面设立了"生态工业园区特别工作组"。1994年，美国环境保护局与"生态工业园区特别工作组"一起指定了4个社区作为生态工业园区示范区域。全美已建有约20个生态工业园区。它按照工业生态学原理，通过企业间的能量集成、物质集成及信息集成，形成各产业间的共生耦合和代谢关系，使一家工厂的废水、废热、废气、废渣或其他副产品成为另一工厂的原料或能源，建立物资循环利用的工业生态园区。在生态工业园区内，各个企业内部都要实现清洁生产，以减少废物源，而在各个企业之间实现废物、能量和信息的交换，以达到尽可能完善的资源利用和物质循环以及能量的高效利用，使得园区对外界的废物排放趋于零。这不仅减少了废弃物的排放量和处理费用，还节省了生产费用，产生了很好的经济效益，形成了经济发展和环保的良性循环。如，查塔诺加曾是美国污染最严重的制造业中心，它就是以此方式形成了循环型工业园区。园区引进的高新技术企业带动了当地产业技术的更新，原有产业也随之改良。另外，创造的工作岗位出现在人们生活的地方，大大增加了当地的就业岗位。

七、美国循环经济的企业与公众参与

企业是发展循环经济的主体。在美国，一些公司在资源综合利用方面取得了显著成效。在废弃物处理方面经常被引为典范的美国杜邦公司，在20世纪80年代末大力推行的"3P"计划（污染，Pollution；预防，Prevention；付费，Pays）被认为是清洁生产的第一个里程碑。在企业内部建立了循环经济模式，即放弃使用某些对环境有害的化学物质、减少一些化学物质的使用量以及发明回收本公司产品的新工艺。杜邦公司在10年前就已经成功地使本公司生产造成的废弃塑料物减少了25%,空气污染物排放量减少了70%。"3P"计划也使人们认识到革新工艺过程及产品的重要性,即在增强企业竞争力的同时减少对环境的影响。多年来,杜邦在节约能源、提高生产率、改进服装产品的外观和舒适度、提高整体质量等方面发挥了重要作用。如杜邦生产的一种"特卫强"无纺布材料坚固耐用,一直用于美国邮政业邮包和快递投寄包。它只有传统邮包重量的一半,既节省能源又节省邮费。而且这种邮包中有25%的材料是利用旧牛奶壶和旧水壶生产的,这些材料可以在全美各地的工厂中回收。

另一个典型事例是通用汽车的"零填埋"。通用汽车在实施绿色生产的过程中大力推行"零填埋",在全世界已有54间工厂实现了"零填埋",有82.5万t废弃物被回收综合利用或转化为能量回收利用。到2010年底,通用汽车全球50%的生产工厂实现"零填埋"。除这两家公司外,美国几乎所有跨国公司都采取了类似"3P"的做法。

除企业之外,美国还注重非政府组织的作用。这些团体在循环经济领域也发挥着重要的作用。例如,建立于1978年的全国再生循环联合会,通过向其成员提供技术信息、宣传、培训、教育等方式,支持减少废弃物的产生和加强循环利用。一些行业组织甚至在推动循环经济立法、建立行业标准等方面都发挥了重要作用。例如,美国绿色建筑委员会(USGBC)是一个行业性的非政府组织联盟,由其制订并推出的能源与环境建筑认证系统(LEED)在美国绿色建筑的评估与发展方面发挥了巨大作用。联邦政府在引导企业参与循环经济发展的同时,也非常重视自身参与其中。例如,由联邦政府机构自愿参加联邦电子产品挑战计划,鼓励联邦机构主动购买绿色电子产品,减少产品使用过程中的影响,并以环境友好的方式处理废旧电子产品。

实施循环经济需要政府和企业的参与,更重要的是提高公众的参与意识。美国十分重视运用各种手段宣传循环经济,美国环保局与全国物质循环利用联合会专门开设网点,宣传有关再生物质的知识,并把每年的11月15日定为"美国回收利用日"。公众对于垃圾处理和回收等有任何问题,都可拨打"311"热线得到答复。美国民众对于旧物回收再利用的意识也非常强烈,即使小孩子也不例外。美国幼儿园里的小朋友,吃完饭后都知道一次性盘子、勺子和剩饭要倒进"废弃物"垃圾桶,喝剩的牛奶倒掉后,牛奶纸盒要放进"回收物"垃圾桶。小学到中学的各类教科书,学生免费使用后全部交还学校,留给下一届学生使用;图书馆里,经常看到私人捐赠的旧图书。"物尽其用"的原则已经渗透到美国生活的各个方面,成为民众自觉的生活习惯,循环经济的思想也因此在民众心中扎下了根。

同时,美国也积极采取措施刺激公众的循环消费。所谓循环消费是指当你认为某件物品没有使用价值,想将它扔掉时,你应先想想它对其他人是否还有使用价值,如果有,就让他人再消费一次,直到这件消费品可能对任何人都没有价值时,才将它作为垃圾进行回收处理。这样,一件消费品可以在不同层次上经历多个消费过程,真正做到物尽其用。美国人开展循环消费的渠道很多,既有家庭的庭院甩卖,也有慈善机构进行的旧货交易,消费者还可以通过一些商业网站或政府支持的网站进行旧货买卖。在举办庭院甩卖时,一个家庭将其无用的物品,包括衣服、鞋帽、玩具、家具、餐具、修理工具、音像制品和书籍等各种日用品,摊放在房前的草坪上进行甩卖。被甩卖的物品90%以上都是旧货,也有少部分对卖者来说无用的新物品。一到周末,报纸和网站就会刊登大量的庭院甩卖分类广告,说明庭院甩卖的地点以及主要出售哪类物品等,而且从周六一大早起,许多路口的树干上就会出现彩色小条,告诉你附近有哪一家在进行庭院甩卖。周末自己办庭院甩卖或开着车去逛人家的庭院甩卖,已成为不少美国居民周末消遣的一种方式。

庭院甩卖的交易范围是有限的,不过,随着网络时代的到来,这种家庭或个人之间有地域和时间限制的旧货交易已经长上了"翅膀",不仅地域范围扩大到了全美,而且时间范围也扩大了,人们平时也可以进行交易,这就是旧货拍卖电子网站港湾(eBay)。eBay 在美国一出现就立刻火爆，并成为美国网民访问量最大的网站之一。在这个网站上，什么都可以买卖，但成交的物品绝大多数都是二手货，网民在这个网站上的月交易额已高达近3亿美元。除 eBay 外，其他的商业网站也有提供旧货交易服务的，例如，世界最大的零售网站——亚马逊网站就提供旧书交易服务。

美国的循环消费中的另一个重要环节是遍布全国的节俭商店，即旧货店。这些旧货店一般为慈善机构所办，低价出售旧货所得的收入主要用于社会救济。例如，有1 900家节俭商店的友谊实业公司就是一家将收入用于残疾人事业的慈善机构。在循环消费中，与节俭商店发挥相同作用的还有教会义卖，即居民将旧物品捐给教会，由教会的志愿者进行象征性收费的义卖，所得收入同样用于慈善事业。

由于循环消费观念的普及和循环消费社会机制的发展，循环消费已成为美国社会和经济生活中的一大景象，其社会效益和经济规模都十分可观。可以说，循环消费是美国循环经济的一个重要组成部分。美国大力提倡循环消费为我们发展循环经济提供了借鉴。

八、美国循环经济存在的问题及给我们的启示

循环经济涉及方方面面，关乎生产方式的变革，也涉及生活方式的提升。在体现这一新观念的进程中，自20世纪70年代以来，美国政府通过各种手段，发挥着重要的引导作用。但由于"反弹效应"（资源需求量的增加抵消了资源循环率的提高），这些努力并没有使得美国整个物质消耗大幅度降低，相反，很多物质还在以线性的方式继续采掘和排放。更为重要的是，美国并没有在意识形态等深层意义上检讨自身的生产和消费方式。因此，尽管美国循环经济思想的起源值得肯定，但其表现尤其是政府做法一直为世人所诟病。

实际上，我国快速增长的经济和产业快速转移的国内外环境为循环经济发展提供了难得的机遇。然而，将美国大力推行环境保护和资源节约的举措简单移植到我国的做法是难有成效的，综合看待所有这些活动才能整体把握循环经济在国际上的发展动态与内涵，从而为我国循环经济建设提供借鉴。其中重要一点就是，发展循环经济除了要加强末端的废物循环外，更应该与经济结构调整、产业转移和技术进步等前端因素结合起来。必须充分调动政府、企业和社会三类主体的积极性，综合运用政府—国家机制、企业—市场机制和社会—自治机制，形成各类主体和机制相互衔接、有机配合的良好治理架构。此外，美国的实践还告诉我们，发展循环经济应当注重把握实际情况，根据具体的国情选择发展模式；应当尊重经济发展趋势和规律，在经济发展到工业化中期以后要特别注重资源环境问题；应强化国家安全和社会责任意识，从更高层面认识发展循环经济的重要性。只有各类主体共同努力，才能走出一条以资源节约和环境友好为特征的循环型经济发展之路。

第二节　加拿大循环经济发展状况

一、加拿大经济现状及特点

加拿大是西方七大工业化国家之一，制造业和高科技产业较发达，资源工业、初级制造业和农业亦是国民经济的主要支柱。加拿大以贸易立国，对外资、外贸依赖很大，经济上受美国经济影响较深。其南部与美国交界处宽300 km的狭长地带，是工农业最重要的分布区。安大略和魁北克两省南部的大湖——圣劳伦斯低地，

是全国经济的核心地带。该区域森林、矿藏和水力资源非常丰富，集中了全国工农业总产值的3/5以上，其中，制造业的比重近4/5。机械制造、钢铁、炼油、造纸等工业部门最为发达，有色金属冶炼、木材加工、化学、食品、纺织、炼铝、飞机制造等十分著名。农业生产现代化，种植牧草、燕麦、玉米等饲料作物，经营乳肉畜牧业，亦是重要的烟草、蔬菜、水果产区，此区人口稠密、城市密集、交通便捷。中西部和远西部经济发展较快，以农业和矿业为主，是加拿大的原料仓库。开发最早的大西洋沿岸地区在全国经济中所占比重很小。广大的北部和西北部地区尚未开发。发达的农业是加拿大经济的重要组成部分，在世界农业生产和国际农产品贸易中占据重要地位。虽然农业总产值占国内生产总值较少，但农业在国民经济中仍然起着基础作用，农业机械化程度和劳动生产率水平极高。加拿大有规模庞大、分布广泛的农业科技研究网，并在农业科学研究方面取得了许多重要成果。主要农产品有小麦、大麦、亚麻、燕麦、油菜籽、玉米等作物，还有牛、猪、羊等牲畜。加拿大渔业发达，75%的渔业产品出口，是世界上著名的渔业产品出口国。加拿大的工业以采矿业、公用事业和制造业为主要部门。加拿大的采矿业生产仅次于美、俄，居世界第3位，以资源多样、产量高、出口比重大为特点。锌、镍、石油、钾盐、铀、钼、硫黄、黄金、白银、铜、铅、铁等产量居世界前列，天然气开采和人均发电量均居世界前列。制造业是全国最大的产业部门，以炼油、汽车、造纸、屠宰及肉类加工、钢铁、锯材和板材、机械设备制造、乳品、金属冶炼等为主。加拿大奉行对外开放政策，"贸易立国"是经济发展的重要特点。加拿大是世界贸易大国之一。20世纪70年代以来，其进出口贸易总额一直位于世界前列，是世界上按人口平均计算贸易额最高的国家之一。出口商品中，主要是汽车及零配件、原油、天然气、新闻纸、木材、通信和电子设备、农渔业产品等；进口产品主要是机械设备等工业制成品。加拿大主要贸易伙伴是美国、日本和西欧诸国。

加拿大经济生活的最大特征是外国私人企业对加拿大生产资料的大量占有、控制和影响，外国资本在国民经济的重要部门中都占有相当大的比重。20世纪60年代末期，加拿大议会的一个特别调查小组曾向联邦政府提出一份报告，根据这份报告提供的数字，制造业的57%、采矿业的70%、石油和天然气的80%都控制在外国资本手中。这份报告曾引起了加拿大朝野极大的关注，特鲁多政府于20世纪70年代成立了外国投资审查局以便限制外国资本，但1985年马尔罗尼政府又放松了这种限制，并把外国投资局改为加拿大投资局。所以，加拿大经济在很大程度上依附于外国资本和国外市场的局面难以得到根本改变。

加拿大工业布局高度集中，受自然条件限制，地区之间的经济发展水平极其悬殊。全国制造业的80%以上集中在安大略和魁北克两省，安大略的制造业占加拿大整个制造业的50%以上，其中，交通运输和汽车制造业占有很大比重，其他如食品加工、金属冶炼、金属加工、电气产品、化工、纸浆和纸张等都很发达。魁北克省的制造业占加拿大整个制造业的1/4以上。该省的轻工业相当发达，特别是纺织和服装在加拿大享有盛誉，食品加工、造纸工业也占有很大比重。加拿大矿藏丰富，分布广，全国各地都在进行勘探和开采，但矿产量最集中的是阿尔伯达、安大略、不列颠哥伦比亚、魁北克和萨斯喀彻温省。受地理环境和气候条件的影响，加拿大的农业生产也局限在南部地区。经济发展的地区差异造成了人口分布的不平衡，而人口分布的不平衡又拉大了地区之间的发展差距。

加拿大资源开发和初级产品的生产和出口在国民经济中占有重要地位。一般来讲，工业化国家最突出的特点是工业制成品在生产和出口中占据绝对优势，而进口物品则为大量的原材料、燃料和初级产品。但由于特殊的自然条件和历史条件，加拿大资源的开发和初级产品的生产与出口一直在国民经济中占据重要地位，直到20世纪80年代中期，加拿大出口产品中的55%以上仍然是初级产品，而进口中制成品的比重高达66%，这种出口产品结构类似于发展中国家。以初级产品为主的出口受世界市场的影响很大，加拿大70%左右的贸易是同美国进行的，这就决定了加拿大对世界市场，特别是对美国市场的敏感性。

农业虽然在加拿大整个国民经济中所占比重不大，但加拿大的农业却是世界上最发达的农业之一。加拿大农业发达的主要原因是农业的现代化使农业劳动生产率很高，农业生产的社会化、专业化，农业中广泛应用科学技术和政府的积极支持都推动了农业的发展和产业结构的调整。加拿大政府主要通过以下做法来推动农业的发展。①通过立法对农业进行宏观管理，促进农业的长期稳定发展。加拿大在农业立法方面有三个重要特点：一是基本法规和专业法规比较配套；二是政府部门设立相应的机构负责对重要法规的实施；三是政府直接参与农业立法。②政府为小麦、牛奶等主要农产品建立供应管理体系，努力避免国际、国内市场变化对加拿大农业和农民利益的不利影响。③在农村实行社区自治管理，政府的活动是加强对农业的服务，办好单个社区和单个农场主办不了或办不好的事，主要是农业的科研教育。在科研方面，联邦政府重点负责基础研究，省政府的任务是负责科研成果的推广；重视农业的环境保护，改善农场生产和生活环境；发展交通事业，使农场主生产资料的购置和农产品的销售能够及时实现。④发展农作物和农场主家庭收入保险事业，稳定农民收入和生产积极性。⑤发展农民信贷，支持农民发展生产。

二、加拿大循环经济发展现状

加拿大是世界上国土面积第二大国家，横跨六个时区，为三大海洋围绕，海岸线长达两万多千米，广袤的土地和辽阔的海岸线赋予加拿大丰富的农业、林业、海洋、渔业和矿产资源。作为世界上重要的七大工业国之一，加拿大经济发达，市场机制完善并具有较高工业化水平，加之优越的自然条件，相对少的人口总量，其环境承载能力较强，加拿大经过几十年努力，已从传统工业的"资源—产品—废物"线性经济模式逐步转变到生态工业的循环经济模式，环境、经济、社会逐步进入良性循环的轨道。加拿大循环经济的相关政策与做法值得借鉴。

三、加拿大循环经济发展战略

加拿大有较好的相关产业和科技基础，加拿大政府已与企业共同建立一种联合机制，推动循环经济科技的发展，着力解决本国和世界的环境与资源问题。加拿大政府以及环保产业正在从管道末端污染的控制技术转向污染预防和更加有效、清洁的生产，同时也朝如何彻底解决环境污染与适应环境需要的方向努力。1994年9月，加拿大联邦政府出台了《加拿大环境工业战略》，强调政府和企业界的合作，强调多个企业和组织间加强联合的必要性，发挥加拿大在全球的重要作用。

在确定的发展战略中，联邦政府强调加大污染防治工作的力度；公布有毒物质清单；建立全国性的污染防治信息发布机构，并通过它使工业界和环保产业界在污染防治活动过程中可以分享信息和技术；对于防治污染工作有成效的机构予以奖励。在控制有毒物质排放方面，建立更加有效的确认、识别、评估和管理有毒物质的程序；有效清除最危险物质；制定达标时间表，同时，使其他各种有毒物质得到控制。另外，从燃料、机动车尾气及其他发动机的废气排放出发，制定新的全国标准，指定执法部门；确定全国燃料指标。

四、加拿大循环经济主要措施

加拿大政府发展循环经济主要着眼于创建一个健康的环境；建立减少环境灾害的安全体系；建设一个绿色社会。政府的主要措施概括如下。

第一，确认国家意义上的环境事务（如空气和水的质量、濒危物种等），确保国家环保政策、标准得到贯彻执行。

第二，在发展循环经济中担当重要角色，与工业界及其他伙伴相互理解、支持；与加拿大人民一起促进循环经济的发展。

第三，执行联邦既定计划，确保支持国家经济基础设施的完善；以科技为基础，创造良好自然环境，提高人民健康水平；建设、完善全国循环经济预测、警报系统。

第四，帮助原住地居民搞好环境与资源的管理。

第五，加强国际合作，承担国际责任，促进全球行动。

针对以上几个原则，加拿大政府在法律法规、宣传教育等各个方面采取了一系列措施。自20世纪60年代起，加拿大政府开始制定保护水和防治空气污染等的相关法律。1970年，加拿大政府成立了污染防治办公室，开始全面考虑环境保护和污染治理问题。1988年出台的《环境保护法》经过1999年修订，更强调从源头治理污染。加拿大工业界和商业界都认为是这部法律使得他们有了统一的标准来实施清洁生产、尽量不排废物、降低成本、增加利润、减少污染。实施清洁生产已成为企业的自愿行动。

1995年，加拿大制定了《污染预防行动计划》，该文件要求企业必须做污染预防计划，提交计划书(企业如果不做，就属违法)，污染预防计划书的摘要要送交环境部，摘要包括本企业的污染预防目标、如何预防污染、期限等内容，政府则通过宣传媒体、网站来向社会公告企业的污染预防计划书摘要，接受公众监督。

加拿大政府在促进循环经济的工作中重视新技术的开发和利用，注重促使企业和学术团体用新的科技手段探索新的循环经济发展模式，解决生态环境问题，对有限的资源进行循环利用，减少进入生产和消费过程中的物质和能源流量。对废弃物的产生，通过预防的方式而不是末端治理的方式来加以避免。

加拿大工业生态技术通过工业系统设计，最大限度地减少废弃物排放和提高物质材料与能源的循环利用，以保证能量的充分转化，防止能源和有用物质材料的流失。如温哥华市垃圾处理场，市民的生活垃圾集中到这里以后，垃圾处理场就对垃圾进行焚烧，把焚烧过程中产生的热能输送给附近的工业园区供热，使能源得到充分利用，从而使废弃物变成另一个企业的生产原料，最大限度地减少能源和其他自然资源的消耗，使生产尽可能接近零排放或循环式生产，最大限度地提高生态经济效益。

另外，加拿大将环境和可持续发展作为国家经济发展的重大战略，在执行过程中注重全民参与，并利用相关研究成果加强宣传教育，提高全民的生态环境建设意识，从而大力发展循环经济。

加拿大政府、社会团体及各社区均对全国的生态和环保的状况密切关注。政府通过每半年出版的《加拿大生态环境状况》杂志及网络信息，向全体公民免费发布生态环境状况的信息。在介绍生态与环境情况的同时，向公民说明生态环境与经济可持续发展、促进循环经济的关系。

加拿大在生态环境方面的宣传教育方式是多种多样的，除了与我国相近的一些形式外，较有特色的是设立生态教育基地（如蒙特利尔生物圈、温哥华的水族馆等），这些基地不仅从事城市以及各区域的生态环境监测、生态学研究、生态保护试验，而且还建立起众多的教育项目，利用相关研究成果对加拿大的公民特别是中小学生进行生态和环境保护教育。

设在蒙特利尔的生物圈，作为生态教育基地，它不仅从事城市以及各区域的生态环境监测、生态学研究、生态保护试验，而且还建立起众多的教育项目，利用相关研究成果对加拿大的公民特别是中小学生进行生态和环境保护方面的教育，使他们设身处地地深入了解生态和环境。

五、加拿大循环经济体制的突出优点

自循环经济这一概念被提出之后，各国先后开启循环经济模式，加拿大循环经济体制具有鲜明的特点，并日益完善，有力地推动了加拿大经济可持续发展。分析其体制，可以总结出如下几点突出的优势。

(一) 权利和责任的相对匹配

加拿大实行的是联邦制政体，先赋予各省级行政单位对所辖能源资源的管辖权，能源资源的利用和相关环境保护的责任主体也相应主要在省级政府层面。当然，涉及跨省资源的利用和相应环境保护问题（如五大湖流域），通常需要联邦政府协调，并与有关省共同协商制定资源利用和环境保护的法律政策框架。可以说，加拿大在资源利用和环境保护方面权利和责任的相对匹配，使得其制定的相关法律和政策框架更能因地制宜，差别化分类指导的意义更大，可操作性也更强。

(二) 尊重民意，建立广泛的利益相关方协调机制

加拿大联邦环境部政策分析与交易机制部门表示，环保方面，加拿大联邦政府、省政府和市政府都有各自法律和政策，联邦政府制定的《加拿大环境保护法》是基准，但有些具体问题是通过三级政府之间的沟通和谈判解决的；并且，若省政府在某些方面坚持，则联邦政府可能退让，其中存在一种协议机制。联邦市政污水处理部指出，市政污水处理涉及企业、政府、环保组织、工程师、居民、原住民等各利益相关方，对于有关难题的解决，政府部门首先拿出草案，提交利益相关方，然后各方派代表碰头（一年一次）面谈交流，提出问题对策，最后通过网络等方式将相关信息公布于众。艾尔伯特省能源部驻卡尔加里办公室指出，艾尔伯特省能源和环保方面的政策决策最终受制于民众，如，民众对大气中碳含量承受力的态度及对水资源短缺的危机意识，直接影响到省政府相关政策的制定。政府、企业、环保组织和民众等利益相关方的共同组织——利益组织顾问委员会在能源和环保问题的决策中发挥着重要作用。

利益相关方协调机制有利于资源利用和环保方面难题的科学决策，维护了民众利益，彰显了政府服务于民的本色，有助于政府、企业、环保组织和民众等各利益相关方保持持久的良好关系。

(三) 充分发挥市场机制作用

在法律框架下，充分发挥市场机制作用，如(大气)排污权交易制度、(水)生态补偿机制、废弃物回收押金制度等，特点都十分鲜明。

联邦政府在大气排污方面，制定了排污权交易制度及实施办法，并按计划陆续实施。其中，政府主要在提供规则、信息，对企业信用积分进行定义并认可积分价值等方面发挥作用，并在交易后建立跟踪体系。需要强调的是，政府并不直接参与交易和补偿，而是充分发挥市场机制的作用，交易在企业与企业之间进行。排污权交易制度实施的大体流程如下：政府提出法律框架和各项操作标准，建立排污权交易市场系统；政府—企业：将排污额度分解到各企业，如各种气体的达标标准和排放总量；企业—企业：可以交易的只是实实在在被削减下来的排污量，在企业间买卖；政府开发和提供相应的技术系统支持，对企业排污及排污权交易进行跟踪，严格执行相关法规。

此外，在水资源的上下游使用及废水排放方面，卡尔加里市和五大湖区的省份也实施了一些针对上游截流及排污，而对下游进行生态补偿的创新做法；BC省的非营利组织安可普公司(Encorp Pacific)在废弃物回收方面所采取的押金制度既是一种经济调节手段，也是一种教育手段，消费者每购买一听铝罐饮料被扣押5分钱时，"环境保护，匹夫有责"的意识就得到加强。

加拿大在环境保护方面"政府搭台，企业唱戏"的做法表明，只要政府能制定出科学的法律政策框架，充分发挥市场机制的作用，就可以做到排污者付费、超标排污者受罚。

(四) 消费者环保意识对生产者行为具有强大影响力

消费者节能环保意识的提高，对推动资源节约和环境保护具有重要意义，可以对生产者的采购和产品设计等方面的行为构成有效约束。加拿大的一项调查表明，若环保产品价格比普通产品价格高出15%，则消费者更倾向于购买环保

产品。消费者对环保产品的主动选择,迫使生产商在节能和环保方面投入得更多,从源头上保障了资源的节约利用和环境保护。凯莱赫盖尔(Kelleher)国际环境咨询公司总裁玛丽亚女士指出,对生产者提出环保标准,并不意味生产者的利润减少和生产减少,相反,可能由于产品迎合了消费者需求,而使企业生产和利润增加,出现资源节约、环境保护与企业利润相统一的多赢结果。

即使加拿大普通民众已具有了较高的节能和环保意识,政府和有关机构还是通过各种途径,继续加强这方面的宣传。如卡尔加里市政府组织的户外节水大型研讨活动,市民的参与率高达70%。BC省的非营利组织——安可普公司为了达到省政府在饮料瓶回收率方面的目标,经常举行宣传活动,普及公众环保教育,并在媒体上公布相关信息;此外,他们还设立了学校教育项目,实行奖金制,通过对小朋友节能环保的教育培训,影响其父母的意识和行为,而这些孩子长大后,节能和环保意识就自然而然地深入人心了。

(五)促使大型跨国公司起到引领示范作用

法律法规及民众对企业社会责任的要求及大型跨国公司自身具有雄厚财力和超前意识,使得大型跨国公司能够在节能环保中起到示范引领作用,杜邦、沃尔玛等大型跨国公司在加拿大的企业节能环保中就产生了良好的示范作用。杜邦公司制定了详尽而量化的温室气体减排战略(1991—2010年),并在加拿大按计划逐步推行;沃尔玛是加拿大最大的绿色能源(太阳能和风能)购买者之一,并且将车队中大量卡车作为城市辅助运力,消除了车辆闲置而造成的燃料浪费。

(六)及时将先进的科学理念转化为有效的政策工具

加拿大政府资源与环境管理部门表现出了很强的管理创新能力,这一特点特别表现在将最新的科学理念转化为有效的政策工具。应对气候变化方面,联邦政府正在制定全国一致的NO_x和SO_x排放交易系统,以此为基础建立大气排放管理的奖励和惩罚政策。在大湖区水资源与水质管理协议(COA)中,从1972年到2007年的35年中,其关注的焦点从水体富营养化到生态系统方式,再到整个大湖流域生态系统的可持续性,这一发展体现了人类关于维持大湖区水生态系统健康的科学知识的丰富和发展。相应地,在管理原则上,从重视科技手段,到科技与合作并重,更加重视协调、沟通和教育。在管理协议方面,出台了一系列相关政策。

(七)忧患意识和先进科技共同推动资源利用和环境保护

尽管具有得天独厚的资源和环保优势,加拿大民众对水资源"紧缺"和气候变暖等的忧患意识还是日趋强烈,加拿大政府也立志不仅要做资源能源大国,而且要成为清洁资源能源大国。技术是解决节能和污染等环保问题的最终途径,在清洁能源开发及其成本降低方面(如水电、风能等),加拿大能源利用的60%为可再生能源。安大略省还计划拆除所有燃煤电厂,增加可再生能源发电的比重;艾尔伯特省是加拿大燃煤发电最大份额的省份,他们投入了大量资金研究清洁煤技术和燃煤残余物捕捉、填埋等技术。可以说,加拿大在节能环保方面的忧患意识和相关科技研发的大力投入共同推动了加拿大的可持续发展。

六、循环经济政策在加拿大经济生产中的实例分析

(一)生态工业园区的建设

加拿大生态工业以及生态工业园区的设想和实践,完美体现了循环经济的魅力所在,极大地促使企业减少了污染物排放,扩大了废弃物资源化,有力地促进了工业污染控制。生态工业园(Eco-Industrial Park,EIP)成为工业生态学理论在实践中的最理想应用方式。

20世纪90年代初,以加拿大新斯科舍(Nova Scotia)省达尔豪斯大学(Dalhousie University)和美国纽约州的康奈尔大学(Cornell University)为首的学者提出了生态工业园区的概念。生态工业的运行的基本途径是:将上游企业的废物用

作下游企业的原材料和能源，建立生态工业的"食物链"和"食物网"。上游企业通过实施清洁生产，减少企业产生的废物，尤其是有害物质，不能为下游企业增加不必要的排污。系统中每一环节都削减污染源做到清洁生产，即在建立工业生态系统过程中，坚持清洁生产是减轻生态工业园建设中企业链接压力的重要手段。

加拿大从 1995 年在安大略省多伦多市的波特兰工业区展开生态工业园区项目以来，已拥有 40 个生态工业园区，其中 9 个生态工业园区被认为具备很强的生态工业发展的可能性。这些生态工业园区涉及的工业包括：蒸汽发生器、造纸厂、包装业、化学工业、发电、生物燃料、钢铁、刨花板厂、热电站、石油提炼、水泥厂等多种组合。加拿大生态工业园的发展概括起来有两类模式：一类是按照工业生态学原理，改造原有工业园区；另一类是引入生态工业学说，规划新生态工业园区。

伯恩赛德生态工业园(Burnside Eco-Industrial Park)是加拿大最大的生态工业园区。该园区建立于 1975 年开始建立的工业园区基础之上。1995 年按照生态工业思想进行了设计改造。由加拿大达尔豪斯大学环境学院负责园区内部的生态效率中心的维护和管理，当地政府和园区企业负责提供融资支持，在大学科研力量的帮助下开展物质流和能量流的优化工作，促进企业之间的副产品交换及其他合作。伯恩赛德生态工业园占地约 12 km²，其中已开发 8 km²，拥有包括制造业、营销中心、服务业以及大量的零售业在内的数十个行业的 1 200 多家企业，形成了较完善的工业共生体。

伯恩赛德生态工业园受到人们极大关注。总体而言，伯恩赛德生态工业园的运行具有明显特点，其中包括：园区内企业之间在业务关系上是平等的，不存在依赖关系；在市场安排下，各企业之间采取灵活的合作方式，以经济利益最大化为导向，建立业务关系网络；当市场的调节难以保障业务关系网络的稳定性和安全性，出现频繁波动时，政府或生态园区管理者及时进行参与和提供支持，使园区迅速发展。

加拿大通过生态工业园区的合理规划和建设，使清洁生产机制实现了从企业内部循环，发展到企业之间的循环，通过生态工业园建设进而进入社会整体循环，扩展了以清洁生产为导向的工业生产。在此过程中，人们通过废旧物资的再生利用，使整个社会形成了"自然资源—产品—再生资源"的循环经济环路。

(二)废弃物管理与再生资源回收利用

20 世纪 60 年代至 70 年代初期，加拿大的废物处置方式同大多数西方国家大致相同，即以焚烧为主。20 世纪 80 年代中期，经济迅速发展导致废弃物品量急剧增加，而废弃物品的焚烧又引发了新的环境问题，因此焚烧方式被大幅度控制。80 年代末期以后，垃圾填埋成为主要的废物处置方式，但这种方式仍然不能从根本上解决废弃物品造成的资源浪费和环境污染问题。

20 世纪 80 年代后期至 90 年代，人类在解决环境与发展问题上选择了可持续发展战略。加拿大的废物管理方式也发生新的变化，强调资源综合利用，物质闭合循环的废物分层次管理原则，即首先必须避免产生环境污染；其次必须尽可能地进行物质的回收利用；不能再利用的物质用于回收热量；不能回收热量的，再以与环境相容的方式填埋。这种物质闭合循环的管理理念是工业发达国家在几十年的废物管理历程中达成的共识。

加拿大在废弃物管理与再生资源回收利用方面采取的主要措施有：费用返还机制（购买者先行付费，退回包装时再获得返还），产品绿色标识、生产者责任延伸（如油漆行业，购买者若有使用不完的产品，则要交给生产厂家来处理，不得自行处理）等。联邦政府规定，列入包装物的回收利用，是企业责任而不是政府的责任。同时，各级政府还通过非政府组织（如安大略省废物分离组织等）进行废物管理，形成民间和企业界在法律框架内自觉进行废物分类、回收和利用的制度，并促使政府对新的或没解决的环境问题进行立法。通过多年的经验总结，加拿大政府认识到，减少填埋垃圾总量的出路在于加大废物再利用,这是处理废物的最好解决办法。

"生产者延伸责任制度"在20世纪90年代末在加拿大推行开来,实施"生产者延伸责任制度"的根本目的是推行以资源再利用为核心的新的生产生活模式。这一制度的原则将传统的生产者责任扩展到产品整个生命周期,包括产品达到寿命期后的处理。生产者不仅要对产品的性能负责,还要承担产品从设计、生产到废弃过程中对环境影响的全部责任。这一原则近十年来已成为发达国家在实施废弃产品管理和污染控制中所遵循的基本原则。它填补了产品责任体系中消费后产品责任的空白,确定了废物回收处理、处置、再循环利用的责任主体。系统中每一环节都削减污染源,做到清洁生产,即在建立工业生态系统过程中,坚持清洁生产是减轻生态工业园建设中企业链接压力的重要手段。

加拿大若干省市对资助民间废物资源回收系统的规则都有明确的子法(bylaw),其中包括建立回收站为民众服务等细节。长期以来,加拿大已经形成了全民共识,即资源尽量回收循环使用,减少废弃物处理的总量及费用。居民需严格遵照当地立法,对废弃物等必须分类,由资源回收系统按期收集,并和生活垃圾分别处理,否则会遭遇拒收或罚款。

(三)垃圾发电产业

众所周知,加拿大是发展循环经济的领跑者,作为循环经济重要内容之一的垃圾发电产业自然就成为政府支持的重点。为扶持垃圾发电产业,加拿大政府从财政税收、投融资、研发激励等方面进行了卓有成效的扶持,这些政策、措施能够为我国政府发展循环经济提供有益的经验和启示。

一般而言,垃圾发电产业扶持政策与其政治体制是紧密结合在一起的。加拿大以英国议会为模式,同时吸收美国的联邦制,初步建立了有加拿大特点的现代民主政治制度。因此,加拿大垃圾产业扶持政策就包括联邦政府扶持政策和省级政府扶持政策两个层次。其中,联邦政府主要负责推动立法、宏观管理、监督地方政府、联邦财政支持、协调地方政府利益关系等方面;地方省政府和北方领地政府是垃圾发电厂的直接投资者和管理者,他们在扶持垃圾焚烧发电产业方面发挥了重要作用。

1.联邦政府的垃圾发电产业扶持政策体系

联邦政府制定了大量的经济激励相关政策,包括税收政策、项目支持政策、可再生能源生产政策等。

(1)垃圾发电产业的财政补贴及税收优惠措施

对垃圾发电设备进行资助:联邦政府采用了一定的财政(税收)补贴政策,以鼓励可再生能源技术的发展。对垃圾发电企业进行税收减免:为快速发展垃圾发电产业,加拿大政府对生产和使用替代燃料企业实行税收减免政策,包括对乙醇、甲醇以及通过垃圾发电产生的电力的税收减免。对采用可再生能源的运输业,免除乙醇燃料销售的联邦消费税。研发机构在设立和运行过程中也享有税收优惠。

(2)垃圾发电产业的激励政策

竞争力激励政策:根据"关于气候变化的2000行动计划",联邦政府共拿出2 500万加元,鼓励可再生能源市场的发展。研发激励政策:为发展垃圾发电产业,加拿大政府推行研发激励政策,如加拿大再生与永久能源费用制度(CRCE)。CRCE是促进可再生与永久能源发展的鼓励费用种类,投资者可以全额抵消与投资相关的无形成本,例如可行性研究和资源评估。

(3)项目支持政策

联邦政府政策:加拿大联邦政府对于新兴项目,除大规模水力和农产品原料生产乙醇燃料以外,鼓励新兴可再生能源项目的发展。2005年,为扩大该项目注册的范围和进一步加快资本成本补贴,政府增加了对能源效率和再生能源领域投资,对某些投资的资金费用补贴由原来的30%提高到50%。新建的资金费用补贴仅适用于清洁能源的投资。加政府宣布了"生态能源可再生发展计划"。未来4年政府计划投资14.8亿加元,发展为期10年的促进风能、生物质能、小型水利和海洋能激励计划。此外,政府还投资3 500

万加元开展"生态能源可再生供热计划",支持工业发展热水供应和空间供热的环保型供热技术。

(4)研究开发政策

加拿大垃圾发电产业的研究与发展工作有政府、企业、大学三个系统。三者的任务各有侧重而又相互联系。加拿大最大的联邦能源技术实验室主要从事开发节能、清洁、可替代和可再生的能源技术,以应对气候变化。国家研究理事会(NRC)拥有3 000余名研究人员、23个研究所和技术中心,是联邦政府的主要研发力量,主要从事基础研究和基础应用研究,以增进加拿大经济和社会发展。此外,加拿大政府还通过提供科技人力、试验设施及财政资助等来支持垃圾发电企业开发新技术;采用新技术及培训人才,负责技术推广和科技成果转移;出版刊物和交流科技情报,帮助垃圾发电企业发展壮大。

2. 加拿大省级政府对垃圾发电产业扶持政策体系

加拿大各省政府和北方政府则在联邦政府政策体系的基础上制定了更为详细的垃圾发电产业扶持政策,与联邦政府一起共同推动包括垃圾焚烧发电在内的新能源的发展。如,2007年安大略省宣布了一项能源计划——综合电力系统计划(IPSP),该计划在2027年之前将为核电提供大约196亿美元的投资。该项能源计划由安大略省电力局(OPA)提出,是该省规模最大的电力供应计划。首府渥太华安大略湖边的北美地区规模最大的汽化垃圾发电厂,由加拿大帕拉斯科能源集团(Plasco Energy Group)负责建设,号称北美第一汽化垃圾发电厂,整个项目将耗资1.25亿美元,建成之后,每天能处理城市生活垃圾400 t,发电量可达到21 000 kW·h,这些电能完全可以满足19 000户当地居民每日所需。

加拿大的垃圾发电产业政策虽然在西方发达国家中起步较晚,但是由于扶持政策得当,在20多年里得到了迅猛发展。加拿大完善的垃圾发电系统以及废弃物再利用等资源循环利用的行为为我国的循环经济道路提供了有益启示。

第一,立法先行,保障政府的垃圾发电产业扶持政策体系规范。加拿大政府首先是从立法出发,为垃圾发电产业设定环境目标。多年来,加拿大政府非常重视环境和可持续发展方面的法律法规建设,建立了一整套以环境污染防治为核心的环境法律法规体系,依靠政策、法律、法规来扶持垃圾发电,以法律为保障,有效避免了其他国家出现的类似垃圾发电二次污染问题。20世纪60年代起,加拿大开始制定保护水和防治空气污染等的相关法律。1970年,加拿大政府成立了污染防治办公室,开始全面考虑环境保护和污染治理问题。1988年出台的《环境保护法》经过1999年修订后,更强调从源头治理污染,尽量不排废物,对于垃圾发电产生的废弃物尽量做到循环使用,以达到降低成本、减少污染的目的,实施清洁生产已成为企业的自愿行动。1995年,加拿大制定了《污染预防行动计划》,该文件要求企业必须做污染预防计划,提交计划书(企业如果不按时提交,就属违法)。污染预防计划书的摘要(包括本企业的污染预防目标、如何预防污染、期限等内容)要求送交环境部,政府通过宣传媒体、网站向社会公告企业的污染预防计划书摘要,接受公众监督。

第二,科研驱动,促进垃圾焚烧产业科学发展。加拿大注重垃圾发电产业的科研和技术开发,依靠科技进步,全面促进垃圾发电产业的发展。在促进垃圾发电产业的工作中,加拿大重视新技术的开发和利用,注重用新的科技手段探索新的促进循环经济的发展模式,解决生态环境问题。对有限的资源进行循环利用,减少进入生产和消费过程中的物质和能源流量。对废弃物的产生,通过预防的方式而不是末端治理的方式来加以避免。加拿大工业生态技术通过工业系统设计,最大限度地减少废弃物排放和提高物质材料与能源的循环利用,以保证能量的充分转化,防止能源和有用物质材料的流失。如温哥华市垃圾处理场,他们将市民的生活垃圾集中到这里以后,对垃圾进行焚烧,把焚烧过程中产生的热能输送给附近的工业园区供热,使能源得到充分利用,从而使废弃物变成另一个企业的生产原料,最大限度地减少能源和其他自然资源的消耗,使生产尽可能接近零排放或循环式生产,最大限度地提高生态经济效益。

此外,加拿大还积极开发垃圾发电的新技术。就焚烧炉技术来讲,加拿大掌握着控气式热分解焚烧炉技术,独特的工艺有效地解决了燃烧中二噁英的污染问题,满足了垃圾处理无害化的要求。加拿大掌握了等离子电弧汽化发电技术,可以以更经济、更环保的科学方法,把城市的生活垃圾转换成宝贵的电力能源。加拿大的垃圾发电技术每年向世界上其他国家出口,产生了巨大的经济效益,每年出口额超过10亿美元,居世界第七。

第三,全民参与,培育公民的循环经济意识和社会支持垃圾发电产业的制度。加拿大将环境和可持续发展作为国家经济发展的重大战略,在执行过程中注重全民参与,并利用相关研究成果加强宣传教育,提高全民的生态环境建设意识。加拿大政府、社会团体及各社区均对全国的生态和环保的状况密切关注。政府每年都通过《加拿大生态环境状况》杂志及网络信息向全体公民免费发布生态环境状况的信息,在介绍生态与环境情况的同时向公民说明生态环境与经济可持续发展、促进循环经济的关系。

加拿大政府制定了严格的垃圾分类回收制度,居民们按要求使用指定的垃圾箱(桶)分类投放可回收物、有机物和庭院垃圾,参与政府制订的垃圾回收计划,如"蓝箱子"计划(将可回收利用垃圾放入由政府统一提供的蓝箱子内)、"绿箱子"计划(将有机生活垃圾放入由政府统一提供的绿箱子内),便于分类回收。为了有效贯彻执行这个标准,多伦多市设置了专职垃圾分类收集监察员。垃圾收集工人把不按要求进行分类投放的住户的地址输入数据库,垃圾分类监察员从输入日期开始,对该住户观察两个收集周期,两个周期后如情况依旧,监察员则以书面通知的形式进行宣传教育并请求该住户积极参与分类收集垃圾。自通知发出之日起再观察两个收集周期,如仍未奏效,监察员则登门警告,受到警告后仍然拒绝的住户将被罚款130加元。这样,垃圾发电厂就可以高效地利用垃圾。

综上所述,加拿大政府为发展垃圾发电产业,从立法、财政税收、投融资、技术研发等方面制定了极有创新的扶持政策体系。这些政策措施直接促进了加拿大垃圾发电产业的高速发展,也为其循环经济做出了巨大贡献,这些宝贵的经验值得我国政府借鉴学习。

第三节 墨西哥循环经济发展状况

一、墨西哥经济结构

墨西哥是拉美经济大国,国内生产总值居拉美第一位。全国约197万 km² 的土地中,8成以上是高原和山地。矿业资源丰富,地下石油、天然气能源资源,以及金、银、铜、铅等15种矿产资源的蕴藏量位居世界前列,其中,白银的产量多年来居世界之首,因此墨西哥素有"白银王国"之称。已探明的石油储量为205亿桶,天然气储量为700亿 m³,是拉美第一大石油生产国和出口国,居世界第13位,在全球尤其是拉美占有重要地位。

农、牧、林、渔业在墨西哥经济生活中占有重要的地位,全国人口的27.5%居住在农村,就业人口中约25%从事种植、畜牧、养鱼和捕鱼、林业方面的劳动。1993年,墨西哥农业(包括牧、林、渔业)在国内生产总值(GDP)中所占的比重为8.9%。

墨西哥是农业大国,但其农业不发达。粮食长期不能自给,每年需大量进口,使用外汇约7亿美元。近年来,墨西哥发挥其优越的自然地理条件,大力发展以出口为主的外向型农业生产,取得了显著的成果。墨西哥发展出口型农业具有两个优越的条件,一是地处热带和亚热带,适合种植水果、蔬菜和咖啡等作物,适宜发展畜牧业;二是邻近美国和加拿大,这两个国家大部分处于温带和寒带,农业成本较高,这就为墨西哥利用季节差向北美出口农产品提供了有利条件。墨西哥外向型农业的发展具有下列突出的特点:一是因地制宜,建立农产品生产和出口基地,如在北部和中部几个州的部分地区建立西红柿等蔬菜产区,而在南部主要生产热带水果;二是开展规模经营,各个产区建立大企业集团,这些企业集团对农产品的产供销实行一条龙经营管理。外向型农业的发展,不仅为国家创造了可观的外汇收入,而且为墨西哥不景气的农业注入一定的活力,为扩大农村就业和增加农民收入做出了贡献。

墨西哥的工业产值占国内生产总值的30%,汽车制造、食品加工、钢铁、化学和电动机械是重要的工业部门,石油提炼和矿业也很重要。虽然大部分工业部门仍处于中下技术水平,墨西哥还是改进了它的高技术,形成高附加值的工业。

此外,旅馆和餐饮业等商业在墨西哥国内生产总值中占有较大的比例,约为30%;而金融服务、保险和房地产相比之下所占比例则较小,约为15%。一般说来,外国公司和商人很难获准进入服务性领域。例如,大部分批发和零售贸易被紧紧掌握在本国的家族式公司手中。然而广告公司中许多属合资性质,管理咨询服务领域也有一些外国公司,主要是美国公司的子公司。

二、墨西哥经济发展概况

墨西哥经济在20世纪50年代到80年代初的30多年中,年平均增长速度保持在6%~7%。虽然人口年增长率高达3%,但人均国内生产总值仍保持3%~3.8%的增长率。在工业化和农业现代化的进程中,墨西哥以其政治稳定的特点有力地保证了经济的持续发展,从而促使经济产业部门发生了深刻的结构变化。农业在国内生产总值中的比重由1950年的20%降至1980年的9.3%,工业,特别是制造业的比重大幅上升。1980年,制造业所占比重由1950年的17.8%上升到24.1%,从而使墨西哥由战后落后的农业和矿业原料生产国和出口国逐步变为经济结构多样、门类比较齐全的新兴工业国。在经济和技术现代化的进程中,在城市化、商业及服务业迅速发展的推动下,墨西哥的就业结构发生了根本变化,农业部门的劳动力不断向非农产业部门转移。目前,在全国2 800万劳动力中约600万人从事农牧业生产,而城市人口占到全国人口的72%以上。商业和服务业等第三产业十分发达。

然而,20世纪80年代的债务危机引发了墨西哥的经济衰退和艰巨的经济调整。1982年8月,墨西哥宣布无力偿付到期外债本息,全国经济陷于长期的停滞或下降的危机之中。1980—1989年国内生产总值的年平均增长率仅为0.7%,人均国内生产总值的增长率低于人口增长率。通货膨胀持续上升,1987年达到创纪录的159.2%。沉重的外债负担、本国资金外逃加剧使投资资金枯竭。企业倒闭和失业增加诱发的各种经济和社会问题迫使政府进行一系列应急性和结构性经济调整及改革。通过紧缩财政、控制通货膨胀、调整进出口商品结构、刺激私人投资、扩大对外开放和提高经济效率的一系列政策措施以及各种经济和社会发展计划的实施,墨西哥的经济逐步趋于稳定,开始走出衰退和危机的困境,出现恢复和增长的良好势头。

1986年墨西哥加入关贸总协定(世界贸易组织的前身),墨西哥经济开始了由内向型发展模式向外向型发展模式的转变。此后墨西哥政府大力推行调整、改革、私有化、对外开放的措施,使得1995年前墨西哥经济连续多年保持中低速增长,国际储备和外资不断增加,通货膨胀率降至个位数,财政扭亏为盈,负债率达正常值,进出口大幅度增加;但另一方面,也形成了进口过多,主要依赖外国短期资本来平衡过高的经济项目赤字的局面。1994年1月1日,墨西哥正式加入北美自由贸易区,同年12月,墨西哥由于执政党内部矛盾激化、政局动荡,致使外商信心动摇,纷纷撤资,导致货币大幅贬值,爆发金融危机。1996年，塞迪略政府在美国和国际金融机构的大量紧急援助支持下，采取了严肃财政纪律，整顿金融体制，进一步调整经济结构和实施中长期经济发展计划等措施，使墨西哥经济度过了紧急状态阶段。墨西哥金融市场持续好转，利率逐步下调，货币市场稳定，公共财政实现平衡并出现盈余，外贸产值大幅增长，国际收支得以改善，外债偿还顺利，外汇储备明显增加。由此，墨西哥经济走出危机谷底，呈现恢复势头。

三、墨西哥循环经济发展现状

分析墨西哥在经济复苏产业改革的探索中做出的努力，不难发现，帮助墨西哥经济得以良好发展的关键因素之一是他们坚持了可持续发展道路以及循环经济理念。当然，与加拿大相似，他们的基本国情、经济特点决定了他们在发展的过程中坚持循环经济、绿色生产、节约能源方能使经济得以长久发展。

同德国、日本等循环经济制度十分完善的国家相比，墨西哥的循环经济起步较晚，很多法律法规都不很完备，生产生活也还有一些没被循环经济这一理念涉及的角落，但从近年来墨西哥国内人们生产生活面貌的巨大改变以及墨西哥在国际上的立场不难发现，这个国家已经逐步走向循环经济，并深深受益于循环经济。

墨西哥城人口超过900万，每天产生的垃圾多达1.2万t，绝大多数人已经自觉养成了垃圾分类的习惯。居民家中一般会备有两个垃圾桶，一个盛放塑料制品、废纸等，另一个专门收果皮、剩饭。不少墨西哥人认为，在家里实行垃圾分类，刚开始可能会麻烦，但久而久之，便会成为"习惯动作"。

有些国家的垃圾分类方式十分精细，如同做科学实验，但墨西哥为避免"贪多嚼不烂"，只规定将有机垃圾和无机垃圾分类，简单明了，取得了较好的效果。

墨西哥的街道上和商场、办公楼等公共场所，一般有两种垃圾桶，用来分别接收有机垃圾和无机垃圾。其中一个垃圾桶会标明"塑料袋、塑料制品、玻璃制品、废纸、金属"，另一个则标明"食物残渣、骨头、水果蔬菜、咖啡、面食"。有些地方会用西文和英文两种语言标注，时刻提醒人们分类倾倒垃圾。

墨西哥人天生随性，为何能养成垃圾分类的习惯？实际上，垃圾分类的担子，不能全压在百姓身上。从分类、运输，再到处理、加工，垃圾分类是一个系统工程，某一环节出差错，就意味着之前的努力前功尽弃。墨西哥城从2007年起采用特殊的垃圾分类车，车内有分隔车厢，能够将有机垃圾和无机垃圾分开运输。为了推进垃圾的科学化处理，墨西哥城政府狠下决心，于2012年关闭了市郊的多个大型垃圾填埋场，同时斥资5 000万美元建造4个"对环境和居民无害"的垃圾处理中心。同时，政府还注重引进私人资本，当地早已出现了专业回收利用垃圾的机构。

此外，一项政策若想取得效果，就要有法可依、奖惩分明。在此问题上，墨西哥城做到了软硬兼施、奖惩有别。一方面，当地法律规定，凡是在公共场合乱扔垃圾者，可受到最高3 800美元罚款，并被判处36 h监禁，而对于不把生活垃圾分类的家庭，政府会予以警告；另一方面，政府推出"垃圾换食品"措施，居民可携带矿泉水瓶、空牛奶盒等废弃物到指定地点换取积分，积分达到一定数量，就可兑换食品和日用品。

垃圾分类回收，不仅仅是为了保护环境，还可以很好地实现变废为宝，废物重新利用，节约资源，这体现出墨西哥政府对循环经济的重视。当然，循环经济除了直接实现资源节约，另外也间接地保护了环境。1992年，首都墨西哥城被联合国评为"全世界空气污染最严重的城市"，空气污染引发的肺癌也成为墨西哥人健康的头号大敌。为改善这一状况，墨西哥政府近年来加强立法并推出多种举措与之相配合，在环境治理方面取得了不小的成就，这值得其他发展中国家学习和借鉴。

墨西哥城市化进程在过去几十年间处于高速发展的阶段，城市不断扩张，人的行为对环境造成的破坏越发严重，不少稀有物种濒临灭绝。

在墨西哥北部和西北部,过度的农业和牧畜业开采使得土壤荒漠化愈发严重;南部和东南部的热带雨林也由于基础设施建设的需要遭到大量砍伐。另外,汽车保有量大和对化石燃料的高需求造成了严重的空气污染。墨西哥卫生部官员曾经表示,墨西哥人的疾病有 1/3 源于环境因素,其中最主要的原因就是空气污染。对此,墨西哥政府加大了环境保护的力度,加强立法,承诺减排,推出多项举措,首都墨西哥城初步告别了 20 世纪 90 年代"全世界空气污染最严重的城市"称号。

墨西哥环境和自然资源部近年来出台了大量的法律法规和政策,例如《森林持续发展法》《国家水资源法》《野生环境法》《废弃物管理法》等。针对森林面积大幅减少的情况,墨西哥政府近年来推出 PROARBOL 计划,运用财政激励机制鼓励植树造林、退耕还林,收效显著。截至 2012 年年初,根据联合国环境规划署的数据,墨西哥再造森林面积位列世界前五位。

墨西哥政府近年来也大力发展清洁能源,推出了"国家 2016 年能源战略规划",提出加强核能、风能等清洁能源的发展,计划到 2026 年将清洁能源的发电能力提高 35%,继续推动可再生能源的生产并在 2026 年前建造两所核电厂。墨西哥还努力做出节能减排国际承诺,承诺到 2020 年将温室气体排放量减少 30%,到 2050 年减少 50%,到 2024 年,墨西哥将有 35% 的能源为可再生能源,政府机构必须使用可再生能源。

墨西哥很多的环保措施都值得其他国家学习。墨西哥政府近年来加大了对汽车尾气排放的管控力度,推出了一系列有力措施,例如推广无铅汽油和天然气,研发新能源汽车,强制尾气检验,淘汰和更换过旧的车辆,对 10 年以上的车辆进行尾号限行,等等。另外,以墨西哥城为首的大城市大力发展公共交通。墨西哥城已有 12 条地铁和轻轨线路,覆盖面积广泛,运力人。除了地铁,墨西哥城还大力发展快速公交,至今已拥有 4 条快速公交车道。

墨西哥政府还加强对市民的环保意识教育。环保课是墨西哥所有公立和私立小学的必修课,孩子们在课堂上学习如何将垃圾分成塑料、玻璃、废纸、食品等七大类。大街上随处可见的垃圾箱都分为 inorgânico(无机)和 orgânico(有机)两类,意在从源头对垃圾进行分类,从而进行回收及循环利用。

作为北美自由贸易协定(NAFTA)中的一员,发展中国家墨西哥在经济上扮演着重要的角色,尤其是其丰富的资源能源,使美国、加拿大与其密切联系,相互影响。与此同时,中国与墨西哥的经济合作日益频繁,墨西哥循环经济的发展状况不仅影响自身的经济水平,也对其他各国经济产生很大影响。循环经济是能源危机的新时代下人类生存的必然选择,是完善循环经济体制义不容辞的任务。墨西哥经济面貌的改变树立了很好的榜样,法律法规与宣传教育双管齐下的做法值得学习。

第二章 亚洲循环经济发展状况

第一节 日本循环经济发展状况

一、日本循环经济发展概况

日本20世纪五六十年代的高速经济增长，是以大量消耗资源和能源、破坏自然环境和生态平衡为代价的。为实现"追赶型"现代化，缩短与发达国家的差距，日本政府采取了"生产优先"的经济政策，片面地注重工业化发展，忽略了环境保护，最终导致环境污染、公害事件频发。自1970年，"环境保护国会"开始大规模环境保护立法后，政府、企业及地方公共团体非常重视环境保护问题，拨出巨额资金用于环保技术开发及环境治理和保护。值得一提的是，20世纪70年代发生的两次石油危机增加了日本政府及企业对节能降耗生产设备和技术的投资，并加大研发力度，从而使日本环境得到了显著改善，由过去的公害大国发展成为当前的环保先进大国。然而，随着日本经济的发展和国民收入的不断提高，需求量和消费量不断增大，垃圾排放量也成倍增加，造成垃圾处理场所紧张，不法投弃行为屡禁不止，垃圾处理过程中产生的二噁英等有毒化学物质造成严重的环境污染。经过认真反思，日本政府清醒地认识到上述问题出现的根本原因是日本"大量生产、大量消费、大量废弃"的不可持续的社会发展模式，而解决这一问题的根本方法在于构筑废弃物处理与资源循环再利用一体化的物质循环链条，建立以抑制天然资源消费、降低环境负荷为中心的"循环型社会"，发展循环经济，逐步形成"最佳生产、适度消费、最少废弃"的可持续的社会发展模式。

2000年，日本通过《推进形成循环型社会基本法》，把建设循环型的可持续发展社会作为日本经济社会的总体发展目标。建设循环型社会的目的就是通过生产、流通、消费、废弃等社会经济活动的全过程，使资源和能源得到循环利用，进而控制废弃物的产生量并使之得到适当处理，最大限度地减少环境负荷，实现经济社会的持续发展。该法律的实施标志着日本在建立循环型经济社会的道路上迈出决定性的一步。为构筑循环型社会，发展循环经济，日本政府先后制定了一系列有关处理和利用工业和生活废弃物、保护生态环境的法律，以建立和完善有关循环型社会的基本法规，为发展循环经济提供法律保障。日本之所以提出建立循环型社会并在短期内制定并实施了诸多相关法律，主要基于以下3个原因：①日本现存的社会发展模式使日本成为"废弃物大国"，人均垃圾日产生量在1 kg以上，尽管采取了大量减排处置方面的措施，日本每年废弃物最终填埋量仍有6 000万t左右，导致废弃物填埋处置场所严重不足，在东京都市圈这一问题更为突出，从2000年的情况看，日本全国一般废弃物填埋场的可利用年限为12.2年，东京都市圈为1.2年；全国产业废弃物填埋场的可利用年限只有3.9年，东京都市圈为

1.2年。②日本资源匮乏，主要资源大部分依赖进口，近年来，日本每年需要投入的资源总量约20亿t，几乎完全依赖进口的资源约占30%，其经济发展受到资源和环境的制约。因此，有效利用资源、提高资源利用率、尽可能减少对进口资源依赖是日本的必然选择。③日本社会各界认识到应改变"大量生产、大量消费、大量废弃"的社会经济发展模式，将其转变为可持续的生产、消费形态，在有效利用资源的同时，努力解决废弃物排放问题；建立一个抑制天然资源消耗、降低环境负荷的"循环型社会"对日本的经济增长和社会发展是十分紧迫的问题。在此背景下，日本走上了发展循环经济的道路。

二、日本循环经济的立法情况

（一）日本循环经济立法背景与现状

日本之所以会成为循环经济立法最完备的国家，是因为其特定的历史背景。日本是资源消费大国，但自然资源并不丰富，经济发展所需的能源与物资大部分依赖进口，易受国外能源、原材料价格的冲击，特别是1990年泡沫经济崩溃之后，日本经济产业结构转换迟缓，资源供需矛盾十分突出。同时，大量生产、大量消费、大量废弃的经济发展模式，在促进经济腾飞的同时，带来了诸多环境问题。其中，废弃物的过速增长，就成为这个人口稠密、资源贫乏、地域狭小的岛国不得不认真应对的问题之一。"进入20世纪90年代后期，日本的一般废弃物年排放量约为5 000万t，产业废弃物排放量约为4亿t。"废弃物处理已成为日本的社会难题。从国际范围来看，20世纪90年代以来，酸雨、臭氧层破坏、热带雨林消失、全球气候变暖等全球性环境问题日益突出，某些自然资源的耗竭过程亦呈日益加速之势，这引起了国际社会的普遍关注。发达国家是自然资源的主要消耗者和污染物的主要排放者，对全球环境恶化承担着不可推卸的责任。日本作为发达国家之一，在减排二氧化碳等问题上不可避免地面临着巨大的国际压力。与此同时，日本政府也急欲通过加强环保和开展环境外交来提高自身的国际地位。因此，国际和国内的双重压力，迫使日本需要寻找一条实现可持续发展的新途径。随着循环经济理论的日益成熟及德国等国的成功实践，日本揭开了循环经济的立法序幕。1994年12月，日本内阁制订环境基本计划，首次提出"实现以循环为基调的经济社会体制"。1998年，日本制订"新千年计划"，把循环经济作为构建21世纪日本社会发展的目标。1999年10月，当时的日本执政党就建立循环型社会的法制问题达成了"政策合意"。2000年4月14日，日本内阁通过了《建立循环型社会基本法案》，同日提交第147次国会，众、参两院分别通过了该法案。该法案于6月2日公布，除其中第15条、第16条自2001年1月6日起施行外，其他内容均自公布之日起施行。第147次国会在历史上被称为"循环国会"，2000年被称为"循环型社会元年"。此后，日本又陆续制定或修改了《废弃物处理法》《资源有效利用促进法》《容器和包装物的分类收集与循环法》《绿色采购法》等多项法律。这些法律的颁布与实施，标志着日本已经成为世界循环经济法制化的先进国家。

（二）日本循环经济立法目的和基本原则

日本环境法的目的，经历了从"经济优先"(1967年《公害对策基本法》)到"环境优先"(1970年《公害对策基本法》)的转变。1970年修订后的《公害对策基本法》将"保护国民健康和维护其生活环境"作为唯一目的，是典型的一元论目的。但是，1992年联合国环境与发展大会所确认的可持续发展的战略原则，对日本环境立法的目的产生了重大影响。日本于1993年制定的《环境基本法》，将其目的规定为二元论。《促进建立循环型社会基本法》作为日本循环经济立法体系的基本法，确立了日本循环经济的立法目的。该法第1条规定："制定本法的目的，遵照《环境基本法》理念……确保现在及未来全体国民的身体健康，保证公众的文化生活水平。"同时，该法第3条规定："循环型社会的建立……减少环境负荷，促进经济健康发展，逐步实现社会的可持续发展。"此外《容器和包装物的分类收集与循环法》《特种家用机器循环法》《建筑材料循环法》《可循环性食品资源循环法》等法律第1条均规定："本法律的目的是……从而为保护生活环境以及国民经济健全发展做出贡献。"从上述规定可以看出，日本循环经济的立法目的实行的是二元论，即循环经济立法不仅要确保国民的身体健康，也要促进经济健康发展，逐步实现社会的可持续发展。《促进建立循环型社会基本法》对日本循环经济立法的基本原则做了明确规定：①经济与技术可行原则。科技进步是经济发展的根本动力，先进适用的生态循环技术和设备是发展循环经济的基础条件。一项循环方案，在理论和技术上是可行的，但如果在经济上不可行，也就是说它的"成本—效益"指标不如非循环方案，那么，在实践中也难以被采用或被大规模地采用。因此，循环经济立法须坚持经济与技术可行原则。《促进建立循环型社会基本法》第2条按一定的经济与技术条件将资源划分为两类：可循环资源和不可循环资源。对可循环资源实施循环利用。该法第3条规定，循环型社会的建立，根据技术和经济可行性……逐步实现社会的可持续发展。第7条还规定，对可循环资源的循环和处置"必须在技术和经济可能的范围内进行"。上述规定均对经济与技术可行性原则进行了确认。②政府、企业及公众合理分担责任原则。与传统的法律关系不同，循环经济法律关系具有空前的广泛性。全体社会成员，无论生产者还是消费者，都将成为循环经济中的有效主体。不同的责任主体有不同的责任内容。因此，日本《促进循环型社会基本法》第4条规定，为了建立循环型社会，必须使国家、地方政府、企业和公众在合理承担各自责任的前提下采取必要的措施，并使其公平合理地负担采取措施所需的费用。该法第9—12条还分别明确了国家、地方政府、企业和公众的职责与义务。《容器和包装物的分类收集与循环法》《特种家用机器循环法》《建筑材料循环法》《可循环性食品资源循环法》《废物处理法》也专门规定了国家、地方公共团体、企业及消费者的责任。③全过程控制原则。日本《促进循环型社会基本法》第4条详细规定了可循环资源循环和处置的基本顺序：再利用、再生利用、热回收、最终处置。这一原则在各单行法中得到体现。例如，《特种家用机器循环法》就对制造者在生产设计阶段、零售企业在流通领域、消费者在消费过程中及制造者实施回收再商品化阶段的义务做了详尽的规定。其他循环经济单行法均有体现全过程控制原则的类似规定。④政策支撑原则。在循环型社会的推动中，政府具有不可替代的作用。法律制度的有效实施，离不开政府在各领域制定的相关政策。为此，日本循环经济立法规定了政策支撑原则。《促进循环型社会基本法》第8条规定："在制定建立循环型社会的相关政策时，必须对其与其他环境保护政策（如确保物质在自然界合理循环的政策）相互间的有机结合，予以必要考虑。"该法第3章以较大篇幅详尽地规定了建立循环型社会的国家政策和地方政策。为了促进资源的有效利用，使各循环经济单行法得以顺利实施，《资源有效利用促进法》也设"基本政策"专章对各项政策的制定、修改与实施做了详细规定。

（三）日本循环经济立法体系与法律制度体系

日本循环经济立法体系，从立法构架上来看，由以下3个层面的法律构成：第一个层面是循环经济基本法，即《促进建立循环型社会基本法》。该法主要包括以下内容：明确提出循环经济的社会蓝图；明确实现废弃物循环和处理的优先顺序；规定国家、地方政府、企业和国民等各主体在保护生态环境方面的责任和义务；政府负责制定《推进形成循环型社会基本计划》；国家为建立循环型社会所采取的主要措施等。第二个层面包括两部综合性的法律，即《废弃物处理法》和《资源有效利用促进法》。《资源有效利用促进法》制定于1991年，并于2000年进行修改。修改的主要内容由主要强调原材料的循环（recycle）改为废弃物的减量化（reduce）、再利用（reuse）、再循环（recycle）。《废弃物处理法》制定于1970年，并于2000年遵循《促进建立循环型社会基本法》的基本理念进行修订，它对推进废物减量化、强化废物处理规范和促进政府机构

三、日本循环经济的发展战略

日本发展循环经济以利用为核心,以经济技术为后盾,协调各方共同努力。

(一) 以废弃物循环利用为核心

首先,废弃物循环利用成为日本发展循环经济的核心是由生产力发展水平决定的。作为发达国家,日本人均国民收入水平居世界前列,国民高收入促使"大量消费"模式的形成,从而产生大量废弃的后果,生产和消费产生的废弃物已经成为日本当前面临的主要国内环境问题之一。目前,日本由消费引起的一般废弃物年产生量约5 000万t,产业废弃物4亿t。在废弃物处理上,日本一直采用焚烧和最终填埋的方法,但日本国土面积狭小,面临最终填埋场严重不足的挑战。将产生的废弃物重新利用的再资源化,既解决了废弃物处理难题,又具有环保意义的经济效益,因此,发展以废弃物循环利用为核心的循环经济成为日本的优先选择。其次,日本循环经济侧重废弃物循环利用也是适应该国固体废弃物管理战略转变的需要。日本原有废弃物处理方式既造成了环境污染,又占用了土地,同时大量废弃物的焚烧和填埋也是资源的浪费。改变过去不合理的废弃物处理方式,将废弃物再资源化符合日本固体废弃物管理战略转变的需要,成为日本发展循环经济的核心内容。

(二) 官产学共同努力

为适应国际市场环境需求,提高产业素质及产品国际竞争力,日本政府积极推动循环经济发展,对采取有利于发展循环经济措施的企业实施产业倾斜政策。例如,在预算方面,为支援中小企业环保技术开发,政府补助技术开发费用率最高可达50%;在融资方面,只要满足一定条件,将对引进3R技术设备的企业提供低息融资;在税制方面,只要满足一定条件,将对引进再循环设备的企业减少特别折旧、固定资产税和所得税。日本政府出台的产业倾斜政策以及各种循环利用法增加了企业参与发展循环经济的积极性,截至2001年7月,已有6 000多家日本企业获得ISO14001认证。企业还将产业垃圾零排放作为发展目标,在削减资源使用量、抑制废弃物产生量等方面取得进展。在注重自身发展符合循环经济要求的同时,企业还非常注重生产链条上下游环节的减量化和再循环,从而为日本全面发展循环经济做出贡献。循环经济属于技术密集型经济,建立循环经济模式除了政府和产业界共同努力外,还必须有大量高新技术做支撑。日本研究部门以零排放为目标,对产品生命周期评价技术、废弃物减量化技术、资源循环利用技术、废弃物资源化的产业链技术等循环技术不断进行研究开发并取得进展,从而拥有世界上最先进的节能降耗环保技术。可见,日本在推动循环经济发展上再次发挥了官民一心、官产学共同努力的优势。

(三) 雄厚的经济技术基础做后盾

循环经济首先在发达国家提出并已经逐渐成为一股新经济的潮流和趋势,原因之一是循环经济需要有强大的经济实力做后盾,资金的大量投入是国家推行循环经济绕不过的一道坎。日本作为世界第二大经济体,同时也是全球最大的债权国,雄厚的经济基础为日本发展循环经济提供了坚实后盾。为发展循环经济,日本制定了相关财政预算,国会每年通过的与环保有关的预算超过1万亿日元,其中用于废弃物处理和再利用的预算约为1 500亿日元。各省府2003年度用于推进循环型社会的最初预算共为4 452.33亿日元。日本经济产业省2004年度相关财政预算为24.7亿日元,其中15.4亿日元用于生态园区事业;8.8亿日元用于促进汽车、家电和容器包装回收利用;0.5亿日元用于产业开发、社会资本构造物及耐久性高度系统维持。此外,政府还为循环型社会公共设施的完善提供财政支持。除了拥有雄厚的经济基础,日本的循环经济还有以零排放为目标的循环技术系统作为支撑,并拥有一系列成熟的污染治理技术、废弃物利用技术、清洁生产技术和生态工业链技术做后盾。

开展多领域环境教育。实施循环经济不仅

建设废物处理设施等做了具体规定。第三个层面主要是一些单行法,包括《容器和包装物的分类收集与循环法》《特种家用机器循环法》《建筑材料循环法》《可循环性食品资源循环法》《多氯联苯废弃物妥善处置特别措施法》《绿色采购法》《车辆再生法》等。不同的可循环资源有不同物理、化学特性,所以,对其进行回收利用和处理必须采取不同的方法。这就要求法律做出不同的制度安排。各单项法的制定使循环经济由抽象的概念变成了具体的实践。循环经济立法目的和立法原则需要更为具体的法律制度予以实现,为此,日本建立了较为完备的、具有可操作性的法律制度体系。

建立循环型社会,政府必须全面规划、综合协调。《促进循环型社会基本法》第二章对如何制定循环型社会基本计划、该计划如何与其他国家计划进行协调做了详尽的规定。

考虑到可循环资源和处置可能带来的环境负荷,《促进循环型社会基本法》第20条规定了事先评价制度。该制度要求企业"在商品的制造、加工或销售以及其他经营活动时,对其经营活动涉及的产品和容器,就一定事项事先进行自我评价,并根据评价结果,设计可以降低产品和容器环境负荷的多种措施",以降低循环和处置带来的环境负荷。

由于抑制废物形成的代价一般要比废弃物的再生利用成本小得多,且体现了预防优先的原则,因而《促进循环型社会基本法》规定了抑制废物形成制度。该制度要求企业"通过原材料的有效利用和使产品尽可能长期使用,并在原材料和产品成为可循环资源、需要进行循环或者处置时,尽可能降低环境负荷,从而尽可能使其不致变成环境中的废弃物"。生产者责任延伸制度,即企业不仅在生产过程、消费阶段承担责任,对产品废弃后的处理等也负有责任。《促进循环型社会基本法》第11条第3款规定,"企业对已经成为可循环资源的产品和容器,自行负责收集、递交或者适当地循环利用"。

日本企业通过制定环境报告书,向消费者公开企业的环境管理状况(如企业环境基本方针、环境活动推进计划及其活动效果)、环境监督、环境教育、环境会计等信息,以便消费者监督。这样,一方面督促了企业实施环保行为,另一方面也提高了企业的"绿色"形象。

经济刺激手段可用于对行政管制的补充,主要包括税收优惠、财政补贴和政府援助、贷款优惠、费用减免等。日本非常注意经济刺激手段的有效性、管理可行性、成本最小化和措施的可接受性。例如,日本政府对废塑料制品类再生处理设备,在使用年度内除了普通退税外,还按取得价格的14%进行特别退税。对废纸脱墨处理装置、处理玻璃碎片的夹杂物装置、铝再生制造设备、空瓶洗净处理装置等,除实行特别退税外,还可获得3年的固定资产税退还等。

环境会计是对环保投资和由此获得的经济效益做定量测定、分析和加以公布的制度。企业的环境保全活动会产生环境保全费用,如防止公害费用、资源循环费用、生产销售的产品的再循环回收费用,等等。同时,环保投资也会在生产领域、物流领域等取得收益。环境会计制度已经在日本普及,企业正在增加环保投资,并利用其提高企业经营的效益。

环境标识制度有助于消费者选择优质的环境安全产品,在消费过程中激发其环保主体意识,同时也可以促进产品生产者将环保因素贯穿于整个商品生产过程,努力改变产品的环保形象,生产出符合循环经济要求的产品。

根据《绿色采购法》,日本政府各机关在购买诸如纸类、文具用品、汽车等商品时,都要选择减少环境负荷的环境友好产品。这一制度的确立,对促进民众消费观念的更新起着重要作用。循环型社会的形成需要科技支撑及企业和公众的理解和配合,《促进循环型社会基本法》第27条规定,国家"采取必要措施,就建立循环型社会的相关知识,改进宣传,促进教育和学习"。第30条规定,国家"促进建立循环型社会的科学技术的发展""制定必要措施,完善研究体制,推进研究开发,普及科研成果,培养研究人员"。《资源有效利用促进法》第7条和第8条也做了类似的规定。

需要政府倡导与企业自律,更需要提高广大公众的参与意识和参与能力。日本非常重视运用各种手段加强对循环经济的宣传,以增强国民对实现零排放或低排放的环境意识。日本各行政部门、企业界、民间团体和个人相互合作,共同努力,综合推进从幼儿到老人各个年龄层在学校、社区、家庭、单位、野外等多种场所的环境教育和环境学习。同时,为适应环境政策动向,推进环境行政效果,提高国家及地方公共团体环境行政负责人员的资质、能力,政府还推行环境研修。另外,日本不断充实环境宣传手段:通过电视、广播、报纸、杂志等各种媒体进行宣传活动,通过制作、分发宣传小册子宣传环境保护的重要性,以增强国民的环境意识,同时还在互联网上开设绿色购物网(GPN)、绿色消费者全国网,为消费者提供商品的环境信息。环境教育是发展循环经济从概念到行动的关键,是国民不断地从认识到参与的发展历程的中间环节,因此,日本多领域的环境教育促进了循环经济的发展。

(四) 各相关部门协调合作

推行循环经济是一件综合性十分强的工作,既需要政府协调,也需要各相关部门合作。为建立循环型经济社会,日本政府通过举行内阁会议、相关部长级会议、相关部门联络会议等方式努力促进经济产业省、环境省、国土交通省、农林水产省、厚生劳动省、财务省等相关部门的密切合作。同时,各相关部门也分别制定了相关政策,互为补充,共同为日本循环经济的发展保驾护航。例如,经济产业省制定了环境企业振兴政策,国土交通省制定了自然再生业政策,环境省制定了废弃物再循环对策,农林水产省设置了环境保护型农业对策室等。各相关部门相互配合、多领域合作,确保日本循环经济顺利发展。

(五) 政府发挥表率作用

循环经济要求改变过去的消费模式,提倡绿色适度消费。国民消费意识的改变需要政府的正确引导。从2001年4月开始,根据《绿色采购法》,日本政府各机关在购买商品如纸类、文具用品、汽车时,都要选择减少环境负荷的环境友好型产品,这一行动已经在日本产生了减少环境负荷的效果:2002年,由于政府大量采用再生纸,使得原生纸浆使用量减少23.4万m^3,环保文具用品和低公害汽车的使用也使二氧化碳排放量分别减少了58 t和816 t。政府的绿色采购对环境改善起着积极作用,更重要的是该行为还起着示范作用,政府带头使用环保产品对国民消费观念的更新起着重要的作用。

四、日本循环经济发展现状

(一) 废弃物循环利用现状

在日本,废弃物大体分为一般废弃物和产业废弃物两种。产业废弃物是指伴随企业生产活动产生的废弃物,如污泥、废油、废酸、废碱、废塑料等法律规定的20种废弃物以及特别管理产业废弃物,该类废弃物由生产者负责处理;一般废弃物则是指产业废弃物以外的下水道废弃物、家庭废弃物、办公废弃物、饭店废弃物以及特别管理一般废弃物,该类废弃物由市町村负责处理。

一般废弃物循环利用现状:据日本环境省和经济产业省提供的资料显示,2003年4月至12月,日本包装容器再商品化的比例中,玻璃包装容器为95%、纸制容器90%、塑料容器95%、钢罐98%、铝97%、纸板98%、纸袋93%;2002年,日本废纸的回收率和利用率分别为65.2%和59.8%;同年,空调、电视、冰箱、洗衣机再商品化比例分别为78%、75%、61%和60%;废弃汽车零部件回收再利用率达20.30%,作为原材料再利用率达50.55%,总的再循环利用率达80%,剩下的20%部分被粉碎后填埋;计算机再资源化比例中台式电脑为75.1%、笔记本电脑43.8%、显像管66.7%、液晶显示器63%;手机、电池、充电器再资源化比例分别为19%、53%和23%。2001年,日本食品一般废弃物产生量为1 778万t,再生利用量为112万t,再生利用率占总产生量的6%。

产业废弃物循环利用现状:日本塑料处理促进协会提供的资料显示,日本国内塑料类消费量和总排出量自2001年开始减少,按照《容器和包装材料循环利用法》规定方法处理的塑料量增加,产业废弃物的有效利用量(即再生利用量与热回收量之和)增加,2003年有效利用率达55%。日本经济产业省和环境省提供的数据显示,2001年日本食品产业废弃物为411万t,再生利用量为247万t,再生利用率占总产生量的60%。作为产业废弃物的下水污泥,其脱水、焚烧等中间处理环节推进了最终处理量的减量化,2002年,经干燥处理后再生利用的污泥为126万t,主要用来生产水泥、绿色农肥、建筑用砖等。另外,日本还对下水污泥处理进行热回收,全国有18个地方利用下水污泥厌氧菌消化过程中产生的沼气发电。根据国土交通省提供的资料显示,2002年,日本建筑废弃物总体再生资源率为92%,主要包括混凝土块、沥青混凝土块和建筑用木材,这3部分占建筑废弃物总排出量的80%。

(二)循环经济市场规模现状

随着日本循环型社会的推进,循环经济得到了相应的发展。根据日本环境省2003年的调查,2000年,日本环境产业废弃物循环利用领域的市场规模和雇佣规模分别约为21万亿日元和57万人。其中,占有市场规模最大份额的是机械、家具维修、住宅修缮等所谓的修理产业,产值大约9万亿日元,雇用了大约15万人;其次是塑料、铁、废纸等再生材料领域,产值大约8万亿日元,解决了20万人的就业;再次是废弃物处理、资源回收再循环、租赁服务等领域,市场规模大约3万亿日元、雇用规模约20万人。

(三)废弃物不法投弃现状

日本是个非常注重教育的国家,国民素质较高,但在循环经济的发展过程中仍然存在与循环经济发展相悖的行为——废弃物的不法投弃。

一般废弃物的不法投弃现状:根据公害调查委员会《平成14年公害投诉调查》显示,2002年日本不法投弃投诉约1 400万件,其中对一般废弃物不法投弃的投诉约占74%。这里既包括饭店排出的生活垃圾,也包括办公废弃物,但更多的是家庭日常生活垃圾,例如不按照规定日期投放相应垃圾、在垃圾收集所以外的地方投放垃圾等。根据环境省调查,2002年《家用电器循环利用法》中规定的4种循环利用电器违法投弃台数分别为空调约18 000台、电视机约83 000台、冰箱约36 000台、洗衣机约29 000台,总共约166 000台;2001年,违法投弃的废弃汽车约为169 00台;2003年,违法投弃的船只为884艘,比前一年增加了约40%。

产业废弃物的违法投弃现状:从日本每年重新确认的产业废弃物违法投弃状况看,违法投弃量多年来在40万t左右徘徊,2001年大幅度减少,总量约24万t,随后回升,2002年约为32万t。违法投弃件数2002年为934件,其余每年都超过千件。根据环境省提供的资料,2002年,从重新确认的违法投弃规模来看,一次投弃量不足50 t的占投弃总件数的60%(556件),投弃量约占总投弃量的4%(约12 000 t);一次投弃量超过5 000 t的占总件数的1%(9件),约占总投弃量的57%(约18万t)。从违法投弃的种类来看,瓦砾、木材建筑废弃物最多,大约占违法投弃废弃物总件数的70%(651件)、总投弃量的61%(约19万t);其次是废塑料类,约占投弃总件数的7%(69件)、总投弃量的15%(约48 000 t);再次是污泥,约占总投弃量的16%(约52 000 t)。此外,还存在金属屑、橡胶屑、炉渣、废油等废弃物的违法投弃。

由此可见,虽然日本循环经济在废弃物循环利用方面取得了一定进展,并实现了一定市场规模,但一些废弃物的违法投弃行为延缓了日本循环经济的发展进程。要使循环经济模式在日本最终确立,还需要各方长期不懈的努力。

第二节 以色列循环经济发展状况

一、以色列概况

以色列基于循环经济的理念，立足于教育，依靠科技力量，在水资源的高效利用、生态农业的发展、高附加值工业发展等方面取得了举世瞩目的成就。

以色列位于亚洲西部，地中海的东南方向，是亚、非、欧三大洲结合处，是世界上唯一一个建立在沙漠上的发达国家，地域狭小，只有800多万人口，被人们称为世界上"最小的超级大国"，或者"袖珍超级大国"，它处于地理位置重要、石油资源丰富、宗教矛盾尖锐而纷争冲突不断的中东地区。

以色列沿海为狭长平原，东部有山地和高原。以色列北靠黎巴嫩，东濒叙利亚和约旦，西南边则是埃及。以色列西边有着与地中海相连的海岸线，在南边则有亚喀巴湾。以色列可以分为4个不同的区域：海岸平原、中部丘陵、约旦大裂谷以及内盖夫沙漠。地中海沿岸的海岸平原从北部的黎巴嫩边界一直延伸至南部的加沙，土壤肥沃而潮湿，是农业和水果栽种的重要地带。海岸平原的东部是中央的高原地带，高原地带的北边是加利利山脉的山丘，南边的地区是由许多小型而肥沃的溪谷地区组成的撒马里亚山脉；再往南则是荒芜的朱代(Judea)山丘地区。中央高原地带的东部是约旦大裂谷，属于长达6 500 km的东非大裂谷的一部分。在以色列境内的裂谷是由约旦河、加利利海以及死海所构成。内盖夫沙漠由大约12 000 km²的沙漠组成，占据了以色列的一半土地面积，在地理上内盖夫沙漠属于西奈半岛的延伸。

从建国伊始到20世纪90年代初，以色列在不到50年的时间里，经济发展取得了令人瞩目的成就，这是在资源极度匮乏、市场狭小、战争及冲突不断等艰难困境中取得的。为了克服资源匮乏给国家经济发展造成的障碍，以色列走上了一条高效利用资源、依靠科技发展循环经济的道路。从1948年至1973年，以色列和阿拉伯国家发生了4次中东战争，在如此紧张的国际环境下，以色列经济奇迹般地保持着高速发展，成为以色列经济发展的黄金时期。在经济发展受资源、能源和环境严重制约的今天，研究以色列的循环经济发展状况，有助于减少资源能源对经济发展的制约，减轻人类活动对生态环境的破坏，对发展循环经济具有特别的现实意义。

二、水资源循环利用状况

水，生命赖以生存的基础，人类活动的源泉。水是生命之源、生产之要、生态之基，社会的一切活动都离不开水资源，水决定着人类文明的进程。社会的快速发展、经济建设的大规模进行、人口的激增、城市化进程的加快，使得工业、农业生产用水和人民群众生活用水日益增加。然而伴随着经济社会的进步、人们生活水平的提高以及市场经济的冲击，水资源形势日渐严峻，表现出严重的稀缺。再加上水资源自然分布上的不均匀性，使得人们在水资源的使用上具有强烈的"拥挤性"，甚至是分割性。更为严重的是，在水资源开发利用中，节约用水观念淡薄，随意排放污染废水现象严重，致使水资源浪费惊人，大量水资源被污染，并导致生态环境恶化。现实表现是：越来越多的人面临着缺水的危险，越来越多的人面临不能卫生用水的困境。为了维持生态的延续，为了保障人类的生存，为了公平高效地利用水资源，探索一条符合经济社会发展的水资源管理道路，已势在必行。

起初对于水资源的研究仅仅局限于对水资

源的开发利用,水资源的时空分布规律和运动规律,即着重于水资源自然属性的研究。随着人类的进步和社会的发展,特别是现代科技革命,对于水资源的研究产生了质的飞跃,逐步从水资源自然属性的研究过渡到水资源的社会经济属性研究,从社会经济系统的角度广泛开展对水资源合理开发利用研究,这些研究领域包括水资源与经济发展关系的研究、水环境安全的研究、水权水价的研究、水资源管理体制的研究等。随着水资源的日益短缺,以水资源的节约使用、清洁生产、水循环利用、污水资源化为核心的水循环经济理论与发展模式的研究逐渐成为当今水资源合理开发利用研究的最新方向。

以色列国土面积约 2.6 万 km^2,位于亚洲中东部地区,但是该国耕地面积稀缺,(半)干旱地区占全国总面积的 3/4 以上,并且严重沙漠化。全国降水量少且分布不均匀,全国面积一半以上年降水不足 180 mm,除 11 月至来年 3 月为雨季外,其余 7 个月都是干旱季节,而年际降水变化幅度也高达 25%~160%。降水量由东北部的年均降水量 400~800 mm 往西南部降低,到南部几乎为零。有效水资源为 15 亿~17 亿 m^3,可利用的淡水资源总量约 20 亿 m^3,人均年占有量不到 300 m^3,仅占世界人均水资源量的 1/33。特别是在内盖夫地区,水资源短缺更为严重,局部地区降雨为零。然而,就是这样一个水资源极其匮乏的国家依靠循环经济发展的理念,凭借其完善的水资源管理法律、明确的水资源管理组织、科学的水资源管理制度、先进的水资源管理技术,使"沙漠国家"成为节水先锋,创造了沙漠绿洲、沙漠硅谷的奇迹。总结以色列在水资源管理领域所做的努力及取得的经验,对我国的水资源循环利用、循环经济建设具有重要的借鉴意义。

由于有限的淡水资源远不能满足需求,以色列不得不充分利用每一滴水,包括污水的回用,这也促使以色列在污水净化和回收利用方面始终处于世界领先地位。以色列经过处理的污水大部分用于农业灌溉,以后,工业也将不得不越来越多地使用这种回用水,城市居民可能也将利用回收的污水冲洗厕所。1972 年以色列政府制定了"国家污水再利用工程"计划,规定城市的污水至少应回收利用一次。目前,以色列 100% 的生活污水和 72% 的城市污水得到了回用,而污水处理后的出水 46% 直接回用于灌溉,其余 33.3% 和约 20% 分别回灌于地下或排入河道。将污水处理之后进行灌溉,不但可增加灌溉水源,而且能起到防止污染、保护水源的作用,并使许多因灌溉农田而干涸的河流恢复生机。以色列采用的处理过程一般为:城市污水收集—传输到处理中心—处理—季节性储存—输到用户—使用及安全处置。在回用方式上,包括小型社区的就地回用、中等规模城镇和大城市的区域级回用。有人认为,在部分缺水严重的城市建立双供水体系将是经济可行的,其中一个供水体系提供饮用水,而另一个供水体系则用来冲厕所和浇灌花园。

在以色列,政府制定的用水制度、对节水的宣传教育使节水理念深入人心。这里的任何一个家庭,绝看不到龙头"长流水"的现象。一般来说,以色列人用完了水,不会很快倒掉,而是循环使用。比如,剩下的饮用水,会用来洗车、浇花草,或者储存起来,等着废水回收和再利用处理。而以色列高科技公司研发的各种产品,从精确控制灌溉水量的小阀门,到监控水安全的控制系统,就是要确保每一滴水都能够发挥用途。每年,以色列各地方政府都会出台一些新举措,鼓励公众节水。比如,特拉维夫市政府就给每个家庭发了一个可以固定在浴室墙上的沙漏,沙漏的时间限制是 4 min,用来提醒人们缩短淋浴时间。另外,最节约用水的家庭将被奖励免费停车一年,公共厕所安装无水清洁装置,等等。政府着力在全民中营造节水气氛,不断通过报刊、电视等媒体大张旗鼓地宣传"水贵如油",提醒人们善待水源,养成良好的节水习惯。长期以来,以色列国民普遍形成十分强烈的节水意识,对水资源的保护和爱惜观念已渗透到老百姓的生活之中,就连小孩子也在家长的熏陶下,懂得"不浪费一滴水"的道理。有媒体评论说,节水已变成以色列"蔚然成风的大众文化"。以色列已建起一批技术和设备先进的污水处理厂，通过部分处理和完全处理，将城镇居民生活污水、工业废水处理达标后，用于非食用作物的农业灌溉。

除了淡水的重复利用，以色列自20世纪60年代起致力于海水淡化技术的研究，目前已拥有先进的海水淡化技术和设备。有资料显示，2004年以色列海水淡化的水量约为2.15亿m^3，约占总供水能力的8%。近年来，技术的进步使海水淡化的成本不断降低，海水淡化大规模发展的前景越来越光明。2001年初以色列政府进行了国际招标，2001年9月包括以色列IDE技术有限公司(50%的股份)，Vivendi公司(25%的股份)和Dankner-Ellern集团的国际财团(25%的股份)中标，3家公司联合称为VID海水淡化公司。由于采用改进型的逆渗透脱盐法，大幅降低了能源消耗，VID公司提出的海水淡化价格标准只有0.527美元每立方米，不仅远低于以色列从土耳其的进口水价，也低于国家供水网的供水水价。以色列还准备在阿什克伦北部的阿什杜德兴建一座更大的海水淡化厂，日产17.8万m^3淡水，这将是迄今为止世界上规模最大的海水淡化厂。由于海水淡化成本降低、建造周期缩短、效益日益显著，正在成为一门前景看好的新兴工业。从长远看，以色列水的需求压力会不断加大，淡化海水将成为解决以色列乃至整个中东地区水资源问题的根本出路，这也是以色列官方持有的观点。

三、农业循环经济发展状况

生态循环农业，简单地说，就是在良好的生态条件下所从事的"三高农业"(高产量、高质量、高效益)。它不单纯地着眼于当年的产量，当年的经济效益，而是追求3个效益(即经济效益、社会效益、生态效益)的高度统一，使整个农业生产步入可持续发展的良性循环轨道。把人类梦想的"青山、绿水、蓝天、生产出来的都是绿色食品"变为现实。

以色列的国土资源狭小，人均耕地面积小，又属于干旱半干旱的气候，再加上国家成立时间较短，外部环境恶劣，与周边国家武装冲突不断等，这都使得以色列的农业发展面临严峻的挑战。以色列通过几十年的努力，大力发展农业科技，实现了农业现代化，不仅满足了本国的需要，还使现代化的农业科技在全球范围内得到了推广。以色列是当今世界上农业科技较发达的国家，它的很多农业科技都达到了世界的先进水平。以色列的生物综合防治技术、滴灌节水技术、光热网膜技术以及高产种养技术等都达到了世界领先水平。以色列通过大力发展高科技农业，使得本国的资源有限、土地贫瘠、人口众多等一系列问题得到了有效解决。一组数字足以反映以色列农业的效率：西红柿每1万m^2最高年产500 t；沙漠地区柑橘每1万m^2最高年产80 t；鸡年均产蛋280个；奶牛年均产奶量1万kg；在花卉生产上，温室大棚每1万m^2每季度生产300万支玫瑰，并成为欧洲仅次于荷兰的第二大花卉供应国；生产的瓜果、蔬菜占据了欧洲市场的40%。

成绩背后是以色列贫瘠的土地和缺水的现实。以色列国土面积约2.6万km^2，20%的土地可以耕种，其中一半必须灌溉。以色列一半的地方处于干旱或半干旱状态。为了缓解缺水问题，以色列全国80%以上的地区采用先进的滴灌和喷灌技术，使灌溉用水量减少30%以上。以色列土地资源极其匮乏，发展无土农业是其农业发展的重要一环。为此，以色列充分利用自己的高科技优势实现循环农业，主要通过以下两种途径：一是采用无土栽培直接向植物提供无机营养液确保作物生长发育所必需的营养；二是采取将太阳能直接转化为热量的栽培方式。这种无土生产方式既无污染又节约土地资源，具有可持续性，是发展现代生态农业的成功尝试。

以色列还广泛使用防暴网、遮阳网和防虫网。防暴网能够有效地防止大风暴雨对农作物的侵害，这项技术能够将暴风雨带来的损失降到最低。防虫网能够十分有效地防治害虫的抗药性，从而减少了在农产品生产过程中农药的使用。遮阳网主要根据植物不同阶段对光照和温度的要求不同而进行调节,主要是为了给农作物的生长提供一个优越的生长环境,充分满足植物的生长需要。通过这些科技手段减少了化肥和农药的使用,使土壤生态系统保持长久活力。

为了把环境破坏降到最低,以色列环境部和农业部联手运用收购的方式将农药和农药容器统一收集,运送到指定地点,进行挑选、分类、碾压等工作后,将可循环再利用的进行统一处理,有毒有害的统一销毁。以色列广泛使用温室栽培技术,温室面积较大,施肥灌溉后,随着排水渗入地下水的肥料也随之增加,每年有 8 500~19 000 t,严重污染了地下水。对此,环境部规定:禁止农户将污水排在地表或地下,并修建了排污管道,可以将温室废水直接排入污水处理系统。

环境部还将农业生产中产生的垃圾进行统一处理。为了不影响农业生态环境,政府对涉农企业进行监督,禁止其向自然环境排放未处理的废弃物,违反者将受到严厉的惩罚。

以色列农业得以高速发展还离不开它的生物传感技术,该项技术的运用使以色列的农业生产率得到了大幅的提高。该项技术是与计算机技术相联系的,利用这项技术可以实现对农作物的生长每时每刻都实施有效的监控,这样就可以时刻观察作物的生长状况和生长环境的变化,再及时反馈到计算机上,计算机会做出相关数据的分析,为生产者提供可靠、及时的信息,以便于人们尽快采取相应的措施。

由于以色列在农业生产的客观方面与我国有很多相似之处,这使得深入研究以色列的农业发展历程和经验,并结合我国农业发展中的实际问题,充分吸收其先进的农业生产技术和农业管理经验更具现实意义。我国的生态农业起步较晚,技术也比较落后。在发展生态农业这条道路上单靠自己的努力是远远不够的,要充分借鉴以色列先进的技术,并在消化吸收的基础上创新,发展适合我国的先进农业技术,这对于解决我国的粮食问题以及生态问题都有着深远的意义。

四、工业循环经济发展状况

受国土狭窄、资源匮乏、国内市场有限、经济规模偏小等因素的制约,以色列的工业朝附加价值高的方向发展,也就是主要以技术、研发为基础的产品,而消耗资源能源、破坏环境的重工业占比较少。从 20 世纪 60 年代起,以色列政府就大力开拓国外市场,发展外向型经济,工业品出口中金属、机械、电子、化学等占重要地位。自 80 年代末以来,随着高技术生产体系的建立,高科技产品出口量上升很快。到 90 年代中期,高科技产品出口量已占总出口量的 85%以上。1995 年,以色列电子产品的出口额达 43 亿美元,农业技术出口额为 12.19 亿美元,计算机及辅助设备为 37.5 亿美元,电子和激光产品为 10.15 亿美元,医疗技术产品为 2.86 亿美元。近年来,计算机及软件出口持续上升,由 1992 年的 1.35 亿美元,增长为 1993 年的 1.75 亿美元、1994 年的 2 亿美元、1995 年的 3 亿美元和 1996 年的 4 亿美元。可见以色列工业走的是高附加值的道路,投入技术成本,获得高附加值的产品,这是一条可持续的工业发展道路。

由于以色列与周边阿拉伯国家冲突不断,国防工业就成为其重视的重要工业,并成为以色列的支柱产业。以色列国防工业的发展从两个方面促进了经济的发展:一是为知识经济的发展提供了强大技术支持。目前,以色列有 400 多家高技术企业。其中许多企业都是原来为军事生产服务转而生产民用产品的,如用于监视、互联网、机械压缩、无线电、生物医疗、密码破译的产品,这些产品的水平都堪称世界一流。现在把军事技术用于民用领域已成为以色列最大的财源,"知识经济"的发展给以色列带来了光明的前景。二是通过对外军售直接拉动国民经济发展。2000 年后激烈的巴以冲突限制了以色列的经济发展,而与印度、土耳其两国高达数十亿美元的武器交易则在一定程度上稳定了经济形势。

化工产业成为以色列国民经济支柱产业之

一。2009年，化工产业产值占工业总产值的26%，同时为农业、塑料业、纺织业、金属业等其他经济部门提供了大量原料。目前，以色列约有400家化工厂，雇用员工超过3万人。以色列化工企业主要集中在南部的内盖夫—死海地区，尤其是拉马特霍瓦乌工业区集中了19家化工厂，包括马克西姆—阿甘公司、特华制药、以色列化工集团溴化物公司等。北部的阿科—海法地区和中部沿海的阿什多德也有部分化工厂。以色列虽然是贫油国，但却通过先进的炼油设备和技术，使其石化产品不仅满足了国内需求，还可少量出口。以色列炼油集团位于海法湾，是以色列最大的炼油和石化企业，2007年完成私有化，并在特拉维夫证券交易所上市，其最大股东以色列集团拥有37.1%的股份。以色列炼油集团拥有先进的炼油设备和技术，生产高附加值的油品，也通过旗下的卡梅尔烯烃公司和卡迪夫石化实业有限公司生产聚合物和芳香产品，75%的产品供应国内市场，其余主要出口至东地中海沿岸国家。2010年销售额近70亿美元。

钻石加工出口也是以色列的重要工业，在以色列政府的扶持及金融机构的协助下快速成长。钻石加工出口的产值由1990年的27亿美元升至1999年的44亿美元，10年增长近7成。同时，以色列的加工业，也不断引进新的技术来减少损耗，最大限度地保留原石重量。以前没用激光时切开一颗钻石原石需要几个小时，改用激光切割技术后，很快就会切开钻石原石，当即就能把钻石切割前的粗胚切好，再经细部切磨，这样可节省很多人力和时间，降低钻石加工的成本。另外，有一种新科技是"原石扫描仪"，它可以360°扫描出整个原石外部形态，影像在荧光屏上显示出来，再输入接近原石外形的钻石形式迭入原石外形内，找出能保留最大原石的形式再做切磨，让损耗降得更低。早期在切磨原石前，先找出原石的碎裂点，而后进行切磨，往往一颗原石在切磨好后，最大的只剩下原来的1/3，而且慢慢地磨，一颗钻石要磨上好几天，现在用这种原石扫描仪与激光切割机，让钻石不但保持原石的最大体积，而且缩短制作时间，使加工的成本大大降低，从而使以色列钻石立足世界且更有竞争力，让越来越多的外国购买商涌进以色列选购钻石。这是因为以色列切工闻名世界。

以色列选择了投入教育和研发来获得技术、输入技术产出高附加值产品、丰厚的收益再投资的闭环发展道路，这一闭环对资源、能源依赖较小，对环境破坏也较轻，因此，以色列成为中东唯一的发达国家，而其依靠技术发展工业的可持续道路值得借鉴。

第三节　中国循环经济发展状况

一、中国循环经济的发展概况

我国劳动人民长期以来自发地发展和利用到了许多资源循环利用和保护生态环境的生产和生活方式。但是，作为一项国家政策，中国的循环经济由原国家环保总局（现为生态环境部）自1999年开始推动，在研究和借鉴国际上发展生态工业、循环经济的经验和做法的基础上，从解决工业污染和城市污染入手，通过推动清洁生产、建立生态工业园、建设循环经济型社会等多种模式，率先在全国范围内，从企业、区域和社会三个层次进行了循环经济理论的探索和实践。中国自20世纪90年代初开始宣传和提倡清洁生产，于2002年6月29日通过了《中华人民共和国清洁生产促进法》，并自2003年1月1日起施行。2016年5月16日，国家发展改革委会同环境保护部发布了修订过的《清洁生产审核办法》。这些法律法规的实施，为清洁生产和循环经济在企业层次的推进和实施提供了法律依据。

在区域层次,通过建立生态工业示范园区来推进循环经济的工作也自2001年起展开。2001年8月14日,原国家环保总局首先批准建立广西贵港国家生态工业(制糖)示范园区。2001年11月29日又同意建立南海国家生态工业示范园区暨华南环保科技产业园。包头、长沙黄兴、鲁北、抚顺矿业等国家生态工业示范园区也先后被批准建立。2003年,原国家环保总局进一步批准建立了天津经济技术开发区、大连经济技术开发区、苏州高新区、苏州工业园区等国家生态工业示范园区。

在社会层次,建设循环经济示范区的工作开始于2002年。原国家环保总局于2002年5月31日同意辽宁省列为全国循环经济建设试点省,并于2002年11月15日同意将贵阳市作为我国建设循环经济生态城市试点市。其他许多省市在循环经济和生态工业建设方面也探索出了许多好的经验和做法。我国第一部循环经济领域的法规《贵阳市建设循环经济生态城市条例》由贵阳市人大常委会正式颁布,并于2004年11月1日起施行。

二、中国循环经济发展的立法情况

我国制定了较为完善的循环经济法律法规体系,有关循环经济方面的法律法规目前大都散落在相关法律之中。如《中华人民共和国宪法》规定:"国家保护和改善生活环境和生态环境,防治污染和其他公害"。1997年,《中华人民共和国刑法》增加了破坏环境和资源保护罪、环境监管渎职罪。至今国家已制定和修改了《中华人民共和国环境保护法》等环境保护法律以及《中华人民共和国森林法》等资源法律。2009年1月1日起施行的《中华人民共和国循环经济促进法》是我国发展循环经济的基本法。此外,还制定了《建设项目环境保护管理条例》等30多部国家行政环境法规以及90多部部门规章。原国家环保总局制定了400多项环境保护标准,启动对试点和示范区的评估工作,加强生态工业园区动态监督管理。2007年11月23日,国务院批转《单位GDP能耗统计指标体系实施方案》等3个方案和《主要污染物总量减排统计办法》等3个办法,节能减排问责制和"一票否决制"有了明确标准。这样,初步形成了适应我国国情和循环经济发展的法律法规体系,为我国循环经济的发展提供了基本的法律保障。

三、与国外循环经济基本法立法架构比较研究

综观发达国家循环经济立法,只有日本与德国制定了循环经济基本法,即日本《建立循环型社会基本法》与德国《循环经济和废弃物管理法》。但是由于具体国情、立法理念、立法内容等存在差异,两国循环经济基本法立法架构存在较大差异。日本《建立循环型社会基本法》旨在建立循环型社会,故其立法架构基本遵循了循环型社会建立思路,具体表现为:第一章,总则;第二章,建立循环型社会的基本计划;第三章,建立循环型社会的基本政策(包括国家政策与地方政府政策两节);第四章,附则。德国《循环经济和废弃物管理法》旨在系统运用3R原则解决废物管理问题,故其立法架构基本上围绕废物管理展开,具体表现为:第一章,一般规定;第二章,废物制造者、拥有者和处置者的原则与义务;第三章,产品责任;第四章,计划责任(包括管制与计划,废物处置设备核准两节);第五章,促销;第六章,提供充分信息义务;第七章,监管;第八章,公司组织与废物管理者;第九章,最后规定;还有3个附件(即附件Ⅰ,废物分类;附件ⅡA,废物处理;附件ⅡB,废物回收再利用;附件Ⅲ,技术发展水平判别标准)。从国外循环经济基本法立法架构比较研究中,应当充分认识到:中国循环经济基本法立法架构虽然可以吸取国外循环经济基本法立法架构的有益成分,但是必须符合中国具体国情、立法理念、立法内容等。

中国循环经济基本法立法架构研究现状

如下。

1)蔡守秋在《论循环经济立法》一文中认为,循环经济基本法适宜采用《循环经济促进法》这种"政策法"或"促进法"的形式,《循环经济促进法》的章节和具体内容,应该针对我国循环经济发展中的实际问题,结合循环经济的性质、特点、范围和作用确定。基于此,蔡守秋在该文中建议《循环经济促进法》可以借鉴《清洁生产促进法》的成功经验,采取如下立法架构:第一章,总则;第二章,循环经济的推行;第三章,循环经济的实施(可以划分为生产阶段、消费阶段和处理阶段);第四章,循环经济的鼓励措施;第五章,法律责任;第六章,附则。该种循环经济基本法立法架构虽然从总体上看比较合理,但是容易使得权利、义务关系流于空泛乃至成为宣言式口号,从而在现实生活中不能很好地贯彻执行。

2)中国政法大学《循环经济法》立法起草研究课题组成员王灿发、李丹、李俊红在充分吸收第二、三次《循环经济法》立法起草专家研讨会专家意见的基础上,于2006年7月中国国际循环经济博览会(苏州)暨循环经济立法与政策研讨会上提交《循环经济法的建构与实证分析》一文,并在该文中提出如下循环经济基本法立法架构:第一章,总则;第二章,职责与管理;第三章,生产建设中的资源循环利用;第四章,消费流通中的资源循环利用;第五章,废物回收利用;第六章,鼓励与扶持措施;第七章,法律责任;第八章,附则。该种立法架构虽然能确保循环经济各个阶段都处于循环经济基本法框架之下并遵循特定法律要求,便于监管部门依法控制与管理循环经济活动各个阶段,但是存在以下问题:一是将承上启下、前后衔接的循环经济运行过程武断地割裂为建设、生产、流通、消费等环节进行分段规制,导致对循环经济运行进行全过程整体规制的法律条文或者无所适从,或者被武断肢解而造成法律关系主体权利、义务关系的断裂;二是该种循环经济基本法立法架构在第二章中专门规定政府、单位和个人在发展循环经济中的"职责",有所不妥,因为其他章中有关政府、单位和个人在发展循环经济中的责任或义务同样也是"职责";三是该种循环经济基本法立法架构的第三章与第四章的章名称值得研究,虽然循环经济的核心是高效与循环利用资源,但是高效与循环利用资源并非循环经济的全部。

3)清华大学环境科学与工程系《循环经济立法研究》项目组成员张天柱于2006年7月中国国际循环经济博览会(苏州)暨循环经济立法与政策研讨会上提交《关于我国循环经济立法的一个设计思路》一文,并在该文中提出依3R为主线架构循环经济基本法(即在循环经济基本法中,将3R划分为减量化与重复利用、循环利用两大基本内容,以此贯穿于生产建设、流通消费、废物处置等社会经济活动过程中)。在该种立法架构思路下,循环经济基本法的立法架构如下:第一章,总则;第二章,职责分工;第三章,综合管理;第四章,资源利用的减量化;第五章,重复使用与循环利用;第六章,扶持措施;第七章,法律责任;第八章,附则。该种循环经济基本法立法架构,看似具有清晰的思路,但存在以下问题:一是第二章"职责分工"在循环经济基本法中不该单列成章,最好以简明扼要的表述纳入第一章"总则",因为在中国传统法律文化中,一个领域的基本法的法律条文并不是很多,在相关立法中尽可能让相关法律条文资源配置在关键环节上,而且中国政府部门职责分工可以根据中国传统政治惯例加以确定或由政府出面统一协调;二是第四章"资源利用的减量化"与第五章"重复使用与循环利用"与现存《清洁生产促进法》的内容有很多重复之处。与此同时,还有人提出按照循环经济3R原则的基本顺序架构循环经济基本法。该种立法架构思路认为,循环经济基本法主体部分应当按照循环经济3R原则的实施顺序设计,法律草案主体框架应当包括循环经济规划与管理、减量化原则的推行与实施、再利用原则的推行与实施、再循环原则的推行与实施、废弃物的最终处理等五个部分。该种立法架构的思路虽然充分体现了循环经济的特点,但存在以下问题:一是没有提供充足鼓励与扶持措施并将鼓励与扶持措施独立成章,在一定程度上制约着循环经济法律的激励功效,因为循环经济发展在中国目前尚存在诸多制约因素,亟须政府通过循环经济立法旗帜鲜明地采取鼓励与扶持措施;二是相关内容与现存《清洁生产促进法》《固体废物污染防治法》的内容有很多重复之处。

4)戚道孟、刘翠娥在《中国循环经济立法初探》一文中认为,中国要建立循环型社会就必须制定《循环经济法》,其立法架构如下:第一部分,总则;第二部分,循环经济法的基本法律制度;第三部分,企业、服务行业、公民及政府主管机构的义务和职责;第四部分,法律责任。该种循环经济基本法立法架构虽然看起来比较简洁,但存在以下问题:一是第二部分与第三部分之间存在内在逻辑问题——循环经济法的基本法律制度肯定涉及"企业、服务行业、公民及政府主管机构的义务和职责",但没有纳入第三部分而独立成章,将本来一个完整的"企业、服务行业、公民及政府主管机构的义务和职责"人为分解与割裂;二是第三部分"企业、服务行业、公民及政府主管机构的义务和职责"在外延上不周延——循环经济的推行与实施不仅仅是"企业、服务行业、公民及政府主管机构的义务和职责",还包括诸如非政府组织、在华外国人的义务和职责。

5)周珂、马绍峰、姜林海在《循环经济立法研究》一文中认为,紧跟时代步伐、具有中国特色、符合中国实际需要的循环经济基本法立法架构应当如下:第一部分,循环经济法的总则部分;第二部分,循环经济法的分则部分(主要应包括国家、企业、个人及非政府组织的权利、义务、法律责任等)。该种循环经济基本法立法架构的分则部分基本上是按照权利、义务主体类别设计,虽然本意是在循环经济法律中明确各方主体的权利和义务,但是容易导致循环经济法律出现重复性条款,如在绿色采购中,政府、企业和中介组织都负有义务,分别规定就会出现条款重复的现象。

6)董凝慧在《浅谈日本循环经济立法对我国环境立法的启示》一文中认为,中国应顺应国际国内循环经济发展形势,修改《环境保护法》,制定《循环型社会基本法》,并将这两部法律作为中国循环经济基本法。就修改《环境保护法》而言,应该在总则中对循环经济做出规定,并对分则中部分章节、条款进行修改和增删,补充循环经济相关内容,删掉与循环经济不符的章节和条款。就制定《循环型社会基本法》而言,其立法架构如下:第一章,总则;第二章,建立循环型社会的基本计划;第三章,国家、各级政府、企业和公众的责任;第四章,建立循环型社会的基本政策;第五章,附则。上述《循环型社会基本法》立法架构虽然在一定程度上借鉴与参考了日本《建立循环型社会基本法》的立法架构,但是存在以下问题:第三章"国家、各级政府、企业和公众的责任"单独成章,搅乱了第二章、第三章、第四章之间的内在逻辑联系,因为第二章"建立循环型社会的基本计划"是国家(含各级政府)的责任,第四章"建立循环型社会的基本政策"既包括国家(含各级政府)的责任,也包括企业和公众的责任。

7)《贵阳市建设循环经济生态城市条例》反映和体现的循环经济基本法立法架构如下:第一章,总则;第二章,规划;第三章,实施;第四章,法律责任。该种循环经济基本法立法架构虽然比较简洁合理,但是没有提供充足鼓励与扶持措施并将鼓励与扶持措施独立成章,在一定程度上制约着循环经济法律的激励功效,因为循环经济发展在中国目前尚存在诸多制约因素,亟须政府通过循环经济立法旗帜鲜明地采取鼓励与扶持措施。

8)《深圳经济特区循环经济促进条例》反映和体现的循环经济基本法立法架构如下:第一章,总则;第二章,规划与计划;第三章,资源节约与循环利用;第四章,支持与鼓励;第五章,示范与推广;第六章,宣传教育;第七章,附则。该种循环经济基本法立法架构虽然从总体上看符合其定位于"促进条例"的软法性质,但是存在以下问题:一是定位于"促进条例",没有法律责任或罚则一章,将大大削减其功效;二是第三章名称"资源节约与循环利用"不妥,虽然循环经济是以资源高效与循环利用为核心,但并非资源节约与循环利用就等于循环经济实施,也就是说,循环经济并非简单的资源节约与循环利用,而是一种最有效利用资源和保护环境的经济发展模式。

9)《重庆市人民政府关于发展循环经济的决定》虽不具有严格而完整的立法架构,但是其主体部分也在一定程度上昭示着以下循环经济基本法立法架构:第一章,总则;第二章,循环经济的组织推进;第三章,循环型企业建设;第四章,区域循环经济建设;第五章,资源循环型社会建设;第六章,鼓励扶持措施;第七章,附则。以"循环型企业建设—区域循环经济建设—资源循环型社会建设"为架构思路的该种循环经济基本法立法架构,虽然从总体上看符合其定位于"推进循环经济发展"的软法性质,各个层次的各个法律关系主体的权利、义务关系明确,但是存在以下问题:一是纯粹定位于"推进循环经济发展"的软法性质,没有法律责任或罚则一章,将大大削减其功效;二是第三章、第四章与第五章之间的简单并列关系存在逻辑问题,且按照"循环型企业建设—区域循环经济建设—资源循环型社会建设"思路组织循环经济基本法主体部分很容易造成相关规范内容重复和累赘,因为"循环型企业建设""区域循环经济建设""资源循环型社会建设"在循环经济与社会发展中,既呈现内涵外延的递进关系,又呈现时空分布的并存关系。此外,还有人提出了下列两种循环经济基本法立法架构思路。一是按照循环经济管理对象(产业)架构循环经济基本法,即按照农业、工业、服务业这三个产业实施循环经济的要求来架构循环经济基本法。该种立法架构思路的优点在于针对循环经济管理对象或行业进行规定,可以使企业明确其适用的法律规定;缺陷在于循环经济的管理对象不仅仅是这三种行业,循环经济基本法的调整范围应该包括全社会,循环经济是一种社会经济发展模式,而不仅仅是一种手段。二是按照循环经济实施过程架构循环经济基本法。该种立法架构思路认为,循环经济基本法框架的主体部分应当包括五个部分:资源综合利用、清洁生产、再利用、热回收、安全处置。该种立法架构思路的优点是明确循环经济基本法所要规制的是上述五种活动,任何主体在进行上述五种活动时必须遵守法律相关规定;缺陷是无法明确管理主体的规划、监督等职责。

四、中国循环经济发展战略与规划

国家十分重视循环经济的发展,近十年,在企业层面大力推广清洁生产的基础上,依据中国具体国情,制定了发展循环经济的总体战略目标,并分3个阶段实施。与此同时,各地都在积极探索适合本地区经济、社会和环境协调发展的道路和模式,纷纷制定循环经济发展规划,并以循环经济理念来指导制定国民经济和社会发展规划。

中国循环经济战略选择的是从根本上缓解资源约束和环境压力的战略举措,故应当从中国长期经济发展前景出发,把其确立为国民经济和社会发展的基本战略目标,进行全面规划和实施。从中国当前的实际情况来看,尤其需要加强以下几方面的工作。

(一)建立节约型社会

投资驱动依然是目前我国经济发展的一个突出特点。这种经济发展方式的突出特征是对资源的需求量大,容易造成对生态环境的破坏。目前,我国已发现和可以被利用的矿产储量急剧减少,已经危及矿产资源的可持续供给。要解决这个问题,除了要加大矿产资源勘探力度,同时推行矿产资源全球化战略,最大限度地分享全球矿产资源外,更重要的是要把工作放在各种资源和能源的"减量化"上,建立一种节约型社会。其实,当下面临的资源和环境问题很大程度上是由于能源强度即产出单位经济量(或实现量、服务量)所消耗的能源量过高的结果。世界银行(2000年)统计显示,中国近20年的平均经济增长率为10.3%,在全球206个国家和地区中居于第二位,但对资源、能源的消耗同样惊人。据对占全社会能源消费70%的14个部门进行比较后的统计结果，目前我国一次能源转换有25%的节能潜力，终端消费有26%的节能潜力，一次能源消费的平均节能潜力达26%。我国能源使用效率若达到先进国家水平，相当于可节约3亿t的石油，或相当于4.3亿t标准煤。这说明，只要在生产源头上注意控制资源和能源的使用量，现在面临的资源约束和附带产生的环境问题都会得到一定程度的消解。当然，建立节约型社会并不是要不顾发展的需要一味减低资源使用量，而是要在资源利用上统筹规划，实现经济和资源、环境的协调发展。

(二) 加快科技进步速度

建设节约型社会，从生产源头上控制资源的使用量只是一种消极的办法。从世界未来的发展趋势上看，构建循环经济模式最终要依靠科技进步来实现。循环经济是循环生产技术体系、循环生产组织体系和社会循环经济体制的有机统一。要通过技术进步改造传统产业和推动结构升级，尽快淘汰高能耗、高物耗、高污染的落后生产工艺，才能为循环经济的发展打好基础。其实，"减量化"不是单纯地减少对资源、能源的利用，其实质在于提高资源生产率和能源利用效率，意味着科技进步和经济社会的全面、协调、可持续发展。因此，在发展循环经济的过程中，政府、企业、科技界和公众要共同努力，增强技术预见性，强化技术支撑，开发建立绿色技术体系，通过技术的进步来落实循环经济的三个基本原则。特别是政府部门，在投资政策和项目选择上，必须研究开发那些循环经济发展所必需的技术，从而在循环经济发展的过程中，实现产业结构升级与产业竞争力的提升。

(三) 改变外资、外贸依赖型的经济发展模式

"循环经济"模式的推出，意味着要重新认识现行的经济、环境、资源和产业政策。目前，中国经济的不可循环在一定意义上讲是由经济发展的对外依附性决定的。外来投资很大程度上是把中国作为改善其自身环境问题的一种替代选择。如果我国经济对世界市场的高依存方式不改变，发展循环经济就是一句空话。特别是在GDP成为政绩考核指标的前提下，为了吸引外资，地方政府很难真正从可持续发展的角度进行战略设计。近年来，我国东南沿海发达地区经济发展中对海外市场依存度加大的负面效应已经显现。由于东部地区的发展是建立在与内地不平等交换的基础上的，内陆资源丰富的省份为了缩小与发达地区的差距，更多的是把投资和政策倾斜重点转向资源产业，结果出现了一方面中央政府强调资源开发型城市的转型和再发展问题，另一方面导致了我国资源型产业在内陆省份经济发展中地位的上升。未来中国经济的持续快速增长需要继续最大限度地利用国际市场资源和资本资源。但必须认识到，对外贸的依赖使得人们在经济发展和环境保护的选择上，很难从中华民族的长远利益出发做出决断，从而容易使中国成为单纯的国外原料和成品供应地：一方面中国要为西方国家提供大量高耗能、对本国环境有极大负面作用的产品，另一方面又要承受他们对我国环境保护不利的指责。在中国的离岸经济发展障碍重重、资源海外投资不断受阻的情况下，必须从战略高度规划好吸引外资、外资发展、对外投资与循环经济发展的关系，实现有效益、有质量的经济增长。

(四) 制度跟进，协调企业战略与国家战略的关系

在人类社会发展的阶段上，循环经济主要还是一种宏观调控型经济，即使采用一些市场化手段，也往往是政府宏观调控政策的产物。这一特点决定了中国在构建循环经济体系时，必须对政府宏观调控有更为清醒的认识。循环经济发展是一项集经济、技术和社会于一体的系统工程，这一特性决定了政府的制度跟进是非常必要的。首先，中央政府要高度重视经济、社会、环境的协调发展，积极探索绿色GDP的核算体系，将环境代价计入发展的成本，加强对建设项目的环境保护管理工作，并将其作为国内干部政绩考核的组成要素之一。其次，要加强市场经济体制建设，进一步深化经济体制改革，创造

有利于经济增长方式转变的体制环境,在全社会确立一种激励机制,发挥市场机制对促进经济增长方式转变的基础性作用,促成"国家战略"和"企业战略"的协调。特别是在循环经济技术的开发问题上,必须分清政府目标和企业目标,处理好政府投入和企业自主投入的关系。在人们对循环经济的认识基本上还处于一种"责任附加"手段的今天,政府要有考虑商界利益的国家战略,但企业也需要树立更加自觉的国家战略感,以把宏观调控和市场机制、国家战略和企业战略有机整合,形成一种战略思维。第三,在中国的经济发展中要建立一种环境补偿机制,努力在全社会形成一种"谁受益谁补偿"的舆论氛围和制度安排,解决中国经济发展过程中"世界和中国""沿海和内陆"两个"中心—外围"效应所形成的无视自然资源和环境保护的惯性行为,从整体上谋划中国的资源开发和利用,实现各个经济区域发展的相对平衡。第四,加强法制建设。循环经济发展模式更为注重环境保护和资源利用的有效性,国家只有在政策和法律方面尽快有所作为,才能以机制化方式解决中国经济发展的可持续问题。当务之急是推动循环经济政策法规建设,明确把生态环境作为资源纳入政府的公共管理范畴,通过法规对循环经济加以引导和规范。

五、中国循环经济示范点工作的进展

我国循环经济示范试点工作取得了一定进展。1999年以来,原国家环保总局将发展循环经济、建设生态工业园区作为提高区域环境质量、促进区域可持续发展、实现区域经济和环境"双赢"的一个重要举措,先后开展了两批循环经济试点工作(共178家国家循环经济试点单位),从重点企业、资源综合利用领域、产业园区和省市四个方面开展。尤其是2005年开展第一批国家循环经济试点单位以来,中央预算内专项资金、各省节能资金、政策性银行贷款等为循环经济建设提供资金支持,循环经济在企业、行业、区域3个层面展开,产业园区循环经济发展方式初步形成。

通过借鉴发达国家走过的历程和经验,建立具有中国特色的循环经济示范园区。我国循环经济示范园区的产业特征包括:实现保护环境、节约资源、产业发展共赢的载体;废弃物处理是园区经济的主要支柱,园区是社会废弃物、包装物、污染物的处理中心,可大大减少周边城市环境负荷;企业间资源和废弃物链接的结点并扩展为产业链网络;环境技术、清洁生产技术、资源高效利用、清洁能源和原材料技术的人才集聚地和技术中试基地;环保产品产业化基地;拥有高效生产率和高水平的环境质量;面向社会的示范、展示、教育基地;从资源、能源利用的"企业高效化"向"园区高效化"或"区域高效化"扩展,从而提升区域竞争力和知名度,提升区域经济可持续发展水平。我国建设循环经济示范园区的结构模式:园区内多家企业间相互以废弃物作为原料和能源,形成产业链(或称工业联合体),即以企业和社会的废弃物为原料进行再生产,使一个企业产生的废气、废水、废渣、余热在自身循环利用的同时,成为另一家企业的能源和原料。园区内企业的组建模式:污染物产生企业、大学或研究机构、政府共同出资组建并按照市场机制运作,独立经营,专业从事该领域废弃物再生产利用,或提高资源利用率,可实行内外资并举。相关大学、科研机构、高校、中介机构、环保产业企业和人才集聚,为园区提供技术、信息、政策、法律等服务。

我国建立循环经济示范园区,政府应提供的产业政策与保障环境如下。

制定产业政策的原则:以产业发展、资源利用和环境保护为目标,以市场为导向,以企业为主体,以经济效益为中心,以法律为保障,保持政策的可行性、一致性和连续性。

1.法律保障

立法是有效和重要的保障措施,依法执政可有效推进回收、减污等,从而推进示范园建设。同时,强制执法是垃圾分类回收、包装物减少使用和回收等示范园原料回收的可靠保障。

2. 规划保障

在冶金、有色、煤炭、化工、建材、造纸、酿造等重点行业,在矿产资源集约利用、废旧家电、废旧轮胎、废纸回收利用、再生资源回收体系建设、绿色再制造等重点领域逐步建立示范园。依据不同区域产业特征,按照生产者责任制的原则,做好选点和示范园布点中长期规划,分期执行。

3. 税收政策保障

税收政策是核心引导政策,税收政策可分为鼓励税收政策和限制税收政策。鼓励税收政策包括鼓励废弃物的回收利用、采用清洁能源等;限制税收政策包括对产生污染物的产品征收污染税(如旧电池污染税等)、废弃包装物税(如一次性餐具、塑料袋、包装容器)、原材料税等,并根据危害程度、处理难易程度等确定精确合理的税率。

4. 产业政策保障

包括特殊领域的市场准入政策,生产许可,财政补贴(如技术进步补贴、基础设施建设等),产品包装生产者责任制,制定鼓励、限制和淘汰产品目录,价格政策等。

5. 技术保障

以研发体系和人才队伍为核心,为园区提供技术、专家、信息等服务。鼓励专业服务机构和企业发展,鼓励研发中试,制定发布有关技术政策指南和标准。将相关技术,特别是高新技术引入园区,通过技术重组、技术创新,建立联系紧密的循环经济技术群。

6. 资金保障

政府引导资金的投入具有决定性导向作用,符合公共财政支持方向。一是在一定程度上缓解资金瓶颈问题;二是政策导向作用明显;三是通过引导吸纳社会资金加入;四是重点用于基础设施建设和关键技术应用。政府投入该领域的绝对额度应逐年加大,以技术补助、资本金入股等形式注入。

7. 监督与舆论保障

建立舆论监督机制,通过媒体宣传、社会舆论、人大、政协等机构和手段实施社会监督,宣传执行产业政策,督促园区建设步入正轨,达到组建目标。

8. 信息保障

构建生态工业信息平台,实现园区内各种信息的共享,以及园区与外界的信息交流,可以介绍生态工业、循环经济理念和"生态工业示范园区"信息流,便于企业之间进行"三废"资源交换与再利用的信息沟通,为生态工业园和循环经济建设搭建信息平台。

9. 园区目标和定位

新建循环经济示范园区(生态产业园区)因地理位置、产业领域等不同而有不同的目标和定位。从规划和选址伊始,就要针对不同产业结构、地域、示范目标等进行定位,确立建设目标和示范目标。

10. 园区内基础设施框架

政府牵头构建基础设施,以物流为纽带,以能源、水和物料为重点,以经济效益为杠杆,各企业共享交通运输、水利、通信设备、电力输送等基础设施。通过能源的梯级利用和热电联产等途径,优化园区总能源利用,最大限度使用可再生能源;通过水资源的梯级利用、中水回用等手段,实现园区内用水的闭路循环;通过副产物和废弃物的综合利用实现零排放。

11. 国际国内合作

以招商为手段,以大项目为媒介,借鉴国内外成功技术、信息,进行合作,引进园区内构成企业副产品交换网络的关键节点技术和产品,实现物料闭路循环。

12. 废弃物回收

有计划、有步骤、分领域地选定废弃物回收,为示范园提供原料保障。优先选择污染危害大、范围广的重点废旧物,由易到难实施。如塑料包装回收物的回收,以及优先实施废旧轮胎、废旧发动机回收利用,逐步推广至废旧汽车回收利用。

六、中国环境保护与能源节约的发展

(一)环境保护产业快速发展

环境保护产业是循环经济产业的重要组成

部分。我国环境保护投资规模逐年增加,占GDP的比例显著提高。我国已有1 200多家企业生产的2万多种规格产品获得中国环境标志认证,年产值约700亿元。从投资总量看,20世纪80年代前,我国对污染控制基本上没有投入,与环境有关的城市基础设施的投资非常有限,此后,我国开始将环境保护纳入国民经济计划。

(二)节能减排措施成效显著

在一系列政策的导向下,节能减排措施取得了积极的成效。北京、上海、重庆、山东、辽宁、江苏等6个循环经济试点省市,2006年能源强度降低了4.25%,化学需氧量排放量下降2.08%;7个重点行业中42家试点企业,2006年万元工业增加值能耗降低12.1%,化学需氧量和二氧化硫排放量分别下降24.6%和8.1%。截至2007年12月27日,全国关停小火电机组1 438万kW,共计553台,超额完成年初关停1 000万kW的目标;不能做到达标排放的500多家造纸企业停产整治,近400家造纸企业被责令限期完善治污设施。到2007年11月底,我国工业固体废物综合利用率已达56%,钢铁工业年废钢利用量相当于粗钢产量的20%,废旧有色金属年回收利用量相当于年产量的25%左右。特别是2007年1—9月,我国的化学需氧量和二氧化硫排放量还首次出现了双下降。2008上半年,万元GDP能耗下降2.78%。

七、中国循环经济发展中的若干问题分析

尽管我国循环经济建设取得了一定进展,但尚处于起步阶段,仍然存在着诸多问题。

(一)促进循环经济发展的机制尚不完善

主要表现在:①缺乏有效激励,企业发展循环经济与利益最大化有矛盾,缺乏积极性;②融资机制滞后,尚未建立循环经济政策性金融支持体系;③公众参与机制不足,参与意识薄弱。

(二)节能减排的任务依然艰巨

国家"十一五"规划纲要提出单位国内生产总值能源消耗要降低20%左右;主要污染物排放总量减少10%。2006年全年万元GDP能耗实现自2003年以来首次下降,主要污染物排放增幅减缓。然而,2006年全国未能完成年初确定的节能减排目标,完成总体目标的难度陡然增大。虽然2007年两项主要污染物(二氧化硫和化学需氧量)的排放量同比分别下降,但在保持经济高速增长的情况下,完成节能减排的任务艰巨而紧迫。很多地区重工业建设的势头依然强劲;一些地方污染物排放的总量超过了环境容量,产业结构重型化的格局仍未改变;资源环境成本没有充分体现,高耗能行业加快增长的内在动力未能得到有效遏制。同时,很多企业思想认识不到位,把发展循环经济片面等同于"三废"排放达标。这些都大大增加了节能减排的难度。

(三)环境保护投资发展不均衡

我国环境保护投资主要集中在城市环境基础设施建设投资、工业污染源治理投资和建设项目"三同时"环保投资三个领域。其中,城市环境基础设施建设投资呈持续稳定增长态势,在其他方面的环保投资具有较大的波动性。而在广大的农村地区,几乎没有环境基础设施建设方面的投入,农村环境长期得不到有效治理,致使农村环境日益恶化,生态环境遭受严重破坏,诱发各种疾病。

(四)发展循环经济的技术瓶颈有待突破

无论是废弃物处理、节能降耗技术开发,还是对资源深度开发,都离不开技术和设备的投入。没有先进的生产技术和工艺,提高生态效率、降低消耗就无从谈起。虽然大型企业比较容易获得各种技术支持,但中小企业较难获得,因而技术瓶颈制约了循环经济的发展。

第四节 新加坡循环经济发展状况

一、新加坡循环经济概况

新加坡是东南亚的一个岛国,由一个大岛(新加坡岛)和60多个小岛屿组成,总面积646 km^2,人口约350万,因国土小如星斗,又称星洲、星岛。新加坡国土面积狭小,天然资源十分有限,各种自然资源非常短缺,资源匮乏无疑是新加坡发展的一大劣势,那么新加坡如何从一个资源匮乏的弹丸之地,变成了太平洋上的"钻石岛"?总结新加坡取得惊人成绩的经验,十分重要的一点就是发展循环经济,严格遵循减量、再利用、再循环的原则。探究新加坡发展循环经济的经验,对促进经济与环境的协调发展具有重要作用。

新加坡政府立足本国人多地少、资源匮乏的国情,制定了正确的经济发展战略,发展循环经济就是重要战略之一。循环经济在新加坡得到长足健康发展的原因之一是完善的法制基础。新加坡淡水资源奇缺,工业用水量约占每日耗水量的一半,相当一部分生活用水从印度尼西亚和马来西亚进口。由于缺乏修建集水区和蓄水建筑物的土地,主要地表水资源已经被开发,加上不可预见的干旱,越来越难以满足该国日益增长的发展需要。因此,发展循环经济、遵循3R原则、建设资源节约型和环境友好型社会就成为新加坡实现可持续发展的必然选择和重要出路。为此,2001年11月10日,新加坡政府公布了一项新的环保计划草案——《新加坡2012绿色计划》。该计划涵盖水、能源、土地和噪声等方面,突出了"再利用、再循环、更新和回收"等内容。该计划主要包括:一是在能源使用方面,将越来越趋向自然,促使发电厂用天然气做燃料,到2012年使本国发电量占到60%,政府奖励选择使用天然气车辆的人;二是在噪声控制方面,除了环境部施加的噪声限制外,还将为城市密集快速交通和城市轻轨快速交通列车制订更严格的规定;三是在固体废物处理方面,将采取更多措施鼓励再利用,到2012年固体废物再利用率将达到50%;四是在节水方面,到2012年全国5%的供水将来自海水淡化,总用水量的20%将来自回收再利用水。该绿色计划充分显示了新加坡政府发展循环经济、建设资源节约型和环境友好型社会的决心和信心。

二、水资源循环利用

人类没有水是不可想象的。但是,随着水资源利用量的急剧上升,越来越多的国家出现了水危机,不仅严重制约着经济的发展,而且威胁着人类生存。新加坡由于治水成效卓著而被美国《国家地理》杂志誉为"城市高效用水及创新水循环科技的范例"。然而,在近半个世纪前新加坡立国时,因为缺水,"新加坡国父"李光耀面对电视镜头哭了。1965年,仅有200多万人口的新加坡,绝大部分供水要依赖于马来西亚。时任新加坡总理的李光耀感慨道:"每一项政策都可能因为水资源问题让我们屈膝。"

新加坡地处赤道,四季如夏,属于热带雨林气候,一年中雨水充沛。但由于国土面积狭小,蓄水能力严重不足。新加坡尽管年降雨量高达2 350 mm,但人均水资源只有211 m^3,为世界倒数第二。因此,淡水对于新加坡人来说,就像人体血管里的血液一样重要,解决缺水问题成为举国之重。

新加坡在解决缺水问题的征途中,经过近50年的创新发展,取得了世界瞩目的成就。其水源已由单一的邻国购水,发展到邻国购水、淡化海水、收集雨水和制造新生水4个水源并举。不仅保证了每一个居民都能享用自来水,而且使其工业得到了充分发展。2014年春季,50年未遇的大旱威胁东南亚地区,就连淡水输出国的马来西亚的许多地区都被迫采取限水措施。但新加坡却从容面对:500多万居民每天有充足、干净、安全的自来水。现在,政府号召居民"节约用水"而不需要限制用水。

为解决缺水问题,新加坡政府使用科技力量节约用水。从1978年起,在高层政府组屋中间楼层的水表两侧开始安装节水套筒,用来减小过大的水压;所有厕所都安装复式冲刷水槽(4.5 L半冲,9 L全冲)。从1983年起,政府强制在公用洗手间内安装延时自关水龙头、水流调节器及减压阀等节水设施,公用事业局还定期检查这些设施,以确保其正确安装和正常使用。1992年,公用事业局连同建屋房产局等部门在新的政府组屋开始引入低水量冲刷水槽(3.5~4.5 L),从1997年起,所有新的建筑只能使用这种低水量冲刷水槽。

为解决缺水问题,新加坡政府还大力生产新生水。即回收所有的工业和家庭生活废水,然后经过各种过滤和消毒,使其达到可以饮用的水标准。他们生产的新生水不仅超纯净,而且超过了世界卫生组织的饮用水标准。新生水主要供应给工商业用户使用,另有5%左右的新生水被注入国家蓄水库,与自然水混合,最后再处理成饮用水。收回每滴用后水,经先进的膜技术及紫外线科技净化处理后生产出新生水,这是新加坡最具科技创新意义的工程。从2002年1月第一座新生水厂投产至今,新加坡已经有了5座新生水厂,新生水可基本满足全岛30%的用水总需求,到2030年将提高到50%。为了鼓励老百姓用新生水,新加坡政府还于2003年兴建了"新水访问中心",让人们了解生活废水是如何变成洁净的饮用水。在让人们免费参观的同时,还让其免费品尝瓶装的新生水。

地表水是水的重要来源,但是利用地表水最大的难题就是如何保证不被污染。为此,新加坡人建立起一套并行不悖的综合治理系统。在收集雨水的同时,治污工作同时展开。除厕所早有专门的排污管道外,每家每户将可能产生的污水,如空调水、厨房用水、洗衣用水等通过专用的污水管网排出。而工业污水的治理,不仅更为严格,而且经过科学的分类治理后,或排入海洋,或进入工厂,或注入当地的蓄水池。

新加坡政府积极鼓励工业领域大力发展循环经济,特别是鼓励电子和电镀行业重复利用水资源。如晶片加工厂由于在产品生产工艺流程中需要使用大量的水,新加坡公用事业局协助该厂开发了一种内部水循环系统,使其50%的用水可以得到重新利用。为促使这一比例进一步提高,该厂正在进行进一步的技术革新。

三、电子废弃物回收循环利用

在20世纪90年代中期,电子和半导体行业发展高峰的时候,很少有人关注电子产品制造过程中的不良品及废料的回收循环。它们之中大部分只是被运到垃圾场填埋处理。有一小部分是售卖给废物回收商进行不规范的分解。这部分废料通常在被压碎和提取了其中一些有用的贵金属之后,大量难以回收的有用资源被当作垃圾随意丢弃。这些剩余的物质中还有很多是毒性很大、会对环境造成巨大危害的废物。另有一些可怕的情况就是这些废料在处理不当的情况下经雨淋后所流入河中和海里的毒素,会危害到海洋生态系统,同时影响绿色森林和动物以及人类的健康。新加坡SPM Refinery Pte Ltd公司能为电子废弃物提供一站式解决之道。报废的电路板、芯片、硬盘灯电子废料,将在该专业处理厂进行无害化的处理:先被分类、拆解,接着其中的电路板、芯片、原件等会被粉碎成仅有1 mm左右的微粒,再用高科技使其溶解,从中分离出有价值的材料和金属(包括金、银、铂、钯等贵重金属)。这些贵重金属再被精炼成纯度很高而达到国际标准的纯金属,可卖给银行或作为原料卖给生产厂家。而处理过程中产生的废弃物和废水都会进入专门的污染控制系统进行净化处理。在SPM Refinery Pte Ltd公司厂房建设的时候,严格遵照新加坡环境保护法,投入大量资金安装污染控制及净化设备,包括:碎磨过程完全的尘埃收集系统、酸过滤和有机溶剂处理系统、氰化物分解系统、完全废水处理系统、烤箱灼热污染控制系统、Veanturi 擦洗器、NO_x 擦洗器、HCl 擦洗器和水门录灌机。

电子废料中含有的大量可回收利用的塑料、玻璃、贵金属等资源,可以用循环经济的手段处理,改变了传统资源消耗型模式,消除了污染,变废为宝,实现了经济利益和环境利益双赢。

四、垃圾变废为宝

随着人口增多和生活水平的提高,垃圾处理问题成为摆在人类面前的一个头疼的问题。新加坡严格分类垃圾进行回收利用,甚至将不能回收利用的垃圾焚烧后的灰烬也利用起来。

循环再利用:回收之后循环再利用是新加坡处置废弃物的首选,既解决了环境问题,同时也解决了焚烧和填埋成本不断上升的问题,产生了很好的经济效益。2009 年,新加坡回收固体废弃物 3.48 万 t,回收率达到 57%,提前完成了绿色计划的目标。预计到 2030 年,新加坡 70% 的垃圾都可以得到回收。在新加坡的主要废弃物中,建筑垃圾、金属制品和废旧轮胎回收利用率较高,达 83%~99%,而占废弃物比例较大的纸制品和餐厨垃圾利用率还较低,分别为 48% 和 13%。在新加坡政府的支持下,资源再生产业蓬勃发展,出现了一批从事废弃物的再循环与再制造的著名企业。如 Morelastic 绿色能源公司利用废旧轮胎制造橡胶;Cimelia 资源回收公司回收电子废弃物并从中提取贵金属;福传香港废物管理公司将建筑垃圾、纸张和废木料制成新的建材等。资源再生产业的发展使得垃圾变成了金矿,同时也大大带动了废弃物清运和回收产业的发展。

无法回收利用的垃圾进行焚烧处理,产生的灰烬也被利用起来,这既解决了垃圾的存放问题,又能使国土面积增大,一举两得。一提起垃圾处理场,人们常常会联想到满地污浊、臭气熏天的景象。至于将垃圾处理场建成休闲娱乐的度假场所,也着实令人难以置信。但是,新加坡人将这一梦想变成了现实。新加坡政府开放作为垃圾处理场的实马高岛,并批准新加坡自然学会、钓鱼运动协会以及莱佛士多样性生态研究博物馆 3 个机构,可以组织人员在岛上进行观鸟、钓鱼、观察生态物种等娱乐休闲活动。而且,岛上被允许开展环保旅游、海上运动、天文观测等更多活动项目。置身垃圾岛,恍如度假村!实马高垃圾处理场由锡京岛和实马高岛相互连接、围海而成,位于新加坡本岛以南 8 km 处,面积约 3.5 km^2,是世界上第一个人工滨海垃圾填埋场。建造实马高垃圾处理场的投资计划约 4 亿美元,工程第一阶段包括 11 个大小不同的区域。其规划填埋土方总量达 6 300 万 m^3,预计使用年限 30 年。一旦达到上方填埋总量,它将成为世界上第一个主要由垃圾灰烬填埋而成的岛屿。1999 年 4 月,随着新加坡政府关闭本岛最后一个垃圾填埋场,实马高垃圾处理场正式开始启用。实马高垃圾处理场主要填埋来自新加坡本岛 4 个焚化厂的灰烬,日填埋垃圾量为 2 000 t 左右。到目前为止,垃圾埋置已有 5 个水区,约占整个填埋区域面积的 1/10。无论是规划设计、施工建设还是投入运营,实马高垃圾处理场都十分重视自然环境和生态物种的保护。不仅成功保留了大部分海草区和珊瑚礁,丰富多样的生物种群也得以继续繁衍。岛上保留下来的部分动、植物在新加坡属于为数不多的种群。岛上原有的天然丛林和新种植的 13 万 m^2 红树林成为许多海鸟的栖息乐土,巨嘴鹭等罕见鸟类也在此安家落户。位于海岛南端的滨海湿地是新加坡目前最大的海草区,它的存在亦为海岛增色不少。置身岛上,清新海风迎面吹来,葱茏绿意映入眼帘,恍然如徜徉于风景秀丽的"度假村"中。

另一处理焚烧灰烬的例子是垃圾焚烧的灰烬作为铺路材料。新加坡成功研制了利用垃圾焚化后的灰烬作为铺路的原料。有关数据显示,新加坡的垃圾焚化炉每天都会剩下多达 1 400 t 的这类灰烬,当局因此决定要更好地利用这个资源。他们开始在裕廊建造一条长 150 m 的道路,测试这类原料是否可以用来铺路。新加坡国家环境局指出,已经有好几家公司对这种较低成本的新原料感兴趣。

　　新加坡政府历来重视环境保护、清洁生产以及废物的再循环和再利用。从20世纪90年代初起,新加坡政府就开始了促进垃圾减少和废物循环的工作,力图减少焚化和填埋的垃圾数量。到2001年,新加坡全国垃圾处理总量为280万t,其中来自工业和商业领域的废物循环量已达处理总量的44%。近年来,新加坡政府又先后出台了新加坡2012年绿色计划、国家再循环计划、无垃圾行动等政策。绿色计划的目标是政府、公私机构及民众三方合作,订立保持健康生活环境的十年规划。来自上述3个社会领域的115名成员成立了新加坡绿色计划协调委员会和6个行动计划委员会,提出了废物处理、清洁空气、自然保护等24个项目的155个行动计划,并定期进行检查、评估、监督及落实。再循环计划提出3R方针,旨在号召居民减少垃圾产生,注意废物的循环和再利用。无垃圾行动则由政府环境局推出无垃圾标识,告诫公民有责任保持环境清洁,培养大家的环保意识。政府的高度重视和民众的积极响应使得上述政策实施收效明显。值得一提的是,实马高垃圾处理场的使用寿命也因此得以延长约15年,即由原来的2030年延长至2045年。

第三章 欧洲循环经济发展状况

第一节 俄罗斯循环经济发展状况

一、俄罗斯循环经济发展的背景与历程

(一)俄罗斯循环经济发展的背景

2008年以来,俄罗斯经济陷入持续低迷状态。观察俄罗斯GDP增长率的变化,可以看出,在2009年,GDP增长率存在一个明显的断点,在2009年之前GDP年均增长率为7.1%,2009—2013年年均增长率仅为1.1%,显著低于之前的水平。尤其2013年,俄罗斯GDP的增长率只有1.3%,这是经济增长的急剧减速,同时1.3%的经济增长水平低于当年世界3%的平均增长率1.7个百分点,在过去十几年中,除2009年外这是从来没有过的。在经历了2009年短暂复苏之后似乎又陷入严重低迷状态。俄罗斯经济增长的这种低迷状态引起了各国学者的广泛关注,大家认为,俄罗斯在2008—2009年经济恢复性增长已经完成,但原料经济以及国外资本流入减少等因素,影响了国民经济的整体表现。俄罗斯经济增长将会再现不同于"塌陷的"1990年和"肥胖的"2000年的第三条经济增长轨迹。

有学者指出,俄罗斯未来会形成新的经济增长模式,而新的经济增长模式正是经济危机的产物。2008—2009年的经济危机是第一次严重影响俄罗斯经济的世界性危机,但是这可能不是最后一次,俄罗斯已成为世界经济的一分子,在这个过程中任何不稳定因素都可能严重影响俄罗斯经济。邢国繁和张曙霄认为,俄罗斯经济2009年以来发生逆转的根本原因在于俄罗斯单一的资源型经济对外部环境过度依赖,发展创新型经济是其未来经济发展的必然选择。苗华寿在对俄罗斯经济低迷原因进行分析的基础上指出,俄罗斯经济目前还难以摆脱对自然资源和外部市场的依赖。作为一个资源型超级大国、一个有着较高教育和科技水平的国家,俄罗斯当局振兴经济的能力还是不能低估的。通过以上的研究可以发现,大多数学者的研究集中在对俄罗斯发展形势的理论分析,很少涉及对俄罗斯经济的定量分析,因此有必要利用相应的数据,对俄罗斯未来经济的发展做一个系统的分析与预测。

(二)俄罗斯循环经济发展的历程

一般而言,一国的经济增长速度越快,其国民财富和经济总量也增加得越多,因而国家的经济实力就会越强。但采取何种经济增长方式,是靠科学技术进步和全面现代化,还是利用经济增长的粗放因素,甚至不惜任何代价(包括出卖资源)达到经济高速增长,这是任何一个国家必须要实际做出选择的问题。与此相关的另一个问题是正确处理经济增长与经济发展的关系,因为经济增长与经济发展是既矛盾又统一的,如果处理不当,就会出现有经济增长却不一定有经济发展或者经济发展缓慢的矛盾现象,从而陷

入经济增长的一种怪圈,俄罗斯便是如此。无论是苏联时期还是独立后的俄罗斯,都是依靠自然资源的大量出口来达到经济的快速增长,从而形成资源依赖型的经济结构,并导致经济增长与经济发展的不协调和不同步。

据苏联国家计委所属的全苏燃料动力综合问题科学研究所提供的资料,苏联时期燃料动力资源在出口外汇收入总额中所占的比重于1984年达到了55%,为历年最高。出口总收入中,石油出口的比重1980年为36.4%,1985年为38.8%,1987年为33.5%。另有资料显示,1970—1986年,苏联对石油和天然气工业投资的增长速度要比对整个工业和国民经济的投资高出2~4倍。1970—1973年,对石油工业投资占对全部工业投资总额的比重在8.8%~9.3%波动,而这一比重在1986年则高达19.5%。从以上几组数据可以看到,苏联时期的经济明显表现出资源开发型和资源依赖型经济的特征。根据资料分析,无论是包括石油在内的燃料动力资源占出口总额的比重,还是这些资源向国外市场出口绝对额的变动,苏联时期和俄罗斯独立后的情况并无实质性的差别。20世纪80年代,苏联燃料动力资源占出口总额的比重在40%~52%波动(1984年高达55%),而在俄罗斯独立后的90年代,情况也大致如此。矿产资源占出口总额的比重也稳定在42%~48%,2000年这一比重更是高达53.8%,其中燃料动力资源占了近52%。

二、俄罗斯循环经济的发展战略

(一) 俄罗斯循环经济的战略目标

在东部发展规划的基础上,2008年5月,俄罗斯地区发展部组织力量开始编制《2025年前远东地区及布里亚特共和国、外贝加尔边疆区和伊尔库茨克州的社会、经济发展战略》,同时对《2013年远东和外贝加尔经济和社会发展联邦专项规划》进行修编。俄罗斯东部发展战略的编制现已完成,并通过俄罗斯地区发展部的验收。

新编制的战略规划考虑到国际金融危机的影响,具有新的特点并提出了以下原则。

1)实行"工艺技术换资源"的原则。东部发展战略要实现自然资源利用效率最佳、环境保护最优、俄罗斯联邦的利益最大、产品附加值最多,具体途径是引进国际最先进的工艺技术来开发东部资源。俄罗斯萨哈林1号项目给俄罗斯很大教训,由于工艺技术落后,产量高峰期很快过去。因此,战略规划提出必须保证东部石油开采系数不低于俄罗斯的平均水平,必须采用最先进的环保技术,必须有恢复生态环境的配套措施,必须保护动植物的生态安全,将修改有关对损害自然资源进行补偿的法律。2006年,对萨哈林1号项目给生态环境造成的不可逆损害的赔偿金只有1 100万美元,与造成的损失相差甚远。对人为活动造成的对环境的不可逆损害的赔偿,将包括对地方财政损失的补偿,以及导致当地居民丧失工作岗位的补偿。此外,能源产品在当地加工要最大限度地增加附加值,出口精加工产品。战略规划要求在俄罗斯东部从事商务活动的基本条件是要承担社会责任,参与和发展社会基础设施的建设。

2)充分利用俄罗斯东部地区的(过境)运输能力,帮助俄罗斯恢复运输综合体大国的地位。

3)依靠国际合作实施国际创新项目。战略规划认为,俄罗斯东部地区拥有较强的科技潜力,同时具有丰富的自然资源和较少的人口,因此,这一地区可成为实施国际创新项目的最有前途的地区。对同各国的合作,将实行开放政策。研究领域和创新政策领域里的多国合作,不仅是保证俄罗斯东部地区稳定发展,而且是保证全俄罗斯稳定发展的主要因素。

在生态领域的国际合作创新方面,俄罗斯东部地区具有特殊优势。生态领域的项目有望成为现代科技有待突破的国际合作的载体。而具有世界上罕见的生态体系的贝加尔湖和太平洋具有巨大潜力。俄罗斯东部地区有前途的领域是利用自然资源作为原料进行生物学和制药学研究,特别是可以结合邻国中国具有的传统技术。

4)根据东部地区运输、能源和社会的发展

规划，以及有限资源向优先发展和重点开发地区集中的原则，东部地区将建设46个中心地，以此形成新的居民分布体系。这些中心地将构成4条发展带：一是沿西伯利亚大铁路，构建工业发展和后工业发展带；二是沿贝加尔—阿穆尔（包括萨哈林岛）和阿穆尔—雅库特铁路沿线、东部公路网以及沿海岸线，构建优先开发带；三是依靠未来规划建设的铁路、公路以及港口码头，构建未来开发带；四是为保护生态环境而划定特定区域，构建原始生态保护带。

5) 吸引劳动力资源。东部地区发展的制约因素不仅是交通和能源基础设施落后，而且最主要的是人口数量少。因此，必须吸引域外劳动力并且要提高劳动效率。东部地区的铁路、公路、机场、码头、电站、输电线路、社会和技术性基础设施建设，仅首批工程就需要吸引100万名建设者。目前，实现开发的只有西伯利亚铁路沿线的狭长地带，劳动力短缺的问题尚不十分突出。发展东部地区人口的政策可以包括3个方面：一是通过提高东部当地的生活水平（要达到欧洲地区的程度），制止当地居民的人口外流；二是通过提供良好的居住环境、生活基础设施以及有前途的工作，吸引来东部地区参加长期项目建设的专家和技术工人定居；三是吸引外国移民，即通过制订和实施综合措施来培养进入东部地区的外国人对俄罗斯文化的价值观和传统的认同感，经过各种文化、语言和技能培训中心的培训，使外来移民本土化。

(二) 俄罗斯资源依赖型经济的基本特征

所谓资源依赖型经济，是指俄罗斯主要依靠自然资源的大量出口来实现经济的快速增长。据俄罗斯经济发展和贸易部的资料，目前俄罗斯经济增长的27%是由石油和天然气等能源的出口获得的，而包括能源在内的原材料行业占到俄罗斯GDP的70%以上。俄罗斯外汇收入约60%来自能源出口。

1. "石油经济"的特征明显

石油对俄罗斯经济的重要程度不言而喻。俄罗斯不仅在编制年度预算时要首先确定预算年度的国际石油基准价格，以此来安排预算年度的财政收支，而且在预测GDP增长时石油因素一直是一个重要的砝码。例如，在对2004年GDP增幅进行预测时，俄罗斯经济发展和贸易部认为将增长6.8%~6.9%；国际货币基金组织认为将增长7.25%；俄罗斯工业和能源部长赫里斯坚科则认为，经济增长不会低于7.3%。这些权威预测无一例外都是以国际石油的高价位为出发点的。正是由于国际市场油价的持续攀升，给俄罗斯带来了巨大的经济利益，2004年GDP实际增长高达7.1%。这说明石油因素在俄罗斯经济增长中的作用是毋庸置疑的，因此，说石油仍是俄罗斯的经济命脉，是推动俄罗斯经济增长的发动机也并不为过。

尽管俄罗斯政府曾多次解释说，俄罗斯的经济增长并不完全依赖于石油出口，尚有增加投资和扩大内需的贡献，但滚滚的石油收入的确构成了俄罗斯经济增长的重要来源。特别是国际石油价格上涨对俄罗斯GDP增长的贡献度增大，这是一个不争的事实。有资料显示，2004年俄罗斯石油工业总收入达到718亿美元，其中石油和石油产品出口收入达552亿美元。俄罗斯财政部长库德林指出，俄罗斯35%的联邦预算收入来自石油、石油产品和天然气出口，其中石油出口收入超过18%。据他估算，如果石油价格每上涨或下跌1美元，俄罗斯综合预算收入就会增加或减少590亿美元，其中包括联邦预算收入增加或减少450亿美元。世界银行专家也指出，俄罗斯GDP的增长取决于石油价格的上涨，他们估算，石油价格每提高1%，俄罗斯GDP可增长0.07%。另据国际能源机构2004年10月26日发布的《2004年世界能源展望》预测，到2030年，俄罗斯石油日产量可能达到1 080万桶。随着世界石油价格持续上升或保持较高价位，以及俄罗斯本国石油产量的不断增加，俄罗斯经济对石油的依赖性还会逐渐增强。《2004年世界能源展望》认为，俄罗斯的这种依赖程度已经接近欧佩克国家的水平。

2. 资源经济发展迅速

俄罗斯著名经济学家阿甘别吉扬认为，俄罗斯经济增长的70%是靠外部因素保证的。在俄罗斯的出口构成中，80%为原材料，其中石油和石油产品占38%，天然气占18%，有色和黑色金属占15%。出口对俄罗斯GDP增长的贡献度，2000年为50%（GDP的9%增幅中有5%是靠出口拉动的），2001年为30%（GDP的5%增幅中有1.5%~2%是靠出口拉动的），2002年为50%（GDP的2%增幅中有1%是靠出口拉动的），2003年和2004年分别高达75%和70%。另据有关资料，在俄罗斯2004年的出口结构中，燃料动力资源占56.8%，金属和金属制品占16.9%，化工产品占6.6%，机器和设备的比重仅为7.5%。因此，低附加值的原料和半成品占到出口商品的80%以上。原料和半成品部门占商品生产部门的比重达到58%~60%，而资源出口从国外换回的主要是消费品，在消费品总额中进口商品的比重超过63%。俄罗斯将大量的自然资源和低附加值的原料和半成品用于出口，其中石油、木材、矿物、肥料和纸浆的出口占这些产品总量的约50%；碳素钢平板轧材、石油产品约占40%，而具有高科技含量的载重汽车和小汽车的出口量仅分别占其总产量的21%和12%。

有鉴于此，俄罗斯经济发展和贸易部不止一次地承认"俄罗斯出口结构的原料特征并没有改变"。之所以如此，是因为俄罗斯一直在充分利用自己的比较优势，通过大力发展资源经济来增加财政收入和扩大储备，以达到经济的快速增长并进一步提高人民生活水平，从而真正达到强国富民之目的。但另一方面，由于大量出口低附加值的初级产品特别是原料资源，不仅消耗不可再生的自然资源，而且导致俄罗斯在世界贸易中所占的比重急剧下降，由1990年的2.1%降至2002年的0.7%。再者，出卖原料和能源等资源会使俄罗斯遭受双重损失：一方面是出口低附加值产品造成的损失，从近期来看，为解决石油管道运输能力不足，难以满足大规模石油生产需要的问题，俄罗斯能源战略计划首先修建波罗的海管道二期工程，使年输油能力从目前的4 600万t提高到6 200万t。仅修建波罗的海石油管道、西西伯利亚—巴伦支海石油管线和东西伯利亚—纳霍德卡石油管线等，就需要约300亿美元的投资。有资料显示，俄罗斯储蓄银行于2003年6月与俄罗斯石油运输公司签订了总额为9亿美元的扩建波罗的海石油管道系统的贷款协议。按照该协议，储蓄银行已于2004年向俄罗斯石油运输公司提供了第一笔1.5亿美元的贷款。

(三) 资源依赖型经济与经济增长

由于国际油价持续走高，驱使俄罗斯不断增加石油生产和出口，石油出口收入大大增加。俄罗斯工业和能源部部长也一再强调，俄罗斯当前和今后的首要任务是在国际能源市场上继续保持出口领先地位。正是受国际高油价和依赖能源出口优势以达到利益最大化的双重驱使，俄罗斯对石油天然气行业的投资大幅度增长。有资料显示，在2000—2004年5年间，俄罗斯对油气行业的投资总额已达1.3万亿卢布（约460亿美元）。另外，从资金投向上看，俄罗斯对能源及原材料部门的投资占全国投资总额的74%，这一比重是相当高的。正是这种"投资偏好"，使俄罗斯工业结构中高技术部门的比重下降。1992年和2002年工业结构的比较结果表明，机器制造业的比重由23.8%下降到20.9%，轻工业的比重由5.2%降至1.7%，石油开采工业的比重则由9.9%提高到11.2%，有色金属的比重从7.3%提高到10.9%，黑色金属的比重由6.7%上升至8.1%。

从今后的发展趋势来看，受自然资源比较优势的利益驱动和国际油价持续走高的刺激，俄罗斯会继续加大对资源开发特别是石油天然气开采的投资力度。俄罗斯政府于2004年11月召开专门会议，通过了《至2020年矿产资源发展纲要》（以下简称《纲要》）。根据该《纲要》的要求，俄罗斯财政将拿出2 550亿卢布（约88.6亿美元）用于矿产资源的地质勘探。之所以如此，是因为会议认为，"俄罗斯矿产资源部门的发展对俄罗斯经济具有重要意义。在俄罗斯的出口中，矿产资源品占70%，而碳氢化合物在矿产资源品中占77%"。

据俄罗斯经济发展和贸易部2004年12月

底发布的《俄罗斯经济和社会中期发展纲要(草案)》的数据,在2005—2015年的10年内,俄罗斯对石油生产领域的投资将达到1 280亿~1 400亿美元。按最低投资额即1 280亿美元预计,到2015年俄罗斯石油产量将达到5亿t,出口2.84亿t;按最高投资额即1 400亿美元预计,2015年俄罗斯石油产量将达到5.55亿t,出口3.7亿t。而俄罗斯工业和能源部国家能源政策局局长萨延科2005年6月则透露,在未来10年内,俄罗斯对石油和天然气工业的总投资将达到2 700亿美元。

从以上所述可以看出,俄罗斯的经济增长主要是依赖资源的出口获得的,特别是国际高油价对俄罗斯的财富聚集效应十分明显。俄罗斯经济发展和贸易部部长格列夫也承认,俄罗斯的经济增长在很大程度上得益于国际油价的迅猛上涨。在2004年工业生产持续下滑的情况下,依靠石油出口数量的增加和高油价而带来的滚滚财源,仍然使俄罗斯达到了7.1%的经济增长速度,这不能不说是国际石油价格居高不下给世界第二大石油出口国俄罗斯带来的巨大财富效应。另据俄罗斯经济发展和贸易部提供的数据,2004年上半年在俄罗斯GDP 7.4%的增幅中,有4%是由于出口特别是石油出口和国际高油价所贡献的,只有1.6%和1.8%分别由投资和国内消费需求所拉动,这一事实再次说明俄罗斯经济对石油出口的过度依赖性。美国摩根士坦利公司之所以对俄罗斯经济持乐观态度,一个很重要的原因就是基于国际石油价格持续高位,"黑色金子"带来的滚滚财源会拉动俄罗斯经济的快速增长。另据有关资料,2004年俄罗斯出口总额增长了33.9%,其中实物增量为11.1%,由于价格的提高而增加了20.5%。2004年,"Urals"品牌石油每桶平均价格为34美元,比2003年提高了26.7%。这一年,因国际油价上涨,俄罗斯石油开采与出口均有较大幅度的增长,石油开采量达59亿t。

当然,也不应当否认,从中短期来看,大力发展资源经济,特别是利用国际市场石油价格上涨的有利因素大力发展石油产业,以此增加外汇收入和扩大外汇储备,增加财政收入,提高居民的生活水平和社会保障程度,保持经济的快速增长,对俄罗斯是一种必要的选择。事实上,俄罗斯也正努力使自己成为"能够操纵国际能源市场的能源生产和出口大国"。但从中长期来看,这种选择有很大的局限性。其一,石油是稀缺性资源,而且其稀缺性越来越明显;其二,国际石油生产和消费呈不均衡状态,而且这种不均衡性日趋严重;其三,国际市场上石油价格波动很大,一旦出现异常,俄罗斯经济就会遭受巨大的冲击。

(四)资源依赖型经济与经济和社会的发展

虽然俄罗斯的石油储量为世界石油储量的12%~13%,天然气为32%,煤为11%,铁为26%,铅为10%,锌为15%,钴为21%,钾盐为31%,自然资源可谓十分丰富,但这些资源都是不可再生资源,只能是越开采越少。有资料显示,按俄罗斯目前的开采规模,到2020年,银和锌的储量就会完全耗尽;到2025年,石油、天然气、铅、金刚石、黄金的储量也会消耗殆尽,钼、镍、铜、锡的储量会减少75%。另据有关资料,俄罗斯现有石油储量可以开采58.6年,天然气储量可以开采70多年;也有资料估计,俄罗斯的石油储量仅够开采22年,天然气储量只够开采85年。虽然这些数字相差较大,难以断定哪一组数据更真实准确,但这些数字至少可以说明一个问题:俄罗斯已经不能高枕无忧地依靠自然资源特别是石油及天然气的生产和出口来长期维持经济增长。对这些资源的掠夺性开采会使俄罗斯在几十年以后变成自然资源贫乏甚至石油和天然气枯竭的国家。正如俄罗斯科学院院士费多连科所指出的,如果对国家的自然资源继续实行掠夺性开采,那么这些资源很快就会枯竭。这显然是与俄罗斯经济和社会的可持续发展相悖的。

不仅如此,俄罗斯自然资源特别是石油开采条件也越来越差,勘探和开采速度越来越慢,开采成本越来越高。俄罗斯自然资源部的一份报告称,在已探明的石油资源中有50%的石油已经开采完,今后如果不通过引进资金和技术等途径加快石油的勘探和开采速度，按照目前的开采速度，已探明的石油储量到 2040 年就会消耗殆尽。以上所述还只是问题的一个方面，另一个更为重要的方面，是俄罗斯资源依赖型经济所引发的与经济和社会发展相关的一系列深层次问题。正如俄罗斯学者所指出的，资源性出口和原料性增长并没有给俄罗斯的经济和社会发展带来更大的实际利益，俄罗斯既没有因原料性增长而增加积累，也没有因此而提高经济效益和人民的生活水平。例如，2004 年俄罗斯 GDP 的增加额约为 1 280 亿美元，其中 894 亿美元（占 69.5%）并没有变成实际的经济资源，而是将相当大的一部分（452 亿美元）追加到用以购买外国有价证券的外汇储备，因而无益于积累和工业固定资产的更新。

三、俄罗斯循环经济的发展模式及特点

（一）俄罗斯循环经济的发展模式

自从 20 世纪 90 年代初俄罗斯进入变革时期，俄罗斯联邦政府就开始实施地区均衡发展战略。一些地区，尤其是外向型地区，更能适应市场经济的挑战，其他地区则稍差一些。当今世界，地区政策的功能之一是平衡各地区社会经济发展水平。因此，俄罗斯联邦政府的地区政策也以缩小各联邦主体社会经济发展差距为主要方向。为了缩小各地区在社会经济领域发展的差距，俄罗斯主要实行的是联邦财政资金在地区一级的再分配机制。但是，很多分析人士认为，对经济落后地区实行的预算平衡政策成效不大，也未能激发这些地区依靠自身力量实现经济增长的决心。

俄罗斯联邦政府部门已经注意到这一情况，为此，2005 年批准了《俄联邦各地区社会经济发展战略构想》。根据该构想，地区政策的主要任务不再是平衡地区发展水平，而是将财政、行政管理等资源投向被誉为"增长极"的支柱地区。同时，缩小地区发展差距的问题更受重视，而对因极化发展政策的实施而遭受损失的社会经济发展落后地区，将实行补偿性区域政策。这一政策不仅能保证落后地区的人均财政拨款维持在一定水平，还能刺激和支持在制定和落实发展规划及项目方面有所创新的地区。

总体来说，俄罗斯联邦政府积极推动地方政府出台自己独特的地区发展政策，允许地方政府将当地的财政收入用于本地区发展。因此，如今的俄罗斯联邦区域政策旨在让各地区独立制定和实施自己的发展战略，这与法律确定的三级政权——联邦级、地区级和地方级的权限是相符的。现行法律允许各联邦主体根据各地特点推行自己的地区经济政策。同时，联邦政府可以采取措施支持某些地区的创新发展。在俄罗斯当代地区政策中，支持需要特别资助的地区仍是国家的主要任务之一。因为国家对某些地区给予有选择的支持是缩小地区发展差距的有效途径之一。这种支持包括国家在社会、经济、法律等领域采取的一系列特别措施，旨在帮助那些由于客观原因不能独立发展的地区（萧条和落后地区）实现发展；为组建作为"增长极"地区的生产机构（技术园区、自由经济区等）创造条件；保证某些地区完成联邦一级的职能（给非公开的地区行政机构、联邦级单位和部门拨款）等。

在国家支持机制中，值得关注的是以下几点：在某些地区就特定活动实行临时性法律调节制度；以专项转移支付的形式给落后地区提供补充财政支持；联邦政府专门出台的地区社会经济发展规划；预算投资；将国家持有的企业股份转交联邦主体及地方自治部门所有；联邦预算拨给地方预算的住房补贴，用于资助极北部地区的居民迁移；给特别区域（隐秘城市、自由经济区、北部原住民居住地）拨款；联邦预算给优先发展的国民经济部门提供财政支持。这些机制，包括联邦财政资金转移支付、给地区社会经济发展规划拨款等，早就开始执行，但收效并不理想。因此，在目前的经济条件下，扶持落后地区发展的最重要机制应该是制定特殊的经济法律制度，以帮助解决其发展问题。

此外，从中长期来看，要解决当前的地区发

展问题,还需要完善地区政策执行机制。俄罗斯地区政策的主要方向已经从均衡地区发展转变为利用各种资源刺激"增长极"的经济发展,为此采取的措施有:监控改革制约因素及改革进程;协助推广改革成功经验;合理分配转移支付资金;提高经济管理质量;协助建设和发展地区产业集群、特殊经济区和创新园区等。

在落实地区发展战略计划时,不仅要完善现有的地区法律,还要出台新的、旨在刺激投资和创新活动的地区法律。从 1995 年起,俄罗斯各地区都积极推出了自己的投资政策,并根据地方特点制定了相应的经济政策。联邦主体对投资活动的调节手段包括:出台自己的投资法律;组建促进投资的机构;利用地方预算资金、银行担保等为投资者提供各种优惠待遇;组织发行地方债券。在 2008—2012 年梅德韦杰夫担任总统期间,俄罗斯开始创新经济发展模式。要实现这种转变,必须显著提高科研工作的地位,使那些达到世界领先水平的经济部门实现超前发展,这样才能最大限度地发挥俄罗斯的竞争优势。这需要对部门和地区经济进行综合性改革,并在经济领域推行新的空间发展和管理模式。这一方面有助于形成具有创新辐射力的地区经济增长中心,另一方面可以借助市场机制控制这一过程,使内陆和边远落后地区最终走上快速、稳定发展的道路。

(二)俄罗斯循环经济的特点

俄罗斯经历过经济危机后的复苏阶段,若要加快创新发展的步伐,不可忽视科技的力量。很多专家认为,这也是在俄罗斯创建有利市场环境所需要的。俄罗斯联邦政府希望借助市场机制及其他先进手段打造基于多个中心的经济空间架构,俄罗斯所有的大城市和地区都会建成这样的中心,这些中心将形成巨大的经济网络,网络内和相邻的中小城市、内陆和偏远地区都将受到其辐射带动。

现在,比较困难的是在各地找到提高竞争力的新动力和新机制。一些发达国家推行的是地区联合和地区平衡发展战略,而欧洲国家认为科技是创新发展的推动力,并且不一定非要在大城市才能实现创新发展。或许俄罗斯应该学习中国通过加强基础设施建设促进内陆和边远省市发展的经验,在俄罗斯打造一批作为新的创新发展中心的城市群,使其通过创新发展机制,培育新的、具有竞争力的制造中心的方式带动所在地区的发展。在这一过程中,需要关注以下问题:在对外关系中,边远地区充当的是地缘政治利益代言人和转换器的角色;内陆地区和小城市是大型地区中心实施的一系列项目的必要参与者,也可以成为地区级的经济发展中心。

从国际实践来看,地区创新发展政策的优先方向之一是组建新型经济空间,包括技术城、技术园区、经济特区、工业园区、物流中心、贸易仓储特区等,而边境合作园区被认为是最有助于促进偏远地区发展的。只有在推行现代市场发展机制的基础上,俄罗斯才有可能落实新的地区发展政策。这些机制应该是多元的,并能够保证地区的多方面发展。

第一类机制同国家落实地区政策的直接行动有关,特别是同针对落后地区的行动有关。这类机制包括:公共住房改革基金、对俄罗斯联邦主体的财政扶持基金、地区金融体系改革基金和地区发展基金等。

第二类机制能够促进地区自主创新发展,包括经济特区、开发区、创新城等。

第三类机制旨在改变(推行、完善)地区规划和管理技术,包括用于提高规划管理水平的循环基金。

第四类机制旨在加强生产经营单位的横向联系,包括产业发展集群、"国家+私有企业"合作模式、规划设计等。

四、俄罗斯循环经济的主要制度安排及创新

转型国家发展的实践表明,经济持续增长需要实现从外延式增长方式向内涵式增长方式转变,即从主要依靠要素数量的扩充转向依靠全要素生产率的提高。现代经济增长中,科技创新引起的社会生产率提升是经济持续增长的内

在动力，其中金融发展通过多渠道投资转化促进经济增长。

美国经济学家帕特里克认为，在金融发展与经济增长的关系上存在两种模式：一种是"需求追随"（demand-following）模式，即随着经济的增长，经济主体会对金融服务产生扩展需求，使得金融体系不断发展，导致金融制度组成中的金融机构、金融资产与负债和相关金融服务的推陈出新，这其中强调的是经济需要推动金融发展；另一种是"供给领先"（supply-leading）模式，即金融制度的供给先于经济发展的需要，强调金融服务的供给方对经济的引领作用。就理论界对两种模式的认识而言，"需求追随"模式更突出金融制度对经济发展的配套服务功能，因此，"供给领先"模式多被忽视。但在实践活动中，由于经济发展阶段不同而存在两种模式并存且相互交织的状态，尤其在经济发展的初期，"供给领先"模式较"需求追随"模式更能发挥金融制度优势。随着经济活动的拓展，资本存量与实际产出之间的正相关关系愈加明显，而适宜的金融制度则直接影响资本存量的积累速度和配置效率。所以，金融制度创新对发展中国家经济增长，特别是对转型国家创新战略的实施起着尤为重要的作用。

然而，创新投资在为经济带来巨大收益的同时，也受制于同期金融市场的发展。金融市场的信息功能及项目筛选功能使得投资回报率较高的项目脱颖而出，并通过市场参与主体的多元化投资组合化解流动性风险。然而，项目最终落实的重要环节在于对创新产业投资的风险管理成本控制，进而实现储蓄向创新投资的转化，实现经济的增长。创新投资是典型的不完全合约过程，即风险契约。因此，科技创新活动各个阶段的不确定性和交易成本表现的形式是不同的。从契约的全过程来看，科技创新活动存在事前收益、事中履约和事后投资回收的不确定性。由此对应产生的交易成本表现为投资贷前的信息成本、贷中的监督成本和贷后的回收成本。

俄罗斯自2008年国际金融危机前就开始了经济现代化之路。2008年国际金融危机使俄罗斯不合理的经济结构和高度外向型能源发展模式遭遇历史上最大的挑战。面对国际金融危机的深化，欧洲债务危机的蔓延以及中东、北非的局势动荡，尤其是美国重返亚太战略的实施，俄罗斯需要一个长远规划来应对这些变局。

（一）俄罗斯国家创新战略的实施

2009年11月，时任俄罗斯总统梅德韦杰夫发表国情咨文，提出俄罗斯今后经济发展的五大战略方向，以尽快使俄罗斯走上一条创新发展之路；政府确定的长期社会经济发展目标以及国家经济现代化的目标不会因为面临危机而发生改变。《俄罗斯联邦到2020年创新发展战略》（以下简称《战略》）的初稿由俄罗斯经济发展部牵头于2010年12月31日完成，此后历经不断修订，并会同俄罗斯财政部、地区发展部、教育和科学部等部门协调立场。2011年10月25日，该《战略》出台新版本，对2020年前俄罗斯经济发展的目标、路径、方式以及围绕创新采取的措施都做了较为明确的规定。《战略》分两个阶段实施：第一阶段为2011—2013年，主要提升商业和经济对创新的敏感度，将创新转化为社会生产过程的渗入和融合阶段；第二阶段为2014—2020年，主要对军备重装和工业技术进行大规模改造等。

俄罗斯政府主导推动斯科尔科沃创新中心发展，力争创出示范效应，打造科技成果"孵化器"，形成科技投资的吸聚力。斯科尔科沃创新中心类似于中国高科技技术园区，是梅德韦杰夫于2009年11月提出构想建立的，俄罗斯著名科学家阿尔菲奥罗夫担任这个项目的学术负责人。他认为，俄罗斯一直以来面临科技成果商业化这一难题，成立这样的创新中心势在必行。这座寄托了俄罗斯美好希望的"未来之城"得到政府的鼎力扶持，俄罗斯政府在税收方面给予其特别优惠。还在筹备阶段时，就有包括西门子、诺基亚、国际商业机器公司等在内的众多世界著名公司签约入驻斯科尔科沃创新中心。然而，创新进程还需要进一步完善，尤其是金融支持的薄弱严重影响了创新主体的科研进程和投资主体创新转化的速度。俄罗斯创新活动中,金融业参与不足与政府主导的创新支持模式有关。从创新主体的科研进度来看,国家对创新的金融支持主要以银行贷款和外国投资为主,规模较小的中小企业很难与大企业争夺资源,而中小企业可以另觅途径的风险投资和天使基金的发展尚处于起步阶段,加之国际金融危机导致的外资撤离,这两类资金补给渠道逐渐有被关闭的趋势;行政壁垒多且垄断程度高的行业创新动力不足,而本应作为创新主体的中小企业则面临税费高和融资难等问题,不愿意参与高风险的创新活动。从投资主体转化速度来看,俄罗斯科技产业产、学、研有机整合的创新体系还未完全成熟,加之商业和投资环境不佳,缺少创新激励体系,特别是竞争不足。目前,参与创新最为积极的是食品行业,因其竞争激烈,投入的科技创新技术成本相对低廉,可以迅速转化为产品和收益。

(二)俄罗斯金融市场发展及其对创新的支持

经济自由化后,俄罗斯形成了比较完整的金融体系。2013年7月24日,俄罗斯总统普京签署一项关于成立统一金融监管机构的法案,未来,俄罗斯联邦金融市场局对金融市场的主要监管职能将划归中央银行。目前,俄罗斯金融市场间接融资仍以银行为主,而直接融资大致分为以下几类:外汇市场、货币市场,基本覆盖了现阶段大部分的金融产品,其中对创新产业的金融支持主要来自商业银行和外国投资。

俄罗斯高新技术公司需要国际风险资本,对俄罗斯高新技术公司来说,被纳入全球创新发展系统进而走向世界市场极其重要。然而,俄罗斯金融市场的不稳定性及其刺激经济增长政策的多变性使投资者信心不足。同时,由于创新主体信息披露的不完整性与滞后性,使投资俄罗斯的不确定性增强,形成外国风险投资基金有意愿但观望的局面。

俄罗斯国家创新发展战略为国内经济注入了新的活力,涌现出一批如卡巴斯基等IT、通信等行业的科研实体并迅速转化为生产。然而,回观俄罗斯创新战略的实施并非大踏步向前,而是在政府的各种政策、法令之下踽踽前行。这一过程为中国的金融市场改革提供了宝贵的借鉴。首先,在创新经济过程中,风险的不确定性带来投资引入的困难,对金融体系中银行、保险和证券互补关系的优化可以完善风险分摊机制;其次,加快完善风险投资市场与其他资本市场的协同作用,拓展战略性科技创新产业的融资渠道;再次,从商业银行的盈亏平衡考量,应促进金融服务内生机制的形成,激发对战略性科技创新企业的实质性支持;最后,在风险投资市场发育不完全时,俄罗斯投入研发的资金来源多样化,即财政资金、预算外资金、企业资金、自由资金、国外资金、私人非营利机构资金等方式为内生风险投资市场的完善争取了时间。

五、俄罗斯循环经济的总结分析

同所有的国家一样,俄罗斯构建环保法律机制是积极的,基本上形成了预防、控制环境问题的法律对策架构,能发挥作为国家环境管理职能的作用,尤其是俄罗斯生态鉴定制度、生态警察制度和生态保险制度等得到不少国家的推崇,但是,这并不是说俄罗斯环境法律制度已经尽善尽美,相反,仍有许多地方需要继续完善。俄罗斯毕竟处于转型期,环保制度设计难免遗留旧体制痕迹,最终能否高效地控制环境问题与危机,还难以判断。总体上,对俄罗斯环境法律对策持肯定态度。

第二节 德国循环经济发展状况

一、德国循环经济发展的背景与历程

(一)德国循环经济发展的背景

德国是世界上经济发展水平较高的国家之一,其国民生产总值等经济指标一直处于世界前列。但在经济高速发展的同时却有诸多因素制约着德国的经济发展,使其不得不反思原有的经济发展模式,并改变思路,寻求新的发展模式。德国发展循环经济的背景及原因有以下几点。一是国内生态环境和自然资源日渐短缺的内在压力。二战后德国经济恢复和发展非常快,经济的高速发展带来了空气、水、土壤等环境的严重污染及对生态的破坏。如二氧化碳的排放量每年高达 770 万 t;河流、湖泊、海水等严重污染,水域生物急剧减少,莱茵河原有的 200 多种鱼类到 20 世纪 70 年代减少了 80 余种。同时垃圾堆放场多而混乱,且管理不善,造成地下水污染严重。生态环境的日益恶化和自然资源的日趋严重短缺,迫使德国关注废弃物科学有效处理、节约及利用资源,特别是不可再生资源等问题。二是国际社会对环境保护、生态维系的强烈呼吁的舆论影响。1962 年,美国学者蕾切尔·卡逊发表的《寂静的春天》引发了人类对自身以往经济行为的深刻反思。1970 年,在美国举行的保护地球环境游行,标志着人类开始高度关注环境和生态问题。1972 年,罗马俱乐部研究小组的梅多斯等学者发表了关于环境污染、资源大量消耗和浪费对经济增长的制约的研究报告《增长的极限》,首次正式向全世界发出了保护环境、爱护地球的严重警告。同年在斯德哥尔摩召开的联合国人类环境会议上发表的《人类环境宣言》,把环境问题纳入各国政府和国际政治事务重要议程中,所有这些都促使德国高度重视环境问题。德国的垃圾问题严重影响了生产和生活,也促使德国率先发展循环经济。德国政府和民众已经意识到发展循环经济可以提高资源和能源的利用效率,通过节能减排、保护环境和生态,可以实现社会、经济和环保的"多赢";同时在不同层面上将生产和消费纳入一个互相融合、互相促进的有机系统中,实现经济社会可持续发展。

由于认识到环境治理的重要性,20 世纪 70 年代中后期和 80 年代初,德国便开始了以垃圾处理为切入点的循环经济发展历程。德国的循环经济起源于垃圾处理,然后逐渐向生产和消费领域转变和扩展,所以有人称德国的循环经济为"垃圾经济"。

(二)德国循环经济发展的历程

为了更好地了解德国循环经济产生和发展的历史进程,首先要对德国的环境政策演变过程进行梳理和深入了解,因为环境管理战略、循环经济的实施与发展等都与环境政策的演变有着密切联系。德国的循环经济发展过程与其环境政策演变历程是一致的,大致可以分为三个阶段。

1. 探索及转型阶段——优先发展经济到末端治理(20 世纪 50 年代初到 70 年代末)

为了恢复战争创伤,德国于 20 世纪 50 年代进入了经济迅猛发展阶段。由于采取了优先发展经济的发展战略,在注重经济高速发展的同时却忽视了环境、生态等问题,所以产生了严重的资源浪费、生态破坏和环境污染问题。虽然环境问题已经很严重,特别是在那些人口密集区和高度发达的工业区,但德国并没有从发展理念和法律制度上确认环保的地位和重要性。正因为如此,20 世纪 70 年代之前,德国还没有一部公认的综合性环境保护法规以及较系统的环境管理政策,更没有专门的环境管理机构。无论是政府还是民众,都没有考虑过保护环境和生态系统的问题,因此政府也没有采取有效的控制和防治措施。

进入20世纪70年代后,环境的恶化直接影响到民众的生活质量,环境问题终于引起了人们的关注。德国政府也开始探索如何解决环境问题,国家的发展战略开始从优先发展经济向协调经济发展与环境保护的方向转变,并全面启动了环境政策。70年代是德国大量制定环境政策的阶段,此间制定了一系列的环境政策、规划以及实施方案。如1970年,为了应对突发事件,德国制定并实施了《紧急行动方案》,并于1971年公布了德国第一部较为全面的《环境规划方案》。为从组织上保证这一法案的贯彻实施,并强化环境管理,在该法案正式通过前,德国政府还对相关机构进行改组,把原隶属于德国卫生部的水利部、噪声控制司、大气污染管理部划归为内务部直接管辖。1972年修订的《德国基本法》明确规定了政府在环境政策方面的各种权力。随后政府又审议通过了一系列环境政策法案,如《废弃物处理法》,政府还先后成立了联邦环境委员会、环境问题专家理事会等公共机构。自此,循环经济相关立法工作及行政管理工作开始起步,对循环经济的实施起到了推动作用,但这一阶段的政策及立法的着力点仍然是对污染的防控以及末端治理。

2.发展阶段——全方位解决环境问题及实现物质闭路循环(20世纪80年代)

进入20世纪80年代,随着非政府环境保护组织和生态主义政党的崛起,德国开始了以环保组织网络和公众行动为特征的大规模的环保运动。同时,环境问题也逐渐成为政治议题,当时比较有影响的事件是德国绿党的成立,环境、自然资源保护和核安全组织机构的成立,等等。这些环保组织时至今日仍发挥着重要的作用。另外,80年代中期发生的"森林死亡"事件,进一步促使人们认识到环保的重要性,开始强烈地呼吁环境保护。同时,不论是公众还是德国政府都开始认识到简单的垃圾末端处理无法从根本上解决环境问题,要想实现生态与经济发展相协调,必须提倡对垃圾减量化和再利用,还应采取措施从源头减少废弃物的产生,以及开发再生能源。至此,德国的"垃圾经济"开始向生产领域的资源循环利用延伸。这主要体现在其循环经济立法方面的进一步演进。之前的《废弃物处理法》被修订为《废弃物限制及废弃物处理法》,旨在引导在生产过程中避免废弃物的产生,而不是简单地解决废弃物处理问题。

这段时期,德国通过颁布一系列法律和政策法规以及实施措施,从垃圾处理入手,注重环保和生态及资源的节约,并实施技术创新,完善生产工艺、提高技术水平及能源利用效率,不断进行污染防治技术的研发和政策的创新,逐步解决了工业化进程中的水污染、大气污染及土地污染等问题。至此,德国逐步实现了由单纯追求经济发展向注重环保和生态及资源节约的转变,开始全方位协调环境与经济发展的关系。

3.完善阶段——追求经济社会可持续发展(20世纪90年代以后)

由于经济发展方式的转变,进入20世纪90年代以来,德国政府制定了许多新的能源、环境、生态及资源政策,目的在于处理好经济与环境、人类与自然的关系,推动循环经济的发展。因此,该阶段是环境政策的实施及循环经济的全面发展及完善阶段。

法律是德国推动循环经济成功发展的重要及有效手段。德国循环经济的成功发展得益于不断完善的法律制度、政府管理制度以及严密的执行机制对循环经济发展的保障。1994年颁布的《循环经济与废弃物管理法》,标志着加强废弃物管理和处置,也表明循环经济立法取得了实质性的进展。2000年《可再生能源促进法》的生效,积极推动了《京都议定书》的签署。

与此同时,随着德国绿党的上台,德国循环经济政策和立法都取得了飞跃性的进展。1998年10月20日,德国联邦政府(绿党与社民党共同组阁)发表联合声明,把"生态现代化"作为经济发展的政策目标,同时出台了一系列的具体政策措施。这些政策措施的核心在于加强环境保护、提高资源利用效率和可再生能源技术的开发,推进循环经济的发展。至此,德国循环经济全面发展,并开始朝着经济社会可持续发展的方向转变。

二、德国循环经济的发展战略

(一) 德国循环经济的战略方针

日益严重的环境污染、生态破坏和经济发展中遇到的资源大量消耗,甚至某些不可再生资源枯竭等严重问题,对德国经济的发展构成了严重威胁,促使德国转向协调经济发展与环境保护的可持续发展之路,而发展循环经济是实现可持续发展的有效路径,因此德国提出了发展循环经济的战略。德国循环经济发展的总体战略是以社会生态市场经济为框架,以此改变以往经济发展模式,发展循环经济,实施可持续的生产模式及消费模式,同时促进工业发展和社会发展的创新。德国循环经济战略的关键是改变资源高消耗的传统经济增长模式,即改变靠资源消耗发展经济的路径依赖。为配合德国跨世纪经济发展的战略构想,德国政府提出了如下的循环经济发展总体战略方针。

首先要转变经济发展模式,使经济发展从资源消耗型向资源节约效益型转变。德国是个只有35.7万 km^2 国土面积,却有着8 244万人口的国家。这一国情及自然条件的制约,使得德国的经济发展必然选择保护生态,由量的增长转向质的增长,实施节能减耗,提高经济效益,因此德国政府号召必须节约使用资源,废弃物不可填埋必须回收再循环利用。德国正是以废弃物资源的回收再生利用为切入点,大力发展循环经济的。与此同时,相应的法律制度和实施条例也陆续出台。德国政府从投资、消费、成本、需求及国民收入等方面入手,并积极推进教育、科技体制的改革,从各方面保证经济增长模式的转变。这些战略和措施为保证德国经济从靠资源消耗转变为降低消耗,提高经济效益的增长模式奠定了战略基础。

其次,进一步提出了经济发展从污染型增长向生态保护型增长转变的发展战略。这一战略制定后,德国时任环保部长默克尔还为战略的实施提出了具体目标设想:要对德国社会市场经济制度进行改革,建设"生态社会市场经济",即在未来的经济发展中要以保护生态、维系生态的平衡为导向,把发展生态经济和实现生态现代化作为德国的新工业政策和科技政策的重点,以便使经济增长和环保相一致。同时,德国在实施环保政策和发展循环经济战略时强调市场的导向作用,主张用经济手段推动循环经济的发展。德国政府认为确立"生态社会市场经济"是关系未来经济发展战略的关键性经济政策。

此外,德国还制定了综合发展战略和具体指标体系。2001年12月,德国政府正式公布了德国21世纪可持续发展战略。这项名为《德国未来》的可持续发展方案中制定了代际公平、社会团结、生活质量和国际责任等4个总目标,包括有效利用资源、保护及改善环境、巩固国家财政、改革医疗保健、提高教育水平、推动技术进步、避免土地浪费及加强国际责任等八类具体内容,以及《京都议定书》中规定的大气保护和温室气体排放量、可再生能源在能源消耗中的比例、土地使用、生态农业耕种比例、空气质量等21项具体量化指标。同时,德国还确定了可持续发展战略的重要领域。该方案于2002年4月正式审议通过。

除了总体战略方针之外,德国还制定了比较全面的发展循环经济的具体战略目标,主要包括以下几点。首先,在环保方面,加强对大气层的保护,实现让天空再次变蓝的目标。德国的循环经济首先从处理垃圾及治理有害气体入手,利用法律制度和环保技术加强对大气层的保护。德国很早就制定了有关法律法规,逐渐减少二氧化碳的排放量,较早地开始了如今人们所说的低碳绿色经济。

其次,在资源、生态方面,实施资源的减量化、再利用、再循环的3R原则,并以再生资源替代不可再生资源,实现有效利用资源及优化能源结构的目标。1998年10月联邦政府换届后,提出了具体的环保政策和目标。包括2010年再生能源同其他自然能源(如煤、天然气和石油)的消耗比例上升至4%;至2030年,再生能源占自然能源消耗量的比例上升至25%;至2050年上升至50%。

再次,提出有效的废弃物管理政策,实现物质闭合循环的目标。废物减量化是德国实施闭合物质循环战略的重要目标,其战略层次的构成包括:预防或避免废物的产生,再利用与再循环具有相同优先级,当地再循环较异地循环具有更高的优先级,能量的回收与物质的回收同样重要,回收利用较填埋更为优先,等等。

德国在废弃物管理上的具体实施及战略要求也是严密而科学的。为了避免废弃物产生,在产品的生产和使用及消费后处理等三个环节,制定减排政策措施,尽量避免垃圾的产生。对不能避免的废弃物尽量在生产中重复循环使用,或从废弃物中提取可用材料。不能再利用的垃圾回收后由政府承担处理责任,并采取商业运作方式进行严格处理。为了有效处理废弃物,改善再生材料质量,人们越来越多地采用手工分离的方式对已经进行分类的垃圾进行再分类,对可利用的废弃物进行单独收集。另外,德国的双元回收系统通过对包装物的回收利用,促进了资源的再循环利用,减少了浪费。以上这些做法形成了独特的德国"绿色垃圾"物质闭合循环模式,在国际上得到推广。

最后,在循环经济发展的区域规划方面,制定了建立动植物区和生态环境混合体系的目标。具体目标包括,以1998年为基准,到2020年无人居住面积达到15%~20%,到2020年将居住、交通使用面积由现在的每天1 km²的递增量减至每天0.3 km²。此外,在城市布局上避免大城市过于集中,做到大、中、小规模适度、协调发展,形成均衡的城镇网,把提高居民生活水平和工作质量作为城镇基础设施建设的标准,同时,特别注意区域规划和居住环境的发展。区域规划的目标是在重视自然环境和区域协调发展的基础上,改善经济、社会、文化条件,为人们的生活和发展提供优良的空间和自然条件,并逐步缩小地区间的不平衡。

(二)德国循环经济的战略措施

德国的循环经济战略措施分为以下3个方面。首先,对发展循环经济进行全面系统立法;其次,积极推进科学研究和技术进步,构建循环经济发展的技术支撑体系;再次,加强全民教育宣传,提升民众对环保、资源节约、生态维系等方面的认识,转变消费理念,积极参与循环经济。

(三)法律战略措施

为保障循环经济战略目标的实现,德国加强循环经济立法,其循环经济立法体系共分为3个层次:一是循环经济法律法规,主要包括循环经济基本法律;二是各种条例,主要是联邦、州及地方制定的具体条例,如《有机物处理条例》《电子废物和电力设备处理条例》《废旧汽车处理条例》《废电池处理条例》《废木材处理条例》,等等;三是指南,即关于某些法律条文在实施过程中的具体操作规定,如废物管理技术指南、城市固体废弃物管理技术指南等。

德国采取的是先试点后推广的做法,即首先在个别领域逐步建立一些相关法规,之后再制定整体性循环经济法律法规,所以有关法律法规经过实践、修订,现已形成条款较严密、结构较完善的循环经济法律体系。这些法律法规涉及社会的各行各业及生产领域、消费领域,并从具体领域延伸到整个社会。可见,详尽的、全面系统的法律法规使循环经济发展有了强有力的保障。德国的循环经济立法走在了世界前列,其立法模式及实践对世界各国的循环经济发展产生了巨大影响。

(四)技术战略措施

经历了以往片面强调经济增长导致生态破坏、环境污染等问题的惨痛教训后,德国率先在国际上实施循环经济,并积累了丰富的经验。德国逐渐形成了以"低耗生产、适度消费、资源循环利用以及稳定、高效、持续的技术创新"为特征的可持续发展路径,进而实现从消费型社会向生态型社会的转型。这代表着一个全新的技术进步和效率至上的发展趋势。德国政府重视循环经济的发展,把环保业看作新科技及工业政策的重要部分,要求环保业具有高技术含量、高附加值。加之德国雄厚的经济实力,政府在循环经济发展中投入大量的资金进行技术研发,开发有益于生态的新技术、新生产工艺和新生态工业产品,使循环经济的3R原则较好地得到贯彻实施,也使德国在循环经济发展技术领域保持世界领先地位。

德国的技术战略体现在很多领域,其中以清洁生产和废物循环利用领域最为突出。在清洁生产方面,德国颁布的《可再生能源法》,促进了清洁技术的推广,实现了清洁生产的全过程控制。在废弃物循环利用方面,德国在《循环经济和废弃物管理法》中强调,废弃物必须以不破坏环境和人类健康的13类方式和程序进行处理,并以此建立了技术与工艺标准及技术性指导。按规定,废物处理技术设计应考虑以下因素:低废技术、有毒物质最小化、投资与效益的关系、促进再生和再用、技术先进、实际操作可行,等等。鉴于此,企业在废旧物资的回收、再生和循环利用中不断研发、运用新技术,避免了环境污染和生态破坏的风险。目前,德国对废弃物总量的65%实行了再利用,每年可以得到120万t二次燃料。德国政府还制定计划,最迟于2020年完全取缔垃圾填埋,做到所有的垃圾都经过物质和能量方面的处理和重复利用。

其实,在德国的循环经济发展中,许多企业,特别是环保企业,一方面有法律及政策的约束和激励,另一方面出于企业社会责任的考虑,都积极采取新技术,发展清洁生产,合理利用能源与资源,科学处理废弃物。这样既产生了企业经济效益又带了社会效益。十几年来,德国研发的废弃物分类和回收技术具有世界先进水平。德国的再生能源利用技术、无害化处理技术、生物技术、废旧电器回收综合利用技术、资源循环利用技术、零排放技术的研发及应用都保持世界领先水平。从目前世界范围来看,德国环保技术大约占世界环保技术设备市场的21%,高于美国的16%和日本的13%。这是德国循环经济走在世界前列的技术保障。

(五)教育战略措施

德国循环经济发展战略的实现,还得益于强化而规范的教育,使民众转变传统生产和消费理念,形成发展循环经济的浓厚社会氛围。德国的经济发展水平高,其教育发展程度也比较高,民众普遍受到良好的教育,整体国民素质较高,通过强化教育,很快使循环经济理念渗透到社会各角落,使政府、企业、社会团体、民众积极自觉地参与到循环经济的发展中来。正是基于良好的循环经济相关教育,德国民间自觉地组织了各类非正式组织,呼吁环保,监督非环保行为,有力推动了循环经济的发展。

三、德国循环经济的发展模式及特点

(一)德国循环经济的发展模式

德国在发展循环经济方面所形成的理念及其独具特色的发展模式,尤其是"双元回收系统"(DSD系统,Duales System Deutschland系统),已经被广为认同,并不断推广。德国注重在微观、中观、宏观3个层面推进循环经济发展。所谓"微观模式"是指在企业层面推行清洁生产,减少产品中材料和能源的消耗,实现废弃物产生量最小化,同时以此带动企业的绿色生产经营和消费者的绿色消费模式。所谓"中观模式"是指在工业区及区域层面发展生态工业,建设生态工业园区,将上游生产过程产生的副产品或废弃物用于下游生产过程的原材料,形成企业之间的工业代谢循环和共生关系,此外,对老工业区进行生态改造实现可持续发展。所谓"宏观循环"是指在社会层面推进绿色消费,建立废弃物的分类回收系统,注重产业间的物质循环和各种资源能量的梯级利用,最终建立循环型社会。

1.企业循环生产模式——微观模式

企业层面循环经济模式主要是清洁生产,具体表现为两种形式。一种是通过组织企业内部各工艺之间的物料循环,延长生产链条,进而减少原料和能源的使用量,最大限度地降低废弃物的排放,达到降低成本、提高利润率及提升企业社会形象的目标。另一种是通过开发和利用先进生产技术,或发掘利用可再生资源,进而实现减少污染,绿色生产,并以此扩大在同行业的竞争优势。

在德国,企业循环经济模式的典型范例是鲁德尔道夫水泥股份有限公司。该公司综合使用了上述两种清洁生产模式。首先在其企业内部,各部门通过密切合作,建立了一体化的绿色生产体系。鲁德尔道夫公司以巨大的碾磨车间为核心,将其他生产车间聚集在周围,以便进行物料交换与循环。不仅如此,鲁德尔道夫公司在1999年建立了一个独立的环境管理系统,结合自身的产业结构特点,有力地促进了各部门之间的合作。另外,该公司采用了先进的技术手段控制污染气体排放,并且在噪声污染控制、水利资源利用等方面也采用了同行业领先的技术来实现减少排污的目的。同时该公司还注重可再生材料的使用,包括二次原料和二次燃料的利用。

除了清洁生产外,在德国,很多企业都自觉地选择"绿色发展"之路,在生产经营过程中奉行"绿色理念",采取"绿色行为",主动地进行节能减排,保护环境,以实际行动履行"可持续发展"义务,对社会施加"绿色影响"。例如,德意志银行于2007年对其位于法兰克福的双子大厦总部进行全面改造,总投入约1.5亿欧元,目的是改善工作环境,降低经营活动中的能量消耗并减少碳排放量,力争将整个大厦的能源和用水消耗降低一半。德国知名企业西门子也通过发起诸如"抵制白色污染"等活动向民众和社区施加自己的绿色影响;世界知名豪华轿车生产商戴姆勒·克莱斯勒也提出了"绿色豪华"的概念,构建绿色生产模式并引导消费者建立绿色消费理念。这样的范例在德国不胜枚举。

2.共生企业园区循环模式及老工业区改造——中观模式

单个企业或厂内循环具有一定的局限性,于是需要扩大到企业外部,联合其他企业去组织物料循环。共生企业园区也称作生态工业园区,是指在更大的范围内把不同的工厂、企业连接起来形成资源共享和互换副产品、原料等物质循环的产业共生链条,使一个企业的废热、废气、废物、废水能够成为其他企业的原料和能源。德国共生企业园区是一种封闭的经济循环体系,其组织形式主要是以中心管理组织为核心,由若干个相关生产企业或其他组织组成,形成资源的循环利用,进而降低成本,实现环境保护。在德国比较典型的企业园区有莱茵河—内卡河地区、云德"生物能源镇"和威勒巴赫"零排放镇"。

政府在莱茵河—内卡河地区成立了工作环境管理组织,其成员包括企业、市政管理者、协会与环境研究机构等。该中心组织通过数据库平台,提供网络信息服务,如待处理物质定量定性分析数据这样的信息数据共享服务,同时围绕信息、物质交换需求,运用专门的措施在环境管理领域对其成员给予支持。

此外,德国是工业化发展最早的国家之一,许多以重化工业为主的老工业区经过早期的快速发展后,生态环境破坏的问题越来越严重,再加之产业结构不合理,导致其遭遇了前所未有的发展瓶颈。在这种情况下,德国政府采取措施在进行产业转型的同时,大力投资修复生态环境,实现传统工业区的可持续发展。其中以鲁尔工业区为典型代表。除了通过区内企业联盟来延长生产及销售链条外,还建立了能源资源循环利用系统,这样既有利于节能减排,又促进了区内资源的有效利用,其中以煤化工业联营最为典型。煤矿企业的炼焦副产品可以作为化工企业的产品原料。除此之外,当地政府大力发展环境管理和建设,在区域总体规划中制订了营造"绿色空间"的计划,力图重塑田园都市风光。可以说,20世纪60年代提出的"鲁尔河上空蔚蓝色的天空"的构想已经成为现实,目前鲁尔区所在的北威州拥有1 600多家环保企业,成为欧洲领先的环保技术中心。

3.生产与消费之间的社会循环模式——宏观模式

从社会整体循环的角度看,只有大力发展旧物调剂和资源回收产业,才能在整个社会范围内形成"自然资源—生产—消费—二次资源"

的循环经济路径。作为世界上发展循环经济最早、水平最高的国家之一的德国，其双元回收系统模式就是这种循环路径的典型代表。早在1990年9月，德国95家生产企业、商业企业及垃圾回收部门联合建立了DSD系统，专门对包装废弃物进行回收利用。该系统接受相关企业的委托，组织回收者对包装废弃物进行分类，之后分送到相应的资源再利用厂家进行循环再利用，其中能直接回用的包装废弃物则送返给制造商，使一次性包装物做到反复利用。目前约有116万多家企业加入了DSD系统，占包装企业的90%。

该系统也称作"绿点系统"，因为其具体做法是在对包装物进行分类的过程中，在需要回收的包装物上打上绿点标记，表示它可回收，并要求消费者把它放入盛装包装物的分类垃圾箱里，之后由回收企业进行处理。"绿点"标志为一个首尾相连的绿色箭头构成的圆圈，远看形似一个绿点，意为循环利用。任何商品的包装，只要印有它，就表明该生产企业参与了"商品再循环计划"，并为处理自己产品的废弃包装物交了费。经营"绿点系统"的公司为非营利性公司，厂商们所付的费用是用来建立一套回收、分类和再利用系统。"绿点"计划的基本原则是：谁生产垃圾谁就要为此付出代价。企业交纳的"绿点"费，由DSD系统用来收集包装垃圾，然后进行清理、分拣和循环再利用。"绿点系统"作为民间企业发起和创建的废物回收系统，受到德国政府免税政策的支持。它既是民间参与循环经济的样板，也是公私合作伙伴关系成功的典范。该系统的建立大大促进了德国包装废弃物的回收利用，不仅带来了资源的高效利用，也产生了积极的生态效应，更为社会提供了众多的就业机会。该系统体现了谁生产包装谁负责回收的生产者责任延伸制度。可以说德国实现循环经济是采用企业—社会、生产—消费之间的循环，是以"绿点系统"为载体或实施措施，以对物质流的严格管理为核心，重在探索区域性循环经济的模式。

（二）德国循环经济的特点

由于各国的国情不同，循环经济发展过程、阶段、战略各异，使得各国循环经济的发展呈现出不同的特点。德国循环经济起源于垃圾处理，其主要特点如下。

第一，德国的循环经济始于"垃圾经济"，因此其废弃物管理的规范化、法制化是其循环经济发展的典型特点。首先在法制角度上，德国是世界上公认的发展循环经济立法最完善的国家之一。横向看，德国既拥有本国循环经济法律，还受欧盟相关法律的制约。纵向看，联邦、州及地方各级政府的法律法规体系都对环境问题进行不同层级的约束。而且，德国循环经济的立法最初就是从废弃物处置入手的。其次，德国对废弃物管理十分规范。规范管理是建立在废弃物分类的基础之上。根据德国《循环经济与废弃物处置法》，废弃物划分为利用型废弃物和清除型废弃物，并据此进行分类处理。《循环经济与废弃物处置法》明确规定了废弃物处理从收集到运输再到填埋或者焚烧的全过程及其标准化程序。如果废弃物总量的50%以上能转变为再生材料，就以再利用为目标来处置，并对可再利用的判定标准也做了具体规定。这样一来，实现了对无法再利用的废弃物处理的标准化。

第二，德国的循环经济开始向物质流管理阶段转型。事实上，循环经济本质就是改变线性的物质流模式。物质流管理是通过引进清洁技术，构建技术支撑和物质流动网络，优化生产和消费过程中的物质流动方式，进而降低交易成本，提高物质使用效率。一直以来，德国大力倡导物质流管理，使物质循环利用和管理走上制度化、效益化。德国2004年确立整体性物质流管理战略，并运用物质流管理创造了较好的经济效益。物质流管理在国家、区域和企业内部各个层面都得到了实施，不仅激发了企业的创造力，而且创造了商机，提高了企业附加值，提升了企业在国内外的竞争力。

第三，重视循环经济技术开发及市场化。德国政府非常重视循环经济技术的研发，在有效的政策体系激励下，已经形成了清洁生产及废物利用的配套技术体系，为实现资源减量化、再利用、再循环的3R原则提供了技术支撑。此外，环保技术和设备的研发正在带动潜力巨大的新兴产业市场的形成,即环保技术及其相关产业。目前,德国的环保技术或相关的生产服务业不断发展和壮大,已成为创造工作岗位的发动机。据德国《商报》2007年5月30日报道,环境技术行业在德国日益重要,到2020年左右,它将超越汽车和机械制造业成为主导产业。根据罗兰·贝格国际管理咨询公司(该公司为全球最大的源于欧洲的战略管理咨询公司)的一项研究表明,德国环保技术行业在2005年工业总销售额中占4%左右,到2030年,这一比例将上升到16%。

第四,相关组织机构健全高效,并且政府具有较强的执行力。德国有专门从事循环经济管理及实施的统筹部门——环保部,以及其他各种协调组织机构,同时还有大量的中介组织积极推行环境保护及资源循环利用。政府正是通过这些正式及非正式的组织不断将循环经济的宏观调控与微观调控相结合,使其快速健康发展。

四、德国循环经济的主要制度安排及创新

循环经济作为经济运行方式的革命,需要相应的制度体系来进一步规范。制度是一整套应遵循的规则和合乎伦理道德的规范,用以约束个人的行为。正式制度包括政治规则、法律规则、经济规则及契约。这些制度具有很强的约束性,可以界定责任、义务,确立衡量标准和惩罚机制。更重要的是,制度会对产权进行规范,明晰投资者对其投资所负的责任和对环境、生态保护的责任。

由于德国的循环经济实践与发展走在了世界前列,其理论研究与实践独树一帜,形成了具有德国特色的循环经济制度及体系,具体包括资源与环境、市场、生产、消费等方面的法律法规及相关政策。德国循环经济实践的突出经验是以各种相关制度来规范和约束人们的行为,使人们在经济活动中有章可循,有理可述。

另外,推动循环经济的发展需要观念创新、制度创新和科技创新,其中制度创新是重点,是循环经济顺利发展的有效保证。德国的循环经济就是在不断的制度创新中实施和发展的。

(一)德国循环经济的正式制度

德国的循环经济发展得益于完善而全面的正式制度,包括政治、经济和法律等制度。这些正式制度为循环经济的发展提供了有效保障。

1.政治制度及行政管理体系

德国是实行民主政体的联邦制国家,由联邦、州和地方三级政府组成。各州相对独立,拥有自己的议会、政府及宪法等。这种制度安排集中体现在联邦参议院的职能和机制上。比如联邦参议院在对某项法律表决时,要求各州议员投一致票。因此各州的执政党议员对联邦参议院投票结果起决定性作用。这种政治制度决定了在联邦政府进行制度创新时必须考虑各州、各地的情况,既考虑全局又要考虑局部。

由于是联邦制民主国家,联邦和各州的立法权力由《德国基本法》即宪法来确定。但在联邦宪法规定的范围内,联邦成员的主权受到法律的保护。因此,在德国,不同的权责体系在联邦、州和地方三个不同层次进行了划分,并且设置了相应的组织机构。环保工作亦是如此。因此在德国,环境行政管理权责体系也分为三级,即联邦、州、地方(市、县、镇)。联邦政府主要负责一般环境政策的制订、核安全政策的制定与实施以及处理跨界纠纷。州政府主要负责环境政策的实施,同时也包括部分环境政策的制定。应该说,联邦政府在环境立法和政策制定方面具有领导或统帅地位;而州政府主要负责环境执法。在与联邦或州的规章没有冲突的情况下,地方对解决当地环境问题有自治权。这种政治制度使德国循环经济相关法律法规及经济政策的制定呈现出层级分明、因地制宜的特点。尤其在立法时,政府既要考虑欧盟的要求和限制,又要考虑国家的国情,还要从各州及地方的实际情况出发。

德国的最高环境管理机构是德国联邦环境自然保护与核安全部(以下简称德联邦环境

部）。德联邦环境部成立于1986年。此前，内务部、农业部和卫生部共同负责环境相关管理事务。联邦环境部的职能包括：水与废物管理；污染控制；工厂安全；土壤保护与受到污染的场地管理；环境与健康；环境与交通；化学品安全；自然与生态保护；核设施安全、核材料的供给与处置；国际合作等。

此外，以下一些联邦政府部门也具有环境管理职能。

1）联邦经济合作与发展部（原经济合作部）负责地质矿产、地下水、海洋等自然资源的部分工作。

2）财政部负责对具有重要生态意义的环境恢复活动进行国家投资。

3）经济技术部负责环境相关技术领域的很多工作，范围宽广。

4）联邦消费者保护、食品和农业部负责海岸保护以及农业领域的环境保护。

5）交通、建筑与房屋部负责海洋环境保护、噪声防治、城市发展与恢复。

6）卫生部负责与"环境与健康"行动计划有关的项目。

7）教育与研究部负责环境教育、促进可持续发展的基础研究。

另外，德国的各个政党对于环保和发展循环经济的态度也有所不同。在众多的政党中，以生态保护理念为基本指导思想的德国绿党倡导生态环境保护。1980年，绿党与民主党组成了红绿联合政府，他们的环保主张及政策在德国得以贯彻执行。在推进循环经济的发展中，这些主张和政策及有关管理制度和措施都发挥了积极的作用。

生态文明是在人类历史发展过程中形成的人与自然、人与社会环境的和谐统一，也是可持续发展的文化成果的总和，它说明人类应该是人与自然交融的有机体。德国执政党的生态文明观的核心就是从"人统治自然"过渡到"人与自然协调发展"，因此围绕环境问题的有关政治体制和法律体系等成为社会的中心议题。在这种政治制度下形成了诸多的推动循环经济发展的具体制度。例如在改造传统的物质生产领域，德国形成了新的循环经济及绿色产业体系；在精神领域，创造了包括环境教育、环境伦理、环境科技、生态文明、生态文化形式等一系列精神文明体系，这些又影响着政府的决策。

2.法律制度

德国循环经济立法较早，经过几十年的立法实践，已经建立起了较为全面、完善的循环经济法律体系。这些法律法规对推动清洁生产、减少废弃物的产生以及废弃物的处置、清除和再利用等问题都分别进行了明确而详细的规定。而且德国循环经济法律体系中的责任共担原则、公众参与原则、源头预防原则等对推动循环经济的发展起到了积极的作用。

在循环经济法律法规的贯彻方面，德国的做法也有独到之处。通过主管部门的监督和管理及企业内部控制构建了有效的监督与协调机制，并建立了相应的惩处和奖励制度，使政府和企业都能够积极贯彻循环经济的各项法规；同时以收费和征税为杠杆，通过实行产品责任制和制订明确的废弃物处理指标建立了比较完善的激励与约束机制。可以说德国循环经济模式的主要特征是以立法的形式促进循环经济发展。

（1）德国循环经济法律体系构成

德国循环经济的实施、生态保护及环境管理战略的制定均与环境政策和循环经济的立法有着密切的关系。德国的环境法律体系健全，政策配套完善，在国家层面有专门的法律来保障循环经济的发展，使其有法可依。德国关于循环经济的立法体系共分三个层次：法律、条例和指南。

从立法的主体构成来看，由于德国是联邦制国家，多个联邦州组成拥有统一主权的国家。德国的宪法规定了联邦专有立法权、联邦与州共有立法权、联邦框架立法权。此外还有联邦各机关制定的法律、联邦行政机关制定的行政法律、上级联邦行政机关为下级行政机关制定的相关法律。在德国循环经济的发展中，这些机构制定的有关循环经济发展的具体法律法规及条例，为促进全国循环经济的发展起到了极其重要的作用。此外,联邦政府环境立法的范围包括废物管理、大气质量控制、噪声、水资源管理、核能及其他自然保护、景观管理等。此外,德国联邦政府的《德国基本法》赋予了各州立法权。各州有权根据该法的具体规定,结合本州的实际情况,制定和实施联邦法的具体实施方法和措施,此外,州政府还有权制定相关的法规,用于规范和加强本州的循环经济发展。州以下的自治机构,包括县、独立市和市镇政府,也享有地方立法权,即有权在不违背联邦法、州法律的前提下制定能够对本辖区进行管理的规章制度。

简言之,在循环经济实施过程中,联邦政府主要负责全国的环境保护和发展循环经济基本法规及各种制度的基本构建;各州政府再根据本州的具体情况和需要对国家的法律进行补充和细化;地方政府则是贯彻实施国家和州的法规实施者。

(2)德国循环经济法律框架

德国首先在有关具体领域实施循环经济思想,并先分别对个别专门领域立法,再制定统一规范的综合性法律。这种立法模式的优点在于,通过在个别专门领域的立法实践,能够对该领域所存在的问题予以及时有效的解决,在形成成熟的立法经验和立法理论后,再制定综合性法律,逐步形成科学而全面的循环经济法律法规体系。

到目前为止,德国已有8 000余部联邦及各州的环境法律和法规,此外还有欧盟的400多个法规在德国也具有法律效力,可以说,德国已经形成了一套较为完善的循环经济法律体系。

(3)主要法律法规及其效果

从20世纪70年代开始,德国就出台了一系列的环境保护法律法规,如1972年的《废弃物处理法》,1974年的《控制大气排放法》,1976年的《控制水污染排放法》,1983年的《控制燃烧污染法》。1986年,德国联邦环保部和各州环保局相继成立。1994年,德国把环保责任写入了《德国基本法》。德国诸多的法律中最值得一提的是《循环经济与废弃物管理法》。该法是德国发展循环经济的纲领性法规,它规定把资源闭路循环的思想理念推广到所有生产领域,并强调生产者要对产品"从摇篮到坟墓"的整个生命周期负责,还规定对废弃物首先是避免其产生,其次是循环再利用,最后才是处置。该法的目的是使德国垃圾管理适应社会、经济可持续发展的需要,对垃圾进行封闭式的管理,即垃圾不应被废弃,而是进行多样性的重复再利用。垃圾的重复利用被看作是一种节省原生材料和环保的积极有效措施,而不再单纯作为减少垃圾的方法。另外,德国《包装法》颁布后也取得了很好的效果。因包装而产生的废物已经大大减少;包装设计也向低废化、轻质化、单质化的方向发展。厂商已改变了原来的非环保的包装习惯,环境友好型包装得到重视,并逐渐成为一项广告卖点。在家具、食品、药物行业的包装上,重复使用的趋势十分明显,加上绿点系统对丢弃包装的收集,增加了回收利用率,减轻了垃圾填埋的负担。因此,虽然德国的消费总量在上升,但从1991到1997年,每年初级包装品的销售额却从7 600万t降到了6 700万t。而同期工业部门收集的包装垃圾超过7 00万t,并将其中2 500万t送回了生产线。

除此之外,德国还颁布了很多涉及具体行业和具体废弃物处理的相关条例和指南,旨在提高保护环境和治理污染的可操作性,为法律条文的执行提供技术保障。例如《有机物处理条例》《污水污泥管理条例》《废旧汽车处理条例》《废电池处理条例》《废木材处理条例》《电子废物和电力设备处理条例》《废物管理技术指南》《城市固体废弃物管理技术指南》等。这些条例和指南对很多行业的生产和消费行为进行了约束,取得了良好的效果。

1)饮料包装再利用。德国从2003年10月开始颁布法律对饮料瓶收取押金。法律规定,在购买饮料时,每个1.5 L容量以下的瓶装或罐装饮料要收取0.25欧元押金,1.5 L以上的收取0.5欧元押金,以保证饮料瓶的回收再利用。

2)废旧物资的回收。德国在1972年制定《废弃物处理法》,要求关闭垃圾堆放场,建立垃圾中心管理站,将垃圾分类回收再利用。

3）冶金行业资源再利用。德国有关法律规定，对冶金生产中产生和留下的大量矿渣必须另作他用。德国95%的矿渣都实现了再利用，其中大部分处理成建筑材料，一部分被作为生产水泥的矿渣再利用，还有一部分被作为化肥使用。70%以上的粉尘和矿泥也被重复利用，大部分通过设备处理重新进入冶金程序。另外，2002年实现了废旧钢铁的再利用。

4）废旧电子产品设备回收再利用。有关法律规定，废旧电器、电子产品不能随同普通垃圾丢弃，而必须放在专用回收箱，委托专业公司运走并进行无害化处理。该法还规定，电器生产商在产品设计时，就须考虑如何方便拆卸。根据欧盟统一的规定，电子产品生产商必须建立处理和再利用废旧电子产品的设施，这是其可以进行生产的前提。根据规定，从2005年开始，消费者可免费将废旧电子产品交给生产厂家处理。

5）废旧汽车再利用。在德国，生产厂家和进口商有义务回收废旧汽车并承担相应的费用。因此，汽车的最后一个所有者可以将汽车免费交回到生产厂家或者进口商。截至2006年，废旧汽车的重新利用率达到了85%以上，到2015年，这一比例达到95%。

6）废油再利用。根据规定，出售机油的公司必须要安装回收废油的装置，否则必须委托其他回收公司回收其出售的机油，并支付相应的费用。

7）旧电池回收。依据《废电池处理条例》的规定，市民不可随意丢弃废旧电池，必须由专门机构负责回收处理。依此，德国电池生产商和进口商成立了一个共同的回收处理网络，负责回收旧电池，并进行环保处理或者再利用。以上这些具体的法律法规条文形成了完善的法律框架，并通过严格的执行实现了各行业自律、自觉实施循环经济。

以上有关能源、资源以及废弃物循环利用的法律法规的有效实施取得了良好的效果，主要的城市废弃物收集及回收率均不断提高。

3．经济政策

在市场经济条件下，经济政策是政府干预经济主体行为的主要手段。德国在发展循环经济的过程中，除采取有效的法律措施之外，还采取了一系列的经济措施。其中包括减免税收、财政绿色补贴、政府绿色采购、环保和再生产品价格支持、政府直接投资、金融机构的低息贷款等措施及相关产业政策，以此大力支持企业的环保行为并拉动循环型产品的消费。此外还实行了押金退款制度及各种收费、征税制度，如征收排污费、生态补偿税、资源使用税，以此提高直接利用原生自然资源的产品的税收标准。同时还制订明确的废弃物处置定量目标等，以此限制企业及个人的非环保行为。这样一来形成了比较完善的激励与约束的双重机制。

以下是德国采取的主要经济措施。

（1）排污收费政策

德国征收排污费（废弃物处理费）主要有两种：一种是向生产商征收产品费，另一种是向消费者征收垃圾费。对于产品生产者来说，要对其生产过程中产生的废弃物缴纳费用，即产品费。产品费的征收更充分地反映了"污染者付费"的原则，其征收对于约束生产厂商节约使用原材料，积极进行生产技术的创新，以及提高垃圾处理效率都有很大的作用。对于公众消费者来说，各地区和城市的垃圾收费标准和方式是不尽相同的。一种是按户征收，另一种是按排放量征收。目前，大部分城市采用按户征收的方式，少部分城市开始实施按不同废物、不同排放量收取不同费用的计量收费制。采取排污收费政策强制生产厂商和消费者增加对废弃物的回收和处理再利用，为废弃物的处置积累资金，对推动减排和资源再利用起到了积极作用。据德国环保总局统计，实施废弃物收费政策后，企业每年仅为包装废弃物回收所交的费用就高达2.5亿~3亿美元，这就大大增加了企业排污成本，迫使企业减少包装，减少废弃物的排放；同时，家庭垃圾也减少了65%。可见，这种收费制度是渗透到民众的日常生活中的。此外，德国的污水处理收费制度也独具特色。在德国，居民的水费中包含一定量的污水处理费，而且还规定市镇政府必须向州政府缴纳污水处理费，市民饮用水的水费为3.8欧元/立方米,其中1/3的水费归饮水公司,2/3归废水公司。废水公司又将所得款项的1/3拨给污水处理厂,2/3拨给污水输送管道系统。这样层层的费用调节分配,有利于对水处理进行经济补偿和监督。同时,对污水处理没有达到要求的企业也予以巨额罚款。

(2)促进循环经济发展的税收政策

德国政府非常重视使用税收政策引导公民选择有利于循环经济发展的行为。在德国环保税制的发展演变过程中,较为突出的是以资源税为主体的绿色税制改革。德国于1998年制订了"绿色规划"。事实上,德国经历了一个从开征分散的环境税到提出全面"绿化税制"（Greening Tax System）的发展变化历程。所谓"绿化税制"就是要使整个税制体现环保的政策要求。其措施主要表现在两方面:一是开征各种环境税,对不利于环保的经济活动征收附加税;二是调整原有税制,采取新的有利于环保的税收措施,取消对环境具有副作用的税种,从而使原有税收体制得以"绿化"。一般而言,绿色税制改革能起到双重作用,一是能改善环境条件,二是能利用积累的资金,缓解由其他税收政策引起的矛盾。

在绿色税制改革过程中,德国在国内工业行业及金融投资中将"生态税"引入产品税制改革中。生态税是对使用危害以及破坏环境的资源、材料及产品所增加的一个税种,目的是强化生产者的责任,促使生产厂商在生产过程中贯彻减量化、再利用、再循环的3R原则。例如,从1999年4月起,对采暖用油每升加收2.05欧分的生态税。从2001年11月起对每千克含硫量超过500 mL的汽油和柴油每升再加收1.5欧分的生态税。从2003年初起,又将含硫量标准调整为每千克10 mL,使超过该标准的汽油和柴油每升加收生态税累计达到16.88欧分。从2002年起德国开始对燃油和电力消费征收生态税。实践证明,生态税的引入有利于政府从宏观上控制和引导市场,通过经济措施引导生产厂商的行为,促使生产厂商采取先进的工艺和技术,从而达到改进生产消费模式和调整产业结构的目的。

此外,德国也制定了大量的税收优惠政策,一方面鼓励企业减少污染,提高资源的回收及利用效率,如规定能对包装物进行回收利用的企业可享受减免税优惠;另一方面鼓励企业增加环保技术的使用,如规定对于环保设施的安装免征三年的固定资产税,并允许提取超过正常比例的折旧。

(3)鼓励环保行为的政府补贴措施

在德国,政府给予可再生能源生产者较高的固定补贴。如对兴建环保设施的补贴是很高的,数额相当于投资费用的1%,对于兴建节能设施所耗费用,按其费用的25%给予补贴。可见政府对环保建设方面的重视和支持。另外,德国对消费者的环保行为也给予大力的补贴支持。德国内阁在2009年9月批准了由联邦环境部提交的电动车生产、使用促进计划,消费者在2012—2014年期间购买电动汽车,就可享受3 000~5 000欧元/辆的税收优惠或环保补贴。另外,政府还采取照顾性地分配排污总量指标,即排污权指标,建立循环经济科技研究和中小企业发展基金等政策。

(4)德国政府对循环经济的金融支持

在循环经济发展过程中,为加快实施有关法律法规,建立废弃物处理装置、设备以及技术,兴建环保设施,研究与开发可再生能源,以及生产环保绿色产品,政府采取环保专项基金支持或给予贴息贷款的政策。政府对循环经济的投入多采用预算拨款、专项资金和融资政策等金融支持手段。联邦德国银行是德国的政策性金融机构,其在推动循环经济方面承担着可持续发展项目融资者和环保目标执行者的角色。通过向符合条件的政府部门、企业甚至个人的环保项目提供优惠贷款,鼓励经济主体的环保行为,同时也监督其环保行为的实施。贷款条件包括,项目必须能够提高能源使用效率、使用可再生能源、用循环经济方法处置废弃物、减少废水产生、排放达标等。例如,企业在设置废弃物回收系统时,可得到中长期低利率贷款。另外,对于从事3R技术研发、工艺改进、设备投资等有利于循环经济发展活动的民间企业，根据情况也可享受不同的贷款利率优惠。此外，政府还鼓励发展循环经济的企业上市。

(5)产业政策扶持

德国政府较早地认识到废弃物处理是全民的事业，由于其投资巨大，不能完全依靠政府来解决废弃物问题，必须广泛吸引私人及各界参与才能迅速发展。因此，德国政府大力推动废弃物处理的市场化和产业化。对废弃物处理的相关产业，政府给予了大力支持。其中负责包装废弃物处置的双元回收系统有限责任公司及类似企业就是典型的例子。该类公司通过享受减免税等优惠政策，得到了政府的大力扶持，在废弃物处置、再生及再利用等方面做出了积极贡献，目前已成为循环经济发展中废弃物处置和再生资源再造的主要产业。

(6)抵押金返还政策

如前所述，为了督促消费者将使用后的容器退还商店，最终达到回收再循环使用的目的，按照有关规定，消费者在购买饮料时必须多交一部分钱作为容器的抵押金。《包装条例》是欧盟国家第一个有关包装回收的法令，《包装条例》规定，对于不可回收利用的液体饮料容器，购买者必须对液体饮料使用的每个容器多付一定数量的押金，当容器返还时，押金予以退回。这一制度不仅迫使消费者返还容器，也要求生产者对容器进行回收利用。可见，德国循环经济政策遵循责任承担原则。德国的废物收费政策、生态税政策强调的是社会各主体对资源环境消费所必须承担的责任。通过收费、税收及抵押金等政策措施扩大生产者和消费者的责任，利用经济措施约束他们的行为，抑制废弃物的产生，这些体现了预防为先的思想。

4.产品责任延伸制度

建立产品责任下的约束和激励机制，是德国贯彻循环经济有关法规，推进循环经济发展的重要措施之一。在德国，产品责任主要包括以下几方面：一是开发、生产和使用可多次利用的、技术寿命长的产品。在按规定无害化利用后，对废弃产品采取对环境有利的方法进行处置；二是在产品生产过程中优先使用再生资源或可利用的废物等；三是含有有害物质的产品要贴上标识，以确保产品使用后产生的废物能够采取有利于环境保护的方式利用或处置；四是实施饮料购买者饮料瓶抵押规定；五是产品生产和使用后产生的废物要回收并进行处置和再利用；六是产品说明上要有回收、再利用的可能性和义务的说明。按照《循环经济与废弃物管理法》的规定，谁开发、生产、加工和经营的产品，谁就要承担环保和发展循环经济的产品责任。为了推行产品责任，生产者应最大限度地在生产过程中避免废弃物的产生，保证有利于环境的再利用，确保对利用中产生的废物进行合理处置。在这方面，德国制定了"谁污染谁付费、谁生产谁回收"等政策，从源头上减少了废弃物的产生。同时，消费者也有义务在产品使用的过程中避免废弃物的产生，并在产品报废后使其返回循环过程。此外，政府对产品责任实施好的企业进行激励，反之进行惩罚和约束。这些措施极大地推动了德国循环经济的发展。

(二)德国循环经济的非正式制度

非正式制度是人们在长期的生产生活中形成的，有关资源与环境、生产、市场、消费的价值观念、道德观念、伦理规范、意识形态及风俗习惯等。虽然它不具有强制力，但比正式制度更具有说服力，有极强的生命力。非正式制度作为正式制度的扩展，在循环经济发展方面能够约束人们的行为，使保护环境和生态资源成为人们的自觉行动。非正式制度是同样发挥效力并潜移默化地影响人们行为的制度约束，如政府的支持引导、公民的伦理道德、社会组织的协同、企业的社会责任等。德国的循环经济发展靠的是合理而严密的制度体系，除正式制度外，当然也包括非正式制度，主要体现在以下几个方面。

1.政府的积极引导

政府作为正式制度及政策的制定者和推行者，对德国循环经济的发展起到了积极的引导作用。政府通过强化政策导向逐渐改变传统的重开发轻节约、重速度轻效益、重外延扩张轻内涵发展、重末端治理轻源头预防的生产和消费观念。自循环经济实施以来，德国历届政府为推进循环经济的发展、保护生态环境和资源的再生循环利用，在推出和完善相关的各种政策法规后，都积极示范引导。在德国联邦政府、各州政府和地方政府三级政府构成的正式制度框架下，形成了德国循环经济由各级政府特别是环保部门分别牵头展开，并协调各部门组织实施的管理模式。在政府的带动和引导下，企业及社会公众渐渐树立起了新的经济观、价值观、生产观和消费观。应该说，政府推动循环经济的发展，对循环经济各项制度的贯彻实施发挥了引导、示范和支持作用，保证了德国循环经济的有效发展。

2.企业社会责任感与行业自律

企业对发展循环经济要具有社会责任感和行业自律。在任何一个国家，推动循环经济发展的直接动力都是企业，企业是循环经济的主体。市场经济下企业作为"利己的经济人"，其经济活动追求的是利润最大化。企业的长远生存、发展壮大在于其资本收益率的最大化。但在德国，企业对循环经济发展必须承担社会责任，这不仅源于政府的规定，更是源于社会的外在压力和企业谋求长远发展的内在动力。外在压力有两个：首先是德国发展循环经济的各项法律法规及政策要求企业承担相应的社会责任和义务，鼓励企业在发展中把降耗、环保和减排作为其发展的重要目标之一。在这方面，德国政府对各行业都发布了具体指标及具体操作的有关规定，要求企业严格执行，并设立专门的监督机构加以监督，对违规者进行严惩。其次，在德国，环境保护影响着企业的社会声誉，环保成绩的好坏在某种程度上成为评价企业好坏的标准。在这种大环境和氛围中，企业的生产不仅要考虑盈利，还要考虑如何达到国家规定的标准，有的企业为了提高自己的声誉，还要积极"超标"，以证明自己对环保和对后代负责。环保和社会责任方面的良好形象和声誉会成为企业的无形资产，直接影响企业产品的销售量和业绩，这就迫使企业不得不注意环保。

追求利润最大化是企业的永恒目标，而承担社会责任就会加大企业的成本，企业往往会采取各种手段规避环保责任。但是在德国，由于政府对注重环保、主动承担环保社会责任的企业给予奖励和多方面的政策支持，使积极主动承担环保责任的企业不但不会因成本的提高而受到损失，反而会使企业因注重环保，为社会环保和循环经济的发展做出贡献而得到更大的利益。在此情况下，废弃物回收及环保产业也就成为一个拥有无限前景的产业。总之，由于各种原因和制度因素，德国企业在循环经济发展中积极主动地承担社会责任，同时把循环经济理念融入企业文化中，形成人与自然协调发展的企业价值取向，这无疑对循环经济的发展起到了不可忽视的作用。

另外，德国企业有着很强的行业自律意识，在很多行业都形成了自律制度，在废物回收和再利用方面发挥了很重要的作用。例如在1996年，德国汽车工业及相关行业的负责人就承诺，到2002年将旧汽车中的废物重量比例下降到15%，到2015年下降到5%。同时还要为德国的小汽车建设一个广泛的回收和利用系统。另外，德国的汽车生产商和进口商也承诺无偿回收至少已经使用12年以上的旧车。

3.广泛的环保教育

德国重视环保教育，强化民众发展循环经济的道德伦理观。德国循环经济的发展是建立在市场经济基础之上的。而市场经济是建立在一定道德基础上有规则的经济运行机制，它必须建立在经济伦理、生态伦理及社会公德伦理之上。循环经济发展初期，在公民的循环经济伦理道德观形成的过程中，德国采取了很多具体的措施，并用法律手段强行推动，逐步强化公民的环保意识，使保护环境和节约能源成为人们的自觉行动。而在循环经济逐渐发展成熟的今天，重视运用舆论传媒等手段，加强对循环经济理论的社会宣传，增强整个社会公众的循环经济意识，成为政府促进循环经济发展的重要手段。这样不仅提高了政府部门对建立循环型社会的必要性的认识，也强化了社会各阶层的环保节约意识。例如,通过积极倡导绿色消费,鼓励和引导人们购买绿色产品和使用以再生资源为材料的产品,使公民自觉加入循环经济的发展中来。特别是在提高国民对实现零排放或低排放的社会意识方面,德国政府进行了积极的宣传教育,同时,企业、非营利组织、非政府组织、社会团体等也参与到对公民进行循环经济发展的教育工作中。

另外,德国在宣传中非常注重基础性教育,将循环经济理念纳入各级学校教育中,目的是使学生认识人与环境之间的关系,了解存在的环境问题,从而培养自己的环境意识,爱护大自然。此外,各州还开设了循环经济的职业基础培训,以便让受训者发挥更大的宣传和教育作用。1994年后德国又出现了环保教育中心,开设"废弃物经济咨询"课程,培养废弃物经济顾问。

在德国,发展循环经济、实施环保已经不单是宏观政策和理念,而是具体到公众的日常生活常识和行为准则。比如,一般每个家庭有三个垃圾桶,分别装报纸、有机物和杂物,有人定期上门收取垃圾。居民也可将大型家电、电器、金属、建筑垃圾等送到指定地点。对被污染的有害垃圾,人们定期将其送到专门的地方。可以说,普通老百姓都具有很强的环保意识,而且大多数公众对于任何减少或回收废弃物的措施都反应积极并且尽最大努力加以配合。

4.非政府组织的积极参与

德国在循环经济的发展中,非常重视各类组织机构的协调与合作,特别是一些非营利性的组织、中介机构及民间的环保组织等非政府组织,也成为推动循环经济发展的中坚力量。这些组织的活动范围很广泛,在经济、环境、教育、卫生、人口、妇女儿童等人道主义救援及弱势群体的保护方面都发挥着重要作用,许多学者把这些组织视为与"企业—市场"和"政府—国家"并列的第三体系,是一种制度创新和组织创新。这些非政府组织也利用自身的能力和各种资源为循环经济的发展提供各种服务,在环保、减排、保护生态环境以及提高公民的环保意识方面,发挥着政府公共组织和营利性企业组织所不可替代的作用。德国的包装物双元回收系统(DSD)便是一个能发挥巨大作用的回收中介组织。本文前面介绍的DSD作为德国专门组织回收处理包装废弃物的非营利社会中介组织,目前已有1.6万家企业加入,而且得到广泛推广。目前,欧盟有十几个国家都在使用DSD标识。

德国的非政府组织非常多,其作用也得到了社会的肯定,政府做决定时往往请他们参与,特别是当政府的决定会对环保产生影响时。由于这些非营利组织在环保方面发挥了积极作用,政府将很多自然保护区交给当地的非政府环保组织去管理。在德国,有上千个独立的民间环保组织,其成立有着非政府性和自愿性的特点,与政府的行政命令无关。目前民间环保组织的工作人员达200多万人。随着人数的不断增加,这些非政府组织的影响也越来越大,有的已经发展成为很有国际影响的组织。如拯救我们的未来环境基金会(SOF)成立于1989年,是德国汉堡一个民间环保组织,以培养人们的环保意识为宗旨,在环保事业中发挥着巨大作用。再如德国自然保护联合会(NABU)这一非政府组织成立已经超过百年,目前成员及赞助者约有46万名,其中绝大多数成员都是义务兼职人员和青少年,他们自愿并无偿地为环保事业做贡献。德国自然保护联合会的组织形式具有州级自治的联邦联合会性质。它下属的自然保护青年组织(NAJU)是成员数量最多的德国儿童和青年组织之一。自然保护联合会发挥环保作用的一个重要手段就是购买土地,通过买下对保护环境具有价值的大片土地来达到保护环境的目的;此外,还通过积极参与政治、游说和承揽保护区管理工作等方式发挥作用。

五、德国循环经济的执行机制

执行机制是为了确保各种制度得以执行的相关制度安排,包括奖惩机制、监督机制,以及为了贯彻实施各种正式制度的具体操作指标、实施细则甚至实施工具等。它与正式制度和非正式制度构成有机整体,缺一不可。从某种意义上说,执行机制更是至关重要,是确保正式制度和非正式制度得以实施的关键。德国在循环经济的发展过程中不仅重视立法,更重视法律法规的实施。德国循环经济法律法规的有效实施除了依赖各经济主体及市场参与者自觉履行应承担的各项义务和责任外,还得益于一整套科学合理的执行机制和体系。

第一,德国通过立法规定了循环经济发展的相关具体指标,如规定废弃物处理的量化指标体系。德国规定对包装物进行再利用、再循环或者以其他方式再生包装废弃物,以此减少包装废物的最终处置。20世纪90年代初,德国提出在5年时间内将占总重量50%~65%的包装废物进行再生,夹杂在包装废物中占总重量25%~45%的包装材料至少要有15%被循环使用。德国规定,从1995年7月1日起,玻璃、铝、马口铁、纸板和塑料的回收率要达到80%。又如《包装条例》规定,包装物的生产者和经营者从1999年1月1日起必须每年按一定比例对其投入流通的包装物完成一定的循环再利用任务。从1996年1月1日起到1998年12月31日止,每年对包装物回收使用的材料的重量比例如下:马口铁70%、玻璃70%、铝50%、纸及纸板60%、混合材料包装物50%、塑料包装50%。这些指标在1999年又做了调整。在具体指标约束下,到2000年,德国50%的生活垃圾得到了再利用,废纸回收率达到60%,建筑废物回收率为90%,包装纸和废旧玻璃的回收率达到80%。冶金行业产生的95%的矿渣、70%以上的粉尘和矿泥已得到重新利用。德国废旧汽车再利用率也不断提高,到2006年,废旧汽车的再利用率达到85%。明确的废弃物处理定量目标在废弃物处置和利用方面取得了积极效果,有力地推动了循环经济的发展。

第二,强化主管部门的监管。监管的措施与方法包括:首先制定监管范围和监管相对人。根据《循环经济与废弃物管理法》有关条款的规定,主管部门对废弃物监管的范围包括废弃物的减排、利用和清除;监管相对人包括废弃物的制造者和排放者,废物利用者和清除设备的经营者,及有义务进行废弃物管理的相关人员等。

第三,加强对待清除废弃物处置与待利用废弃物处置的监管。由于废弃物的类型不同,即污染程度和危险程度不同,对其监管的程序和方法也不同,处置及监管的等级也不同。主管部门还选取了有效的监管手段,对废弃物处置的监管采取了事前监管和事后监管两种手段。事前监管主要有两类:收集和运输许可以及废弃物利用许可。实行收集和运输许可制是指根据有关法律规定,除国家允许的部门和机构外,任何人要从事废弃物的收集和运输必须经过主管部门的许可方能进行。实行废弃物利用的许可制是指为了安全起见,联邦政府规定,对废弃物的再利用,必须经验证其再利用行为主体有处置和再利用的可靠技术,并得到政府有关部门的许可才能实施此类行为。事后监管有三类。一是监管相对人提供有关信息,即监管相对人有义务向监管机构委托的人员提供有关废弃物管理运作全过程的信息。二是监管相对人提供协助,即受监管机构委托的人员因废弃物处置等相关工作的需要,可以进入监管相对人的住处核实相对人履行法律的情况,监管相对人应予以协助。三是监管相对人向主管部门提供证明材料,即当主管部门要求监管相对人提供有关废弃物处置等相关材料时,监管相对人必须提供相对的法定材料。

第四,建立专门的监督与调节制度。德国政府设立了专门的机构,监督企业对废弃物的回收和对循环经济相关要求的执行。根据有关要求,企业必须向监督机构证明其有能力回收废旧产品,这样才被允许进入该行业进行生产和销售活动。企业必须保证在生产过程中最大限度地控制垃圾的产生,同时还必须拿出有效的措施,证明能够有效地回收利用垃圾并且不会对环境造成危害。对于一些需要监督的垃圾产生者、垃圾处理者,有关监督机构会事先共同制定一个垃圾处理方案,之后会出具"垃圾清理执照"给垃圾生产者和处理者。而在被监督对象处置和运输垃圾的全过程中,还会有"跟踪单"来跟踪垃圾流动过程,以便于监督垃圾处理是否根据拟订的处理方案进行。

另外,为保证所有的废料能够得到最大限度的再利用,所有企业必须安装分离垃圾的装置设备,将废纸、玻璃、塑料以及金属等废料分开放置。此外,还采取相应的责任制与惩罚制。例如罚款和没收涉案物品,追究刑事责任等。另外对危险废弃物的处置也建立了监督和控制机制。20 世纪 80 年代初,随着各项环保法律法规的不断完善,德国政府鼓励各州政府和私人企业共同组建工业危险废弃物处置企业,并建立严格的法律法规,实行严格的立法和政府监督,大大提高了对工业危险废弃物的有效管理。德国各州的环保部门负责每年制定一个危险废弃物处理规划书,对当地工业危险废弃物从源头到最终处理进行严格审批和监控,同时协助各种危险废弃物产生和处置企业,在减少废弃物产生和无害化处理、再利用等方面给予帮助。

此外,在德国,政府越来越注重运用生态学理论认识自然、环境、经济、社会的相互关系,利用环境保护的生态学标准制定科学合理的优化自然、社会、经济相互作用的衡量指标,并将指标模型和量化数据作为评价和监测循环经济发展成功与否的手段。

六、德国循环经济的制度经济学分析

(一) 以制度安排和制度创新推动循环经济的发展

德国政府一直积极推进制度创新,以保证更好地发展循环经济,实现经济可持续发展的目标。其制度安排和创新主要体现在政治制度、法律制度、社会制度、经济制度及教育制度等各种制度体系以及经济社会领域各种相关政策、措施体系的设置及改革上。这充分说明了德国在循环经济发展中注重制度的内生变量作用,强调制度的重要地位。

首先,德国是世界上最早开展循环经济立法的国家,目前已经制定了一套循环经济法律法规体系,使其成为世界上发展循环经济较为成功的国家之一。纵观德国循环经济法律法规体系,其特点是,以贯彻 3R 原则为出发点,制定以生活和工业废弃物的处置、回收再利用为主线,同时涉及可再生能源开发与使用的一系列法律法规。德国在制定和完善循环经济发展的法律框架时,也重视强化执行机制,如构建垃圾处理的监督机制,加强监督制度的落实。

其次,在经济政策的选取方面,德国一方面采用限制性措施,防止经济活动对环境的破坏,另一方面采取鼓励措施强化环保行为,积极推进循环经济的发展。经济政策的选取是一种决策,也是一种博弈。政府的政策及措施的选取无疑是多方博弈的结果。政策总是具有特定的目标,而在其实施中又会有各种约束条件,所以,决策的结果必然是决策人在复杂及诸多约束条件下的理性选择。德国政府制定循环经济相关制度是在考虑欧盟的有关条例下进行的,所以某些制度和政策带有明显的"欧盟痕迹"。德国制定循环经济发展制度的目标是改变已有的经济运行方式,增加企业经济效益和社会效益。在经济政策制定方面,遵循的是成本效益原则。为控制污染,加强环保,德国决策者认为越是严格的控制,越能减少对环境的破坏,其带来的社会总效益越会不断地增加。德国政府发展循环经济的经济政策选择正是一种在成本效益分析基础上的多方面博弈的结果。

德国制定的循环经济法律制度和政策是配套的,选择的实施措施是多方面的,所以取得的成效也是综合的。政府利用税收、收费等措施,强制性改变了企业的成本和收益,进而改变了企业的理念和经济运行行为方式。作为利己的"经济人"的企业,在经济利益的驱动下不得不去改进技术,改变生产方式,以降低成本,提高企业的核心竞争力,从而提高了整个社会的经济效益。德国政府还采取金融措施鼓励和支持各界向维护生态平衡和资源保护、再生方面大力投资,对环保和生态平衡起到了非常重要的作用。

再次,德国注重强化制度的实施,构建了强有力的执行机制。实践证明,但凡循环经济发展取得积极成效的国家,大都进行了一系列的制度安排与创新,其中执行机制的创新有力地保障了循环经济各项法律法规的实施。德国是市场经济发展较成熟的国家,采取的是社会市场经济体制,政府的宏观调控发挥着重要作用,而其法律制度是保证市场经济协调发展、实现福利制国家目标的重要手段。德国社会市场经济是一种完全法律化的经济,它的运行完全建立在法律基础之上。同时,健全的法律体系又是以强有力的执行机制作为保障的。

(二) 多元化的政治制度推动了循环经济的发展

在循环经济制度的制定和执行中存在着政府与企业间复杂的博弈,而政党在这种博弈中起着协调和裁判的作用。此外,政党之间也存在着复杂的竞争和博弈关系。德国实行多党制,为赢得公众的支持,各个政党都会采取保护公众利益、支持社会发展的经济主张,如呼吁环保、节能减排、保护大自然等。其中,德国绿党以生态主义理念为指导思想,倡导生态环境保护,在与社会民主党组成了红绿政府后,积极推动环境保护在社会经济各个领域的发展。应该说,德国绿党和红绿政府在发展循环经济方面起到了积极作用。

另外,政府是循环经济发展的主体,是制度创新的组织者,也是循环经济制度的供给者,而政党则发挥了有效的监督作用。在政府进行循环经济制度创新的过程中,德国政党也起到了监督作用,督促政府摒弃传统的单向思维模式,充分考虑相关利益主体的博弈关系并寻求其利益均衡点,防止新制度的"失效",在这一过程中较好地推动了循环经济的运行与发展。

在国际合作中,德国作为欧盟成员国中的政治、经济大国,其发展也受到欧盟整体政策的影响。此外,作为欧洲共同体的成员,欧洲法院的判决对其也具有约束性。由于德国各州另外设有州宪法法院,公民在具有充分理由的情况下可以通过行政诉讼撤销或废止政府的行政行为,通过宪法诉讼解除政府立法,更可以通过欧洲法院确保欧共体与欧盟条约适用的一致性。这样的政治制度对德国循环经济发展过程中的制度安排产生很大影响,在制定制度时政府既要考虑国家情况,又要考虑欧盟的有关法律条例的要求,虽然有其独立性,但又不同于美国和日本的完全独立性。

(三) 联邦、州、地方多层次制度供给,有效推进了循环经济的发展

德国作为联邦制国家,由联邦、州和地方(乡镇)三级组成。联邦和各州的立法权力由《德国基本法》即宪法来确定。在立法上,联邦政府制定具有宪法性质的法律,各州再根据联邦大法制定州一级法律。所以,德国循环经济立法模式不同于其他国家,在立法时既要考虑欧盟的要求和限制,又要考虑国家的国情,而且各州也可根据本地情况制定适宜的循环经济法律法规、政策和实施措施,这使得各级立法既有统一性,又有差异性,充分体现了制度差异对环境差异的异质作用。

目前,德国已构建了由联邦到州,再到地方的循环经济法律体系,主要包括各级政府在法律法规和政策措施等方面的制度安排,形成了严密、完善的正式制度体系和制度安排。《循环经济与废弃物管理法》是德国发展循环经济的"纲领"性基本大法,其他法律法规是在该法框架下制定和实施的。在这一大法规定的框架范围内,各州根据自己的实际情况,因地制宜地制定具体的相关法规和实施条例及实施标准,使联邦政府制定的循环经济基本大法通过各州、各地的具体法律措施得到贯彻落实。

此外,多级政府主体对非正式制度的形成也发挥了重要作用。德国通过联邦、州、地方多层次多种形式的宣传、教育及政府引领示范构建了循环经济的非正式制度,形成了全民参与循环经济的社会氛围。德国由于高度重视环境教育,通过各种教育形式提高人们的环保意识,使公众能够自觉参与循环经济活动。政府在循环经济的发展中注意发挥引领和示范作用,如政府绿色采购以及为废旧物资的循环使用搭建

旧货市场平台等。所有这些政府行为都有力推动了循环经济的发展。同时民间还自发组织了许多非官方组织,积极呼吁和推动环保。加之德国战后经济的快速发展所带来的环境、生态、资源等一系列问题,迫使民众很快形成保护意识,积极自觉地投身到环境保护、生态维系、节能减排中,使得整个社会形成了公众积极参与发展循环经济的良好氛围。

德国的循环经济起步早、发展快,取得的成就举世瞩目。德国政府制定了适宜的发展战略,采取了合理的发展模式,其中以双元回收系统为代表的社会范围内的生产消费大循环模式尤为突出。更重要的是,完善的制度框架营造了良好的环境,保障了循环经济的迅速发展,使德国社会逐渐从一个消费型社会向节约型、生态型社会转变。

德国在数十年的循环经济发展中建立了一套完整的制度框架,包括社会市场经济政策和循环经济相关法律法规等正式制度,也包括企业的社会责任、对公众的环保教育、人们对循环经济的认识理念、伦理道德、社会组织协助,以及非政府组织的积极参与等非正式制度,还包括对制度进行贯彻实施的执行机制。正式制度的强制性对规范人们的行为起到了非常重要的作用。而在正式制度的强制约束和引导下,人们逐渐形成的环保意识、道德伦理和社会责任意识等非正式制度,使环保、节约、减排、发展循环经济成为人们的自觉行动,在循环经济发展中起到了不可替代的作用。所以在德国,整个社会已经形成了对循环经济的统一认识,循环经济发展观已渗透到社会的各个方面,成为德国民众重要的价值观和行为标准。

第三节 法国循环经济发展状况

一、法国循环经济发展的背景与历程:绿点回收处理系统的引入

法国绿点的正式诞生源于1992年4月1日法国对包装废弃物制定的337号法令。337号法令中规定任何生产商、任何进口商、任何初次投放市场的经过包装的商业产品的负责人有义务付费或供给清除其总体包装垃圾的项目。该法令的颁布标志着法国正式引入了德国绿点回收处理系统。

法国ECQ-EMBALLAGES股份公司是在1992年9月通过德国"绿点"的授权,经法国政府批准成立的一家民营非营利性公司,它承担着绿点回收系统的具体工作,经费来源主要依靠向企业颁发"绿点"标识许可证的方式来收取包装费,并在政府的监管下使用资金。资金主要用于废弃物的回收、处理以及对公众的垃圾分类的宣传等方面。其运作方式是:生产商按照所产生的包装废弃物的大小、体积等标准计算费用,向ECQ-EMBALLAGES股份公司支付包装费,随后ECQ-EMBALLAGES股份公司向生产商授权允许在其产品包装上印制绿点标识。

法国ECO-EMBALLAGES股份公司在参与垃圾管理上发挥了以下作用:企业分担了政府对包装产品的回收责任;为分类收集提供了强有力的资金支持;为公众的垃圾分类宣传提供支持;为废弃物的再生利用提供支持。据了解,在收取的各种包装费用中,有94%用于地方回收和处理包装废弃物,5%用于垃圾分类回收的宣传工作。

二、法国循环经济的发展战略:减少核电,向再生能源过渡

法国时任总统奥朗德在法国政府第二次环境大会上,重申了他在第一次环境大会上做出的承诺:法国要从以核电为主向再生能源多样化过

渡,将核电在国家全部能源供给中的比例由目前的75%以上减少到50%。此前,奥朗德曾提出,到2030年,法国对石油煤炭和天然气等传统能源的消耗要减少30%,到2050年要减少50%。他雄心勃勃地提出了建设循环经济的构想,即改变对传统能源的依赖,使经济发展不仅不以牺牲环境为代价,还能促进就业和技术创新。

目前法国可再生能源总量的2/3来自于利用工业副产品和有机垃圾等产生的生物能源。法国政府把风能列为优先发展的可再生能源,2007年风力发电量达到了6 000 MW。通过组织"太阳行动"计划,鼓励利用太阳能,并积极开发地热能这一清洁能源。通过财政补贴促进生物燃料的使用,法国每年可减少1 100万t石油的进口和300万t温室气体的排放。

从理论上讲,投资发展新能源的成本并不比维护和延长旧核电站使用寿命高,但资金问题依然是困扰法国实施能源过渡计划的主要原因。另外,发展可再生能源在技术上尽管已不存在障碍,但毕竟与核电生产的方式截然不同,核电毕竟是法国能源自给的一个强项。法国各界都认为,新能源要想达到预期的生产规模并部分替代法国核电,绝不是一件容易的事情。在法国电力公司用户每月电费发票的背面,明确标注了该公司2012年电力来源构成:核电占80.4%;可再生能源占12.5%,其中水电占7.8%;煤电占3.1%;燃气占2.4%;燃油占1.2%;其他占0.4%。奥朗德承诺在2016年底前关闭法国最老的费斯内姆核电站,但是要达到他竞选时承诺的把核电规模减少到只占全国能源供给50%的目标,则至少需要在2017年关闭10座核电站,到2020年关闭20座核电站。对此,法国显然有些举棋不定,也面临许多实际困难。

三、法国循环经济的发展模式及特点:行业协会推进模式

在法国,垃圾处理和可再生能源的开发利用在循环经济中发挥了重要作用。而行业协会在此进程中功不可没。

行业协会是法国推进循环经济的重要角色,在政府和企业间发挥着桥梁和纽带作用,在组织落实政府规定的同时,也站在企业的角度协调政府制定相关的政策,使政策既能得到很好的贯彻,又能很好地反映企业诉求,更具有效性,这一模式也成为法国循环经济发展的典型模式。

不同的行业协会分别组织协调各行业内的企业对相关的垃圾进行回收和资源化再利用。如2002年12月29日,法国政府将废旧轮胎列入国有强制回收项目,责令法国境内的轮胎生产商与销售商自2003年起,每年投放市场多少吨新轮胎,次年必须回收吨数相等的旧轮胎,回收费用全部由生产企业和销售商承担。2004年,法国旧轮胎回收与环保协会组织普利司通、固特异、米其林等行业内的14家企业成立了联营公司,承包废旧轮胎回收任务。为满足规模化经营、一条龙服务的要求,还与法国市镇级机构100余家生态企业建立了服务联系,组织协调旧轮胎的收回、分类、翻新、分解和再生材料生产。另外,法国也建立众多的激励机制,鼓励循环经济的发展。如针对减排突出的企业设立零排放奥斯卡奖金、用10%的投资补贴清洁生产示范工程等。

在行业协会配合政府及组织企业和个人开展资源综合利用方面,法国的经验值得学习。

四、法国循环经济的主要制度及创新:法国循环经济法律制度

法国的循环经济法制建设以垃圾处理为主要内容。1975年7月5日,法国政府制定第一部环保型法律《垃圾处理法》,责令各级政府15年内实现生活垃圾与工业垃圾的统一收集和运输,这是一部以卫生和健康为主要目的的法律,要求妥善处理垃圾废品,尽量减少对环境的污染,正是由于该法的立法目的,使得这部法律尚属于被动环保型。1992年7月13日,法国政府又制定了第二部《垃圾处理法》,指令各地区10年内实现垃圾分类及回收再利用,要求充分做到垃圾的循环再利用,尽可能变废为宝;同时明确了政府、企业、公民主动参与环保的法律责任

和义务,充分体现了新的环保观念。

在这两项法律的基础上,法国环境部门又制定了各种垃圾处理的单行法规。从家庭垃圾、过期药品、废旧电池、淘汰电器、废旧轮胎到报废汽车,使法国许多种类的垃圾从收集、运输到最终处理都有法可依;同时,法国还十分重视通过立法加强行业间的协作,对不同种类的垃圾处理,各相关行业的协会组织发挥了重要的作用,承担了大量的法律义务。

20世纪90年代初,法国颁布了《包装条例》,用法律形式来确立包装材料的生产和经营者应承担的义务。在水资源的问题上,法国政府也实行了"谁污染水,谁交钱治理""谁用水,谁花钱"的"以水养水"政策。

五、法国循环经济"绿点"模式带来的启示

可以说,绿点处理系统的引入是循环经济的充分体现。循环经济实质是生态经济也是环境管理发展的必然趋势,是一种最适量生产、最适量消费、最小量废弃的经济模式。循环经济要达到的物流方式是"资源—产品—再生资源"的反馈式流动,而绿点系统的核心是将废弃物管理贯穿始终,已从单纯的后期投放、收集、回收、处理延伸到废弃物产生的源头,采取的是预防和控制的全过程管理模式,利用经济杠杆的调节作用促进了废物产生的责任主体自觉地实现资源节约和垃圾减量。

此外,生产者责任制在绿点系统中得到了充分发挥。生产商负有回收和处理废弃物的责任,通过向企业付费保障了收集、运输和处理废弃物的资金来源。政府不需额外投入和背负日益沉重的财政负担,最终转嫁到消费者身上而且很好地实现了多消费多付费的合理收费体系,很好地解决了城市生活垃圾处理的社会福利亏损难题。

废物减量和回收处理在"绿点"模式中得到了进一步促进。绿点收费体系的收费标准和计算方法的科学设计达到以下目的:一是促进了企业尽量减少过量包装,减轻包装重量。二是尽量采用大的包装,减少包装的单位个数。据介绍,在欧洲购买相同容量的矿泉水,1个大瓶装与几个小瓶装的价格相差很大。三是促进生产者采用更加有利于回收和再生处理的材料来作为包装。据德国一项关于二元系统的研究,早在1992年,已有80%的使用绿点标识的企业对其产品包装进行了优化,包装正逐渐变得更薄更轻和更易于再循环且避免使用复合材料。同时,越来越多的产品采用了再生材料作为包装,体现了废物的全过程控制管理,实现了废弃物的最源头到最末端的全过程控制管理,而不仅仅是被动式的接受大量产生的垃圾完全依靠政府买单的被动管理,它是从产品的摇篮到坟墓的全过程控制管理,有利于实现垃圾的减量化、资源化、无害化,形成了产业化系统,体现了市场化和社会化运作方式,改变了传统的由政府大包大揽的垃圾处理模式,政府的角色由直接管理者和直接生产者转向了利用市场机制的作用的监管者和调控者。实践证明,垃圾处理依靠市场化和社会化良性运作机制,可以实现垃圾资源的循环利用,节能降耗。

第四章 大洋洲循环经济发展状况

第一节 澳大利亚循环经济发展状况

一、澳大利亚循环经济发展的背景

澳大利亚是以煤炭为主要一次性能源的国家,储量极为丰富,是国际能源署(IEA)成员中仅有的4个能源生产大于需求的成员之一(另外3个成员为加拿大、挪威和英国)。但在能源结构和能源消费方面不像发达国家,而更像发展中国家。由于其电力生产中的80%是煤电,产生的二氧化碳排放占整个国家排放物总量的38%,人均温室气体排放居世界第一。所以澳大利亚政府对温室气体排放问题极为关注,并把提高终端用能产品的能源效率作为减排的一个重要措施。1998年,澳大利亚成立了温室气体办公室(AGO),负责协调有关温室气体排放以及能效政策方面的工作。经过多年的努力,澳大利亚政府建立了"以鼓励、引导和宣传为主,配合以强制性法规政策及相应的配套项目,促进节能环保事业发展"的基本能效政策框架体系。

二、澳大利亚循环经济的发展战略

(一)"碳捕获与封存"发展战略

澳大利亚最具特色的循环经济发展战略是建立在化石能源的低碳化利用方面,已经构建起一套完整的化石能源低碳化利用法制体系。为落实《京都议定书》的承诺,推进本国经济的低碳化发展,自陆克文政府开始,澳大利亚采取了一系列措施控制温室气体排放,倡导经济的低碳化发展。但特殊的地理环境以及大比重化石能源依赖型产业结构现状,导致澳大利亚经济对化石能源的严重依赖,致使温室气体排放居高不下。大力倡导清洁能源替代产业当然是一条理想化的道路,但这意味着澳大利亚整个工业结构的大转型,对于一个成熟的工业化国家而言,这将是一个漫长而痛苦的过程,短时间内很难实现,对中短期减排目标的落实也无济于事。因此,澳大利亚必须走一条符合本国经济发展特点,并兼顾经济发展与温室气体减排相结合的低碳经济发展之路。鉴于此,澳大利亚确立起化石能源的清洁化利用策略,将其作为本国经济低碳发展的突破口,希望通过政策与法制措施构建起一个化石能源的低碳化利用市场,推动传统能源清洁利用技术的发展,以此确立起本国在世界低碳经济大潮中的地位。

碳捕获与封存(Carbon Capture and Storage, CCS)市场化机制的建立便是其通过制度化措施打造的重点,CCS指将二氧化碳等温室气体从相关排放源中捕获并分离出来,通过运输环节将其输送到相应地点进行封存,从而阻止其向大气排放。在全球气候变暖的大背景下,世界各主要经济体都将"绿色经济"或"低碳经济"作为本国、本地区未来经济发展的主要方向,节能减排、新能源的开发利用、化石能源的低碳化利用等逐渐成为各国能源政策的主要方向。而CCS是当今世界上公认的最切实可行的减少温室气体排放的措施之一,是典型的低碳技术,大范围的推广使用不但有利于减缓全球气候变暖步伐、推动世界环境的持续改善,更有利于世界经济的可持续发展。然而,由于它是一项新技术,对其开发利用还存在着诸如政治、经济、社会认知、科技水平等多方面障碍,需要国际交流合作以及各国内部的政策支持。澳大利亚一直对CCS技术非常重视,是世界上较早对CCS给予法制保障的国家,在其看来,CCS是一项有利于环境保护和经济循环发展的新技术,尽早地商业化应用将对实现在2050年温室气体排放在2000年基础上削减60%的目标意义重大,应当予以鼓励,加之近年来相关项目在国内已经大量开展,新的项目还在不断涌现,这都要求必要的法制保障规范其发展。鉴于此,早在2005年11月,澳大利亚矿产、石油资源内阁会议就签署并颁布了《碳捕获与地质封存规章性指导原则》,旨在通过该原则逐步构建起全国性的"碳捕获与封存"法制框架。该原则主要涉及6方面内容:①碳核定与批准程序;②碳获取权与财产权;③运输事宜;④监控与核查;⑤义务与关闭后责任;⑥财政事宜。该原则的发布在澳大利亚联邦层面确立起具有指导意义的CCS规范,为后来的联邦与地方立法提供政策依据。2008年9月,陆克文政府宣布实施"全球碳捕获与封存行动"(Global Carbon Capture and Storage Initiative),大力发展碳捕获与封存技术,将该技术的开发利用作为迈向低碳经济的重要手段,通过在燃煤消耗量最大的电力行业开展碳捕获与封存,建立一个全球性碳捕获与封存中心,并通过国际合作,加大与发展中国家的项目合作与资金技术合作,承诺每年向一个新的全球CCS研究机构提供最高1亿澳元的经费支持,以此推动碳捕获与封存技术的普及,推进全球碳捕获与封存市场的发展。澳大利亚联邦政府已经向11个CCS示范项目累计提供了5.68亿澳元的援助。

(二)环境与经济协调发展战略

澳大利亚是一个十分重视生态环境保护和建设的国家,政府和国民的生态环境意识都很强,政府在生态环境保护和建设中发挥了非常重要的作用。

澳大利亚联邦政府、州政府和地方政府所承担的生态环境保护和建设职能不尽相同,既明确分工,又密切协作。

(1)联邦政府

联邦政府的生态环境建设职能主要定位在国家利益层面。

(2)州政府

各州政府承担着政府主要的生态环境建设和保护职责。各州的独立性很强,澳大利亚建国之初,环境问题尚未显现,国家宪法中未提及联邦政府的环保责任,环保主要是州政府的职责。州政府的生态环保职能十分宽泛,主要包括:环保法规的制定和实施,环境标准的制定和监督执行,环保科学研究和技术推广,大气、水、土壤、近海的环境监测和管理,生态植被的保护和建设,野生动物和自然人文遗产的保护,国家公园的建设和管理,资源及废弃物的循环利用,企业环境许可证的发放和监督,污染综合治理,环保执法,环保宣传和环保教育,与联邦政府的联合行动等。

(3)州以下基层地方政府

按照澳大利亚宪法,地方政府的权力是由州政府赋予的,因而地方政府的环保行为要受州政府的指导和干预,要在州政府的环保计划框架内进行。地方政府所承担的生态环境建设职能较少,主要是:垃圾清理和管理噪音等影响环境因素的控制,住户发展对环境影响的控制,社区环境摩擦的协调,在州政府发展计划框架下制定和执行社区环保规划等。

三、水资源循环利用战略

澳大利亚之所以被评为在可供人类生活的

地区中最为干燥的国家,是因为在该国的国土面积之内沙漠和半沙漠区域占据了三分之一甚至更多。可以说,除了塔斯马尼亚州之外,几乎每个州和地区都经历着严重的水资源短缺。但最让人意外的是,该国却拥有全世界其他国家无法企及的水资源循环利用经验。迄今为止,澳大利亚已建水库近400座,具有很强的蓄水能力,是全球水资源循环利用的表率。

(一)水权制度

毫不夸张地说,澳大利亚最早的水权制度是对西方国家实施河岸权制度的延续,也就是说在水源经过土地时,该土地使用者就拥有了对水资源的相关权利。由于澳大利亚自身就是一个水资源匮乏的国家,在日后的实践中发现该制度并不适合本国国情,于是政府将水资源归为公共财产并对其进行调控,随着时间的推移,水资源的需求量更加凸显,政府干脆不再核发水权而将其进行拍卖,水资源的获取方式也只有交易。

此外,水权转让制度也是该国的一项特色制度。20世纪80年代此制度就已在全国落实,伴随交易数额的日益扩大,其配套相关机制也愈加成熟,具体来说,其优越性体现在两个方面:一是居民对水资源的归属及自身应承担的责任更加确定和明了,水资源在交易过程中也更让使用主体放心;二是对水资源的使用量在无形中进行了限制,政府有更多的水资源份额分配于其他生命物种,使整个自然生态形成一种良好氛围。

(二)水价制度

澳大利亚的水权转让制度之所以发达,在很大程度上是由于政府敢于放手,水权转让时水价具有最大限度的自由,交易方式适用交易主体自认为适当的任何方式。该国政府在20世纪90年代末将水价包含的成本和利润予以明文规定。以昆士兰州为例,实施建立在成本回收和实际用水量基础上的水价政策,为了确保水价的科学性,澳大利亚专门成立专家团对水资源价格的制定进行仔细的比对和分析,最后使用了与日本相类似的水价制度,即实行基本费和计量费双轨制。

(三)澳大利亚循环经济的发展模式及特点

1.政府主导生态环境保护和建设模式

(1)建立健全生态建设与保护机构体系

澳大利亚是世界上最早设立政府环保部门的国家之一。早在1970年,维多利亚州就成立了环境保护局。目前,澳大利亚在联邦政府、州政府、地方政府三个层次都设有专门的环保机构。联邦政府设有环境与遗产部,州一级的环保机构较为复杂。以维多利亚州为例,政府设立了自然资源与环境厅,下设环境保护局、自然资源局和生态再循环局。

(2)配备充足的人力和加大资金投入

澳大利亚联邦环境与遗产部有500名工作人员,各州环境部门的工作人员都在1 000人以上。澳大利亚每年的环境保护投资都超过85亿美元,约占GDP的1.6%。维多利亚州环保局每年的经费预算为3 200万美元,其中大部分来源于州政府拨款,少部分来源于排污收费。充足的人力和资金投入为澳大利亚政府主导生态环境保护和建设提供了条件。

(3)统筹规划生态环境,各级政府协调配合实行规划

澳大利亚实行联邦制,联邦政府与州政府之间主要通过协商和合作方式来实现国家环境发展规划,州政府和地方政府之间则主要采取直接干预方式使州环境规划得以实施。各级政府都直接主导相应层次生态环境保护和建设工作的实际运行,绝大部分环保工作由政府直接参与完成。

(4)因地制宜,分区管理

根据资源生态环境特征,澳大利亚把国土划分为若干个区域,因区施策。维多利亚州把全州分为4个区域,州环保局在每个区域都设立一个办事处。昆士兰州把全州划分为北部、中部和南部3个地区,州环保局内设的地区办公室常年在各自的地区办公。

2.强制性节能政策措施模式

澳大利亚联邦政府制定实施了"国家家用电器设备能源效率计划"(NAEEEP),由澳大利亚温

室气体办公室负责执行。据估算,实施强制性能效标识、标准,2000—2015年,共减少8 100万t二氧化碳排放。20世纪70年代末,新南威尔士、维多利亚州政府开始实施能效标识制度。1992年,全国性的强制性能效标识计划开始实施,产品包括冰箱、冰柜、空调、洗碗机、洗衣机、烘干机等。经过10年的努力,目前家电生产商、出口商和销售商,都已经充分认识到强制性能效标识的商业价值。据统计,消费者对能效标识的认同率高达80%,能效星级高的家电产品的销售量明显上升。从1998年开始,澳大利亚政府进一步改进能效标识制度,改变了星级效率规则和相关家电产品的能效标准,并从2000年9月启用新的标识。

(四)澳大利亚循环经济的主要制度安排及创新

澳大利亚是世界上环境质量最好的国家之一,客观上地广人稀,环境自净能力很强,环境容量很大;主观上,政府、企业、公民环境保护意识很高,他们建立了专门的环保机构,制定了法规、政策,合理布局生产力,优化产业结构和经济增长方式,加大投入,加强管理,严格执法,加大环保宣教力度,鼓励公众参与。

1.环境立法

澳大利亚环境立法起步较早,且较为完备。1970年,维多利亚州就颁布了《环境保护法》。目前,在联邦层次,环境保护立法已有50多个,有《国家环境保护委员会法》《环境保护和生物多样性保持法》等综合立法;有《濒危物种保护法》《海洋石油污染法》《大堡礁海洋公园法》等专项立法。此外,还有20多个行政法规,如《清洁空气法规》《辐射控制法规》等。在州层次,各州涉及生态环境保护和建设的法规多达百余个。澳大利亚立法的一个特点是规定具体,条款很细,可操作性极强。立法上的严密、具体,有效地避免了执法的随意性,确保了执法的公平性,维护了法律的权威性。为了保护生物多样性,在立法上,澳大利亚制定了《国家生态可持续发展战略》《澳大利亚环境保护与生物多样化保护法》《国家野草控制战略》《澳大利亚濒危动植物和生态区域保护战略》等法规政策。澳大利亚高度重视预防为主的原则,自20世纪70年代起,联邦和州政府均要求对重大的发展计划进行环境影响评价,从源头就开始预防和减轻不当的人为开发活动所造成的环境污染和生态破坏。在管理中,采取了一些具体但又切实可行的防范措施。比如,在凯恩斯的库连达热带雨林要修建当时世界第一、长达7.5 km的索道,因为景观和生物多样性的保护问题,环保局压了7年,最后业主交了100万美元保证金,并承诺不修公路、不破坏生态,用直升机运送建材,环保局才批准,结果一年就建成,但花了上亿美元;又如,为了保护好世界上最小的企鹅(全球仅分布于南极、南非、大洋洲),在面积相当于新加坡三分之一的墨尔本企鹅岛(有10 000多只企鹅),严格控制居民数量,在1 000多住户中,研究人员就占了一半,对游客要求做到"三不准",即不准吸烟、不准抚摸、不准拍照(因前些年有人使用闪光灯致使企鹅失明而无法出海);再如,为了保护世界最大的珊瑚礁——大堡礁世界自然遗产,凯恩斯加大农业面源污染和入海河流的污染防治力度,禁止海洋探险活动,有效地防范棘冠海星对珊瑚虫的生命威胁,限制旅游开发商的不当开发和游客的过度流入。从总体上看,澳大利亚实行法律、经济和行政手段并用,直接和间接相结合的环境管理方式。

澳大利亚环保执法十分严格,不论是个人、企业,还是政府机构,只要违反了环保法规,都要受到严肃查处,对法人可以判处高达100万澳元的罚金,对自然人可判处25万澳元罚金,对直接犯罪人还可处以高达7年的监禁。为了确保环保法规的严格执行,澳大利亚各州都组建了由环保局领导的"环保警察"。

2.实施经济杠杆进行环保管理

澳大利亚非常重视利用经济杠杆实施环保管理,一是实行排污超额阶梯付费制度,通过对排污企业实行累进阶梯计费,促使企业千方百计减少污染排放,从而控制污染,保护环境。具体做法是:政府通过排污许可确定企业的排污限额,在限额内,排污费随排污量的增加以较小比例增加;超过该限额,排污费则随排污量增加以较大比例增加,其付费具有"惩罚"属性。二是排污权交易,具体做法是:先由政府部门根据环境容量确定出一定区域的环境质量目标,进而计算出最大允许排污量,然后再将其分解成若干允许的排放量,即排污权。政府通过公开竞价拍卖、定价出售或无偿分配等手段,使排污权得以转让和买卖,排污者根据污染程度,决定买入或卖出相应数量的排污权。排污权交易实际上是通过模拟市场来建立排污许可的交易制度,它的主体是城市与农村的污染者,客体是排放减少信用(即剩余的排放许可)。

3. 低碳经济法律的制定与修订

2007年,在新政府推动下,澳大利亚颁布《2007年国家温室气体和能源申报法》,该法确立起澳大利亚全国的温室气体及能源申报制度,建立起国家温室气体和能源申报系统。该法于2008年7月1日生效,自当日起,一旦企业每年的温室气体排放量或能源消耗与生产量超过额定数额(温室气体排放量超过25 000 t,或能源生产和消耗100 MJ以上),企业就必须以符合法律规定的年度申报要求汇整数据进行申报。该法的作用体现在以下几方面:对国家推进碳排放交易计划提供数据支撑;为政府低碳政策的制定以及相关信息公开提供支持;为本国履行碳排放国际申报义务提供数据支持;对联邦、各州和各地区实施碳减排项目提供支持。根据该法,各企业必须于2009年8月31日前完成注册程序,并于2009年10月31日前,按规定提交第一份年度温室气体及能源申报材料。该法的实施意味着澳大利亚温室气体排放大户必须监测温室气体排放量,并按法律规定如实申报,目的是强化对温室气体排放量的监控,促使排放大户采取减排措施,也为国家减排措施的落实提供可靠的数据。总之,该法对澳大利亚制定碳减排相关政策措施,推进国家低碳经济发展意义重大。

在可再生能源立法方面,澳大利亚自2000年出台了《2000年可再生能源(电力)法》以后,便不断加大对该法的修订,依据该法,自2001年4月1日起,国家实行强制性可再生能源发展目标计划,要求可再生能源电力供应所占电力结构比例在原来的10%基础上提高到12%,加大可再生能源在国家能源结构中的比例。而修订后的《2006年可再生能源(电力)法修正案》则增加了加大力度增加生物质燃料供给支付平台等内容。以上立法及其修正案推动了澳大利亚可再生能源发展,通过立法鼓励更多的可再生能源电力生产、确保电力部门碳减排,为本国经济的低碳化发展提供了制度支持。并且,澳大利亚还是少有的几个出台碳税立法的国家之一,2011年10月,议会通过了碳税法案,澳大利亚成为运用碳税收杠杆治理碳排放的国家之一。

(五)澳大利亚循环经济生态城市的实践及经验借鉴

城市是人类的主要聚居地,是人类经济社会活动的重要载体。进入工业革命以来,城市的快速发展是在"大量生产、大量消费、大量废弃"的传统经济发展模式基础上得以实现的。这种发展方式造成的人们始料未及的"建设性破坏"屡见不鲜,因此,城市发展循环经济,建立生态城市,是对传统经济发展模式的根本变革,是城市可持续发展战略的重要途径和实现方式。生态城市的特征主要体现在以下几方面:①生态城市具有优良的自然生态系统、优雅的环境、良好的绿化,完善的自然资源可循环利用体系;②生态城市要拥有合理的产业结构与产业布局,经济增长速度适中,保证城市人口充分就业,人们的生产、生活方式要符合经济与生态规律,节约资源和能量;③生态城市要倡导包括居民、企业以及相关结构等主体具有良好的环保意识,形成绿色理念,鼓励其开展各种循环经济活动,提倡实施绿色消费模式;④生态城市要拥有健全的规章制度,不仅要有纳入了环境与资源要素的城市规划,还要在原有法律基础上增加节约资源和能源,以及物资回收利用方面的法律与规划。

澳大利亚的生态城市规划,不仅涉及社区和建设的物质环境规划,而且还涉及社会与经济结构。它走出传统商业开发的老路,提出了"社区驱动"的生态开发模式。

1. 充分利用能源

在水循环利用方面,通过收集、储存雨水和中水,节约城市清洁水和饮用水。澳大利亚正在力争将区内所有的水循环利用,水的输入量争取趋向零。

作为一个联邦制国家,按理说,关于水资源问题应由区划单位各自为政,但是由于环境保护的重要性日益凸显,水资源的基础性愈发关键,以及国际义务的承担和市场的迫切需要,一部彰显宏观性的水资源综合法就显得极其重要。1994年之前,该国没有全国基本统一的水事产业政策,1994年2月25日,政府间理事会批准了一项重大的全国性水资源政策,即《1994年水事改革框架》,该政策出台的目的在于抑制各州和地区普遍存在的由于水使用所引起的自然资源退化。1996年该国出台《关于生态系统用水供应的国家原则》,该原则在于提供一种全国性的政策指导,即在水资源总体配置决策的层面上,如何处理好生态环境用水问题。此外,该国在2007年出台了《水资源安全国家规划》及联邦《2007年水法》两部主要法律,对水资源的利用进行全面监管,目标是形成一个以全国统一、市场、监管和规划为基础的城乡水资源利用的地表和地下水资源管理制度,使经济、社会和环境效益实现最优化。

在电循环利用方面,城市在区域内制造能量、获取资源并就近使用,如通过太阳能光电板发电,过剩的电力则输送至蓄电池。为提高能效,澳大利亚政府先后制定和开发了一系列有关能源管理的咨询、指导和自愿性项目。政府为工商企业提供一定范围的基本的能效咨询服务,在维多利亚、南澳大利亚、昆士兰州以及北部地区都开展了类似的节能信息传播工作。联邦政府和工业界开展自愿行动。

在废物利用方面,在市区设置一些堆肥厕所,使富有有机质的污水变成为区域内植被的肥料,同时还可制造沼气。

在二氧化碳处理方面,为减少温室气体排放,联邦政府提出了一个"温室挑战计划"并予以双倍资助,目的在于增加参与者的数量。该计划几乎覆盖所有能源部门和大部分制造业部门。最新评估结果显示,通过工业终端用户节能产生的减排量效果明显,评估结果建议加强对能效标准和可再生能源开发的资助,这样可起到更有效的减排作用。

2. 以政府为主导

建立健全生态建设与保护机构体系。澳大利亚是世界上最早设立政府环保部门的国家之一。早在1970年,维多利亚州就成立了环境保护局。目前,澳大利亚在联邦政府、州政府、地方政府三个层次都设有专门的环保机构。联邦政府设有环境与遗产部,州一级的环保机构较为复杂。以维多利亚州为例,政府设立了自然资源与环境厅,下设环境保护局、自然资源局和生态再循环局。

(1) 加强政府之间的合作

由于各州具有较强的独立性,为了更好地履行生态环境建设和保护职能,联邦政府与州政府之间以及州政府与州政府之间展开了密切合作。一是联邦政府与州政府之间合作。在1992年达成的"澳大利亚(联邦和州)政府间环境协议"明确提出,联邦政府和州政府将以合作和协商的原则处理面临的环境问题,规定了各级政府在制定环境政策和法规时必须遵循的原则,并对具体的环境议题制定了一系列协作行动计划。根据该协议,澳大利亚成立了由联邦环境与遗产部部长任主席、各州总理代表(负责资源或环境的各州部长)为成员的"国家环境保护理事会"。该理事会可以审议和通过全国性的环境标准,理事会成员2/3多数表决通过的文件或决议将自动成为各州的法规予以实施。二是州政府之间的合作。州政府间开展各种形式灵活、内容宽泛的合作。有以法律为基础的正式合作,也有资源或环境部门之间交流经验、交换意见、共享信息、共同开发环保技术等方面的非正式合作。政府之间的有效合作,既强化了各自承担的生态环境保护和建设职能,又增强了政府生态环境保护和建设行动的统一性和协调性,在分工的基础上形成了合力,确保了政府生态环保职能的顺利履行和生态环保目标的实现。

(2)重视综合协调

澳大利亚政府十分重视环保工作的综合协调,一方面协调有关部门的行动,另一方面协调社会公众的行动。协调环保有关部门的行动,是澳大利亚政府综合协调环保工作的基本层次。在澳大利亚,三级政府都有好几个部门涉及生态环境保护和建设事务,为了避免推诿、减少摩擦,各级政府通过法律和跨部门机构来协调。在维多利亚州的自然资源与环境厅,由厅长办公室对下属的环保局、自然资源局和生态再循环局进行协调;协调公众的环境行为是澳大利亚政府综合协调环保工作的重要方面。在公众场合尤其是旅游胜地,导游都要向游客介绍政府的环保规定,提醒游客严格执行,做到"除了脚印,什么都不留下;除了杂物,什么都不带走"。在著名的企鹅岛,政府规定在观看企鹅归巢时,不许大声喧哗、不许使用闪光灯照相,数以千计的游客在持续两三小时的观看中,无人违反规定。

把环保事业融入经济发展之中,是澳大利亚政府综合协调生态环境建设的成功经验。这方面的典型案例是湿地建设。澳大利亚把湿地建设与水源净化结合起来,与候鸟繁栖地的培育结合起来,与房地产开发结合起来。墨尔本市水利部门与房地产开发商在该市远郊的一个地方联合建造人工湿地,使当地的环境显著改善,房地产价格上升了10倍,实现了经济效益和生态效益的双赢。

3.完善立法,加强生态环境的执法力度

澳大利亚是世界上最早出台环境保护法律的国家之一。早在1970年,维多利亚州就制定和颁布了"环境保护法"。目前,澳大利亚已经建立起了十分完善的生态环境保护和建设的法律法规体系。在联邦层次,环境保护立法已有50多个,有综合立法,如《环境保护和生物多样性保持法》;也有专项立法,如《大堡礁海洋公园法》;还有20多个行政法规,如《清洁空气法规》《辐射控制法规》等。在州层次,各州涉及生态环境保护和建设的法律法规都多达百余个。澳大利亚环保法律法规的条款很细,可操作性很强。维多利亚州的"环保收费法规",条款多达百余条,从收费的种类、标准、单位、计算公式到最大排污允许量、交费流程、费用减免等,都规定得十分详细。仅垃圾填埋就按照废物种类和数量列出了16个层次的收费水平,每个层次收取若干个"费单位"。"费单位"的个数,由垃圾填埋成本确定。每个"费单位"的具体金额,由当年物价水平确定。如此利用经济杠杆实施环保管理,可操作性很强,避免了执法的随意性,减少了执法过程中的摩擦。澳大利亚环保执法十分严格,体现了法律法规的严肃性。在澳大利亚,不论是个人、企业,还是政府机构,只要违反了环保法律法规,都要受到严肃查处。在著名的大堡礁绿岛公园,游客不许带走任何自然物体(包括贝壳),违者处以高额罚款。在昆士兰州北部地区,有两人曾因砍伐20多棵树而被判十多年徒刑。在维多利亚州,环保局每年都要向法院起诉40~50起损害环境的案件。为了确保环保法律法规被严格执行,澳大利亚各州都组建了"环保警察"(SEPP)。环保警察隶属环保局领导,是环保局的一个内设机构。环保警察的人数不少,维多利亚州就有120名,占环保局总人数的1/3,该州环保局的工作人员多数具有当环保警察的经历。环保警察身着统一制服,佩带鲜明臂章,专司环境执法工作,具有很大权威。

4.发展节约型建筑

澳大利亚城市哈利法克斯的建筑一般在2~5层之间,上有屋顶花园、观景楼。屋顶花园不仅可以用来游戏与休息,还可以种植一些植被。全区屋顶花园上有1 000多个太阳能收集器,通过他们可以热水、取暖、制冷或者给蓄电池充电。城市建筑选用对人体无毒、无害、无过敏、节能、低温室气体排放的建筑材料,避免使用木料,减少对森林的砍伐,避免使用传统的钢筋水泥,减少了对环境的污染。

5.实施生态管理

根据资源生态环境特征,澳大利亚把国土划分为若干个区域,因区施策。维多利亚州把全州分为4个区域，州环保局在每个区域都设立一个办事处。昆士兰州把全州划分为北部、中部和南部3个地区，州环保局内设的地区办公室常年在各自的地区办公。

同时，澳大利亚的哈利法克斯创立了"社区驱动"的生态管理模式，社区的规划、设计、建设、管理和维护全过程都有社区居民参与，这是一种社区自助性开发、管理方式。哈利法克斯生态开发公司取代传统的开发商，进行具体工程的开发、建设、实施，是社区基本的开发实体；社区委员会则代表社区内的业主，处理社区内部的冲突，协调各种关系，以便居民更好地在城市开发与管理过程中参与、设计和维护。

6. 促进城乡平衡

澳大利亚生态城市建设还注重城乡统筹规划。其新城开发着手于乡村和城市两方面的恢复。城市周边的乡村地区的土地也被划入整个开发的范围，通过生态恢复、发展生态农业等手段，促进其合理使用。乡村的土地被开发成粮食基地、蔬菜用地、娱乐场所及城市以外的教育场地等。

7. 发动全民参与生态环境保护和建设

(1) 引导公民参与生态环境保护与建设

澳大利亚政府十分重视通过宣传教育示范的方式，引导国民参与生态环境保护和建设工作。堪培拉"无垃圾城市"计划的推进，就是建立在广大居民积极参与的基础上的。它的目标是在2010年不再填埋垃圾，实现全部垃圾的回收和利用。在计划实施的每一个阶段，政府有关机构都通过印发宣传资料和讲座等形式，告诉居民应该如何做。环保部门还开办了"无垃圾城市"计划教育中心，为居民免费提供垃圾回收再利用的知识和技术，引导广大居民自觉参加到这项计划中来。

为保证宣传、教育工作的正常开展，澳大利亚政府配备了充足的人力和资金。澳大利亚联邦环境与遗产部有500名工作人员，各州环境部门的工作人员都在1000人以上。近年来，澳大利亚每年的环境保护投资都超过85亿美元，约占GDP的1.6%。维多利亚州环保局每年的经费预算为3200万美元，其中大部分来源于州政府拨款，少部分来源于排污收费。充足的人力和资金投入为澳大利亚政府主导生态环境保护和建设提供了条件。

(2) 鼓励企业参与环保产业的开发

澳大利亚政府对从事环保事业的企业在税收、设施等方面给以优惠，吸引更多的企业投资环保产业。堪培拉市有70~80家企业从事垃圾收集、分类和填埋工作，每年创造1000多万美元的产值。政府还与商业企业合作，推出了"生态商业"计划，鼓励商业企业减少水、电、汽车等资源的使用。

(3) 注重公民对环境法律制定的参与

澳大利亚有关环境法律法规的制定，采取全民参与的方式，面向社会招标，任何单位和个人都可以竞标，由中标者负责起草，法律法规草案散发给广大公民，广泛征求意见。这样做，既提高了公民对环保事业的参与度，拉近了公民与法律和政府的距离，增强了公民遵法守法的自觉性，又保证了法律法规条款的完善和对现实生活的贴近。通过公民参与，广大居民具有很强的生态环境保护意识，以实际行动参与生态环境保护和建设。居民自觉参与植树、清理垃圾、拯救动物等活动。居民房屋前后的花园和草坪，都按政府有关部门的统一规划和要求，由居民负责栽植、管理和维护。全民的广泛参与，真正实现了国民环境行为与政府环境导向的统一。

生态城市的成功只有在经济系统、人的系统和自然系统相和谐的基础上，建立起新的协作关系时才能实现。澳大利亚政府在有关城市建设的总体规划中遵循了生态可持续发展的原则，制定了长期的区域发展政策和局部环境政策，强化循环经济建设项目，推动资源回收再利用，规划城市交通路线和设施，规范交通规则，鼓励使用有利于环境保护的交通方式，提倡节约能源、水和其他资源，避免对水、土壤和大气的污染等做法，使澳大利亚成为循环经济发展的典范。

第二节 新西兰循环经济发展状况

一、新西兰循环经济发展的背景与历程

(一)新西兰循环经济发展的背景

新西兰是南太平洋上一个以农牧业为主的岛国,面积约 27 万 km^2,由北岛、南岛和一些小岛组成,人口约 410 万。农牧业占整个国民经济的 27%,农牧业产品出口占外贸出口的 50% 以上,羊肉和奶制品出口量居世界第一位,羊毛出口量居世界第二位,人均 GDP 达到 4.3 万美元,早在 20 世纪就跻身发达国家行列。

虽然新西兰地广人稀、自然资源丰富,但仍十分重视生态环境保护,坚持走可持续发展之路,特别是注重发展循环经济带来的更广阔的发展前景。现在,绿色经济、生态经济已经成为新西兰新经济的标签,是否是可持续、可循环也已成为经济结构成败的标准之一。

(二)新西兰循环经济发展的历程

新西兰绿色经济、生态经济的概念不是生而有之,同样经历了一个痛苦的反复过程。19 世纪初,欧洲殖民者来到新西兰,为了创建"新的国家",大肆破坏原有的生态和地貌,盲目引进新物种,造成本地物种的急剧减少,甚至部分灭绝。过度放牧释放的大量废气造成了空气污染,并直接导致新西兰上空臭氧层空洞的形成。到了 20 世纪 70 年代,新西兰经济飞速发展,大量污水排入了奥克兰的玛努考海湾,造成该地区湿地严重破坏,海湾中的鱼、虾基本消失,原本大量栖息于此的斑尾塍鹬也随之离开了奥克兰。进入 80 年代后,面对经济发展下环境的日趋恶化,新西兰全社会开始了反思,奥克兰地方政府开始重视研究玛努考海湾的污染问题,投入了大量的人力、物力,试图恢复该地区的生态环境。位于该地的沃特凯尔公司因地制宜,把这个被污染的巨大港湾改造成了一个面积超过 5 km^2 的氧化池,在海湾直接曝气进行污水处理。经过修复治理,原本严重污染的玛努考海湾又恢复了昔日的风采,消失了多年的斑尾塍鹬又重新回到了这个栖息地,玛努考海湾也成了一个生态旅游景点,每年吸引成千上万的游客,有力地带动了当地的经济发展。由此引发了全国性的环保运动,迫使政府改变了重经济发展、轻环境保护的做法,克服了追求短期经济利益的冲动,环保被提升到国家经济社会发展的首要位置。

二、新西兰循环经济的发展战略:可持续发展战略

为达到循环经济的可持续发展,新西兰政府的举措之一是将 60 多部不完整、不全面甚至互相抵触的法律法规统一成《资源管理法》,强调对资源的可持续利用和发展。该法对新西兰主要资源的利用和保护都做了明确规定。如:对森林资源的保护,新西兰政府严格规定,每伐 1 棵树必须栽 10 棵树,农民种植树木还可以得到减免税的优惠。对草场资源的保护,严格规定 4 066 km^2(1 英亩)土地只能放牧 1 头牛或 4 只羊,并要求"分栏式放牧",防止出现过度放牧的现象。对海洋资源的保护,明确规定经济发展要服从于对海洋资源的保护,绝不允许填海造田。什么人能捕捞海产品,什么时期捕捞海产品,不同海产品一次最多捕捞多少都有明确的规定,就连在海滩拾鲍鱼壳的数量都有规定。对水资源的保护,明确规定利用水资源要严格经过一定程序充分听证。雨水、污水一定要分流,污水必须经过处理净化后才能排放。除了对资源管理现有严格的法律规定外,新西兰对空气质量也有法律规定,严格限制工业发展,对汽车尾气明确规定

排放标准,室内严禁吸烟等。

不仅如此,新西兰政府的可持续发展战略在住宅建设中也有体现。在新西兰,经过节能星级评定,符合住宅节能等级评定的住宅,夏季室内温度比普通住宅低5℃,减少能源消耗40%,由此减少温室气体的排放,为下一代提供更好的环境。住宅节能等级分为6档,从零星级到五星级,分别代表了住宅在取暖和制冷方面的能源效率情况。低级别意味着高能耗住宅,或者是冬天冷夏天热,室内舒适度较差的住宅。四星、五星等高级别的住宅性能好,耗费的取暖费用和制冷费用并不多,因此对购房者和开发商均具有吸引力。新西兰大力宣传购买和使用"节能之星"标识住宅在经济和环境上的益处;对购买拥有"节能之星"标识住宅的消费者提供协助和支持;用退税、现金或贷款支持等方式鼓励生产、研发、销售具有"节能之星"标识住宅的开发商,大力推进住房建筑市场的绿色可持续发展战略。

玛努考海湾的建设是一个典型的个案,也是最近30年来新西兰环保基础建设发展的一个缩影。新西兰在发展初期,主要环保措施就是完善环境基础设施。新西兰拥有世界上最有权威的环保组织——环保部,该组织通过中心区域和全国14个环境保护办公室形成网络,依法独立行使职权,负责全国自然资源的保护和管理,并每年以10亿新西兰元的资金保护珍稀动植物。在法律保障方面,新西兰建立了健全的法律法规体系,而且环保执法十分严格,不论个人、企业还是政府,只要违反环保法律法规,都要受到严肃查处。在新西兰,打狗、偷猎野鸭和鸽子、不按规定钓鱼和拾贝壳而被重罚的故事不胜枚举。

三、新西兰循环经济的特点

目前的新西兰,主要着眼点已经不是污染物的"处置"问题了,而是如何将"污染物"再利用的问题。经过政府的一致努力,近年来,新西兰环保与经济进入良性循环。新西兰人注意保护环境、改善环境,这在森林资源的保护和利用方面表现得最为突出。新西兰政府的林业政策是建立在长远发展基础之上的。政府规定,天然林砍伐之后,必须在原来的土地上进行复种,以保证资源的可持续性。目前,新西兰正进行第三次大面积的植树造林,同时还加大林业科研的力度,已研究出用一粒树种分蘖出数百棵树苗的技术,并解决了辐射松木质硬化的问题。2010年,新西兰林业出口达到了47亿~54亿美元。这真正体现了新西兰循环经济的发展理念和环保上的可持续发展。

四、新西兰循环经济发展的分析

新西兰循环经济的发展与新西兰的非政府组织密不可分,他们扮演着"清洁卫士"的角色。新西兰政府制定的环境保护发展规划、环境保护目标,主要实施者包括政府环保机构、非政府环境保护组织、各种企业联合组织、民间组织及行业协会等。新西兰有许许多多的环保组织、行业协会,他们在具体的环保行动实施中发挥着巨大的作用。一方面,他们是政府环保工作的监督者,积极要求政府及行业管理部门在制定各项政策时充分体现环境保护。比如,金融机构及工商业非政府组织都将环境影响评价纳入经济发展评估体系;很多大型企业或金融机构采用环境会计审计制度,对新建、已建企业进行评估,将资源消耗情况、环境污染状况纳入企业经济发展评估体系,以促使企业调整管理和生产工艺,尽可能减少企业的环境污染和资源消耗。另一方面,他们又是环保事业最有力的推动者。他们利用各种实践机会,主动宣传环境保护的重要意义及紧迫性,要求人们保护和爱惜自然资源及生态环境。

新西兰的环保教育与生活方式对本国的循环经济的开展也有着促进作用。新西兰全民参与生态建设的意识来自于他们的国民环保教育。新西兰的环保教育伴随人的一生,从幼儿到成人,无处不在,无时不有。在奥克兰,当地政府有很多鼓励环保的措施,例如:政府鼓励汽车使用天然气,汽车油改气的设备费用由政府承担。对使用太阳能板发电的用户,政府除了将太阳能所产生的节余电量以优惠的价格收购外,还承担太阳能发电设备购置、安装等全部费用的1/3。此外,政府还大力推广各种节水措施,比如,自来水只能用于饮用,如果将自来水用于洗车、浇花等项目即被认为是违法,举报者可获得100新西兰元(约70美元)的奖励。因此,奥克兰市所有家庭的屋顶顶部都建有一个专门用来收集雨水的水槽,由政府承担一半的修水槽费用。所接雨水专门用于浇花草、洗车等。这些措施既贯彻了政府保护环境的要求,又使居民享受到了环境保护带来的实惠,有效地宣传了环保观念,使环境保护的理念进一步深入人心。

参考文献

[1] 徐坡岭,刘来会.俄罗斯经济发展形势的分析与预测[J].财经问题研究,2015(2):117-122.

[2] 邢国繁,张曙霄.资源禀赋、创新经济与俄罗斯未来[J].东北亚学刊,2012,21(3):83-90.

[3] 苗华寿.对当前俄罗斯经济持续低迷的评析[J].东北亚学刊,2014(1):43-48.

[4] 杨伟传.中国能源消费的ARIMA模型预测分析[J].统计与决策,2009(11):71-72.

[5] 李丽华.中俄自然资源所有权比较[J].世界环境,2004(1):37-40.

[6] 刘燕平.俄罗斯自然资源部2006年地勘工作重要成果[J].国土资源情报,2007(2):23-26.

[7] 杨莉.中亚国家油气资源开发状况[J].俄罗斯中亚东欧市场,2006(9):14-18.

[8] 李峰.俄罗斯自然资源利用和生态安全国家监督体制[J].全球科技经济瞭望,2003(6):39.

[9] 侯铁建.俄罗斯经济追赶与制度变迁的历史轨迹[J].俄罗斯研究,2007(4):33-38.

[10] 于小琴,李培国.俄罗斯东部地区的人口、资源与可持续发展[J].俄罗斯中亚东欧市场,2008(7):12-17.

[11] 拉古诺夫·弗拉季米尔·博里索维奇,杨青.俄罗斯发展道路对中国的借鉴意义[J].北京行政学院学报,2010(4):109-112.

[12] 顾海波.俄罗斯环境管理体制及其改革评析[J].东北亚论坛,2003(04):58-61.

[13] 王前军.转型期俄罗斯的环境安全政策[J].俄罗斯研究,2005(2):31-36.

[14] 柴金艳,黄海峰.中、德循环经济发展的比较研究[J].经济纵横,2007(2):61-62.

[15] 陈傲.循环经济模式下的环境制度设计研究[J].科学学与科学技术管理,2006,27(9):108-112.

[16] 陈柏福,彭秀丽.试论循环经济的产权制度创新[J].新疆财经,2006(2):5-9.

[17] 陈访贤.论循环经济的价值理念[J].全国商情.经济理论研究,2007(4):24-25.

[18] 陈静.发展循环经济的国际比较及对我国的启示[J].西安电子科技大学学报(社会科学版),2006,16(3):62-67.

[19] 陈静.循环经济的理论分析及其制度安排[J].太原理工大学学报(社会科学版),2006,24(1):33-37.

[20] 陈效兰.发展循环经济及其制度创新[J].甘肃社会科学,2007(6):36-38.

[21] 陈艳艳.国外循环经济的最新发展趋势[J].上海企业,2006(12):32-33.

[22] 崔旭,许刚,陈雯.德国循环经济的发展经验及其对我国的可借鉴性分析[J].城市环境与城市生态,2006(3):34-36.

[23] 戴启秀,王志强.21世纪德国环保发展纲要及新政策[J].德国研究,2001,16(1):47-50.

[24] 丁慧.循环经济发展的理论基础、运行模式及障碍[J].经济纵横,2005(5):48-51.

[25] 董碧英.论政府在发展循环经济中的作用[J].经济与管理,2006,20(2):22-24.

[26] 董敏,贺晓波.发展循环经济的经济手段-国际借鉴和政策选择[J].生态经济,2006(5):84-86.

[27] 杜放,于海峰,张智华.德国的生态税改革及其借鉴[J].广东商学院学报,2006(1):37-40.

[28] 吴妙丽.我是对中国最乐观的人——著名经济学家张五常谈入世[J].浙江金融,2001

(11):4-5.

[29] 张芬昀. 新制度经济学视域中意识形态及现实意义浅析[J]. 内蒙古农业大学学报(社会科学版),2007,9(2):30-32.

[30] 杨俊一. 新制度经济学意识形态理论的哲学阐释——兼论马克思主义意识形态理论的新视角[J]. 哲学动态,2001(4):6-9.

[31] 晏辉. 论营利性组织之自利行为的伦理约束与制度安排[J]. 湖南社会科学,2008(6):35-38.

[32] 邓志平. 马克思与诺思制度变迁理论的比较[J]. 广东广播电视大学学报,2009,18(3):48-52.

[33] 易宪容. 正确地判断当前的房地产形势[J]. 卓越理财,2008(6):30.

[34] 刘炳辉,姚安泽. 制度视角下的意识形态创新[J]. 厦门理工学院学报,2009,17(1):64-68,73.

[35] 黄剑宇. 新制度经济学视角下的政府成本控制[J]. 中共成都市委党校学报,2007(6):72-73,75.

[36] 武传德,雷良海. 交易成本与义利思想比较[J]. 商业时代,2005(12):14-15.

[37] 王烨冰. 循环经济框架下山区农业营销创新探讨[J]. 商业时代,2008(31):24-25.

[38] 付丽娜,龚志民. 循环消费与构建和谐社会[J]. 消费经济,2006,22(6):66-68.

[39] 贺书霞. 循环经济制度设计与资源节约型社会建设[J]. 安徽农业科学,2006,34(17):4482-4483.

[40] 张宏艳. 防治面源污染的几种措施[J]. 中国科技成果,2004(21):24-26.

[41] 许志兰,廖日红,楼春华,等. 城市河流面源污染控制技术[J]. 北京水利,2005(4):26-28.

[42] 王宁. 城市面源污染控制的国际比较与应对策略[J]. 上海城市管理职业技术学院学报,2009,18(3):87-89.

[43] 叶闽,雷阿林,郭利平. 城市面源污染控制技术初步研究[J]. 人民长江,2006,37(4):9-10.

[44] Staropoli J. The Public Health Implications of Global Warming[M]. New York:MSJAMA,2002.

[45] 顾国雄,何潦. 绿色技术及其应用[M]. 上海:同济大学出版社,1999.

[46] 刘光复,刘志峰,李纲. 绿色设计与创造[M]. 北京:机械工业出版社,1999.

[47] 何希吾,姚建华. 中国资源态势与开发方略[M]. 武汉:湖北科学技术出版社,1997.

[48] 李强,薛天栋. 中国经济发展部门分析[M]. 北京:中国统计出版社,1998.

[49] 高鑫. 试析英国经验对武汉城市圈"两型"社会建设的启示[J]. 湖北社会科学,2010(4):73-75.

[50] 白义琴,汪冬冬,黄小芳,等. 社区层面循环型社会建设问题及对策分析——以上海市三林功能区域为例[J]. 能源与环境,2008(5):90-93.

[51] 刘学敏. 英国伯丁顿社区发展循环经济的主要做法[J]. 山东经济战略研究,2005(3):34-35.

[52] 辛欣. 英国可再生能源政策导向及其启示[J]. 国际技术经济研究,2005,8(3):13-17.

[53] 洪峡. 美国可再生能源政策研究[J]. 全球科技经济瞭望,2008,23(2):20-26.

[54] 周光明. 美国可再生能源发展情况考察[J]. 能源工程,2000,15(3):16-17.

[55] 郑坚平. 英国可再生能源政策及启示[J]. 能源工程,2001(4):51-54.

[56] 范光. 英国可再生能源政策[J]. 全球科技经济瞭望,2003(5):22-24.

[57] 张平. 英国提高能源效率的政策取向[J]. 中国能源,2001(2):31-32.

[58] 姜达洋,张宏武. 日本的能源政策及其对我国的启示[J]. 特区经济,2006,213(10):164-166.

[59] 郭祥冰,廖世忠,郭力群,等. 美国促进可再生能源发展的政策和实践——赴美考察调研报道[J]. 能源与环境,2004(4):6-9.

[60] 郭曙林. 英国经济领域可再生能源政策的研究[J]. 闽西职业大学学报, 2004, 6(1): 4-6.

[61] 邓俊. 解析法国"绿点"[J]. 建设科技, 2005, (12): 42-43.

[62] 梁晓华. 法国政府提出"循环经济"构想[J]. 能源研究与利用, 2013(6): 23-24.

[63] 李伟, 白梅. 国外循环经济发展的典型模式及启示[J]. 经济纵横, 2009(4): 80-83.

[64] 马喃喃. 节约型政府构建论[D]. 大连: 东北财经大学, 2006.

[65] 宋其鲁. 西北地区环境与经济协调发展对策研究[D]. 青岛: 青岛大学, 2006.

[66] 谢晶. 水资源循环利用法律规制研究[D]. 兰州: 甘肃政法学院, 2014.

[67] 余元玲, 等. 水资源保护法律制度研究[M]. 北京: 光明日报出版社, 2010.

[68] 霍斯特·西伯特. 环境经济学[M]. 北京: 中国林业出版社, 2002.

[69] 杜群, 廖建凯. 澳大利亚的能源法律制度及其借鉴[J]. 时代法学, 2009, 7(3): 87-94.

[70] 桑东莉. 澳大利亚构筑低碳经济未来的法律政策体系[J]. 公民与法(法学版), 2010(10): 40-43.

[71] 孙加秀. 二元结构背景下城乡环境保护统筹与协调发展研究[D]. 成都: 西南财经大学, 2009.

[72] 山岗. 蓝天碧水新西兰[J]. 科技潮, 2002(2): 37-39.

[73] 申剑, 徐广华, 陈纯. 新西兰环境保护工作简介与启示[J]. 环境科学导刊, 2010, 29(2): 12-15.

[74] 朱启贵. 西方发达国家循环经济发展状况及借鉴[J]. 经济纵横, 2005(3): 42-44.

第十五篇

世界典型沿海城市循环经济发展状况

第一章 大西洋沿岸城市循环经济发展状况

第一节 纽约循环经济发展状况

一、概况

纽约(New York),是纽约都会区的核心,是美国最大的城市,同时也是世界最大的城市之一。为了与其所在的纽约州相区分,被称为纽约市(New York City,官方名称为:The City of New York)。

纽约位于美国东海岸的东北部,是美国人口最多的城市,也是个多族裔聚居的多元化城市,拥有来自97个国家和地区的移民,使用的语言多达800种。截至2012年,纽约大约有800万人,居住在789 km²的土地上。

纽约地铁是世界上最发达的快速交通系统之一,每天24小时提供服务且无休息日。纽约拥有哥伦比亚大学、纽约大学和洛克菲勒大学等名校。

纽约是一座世界级国际化大都市,直接影响着全球的经济、金融、媒体、政治、教育、娱乐与时尚界。纽约的GDP在2013年超越东京,位居世界第一。

纽约在商业和金融方面具有巨大的影响力。纽约的金融区,以曼哈顿南部的华尔街为龙头,被称为世界的金融中心。纽约证券交易所是世界第二大证券交易所,它曾是最大的交易所,直到1996年它的交易量才被纳斯达克超过。纽约时代广场是百老汇剧院区枢纽,被称作"世界的十字路口",亦是世界娱乐产业的中心之一。纽约曼哈顿的唐人街是西半球最为密集的华人集中地。

(一)地理环境

纽约市地处美国东北部的纽约州的东南哈德逊河口,大约在华盛顿特区和波士顿的中间的位置。紧邻的哈德逊河让纽约市享有航运之便,使其快速发展成为一个贸易重镇。纽约城区大多坐落在曼哈顿、斯塔滕岛和长岛,土地狭小,人口密度很高。纽约市整体面积约1 214 km²,其中425 km²为水域,789 km²为陆地。

纽约市属于北温带,四季分明,雨水充沛,气候宜人。夏季平均温度为23℃,冬季平均温度为1℃。

纽约哈德逊河流经哈德逊河谷,进入纽约湾,为纽约市和新泽西州的分界线。一样位于纽约市的东河流经长岛海湾,将布朗克斯和曼哈顿与长岛隔开。哈莱姆河位于东河与哈德逊河之间,分隔曼哈顿和布朗克斯两个行政区。布朗克斯河流经布朗克斯和威斯特彻斯特郡,是纽约市唯一皆为淡水的河流。

纽约城内位于斯塔滕岛的托德山,最高海拔约124.9 m,是缅因州以南的东部沿岸的最高地。纽约市大部分的土地遭人为变动过,从荷兰统治时期开始就有大量的填海造地工程,特别是在曼哈顿南部,如 20 世纪 70 年代至 80 年代的炮台公园城市计划。

(二)历史沿革

在前殖民时期,纽约现今所在的地区为阿尔冈昆部落所居。勒纳佩人是其中的一支,他们居住在斯塔滕岛、长岛西部(包括现今的布鲁克林区和皇后区)、曼哈顿及下哈德逊河河谷(包括布朗克斯区)。

1492 年,哥伦布发现美洲大陆后,欧洲各国殖民者纷纷涌来建立殖民贸易点,这里逐渐形成自由港,这就是纽约的前身。

1651 年爆发英荷之战,原住民之间的内战和欧洲殖民者带来的疾病使得勒纳佩人的数量大幅减少。1664 年,英国舰队开到这里,荷兰人自知无力抗争,新尼德兰总督彼得·斯特伊维桑特投降,将新阿姆斯特丹拱手相让。英国国王查理二世将这里交给他的弟弟管辖,于是,国王的弟弟便将自己的领地从英国的约克郡迁到新阿姆斯特丹,并将地名改为"纽约"(New York),纽约从此成为英国的殖民地。17 世纪下半叶,纽约人口愈来愈多,并逐渐成为商业中心。丰富的农产品的出口和工业制品的进口,带动当地经济的发展。

1785 年,邦联会议将纽约定为美国首都。纽约是《邦联条例》下的最后一个美国首都,也是美国宪法下的第一个美国首都。1789 年,美国第一任总统乔治·华盛顿在华尔街联邦厅宣誓就职。在同一地点还召集了美国第一届国会和最高法院,起草了《美国权利法案》。1790 年,纽约超越费城成为美国第一大城市。

由于未受到战争的直接影响,美国在第一次世界大战之后,综合国力有所增强,也带动了美国经济的繁荣,全国沉醉在一片欣欣向荣的景气之中。但在 1929 年 10 月 24 日这一天,华尔街的股市暴跌,三天之内损失了 100 亿美元,远远超过流通在市场上的货币,造成经济大恐慌,美国股市崩盘的连锁效应影响全世界,全球经济陷入一片愁云惨雾之中。

1933 年,罗斯福总统就任。1939 年的欧洲战争让美国从恐慌中重新站起来,随后,1941 年,日本偷袭珍珠港,美国向日本及德国、意大利等轴心国宣战,全面参与第二次世界大战。战争机器的全面启动,使纽约人民就业状况极大改善,年轻力壮的男人去前线打仗,剩余的男人和广大妇女进入工厂生产武器弹药及各种军需品,有力地促进了美国经济的发展。美国也在第二次世界大战之后,成为世界上最强的国家,纽约也成为世界最富有的城市之一。

1904 年,纽约的地铁系统开通运营,帮助巩固了这座全新的城市。20 世纪上半叶,纽约成为世界工业、商业和通信业的中心。

1890 年,纽约的非白人人口为 36 620 人。20 世纪 20 年代,纽约成为非裔美国人从南部移民的重要目的地,到 1916 年,纽约已成为北美最大的非裔城市聚居地。经济的繁荣推动了大量摩天大楼的建设,塑造了纽约的 20 世纪天际线。

20 世纪 20 年代初,纽约超越伦敦,成为世界上人口最多的城市区。30 年代,纽约城市圈的人口超过 1 000 万,成为世界上第一座特大城市。大萧条时期,改革家菲奥雷洛·拉瓜迪亚当选纽约市市长,带领纽约复苏,同时,坦慕尼协会垮台,结束了其 80 年的政治霸权。

第二次世界大战后,纽约经济再次繁荣。在战时,该城毫发未伤,由此也成为世界的领头城市,华尔街也成为美国经济霸权的龙头。

(三)经济情况

纽约是世界的经济中心,也是世界三大金融中心之一。截至 2008 年底,纽约控制着全球 40% 的财政资金,是世界上最大的金融中心。纽约证券交易所拥有全球最大上市公司,总市值约 15 万亿美元,超过 2 800 家公司在此上市。根据美国联邦政府的报告,截至 2013 年底,纽约市的所有财产总值为 879 万亿美元。世界 500 强企业中,有 73 家企业位于纽约。曼哈顿中部是世界上最大的 CBD 及摩天大楼集中地,曼哈顿南部是全美第三大 CBD(仅次于芝加哥)。由于 2013 年日元兑美元单边大幅度贬值 20% 等因素,2013 年纽约 GDP 超越东京,以人均 13.88 万美元居世界城市第一位。

纽约的服装、印刷、化妆品等行业均居美国

首位,机器制造、军火生产、石油加工和食品加工也占有重要地位。时代广场联盟公布的一项报告显示,位于纽约市中心著名的时代广场2011年创造的经济价值高达1 100亿美元。虽然占地面积只有纽约市区的0.1%,但时代广场街区却汇集了纽约市11%的经济活动,10%的纽约市民在这里工作。

2011年,纽约州GDP为11 579.69亿美元,同比增长2.5%;实际GDP为10 163.5亿美元,比2010年增长1.1%,位居加利福尼亚州和得克萨斯州之后,在全美排名第3。

2013年3月底,纽约州劳动力总规模为957.92万人,就业人口为879.44万人,失业人口为78.48万人,失业率为8.2%。

1. 第一产业

纽约的农业和林业资源相当丰富,拥有农场4万家,约占全州土地面积的25%,年产值约30亿美元。奶制品、苹果、葡萄和酸草莓产量丰富,食品加工业也相当发达。森林面积占全州的35%,为木材、木制品、家具和造纸业提供了大量原材料。

2. 第二产业

纽约州有13个产业集群,主要包括计算机硬件与电子、工业机器与系统、交通设备、生物医药、材料加工、光学与成像、软件、食品加工、金融服务、通信与传媒、金融与保险服务业等。纽约州光电子制造业就业数在全美排名第一位,国防电子制造业排名第二位,高技术制造业排名第三位。生物医药和纳米技术产业在纽约州也呈现强劲发展势头,州政府拟投资2.25亿美元进一步发展该产业;全球12个最大的芯片制造公司联手在纽约建立新一代芯片研究中心,以纳米电子为主导的纳米技术产业也将使纽约州成为全美纳米技术的"硅谷"。

纽约州有82个技术孵化器,包含企业600家,雇用员工4 000多人。自2003年以来,纽约州技术孵化器的数目增长了25%。纽约州的每个区都有至少1个孵化器,纽约市共有14个孵化器。纽约州有13个先进技术中心和多个研究中心,这些中心集中在计算机科学、纳米技术与微电子、电子器件和信息技术、生命科学、光电子和图像与传感器、环境与能源系统、材料科学与材料加工等领域。

此外,分子生物学方面的冷泉港实验室、高能物理方面的布鲁克海文实验室、艾滋病研究方面的爱伦戴蒙实验室、康乃尔大学、哥伦比亚大学以及罗切斯特大学等集聚了许多优势科技资源。一些杰出的美籍华裔科学家也集中在纽约市。

纽约州97%的公司(约41万家)属于小企业(公司员工在100人以下),他们创造了纽约40%的就业率。这些企业的不断出现和发展改善了由于大企业结构调整和缩小规模造成的就业减少状况。

制造业在纽约州经济中所占比例虽不断减小,但仍创造了近100万个就业岗位,年产值高达1 500亿美元。纽约州在服装、印刷、出版、仪器及相关行业力量雄厚,全美领先。25万多家制造业企业包括了各行各业,产品十分广泛。

3. 第三产业

纽约是美国的贸易和金融中心,2012年《财富》杂志美国500强企业中,有50家企业的总部设立在纽约州,其中45家在纽约市,使纽约市成为美国最大的国际金融和商业活动中心。2012年,纽约州金融、证券、保险业就业人数高达67.1万人,从事法律、咨询、会计、审计、研发、管理等领域专业服务的人员超过117.5万人。

二、纽约的城市规划

19世纪初至今,纽约共经历五次大的城市规划,规划的中心由一味发展经济,逐步走向更经济、更环保的规划发展观念。

纽约城市规划有如下4个特点:①前瞻性:超前的规划理念,一是长远的规划理念,二是可持续发展的规划理念;②整合性:借助大都市圈规划实现城市间协调发展;③导向性:公共利益取向;④广泛性:公众参与程度高。

(一)第一次:纽约区域规划——城市再中心化

1.规划背景

1921年,纽约政府为解决城市的无序发展和开放空间缺乏等问题,开启了长达8年的纽约区域规划。

2.规划思路

将城市功能布局理念应用于大都市区的规划,提出要加强CBD的建设,建立区域性公路网、铁路网和开放空间系统。

3.规划策略

通过制定区域层面的区划来指导地方层面的区划;除了公园和森林保护区,还要建立特殊的楔形农业用地,提供更多的开放空间;通过建设新的整体性交通设施缓解交通拥挤,疏散与中心区位关系不大的功能,将不能疏散的功能集聚起来,保持区域的整体性;为避免产生不良的外部效应(如交通堵塞),一般不鼓励建设高层建筑;设置更多的公共开放空间,特别是在河流与港口边缘;为未来的机场建设预留大块土地;设计应根据具体区位进一步细化,避免把丘陵地区设计为网格城市而过早地开发;减少工业发达与不发达城镇间不公平的财产税;通过建立开发公司来促进工业布局的调整与卫星城的建设。

从对中心区功能进行疏散和为机场建设预留土地的规划策略,到纽约大城市空间结构的设想,可以看出,通过为商务活动留出空间和提高纽约与世界的联系来增强纽约在全球经济中地位,已成为纽约城市发展的重要因素之一。这时生产性服务业还没有成为经济的主导,所以由全球化经济所导致的社会极化问题和移民问题并没有被纽约区域规划列入考虑的范围。

由于区域规划涉及的范围跨越了州行政界线,导致了此规划的大部分建议最终流产。

(二)第二次:纽约区域规划——抑制城市的蔓延

1.规划背景

1968年,生产性服务业已经开始成为纽约经济的主要增长点,经济的转型在空间和社会构成上都产生了较大的反映,包括中心区的集聚与社会阶层的分化以及郊区化导致的环境问题和交通问题。

2.规划思路

由于纽约正处于经济和社会飞快转变的阶段,因此解决这些转变引起的土地开发问题就成为这次规划的基本目标所在。新的规划思路强调大都市圈的"再聚集"、复兴旧城、修改新住宅政策、继续关注区域景观与交通。

3.规划策略

建设多中心城市、修改住宅分区政策,提供多样化的住宅类型和密度,复兴旧城,恢复旧城的吸引力,保证区域的主要部分仍保留自然状态、加强交通运输。

作为没有实质性权力的民间组织,纽约区域规划协会(RPA)指定的第二次规划仍然没有得到全面执行,但是其中的一些提议还是产生了效果。例如把区域内部分运输系统联系起来的建议为纽约大城市区域带来了10亿美元的再投资计划,这为20世纪80年代的区域蓬勃增长奠定了基础;规划中提到的100万英亩(4 046.86 km²)受到威胁的开放空间也得到了保护。

(三)第三次:纽约区域规划——经济、环境和社会协调发展

1.规划背景

20世纪90年代后,纽约大城市区域在国际经济中的地位受到了挑战:社会不公正、社会分化严重、环境危机产生。同时,环境质量也有所下降。1996年,纽约市政府推行第三次城市区域规划。

2.规划目标

从提高纽约在全球经济中的竞争力的角度,RPA提出第三次纽约区域规划的目标是提高区域的生活质量。"3E"是指经济(Economy)、环境(Environment)和公平(Equity),它们是生活质量的基本组成部分,是此次规划的对象。这次规划理念与之前相比发生重大改变,提出经济、环境与社会公平目标应同等重视,实施五大战役,实现其可持续发展。

3. 规划策略

主要为绿化策略、中心化策略、交通策略、劳动力策略以及管理策略。

同时推行五大战役，即植被、中心化、机动性、劳动力、管理等来整合经济、公平与环境，提高地区的生活质量。其中，"植被"是指保证地区森林、分水岭、河口、农田等绿色基础设施；"中心化"致力于区域中现有的市中心就业及居住的增长；"机动性"是提供一个全新的交通网络连接重新强化的中心；"劳动力"为那些居住于中心的团体与个人提供必需的技能与联系；为此，需要通过新途径来组织政治机构与民间机构，并赋予它们活力，而这就是"管理"。

(四) 第四次：纽约市战略规划——城市建设

1. 规划背景

纽约市规划局（Department of City planning，简称DCP，2002）在分析纽约的发展时认为，纽约市在区域中的地位一直处于下滑状态；新泽西的发展对纽约市的冲击最大。

2. 规划目标

将纽约建设成为一个充满机遇的"世界城市"、一个社区城市和一个可持续发展的城市。

3. 规划战略

纽约市规划确定了主要发展地区，包括哈德逊码头、长岛中心区、曼哈顿南部和布鲁克林南部。它们发展的主要目标在于为金融交易与各种商务办公提供能承受的空间选择，以及成为相对于新泽西而言具有竞争力的选择。①重建与提升曼哈顿，2001年的"9·11"事件使纽约曼哈顿南部特别是世贸中心一带的城市建设受到了极大损坏，重建曼哈顿南部成为纽约市新一轮规划的重点；②加强各地区级商务中心功能；③重新规划低效率的制造业用地。此外还有促进社区住房建设、保护社区特色、复兴滨水地带、提升公共开放空间、对特殊地区进行整体城市设计、提高建筑设计质量，等等。

(五) 第五次：纽约市城市总体规划——建设更绿色、更持续、更低碳、更强大的城市

1. 规划背景

伴随整体经济水平提升，纽约仍面临着以下几个问题：①人口增长的压力，预计到2030年纽约市城市人口将在现有基础上增加100万人，达到900万人（不计来自各国的游客数量）；②市政基础设施老旧，难以满足人口的增长和城市高效运转的需要；③气候变化这一刻不容缓的问题，使得纽约市下定决心推行新一轮总体规划。

2. 规划目标

将纽约建设成为一个更绿色、更持续发展、更低碳、更强大的城市。

3. 规划战略

纽约市城市总体规划（2008—2030）包括9章内容，分别是住房、开放空间、棕地整治、水质、供水网络、交通、能源、空气质量和应对气候变化。提出了4个基本策略：抑制蔓延、提高能源清洁度、建筑节能、可持续发展交通。

4. 具体措施

规划认为要达到抑制蔓延的目的，需要制定以下6个方面的政策：①建造可持续发展、可支付性住房；②为所有纽约人提供公园，提高公共领域的品质；③增加大运量公交；④棕地整治；⑤增加娱乐休闲的水域；⑥确保可靠的水源和能源。

此次规划是一个低碳规划，将"碳减排"、应对人口增长和设施老化列为需要解决的三大中心议题，提出到2030年，纽约市的碳排放量将比现有趋势下预计的碳排放量减少4 870万t，2030年的碳排放量将下降到2005年碳排放量约70%的水平。该规划的四项策略提出了具体的"减排"任务。

三、纽约城市规划的主要特点

(一) 前瞻性：超前的规划理念

一是长远的规划理念。纽约城市规划的指导思想是如何让城市有秩序、有条理地综合发展。因此，纽约等大都市区的长期规划往往着眼于未来30年、50年甚至100年的社会经济发展趋势与问题，从人口增长态势、自然资源供给、环境变化以及新经济增长等方面，进行系统、科

学的分析和预测,从而为制定城市总体规划提供科学依据。

二是可持续发展的规划理念。"立足生态,立足发展"是21世纪美国制定城市规划蓝图的重要理念之一。近年来,美国的城市规划者越来越重视自然生态环境保护、历史文化资源保护和可持续发展。他们清醒地认识到,环境资源正成为后现代时期可持续发展的宝贵资源。通过加强环境保护和节约资源,探寻如何将城市规划和生态与发展结合起来,从而找到控制城市无序扩张,创造美好生活空间的有效方法。

(二) 整合性:借助大都市圈规划实现城市间协调发展

面对城市之间的联系日益密切的新形势,为了避免各城市主要从自身角度出发独立制定规划而造成重复建设、资源浪费和过度竞争的弊端,纽约等大都市越来越注重城市与城市之间、区域与区域之间的规划协调,通过推行大都市圈规划来建立城市之间的规划协调机制,进而实现城市间协调与整合发展。由此,一种由地方政府自愿联合、并获得联邦和州政府支持的非政府非营利组织——纽约区域规划协会应运而生,许多涉及区域规划及经济互补发展等重大问题(如交通规划、环境规划等)都通过它来实现协调统一。纽约区域规划协会特别建立了各个区域产业发展的协调机制,形成了分工合理、良性竞争的产业发展格局。

纽约大都市圈从波士顿到华盛顿,包括波士顿、纽约、费城、巴尔的摩、华盛顿几个大城市在内,共40个城市,面积约为33 483 km²,人口约占全美国的1/10,是美国重要的社会经济区域之一。其区域规划的基本思想为"区域城市化",即把大城市的发展与周围地区联系起来整体考虑、统一安排。自20世纪20年代以来,纽约区域规划协会先后对该地区做过5次较大规模的区域规划。

从5次大都市圈规划来看,其主旨从再中心化到可持续发展,始终关注城市的整体联动和区域协调。由于纽约大都市圈位于大西洋沿岸,港口一直是该区域发展的基础。纽约大都市圈在世界城市中的地位以及对世界经济的影响能力,都来自大都市圈内的功能格局。纽约大都市圈中4个联合的大都市区之间有着比较明确的职能和分工。纽约大都市圈内,纽约的制造业以轻工业为主,特色是小规模和多元化,主要集中于服装、食品化工、化学和金属加工等行业。

(三) 导向性:公共利益取向

市民至上的规划理念在美国一直深入人心。"以人为本"是美国城市发展的核心理念。从市民的需求出发,将人口发展、土地利用、住房供给、就业、能源、环境、交通体系、娱乐、社区建设、公共空间、城市安全等与市民息息相关的内容纳入城市规划统筹考虑,以便更好地满足人们发展的需要。

提升全体居民的居住环境是城市规划的第一大目标。由于美国是一个人口流动性很强的国家,在纽约等大城市里,居民习惯于采取"用脚投票"的方式,哪个城市税制好、基础设施完善、生活质量高就向哪个城市移民,从而迫使各个城市拼命发展高水准的公共设施。不断提高公共服务水平,这样通过竞争促使各城市以最低成本建成了最发达的公共基础设施。公共投资项目涵盖市政中心、道路管线、公园、污水处理、消防站、图书馆等,提供着最人性化的公共服务产品,包括公共健康、公共救济、公共安全、公共福利等诸多方面。从纽约2007年土地利用现状数据来看,休憩和娱乐用地面积占总面积的25.2%,布鲁克林区的这一比例更是达到33.8%。另外,从土地利用结构可以看出,各类用地分布均衡,可以较大程度地实现区域资源共享。

(四) 广泛性:公众参与程度高

美国城市规划十分强调公众的参与,除城市规划行政管理机构外,还设立了一系列参与规划立法及执法的非政府机构。如纽约大都市区除了纽约区域规划协会外,还有纽约市发展委员会、纽约住房与区域规划委员会、纽约城市规划委员会、国家资源规划委员会等组织机构。委员会成员大多是具有专业知识的市民志愿者,通过申请由城市议会正式任命,其成员构成、选拔条件、任期、权利与责任都是法定的,这在很大程度上保证了规划立法、修法、执法的公开和公平。

在城市规划编制过程中,依法制订详尽的公众参与计划,形式包括公民咨询会、公众听证会、访谈、问卷调查、媒体讨论、社区讲座以及社区规划的分组讨论及汇总等。市规划局所收集的资料、研究成果及提出的规划建议必须提交由公众参与的定期研究会议进行讨论和确定,在提交给市规划委员会和市议会决策之前必须召开公众听证会。

四、纽约城市规划在城市建设和发展中的作用

美国城市规划有100多年的历史,目前已形成比较完善的体系,城市规划在城市建设和城市发展中起到了卓有成效的调控和引导作用。随着城市的快速发展,城市间的经济社会交往和融合程度日益提高,城市规划所起的作用日渐凸显。

(一)多层次规划体系保障了城市建设的有序和协调发展

美国城市规划管理的法规非常具体,强制性要求非常严格,以州立法为主,城市制订实施细则。无论是长期规划、中期规划还是近期规划,都包含强制性和选择性内容,这使得规划不但具有权威性,而且又兼顾了一定的灵活性。

城市总体规划对城市未来的土地利用、交通体系发展、公共空间保护、社区发展与保护、工商业区域布局、城市基础设施建设等方面提出具体建议,突出强调保护自然生态环境和历史文化资源,通过经济、社会、文化的持续发展为市民创造更加美好的生存与发展空间。

分区规划则对土地使用性质和开发强度进行控制和规划立法,以便促进城市公共健康、公共安全和全面福利,推动城市和谐、有序发展。由于对土地使用性质、退红线距离、建筑面积、建筑密度、建筑高度与层数、景观、环境、人口密度、停车位数量与位置等都制订了具体的设计要求,有效地保证了环境质量和空间效果。

地块细分的目的则是保证城市道路系统、学校、娱乐及其他公共设施的充足用地,确保城市建设的有序与协调。

(二)有效遏制了大都市区的蔓延问题

20世纪后期,大都市区的发展使美国开始面临城市蔓延问题。城市的蔓延虽然扩大了城市发展空间并促进了城市间的联动发展,但是也带来了一些始料不及的后果:低层、低密度住宅沿公路向城区之外蔓延,大量森林、农田、空地被占用,既浪费了土地,又危害了环境;人们距离城市中心区越来越远,工作地与居住地的距离越来越远,对私家汽车的依赖程度越来越高,在无端消耗时间的同时,也使能源消耗呈大幅度增长的趋势;一些城市中心区衰败,老城区破旧,设施得不到更新,居住分异和隔离现象趋于严重。城市蔓延问题引起了政府和社会各界的广泛关注,政府开始通过制定法规,加强规划,寻求控制蔓延和实现可持续发展的对策。1968年,纽约区域规划协会进行的第二次大都市圈规划正是为了抑制城市蔓延问题,提出了5项规划原则:①建立新的城市中心,集中提供高水平的公共事业,把纽约改造成为多中心的大城市;②修改新住宅的分区政策,提供更加多样化的住宅类型和密度;③尽量提高旧城服务设施的水平,改善环境,重新吸引各种收入水平和各类社会阶层的人;④新的城市发展应使区域的主要部分保持自然状态;⑤编制实施配套的公共交通运输规划。

因此,纽约城市用地的开发开始注重内部挖潜,着力提高建设用地的集约利用程度与利用效率,而不是追求外延扩张。据统计分析,1988—2002年,纽约市建设用地面积从579.77 km² 增至622.16 km²,14年净增建设用地仅42.39 km²,年均净增约3.03 km²;2002—2006年,纽约市建设用地面积净减2.90 km²;1988—2006年,纽约市人均建设用地由79 m² 减少为75 m²。

(三)切实提升了城市和区域的生活质量

1996年,纽约区域规划协会进行的第三次大都市圈规划,提出实施五大战役,即"植被、中心化、机动性、劳动力、管理"等来整合经济、公

平与环境,提高地区的生活质量。其中,"植被"保证地区森林、分水岭、河口、农田等绿色基础设施;"中心化"致力于区域中现有的市中心就业及居住的增长;"机动性"提供一个全新的交通网络连接重新强化的中心;"劳动力"为那些居住于中心的团体与个人提供必需的技能与联系;为此,需要通过新途径来组织政府机构与民间机构,并赋予它们活力,而这就是"管理"。五大战役的实施,提高了地区的生活质量,如纽约市的休憩娱乐用地面积从1988年的144.11 km^2 增加到2006年的157.13 km^2,占建设用地的比例基本保持在25%左右;住宅用地由193.26 km^2 增加到244.36 km^2,占建设用地的比例从33%上升至40%以上;交通运输及公用事业用地(不计道路面积)由39.15 km^2 增加到46.65 km^2,人均道路面积高达24 m^2。

(四) 有效协调了城市的空间布局

纽约市各区域功能定位比较明确,分工合理,工业用地、商业用地和停车设施用地的分布都比较集中,有利于减轻交通压力并进行高效便捷的管理。居住用地布局遵循了高密度住宅与低密度住宅搭配建造的原则,使得在一定面积的区域内部不会出现密度过高的不合理状况。休憩娱乐用地及公共设施用地分布比较均匀,且主要针对居住区的分布来配置,使得公园绿地对于市民的通达度而言更加公平,同时又大大改善了城市景观。

从纽约的历史产业构成来看,重工业所占比例一直较低,主要以服装、皮革制品、印刷、食品等轻工业为主。随着城市经济发展和功能属性转变,制造业从城市中退出是必然趋势,取而代之的是各种生产性服务业和知识服务业的快速发展。

五、纽约产业结构的主要变化

(一) 背景

纽约是美国最早成型的大都市之一。这首先得益于其天然的地理优势。依附哈德逊河、伊利运河纵深连向五大湖水路和天然的深水港成就了纽约的今天。天然的地理优势赋予纽约独特的运输成本优势,提供了规模经济的客观条件。纽约的深水港优势和位于哈德逊河中心的位置使得它成为连接欧洲的最理想的商业中心。1624—1790年,纽约在毛皮、面包和面粉的出口中扮演重要角色。1790—1860年,作为重要的航运和移民中心,纽约取得了重大的发展。在这一时期,纽约制造业包括制糖、出版和服装业获得蓬勃发展。

20世纪,信息经济的腾飞为纽约经济的持续发展提供了关键的历史机遇。城市经济学的核心在于人群的聚集效应。纽约的港口优势吸引了众多人员加入到制造业和服务业中。他们在纽约成立公司,并利用低运输成本优势迅速发展。1920—2000年,纽约作为信息型大都市延续着它繁荣的神话。20世纪中期,随着技术的革新,美国80%的大城市面临人口骤减的危机。纽约通过其在金融、商业服务和公司管理领域的繁荣成功度过了这次危机。

(二) 主要产业结构变化

纽约产业经历了从以制造业为主向以服务业为主的高级化过程。在每一个经济发展阶段,纽约都有相应的产业支撑其经济快速稳定发展。

1. 制造业

纽约最早是一个商业城市。17世纪初,商贸的兴旺使大量资本积聚于纽约,这为其日后成为全美金融中心奠定了基础,同时也为发展制造业创造了必要的条件。19世纪中叶,在工业革命的推动下,纽约制造业快速发展起来。在19世纪末,纽约已成为美国第一大制造业中心。由于纽约自然资源缺乏而劳动力、资本充足,其制造业以劳动密集型、资本密集型的轻工业为主,形成了以制糖业、出版业和服装业为主要支柱的产业格局。第二次世界大战结束后,随着美国产业结构的调整以及传统工业部门的衰落,纽约制造业也开始步入衰退期。20世纪60、70、80年代纽约制造业就业人数分别减少了9.2万人、18.1万人、26.7万人,下降率分别为9%、19%、35%。在这一过程中,损失最为惨重的是服装制造业。1950—1980年该行业共有20万人失业,占纽约制造业失业人口总数的1/5。1980年以来,该行业就业人数减少了60%。在纺织品、橡胶及塑料制品、设备及多种制成品(办公用品、工艺品、珠宝、玩具和体育用品)行业,工作岗位减少2/3。有些行业部门包括纸制品、金属加工制品、石陶及玻璃制品、家具和家居设备、食品电子和电机设备仪器及相关产品、皮革与皮革制品和初级金属制品,经历了70%甚至更多的就业萎缩。从规模上看,1969—1977年,纽约市143个制造业行业中,只有9个行业就业增长,共增加7 500个工作岗位,而其他行业同期减少314 000个工作岗位。

但是,纽约制造业的衰落并不等于完全消亡,纽约仍保有一定份额的制造业。纽约市是时装设计中心。在流行风尚快速变化的条件下,设计师倾向于就近选择厂家生产其产品。纽约的服装业就显示了近距离优势。同样,作为旅游中心、文化娱乐中心、广告咨询中心,纽约也为相关的制造业部门创造了就业机会。

2.服务业

19世纪的早期,纽约就成为一个经济功能齐全的大城市。它不仅是制造业中心,而且是商贸金融中心。进入20世纪,纽约已成为文化艺术中心、保健中心、教育中心、室内设计中心、时装中心、旅游中心、信息中心。可以说,服务业在纽约一直有着雄厚的基础及稳定的发展态势。

纽约服务业的崛起是伴随着制造业的衰退而发生的。1959—1969年,就业于纽约"FIRE"(金融、保险和房地产)的人数增长22.8%,占纽约就业总人数的比例由1959年的10.8%上升到1969年的12.3%。在20世纪七八十年代,服务业中除个人服务业(宾馆、餐饮业、娱乐业、家庭服务业等)外,生产服务业及社会服务业(政策部门、教育、医疗卫生服务等)都出现了持续快速的增长。1969—1989年,生产服务业就业人数从95万增至114万,占就业人数的比例从25%增至31.6%,社会服务业就业人数从76万增至93万,占就业人数的比例从20%增至26.3%。生产服务业在创造就业机会和促进经济增长方面起到关键的带动作用。20世纪90年代,纽约GDP产业结构变动表现为金融、保险、房地产所占比例大幅上升,由1990年的26%上升到2000年的37%;服务业所占比例有所下降,从1990年的15%下降到11%;零售业基本保持不变;交通、公用事业占GDP的比例由9%下降到8%。1990年金融、保险、房地产、服务业所占比例为56%,2000年为62%,增加了6个百分点。即使是服务业,在不同的发展时期经济的支柱产业也是不断变化的,它与当时的技术水平、比较成本优势等有着必然联系。

(三)纽约产业结构变化的主要特征

20世纪五六十年代以来,在科技进步推动下,美国产业结构发生变化并影响了美国的城市体系。20世纪七八十年代,在生产性服务业的带动下,纽约经济再度繁荣。产业结构转型对各城区产生了不同的影响,产业聚集性凸现,纽约市区不平衡发展也更为突出,东北部、中西部城市因传统工业比重较大而陷入衰退。产业结构转型使纽约成为一个典型的后工业化城市。

为了描述纽约的产业结构变动,我们来分析研究从1950年至今纽约分行业就业人员的数据。从总量上看,1950—2001年,纽约市非农产业就业人数从346.8万人增加到370.8万人,50年增加24万人,增幅约为7%。在此期间,纽约市的人口规模也是非常稳定的。20世纪初,纽约市人口数已经增长到其第一个高峰值,1950年纽约市人口总数为789万,此后便基本保持平稳。直到2000年,纽约市的人口上升到800万左右,超过了历史最高纪录。

然而,与总人口增长和就业总数相比较,就业在产业部门之间的分布却发生了显著变动。

首先,制造业人数大量减少,比重持续下降。纽约最早是一个商业城市,17世纪初,曼哈顿以商贸立埠,商贸的兴旺发达使大量资本集聚于纽约,为其日后成为全美金融中心奠定了基础,同时也为制造业创造了必要的条件。19世纪中叶,在工业革命的推动下,纽约的制造业很快发展起来,在19世纪末已成为美国一大制造中心。在经济发展过程中,纽约制造业形成一些自己的特点。比如,根据纽约自然资源贫乏而劳动力充足、资本充足的特点,纽约制造业以劳动密集型和资本密集型的轻工业为主,并且门类较为齐全。主要有服装鞋帽、印刷、皮革、食品加工、机械制造等。另外,纽约制造业兴起于工业革命初期,工业结构形成于小工厂时期,因而企业规模较小而数目众多,对市场适应性很强。从19世纪中后期到第二次世界大战结束,期间除美国内战、第一次世界大战、大萧条时期、第二次世界大战几个特殊时期外,纽约的制造业大体上是稳定发展的,这与美国工业化进程相一致。第二次世界大战结束后,随着美国全国产业结构的调整与变化以及传统工业部门的衰落,纽约的制造业也开始步入衰退期。这种衰退还涵括了制造业从中心城市迁出的现象。

1950年,制造业的就业人数为103.9万人,占整个非农产业就业人数的30%,而2001年制造业的就业人数仅为23万人,占整个非农产业就业人数的6.2%。1950至2000年五个十年间,纽约制造业的就业人数分别减少了9.2万人、18万人、27万人、15.8万人、9.5万人,减少幅度最大的是60年代和70年代。事实上,在现代条件下,传统制造业的竞争力受到巨大挑战,劳动力成本、空间成本的上扬对其产品竞争力的伤害非常大。在工业化早期使制造业集聚于城市的种种理由,如靠近公共交通、市场、电力与铁路运输等,在现代条件下已无关宏旨。因此,在比较利益的驱动下,制造业企业纷纷迁离中心城市就在所难免了。

1950至2000年五个十年间,就业人口和比重持续上升的是服务业、金融保险和房地产业及各级政府部门。其中,服务业就业人数每十年增加9.9万人、17.9万人、7.7万人、25.6万人、30.8万人,从1950年的50.8万人增加到2001年的146.5万人,净增加95.7万人,就业比重从14.6%上升到15.4%;金融保险和房地产业增加15.1万人,比重从9.7%上升到13.1%;各级政府部门的就业人数也有显著增加,从1950年的37.4万人增加到57万人,增加了19.6万人,比重从10.8%上升到15.4%。从数据可以看出,纽约作为后工业化时期的国际性大都市,其功能正越来越从物质生产中心功能向为生产和流通服务的金融中心、服务中心、信息中心、管理中心、科学中心、文化中心、教育中心等多功能演变。

从各行业产出数据来看,最为突出的是金融保险业。根据1997年经济普查资料显示,纽约基本都市统计区金融保险业的行业收益就高达1 488.5亿美元,纽约的金融中心地位可见一斑。各类服务业中,专业技术服务和医疗服务具有显著地位,销售额均高于制造业。

(四)纽约都市型工业发展特征

在纽约产业结构变动和制造业演变过程中,都市型工业的聚集性得以充分展示,体现为制造业向服装业、印刷出版业的集聚以及都市型工业在中心区的集聚。

1.制造业向印刷出版业、服装业等都市型工业的集聚

纽约制造业一直以轻工业为主导,基本没有发展过重工业,在第二次世界大战前一直处于较稳定的状态。但20世纪七八十年代频繁的经济危机使纽约制造业面临着前所未有的衰退,工业劳动生产率增长缓慢或停滞,工业订货减少,工人失业增加。据统计,1966—1991年,制衣业雇工减少64%,在纺织品、橡胶及塑料制品、运输设备及多种制品(办公用品、工艺品、珠宝、玩具和体育用品)行业,就业岗位减少2/3;有些行业部门,包括纸制品、金属加工制品、石陶及玻璃制品、家具和家居设备、食品、电子和电机设备仪器及相关产品、工业机械、皮革与皮革制品、初级金属制品,经历了70%甚至更多的就业萎缩。从规模上看,1969—1977年,纽约市143个制造业行业中,只有9个行业就业人员有增加,共增加了7 500个工作岗位。

当然,制造业的衰退并不意味着消亡,就像人类生产体系中传统产品不会因为高科技产品的出现而完全消亡一样,纽约仍保持有一定份额的制造业。实际上,只有那些有竞争力的产业才能在制造业整体衰退的环境下生存下来。在这过程中,纽约产业集聚的表现形式为轻工业内部的大批量生产让位于小批量、非标准化的生产,同时,产业部门的集聚也逐渐增强。这些产业既

符合大都市的生产特性，又带有纽约市的一些特点，其中最为突出的就是服装业和印刷出版业。从纽约市制造业前五名来看，产业集中度已经超过67%。

服装业在纽约市一直占有重要的地位，它以新颖的花色、风格各异的式样，领导着美国乃至世界时装新潮流，吸引美国国内以及世界各地的顾客。在流行风尚快速变化的市场环境下，设计师愿意找就近的生产厂家生产其产品，纽约的服装业也就显现了它的近距离优势。此外，作为移民第一站的纽约也为服装业提供了充实的劳动力。因此，尽管有许多纺织厂陆续迁到成本较低的地方，但纽约仍有大量的成衣厂和从业人员。纽约大部分工厂有相当高的科学技术水平和管理水平，各式各样时髦别致的服装在国际市场上有很大的竞争力。

作为典型的都市型产业，印刷业在纽约市也占有很大的比重。根据1997年纽约工业普查结果，纽约有印刷厂1 265家，从业人员1.9万人，年销售额27.6亿美元。此外，纽约还是美国出版业的中心，数百家国家级杂志的总部设立于此，整个美国出版业的18%的从业人员工作、生活于此。美国三大报之一《纽约时报》，主要报刊《华尔街日报》《纽约每日新闻》《纽约邮报》《财富》《福布斯》《商业周刊》《外交季刊》《时代周刊》《新闻周刊》等都在纽约出版发行，其中《财富》《福布斯》《时代周刊》《新闻周刊》在全球均有较大影响。

为了分析纽约制造业内部的聚集效应，要计算1997年纽约制造业内部各行业产值的区位商和1981—2001年纽约制造业从业人员的区位商的变化情况，区位商大于1，表明该产业在本地区具有聚集性，区位商越大，这种聚集性越突出。计算结果表明，从产值的聚集性看，1997年区位商大于1的产业分别是服装业、纺织类初级品、纺织类制成品、皮革类产品、各类小件产品和印刷业。而1981—2001年就业区位商持续上升的为服装业、印刷出版业、皮革制品和纺织制成品。这些都佐证了服装、印刷出版、皮革制品等产业在都市中不断聚集。

2. 产业在中心区的集聚性

都市产业集聚性不仅表现在产业部门聚集，还表现在区域上的聚集。纽约的中心区曼哈顿面积仅约60 km^2，占纽约市区面积的7.59%，却集中了纽约市约2/3的就业人员，销售额也占纽约的2/3。其中，曼哈顿地区服装业和印刷业的从业人员分别有50 707人和11 978人，约占纽约市全部就业人数的63%，两大产业在市中心区的集聚性非常显著。此外，纽约的金融中心主要就在曼哈顿，其他包括批发业、房地产业、教育、专业技术服务业等在内的大部分都市型产业也都聚集在这里，分别占纽约市的63%、73%、43%、95%。

曼哈顿地区的人均收入显著高于其他地区。1998年曼哈顿地区的人均收入高达7万美元以上，而纽约市的其他4个城区均在2万—3万美元。与曼哈顿不同，其他4个城区在失去大量工作岗位的同时，并没有其他渠道的就业补充。因曼哈顿地价昂贵而迁移出来的商家、厂家也没有选择这几个城区，而是跳过他们，或落户于纽约市郊区或干脆搬到更远的地方，有的公司还把业务活动分开放在曼哈顿中心商务区和纽约市郊区。

为什么曼哈顿保持吸引力而其他4个城区却被抛弃呢？回顾一下这5个城区的历史就能帮助我们理解。曼哈顿的中心地位由来已久，经济集聚的巨大优势带动着曼哈顿向前发展。曼哈顿一直占据投资家优先考虑的地位，巨额的公共与私人投资不仅投放于道路、码头等基础设施，而且还投放于高级住宅区和办公大楼，因此曼哈顿有一流的基础设施，并且形成一个又一个中心，如林肯中心、洛克菲勒中心、世贸中心和会议中心等。对于商家来说，处于中心地位的心理价值是不可低估的。而与城市核心区曼哈顿相比，地处边缘的布鲁克林等4个城区最初就是作为附属物建设的，大多数建筑物和基础设施都价廉质次，不能长期使用。布鲁克斯和布鲁克林的大多数住宅区是为去曼哈顿通勤上班的工人阶层建造的，但这些基础设施和建筑物的吸引力已日渐下降。对于商家、厂家来说，如果能移到有现代设施的、开阔宽敞的郊区,何必还要选择衰败老化的城区呢。实际上,如果一家公司不需要大块占地空间且有足够财力的话,它最可能的选择就是曼哈顿,反之则选择郊区,其他城区因此陷入了恶性循环。

(五) 纽约服务业的发展

纽约第三产业高度发达。在20世纪的早期,纽约就成为一个经济功能齐全的大城市,不仅是制造业中心,同时也是商贸金融中心。进入21世纪,更成为文化艺术中心、保健中心、市内设计中心、时装中心、旅游中心、信息中心。可以说,服务业在纽约一直有着雄厚的基础,呈现稳定的发展态势。

20世纪七八十年代以来,服务业中除个人服务业(宾馆、餐饮、娱乐和家庭服务业等)外,生产服务业及社会服务业(政策部门、教育、医疗卫生服务等)都出现了持续快速的增长。生产性服务业是信息密集型经济,聚集效应在生产性服务业的体现比在制造业更为明显。纽约市大量的银行、贸易公司、交易所、律师事务所、会计公司、广告公司、设计中心、房地产公司、交通通信服务公司的业务活动彼此间紧密联系,共同壮大了这一产业。1960年,商业服务只有12万个工作岗位,1990年已达到25万个,2010年更是上升到37万个。此外,教育、医疗、法律服务等知识服务业就业人数也有显著增加,1975年至2005年每十年分别增加了6.6万人、14.2万人和6.5万人。1999年,纽约市以商业服务、健康、法律、娱乐、教育、工程和管理服务等为主的知识服务业总收益达到520.9亿美元。

作为国际性大都市,纽约的服务业具有突出的国际性指向。1996年,全球最大的500家跨国公司中有38家将总部设在纽约。统计表明,总部在纽约市的跨国公司的业务活动有更强的国际性,表现为近1/2的收入来自境外,资本运营的收入占总收入的1/3。美国学者论及纽约的经济发展时认为,"纽约经济的扩张,关键在于它生产服务业的力量及其经济的国际化指向"。此外,纽约长期以来一直是世界上最大的货币金融市场、最大的股票市场,聚集了大量的外国银行。1970年,纽约市有外国银行47家,资产100亿美元,到1985年,拥有的外国银行增至191家,资产2 380亿美元。1997年,纽约市的金融保险业的收益高达1 488.5亿美元,为整个纽约制造业增加值的10倍以上。

生产服务业之所以能够带动纽约经济的发展,是与美国经济发展特点分不开的。美国自20世纪70年代后期,特别是进入80年代以后,生产服务业强劲扩张并且出口扩大,表现为国际贸易与金融流通增长,不动产繁荣,国际银行业、国际航空业的增长,美国在国外财富的增长以及外国财富在美国的增长,等等。这几个特点使纽约的生产服务业有了更大的发展空间。

纽约的产业结构转变轨迹是一种典型的后工业化转型,它为我们开启了一个新型经济的窗口。后工业化是一个宽泛的概念,包含许多内容,在经济上是指由制造业经济转向服务业经济,即大多数劳动力不再从事农业或制造业,而是从事服务业,在职业上,是指专业与技术人员成为社会的主要职业集团,白领相对于蓝领,经理人员、专业人员相对于手工业劳动者取得主导地位。对于20世纪后期工业化的种种力量如何影响城市经济发展及城市产业结构体系这一崭新的课题,纽约的产业结构转型是一个典范。

六、当今纽约循环经济发展状况

温室气体排放的来源多种多样,千百万的汽车、锅炉、电灯等都在增加纽约城的排放。没有一招灵丹妙药可以应对气候变化。因此,任何一种解决办法必须多方面综合考虑。

因此,纽约城的所有规划战略所涉及的种种举措都是为了一个目的:遏制气候变化。

纽约城的交通运输规划中论述了如何帮助人们从自驾车转换到公共交通系统。一方面,如果纽约城不能保证道路通畅,纽约的经济发展就会停滞;另一方面,公共交通比私家车消耗更少的能源,产生更少的二氧化碳。

纽约的能源规划中建议投资改善或新建电厂。一是因为它们的运营成本更低并且可以改善空气质量；二是这些新建电厂将大大减少化石燃料的使用，从而释放更少的温室气体。

在纽约的开放空间、空气质量和水质规划方面，纽约致力于通过大量植树来荫蔽纽约的人行道并美化纽约的社区。因为树木，尤其是在一个城市街道上的景观树种，可以冷却空气并吸收二氧化碳，所以这些举措也会减少温室气体的排放。

城市一直是理念的孵化器，聚集各色人等前来进行真正的创新。但如今，因为气候变化，他们的理念比以往任何时候更迫切。

尽管环境这个词或许不能用密集的城市建筑和人行道来代表，但是这些特性使得城市中心成为地球上最可持续的地方。

在美国城市中，纽约是最具有环保效益的。按人均计算，纽约排放的二氧化碳不到美国的1/3。

这种高效率是纽约市基础设计的结果。在高密度社区为居民在步行距离内提供商店和服务，使市民能够步行或骑自行车来做许多事情。广泛的公共运输系统允许大多数通勤者乘坐公共交通出行。

居住在纽约的居民比居住在郊区的居民占用更小的空间，用更少的灯光和电器，供热和降温的面积更少，公寓共享墙壁更大地减少了热量需要。由于许多建筑在第二次世界大战以前建造，在廉价能源时代以前，因此许多旧建筑采用自然采光，并将通风纳入其设计。

纽约吸引了更多的居民，它减缓了为支撑大量人口所消耗的土地、能源和水资源而进行的贪婪的扩张步伐。

平均每个纽约人排放 7.1 t 二氧化碳，对比普通美国人的 24.5 t，这意味着，纽约成为更吸引人的居住地，通过负担得起的住房，交通便利的公园，或更清洁的空气和水路，从根本上减少对环境的影响。

通过对维护纽约城市基础设施，包括对支持城市生活的水系统、道路、地铁、电网进行投资，纽约确保这一有效的生活方式可以继续世代延续。

如果纽约到 2030 年可以多吸纳 90 万人，那么每年将实现 1 560 万 t 温室气体的减排，这让更多的人选择定居在纽约的市区。

在现有的能源效率基础上，纽约可以做得更好，而且必须做得更好。但是恰恰相反，纽约做得越来越糟。2000—2005 年，纽约的温室气体排放增加了近 5%。其中几乎一半的增长可以追溯到日益增长的能源消耗，如纽约人使用的手机、电脑和空调，其他因素是新的建筑。如果这种趋势继续下去，到 2030 年，二氧化碳排放量将比 2005 年增加 27%以上。

提升能源效率的努力往往集中在汽车和发电厂，但是纽约还必须增加第三类关键要素即建筑物。纽约拥有 95 万幢建筑，共计 483 km^2，相当于全国水平的 32%，纽约建筑物的排放量占到总排放量的 69%左右。能源用于驱动纽约的电灯和电视机，还可以给纽约在冬天供暖、夏天制冷，它还不停驱动日益剧增的空调和其他电器。

讨论到建筑物，新建筑的标准通常会成为焦点。纽约已经成为一个绿色设计的领导者，拥有一批最可持续的摩天大楼和经济适用房的开发项目，虽然纽约现在已经拥有了将在 2030 年需要的 85%的建筑物，但是纽约必须继续努力。

这就是为什么纽约的能源方案要着眼于减少城市现有大型楼宇的能源消耗。纽约还概述了一些战略，以确保纽约使用的能源要比现在的更清洁和更高效。

最后一个重要的排放源就是交通运输，其排放量占总排放量的 23%。尽管私家车只占城市出行方式的 55%，但是 70%的排放来自私家车。相比之下，公共交通只占交通运输排放总量的 11.5%。这意味着自驾车出行的平均碳排放量是乘坐公共交通运输工具出行的 5 倍之多。

最有效的战略其实就是减少道路上的车辆数量。另一个战略就是扩建客运系统，配合交通堵塞费，这将有助于几十年来第一次实现城市主要出行模式的转变。但纽约也必须解决现有的卡车和汽车的问题，使他们更省油，并确保他们燃烧更清洁的燃料。

约 50%的减排来自于建筑物能源效率的提

升，32%的减排来自发电效率的提高，18%的减排来自交通运输的改善。

这些举措使纽约实现30%的减排目标，但对于终极目标来说，这远远不够。科学家们认为，如果纽约要使温室气体排放达到稳定状态，那么必须制定一个更严格的目标，即到21世纪中叶减排60%~80%。

这就是为什么纽约必须积极跟踪新技术，并鼓励其应用的原因。例如，如果用太阳能电池板覆盖纽约市的屋顶，其生产的能源可以满足城市白天近18%的能源需求。在纽约的规划中并没有推广使用太阳能的原因是因为成本太高，因此纽约试图依靠当前可行的技术。但近期的进步显著地降低太阳能面板的成本，纽约也会积极推进将太阳能纳入市政建筑电力来源，努力减少一些立法障碍。一旦这些可再生能源战略在经济上可行，纽约将准备尽可能广泛地推动其应用。

电池的改进、生物燃料发动机、风力发电和燃料电池车辆、高效率输电线路、更有效保温并且重量更轻的新建筑材料，以及消耗更少的新型电器和照明设备，所有这些都将有助于纽约实现并超过30%的减排目标。

这些新技术的进步和使用，应该可以使纽约能够达到更高的目标，而不是只为达到规划的目标。纽约制定的30%的减排目标仅仅是作为2030年以后更大力度实现减排的一个起点。这意味着纽约不能只依靠未来的技术来取代短期的举措。纽约在未来需要这些新技术作为储备。

纽约市市政运作的排放约占全市总气体排放量的6.5%，主要集中在建筑、污水处理和运输。2001年以来，尽管每年都会增加2%的用电量，全市还是设法保持其排放量不变。纽约市已经采取的行动包括：地方法规要求新建筑的能源效率，新采购能源设备和更有效的市政车队。这些行动将使纽约的排放量在未来10年保持稳定。

纽约正在逐步力求改善大气环境、节能减排，力求实现循环经济，建设更绿色、更美好的纽约。

第二节 鹿特丹循环经济发展状况

一、概况

鹿特丹（Rotterdam）是荷兰第二大城市，包括郊区人口共102万。位于荷兰的南荷兰省，新马斯河（NieuweMaas）河畔。

鹿特丹的名字来自于在市中心注入新马斯河河水的小河鹿特河和荷兰词Dam（坝）。鹿特丹一直是欧洲最大的海港，以集装箱运量计算，20世纪80年代曾是世界上第一大港口，2010年为世界第十大港口。

(一) 地理环境

鹿特丹（北纬51°55′，东经4°29′）是荷兰第二大城市，欧洲第一大港口，亚欧大陆桥的西桥头堡（东桥头堡是中国连云港市），位于欧洲莱茵河与马斯河汇合处。鹿特丹位于荷兰的南荷兰省，新马斯河河畔。它是欧洲最大的海港，甚至曾是世界上最大的海港。整座城市展布在马斯河两岸，距北海约25 km，有新水道与北海相连。港区水域深广，内河航船可通行无阻，外港深水码头可停泊巨型货轮和超级油轮。鹿特丹是连接欧、美、亚、非、澳五大洲的重要港口，素有"欧洲门户"之称。城市市区面积约200 km²，港区面积约100 km²。市区人口57万，包括周围卫星城人口共102万。鹿特丹地势平坦，位于荷兰低海拔地区，低于海平面7 m左右。

鹿特丹东北部的卫星城亚历山大斯塔德附近低于海平面6.7 m，为荷兰最低点，该城有居民17.5万。鹿特丹气候冬季温和，夏季凉爽，1月最冷，平均气温1℃，7月最热，平均气温17℃，年降水量700 mm。除市政厅古老外，鹿特丹其他著名建筑都是现代化的，因此，被誉为"欧洲较现代化的城市"。登上高 185 m、被称为"欧洲桅杆"的高塔，可鸟瞰全市。

（二）历史沿革

鹿特丹在历史上几经兴衰。它原本是鹿特河附近的渔村，该河古时从南荷兰的沼泽地区流入马斯河，鹿特丹因鹿特河而得名。1250 年，人们在马斯河北岸修建堤坝，用闸门将鹿特河与马斯河隔开。1340 年，荷兰伯爵威廉四世治理鹿特丹时，挖掘运河与代尔夫特和莱顿相通，鹿特丹开始繁荣起来。1563 年，城市大部分曾被大火破坏。1572 年，鹿特丹被西班牙军队占领和掠夺，几个月以后西班牙人撤退。当时有许多来自比利时安特卫普的商人和工匠在鹿特丹定居下来，鹿特丹进入一个恢复发展时期。

16 世纪，鹿特丹城市建设逐步发展，在泥沼地上挖掘出了许多港口，为对外交通和贸易奠定了基础。18 世纪，鹿特丹的对外贸易更为蓬勃兴旺，集中对法国和英国开展贸易，当时就有船只远航到印度尼西亚和美国。到 19 世纪，鹿特丹在转口贸易方面的地位日益重要。德国在 1870 年统一，在莱茵地区，特别是在鲁尔地区实行工业化，鹿特丹也相应地得到发展。

第二次世界大战后，鹿特丹市政当局开始执行重建计划，并征用整个被破坏的地区。港口设施的重建于 1949 年完成，并逐步恢复了海上交通运输。20 世纪六七十年代建成了博特莱克港和石油化工区，开挖深 23 m、宽 400~600 m、长 12 km 的贝尔运河，并修建欧罗波特港。港口和工业区面积由 26.3 km^2 扩大到 100 km^2，鹿特丹自 1965 年起跃升为世界第一大港。它有 400 条海上航线通往世界各地，每年约有 3.1 万艘海轮和 20 万艘内河船舶停靠。港口年货物吞吐量高达 3 亿 t，装卸集装箱达 400 多万个标准箱。港口设备先进，拥有机械化装卸码头，大型仓库和冷藏库，是世界最大集装箱港口之一（其余为香港、新加坡、高雄、纽约等）。港内可停泊 30 万~50 万吨级巨型油轮。进口和过境的大宗货物有石油、石油制品、矿石、煤炭、粮食、化肥等。进出口对象主要为德国、英国、法国、意大利等欧盟国家。

经过半个多世纪的发展，荷兰已成为一个经济发达的国家，它是欧盟最早成员国之一，人均国民生产总值位居欧洲前列。其工业门类齐全，拥有欧洲最大的炼油厂，造船业很发达，石油化工、家用电器、电子仪器、乳品加工、人造黄油在国际上享有盛誉。此外还有汽车装配、工程机械、铁路器材、轻工业（纸张、服装、咖啡、茶、可可、香烟、啤酒）等制造行业。

步入鹿特丹，宛如置身于一座新兴的大城市。它的城市建设规划是按照第二次世界大战以后的新布局实施的，建筑物外观新颖别致，大多为西欧风格，造型独特，异彩纷呈。市区有规模宏大的银行、保险公司和国际贸易中心机构。在老城区，许多街道路面是用石头铺成的，保留数百年前的风貌。鹿特丹是一座位于马斯河沿岸的城市，市内河道很多，有各种各样的船只停泊在河边。在建筑物近旁，在河畔，在桥边，荷兰独特的风车随处可见，构成一幅幅如画的美景。

鹿特丹市内交通十分方便，有公共汽车、有轨电车、地铁和各类船只。乘车经常要过桥、过河，或在河网里穿梭行驶。市区街道整齐清洁，居民住户的楼层窗户都养有五颜六色的鲜花，是一座名副其实的欧洲港口花园城市。在郊区有许多菜园和花圃，种植各种蔬菜和花卉。商店里商品琳琅满目，市场供应极大丰富，出售的货物大部分来自欧盟。街道上奔驰着的有意大利、德国和日本的汽车。家用电器一应俱全，除荷兰本国的飞利浦产品外，尚有日本索尼、松下、日立和德国西门子公司的产品。通信邮电发达，街道上公用电话亭到处可见，对外联络颇为方便。各国风味的餐馆、酒家、快餐店鳞次栉比，还有华侨餐馆供应地道的中餐。

鹿特丹也是一座著名旅游城市，它每天要接待许多来自世界各地的游客。市内有许多博物馆、画廊、公园、图书馆、电影院和音乐厅。人们可以充分利用休闲时间去寻求生活的乐趣，生活有着浓郁的文化气息。

（三）经济状况

荷兰大部分地区自然资源较为贫乏，鹿特丹也不例外，其原材料如石油、矿石、煤炭等主要依靠进口。但鹿特丹人文资源丰富,是世界性旅游胜地,其旧城中心戴尔福斯哈温和新市中心的超现代化和未来主义建筑举世闻名,港口附近的高185 m的"伏洛马斯特"观望塔是一大观光胜景。此外,像童堤镇古老的大风车、哥达镇的早期建筑等都是鹿特丹名胜,吸引了大量境内外游客。

政策策略对城市经济发展具有关键作用是毋庸置疑的,近110万人口的鹿特丹能够成为世界大港,自由港政策起着重要作用。鹿特丹货源的75%是转口,港区设保税仓库,专供待售和转口货物整船寄存,仅收仓储费用,免征关税,海关给货主很大方便,在手续上尽量适应各国商人过境、转口和分销要求,除毒品和军火外,几乎所有商品都可自由出入,不受种类和数量限制,港口的优惠政策大大促进了过境贸易的发展,吸引了大量外国船只和货物过境,获取了大量运费。此外,欧盟的成立,减少了国际屏障,使得西欧国家商品大多通过内河航行至鹿特丹,然后转运世界各地,促进了鹿特丹的建设和迅速发展。

(四) 鹿特丹港

鹿特丹港位于莱茵河与马斯河河口,西依北海,东溯莱茵河、多瑙河,可通里海,有"欧洲门户"之称。港区面积约100 km²,码头总长42 km,吃水最深处达22 m,可停泊54.5万吨级的特大油轮。港区基础设施归鹿特丹市政府所有,日常港务管理由鹿特丹港务局负责,各类公司承租港区基础设施发展业务。第二次世界大战后,随着欧洲经济复兴和共同市场的建立,鹿特丹港凭借优越的地理位置得到迅速发展:1961年,吞吐量首次超过纽约港,成为世界第一大港。此后曾长期保持世界第一大港地位。2000年,吞吐量达3.2亿t,创最高纪录。鹿特丹年进港轮船3万多艘,驶往欧洲各国的内河船只12万多艘。鹿特丹港有世界最先进的ECT集装箱码头,年运输量达640万TEU,居世界第四位。鹿特丹港就业人数7万余人,占全国就业人口的1.4%,货运量占全国的78%,总产值达120亿荷盾,约占国民生产总值的2.5%。

鹿特丹港区服务最大的特点是储、运、销一条龙。通过一些保税仓库和货物分拨中心进行储运和再加工,提高货物的附加值,然后通过公路、铁路、河道、空运、海运等多种运输路线将货物送到荷兰和欧洲的目的地。

鹿特丹港区是该市的主体,占地约100 km²,港口水域277.1 km²,水深6.7~21 m,航道无闸,冬季不冻,泥沙不淤,常年不受风浪侵袭,最大可泊54.4万吨超级油轮。海轮码头总长56 km,河船码头总长33.6 km,实行杂货、石油、煤炭、矿砂、粮食、化工的散装、集装箱专业化装卸,可容纳600多艘千吨船和30多万艘内河船舶,年吞吐货物3亿t左右。港口货物的运输干线莱茵河、高速公路、港口铁路与国内外交通网相连。进港原油除经莱茵河转运外,还铺设运输油管道直通阿姆斯特丹以及德国、比利时。大宗过境货运占货运总量的85%,其中原油和石油制品占70%,其余为矿石、煤炭、粮食、化肥等。

鹿特丹港是世界上主要的集装箱港口之一。早在1967年,一些码头装卸公司敏锐地发现集装箱在世界上的发展潜力,并进行了巨大投资。鹿特丹港已成为欧洲最大的集装箱码头,它的装卸过程完全用电脑控制,码头上各种集装箱井井有条地堆放在一起。1982年,它就可装卸216万TEU,超过了纽约港的190万TEU。目前,鹿特丹集装箱装卸量已超过320万TEU。

二、港口城市的可持续发展规则

鹿特丹作为世界著名港口城市之一,不但有港口运输及管理的《鹿特丹规则》,而且也关注其自身的可持续性。

沿海港口城市,背依一定的内陆腹地,面向连接世界的海洋,以港口为窗口,以发达的港口经济为主导,成为连接陆地文明和海洋文明的城市。它是港口和城市有机结合的一种特定的城市形式。港口对城市的发展具有巨大的拉动作用,主要港口城市又常是其所在腹地区域范围内的经济中心城市,成为区域经济发展的火车头。港口城市的可持续发展能力,对于城市自身、腹地区域经济长期稳定发展具有关键性作用。

(一) 港口城市可持续发展能力界定

可持续发展能力的描述与评价，既有其一般性规律，也因研究区域的不同，其资源环境禀赋、社会经济发展特点、发展阶段和所处竞争环境不同，而具有其特殊性；可持续发展能力的内涵、评价指标的选择等应有所不同。同时，因研究工作的有限性，研究区域的选择也应有针对性与典型性。港口城市特定的区位、结构和功能作用，决定了其可持续发展能力的研究及其与国际港口城市的比较评价，具有重要的理论意义与特殊的实际应用价值。

可持续发展能力及其内涵，众说纷纭，莫衷一是，但大致可分三类。一是发展说，认为可持续发展与可持续发展能力不作严格区分，不如简单明了地以发展论之；二是系统说，认为一个特定的系统成功地延伸至可持续发展目标的能力；三是软能力说，认为一个国家的可持续发展能力，在很大程度上取决于该国的生态状况和地理条件下的人民和体制的能力。这是联合国《21世纪议程》给出的定义。三类不同观点，实际指出了可持续发展能力的一般共性，即系统性、动态性和关联性。可持续发展能力是发展系统整体的综合能力，人类的创造性活动及其成果是促进其动态变化的核心要素，能力是发展中的能力，能力与发展密不可分。

港口城市的可持续发展能力又有其特殊性。港口城市的发展，是与一般城市不同的双重竞争下的发展：国内竞争和直接面对海外的国际竞争。竞争的直接方式是通过海运展开的国际物流体系中地位的角逐，因而需要凭借优良的港口资源环境条件作为支撑；港口资源环境，是其可持续发展能力构成的基础。港口城市的可持续发展，是引领腹地并协同联合与国际城市展开竞争下的发展，港口城市与腹地范围大小及其经济水平高低、区域一体化发展水平，是港口城市竞争能力的直接标志；体现港城与区域一体化状况的港口生产，成为港口城市可持续发展能力的重要构成。主要港口城市的可持续发展，是与国际航运中心、世界一流港口城市之间全面性竞争下的发展，竞争具有综合性、战略性、激烈性和高技术性，需要高水平的智力资源、高度和谐的社会环境的强力支持；智力支持和社会协调，成为港口城市可持续发展能力的必然构成。经济成就是港口城市竞争性发展取得的必然结果，又是参与新一轮竞争的实力平台，当然地成为港口城市可持续发展能力的重要组成部分。港口城市的可持续发展，是面向完全市场经济条件下持续性国际竞争中的发展，变化是市场的特色，竞争变化直接反映了发展能力的变化。港口城市的发展能力包含两部分，即竞争初期的初始能力和一个竞争周期末的能力变量。变量为正，意味着竞争成功并使系统内部要素之间得以合理转化，能力系统整体质量的提高和数量的扩张；变量为负则相反，是能力系统整体质量的下降和数量的收缩。持续性竞争下的发展，也是无限竞争周期循环更替中能力变化过程。

简而言之，港口城市可持续发展能力，就是支撑和不断推进港口城市可持续发展的主客观条件的总和，是由保障或促进可持续发展的资源环境、经济、港口生产、智力和社会协调等方面多要素构成的支撑体系，是在发展过程中质量与数量呈积累性变化的动态系统。

(二) 港口城市可持续发展能力评价

结合可持续发展能力的内涵和港口城市的基本特征，采用下述原则选择港口城市可持续发展能力评价指标：①可比性原则：能体现港口城市共同特点，在数量或质量上具有可比性；②综合性原则：即准确、全面反映港口城市可持续发展的综合水平，能针对港口城市的自身特点，体现港城互动、区域一体化的深刻内涵；③独立性原则：各指标应彼此独立，避免相同或含义相近的变量重复出现；④典型性原则：具有典型性、代表性，易于描述和说明问题；⑤可操作性原则：指标数据易获取，可计算，统计口径一致，数据来源可靠。

(三) 鹿特丹港的可持续发展

港口城市可持续发展能力，是其经济、资源环境、港口生产、智力支持与社会支持等构成的整体综合性效能。国际港口城市凭借其各自特定的区位、自然环境条件并经长期建设,已形成全面的相对比较优势,国内港口城市与之相比,差距与劣势甚大。

可持续发展能力具有动态变化性。通过对能力构成要素指标的建设,可以提高港口城市发展能力水平,增强国际竞争力。鹿特丹对影响发展能力的重点要素如经济发展与港口建设,采取集中性、高强度建设措施,近年来可持续发展能力有了较显著提高。

国际航运中心城市是具有高度可持续发展能力的城市,有其独特的区位,广大的经济腹地,位居世界前列的货物吞吐量,发达的外向型经济,优越的投资环境等。鹿特丹是具有此类条件的港口城市,是荷兰位居可持续发展能力序列中居最前的城市,国家投入了较多的资源进行建设。

三、鹿特丹港的发展状况

鹿特丹市为荷兰最大的工业城市、第二大城市,是一个典型的港城一体化城市,素有"欧洲门户"之称,也是人们公认的新欧亚大陆桥的西端桥头堡。鹿特丹港位于莱茵河支流新、老马斯河交汇入海口处。西依北海、东溯莱茵河、多瑙河,可通里海。鹿特丹港就处在世界上最繁忙的大西洋海上运输线和莱茵河水系运输线的交接口,是典型的河口港,兼有海港和河港的特点。

(一)港区的发展历程

鹿特丹港历史上几经兴衰。13世纪下半叶到14世纪上半叶,鹿特丹从小渔村发展成为渔业港镇。1570年后随着西欧海上运输和对外贸易的开辟,成为英法和德国之间的过境运输港,是西欧去北海、北冰洋渔船的备航和起航站。1600—1620年建设了第一个港口,1795—1815年法国占领期间,由于河口淤积,通航能力下降,港市一度衰落。19—20世纪,随着资本主义经济迅速发展及苏伊士运河通航而复兴,特别是1895年建成通北海的运河新航道,1877年接通市区与南荷兰间的铁路,以及德国的鲁尔区成为欧洲最大工业区,港口腹地范围空前扩大,运输条件大大改善,至20世纪初一跃而成荷兰第一大港,成为欧洲与亚洲、非洲、北美洲间繁忙的过境运输港口。

20世纪初开发马斯河南岸岸线,港区不断西延。20世纪30年代后建成当时世界最大的人工挖掘港口——瓦尔港区(Waalhaven)。1947—1955年港口主体西移至罗曾堡岛,建成可容载重6.5万t矿船的博特莱克港区(Botlek)和石油化工区。20世纪六七十年代又根据集装箱等海运新技术和油轮载重吨位的发展趋势,在岛西开挖深23 m、宽400~600 m、长12 km的贝尔运河,修建欧罗波特港区(Europoort),在滨海浅滩淤积造地修建马斯莱可迪港区(Maasvlakte)。其中欧罗波特港区与马斯莱可迪港可泊50万吨级特大油轮,运河航道可通行30万吨级巨型油轮。20世纪90年代以来,鹿特丹开始实施新的扩能计划,建造10万~15万吨级的第五、第六代集装箱码头,集装箱吞吐能力不断提高,以确保欧洲最大的集装箱运输中心的地位。

鹿特丹港位于城市中心与北海之间,东西绵延约40 km,鹿特丹港早期的码头多建于新马斯河北岸,后扩展至南岸。港区建设以新航道为主轴,由上游向下游,由北向南,由东向西,由近市区向大海延伸,港池多采用挖入式,分布于主航道两侧。自动汽车码头作业区1个,水果码头作业区2个,果汁码头作业区3个,散货码头作业区20个。

为适应洲际远洋运输船舶大型化和专业化(液货运输采用超大型油轮、什杂件货运输集装箱化)的发展趋势,加强鹿特丹作为世界和欧洲最重要港口的地位,鹿特丹政府已决定建设马斯莱可迪二期(Maasvlakte 2),它是鹿特丹港第八个港区。马斯莱可迪二期位于马斯河出海口,港区水深大于19m,可满足1.2万TEU的集装箱货船停靠。2008年春季开始建设,2012—2014年投产。

第二次世界大战后,随着欧洲经济复兴和共同市场的建立,鹿特丹港凭借优越的地理位置得到迅速发展,1961年,港口货物吞吐量首次超过纽约港,成为世界第一大港。此后40多年一直保持世界第一大港地位。2003年新加坡港货物吞吐量首次超过鹿特丹港,2004年上海港货物吞吐量又超过鹿特丹港。2005年,鹿特丹港吞吐量达3.7亿t,其中散货吞吐量2.6亿t(其中矿石、煤、农产品等干散货吞吐量0.89亿t,原油、油产品等液体散货吞吐量1.71亿t);一般货物(包括集箱吞吐量1.1亿t,集装箱运输量达930万TEU。鹿特丹港以化学品运输、集装箱转运为主,原油、石油产品和液体化学品几乎占鹿特丹港总货物吞吐量的50%。鹿特丹港货运量占全荷兰的78%。

(二)港区的物流

鹿特丹港是欧洲最重要的石油、化学品、集装箱、铁矿、食物和金属的运输港口。各种物流的交汇使鹿特丹港成为特色化海港的集合体,其最大的特点是储、运、销一条龙。通过一些保税仓库和货物配给中心(物流中心)进行储运和再加工,提高货物的附加值,然后通过公路、铁路、河道、空运、海运等多种运输路线将货物送到荷兰和欧洲的目的地。

鹿特丹港能为制造商、船运公司和配给商提供全球性的后勤保障归功于它先进的港口设备、配给设施以及同欧洲内地便利的联系。物流的高度集中使鹿特丹成为一个中心,世界上所有大的船运公司都直接进驻或设代理处。欧洲的贸易也集中于此,许多公司都在鹿特丹建立了欧洲配给中心,美国、日本约一半的大公司已经在荷兰建立了欧洲配给中心,而在欧洲建立的欧配中心有3/4位于荷兰。一方面是由于它得天独厚的地理位置、同内地便利的联系、有质量的后勤服务、技术熟练的工人和明确的海关程序,等等,更重要的方面是鹿特丹港同荷兰的阿姆斯特丹史基浦空港(欧洲重要的空港之一)之间紧密的联系。鹿特丹也有许多亚洲企业设立的贸易和配给中心。

鹿特丹港发展物流园区的目的是参与国际贸易,物流园区建在港区中心地带,紧临码头,有多种交通设施(指通往内陆、海外、欧洲目的地的交通设施)与码头间建设专门的运输通道,方便进行物资配给。园区内设有仓库,有现代化的信息与通信设施,还有现场办公的海关。在埃姆、博特莱克和马斯莱可迪港区建有3个大型物流园区即配给中心,通过货物合理配置满足顾客需求和目的地国家的要求,包括再包装、标签、称重、装配、质量监控、配送、海关等环节。埃姆物流园区占地$0.5 km^2$,主要提供大宗产品如木材、钢材等的储存和配送服务;博特莱克物流园区占地$0.87 km^2$,是石油、化工产品专业配送中心,这里的公司主要提供仓储、配送和编组的服务;马斯莱可迪是新建设的物流园区,占地$1.25 km^2$,它是为那些想建立欧洲配送中心的公司而设计的,它临近西南边的集装箱码头,通过一个内部道路与码头联系,其他如火车、卡车、远洋船、内河船等也可方便到达。

(三)临港工业及相关产业

鹿特丹港不仅是转运港,也是一个巨大的工业综合体。大量的跨国公司在此设立它们最重要的甚至是在欧洲唯一的工业联合体,在这里它们为整个欧洲甚至全世界生产工业品。鹿特丹市炼油、化工、造船等工业主要是依托鹿特丹港发展起来的,主要分布于新水道沿岸,拥有一条以炼油、石油化工、船舶修造、港口机械、食品等工业为主的临海沿河工业带(即临港工业区)。

临海沿河工业带的化学品和石油化学工业尤其值得关注,石化工业租用了52 km的港口工业区中的60%,拥有BP/Texaco、Esso、Kuwait-Petroleum、Shell和Koch 5个公司的大型炼油厂,年原油加工能力8 500万t以上,成为世界最大的炼油和石油化工中心之一(世界三大炼油中心之一)。临港工业区内化工厂的原材料主要依靠5个炼油厂提供。鹿特丹的地理位置使其成为欧洲的主要化学品港口,每年大约有1亿t原油海运至鹿特丹,一部分供给炼油厂,其余的通过海运、空运、管道输往欧洲其他地区。

利用拥有水工建筑技术和水利技术的独特优势,港区大力发展造船业和水工产品制造业。鹿特丹造船工业发达,7个大型造船厂拥有30多个浮船坞,生产巨型油轮、货轮和集装箱船等。同时生产海上拖轮、挖泥船、浮吊勘探船海上钻井平台等特种工具船,以及大型闸门、桥梁构件、沉井等水工制成品。

许多农产品的加工基地也建在临港工业区内,这些农产品加工包括半成品的加工和成品加工。工业化的农产品加工、质量控制、交易方便、仓储完备、高效运输是鹿特丹成为欧洲农产品加工业中心的要素。食品公司(如联合利华、可口可乐)的贸易、存储、加工以及运输等也都集中在港区,由此形成了欧洲最重要的农产品交易中心,每年有超过3万艘船只和超过3亿t货物进出鹿特丹港。与航运服务相关的众多产业集聚在鹿特丹港区及其周围,包括船舶分级、船舶监测、船舶配件供应、物资补给、检查测试、保养、废物处理、船舶修理和船员招募与更换等业务。该地区有11万人从事与港口直接或间接相关的产业。

发达的临港工业促进了金融、贸易、保险、信息、代理和咨询等服务业的发展。港口工业已成为鹿特丹港经济的重要组成部分,港区及其周围的产业已达到该地区产值的50%以上。临港工业区的发展已经成为鹿特丹港的主要组成部分。

(四)港区的集疏运系统

鹿特丹港的基础设施中,最突出的是集疏运系统。好的集疏运系统对港口至关重要,它不仅仅包括对其服务腹地的运输网络,还包括港口本身内部的运输系统。

鹿特丹港吞吐的货物80%的发货地或目的地不在荷兰,大量的货物在港口通过一流的内陆运输网进行中转。通过铁路、海运、河道、管道、公路、空运等多种运输路线将货物送到荷兰和欧洲的目的地。鹿特丹有高速公路、铁路、水路与欧洲各国连接,覆盖了从法国到黑海、从北欧到意大利的欧洲各主要市场和工业区,空运货物可以通过鹿特丹国际机场进出。此外鹿特丹港还为客户提供个性化运输和中转服务与多式联运相结合。

鹿特丹港最主要的运输方式是水路、铁路和管道,以减少公路交通运输拥挤和环境污染。除了海运、内河运输外,鹿特丹拥有2个先进的铁路服务中心,并有2个铁路化学品中心,很多码头也拥有自己的铁路。原油等液体货物主要通过管道进行输送,港区内各种运输管道的长度已超过1 200 km。

四、变革和发展中的鹿特丹港

(一)鹿特丹港建设理念

鹿特丹位于莱茵河支流新、老马斯河交汇入海口处,为荷兰最大的工业城市、第二大城市,是一个典型的港城一体化城市,素有"欧洲门户"之称,兼有海港和河港的特点,是一个典型的综合性国际大港。第二次世界大战后,随着欧洲经济复兴和共同市场的建立,鹿特丹港凭借优越的地理位置得到迅速发展,1961年港口货物吞吐量首次超过纽约港成为世界第一大港。此后40多年一直保持世界第一大港地位。直至2003年新加坡港货物吞吐量首次超过鹿特丹港,2004年上海港货物吞吐量又超过鹿特丹港。2005年,鹿特丹港吞吐量达3.7亿t,集装箱运输量达930万TEU。鹿特丹港口物流发展的成功经验主要体现在以下5个方面。

1.依托内河航运促进国际航运中心建设

荷兰鹿特丹港凭借莱茵河完善的交通运输网络,建立港口物流园区和国际航运中心,成为鹿特丹保持其在欧洲的主要港口地位、扩展城市经济实力和影响力的重要战略方针之一。

2.注重以法制规范港口与航道资源

欧洲交通委员会从全局角度对欧洲的内河航运发展进行规划,制定可以用来协调欧盟各成员国有关法规的欧盟地区统一的引水法、货物运输法、码头装卸法、港口进出口法、港口服务市场法等。

3.重视莱茵河内河航运信息化建设

荷兰受欧盟的委托,开发了三大信息系统:

IVC90信息跟踪系统。掌握航行船舶的信息,特别是对危险品船或有污染的船舶实施全程监控追踪。

VOIR信息编辑系统。为船舶航行提供安全、有力的航行信息,有效控制航运事故的发生,快速解决航运事故。

IRAS航运信息综合特种分析系统。对基础设施的大量原始数据进行分析,为政府及时提供船闸、码头或航道整治的依据。

4.建立鹿特丹港与莱茵河内河航运多式联运体系

依托莱茵河沿岸完善的多式联运系统,兴建港口物流园区,带动了荷兰及欧洲整体经济的发展。目前正在规划建设规模更大的现代化园区 Maasvlakte 2。新园区将由园区本部、铁路服务中心、驳船服务中心、立体交通、三角洲集装箱堆场、专用码头、近海和铁路支线服务、备用发展区以及内地公路发运点等9个不同功能区组成,服务于整个欧盟国家。

5.大力发展临港工业

鹿特丹临港工业的发展很好地贯彻了"城以港兴、港为城用"的思想。鹿特丹充分运用了临港优势,大力发展临港工业:造船业、石油加工、机械制造、制糖和食品工业。第二次世界大战前,鹿特丹发展造船业和水工产品制造业,独树一帜,举世闻名。荷兰利用20世纪50年代的世界"廉价石油"时期和自身海运大国的比较优势,发展大规模石化工业,鹿特丹迅速崛起成为世界三大炼油基地之一。食品加工是鹿特丹另一个非常重要的工业,拥有庞大的冷藏和冷冻设施,为荷兰的食品加工工业提供了专用的后勤服务。

(二)港口使命及定位

鹿特丹港的使命是:立足于现在和长远,加强鹿特丹港和工业综合区在欧洲的地位。

鹿特丹港对自己的定位是一个港口当局和国际服务的提供者;目标是建成一个安全的、高效率的、综合的和清洁的港口和工业综合区。

鹿特丹港每年大约有3万艘远洋船舶和12万艘内河运输船舶停靠,有500条定期航线与世界上的1 000个港口通航。2003年鹿特丹港净收入为5 600万欧元。根据与市政府的商定,4 500万欧元的利润交给鹿特丹市政府,剩下的1 100万欧元作为港务局的备用资金。

鹿特丹港2004年货物总吞吐量达3.54亿t,比2003年增长8%,居世界第三位;集装箱吞吐量为820万TEU,增长16%,居世界第7位。

在鹿特丹港的货物总吞吐量中有10%以上是来往于中国的,中国有望超过美国,居英国之后,成为鹿特丹港的第二大贸易伙伴。

五、鹿特丹港口发展规划

鹿特丹港注重港口总体规划模型的研究,主要包括密切相关的四部分内容,即港口愿景、商业规划、港口特征、总体规划。

港口愿景是对港口至少20年的长期发展的规划,它是根据社会经济特征及其计划服务地区长期目标来制定的,并具备一定的弹性和灵活性,以应对未来发展的各种不确定性。

商业规划主要是规划港口货品货类,如干散货、石化产品、煤炭、集装箱等,以及如何使其成为具有竞争力的港口并在其供应链中定位自己,商业规划一般每5年更新一次。

港口特征是指在规划建设中,重要的是考虑如何判断所选港址适用于不同的码头作业和工业活动,并将环境安全因素考虑在内,以使其码头岸线得到充分合理的使用。

总体规划是将其愿景转化为详细的空间规划,如业务开展与基础设施建设的具体位置,以及确定特定区域的开发计划。

(一)四年一度的发展

1992年以来,鹿特丹港每4年发布1份业务规划,规划中载明了它如何发挥作用,以及在这期间的工作重点。第一份业务规划(1992—1996年)为集装箱、货物分销、食品和化工品板块的发展和市场推销。对环境的关注作为一项先决条件而引入,同时宣布港口用地紧缺已迫在眉睫。

1997—2000年的业务规划将港口和工业综合体置于全球环境来考虑,工业综合区日益增大的影响超过了港口本身。因此,这期规划的重点是鹿特丹港如何使功能商业化及如何定位。根据"从港口地主到大港经营者"这一目标,鹿特丹港采纳了战略参股和组建合资公司的方式。2001—2005年业务规划的重点是土地、运输网络和定位。港务局利用政治行政管理和商务方面的庞大网络,花费了大量的时间和精力使鹿特丹港的运营市场化,港口作用领域的范围不断扩大,商业关注也超出了鹿特丹本身。

同时,可持续发展也成为港口总体规划的重要部分,港口用地缺少已成为一个尖锐的问题。鹿特丹港充分认识到与航运和市场发展与时俱进发展港口的重要性。鹿特丹港加大了对港口和工业区发展的投资,2002年鹿特丹港在110个项目总共投资了1.56亿欧元,大部分资金投向了物流板块。鹿特丹港在发展过程中对土地的需求越来越大。因此,鹿特丹港正在开始实施"玛斯平原垦地二期规划"(Maasvlakte 2),为城市和港口的发展提供新的视角。

鹿特丹港的市场开发与港口和工业综合区的市场开发是一致的。鹿特丹港力图扩大其集装箱作业在欧洲的轴心作用,以其物流优势,将集装箱作业进一步集中到玛斯河地区。为此,鹿特丹港在这一地区规划了新的码头设施。

(二) 2020年发展规划的思路

根据规划,到2020年鹿特丹港货物总吞吐量将达到4.6亿t,同时港口的企业、基础设施和环境的安全和清洁程度将达到更高的水平。

鹿特丹港2020年港口前景规划的思路基于以下6个概念。

1)一个多功能和综合性港口,能为装卸、拆箱、加工和运输提供充足的地域和设施,还能进行其他业务,比如工业、物流、海运和贸易,为港口传统的装卸、包装、加工及运输提供场所和设备,并且为在工业、物流、海运和商业活动中涌现的各种新兴商业活动提供空间。

2)一个能持续发展和创新的港口,为在港口落户的企业提供空间和设施,以便进行多边合作,共享设施,相互利用剩余产品和持续能源以及开发新的工艺技术,从而保证它们在更加环保的环境中进行各项商业活动。

3)一个智能化的港口,与教育部门和科研机构合作,为在港口创办服务型和创新型的公司提供高学历的人才及其他创业条件。

4)一个快捷、安全的港口,解决水路、铁路、管道和公路运输的瓶颈问题,限制进出港区的非必要公路交通,保证道路畅通无阻,为货物量的迅速增长做好充分准备,并为安全装卸和危险货物的运输提供安全的环境。

5)一个有吸引力的港口,在港口建设景色宜人的生态旅游景点,包括更加完善的自行车道和步行道,在港区内部和周边建设绿化区域和娱乐场所,在新建的马斯莱可迪港区二期还有一个朝南的沙滩,环境更加宜人。

6)一个清洁、环保的港口,通过减少灰尘和噪音排放的方法降低进出鹿特丹港口货物的相关风险,同时鹿特丹市区和北部海岸的各个港区内用来保障生活和其他城市功能的环境设施也将创建起来。

与此相适应的有以下5个工作重点:

1)在西部建设"玛斯平原垦地二期"(在北海填海造地),用于集装箱、化学工业和其他新的加工业,"玛斯平原垦地二期"将成为具有多式联运基础设施的高标准的持续发展的地区。

2)把东部的港区改建成一个混合区(城市港),用于港口办公、住宅、工作。"玛斯平原垦地二期"竣工后,远洋集装箱作业移至"玛斯平原垦地二期",这使该地区改建成混合港口和都市区的计划成为可能。

3)尽可能有效利用港区,建立多用途区域和创新的智能大楼,集中办公,共享设施。

4)解决地区和国家在基础设施能力和质量方面的瓶颈,特别是A15公路,同时尽可能有效地利用现有设施,并鼓励使用驳船和铁路。

5)以创新的环保方法,在玛斯河北岸开发有吸引力的住宅区,在南岸进一步增加工业活动,同时北岸各住宅区和活动区都有其特定的通往南岸的交通通道。

2020年,港口前景规划要进一步发挥港口优势,并解决环境和基础设施方面的一些瓶颈,这需要各方努力。鹿特丹市将负责空间规划与安全和环境有关部门的公共工作以及港区的管理和开发,鹿特丹城市港发展合作公司将代表鹿特丹市和港口制定和执行城市港的计划。

(三) "玛斯平原垦地二期规划"

除世界大港之一和欧洲最大港口的地位之

外,鹿特丹港也力图成为世界最佳的港口。鹿特丹港规划的 Euromax 码头和 "玛斯平原垦地二期规划"(Maasvlakte 2)分别于 2007 年和 2011 年竣工,总的可使用面积达 10 km²。用地都是由北海填海造地而得,主要用于集装箱、化工品和分销作业。这能使鹿特丹港能承担与亚洲,特别是来自中国的不断增长的贸易量。

"玛斯平原垦地二期规划"的建设能将临近居住区的现有港区的业务转移至西部。市内港区置换出来的土地就可进行新的项目开发,建设市区新的生活和工作设施,这就有助于加强市内或城市周围的经济实力。

鹿特丹港未来战略的要点是集装箱作业、化工品和疏运。为使这些产业不断发展和更新,就需要土地。"玛斯平原垦地二期规划"是港口有关活动的顶级新区,是十分理想的基础设施。通过"玛斯平原垦地二期规划"可解决鹿特丹港的土地需求问题。

"玛斯平原垦地二期规划"是鹿特丹港的必然选择,因为港口现已满负载了,"玛斯平原垦地二期规划"的建设也必须加快进行。在原来的设计中,"玛斯平原垦地二期规划"有自己的进港航道,然而由于经济原因,政府需要降低成本。为此,鹿特丹港又制订了"Doorsteekvariant"计划。按照这个计划,"玛斯平原垦地二期规划"使用目前的进口航道,这一设计节约了 1 亿多欧元。Doorsteekvariant 的成本估计为 23 亿欧元,鹿特丹要求荷兰政府对这一投资项目予以资助。

荷兰政府在 2002 年中期批准了这一规划,2003 年 12 月底,内阁表示愿意对"玛斯平原垦地二期规划""新自然保护和娱乐区开发"及"鹿特丹现有港区建设"这 3 个项目提供资金。2004 年决定了出资方和出资条件。2005—2006 年启动建设。

"玛斯平原垦地二期规划"是鹿特丹总体港口开发项目三部分中的一部分,其他两部分是:①7.5 km² 的自然保护区:在鹿特丹周围建立新的自然和娱乐区,大大改善鹿特丹区域的生活环境;②鹿特丹现有地区的再开发:更有效地利用现有港区内的地块,减少车辆和工业噪音,启动措施减少热量和二氧化碳的排放,改善港区周围的居住环境。

六、鹿特丹的"港城一体化"

港口城市是以比较发达的港口经济为主导,以一定的腹地为依托,是港口和城市的结合体。鹿特丹港务局、集散中心和鹿特丹港口工业部门是鹿特丹港口中转活动的主要组成部分,只要港口存在,港务、集散两个部门就必不可少。而港口工业部门的形成则要复杂很多,鹿特丹港口工业部门既需要通过港口输入原材料,为其正常的生产与运营提供生产资料,同时也要通过港口将其生产的产品输出到其他国家和地区。鹿特丹港区不仅拥有 6 500 万 t 的石油加工能力,还是欧洲最大的汽车拼装和销售中心之一,年销售汽车 300 万台。鹿特丹港直接雇员达 70 多万人,港口及相关辅助产业总产值占全国 GDP 的 12%,占当地城市 GDP 的 40%,鹿特丹市已成为一个人口、产业、技术、资金高度密集的社会经济综合体和区域性商品、资本、信息、技术等资源的配置中心。

(一)与城市共生的鹿特丹港口产业

根据港口经济与港口产业之间管理程度的紧密性,可将港口产业划分为港口直接产业和港口关联产业。港口直接产业包括由于港口存在而直接产生的共生行业,如海运、港口装卸、仓储、物流等,还包括依赖港口及共生产业而形成和发展起来的行业,如拆造修船、石化加工、机械加工等;港口关联产业则是与港口直接产业密切相关的其他行业,如管理、金融、保险、咨询、商业、旅游、娱乐等。鹿特丹港位于鹿特丹城市与北海之间,在狭长的产业带中分布着不同类型的临港工业、物流园区。

1.临港工业及相关产业

鹿特丹港拥有一个集炼油、化工和造船为一体的临港工业带,沿马斯河南岸自东向西分布于 7 大港区中,包括炼油加工业、石油化学工业、船舶修葺与建造业、港口机械制造业、食品加工工业等。

(1) 石油化学工业

鹿特丹化工园作为世界最大的炼油和石油化工中心之一，拥有4个世界级的精炼厂、超过40家化学品和石化企业、4家工业煤气制造企业和13家罐装贮存和配送企业。石油精炼和石油化工是鹿特丹临港工业中的主导产业。同时，鹿特丹化工园几乎集聚了世界上所有著名化工公司的石油化工生产装置，使得鹿特丹成为欧洲的主要化学品港口。

(2) 船舶建造业

鹿特丹利用拥有的水工建筑技术和水利技术的独特优势，在港区内大力发展造船工业。鹿特丹港拥有7个大型的造船厂，30多个浮船坞生产和建造巨型油轮、大型货轮以及集装箱专用船等，同时还可以生产用于海上作业的海上拖轮、挖泥船、浮吊、勘探船、海上钻井平台等有着特殊用途的工具船，以及大型闸门、桥梁构件、沉井等水工制成品等。

(3) 农产品加工业

鹿特丹港因其交通的便利性、仓储的完备性以及高效能的运输，许多产品加工基地都选择建在临港工业区内，而鹿特丹成为欧洲农产品加工中心还要依赖于鹿特丹临港工业对产品加工程序、质量的严格控制。同时，世界著名的食品公司，如联合利华、可口可乐等的出口、存储、加工以及运输等都集中在鹿特丹港区内，使其成为欧洲最大、最重要的农产品交易中心。

(4) 后勤服务业

鹿特丹港口是一个以贸易为主的国际海港，每年有3万多艘船只约4亿t货物进出鹿特丹港，航运服务成为鹿特丹港后勤服务的主要方面，而与航运服务相关的众多产业也聚集在鹿特丹港区及其周边地区，如船舶分级、船舶监测、船舶配件供应、船舶物资补给、船舶检查测试、船舶保养、废物处理、船舶修理和船员招募与更换等相关服务。同时，随着信息化时代的来临，金融、保险、信息、代理和咨询等服务业也为港口产业的发展提供了必要的支持。

2. 物流园区

鹿特丹港物流园区主要集中在港区中心带，毗邻码头，并有多种交通运输方式可以从鹿特丹市以及荷兰、欧洲的其他地区连接至港口，方便进行物资的配给。在鹿特丹港建有埃姆物流园区、博特莱克物流园区和马斯莱可迪物流园区3个物流园区，分别建在3个港区，园区内设有仓库、现代化的通信设施以及海关管理机构等。

埃姆物流园区距离鹿特丹市区最近，占地 0.5 km²，主要提供大宗产品如木材、钢材等的储存和配送服务。博特莱克物流园区是石油、化工产品的专业配送中心，占地 0.87 km²，主要集中于提供仓储、配送和编组的服务。马斯莱可迪物流园区是一个新建设的园区，临近北海入海口的集装箱码头，与港口腹地之间可以通过铁路、公路、水路进行连接，占地 1.25 km²，是专为集中物流活动的欧洲配送中心而建立的。三大物流园区通过货物的合理配置来满足各个国家和地区客户包括再包装、标签、称重、装配、质量监控、配送、海关等环节的要求。

(二) 与港口共建的城市发展体系

以港口产业发展为纽带，以港口与城市在空间形态上的相互融合为特征，港口与城市开始走向一体化。鹿特丹的港城一体化已经进入成熟期的发展阶段。

1. 构建以港口为中心的临港工业体系

20世纪以来，鹿特丹作为荷兰的工业中心，利用其独特的地理优势，便利的港口运输条件，兴起了炼油、船舶制造、石化工业、钢铁、食品加工和机械制造等临港工业，并不断进行开拓和发展，形成了不断向城市延伸的港口产业链和临港工业体系，使鹿特丹成为世界三大炼油中心之一，炼油能力占荷兰全国炼油能力的50%以上。

2. 发展港口物流带动区域经济和产业发展

20世纪80年代以来，鹿特丹港务局一直将发展港口物流作为重要任务之一，使鹿特丹一直走在港口物流化的前列，成为当今世界上最重要的物流中心之一，并根据国际航运业和国际市场的发展为鹿特丹港口物流的发展不断扩容，提高港口集装箱的吞吐能力。同时，鹿特丹政府不断强化物流理念，发展物流所需的必要技术手段，从而带动鹿特丹市和整个荷兰经济的发展。从鹿特丹港城一体化的发展经验来看,港口物流的发展带动了城市经济发展以及区域相关产业的发展,荷兰政府从鹿特丹港口物流的发展中获得丰厚的回报。

3. 通过合理规划促进港城一体化

城市规划是研究城市的未来发展、城市的合理布局和综合安排城市各项工程建设的综合部署,是一定时期内城市发展的蓝图,是城市管理的重要组成部分,是城市建设和管理的依据,也是城市规划、城市建设、城市运行3个阶段中的初始阶段。

城市规划是以发展眼光、科学论证、专家决策为前提,对城市经济结构、空间结构、社会结构发展进行规划,具有指导和规范城市建设的重要作用,是城市综合管理的前期工作,是城市管理的龙头。城市的复杂而系统的特性决定了城市规划是随城市发展与运行状况长期调整、不断修订、持续改进和完善的复杂的连续决策过程。

鹿特丹合理的城市规划,通过建设多方位综合性的港口、可持续发展不断创新的港口、知识智慧型的港口、快捷安全的港口、有吸引力的港口、洁净的港口这6个概念,逐步实现"港城一体化"的理念。

4. 依托港口发展城市第三产业

鹿特丹旅游业十分发达,拥有港口景区和博物馆等观光景点。第二次世界大战后,鹿特丹人民在战争中被毁坏的建筑的基础上进行修复,改建和扩建了与港口文化相适应的具有港口特色的观光景点。其中比较著名的有高达185 m的"欧洲桅杆",站在高塔之上,可以鸟瞰整个鹿特丹市,与港口城市主题文化相融合的旅游业每年吸引了大量的游客参观。

鹿特丹的文化产业同样与港口的发展密切相关,自20世纪90年代起,鹿特丹每年9月都举办世界港口节,不仅吸引了大量的游客、凝聚了众多世界品牌,还举办有关世界港口、海运、物流等方面的专业国际会议、学术讨论会和展览会,吸引各国的专家学者及企业公司前来参加;期间还举办各种海洋、港口、物流等相关文化娱乐活动,每届鹿特丹港口节都会为鹿特丹市带来巨大的经济收益和社会效益。

七、鹿特丹港的循环经济理念

欧洲第一大港鹿特丹港,设定严格的中长期减排目标,采取综合性的节能减排措施,不仅使区域经济从该港的迅速发展中受益,还显著提升了所在区域的整体环境质量,成为国际主要港口中节能减排的实践者和引领者。

(一) 鹿特丹港的循环经济成效

素有"欧洲门户"之称的鹿特丹港,共拥有500余条定期航线与世界上1 000多个港口通航,每年约有3万艘远洋船舶和11万艘内河船舶挂靠该港。2014年,鹿特丹港的货物吞吐量和集装箱吞吐量双双刷新该港历史纪录,分别达到4.45亿t和1 229.8万TEU,与2008年高峰期的4.21亿t和1 078.4万TEU相比,增幅分别达到5.6%和14%。

与此相反,鹿特丹港的二氧化碳排放量却呈逐年减少趋势,从2008年的1.55万t锐减到2014年的0.91万t,下降幅度高达41.3%,与2010年相比,2014年该港的二氧化碳排放量减少8%。

(二) 鹿特丹港的循环经济目标

作为参与"克林顿气候行动计划"的唯一港口城市,鹿特丹早在2007年就制定了该市气候行动计划(RCI),并设定了2025年二氧化碳排放量比1990年下降50%的加倍减排目标,以打造"世界二氧化碳零排放的能源之都"。但由于来自亚洲的集装箱量迅速增长,以及将港口陆地使用面积扩大20%的马斯弗莱克特二期工程投入运营,作为落实鹿特丹RCI四大部门之一的鹿特丹港,其二氧化碳排放量增速却高于该市其他任何能源消费部门。

另据《鹿特丹港口规划2030》报告显示,该港集装箱吞吐量将从2008年的1 100万TEU大幅增加到2033年的3 300万TEU。因此,为实现港口的可持续发展,鹿特丹港务局在鹿特丹港5年发展计划(2011—2015)中将二氧化碳减排目标设定如下：与2010年的碳排放水平相比，2015年鹿特丹港二氧化碳排放量减少10%；而在鹿特丹港二十年发展规划(2011—2030)中则将二氧化碳减排目标进一步设定为：与1990年的碳排放水平相比，2025年和2030年鹿特丹港的二氧化碳排放量将分别减少50%和60%。

(三) 鹿特丹港的循环经济举措

1. 对节能环保型远洋船舶减免港务费

为继续发挥港口作为交通和经济中心的角色，包括鹿特丹港在内的全球55个港口就减少二氧化碳排放做出承诺，即《世界港口气候倡议》。该倡议的主要内容之一是，根据船舶的二氧化碳以及氮氧化物和硫氧化物等污染物排放水平，制定环保型船舶指数(ESI)，从而对优于国际海事组织排放标准的船舶进行认证。而为奖励那些参与环保型船舶指数认证的船舶，自2011年1月1日起，鹿特丹港对ESI得分在31分及以上的环保型远洋船舶给予10%的船舶港务费折扣。此外，如果船舶的氮氧化物排放量得分也在31分及以上，该船舶会获得双倍的港务费折扣。

2. 为靠港内河船舶大量安装岸基电源

尽管船舶在靠港后会开启自备辅助发电机以保证船舶停泊期间作业和生活的电力供应，但大量船舶在靠泊期间仍会产生严重的二氧化碳、氮氧化物、硫氧化物以及微颗粒物排放。为此，鹿特丹港务局通过投资建设岸电设备以提高港口的空气质量，并规定自2010年3月1日起，所有内河船舶在鹿特丹港公共泊位停靠时必须关闭自身动力系统，转而接入港口提供的岸电以维持停泊期间的电力所需。此外，为获得航运企业对使用港口岸电的密切配合，鹿特丹港务局还对使用岸基电源的船舶提供为期一年的7%电价折扣。截至2012年年底，鹿特丹港务局共在600个内河船舶泊位上安装了岸基电源，占其内河船舶总泊位的75%。

3. 新建内河船舶专门泊位并承诺在港时限

截至2013年，内河运输方式在鹿特丹港集疏运体系中的比重提升至34.8%，但鹿特丹港务局在《鹿特丹港口规划2030》提出到2030年要将内河运输以及铁路运输的总比例提高至65%以上。为此，鹿特丹港不仅为内河船舶新建了适合其船型所需的专门泊位，还为内河船舶承诺了在港时限。此外，为缩短内河船舶在港口的等待时间，鹿特丹港务局还对其作业基准进行测量并于2012年首次为内河集装箱船舶设置了27 h的在港上限。

4. 联合内河码头打造高效的物流运营网络

为将鹿特丹港打造成欧洲领先的物流中心，2011年在荷兰基础设施与环境部资助下，鹿特丹港务局联合集装箱码头运营商、驳船运营商、仓储运营商、内河码头以及航运企业等各方制定了集装箱内河运输链的整体优化方案，并于2012年成立了代表各方利益的项目组，对集装箱内河运输流程优化和装卸效率进行攻关研究。此外，鹿特丹港务局还与内河码头运营商协会联合开发内陆物流网，通过有效连接各内陆腹地码头，为物流运营商提供可持续和透明化服务，并获得劳氏船级社的独立认证。此外，鹿特丹港务局还通过收购内河中转码头并将其以极具竞争力的价格出租给码头运营商的方式，进一步优化了鹿特丹港的内河运输网络。

5. 通过利益引导绿色内河运输可持续发展

为补偿内河航运企业在船舶绿色运营方面进行的额外投资，鹿特丹港务局专门为其颁发绿色证书并提供相应的环保奖，即从2012年1月开始，对获得绿色证书的内河船舶减免15%的港务费以实现其可持续运营；鹿特丹港务局还成立了内河运输专业知识和创新基金，对在降低燃油消耗和排放方面做出贡献的研究项目进行资助。

6. 积极游说修建连通腹地的货运铁路专线

为将鹿特丹与德国鲁尔区进行有效连接，在鹿特丹港务局的积极游说下，1992年，荷兰、德国两国政府签订修建贝图韦铁路货运专线的原则协议；2007年6月16日，长达160 km、耗资47亿欧元的该铁路荷兰段建成并投入运营；2012年10月28日，直通鹿特丹港马斯弗莱克特二期码头的铁路专线投入运营；2013年，德国联邦政府与北威州政府签订了为该铁路德国段提供资金支持的协议，项目总预算达15亿欧元，计划该段铁路于2022年正式运营,届时连接荷兰鹿特丹与德国鲁尔区的集装箱铁路货运线将全线贯通,这将进一步加强鹿特丹港在欧洲大陆货运枢纽的地位。

7.有效联合投资方参股货运铁路专线运营

为有效提升货运铁路专线的运营效率,鹿特丹港务局不仅联合负责荷兰铁路新线建设和有线改造工程的荷兰铁路基础设施部,还联合负责运营管理荷兰第二大港、欧洲第四大港的阿姆斯特丹港务局。其中,鹿特丹港务局共拥有贝图韦铁路货运专线运营商35%的股份;荷兰铁路基础设施部和阿姆斯特丹港务局则分别拥有50%和15%的股份。投资该货运铁路专线,将有效连接阿姆斯特丹港及其内陆腹地。因为通过阿姆斯特丹港中转的货物可由铁路先运往荷兰中部的乌特勒支,再继续运往格尔德兰省,然后就能与贝图韦铁路货运专线连接。

(四)鹿特丹港的循环经济经验

由于船舶仍然是降低港口污染面临的最大挑战,而且是与港口运营相关的最大单一污染源,为鼓励船东及其船舶严格执行碳排放、降低氮氧化物和硫氧化物,包括鹿特丹港在内的全球55个港口已就减少二氧化碳排放做出承诺,并制定了环保型船舶指数以帮助航运企业找到自愿使用的发动机、燃料和技术改进措施来超越当前的环保性能标准。2011年1月1日,鹿特丹以及勒阿弗尔、不来梅、汉堡、安特卫普和阿姆斯特丹等欧洲9个港口签约加入该指数计划;2012年,洛杉矶港也成为首个实施该计划的北美和环太平洋地区港口。截至2013年年底,全球共有22个港口加入该国际计划并提供奖金激励。因此,建议中国主要港口尽早加入环保型船舶指数等国际计划,并制定"阶梯式"的费率折扣或补贴标准,以实现节能减排。

第三节　巴黎循环经济发展状况

一、概况

巴黎(Paris),是法国的首都、法国最大城市,是法国的政治、经济、文化、商业中心,也是欧洲第二大城市。巴黎是欧洲的公路、铁路交通的中心,也是世界航空运输的中心之一。巴黎是法国的第75省,属于法兰西岛大区,位于法国北部巴黎盆地的中央,横跨塞纳河两岸,已有1 400多年的历史。在自中世纪以来的发展中,一直保留过去的印记,某些街道的布局历史悠久,也保留了统一的风格。今天的巴黎,不仅是政治、经济、科技、文化、时尚中心,而且是旅游胜地,它以其独有的魅力吸引无数来自各大洲的宾客与游人。巴黎是极为著名的世界艺术之都之一,印象派发源地、欧洲油画中心、欧洲文化中心、欧洲启蒙思想运动中心,举世闻名的文化旅游胜地。世界美术最高学府巴黎国立高等美术学院蜚声世界,巴黎绘画精华荟萃于此。巴黎是文化中心,有大学,有艺术、文学、科学研究院与图书馆等。巴黎是历史名城、会议之都、创意重镇和美食乐园。巴黎居民为这座梦想之城带来缤纷活力,形成花都独一无二的印记。巴黎是世界著名的时尚与浪漫之都,利尔克曾说过,"巴黎是一座无与伦比的城市"。目前的法国实行大区、省、区、乡、镇五级行政管理体制。巴黎大区是全国22个大区之一,巴黎市在1982年以前是巴黎大区的一个市镇,面积105 km²,人口230万。1982年法律规定巴黎既是市镇又是省的地位,并且与巴黎大区相互独立。目前说的巴黎,由于城市规模的扩大和区域经济一体化的发展,已经趋于"大巴黎区"的概念,大体上是巴黎大区所辖范围,面积约12 000 km²,人口1 100万。巴黎大区是法国22个行政大区之一,通常被称为"法兰西岛"。巴黎市是属于巴黎大区的一个省级市,在行政管理上是省与市的合一。

二、地理位置与经济状况

(一) 巴黎大区在欧洲的战略地位

巴黎大区的面积为 12 072 km²，占法国领土的 2%，是法国 22 个大区中幅员最大的，它的经济发展水平处于欧洲第 5 位。由于其特殊的地理环境（地处欧洲南北轴线中间），巴黎大区占据着欧洲市场的中心位置。

巴黎是法国政府和联合国教科文组织、经济合作与发展组织等国际机构的所在地，许多重要的国际会议都在此举行。巴黎的戴高乐机场是仅次于伦敦希思罗国际机场的欧洲第二大机场。

(二) 巴黎大区是法国的金融中心

巴黎大区管辖 8 个省，即塞纳马恩省、瓦尔德马恩省、瓦尔德瓦兹省、塞纳圣德尼省、上塞纳省、依夫林省、埃索纳省和巴黎市（省）。巴黎大区的人口为 1 100 万（其中市区人口为 950 万），占法国人口的 18.9%，全区的人口密度为 902 人/km²。

巴黎大区的经济与金融在法国占有相当重要的地位。法国 22% 的劳动力人口、27% 的国民生产总值、38% 的企业、50% 的科研力量、495 所国立高等学校、171 所职业培训中心等都集中在这里。此外，法国 70% 的保险公司、96% 的银行也集中在巴黎大区。巴黎大区还聚集了许多大型的国际性企业，每天公共交通和私人交通的出行人数有 2 200 万人次，每年游客达 3 500 万人。

三、巴黎大区的可持续发展行动计划

为了使环境和城市保持可持续发展态势，巴黎大区的决策者们实施了一系列保护自然空间的战略措施。例如，建设绿化带，确立大区级的自然保护区，制定城市扩展计划，进行垃圾和污水处理方面的革新等。

(一) 绿化带建设

绿化带是巴黎大区的重要建设项目。通过绿化带的建设，巴黎大区不仅提高了发展的质量，而且为每个市民走近大自然提供了方便条件。经过 15 年的建设，绿化带已成为巴黎大区地域结构中的重要组成部分。

(二) 建立自然保护区

巴黎大区议会制定了一项建立和管理自然保护区的宏伟计划。1985 年，巴黎大区建立了上瓦雷得谢夫来兹保护区。1999 年，巴黎大区又建立于维悍·弗朗西保护区。巴黎大区计划建立的自然保护区还有马恩河湾和卢耳格河湾等自然保护区。自然保护区的建设已成为巴黎大区开展国土整治、保持生态平衡和城市可持续发展的有效措施。

(三) 垃圾管理

1990—1996 年，巴黎大区生活垃圾大为减少，同时期，通过焚烧和回收，垃圾的利用率有很大提高；垃圾减少的原因是多方面的，其中人口数量增长缓慢和不景气的经济形势起了重要作用。同时，也是各地方政府自 1993 年以来采取行动进行生活垃圾共同管理的结果。1998 年末，巴黎大区中有 18 个城镇集团与政府签订了"维护土地"协议，建立了垃圾管理分公司。另外，巴黎大区议会环境与能源管理署和生态包装用品公司达成协议，对 12 个城镇集团的垃圾管理给予财政援助，其他 6 个城镇集团也正在研究这项工作，巴黎大区的 3/4 地区都实施了垃圾管理。"维护土地"协议中规定，政府给予财政资助的份额是根据设施的性质决定的。例如，建设一座垃圾站，可资助税后投资总额的 40%，建一座垃圾焚烧装置或堆肥厂、掩埋场和粉碎厂等，可资助税后投资的 25%，建设一座垃圾分选场，可助 40%。对于建设这类设施的可行性研究，大区议会可资助所需费用的 35%。

(四) 废水净化

在 20 世纪 70 年代，随着巴黎大区人口的增长和城市化面积的扩大，其河流的水质日趋恶化。巴黎大区在塞纳诺曼底水务事务所的资助下，决定对一些重要的市政工程给予财政援助。自 1981 年起，这类援助的数额越来越大，而且资助主要用于与塞纳河直接有关的设施及整个流域治理。这项措施的实施产生了良好的效果，对那些需遵守欧洲水净化标准的巴黎城市聚集区周边地区的作用更显著。巴黎大区自成立之日起已支付了30多亿法郎用于污水或雨水的净化。巴黎大区政府正在致力于整个大区水域的长期治理工作。

(五) 城市出行污染治理

1996年，巴黎大区对空气和能源合理利用的法律，以及1982年出台的交通政策进行了修订。新的法律条文对城市中的出行活动提出了严格的规定。城市出行计划一方面要符合巴黎大区总体规划要求，另一方面还应与大区空气质量计划的要求保持一致。

巴黎大区城市出行计划在今后5年的实施行动包括以下5个方面。

第一，汽车交通量减少3%。

第二，公共交通使用量提高2%，其中包括将1/3的工作出行和上学出行引导为使用公共交通。

第三，上学出行和1 km内出行的步行率提高10%。

第四，自行车的出行量翻一番。

第五，将使用铁路和水路的商品运输量提高3%。

为执行城市出行政策，巴黎大区采取的措施有调整私人汽车的停车场；在一些公共场所限制私人汽车通行和停车；开发更有效的公路网和铁路网。此外，巴黎大区还在经济上给予补贴，以便保证该项政策得以认真贯彻。

(六) 旧城整治

巴黎大区政府为了对破落的市区进行整治，实施了"城市政策"的措施。这些政策包括：按高水平的环境质量标准改造住房；建立绿化空间，修缮中等教育用房；在建筑方面要求采用可循环利用的材料等。

(七) 改善环境质量

为防止城市发展对自然环境和居民生活质量产生不良后果，巴黎大区政府采取了以下措施。

第一，以法令形式颁布道路噪声标准分类图，以减少交通噪声污染。在图内还规定了不同地区和不同时间的控制标准。

第二，为加强对大气污染的防治，巴黎大区政府绘制了大气污染峰值的时间和空间变化图，以便及时了解大气污染变化情况。同时，政府还进行了大气污染跟踪监测研究、大气污染总量变化研究等工作。

第三，为了改善环境质量，巴黎大区政府实施了马恩河零污染工程，以便恢复水质并治理河道。

第四，巴黎大区政府不仅向大区决策者提供名胜古迹、动植物资源、水、大气和土地利用以及危害居民的各种污染数据等方面的资料，还把它们公之于众，以便引导公众的参与。

第五，积极实施乡村可持续发展战略。1995年，巴黎大区制订了"大区绿化计划"，建立了区级自然保护区。如果把现有的和计划建立的自然保护区相加，巴黎大区内的保护区面积几乎为大区乡村空间的1/4。为了真正实现保护区建设，巴黎大区政府还采取了一个重要步骤，即对数个地方政府的管辖区实行协调统一的管理。

第六，建立城乡绿化网。这项计划是通过市区周围的绿化带，把城市绿化空间和城市郊区的乡村农业区、林业区连接起来，从而形成整个大区的绿色网络。其目的是使巴黎大区内的城市空间和乡村空间实现真正的互补。

第七，研究制定水的管理和整治规划。这个有关水的管理和整治规划提出了保护水源的一个总体方案和一个治理河流、恢复水质的计划。

第八，制定自然空间与乡村空间规划。根据国土整治方针，巴黎大区政府提出了空间规划的新方针，并制定了关于教育、科研、文化、保健、自然、乡村空间、货运、电信与能源等8项规划，各地方政府还可将这些方针具体化。

四、建设低碳城市——巴黎循环经济发展目标之一

"低碳城市"指以低碳经济为发展模式及方向、市民以低碳生活为理念和行为特征、政府公务管理层以低碳社会为建设标本和蓝图的城市。"低碳城市"的概念实际上是全球在气候快

速变化挑战下的应对方案之一,也是可持续发展计划的目标之一。早在1992年5月9日,纽约就通过了《联合国气候变化框架公约》,1997年12月,联合国京都峰会达成的《京都议定书》又对全球碳排放进行了规定。一共有183个国家通过了该条约。全球环境的急剧变化与温室气体排放不断增加紧密相关,尤其是碳排放量。据美国能源部统计,至2000年,全球各种类型碳排放量已达到约每年66亿t,其中美国、加拿大以超过16亿t居第一位,而西欧则以9亿t居第二,如果加上东欧的约8亿t,则整个欧洲的碳排放超过美国、加拿大地区。就法国而言,环境保护对社会经济发展的压力也越来越大。根据伦敦政治经济学院的都市年鉴计划的数据,从水、能源消费、二氧化碳排放、废弃物排放4项主要指标来看,法国均超过国际平均水平,尤其二氧化碳排放量超过国际平均值的1.5倍。环境不仅对一个城市有影响,从更大范围上,会影响一个国家和一个区域,甚至全球。但是,城市尤其是大都市无疑是对环境产生重要影响的主要贡献者。当前我们对"低碳城市"的讨论,本质上都在回答人与环境如何和谐发展的问题。19世纪上半叶,工业革命在法国蓬勃开展,同时导致人口大量涌入巴黎。1836年,当时的巴黎人口为89.9万人,到1856年增加到117.4万人,20年增加了近31%。这种高速发展使城市环境急剧恶化。在巴黎市中心,人口密集,道路上污水横流,流行病蔓延。例如,1832年和1849年两次霍乱导致大约2万人死亡。在法国很快就出现了反对工业化、城市化的声音,"资本并不能带来未来的发展,工厂和城市并不是完美的组合,城市应该具有更多文化上、生活上的价值"。这种反对的声音虽然还没意识到自然环境对人类生活的重要性,但已开始反思工业化给城市生活带来的危害,同时也意识到城市生活更应该重视、保障人自身的发展。

五、历次巴黎城市改造

(一)概述

巴黎地区位于巴黎盆地中央的塞纳河畔,从公元4世纪建城至今,经历了几个不同的发展阶段。公元4—12世纪,巴黎为主教所控制,宗教和商业是其特色,吸引范围主要为法国北部地区。13世纪卡比廷王朝在此建都后,发展很快,巴黎区一直为法国的政治、经济、文化和交通中心。人口规模也由13世纪的10万人、17世纪的50万人、19世纪末的200万人,发展到20世纪40年代末的470万人、70年代末的近1 000万人。2003年,巴黎市区面积105 km²,人口200多万人。包括近郊3省和远郊4省在内的巴黎大区面积约为12 000 km²,人口为1 100多万人。巴黎大区的面积占全国的2.2%,人口约占全国的1/5,工业生产总值占全国的1/4,国内生产总值则占全国的近1/3。法国几乎所有大公司都把总部设在巴黎以指挥生产和营销,而且巴黎地区还拥有全国近1/4的工业职工和1/3的高校人员。从空间形态上看,20世纪60年代以前,巴黎是以市区为中心,呈同心圆状向外逐渐扩展的,市中心集聚程度高,并逐渐向郊区方向递减。巴黎的商业、金融、行政和科学文化主要集中于市中心的核心区内,巴黎城区边缘则主要为结构简单、单调的住宅群,市区街道布局呈现放射状。这种格局造成巴黎市区绿地面积下降,居住地与工作场所之间的距离增加,交通紧张,城郊基础设施落后,发达的西部城区与较为落后的东部城区的差距扩大。

法国一直都具有强烈的中央集权意识,其经济高度集中于首都巴黎,形成了巴黎市区的过度膨胀与其他地区的停滞衰落并存、地区发展严重失衡的矛盾。在第二次世界大战刚刚结束不久的1947年,法国青年地理学家让·弗朗索瓦·格拉维埃在其著作《巴黎和法国的荒漠》中第一次系统地阐述了巴黎与法国其他地区发展严重失衡的问题。他认为,这一问题的根源为历史的偶然而非经济发展的必然,并且能够通过合理规划和协调来解决。格拉维埃指出,电力的广泛使用以及现代交通运输工具的发展给工业向农村疏散提供了良好的条件,扭转巴黎地区工业过分集中的局面是完全可能的。格拉维埃的观点引起了学术界和社会各界对区域平衡发展问题的关注和热烈讨论,法国政府于20世纪50年代末开始对巴黎地区产业人口的过度膨胀进行控制,同时还在巴黎内部进行了人口、产业的调整和优化,取得了显著的成效,初步解决了巴黎市区人口和产业过于密集、拥挤,巴黎市区与周边地区联系松散、协调不够等问题。

不同时期的法国统治者都很注重巴黎的城市规划和城市建设。

法国首都巴黎是世界著名的历史名城,历史上有过两次大规模的改造。其中始于19世纪中叶的第一次改造由奥斯曼主持,这次改造以大规模的规划极大地改变了巴黎的风貌,具有很强的前瞻性,基本奠定了巴黎今天的城市格局,但是对巴黎古老的历史建筑和城市风貌造成了严重破坏。第二次改造始于20世纪60年代,这次改造加强了对历史建筑和城市风貌的保护,通过建设新城区,减缓老城区的压力,使旧城的风貌和历史文化遗产得到保护和延续。这两次改造对形成今天我们看到的巴黎风貌具有决定性的影响。

(二) 150年前的工业化改造

150年前,拿破仑三世和奥斯曼男爵的大规模改建塑造了如今的巴黎。

巴黎是法国的首都和法兰西文化的象征,坐落在巴黎盆地中央的塞纳河畔,拥有1 400多年的悠久历史。巴黎整个城市的建筑布局与建设气势恢宏,色彩和线条优美和谐。巴黎曾被拿破仑夸赞是"世界上最美的城市"。而在19世纪以前,在巴黎建设发展思路上还因为严重分歧而争论不休。

在拿破仑帝政时代(1804—1815年),拿破仑欲把巴黎建成他和他的法兰西军队的功德碑。他认为一切妨碍实施"宏伟构想"的旧建筑都应该推倒,提出了拓宽马路建设林荫大道的创造性设想,还要修建大广场和大纪念碑,而对城市卫生和安全之类的设施基本不感兴趣。他说巴黎"不仅过去是最美的城市,现在也是,而且将来还要是最美的城市!"其核心就是"美",并且是以"大"为主要审美取向的美。由于政治上的失败过早来临,他的设想没有来得及完全实现,只建起了大、小凯旋门等少数建筑,但他的这些夸张和大胆设想成为下一任改造者的重要设计基础。

拿破仑三世时期的1852年,一位叫乔治·欧仁·奥斯曼的男爵调任巴黎所在的塞纳行政区任行政长官。从这年开始至1870年的18年任期内,奥斯曼启用了著名的城市建筑师欧仁·贝尔格朗德等一批建筑师、规划专家和水利专家,对巴黎市区进行了大规模规划和改造。奥斯曼制定的巴黎改造计划的核心是干道网的规划与建设,拆除大量旧建筑,切蛋糕似的开辟出一条条宽敞的大道,并在两侧种植高大的乔木而成为林荫大道。奥斯曼严格地规范了道路两侧建筑物的高度和形式,强调街景水平线的连续性,有意识地营造城市景观。这次规划在水利专家的主持下,创立了巴黎发达的地下排水系统,这个系统工程至今被公认为最完美的城市地下排水系统工程,其中部分下水道系统后来被规划为博物馆,成为巴黎的观光景点之一。这次城市规划十分重视公共绿地建设,新规划建设了数个大型公园,使之成为"城市之肺",改善了城市人居环境。规划还设计了大量街道家具,其中许多经典之作已经成为巴黎的象征。改造完成以后,巴黎形成了单中心、放射状交通网、主轴线与塞纳河平行的格局。

奥斯曼生活的时代其实是一个新右翼保守势力强盛的时代。法国大作家雨果在1832年写成的《向拆房者宣战》就表达了对与破坏历史遗产无异的大拆大建式的城市建设的愤怒。奥斯曼的规划在包括保守势力在内的很多人看来,都是对许多古建筑的毁灭性破坏,因此这次规划从一开始就面临种种质疑和重重阻碍,这也是他的规划直到现在都饱受争议的原因之一。奥斯曼运用自己的职权实现了自己的设想,运用传统的巴洛克城市规划模式(整齐、对称和轴心崇拜),"超前"地实现了现代城市规划。这是对巴黎城市格局影响最大的一次规划,从此巴黎脱胎换骨,从一个中世纪风貌的城镇,演变为一个现代都市。这次规划基本奠定了现代巴黎的城市格局,也是20世纪60年代巴黎旧城改造的现实基础。

在奥斯曼之后相当长的一段历史时期内,巴黎仍保持着单中心的城市空间结构,但是到20世纪前半期,老城区已经不能满足现代生活需要。这个时期巴黎遇到的最大问题,和今天北京、上海等中国城市遇到的一样,即如何承受人口激增的压力。任何优雅的城市空间与高密度人口都是不兼容的,即使曾经属于高尚住宅区的地方,也往往会因为人口的激增而衰落。城市人口不断增加,城市不断扩展,许多平庸、简陋的住宅楼一直在没有任何规划约束的状态下在这座最美的城市里蔓延。巴黎塞纳河右岸的玛海地区曾是个富人居住的高级府邸区,但随着人口的涌入,基础设施难以承受巨大的压力,又不能适时更新,很快就衰落了。旧日的高尚院落演变成大杂院、贫民窟,到20世纪70年代,那里竟充斥着约7 000家杂乱的小店铺,还有约30%的居所没有自来水,10%的居民家庭不通电,60%的家庭没有独立厕所。被拿破仑称为最美的城市的巴黎,其"美貌"已经日渐销蚀。

关于巴黎城市风貌如何定位的问题,巴黎人仍在争论:是保护传统的城市风貌,还是推倒重来?他们难以决断。在犹疑中,自1859—1931年的70多年间,巴黎就没有完整的、精心规划的大规模城市居住区的建设实施。为了应对这一难堪的局面,巴黎市开始做出努力。在1932—1935年间,第一个大巴黎区整顿规划出台,但后来因为第二次世界大战的影响,这个规划没能完好地实施,巴黎失去了一次旧城改造的机会。

第二次世界大战使巴黎遭到严重破坏,众多巴黎市民甚至失去了最起码的住所。战后的巴黎面临的最紧迫问题,是为失去住所的人们提供遮风避雨的房屋。在短短10年间,巴黎在近郊区建造了占地100 km²的住宅区,几乎和市区面积相等。因为建造仓促,所以设备简陋,居住条件较差。直到1958年,这样的建造还在延续,而且速度和规模都更快、更大,以便尽可能多地容纳住户,它们消耗了近郊区宝贵的土地资源,砍伐了大量树木。新公寓的设施条件较差,改建的余地也很小。随着这样的建筑越来越多,巴黎发展的障碍也越来越大。就是在这种情况下,法国政府下定决心,在1961年和1968年分别针对大巴黎地区开始了两轮较大规模的规划改造,此后又不断完善。

(三) 1961年以来的巴黎旧城改造

1. 主要措施

厚重的历史给巴黎留下了丰富的遗产,也背上了沉重的包袱。第二次世界大战后欧洲经济的复兴使巴黎城市规模迅速膨胀,现代产业的飞速发展需要新的发展空间,而旧城区的单中心格局和老化的城市功能使得巴黎难堪重任。更重要的是,大战破坏等历史因素造成的城市不健康发展趋势还在继续。

1961年和1968年,巴黎规划部门在结合历史上所有城市计划优点的基础上,完成了对大巴黎区规划的两次调整。按照巴黎发展成有1 400万人口、500万辆私家小轿车的城市规模,制定完善新的规划。

(1)成立专门领导机构

1961年,巴黎市政府成立了地区规划整顿委员会,统一领导巴黎市的城市规划和建设。同时,在巴黎大区设置了巴黎大区城市规划与开发研究所,为巴黎大区的建设提出规划和方案。1963年出台了《巴黎大区规划指导方案》。

(2)在旧城执行稳定的行政区划范围

随着巴黎市的扩大,巴黎与巴黎大区的联系越来越密切。1990年,巴黎大区和巴黎市根据中央政府的要求,共同编写了《巴黎大区和巴黎市的白皮书》,1994年,巴黎大区出台了《巴黎大区总体规划》,1996年出台了《巴黎大区可持续发展计划》,1999年又制定了《2000—2006年国家大区计划议定书和大区规划》,这些规划和计划的宗旨都在于强调巴黎市和巴黎大区的建设和整治,保持整个区域的经济社会文化和环境均衡发展。

尽管围绕巴黎的发展,巴黎大区的行政区划进行了扩张,但是作为省和市镇的巴黎,其行政区划则一直明确和固定。特别是在1975年，巴黎获得了自治地位，1982年法律确立了巴黎既是市镇，又是省的地位。因此，在行政隶属上，巴黎市和巴黎大区是相互独立的。这些举措的宗旨，一方面在于突出巴黎作为市镇的悠久文化内涵和超强国际竞争能力，通过与周边地区的协调，将工业和拥挤的人口向周边省疏散，而在巴黎市则集中发展第三产业，尤其是文化、金融、科技等产业；另一方面在于有效协调各方行动，尤其是交通、居民点、工业区等的布局。通过扩大巴黎大区的行政范围，并通过一级行政力量制定和实施规划，在巴黎大区修建联系巴黎城区与卫星城的配套工程、高等级公路、高速地铁等，从而实现巴黎市与巴黎大区的协调发展。

(3) 减轻旧城区负荷

这些规划特别注重对城市内涵的改变，规定不再增加居住密度，工业、金融业等都将按照计划迁出中心区，在大巴黎地区沿着塞纳河向下游地区发展，形成带状城市，打破了单一中心模式，建设了以拉德方斯区为代表的卫星城市中心，有效地吸引了大量的工业、金融业和人口迁出中心区。后来这些规划执行得比较坚决，比如在玛海区，就按新规划降低了人口密度，迁出了约2万人，20多栋旧府邸改造成艺术和民俗博物馆，一些有特色的小店铺保留下来，破旧的面目一扫而光，取而代之的是吸引游人的美景。为了保护位于西郊的布劳涅森林公园，巴黎市政府干脆封闭了曾经穿行其间的数条公路，恢复了宁静的森林环境。他们认识到，在城市周边确保一些非城市化的地段，对于城市环境的改善是非常明显的。依照规划，第二次世界大战前曾经平均只有35 m^2 的民宅，在新的规划实施后达到了约100 m^2，实现了规划提出的"更加富有人性""安逸与雅致"的人性化人居目标。而其中最关键点，是如何尊重记载着法兰西文化的城市风貌。

(4) 努力实现新旧建筑的协调

在旧城区是否建设新建筑的问题，虽然一直在争论，但是实践中达成了这样一种共识：允许建设新建筑但要尊重老建筑，尽量保持与老建筑风格上的协调。巴黎的早期风貌以不太高的楼房为特色，整个城市的楼房大都在6~8层，鲜见高大突出的建筑物。战后，主张建高楼派和反对建高楼派都在努力宣称自己如何正确。建高楼派以蓬皮杜总统为代表，他对法国《世界报》说："我不是一个高层建筑迷。我觉得在一个小村庄或小城镇里建造高层建筑，甚至建造中等高度的楼房都是不合理的。然而，事实上是大都市的现代化导致了高层建筑。"他还针对反对派说道："据我看来，在法国，特别是在巴黎，反对高层建筑完全是一种落后的偏见。高层建筑的效果如何，这要看它的具体情况而言。也就是说取决于它的位置，它与周围环境的关系，它的比例尺度，它的建筑形体以及它的外表装修。"他还特别强调指出这是"一个比例问题，而不是一个原则问题"。蓬皮杜是以倡导新建筑而闻名的总统，对高层建筑的理解也有他的独到之处。在他那个时期，蓬皮杜艺术与文化中心是突出的代表作，它是从来自71个国家的681个方案中选出的，其外形十分奇特，所有的建筑结构管道均暴露在外，看上去就像把"一座化工厂搬到了市中心"。尽管如此，这样的超级新潮建筑由于是建在老城区里，所以依然严格遵循了旧城的高度和体量限制，从总体规格上并不过分强调自己，取得了与周围环境格局的协调。

(5) 在旧城外提供发展新建筑的足够空间

摩天楼是新建筑的追求，对这一点，很长时间争论不休。后来一座突兀于旧城古老建筑群中的缅因蒙巴拿斯大楼的建成，打破了争论的平衡。人们发现，这座高达数十层的大厦，与周边的环境怎么也协调不起来，色彩、相貌、高度都完全不是一回事。人们又心疼起老城了，所以才决定在老城区不再建高楼。对蒙巴拿斯大楼的批评一直延续到今天，人们只要去巴黎，就会看到它还在一群和谐的老房子之间孤独地站立着。也就是在这以后，巴黎分区建设的原则被坚决地实施了，这才有了拉德方斯等新区。拉德方斯区位于从卢浮宫、协和广场、香榭丽舍大街一直到凯旋门这条轴线的西端,被称为"巴黎的曼哈顿",那里集中了法国最大的20个财团中的12家的总部,许多外国大公司总部也设在拉德方斯。拉德方斯的标志建筑是大拱门,奇特的造型带领着众多新潮大厦,彻底改变了巴黎的天空。20世纪20年代,法国建筑大师勒·柯布西耶曾设想沿这条"伟大轴线"的建筑高度不得超过100 m,但现在的实施中早就超过了180 m,在更新的规划中,那里计划建造一座400 m高的摩天楼!这里成了现代巴黎的代表,充满生机与活力,正是因为远离了传统风貌保护区,才可以放开手脚大胆设计。巴黎的新生取决于拉德方斯等新区的发展程度,新中心功能越是完善,自身的生命力就越强。新区发展程度越高,对传统城市风貌的保护就越容易实施。

(6)科学和艺术的色彩规划

20世纪80年代起,巴黎市政府将色彩规划作为政府条例进行颁布。城市色彩管理制度中规定,各个临街店面只能在一层为其施展商家色彩魅力,而一层以上建筑部位是不能任意设立广告或公司标牌等,即使有,颜色也不能显眼。如此一来,在城市主体色调的背景下,城市色彩自然就会显得既统一和谐又丰富多彩。

老城区的建筑主要是以有着上千年历史的各个时期的老建筑为主,在色彩规划与建设上,基本上由奶酪色系和深灰色系组成,这成为巴黎旧城的标志色彩,让人们无论走到城区的哪个角落,只要看到这两个色系都会明确无误地知道自己是身处巴黎。简单明了、整齐划一的颜色,也使得巴黎在欧洲众多城市色彩规划中显得出类拔萃,独树一帜。

而新城拉德方斯色彩则多为明朗冷峻的色调,整个市区具有鲜明的工业时代的美学特征。在拉德方斯的色彩规划与建设中,色彩设计师和建筑师更加注意点缀色的巧妙应用,使得拉德方斯的色彩不但不显得单调呆板,反而呈现出一种在冷峻中见绚丽的特殊艺术效果。在巴黎城市规划与建设上,其主管部门是文化部而不是建筑部,我们从中也能够体会到法国政府对城市历史、文化、艺术的尊重。

2.改造内容

(1)及时调整行政区划

为了使巴黎地区的行政管理与其规模及复杂困难程度相适应,在巴黎近郊原有基础较好的地点建立了9个新的商贸、服务、交通副中心:德方斯、圣德纳、博尔加、博比尼、罗士尼、凡尔赛、弗利泽、伦吉和克雷特伊,以实现巴黎市内人员和货物的分流。

(2)重视绿化和交通建设,促进区域健康发展

为了适应现代社会的需要,通过建设5条绿化带和发展郊区农业以构筑自然平衡保护带,达到改善巴黎地区土地利用结构和提高社会生产、生活环境质量的目的,同时也给未来发展留下一定的空间;整治郊区森林和绿地,向公众开放;保护郊区的自然环境,达到生态平衡。另外,通过建设快速高效、密度较高的交通网络,把市中心和郊区新城紧密地联系为一个统一的整体,实现区域内的协调发展。

(3)建立相应的城市规划机构,制定法规和经济措施

为了使巴黎地区的城市规划得到更好的实施,巴黎于1960年设置了一个城市规划研究中心,负责就巴黎地区的规划治理问题向政府提供咨询。同时,巴黎地区行政院下设巴黎地区城市规划与开发研究所,该所的工作极富建设性和创造性,为巴黎地区的建设发展做出了十分重要的贡献。后来,市政府还设立了专门的城市建设管理机构,以提高城市规划的总体水平。

(4)注重保护历史文化遗产

巴黎市区拥有很多具有重要保护价值的古代建筑,截至1962年,巴黎市区一半以上的建筑为第一次世界大战以前建成。然而,这些建筑大多没有卫生设备,而且拥挤不堪。针对上述情况,政府主要做了3方面的工作。第一,保护古建筑,严格限制市中心新建建筑物的高度,保持市容的和谐统一;第二,对古建筑内部进行改造,增加现代化设备,使之满足现代社会的要求;第三,开辟地下空间,充分利用地下空间发展交

通,加速出城快速郊区铁路的建设。

(5)注重巴黎地区与周围地区的联系及整个国家的区域平衡

一直以来,巴黎地区的城市规划都注重巴黎与国家其他地区的区域平衡问题。无论是抑制巴黎地区郊区发展的规划,还是建设副中心和新城的规划,其目的都是尽可能扭转经济生活中过于集中的现象,缓解中心城市面临的种种压力,实现平衡发展。1994年的规划尤其注重区域在不同层面上的平衡发展,例如,提高经济竞争性与改善生活质量及保证社会公平之间的平衡、适度区域发展与新城市化土地需求之间的平衡、区域统一规划管理与相关市镇公平竞争之间的平衡等,改善市中心拥挤不堪的局面。

3.历次巴黎改造的成就和经验

(1)成功完成了由单中心到多中心的格局改造

这次规划使巴黎既保持了中心区的繁荣和老城区的历史风貌,又获得了安置人口和产业的空间。第二次世界大战后,高收入阶层逐渐集中在城市西侧,形成新的高级住宅区,商务活动也随之向西移动。巴黎规划部门在1958年对中心"西移"倾向加以确认,决定在城市轴线西端紧邻巴黎城的近郊区拉德方斯建设新的商务区。经过30多年的开发建设,拉德方斯形成了一个风貌与旧城区截然不同的现代化副中心。

与此同时,在20世纪50年代末至60年代初,巴黎迎来了人口增长高峰。这一时期,巴黎地区先后进行了3次区域规划,规划的指导思想都是降低市区人口密度,在郊区建设新城,收纳从市区疏散出去的人口。这个计划最终促使在巴黎城的外围地区,城市沿塞纳河、马恩河、卢瓦兹河河谷方向扩展,形成了5座新城。这些新城距离城市中心(巴黎圣母院)较近,平均距离为25 km左右,有良好的公共换乘系统,集聚了各种产业(比如著名的迪士尼乐园就位于新城之一的马恩拉瓦莱),注重与自然环境综合,绿化带环绕。

(2)旧城改造建立在文化自信的基础上

城市建设不能没有文化自信。自信是文化、历史积淀的结果,自信又是城市文化创新的起点。巴黎在旧城改造中体现出来的文化自信充分体现在以下4个方面:一是自豪地坚持认为巴黎是最美的城市,珍惜巴黎历史上遗留下来的建筑精品,精心地维护和利用老建筑,即使内部再现代化,至少也要保持外观的历史风貌;二是努力保持新建筑与旧城风貌的协调性,如果有了破坏历史风貌的建筑,社会各阶层都会及时提出批评并进行反思;三是顽强地坚持并张扬自己的城市文化和城市个性,如坚持不改造历史遗留下来的狭窄街道,而宁肯用单行道解决交通问题,享受并向游客宣扬巴黎的城市文化和独特生活方式;四是一向保持极为开放的精神状态,如博物馆大都设在精心维护的古建筑里面,并且开放程度惊人,大量的稀世珍宝几乎以零距离的方式向世界各国游客免费开放。

(3)以攻为守,用充足的新空间释放旧城过重的城市负荷

巴黎建设拉德方斯等新区和卫星城,极大地满足了巴黎这个现代产业突飞猛进的城市发展欲望。如果固定旧城单中心格局,无论如何改造,新建筑都没有建设的空间,新生产力就没有增长的充足余地。城市发展的动力被抑制的结果,要么是生产力被扼杀,要么是旧城被完全摧毁。所以,堵不如疏,与其让新势力在旧城顶着高压畸形蔓延,不如给其充分发展的空间。拉德方斯新城成为这次规划最大的成就之一,也从此向世界展示了千年巴黎的新面孔——时尚、现代的巴黎。而这一切,并没有像奥斯曼那样以摧毁过多的历史文物为代价。

4.巴黎改造主要问题与教训

(1)拆旧建新式的改造,城市历史文化遗产破坏严重

奥斯曼规划的遗留问题仍然存在。为了开辟道路,奥斯曼拆掉了巴黎1/3中世纪和文艺复兴时期的建筑、10%的私人宅邸。为了修建一条贯通巴黎南北的大道,奥斯曼甚至拆掉了原来的巴黎市中心——巴黎圣母院所在的城岛。

无数中世纪时期的巴黎建筑就此被夷平，代之以当时流行的石头大房，这些破坏当然是无法恢复的。

(2) 重视中心区建设，导致城市发展不均衡问题日益突出

发展不平衡始终是巴黎城市发展的最大问题，历次改造和规划都没有解决这个问题，甚至情况日益恶化。在开辟新的交通网络和建设昂贵的新公寓楼群之后，由于大规模的搬迁，传统的社会网络遭到破坏。郊区建起了大批毫无味道的"睡觉城"，至今仍是被冷落的一部分，甚至这一做法还形成了巴黎旧城改造的一个恶习，第二次世界大战后又兴建了大量这样的社区。20世纪60年代开始的这次改造，由于资金和人力等客观因素的制约，巴黎仍没有采取在新城范围内全面开发的建设方式，而是集中力量重点建设新城中心，导致新城和旧城、新城中心与新城周边发展十分不均衡。居住在新城周边和旧城的居民们感到，他们居住的地方似乎被政府忽略了。

(3) 就业机会与配套设施不完善，导致社会问题突出

巴黎市在两次改造中，过分强调物质环境的改善，忽视了对城市整体社会环境和服务的改善，尤其是忽略了低收入人群的就业和居住环境的改善，导致社会问题突出。以2005年震动整个欧洲的巴黎骚乱为例，发生在距离市中心不到1个小时车程的地区，这里主要聚居着非洲与阿拉伯移民。他们大多居住在20世纪六七十年代建造的高层住宅里。法国政府当年为缓和巴黎城区住房压力，大力推动房地产开发，在巴黎郊区和卫星城建设了大批高层房屋。这些匆忙建起的高层公寓楼群虽然满足了居民的住房需求，改善了居住条件，但由于配套设施不完善，社区生活单调，吸引来的都是无法负担市区生活费用的贫穷居民和新移民。高人口密度、移民众多、高失业率，使这些地区逐渐成为贫困、犯罪、吸毒、被遗忘者与被损害者的代名词。美联社评论说："那里的移民感觉正在被边缘化，被割裂于社会繁荣之外。"再加上经济增长乏力、右翼势力抬头、贫富阶层对立、社会矛盾激化，最终导致这场骚乱的发生。

由此可见，旧城改造绝不只是建筑和规划的问题，而是包含着各种社会问题的系统工程。旧城改造是否成功，最终标准是看是否有利于城市协调发展和社会全面进步。

六、大巴黎计划

(一) 概述

"大巴黎计划"是萨科齐总统上任不久后提出的巴黎城市建设新规划，该计划是在巴黎的城市交通问题日益严重、城市新建建筑受限制及古老建筑受保护的背景下产生的。法国人希望通过"大巴黎计划"将巴黎打造成世界之都。实施"大巴黎计划"后的巴黎涉及区域包括凡尔赛、枫丹白露、戴高乐机场以及迪士尼乐园等巴黎周边地区，居住人口达1 500万，GDP约占法国GDP总量的30%。

日本著名建筑师隈研吾曾提出，人们讨厌建筑物的原因之一是它的不可逆转性——建筑一旦完工就不可能轻易地拆除或重建，与人的生命长度相比，建筑物的寿命恐怕要长很多，因此每一个建筑项目都要慎重，大规模的兴建更需要慎之又慎。在充满历史感的法国巴黎，总统萨科齐同样提出了雄心勃勃的"大巴黎计划"，人们对这一重建计划毁誉参半，或许可以给予我们的城市化改造些许启示。同样，"大巴黎计划"的目标最终也是为了建设一种理想的生活状态，负责地区发展的国务秘书这样说道："我们应该在大巴黎地区创造一种生活的艺术。必须让人们能够说，巴黎是有特色的，或者在居住方式上，或者在出行方式上"。"大巴黎计划"初步构思于2009年3月12日公布，被称为有史以来最复杂的城市发展计划之一。实际上，萨科奇的计划更大，他要求建筑师重新设计整座城市及其周围地区的形象，并提出具体的方案。其中一个重要目标，是结束巴黎市中心200万居民与郊区600万居民隔离的孤立状态。同时，更好地利用现在的土地库存，变通城市规划法律，在未

来每年增加7万套住房,这是现在每年实际增加数量的2倍。20年之内要增加100万个就业岗位,优先发展数十个经济中心等。总之,这个新的计划并不仅仅是对巴黎的修修补补,而是一个在环保、低碳宗旨指导下的全面的巴黎未来城市设计。

"大巴黎计划"仍旧延续以往巴黎城市规划关于"限制都市区无限蔓延""单中心、多中心"等问题的讨论。20世纪60年代以后的新城建设从某种程度上回答了"多中心"规划理念,但本次规划似乎跳出原有的"单中心、多中心"的框框。由于大巴黎都市区的发展,多中心模式似乎并没有解决城市空间无限扩张的问题,由此,紧凑性原则成为本次规划的首要原则。从紧凑性和均衡性相互补充的规划理念的实践上,从交通和机动性方面来说,紧凑性也降低了通勤的距离和时间。同时,能源成本、网络消耗、生态占有都降低到最小限度;从社会角度来说,都市的居民因此被聚集在一起,这样一种聚集型生活方式,不但在文化上,而且在社区建设上也都获得利益最大化。目前,巴黎大区能源利用比较单一,利用效率也不高。每年只有12%的废弃物被重新利用;焚烧产生的热量也只有41%被再次回收、利用。与此同时,每年产生的人均二氧化碳排放量是国际平均水平的1.5倍以上;废弃物排放高于国际水平的2.8倍。因此,很有必要规划、调整能源利用方式和效率。在流入渠道上,对进入城市的食品、能源、日用品要加以控制,尽量减少流入量;中间消费环节则需要优化循环系统的功能,让尽可能多的废弃物进入再回收利用的循环。通过这两个环节的科学、集中管理,最终将污染及废弃物控制在最小限度之内。

2030年的巴黎会是什么样子?萨科齐总统野心勃勃地谋划了一项宏大叙事的"大巴黎计划",依其设想,未来20年建设的10个大型工程可能改变巴黎面貌,其中包括未来派的玻璃塔、单轨铁路和塞纳河上的人工岛。这项被打上"政治美学化"标签的造城运动,是自19世纪拿破仑三世时期奥斯曼男爵开辟多条林荫大道以来,巴黎最大规模的重建计划。

"大巴黎计划"的政治社会脉络及全球化的关系,与中国当下如火如荼的城市化运动一脉相承。英国伦敦大学国王学院地理系博士候选人、策展人高政轩告诉《时代周刊》记者,同如今北京、南京和广州等地的拆迁风波和旧城改造相比,"大巴黎计划"如何有效地实施,有着极大的借鉴意义。

(二)重建一个"大巴黎"

在面对埃菲尔铁塔的夏佑宫左翼,法国建筑与文化遗产城,来自全球10名知名建筑师的10个大巴黎计划方案在此公示。业内人士对萨科齐质疑声一片,认为他虽有雄心,但最终可能不过给巴黎留下一些"大工程"而已,一如曾主导建设法国新国家图书馆和卢浮宫玻璃金字塔的法国前总统密特朗。

"这是一个非常了不起的想法",1968年法国新左翼运动的代表人物、10名建筑师之一的罗兰·卡斯特罗对《时代周刊》记者表示:"'大巴黎计划'在全世界范围内都是一个榜样。作为参展建筑师,我们不仅仅是在改造巴黎,更重要的是改写规则,见证一个历史性的时刻"。

同济大学建筑与城市规划学院建筑系副教授王一则对《时代周刊》记者说,要警惕城市设计的"乌托邦定势",旧城改造中的最主要矛盾不是要不要改造,而是如何改造,拿什么新的建筑去代替旧的建筑。

"这将是一座温柔、亲切、绿色、环保、能量化、文化感的城市。"在罗兰·卡斯特罗的眼中,20年后的"大巴黎"是"人类的首都,世界的首都"。这也正是萨科齐雄心勃勃想要实现的"理想国"。行走在世界怀旧圣地的巴黎,即使拥有凡尔赛、卢浮宫、香榭丽舍和塞纳河等"每个拐角处都有历史"的荣光,亦掩盖不了其成为"博物馆城市"威胁的现实。

由于严格限制建筑物高度,巴黎以和谐的外观成为世界上游客访问量最多的城市之一。但整个环城大道围绕的巴黎只有200多万居民,远远少于大伦敦的约750万居民。巴黎市区与邻近郊区合并的压力越来越大。

"城市规划带来的后果,可以为一个城市带来生命力,也可能为以后的发展埋下致命隐患。"曾在巴黎工作的法国AAUPC建筑事务所建筑师蒋滢告诉《时代周刊》记者,大巴黎地区有1 200万人口,产值约占法国GDP的30%,但交通网络脱节和资源分配不均问题依然严重。

巴黎亦曾遭遇建筑规划乱局之殇。20世纪40—60年代,现代主义风格的钢筋水泥建筑在巴黎也一度流行,毫无人性化的工业建筑成为城市的败笔。巴黎郊区还爆发了严重的骚乱,那些未成年的移民后代为了发泄被抛弃的不满情绪,不时爆发冲动对抗,郊区问题日益尖锐。

自上台伊始就被法国文化界人士嘲为品位不高的萨科齐,图谋通过"大巴黎计划"改变巴黎及自身形象。萨科齐入驻爱丽舍宫后的第一件事,就是召集一批优秀的城市规划建筑专家共商大事,其中包括三度普立兹克奖得主、设计巴黎蓬皮杜现代艺术中心的英国建筑师理查德·罗杰斯和2008年普立兹克奖得主让·努维尔等人。

法国文化部提供的资料显示,正式推出"大巴黎计划"遵循最重要的3个原则:以限制温室气体排放的《京都议定书》为准则的可持续发展规划,交通网络重组以及消除巴黎郊区的封闭状态。作为匈牙利移民第二代的萨科齐,对于城市的活跃性与移民的关系,以及所有移民面临的融入文化生活的困境,体会尤其深刻。

(三)梦想中的生态绿色城

"如何营造一个生态的、绿色的城市,是我们设计的首要出发点",多位设计师在接受《时代周刊》记者采访时如是说。

2008年初启动的这项重建计划,是在一个由国家、巴黎市、巴黎大区和巴黎大区市长协会组成的指导委员会的领导下,在一个由23位资深人士组成的科学委员会帮助下展开的。3月初,经过6个月的准备和构思,受邀的10个城市规划师事务所的国际建筑师呈递了华丽的计划。在10个设计方案中,人们特别注意到他们设计一个地区新特征的愿望,以及促进首都向郊区成功过渡的必要性。其中,克里斯蒂安·波特赞姆巴克的设计最为大胆,为避免孤岛现象,他试图拆掉巴黎的火车东站和北站,在巴黎市中心以外修建一个独立的大型火车站,作为欧洲之星铁路线的枢纽,通向法国以北的城市,包括伦敦和布鲁塞尔。此外,他想在环城大道上建设一条轻型的高速空中火车线。

而让·努维尔提出,要在一些人口密度低的地区建造一些塔式建筑和露台来表现历史古迹,诸如热纳维力埃及其码头、古尔纳夫市及其公园等等。"我们所生活的时代,变化与发展模式的变化相伴而行。"他还表示要将植物世界融入其中,绿化带的外沿是长达998 km的社区花园,城郊居民可以享受到无限的绿意。

罗兰·卡斯特罗则打算改造巴黎的郊区,在热纳维力埃码头建造一座歌剧院,在维特里建造一个人工岛,使它成为一个商业区。他在象征着文化、科学和不同族群交融的区域,将一座大都市变成了一朵巨型的八瓣花。安东尼·龚巴克设想建造一条塞纳河谷,将大巴黎一直延伸到勒阿弗尔。意大利建筑师伯纳多·萨奇尼和帕拉·维加诺则打算建造一座"通透"的城市,并给予河流网以主要位置。

英国建筑师理查德·罗杰斯将创意放在重组巴黎大区的治理上,使之具有平衡的街区:"用10年时间,我们就可以看到一个没有汽车污染的城市,利用400 km² 的屋顶作为绿色空间,将大自然融入城市"。

七、巴黎大气污染的治理

在过去几十年中,法国巴黎虽然没有出现灾难式的大气污染问题,但也一直被大气污染困扰,给市民带来了恶劣影响,也给当地政府提出了紧迫的要求。为了防治大气污染,无论是法国中央政府还是巴黎地方政府都出台了多项治理措施,涉及大气污染防治的专项法律法规、重大行动计划及低碳出行等多个方面。

为了治理巴黎等城市的大气污染问题,一方面,法国中央政府在国家层面出台了一批法律法规及行动计划来促进节能减排和空气质量改善,另一方面,巴黎地方政府则根据当地的实际特点实施了一些个性化的治理措施。主要有以下几个方面。

(一) 出台专门的法律法规

在1996年出台的《防止大气污染法案》基础上,法国政府于2010年颁布了《空气质量法令》,规定PM2.5和PM10浓度上限,可吸入颗粒物1年内超标天数不得多于35天。为了推动节能减排,法国于2005年7月通过《能源政策法》,并于2007年召开环境问题协商会议,提出到2020年要为节能减排、促进可持续发展方面投资4 000亿欧元。在降低建筑能耗和污染方面,法国出台了新版的《建筑节能法规》,规定从2013年1月起对所有新申请的建筑必须符合年耗能的限制进行了大幅调整;为了适应新的低能耗建筑要求,法国建筑企业和设计事务所纷纷投入可持续发展建筑的研发创造,太阳能、风能、地热能和生物质能纷纷在建筑中得到应用。对于耗能巨大、污染较重的老建筑,也将逐步分批进行改造;奥朗德总统对此立下了2017年以前每年改造50万户(其中包括38万所私人住宅)的目标。2013年8月到2015年,法国政府投入1.35亿欧元用于翻新家庭供热系统。

(二) 针对改善空气质量实施专门的行动计划

法国实施的旨在改善空气质量的行动计划有3个,分别是:颗粒减排计划、空气质量紧急计划和空气保护计划。

1. 颗粒减排计划

2011年,基于格纳勒格环境会议框架,法国中央政府出台了颗粒减排计划。该计划打算在工业、服务业、交通、农业等各相关领域建立一系列长效机制,主要包括:建立强制机制,提高大气排放标准,加强工业排气监管;设立激励机制,对环保支出实施税收抵免政策,推动优先行动区域计划;强化宣传机制,加强环境保护宣传等,减少可吸入颗粒物对民众健康的影响和对环境的污染。

2. 空气质量紧急计划

针对2011年推出的颗粒减排计划中的缺陷,2013年法国政府审核通过了空气质量紧急计划。该计划重点聚焦交通工具的减排问题,针对可吸入颗粒物(PM10和PM2.5)和二氧化氮等污染物,制定了5个方面、38项具体应急措施。

(1) 通过激励措施,鼓励发展多种运输形式和清洁交通

一是鼓励城市拼车。包括设立拼车标签制度,根据不同类型的拼车形式,在自愿的基础上,给家庭用车、公务用车等颁发不同的拼车标签;在城市周边设立拼车服务区,配备相应的标识牌、必要的装备以及相关的商业服务点,使拼车者能够更容易、更便利、更安全地进行拼车活动。

二是建立近距离的进入市区物流配送网。包括授予可持续发展交通运营机构(该机构为法国各城市公共交通的规划和管理部门)由市郊进入市区商品运输的营运权;要求各城市出台规范物流公司在城市内货物配送相关的政策、条令;在城市邻近地区建立商品、货物集散配送点,以统一管理物流公司在市区内的商品配送服务;大力发展非机动式运输形式,如自行车货物配送方式等。

三是加速城市内电动车辆的推广普及。包括完善电动汽车充电等配套基础设施建设;发展多种电动交通工具,如电动摩托、电动汽车、电动自行车等;鼓励电动和混合动力交通工具在城市内的使用。

四是制定鼓励更换旧交通运输工具政策。包括利用现有的各种政策、法规、金融和财政等杠杆手段,鼓励民众更换污染严重的旧交通工具;制定相关政策,限制重污染交通工具在城市内指定区域的使用;鼓励大众经常对车辆进行生态保养,尤其是经常在市区内运行的车辆。法国专家认为对交通工具进行良好保养,将在很大程度上减轻其造成的污染。

五是大力发展公共交通。政府要积极参与、完善公共交通的建设,大力推广清洁交通工具的使用。各城市应出台具体措施,在大气污染严重时段,限制私人交通工具,适当增加公共交通数量。

六是鼓励市民使用自行车及步行外出。鼓励协会、公司和私人积极参与发展自行车公共服务,完善自行车道路的基础设施建设,如标定专门道路、出台自行车道路行驶的安全规定等。

(2)在大气污染严重区域,限制机动车流量

一是降低城市内主干道的车速。巴黎市政府将巴黎市环城快道上汽车行驶限速从80 km/h 减为70 km/h。

二是针对城市内的快速通道制定道路动态管理措施。动态调节车辆限速(60~70 km/h),在道路繁忙和污染严重时段,降低车辆的限速。

三是在污染严重时,进一步严格车辆使用的限制措施,如将限制措施的启动时限由原来的1~2天,延长为3~4天。

四是根据车辆污染程度,在市内采取有差别停车收费标准,如电动汽车可免费停放,同时提高未付费停车的罚款标准。

五是联合地方政府,根据车辆污染排放量,确定车辆分级标准,并由此制定各城市的交通政策。

(3)减少工业和居民生活燃料的排放

法国政府改进了排放规定,降低工业污染排放的阈值,同时加强环境保护监理工作。法国许多城镇家庭保留了用火炉取暖的习惯,这也是导致可吸入颗粒物增多的重要因素之一。因此,法国政府出台措施,促使居民改变生活习惯,更新取暖设备,减少可吸入颗粒物的排放。

(4)采用车辆税收等调节手段,改善空气质量

法国政府于2012年12月成立了生态税委员会,该委员会制定了利用生态税调节手段来改善环境质量的措施。

(5)采取积极行动,增加宣传和交流力度,改变公众一些污染环境的日常行为习惯

在国家层面,重新清查全国大气污染情况,同时评估在交通运输领域采取措施的效果,提高公众在保护空气质量和大气污染造成健康问题方面的意识。在地方层面,更好地将大气环保政策和交通运输政策及城市规划结合起来,强化地方政府在环保信息宣传方面的作用,使公众能够更好地理解、执行不同污染阶段采取的一些限制性措施。

3.空气保护计划

该计划由各地方政府针对各地区的不同情况,为改善或保持本地的空气质量,根据中央政府的空气质量紧急计划而制定的相关措施。要求常驻居民超过25万人和污染指数超标的地区必须制定空气保护计划。计划内容主要包括降低城市内快速通道的限速、降低一些燃料机器的排放阈值、强化对工业污染物排放的检查力度等。全法国已有38个空气保护计划在制定或已实施,这些计划覆盖地域包括大部分法国常驻居民。

(三)加强对巴黎地区PM2.5排放的科学研究与监测

2011年,在法国科学院大气系统实验室主持下,多国参与的研究团队对2009—2010年巴黎地区PM2.5情况进行了综合研究。该项目利用地面、高空及遥感监测手段,应用法国国家空气质量模型CHIMERE(现为欧盟空气质量预报模型),针对PM2.5,特别是有机颗粒物进行了污染源解析,定量一次和二次污染,细化了局部和区域污染以及人为和自然污染,并重新整理了巴黎PM2.5的排放源清单。这是全球首次以中纬度发达国家大都市PM2.5为研究对象的系统研究工作,为巴黎的大气污染治理工作提供了可信的科学依据。为了加强对PM2.5排放的监测,巴黎加强了空气监测站的建设。巴黎大区内共有50个自动空气检测站点,另外还安装有大量可移动检测仪,所有检测结果一律在6个小时内公开发布。

(四)提倡并支持巴黎市民"低碳"出行

为减少城市温室气体排放量,巴黎实施了一系列公共交通工程,希望从根本上解决汽车污染。例如,开辟自行车车道,提倡人们骑自行车出行,推行自行车城市计划,为市民提供几乎免费的自行车租赁服务,让更环保、占用道路场地资源更少的交通工具发挥更大作用;开展无车日活动;将巴黎的车辆逐步改换为电动车或浓缩天然气汽车;拓展地铁和增开公共汽车线路,

进一步完善巴黎的公交覆盖网，并拟恢复有轨电车。此外，巴黎还针对三大主要排放源（车辆、供暖和工业）实施了欧盟标准，并借此大大提升了车辆的排放水平，减少了24%的氮氧化物排放和45%的微小颗粒物排放。

通过综合治理，2002—2012年，巴黎主要大气污染物排放量有所下降，其中PM10下降35%、PM2.5下降40%、氮氧化物下降35%，巴黎空气质量获得一定改善，但雾霾天气仍不时侵袭。不久前出现的雾霾天气再次给法国人敲响警钟，与现代化工业相伴而生的大气污染问题短期内难以根除，治理雾霾之路仍十分漫长。

第二章 印度洋沿岸城市循环经济发展状况

第一节 德班循环经济发展状况

一、概况

(一) 城市简介

德班,原名纳塔尔港,是南非纳塔尔省最大的城市和南非的主要海港。建于1835年,1935年设市。德班濒临印度洋纳塔尔湾,南有布拉夫丘陵,北沿乌姆吉尼河延伸到德班北部高原,行政机关和商业区集中在平原上。该市属热带气候,市内有德班韦斯特维尔大学、纳塔尔大学和几所博物馆。德班地区总面积为1 366 km²,市区及其卫星城总人口360万,是南非第二大市镇地区,并已成为世界上发展最快的地区之一。德班港于1855年开始扩建,现已成为非洲大陆上最繁忙的港口,拥有57个泊位、14个货物集散地,岸长21 km,水面面积达8.92 km²。德班港发展迅猛,在经德班港进出口货物的总量中,亚洲地区占有最大的份额。1996年,南非通过德班港向亚洲地区进、出口货物量分别占整个港吞吐货物总量的38.3%和37.9%。

第一次世界大战后,德班从维多利亚式城镇发展为现代化大都市。德班重视发展商业,并且其商业以组织国际会议及旅游业为依托。现在德班的经济实力、发达的交通设施及酒店设施为本地、国内外的人士提供了一个理想的工作、休息和娱乐的场所。德班正逐步发展成为国际会议中心,特别是1997年8月堪称世界一流的国际会议中心落成开放以来,该市已经成功举办了一系列的重大国际会议及展览。

此外,德班非常重视旅游业。德班人的生活丰富多彩,其旅游业强调文化遗产的保护。食品、音乐、工艺和建筑等各个方面都充满了浓郁的文化色彩,德班成为一个文化多元化的城市。

德班是南非夸祖鲁·纳塔尔省的一个城市,祖鲁语称为"eThekwini",意思是"在海港"。拥有300万人,被称作非洲最佳管理城市,也是著名的国际会议之都。德班分为中南区、中北区、南区、北区、内西区和外西区共6个行政区域,每个区都有自己的议会和市长。2000年地方选举以后,德班市成为一个大德班市,各区不再设立市长,只有一个负责该区事务的议员。

(二) 城市特色

德班是一座美丽的滨海城市,地处祖鲁民族的故乡夸祖鲁—纳塔尔省。有着广大的自然景区,地处草木茂盛阳光充足的亚热带地区的德班,是理想的户外运动场所,潜水、冲浪、橄榄球、板球、高尔夫球、保龄球等运动场所应有尽有。

德班是大型足球比赛的重要赛场,因此被称作南非足球之都,成千上万的人云集到王室公园的运动场观看比赛。而比赛之后,运动场就成了世界上最大的烤肉餐馆,在美丽的冬季夜空下,上千人点起篝火边烤肉边喝酒。德班每年重要的比赛包括女子挑战赛(Spar Ladies Challenge,

有 15 000 名女子运动员参加)、世界著名的克姆雷德马拉松比赛(Comrades Marathon)、汉沙杜兹独木舟比赛和沃达肯海滩非洲节(Vodacom Beach Africa Festival)。金斯米德板球场是 KZN 板球的故乡，也是国内外重大比赛的赛场。德班乡村俱乐部的华丽的高尔夫球场濒临海滨地区，是高尔夫球爱好者的乐园，紧挨着它的分场位于乌姆吉尼河口南岸的海滩森林。在克鲁夫以及沿海地区，宏伟的高尔夫球场也随处可见。德班皇家高尔夫球场被格雷镇蕾丝高尔夫球场环抱着，提供类似的设施，同时也欢迎来访的其他高尔夫兄弟会。

德班有非洲主要的赛马场。格雷镇的蕾丝球场每年 7 月的第一个星期六举行沃德肯德班七月节。类似悬挂式滑翔等刺激的空中运动在乌姆琅加北部的拜利特地区十分盛行。德班有很多乡间运动俱乐部，还有骑自行车兜风、跑步和散步等充满激情的户外运动，像著名的格伦伍德斯特拉跑步俱乐部，主要提供保龄球和墙球运动场所；还有如德班乡村俱乐部等以舒适为特色的较大俱乐部。

德班是一个海滨城市，举办了著名的普莱斯·普罗国际冲浪锦标赛。无疑，湛蓝温暖的印度洋在吸引外地游客和喜欢海边活动、深海垂钓的本地人方面起到了重要作用。严格的立法保护着海上活动，同时，德班省的自然保护区——KZN Ezemvelo Wildlife 也允许进行适当的海上娱乐活动。

德班的两个游艇俱乐部——波因特游艇俱乐部(Point Yacht Club)和皇家纳塔尔游艇俱乐部(Royal Natal Yacht Club)，是当地经营海上运动的主要俱乐部，还为世界其他国家的潜艇俱乐部提供港口。周末天气好的时候，在德班海湾可以看到精彩的游艇赛。

祖鲁兰海岸的索瓦纳海湾每个周末都聚集众多的潜水爱好者。德班有很多景点可供潜水员探索海洋生物的奥秘。乌姆琅加的盖特韦活动中心提供的主要的运动设施有海浪厅和模仿攀岩的设施。在德班和乌姆琅加广阔的天地里，酷爱运动的人可以尽情展示他们的滑板技术和海上运动技术，也可以沿着海边或乌姆琅加散步。作为一个主要的度假旅游景区，德班带给大家的运动乐趣是其他地方不可及的。

1.亚热带运动场，通往非洲的大门

德班是非洲最繁忙的港口，也是通往非洲大陆和印度洋其他国家的大门。这里有迷人的海滩，四季如春的气候和可以观赏印度洋壮观景象的海边五星级宾馆。

德班不仅是南非的运动场，而且是国际性会议和非洲重要会议的理想举办地。国际会议中心在世界上具有很强的竞争实力，曾举办过一系列重要会议，包括：南非经济首脑会议、2002 年非洲会议、不结盟运动部长级会议、第十三届国际艾滋病会议和反对种族歧视国际会议。2002 年 7 月在这里召开的非洲联盟首脑会议上宣布成立了非洲联盟。2011 年 11 月，这里举行联合国气候大会。第五届金砖国家峰会 2013 年 3 月 26 日晚在南非德班国际会议中心召开。

2.新型娱乐设施

德班市与几个私人财团联合投资建设了乌沙卡海上公园、加固维多利亚大堤、特索戈森的阳光海岸娱乐场(以北海岸的乡村绿色食品而闻名)、威尔森码头(以有餐馆和商店的新卡塔利娜剧院为特色)、阿弗利森的西巴亚娱乐场和于 2004 年冬季开放的娱乐王国等工程。所有这些设施使德班享有极高的声誉，在这里，各个国家精诚合作，各个企业实现目标，同事之间共享信息，人民友好团结，游客尽情欣赏祖鲁王国风光。

3.购物和旅游胜地

巴尼亚剧院提供集购物和娱乐于一体的服务。餐馆、专卖店、18 家影院和著名的巴尼亚剧院、非洲古董和艺术品高级市场都集中在这里。这里是德班重要的零售地和南非最大的购物娱乐中心，盖特韦还为酷爱运动的游客准备了滑板运动、攀岩、自行车越野赛和海浪池等运动设施。大亭子购物中心是另一个多层次购物中心，其设计风格是维多利亚式的建筑风格，巨大的由金属和玻璃构建的屋顶在方圆几千米之外格外显眼。每个月都要接待上百万的游客。内部是用大理石建成的,有一个大型综合影院。

4.户外运动的理想之选

德班拥有怡人的亚热带气候,全年阳光普照,四季如春。这里有众多美丽的公园和秀美的自然景观,包括:伯利亚山脚下的植物园、乌姆吉尼河南岸的乌姆吉尼鸟类公园、景色优美的米切尔公园(有自己的动物园),还有 KZN 管辖下的几个野生公园。其中,乌姆琅加、斯坦岸、海岸红树森林和科兰特克洛夫自然保护区,不仅可供游览还可供人们进行野餐。

各类运动项目应有尽有。德班皇家高尔夫球场被格雷镇蕾丝高尔夫球场环抱着,提供比赛设施,同时也欢迎来访的其他高尔夫兄弟会。像悬挂式滑翔等刺激的空中运动在乌姆琅加北部的拜利特地区十分盛行。纳塔尔鲨鱼船全周向游客开放,游客可乘船去看鲨鱼,周末还可以去看海豚和鲸鱼。KZN 著名的沙丁鱼群是冬季里一大景观,吸引了大批渔民和游客来海边观看这一壮观景象。

二、德班的历史文化

(一)历史条件

早在 150 万年前的旧石器时代就有人在这里居住。在德拉肯斯堡山脉的山洞里,人们发现了石器,几万年前 abaThwa 人曾在这里过着狩猎的群居生活。他们一直生活在纳塔尔的内陆地区,直到两千年前非洲的黑人部落移居到此。

1824 年,才华横溢的军事家沙卡王把努尼(Nguni)各部落联合起来组成了祖鲁族。自此,北起乌苏克拉河南到乌姆济姆武布河的广大区域都属于祖鲁民族。德班的 amaThuli 和 amaCele 人也被纳入沙卡王国。

1497 年,瓦斯科·伽马在去印度的海上航行途中发现了德班海湾,他是第一个发现德班海湾的欧洲人。从 16 世纪以后,奴隶贩子、捕鲸船、海盗和商人经常造访这里。

为与沙卡王国建立贸易联系,1824 年,一群商人来到德班港,得到了沙卡王的接见,之后在遵守祖鲁法律的前提下被允许在德班定居。很多部落也移居到此,与当地商人合作,帮他们获取象牙。因为与祖鲁君主国(1828 年丁根王暗杀了沙卡王攫取了王位)的关系逐渐恶化,1835 年,本杰明·德班(英国海角殖民地统治者)上任,改国名为"德班"。

1836 年,由于废除奴隶制运动,布尔人离开海角地区。其中一部分越过德拉肯斯堡山到达纳塔尔北部,为了与祖鲁人争夺地盘于 1838 年引发了战争。后来,丁根王为保住王位,决定刺杀他的竞争对手。潘德王子拉拢布尔人作为支持者,战胜了丁根王。丁根王逃亡至斯威士兰被杀。

潘德王子在布尔族首领比勒陀利亚的辅助下夺得祖鲁国王位,并把乌苏克拉河与乌姆济姆武布河之间的疆土划分给布尔族。1839 年,纳塔莉亚布尔共和国成立,定都彼德马里茨堡,德班也被划归纳塔莉亚布尔共和国。

布尔人残酷地对待非洲黑人引起海角殖民地的关注,1842 年,一小队英国军队以缓和祖鲁国和布尔国之间的关系为名进驻德班,遭到布尔国反对。英国军队在康格拉一战中失利,被布尔军队围困。迪克王率大批骑兵去海角殖民地的格雷厄姆斯敦寻求救援。1 个多月后包围被解除。1845 年,纳塔莉亚布尔共和国归附于海角殖民地,改名为纳塔尔殖民地。大部分布尔人重新定居在南非内陆地区。

英国人开始移民到德班,其中很多商人对德班的发展做出了贡献。19 世纪 50 年代早期,人们发现甘蔗产量高,而且很适合在这里种植。制糖业也因此迅速发展,大量印度的契约劳工来此从事制糖业,富足的印度商人也移居到此。在德班这个文化多元化的大家庭中,印度人的后裔占相当大的比例。现在德班是印度次大陆以外的拥有印度人口最多的地区。

1854 年,德班被批准为自治区,选出了第一位市长和第一届理事会。1860 年,建成了一条由德班通往港口的铁路,成为南非的第一条铁路。随着特兰士瓦省的金矿被发现,铁路发展很快,到 1895 年已经延伸到约翰内斯堡(金矿开采业的中心)、自由州和德班南北各地。这些铁路干线不仅运输货物而且还载客,使德班成为闻名的度假胜地。

1886年，特兰士瓦省金矿和敦提煤矿的发现，促进了铁路的建设，也提升了德班作为重要港口的地位。为使大型船只能够停泊，政府加深了海港。梅敦码头和干船坞的建设使得德班港成为非洲最大的海港。随着港口的发展，与之相关的工业，如造船厂、搬运公司、油漆涂料厂和其他行业发展迅速。

20世纪初期，德班已经有了电力设备、供水网系统、污水处理设备和高强度公路系统。第一次世界大战后，德班从维多利亚式城镇发展为现代化大都市。1935年，德班镇被批准升为德班市。德班的地位不断上升，现在已经成为继特兰士瓦省之后的第二大工业中心。

旅游业在该市占重要地位，其旅游业强调文化遗产的保护。2000年7月与广州市结为友好城市。在德班市及其周围有很多博物馆，记载了德班的历史：夸穆博物馆的种族隔离史、海事博物馆的航海事业大事记和德班文化与文献中心的印度契约劳工史。

(二) 文化多样性

德班是一个多元文化的城市。德班的二个主要社会群体有着各自独特的背景，融非洲、印第安和英国传统于一体。其中还有源于荷兰、葡萄牙和中国的传统。第二、三代德班人发展了各式各样的食品、餐馆、艺术、手工艺和民族特色舞蹈。

德班370万居民中有80万人是印度人的后裔。除南亚次大陆外，德班是拥有印度人最多的城市。

生机勃勃的维多利亚街的印度市场是游客最喜爱的景点，这里有供购物的格雷街，有宏伟的以马利天主大教堂和南半球最大的清真寺——伽玛清真寺 (Jummah Musjid Mosque)。

德班和格雷街上遍布主营印度南北特色菜系的餐馆。兔肉酱、面包和咖喱小吃是当地流行的待客食品。吸引众多国内外游客的印度宗教节包括排灯节和花车节（在海滨举行的声势浩大的游行）。沙斯沃斯 (Chatsworth) 的智力庙 (Temple of Understanding) 中最值得一看的是壮观的克利须那神庙。另外还有其周围社区餐馆里的美味菜肴。壮观的人力黄包车和"金色里程街"(Golden Mile) 的华丽的艺术品和手工艺品展示了德班的祖鲁式华丽风格和文化韵味。这些美丽壮观的景象在趵瑟山 (Botha's Hill) 的费祖鲁峰 (Phezulu) 上一览无余，在这里还可俯瞰群山形成的壮观山谷。其他节日和大型文化娱乐活动还有沃德肯德班七月障碍赛跑、NBS剧院、花园展、非洲音乐节、作家时代、非洲诗歌和德班国际电影节等。

德班还有很多沙滩节日、游艇赛和其他海上运动。在德班的北海滩上每年都举行世界上最长的冲浪比赛，吸引众多来自世界各地的优秀参赛者。

南美海滩是最有名的旅游景点，被豪华的度假公寓和高层酒店环绕。这里有布置讲究的阳光海岸休闲娱乐场、菲茨西蒙蛇公园和迷你城（德班市的缩影）。度假城的游客可以乘坐祖鲁人拉的彩色黄包车，可以目睹壮观的沙丁鱼群，成千上万的沙丁鱼游上海岸，后面跟着成群的鲨鱼、海豚和鲸鱼，景象煞是壮观。

德班海港不断开发为集美食文化、艺术文化和娱乐文化于一体的旅游景区，接待众多来此享受温暖的亚热带风情的游客。波因特码头 (Point Waterfront) 的海上公园建起了新的游艇人工港、运河、商店和世界级的海洋水族馆。在非洲其他的大港口，如威尔森码头，很多海味餐馆提供印度洋鲜鱼。该地区还有新卡塔利娜剧院、棒球中心、展示齐全的多元文化艺术中心、商店和非洲特色餐馆。

壮丽的德班城市礼堂里设有艺术品展室，有免费的午餐音乐会和夸祖鲁—纳塔尔交响乐管弦音乐会。德班市有很多维多利亚式和世界著名的装饰派艺术风格的建筑。非洲博物馆、纳塔尔海事博物馆和夸穆尔博物馆都记录了德班的悠久历史。

文化之旅，如伊南达遗址，带你参观德班及其周围的镇区，品味不同的生活方式。探险，如费祖鲁和夸西姆巴，提供祖鲁乡村传统的娱乐活动。此外还有该省著名的战场和其他旅游景点。

德班是南非唯一一个拥有两处世界性遗产遗址的省份，拥有非洲最古老的植物园。该植物园里经常举办户外音乐会，常有亲朋好友在此野餐聚会。这一美丽的自然海港位于波利亚山脚下，离德班市中心不远，拥有珍贵的树木资源，其中以铁树最为珍贵。夸祖鲁—纳塔尔是名副其实的"世界省"。德班拥有世界水平的基础设施、巨大的吸引力和年均320天的阳光明媚的日子，是感受阳光和各种文化韵味的首选之地。

三、德班沿海地理位置

德班港(Port of Durban)位于南非(South Africa)东海岸，濒临印度洋的西南侧，是南非最大的集装箱港。始建于1824年，原名纳塔尔港，1835年改名为德班港。德班市是南非第三大城市。德班拥有得天独厚的地理环境，东临印度洋，是南非唯一天然良港，也是南非最大综合性海港。

德班港位于南非东部印度洋岸，北至马普托港500 km，南至东伦敦港474 km，东至路易港287 km。港口处于城市西南的一个天然港湾内，湾口约300 m，水深12.8 m，湾内长约4 km，宽约5 km，形似葫芦。湾内有两大突堤南北对峙，使港湾分为内港和外港。湾内港区可分成3块：海湾东北部，包括南伸的突堤，有17个水深6.0~12.14 m的泊位，其中14个为深水泊位；南港区包括向北和向东伸的突堤3个，以及东南的顺岸泊位共30个，水深9.04~12.74 m；西港区在海湾深处，有15个水深9.84~10.64 m的泊位；内港西南部还有船厂码头。全港计有60多个泊位。绝大部分为深水泊位，有7个集装箱泊位，是非州最现代化的深水港之一，以输出煤、锰、铬、谷物为主。

(一)农业支柱

农业是德班四大经济支柱之一，主要农作物有甘蔗、玉米、亚热带水果、腰果、土豆和蔬菜，德班是南非最大的甘蔗种植地和蔗糖生产地。各类罐头食品、烟、酒、咖啡和饮料质量符合国际标准，葡萄酒在国际上享有盛誉。

德班的生产总值占夸祖鲁—纳塔尔省的一半，占整个南非的8%。德班港是非洲最大、最繁忙的港口，是南印度洋最重要的港口之一。德班港设施完善，相关的工业发达，集装箱吞吐量超过非洲、南美洲及澳大利亚任何一个港口，每年处理约200万个集装箱。德班港成为一个联系远东、拉美、欧洲以及非洲内陆等广大地区的现代化港口，连接世界东西部的一个主要贸易枢纽。1997年，港口总装卸量为3 000万t(其中进口1 280万t，出口1 530万t，其余为转口货物)，并且每年以7%的速度增长。主要出口物品包括烟草、水果、玉米、铬矿砂、黑色金属合金和花岗石；主要进口物品包括钢铁、机械、电器、服装、小麦、纸张、橡胶、塑料、车辆等。

(二)对外贸易

1.自然资源

德班港西北部的奥兰治自由邦(ORANGE FREE STATE)和德兰士瓦(TRANSVAAL)两个省长达408 km的弓形地带是金矿的主要产区，黄金的储量约2万t，居世界第一位，年产值占南非矿产总值的50%以上。黄金的含金量较低，劳动条件艰苦，成本较高。南非的铂矿储量约2.7万t，占世界总储量的75%，居世界首位，一般每吨矿石仅含铂4~15 g。铂金属是电子设备接点和石油化工不可缺少的催化剂。德班主要工业有化学、纺织、炼油、船舶修造、橡胶、制糖食品及汽车装配等，并拥有大型炼油厂、制糖厂及汽车修配厂等。港口距博塔机场约27 km，每天有定期航班飞往约翰内斯堡，与国内外城市相接连。

2.气候条件

德班港属热带草原气候，盛行西南和东北风。年平均气温约20℃。全年平均降雨量约1 000 mm。平均潮高：高潮约1.8 m，低潮约0.7 m。

3.港口特色

德班港有防波堤围护，水域面积达16 m²。港区主要码头泊位有43个，岸线长9 230 m，最大水深12.8 m。装卸设备有各种岸吊、可移式吊、集装箱吊、浮吊、汽车吊、皮带输送机及滚装设施等，其中岸吊最大起重能力为 80 t，浮吊达 200 t，还有直径为 204~254 mm 的输油管供装卸使用，装卸效率：谷物每小时装 1 290 t，每小时卸 1 250 t，锰矿每小时装 400 t，煤每小时装 1 100 t，糖每小时装 700 t。本港油船海上单点系浮最大可泊 30 万 t 的超级油船。港区有露天堆场可存放 20 万 t 货物，糖库容量达 52 万 t，集装箱堆场面积达 102 万 m²。大船锚地水深为 18 m。1994 年集装箱吞吐量达 72.4 万 TEU，比 1993 年增长 14%。主要出口货物为锰矿、钢材、黄金、煤炭、铁矿、糖、花生、玉米、羊毛、皮张、柑橘及生铁等，进口货物主要有小麦、机械、化肥、原油、交通设备、纺织品、木材、纸张、茶叶及化工产品等。

4.面临问题

由于港口公有化还是私有化的问题尚未明朗，以及资金短缺问题的日益加剧，德班港遭遇了发展的瓶颈。

虽然德班港面临着拥堵等诸多问题，但它仍然是南非最主要的集装箱港口。南非港口集团对德班集装箱码头进行了基础设施建设，新增了 3 台桥吊，还在兴建集装箱码头。德班港还开发了纳格葵拉港，以便连接南非的工业中心。

(三)沿海风景区

金色的沙滩、葱郁的棕榈树、温暖的亚热带气候和印度洋湛蓝的海水使德班成为国际旅游胜地。这里每年平均有 320 天阳光灿烂的日子，海水平均温度在 17℃以上，是非洲东海岸第一海滩城市。主要的海滩相距很近，步行即可到达。周围都有公园、喷泉、路边咖啡馆、餐馆和酒吧。最有吸引力的是"金色里程街"，两侧是豪华的宾馆和公寓，与周围的质朴色调形成鲜明对比，体现了德班文化的多样性。彩色的黄包车，来自夸祖鲁—纳塔尔和非洲其他地区的各式各样的古董、珠链和艺术品使人眼花缭乱，与音乐家和街边艺人一起，赋予了海滨地区异域风情。最受欢迎的景点包括水世界、趣味世界(有碰碰车、环形道)、泛舟池、迷你城和菲茨西蒙蛇公园，吸引了成千上万的游客。空中缆车可以使你在空中一览海滨和阶梯公园的美景。在"金色里程街"的北端，阳光海岸娱乐休闲世界形成一大特色。它的建筑是装饰派艺术风格，为游客提供赌博、购物、休闲等一系列娱乐活动。

1.旅游业

在温暖的印度洋海水里游泳非常安全，因为海边有拦截鲨鱼的渔网，并且每天有经验丰富的救生员值班。另外还设有更衣室和淋浴设备。晚上，在海边会看到辉煌的灯火，经常有成群的当地教徒沿着海边行净化礼。冬季来此寻找清静的游客可以去海边比较偏僻的海滩。如安斯泰海滩和布莱顿海滩都是比较有名的。而普兰蒂港湾则是冲浪爱好者常去的地方。

德班作为冲浪乐园已经有很长的历史了，是世界著名的冲浪地，还为此建了一座博物馆。这里每年都要举行国际性的冲浪比赛——普莱斯·普罗比赛(原名为甘斯顿)。从爱丁顿海滩到乡村俱乐部海滩，常年都有海滩节日(如非洲沃达肯海滩节)、狂欢节和聚会。尤其是新年的前夜，这里会变成热闹的节日狂欢场。海边有很多海鸥、鹈鹕和各种奇特的鸟，是喜欢野生动物的游客观赏野生动物的理想之地，不仅可以乘船去海上看鲸鱼和海豚，还能看到壮观的沙丁鱼群。

生机勃勃、多姿多彩而又奇异独特的德班海滩是非洲大陆上一颗耀眼的明珠。

作为南非东海岸的首要度假景区，德班不仅有宜人的气候、美丽的海滩、国际化的运动项目和多元文化的休闲娱乐活动，还有无与伦比的购物环境。无论是世界级的大购物广场还是具特色的当地集市和街边市场，从盖特韦到阿弗利加都应有尽有。在德班街市购物别有一番韵味。维多利亚街市有廉价的非洲和印度陶器，每天来自非洲东部和南部的货物在这里以独特而随意的方式进行交易。想真正体验非洲风情，可以逛一逛沃里克大街三角市场，从传统的医药、小吃到祖鲁的艺术品应有尽有。还可以体会一下在路边理发店理发的乐趣。不远处就是格雷街，游客可以逛一逛南非最好的布店，在小店里淘些打折的商品。逛累了还可以在路边外卖店品尝德班著名的兔肉酱，一饱口福。来德班不逛逛金色里程街是你的一大遗憾，它位于非洲最美的海滩上,风景秀丽。在这里,商贩以极低的价格出售各种古董,游客可以买到很多便宜东西。还可以徒步参观维多利亚时期的另一遗址——Tourist Junction,领略举世闻名的KZN游乐园、德拉肯斯堡山脉和秀美的内陆风光。

2.服务业

德班是多元文化的交汇点,其艺术更体现了文化的多样性。传统的非洲艺术品、手工艺品、民间传说、诗歌和歌曲虽已流传了几个世纪,但仍然十分流行。由于缺少合适的原料,很多工艺品都改用了其他原材料,如用塑料袋编织地毯,用电话线编篮子。使用新材料制作工艺品产生了一些具有德班风格的有创意的作品。市内外的艺术中心开办了一些旨在培养艺术家和为世界市场提供艺术品的企业。德班的画展经常展出国内外的艺术杰作。

德班的艺术展览馆收藏有荷兰画家的油画,也经常展出国内外的艺术作品。NSA展览馆展示一些艺术残品,并设有一个商店专门出售本国的画作和艺术品,还开设了一家小餐厅。

在德班,音乐剧和歌舞表演也是一种很受欢迎的娱乐形式,从大剧院到晚间小剧场的表演,种类不一。剧院公司是最大的综合性剧院,有国内外大小影剧作品的上映权。

盖特韦拥有各种商店、电影院、娱乐中心以及攀岩等设施,是乌姆琅加最大的购物中心。这里的餐馆也很出名。购物中心坐落在棕榈林荫大道上,是外出就餐的好去处。标准的连锁餐馆提供普通实惠的饭菜。德班是南非著名的度假胜地,在附近的旅游景点可以找到度假酒店、沙滩酒店等。德班距离彼得马里茨堡67 km,如果住宿周期长,也可以把德班作为旅游的一站而住在别处。德班还有一些家庭式旅馆,相对比较经济实惠。

四、德班循环经济状况

美丽的德班港迅速发展成经济巨人。市郊工业的迅速发展带动了内地经济的复苏。德班投资促进会(DIPA)是德班市与私营企业之间的合作纽带,它的成立旨在促使德班市发展成为一个现代化的开拓性城市。德班投资促进会吸引固定投资来保持德班现有的企业。奥贝德·穆莱巴市长宣布了德班市五年发展计划:"我们的计划是通过吸引投资促进财富增长、发展旅游业、创造经济发展机遇使德班发展成为世界级的城市。"

(一) 德班联合体

德班成立了一个公私合营的德班联合体。由半国营集团、省区政府和私营企业共同制定的方案由特克维尼市政当局、SA发展银行、国家港务局、伊塞拉金融发展公司、泰尔肯等共同执行。主办单位中的私营企业有前陆公司(Oreland)、丰田公司(Toyota)、蒙迪公司(Mondi)、麦卡锡(McCarthy)、游戏公司(Game)。工程包括河马谷工程,该工程位于埃芬汉和阿沃卡的第二国道两侧,由特克维尼市政当局和当地的开发商Moreland共同完成。该工程占地3.02 km²,可提供3 500个临时工作岗位和13 500个长期职位。公路之间的连接缓解了交通拥挤的状况,方便与跨马舒的交通往来,有利于菲尼克斯南部的发展。河马谷工程对环境保护有重大意义,该地区45%的土地被划为野生动物保护区,特别是可以为河马提供新的栖息地。另一工程是北方的投资14亿的旧缪彻尔工程,包括盖特韦综合商场和周围的停车场、工业厂房、住宅楼、贸易大厦和旅游设施。

(二) 非洲大门

杜贝贸易港口将提升德班港和理查德海湾作为非洲大门的地位。公路和铁路交通网不断完善。此项工程还包括工业发展区、加工制造业和农业中心、信息技术电脑化的港口、宾馆和住宅区。南非国家港务局已经着手力求通过提高集装箱处理能力把德班建设成非洲主要的集装箱港口。海港地区有投资250万兰特的威尔森码头工程,包括餐馆、工艺品市场、特级商店、新剧院和卡塔利娜工程。威尔森码头工程与维多利亚大堤的加固工程同时进行。

(三) 海港的发展

另一个令人振奋的工程是世界级海上公园

工程——乌莎卡岛工程。该工程是世界同类工程中的第七大工程。乌莎卡岛是以海事为主题的公园，无论在面积上还是规模上都是南非首屈一指的，总投资约7 000万兰特。包括3个鲨鱼池、1个拥有世界上虹鱼最大收藏量的海洋池塘、1个海龟展馆和海龟驯养馆、环礁湖、海狮馆和1个可容纳2 000人的海豚馆。波因特海滨的设计还包括水上公园、商店、餐馆和俱乐部。公园的设计采用自由式平面布置，以当代海滩为主题。未来的计划涉及整个波因特地区，包括水区、商务区、宾馆和居住区。乌莎卡岛工程与阳光海岸游乐场和娱乐中心、国际会议中心(ICC)组成了新的德班"金三角"。阳光海岸游乐场为游客提供集赌博、购物和休闲娱乐于一体的活动。

(四) 国际会议中心

国际会议中心(ICC)使德班成为国际性会议和非洲重要会议的举办地。德班会议中心(ICC)是世界上最先进的会议中心之一，被国际会议中心授予全球前20名会议中心，曾举办过一系列重要会议，包括南非经济首脑会议、不结盟运动部长级会议、印达巴会议、第十三届国际艾滋病会议和反对种族歧视国际会议。2002年7月在这里召开的非洲联盟首脑会议宣布成立了非洲联盟。

国际会议中心的成功取决于多方面因素，其自身建筑结构是重要因素之一，其设计是灵活的多维立体设计，能够满足各种会议的需要。除此之外，员工的敬业精神、所提供的世界级服务以及邻近宾馆、商业区、机场、海滩和其他旅游景点的优越的地理位置，都起到了重要作用。

北海岸乌木洛蒂的阿弗利森的发展带动了西巴亚游乐园和娱乐王国的发展，使之成为世界级的游乐园。拉莫西机场现拥有两个跑道，每年客流量达到400万人(有时达到1 000万)。

德班开创了南非医疗卫生部门与私人财团合作开办医院的先例，与因比洛财团签订了15年的投资合同，在加图庄园开办了综合性的艾伯特·卢图利酋长纪念医院。该医院是东部沿海地区第一家完善的医院。德班不仅是一个度假城市和南非会议之都，而且还是投资之都。

德班市与几个私人财团联合投资建设了乌沙卡海上公园、加固维多利亚大堤、威尔森码头(以有餐馆和商店的新卡塔利娜剧院为特色)、特索戈森的阳光海岸娱乐场(以北海岸的乡村绿色食品而闻名)、阿弗利森的西巴亚娱乐场和娱乐王国等工程。所有这些设施使德班享有极高的声誉。

(五) 港口

2005年吞吐量约为190万TEU，比上年增长12.6%，世界排名第53位。

虽然德班港面临着拥堵等诸多问题，但是它仍然是南非最主要的集装箱港口。南非港口集团对德班集装箱码头进行了基础设施建设，新增了3台桥吊，起吊数由以前的每小时19吊次，增加到每小时30吊次。

德班港正在兴建Pier 1集装箱码头，南非港口集团已定购了12台卡尔马的集装箱场地龙门吊，用于集装箱码头，吞吐量增加59万TEU。由于港口公有化还是私有化的问题尚未明朗化，资金短缺问题日益加剧，德班港遭遇了发展的瓶颈。

为了缓解以上问题，德班港在理查德海湾扩建一个集装箱码头，开发了纳格葵拉港，以便连接南非的工业中心，到2011年，德班集装箱码头的年吞吐量达到250万TEU，南非港口的吞吐总量增加到450万TEU。

(六) 德班会议气候变化谈判

各国代表和国际组织在对德班会议的期望上都谈到的一句话是，谈判需要"全面、公平和平衡"的进展。对"全面、公平和平衡"的解读在各个国家集团是有差异和不同诉求的。在欧盟和其他的伞形国家(不包括日本、加拿大、俄罗斯)，对平衡和主要进展的理解是在双轨制之间和各轨内的发展是平衡的。也就是美国、中国、印度等排放大国要承担减排责任，各个议题主要按坎昆决议去推进。美国对"全面、公平和平衡"的理解是其他主要经济体国家，包括中国和印度都应承担法律约束力的减排责任，各个议题的推进要根据坎昆会议的决议，并与资金问题脱钩。日本、加拿大和俄罗斯的理解就是自己不承担京都议定书第二承诺期的减排目标，或最好为零目标，而要求美国和主要的发展中国家承担强制性的减排目标。发展中国家对"全面、公平和平衡"的解读是双轨制和11个议题的全面平衡的发展。京都议定书第二承诺期不能否定，不能在第一和第二承诺期之间存有空档，但可以对第一承诺有一个延长期。美国必须履行与其他发达国家"可比较"的减排目标和责任。发达国家的减排目标要大幅提高，2020年的总体减排要在1990年的水平上降低25%~40%。要消除土地利用和土地利用变化(LULUCF)中的碳泄漏和过高的碳中和计算。在减排中，发展中国家要积极制定和实施国家的适当减缓行动(NAMA)，走低碳绿色经济之路，将能耗增长与经济发展脱钩，在减缓、适应、资金、能力建设等11个议题以及各个议题间平衡发展。

在各个议题中，各种问题多有互为条件的关系，平衡发展尤其重要。在资金议题内部，也要平衡长期资金来源的筹集和分配，以及绿色气候资金架构设计的讨论和谈判平衡起来，不能单议题突进。"全面、公平和平衡"也包括气候谈判是多边谈判(即在联合国框架下)，确保发展中国家的利益。从另一个角度讲，谈判会议决议要照顾到发展中国家和发达国家各方的利益，谈判是需要妥协的，这也包含在"全面和平衡"的解读之中。德班会议成功的关键是要不要京都议定书第二承诺期。没有这一点，就失去了气候变化谈判的基石，更谈不到全面平衡的发展。资金议题的讨论要平衡、平行发展。在德班会议上，要有一些实实在在的资金来资助贫穷脆弱的发展中国家应对气候变化、改变增长方式、走低碳绿色经济之路。

发展中国家认为，现在就应立即谈判2013—2020年期间的资金。资金问题主要包括3个方面：①资金透明度。应对发达国家的资金提供和发展中国家的资金利用进行统一格式的评估。②2013—2020年之间的资金应是逐年显著上升。③可靠的、充分的、额外的、可预期的公共财政来源。绿色气候基金要有充裕的资金来源，不仅要能满足机构运行，还要有充足的资金支持发展中国家应对气候变化。资金的管理架构运作规章固然重要，但缺乏资金来源、资金支持项目和绿色气候资金也只能是无米之炊。国际海事机构(IMO)希望能得到德班会议的授权，按照给定的指导方针，遵从"共同但有区别的责任"的原则和对发展中国家"无净负费"的规则，尽快地开展工作，筹集资金。必须指出的是，那些小的贫穷的发展中国家在政治、经济、体制上缺乏能力来引导经济向低碳和绿色经济方向发展，更需要加强能力建设。但是，在几次少量的讨论中，这个问题都没有给予重视，尤其是制度能力的建设几近空白。上述这些讨论要点的文本如能在这次会议上有所解答，德班会议就可能取得更大的进展。

(七)德班金砖峰会

金砖五国迅猛增长的经济将转化为政治影响力，成为一支新的世界地缘政治力量，同时，这股力量正在吸引更多的新兴经济体加入。2013年3月26日，南非东南部港口城市德班迎来金砖国家领导人的第五次会晤。这是南非自2010年加入金砖国家以来首次主办的金砖国家峰会，也是金砖国家峰会首次登陆非洲大陆。此次会晤有着突出的非洲议题，主题为"金砖国家与非洲：致力于发展、一体化和工业化的伙伴关系"。除了金砖五国领导人，非盟领导人及十余位非洲国家领导人也出席了会议。会晤期间，金砖国家领导人将与非洲国家领导人对话，重点讨论了非洲基础设施建设。

德班之所以很快吸引了世界各国媒体的目光，也因为它是中共十八大后，中国最高领导人出访的重要一站。作为一个为全球经济增长做出积极贡献的新生力量，金砖国家的声音正被世界倾听。经过金砖国家的反复协调酝酿，2012年新德里会晤提出的金砖国家金融货币合作机制、金砖国家工商理事会、智库建设被纳入议题；金砖国家之间的贸易促进和通关优惠措施，正在逐步成为现实。

金砖国家发展银行能够成为塑造金砖合作机制的框架。德班峰会对金砖开发银行期待很大，无论结果如何，建立发展银行议题本身就意义重大。成立金砖国家发展银行不仅能够为金砖国家提供金融服务，还能像欧洲复兴发展银行一样，促进成员国的基础设施建设，有利于激发处于发展阶段的金砖国家及其他新兴经济体的经济潜力。

(八) 世界杯球场

新的德班大球场定位为一座可以进行足球、田径、橄榄球、高尔夫球和游泳等多个项目的综合性体育场。球场的外形设计颇具创意，球场上空建有一座贯通东西的高架桥，高100 m，约30层楼高。华灯初上，似一架凌空的彩虹，非常漂亮。

德班市有一座久负盛名的国王公园球场，能够容纳6万人，曾经举办过多场大型赛事，如1996年的非洲国家杯赛，2002年南非同英格兰队的热身赛都在此处举办，但出于其他方面的考虑，南非足协、世界杯组委会和德班市政府放弃使用国王公园球场，而是决定兴建一座全新的现代化球场，这就是德班大球场。

德班是南非的第二大城市，德班港是非洲最繁忙的港口，因其温暖的副热带气候和海滨风光，而成为一个著名的旅游胜地。和城市的排位一样，德班体育场也是2010年世界杯南非第二大球场，它的设计容量达到了7万人，仅次于足球城体育场。世界杯期间，西班牙、德国、荷兰和巴西四支劲旅做客这里。德班体育场也称为摩西·马比哈达体育场（Moses Mabhida Stadium），是为了纪念前南非共产党总书记马比哈达而命名的。这名为南非独立和解放运动做出巨大贡献的领导人于1986年3月逝世。2006年7月8日，德班体育场正式开建，经过3年多的建设，该体育场于2009年11月24日竣工，4天后，这座球场开始正式启用，南非联赛两支超级球队在这里进行了一场比赛，马里兹堡联队1:0战胜了祖鲁人队。2012年1月27日，南非国家队则第一次踏足这座体育场，并在友谊赛中以3:0轻取津巴布韦，为这座新建的体育场开了头彩。

对这座体育场，德班人进行了远景规划，他们在设计时就将德班体育场定位于一座可进行足球、田径、橄榄球、高尔夫和游泳等多个项目的综合性体育场，并利用其辐射整个体育公园，把德班打造成南非的体育首都。像世界杯期间，该球场的容量就被限定在7万人，而在承办常规比赛时则会减少至5.4万人，遇到像奥运会这样的重大活动，则可扩容至8.5万人。

(九) 经济发展特点

德班前期发展迅猛，近期发展缓慢，其经济结构脆弱，经济建设资金严重依赖出口收入和外国资本，国民经济各部门、各地区发展不平衡。

贫富不均现象严重，一些人的收入低到可以忽略不计，而极小部分富豪却富可敌国。社会财富分配严重不均，成为影响德班发展的一个障碍。

劳动缺乏竞争力，富人接受更好的教育可以从事更好的工作，穷人接受教育少，可以从事的工作种类就少。

社会生活缺乏管理，教育水平落后，缺乏一个较好的管理。

国内经济结构问题凸显背景下，经济面临负反馈的风险，资本市场的变化，影响产业的投资信心和产能利用率，还包括国内结构性问题，如家庭负债、政府负债、经常账户赤字等。经济增长的同时风险资本价值上升过快。国内外充裕的资本进入市场，带来投资、消费和进口需求的增长，但由于出口减缓，矿业、制造业等部门的投资受到影响，因此风险资本价值上升过快。经济的结构性问题导致局部矛盾激化。电力和交通等基础设施不足，初等教育和职业技能教育不足造成劳动力技能不能适应经济和产业发展需要。出口结构单一和进口需求刚性带来经常账户赤字急剧扩大。

（十）经济未来走向

1.开拓型城市

德班投资促进会（DIPA）、公私合营联合体计划吸引投资、促进财富增长、发展旅游业、创造经济发展机遇。

2.投资之都

将德班港建设成非洲主要的集装箱港口，发展沿海事业。重振内城发展和推动居民及弱势群体融入主流经济发展的长远规划，以确保他们能发挥长处促进经济发展。为弱势群体提供一站式培训和就业服务。投入巨资推动快速公共交通网络。德班港设施完善，相关的工业发达，集装箱吞吐量超过非洲、南美洲及澳大利亚任何一个港口。德班港成为一个联系远东、拉美、欧洲以及非洲内陆等广大地区的现代化港口，是连接世界东西部的一个主要贸易枢纽。

3.低碳经济，生态系统

2011年11月28日至12月9日，《联合国气候变化框架公约》第17次缔约方会议暨《京都议定书》第7次会议（COP17/CMP7）在南非东部海滨城市德班举行，与会各国讨论全球气候变化及应对措施等一系列重大问题。

4.稳定的治安

相对于约翰内斯堡举世闻名的治安差，德班的治安让人放心很多，因此成为进入南非的有利平台。

5.有利的投资环境

德班现有几十万的中国侨民，80%是福建经商人士，有利于中小企业发展。

五、德班的明天

南非属于中等收入的发展中国家。自然资源十分丰富。金融、法律体系比较完善，通信、交通、能源等基础设施良好。矿业、制造业、农业和服务业是四大经济支柱，深井采矿等技术居世界领先地位。但国民经济各部门、各地区发展不平衡，城乡"黑白二元经济"特征明显。20世纪80年代初至90年代初受国际制裁影响，经济出现衰退。新南非政府制定了"重建与发展计划"，强调提高黑人社会、经济地位。1996年推出"增长、就业和再分配计划"，旨在通过推进私有化、削减财政赤字、增加劳动力市场灵活性、促进出口、放松外汇管制、鼓励中小企业发展等措施实现经济增长，增加就业，逐步改变分配不合理的情况。2006年实施"南非加速和共享增长倡议"，加大政府干预经济力度，通过加强基础设施建设、实行行业优先发展战略、加强教育和人力资源培训等措施，促进就业和减贫。1994年新南非成立以来，经济年均增长3%。

2015年，德班市发展成为国际性的工业、商业中心，旅游度假胜地，是夸祖鲁—纳塔尔省及南非经济发展的龙头。

德班港位于南非东部沿海德班湾的北侧岸，濒临印度洋的西南侧，又名纳塔尔港，它是南非最大的集装箱货运港，也是非洲唯一一个集装箱货运国际港。这个非洲最繁忙的港口连通南非与世界。

扩建德班港是最重要的事情，德班港最大集装箱吞吐量是450万t，已经达到了390万t，随着南非与非洲、亚洲，尤其是金砖国家贸易量不断增加，德班港的压力越来越大。自南非加入金砖国家后，对外贸易有了飞速发展。中国是南非最大的贸易伙伴，南非也是中国进入非洲市场的重要"门户"。数据显示，2011年，中国与南非双边贸易额454.3亿美元，同比增长77.1%。其中，中国对南非出口133.6亿美元，同比增长23.7%；自南非进口320.7亿美元，同比增长116%。累计贸易逆差187亿美元，同比增长362.6%。相比之下，南非与其他金砖国家的贸易往来还比较少。未来，德班要进一步拓展与巴西、印度、俄罗斯的贸易往来。德班港也是重要的汽车进出口货运集中地。德班港汽车进出口业务占南非全国的2/3。此前，丰田汽车在德班设立了生产基地，德班生产的丰田汽车也是通过德班港运往世界各地的。然而，对于德班港而言，另一个挑战是如何吸引更多的企业入驻。德班希望投资 300 亿美元扩建德班港,从而使其集装箱吞吐量达 2 200 万 t。政府只承担其中一部分资金,更多的资金需要企业投资。德班港与上海港已经签订了合作备忘录,双方在人才培训等方面进行了交流。

作为贸易重要载体,德班国际机场也许是世界上为数不多被充分开发利用的机场。德班贸易港分为四大板块:集装箱枢纽、贸易区、农业园区、生活区。这是一个长达 60 年(2010 年至 2070 年)的管理计划,涉及 20.4 km^2 绿地,投资规模 80 亿兰特。在贸易港的中心,有一大片白色顶棚的玻璃房子,这里就是非洲首个现代、高科技农业园区,拥有非洲最大的气候控制种植大棚。德班是一个阳光充裕、雨水丰沛的城市,德班利用机场空地搭建蔬菜大棚,并通过太阳能等环保技术种植蔬菜。这些蔬菜都是有机肥料培养,采摘后直接打包、装箱、运输,确保在最短的时间内送达客户。除此之外,他们也会把德班所有的农产品运到农业园区,通过加工、包装后运往国内其他城市,甚至国外。

德班欢迎中国的投资,支持共建"一带一路"。德班是非洲最繁忙的港口和最大的集装箱集散地,年集装箱处理量达 270 万个,货物吞吐量超过 8 000 万 t:小到南非约翰内斯堡中国商城里的一颗纽扣、津巴布韦首都哈拉雷电子商城里的华为手机、广州超市里的南非海鲜,大到漂洋过海从中国来到南非的机车、南部非洲国家运往亚洲各国的矿石等,大部分都要经过德班港。2009 年中国取代美国成为非洲最大贸易伙伴以来,德班港处理着越来越多来自和发往中国的集装箱。南非出口到东亚地区的集装箱数量年增幅均超过 10%,增幅比较大的产品包括水果、冷冻海鲜和红酒等。2013 年,中国国家主席习近平在德班出席金砖国家领导人会晤时,与南非总统祖马共同见证了德班理工大学孔子学院签约仪式,这是夸祖鲁—纳塔尔省第一家、南非第四家孔子学院。2000 年德班市与广州市建立友好城市关系,2003 年德班港与广州港建立友好港口关系。2015 年,作为南非"中国年"活动内容之一,德班市与青岛市签订友好合作意向书。德班市政府与中国各城市间友好访问不断,并希望与中国在城市建设、"蓝色"经济、港口建设、农业技术及文化、教育、体育等诸多领域展开合作。中远集团、中海集团、振华重工、清华紫光、海信电器等大型企业均在德班设有区域总部或分公司,进行贸易活动和参与港口设施建设。中国投资非洲基础设施建设,极大地促进了非洲的互联互通,这对非洲发展非常重要。德班欢迎更多中国投资,特别是在零售、矿产、能源等领域。南非利用其相对完善的基础设施等优势,继续发挥非洲"门户"的作用,为中非深化合作做出贡献。2014 年,中南双边贸易额达到 603 亿美元,南非连续第五年成为中国在非洲最大的贸易伙伴,中国连续第六年成为南非最大的贸易伙伴、最大的出口市场和最大的进口来源地。随着"一带一路"倡议的推进,德班迎来更多发展良机。

南非政府表示德班市政府制定了一份重振德班内城发展和推动居民及弱势群体融入主流经济发展的长远规划。在长达 5 年的研究和调查中,这份规划得到了德班商会、支柱产业、弱势群体领袖和社区管理者的参与和支持。规划调研团队研究员达琳·孟席斯表示,规划统一了所有非政府组织的特点,以确保他们能发挥长处促进经济发展。此外,规划中确定为那些弱势群体提供一站式培训和就业服务。政府投入巨资推动快速公共交通网络(IRPTN)的发展,第一阶段从 2016 年开始至 2026 年完成。该网络将为城内 85% 的民众提供可靠的、安全的连接工作与生活的交通服务。

第二节 孟买循环经济发展状况

一、概况

孟买,印度马哈拉施特拉邦首府,是印度最大的海港和重要交通枢纽,素有印度"西部门户"之称。

"孟买"一词来源于葡萄牙文"博姆·巴伊阿",意为"美丽的海湾"。1995年11月22日,印度联邦政府决定将其英文拼写改为"Mumbai"。孟买临阿拉伯海,原为阿拉伯海上的7个小岛。16世纪初,古吉拉特邦苏丹将此地割让给葡萄牙殖民者。1661年又作为葡萄牙公主的嫁妆转赠给英国,后经不断疏浚和填充,成为半岛,并筑有桥梁和长堤与大陆相连。

孟买市区背依青山,面临大海,拥有广阔的海滨沙滩和幽静的街头花园,市容典雅秀丽。在月牙形的海岸上,一座座新式的高楼大厦和旧式楼宇交相辉映,入夜,华灯耀彩,金光万点,故孟买有"皇后项链"的美称。

孟买是印度西岸大城市和全国最大海港,是印度马哈拉施特拉邦的首府。孟买岛距海岸16 km,有桥梁与堤道相连。1534年为葡萄牙所占,1661年转属英国,是重要的贸易中心,被誉为印度西部门户。港区在岛的东边,长20 km,水深10~17 m,是天然避风良港,出口棉花、棉织品、面粉、花生、黄麻、皮毛与蔗糖,有国际海运及航空线,是仅次于加尔各答的工商业大城市,是印度最大的棉纺织中心,纱锭和织机均占全国的1/3。毛织、皮革、化工、制药、机械、食品、电影等工业,石油化学、化肥和原子能发电也发展迅速。

孟买人口约为1 300万,是印度人口最多的城市,也是世界人口最多的城市之一。包括邻近郊区的孟买大都会区(MMR)人口约为2 500万。

孟买位于马哈拉施特拉邦西海岸外的撒尔塞特岛,面临阿拉伯海。该市拥有一个天然深水良港,这个港口承担印度超过一半的客运量,货物吞吐量也相当大。

孟买是印度的商业和娱乐业之都,拥有重要的金融机构,诸如印度储备银行(RBI)、孟买证券交易所(RSE)、印度国家证券交易所(NSE)和许多印度公司的总部。该市是印度印地语影视业(称为"宝莱坞")的大本营。由于大量的商业机会和相对较高的生活水准,孟买吸引了来自印度各地的移民,使得该市聚集了各种社会群体和文化。孟买拥有贾特拉帕蒂·希瓦吉终点站和象岛石窟等数项世界文化遗产。

(一)历史兴起

孟买起初是由7个小岛组成的一组群岛,称为"孟买七岛"。

在孟买北部发现的人造器物显示这些岛屿自从石器时代就已经有人居住。最早的文字记载可以追溯到公元前250年,来到这里的古希腊人将这里称为"海薄达希亚"(Heptanesia),意思是"七个岛"。公元前3世纪,这些岛屿是孔雀王朝的一部分,由信奉佛教的皇帝阿育王统治。后来,印度教的希尔哈拉王朝统治这些岛屿,直到1343年被穆斯林的古吉拉特王国吞并。群岛上一些最古老的建筑物如象岛石窟和华尔克希瓦庙宇建筑群可以追溯到这一时期。

1.殖民地时代

1534年12月23日,葡萄牙人从古吉拉特苏丹巴哈杜尔·沙手中得到这几个岛屿。1661年6月23日,葡萄牙凯瑟琳公主嫁给英国国王查理二世,这几个岛屿被作为嫁妆送给英国。1668年9月,这几个岛屿又被转租给英国东印度公司,每年的租金为10英镑。公司在岛屿的东岸建造了深水港,作为他们前来南亚次大陆的第一个停靠港口。这个时期,城市人口迅速增长,从1661年的1万人,增长到1675年的6万人；1687年，英国东印度公司将其总部从苏拉特迁到孟买，该市最终成为孟买管辖区的总部。

从1817年起，该市进行了大规模改造，大型土木工程将这组群岛合并成一大块。这个工程为霍恩比填海工程，完成于1845年，由此城市面积猛增数倍，达到438 km²。1853年，连接孟买和塔那的铁路通车，这是印度第一条客运铁路线。在美国内战期间(1861—1865年)，孟买成为世界首要的棉花交易市场，带来了该市经济的繁荣。不久，随着1869年苏伊士运河的开通，孟买的城市地位变得更加重要，成为阿拉伯海上最大的海港之一。

在其后30年，该市成长为一个主要中心城市，刺激了该市基础设施的改进和许多机构兴修建筑物。1906年，该市的人口膨胀到100万，排名印度第二位，仅次于加尔各答。作为孟买管辖区的首府，它也是印度独立运动的主要基地，圣雄甘地在1942年发起的退出印度运动是该地最重大的事件。

2.独立时期

1947年，印度独立以后，该市成为孟买邦首府。1950年，该市扩展到现有边界，合并了背面撒尔塞特岛的一部分。

1955年，印度各邦开始按照语言进行重组，孟买邦的马拉地人和古吉拉特人要求把该邦划分为马哈拉施特拉和古吉拉特两个语言邦，同时对孟买市的归属产生了严重的分歧，其中一种意见是该市单独成立一个自治的城市邦。马拉地人坚持孟买成为马哈拉施特拉邦的首府，为此甚至引发了大规模的骚乱和流血冲突。虽然最终他们的抗议取得了成功，但其间曾发生过警察开火杀死105人的惨剧。1960年5月1日，以孟买为首府的马哈拉施特拉邦宣告成立。

20世纪70年代末，孟买取代加尔各答成为印度人口最多的城市，建筑业繁荣兴旺，大批移民流入。在1966年成立的湿婆神军党声称要捍卫"土地之子"(马哈拉施特拉邦本地人)的权利。

1992年，在大规模宗派暴力之后，该市长期的社会结构被撕裂，导致生命财产的巨大损失。数月之后，孟买黑社会在几个城市地标制造了1993年孟买连环爆炸案，大约300人丧生。

1995年11月22日，由湿婆神军党执政的马哈拉施特拉邦政府为了贯彻其更改殖民制度遗留的历史名称的政策，将该市名称由"Bombay"更名为"Mumbai"。

2006年，孟买发生了火车连环爆炸案，数枚炸弹几乎同时在孟买郊区铁路爆炸，造成超过200人丧生。

2008年11月26日 印度孟买市发生多起恐怖袭击事件，恐怖分子使用手榴弹和自动步枪袭击了孟买火车站、泰姬陵酒店等多处地标性建筑，造成195人死亡，300多人受伤。

(二)地理位置

孟买的面积为437.77 km²，位于印度西海岸外的撒尔塞特岛，濒临阿拉伯海。孟买大部分地方的平均海拔为10~15 m，其中以孟买的北部地形起伏较大，该市的最高点海拔450 m。

孟买的饮用水由5个湖泊供应，其中有3个湖泊位于都会区界限以内，这3个湖泊中又有2个位于桑贾伊·甘地国家公园内。孟买市内还有3条小河流，都发源于国家公园。该市的海岸线非常曲折，呈锯齿状，因此拥有众多的港湾。撒尔塞特岛的东海岸，被大片的红树林沼泽所覆盖，拥有极其丰富的生物资源。西海岸有2个海滩，被称为"珠湖海滩"和"焦伯蒂海滩"。

由于靠近海洋，覆盖市区的土壤以砂土为主。在郊区，覆盖的土壤则主要是冲积土，相当肥沃。该地区的地下岩石由黑色德干玄武岩组成，其酸碱度可以追溯到白垩纪晚期和第三纪早期的地质时代。

孟买在印度被归类为大都会，在大孟买自治市的管理之下，下设两个独立的区——市区和郊区，分别作为马哈拉施特拉邦2个单独的区。通常，孟买的市区又称为岛城。

由于地处热带，濒临阿拉伯海，因此该市的气候大体上可分为两个主要季节：湿季和干季。湿季在3月和10月之间，特点是湿度很高，气温超过30℃。在6月和9月之间，季风给这座城市带来丰沛的降雨，占该市年降雨量2 200 mm的一大部分。该市最大年降雨量为3 452 mm。单日最高降雨量为944 mm。

干季在11月和2月之间，特点是湿度中等，气温温暖或凉爽。在1月到2月，凉爽的北风使得该市略带寒意。通常每年的温度介于11℃到38℃之间。有记录的最高气温是43.3℃，最低气温是7.4℃。

(三) 社会情况

1. 人口统计

孟买有1 800万人，人口密度约为2.9万人/km²，男女比例为1 000:811，高于全国平均水平，这是由于许多男性离开乡村，来此寻找工作。该市的全民识字率超过86%，高于全国平均水平。

孟买的宗教信仰包括印度教（占人口的68%）、伊斯兰教（占人口的17%）、基督教和佛教（分别占4%）。其余的人则属于袄教、耆那教、锡克教、犹太教和无神论者。

根据1991年的人口统计，孟买的民族有马拉地人(42%)、古吉拉特人(18%)、北印度人(21%)、泰米尔人(3%)、信德人(3%)等。

按照其城市规模，孟买的犯罪率属于中等，2004年发生27 577起刑事案件，比2001年的30 991起下降了11%。该市的主要监狱是亚瑟路监狱。

孟买和印度其他大都市一样，有许多通晓数种语言的人。马哈拉施特拉邦的官方语言马拉地语使用广泛，在街头还流行印地语的一种口语形式——孟买腔(Bambaiya)，这是一种印地语与马拉地语、英语和一些人们发明的口语词汇的混合。英语使用广泛，是该市白领工作者使用的主要语言。大部分的印度语言在孟买人中都被不同程度地使用；其中使用最广的是古吉拉特语、埃纳德语和泰米尔语。

像其他许多发展中国家快速增长的大城市一样，孟买遭遇同样严重的城市化问题，如存在大量的贫困人口，公共健康、职业和教育水准欠佳等。由于孟买的发展空间严重不足，因此许多市民的住所极为狭小，而稍好些的住宅通常又远离工作场所，因此有大批人群需要依赖拥挤的长距离公共运输，这又造成严重的道路拥堵。根据《商业周刊》报道，孟买大约43%的人口住在棚户区和贫民窟。

2. 人民与文化

孟买的许多居民选择靠近火车总站居住，以方便前往工作场所，因为每天在路上要花费大量时间。因此，许多人生活节奏很快，很少有时间从事社会活动。孟买居民用高音喇叭庆祝印度和西方节日。

大都会区有它自己的路边快餐，包括瓦达帕夫(蓬松面包劈开一半，填入锅贴)、潘尼普里(油炸crêpe和罗望子和扁豆调味料)、帕夫布哈吉(蓬松面包加上油炸蔬菜)和布赫普里(爆米花混合物)，而且印度南部菜和中国菜非常普遍。2004年，孟买的贾特拉帕蒂·希瓦吉终点站、象岛石窟均已被联合国教科文组织列为世界文化遗产。

孟买是印度电影的诞生地。1896年7月7日，孟买诞生了印度第一部电影，最初是无声电影，到20世纪初加上了马拉地语对话——印度最古老的电影配音。孟买还以大量的电影院而自豪，包括亚洲最大的IMAX圆顶剧院，在这里唱主角的是宝莱坞和好莱坞电影。许多电影节会热闹整整一年。除了电影，该市拥有繁荣兴旺的戏剧传统，包括当地语言戏剧和英语戏剧。当代艺术在政府投资的美术馆和私人商业美术馆中都得到很好的展示。政府投资的美术馆包括贾汗季美术馆和现代艺术国家美术馆。孟买亚洲文会建于1833年，是该市最古老的公共图书馆。该市还拥有印度大部分的高层建筑。最著名的博物馆是威尔士亲王博物馆和甘地博物馆。孟买是印度性工作者人数最多的城市之一。

3. 交通运输

由于缺少汽车停车位、交通阻塞以及道路条件总体不佳(特别是在雨季)，大部分孟买居民上下班依靠公共交通。该市是2个铁路公司的总部。中央铁路公司总部位于贾特拉帕蒂·希瓦吉终点站;西部铁路公司总部靠近教堂门。该市交通的脊柱，孟买郊区铁路最初兴建于1853年3月，是英国人在印度兴建的第一条铁路，也是全亚洲最古老的一条铁路。这个铁路系统由3个南北向贯穿全市的单独的网络组成，按照人口的地理分布与商业区的位置修建，构成孟买大运量运输的主要模式。孟买郊区铁路以其利用程度与乘客密度之高而著称。西部铁路公司在城市西部运营，而中央铁路公司覆盖大都会区中部和东北部。线路都延伸到了远郊地区，总长度约为125 km。海港线是中央铁路公司的一条郊区线路，长达54 km，沿着该市的东南部，靠近船坞，并延伸到新孟买。孟买通过印度铁路与印度大部分地区有便捷的联系。

公共汽车由市立的孟买供电交通公司(BEST)运营，几乎覆盖整个大都会区以及新孟买和塔那的一部分。公共汽车用于中短途交通，而火车对长距离运输更为经济。BEST车队由单层公共汽车、双层公共汽车和空调车组成。

黑色和黄色出租汽车可以搭载4名带行李的乘客，覆盖大部分都会区。自动人力车只允许在郊区行驶，是那里主要的交通形式。这些3个轮子的车辆能够容纳3名乘客。

孟买的贾特拉帕蒂·希瓦吉国际机场是印度最繁忙的机场，运营货运和国际航班，而圣塔克鲁兹机场运营国内航班。附近的珠湖机场是印度第一个机场，现在充当飞行俱乐部和直升机场。

由于其独特的地形，孟买拥有世界最好的天然港口之一，承担该国50%的客运以及货运中的很大份额。这里也是印度海军的重要基地。从轮渡码头可以搭载便宜的轮渡前往该地区的岛屿和海滩。

4. 公共事业

该市饮用水由政府负责供应，大部分来自图尔西湖和维哈尔湖以及更北面的几个湖泊。在班杜普有亚洲最大的水过滤厂。政府还负责全市的道路保养和垃圾收集。每天产生的垃圾绝大多数都运往西北部的果赖、东北部的穆隆德和东部的德奥纳的垃圾场。污水处理在沃里和班德拉进行。

市区的电力由公营的孟买供电交通公司(BEST)负责供应，郊区则由瑞恩莱斯、塔塔集团和马哈拉施特拉邦供电有限公司负责。该市大部分电力来源于水电和核电。最大的电话服务商是邦立的马汉那加电话有限公司(MTNL)，在2000年以前垄断经营固定电话和手机服务。手机覆盖范围广泛，主要服务商是奥兰治公司、机场酒店公司、BPL集团、瑞恩莱斯电信公司和塔塔电信。GSM和CDMA服务在该市都可使用。宽带网的使用正在增长，MTNL公司和塔塔集团是主要服务商。

5. 教育

孟买的学校既有"市立学校"(市政机关开办)，又有私立学校(由信托机构或私人开办，通常也接受政府资助)。许多居民选择将子女送入私立学校就读，因为它们基础比较扎实，并且使用英语作为教育语言。所有的私立学校都附属于马哈拉施特拉邦中学证书部(SSC)或者全印度中等教育证书(ICSE)和中央中等教育委员会(CBSE)。属于ICSE和CBSE系统，以及天主教修道院或耶稣会所开办的学校，需求都特别大。政府开办的公立学校大多缺乏设备，但这是穷人的唯一选择，因为他们付不起私立学校昂贵的学费。

在"10+2+3"学制下，孟买的学生需要先接受为期10年的中小学教育，然后进入2年制的专科学校，在那里，他们从3大领域中选择一个：文科、商业和理科。随后或者在某一领域内学习综合课程，或者学习一门专业课程，如法学、工程学、医学等。该市的大多数学院都附属于孟买大学，因而就毕业的学生人数而言，该大学是世界最大的大学之一。在孟买还有印度最主要的工学院之一——印度理工学院孟买分校以及SNDT女子大学。

孟买拥有印度2个重要的研究机构：塔塔基础研究协会(TIFR)和巴巴原子能研究中心(BARC)。

6. 体育

和印度其他地方一样，板球也是孟买最为

流行的一项运动。板球比赛通常在遍布全市的操场上进行。后院板球是板球的一种改良形式，可以在该市狭窄的小巷中进行，特别常见于星期日。孟买还诞生了几名国际著名的板球选手。该市对国际板球赛事极为关注，在印度板球队参加重要比赛的数日内，该市几乎陷入了停顿状态。该市共有2个国际板球体育场：万克和德体育场和布赖伯恩体育场。当地的孟买板球队是该国顶级国内板球巡回赛中实力最强的球队之一。

总体来说，足球在孟买受欢迎的程度虽然比不上西孟加拉、喀拉拉和果阿，但是在漫长的雨季，由于无法进行其他的户外运动，足球在孟买也是一项颇受欢迎的运动。在孟买，世界杯足球赛是收视率最高的节目之一。印度的国球曲棍球则急剧衰落，在普及方面输给了板球，尽管有许多孟买球员在国家队效力。

其他运动主要在众多的俱乐部和竞技场进行，包括草地网球、壁球、台球、羽毛球、乒乓球和高尔夫球。孟买还进行橄榄球比赛，是印度极少进行此项运动的城市之一。每年2月，孟买在马哈拉希米赛马场举办的赛马会，都引起公众的广泛关注，届时会有不少衣着时尚的上流人士参与。其他运动如排球和篮球则主要流行于大中学校。

自2004年起，由渣打银行发起举行每年1次的孟买马拉松长跑活动，旨在推进印度大众体育。

（四）经济情况

孟买市位于大孟买的南端，面临巴克湾，是印度仅次于加尔各答的第二个工商业城市和金融中心，是马哈拉施特拉邦的首府，在政治、经济、军事和文化方面都占有重要地位。气候温和湿润，2月最为凉爽，在7—9月的雨季里，气温下降，空气湿度大。孟买市的开发和建设比印度其他大城市晚，虽然历史较短，但是现代化程度却较高。14世纪中叶，孟买还是一个在印度教国王统治下的贫穷的渔村，1534年，葡萄牙人开始在这里建立殖民据点，1665年为英国人占领。东印度公司看中了这个据点和天然良港，苦心经营，建起了昭坞和设备齐全的要塞。到19世纪下半叶，再次填海扩地，港口设备日臻完善，兴建了许多大型建筑物。进入20世纪后，开发了城市的北部，在城南填充巴克湾，城市建设持续发展。岛上名胜古迹多，风光奇特，旅游者络绎不绝，是重要的游览区。

全国最大的棉纺织中心孟买位于马哈拉施特拉邦西海岸外的撒尔塞特岛，面临阿拉伯海，是仅次于加尔各答的工商业大城市，其纱锭和织机均占全国的1/3，石油化学、化肥和原子能发电、毛织、皮革、化工、制药、机械、食品、电影等工业也迅速发展。外海开采大陆架油田，炼油工业发展迅猛，也为孟买带来了可观的利益。

孟买贡献了全印度10%的工作岗位、40%的所得税、60%的征收关税、20%的中央征收特许权税、40%的对外贸易和400亿印度卢比（90亿美元）的社团税。许多印度金融机构将总部设在孟买南区，包括孟买证券交易所、印度储备银行、印度国家证券交易所、印度政府造币厂。许多外国银行和金融机构也在这个区域设立分支机构。

直到20世纪80年代，孟买的繁荣很大程度上依靠纺织厂和海港，孟买每年生产的棉布、棉纱行销国内外，在东南亚市场享有盛誉。孟买是印度纺织业的发源地，还是世界上最大的纺织品出口港之一。各种印度花布、麻纱，大多从这里输出。孟买也是印度的经济中心和工业基地。孟买的工厂数目占全印度的15%，纺织工厂占40%。孟买是世界上最大的纺织品出口港，有"棉花港"之称。孟买港是世界十大城市之一，是印度的第一大海港，海陆空运输的重要枢纽，是印度的纺织工业中心、电影制片中心、金融中心，同时也是印度最大的商贸城和外贸进出口货物的最大集散地，被人们誉为印度的门户。孟买港和很多欧洲城市一样，城内绿化很好，大街小巷绿树掩映、花园苗圃姹紫嫣红，有代表性的是市中心的甘地花园。在繁华市区的楼群中蓦然出现一大片开阔绿地，古树参天、森林茂密、绿草茵茵、百花盛开，特别是那别具一格的小屋更是令游人称奇，站在花园山包上眺望湛蓝的大海、眺望透过树林时隐时现的高楼大厦真让人心旷神怡。这是当年英迪拉·甘地总理自己出钱为孟买港居民修建的，至今免费入园，令人称道。

孟买拥有大批不熟练和半熟练的劳动人口，基本上只能依靠充当叫卖小贩、出租车司机、技工或其他蓝领职业谋生。港口和航运业直接或间接地雇用了大批居民。

孟买拥有一个天然深水良港，这个港口承担印度50%以上的客运量，货物吞吐量也相当大。港区在撒尔塞特岛的东边，长20 km，水深10~17 m，为天然避风良港。

孟买港是印度西海岸中部最大的进口港口，也是印度唯一的天然深水港湾。港口面积194 km²，从南到北长约22.5 km，宽6.4~9.7 km，海港水深6.7~12.2 m。主航道宽度2.4 km，可以同时停泊4万吨级以下舰船百余艘。孟买港交通方便，有专为港口服务的铁路系统，主要码头有铁路连接，国家级公路经过这里，距离圣克鲁斯国际机场仅有24 km。

娱乐业是孟买另一大产业。印度大部分重要电视和卫星网络以及主要出版社都将总部设在孟买，故亦有"印度的百老汇"之称。印地语电影业的中心宝莱坞，连同它的最大的摄影棚也都位于孟买，马拉地语影视业的基地也位于孟买。

孟买作为印度的商业首都，它和印度其他地方一起见证了1991年经济自由化以来的金融和IT、出口、服务业的繁荣。孟买的中产阶级在这次繁荣中受益，并推动了随之而来的消费繁荣。

孟买市有亚洲最长的首饰街"黄金市场街"，这里经营金银珠宝的大小商铺鳞次栉比，店店相连。陈列各色金银首饰的橱窗琳琅满目，进出孟买的旅客和游人都要来此选上一两件称心的首饰，推动了孟买的旅游业以及经济的发展。

二、孟买城市循环经济发展格局

（一）概况

为了分散特大城市的职能与人口，需要在区域内建成足以抵消大城市向心力的城市体系，这首先要建立地区性生产综合体，提供工业发展基础，并综合开发高速交通线网，加强区内联系，合理安排行政、文化、工业、商业和生活等各种职能区，均衡布局各类设施，在此基础上形成以综合职能为中心并与各种专业化城镇相结合的城镇群。城市外部形态也将随之而发生变化、扩展，逐渐向郊区发展。

城市外部形态发展的最基本模式有两种，一是呈同心圆状连续地由内向外扩散，二是沿主要交通轴线呈放射状扩散。但这两种模式对孟买而言，几乎是完全不相适应的，这是由于孟买位于岛屿之上，周围没有可供扩散的空间。孟买早期系由岛上若干聚落发展而成，这样的自然环境在最初不仅有天然良港可资利用，而且四面环水的地形也有利于保护城市的发展，使之不受外来侵扰。随着生产力的发展，岛屿不仅失去了保护城市发展的优势，反而使城市发展受到严重的空间限制，四面环水的天然屏障抑制了城市的发展，使连续扩展的方式无法进行。尽管孟买岛北部与大陆之间通过大桥与海堤已经紧密地联系在一起，但孟买城市外部形态的发展仍然只有在人为规划的指导下，有计划地成组、成团向郊区呈不连续的跳跃式扩展，以减轻中心城区的压力。

为了达到这一目的，从20世纪50年代起，孟买市政当局即开始为解决孟买城市问题做了大量工作。纵观数十年来为解决城市问题而提出的一系列方案和建议，其核心大抵都是通过增强逆向吸引力来缓解孟买岛人口日益集聚的矛盾，即通过区域内城镇体系的重新布局，使区域内各城镇形成相互密切联系的群体，从而克服旧城的人口向心力。

城市化与孟买发展紧密相关，城市化是孟买发展的关键。城市化反映了孟买社会多元化的一面，孟买的城市化发展与世界上其他国家一样，即经济发展与城市化齐头并进，城市是孟买不同阶层的共同家园，城市化是孟买经济发展的一个缩影，是印度经济包容性增长的关键。

城市化并不仅仅意味着经济增长和高收

入,城市化还为普通市民提供高质量的生活,城市化提供高效率的交通工具,城市化创造大量的税收,城市化的辐射效应更使周边的农村地区受益匪浅,城市化在使它的发展成果惠及更广泛的群体中起着关键性的作用。

孟买城市化是获得基本服务的最具成本效益的工具。城市之间的互动促进生产力发展,这是经济增长的潜在动力之一。由孟买城市化带来的规模效益大大降低了服务业的成本,这在印度和世界其他地方都是如此。但对孟买来说,城市化规模效益减少服务业成本显得更加重要、更加特殊,因为城市化可以用公共供应站降低供应成本。同样的优势也体现在基础设施方面。基础设施的某些要素对高端服务业是极其重要的,以国际机场为例,国际机场只有在人口集中的中心城市这一范围内设立,在经济学上才是可行的。

孟买城市化是税收收入的主要来源,它对经济发展所需的资金至关重要。因此,孟买城市化的健康发展,对于印度整个经济的发展包括农村经济持续循环发展有着决定性的作用。

(二)采取的主要措施

1.规划卫星城镇

为了分散孟买的人口和其他职能,需要新建或扩建相对独立的城镇。1970年,孟买都市区域规划局(BMRDB)完成了在大陆部分建设一个卫星城的具体规划方案,即建设一个"新孟买",与旧城相对独立。新城规划在20世纪80年代人口达到100万,90年代达到200万,这对于发展生产协作、创造就业机会、提高公共设施水平,都起到了推动作用,更重要的是新城接纳从旧城区疏散出来的人口和企业,可以缓解旧城的压力。

2.改良对外交通条件

交通的发展对城市形态的发展有决定性的影响,交通方式的变化会促进、推动城市的空间扩展。早在20世纪50年代末期,有关部门便提出了改进孟买对外交通联系的若干建议,主要包括扩建海堤、增加铁路桥梁、兴建铁路和高等级公路,以改善孟买岛与大陆的交通联系,促进城市向外发展。

3.严格控制旧城的发展

对孟买旧城区的发展实行严格控制。控制住经济职能的进一步膨胀,有利于改善城市社会生活环境。这主要体现在市内新增设各类行政机构和对工业企业进行严格控制,通过限制旧城区就业机会的增长来控制人口的增长,逐步削弱其对人口迁移的吸引力。

4.有计划有步骤地从旧城区向新城区疏散出一些城市职能和人口

为了刺激新规划城镇经济活力的增长和控制旧城区的发展,有关部门通过周密的安排,采取行政和法律的手段,有计划地逐步从旧城区向新规划区搬迁部分工商业机构,这种按行业、按部门的逐步迁出,疏散出一些城市职能,调整了旧城区的功能结构,同时也缓解了旧城的人口压力。

(三)城市空间发展的不同阶段

有了切实可行的规划,如何认真组织有关力量具体落实,便成了一个至关重要的问题。孟买城市区的空间发展可以明显地分为两个阶段,即20世纪70年代以塔纳为重点的大孟买发展阶段和20世纪80年代以新孟买和纳瓦·锡瓦港为重点的发展阶段。两个发展阶段侧重发展的地域不同,在发展中所遇到的问题和解决问题的措施亦有较大差异。

1.第一阶段:以塔纳为中心的大孟买发展阶段

1970年1月,马哈拉施特拉邦政府正式批准了孟买都市发展局的具体规划方案,按照这一方案预测,到1991年大孟买人口规模将达到89万,这个数字几乎与1991年3月的人口普查数据完全吻合。但是,该方案从基础设施的建设、特别是供水情况考虑,预测到1991年孟买岛的合理人口容量控制在700万左右。这个数目却与人口普查的实际结果相差甚远。为了实现脱离孟买岛而向大陆其他部分倾斜发展的目标,方案规划了在大陆上新建一个相当规模的新城市区,以分散旧城的行政和加工工业职能,并疏散部分旧城人口和发展第三产业,使城市空间发展格局实现第一次跳跃。所以,在整个20世纪70年代,孟买向郊区扩展的重点区域是以塔纳为中心的大孟买地带。这一方案自从跨塔纳湾工业发展区和塔洛贾工业发展区建立以来,由马哈拉施特拉邦工业发展局负责组织实施,到20世纪70年代中期已经发展到一定规模,特别是为了扩大工业品的出口能力,1974年建立了桑塔克卢斯电子出口加工区,更进一步刺激了该区的发展。从孟买到塔纳之间已经基本形成了一个连续的综合性工业地带。

在这一阶段,由于政府将发展重点放在塔纳一带,新孟买和纳瓦·锡瓦港地区的发展则相对缓慢。建设纳瓦·锡瓦港的主体方案于20世纪70年代初期已获得政府批准,规划第一个泊位应于1977年投入使用。但由于建设资金不到位等原因,这一工程和连接新孟买的铁路一直推迟到1986年才正式动工,使这一地带的发展与塔纳地区相比很不协调,所产生的逆向吸引力也相当微弱。

第一阶段发展的结果是塔纳地区迅速地发展并与孟买连为一体,形成城市连绵区。原来设计的地域上相互独立性实际上已不复存在,而新孟买地区则由于基础设施建设节奏缓慢,难以产生较强的凝聚力,难以吸引商业部门和行政部门迁入;另一方面,孟买岛的发展仍然得不到有力的控制,新机构和新建筑仍有向旧城区集中的趋势,人口也从1971年人口普查时的597万增加到1981年的824万,新孟买的人口则仅为25万,远远达不到第一阶段规划目标100万的规模,而且这25万人口中还包括了大量早在规划之前便生活在这里的农业人口。

2.第二阶段:以新孟买为中心的发展阶段

20世纪80年代以来,政府将城市发展重心从塔纳推进到新孟买,开始了城市空间发展上的又一次跳跃。新孟买和纳瓦·锡瓦港一带自然条件与经济社会条件的特殊性,特别是在基础设施建设落后的条件下,所采取的措施也有较大的差异,这主要体现在:一方面采取行政干预和法律的手段将孟买岛旧城的有关商业贸易职能迁移至新孟买区。从1981年起,逐步将原来位于孟买岛南部的农产品批发市场陆续迁往新孟买的瓦西(Vashi)区,在10年内已经完全搬迁的有谷物、油料、种子、蔬菜、香料、干果、糖类、调味品、椰子、茶叶、鲜花等批发市场。钢铁批发市场及其附属堆料场地也已搬迁到新孟买的卡拉姆波里(Kaalmboli)。搬迁工作的难度相当大,首先是各批发公司和商人均不愿舍弃原有区位收益较高的繁华商业区而迁至相对萧条的地带,其次是新规划的批发商业区基础设施尚不能满足需求。有鉴于此,市政当局一面采取积极措施,在新区先以简易建筑安顿迁来的公司,然后再逐步改善基建条件,一面以行政和法律手段,将按规划应迁出的公司商号搬出。另一方面由于建设资金筹措的困难,基础设施的建设相对落后,政府除了常规途径之外,还通过发行债券等方式,扩大资金筹集渠道,增加资金投入,如纳瓦·锡瓦港口建设和新孟买铁路均采取发行债券的办法筹措资金,从而加快了建设步伐。港口建设于1986年动工,1989年3月全部完成,并投入使用。

新孟买基础设施建设中另一个薄弱环节是住房严重短缺,在缺乏基本生活条件的前提下是难以吸引大量人口从中心城区迁出的。为此,市政当局为改善住房条件做了大量工作,先期完成了5.8万套住宅的建设,还有近2万套正在建设中,此外还为私营房地产开发公司提供地块,建设了2万套住宅并兴建了大量机关团体办公用房。

随着建设条件的改善,新孟买对人口和经济部门的吸引力逐渐增加。到1991年人口普查时,新孟买人口已经超过了50万,比10年前增长了一倍以上,尽管只达到第二阶段规划目标的1/4,但其循环增长的经济活力逐渐显露出来。

孟买城市"郊区化"发展已经取得了一定的成就,初步形成了环孟买湾呈半封闭带状分布的城市聚合地带,在一定程度上缓解了旧城的压力。其中最重要的,一是严格按照孟买城市工业规划模式来规划和实施城市建设项目,合理配置了其他相关部门和生活设施;二是制订了切实可行的方案,保证了新城区建设中的资金需求,尤其是交通和供水等建设项目;三是以税收等经济干预手段,进一步控制了孟买岛旧城区的膨胀。

孟买在城市发展中能根据自己的自然条件和社会经济条件,扬长避短、因地制宜地选择一种适合自己的独特的发展模式,使多方面的优势得到充分发挥。首先,它采用逐级跳跃式发展,以交通干线连接各个城市区,各城区之间以乡村相隔,这对于印度这样一个城市化水平较低的国家来说,既有利于截留和吸收广大农村地区剩余劳动力,又有利于有效地利用交通干线组织交通走廊,分散特大城市的中心职能;其次,这种模式使若干城镇区在空间仍具有相对的集中性,保持了特大城市的集聚效益,又使城市发展在结构上具有较大的弹性;最后,这种模式既避免了原有城市位于岛屿难以扩展的矛盾,又使这一天然良港得以更加循环有效地利用。

尽管如此,这种城市发展模式还是存在若干弊端,并逐步显露出来。一是这种格局增加了城市建设的投资,新建城区的生活服务设施在短期内不易配套,影响到它的吸引力,形不成规模,这种情况在新孟买地区表现得更为严重,二是在各建成区之间原规划的自然空间,也会随着各城区的发展而逐渐消失,例如在塔纳与孟买之间,尤其是主要交通线路附近的农田或绿地几乎已被蚕食一空。

综上可见,城市形态的发展虽然在每一个阶段都在一定程度上从属于某种有意识、有规划的建设过程,但同时也受到社会自发的无计划因素的影响。在一个城市发展中,如何正确地根据具体的社会经济和自然条件,选择城市内外形态的发展方向是至关重要的。实际上,几乎没有一个城市是严格按照事先安排好的格局去发展的,而总是按其自身固有规律,在有规划和无规划的双重作用下发展的。所以在研究城市向外扩展和郊区化过程时,不应完全局限于某种形态优越的偏执观念公式,而应结合城市固有的自然环境与社会经济条件,合乎规律地选择和引导。孟买城市区在郊区化过程中所选择的空间发展模式及其所采取的一些发展措施,无疑对其他国家的部分城市的经济发展具有一定的参考价值和借鉴意义。

三、孟买农产品供应基地的发展

(一)农产品产业优势

孟买是印度全国最大的棉纺织中心,是仅次于加尔各答的工商业大城市,素有"棉花港"之称,是全印纺织业的中心,棉纺业发达闻名于世,它的纱锭和纺织机数量占印度全国的1/3,每年生产大量的棉纱、棉布,行销印度各地、东南亚和欧美各国。

孟买水资源丰富,土壤肥沃,适合农业种植。市内有3条小型河流,都发源于桑贾伊·甘地国家公园。该市的海岸线非常曲折,呈锯齿状,因此拥有众多的港湾。撒尔塞特岛的东海岸,被大片的红树林沼泽所覆盖,拥有极其丰富的生物多样性。西海岸有2个海滩,称为珠湖海滩和焦伯蒂海滩。由于靠近海洋,覆盖市区的土壤以沙土为主。在郊区,则主要是冲击土,相当肥沃。

(二)农业在孟买经济发展和对外贸易中的重要作用

农业对孟买经济的发展和对外贸易起着决定性作用,是孟买赖以生存的基础。

1.农业是孟买工业发展的基础

农业为孟买工业发展提供原料和城市人民的生活必需品,其轻工业原料的直接来源就是农业。虽然马哈拉施特拉邦是印度著名的工业化邦之一,但是农业的发展仍然具有非常重要的意义。西部孟买—浦那—塔纳地区现已成为工业集中的综合发展区。据估计,1962年孟买提供全邦工厂就业劳动力的近67%,工业进一步集中在这里。20世纪60年代中期后,梦弗政府刺激其他地区工业的发展,孟买地区工厂就业的比重逐渐下降,到1981年下降到50.7%,浦那—塔纳地区的工厂就业比重从1962年的大约5%上升到

11%,西部其他地区也有略微增长。农业对孟买的重要性,可从如下几点看出。

1)孟买工业中以纺织业为中心,有棉纺厂61家,丝绸、羊毛、针织品厂330余家。20世纪70年代初,棉纺厂增加到70多家,纺锭300多万支,织机6万多台,约占全印纺锭和织机总数的1/3。纺织工业必然由农业提供棉花、蚕丝和羊毛,尤其棉花最为重要。所以,马哈拉施特拉成为印度重要的棉花生产区之一。1983年10月,联邦政府对孟买棉纺厂中的13家实行监管,其中12家已经由国家纺织公司公营部门经营,另一家由邦纺织公司经营,在公营部门经营下的棉纺厂达到26家。

2)孟买拥有约200家食品、饮料和烟草厂。这些工厂同样以农副产品为原料,尤其制糖工业较为发达。在马哈拉施特拉邦,合作糖厂非常普遍,其中不少集中在孟买周围,1982—1983年共有糖厂78家,其中,合作糖厂67家。所以,同期马哈拉施特拉邦甘蔗的种植面积增长指数是全印度平均增长指数的近3倍。

3)孟买的50多家兽皮和制造皮革工厂,所需要材料直接由马哈拉施特拉邦畜牧业产品供给。

所以,孟买经济的发展,在某种程度上决定于农业发展的速度。要持续循环发展孟买的经济,就必须建立强大而且有效的农产品生产基地。

2.农产品在孟买对外贸易中的地位

孟买港是印度最大海港和第二大工商业城市,马哈拉施特拉邦首府。位于印度半岛西岸中部,临阿拉伯海。在印度西海岸,北部泥沙淤塞,南部高山逼岸,唯独孟买港具有发展港口的良好条件。孟买港并不是在大陆上,而是离岸16 km的岛屿,由孟买港等数岛组成,有堤道、桥梁相连,并与大陆相接,称大孟买港。面积603 km²,人口1 100万。这个地区在地质上是大陆高原断陷分割出去的一块陆地,因岸陡港深,是个天然良港。港口位于孟买港岛东岸,港口海岸线长20 km,有42个泊位,能停泊2万~3万吨级轮船,年吞吐量2 000万t。印度有80多个国际港口,但总吞吐量仅7 000万t左右,海运量较小。孟买港担负全国进出口贸易总额的半数。出口货物主要有棉花、棉织品、小麦、花生、黄麻、皮革、锰矿石、石油制品、蔗糖和香料等。进口货物主要有工业设备、建筑材料、钢材和粮食等。孟买港的交通,陆路、水路都比较方便,有多条航线通往世界各大城市,在国内有豪拉—孟买港线、孟买港—马德拉斯线、德里—孟买港线、加尔各答—孟买港线等多条铁路干线和多条公路干线通往内陆各地。

孟买港的工业发达,是全国经济中心之一,全市工厂数约占全国总工厂数的15%。其中,纺织业最为著名,其纺织厂数占全国纺织厂总数的40%,纱锭和纺织机占全国总数的30%。孟买港每年生产的棉布、棉纱行销国内外,在东南亚市场享有盛誉。孟买港是世界上最大的纺织品出口港,有"棉花港"之称。除棉纺外,还有麻纺、毛纺、化纤、混纺和纺织机械等行业,已形成完整的纺织工业体系。此外还有机械、汽车、石化、造船、化肥等工业部门。

在印度十大港口中,孟买是第一大港,年吞吐货物量列全国之首。1978—1979年,十大港口共吞吐货物6 972万t,而孟买港独占1 567万t,1982—1983年,孟买港占全印度十大港口货物吞吐量的22.7%,达到2 274万t,1984—1982年吞吐货物达到2 520万t,占总吞吐量的24%。

(三)农业发展战略

在孟买的进出口贸易中,农产品占有很大的比重。从20世纪70年代进口商品看,1974—1975年通过该港口的粮食188万t,植物油3万t,肥料和原材料131万t,农产品进口所占比重不大。但是,印度是传统的农产品出口国,经由孟买港输出的主要货物是从马哈拉施特拉邦和其他各地汇聚来的棉花、小麦、花生、麻、糖、香料和皮革等。1975—1976年由孟买港出口的195万t货物总量中,糖25万t,油饼26万t,植物油4万t。

孟买港口的农作物进出口的吞吐量不断扩大,1987—1988年,农产品的吞吐量增加到

1 400 万 t。

如今，印度有长达 7 517 km 的海岸线，分布着 12 个主要港口和 200 个非主要港口，其中 47 个非主要港口运作活跃。在 2006—2007 财年，孟买货物吞吐量达 5 236 万 t，同比增长 18.5%，远远超过了印度航运部制订的 4 900 万 t 的目标，并取得了连续三年创历史新高的好成绩。孟买港 2012—2013 财年前 10 个月（2012 年 4 月至 2013 年 1 月）货物吞吐量同比增长 7%，为 4 850 万 t，其中，进港货量 3 360 万 t，高于上年同期的 3 120 万 t，离港货量 1 490 万 t，高于上年同期的 1 390 万 t。集装箱吞吐量同比基本持平，为 4.97 万 TEU，其中进口量为 4.01 万 TEU。2011—2012 财年，孟买港货物吞吐量为 5 600 万 t，比上一财年增长 3%。

莫迪上任前，印度政府为扭转港口业颓势，出台了多项宽松政策，包括对港口 100% 直接投资，不设行业限制、对种族零要求、10 年不上所得税、预缴的可替代最低税收用于年底结算抵扣税金等。虽然政策刺激不断，但印度港口货物吞吐量仍不见快速增长，集装箱箱量甚至出现负增长。印度港口协会的数据显示，2013—2014 财年，印度主要港口货物吞吐量均出现同比增长，其中，帕拉迪布、尼赫鲁和孟买港增速分列前三。由此可见，孟买港对于孟买的经济发展起到了极为重要的作用。从近 5 年港口货物吞吐量来看，其总货量呈现稳步上升趋势。

对于孟买这样的工商业沿海港口城市，农业对其发展有着特殊的战略意义。但是，孟买及其周围地区几乎没有农业。蔬菜、水果和花草主要是观赏性的栽培，在新划进的地区和毗邻郊区虽然有一些水田，但是种植规模极小。所以，马哈拉施特拉邦成为孟买市的农产品发展基地，孟买的农业发展方向要看马哈拉施特拉邦的农业发展方向。

马哈拉施特拉邦农业发展战略的第一步是在保持生态平衡的前提下，根据水源条件，充分利用土地资源，进行土地的综合开发；第二步是努力提高农民生产能力，改革传统生产方式，从而获得最大的利益。以下 3 点值得借鉴。

(1) 根据市场需要，调整农村产业结构

马哈拉施特拉邦有广大的农产品市场，有发达的交通网络，农林牧副渔全面发展是农村发展的基本方针，根据市场需要随时调整生产计划，扩大高价值的鲜活产品的生产。这是马哈拉施特拉邦调整农村产业结构的基本做法。

(2) 改良农业技术，建立模式村

马哈拉施特拉邦除了按农村经济区域规划，因地制宜发展农业外，还在每一个行政区建立一个模式村。这个村在政府的支持下，各项生产活动，包括土地开发、资源利用、技术推广，首先通过这个村试点，再总结经验教训逐步推广。

(3) 制定特殊计划，缩小地区差别

马哈拉施特拉邦既有先进的工业区，又有民族聚居的落后区，既有雨水充沛的农业区，又有干旱、半干旱地区，经济发展极不平衡。邦政府对落后地区制定特殊的开发计划，如就业保证计划、全国农村就业计划和农村无地农民就业计划等，提高落后地区的经济水平，促进以孟买为中心的经济循环发展。

四、孟买市郊铁路的建设运营

(一) 概况

孟买郊区铁路最初兴建于 1853 年 3 月，是英国人在印度兴建的第一条客运铁路，也是全亚洲最古老的一条铁路。孟买市郊铁路由三家主体运营管理，一是中部铁路局运营的从 CST 车站到 Kasara 的 125 km 市郊铁路，二是西部铁路局运营的从 Churchgate 到 Dahanu 路的约 100 km 的市郊铁路，三是由其他运营主体管理的海港线。

中部铁路局运营的线路从孟买—Kalyan 共 53 km，再到 Khopoli，共 125 km，每天运行 22 个小时。西部铁路中的 Churchgate 到 DahanuRoad 段每天运送旅客 320 万人，相当于孟买郊区铁路日客运量的 43%。海港线是中央铁路公司的一条郊区线路，长 54 km，沿着该市的东南部，靠近船坞，并延伸到新孟买。孟买市郊铁路分为慢线和快线，慢线是专为市郊通勤服务的，快线为城市铁路、区域铁路和干线铁路共同使用，只运行速度较快的列车。孟买投资建设两条新线，专门用于城市通勤服务，以满足日益增长的以孟买为中心的城市群的出行需要。

(二) 轨道交通建设发展规划

制定孟买城市捷运系统总体规划的目的主要有3个。一是鼓励那些在地铁站点邻近区域半径在1~2 km范围内的居民乘坐轨道交通；二是孟买存在一些郊区铁路线路未能覆盖的区域，捷运系统建设有助于消除一些轨道交通空白地带，提高其覆盖水平；三是为那些到塞恩、新孟买以及瓦萨伊—维拉等地区出行的居民提供更好的轨道交通换乘服务。

按照孟买大都市区发展局的设想，未来孟买计划建设146.5 km的地铁线路，预计总投资达1 952亿卢比（约合50亿美元），具体分为3个阶段进行：一期工程（2006—2011年），三条地铁线共计62.68 km；二期工程（2011—2016年），两条地铁线共计19.9 km；三期工程（2016—2021年），四条地铁线共计62.8 km，线路里程总计146.5 km。下面着重介绍一期工程建设情况。其中，沃色瓦—安德赫瑞—伽特克帕的轨道交通走廊主要是东西向线路，全长11.07 km，设有12个站点，全部为高架线路。从技术指标来看，该线路的最大设计坡度是4.0%，最小转弯半径是100 m，最小地面净空高度是5.5 m，站台长度135 m，单节车厢长22 m、宽3.2 m。列车最高时速为80 km，平均时速33 km，加速度为1.0 m/s^2，减速度为1.2 m/s^2。

从发车频率来看，2009年设计发车频率是每4 min发车一班，2021年的远期目标是每3 min发车一班。该项目采用了建设—拥有—运营—移交的运作模式，项目投资额达235.6亿卢比。沃色瓦—安德赫瑞—伽特克帕的轨道交通走廊于2008年2月8日开始动工建设。线路建成之后，孟买的中部与西部郊区之间的轨道交通联系有望改善。乘客可以通过该线路的安德赫瑞和伽特克帕站点方便地换乘郊区铁路，从而实现捷运系统与郊区铁路的联合运输。该线路的建设还有助于推动当地商业开发。根据预测，2021年日客流量将达66.5万人次，2031年日客流量将达88.3万人次。

总体来看，虽然孟买已经建成了比较完善的郊区铁路通勤网络，但是其城市轨道交通建设还是近些年来的事情。为了应对孟买大城市的交通拥挤问题以及不断恶化的空气质量，大力发展轨道交通可以说是大势所趋。孟买的城市捷运系统建设尚属于快速发展的成长期。可以预见，随着快速捷运系统的建设，轨道交通网络日趋完善，将极大地改善并加强孟买市区内部及与郊区之间的联系，同时有助于缓解城市内部的道路交通压力，预防并减少交通拥堵。

(三) 孟买市郊铁路建设运营的特点

孟买市郊铁路建设运营有效地缓解了交通拥堵问题，不断恶化的空气质量问题也得到一定程度的改善，可以从4个方面分析孟买市郊铁路建设运营的特点。

1. 缓解客流压力

随着经济的发展和城市的繁荣，城市人口的急剧增长和郊区移民的不断涌入，孟买郊区城镇化进程加快，开始形成围绕孟买城市岛的卫星城市。孟买市郊铁路很好地缓解了市中心和郊区之间的大量客流，把市区与郊区连成一体，不仅提供了卫星城与城市间的通勤服务，还承担了市中心与邻近市镇间的长距离大运量的运输，逐渐成为孟买快速轨道交通系统的重要组成部分。因此，孟买市郊铁路是适应城市化发展的产物。

2. 提高运行速度

印度市郊铁路的运行速度较低。统计资料显示，大多数通勤列车的最高速度为80 km/h，少数几趟西门子快线列车速度达到了100 km/h。一条铁路的功能定位决定了其设计技术标准，而设计技术标准的核心标志是设计速度目标值。列车的速度越高，其从启动到达到最高速度和从最高速度减速到停止所需要的运行距离就越长。不同列车目标速度所对应整个加、减速周期所要求的最小行驶距离是被客观限定的，因此一条铁路本身功能所要求的车站间距离，也就决定了该铁路的列车目标速度的上限。因此，根据市郊铁路站距短、停站多的特点,适合此类铁路的运行速度不可过高。

3.便捷的公交式运输

市郊铁路的特点及其功能定位决定了其"小编组、高密度、大运量"的公交化运输组织方式。孟买市郊铁路一般由9~12节车厢构成,分别为3动6拖或4动8拖,每节车厢定员96人,但在高峰期人数可以达到定员数量的2~3倍。为了满足高峰期人们出行需要,发车间隔为1.5 min。孟买市郊铁路通常非常拥挤,印度中部铁路局和西部铁路局为孟买提供市郊通勤服务,其中,中部铁路局日均运量达到350万人,西部铁路局日均运量达到320万人,日均总运量接近700万人。这种"小编组、高密度、大运量"的公交化运输组织方式,使市郊铁路充分发挥出其应有的作用,为人们提供了方便快捷的服务,满足了居民通勤的需求。

4.满足地方需求

孟买市郊铁路的建设投资由中央和地方共同承担,这是为了使孟买市郊铁路能够更好地满足日益增长的运输需求,印度联邦政府的铁道部和马哈拉斯特拉邦州政府联合成立了一个独立的公司,对现有系统进行投资改造。1999年7月12日,MRVC作为印度铁道部下属的一个国有企业,按照印度的公司法正式成立,目的是执行孟买城市交通计划,该计划主要用于改造孟买市郊铁路系统、当地公共运输、新的路桥建设等项目,这项计划的费用由印度铁道部和马哈拉斯特拉邦共同负担。在印度孟买市郊铁路的运营管理模式中,由于印度铁路处于政企合一状态,其运营管理主体主要由西部铁路和中部铁路的区域铁路运营管理。随着干线铁路、区域铁路、城市铁路(含市内和市郊铁路)的功能定位不断清晰以及联邦政府、地方政府和城市政府职能的落实到位,城市铁路及城际铁路的运营管理主体逐渐向地方政府转移,更加贴近城际铁路的受益者和利用者。

印度孟买市郊铁路建设技术标准根据市郊铁路站距短、停站多的特点,制定合理的速度目标值以提高效率和减少成本。市郊铁路运输组织采用电动车组和节拍式运行,按照固定的时间间隔运行,设定不同时间段的行车方案。同时孟买市郊铁路参考公交化的行车组织方式,实行小编组、高密度的运行方式,以方便旅客出行。孟买的运输设施布局不仅满足独立作业的要求,而且还完善与其他交通方式的配合及衔接,形成换乘枢纽,提高综合交通系统的使用效率,充分利用现代化信息技术,建立各种旅客信息服务系统,体现了市郊铁路建设和经济体制和谐发展的格局。

第三节 吉布提循环经济发展状况

一、概况

(一)吉布提共和国

吉布提地处非洲东北部亚丁湾西岸,扼红海进入印度洋的要冲曼德海峡,东南同索马里接壤,北与厄立特里亚为邻,西部、西南部及南部与埃塞俄比亚毗连。陆地边界线长520 km,海岸线长372 km。沿海为平原和高原,主要属热带沙漠气候,终年炎热少雨。内地以高原和山地为主,属热带草原气候。全年分凉、热两季。4月至10月为热季,平均气温37℃,最高气温达45℃以上;11月至次年3月为凉季,平均气温27℃。

殖民者入侵之前,吉布提由豪萨、塔朱拉和奥博克3个苏丹王统治。法国1850年开始入侵,1888年占领全境,1896年成立"法属索马里"殖民政府。1946年,吉布提成为法国海外领地,1967年改名为"法属阿法尔和伊萨领地",法国政府给予其实际上的自治地位。1975年12月31日,法国同意吉布提独立。1977年6月27日吉布提宣告独立,定国名为吉布提共和国,哈桑·古莱德·阿普蒂敦出任首任总统。

吉布提是世界最不发达国家之一。自然资源贫乏,工农业基础薄弱,95%以上农产品和工业品依靠进口。交通运输、商业和服务业(主要是港口服务业)在经济中占主导地位,约占国内生产总值的80%。

20世纪90年代初,吉布提经济形势趋于恶化。1996年,吉布提政府开始执行经济结构调整计划。1998年,埃塞俄比亚与厄立特里亚发生边界武装冲突后,埃塞俄比亚原经厄立特里亚转运的货物均转道吉布提港,吉布提港口收入大幅增加,经济有所恢复。2001年,吉布提政府将港口和机场的经营管理权转让给迪拜环球港务公司。2018年2月22日,吉布提政府依据2017年9月颁布的《国家战略基础设施保护法》单方面强行终止迪拜环球港务公司对多哈雷集装箱港口的特许经营权。近年来,吉布提政府积极调整经济政策,争取外援外资,重点发展第三产业,并加紧实施基础设施建设,积极参与地区一体化进程,2013年,吉政府制定2035年远景规划,着力发展交通、物流、金融、电讯、旅游、渔业等行业。目前,经济保持低速增长。近年来财政赤字保持在3%以内。

吉布提资源贫乏,主要有盐、石灰岩、珍珠岩和地热资源。盐矿总储量约为20亿t,主要分布在阿萨尔盐湖。石灰岩和石膏矿均属埋藏浅、储量大、易开发的优质矿;珍珠岩估算储量达4 800万t;内地4个区均发现含金构造。沿海地区已发现有含油构造。地热资源丰富,但因地下水含盐度太高,开发难度较大。

吉布提主要工业为电力、水利、房屋及公共工程、盐矿开发等,另有一些建筑业以及矿泉水厂、可口可乐饮料厂、面粉厂、制瓶厂、奶品厂、制药厂、水泥厂、机械修配、船舶修理、炼油、制革、发电等小型工业。

吉布提农业以畜牧业为主。可耕地面积10 000 hm²,2013年在耕面积为1 830 hm²。全国有牧场23万hm²,牧民约10万人。2013年,全国有1 600多农户,农民3 600人。粮食不能自给,每年从欧盟、日本等国接受约1.3万t粮食援助。渔业资源较丰富,年可捕量达5万t,但目前捕捞业比较落后,仍采用手工作业捕鱼。

服务业是吉布提国民经济的支柱产业。自从1998年埃塞俄比亚与厄立特里亚断绝经贸往来后,吉布提港口服务业收入大幅提高。吉布提有9家旅馆,共850间客房,从业人员约2 000人。2013年,吉布提接待游客约5万人。主要旅游景点有阿萨尔湖、阿贝湖、古拜特·阿尔·卡拉卡魔渊、阿尔都巴火山、达依原始森林、朗达兴奔古瓦莱瀑布、塔朱拉海上乐园等。

港口和铁路运输在吉布提国民经济中占重要地位。

水运:吉布提港是东非重要港口之一,现有4个港区,分别为吉布提老港、多哈雷集装箱码头、多哈雷油码头、多哈雷多功能新港。2014年,老港散货吞吐量为427.3万t,集装箱吞吐量7.1万TEU。多哈雷集装箱码头于2008年底投入运营,年吞吐能力为160万TEU。多哈雷油码头分为码头和油罐区两部分,2005年建成,2013年油料吞吐量为360万t。多哈雷多功能新港于2017年5月举行开港仪式,设计年吞吐散杂货708万t,集装箱20万TEU。新港建成后,老港业务全部搬至新港。

铁路:吉布提与埃塞俄比亚首都亚的斯亚贝巴原有窄轨铁路相通,全长850 km,吉布提境内长约194 km。2006年,吉布提与埃塞政府决定将此段铁路私有化,交予南非的COMAZAR公司管理25年。因设备老化,铁路货运量逐年下降,2012年停运。由中国融资兴建的标轨亚吉铁路吉布提段于2017年1月举行通车仪式,2018年1月投入商业运营。

公路:全国有公路3 067 km,其中沥青路415 km。连接吉布提和埃塞俄比亚边界的吉布提国家1号公路是最重要的运输通道。公路全长910 km,吉布提境内约240 km。两国货运量的90%依靠这条公路。

空运:吉布提国际机场可起降大型客、货机,经营的航空公司有法国航空公司、埃塞俄比亚航空公司、肯尼亚地区航空公司、也门航空公司、英国航空公司、厄立特里亚航空公司、吉布提航空公司和索马里达洛航空公司等。吉航主要经营至埃塞俄比亚、也门和索马里兰的航线。英航和法航每周仅有一班航班从其首都飞往吉布提市。吉布提国际机场年旅客运输量为26万~29万人次。

吉布提实行自由贸易政策，港口转口贸易占很大比重。主要进口食品饮料、机械设备、电器产品、运输设备、石油产品、金属制品、纺织品和鞋类等。出口商品包括食盐、牲畜、皮张等。主要贸易伙伴为索马里、沙特阿拉伯、埃塞俄比亚、印度、中国、法国、也门、英国等。

吉布提奉行中立、不结盟和睦邻友好的外交政策。注重保持同法国的传统关系，积极配合美国在非洲之角反恐，与日本关系逐渐升温，法、美、日、意等国在吉布提建有军事基地。吉布提重视发展同阿拉伯国家和邻国的关系，积极参与地区合作，致力于调解索马里内部冲突，支持国际社会共同打击索马里海盗。吉布提与厄立特里亚有边界纠纷，主张通过外交途径解决。吉布提是非盟、阿盟、伊斯兰会议组织、（东非）政府间发展组织（伊加特）、东南非共同市场、萨赫勒-撒哈拉共同体等地区组织的成员国，是伊加特总部所在地。

（二）吉布提市

吉布提市是吉布提首都，是全国最大的城市，也是政治、经济、文化和交通中心，并且是东非最大的海港之一。吉布提市位于吉布提共和国南部，塔朱拉湾南岸，面对红海南大门的曼德海峡，地处欧、亚、非三大洲的交通要冲，扼红海入印度洋的咽喉，凡是北上穿过苏伊士运河开往欧洲或由红海南下印度洋绕道好望角的船只，都要在吉布提港上水加油，其战略地位十分重要，被西方称为"石油通道上的哨兵"。吉布提市人口约为73万，占全国总人口的一半以上。属热带沙漠气候，终年炎热少雨，有"炽热的海滨之国"之称。

吉布提市是全国的交通枢纽，修建了通往全国乃至世界各地的铁路、公路和现代化机场。以港口、铁路和机场为基础的交通运输服务业，是吉布提市主要的经济来源和创汇渠道。

吉布提市是全国的工业中心，主要有修船厂、铁路工厂、炼油厂、制革厂和发电厂，其中将埃塞俄比亚的皮革加工制成皮鞋出口，是工业生产中较为有活力的产业。另外，吉布提市附近沿海有大面积的盐田，生产的盐由火车向埃塞俄比亚输出，也是吉布提市的一项主要出口物资。

（三）吉布提港

吉布提港是东非吉布提共和国自由港，埃塞俄比亚中转港。位于吉布提东南沿海塔朱拉湾的南岸入口处，濒临亚丁湾的西南侧，是吉布提的最大海港，也是东非最大的现代化港口之一。吉布提港东距亚丁湾130海里，港口形似向西伸的抓斗，斗门向南，其东南、东北、西北三壁为码头，码头上均有铁路通达。港口距国际机场约7 km，可起降大型客机、货机。该港属热带沙漠气候，年平均气温在35℃以上，最高可达46℃，冬季平均气温约25℃。全年平均降雨量约150 mm。最大潮高2.9 m，最小潮高0.2 m。

吉布提港自1949年就开始实行自由港政策，1977年独立后仍保留自由港地位，它是埃塞俄比亚的重要转运港，还是一个加油站及供应站，以港口为基础的服务业收入在国家经济中居首位。

由于吉布提港具有重要的战略位置，21世纪初，吉布提港逐渐成为一个各国军舰补给的万国港，其中，中国护航编队一半以上的补给都要靠吉布提港。2013年1月，中国招商局集团有限公司与吉布提港口和自由贸易区管理局签订协议，以1.85亿美元收购吉布提港口23.5%的股份。此次收购不仅不会影响埃塞俄比亚对吉布提港口的现行使用安排，还使港口运营现代化，最终使客户受益。

二、吉布提循环经济状况

吉布提是联合国宣布的最不发达国家之一，自然资源匮乏，产业结构单一，经济十分落后。吉布提地域狭窄，人口数量少，工农业基础薄弱，95%以上的农产品和工业品依靠进口，80%以上的建设资金依靠外援，经济社会发展速度和规模受到严重制约。近年来,吉布提政府采取缩减国家财政预算,提高税收,鼓励外国投资和私人企业等措施缓解经济困难,同时优先发展生产部门,开发土地和海洋资源,努力减少粮食对外国的依赖。吉布提经济结构调整初见成效,经济环境逐步改善。国外直接投资增长迅速,宏观经济发展态势良好,2014 年,吉布提 GDP 为 15.81 亿美元,人均 GDP 1 718 美元。基于地理位置的重要性,吉布提政府努力将吉布提打造成东非市场门户。

吉布提经济发展主要依赖于港口服务业,受世界经济气候影响太大,而且这种影响随着经济全球化和非洲经济一体化进程的加快而越发严重。在面对多重困境的情况下,吉布提政府加速推进港口现代化建设,由中国招商局集团参与,共同制定了新港口建设发展的计划。新港口已经在多哈雷地区完成前期建设,开放了部分泊位,可供散货船、滚装船、集装箱船舶靠泊,卸货作业。新港口的投入使用直接解决一大部分依靠港口操作作业生活的劳动人群就业,另外新港口正在中国招商局集团的计划下,培养新型现代化装备所需的劳动力。

(一) 畜牧业及渔业

吉布提农业以畜牧业为主。截至 2014 年,吉布提可耕地面积 10 000 hm^2,已耕地 1 000 hm^2。2011 年农业总产值为 3 690 万美元,约占国内生产总值的 3%。2008 年第一产业增长率为 18.7%,牲畜出口增长较快。据吉布提国民银行估计,2006 年,有牛 4 万头,骆驼 6.9 万峰,绵羊 46 万只,山羊 51.2 万只。全国有牧场 23 万 hm^2,牧民约 10 万人。全国有 1 600 多农户,农民约 3 600 人。粮食不能自给,每年从欧盟、日本等国接受约 1.3 万 t 粮食援助。

吉布提渔场位于红海-亚丁湾海域,隶属于世界 51 渔区。吉布提海岸线全长 372 km,呈"V"字形,200 海里经济专属区与其他国家相互重叠,实际可捕捞的作业海域范围不大。据联合国粮食及农业组织(FAO)估算,吉布提海洋渔业资源的年可捕量为 $4.8×10^4$ t,渔业资源较丰富,但捕捞业比较落后,仍采用手工作业捕鱼。家庭水产品消费量低,户均年消费量 1.5 kg。2002—2011 年,吉布提年海洋捕捞产量为 1 000~1 649 t,年平均产量为 1 289 t,仅占其可捕量的 2.7%。渔民约 1 000 人,日均收入 4.5 美元。

吉布提海域捕捞种类主要为沿岸鱼类、上层鱼类、鲨鱼、鳐、金枪鱼类、鲣、马鲛鱼以及部分未鉴定种类。根据 FAO 统计,吉布提海域捕捞产量以沿岸鱼类、上层鱼类和金枪鱼类为主,近年来军曹鱼类和鲨鱼类也有所捕获。沿岸鱼类以龙占科类、石斑鱼类和笛鲷科类等为主,2002—2011 年捕捞产量为 410~571 t,年均产量为 479 t,约占年总产量的 37%;上层鱼类为鲱、鳀科鱼以及近年来统计的军曹鱼等,年产量为 240~571 t,呈逐年上升趋势,年均产量为 360.6 t,占年总产量的 28%;金枪鱼类主要为马鲛鱼、金枪鱼以及鲣鱼等,年产量为 105~406 t,年均产量为 238.5 t,占年总产量的 19%;未鉴定海洋鱼类产量为 84~526 t,年均产量达到 198.3 t,约占年产量的 15%。

吉布提本国捕捞渔业以 7~10 m 的渔船手工捕捞为主,作业方式主要为流刺网和手钓等,市场供应的渔获物仅为沿岸或近岸的少量鲷科鱼类、石斑鱼、石首鱼科鱼类、带鱼、海鳗、乌贼、底层虾类等,因此,大宗鱼类资源远未达到商业捕捞水平。

吉布提政府重视渔业发展,计划在 2035 年将年捕鱼量提升至 5 000 t。2008 年,吉布提与土耳其签署协议,联合发展渔业和畜牧业。

2011 年,我国与吉布提政府进行渔业合作洽谈,并于 2013 年 10 月正式签订吉布提 50 年渔业整体开发权备忘录,并设两年的预备期。中国海洋捕捞设备与技术先进,在海水养殖方面经验丰富,在水产品深加工方面优势突出。吉布提与中国在渔业领域进行合作互补性强,中国企业适宜开展渔业合作项目。中国与吉布提共同开发吉布提的渔业资源的优势如下。

1)吉布提地理位置非常重要,地处欧、亚、非三大洲的交通要冲,扼红海入印度洋的咽喉。军事专家建议在吉布提建立中国海军印度洋护航舰队后勤补给基地,因此,在吉布提开展渔业合作项目对于国家海洋战略具有十分重要的意义。

2) 吉布提是位于非洲东北部的一个小国家，伊斯兰教被定为国教，居民绝大多数是穆斯林，风俗习惯带有明显的阿拉伯文化的影响，相对周边国家来说政局稳定，民众热情好客，对开展本国渔业合作愿望迫切，在税务、捕捞许可证、土地等许多方面提供非常优惠的政策。

3) 交通便利，吉布提港是埃塞俄比亚的一个重要出海口，通过由埃塞俄比亚航空公司经营的航线，吉布提与中国的北京、上海、杭州和广州等地开通了多条航线。埃塞俄比亚航空公司与我国企业开展货运代理合作后，中国与吉布提之间的货物运输更加便利。

4) 吉布提海域的墨鱼、石斑鱼、金线鱼、带鱼、金枪鱼和凤尾鱼等主要经济鱼类不仅深受国内消费者的欢迎，而且国内具有相应的捕捞渔船和成熟的捕捞技术。

5) 由于吉布提海洋捕捞业落后，因此在海洋渔业资源开发和可持续利用方面具有良好的合作空间，如渔业资源研究、海洋捕捞技术、海水养殖、水产品加工等。

6) 吉布提与埃塞俄比亚的关系非常密切，两国之间来往相当便利。除埃塞俄比亚本国人口外，驻埃华人有6万多人，有一定的水产品消费市场潜力。

7) 中方企业家与吉布提建立了良好的关系，吉布提政府希望与中方在海洋渔业方面长期开发合作。

2014年6月，吉布提与阿联酋签署双边合作协议，共同开发吉布提渔业资源，以满足吉布提国内以及国际市场的需求。

(二) 吉布提港口物流现况及分析

港口物流业是吉布提经济发展的命脉。吉布提港可称为东非良港，2011年集装箱吞吐量为63.42万TEU，航运、停泊和装卸条件完全符合国际标准。除了港口条件优良外，吉布提还有公路、铁路和机场等配套设施为港口物流业服务。吉布提有公路3 067 km，其中沥青路面412 km。吉布提与埃塞俄比亚首都亚的斯亚贝巴有铁路相通，其中，铁路在吉布提段长约106 km。吉布提国际机场可起降大型客、货机，为乌干达等非洲内陆国家前往法国提供国际中转。由于埃塞俄比亚无地理出海口，又与独立的厄立特里亚交恶，吉布提港便成为埃塞俄比亚唯一的出海口，进出口货物均需通过吉布提港转口。依托邻国及周边国家强大的物流需求，吉布提港的未来发展前景看好。目前，吉布提老港已接近饱和，与港口配套的铁路由于设备陈旧落后、线路年久失修等原因运营状况持续恶化，亟须改扩建以正常运营。2000年以来，吉布提逐步与迪拜建立了紧密的经济伙伴关系。迪拜获得了吉布提港、机场、免税区的经营管理权，与吉布提海关签署了战略发展协定，同时迪拜加大了对吉布提的投资力度，包括多哈莱新港、五星级酒店等项目。此外，吉布提新港还获得了阿拉伯基金及沙特基金的金融支持，极具投资合作潜力。

由于吉布提主要以港口为主要经济来源，吉布提港注册的清关公司在2015年3月之前共计有150家左右。2015年3月，吉布提发布新的经济法，不允许外资成立清关公司，且船代公司需与清关公司分离，不可使用同一家公司注册名称。该法律颁布后，吉布提关闭了外来66家清关公司，终止了其清关服务。目前吉布提有清关公司96家左右，很多清关公司规模非常小，甚至有个人注册的清关公司。通过市场摸底，第一类实力相对雄厚的清关公司占比在10%左右，主要为原来船代公司中剥离出的清关公司，这些清关公司大多入驻吉布提时间较长，且业务量稳定，业务熟练；第二类清关公司多为运输公司或某些企业设立的清关公司，占比在20%~30%，这类公司业务能力一般，效率一般，业务量相对较少；第三类公司为个人成立的清关公司，占比较大，这类公司的法人一般都是曾在第一、二类清关公司任职的清关人员，接零散活较多，不能承接大型项目的清关工作，但是在小问题的处理上比第一、二类公司要尽心尽职，灵活多变，与此类公司合作时需要严格把控风险，谨慎启用。

吉布提同其他非洲国家一样积极参与"一带一路"倡议，与中国政府签订并实施了有关基础建设、能源、医疗、交通等各方面的合作项目。截至2014年,我国在吉布提投资的项目主要有港口、交通、电力、通信、金融等,其中埃吉铁路总投资超过40亿美元,新港口的建设投资超过5亿美元,天然气项目投资25亿美元。

在吉所建工程项目的中资单位中,很多企业内部有专门的物流部,大多数物流与采购是一个部门,在项目实施的过程中,一共有3种物流运营模式:第一种,企业内部的国际物流部全权负责海外本项目的物流,把控清关和运输的过程;第二种,中资单位成立物流部,自己负责物流中的一部分运营,其他相对不太重要的部分外包给第三方公司;第三种,完全外包给第三方物流公司,由第三方物流公司全权负责物流。

越来越多的中资单位趋向于第三种模式,即通过第三方物流公司实现物流过程的有效管理和控制。工程物流的发展与工程项目的发展息息相关,通过招投标的形式,越来越多的第三方物流公司取代了企业内部的物流。工程项目主导方选定物流企业合作,通过建立自己的物流管理部门,直接管理第三方物流公司,控制整个物流流程,了解货物实时动态,高效管理物流过程,以达到控制整个项目进度的目的。吉布提本身作为一个港口国家,物流资源正在不断增加:交通网不断完善,运输方式多样化,物流装备更加先进,运输能力不断提升,这些优势越来越明显,在工程物流,尤其是中资单位在吉布提和埃塞俄比亚的项目的实施过程中发挥越来越大的作用。但是,吉埃物流经营同时也面临较大的难题。

(1) 物流资源不足

吉埃物流主要依赖于公路运输,而埃塞俄比亚至吉布提段的公路运输主力在埃塞俄比亚,埃塞俄比亚车辆供给会受到政府物资的发运影响,在政府物资集中到港的情况下,这一区域的运输车辆远远不能满足市场需要;现场装卸货所需机械缺乏导致车辆集中到达目的地时不能及时卸货,产生压车费;同样的,港口装车设备不足,设备落后,产生压车费,且容易产生货损。

(2) 收付款方式有难题

吉布提工程项目的结算大多使用美元,主要原因是吉布提法郎兑美元的汇率10年以来保持稳定,不会存在太多问题,但是埃塞俄比亚工程项目一般采用美元和比尔按照比例付款的方式,甲方的支付方式直接影响到物流企业的结算方式,通常项目结算美元和比尔的比例为1:1,所以很多物流企业在消化比尔的问题上很难找到突破口。一些工程项目在招投标的标书中明确规定了比尔的付款比,并规定必须能接受此方式的公司才可投标。

(3) 当地员工操作质量低下

为了降低操作成本,海外物流最好是使用当地人员,但是吉布提港口操作人员总体上业务素质较低,在物流操作的各个环节极容易产生各种各样的问题。

(三)"一带一路"的支点

位于非洲之角的吉布提,不仅是连接亚欧非市场的战略要地,也是"一带一路"建设海上西线的关键点,尽管面积只有23 000 km²,人口不足100万,却凭借其扼守于红海与印度洋咽喉的得天独厚的战略位置,成为贯穿亚欧非三大洲海上通道的枢纽之一。自1949年施行自由港政策以来,吉布提一直是埃塞俄比亚的重要中转港。港口出口皮革、咖啡、盐、牲畜等货物,进口货物则包括丝织品、谷物、钢铁、水泥、机械设备、电子产品以及交通工具等。此外,吉布提政府对外经济关系的方针是促进第三产业的发展,促进私营经济的发展,把吉布提建设成为东北非地区国际贸易、国际金融和远洋运输的中心。为此,吉布提不仅积极与周边国家建立经贸关系,而且还积极与欧洲、亚洲和美洲的国家建立经贸关系。吉布提是多个地区和国际组织的成员,诸如"优惠贸易区"(ZEP)、东非"政府间发展组织"(IGAD)等。这种积极的对外政策取得了极大的成果:2016年1月吉布提国际自贸区正式开工,预计该自贸区建成后,将成为非洲最大自贸区,进一步帮助吉布提打造区域物流中心角色,还将成为中国"一带一路"倡议辐射非洲大陆的重要支点。中吉双方将这一项目定位为"丝路驿站"。这一项目将极大发挥吉布提红海入口处的地理优势,在亚洲和欧洲之间建立航道。据了解,吉布提国际自贸区占地约 48 km², 初期投资约 3.4 亿美元,这一规划于 2016 年 3 月签署,由吉布提港口和自贸区管理局与中国招商局集团、大连港集团和亿赞普集团等中资企业共同投资及运营,2017 年底初步建成。吉布提位于世界上第二繁忙的航运通路上,占据世界 60%的海上运输流量。鉴于吉布提扼守红海和印度洋咽喉,其战略位置靠近世界上最繁忙的航道,凡是北上穿过苏伊士运河开往欧洲或由红海南下印度洋绕道好望角的船只,都要在吉布提港上水加油,战略地位十分重要。

中吉各领域合作不断深化,投资领域也成果显著,越来越多的中国公司加大了对吉布提的投资。国际货币基金组织早些时候发布的一份报告称,2015 年以来,大型基础设施项目的激增是推动吉布提经济增长的主要力量,这些项目多由中国政府支持的金融机构提供贷款。为了更好地吸引来自中国以及其他国家的投资,吉布提也将建立与中国统一的海关系统,同时设立贸易中心以及货币结算系统。随着自贸区的建成,吉布提不仅拥有国际一流的硬件设施,在结算、融资等软环境方面也会获得中方支持,向着"东非迪拜"的梦想更进一步。2017 年 1 月 18 日,中国企业在海外设立的首家全牌照银行——丝路国际银行在吉布提正式开业,该银行不仅为中非双边贸易以及中国在非洲的投资提供一揽子金融解决方案,而且还建立了新的清算体系,突破了过去只能依靠美元清算的限制,为中非经贸合作和"一带一路"建设提供重要金融支持。

2014 年 1 月 27 日,在吉布提共和国总统盖莱的见证下,上海达之路集团董事长何烈辉和吉布提共和国总理签署吉布提共和国政府授权达之路集团在吉布提设立经济特区的备忘录。中国民营企业被授权在一个非洲国家设立"经济特区",这是一种全新的尝试。根据协议,达之路吉布提经济特区由 5 个区块组成,面积广阔。特别是其中的七兄弟岛,地理位置尤其重要。它扼守红海与亚丁湾之间的曼德海峡,是世界第二大繁忙的航道,是每年经过苏伊士运河的近 3 万艘商船的必经之地,与亚洲大陆最短距离不足 20 海里。组成经济特区的奥博克地区坐落于塔朱拉湾北部,是塔朱拉湾通向亚丁湾的门户。依照备忘录和后续文件的约定,达之路集团享有租借上述地区 90~99 年不等的权利。吉布提政府授予达之路集团排他性的经营管理权,授权达之路集团在经济特区建立旅游城市,修建机场和海港,设立船舶修理中心和医疗中心,提供船舶供应、金融和电信服务等。经济特区的建设施工无须经过吉布提政府审批,由达之路集团根据中国的标准和规范自行决定。吉布提政府给予达之路吉布提经济特区的权利是充分的,达之路集团所扮演的角色并不是一个简单的投资者,而是经济特区的管理者和运营者。达之路吉布提经济特区的设立,为中吉之间的沟通和交流架起了一座新的桥梁。在吉布提,中国人非常受欢迎,出入各种重要场所都是免检的。这也得益于中国政府长期对吉布提援建的基础建设项目,包括医院、学校、港口、铁路、电信等,这些项目给吉布提人民带来了切实的实惠。在吉布提人眼中,达之路吉布提经济特区将成为未来吉布提乃至东非的政治、经济、文化交流中心。目前达之路吉布提经济特区已进入紧张施工阶段,计划 2026 年完工。

三、吉布提未来展望

(一)继续加大基础产业的建设

吉布提虽然占据着得天独厚的战略位置,但国内落后的基础建设制约了其枢纽作用的发挥。以吉布提港口为例,目前,吉布提老港已接近饱和,与港口配套的铁路由于设备陈旧落后、线路年久失修等原因运营状况持续恶化,亟须改扩建以正常运营。但吉布提本身国力有限,难以通过自身的努力实现目标,因此通过与外国合作,争取外援外资,加紧实施基础设施建设。

自 2000 年以来,吉布提逐步与迪拜建立起了紧密的经济伙伴关系。迪拜获得了吉布提港、机场、免税区的经营管理权,与吉布提海关签署了战略发展协定,同时迪拜加大了对吉布提的投资力度,包括多哈莱新港、五星级酒店等项目的实施。此外，吉布提新港还获得了阿拉伯基金及沙特基金的金融支持，极具投资合作潜力。

自中吉布提建交以来，中国政府在吉布提援建了很多基础设施项目，中国企业也看好吉布提交通发展的前景，在吉布提投资基础设施建设。2013年1月，中国招商局集团与吉布提港务管理局签订协议，投资1.8亿美元收购吉布提港的23.5%的股权，用于吉布提新港建设，并规划吉布提老港的多功能应用。

（二）自身资源的合理开发利用

1. 能源领域

吉布提能源资源相对欠缺，探明的主要有盐和地热资源，还有少量未开发的铁、铜、冰洲石、石膏等。吉布提已知矿藏主要集中于阿萨尔盐湖地区，该地区盐矿储量约为20亿t，每年可新生成盐矿约600万t，珍珠岩地质储量约2 300万t，周边还有较丰富的石灰岩和石膏矿，但尚未探明具体储量。吉布提南部地区已发现确定的含金矿，南非绿河资源公司已开始进行勘探研究。沿海地区发现有含油构造，但石油和天然气储量至今尚未探明。吉布提水资源匮乏，无法建立水力发电站，全国各地基本上都采用柴油发电机组发电，主要有吉布提市、迪基尔和塔朱拉3个电厂。随着国际油价不断上涨，电厂运营成本不断提高，给吉布提财政造成了极大压力。为寻求新能源，实现可持续发展，吉政府致力于与各方合作，开拓能源渠道。吉布提地热资源具有较大的潜力，可以生产数百兆瓦的电能。2008年初，吉布提与冰岛签署了两项合作协议，共同开发地热资源。但由于欧洲债务危机的爆发，冰岛经济陷入崩溃，此项合作未能继续下去。2010年10月，石油输出国组织为吉布提贷款700万美元，用于地热资源的开发。中资企业也关注吉布提地热资源的开发项目。2009年，葛洲坝集团与吉布提能源部签署"吉布提地热发电项目"及"吉布提液化石油气码头、贮库、电厂及连接管道项目"合作协议；2012年7月，中国石油化工集团有限公司也与吉政府签署了地热资源合作框架协议，共同开发地热资源。

2. 海洋渔业

吉布提海岸线长370 km，渔业资源相对其他东非国家十分丰富，而当地人游牧民族的生活习惯，对海产品的消费量较低，鱼类产品主要是出口。然而，由于海产捕捞业仍采用手工作业，技术落后，吉布提年捕鱼量不足2 000 t。吉布提政府重视渔业发展，计划在2035年将年捕鱼量提升至5 000 t。2008年，吉布提与土耳其签署协议，联合发展渔业和畜牧业。2014年6月，吉布提与阿联酋两国签署双边合作协议，共同开发吉布提渔业资源，以满足吉布提国内和国际市场的需求。中国海洋捕捞设备与技术先进，在海水养殖方面经验丰富，在水产品深加工方面优势突出。吉布提与中国在渔业领域进行合作互补性强，中国企业适宜开展渔业合作项目，共同开发吉布提的渔业资源。

3. 旅游业

吉布提拥有丰富多样的旅游资源，尽管紧邻大海，历史上吉布提人却是以游牧生活为主，与海洋联系较少，这一生活习惯使吉布提海岸线长期保持初始状态。海洋水质优良，海底珊瑚礁资源丰富，热带鱼类及其他各类生物众多，以白沙细浪海滩风光为特色的风光旅游引人向往，这些都显示出吉布提巨大的旅游发展潜力。若能拓展1~2条富有特色的旅游路线，以当地西方人群特别是各国驻军为媒介加强宣传，则有望吸引西方游客将吉布提作为外出旅游或返回的中转地，并在停留期间做短期旅游。目前，吉布提旅游业处于基础开拓阶段，旅游业发展缺乏统一规划，盲目性、自发性强，旅游业发展规模小。旅游区内建设滞后，水电等基础设施不足，缺乏配套设施，风景大多处于浅层开发状态，缺乏旅游业发展所必需的专业旅行社，而气候条件欠佳，更需要建设良好而成熟的旅游基础设施。中资企业如若投资吉布提旅游业，宜根据当地特色，合作开发诸如国际邮轮、高端休闲旅游产品，或开展旅游人员培训、基础设施建设等公益类项目。

第四节　珀斯循环经济发展状况

一、概况

珀斯(Perth)是澳大利亚西澳大利亚州的首府,也是澳大利亚第四大城市。据2014年澳大利亚统计局数据,珀斯都会区的人口共有202万人,人口增长率高于国家统计的平均水平。

由于地处澳大利亚大陆西岸地中海气候地区,温和的气候与天鹅河(Swan River)沿岸的别致景色,使珀斯得以成为非常受欢迎的观光旅游目的地。

每年的世界最佳居住城市评选中珀斯都名列前茅,反映出珀斯无论居住环境、生活素质及社会福利等都是极佳的城市。珀斯人的友善态度世界公认,曾于2003年获得世界最友善城市称号,得到世界性的赞赏及认同。福布斯2014年世界最负盛名城市榜中,珀斯排名16位,2017年《经济学人信息社》(Economist Intelligence Unit's)组织的世界最宜居城市排行榜公布排名,珀斯荣获全球最宜居城市第六位。

(一) 地理环境

珀斯位于南纬31°52′48″,东经115°52′58″,面积5 386 km²。西面是浩瀚的印度洋,沿纬线西行7 350 km到达非洲海岸;东面是澳大利亚内陆地区。由于人口稀疏,有世界最孤独城市之称(方圆2 100 km无规模城市)。由于地理位置的原因,珀斯和中国的北京时间没有时差,和澳大利亚人口聚集的东部地区有2个小时时差。

珀斯的气候怡人,四季分明。12月至次年2月为夏季,3月至5月为秋季,6月至8月为冬季,9月至11月为春季,属地中海式气候,夏季炎热干燥,冬季则比较温和多雨,气温日较差大。

珀斯港位于澳大利亚西南部西澳大利亚州西南海岸的斯旺河口,濒临印度洋的东侧,是珀斯的外港。它是澳大利亚的主要港口之一。珀斯是西澳大利亚州的首府,也是该州的工商业和文化中心,主要工业有机械、汽车修配、化肥、水泥、木材及食品加工等,还有全国最大的黄金熔炼厂。附近有农牧产品的集散地。该港属亚热带地中海式气候,盛行西南风。年平均气温10~20℃。

珀斯市周围有各种吸引人的好去处。除了现代化的高楼大厦,最具有"澳式"纯朴的珀斯,又有乡野风情。珀斯有"黑天鹅城"之称,别处罕见的黑天鹅,在珀斯城里懒懒的聚集着,矜持自在地梳理着自己的羽毛。你还可以去参观坦布尔嘎姆农场,那里有农庄展和土著表演;去皮尔地区欣赏丛林及大自然的景色,如果你属于好动型的,可以去打高尔夫球或参加水上运动;从达令阿普乘有轨电车去探索亚拉森林,如果你是火车爱好者,可以去乘蒸汽机车或其他古老的柴油机车;到雷因普尔自然保护区的墨累河畔露营,这里也是划独木舟和丛林散步的理想去处;或者去西澳大利亚州最长的小径比布尔曼路远足。

珀斯港装卸设备有各种岸吊、门吊、集装箱吊、浮吊、装船机、卸船机、散货装载机及滚装设施等。其中浮吊最大起重能力达80 t。码头最大可停靠10万吨级载重的船舶,年货物吞吐能力约2 000万t。主要出口货物为石油产品、小麦、燕麦、大麦、面粉、铝、羊毛、矿石、水果、木材、钢材和牲畜等,进口货物主要有钢、肥料、煤、石油产品、焦炭、石灰石、汽车、纸张、糖及杂货等。

(二) 历史沿革

珀斯这个城市的名称来自苏格兰的同名城市。早在欧洲移民到来之前,土著居民已在斯旺河两岸定居很久了。1697年荷兰探险家威廉·乌拉敏到印度洋东岸时,发现了一个河口,他沿河而上,发现河面上有许多别的地方所没有的黑天鹅,于是就把这条河定名为天鹅河(Swan River)。但是荷兰人对在这里定居不感兴趣,直到1829年英国詹姆斯·斯特林船长率领的移民,在离此不远的地方砍倒一棵树,祷祝了珀斯城的开创。

最初这块新殖民地发展缓慢,1885年在斯旺河上游的卡尔古利发现了黄金,吸引了大批的新移民。随着铁路的修建和农业技术的发展,珀斯逐渐扩大。1960年以后,珀斯开始大规模开采铁、镍、铝、金等矿,城市发展速度加快。1960年以前,珀斯最高的楼房不过3层,如今已经有几十层的商用建筑,让珀斯成为一座现代化的大都市。1961年,为了给美国宇航员导航,珀斯人还真的全城彻夜亮灯,为空中的宇宙飞船作航标,故珀斯曾有"灯光城"之称。

虽然在珀斯之前,英军早就在1826年时在澳大利亚西部南面海岸的乔治国王峡湾(King George Sound)(后来更名为"Albany")建立了一个基地,以避免传言中法国要兼并澳大利亚西部的可能,但珀斯仍然是整个澳大利亚西部第一个建立的殖民城镇。该殖民地在1850改名为西澳大利亚,并成为被英国放逐海外的囚犯所寄居的第二故乡,补足了当地农业与商业发展过程中非常欠缺的人力资源。

1900年,经过公民表决后,西澳大利亚在1901年正式加入了澳大利亚联邦,成为西澳大利亚州,亦是澳大利亚最后一个同意加入联邦的殖民地。当时其他前殖民地为了说服西澳大利亚加入,做出了各种让步,包括从东部建筑铁路干线(经Kalgoorlie)连接到珀斯等。

1933年,在公民投票下,西澳大利亚州表决脱离澳大利亚联邦,当时以大比数倾向于赞成独立。但是,刚好进行政府选举,结果当时的政府下台。而新上任的政府并不赞成独立行动。但鉴于公民投票的结果,新政府仍然向英国诉请独立,只是申请被驳回。

在发展历程中,珀斯得以繁荣的主要原因是其成为天然资源产业的一个重要服务中心。作为一个拥有金、铁矿、镍、铝土、金刚石、矿物沙、煤炭、油以及天然气体庞大储备的城市,大多数世界主要资源和工程公司都在珀斯设有办公室。踏入20世纪90年代,大多数时间都是由理查德·科特(Richard Court)领导的自由主义政府当政,珀斯亦从这时期开始迈向繁荣发展。

(三) 经济情况

传统上,相比于澳大利亚其他主要大城市,珀斯能提供较高水平的生活。其原因是,一直以来,在珀斯都会区,一般各行各业的工资都只是略低于其他相对较大的城市。但房地产价格却远低于这些东岸城市,这造就了珀斯人拥有较佳的生活指数。但自2005年开始,情况却正在转变。珀斯的房地产价格大幅度上升,而其他东岸城市的升幅却极其轻微,在悉尼更有下跌的趋势,使得各城市的生活水平与珀斯日渐拉近。珀斯一如其他东岸的城市,一般属于都会区内的职位都能提供。但职位供应的数量普遍较悉尼及墨尔本略少。西澳大利亚州拥有极丰盛的天然资源——海上天然气及金属矿。由于亚洲经济正在迅速增长,特别是中国,需要进口大量的原料,造就了西澳大利亚州及其首府珀斯的经济高速增长。许多采矿业及与矿物有关的企业,在珀斯都设有总部。虽然采矿的工程都在珀斯以外的区域进行,但珀斯是提供工程师及专业人才技术支援的主要来源。距离珀斯以南30 km的Kwinana(奎那那)的一所庞大炼油厂,所需的工程及化学专业人员就来自珀斯,亦为珀斯带动了就业市场。

2007年9月,中国国家领导人一行驱车驶往珀斯以南38 km的奎那那市。参观了海斯美尔熔融还原铁项目厂,这个厂是由澳大利亚、美国、日本、中国的4家公司合资开发的,项目总投资4.5亿澳元,设计年生产能力80万t。作为澳大利亚能源资源行业的重点专利成果,这个项目受到澳大利亚政府高度重视。此外,农业及旅游业亦在珀斯的经济中扮演了相当重要的角色。

(四) 城市规划

1994年,70%的西澳大利亚州人住在珀斯,约120万人,到2021年城市人口将达到200万人。城市人口对环境的影响是巨大的,珀斯的城市形态将加剧这种影响。

珀斯的曼延状态关系到社会、经济和环境等许多问题。这种类型的开发所需要的大量用地对城市边缘构成了压力，迫使一些农业用地和未开垦的森林地带变成了住宅开发用地，造成珀斯地区的生物多样性随之减少。

城市的分散布局也导致难以提高公共交通系统的质量，致使许多人依赖私家车，造成二氧化碳、甲烷等温室气体的排放。在澳大利亚，30%的能源消耗用于交通。

社会隔离也使许多郊区存在严重问题，由此引发犯罪率上升、社会衰退等相关问题。1991年，澳大利亚联邦政府发起了"建设更好的城市规划"。该设计旨在证明使珀斯城市再城市化在某种程度上可以提高城市的可持续发展。首先它确定了潜在的再城市用地，如某废弃的工业用地可以为两个待开发的重大项目提供用地。这两个项目将促进以下领域的创新：土地混合利用开发、高密度住宅、水敏感性设计、有毒垃圾场地的治理和一体化公共交通。"建设更好的城市规划"为这两个项目提供了充足的资金，它起到了催化剂的作用，并极大地推动了再城市化项目由地方政府和企业联合实施。联邦政府为全国的再城市化项目提供了5批资金来予以推动。

众所周知，虽然珀斯已经是澳大利亚首屈一指的大城市了，但随着城市建设和人口流动仍旧在不断扩张。据预计，到2050年，珀斯市的人口再翻一倍达到400万人左右，这也迫使珀斯市政部门不断对城市规划尽心尽力。一项政府高层公布的规划框架披露了珀斯市中部区域的规划方案，其中最引人瞩目的亮点，是交通运输方面的规划：包括用8座新建的水上人行车辆两用天桥联系5个岛区、总里程增加5倍以上的市内自行车道和高流量轮渡服务。这8座新建的天桥包括：在Heirisson Island 和 Maylands 之间的天鹅河上，新建3座两用桥；在Salt Point 和 Waterford 之间的坎宁河上，新建3座两用桥；新建2座两用桥，将 Childley Point、Point Walter、Point Resolution 联系在一起。此外，将有大量渡轮服务连接起伊丽莎白港、东珀斯、Claisebrook Cove、Stadium、Coode Street、Canning Bridge、Point Walter、Old Swan Brewery 和西澳大学等诸多区域，对疏导市内交通起到重大作用。除了轮渡之外，另一大市内通勤利器——自行车道也将大量增加，总里程将从 172 km 增加到 850 km。另一个值得一提的重点是，珀斯都市圈各区域功能分布也明确了许多，大体上分为3类：活动中心（activity centres）、市区通勤走廊（urban corridors）及车站区（station precincts）。

这3种区域各自特征明确，各司其职、各走各的发展路线。活动中心区担纲商业和市民生活的主要职责，区域内商店密度、住宅密度和基建密度都进一步提高，以使得市民们生活更加舒适、市内第三产业发展更稳定；车站区因为囊括城市主要交通枢纽，相对而言其住宅密度将比较低，但由于人流量比较大，会设置更多的商业设施、更多的便民机构等；城市通勤走廊，顾名思义则负责城市交通通畅。整个都市圈大约有50个活动中心，最大的几个是机场区、东珀斯、西珀斯、Stirling、Bentley-Curtin、Murdoch、Fremantle、Cannington、Morley 以及 Burswood Peninsula 这些区域。车站区有15个小分区，包括 Mosman Park and Victoria Street、Swanbourne and Grant Street、Loch Street and Karrakatta、Daglish and Shenton Park、Warwick 等区域。城市通勤走廊则是通过高频公交线路连接各个活动中心区、工业区、商业区的道路。这3种区域协同发展、各取所需，最终形成以珀斯市为中心的繁华都市圈，珀斯也将成为澳大利亚仅次于悉尼、墨尔本的第三城。

二、珀斯循环经济现状

与澳大利亚的其他城市一样，珀斯是一个发展迅速的城市，由于珀斯的天然资产丰富，经济持续蓬勃发展。随着离岸投资者和现金充裕的居民继续搬入，西澳大利亚州经济上大宗商品繁荣没有放缓的迹象。2005年珀斯房价上涨22.5%，新车销售增长超过20%，失业率为30年来的最低点。可持续发展既是一个自觉的过程,同时也需要外力的推动,需要政府管理与市场作用相结合。《里约宣言》和《21世纪议程》要求各国政府在制定环境政策时,要发挥价格、市场和政府财政以及经济政策的作用,把环境费用纳入生产和消费的决策过程中。珀斯政府十分重视循环经济的发展,采取充分的措施来保证环保与经济的平衡,使用新型能源和海水淡化处理来减少污染和回收利用水资源等。珀斯海水淡化工程供当地150万居民使用,可满足珀斯市政用水的17%。总之,珀斯的循环经济发展如火如荼。

(一) 页岩气

据美国能源信息署的评估,澳大利亚拥有全球排名第六的页岩气资源(11万亿 m^3),其中西澳大利亚州有8万亿 m^3,超过了整个澳大利亚的煤层气资源。西澳大利亚州潜在的页岩气资源已引起工业界关于开发利用的探讨。自2005年以来共施工了15个页岩气井,其中7个井进行了压裂实验,但没有水平钻井和工业开采记录。2012年施工的目标层为Kockatea页岩的Arrowsmith-2井(珀斯以北300 km),证实了页岩气的存在。

西澳大利亚州的页岩气资源主要分布在北部边缘的坎宁盆地和西部的珀斯盆地。珀斯盆地二叠纪Carynginia组页岩、三叠纪Kockatea组页岩和坎宁盆地奥陶纪Goldwyer组、泥盆系Gogo组、石炭系Laurel组是主要的页岩气储气层。珀斯盆地的可采页岩气储量为1.67万亿 m^3,坎宁盆地为6.48万亿 m^3。尽管坎宁盆地的页岩气资源潜力较大,但是珀斯盆地更容易利用现有的基础设施、管道和珀斯天然气市场,是最有经济可行性的页岩气产地。

珀斯盆地沿着澳大利亚西海岸南北向延伸,包括陆地部分(4.5万 km^2)和海洋部分(9.8万 km^2)。盆地东缘是由南北向达令断层控制,与伊尔岗克拉通相邻;西南以一条狭窄的元古代片麻岩和麻粒岩带为边界。该盆地是一个复杂的凹陷裂谷,有两个主构造阶段:二叠纪西南向延伸和早白垩世伴随断裂过程的北西向转换拉伸。达令断层等一系列断层组成盆地陆上部分的主要构造格局。断层基本为北—北西向延伸,并伴随有东西向的扭转。

珀斯盆地常规油气的主要源岩为二叠系、三叠系、侏罗系,其中三叠纪Kockatea页岩最为重要。而页岩气资源则主要认为赋存在二叠纪Carynginia组和三叠系Kockatea组页岩中。

珀斯盆地富含有丰富的页岩气资源,据估计在1.67万亿 m^3。有利的地理位置和完善的油气输送管道使得珀斯盆地具有开发页岩气的经济可行性。

二叠纪Carynginia组和下三叠统Kockatea页岩是珀斯盆地页岩气含气层。Carynginia组的有机碳含量为1%~15%,干酪根为Ⅲ型,Ro在0.56%~1.91%;Kockatea页岩层的有机碳含量为1%~4%,干酪根为Ⅱ/Ⅲ混合型,Ro为0.48%~1.93%。

(二) "永远丛林"计划

珀斯位于西澳大利亚州的西南部,是西澳大利亚州的首府,澳大利亚第四大城市,占地约5 400 km^2,人口约165万。珀斯拥有得天独厚的自然地理条件,西临印度洋,东临达令山脉,坎宁河和天鹅河流经城市中部;还有丰富的生物多样性资源,属于全球34个生物多样性保护热点区域之一,珀斯的城市生物多样性更是在全球主要城市中居前列。

珀斯政府委员会深知丛林是保证城市景观特色和人们生活质量的要素之一,一旦被破坏就不可能恢复。然而城市发展与丛林保护却亟待平衡。从1994年到2003年,天鹅滨海平原内约121 900 hm^2(23%)的丛林被毁,造成生物多样性的巨大损失;而且据预测,到2031年,珀斯需要增加375 000套住宅。为了保护大都市区珍贵的生物多样性资源,解决城市发展和生物多样性保护的矛盾,打造澳大利亚的生物多样性之都,市政府出台了被誉为西澳大利亚州有史以来最重要的一个生物多样性保护计划——"永久丛林",该计划把珀斯推向了全球城市生物多样性保护的前列。

2000年,珀斯政府颁布的"永远丛林"计划目的是"保留城市中的丛林"。选择珀斯大都市区天鹅滨海平原内珍贵的丛林地进行永久的保留和保护。计划目标是保护该区域26个原生植被群落中的10%，还有许多濒危生态群落。51 200 hm² 具有较高价值的丛林地被列入该计划，约等于该区域原生植被的18%。

入选该计划的标准包括：代表某种生态群落、多样性、稀有性、维持生态系统或自然进程的重要部分，科研或者进化的重要性，受保护的湿地、河流和海滨植物区等。"永久丛林"计划对选定的场地进行分区和分类，然后依据分区特征制定不同的保护方式，包括：协商规划方法（针对非农业用地，或者将来可能面临开发的丛林地）；互补机制（针对农业用地，需要政府和土地所有者之间签订协议）；保护方法（针对公园和休闲用地）；还有针对其他受影响的土地所有权和利益的保护方法。

"永久丛林"计划的主要场地是国王公园和伯德公园，它们的设计、建设和管理都遵循"永久丛林"的具体实施方法。

1.国王公园

国王公园位于珀斯大都市区的核心位置，东距珀斯中心商务区仅1.5 km，南临天鹅河，北侧是居住区，西南是西澳大学。公园占地面积约40 hm²，是珀斯的地标公园和城市绿心。

国王公园的定位是世界级植物园和公园，由丛林、植物园和公园3部分组成。与一般大型城市公园不同的是，国王公园2/3为自然丛林，内生有324种本土植物，80多种鸟类，20种爬行动物和几百种无脊椎动物，还有超过10种的菌类。这是受到严格保护的区域，被澳大利亚官方认证为A级自然保护区。它是重要的生物多样性研究和科普的基地，内部设置自行车和步行道，供人们锻炼和自行车通勤使用。丛林内还设置了特色丛林游览道，路旁布置科普信息牌，人们可以身临其境，近观自然奥妙。

植物园是收集、展示和研究澳大利亚西部植物多样性的基地。它建成于1965年，借自然坡地地貌，精心种植了来自澳大利亚西部的2 000多种具有较高观赏价值的植物，其中也包括一些濒危植物，占西澳大利亚植物种类总数的1/6。

2.伯德公园

伯德公园东距珀斯中心商务区仅8.5 km，同样是依山傍水，西邻印度洋，天鹅河滨海平原的自然至高点，瑞伯德山是公园的一部分。公园占地面积437 hm²。山顶的隙望台拥有绝佳的视野，在那里眺望印度洋和掩映在绿色中的珀斯中心商务区。

伯德公园拥有重要的滨海丛林，1998年，被划定为A级自然保护区。它拥有约1 000种动植物和菌类，鸟类91种，还有各种爬行、两栖、哺乳和无脊椎动物。伯德公园的定位是世界级城市原野。远期目标是通过生物多样性保护和自然林地恢复造就一个更加强壮的、不需要人工维护的生态系统，并为休闲、教育和社区参与提供机会。在公园管理方面，伯德公园采用的是以科学研究为基础的适应性管理模式，可见自然科学研究在伯德公园管理中的重要性。伯德公园2006—2011年的管理计划是保护生物多样性，恢复生态群落，继续前沿研究，改善游客服务设施，提升教育重点，鼓励有力的社区合作伙伴，同时还将树立公众形象作为公园的主要任务。

3.具体实施

（1）尊重自然

尊重自然必须贯彻始终，从城市绿地系统规划开始，选择自然风景价值较高的土地作为公共绿地。国王公园和伯德公园的设立都是因为它具有优秀的自然风景。这种规划行为是对自然最大的尊重。例如国王公园所在地早在1831年就被划定为公共预留地，旨在把景色最优美的地方留给公共所有。在园林绿地选址、设计和后期管理的每一个环节也应该以尊重自然为导向。

（2）城市绿地作为生物多样性保护基地

国王公园和伯德公园是将城市公园与城市生物多样性保护结合在一起的成功范例。它们的成功表明，城市绿地也有潜力成为城市生物多样性保护的基地，但是前提是，原生地的自然生境未受到过多的人为干扰，还有坚实的科研后盾。风景园林师在城市规划初期就介入城市规划，并通过城市绿地规划保护具有珍贵植物和生物多样性价值的区域,使它们免于开发,可能的话,制定永久的保留计划。

(3)适应性管理模式

公园管理局每五年都会为这两个公园分别制定一个管理规划,为公园未来的发展指明了方向。但公园的管理模式并不是一成不变的,而是一种被称为适应性管理的动态管理模式,即"以科学知识为基础,以来自研究和检测的源源不断的新信息为依据的管理模式"。管理局认为规划需要具有灵活性,以应对不可预见的突发事件,资源应该做到及时调配。在这种管理模式下,伯德公园前沿的研究成果就能够及时有效地转化为最佳的管理实践。这种注重科学和灵活性的管理模式值得城市公园管理者思考和借鉴。

(4)社区共建

两个公园都开展了激励公众广泛参与的活动,社区成员以义工的形式加入公园的维护和管理工作中,包括宣传、导游和植被修复等。这些活动使社区对公园产生一种归属感,让他们成为公园的一分子,亲身体验保护自然和宣传自然的工作。另外,公园还特别注重教育,广泛组织学校和普通市民参加教育活动,还会开设更高层次的园艺培训。社区共建使更多人了解和参与到保护生态环境的行列中,也大大拉近了城市公园与周边社区的关系。

(三)城市规划——"现代与自然"

城市是社会可持续发展与构建和谐的实践载体,在城市化的进程中,提高城市管理水平,通过科学公正的评价体系真正引导低碳城市构建,实现城市的科学发展、现代与自然的和谐。珀斯市的城市规划关注"现代与自然"两大因素的和谐发展,以"环境代际公平"原理为立足点,构筑起"绿色城市文化"模式与"绿色生态城市规划"模式。珀斯市注重环境保护与生态意识,形成了独树一帜的可持续性城市发展模式。珀斯市城市化进程中面临的挑战和政策创新是对大洋洲城市规划研究与实践的缩影。珀斯市"现代与自然"的和谐发展模式对北京市打造国际化大都市与应对全球化进程颇具借鉴意义。

珀斯是西澳大利亚州的首府城市,同时又是澳大利亚的重要港口城市之一,东临达令山,西濒印度洋。珀斯市终年日照充足,平均每天日照时间有大约8个小时,绿化覆盖率高达50%,哥特式与洛可可建筑、古老的有轨电车、艺术画廊、自然博物馆以及绿树成荫的花园、街道构成了该市典雅的风格。在城市规划中,该市将人文理念融入现代建筑之中,同时与自然合理开发相结合,使该市的环境成为融合自然及特殊人文精神的范例。该市议会于2011年6月出台的《新碳排放法案》指出,该市在经济能够进行持续增长的同时,通过征收碳排放费用来降低碳排放污染,每户居民碳排放每吨上缴26澳元的碳排放量税(约合160元人民币),并且在2015年前,该税以每年2.5%的比率递增,所征得的税款用于建设一项继欧盟与新西兰之后的第三个全国性的"温室气体限额与贸易计划"。该市通过对城市化的合理规范实现了经济、社会和环境三者的协调发展,提高了该市在环保方面的竞争力。

1.合理城市规划打造城市空间正义

城市空间可以从物质、制度、文化3个层面理解空间与城市,分为物质性空间、社会性空间与精神性空间。珀斯市也是按照这三度空间进行划分的。列斐伏尔认为:"当代城市空间是资本生产的产物,空间的逻辑从属于资本的逻辑。"城市是人们进行空间生产的产物,在现代城市化发展条件下,城市发展具有资本属性。作为现代文明载体,尤其是置于世界资本主义体系中的一个城市,珀斯市成为资本集中与循环的空间聚集点,"资本、权力等多种要素都参与了城市空间的生产和创造"(恩格斯,1884)。珀斯市的低碳城市化发展避免了城市空间非正义的三大问题。

(1)避免了经济高速增长导致的城市可持续发展的问题

珀斯市的低碳城市发展起步很早,在20世纪90年代就采取了"控制市区发展规模,合理发展城市近郊生活区,积极发展生态城市化"的城市发展策略。自2001年以来,珀斯市城市空间发展、绿色覆盖率、降低能耗与生态办公都快速步入低碳轨道。11年间，绿色城市化水平提高了12%。在城市扩张和内部空间重组的双重作用下，珀斯市城市郊区化现象日益明显。城市管理非常合理，城市空间组合避免了城市无序蔓延、耕地流失等问题，减少了城市空间内部差异与市郊差异。

澳大利亚各城市间人文历史、地理环境、城市规模与职能各不相同，但在低碳城市发展这一共同的动力机制下，珀斯市的发展与澳大利亚其他城市呈现出共性：城市形态稳定，空间聚集均衡、城市的水平扩展与垂直扩展并存、城市建设与自然和谐，零生态压力，确保城市环境品质，城市在建设中，保持历史风貌和传统肌理，市民具有很强的城市识别感，城市形象多样化。于是，珀斯市在高速城市化进程中实现了可持续发展，构筑起了低碳城市形态。

(2)避免了城市化加速带来的"空间失配"难题

1964年，美国学者Kain（凯恩）首次完整地提出了"空间失配"假设或"空间不匹配"。"空间失配"原指黑人居住区域比白人居住区域拥有较少工作机会，黑人找工作难度大，工资较低，或者要花费比白人更多的通勤时间，从而造成失业率的增高。珀斯市降低城市基础设施建设投资规模，降低了高速膨胀的城市空间，限制流动人口，保护可耕地资源，减少煤电油运耗损（提倡Home Office，即每周3天在家办公，2天在写字楼办公，以减少公共区域能源消耗）、保护生态环境以及减少工业区的扩张。那种以资本为核心、以利润最大化为导向、以地方政府纯粹为了创造经济财富而不顾生态破坏等行为则被视为对空间正义原则的侵害。如果城市化演变为一部分人对空间权益的剥夺，那么高速城市化就必然导致矛盾的激化与社会的不稳定，这样的城市化是难以持续的。而珀斯市的城市化发展则避免了这样的状况发生。

(3)避免了盲目规划而造成的城市特色消失的危机

城市化发展必然导致钢筋水泥浇铸的"都市森林"的出现，珀斯市的城市空间中虽不乏现代建筑，但历史性的建筑保存完好，与现代建筑共处一地，形成了传统与现代的统一。"当许多澳大利亚以外的城市沉浸于高楼林立所带来的片刻欢欣的时候，城市化背后的诸多城市特色危机已悄然走近它们，而珀斯市避免了盲目规划造成的城市特色消失的危机"。与此相比，某些亚洲城市面临着严重的城市特色危机，其表现形式为：第一，不切实际的"揠苗助长"，即不切实际地拔高城市定位，盲目建国际化大都市或国际化城市；第二，不切实际地进行城区改造，搞形象工程；第三，交通体系规划极为不合理，盲目砍伐人行道的树木，拓宽行车道。

2.城市空间正义与低碳城市范式

美国学者Kain（凯恩）率先提出"范式"这一概念，用以指代某一时期、某一科学"共同体"所公认的研究对象的概念框架、理论方法及其可仿效的科学范例与模式。"城市范式"表示在不同历史时期，由于不同的世界观与方法论的影响，"在人类城市发展史上所出现的具有不同城市价值取向、城市形态与功能特征的城市模式。珀斯市的'城市范式'最佳地诠释了城市化低碳发展模式"。

城市化运动进程造成的生态危机惊醒了人类，人类开始反思工业文明造成的生态破坏，开始探讨现代与自然如何和谐一致，开始探讨如何构建"生态城市"。珀斯市并没有简单地把建设"花园城市""绿色城市"等视为建设生态城市，并没有单纯追求自然环境的美化，简单增加绿地，而是使绿地建设处于交通与建筑规划的积极地位，在生态意义上真正起到积极的作用，并没有把本城市的舒适建立在把一部分污染转移到不发达的城市中。珀斯市提出以新的思维方式重新认识"生态城市"，同时预言建立新"城市范式"。与此相比，北京广泛开展的创建文明城市活动，正是与人类城市发展趋势相吻合、体现科学发展理念的新范式，即所谓的"低碳城市范式"。因为城市化程度是人类文明成果的积淀，是人类社会发展到一定历史阶段的产物。城市化作为社会文明的凝聚，承载着人类社会发展所达到的和谐状态。珀斯的城市文明是物质文明、政治文明与精神文明建设协调发展的结果，体现了市民整体素质和较高的城市文明程度。同时，珀斯市是自然、经济、社会和谐的复合型生态平衡城市，是富有市民认同感、凝聚力与归宿感的城市。

3.低碳城市规划模式：人与自然的和谐

就广义而言，任何城市的市中心，尤其是随着城市化运动而成为大型工商业城市的市中心，其高密度建筑群与建筑高度通常会滋生一种城市中心特有的现象，即"城市热岛效应"。为了解决"城市热岛效应"，珀斯市在其中心位置的规划中设置了开放空间，如通风长廊、大片城市绿地等，用以调节气温，降低碳排放，减少热岛效应。同时，该市在城市规划中将横贯中心区的自然水系、滨水绿地与市中心规划相结合，使中心景观环境呈良性态势发展，增强了宜居性。天鹅河贯穿珀斯市中心，圣乔治大道是金融、商业和政府机构的集中地，被大型绿地与城市开放空间包围与分割，形成"城中有绿色，绿色包裹城市，城市妆点绿色"的城市化人文景观。

(1)城市的低碳规划与低碳建筑材料

该市的城市规划充分考虑到水系、森林、绿地三者的有机结合，在保护山脉自然面貌的基础上，以山为中心，鳞次栉比的规划住宅区，同时，在住宅区与城区之间保持方便的交通，打造了自然与低层建筑呼应的绿色城市。珀斯市拥有较长的海岸线，其规划则充分利用了这一有利的自然条件，海岸线沿岸的规划突出了现代与自然和谐交融，绿地与具有文化气息的建筑并存，建筑层数的逐渐增高与其距海岸距离成正比，每排建筑均有舒适的海港视线，从海面眺望城市可见到逐层叠起的建筑景观。民居住宅采用了中空玻璃。中空玻璃不仅可以抵挡热浪与寒潮，更可以隔绝噪音、降低能耗。民居的墙面采用了纤维石膏板，纤维石膏板是具有保暖性的建筑材料，具有较小的热收缩值，保温隔热性能极佳，具有透气功能，能够调节室内空气湿度。该区的民居建筑以小户型为主，不仅节约建筑材料、节能、节电、节省建造成本与使用成本，而且使碳排放量明显变小。

(2)"可持续发展"与城市化：和谐的"A&T"是低碳的"风向标"

城市化是构成城市群体的重要组成因素，是城市有别于其他区域的指标，自19世纪城市工业化以来，澳大利亚城市化运动推动了城市文化和城市现代化的发展。珀斯市的规划包含了城市化必然的要素。首先，其城市化发展进程聚集了城市发展必需的城市人口，整合了该城市社会模式；其次，创造了珀斯市居民的消费需求，尤其是居民对现代城市文化的精神消费需求；第三，争取到了珀斯市政府的政策支持；第四，激活了该城市的旅游资源。该市的规划"强调'城市发展控制论'，充分利用土地，同时侧重'城市化与自然'必须协调发展，即城市规划必须包含反映环境的意识与行为，坚决制止把城市土地与自然资源耗尽的思想，要为后人着想，体现了城市规划的可持续发展性"。尽管地多人口少，但建设的土地集约化利用程度却很高，为后人和动植物的发展留出了较多的土地资源。该市正处于"现代城市化"发展阶段，该市的议会关注的是如何提高城市土地的集约化利用。另外，市议会制定的《新碳排放法案》保护关键的生态敏感点和敏感区，因为对这些区域的破坏将导致整个人文环境与自然环境的失调。该市在《新碳排放法案》中倡导和谐的"A&T"原则：A&T 即 Architecture(建筑)与Transportation(交通)。珀斯市城市化进程聚集了城市发展所需的两大必要条件：建筑与交通。

①传统欧洲建筑风格与自然和谐一致——珀斯城市化进程的"绿色指南针"

坐落在珀斯市市中心的最古老的标志性建筑就是布莱克斯建筑(Barracks Arch)。整个建筑物建于1860年，其设计理念承袭了英国15世纪的都铎王朝建筑风格(Tudor-Style)。都铎王朝建筑风格因在英国都铎王朝时期盛极一时而得名。都铎王朝时期大型的宗教建筑修建停止了，英国的新贵族们开始建造舒适的府邸，于是，传统的哥特式建筑与文艺复兴式建筑结合在一起，都铎建筑风格就应运而生了。布莱克斯建筑体形复杂起状，其雉堞与塔楼属于哥特式建筑风格,但其构图中间突出,两旁对称,于是,又兼有文艺复兴式建筑风格。布莱克斯建筑内外墙均用木构架,而在构架之间填以砖或灰泥。漆成深色的木材和淡色墙面形成强烈对比,屋顶为陡峭的双面坡顶。布莱克斯建筑具有鲜明的英国盎格鲁·撒克逊民族特色,其周围绿树环绕,虽在市区,但令人仿佛置身自然之中,这便是建筑与自然共处的典范,加上该建筑采用荷兰传统式建筑手法,故是整个澳大利亚独一无二的欧式建筑珍品。

位于珀斯市中心海伊(Hay)大街的铸币厂(Perth Mint)是典型的英国文艺复兴式建筑,是珀斯市的又一标志性建筑。该铸币厂建于18世纪,镌刻着在英国文艺复兴时期英国本民族建筑风格的发展,是英国在西澳大利亚州殖民的"活化石"。丛林、草地、低矮的山峦及小河环绕,构筑起典型的"生态办公"模式。

该市的圣乔治教堂建成于1850年,是西澳大利亚州历史最悠久的基督教教堂,属典型的哥特式建筑。教堂的建筑结构与内部装饰都充满了传统的欧洲特色。西澳大利亚州的大主教办公与生活都在圣乔治教堂内,该教堂成为全州的基督教活动中心。另外,建成于1937年的伦敦大街,是该区另一道独特的风景线。街道两旁的民居建筑与购物中心皆仿照19世纪佐治亚建筑风格修建而成,其浓厚的英国特色,充分展现了居住在澳大利亚的英国移民对故国的怀念与崇敬。"该市的建筑物分别体现了西澳大利亚州在不同历史年代的建筑风格,分属英国文艺复兴式建筑、哥特式风格、佐治亚建筑"。这些建筑风格是城市化运动的结果,表明了该区在城市化进程中取得了极高发展。

②交通——珀斯的"绿色导航"

就陆路交通而言,珀斯市拥有完善的公路网,包含3条高速公路与9条都会区高速公路。城区的公共运输方式分别为巴士、铁路与小轮,均由Trans.Perth公司提供。免费的"中央区域巴士"(Central Area Transit,简称CAT),方便人们在市区的出行。"中央区交通运输巴士"拥有3条路线,红、蓝、黄3种颜色的巴士贯穿整个市区。此外,为了减少污染,除中央区域运输交通以外,在繁华的市中心还有免费的交通提供。搭乘其他公交车也是免费的,但前提是乘车者必须上下车都在市中心范围之内。珀斯市铁路总站是富有古希腊建筑风格的地标性建筑,是该市的交通中转站,提供5条主运输干线,由市中心总站开出至5个Terminals(尾站),分别为:该市西南的弗莱曼德区(Fremantle),北面的克拉克森区(Clarkson),东面的中部区(Midland)、东南面的阿马代尔(Armadale)及南面的曼都拉区(Mandurah)。在阿马代尔区既有火车到达,也有巴士到达,公共运输服务遍布整个区域。珀斯市有两个大型公交车中转站,Bus Port(公交总站)和Wellington Street Bus Station(惠灵顿街公交中转站),与珀斯市铁路总站相连。99路公交车和98路公交车是环城公交线路,途经该市市内的各大高校。事实上,这些公交线路设置的目的就是方便学生上下学。该市的公交车票实行"时间制",公交车票可以在指定时间内无限换乘同一区域内的公交车线路或者铁路线,时效为2~3个小时。

4."城市化与自然和谐"的城市文化内涵

(1)珀斯市的城市文化自然属性

美国著名城市地理专家索贾指出,"城市人口聚集程度是城市化的基本表象之一"。珀斯市人口密度不高,劳动分工较为简单,因而,单位时间内创造出的文化产业价值较高。美国哥伦比亚大学教授赛义德指出,"社会控制的城市空间包括教室、法院、火车站、市场、医院、街道、教会,甚至是私人住宅,等等,在日常生活中无处不在。社会控制的空间,从很大程度上讲,一直延伸到地理政治空间、行政管理以及出现在公共建筑的修筑地点与土地分配中诞生的政治……物质空间、具有象征意义的空间以及等级森严的空间与导致这一切出现的过程融入了……城市的纪律控制。""就广义的角度而言,无论是物质的城市文化还是非物质的城市文化都是人类改造自然的成就汇总"。珀斯市"城市化与自然和谐"的城市文化整合了"低碳城市文化"应具有的3个层面,即绿色覆盖层面、垃圾管理层面与空气层面。城市物质文化，即古建筑及其风格的保护，需要市民的共同的意识形态的认同和承担，这样才能长久地传承并滋润后人的精神世界。"绿色"城市文化的自然属性体现在"与自然和谐"，是城市生活中主导的意识形态，与该城市居民的意识形态共存。

(2) "低碳城市文化"的自然主题

珀斯市的自然主题是"绿色城市规划"，即绿地、房屋、道路共存。珀斯市有各类公园近200个，绿色覆盖率约占全区总面积的60%。在环绕居住区的公园与林带中，最突出的当属坐落在天鹅河畔的艾丽兹山（Mt. Eliza）上的 King's Park（国王公园）。该公园占地面积达 400 hm^2，内部森林植被覆盖非常完美。其设计首先保持了原始大自然气息，有古老的观光电车穿梭于公园内部；其次，在该公园增设了现代化设施以方便游客，如设有著名的五星级餐厅 Frasers Restaurant 与烧烤设施。自然与现代的和谐构筑起了公园的现代绿色模式。

珀斯市的专业环保组织精心维护公园草地，每逢春夏时节，定期使用割草机修剪草坪，秋冬季则进行机械化松土、喷药、滚压，以消除虫害。另外，该市市民具有低碳生态意识，大学生志愿者经常在民居周围种花植草，甚至有时还在公共场地铺设绿色草坪，珀斯市仿佛被绿色环抱，大部分的法国梧桐几乎没有虫害。19世纪中后期，西澳大利亚州随着经济与社会的发展，环境保护开始起步，生态保护的法规也逐渐拓展并延伸至社会生活各个领域。《新碳排放法案》以及其他各类垃圾处理法案均规定，各项城市建设决策均不得破坏自然环境，不可打破"现代与自然"的和谐。珀斯市政府很早就建立了一个空气质量数据采集与分析中心，严格控制该城市污染源的产生。另外，除官方的保护环境专门机构外，民间性的环保组织如"绿色西澳协会"同时发挥着重要的作用。

(3) 自然与现代和谐的"环境代际公平"原理

"现代与自然"和谐共处的低碳城市模式诠释了西方"环境代际公平"的哲学思想。"环境代际公平"，在哲学中又称作"环境世代间公平"，指人类社会的发展要依照可延续性模式，今天与将来的社会成员形成良性循环整体来共同享有地球的自然资源与文化资源，共同享受宜居的生态环境。今天生活在地球上的人类不仅是未来地球环境的管理人，还是上一代人遗留的资源和社会成果的传承者与受益人。因此，今天生活在地球上的人类有义务保护现有的地球环境与资源，也有权享用地球资源与环境。"环境代际公平"原理探讨了如何在今天与未来生活在地球上的人类之间合理地进行资源与环境的公平配置问题。今天与未来生活在地球上的人类在3方面的权利均等，即公平使用自然资源、资源满足个人需求与谋求自身生存与发展。今天生活在地球上的人类必须留给未来生活在地球上的人类生存与发展所需的必要环境资源和自然资源。佩基（Page）在1988年最早提出"环境代际公平"思想。"环境代际公平"强调"托管"理念，即人类每一代人都是后代人类的受托人，在后代人的委托之下，今天生活在地球上的人类有责任保护地球环境并将它完好地交给未来生活在地球上的人类。"环境代际公平"原理强调3条重要原则：首先，保存选择原则。现今地球上的人类应该为未来地球上的人类保存多样性自然资源和文化资源，避免未来生活在地球上的人类的权利受限，未来生活在地球上的人类应平等享有今天地球上相似的可供选择的多样性资源。其次，保存质量原则。每代人都有义务保护地球本身的"质量"，在将地球交到下一代人手中时，没有破坏或用尽地球"质量"。第三，保存接触与使用原则。代际间的成员有权平行接触与使用上一代地球人类遗留下的遗产，并且为未来地球人类保存接触权与使用权，即：今天地球上人类有权受益于上一代地球人类留下的遗产，同时未来地球人类也有权受益于上一代地球人类遗留下来的各类遗产。

5. 政府与民众共同行使干预权的城市低碳模式

珀斯市市政府成立了环境保护委员会，负责制定环保标准并有行政执行权。任何城市建设机构、任何城市建设项目，凡是违反了该机构的法案，都会受到相应的严厉处罚，处罚的类型包括罚款、限期整改、按原貌恢复原有建筑物与消除污染，有案例证明曾有过罚款几百万澳元的先例。该机构有权撤销某个城市设计项目的投资许可证，有权要求任何一个城市建设投资项目在开工前提供"城市建设对环境的影响评估报告"，让投资人充分了解建筑垃圾的处罚条款，清楚建筑垃圾处理不达标的后果。

珀斯市市政府要求该城市的各区域都要遵守该机构的各项法案。如果市政府认为某个区的环保措施不健全或执行力度欠缺，那么市政府有权要求该区进行整改。就环境保护而言，该机构的条例凌驾于西澳大利亚州州议会之上，且不受党派的影响。珀斯市市政府资助民间环保组织，这样一来，公众与政府共同参与低碳城市发展模式之中。例如，"西澳大利亚州自然保护协会"属民间组织，负责指导市民改变不良生活习惯，减少生活垃圾排放，实施垃圾分类处理，推行生活垃圾堆放收费制度。

三、珀斯的发展前景

珀斯市是世界上最孤独的城市，位于世界最独特的生物区，也是一个正在努力寻找水、食物、能源的可持续来源的城市。如果城市不仅要满足生存，还要作为一种文化在21世纪繁荣发展的话，珀斯就必须成为一个更具创新性的社会，其中最重要的是塑造城市的方式。如今，珀斯城已经扩张得比世界上其他大多数城市都要大，仅150万人就拥有100 000 hm² 的土地，以至于城市的交通几乎完全依赖于汽车。

通过对珀斯城市区域进行充分的景观分析，我们发现了有 118 000 hm² 适合于郊区开发的未利用土地。首先这些土地既无陡坡也非洪泛区；其次，它们已经过清理，生态等级已经降低；还有，它们避开了所有湿地、滨河区、残余植被和主要蓄水层补给区。珀斯市可以按照固有模式继续发展，即在确定的 118 000 hm² 的土地上发展低密度郊区。

（一）拓展城市

珀斯需要从很远的地方运输食物，保证居民的食品供给。也可以创建食物城市，以平衡为人们供给食物的生产用地（大面积免税的田地）和居住用地的发展。此外，规划系统往往将不同用地分散到不同区域内，因此拓展城市的方案将工业、城市、居住和农业景观交织在一起。如果居住区与农业生产相融合，那么人们不仅能参与其中，意识到这个系统对于他们生存的必要性，而且也能使珀斯的生态足迹（世界最高地区之一）明显减少。

1. 因海而变的城市

在过去的 35 年里，澳大利亚有 100 多万人为了追求更好的生活方式，而从大城市搬到海边小镇，这就是"海变效应"。这将为 150 万人提供了今后到珀斯过海边田园生活的机会。如果这 150 万人都居住在离海岸不超过 25 min 步行时间的范围内，并拥有各自独立住宅和花园，那么海边城市将长达 600 km。这个线性城市将拥有高速列车和水翼艇，并由小型风力海水淡化厂供水。

2. 因树而变的城市

"树变城市"的方案始于营造毗邻当前城市的 120 万 hm² 的森林，以此抵消珀斯市的碳排放。在这片森林中将安放 100 km² 的太阳能导体，总发电量将满足 2050 年珀斯市 300 万人口的需求，修建小型乡村社区以及新型工业区来吸收 2050 年前增长的人口。

（二）堆高城市

基于城市不能再扩张的理念，所有适应未来 150 万人口的新发展都要在现有城市足迹中完成。20 世纪的经验告诉我们，低舒适度地区的高密度发展对社区有消极影响。

在珀斯市极少见高层建筑，通常这也不是澳大利亚人喜欢的住房形式。但如果设计充分考虑公共空间、交通联系、小气候及视野的话，那么靠近优秀文化和/或自然环境的高密度开发，就可能成为某些人中意的居住选择。珀斯市最令人向往的居住地（在现有的城市区域内部）是临近海滩、河流以及中心商务区的地段。所以可以利用这些吸引要素开发 3 种方案：垂直城市、河流城市和海浪城市，以容纳2050年前增长的150万人口。

1. 垂直城市

垂直城市包括3个新高层迷你城市，它们都拥有可利用土地和良好的自然文化环境。每座迷你城市的密度为每公顷250座住宅，共能容纳45万人口。其余的100多万人口将被安置在以下两个方案中，即河流城市和海浪城市。

2. 河流城市

珀斯市拥有超过140 km长的滨河区，大部分是未被利用的开放空间，然而，沿河的进一步开发是受到严格限制的，所以，可沿着临近河流的两条平行主干道进行线性开发。临近这些道路的土地具有开发的可行性：现有建筑质量低，且土地相对便宜。如果开发者能沿这两条路建设高层公寓，那么居民不仅能够远眺河流，并且到河流的距离也多在短途步行范围内。

3. 海浪城市

珀斯沿印度洋有约160 km迷人的海岸线，几乎全部处于低密度的开发状态。跟"河流城市"方案一样，滨海高密度开发受到坚决抵制。因而专家建议在海浪城市规划中退离海岸线，建议新的开发沿着临近海岸的第一道山脊线展开。一片带状的土地重新规划，用高层开发替代现有的郊区房屋。如果沿海岸山脊线每隔500 m建一座12层高的建筑，那么45万人将居住在距海岸线不远范围内并拥有极佳的滨海视野。

(三) 结语

1. 向民众终身提供有效的优质教育和培训

教育水平高，拥有大量的各种技能的人才，是建立富有活力的国家创新体系的前提。随着未来社会变革加快，人们所学的技能有可能更快失去价值，同时人们的潜在工作年限却在延长。但是，技术和教育方法上的变革有望提高学习效率。为了使未来经济更加繁荣而富有活力，需要有卓越的教育体系，在整个社会树立创新思维，提供终身学习机会。

(1) 教育体系为居民终身提供工作技能和教育服务

到2030年，澳大利亚的人口状况将发生变化，需求也将同步变化。劳动者需有深厚的专业技能生产、传播、实践知识和创意。教育培训体系需要把理论和实践结合起来，培养出一大批能够快速响应和适应持续变化的人才。企业、员工和政府需要共同努力，包括考虑新的教育模式和教育资助模式。

(2) 教育体系使创新技能在整个社会根深蒂固

从小培养创新创业技能，让孩子们在逻辑、创造力、社交等领域都拥有杰出的技能，让社会大众都能接受失败，从失败中学习。

(3) 教育体系采用最好的教育技术

快速的技术变革正在影响教育行业，使学习更加个性化，可为每个人定制学习历程。在最佳的教育体系中，经验丰富的高素质教师把新兴技术与已有成熟技术相结合，可使学生取得最佳学习效果。

2. 最终用户与本国世界一流科研体系加强合作

科学和研究底蕴是澳大利亚创新体系的优势资源和重要资产。然而，科研机构与最终用户之间的联系非常薄弱，阻碍了最终用户将知识转化为财富的过程。最终用户和研究人员形成有效的团队合作，才能充分挖掘巨大的潜在价值。

(1) 科研基础世界一流，受到大力支持，影响甚大

澳大利亚开展的研究瞄准国家需求和全球挑战，享誉国际，秉持道德操守，保持独立。研究工作必须获得充足的在整个科研体系中公平分配的资金，必须要有世界一流的科研装置的支持，还必须确保研究成果产生影响、广泛传播、付诸应用。

(2) 创新体系中的创新人员流动性提高

澳大利亚科研界国际合作程度高，国际科研合作表现良好，但与企业界合作相对薄弱。学术界和企业界之间的人才流动少，而且不被看好。因此，要扫除障碍，使研究人员能够在创新和创新体系中自由流动，进而维护创新和科研体系的质量和互联互通。

(3)科研培训体系灵活

澳大利亚研究人员的学历整体上居世界最高水平之列,拥有这些学历的毕业生经常选择在各种各样的行业工作。要确保科研培训机构所培养学生的质量和数量,充分满足未来不同的知识密集型行业的需求。

3.公司迈向创新前沿

澳大利亚的珀斯市让更多行业中的更多公司走向创新前沿发展循环经济,也面临着一些挑战。

国家的持久繁荣依赖于企业不断取得成功,离不开富有活力的营商环境,企业快速融入国际市场并表现卓越。展望2030年,高度创新的澳大利亚珀斯应当呈现如下面貌。

(1)基于已有成功,取得更大进步

澳大利亚已有许多世界级企业,更有许多其他企业具有这样的潜力。还需要继续支持本国的创新领先企业,并促进新一代创新企业不断涌现。

(2)鼓励在"长尾市场"树立雄心

经营出口业务的公司会更成功。政府要鼓励向各类企业传授国际化最佳商务实践,要使竞争政策更加有效,要提高企业的管理能力和创新意识,建立起富有活力的营商环境,鼓励参与国际竞争。

(3)培育自由奔跑的"瞪羚"

新的工作岗位绝大部分来自新创企业。为了建立创新生态系统或创新生态群落,使初创企业快速发展,使成长型企业走向成熟,国家创新体系需要更好地把高增长企业与科学研究底蕴相结合,提供充足的创业资本,确保国民具有成熟的创业心态,并注重创造财富。

(4)建立规制监管体系

法律法规对于保护环境、安全和人权至关重要,对于促进商业发展也同等重要。澳大利亚期望建立高效的法律和税务制度,促进经济发展。实现这个目标,需要研究通过规制监管改革促进创新的机遇在哪里,同时,也要重视竞争监管机构对创新的重要作用和影响。

4.政府迈向并持续处于创新前沿

政府既是服务提供者、雇主、投资者、监管者和领导者,又是创新体系中不可缺少的一部分,其公共科研机构为生产新知识做出了巨大贡献。公共机构应成为创新的同义词,为公众创造更大价值。国防部门更是公共服务创新的典型,积极破除创新障碍,努力减少政府合作伙伴的负担。国防部门应注重建立合作关系,使知识转为国防能力,与整个创新体系加强联系。

(1)政府以身作则

政府运营着许多重要的公共事业,吸纳了大量就业。释放公共机构的创新潜力,会使公共部门和私营公司都受益。政府要拥抱创新,树立最佳实践国际标杆。

(2)政府是苛刻的客户和宝贵的伙伴

政府支出在澳大利亚GDP中占很大比重。政府与企业合作,可降低企业的政府业务成本(如简化采购程序和合规义务),使国家创新成果最大化,政府也将更有创造力。同时,政府还应当是苛刻的客户,以确保纳税人能够从政府支出中获得最大价值。

(3)政府积极巩固和维护国家创新体系

要确保国家创新体系健康稳定发展,并使联邦和州立科学机构成为确保国家创新体系绩效和互联互通的重要杠杆。

(4)政府积极提供服务,实现公共价值

不论是享用公共服务,还是遵守政府法规,居民和企业都期望改善与政府互动的效率和效果。政府需要不断检视其向民众提供的价值,并且在提供价值的过程中变得更具活力、更加创新。

第五节 科伦坡循环经济发展状况

一、概况

科伦坡(Colombo)是斯里兰卡的最大城市与商业中心,是印度洋的重要港口,是世界著名的人工海港,是进出斯里兰卡的门户,素有"东方十字路口"之称。

"科伦坡"在僧伽罗语为"海的天堂"之意。科伦坡市历史悠久,早在8世纪,阿拉伯人在此筑屋定居,当时称"科兰巴"("港口和杧果树"之意),后来葡萄牙人译为"科伦坡"。自1948年斯里兰卡独立起,科伦坡市一直是斯里兰卡的首都,直到1985年,斯里兰卡迁都至科伦坡东南郊区的斯里贾亚瓦德纳普拉科特为止。

这座马可波罗眼里"世界上最美丽的岛屿",16世纪开始先后成为荷兰、葡萄牙和法国等国的殖民地。19世纪,英国开始了对斯里兰卡长达100多年的统治,在这里发展了咖啡、茶叶和椰子等农业经济。同时,英国也为斯里兰卡带来了西方文明,在岛上建立教育、医疗和司法等一系列系统和体制,斯里兰卡的政治、经济和文化也因此一度十分繁华。到1948年宣布独立时,斯里兰卡已是当时南亚最富裕的国家。在斯里兰卡的各大产业中,港口业是被视为经济命脉的支柱行业。新兴的制造业工厂多建在城市外围,工业虽不很发达,但拥有纺织、烟草、机械、金属、食品、化工、收音机等工业。

(一)科伦坡市的地理环境

科伦坡市(北纬6°55′,东经79°52′),面积37 km²,位于岛西凯拉尼河口南岸,西濒印度洋,北面以凯勒尼河为界,地处东西航路的中途,是印度洋航行的中继站,亚、欧、非东来西往的船只大多要在这里靠泊补给,故素有"东方十字路口"之称。

科伦坡港是世界最大人工港之一,承担本国90%的对外贸易任务。港外3条总长8 000 m的防波堤伸向大洋,挡住了汹涌的印度洋怒涛。大堤留出两个出入口,一个宽244 m、深11 m,一个宽214 m、深9 m。夜晚堤顶灯光闪烁,蔚为壮观。港内水域2.5 km²全部人工浚深,可同时停泊50 000吨级以下轮船40艘。有现代化泊位15个,各吃水9~11 m深,其中包括附有油库的油轮码头、漂亮的客运码头、长379 m的综合码头。干船坞设有一条244 m长的人造斜坡,专供进坞修理的船只上下岸用。另外还有两个浅水停泊处。供国内小轮船使用。本港每年接待远洋轮2 500多艘,吞吐外贸货物500万t左右。

科伦坡市虽位于赤道附近,但气候宜人,高温而无酷暑,无四季之分,常年平均温度27℃,雨水充沛,树木苍翠,风景秀丽。自1948年斯里兰卡独立后,科伦坡市几经整修和扩建,城市面貌焕然一新,是一座美丽整洁的滨海城市。独特的热带风光、宜人的海洋气候、众多的名胜古迹、色彩斑驳的宝石,使科伦坡宛如印度洋上的一颗耀眼的明珠,成为世界各国游客向往的地方。

(二)科伦坡市的历史沿革

关于科伦坡的记载,据说在2000多年前的罗马、阿拉伯中就已经出现。8世纪时,僧伽罗王国与外界的贸易大多由在科伦坡的穆斯林商人经手。中国史料的记载最早见于元代航海家汪大渊所著的《岛夷志略》,称之为"高朗步"。

科伦坡原是克拉尼河河口的一个小村庄,它最初叫"克拉托塔",意即"克拉尼河口的渡口"。公元前5世纪,僧伽罗人从印度迁移到斯里兰卡;公元前2世纪前后,南印度的泰米尔人也开始迁入。12世纪时,阿拉伯商人在这里建立了一个叫卡兰布的海港,当时锡兰的科提王国就在这里定都。14世纪初,中国商人汪大渊来到这里,第一次称它为"高朗步"。从公元5世纪直至16世纪，僧伽罗王国和泰米尔王国间征战不断。后来，葡萄牙人于1517年来到科伦坡，建设了保护其香料贸易的据点，并命名为"哥伦布"，拼写成colomb，汉语译成"科伦坡"，并在1587—1588年的科伦坡战役中击败了斯塔瓦卡王国的进攻。接下来，科伦坡先在1656年被荷兰占领，1796年再被英国占领，英国将科伦坡建设成为英属锡兰的首都。自1948年斯里兰卡独立起，科伦坡一直是斯里兰卡的首都，直到1985年迁都至科伦坡东南郊区的斯里贾亚瓦德纳普拉科特为止。正是如此复杂的历史，才使得科伦坡成为僧伽罗、泰米尔、印度和欧洲等多种文化的交融地。漫步科伦坡，随处可见各个殖民时期的建筑，印度教、佛教庙宇以及伊斯兰教的寺院与基督教的教堂交相辉映。

(三) 科伦坡市的经济状况

科伦坡市的传统经济主要为港口业和服务业。新兴的制造业工厂多建在城市外围，工业虽不很发达，但拥有纺织、烟草、机械、金属、食品、化工、收音机等工业。

2009年，政府清除了国内所有恐怖集团，社会逐渐恢复和平和秩序。斯里兰卡的新政府在经历了近30年的社会冲突后面临大量的修复重建工作，同时国家的经济亟须摆脱落后的局面，这些任务艰巨又充满挑战。新政府提出了未来发展战略，从航运、航空、商贸、能源和教育5个方面着手引领未来发展，吸引当地和国外投资。科伦坡市作为斯里兰卡的门户城市，城市发展必然要发挥重要作用。政府把城市防御功能融入城市发展中，将原先的城市发展局扩展为国防和城市发展部，这是斯里兰卡城市管理的重要举措。曾经因为国家安全原因以及缺乏远见的政策指导而长期停滞的城市建设如今开始紧锣密鼓地展开。平和的环境、恢复的经济以及良好的政府管理将科伦坡市推向一个新的发展时期。为整合城市区域的发展，2009年提出了科伦坡都市区域发展项目(Colombo Metro Region Development Project)，项目范围超出了科伦坡城，涵盖了原先5个部门的管辖范围，从而确定了科伦坡新城的规模。这个发展计划重点强调3个方面。

第一个发展重点是城市美化运动。良好的城市面貌是吸引投资的关键，因此相关举措包括对公共空间进行修复更新，改善所有道路交通、开放滨海区，建设新的公园以及周边娱乐休闲设施，对重要的殖民时代的历史建筑进行保护更新和再利用。城市美化运动期望找回科伦坡花园城市的面貌，虽然无法和1921年格迪斯规划的愿景媲美，但至少创造一个在热带气候下可以步行的愉悦的城市环境。如今，科伦坡城内外的许多项目顺利完工，这些新的公共空间和景点充满了生气，也赋予了城市新的生命和魅力。

第二个发展重点是改善排水系统。排水问题长久以来困扰着这个经常发生内涝和遭受暴雨袭击的城市。排水系统改善计划包括修复和延伸现有的下水道、水渠以及建设一系列保水区，譬如湖泊和沼泽保护区。这些措施非常迅速有效地改变了城市环境质量。

第三个发展重点是对贫困区域的土地再开发。科伦坡市仍有相当多的人口和家庭住在贫民区内，这些区域占据了城市10%的土地，而许多贫民区占据非常好的区位。把这些贫民区的居民搬迁至高密度的多层公寓群内，清理土地并重新再开发，不仅可以吸引大量商业投资，而且可为当地社区建设更好的住宅。

除此之外，许多国外投资项目也在蓬勃开展，其中最大开发项目之一就是沿科伦坡要塞海滨所建设的海港城。这个项目征用了近200 km²土地，是斯里兰卡历史上最大的国外投资项目，以期提供一个良好的商业投资环境来吸引国际公司入驻。

(四) 科伦坡港简介

科伦坡港又名科伦坡人工港，位于斯里兰卡西南沿海凯拉尼河口南岸，濒临印度洋北侧，不仅是斯里兰卡国内的最大港口，而且是世界最大的人工港口之一，同时也是整个南亚地区的货物中转枢纽。该港是欧亚、太平洋、印度洋地区的世界航海线的重要中途港口之一，并且集散斯里兰卡全国90%的对外贸易商品。科伦坡港区面积为 4.8 km²，拥有 51 个大型船只泊位和 27 座码头，2008 年的年货物吞吐量达 3 000 万 t。

科伦坡港始建于公元 700 年左右，最初只是一个商业城镇，被称为"卡兰巴"（有"港口和杧果树"之意）。16 世纪，葡萄牙殖民者在此建立军事要塞，改称为"科伦坡"。虽然科伦坡港的实际始建时间较晚，但其作为世界性港口的历史已有 2 000 多年了，来自罗马帝国、阿拉伯和中国的商人经常往来于此。由于天然位置优越，早在公元 8 世纪时，科伦坡就已成为商贸重镇。14 世纪初，中国商人频繁来到科伦坡港开展商贸活动。1656 年 5 月，荷兰军队攻克科伦坡，取得了该港的控制权。1796 年 2 月，英军占领科伦坡，结束了荷兰人的统治，但直到康提王国（Kandyan）1815 年投降后，英国才完全取得对科伦坡的统治权，并将其作为新殖民地"锡兰"的首都。之后，英国逐渐将该港改造为一个具有近代气息的发达的港口，1912 年改造工程全部完成。斯里兰卡在 1948 年独立后收回了科伦坡港主权。

科伦坡港的商业价值要远大于其军事价值，但在战时紧急情况下，其完备的港口设施完全可供大中型水面战舰停靠，并进行补给。如果在该港部署战舰的话，可直接对马纳尔湾和保克海峡（位于印度南角泰米尔纳德邦与斯里兰卡本岛之间的海峡，该海峡东北与孟加拉湾相连，西南与马纳尔湾相通，全长 137 km，最窄处宽 67 km）实施封锁。

科伦坡港有 3 个码头，分别是 Jaya 集装箱码头、Unity 集装箱码头和南亚门户码头，还有 7 个主要的集装箱泊位和 4 个支线船泊位，港区面积 24 000 m²，共有 2 个港区入口，港口水深 9~11 m，条件优良，适宜停靠大型、超大型船只，可同时停放 40 艘超大型船只以及若干中小型船只。港口在西南面、东北面、西北面分别有 3 道防波堤，一面向海，位置绝佳，方便船只进出。

装卸设备有各种岸吊、汽车吊、门式集装箱吊、铲车及直径为 254~609.6 mm 的输油管等，其中，集装箱吊最大起重能力为 35 t。码头最大可靠 6 万吨级的船舶。铁路线可以直通码头进行装卸作业。码头还有专用的卸粮设备，可将面粉直接装进工厂，每小时卸 200 t。在港外 6 nmi 的海上泊位可停泊最大 18 万吨级的油船。本港自由贸易区始建于 1978 年，位于科伦坡的北郊，面积达 167 万 m²。1992 年集装箱吞吐量达 67.5 万 TEU，比 1991 年增长 0.94%，主要出口货物为茶叶、咖啡、可可、椰干、香茅油、橡胶、椰油及皮张等，进口货物主要有石油、煤、大米、铁器、棉制品、水泥及化肥等。这里每年的货物吞吐量占全国的 90% 以上。

2005 年，科伦坡港吞吐量为 245 万 TEU，比 2004 年增长 11.4%，世界排名第 36 位。2016 年，科伦坡港总集装箱吞吐量达 574 万 TEU，跃升至世界第 23 位。科伦坡港集装箱吞吐量的不断增长，进一步显示出其南亚中转货物枢纽港的地位。

二、科伦坡港发展状况

(一) 港区发展历程

摊开地图，从远东地区，即日本、韩国以及中国东部沿海的港口一路往南，穿过东南亚的马六甲海峡，横跨印度洋到达非洲的红海，再穿过苏伊士运河、地中海到达欧洲，这条东西航线是全球海运最主要的航线之一。而科伦坡港刚好就在这一条航线的中点，是从远东到欧洲的必经之地。这样的地理位置条件为科伦坡发展中转贸易提供了良好的基础。每年世界上约 70% 的货船都要经过靠近斯里兰卡科伦坡港的国际贸易主航道，其中货船有 25 000 艘次，油轮 5 300 艘次，散货船 15 000 艘次，液化天然气船 4 000 艘次。港口条件也非常优越。

自 1983 年，斯里兰卡开始陷入内战，在随后的近 30 年中，斯里兰卡的经济发展严重滞后，对港口业的影响则体现在货物量减少，所有需要更新和发展的技术无法实现，各项基础设施一直停留在原来老旧的状态，效率低下，中转贸易的业务量大幅下降。2011 年，刚结束内战不久的斯里兰卡首要发展的就是港口。2012 年，科伦坡港吞吐量 418 万 TEU，排名世界第

36位。此后,斯里兰卡港务局提出要把科伦坡港的南码头也建设起来,并对全球企业公开招标。招商局港口公司抓住机会,最终获得科伦坡南港35年的特许经营权。2013年8月,深水科伦坡国际集装箱码头(CICT)投产。CICT是中国招商局国际控股(CMHI)和斯里兰卡港务局在为期35年的"建设–经营–移交"(BOT)协议下的一个合资企业,招商局国际控股占股85%。这项新设施已使科伦坡港的吞吐能力增加了240万TEU,使港口的年总吞吐能力达到700万TEU。2014年,科伦坡港的集装箱吞吐量达491万TEU,增长12.3%,是全球最大的30个港口中吞吐量呈两位数增长的3个港口之一。随着货运需求的快速增长,科伦坡港的集装箱码头利用率高达90%以上,远高于行业通常的拥堵警戒线(70%左右)。2016年,科伦坡港总集装箱吞吐量达574万TEU,跃升至世界第23位。2017年,科伦坡港集装箱吞吐量增至约626万TEU。由于港口利用率过高,因此更多的港口亟待开发。

(二)临港工业及相关产业

1. 港口城

科伦坡核心地区的高尔菲斯海滨广场是当地大型集会包括重大节日阅兵活动的主要场所,堪称"寸土如金"。港口城位于高尔菲斯海滨广场北侧招商局科伦坡南港国际集装箱码头以南的近海海面上。科伦坡港口城以5大主题区域组成,包括金融区、中央公园区、宜居生活岛、游艇码头区以及国际品牌带动区。早在2016年初,维克拉马辛哈总理就在世界经济论坛达沃斯峰会期间提出要将科伦坡港口城打造为科伦坡国际金融中心(CIFC),填补迪拜和新加坡之间的国际金融中心空白,通过引入基于普通法原则的成熟法律体系,辅以有竞争力的税收、海关及移民等政策,吸引顶级跨国公司和全球精英进驻,助力国家和区域的发展。此后,斯里兰卡政府为推进科伦坡国际金融中心的发展,专门成立了由政府相关部门及港口城项目公司组成的科伦坡国际金融中心指导委员会和负责推进科伦坡国际金融中心项目的工作组。在斯里兰卡政府和港口城项目公司双方的共同努力下,科伦坡国际金融中心的框架法案研究工作于2017年基本完成,并于2018年1季度提交议会正式讨论。

同新加坡一样,科伦坡港是一个中转型枢纽。对于一个中转型枢纽港来说,港口吞吐量发展前景具有极大的不确定性。一旦周边的竞争对手发展壮大,货运量流失的风险极大。因此,中转型枢纽港必须发展强大的港口相关产业,比如铁路与公路基础设施、金融服务业、商贸业(包括自由贸易区)、物流业、邮轮服务业和房地产业等。所谓"港以城兴,城以港兴"就是指此。

2. 交通现状

斯里兰卡铁路全长1 450 km,科伦坡是主要的铁路网节点,但铁路网发展较慢。公路交通占陆地交通的93%,科伦坡–马塔拉高速公路全长126 km,连接科伦坡加勒和马塔拉,主要促进南部经济发展。斯里兰卡拥有两座国际机场,其中之一是位于科伦坡的班达拉奈克国际机场。科伦坡港位于斯里兰卡重要的交通要冲,具有得天独厚的发展优势。但是斯里兰卡境内的铁路运输仍需大力发展。

3. 物流发展

核心物流服务供应商的质量和竞争力是全国物流绩效的重要方面。从2010年的排名第142位到2014年的排名第66位,可以说是取得了相当大的成就。海关排名从2010年的143位到2014年的第84位,这个进步也是相当大。斯里兰卡在吸引外国物流企业进驻方面还是比较有优势。斯里兰卡的基础设施排名和国际运输排名的进步幅度非常之大,分别从2010年的第138位和第117位进步至2012年的第89位和第50位。但是这种进步趋势并没有持续下去,而是滑至2014年的第126位和第115位。虽然斯里兰卡在基础设施和国际运输方面也在不断改善,但是在这段时间相比较其他国家更加凶猛的发展趋势,斯里兰卡还需继续努力来加快改善基础设施状况。

基础设施是国家物流绩效的核心组成部分,物流绩效的不理想也反映了公路、铁路设施存在很多问题:如通往科伦坡港口的公路拥堵,货车铁路运输服务质量差,铁路运输货物量只占到总货物运输量的1%,显然,落后的物流正在制约着斯里兰卡经济的竞争力。其供应链可以通过节省运输时间和减少供应成本来增强竞争力,而斯里兰卡物流行业在供应链发展方面做得远远不够。

(三)可持续发展

科伦坡南港是斯里兰卡乃至南亚地区第一大深水国际港,项目地理位置优越,具有巨大的国际社会影响力,项目的投入运营提升了科伦坡港作为国际集装箱港口的层级,使其成为南亚航运中心港。南集装箱码头的建设不仅改变了斯里兰卡的经济,还促进了印度、孟加拉国、巴基斯坦等南亚国家的经济发展,有助于进一步推动斯里兰卡成为国际航运的中心。航运产业的提升同时也带动了科伦坡物流、交通、仓储、海外贸易等诸多产业的持续发展。在项目的建设过程中,中国港湾秉承中国政府"和谐包容、互利互赢"合作理念,致力于可持续基础设施建设,在技术创新、绿色环保、可持续治理、促进当地经济发展等方面取得出色成就。

1.社会经济效益显著

根据斯里兰卡的初步规划,科伦坡港作为建造的重要港口之一,它承载着带动斯里兰卡发展、重现昔日辉煌、振兴经济的重任。科伦坡港以港口为基础着力发展大型临港工业区、产业园以及城市生活配套区域。工程建设过程中,项目部负责管理的材料供应商285家,项目高峰期属地施工人员约1 800人,为当地民众创造了大量的就业机会,更创造了中国港湾与属地公司合作共赢的新篇章,取得了良好的经济效果。项目于2013年7月向业主移交了一期码头400 m岸线,较合同工期提前了5个月,为业主带来了巨大的经济效益。2014年4月10日,项目完成整体移交,目前,码头运营状况良好,码头泊位利用率在70%左右。该项目的建成极大地提高了科伦坡港的吞吐能力,有效地促进了斯里兰卡国民经济发展,使科伦坡成为印度洋的一颗"璀璨的明珠"。

2.可持续治理

(1)科学规划施工,精细化管理

为了保证工程的施工质量,加强质量控制,项目部在承接本工程后,即按管理体系文件的要求,结合本项目的实际情况,建立了健全的质量管理体系,针对项目的重点、难点制订对应的控制与保证措施。

①明确工程质量目标

承接工程后,即明确可持续基础设施建设的目标,采取了一系列的质量控制与保证措施,以保证目标的实现。

②建立完善的质量保证体系

为有效控制工程质量,项目部在项目实施过程中,建立科学可靠的质量保证体系,健全周密严格的质量管理制度,认真进行质量意识教育,对于质量要求和标准,做到人人明白,领导把关,自觉遵守。

③落实各项技术质量管理措施

第一,抓好施工组织设计、方案的编写和审批。在前期的施工准备阶段,项目部编制了施工方案台账,按要求编制并进行报审,根据方案的等级分为专项方案和一般方案,经公司审核、局审定后报监理批准后执行。

第二,开展典型施工。针对重要分项如沉箱、胸墙、轨道梁等,项目部除了编制施工方案以外,还组织了典型施工,并邀请咨询工程师参加见证,收集咨询工程师点评意见,根据典型施工的结果进行分析总结,寻找提高质量的可行办法,并对方案进行优化。

第三,严格施工过程控制。施工时选派具有丰富施工经验的管理、技术人员及熟练的技术工人投入本工程的施工,施工中严格执行相关标准,并对施工过程实行"四全"监控(全员、全方位、全过程、全天候),在施工的各环节上严把质量关,杜绝质量事故的发生。在强化过程质量控制方面,项目抓住码头沉箱预制、胸墙混凝土浇筑、轨道安装等关键工序作为控制重点,制订并严格执行关键工序质量控制措施,使得本工程提前优质完工,在斯里兰卡当地引起强烈反响。

第四,本土化管理提升。按照合同规定中国

员工与本地员工的使用比例为1:4，当地人力成本较低，从合同及工程成本角度，项目部需要聘用大量的当地员工投入工程建设中，但由于历史原因，斯里兰卡大型基础设施建设较少，大多员工的技能及经验不足，易造成质量隐患；但本地工程师的语言沟通能力和社交资源远比中国员工有较大优势，为了将此优势用于工程，弥补不足，项目部加大本地员工的技能培训力度，积极培养锻炼本地工程师，不仅可提高工程质量，也对公司海外工程项目本土化、国际化的管理进程，提高公司的竞争力具有重大意义。

(2)管理制度及流程创新，提高项目部管理效率

针对项目特点，项目部积极进行管理制度及流程创新，如，建立及创新材料、设备的报审制度，制订设计周报制度，采用先进的信息管理软件加强对文件的管理，等等。

①建立及创新材料、设备的报审制度

斯里兰卡2009年5月才结束内战，数年的战争使得该国施工资源极度匮乏，机械、材料等施工资源的匮乏一度成为制约项目顺利开展的关键。大部分结构材料需要从我国及第三国进口，运距较远，当地的地材资源也十分有限，所需的骨料及水泥供应商较少，如何确保材料质量以及保证工期实现，项目部积极探索材料报审、进场、验收的新流程、新制度，以便于进场材料的质量控制。

②制订设计周报制度

工程采用边设计边施工的模式，设计进度影响了项目的顺利开展，同时，频繁的设计变更及业主需求的改变，给工程管理造成了一定的难度，项目部建立健全完善的设计沟通机制，对设计进行全程跟踪、评估，确保质量。

③采用先进的信息管理软件加强对文件的管理

本工程中信息管理采用了现代化的网络平台管理软件，软件的应用，加快了项目部文件传递的效率，通过管理软件对文档的传阅、完成状态进行实时监控，大大加快了文档的处理进程。

三、科伦坡港发展规划

斯里兰卡是一个岛国，科伦坡港同新加坡一样是一个中转型枢纽港，无论从人口还是国土面积来说，其陆上腹地的货运量需求都十分有限。在科伦坡港的吞吐量中，中转运量大约占3/4。由于印度缺少深水港，所以科伦坡港的中转运量绝大部分是印度中转货物。而中转型枢纽港，必须发展强大的港口相关产业，比如铁路与公路基础设施、金融服务业、商贸业(包括自由贸易区)、物流业、邮轮服务业和房地产业等。正所谓"港以城兴，城以港兴"。

斯里兰卡在2013年启动了"5个中心"的发展战略，即把整个国家发展成海事中心、航空中心、商业中心、能源中心和知识中心。在2013年11月25日举行的题为"2013加勒对话"的国际海事会议上，斯里兰卡国防部长发表讲话，表示斯里兰卡谋求与其盟国的建设性的有意义的经济合作。随着亚洲国家如中国与印度的崛起，印度洋越来越受到重视，世界的中心近年来明显地回到印度洋地区。内战后，斯里兰卡迅速发展，在这种背景下，斯里兰卡启动了"5个中心"的发展战略。从2012年旅游业成为斯里兰卡10亿美元的产业后，旅游业发展势头非常好，人们又谈及发展"5+1中心"经济，即把旅游业也纳入进去。2015年8月，斯里兰卡经济增速放慢，有专家提出应该竭尽全力把经济整合到旅游产业当中，发展真正可持续的旅游产品。内战结束后，除了基础设施建设之外，政府还把发展重心放在旅游业。2012年，海外游客增加17%，达到100万人，旅游收入达到1亿美元。2013年，游客达到127万人，比上年增长26.7%。斯里兰卡旅游发展局的统计数字表明，2014年，游客人数达到152.7万人，比2013年增长19.8%。截至2015年8月，斯里兰卡游客达到117万人，比上年同期增长17.1%，旅游收入截至2015年7月已经达到2.799亿美元，比上年同期的2.133亿美元增长了31.2%。

斯里兰卡港口局于2013年8月1日提出了

名为"展望2020年——丝绸路上的卓越物流"的总计划,把原来的目标进行了重新定位,从集装箱中心变成为全球物流中心。港口局在开建一个最优的海事深水港、扩大其他港口和举行海上基地活动的同时,计划建设一个全方位的物流系统,整合物流功能。斯里兰卡的目标是到2020年成为优秀的海事中心,达到2亿t的货物装卸,1亿美元的收入,100亿美元的港口投资,使港口成为国家经济增长的主要贡献者。2015年前半年,斯里兰卡经济出现短期危机,在进出口双双下降,外汇储备不足,货币贬值之时,科伦坡港口的发展仍然良好。2015年前半年,科伦坡港来港船只增加12.7%,货物吨位增加2.8%,集装箱装卸增加6.4%。斯里兰卡一位高级官员称,斯里兰卡海运产业能在港口和造船方面有很大的潜力,在经济发展中能起重要作用,能够让斯里兰卡在国际贸易和投资中获得长期增长,而不能仅仅是南亚的中心。

斯里兰卡在发布的"2015年及以后货币和金融政策蓝图"时表示,过去5年,斯里兰卡已经建立以前未有的稳定和健全的经济及金融平台,未来5年,斯里兰卡的经济增长目标为8%。2014年经济增长为7.8%,国内生产总值扩大至756亿美元,而通货膨胀率只有3.3%,人均收入在5年内翻倍,2014年达到3 654美元。根据2015年经济发展蓝图,斯里兰卡央行行长预计到2020年人均收入达到7 500美元,经济总量达到1 630亿美元。5个中心、旅游业及其他新兴部门有望成为经济增长8%的驱动器。未来,外国投资,特别是直接投资,将是促进经济增长的主要动力。斯里兰卡在2015年吸引对外直接投资约24亿美元(占国内生产总值的2.7%),预计到2020年吸引外资达46亿美元(占国内生产总值的2.8%)。

科伦坡港集装箱吞吐量的不断增长,进一步显示出其南亚中转货物枢纽港的地位。科伦坡港的主要码头是迪拜世界港口公司的南亚门户码头和斯里兰卡港务局负责经营的国企码头。斯里兰卡港务局前主席Parakrama Dissanayake说:"科伦坡港吞吐量的增长主要依赖国企码头。"科伦坡港的年吞吐能力为330万TEU,计划新投资18亿美元,使其吞吐能力增加到400万TEU。印度次大陆是一个快速发展的市场,有几个港口相继成为本地区的区域性枢纽港。巴基斯坦的瓜达尔港、斯里兰卡的科伦坡港和孟加拉的吉大港是印度洋沿岸3个重要港口,而且全部由中国主导建设。在中国倡议建设的"21世纪海上丝绸之路"中,这3个港口将成为具有战略性意义的重要节点。中国参与开发这些印度洋港口,不仅有利于中国西南部地区"就近出海",更可以带动港口所在国当地经济社会的发展。科伦坡港正是斯里兰卡为借"21世纪海上丝绸之路"建设的机会分得一杯羹而努力奋斗的一项设施,这项新设施已使科伦坡港的吞吐能力增加了240万TEU,使港口的年总吞吐能力达到700万TEU。科伦坡港的集装箱码头水深达18 m,能容纳当今世界最大的18 000~20 000 TEU集装箱船满载进出港。2014年,科伦坡港的集装箱吞吐量达491万TEU,增长12.3%,是全球最大的30个港口中吞吐量呈两位数增长的3个港口之一。随着货运需求的快速增长,科伦坡港的集装箱码头利用率高达90%以上,远高于行业通常的拥堵警戒线(70%左右),因而拥堵严重,港口亟待开发。据介绍,科伦坡港口城由来自中国的大型跨国企业中国交建与斯里兰卡国家港务局(SLPA)共同开发。项目位于科伦坡商务中心(CBD)的核心,科伦坡港口城的开发,将满足科伦坡长久以来对CBD的扩充需求,并且成为斯里兰卡经济的增长极,提升斯里兰卡在南亚区域的国际地位和竞争力,推动科伦坡成为南亚的商务中心、21世纪海上丝绸之路的商业中心、全球旅游休闲中心。

四、科伦坡港口城

斯里兰卡科伦坡港口城,位于科伦坡商务中心区域的核心,与希尔顿酒店等标志性建筑咫尺相连,被誉为未来城市。科伦坡港口城由中国交建与斯里兰卡国家港务局共同开发,规划建筑规模超过530万 m^2,包括计划3年完成的填海造地 276 hm²，土地的 1/3 由中国公司拥有并开发，其余的 2/3 交由斯里兰卡开发。该项目包括在首都科伦坡港口附近填海造地，建造一个有高尔夫球场、酒店、购物中心、水上运动区、公寓和游艇码头在内的港口城，计划 5 年至 8 年初步形成规模，20 年至 25 年全部建设完成。中国公司将吸引国内和世界的投资者，包括美国和印度的公司。中国港湾有限责任公司提供的资料显示，项目直接投资 14 亿美元，带动二级开发投资 130 亿美元，创造了超过 8.3 万个就业机会。

第三章 太平洋沿岸城市循环经济发展状况

第一节 休斯敦循环经济发展状况

一、概况

休斯敦(Houston)是美国得克萨斯州的第一大城市,全美国第四大城市,墨西哥湾沿岸最大的经济中心。面积达 1 440 km²,市名是以当年得克萨斯共和国总统山姆·休斯敦的名字(Sam Houston)命名的。

休斯敦创建于 1836 年,是美国成长最迅速的大城市之一,也是全美最大的一个没有规划法的大城市。

1900 年,休斯敦有 4.5 万人,排名美国第 85 位。2014 年美国人口统计显示,休斯敦人口总数达到 220 万人。大休斯敦都会区是美国第五大都会区,有 9 个县,约 650 万人。

休斯敦以其能源(特别是石油)、航空工业和运河闻名世界。休斯敦港是世界第六大港口,是美国最繁忙的港口,外轮吨位居第一位,若不分国籍则居第二位。财富 500 强总部数仅次于纽约市。休斯敦是得克萨斯医疗中心的所在地,是世界最大和最重要的研究和治疗机构的集中地。休斯敦还是美国 27 个超过 170 万人口的重要大都会地区中生活消费和房价最低的。休斯敦被全球化和世界城市研究小组和网络(GaWC)称为"全球城市"。

休斯敦的官方绰号为"太空城(Space City)",因为它是约翰逊航空中心的所在地,任务监控中心也设在这里。许多当地人喜爱称之为"牛沼城"。其他绰号还有"H 镇""脚爪城"或"蒙古城"。

(一)历史沿革

1993 年,休斯敦港成为全美总吞吐量第二大港,1994 年则成为第一大进口港和第四大出口港,是世界第七大港。有 66 条固定航线连接 113 个国家和地区的 250 个港口。休斯敦港主要吞吐的是石油化工制品、农产品及工业机械设备等。

休斯敦市的陆上交通非常便利,有 14 条铁路主干线向外辐射,高速公路四通八达。休斯敦市有 3 个飞机场,数十家航空公司经营客货运业务,是美国南部地区最大的国际空港。

休斯敦市的得州医学中心是美国和世界上最大、最有名的医学中心之一,在癌症和心脏研究方面最为著名。

约翰逊航天中心建于 1962 年,占地 6.5 km²,从业人员 1.7 万人,是训练宇航员以及开发、设计航天飞机和太空站的基地。

休斯敦市有 38 所高等院校,在校学生 23 万余人。最大的大学是休斯敦大学,最有名的是莱斯大学,被誉为南方的哈佛,1990 年西方七国首脑会议在该校举行。

150 多年前,休斯敦地区是卡伦卡娃印第安部落的居住地。1836 年,地产商艾伦兄弟购下 26.9 km² 土地开发建市,他们以当时的得克萨斯共和国总统山姆·休斯敦的名字命名这座城市,休斯敦由此得名。1837—1840年,休斯敦市为得克萨斯共和国的首都。1845年,得克萨斯被并入美国成为一个州。20世纪初,休斯敦地区发现石油,资本家蜂拥而至,休斯敦市经济迅速围绕石油工业发展起来。1914年,休斯敦市挖通了连接墨西哥湾的80 km海运航道,建立了休斯敦港。20世纪40年代,制药、医疗事业发展较快,成立了日后极负盛名的医疗中心。第二次世界大战以后,石化工业、炼油工业沿海运航道两岸发展迅速。

20世纪60年代初,美国最大的宇航中心——约翰逊宇航中心在休斯敦市建立。20世纪70年代世界石油价格暴涨,休斯敦市凭借有利条件成为"世界能源之都"。但由于1980年美国经济衰退、油价下跌等原因,休斯敦市经济严重受挫,失业率一度高达10%。此后,休斯敦市致力于改变单一的石油工业,向多样化发展,使其经济在20世纪80年代有所恢复和发展。进入20世纪90年代,在美国其他地区经济不景气的情况下,休斯敦市的经济增长势头仍然不减,已成为美国高技术中心之一。

(二)环境

1.地理环境

休斯敦市是哈里斯县的首府,是得克萨斯州最大的城市,也是全美第四大城市。该市位于得州东南,墨西哥平原北部,距墨西哥湾80 km,海拔14.93 m。市区总面积1 598 km²,人口约195万。2014年统计数据显示,大休斯敦都市区人口比例为,白种人占38.8%,西裔人占35.9%,黑种人占16.7%,亚裔约占6.7%,其他占1.9%。哈里斯县境内有大小城市29个。大休斯敦地区包括哈里斯、钱伯斯和加尔维斯顿等9个县,总面积约2.3万 km²,人口约650万。

休斯敦地处坦荡的沿海平原,河湖众多,平均海拔仅15 m,年降水量1 150 mm。休斯敦市属亚热带气候,全年平均气温为20.7℃。1月平均气温12.6℃,8月平均气温28.9℃,夏季热而潮湿,33℃以上气温达94天。全年日照期为188天,每年7—11月多飓风。休斯敦市周围特别是墨西哥湾沿海蕴藏着极丰富的石油、天然气资源,此外,重晶石、石膏、镁、盐、木材及淡水资源也较丰富。

2.投资环境

休斯敦地区拥有良好的投资兴业环境。现有20家公司在《财富》杂志500强中榜上有名。休斯敦陆上交通十分便利,有14条铁路主干线向外辐射,是美国最繁忙的铁路货运中心之一,高速公路四通八达,两条主要州际公路在这里交汇。休斯敦的3个机场组成美国第四大机场系统。布什国际机场是美国南部地区最繁忙的机场之一,24家客运公司和11家货运公司在这里经营业务,客运航线连通110个国内站点和五大洲22个国家的50个国际站点。休斯敦港是美国进出口贸易第一大港,是美国对外贸易的一个重要门户,港口总吞吐量居第一位。

休斯敦也是美国的金融中心之一。大休斯敦地区汇集了629家商业银行,220家信贷机构,659家抵押业务机构以及905家证券交易机构。2001年,服务业占该地区国内生产总值的1/5。

休斯敦是一个国际化大都市。92个国家在此设立了领事馆或名誉领事,其领团规模仅次于纽约和洛杉矶。

休斯敦市劳动力资源素质较高,成年人中有1/4受过4年以上的高等教育。休斯敦地区共有40多所高等院校。成立于1912年的莱斯大学是美国著名的私立学府。1996年该校化学系两位教授因发现碳60而共同获得诺贝尔化学奖。贝克公共政策研究所就设在该校。

休斯敦的文化生活丰富多彩。它是全美为数不多的拥有自己的芭蕾舞团(组建于1955年,全美五大芭蕾舞团之一)、歌剧院(全美五大歌剧院之一)、交响乐团和话剧院(艾利话剧院创建于1947年,1996年曾获托尼最佳地方剧院奖)并全年进行演出的城市之一。休斯敦市剧院观众席总数仅次于纽约,居全美第二。市博物馆区每年吸引参观者上百万人。在体育方面,休斯敦火箭队(篮球)、太空人队(棒球)、得克萨斯人队(橄榄球)名扬全美。每年2月举行的牧人竞技比赛极具特色，在此期间进行的牲畜交易会在世界上同类交易会中规模最大。

休斯敦地区有54家广播电台，16家电视台。《休斯敦纪事报》是休斯敦市主要报纸，已有百年历史。《美南新闻》是当地最大的中文报纸，也是免费报纸；ITV 55.5是当地唯一的中文电视频道，也是免费的。

(三) 经济情况

2013年数据显示，大休斯敦地区的经济总量居美国第四位，是美国经济增长最快的大都市。2013年GDP为5 329亿美元（Perryman Group数据），对外贸易2 533亿美元。2014年，该地区提供了290万个就业职位。

休斯敦是一个主要的大企业中心。2014年全美500家最大公司中，有26家的总部在休斯敦。全世界许多大公司也把他们的美国总部设在了休斯敦。休斯敦市既是美国石油工业和石化工业的中心，每天可炼原油334.7万桶，占得州的85.1%，全美国的21.7%，还生产着全美39.1%的聚乙烯和61%的聚丙烯，也是重要的国际金融、贸易中心，有523家商业银行，393家抵押业务机构，521家证券交易机构，全世界最大的50家银行中有近40家在此设立分行或代表处。

休斯敦地区是全球最重要的工业基地之一，在美国制造业城市中居第一位。休斯敦还是全球最大的综合医疗机构——得克萨斯医疗中心（Texas Medical Center）的所在地，其54个机构提供临床保健、研究和教育服务。休斯敦作为在月球上说出的第一个词也为其奠定了行业和劳动力的发展方向。美国国家航空航天局（NASA）的约翰逊航天中心（Johnson Space Center）是其航空航天中枢和转移基地。作为未来能源之都，休斯敦不断加大在传统及可再生能源技术领域的投入。

休斯敦是美国能源和石化工业中心。大休斯敦地区集中了3 700多家与能源相关的公司。全美134家油气勘探上市公司中的40家总部设在休斯敦。休斯敦地区有9家炼油厂，每天炼原油230万桶，约占全美国的13.2%，全得州的50%。该地区初级石化产品生产能力占全国的45%。全美48%的乙烯和66%的环氧树脂都产自这一地区。

1. 先进的制造业

休斯敦有5 152家制造商，雇佣近25万名熟练工人。休斯敦的工业区密度位居全国前列，并且有发展空间满足未来的需要。该地区还云集400多家软件开发公司，在能源、空间科学、生物技术和领先的科技研发业务领域拥有庞大的客户群。休斯敦市的制造业连续6年位居全美第一。

2. 航空航天

休斯敦是世界著名的太空城，是约翰逊航天中心的所在地，该中心位于市中心东南40 km处。这座投资15亿美元的综合机构拥有NASA最大的研发设施之一，汇集了全国科学和工程方面最优秀的高科技专业人员，有150多家从事飞机或航天器制造、太空研究和技术的公司。

约翰逊航天中心建于1961年，占地6.56 km^2，从业人员1.9万人，包括近100名宇航员，是美国国家航空航天局管辖的9个宇航中心之一，担负着设计和制造航天器、选拔和训练宇航员、策划和指挥载人太空飞行，进行太空科学实验等多项任务。1969年7月20日，该中心成功地指挥了人类首次登月之旅。该中心控制室是国际空间站的地面控制中心，负责协调整个空间站的操作和安全运行。

3. 配送及物流

休斯敦是美国与墨西哥、加拿大和拉美地区众多快速增长市场进行贸易往来的门户。由于与美国东西海岸的距离相当，该地区还是进入美国心腹地带的交通枢纽。优越的地理位置，加上临近美国中西部主要的人口中心，休斯敦成为以较低的供应链成本成立制造和物流公司的理想地点。

4. 能源

休斯敦有3 700多家与能源有关的公司和世界一流的研究机构。随着休斯敦因其石化行业的技术和进步受到认可，非碳氢燃料行业正逐步发展。数十年的研究与创新中涌现出大量能源人才，休斯敦雇用77 820名工程和建筑专业人员，他们中许多人在能源行业就职。

5. 生物技术及生命科学

休斯敦有190多家生命科学和生物技术公司及学术合作机构；超过100家先进的医院和保健诊所以及多家全国一流的研究机构。另外，由于拥有雄厚技术基础设施、研究机构、商业公司市场和强大的融资实力，在2011版企业机构（Business Facilities）的生物技术增长和产能评选中，得克萨斯州位居第二。

休斯敦的得州医学中心是美国和世界上大型的医学中心之一。该中心占地2.84 km²，由54个医疗机构组成，共有床位6 041张。2000年到该中心就诊的病人达到540万人次，其中专程从国外来此寻诊的国际病人有19 307位。该中心在癌症和心脏研究方面最为著名。

（四）科研教育

休斯敦有强大的完善而良好的教育体系，得克萨斯州医学中心、约翰逊太空中心以及著名的大学令休斯敦成为举世闻名的大都市。休斯敦以生物、医学、海洋和太空研究而著称。该市的得克萨斯州医学中心成立于1943年，占地2.4 km²，由41个非营利性机构组成，是美国和世界上最大、最著名的医学中心之一。该中心在癌症和心脏研究方面最为知名。医学中心每年预算40亿美元，共有工作人员5.1万人，其作为医学研究与教学的机构，在1994年招收了1.8万名学生，5.4万名医学专业人员在此完成了短期课程及再培训课程。

休斯敦的生物技术发展是在最近几年才开始的。这项技术不但令休斯敦市走在了工业发展的前头，同时还增加了休斯敦市经济的多样性。生物技术涉及的领域很广，有医疗、农业、化工、环境保护和消费品等。休斯敦发展生物技术有3个关键因素：得克萨斯州医学中心、进行研究的大学和医学院以及参与完全商业化的开发生产商。休斯敦在生物技术方面的突出发展吸引了59家在得克萨斯州注册的生物公司在此落脚。1993年和1994年的生物科学国际会议都在休斯敦市召开。

休斯敦也是海洋科学研究中心。美国70多家海洋研究机构有一半在这里设立总部，另一半在这里设有办事处。休斯敦至少有1 500家公司活跃于此领域。

约翰逊航天中心于1962年成立，当时投资超过12亿美元，距休斯敦市区40 km，占地1 620 hm²。作为美国国家航空航天局（NASA）最大的研究和发展机构，约翰逊航天中心（JSC）1994年的财政预算达23亿美元，雇用了近3 300名工作人员，其中64%从事科学或工程研究。

二、休斯敦经济发展历程

自然资源是有限的，不可再生资源将在开采中逐渐减少，并走向枯竭，这是不以人的意志为转移的自然规律。现在已是美国第四大城市的休斯敦市在其100多年的发展历史中，走过了从严重依赖石油工业的单纯能源资源型城市到产业多元化、经济持续增长的新型能源大都市的发展历程。休斯敦的经济发展之路对我国资源型城市的发展颇具借鉴意义。休斯敦市是美国石油工业和石化工业的中心。在开采、加工、运输、市场开发、服务、供应及技术等方面都处于领先地位。一条长达几千米的管道沿着得克萨斯湾海岸把200多家化工厂、提炼厂、盐加工厂及蒸馏厂等连接起来。据统计，1994年经休斯敦港出口的塑料初级产品达93.2万t。全美100家最大能源公司中有28家的总部设在这里，此外还有5 000多家公司从事与能源相关的业务。休斯敦市也是一个极重要的国际金融、贸易中心，全世界21家银行在休斯敦设立分行。

20世纪初，休斯敦地区发现石油，资本家蜂拥而至，休斯敦市的经济围绕石油工业迅速发展起来。1914年，休斯敦市挖通了直通墨西哥湾的40.22 km海运航道，建立了休斯敦港。20世纪40年代，制药、医疗事业发展较快，建立了日后极负盛名的得州医学中心。第二次世界大战以后，石化工业、炼油工业沿海运航道两岸发展迅速。20世纪60年代初，美国最大的航天中心约翰逊航天中心在休斯敦市建立。20世纪70年代，世界石油价格暴涨，休斯敦市石油工业得到迅速发展，休斯敦获得"世界能源之都"的称号。20世纪80年代，由于美国经济衰退，油价下跌等原因，休斯敦市经济严重受挫，失业率一度高达10%，此后，休斯敦市致力于改变单一石油工业的经济格局，向多样化发展，经济大有起色，并逐渐成为全美高技术中心之一。

(一) 石油工业奠定的工业基础

1901年，休斯敦附近斯宾德尔托普发现石油，立即引发了一场石油热，并形成休斯敦第一次经济高潮。那时，大小石油公司蜂拥而至，在被誉为"七姊妹"的跨国石油公司（埃克森、美孚、加州标准石油、壳牌、海湾、德士古、英国石油等7家国际石油垄断巨头）就有几家在这时落户于休斯敦。其中德士古公司生产的石油到1904年已占美国全部石油产量的5%；海湾石油公司仅在1910—1920年的10年间，就发展成为一家拥有油船队、可靠的国内外市场和强大金融银行财团作后盾的垄断财团。1916—1929年期间，为靠近原料产地和减少运费，大量的炼油厂纷纷在休斯敦地区建立，在众多与石油工业相关的生产服务业和制造业企业中，大型石油生产设备公司和石油设施公司相继出现。其中最有代表性的是休斯工具公司(Hughes Tools Company)和卡梅隆钢铁公司(Cameron Iron works)，前者以石油供应和生产石油工具著称，后者则是生产油田设备的行家。

1930年，以得克萨斯东部再次发现大油田为契机，休斯敦的工业化进入第二次高潮。到20世纪30年代中期，休斯敦市周围方圆965 km内就生产了全世界一半的石油，6 760 km输油管将休斯敦与数百个油田连为一体。通过不断的企业兼并，到1940年，大公司控制了油田的80%。同时，石油工业上游的发展带动了下游的炼油工业，到1941年，墨西哥湾一带的炼油能力已占到全美国的1/3以上。

第二次世界大战给休斯敦带来了第三次工业化的高潮，这次高潮客观上导致其产业结构的升级，而联邦政府的战时合同和军事采购在这一过程中起到了重要的作用。20世纪30年代初，休斯敦的石化工业还不足为道，但在联邦政府的直接、间接资助下，石化工业得以迅速发展。汉布尔石油精炼公司及壳牌石油公司生产了航空燃料炸药用甲苯，通用轮胎公司、固特异公司和辛克莱尔石油公司生产了丁二烯并进一步将其转换成丁苯橡胶。战争期间，沿运河带分布了十几家大型化工厂，得克萨斯州的化学产品生产在各州中由第十位上升为第六位。第二次世界大战期间，联邦政府还投资1.42亿美元，先后修建了几条重要的输油管道，将得克萨斯的石油运往东海岸。在石化工业的带动下，交通运输、钢铁、金属制作、石油工具、建筑等行业，纷纷成立新公司或扩大原有公司业务，休斯敦的工业体系得到了进一步完善，经济独立性得到增强。

(二) 单一经济格局暴露发展弊端

20世纪70年代末80年代初，休斯敦的经济繁荣达到顶峰，但是，经济的高度繁荣掩盖了产业结构上的不足。20世纪70年代，休斯敦曾表现出向经济多样方向发展的势头，但石油巨头醉心于追逐巨额石油利润，造成石油石化业在产业结构中的比重居高不下，延缓了产业结构多样化的发展。严重依赖石油，致使休斯敦产业结构相对缺乏弹性，一旦国际市场油价下降，其总体经济必定受到牵连，因此，经济繁荣的表象下潜伏着巨大的不稳定性。正因为如此，休斯敦的经济较易产生剧烈波动。20世纪80年代中期，由于世界石油价格的暴跌和石化产业的大萧条，休斯敦的经济遭受了严重的打击，造成大批工厂倒闭，工人失业，技术人才外流。据托马斯·普拉特研究，石油输出国组织OPEC的石油每桶下降1美元，意味着得克萨斯州经济损失30亿美元，而每桶下降7美元，将给得克萨斯州减少270亿美元的收入。这场危机使休斯敦经济结构上的缺陷充分暴露出来。

(三) 调整产业结构迎来新发展

面对严峻的经济形势，休斯敦的政界和商界精英准备调整产业结构，改变休斯敦的处境。休斯敦的调整战略是大力促进产业结构多元化,优先发展石化工业之外的高科技产业。客观地来看,休斯敦的经济结构调整有一定的基础。例如随着城市的发展,港口贸易发展迅速,休斯敦的航天中心、医疗中心也早在20世纪60年代就已建成,这类政府投资的大项目的落户,孵化出一大批小型高科技公司,不但对当地经济产生重大影响,还带动了城市功能的转变;同时,当地制造业也一直有很好的基础,这些都成为休斯敦产业结构调整可以利用的有利因素。重要的是城市的首脑机关在应对经济结构调整中的反应也非常之快。

经过经济结构的战略调整,在20世纪90年代末,休斯敦已经摆脱了对能源经济的依赖。伴随着国际经济环境的改善,休斯敦已成为美国经济发展的明星城市,经济竞争力在美国大城市中首屈一指。

(四)休斯敦经济发展的特点

1.充分利用优越的资源和地理条件,发展城市经济

休斯敦位于墨西哥湾平原,地势平坦,腹地广阔,陆上交通便利。休斯敦紧邻着的加尔维斯敦市,早先有个港口,19世纪时,两市分别作为得克萨斯州内陆和水路的交通枢纽,这种格局使得休斯敦很难再建港口。但是1900年9月,一场突如其来的飓风给加尔维斯敦市以致命打击,海啸摧毁了那里的港口,于是建港口的问题被重新提出。恰在1901年休斯敦发现了石油,可观的石油产量成为在休斯敦建港的一个充足理由。于是在商会的积极游说之下,联邦政府先是同意资助休斯敦修建深水运河,把休斯敦与相距80 km的墨西哥湾联系起来,1913年,又批准休斯敦建立一个人工港口,长期困扰休斯敦的海上交通问题迎刃而解。

休斯敦运河及港口的修建对休斯敦的经济发展产生了深远影响。首先,传统商品的贸易数量增加,贸易辐射能力增强。其次,港口的建成极大吸引了新兴的石油业和相关工业在运河区投资设厂。第三,港口的建成带动了相关商业和服务业的发展。

正是港口和运河,使休斯敦从一个木材与棉花集散地,变成美国大型的贸易中心之一,且不断成长为石化工业重心所在。现在休斯敦港已是仅次于纽约港的美国第二贸易大港,对休斯敦来讲是"城镇造就了港口,港口发展了都市"。

2.根据市场需求调整产业结构,发展替代产业

休斯敦优势产业的发展遵循了市场导向。这首先表现在与国内市场需求相吻合而形成的休斯敦三次石油产业发展的高潮上,正是市场的需求刺激了石油业的发展,而石油的需求又推动了相关辅助产业的发展。同时,休斯敦产业结构的调整也是适应市场需求的结果。

20世纪80年代中期世界石油价格的下降及石化行业的大萧条使休斯敦依赖石油工业的经济遭受严重打击。面对严峻的形势,休斯敦在充分利用剩余资源、尽可能延长开采年限的同时,进行深加工,延长产业链,提高资源的附加值,开发替代产业,着力促进产业结构多元化,依靠已有的优势产业基础,如港口贸易制造、航天中心、医疗中心等,促进机械设备和各类高科技产业的发展。其中包括:生物医药研究研发实验室、工具器械、信息设备、人体器官化学、金属加工研究、办公室设备和计算机、发动机和建筑设备、油气运输设备等。到20世纪90年代末,尽管石油业还占有重要地位,但休斯敦已经摆脱了对能源经济的依赖。1999年休斯敦石油上游产业在当地经济中的比重为35%,相关领域吸纳就业占49%,产业支柱已完成从石油石化为主向多元化的转型,成为典型的新型能源大都市。

3.力争获得政府资助大项目,以点带面发展高科技产业

休斯敦产业结构调整和城市持续发展的关键环节是高科技产业的发展。休斯敦发展高科技的规划又是与美国政府的相关政策合拍,从而把握住了发展方向。第二次世界大战期间,美国政府的研究经费中军事研究占5/6,直接形成了一些重大技术的突破。特别是冷战期间,由于美苏争霸的需要,美国政府重点支持国防、空间、医学、能源等领域的研究开发,而在这几个领域,休斯敦都争得了先机。

1961年休斯敦在与其他20多个城市的竞争中获胜,成为美国国家航空航天局(NASA)航天中心的所在地。航天中心的落户使休斯敦不断获得联邦政府的国防开支的资助,年经费预算达40亿美元。另外,在NASA的带动下,孵化出约1 200家小型高科技公司。

医药业是休斯敦另一新兴的高科技支柱产业。20世纪60年代休斯敦建立了得克萨斯医学中心,集健康教育、研究和治疗为一身。在20世纪80年代早期,医学中心对休斯敦的经济影响甚至超过宇航业。此后,医学中心逐渐重视由研究到技术的市场推广。

4.大力发展高层次服务业,使第三产业成为重要的经济增长点

由政府投资的大项目在休斯敦落户,不但对经济的多元化发展产生了直接的影响,而且带动了城市功能的转变,为经济发展带来了许多潜在的巨大影响。例如:第三产业的发展,城市居民中高层次人员比例的提高,旅游参观人数增加,等等。

第三产业在促进休斯敦迈向国际性大都市过程中起到了日益重要的作用。特别是20世纪80年代以后,第三产业的劳动就业比例上升,增加值占地区总产值的50%以上,其中商业和金融业最为突出。从商业方面看,1976—1981年休斯敦的零售业和批发业销售额增长1倍以上,居全国大都市首位。休斯敦港口对外贸易额从1970年的24亿美元猛增到1980年的230亿美元。1981年休斯敦港外贸总吨数居全美第二位。从金融业看,经济的繁荣吸引了许多重要的外国银行进驻休斯敦。1976—1980年间,在休斯敦开办的外国银行由15家增至46家,其中包括德国德累斯敦银行、巴克莱国际有限银行、巴黎国家银行、沙特阿拉伯国家商业银行、香港银行集团等。在20世纪80年代初期,休斯敦是当之无愧的国际石油技术中心和美国四大金融中心之一,有52个国家在休斯敦设有领事馆。

5.传统石油产业向纵向延伸向横向扩展

由于得天独厚的条件,休斯敦以石油工业为基础的经济日益发展,高科技在石油行业的运用使石油业降低了生产成本,提高了勘探的准确率,从而增强了抗风险的能力。壳牌美国石油公司等许多公司先后将总部迁至休斯敦,美国30家最大的能源公司有29家在休斯敦设有总部或分公司,这里聚集了100多家石油设备制造商和供应商,还有数百家油管输油公司和地质钻探承包商,炼油能力占全美24%以上,集中了美国基本石油化工工业生产能力的50%以上,是名副其实的美国最大石油工业和化工工业中心,并成为世界能源技术的中心。

同时,战后的繁荣使休斯敦的石油工业日益融入全球经济。从20世纪50年代到80年代,拉丁美洲、中东、墨西哥湾深水区、北海和黄海等地区,先后成为休斯敦出口石油技术的主要对象。20世纪80年代早期,休斯敦石化工业开始采取了向海外转移生产的战略,休斯敦的石化公司多采用与所在国合资的方式,通过向第三世界国家的项目提供技术和资金获得股份,从而利用所在国的廉价原料。例如,1983年,钻石三叶草公司在智利和巴西拥有了合资工厂,壳牌则将最大的化学工厂设在了沙特。与此同时,石化工业的重组战略,导致基本化学产品的生产能力有所消减,转向集中生产第三世界国家技术能力达不到的高附加值特种化学产品等。

6.发挥休斯敦商会和商业精英的作用

20世纪初期,商会和商业精英在组建石油公司、引进外资发展当地制造业、拟定休斯敦制造业发展计划等方面发挥了不可替代的作用。在石油发现前夕,多数商业联盟成员就认为"运河现代化和吸引更多的外部资金发展当地制造业是成功构筑休斯敦大都市地位的两个必备条件"。在1901年斯宾德尔拓普石油发现后两周之内,商业联盟就组建了一个输油管联营公司,将燃料源源不断地运往休斯敦。休斯敦的商业精英还积极吸引外资、自行组建石油公司。

休斯敦商会与政府的相互合作在城市的经济发展中更是起到了重要的作用。20世纪50年代,由银行家、房地产商、楼主、开发商、投资商、建筑师和大法律公司等构成的商业精英集团,利用所控制的媒体和财力左右了市长的选举。20世纪80年代后期，为配合产业结构调整，休斯敦商业精英和地方政府积极从外界招揽大公司总部进入休斯敦，并将目光重点放在东、西海岸和中西部的电子和计算机公司上。这些都表现了商业精英们的远见卓识。

三、休斯敦转型之路

（一）背景

休斯敦市创立于1836年，到1850年面积仅23 km²，人口2 000多人，棉花是当地主要的经济作物。1901年1月10日位于休斯敦东北部144 km的"Spindletop"油井喷出石油，从此改变了休斯敦的历史。20世纪20年代末美国各大石油公司总部迁移至休斯敦，休斯敦成为美国南部最重要的城市。在20世纪60年代以后石油开采业整体下滑，休斯敦开始转型，其转型模式是按照延伸传统产业（石油），新建主导产业（航天），带动相关产业（金属加工和食品加工），完善基础产业（交通通信）的顺序逐步推进的。每一步都运用市场机制，充分发挥市场调节功能，使城市从起初的石油城市变成以石油为主，包括多种产业集群组成的综合性基地，变成集资本、知识、技术密集和高新技术于一身的现代化大都市。休斯敦是美国第四大城市，人口近200万，是美国西南部商品零售中心，是石油、天然气以及化学与金属制品的最大集中地，是著名的航天中心与医疗中心。

休斯敦市的周围，特别是墨西哥湾沿海蕴藏着极丰富的石油、天然气。此外，重晶石、石膏、镁、盐、木材及淡水资源也较丰富。休斯敦市的陆上交通非常便利，14条铁路主干线向外辐射，高速公路四通八达，休斯敦市有3个飞机场，数十家航空公司经营客货运业务，是美国南部地区最大的国际空港。1993年，休斯敦港成为全美总吞吐量第二大港。1994年则成为第一大进口港和第四大出口港，是世界第七大港。有66条固定航线连接113个国家和地区的250个港口。休斯敦港主要吞吐的是石油化工、农产品及工业机械设备等。中国远洋轮船公司的货轮也曾定期在此停靠。

（二）主要经验

1.依托四大优势顺延式转型

（1）利用区位优势

休斯敦处于墨西哥湾沿岸的石油产区的中心，是美国南部最大的港口，也是美国中西部地区的主要出海口。当石油开采业萎缩时，休斯敦利用南方大港的优势，将外国石油运进休斯敦，支持庞大的炼油业和石油化工业，为其他产业的兴起奠定了基础。其优越的地理位置也是吸引大量外资流入的一个重要因素。

（2）利用自然资源优势

休斯敦在发现大油田之前，经济支柱是农牧业，其周围有丰富的土地和草原资源。在经济调整中，休斯敦有效地利用了农牧资源，成为全美最大的小麦输出地，其牲畜存栏数位列得克萨斯州第二，奶牛数和销售额位列第一，蔬菜作物位列第五，肉牛也名列前茅。

（3）利用人力资源优势

休斯敦拥有一定数量的、相对稳定的高素质人力资源。在休斯敦地区，有30多所大学、22个学区、200多所学校，为经济发展提供了充裕的高素质劳动力资源。休斯敦地区还有许多著名的大学和研究院所，这些大学和研究院所紧密结合休斯敦经济发展的需要，进行科学研究，不断提供实用的科学技术成果。这些资源在替代产业的兴起和向综合性城市转换的方向、速度和规模上发挥了重要作用。

（4）利用市场优势

休斯敦发达的石油产业为城市转型积累了产业基础，经营灵活的中小型私有企业也留下大笔财政收入，为不依托资源的其他产业特别是高新技术产业的发展创造了条件，有力地促进了休斯敦多元经济的形成。

2.规划先行

即使是市场经济如此发达的休斯敦，其转型仍需要来自政府方面的引导和规划。早在石油开采处于兴盛阶段之时，休斯敦就考虑到了资源衰减可能带来的困境，开始积极实现经济的多元化调整。休斯敦商会确定了全市优先发展的9项工业，依次为：生物医药研究、研发实验室、工具器械、信息设备、人体器官化学、金属加工研究、办公室设备和计算机、发动机和建筑设备、油气运输设备。这些产业大多和原来的石油产业关系不大，是面向未来的规划，其目标是为当地经济植入高科技产业。通过规划，休斯敦的产业结构日趋多元化，这种多元化的产业结构，使其在资源衰减之后，仍具有持久发展的基础，保持了长久繁荣。

3. 项目带动型

休斯敦产业结构调整和城市持续发展的关键环节是高科技产业的发展。休斯敦高科技产业的发展，受益于政府军事技术研究直接形成的一些重大技术的突破和大项目落户休斯敦的带动作用。1961年休斯敦在与其他20多个城市的竞争中获胜，成为美国国家航空航天局（NASA）航天中心所在地，航天中心的落户使休斯敦不断获得联邦的国防开支资金，年经费预算达40亿美元。由于美苏冷战的推动，与航天相关的电子信息、仪器仪表、精密机械和军事工业迅速发展，在NASA的带动下，先后产生约1 200家小型高科技公司。

4. 大力发展高层次服务业

为带动城市功能的转变，休斯敦大力促进商业、金融业、医疗业、服务业和旅游业等第三产业的发展。1976—1980年在休斯敦开办的外国银行由15家增至46家，其中不乏德累斯敦银行、巴克莱国际有限银行、香港银行集团等世界著名银行，休斯敦已成为美国四大金融中心之一。成立于1943年的得克萨斯州医疗中心，经60余年的发展已成为世界上最大的医学科研、治疗中心，包括42个研究所和13家医院，拥有病床6 000多张，每年的医学科研经费高达15亿美元。第三产业的发展增强了城市的服务功能，也带动了地区的劳动力就业。20世纪80年代，休斯敦第三产业的就业人员达到80%，第三产业增加值占地区总产值50%以上。

5. 总结

休斯敦市的经济转型是在市场机制条件下、依托市场来完成的，但政府的支持和扶持也发挥了决定性作用。

1）政府放宽石油加工政策，才使休斯敦在油田开发之初就吸引了埃克森、美孚、壳牌等石油化工大企业以及其他众多的中小型能源企业入驻，也聚集了大量世界级石油和化工公司，实现了由单一石油工业向石油化工业的转变。

2）如果没有政府的特殊政策扶持，特别是国家投资建设航天中心、医疗中心，休斯敦也很难继石油石化之后迅速形成新的主导产业，并带动相关产业发展。此外，休斯敦的土地、基建和经营费用是世界上主要城市中最低廉的，像埃克森和壳牌公司等都是因为能够免税才进驻休斯敦的，如果没有税收和土地等方面的扶持政策，就没有这些世界级大公司的入驻和快速发展。

3）休斯敦的转型离不开市场机制的充分发挥。如果没有灵活的市场机制，休斯敦的油田高新技术企业和相关配套的钢铁、机械、造船、石油钻采设备、化工设备、水泥、电气和食品加工业都很难有长足的发展，产业链条无法延伸，休斯敦也很难成为产业多元化的城市。

4）优秀的投资环境和完善的交通运输体系是其成功转型的重要保障。在美国《幸运》杂志1992年的评估中，休斯敦被评为"能应付21世纪全球性竞争挑战的最佳城市"。全美60个最佳商城，休斯敦名列第二。休斯敦交通发达，每天国际航班有25架次，宽阔的高速公路纵横交错，20世纪90年代初还被评为全美30个大城市中减少交通堵塞成绩最佳的城市。在1991—1992年度300个城市的清洁、环保和美化方面的评比中，休斯敦名列第一，并获得"废物处理业的硅谷"称号。

四、休斯敦循环经济举例——休斯敦工业园

美国休斯敦市原是"牛仔（牧人）"集聚的农牧区村镇。20世纪20年代末，美国各大石油公司总部迁移至此，形成了美国南部最重要的城

市。在20世纪60年代以后石油开采业开始整体下滑时，休斯敦按产业链的延伸和拓展，加速了石油科研的开发，油气资源产业群也逐步形成并日趋完善，相应带动了为其服务的机械、水泥、电力、钢铁、造纸、粮食、交通运输和通讯等多种产业的发展。美国在休斯敦布点了宇航中心，带动了为它服务的1 300多家高新技术企业，城市性质也发生了根本变化。休斯敦成功转型的原因就在于抓住了历史机遇，度过了3个关键时期。第一时期是加速石油化工产业发展阶段。20世纪80年代，休斯敦周围地区的炼油能力占全美炼油能力的1/3，乙烯占2/3，人造橡胶占50%还多，与石油有关的各种厂家多达2 000家以上，外国银行达45家，休斯敦的石油、石油化工、石油科研、石油资本均名列世界前茅，赢得了"世界油都"的美誉。第二时期是发展多种产业，由单一产业向多元化产业发展阶段。随着石油和石油化工的兴起，为其服务的机械、钢铁、水泥、电力、造纸、粮食、交通运输等多种产业纷纷发展，休斯敦从单一的石油石化产业，向多元化产业发展。1962年美国国家航空航天局和宇宙航行局的宇航中心在休斯敦兴建，随之为它服务的产业，如电子、仪器仪表、精密机械等行业的1 300多家高技术和新技术企业，在休斯敦设厂或建立办事处。第三时期是第三产业繁荣发展阶段。随着现代农牧业和第三产业特别是科研、教育、医疗、金融、国际贸易的迅速发展，休斯敦的城市性质发生了变化，由单纯的油城成为集资本、智力、技术密集于一体的综合区。

休斯敦化工区是美国石油业发展的起源地和世界石化中心之一，超过全美45%的基础石化工业活动和全美能源公司200强中的45家公司，包括美国液态空气公司、阿托菲纳公司、贝克石油公司、杜邦公司、丹麦拓普索公司均坐落于此。

休斯敦是世界唯一同时具备油气资源、大型炼厂、淡水河港口几大优势条件的石化产业基地，上百家公司在此建有生产装置，销售收入占美国石化产业的25%，占美国乙烯装置生产能力的76%。工业园内部的化工和塑料生产企业在生产中所需要的大量原料，如乙烯、丙烯等均可通过园区铺设的管线互相传输，形成园区企业之间特有的产品流。

休斯敦工业园是一种单一主导产业为重要支撑的生态模式，即以石油化工为主导产业，其所生产的产品在传统粗放型工业生产模式之下往往会对环境造成很大的破坏，但其通过充分利用企业之间的产业形态互补反而实现了最大化的规模效益。这体现在园区的企业设置和技术引进方面，需要严格把关，形成企业之间的合作生产和循环生产，减少废物排放。

五、休斯敦经验对中国城市发展的启示（以甘肃省白银市为例）

白银市和休斯敦都是典型的资源型城市，具有资源型城市的许多共性，比如沉淀成本存在导致产业结构刚性，非资源型产业发育不足等，但休斯敦从一个依赖石油的资源型城市成功转型为具有多元产业结构的现代化城市，为白银市转型提供了可以借鉴的经验。

（一）挖掘优势进行顺延性转型

1.区位优势

白银市位于兰州、西宁、银川、西安等省会城市之间，距离兰州69 km，处于兰州"1小时经济圈"。白银不仅是河西走廊东端门户，也是兰州、河西走廊通向华北的重要通道，西气东输管道过境。公路、铁路、航空和黄河航运条件便利，境内有白兰和刘白高速公路，干线公路有国道109线、312线、309线和省道207线、201线，铁路干线有包兰铁路、甘武铁路、平川矿区铁路支线，总里程251 km。白银到中川机场高速公路设计里程46 km。黄河沿岸土地宽阔平坦，兴堡子川、西格拉滩、景泰川等地尚有500 km²待开发土地，中心区建设用地多为荒山荒坡。刘白高速公路和黄河交汇于白银腹心地区，园区相互连接，空间环境开阔，区域组合条件良好，非常适宜布局大型工业项目，是甘肃省乃至西北地区重大工业项目布局的最佳区域。

2. 资源优势

全市已建成和在建电厂装机容量390万kW,2007年发电量139亿kW·h,供电量89亿kW·h,形成了跨省互供、北电南送的网架结构,电网输送能力优势明显。黄河流经全市258 km,水能、风能、太阳能资源具有很大的开发潜力。城市日供水能力30万t,富余10万t。石膏、石灰石、陶土、凹凸棒、石英石资源储量较大。冶炼废渣堆存3.3亿t,含有18种有色金属。与兰州市相比,白银农业资源丰富,农业地位突出。在兰白都市经济圈的结构互补中,丰富的农业资源为农业发展提供了空间。2009年白银市粮食播种面积约2 133 km²,粮食总产多年来持续稳定在55万t以上。2005—2009年,农民人均纯收入分别为2 023元、2 145元、2 323元、2 676元、2 984元,年均递增9.5%。支持靖远县羊羔肉、黑瓜子、黄河蜜瓜,会宁县良谷米、马铃薯、华惠麦芽,景泰县枸杞、灯笼辣椒及平川区小口枣、冬果梨、杏仁露等土特产品的发展,使白银成为都市经济圈重要的农副产品生产加工区。

3. 旅游资源优势

白银具有悠久的历史和灿烂的文化,黄河文化、西夏文化、中原文化等多种文化在这里渗透,融合发展,现已发现的新石器时代文化遗址就有16处之多,汉墓群及北魏、唐、宋以来的石窟艺术、城堡艺术等历史遗迹散布白银境内。打造了两大旅游品牌:景泰黄河石林被誉为"中华自然奇观",荣列"国家地质公园";会宁被列入全国30条红色旅游精品线路、100个红色旅游经典景区和20个红色旅游城市之一。现已初步建成可供接待游客的景区(点)8处(个),国家质量等级旅游景区2个,旅行社13家,酒店26家。为建设具有相当规模和水平的旅游产业体系奠定了基础。

4. 技术优势

经过50年的开发建设,白银已成为集采矿、选矿、冶炼、加工、科研和内外贸于一体,铜、铝、铅、锌、金、银、硫综合发展的多品种有色金属生产基地,有色金属生产能力约40万t;稀土分离加工技术在全国处于领先水平。煤炭、电力、化工、建材、轻纺等工业配套发展,产业门类较多,要素条件良好,有利于产业集群发展。

(二)培育发展接续和替代产业,实现产业结构高级化

资源枯竭型城市的产业转型,实质是接续和替代产业的形成并成长为主导产业的过程。在产业结构方面,产业种类由单一向多元发展,第一产业、第二产业和第三产业形成恰当、协调的比例关系,实现产业结构合理化和高级化。

1. 接续产业的培育

白银市的接续产业应该是在现有主导产业和优势产业基础上的转型和发展。白银市虽然面临着资源即将枯竭的发展困境,但几十年建立起来的雄厚的有色冶金工业基础,使得今后的若干年内有色金属工业仍将担负起白银工业的重任。白银市必须走有色金属新材料与深加工产业的发展之路,通过培育壮大有色金属新材料和深加工产业,提升传统的有色冶金工业,实现资源经济和资源企业的经济转型。重点实施新型高精度有色金属精深加工产业化、有色金属延伸产品及新材料产业化、贵金属产品及制品延伸、高档电解铜箔、高精新型铜管、铜板带材、高精度专用铝板材生产线等有色金属深加工、纳米级活性氧化锌等项目。此外接续产业要符合可持续发展与知识技术密集等选择原则。科学技术的进步最终决定接续产业能否发展壮大,同时要摒弃传统的高污染、高耗能的发展方式,所选产业必须是环境友好型产业。如抓住发达地区机械和专用设备制造业向内地拓展延伸的机遇,重点发展以兆瓦级叶片和风力塔架为核心的风力发电成套设备制造业,以安全型自毁式注射器为主的医疗器械制造业,以特种汽车为主的交通运输设备制造业,以新型电线电缆为主的电气机械及器材制造业。

2. 产业结构在更高层次上实现比例协调

产业结构逐步由资源密集型向资金、技术、知识密集型方向调整,实现优势转换。产业内部向纵横扩展延伸,使以原材料、初级产品

为主的采掘工业向以高、精、尖技术为主的深加工工业演进,促使低附加值产业向高附加值产业演进。具体来说白银可以依托现有产业基础,向有色金属及稀土新材料产业、精细化工一体化产业、能源及新能源产业、矿产业及资源再生利用产业、机械及专用设备制造产业等产业演进。对于第三产业,建立为全社会服务的第三产业企业来解决城市居民生活必需的教育、医疗卫生、治安消防、商业服务、就业安置等社会问题,为扩大城市规模创造条件。如以白银西区经济开发区为平台,充分发挥土地存量优势、基础设施优势和转型政策优势,以发展仓储物流、服务工业园区、带动产业集群为宗旨,建设白银市有色金属和金银饰品交易市场、再生资源回收利用市场,加快现代交通物流园区建设,深度开发物流需求市场,大力引进和培育现代物流企业。

3.以园区建设、项目建设带动各产业发展

园区是国内外发达地区实现跨越发展的成功经验,是推动产业集群实现集约发展的必然选择。以刘白高速公路为轴线,把白银作为兰州(白银)–西宁(海东)国家经济开发区的工业主导区,作为兰州都市经济圈的工业聚集区,作为沿海发达地区产业转移的承载区。重点发展中科院白银高技术产业园、白银西区经济开发区、平川中区开发区。项目是产业发展的载体,重大项目的建设将对产业集聚产生凝聚力。根据白银接续产业的选择,应大力争取国家级项目的落户,如开工建设靖南峡水电站,积极争取国家重大水电项目布局;建成铜冶炼制酸系统改造及污染治理项目,争取国家投资1.38亿元,治理白银市的污染源;开工重金属离子工业废水处理及再生回用一期项目,总投资1.59亿元,其中争取国家投资0.88亿元等。

六、结语

休斯敦是一个幸运的城市。如果说地理条件为休斯敦带来了巨大的财富,基于三次工业化高潮以及航天中心、医疗中心的落户是从天而降的机遇,那么,最重要的是,休斯敦人在资源型城市的发展中冷静地把握优势,巧妙地抓住机遇,高瞻远瞩地规划未来,使这座面临石油资源枯竭威胁的城市走上了协调、可持续发展的道路,体现了人的智慧和力量。

如今的休斯敦不仅经济发达,文化事业也相当繁荣。休斯敦市是美国几个能拥有本地公司表演戏剧、芭蕾、歌剧和交响乐4种主要艺术形式的城市之一。休斯敦丰富多彩的演艺活动获得了来自公众以及专业团体的大力支持。这些团体包括:休斯敦文化艺术委员会、艺术基金和休斯敦市政艺术委员会等。

第二节　洛杉矶循环经济发展状况

一、概况

洛杉矶(Los Angeles),是一座位于美国西海岸的城市,又称为"天使之城"。洛杉矶位于美国西海岸加州南部,包括3个不同的地域概念,即:洛杉矶市(City)、洛杉矶县(County)和洛杉矶都市区(MSA)。洛杉矶市是洛杉矶县政府所在地,辖区面积1 216 km²,现有人口约400万;洛杉矶县包括洛杉矶市、长滩市(Long Beach)等88个市,辖区面积达10 541 km²,人口超过1 000万;洛杉矶都市区,也称为大洛杉矶地区,包括洛杉矶县、橙县(Orange)、圣贝纳迪诺县(San Bernardino)、河边县(Riverside)和温图拉县(Ventura)等5个县,下辖157个市,人口1 750多万,是仅次于纽约的全美第二大都市区。洛杉矶是美国人口最稠密也最多样化的地方。

洛杉矶是全球文化、科技、媒体、经济、国际贸易中心城市之一,是世界级城市之一,洛杉矶拥有全球知名的机构,是美国最重要的经济中心,洛杉矶市及其紧邻的区域的GDP产值为全球第20名。洛杉矶也是全球流行文化的领头城市,在大众娱乐诸如电影、电视、音乐方面闻名世界,构建了其国际声誉,奠定了全球领先地位的基础。

(一)历史改革

1. 发现

在洛杉矶沿海地区,Tongva人、Chumash人和早期印第安人已经居住了数千年之久。1542年,第一批到达这里的欧洲人,由葡萄牙探险家Juan Rodríguez Cabrillo Joao Cabrilho带领,宣布这个地区是西班牙帝国的天国(the City of God),但并未长留于此。再一次抵达这里已经过了227年。1769年8月2日,Gaspar de Portolà和方济各会教士Juan Crespi一起来到今天洛杉矶所在的地方。

2. 辗转

1781年,洛杉矶成为西班牙殖民地。1818年,美国人首次到此。1821年,洛杉矶归属墨西哥。1846年,美墨战争中墨西哥失败,后将加利福尼亚州割让给美国,洛杉矶成为美国领土。1848年,西部"淘金热"吸引大批移民来到洛杉矶。1850年,洛杉矶正式设市,同年加利福尼亚成为美国第31个州,而当时的洛杉矶人口仅有1600人。

3. 崛起

19世纪末20世纪初,洛杉矶成为一座特大城市。到20世纪20年代,电影业和航空工业都聚集在洛杉矶,促进了该市进一步发展。洛杉矶成功举办了1984年洛杉矶奥运会。尽管1992年的暴乱、1994年和2002年的地震带来了不小的损失,但洛杉矶承受住了考验。

4. 今日

洛杉矶已成为美国石油化工、海洋、航天工业和电子业的最大基地。洛杉矶的金融业和商业也迅速发展,洛杉矶已成为美国国内仅次于纽约的金融中心。除拥有发达的工业和金融业,洛杉矶还是美国的文化娱乐中心。

(二)区位条件

洛杉矶面临太平洋东岸的圣佩德罗湾和圣莫妮卡湾沿岸,紧挨圣加不里埃尔山,总面积1 290.6 km²,大都会区包括洛杉矶县、奥兰治县、文图拉县、河畔县以及圣伯纳迪洛县部分和贝弗利希尔斯、帕萨迪纳、长滩等80多个大小市镇,城市位于三面环山,一面靠海的平阔盆地中,除部分为丘陵外,大部分地势平坦,因此洛杉矶拥有众多天然良港,是美国的主要港口。从地理位置上看,洛杉矶位于加利福尼亚州的南部,濒临太平洋的圣佩德罗湾,在洛杉矶城市南部大约32 km处,是美国第二大集装箱港口。它是北美大陆桥的桥头堡之一,是横贯美国东西向的主要干线圣菲铁路的西部桥头堡,圣菲铁路东部大西洋岸的桥头堡为费城,另一条铁路干线是南太平洋铁路,从洛杉矶开始经过新奥尔良港向南延伸直至大西洋岸的杰克逊维尔港。

根据美国人口统计数据,洛杉矶城市总面积为1 290 km²,其陆地总面积1 214.9 km²,其中永城75.7 km²,占5.86%。陆地面积列美国大陆城市第9位,城市南北跨度为71 km,东西最大跨度为47 km,边界线周长为550 km,洛杉矶的最高峰海拔1 548 m,位于圣费尔南多东北方,洛杉矶河是流经该市主要的季节性河流,发源于圣费尔南多。

洛杉矶属于温带地中海型气候,全年气候温和,终年干燥少雨,只在冬季降雨稍多。年降水量约378 mm,以冬雨为主。全年平均最高气温23.3℃,平均最低气温13℃。优良的自然地理条件,为洛杉矶地区成为加州的经济中心奠定了坚实的物质基础,加州劳动力市场的30%、产值的33%、零售和批发的25%等都是由洛杉矶创造的。

(三)经济发展情况

位于美国西海岸加利福尼亚州南部的洛杉矶,是当今美国仅次于纽约的第二大城市,也是西部最大城市,美国最大的海港,是全球经济与城市体系中一颗耀眼的明星。它兴起于19世纪末,20世纪初随着交通的完善和石油的发现,它开始在南加利福尼亚崭露头角,人、产业和其他生产要素向这里集中,20世纪30年代成为地区性中心城市。第二次世界大战中及战后联邦政府通过军事订货、设立军事设施和军事基地,洛杉矶现代工业崛起,迅速发展成美国西部最大的城市。洛杉矶的GDP为6 931.16亿美元(截至2014年6月),排名世界第三(仅次于纽约和东京),是全世界的文化、科学、技术、国际贸易和高等教育中心之一,还拥有世界知名的各类机构。在该市及其紧邻的区域中,洛杉矶已经成为美国石油化工、海洋、航天工业和电子业的最大基地,它是美国科技的主要中心之一,拥有美国西部最大的海港,享有"科技之城"的称号。洛杉矶成为在美国仅次于纽约的金融中心。

洛杉矶已成为美国石油化工、海洋、航天工业和电子业的最大基地。它是美国科技的主要中心之一,拥有的科学家和工程技术人员的数量位居全美第一,享有"科技之城"的称号。如诺思罗普(Northrop)、罗克韦尔(Rockwell)等,洛杉矶已成为仅次于纽约的金融中心。位于圣佩德罗(San Pedro)的洛杉矶港及其副港长滩位于市区南面,是全美国西部最大的海港所在地,处理了美国西海岸约70%的总货柜量。洛杉矶地区是加州最大的经济中心,拥有加州30%的劳动力,产值为加州的1/3,零售和批发量占加州的25%以上。洛杉矶港是美国主要的港口。好莱坞是传统的电影之都,片场和制片中心分布在好莱坞四周,还集中了许多唱片公司。由于同娱乐业的紧密关系,洛杉矶已成为主要的多媒体产业中心。

洛杉矶也是美国西海岸的贸易、运输、物流、仓储产业的中心,更是美国与亚洲的进出口贸易中心。位于圣佩德罗(San Pedro)的洛杉矶港与其位于市区南面的副港长滩,是全美国最大的海港所在地,共处理了美国西海岸约70%的总货柜量。

汽车业是洛杉矶的重要经济支柱。虽然洛杉矶本身并没有汽车生产工业,但是以洛杉矶为中心的南加州地区是全世界最大的单一汽车市场(其中光是大洛杉矶地区就有约1 000万辆汽车),更是美国汽车潮流的发源地。除了日产和富士重工之外,所有来自日本及韩国的汽车公司皆在大洛杉矶地区设立其美国营运总部,例如丰田、本田、马自达、三菱汽车、铃木汽车、五十铃、现代汽车及起亚。还有其他不少欧美汽车公司均在大洛杉矶地区设有设计室,以便了解美国汽车潮流的趋势,洛杉矶俨然成为底特律以外美国的另一汽车之城。每年12月初在洛杉矶会议中心(Los Angeles Convention Center)举办的洛杉矶车展(LA Auto Show)是美国国内规模仅次于底特律北美国际车展(NAIAS)的第二大汽车展,与注重量产车与技术概念的北美国际车展不同,洛杉矶车展主要是以车辆的设计风格作为讨论重点。

电影业是洛杉矶另一个闻名全球的重要产业,主要集中在市区内的好莱坞地区。电影业在洛杉矶能够扎根发展,与洛杉矶的气候及地理环境有着极大的关系。由于全年少雨又基本上不会降雪,阳光普照的时间长,是取外景的最佳地点。洛杉矶附近地理变化多,有山有海,取外景非常容易,因此渐渐成为电影业的中心。

洛杉矶是美国西部最大的工业中心,制造业产值约占加利福尼亚州的1/2,居全国第三位。洛杉矶设有现代化的深水海港,附近的长滩有著名的瑟摩斯工程,是开采石油的人工岛,岛上有世界独一无二的大斜井。

(四)洛杉矶产业发展的过程

19世纪末20世纪初,随着石油的发现,洛杉矶开始崛起,迅速发展成美国西部最大的城市。第二次世界大战后,现代工业崛起,商业、金融业和旅游业繁荣,移民激增,城区不断向四周扩展,洛杉矶成为美国的特大城市。洛杉矶的产业发展经历了三次重要的转型。

1. 区域性制造业城市

洛杉矶市成立于1781年。1850年,在美国西进扩张战争中,洛杉矶随加州从墨西哥并入美国。1892年,洛杉矶郊区发现了大量石油,到1920年,洛杉矶已成为全美主要的石油生产基地,高峰期每年保持5 000万t原油生产能力。石油开采业的迅速发展、交通和基础设施的不断完善,直接促进了炼油等石化工业的发展,一些大的钢铁和橡胶公司纷纷在此设厂,汽车、航空、造船、机械等制造业和电影工业等日渐勃兴，进出口贸易高速增长，到1926年，洛杉矶向国外输出的货物吨位仅次于纽约，成为西海岸的重要港口。

20世纪30年代美国经济进入大萧条，洛杉矶经济也不可避免地受到影响，但由于福特、通用等大汽车制造商在洛杉矶设立了批量生产装配工厂，以及好莱坞电影业的支撑，洛杉矶保持了萧条年代的经济增长。到1939年，洛杉矶的工业就恢复到萧条前的水平，好莱坞电影业也进入了发展的黄金时期，外国市场收入增加，电影业雇佣人数达到制造业的15%。此时，洛杉矶的发展远远超过南加州其他城市，更重要的是洛杉矶形成了多元化的制造业结构，城市经济已不完全依赖石油资源。到20世纪30年代末，洛杉矶成为南加州区域性中心城市。

2.国家制造业中心

洛杉矶的现代化始于第二次世界大战期间，联邦政府通过军事订货、设立军事设施和军事基地等途径向西部投入了大量资金，已拥有一定工业基础的洛杉矶成为最大的受益者。1940—1945年，洛杉矶所承担的军火生产和军事设施合同在西部13个大都市区中位居第一，在洛杉矶经济中占重要地位的飞机制造业正是在这个时候发展起来的。1939年，洛杉矶飞机制造业雇佣2万人，到1943年，仅洛杉矶县就高达24万多人。战争需求也刺激了钢铁、汽车工业发展，20世纪40年代后期形成了除美国东部外最大的汽车-玻璃-轮胎一体化汽车制造综合体。1942—1944年，洛杉矶县新建工厂479个，扩建的工厂达到1 000多个。

第二次世界大战后，由于朝鲜战争以及和苏联的冷战，联邦政府的军事开支并未减少。1948年，加州南部获得五角大楼过半的飞机合同，1955年洛杉矶县飞机制造业就业岗位达27.5万个，1967年高达35万个，另有15万个分布在邻近郊县，飞机制造业成为洛杉矶的支柱工业。1962年，洛杉矶有1/3的工人依赖国防工业。1950—1960年，洛杉矶制造业就业增长速度超过美国平均速度的10倍。从1950年开始，洛杉矶制造业产值超过旧金山及东部的底特律、克利夫兰、匹兹堡、费城，成为仅次于纽约和芝加哥的全美第三大制造业城市。

3.高科技产业和服务业为主导的全球性经济中心

20世纪60年代末，欧洲、日本经济复苏，美国的世界经济中心地位受到了削弱，随之而来的70年代的"石油危机"，使美国经济出现了衰退，制造业首当其冲，洛杉矶也不例外，但洛杉矶较早地完成了产业结构调整。西海岸城市在二战期间及二战后形成了国防工业主导的产业结构，而国防工业与高科技产业关系密切，使得西海岸成为第三次科技革命的发源地。随着太平洋沿岸经济进入繁荣期，太平洋国家取代欧洲成为美国最大的贸易伙伴，促进了洛杉矶生产性服务业迅速发展，并使之成为城市经济的重要支柱。到20世纪80年代，洛杉矶不仅超过旧金山成为西海岸最重要的金融中心，而且成为全美仅次于纽约的第二大银行集中地。2003年，洛杉矶都市区生产总值达到6 535亿美元，相当于中国当年生产总值的47.6%，如按国家排名，可进入前10位。2004年洛杉矶市的生产总值为1 960亿美元，相当于当年整个广东省的生产总值。

雄厚的飞机制造业基础使得洛杉矶较早开展宇宙飞船、导弹的研究，尖端国防工业带动了通信设备、计算机、电子仪器等产业发展。1972—1979年，洛杉矶航空和电子行业就业增长了50%，这个势头到20世纪80年代仍未减退。当中西部制造业、钢铁和汽车业受到来自欧洲和日本的剧烈冲击而一蹶不振时，洛杉矶的电子产品和宇航业却在亚太地区找到了广阔市场。目前，洛杉矶仍是美国最大的制造业地区，仅洛杉矶县就提供了近50万个就业机会。进入21世纪，洛杉矶成为美国西部的高科技产业和研发中心，享有"科技之都"的称号。拥有的科学家和工程技术人员数量位居全美第一，约20%的人拥有大学及以上文凭。由于阿富汗和伊拉克战争，洛杉矶得到了来自联邦政府的大额的国防合同。在民用航空领域，洛杉矶得到了来自欧洲空客A380和波音747的飞机制造合同。在计算机和电子产品制造、软件开发、互联网及数据服务业、计算机系统设计及服务业等方面,洛杉矶可以与休斯敦以及加州北部的硅谷相媲美。洛杉矶跻身全美六大生物技术中心,在商业性研究设施和化验室方面占有优势,并且有全美著名的癌症、眼科等专门的医疗机构和医疗中心。在工程设计、环境技术方面处于美国和世界领先地位。洛杉矶也是全球知名的汽车、家具和家庭用品、玩具的设计中心。有215所高等学府和教育机构,其中加州理工大学、加州大学洛杉矶分校、南加州大学等是全球著名的高等学府和研究中心。

好莱坞电影在全球的影响与日俱增,几乎集中了全美所有大型的电影制作发行公司,从事娱乐制作产业人数达到24万人,年收益达300亿美元。电影业作为娱乐业的火车头,带动了包括音像、电视、印刷、出版、旅游等整个娱乐业的发展,不仅给洛杉矶带来丰厚的利润,而且在很大程度上塑造着洛杉矶的城市形象,从事娱乐相关产业的人员达60万人。主要的无线广播电视台如CBS、ABC、NBC等都在洛杉矶设有制作部门,《洛杉矶时报》成为美国第二大报纸。环球影城、迪士尼乐园等著名旅游景点以及蜚声全球的阳光、沙滩,每年给洛杉矶带来超过2 000万人次的过夜停留游客,消费达到110亿美元。洛杉矶还拥有湖人和快船两支NBA球队、世界级的洛杉矶交响乐团和两个现代艺术博物馆等。

洛杉矶的港口和机场承担了60%的美国与太平洋国家的贸易,货物进出口数量超过了东部大港纽约和新泽西之和,成为美国第一大港以及太平洋经济圈的重要交通枢纽。洛杉矶港和长滩港是全美最繁忙的两个港口,2006年两港集装箱吞吐量1 576万TEU,居全球第五位。洛杉矶大都市区有6大机场,其中仅洛杉矶国际机场2006年的货物吞吐量就居全球第10位,旅客吞吐量居全球第5位。洛杉矶还是美国3条横贯大陆的铁路的起点,高速公路四通八达,都市区内高速公路全长1 050 km,各种道路和停车场总面积的1/3。

从20世纪70年代开始,洛杉矶就逐渐成为国际金融和服务中心。1972—1984年,洛杉矶服务业就业增长了63.5%,这种增长遍及商业、旅游、娱乐、法律、建筑和会计等服务业以及私人服务部门。1990年洛杉矶服务业就业比例已达69%。目前,洛杉矶已成为仅次于纽约的全美第二大金融中心,36家美国银行、108家外国银行及许多著名的国际大财团在此设有机构。洛杉矶还有来自76个国家和地区的领事机构,33个国家和地区的贸易代表办公室,35个外国商会组织。2004年全球500强企业有22家总部位于该地区,分布在各个行业。批发、零售业仅次于纽约和芝加哥。洛杉矶经济日益呈现国际化特征,与日本东京一起构成太平洋经济圈的"都中之都"。

二、洛杉矶城市循环经济发展状况

(一)洛杉矶面临的环境问题

洛杉矶是一个快速成长的城市。人口的激增既给洛杉矶及周边地区带来经济繁荣,也带来水资源短缺、水污染和空气污染等严峻的环境问题。20世纪四五十年代,洛杉矶曾发生过严重的空气污染事件。一种淡蓝色的烟雾笼罩洛杉矶市区,造成400多人死亡,其根源就是大量的汽车尾气排放,臭名昭著的"洛杉矶烟雾"由此得名。此事件还被列为20世纪人类遭受的八大公害事件之一。

由于水资源短缺,洛杉矶不得不在1990年首次实行水资源定额配给。近年来,洛杉矶所在的加利福尼亚州法院开始限制从河流取水以保护急剧减少的鱼类种群,而农业灌溉用水被削减得更厉害。2008年,加州农民损失超过了3亿美元,而2009年9.5万人失业所导致的经济损失比上一年增加10倍。农民几乎不能从美国联邦政府获得任何水供给量。由于全球气候变暖,加速了极端旱涝事件的发生,加剧了未来水资源供给的不确定性,对洛杉矶的环境生态也造成明显的影响。如2006—2007年是洛杉矶最干旱的年份,降水量仅76 mm;而2004—2005年,洛杉矶的降水量则超过了940 mm。

洛杉矶是美国第二大城市,要维持城市所需的大量的能源消耗,压力很大。数十年来,为了满足不断增长的人口的需要,洛杉矶的电力、天然气以及交通燃料的需求也与日俱增。由于化石燃料在能源供应中依然占很大比例,75%的能源供应是来自煤和天然气等化石燃料,致使温室气体排放居高不下。2004年,洛杉矶向大气排放超过5 000万t的二氧化碳,超过瑞典一个国家的二氧化碳的排放量,严重影响了洛杉矶的城市生活质量。

(二) 洛杉矶环境保护的举措

由于洛杉矶较早地出现环境问题,因而他们保护环境的意识形成较早,治理环境的行动也比较早地开展。正是洛杉矶的空气污染问题促成了美国早期的环境立法。美国1963年颁布实施的《清洁空气法》(Clean Air Act)就设定了美国空气质量标准。加利福尼亚州在美国率先通过汽车低排放政策来减少空气污染,烟雾浓度大幅下降。随着电动汽车以及混合动力汽车在洛杉矶进一步推广使用,烟雾浓度还将持续下降。洛杉矶提出的《市长绿色议程》(Mayor's Green Agenda)就是积极应对城市环境问题的生态建设框架。它主要有以下几方面的内容:

第一,发展清洁技术。"清洁技术走廊"是市长愿景的基石,该"走廊"把洛杉矶定位于清洁技术革命的前沿,通过对传统产业以及夕阳产业的改造,创造绿色就业机会,推动洛杉矶绿色技术和整体经济的发展。"清洁技术走廊"将召集研究人员、设计人员和生产厂家专门开发清洁技术产品以及应对气候变化挑战的解决方案。该"走廊"将成为清洁技术制造中心和清洁创新研究中心,并创建一个LEED社区——Cornfields Arroyo Seco Neighborhoods。

第二,积极应对气候变化。2007年5月,洛杉矶市通过了《绿色洛杉矶计划》(Green LA)。这是一项旨在引领美国应对全球气候变暖的行动计划,该计划提前4年达到了《京都议定书》设置的温室气体减排目标,对洛杉矶应对气候变化具有里程碑式的意义。《绿色洛杉矶计划》还设置了更高的目标,提出了50多项减少城市碳足迹的具体行动,力争到2020年城市使用的能源中可再生能源的使用比例超过40%;到2030年将温室气体排放量在1990年的水平上减少35%。此外,洛杉矶还提出到2020年彻底不再使用燃煤发电,该部分通过使用可再生电力补充,包括风能和太阳能等可再生能源,其余部分使用天然气、核电以及大型水电等方式提供能源。

第三,提高空气质量。洛杉矶港和长滩港废气的排放占到南海岸空气盆地地区(South Coast Air Basin)有毒空气污染物排放的20%,而通过《清洁空气行动计划》(Clean Air Action Plan),洛杉矶正在逐渐减少这两个港口的废气排放,以此改善洛杉矶的空气质量。此外,对洛杉矶市的清扫车、垃圾车、公共汽车和乘用车等进行改造,使用替代燃料,这也是改善洛杉矶空气质量的一项重要举措。

第四,保障水资源供应。自20世纪80年代末以来,洛杉矶人口虽然增加了100多万,但城市用水还算基本稳定。这一非常了不起的成就,主要得益于洛杉矶所持续重视的水资源保护计划——洛杉矶水供应保障计划(Securing LA's Water Supply),该计划提出,在2030年前新增用水需求的50%都要通过水资源的保护和新技术运用的途径解决。

通过以上举措,洛杉矶的环境问题在一定程度上得到缓解,但洛杉矶未来的环境保护工作依然十分艰巨。以空气状况为例,由于颗粒物污染,加上美国严格的环境标准,美国肺科协会(American Lung Association)在2006和2007年度报告中均把洛杉矶市列为污染最严重的城市。2008年,洛杉矶被列为全美第二大污染城市,特别是其长年颗粒物污染程度最高。此外,洛杉矶的地下水也受到来自加油站的甲基叔丁基醚(MTBE)以及来自火箭燃料的高氯酸盐的威胁。这说明,在相当长的时期内,环境污染仍是困扰洛杉矶城市发展的重要问题。

(三) 洛杉矶环境保护的特点

为应对环境问题,洛杉矶在推行环境保护

行动中逐渐形成自己的一些特点，主要表现在以下三点。

第一，环境立法完善，环境执法严谨。美国是一个高度法治化的国家，其法律有着极强的延续性和约束性。迄今，美国联邦政府已制定了数十部环境法律，上千部环境保护法规，形成了一个庞杂而完善的环境法体系。加州在联邦环境法律框架下，结合州情，也制定相关的环境法律法规。这些环境立法以科学数据及实用技术作支撑，共同的前提是一切为了人的健康。因此在环境执法方面十分严谨，通常在执法时要求律师和工程师必须同时到场，以防止欺诈和糊弄。

第二，政府与民众的良好互动。在环境保护方面，政府无疑应当起主导和带头作用。洛杉矶市市长在保护洛杉矶环境方面起到很好的表率作用，开通市长环保网站平台，传达市长环境保护行动计划，听取群众的呼声，与民众良性互动。通过传达环境保护与个人生活息息相关的信号，让民众充分认识到环境保护对自己有利，吸引民众更好地参与环境保护。

第三，重视科技对环保的促进作用。在水资源和空气质量的调查评价、规划、实时监控等方面，洛杉矶有关部门广泛地应用先进的科学技术，如遥感技术、卫星传送、地理信息系统等。同时，洛杉矶的"清洁技术走廊"，利用高科技改造传统产业，发展混合动力汽车，推广绿色建筑，广泛使用风能和太阳能等清洁能源，降低经济活动对环境造成的污染。

第四，环境保护已从环境治理向预防污染和生态建设方面转变。最先推动这一转变的还是立法，其标志就是1969年美国颁布的《国家环境政策法》。当前，洛杉矶正在努力践行《绿色洛杉矶计划》，强调洛杉矶要在环保领域成为全美领先、具有全球影响力的城市。

三、洛杉矶产业成功转型的原因分析

洛杉矶经历了石油资源枯竭、20世纪前半叶的大萧条、六七十年代来自日本的对美国传统工业的巨大冲击以及冷战结束后国防预算减少的打击等。与美国一些主要制造业城市就业呈兴衰波动不同的是，洛杉矶更多的是在不同的结构转换中螺旋式上升，最终成为太平洋经济圈中有影响的全球性城市。

（一）多元化的移民及移民文化

移民对美国太平洋西岸城市发展发挥了独特的不可忽视的作用。1848年"淘金热"兴起后，大批敢于冒险、野心勃勃之士陆续加入了西进的洪流，"有决心的人"往往比"有教养的人"更易于成功。开发早期，吸引移民是城市管理者和商会的一项重要工作。人们常说由移民组成的美国是一个大熔炉(melting pot)，而洛杉矶就是这种熔炉文化的代表。1965年，美国新移民法案颁布实施，洛杉矶成为新的"艾丽斯岛"(Ellis Island)，1990年洛杉矶的人口规模已超过芝加哥，成为全美第二大都市区。大量移民的进入加速了洛杉矶人力资本的积累，减低了劳动力成本，全社会劳动生产率得以提高；移民创办的小企业、商业社团和遍布全球的社会网络，促进了洛杉矶国际贸易的增长和经济的繁荣，大部分出口流向移民原来国家；最为重要的是移民敢闯敢试的创新精神，成为洛杉矶发展的不竭动力。

（二）政府大力支持产业发展

美国西部城市史学者卡尔·艾博特(Carl Abbott)认为："在使美国西部城市成为全国性城市方面，最强大的推动力是联邦国防预算。"正是在国防合同的刺激下，洛杉矶以航空制造业为龙头的制造业得以高速发展，最终实现了工业化。冷战结束后，联邦政府军费开支缩减，国防工业受到较大影响，钢铁、汽车和橡胶等传统制造业也出现了衰退。而高科技产业投资大、风险大，私人和企业的能力有限，此时，联邦政府加大了对西部"阳光带"的科技投入和扶持，联邦研究发展基金大量流入西部的公司和大学。1977年，洛杉矶获得的承包合同遥遥领先于其他主要城市。洛杉矶成就"科技之都"之名，大量联邦政府采购功不可没。

美国政府还大力支持好莱坞电影产业的发

展,为其减低税收、优惠外币兑换率、订购影片,甚至充当其海外商业谈判的代表。20世纪60年代,好莱坞已经在英国及拉美国家占据垄断地位。值得注意的是,美国政府一方面在国内保护企业之间的竞争,另一方面在海外支持好莱坞争取文化霸权、保护版权、扩张市场,推行文化垄断。在洛杉矶,每天都可看到很多警察为电影摄制现场组织交通、维持秩序的场面,这在交通繁忙的大都市实属不易。

在发展高技术产业和高端服务业的同时,洛杉矶还注重支持优势传统产业发展。据洛杉矶市政府官员介绍,为了支持声誉良好的美国最大会员制连锁仓储超市好市多(Costco)在洛杉矶发展,市政府按每25万人一个分店,在全市规划并协助解决了16处商场用地问题。洛杉矶的服装、玩具和家具制造业能够在与国外厂商竞争中生存下来,主要得益于政府引导优势传统制造业向高端化、时尚化发展,全球知名的家具设计中心(Pacific Design Center)、家具业博览会(Wesweek)和家具展示中心(LA Furniture Mart)、欧狄斯艺术与设计学院(Otis College of Art and Design)玩具设计专业等为这种发展创造了最好的环境,美国最大的玩具制造公司马特尔(Mattel)公司总部就设在洛杉矶。

(三) 不断改善港口、交通等基础设施

早在19世纪中期,旧金山就是西部中心城市,圣地亚哥(San Diego)拥有深水良港,洛杉矶发展之所以能超越它们,港口、铁路、机场、高速公路等交通基础设施起了举足轻重的作用。1876年南太平洋铁路将洛杉矶与旧金山相连,1881年进一步延伸到新奥尔良段,1885年圣菲铁路修成,洛杉矶可直通密苏里州的堪萨斯。为了保证石油和其他货物出口,洛杉矶于1900年建成了圣佩德罗(San Pedro)人工港。交通条件和基础设施的改善,吸引了大量移民、产业以及其他生产要素向洛杉矶集聚。1929年,洛杉矶国际机场竣工,随后不断扩建,从20世纪60年代开始,共建了8个航站大厦。为了满足空中客车A380的起降,洛杉矶市政府投资7亿多美元用于机场扩建。1955年美国联邦高速公路法通过后,洛杉矶经历了多年的高速公路建设,为洛杉矶多中心和大规模郊区化提供了条件,有效拓展了城市发展空间。2002年竣工的投资达24亿美元的32 km长港口立交铁路线网,每天可以让100列满载集装箱的火车进出港口码头,延伸了港口腹地,提高了集装箱运输效率。

(四) 水电等战略性资源保障

洛杉矶被沙漠、高山、海洋所围绕,处于少雨干旱区域,其早期的发展历史可以说就是一部解决水资源的历史。洛杉矶引水渠于1913年建成,水源来自402 km以外的欧文斯河(Owens River)。从1923年开始,为了缓解经济增长带来的新的水源紧张局面,洛杉矶通过发行220万美元的债券筹措资金,从科罗拉河(Colorado River)引水,该工程1941年完工。洛杉矶在解决水资源的同时还解决电力问题,1917年,洛杉矶第一座水电站正式投产运行,1935年被誉为美国七大近代工程奇迹之一的胡佛大坝(Hoover Dam)在拉斯维加斯建成,其电站供应洛杉矶75%的电力。随后,洛杉矶又建设一系列水电项目,并形成了包括水电、石油、天然气、核能发电的电力结构。为了保证城市持续发展的电力供应,洛杉矶早就致力于新能源建设,20世纪80年代初在特哈查比(Tehachapi)建成了世界上最大的风电场,装机容量超过50万kW,年发电量为14亿kW·h,约占世界风力发电总量的23%。2005年,美国南加利福尼亚爱迪生公司公布了一项太阳能发电站计划,拟在洛杉矶市东北110 km外的沙漠中建立一个18.2 km²、年发电可达500 MW的世界上最大的太阳能发电站,其发电量可满足28万个家庭的用电需要。

(五) 高度重视生态环境保护

作为地处沙漠地区的大都市区,洛杉矶始终面临着环境的严峻挑战。特殊的地理环境、发达的制造业、上千万辆汽车的尾气排放和不发达的公共交通系统,使洛杉矶空气污染多年来位居全美第一。为了改善空气质量,洛杉矶严格实施联邦《清洁空气法》,实行全美最严的汽车尾气排放控制标准,建立完善的排污权交易制度,并通过建设港口铁路减少柴油车辆的尾气排放。洛

杉矶还设立了共乘车道(Car Pool),鼓励市民共同搭乘一辆车,分担油耗车耗,降低人均尾气排放。洛杉矶市政府规定,凡是电油混合动力汽车都可在洛杉矶市所有 4.4 万条道路和商用停车场的计时停车处免费停车。

洛杉矶和欧文斯谷地水资源的纷争持续了近 1 个世纪,被称为加州的"水战争"。洛杉矶攫取欧文斯谷地的水,从 10 万人的沙漠小城发展成世界大都市,而欧文斯谷地则从水草丰盛的农牧区变成了贫瘠的盐碱地。欧文斯谷地生态环境的严重恶化,使洛杉矶认识到,对水源地环境不加保护的政策是不明智的。现在,洛杉矶在欧文斯河接入引水渠的地方,投入巨资修建大型自动水闸,将 5%的水流归还到欧文斯河中。洛杉矶还花费了 4 亿多美元,在欧文斯湖上修建灌溉管道,用"淹没法"治理了碱尘暴问题。更大的环境治理工程是在欧文斯谷地重新种上植被,聘请了大量专家,通过灌溉和非盐碱化处理,使失去生机的土壤重新有机化。

洛杉矶市不仅成功地治理了地面水污染,海水水质也保持良好,还将军工厂和加油站污染的地下水抽出处理后再压入地下。最为成功的是洛杉矶的用水量仍维持在 25 年前的水平,洛杉矶水电局认为"水资源最有效的管理仍然是节水",计划进一步节约 20%的用水量,到 2010 年处理回用 40%的城市废水,今后 20 年用水量的增长主要通过利用回收水来满足。在洛杉矶,许多高尔夫球场和公共绿地的灌溉用水都是处理回用的中水,水资源的循环使用已成为洛杉矶节水的重要组成部分,城市内建立了多个与下水道系统相连的再回收中心。同时,洛杉矶政府还投资研究在合理的成本下开发新的水资源,包括海水淡化。

洛杉矶的环保目标在于打造"美国最清洁的城市",计划种植 100 万棵树木美化整治洛杉矶河,选拔环境保护专家加入新内阁委员会。投资 10 亿美元,支持沿公共交通系统建设综合商务和低价格住宅,既解决住宅供给不足又减少私家车使用。安东尼奥市长经常选择使用公共交通工具,以鼓励吸引居民同样使用公交。

(六)产业空间布局重构

与许多著名的工业城市一样,洛杉矶经历了市中心区衰落和制造业从昂贵的内城向郊区转移的过程,市中心区工业区曾一度沦为"生锈地带"(Rustbelt),形成了洛杉矶经济活动非中心化趋势,但城市产业空间通过"中心区的复兴"和"外围城市的兴起"两种形式得以重构。自 20 世纪 60 年代,洛杉矶市中心区就开始以服务业为导向调整产业结构,逐渐形成了一个由政府机构、企业总部、商业和工业核心、军事-工业综合体以及国内外金融资本控制管理中心汇聚的区域。

在中心制造区衰落和工业从高成本的内城向外城转移的过程中,在洛杉矶国际机场区形成了航空、国防工业制造业中心,以及电子技术、银行、保险公司和大量商业服务中心。随着洛杉矶地区日益具备制造导弹和国防电子产品的能力,距离洛杉矶中心较远的新区也得到很大的发展,其中,南部的橙县、西北部的查特沃斯-卡诺加公园和温图拉县两大产业新区脱颖而出。这些新区在洛杉矶郊区扩张中起着外围城市核心的作用,不仅带动了河边县、圣伯纳迪诺县和温图拉县的发展,而且还影响着大洛杉矶以外的圣地亚哥、圣巴巴拉(Santa Barbara)县的迅速扩张。20 世纪 90 年代洛杉矶能够重新点燃高技术产业发展之火,是因为这些新区作为新的城市核心外向扩张和地方工业化发展的结果。

洛杉矶地区城市发展已经接近饱和,郊区化进程遭遇瓶颈,城市剩余的可利用土地几近耗尽。在这种情况下,城市继续在平面上无限扩张已不太现实,洛杉矶开始实施城市"精明增长"策略,鼓励商业空间发展,允许在废弃的地点建造住房,鼓励集约用地,允许利用老区空地发展,地区之间转移发展权,鼓励土地混合使用以及在交通节点附近加大建筑密度等。最典型的就是利用老区空间发展专业市场。洛杉矶市中心著名的"时装区"(Fashion District)横跨 82 条街区,加州制造的服装服饰 80%在此销售,年营业额超过 74 亿美元。洛杉矶市中心的"加州市场"(California Mart)是全美最大的服装服饰市场,有1 500个展位,展示品牌超过1万个。洛杉矶市中心东区著名的"玩具城"(Toy Town)汇聚了超过500家玩具批发商和进出口商。2005年,洛杉矶通过了一项耗资18亿美元的总体规划,以洛杉矶市区的格兰德大道为中心,在周围建一个集休闲、商业、酒店、公寓为一体的区域。这项雄心勃勃的中心区再造计划正在实施中。另外,洛杉矶市政府也收购废旧的工业区,改造后出让给高科技企业。

(七)区域经济发展以及太平洋经济圈的崛起

洛杉矶产业转型依托整个西部地区的发展。特别是二战期间和二战后,国防和相关产业的兴起,使得西部获得空前发展,增长速度大大高于其他区域。随后,依托高科技产业和生产服务业,西部区域呈现出更强劲的发展势头,进入全面上升期,区域的发展为洛杉矶的兴起和发展提供了肥沃的土壤。洛杉矶凭借自身的优势,不断合并周围的小城市,规模越来越大,人力、资本、技术、新的组织与管理方式等纷纷向洛杉矶集中,甚至东北部、中西部大企业也纷纷在洛杉矶设立分厂。20世纪70年代以来,随着太平洋经济圈的持续发展,洛杉矶凭借其西部国际大港的地位,与亚太国家与地区贸易往来频繁,来自日本、韩国、中国的资金和移民大量流入洛杉矶,极大地促进了城市经济的繁荣,洛杉矶在与太平洋国家和地区不断加强经济联系的过程中,全球性城市的目标得以实现。

四、洛杉矶建设国际化城市的启示

对照美国著名城市学家弗里德曼(J·Friedman)提出的全球性城市的7项标准,即:主要的金融中心、跨国公司总部所在地、国际性机构所在地、服务业高度增长、主要制造业中心、世界交通重要枢纽、城市人口达到一定的标准,洛杉矶通过产业转型成为全球性城市的一些经验和做法具有普遍的意义,起到重要的启迪作用。

(一)以体制机制的创新在科学发展和谐发展方面率先突破

纵观洛杉矶城市发展的每个阶段,创新始终是永恒的主题。一个城市在国家发展中的地位,取决于对实现国家战略所起的作用。目前,国家的最大的战略就是科学发展和谐发展,建设自主创新型国家以及资源节约型和环境友好型社会,转变经济增长方式。要保持自身竞争优势,就必须以自主创新和循环经济为抓手,真正以"三个舍得"和"两个不惜"(要舍得投入、舍得时间、舍得声誉,不惜发展速度暂时降下来,不惜放弃一些投资项目)的气魄,转变经济增长方式,加快产业升级,在科学发展和谐发展方面在全国率先突破。在行政职能、市场监管、环境营造、企业服务、资源配置、利益分配以及人才引进等方面创造体制机制新优势,先行先试,才能保持自身的竞争优势。

(二)移民文化是城市人文精神的核心

洛杉矶等全球性城市发展,移民及移民文化发挥了巨大的作用,联邦政府每年都在艾丽斯岛举办庆祝会,给有突出贡献的移民颁发"艾丽斯岛移民奖"。

(三)发展循环经济,实现效益城市

一是控制汽车尾气污染。城市大气污染的70%来源于汽车尾气,而汽车尾气污染的50%来自于10%的尾气排放超标的汽车。要切实加强年检车辆和外地车辆汽车尾气的监测,依法加大对尾气排放超标汽车的处罚,这比采取措施净化已被污染的空气更经济。

二是鼓励人们使用公共交通工具、环保节能型汽车和减少用车次数。根据汽车耗油量、尾气排放量以及共乘人数等确定停车费、交通拥挤费等,在地铁站等公共交通枢纽附近建设大型停车场,道路两侧设立非机动车专用通道。

三是实现港铁联运。城市建设要吸取洛杉矶的经验教训,想方设法减少柴油集装箱货车的污染,建设港口铁路。

四是改善排水系统。要在建设污水处理设施和整治河流系统的同时,加大投入,实现雨污分流,彻底扭转一方面污水横流,一方面污水处

理厂没有污水处理的尴尬局面。

五是鼓励节水和水循环使用。运用价格机制鼓励节水,加快雨水收集系统建设,力争每年回收水能够满足新增水的需要;改变公共绿化粗放式浇水方式,城市洗车、绿化、消防、景观等强制性使用回收水;制定实施居民节水计划,推行各种节水装置;加强海水淡化和海水应用技术研究。

六是实现垃圾分类处理。垃圾分类不是一个技术问题而是管理问题,要加强市民的环保意识教育,建立市场激励机制,加大执法处罚力度,以小区为单位逐步推行。同时规划建设若干个工业垃圾回收处理中心。

七是餐饮垃圾多层次多阶梯资源化。可在全市建设若干个产业化餐饮垃圾处理工厂,既减少了餐饮垃圾对环境的污染、增加能源,又对非法养猪、泔水油生产经营等行为釜底抽薪,减少流动人口和违章搭建,一举多得。

八是重视恢复植被和生态系统。在洛杉矶,建设项目时如果毁掉一棵树,发展商就需要在指定地方种活两棵树,这样简单实用的方法值得借鉴。

(四)打造具有国际影响力的城市文化

城市文化是城市个性和文化的概括,是一个城市最深刻、最持久、最核心的竞争力,国际化城市必须有国际影响力的城市文化,并为城市创造出巨大的商业价值。好莱坞电影文化不仅是洛杉矶城市文化的代表,甚至成为美国文化的重要标志,其知名度甚至超过了洛杉矶本身,每年为城市创造了千亿美元的收入。香港在2002年提出了建设"一本多元"的城市文化定位,"在中国文化基础上,开拓国际视野,吸取外国优秀文化,将香港发展成开放多元的国际文化都会"。新加坡在2000年也提出了"成为一个充满动感与魅力的世界级艺术城市"以及"21世纪的文艺复兴城市,即国际文化中心城市之一"的定位。具有国际知名度的企业是城市形象的一部分,也是一个城市的国际名片。政府要从提高城市国际知名度和建设国际化城市的高度,对企业品牌建设给予支持,帮助品牌企业开拓国际市场。

(五)以国家战略产业作为主导产业带动产业高端化

洛杉矶成为全球性城市的实践证明,始终占领产业发展制高点,大力发展国家战略产业,获得国家层面的支持,是产业顺利实现转型的重要原因。在保持现有的电子信息产业竞争优势的同时,应将航空航天国防电子、生物技术和循环经济三大战略产业作为主导产业重点发展。航空航天国防电子是电子通讯产业的制高点,随着中国大飞机的研制投产、宇航事业的发展以及国防装备电子化换装的来临,航空航天国防电子产业进入高速增长期。中国和全球都面临着严重的能源和环境问题,国家提出了建设资源节约型环境友好型社会,废物资源化、污染治理、新能源、新材料等循环经济产业成为中国产业新的增长点,市场前景非常广阔,该产业综合了环境、电子、信息、材料、装备和服务等产业和技术,产业链长、带动作用显著。

实现产业结构高端化需要支撑体系。首先,要加快建设高水平的本地大学,并创造条件吸引国内外著名大学、研究院、跨国公司来城市设立研发机构和工业设计中心。美国的高科技产业发展表明,高校往往是科技创新的发源地。在各地产业竞争激烈的情况下,培育本地的原始创新能力成为经济竞争的核心。其次,在政府如何支持企业发展上改变观念,从直接的资金支持改为更多地采用间接支持,充分运用政府采购手段扶持一批龙头骨干企业,为重点行业、重点企业争取国家重点工程项目和科研项目承包合同,在与国内外经济交流中为企业争取更多的订单;以工程项目、设备投资、捐赠产品等形式扶持落后地区,由政府出资,企业完成工程承包、提供设备和产品。再次,有选择地限制一些产业发展,同时保持部分竞争力强的低薪产业,使产业结构呈现一定的柔性,最低工资标准要与产业发展相适应,适度保持企业在国际竞争中的成本优势。最后,要在大量吸引国内外优秀人才的同时,以社区学院的形式培养提高人口整体素质。保持房价、物价稳定,避免因生活成本高而对人才产生"挤出效应"。

(六) 在部分产业领域承担全球性大都市功能

事实上,洛杉矶就是在与传统中心城市旧金山的竞争合作中发展成为全球性城市的,洛杉矶都市区橙县的发展也证明了这一点。橙县位于洛杉矶和圣地亚哥两大城市之间,面积2 044 km^2,人口约300万,是洛杉矶大都市区的次中心。20世纪50年代以前,橙县是洛杉矶市农业经济辐射地区,随着20世纪60年代郊区化的兴起,洛杉矶市区大批制造业向橙县转移,成为洛杉矶经济的组成部分。从20世纪70年代起,橙县利用临近洛杉矶市的良好区位,加强国际交往及资本信息流动,较早地采用信息化管理手段促进金融、保险、证券等领域发展,大力发展全球化的高科技产业、金融业、商业服务业及旅游业。到20世纪80年代,橙县就已摆脱洛杉矶经济的附属地位,逐渐成为一个可持续的、多元的、独立的国际化都市。现在,橙县已成为全球和全美的电子、计算机软硬件、航空航天和生物制药等高科技领域的研发中心,有70%的就业人口从事高科技和信息产业,高科技产业的实力在美国排在第二位,仅次于波士顿而强于硅谷,拥有诸如兰德公司、喷气推进研究所、加州大学欧文分校等世界一流的研究机构,成为与硅谷、波士顿齐名的美国最重要的风险资本和高科技企业总部集聚地,全球500强中有15家的大本营在该县。橙县被《福布斯》杂志评为全美"最有投资价值的地区"之一,获得了全球经济、信息资本主义、服务业经济、高技术经济等赞誉。2000年,橙县的生产总值达到1 330亿美元,即使纳入全球排名也可排在31位。

(七) 加强跨行政区域的经济资源与城市功能整合

洛杉矶都市区的形成发展,说明了一个城市成为哪一级城市,并不是由行政区划所决定的,而是在于城市功能辐射范围。作为国际化大都市,要拓展发展空间,关键是要打破行政区域界限的束缚。未来城市功能的规划建设要考虑对周边城市发展的辐射,通过产业、企业纽带和区域分工合作,主导周边地区的经济资源和城市功能整合。要积极承接国际服务业的转移,发展高端产业和新兴产业,与周边城市形成产业势差。支持和鼓励总部在城市的企业到周边地区和内地开疆拓土,由政府统一规划,在周边地区和内地建设产业园区,以规模化减低企业对外投资成本和交易成本。

城市群的发展不可避免地导致水资源分配的紧张,同时低端制造业向上游地区的转移对水源水质构成严重威胁。要借鉴洛杉矶在保护欧文斯河谷生态问题上的经验教训,把河源的保护和经济发展纳入城市发展战略,加大对河源发展的支持,使之成为高科技生态农业和生态旅游基地。

(八) 全方位融入世界经济体系

国际化城市既是经济全球化的产物,也是经济全球化的有力推动者和受益者,是世界经济体系的枢纽。在中国全面加入WTO和经济全球化的背景下,全方位融入世界经济体系,既是城市发展的需要,也是建设国际化城市的需要。目前城市的国际化只是在加工制造业层面,与全球经济的联系通道主要通过香港和一些跨国公司,在吸引跨国公司总部和国际性机构方面几乎是空白,还远远未达到国际化城市的标准。因此,应进一步提高对外开放层次,从产业层面的开放上升到经济、文化层面的开放,进一步转变政府职能,从全面开放走向全方位开放。通过不断改善投资环境和提高城市竞争力,扩大城市国际影响,融入太平洋经济圈,进而逐步实现把城市建设成全球先锋城市的目标。为了实现这一目标,我们要做好以下几方面的工作。

一是营造更为公平、廉洁、高效、开放的市场环境,按照WTO规则,在国民待遇、透明度、贸易制度、司法审议、外贸权、进出口许可程序、国家定价诸多方面,特别是在落实《与贸易有关的知识产权协议》(TRIPs)、《与贸易有关的投资措施协议》(TRIMs)有关规定及标准与技术法规等方面走在全国前列。

二是随着经济全球化不断加深,一些传统意

义上的政府权力让渡给中介组织或国际组织已成为趋势,要在重要经济领域建设一批具有国际水准的中介组织,并使之成为相关国际经济组织成员,应对日益增多的国际贸易摩擦。

三是支持一批具有国际竞争力的大公司、大企业实施"走出去"战略,由"出口导向型"向"跨国公司导向型"转变,通过投资与贸易结合增强全球配置资源的能力。企业"走出去"离不开政府支持,美国对跨国公司给予更加优惠的税收鼓励政策,如税收减免和抵免、延期纳税、亏损冲减纳税等,使跨国公司纳税远远低于国内企业。要加大支持企业"走出去"的力度,建立"走出去"战略基金,鼓励企业在境外上市,申报知识产权,在对外投资、进出口信贷、出口信用保险等方面给予优惠。

四是加强与世界各国尤其是美国和周边的日本、韩国及东南亚等太平洋国家和地区的经济技术交流合作。

第三节　东京循环经济发展状况

一、概况

东京(日文:とうきょう,英文:Tokyo),日本国首都,位于日本本州岛关东平原南端。狭义上广泛使用的"东京"通常是指"东京都区部(亦称东京23区、东京特别区)"地区,其与多摩地方、伊豆群岛、小笠原群岛等地区共同组成日本一级行政区——东京都。东京是日本国的政治、经济、文化中心,是海陆空交通枢纽。根据建成区面积、人口以及国民生产总值等指标,东京是亚洲第一大城市,世界第二大城市,是全球最大的经济中心之一。东京拥有全球最复杂、最密集且运输流量最高的铁道运输系统和通勤车站群,东京地铁系统每日平均客运量达1 080万人次,繁忙程度居全球地铁第一位。2013年9月7日,东京当选为2020年夏季奥林匹克运动会主办城市,这是东京继1964年东京奥运会之后第二次承办奥运会,在2014全球城市综合实力排名中位于世界第四位。

(一)自然环境

东京都位于关东地区南部,大致位于日本列岛中心。地理位置为北纬35°68′98″,东经139°69′32″。东部以江户川为界与千叶县连接,西部以山地为界与山梨县连接,南部以多摩川为界与神奈川县连接,北部与埼玉县连接。东京圈由东京和埼玉、神奈川、千叶3个邻县组成。这个地区的人口占日本总人口的26%。首都圈由东京都和周围的7个县——埼玉、神奈川、千叶、群马、枥木、茨城、山梨组成。

东京都是都行政机构,它由更小的行政单位组成,包括区和市町村,"中心"区域被分成23个区,西部的多摩地域由26个市、3个町(cho)、一个村(son)组成。23个特别区和多摩地域形成了一个狭长的地带,东西宽90 km,南北长25 km。在太平洋上的伊豆群岛和小笠原群岛,尽管地理上与东京都分离,也属于东京都行政区划的一部分。两个岛上有2个町和7个村。东京的总人口1 350万(2016年),面积大约2 155 km^2。

23个特别区总面积大约621 km^2。居民845万人,人口密度约13 063人/km^2(2005年9月1日数据)。商业办公设施在区内相当集中。东京这部分地区拥有充实的交通网络,使得这个地区的交通和购物相当便利。

办公和其他商业设施的增加,导致该地区作为居住地的基本功能在减退。逐渐减少的水区和绿化带致使舒适的生活空间逐渐消失。由于该地区木质房屋非常集中,地震灾害在该地区备受关注。可以看到,在城市发展过程中,都市基础设施的建设没有跟上时代的步伐。

东京属于亚热带季风气候,中心部分的年平

均气温为15.6℃,四季分明,降水充沛,夏季受东南季风影响,降水较多。冬季则降雪较少。

(二)经济发展情况

东京是日本的首都,全称东京都,东京都人口1 301万,东京都市圈人口达3 670万。东京是日本的政治、经济、文化中心,是日本的海陆空交通的枢纽,扩张相连的繁华都市区是全球规模最大的巨型都会区。东京有许多名胜古迹和著名国际活动场所。市中心的丸之内是银行最集中的地方,乐町区的剧场和游乐场所最多,银座区的商业因世界百货总汇而闻名,这3个区是繁华东京的缩影。

东京位于本州岛关东平原南端。古时的东京是一个荒凉的渔村,最早的名称叫千代田。1192年,日本封建主江户在这里建筑城堡,并且以他的名字命名。1603年,德川家康将军在武士混战中获胜,下令在江户设立幕府,成为当时的全国政治中心。1868年明治维新,德川幕府被推翻,在这一年,明治天皇从京都迁到江户,改称东京,1869年定为首都。

东京不但人口密集,同时也是各种物资与各类资讯的巨大集散地。除了长期作为亚洲金融、贸易等经济活动的要地之外,亦为亚洲流行文化最大的传播中心。尽管东京在都市发展上与许多国际大都市相同,经常出现日新月异的变化,但在发展的同时仍旧保留了许多历史文物、古迹和一些传统仪式、活动,现代与传统共存成为这座城市的一大特征。

东京是日本全国的政治中心。行政、立法、司法等国家机关都集中在这里。被人们称为"官厅街"的"霞关"一带聚集着国会议事堂、最高裁判所和外务省、防卫省、文部科学省等内阁所属政府机关。过去的江户城,已成为天皇居住的宫城。

东京也是日本的经济中心。日本的主要公司都集中在这里。它们大多分布在千代田区、中央区和港区等地。东京同它南面的横滨和东面的千叶地区共同构成了闻名日本的京滨叶工业区。主要工业有钢铁、造船、机器制造、化工、电子、皮革、电机、纤维、石油、出版印刷和精密仪器等。东京金融业和商业发达,对内对外商务活动频繁。素有"东京心脏"之称的银座,是当地最繁华的商业区。

东京还是日本的文化教育中心。各种文化机构密集,其中有全国80%的出版社和规模大、设备先进的国立博物馆、西洋美术馆、国立图书馆等。坐落在东京的大学占日本全国大学总数的1/3,在这些大学就读的学生则占全国大学生总数的50%以上。东京作为一个国际化的大都市,还经常举办各种国际文化交流活动,如东京音乐节、东京国际汽车展和东京国际电影节,东京国际动漫节等。

东京拥有世界上最大的铁道交通枢纽,每日客流量达到836万人,交通很便利,时速达300~320 km的新干线,从东京延伸到九州,并向东北方面延伸。地下铁道几乎能到达所有的重要地区。铁路、公路、航空和海运组成了一个四通八达的交通网,通向全国及世界各地。

东京都大体上位于日本列岛的中心、关东平原的南部。东京都的东部以江户川为界与千叶县相连,西部以山地为界与山梨县相接,南部以多摩川为界与神奈川县相连,北部则与埼玉县相接。东京圈是由东京和3个邻县——埼玉、神奈川、千叶县组成,人口约占日本总人口的28%。

东京有100多个博物馆,最大的是东京国立博物馆,展出日本古代历史文物和艺术珍品,有雕刻、武器、陶瓷、绘画等。东京的博物馆种类很多,如交通博物馆、船舶博物馆、香烟博物馆等。东京的电影院和剧场也不少,最著名的东京国立剧场有大小两个剧场,演出歌舞伎及其他种类的戏剧。驹泽奥林匹克运动场的设备是世界一流的。东京是日本最大的城市,全国主要的公司都聚集于此。东京又是日本经济、商业、金融中心,资本在50亿日元以上的公司,90%集中在东京,全国各大银行的总行或主要分行都设在东京,在千代田区和中央区分别设有闻名于世界的日本银行和活跃于世界股票市场的东京股票交易所。

丸之内和银座是东京的心脏,这里汇集了全日本几乎所有的顶级公司的总部。这里每天指挥着全球无数的日资企业进行经济活动,每天都有无数从全球获得的利润汇入这里。东京拥有的世界500强公司的总部的数量位居世界第二,仅次于北京。

二、东京循环经济发展情况概述

东京都是日本的首都,面积仅占日本国土的6%,但人口却占了日本总人口的10%。东京都的区部是日本的经济文化中心,人口稠密,地域狭小,人与土地的矛盾空前尖锐,废弃物的投放和处理所带来的问题表现得尤为严重。以减少最终填埋量为目的,日本政府明确提出了3R原则,即减量控制、回收利用和循环再利用,通过持续努力,废弃物处理开始走上循环发展之路。

(一)垃圾废弃物处理

1.废弃物处理的相关法规与地方规划

1970年,日本政府通过了《关于废弃物处理及清扫的法律》,1986年颁布了《空气污染控制法》,对焚烧生活垃圾的设施做出具体规定。20世纪90年代,日本提出了"环境立国"的口号,为了实现零排放的循环型社会的理想,集中制定了一系列法律法规。其中,2000年6月颁布的《推进循环型社会形成基本法》是基本法;《废弃物管理和公共清洁法》和《促进资源有效利用法》是综合性的法律。此外还有《容器和包装物回收利用法》《家用电器回收再利用法》《食品回收再利用法》《建筑及材料回收法》《车辆再生利用法》《绿色采购法》等专项法规。这些法律法规对不同行业的废弃物处理和资源循环利用等做出了具体的规定。《关于废弃物处理及清扫的法律》规定,修建一定规模以上的废弃物处理设施,需要取得行政许可,详见表15-3-1。

表15-3-1 需要取得许可的废弃物处理设施

处理设施名称		规模
垃圾处理	焚烧场	处理能力200 kg/h以上或者是炉排面积2 m²以上
	其他设施	处理能力每天5 t以上
污水处理设施		除净化槽以外的所有设施
最终处理场		所有设施

在这些法律法规的基础上,东京都政府于1997年制定了《东京都废弃物处理区域规划》,主要包含6个方面的内容:二噁英减排措施、焚烧废渣的处理措施、促进物质再利用、促进热能再利用、确保最终处理场的措施和减少公共工程开支。

2.废弃物分类和大件垃圾收费标准

日本政府对废弃物有严格的分类要求,由于处置方式不同,不同城市的废弃物分类略有差别。通常是将废弃物分成4类:可燃垃圾、不可燃垃圾、资源垃圾和大件垃圾。根据2001年4月1日开始实施的《特定家用电器再商品化法》,空调、电视、冰箱和洗衣机4类家电不作为大件垃圾回收,购买新产品时由商家收回旧的电器。处理废弃电脑时,需要向该电脑的生产厂家提出回收申请。

在东京,可燃垃圾包括厨房垃圾、废纸和木片等;不可燃垃圾包括玻璃、陶瓷器皿、金属等;资源垃圾包括玻璃瓶罐、塑料制品、报纸等。这些垃圾要放入特定的垃圾袋里,在规定的垃圾收集日放到指定地点,未放入特定垃圾袋的垃圾不会被回收。大件垃圾是指家具、小家电、体育器械等耐用消费品。大件垃圾实行有偿回收,价格因种类和大小而不等。丢弃大件垃圾之前,需要去指定门店购买足额的大件垃圾处理券,处理券分为A、B两种,A券每张200日元,B券每张300日元。按照规定,处理券上必须填写姓名和住址,还要粘贴在废弃物上显眼的地方。在东京都,可燃垃圾被收集后直接送至垃圾焚烧厂进行焚烧。不可燃垃圾收集后先送到垃圾处置中心进行处置,经过破碎和分选两道工序后,可减少不可燃垃圾的体积,并对其中的可再生利用的物质如铁和铝等进行回收。大件垃圾如家具和自行车等,在中间处置工厂破碎后将其中有用的金属进行回收,破碎后的垃圾将分成可燃和不可燃成分,不可燃垃圾进行最终填埋,可燃垃圾进行焚烧处置。表15-3-2是东京都新宿区部分大件垃圾的收费标准、指定券种和数量。

表15-3-2　东京都新宿区部分大件垃圾的收费标准、指定券种和数量

序号	商品名	回收价格/日元	A券数量	B券数量
1	衣物收纳箱	200	1	
2	椅子(沙发除外)	200	1	
3	单人沙发	600		2
4	双人以上沙发	1 600	2	4
5	电热毯(小)	200	1	
6	电热毯(大)	600		2
7	自行车(16英寸以上)	600		2
8	电风扇	200	1	
9	吸尘器	200	1	
10	桌子(长度1.5 m以上)	900		3
11	柜子(高、宽之和小于3.6 m)	1 600	2	4
12	柜子(高、宽之和大于3.6 m)	2 200	2	6

3. 东京都废弃物处理的流程

东京都包含区部(23区)、多摩地区和港岛地区,东京都政府和各区政府在2000年对部分地方自治法进行了修改,明确了废弃物回收、运送和处理的责任分工。自那时起,废弃物的回收、运输和中间处理责任全部交由各区负责,东京都政府负责最终处理。负责东京23区垃圾最终处理的是东京都的中央防波堤外侧填埋处理场和新海面处理场,主要填埋垃圾中间处置的剩余物,包括可燃垃圾焚烧后的剩余物,不可燃垃圾及大件垃圾破碎后不可燃的部分。此外,还填埋少量中小企业产生的工业废弃物和市政设施废弃物,如下水道污泥等。2000年4月,23区联合设立"东京23区清扫一部事务组合",由它来负责23区的废弃物中间处理和公共下水道的污水排放设备。东京23区清扫一部事务组合下辖中央清扫工场等21个清扫工场、品川清扫作业所(污水处理)、京滨岛不可燃垃圾处理中心、中防飞灰熔融设施、中防不可燃垃圾处理中心和大件垃圾破碎处理设施。其中,中防不可燃垃圾处理中心、大件垃圾破碎处理设施、破碎垃圾处理设施和中防飞灰熔融设施归由中防处理设施管理。事务所管理东京23区废弃物处理的基本流程见图15-3-1。

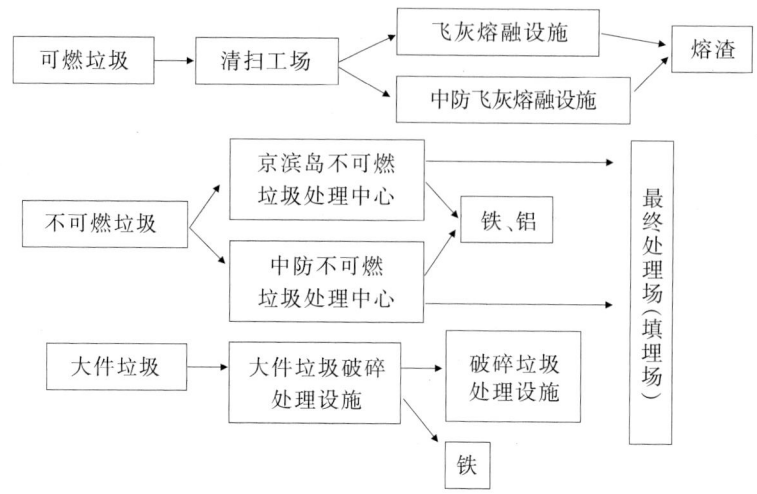

图 15-3-1 东京 23 区废弃物处理的流程

4.东京 23 区垃圾焚烧与资源化利用

(1)垃圾焚烧资源化利用

对于在焚烧过程中产生的飞灰,东京都采用熔融的方法进行处置,通常是将这些飞灰加热至 800℃以上,再迅速冷却至 200℃。这个过程可以降解飞灰中的二噁英,将重金属固定在飞灰中,并使熔融后的体积减小 50%。熔融处置后的残渣由于具有与沙土相似的特性,能够作为建筑材料而被广泛地应用于市政及建筑行业,如人行道、回填、地基改良等。2009 年,东京 23 区实际利用熔渣 90 267 t,其中的 90%作为地基改良材料使用。垃圾焚烧厂焚烧产生的热能可以用于发电或对外提供热源。除破碎垃圾处理设施的发电供中防处理设施使用外,2008 年,东京 23 区焚烧发电 8 225 万 kW·h。

(2)垃圾焚烧环境污染防治措施

由于日本的垃圾处理以焚烧为主,焚烧产生的二噁英类物质带来了严重的污染。1997 年,日本全国二噁英类物质排放总量为 7 680~8 135 g-TEQ。为了控制二噁英的排放,1993 年 3 月,日本召开了二噁英防治对策相关内阁会议,提出了二噁英对策推进基本指南,并在 1999 年 7 月制定了二噁英类对策特别措施法。经过十多年的努力,日本的二噁英污染已显著降低,见表 15-3-3。

表 15-3-3 日本二噁英类物质排放总量 (1997—2008)

年份	二噁英类物质排放总量
1997 年	7 680~8 135 g-TEQ
1998 年	3 695~4 151 g-TEQ
1999 年	2 874~3 208 g-TEQ
2000 年	2 394~2 527 g-TEQ
2001 年	1 899~2 013 g-TEQ
2002 年	941~967 g-TEQ
2003 年	372~400 g-TEQ
2004 年	344~369 g-TEQ
2005 年	327~354 g-TEQ
2006 年	289~317 g-TEQ
2007 年	286~307 g-TEQ
2008 年	215~223 g-TEQ

东京的焚烧厂采用了多种措施减少垃圾焚烧过程中对环境产生的二次污染。对焚烧飞灰采用布袋除尘器进行收集;通过焚烧过程控制二噁英的产生,同时迅速冷却烟气,阻止二噁英类物质的生成;布袋除尘器中的活性炭还能吸附烟气中的汞;焚烧过程中产生的渗沥液通过渗沥液处理厂处理达标后排放;垃圾仓产生的臭气,将作为一次风通入焚烧炉焚烧处置。

东京的焚烧厂采用了多种措施减少垃圾焚烧对环境产生的污染。东京 23 区所有焚烧厂的二噁英排放平均浓度均远远低于法定排放标准 0.1 ng-TEQ/Nm^3 的要求。

5.垃圾的最终处理

负责东京23区垃圾最终处理，也就是填埋工作的是东京都的中央防波堤外侧填埋处理场和新海面处理场。填埋的主要是垃圾中间处置的剩余物，包括可燃垃圾焚烧后的剩余物，不可燃垃圾及大件垃圾破碎后不可燃的部分。除此之外，填埋场还填埋少量中小企业产生的工业废弃物和市政设施废弃物，如下水道污泥等。

由于日本的国土资源十分紧张，东京的填埋场是采用围海造地的方式建成的。在填埋场的边坡，由两根钢管桩打入海下的砂石层，并在两根钢管桩之间填充中间填料，以防止垃圾渗沥液渗出污染海水。填埋场产生的渗沥液收集后会被送至渗沥液处理厂进行处置，然后排放。由于填埋场填埋的主要物质是不可燃的无机物，填埋场产生的渗沥液化学需氧量是400 mg/L，根据日本的排放标准，需要处置至150 mg/L以下才能排放至下水道，经最终处置后排入水体。

在填埋作业时，普通生活垃圾采用"三明治"的作业方式，每3 m垃圾层覆盖50 cm的沙土，覆盖沙土的目的是为了防止垃圾的飞散和虫害的发生。焚烧后的粉状垃圾采用"骨架式"的作业方式，在垃圾堆体中挖出沟渠，将粉状垃圾填埋在沟渠中并加以覆盖，防止它们被风吹散到空气中。污泥的填埋处置方式不同于一般生活垃圾，在填埋场里的特定区域进行填埋。

(二)治理垃圾污染的对策

1.垃圾减量

减量化作为长期战略，是东京垃圾治理的一条重要经验。20世纪50至70年代，随着城市规模快速扩张和以大量生产消费为特征的一次性使用物品的出现，东京城市废弃物的排出量与日俱增，处理工场的处理能力明显不足，环境污染相当严重。这使东京人逐渐意识到以末端治理为主的垃圾治理方式存在缺陷和弊端，必须从源头减量，将垃圾治理对策前移到社会物流的源头，从而实现对垃圾产量的全过程控制，并相继颁布实施了一系列较为全面综合的环境政策，促使东京在1989年首次扭转垃圾产量逐年增长的趋势。据估算，仅1989—2004年，东京就少产生垃圾约700万t，节省的直接费用高达76亿美元。东京治理垃圾的减量化措施分为以下两方面。

(1)生活垃圾减量

一是净菜进城。统计显示，每运进城市100 t毛菜，就会产生20 t废料，净菜进城意味着可以减少20%的因蔬菜产生的生活垃圾。东京早在几十年前就开始发展净菜产业，毛菜被禁止入城。二是限制消费性包装。日本的包装新指引规定，包装容器的体积要尽量缩小，容器内的空位不应超过容器体积的20%；包装成本不应超过出售价的15%。三是家庭垃圾付费。东京现行的垃圾收费标准有按垃圾排出量收费、按户或人头收费和超量收费等方式。自从实行累进计量收费以来，可燃垃圾减少了48.3%，不可燃垃圾减少了68.2%。

(2)工业垃圾减量

主要措施有：强化生产企业在废弃物处理方面的责任，减少工业垃圾量；实施各种办法从源头减少建筑垃圾，通过《东京都环境确保条例》和《建筑物环境规划书》等制度，延长建筑使用寿命，以减少建筑垃圾的产生。

2.垃圾分类

东京从1989年开始推行垃圾分类回收。垃圾分类也经历了循序渐进的发展过程，目前已经形成了从源头分类到终端处理的较为完善的垃圾分类管理体系。

逐步细化垃圾分类。垃圾种类的划分经历了由"大类粗分"走向"精细管理"的循序渐进的过程，东京实行的垃圾分类收集循环利用制度主要是以4类11种生活垃圾的包装废弃物为对象，其中，4类包装废弃物包括金属、玻璃、塑料和纸。鼓励居民从自身做起，实施垃圾分类收集。为了更好地进行垃圾分类收集和回收，东京定期为居民免费印制《家庭垃圾指南》等小册子并规定了11类生活垃圾不同的收集日。居民可以预先在家中对垃圾进行分类,然后按照指定的垃圾收集日,将各类垃圾分别送至指定收集点。对那些违规乱倒垃圾者,东京也制定了相应的处罚措施,轻者交纳罚金,重者追究其民事责任。

明确职责划分,建立完整的垃圾分类链条。按照日本垃圾处理的职责划分,工业废弃物的回收处理原则上由企业负责,企业承担着对垃圾分类制度中的6种产品的包装材料进行再生、利用和处理的义务。在东京的23个区,一般废弃物的处理属于区市町村等基层自治体的职责范围,区市町村负责在居民分类收集后,将一般废弃物按照可燃垃圾(包括废纸报纸杂志包装纸等)、不可燃垃圾(玻璃金属等)、粗大垃圾(包括旧家具等)、资源垃圾(可直接回收利用的,如废纸瓶罐饮料瓶等)进行分类,分别运至相应的垃圾处理场,经过焚烧、粉碎、溶化、再生处理等环节,最后的剩余垃圾被运送到东京管理的最终处理场进行填埋处理,而资源垃圾则经过再生利用后,重新进行循环利用。经过垃圾分类链条各环节的协调配合,东京的垃圾量得以大幅减少,不仅提高了各类资源的利用率,而且极大减轻了填埋场的终端处理压力。

3.垃圾治理

(1)收取排污费

排污费是抑制垃圾量最直接的经济手段。东京通过对企事业单位和居民采取排污计量收费和超标违法加重收费等方法,有效地抑制了垃圾量。此外,日本还针对容器包装、家电、建筑材料、食品、机动车5类特定产品制定了更为详细的经济制度,以保证废弃物能够收上来、处理好、循环好。

(2)税收调节

税收调节也是极为常用的经济杠杆。对法定污染防治设施免征不动产税,并采取加速折旧的方法减少企业纳税,规定使用再资源化设备企业可享受设备价值1/4的特别折旧,对私营公司的技术研究和开发提供税收优惠。如2002年修订的《节约能源法》规定,节能达标的单位可获得税收优惠,未达标的单位被处以100万日元以下的罚款。

(3)提供财政补贴贴息贷款或优惠贷款

为鼓励企业增加对污染防治设备技术研究及开发项目的投入,日本政府在预算支持方面,制定并实施了技术研究开发补助金制度、再资源化设备生产补助制度、先导型能源利用设备引进补贴制度和推进循环型社会的技术实用化补助优惠政策。日本政府正在探讨恢复对家庭购买太阳能发电设备提供补助的制度,还准备降低对中小企业购买太阳能发电设备提供补助的门槛。

(4)明确产品责任制

产品责任制度是日本推进循环经济的重要经济手段之一。日本废弃物循环利用相关法律规定了制造商、销售商、消费者都有回收处理和再利用的义务,要求生产者对其产品的整个生命周期都承担着实现循环经济目标的责任,即从产品的开发设计、生产加工处理或销售售后服务,直至产品回收或者废弃物处理,生产者必须承担相关的废物利用或者清除的费用。这一经济政策促使生产者在制造产品时,就优先考虑使用再处理后的废料或再生原材料,同时尽量减少废料的产生。产品标志上要明示回收再利用的可能性和义务以及抵押规定,如果产品含有有害物质,也要标明,以便于对产品使用后剩下的废弃物再利用或者清除。

4.技术保障

(1)着力解决二噁英问题,促进垃圾末端处理技术无害化

日本是发达国家中采用垃圾焚烧比例最高的国家之一。然而,垃圾焚烧技术在日本兴起后,垃圾焚烧发电厂排烟中的二噁英引起关注,一度引发了著名的二噁英恐慌事件。日本政府迅速地推出了一系列严格控制二噁英排放的措施,将二噁英污染物排放控制提上日程。二噁英排放控制由尾气控制转向总量控制,加大了飞灰中二噁英

控制技术的研究力度,目前日本已拥有熔融法、气相氢气还原法、光化学分解法、电子束分解技术、低温等离子体等较为成熟的处理二噁英污染的技术,二噁英问题最终得以解决。到2003年,日本二噁英排放量较1997年减少了95.1%,环境介质中二噁英浓度也有所下降。

(2)推广普及垃圾处理技术,严控工业废弃物污染

为彻底解决工业污染问题,东京除采取产业结构转型、合理布局、能源结构调整等源头治理政策外,还很重视垃圾处理技术的开发和普及。主要措施有:鼓励企业采用先进的清洁生产工艺和技术,减少或消除废弃物的排放;应用生态学和循环经济的理念和方法在企业内部和企业之间、产业园区的层次上构建循环经济体系;积极推动各类新型工业废弃物处理设施的建设,大幅削减垃圾处理量;鼓励大学、企业界、研究机构协同合作,共同研究开发废弃物处理技术,为企业开展废弃物再生循环利用提供技术支持;加快研究运用建筑垃圾再生利用技术,从源头减少建筑垃圾,促进循环利用,重视能源环境技术研发。为抑制天然资源的消费量和废弃物的排出量,日本十分注重能源和环境技术的研发,如综合利用太阳能和隔热材料削减住宅耗能量的环保住宅技术,利用发电时产生的废热为暖气和热水系统提供热能的热电联产系统技术,以及废水处理技术、塑料循环利用技术等。据日本内阁府2008年9月发布的数据,在科学技术相关预算中,仅单独列项的环境能源技术的开发费用就达近100亿日元,其中创新性太阳能发电技术的预算为35亿日元。

5.垃圾综合管理

政府是治理垃圾污染的引导者。政府是治理垃圾污染的责任主体之一。政府发挥主导作用的途径有以下几点:一是科学制订废弃物处理规划;二是制定完善废弃物处理的法律法规体系;三是实施促进废弃物处理和循环经济发展的优惠政策;四是开展政策宣传,倡导全民环保,推进企业与公众的自觉参与。

企业是治理垃圾污染的推动力。经过反公害运动,日本企业逐步意识到环境保护对社会和自身发展的重要性,主动强化了治污意识,积极配合政府实施各项环保政策并进行自我管理,逐步实现了环境污染治理方式由被动治理向主动治理的转变。近年来,在推进循环型社会建设的大背景下,许多企业包括几乎所有的大型企业联合结成了一个绿色采购网,它们不仅自己从事环保经营活动,把循环经济的理念贯穿产品生命周期的全过程,而且在购买原材料时也主动购买绿色产品,以便让更多的企业加盟绿色采购网。

公民是治理垃圾污染的主力军。东京十分注重利用各种媒体开展宣传,通过增强公众对实现零排放(或低排放)社会的认识,发挥居民在治理垃圾污染方面的主力军作用,东京曾在1990年举办了全球首次大规模的垃圾节,展出大批从垃圾里拣来的完好无损的物品,任由参观者免费拿走,其目的是唤醒市民勤俭节约、减少浪费的意识。

近年来,日本政府加大了循环经济的社会宣传力度:一是注意基础性,将循环经济的理念纳入各级学校教育,做到以教育影响学生,以学生影响家长,以家庭影响社会;二是注意针对性,日本通过采取多种形式的宣传,不定期举办填埋现场的参观会,开展以儿童为对象的"孩子们的ISO14000事业"等活动,激发不同阶层人员的环保热情;三是注意趣味性,采取成立儿童环保俱乐部、编制通俗环保教材、成立民间环保志愿者组织等方式,让居民参与其中,寓教于乐;四是注意持久性,宣传的载体形式多样,利用电视、网站、广告衫、日历卡、公交车,甚至垃圾箱等进行宣传,使人们随处看得见也记得住。此外东京还通过废弃物联络会、废弃物行政讲演会、区市町村清洁协议会等机构,促进各个行政区之间开展有关分类回收的信息交流。调查数据显

示,在东京,由于政府不遗余力地宣传推广和引导,90%的市民关心生活中的环境问题,大部分市民表示在购物时选择带有生态标志或垃圾产生量较少的商品,即使这类商品的价格会比普通商品价格高。

(三) 东京治理垃圾的经验与启示

日本东京治理垃圾污染的经验可以概括为以下5个方面。

1. 将减量化作为垃圾治理的长期战略

东京早在20世纪80年代就意识到要从根本上解决垃圾问题,必须从源头减量。进入21世纪,细化深化制定相关法律。环境立法的共同特点是它们均根据3R理念以零排放为目标,明确了垃圾处理和促进资源的循环利用过程的基本原则和优先顺序,即以控制垃圾产生为第一优先措施,然后是尽可能地重复使用,对不能重复使用的垃圾进行资源性回收利用,最后是在对环境不产生影响的条件下,对最后剩余垃圾进行适当处理。由此可见,减量化才是东京城市破解城市垃圾处理难题的关键。

2. 垃圾分类是实现"减量化、资源化"的基础工程

垃圾分类是减少垃圾产生量的重要手段之一,也是实现垃圾资源化的前提,因此,垃圾分类可以说是实现"减量化、资源化"的基础工程。垃圾分类收集系统的形成,是一个长期的、艰巨的过程,需要法律完善、市民觉悟、文明素养、宣传以及硬件条件、软件条件的共同配合。日本从1989年开始推行垃圾分类回收,其垃圾分类经历了循序渐进的发展过程,已经形成了从源头分类到终端处理的较为完善的垃圾分类管理体系。

(1)逐步细化垃圾分类

垃圾分类收集有两个原则:一是根据末端分别处理和分别加工利用的手段分类;二是循序渐进。东京垃圾种类的划分就经历了由大类粗分走向精细管理的循序渐进的过程。东京在建了十几个垃圾焚烧发电厂后,一开始要求居民把垃圾分为可燃和不可燃两部分,可燃的送垃圾焚烧发电厂,不可燃的送到填埋厂。后来又增加一类叫可回收垃圾,之后又出了一类叫大件垃圾,最后又分出一类叫有毒有害垃圾。东京实行的垃圾分类收集、循环利用制度主要是以4类11种生活垃圾的包装废弃物为对象,4类包装废弃物指的是:金属、玻璃、塑料和纸。

(2)鼓励居民从自身做起,实施垃圾分类收集

垃圾分类收集是垃圾分别处理的前提,鼓励居民从自身做起,自觉参与环境保护,这是东京实现垃圾分类的重要保障。为了便于垃圾的分类收集,东京都定期为居民免费印制《家庭垃圾指南》等小册子,专门指导居民进行垃圾的分类和回收,并规定了11类生活垃圾不同的收集日。居民预先在家中对垃圾进行分类,然后按照指定的垃圾收集日,将各类垃圾分别送至指定收集点。对违规乱倒垃圾者,也制定了相应的处罚措施,轻者交纳罚金,重者追究其民事责任。值得一提的是,20世纪80年代,东京都政府为了推广垃圾分类,提高公众的垃圾分类意识,市长亲自上电视、到社区宣传垃圾分类,带头唱垃圾分类歌曲,政府部门更是率先垂范。由此足以显示东京都政府对治理垃圾问题的重视程度和推行力度。

(3)明确职责划分,建立完整的垃圾分类链条

垃圾分类链条包括投放、收集、运输和处理等诸多环节,居民分类收集后,将生活垃圾按照可燃垃圾、不可燃垃圾、大件垃圾、可回收垃圾的类别,分别运至相应的垃圾处理场,经过焚烧、粉碎、熔化、再生处理等环节,最后的剩余垃圾将被运送到东京都管理的最终处理场进行填埋处理,而资源垃圾则经过再生处理后,重新进行循环利用。经过垃圾分类链条各环节的协调配合,东京的垃圾量得以大幅减少,一方面提高了各类资源的利用率,另一方面极大减轻了填埋场的终端处理压力。

3.制定并实施有效的经济政策,促进垃圾治理,保障循环经济的可持续发展

日本《公害对策基本法》规定:"国家和地方政府应努力采取必要的措施,鼓励企业修建和改进公害防治设施"。纵观东京治理垃圾污染的经验,可以得出这样的结论:没有稳定的资金投入,环境保护目标是难以实现的,而要解决这样大规模的资金投入,除了政府直接给予补贴外,还必须充分利用如环保税收、环境基金等在内的市场机制弥补环境投资经费的不足,并使污染环境的生产者、消费者承担对等的经济代价,引导企业和市民主动参与垃圾治理,从而形成良好的激励机制,建立和推广可持续的生产消费模式。

(1)收取排污费

排污费是抑制垃圾量最直接的经济手段。采取排污收费、超标违法时加重收费的方法,不仅对企业、事业单位的垃圾排放实行计量收费方式,而且对居民生活垃圾排放也实施计量收费。

(2)提供财政补贴、贴息贷款或优惠贷款

为鼓励企业增加对污染防治设备、技术研究及开发项目的投入,日本政府在预算支持方面,制定并实施了技术研究开发补助金制度、再资源化设备生产补助制度、先导型能源利用设备引进补贴制度和推进循环型社会的技术实用化补助优惠政策。

(3)明确产品责任制

日本废弃物循环利用相关法律规定了制造商、销售商、消费者都有回收、处理和再利用的义务,要求生产者对其产品的整个生命周期都承担着实现循环经济目标的责任,即从产品的开发设计、生产、加工、处理或销售、售后服务,直至产品回收或者废弃物处理,生产者必须承担相关的废物利用或者清除的费用。

4.重视技术研究、开发和应用,为治理垃圾污染提供坚实的技术保障

垃圾从产生到收集、运送和处理是一个相当复杂的物流过程,需要人们针对各类垃圾的特性,采用切实可行的技术手段,减少或防止垃圾的排放,促进垃圾减量化和资源化,达到保护城市环境的目的。日本在环境技术的研究、开发和应用方面,着力解决二噁英问题,促进垃圾末端处理技术无害化;推广普及垃圾处理技术,严控工业废弃物污染;重视能源环境技术研发,加大投入力度。

5.形成政府、企业、公众互动的三元管理体系,实现垃圾综合管理

东京在治理垃圾污染的过程中,逐步认识到垃圾管理是一个系统工程,要实现垃圾的综合管理,必须发挥好政府、企业、公众三方作用,形成一个高效、负责的新三元结构的环境管理体系。在这一体系中,政府虽然起主导作用,但同时明确企业和个人的职责,并通过各种媒介宣传手段培养全民自觉参与的意识。正因为日本的循环经济政策充分考虑了"产业—民间—行政"的循环,才实现了对垃圾的全程控制,使日本在建设循环经济方面走在了世界的前列。

(四)对我国都市垃圾处理的启示

1.建立健全垃圾处理的法规体系

日本是世界上关于废弃物处理的法规体系最完备的国家之一,在立法体系上采取了基本法统率综合法和专项法的模式,这是日本资源循环利用率高、环境保护效果好的重要保证。我国虽然也颁布了《环境保护法》《固体废物污染环境防治法》《报废汽车回收管理办法》等法律法规,但这些法规多是方向性和概念性的,缺乏操作性强的条款和实施细则。

为了推进我国城市垃圾处理事业的发展,首先应完善我国的法律法规体系,明确生产者、销售者、消费者在垃圾处理过程中承担的责任以及对违反法规的处罚方式。此外,还应该加强执法力度,对违反相关规定的个人和单位给予严厉的处罚,保证法规的顺利实施。

2.加强二次污染防治,力推垃圾焚烧无害化

日本的垃圾处置主要采用焚烧模式。在采

用焚烧处置的初期,也产生了二噁英污染等环境问题,但通过制定污染控制法规,改进垃圾焚烧炉结构,加强烟气、飞灰等二次污染物的处置等措施,已经很好地降低了污染物的排放总量。

在我国,随着城市土地资源的紧张,越来越多的城市开始采用焚烧的方式进行垃圾处置。为了避免在垃圾焚烧选址上产生的各种问题,我国应制定明确的二次污染物排放标准和治理规范,同时环保和市容市政等部门还应该加强对焚烧厂的监管,确保垃圾焚烧不对环境产生二次污染。推广垃圾焚烧能够有效推动我国垃圾处理事业的发展。

3.提倡生活垃圾分类,推进垃圾处理的市场化运作

良好的垃圾分类不但减少了垃圾的产生量,同时也能提高垃圾焚烧和填埋的效率。日本政府通过法律法规的形式,限制居民随意丢弃垃圾,减少产生量,并细化标准,明确每一类垃圾的分类要求、丢弃方法,有效地从源头上解决了环境污染问题。我国政府应尽早出台相关法律法规,倡导垃圾分类制度,地方政府也可因地制宜地制定垃圾分类和大件垃圾回收费用的标准。此外,地方政府应设法吸引更多的企业参与垃圾分类回收事业,推进垃圾分类事业的市场化运作。

4.开展循环经济教育,提高市民的环保意识

城市垃圾处理走向循环经济之路,不能只依靠政府的投入,还需要企业的自律和居民的自觉参与。宣传教育是加强环境意识的重要手段,地方政府应该在义务教育阶段就开设相关课程,培养少年儿童的环保意识。此外,还应该通过报纸、电视、互联网等媒介向市民进行垃圾分类保护环境的宣传教育,提高市民的环保意识。

三、东京低碳城市发展概述

(一)低碳城市与日本的低碳城市建设

低碳经济的理念2003年首次由英国政府提出,低碳概念迅速延伸到人们生活的各个领域。致力于发展低碳经济的国家都已高度城市化,城市经济生活的能源消耗与碳排放是决定一个国家能够顺利转向低碳发展模式的关键,因此,这些国家都普遍将低碳城市建设作为重点。与人们生活息息相关的城市及其发展模式融入低碳理念后,发生了划时代的变革。所谓低碳城市,是指一个城市在经济高度发达的前提下,能源消耗和二氧化碳排放处于较低水平,是以低碳经济为发展模式及方向,市民以低碳生活为理念和行为特征,政府公务管理层以低碳社会为建设标本和蓝图的城市。因此,发展低碳城市,要将低碳概念融入经济社会发展的各方面,渗透到生产生活各领域,如在城市非主干道路、广场、办公楼公共空间、庭院、公园等地方采用太阳能照明,在宾馆饭店、洗浴中心采用太阳能加电辅助热水系统,地源热泵、水源热泵的应用等。

低碳城市的建设可以概括为如下几个方面:①高效利用能源与开发清洁能源;②大力研发低碳科技并广泛采用;③推行节能环保的低碳交通,营造绿色出行;④建造超低能耗甚至"零能耗"的低碳建筑;⑤让碳排放量大的工商业公司加入节能队伍;⑥改变低碳城市公民生活方式,从低碳家庭生活做起。其中,低碳能源与科技是建设低碳城市的根基与保障;将能耗比重较高的交通与建筑,转变为低碳交通与低碳建筑是建设低碳城市的关键;低碳工商业与低碳家庭是建设低碳城市的重要环节,更是低碳城市公民低碳意识的体现。

至今,各个国家在短短七八年间,纷纷出台相应的战略规划与政策来推动低碳城市的发展。尤其是美日欧等发达国家的低碳经济相关政策文件中,都将低碳城市的建设作为重要的内容,如英国颁布的《我们未来的能源——创建低碳经济》《气候变化法案》,法国出台的《气候计划2004》,美国的《抓住能源经济,创建低碳经济》《低碳经济法案》等。

在发达国家中，日本是较早致力于低碳经济发展的国家。早在2003年，日本就制定了促进创建循环型社会的基本计划，形成了一套较为完整的法律法规体系，为建设循环型低碳社会提供了法律保障。2007年6月，日本内阁会议制定的《21世纪环境立国战略》中指出，为了克服地球变暖等环境危机，实现"可持续社会"的目标，需要综合推进"低碳社会""循环型社会"和"与自然和谐共生的社会"的建设。2008年6月，日本首相福田康夫提出新的防止全球气候变暖对策，即"福田蓝图"，指出日本温室气体减排的长期目标是：到2050年日本温室气体排放量比目前减少60%~80%。2009年4月，日本环境省又公布了名为《绿色经济与社会变革》的政策草案。其目的是通过实行减少温室气体排放等措施，强化日本的低碳经济。日本不断加强节能减排工作，从万元GDP指标的变化中可以看出其卓有成效的低碳建设。1998年至2007年，日本的万元GDP能耗从近15 t标准煤/万日元的水平仅仅提高到15.1 t标准煤/万日元。期间，万元GDP能耗最高值为2002—2004年，为15.7 t标准煤/万日元，2007年下降到15.1 t标准煤/万日元，与1998年能耗水平持平。据统计，2005年日本每1美元经济活动所消耗能量相当于欧盟国家或美国的1/5，相当于中国和印度的1/8。这表示日本在能源的高效利用上取得了不错的成绩，实施节能减排与建设低碳社会建设的政策取得了良好效果。日本举国推行低碳城市建设，各大城市纷纷加入建设低碳社会的行列。比如，在2008年7月，日本政府选定了6个积极采取切实有效措施防止温室效应的地方城市作为环境模范城市，横滨、带广市、富山市等成为首批代表，它们大力度削减垃圾数量，开展绿色能源项目、零排放交通项目等。比如，福山市在公共交通、城市取暖、垃圾处理方面进行了全面的改造。在"京都议定书"的签署地京都，近年来为了实现低碳化，开始尽量减少城市照明及家庭用电，大力开展家庭太阳能发电技术。而东京是日本低碳城市建设最为成功的典范之一，在大力开发与研究低碳能源、低碳科技，低碳交通、低碳建筑，以及提倡低碳工商业与低碳家庭生活等方面取得了很大的成效，是世界上重要的低碳城市先行者。

（二）东京的低碳城市建设

日本东京位于本州关东平原南端，总面积2 155 km²，人口约1 300万，是世界上人口最多的城市之一。自2006年以来，东京都政府出台了"十年后的东京"计划，提出了具体的减排目标，即2020年东京的碳排放量在2000年的基础上减少25%，拉开了建设低碳社会的序幕；2007年6月发表《东京气候变化战略——低碳东京十年计划的基本政策》，详细制定了东京政府应对气候变化的中长期战略。东京发展低碳城市的主要做法如下。

1. 低碳从清洁能源开始

低碳能源是建设低碳城市的基本保证。目前低碳能源在全球能源结构中的比重仅占到1/5左右，今后由石油、煤炭和天然气能源唱主角的局面将得到改善。面对能源危机，东京大力研究、开发与利用绿色低碳能源，包括太阳能、生物质能源、风电、水电的新技术新工艺。

从1998年至2008年间，东京使用一次能源的比例增加，减少利用碳基能源（石油天然气、煤炭），核能与水电等清洁能源的使用也呈下降趋势。如图15-3-2所示。碳基能源总体的使用比率持续下降，这表示东京的能源结构呈现清洁化程度提高的走势。

2. 低碳以科技为支撑

在低碳领域，东京另辟蹊径，开拓了低碳科技的新道路。通过融入IT技术，打开了更高信息化、更强人性化的低碳科技新纪元。

2007年东京市政府联合其他职能部门在全市成功推行了物联网应用。"东京无所不在计划"应用先进技术将东京市内所设"场所"及"物品"赋予唯一的固有识别码，将真实世界的资讯或内容进行数字化处理后与虚拟现实空间结合。东京大学曾参与低碳信息化项目，将建筑内

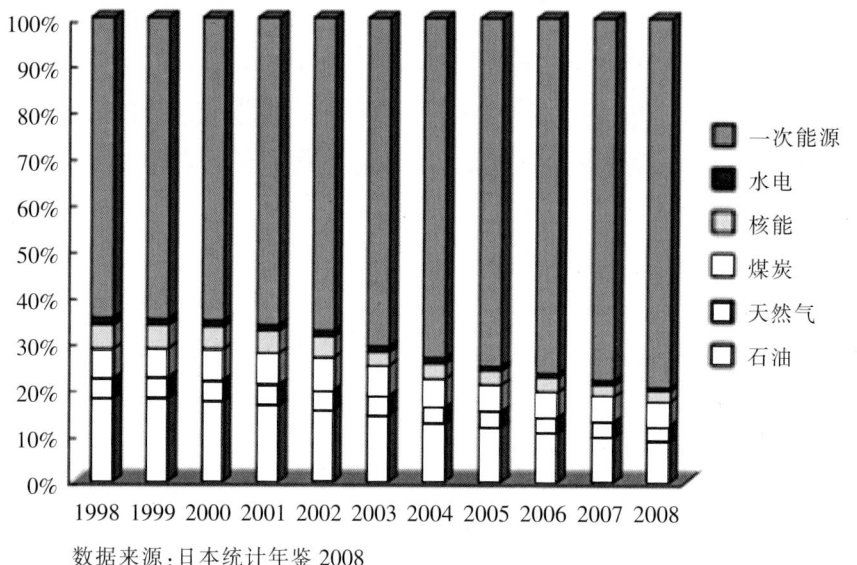

数据来源：日本统计年鉴2008

图 15-3-2　1998—2008 年东京能源结构图

的空调、照明、电源、监控、安全设施等子系统联网，对电能控制和消耗进行动态、有效的配置和管理。传感技术和智能技术的应用大大减少了电能消耗，如当学生进入研究室时，其所经过的照明系统和其独享的空调设施会及时开启，而当其离开时系统则会立即关闭。

低碳信息化技术开拓了节能减排的低碳新领域，在提供便捷、个性化的资讯服务时，为低碳城市建设添砖加瓦，指引了新的突破方法与方向。

3. 低碳引领生态交通

据了解，2006 年东京交通部门的二氧化碳排放量占总排放量的 26.2%，高达 1 466 万 t。为减少交通部门的碳排放量，东京采取了多种节能减排措施，例如推广低污染低耗能的汽车，促进生物柴油应用计划与提倡生态驾驶等。为大力提倡使用低污染低耗能汽车，东京都政府采取了对购买者给予一定的财政补贴的政策。促进生物柴油应用计划，东京开始针对市区范围内的公共汽车引入生物柴油，并开展第二代生物柴油在市区范围内公共汽车的应用论证和研究。提倡生态驾驶，杜绝突然加速与减速行为以及飙车与发动机长时间空转。生态驾驶还被编入驾驶员培训教材，力图从根本上培养驾驶员的良好习惯。

东京超过 80% 的公司员工、学生早晚出行是乘坐轨道交通。轨道交通还将许多大城市连接在一起，乘坐著名的"新干线"，许多日本人可以在东京工作，而居住在大阪、神户、京都等其他大城市，这样就缓解了大城市交通和居住的压力。

4. 低碳入住绿色建筑

据统计，在 2005 年，整个东京 60% 的能耗来自于建筑。为此，东京政府出台了《东京绿色建筑计划》《绿色标签计划》《2007 年东京节能章程》《2008 年东京环境总体规划》等政策。东京在市政府机构中广泛采取节能措施，为节能理念与节能技术在全社会推广起到了示范作用。其中，东京都政府要求面积为 10 000 m^2 的新建建筑，必须向政府提交环境报告，以促使建筑物拥有者按照东京市政府的要求进行可持续的低碳设计。开发者在出售公寓时必须提供环保效益标志，如绝热程度、能效情况、绿化面积、太阳能利用状况及使用寿命，以向公众展示公寓的环保性能。同时引导政府机构、学校、医院等市政机构使用绝热性好、节能效率高的电器设备，增加绿化面积，使用可再生能源等。

根据《2008 年东京环境总体规划》，东京政府将新建筑的节能标准从现在的 14% 增加到 2016 年的 65%，以最大限度地降低房屋的耗能水平。该规划还计划加大对现有建筑的节能翻新建设，推广"零耗能住宅"。

5. 低碳走进节能工商业

2006年，东京都政府发布《东京二氧化碳减排计划》针对大型商业机构提出了碳减排强制性政策，政府要求根据法定标准对企业提交的碳减排规划与措施报告进行评估定级并向社会公布。2010年4月1日，亚洲首个碳信用交易计划"现身"日本东京，揭开了碳交易在亚洲实行的序幕，其中东京都政府颁布的《强制碳减排与排放交易制度》，针对1 100家商业机构与300家工厂提出了节能减排的硬性要求，要求大型商业机构2020年的碳排放量在2000年基础上减少17%，不能达到目标的公司不得不购买造成污染的信贷，否则将面临罚款。东京大型的商业机构虽然数量上仅为东京商业机构的1%，但碳排放量却占到了商业部门与工业部门总排放量的40%。因此，东京都政府首先大刀阔斧对大型商业机构推行了节能减排措施。

6. 低碳改变家庭生活方式

2006年东京都政府引入并实施了能效标签制度，政府通过评估家电产品的节能程度与运行成本，分为5个等级，消费者可根据家电产品的等级来获得其节能信息，以提高家电产品的节能效率。2009年，东京都政府推行了能源诊断员制度，旨在培养一批能够为单个家庭提供节能潜力评估、节能方案制订服务的专职人员，以促进家庭节能。还有白炽灯与低能耗日光灯更换计划，它在没有影响光照效果的情况下，每年可节约成本1 850日元。虽然东京家庭的碳排放量一直逐年上升，但增幅却越来越小。可见，低碳家庭意识被广泛推广至东京市民的日常生活，而东京政府针对家庭所采取的政策与措施同样功不可没。

（三）经验和启示

建设低碳城市是东京都政府在深入分析其所面临的经济社会问题后的现实抉择，说明了构建低碳社会具有较强的现实意义。东京在工商业机构、建筑、交通、家庭、循环利用与低碳信息化领域均成功实施了相关政策与措施，推出了构建低碳社会的战略构想。低碳城市建设的一揽子政策，明确了减排量化目标、确定了行动日程、制定了措施，有助于节能减排目标的最终实现，切实成功地为低碳城市建设铺路。在低碳节能领域，东京及早抓住先机，推行低碳经济，建立低碳城市，其推行的一系列政策具有极高的借鉴意义与学习价值。

1. 构建低碳城市需要政府的积极引导和激励

日本东京构建低碳社会发动了全社会的力量，涉及生产、流通和消费等各个环节。现今，低碳经济已经成为一个国家发展战略问题，它要求改变现行的高碳型经济增长方式，以获得更可靠的生态安全保障和更高层次的国家核心竞争力和国际影响力。在国家力量中，社会大众是进行低碳建设的重要主体，市场是低碳经济的主舞台，政府的作用是引导和激励。在日本足够强大的国力基础上，低碳意识形成了强大的国家意志，使得低碳城市建设提高到一个突出的位置。

2. 构建完善的政策体系

低碳社会与经济、社会、能源、环境的密切相关性，决定了发展低碳经济的相关政策不是孤立的，而是经济、社会、能源与环境保护政策的统一与协调，因此，需要采取强有力的法规标准和经济措施，协调统筹相关政策，建立完善的政策体系。根据日本东京的低碳城市建设经验，政府通过立法和颁布对行业、部门的最低能效标准和排放标准以推动低碳经济发展；制定激励性的财税政策，包括税收、补贴、价格和贷款政策等；亚洲首个碳交易市场的开放与相关规定条例的推出，等等。这些都促进了东京低碳经济的发展，为创建低碳社会提供了协调运作的系统政策。

3. 开展环境经济政策试点与低碳环境影响评价试点

可试行环境经济政策试点，对高碳产品或企业开征环境税、资源税、碳税、进出口税试点；对生产高效低碳低污染产品实施企业所得税优惠政策，实施绿色信贷和绿色保险政策；研究针对企业和公众的环境补贴政策；在此基础上探索低碳经济发展所需环境经济政策模式。低碳环境影响评价试点，可选择示范城市中的高碳排放支柱产业，将碳排放量作为环境影响评价指标，出台低碳环境影响评价实施细则和指南。

4.建立低碳经济发展评价指标体系和技术管理体系

组织有关专家开展低碳经济发展评价指标体系研究；逐步建立温室气体报告和核查制度。更进一步组织低碳和污染协同控制重大科学研究和技术工程示范；建立技术开发、技术制造和技术使用三位一体的创新机制；推动环境友好低碳技术管理体系建设。

5.开展国际合作

利用好现有国际合作渠道并开拓新的国际合作渠道，在示范地区开展低碳经济国际合作。合作内容包括信息和经验交流、技术引进和合作、人员培训和能力建设等。

参考文献

[1] 唐华. 美国城市管理 以凤凰城为例[M]. 北京:中国人民大学出版社,2006.

[2] 谷人旭. 国际大都市的区域规划[J]. 地理教学,2005(8):1-3.

[3] 武廷海. 纽约大都市地区规划的历史与现状:纽约区域规划协会的探索[J]. 国外城市规划,2000(2):3-7.

[4] 刘望保. 国外城市规划的经验及借鉴[J]. 城市问题,2004(6):71-75.

[5] 林兰,曾刚. 纽约产业结构高级化及对上海的启示[J]. 世界地理研究,2003,12(3):44-50.

[6] MULLIGAN G F, CRAMPTON J P. Population growth in the world's largest cities[J]. Cities,2005,22(5):365-380.

[7] 高毅存. 美国的规划法制体系[J]. 北京规划建设,2008(2):78-80.

[8] 董晓峰,成刚. 国外典型大都市圈规划研究[J]. 现代城市研究,2006,21(8):12-17.

[9] 石忆邵,彭志宏,陈华杰,等. 国际大都市建设用地变化特征、影响因素及对上海的启示[J]. 城市规划学刊,2008(6):32-39.

[10] 格林斯坦,松古-埃耶尔马兹. 循环城市:城市土地利用与再利用[M]. 丁成日,周扬,孙芮,译. 北京:商务印书馆,2007.

[11] 吴雪明. 世界城市的空间形态和人口分布:伦敦、巴黎、纽约、东京的比较及对上海的模拟[J]. 世界经济研究,2003(7):22-27.

[12] 陈柳钦. 现代港口与港口物流业的发展[J]. 综合运输,2003(1):30-31.

[13] 薄坤,李永杰,黄芳. 鹿特丹临港工业发展给我国港口的启示[J]. 中国港口,2005(3):39-40.

[14] 陈勇. 从鹿特丹港的发展看世界港口发展的新趋势[J]. 国际城市规划,2007,22(1):58-62.

[15] 惠凯. 论港口城市的发展[J]. 中国港口,2004(11):11-13.

[16] 于卫军. 港口经济辐射作用为何减弱[J]. 江苏统计,1997(8):19-21.

[17] 龙军明,张兵. 外资参与我国港口建设现状及趋势分析[J]. 中国港口,2006(5):42-43.

[18] 李南,李文兴. 地主型港口模式在中国的实践[J]. 综合运输,2007(3):39-42.

[19] 鲁博健. 鹿特丹港的国际物流[J]. 港口经济,2002(1):51-52.

[20] 史国光. 港口在区域经济发展中的作用[J]. 港口经济,2002(2):36-37.

[21] 曾刚,王琛. 巴黎地区的发展与规划[J]. 国外城市规划,2004,19(5):44-49.

[22] 刘道明. 巴黎的城市保护与更新[J]. 安徽建筑,2003,10(4):39-40.

[23] 欧阳李文. 大巴黎计划2030低碳城市[J]. 中国信息界,2013(1):50-53.

[24] 黄辉. 大巴黎规划视角:低碳城市建设的启示[J]. 城市观察,2010(2):29-35.

[25] 姚青石,易晓园. 寻求一种可持续的绿色城市发展模式:"大巴黎"规划项目[J]. 新建筑,2010(6):113-116.

[26] 王小舟,孙颖. 北京与巴黎传统城市空间形态的比较和研究[J]. 国外城市规划,2004,19(5):68-76.

[27] RAGUENEAU S,刘健. 巴黎:城墙内外的

城市发展[J]. 国外城市规划, 2003, 18(4): 37-41.

[28] 周定国, 纪京慧. 世界行政区划图册[M]. 北京: 中国地图出版社, 1999.

[29] 宋涛. 世界国家地理百科[M]. 沈阳: 辽海出版社, 2009.

[30] 郑旭东. 德班金砖峰会: 经济增长将转化为政治影响力[J]. 中学政史地(初中适用), 2013(5):28-32.

[31] 艾美. 港口拥堵问题研究: 来自南非德班港的经验[D]. 北京: 对外经济贸易大学, 2013.

[32] 盖蕾. 海外印度人对印度经济发展的影响探析[D]. 广州: 暨南大学, 2005.

[33] 王媛媛. 印度软件产业迅猛发展的原因、影响及对我国的启示[D]. 长春: 吉林大学, 2006.

[34] 张雷. 现代化视野中的印度发展模式[J]. 南亚研究季刊, 2012(1):106-108.

[35] 张密. 21世纪初印度"东向政策"的发展及其对中国的影响[D]. 长春: 吉林大学, 2013.

[36] 韩民青. 印度的发展轨迹与经验解析[J]. 当代亚太, 2007(6):33-38

[37] 宋涛. 印度经济和发展战略研究[D]. 福州: 福建师范大学, 2003.

[38] 张立. 印度经济发展模式的经验及教训[J]. 天府新论, 2009(5):46-50.

[39] 李红昌. 印度铁路考察报告[J]. 铁道经济研究·双月刊, 2009(2):1-6.

[40] 王益谦. 孟买城市区的空间发展格局[J]. 南亚研究季刊, 1992(4):42-48.

[41] 雨田. 孟买农产品供应基地的农业发展[J]. 南亚研究季刊, 1986(2):10-17.

[42] 林承节. 印度独立后的政治经济社会发展史[M]. 北京: 昆仑出版社, 2003.

[43] 吕昭义. 印度蓝皮书: 印度国情报告[M]. 北京: 社会科学文献出版社, 2014.

[44] 朱颖. 印度与南方共同市场的区域合作[J]. 国际经贸探索, 2005, 21(1):62-66.

[45] 杨思灵. 试析印度自由贸易区战略及前景[J]. 外国问题研究, 2011(2):71-77.

[46] 陆建人. 论亚洲经济一体化[J]. 当代亚太, 2006(5):1-17.

[47] 尤勇. 吉布提共和国[J]. 阿拉伯世界, 1998(4):44-49.

[48] 王旭, 马健. 吉布提水资源利用现状及发展对策[J]. 陕西林业科技, 2010(5):42-45.

[49] 彭景芳. 投资吉布提的新机遇[J]. 世界机电经贸信息, 2000(4):19-25.

[50] 顾学明, 祁欣. 吉布提的战略区位很重要[J]. 经济, 2014(8):46-49.

[51] 袁红楼. 我国远洋渔业发展与思考[J]. 现代渔业信息, 1998(12):9-12.

[52] 崔锡壮, 李永仁. 关于发展远洋渔业的对策与建议[J]. 中国水产, 2000(11):76-77.

[53] 沈佳奇, 汤明. 东非(吉布提-埃塞)工程物流现状及发展战略[J]. 国际工程与劳务, 2018(7):49-51.

[54] 王磊. 吉布提: 弹丸之地何以如此显要[J]. 世界知识, 2015(12):48-50.

[55] 范鹏辉, 顾学明, 张威, 等. 中国与吉布提旅游业合作前景与展望[J]. 中国外资, 2015(21):28-32.

[56] 孙德刚, 白鑫沂. 中国参与吉布提港口建设的现状与前景[J]. 当代世界, 2018(4):70-74.

[57] 杨克, 高扬. 浅析吉布提保障基地建设的战略价值[J]. 石家庄学院学报, 2018, 20(2):81-84.

[58] 孙守青. 从外国驻吉军事基地看吉布提的外交战略[D]. 北京: 外交学院, 2017.

[59] 余弘阳. 中国为何选择在吉布提建设保障设施[J]. 小康(中旬刊), 2015(12):80-82.

[60] 沈旭晖. 吉布提: 下一个大国博弈场[J]. 南风窗, 2015(19):67-68.

[61] 赵昌会. 吉布提的再生[J]. 中国投资, 2016(9):38-41.

[62] 张小叶. 何烈辉: 我们在吉布提建"经济特区"[J]. 中国投资, 2016(9):56-62.

[63] 张小叶. 海上丝绸之路上的明珠: "达之路

吉布提经济特区"[J]. 中国对外贸易, 2016(5):20-23.

[64] TRUMAN R. Small city, big spending power [J]. B & T Weekly, 2006, 56:20.

[65] 韦勒, 洪泉, 唐慧超, 等. 2050年的新兴都市, 城市蔓延之后的新预景:景观和城市主义研究[J]. 风景园林, 2009(2):46-53.

[66] 杨恺, 李华. 西澳大利亚珀斯盆地页岩气资源研究[J]. 中国煤炭地质, 2014(12):48-53.

[67] 朱孔光. 印度洋航行的中继站:科伦坡[J]. 中国地理教学参考, 1993(11):37.

[68] 潘祖宏. 打造南亚金融中心[J]. 中国投资, 2018(3):76-77.

[69] MUNASINGHE. 重塑东方花园城市:科伦坡当代城市发展分析[J]. 纪雁, 沙永杰, 译. 上海城市规划, 2014(6):86-92.

[70] 唐鹏琪. 斯里兰卡科伦坡港口城市项目的现状与前景分析[J]. 南亚研究季刊, 2015(4):21-29.

[71] 桑普森. 石油大鳄[M]. 林青, 译. 北京:石油化学工业出版社, 1977.

[72]《大美百科全书》编委会. 大美百科全书:第14卷[M]. 北京:外文出版社, 1994

[73] 王旭. 美国西海岸大城市研究[M]. 长春:东北师范大学出版社, 1994.

[74] 王旭. 美国城市史[M]. 北京:中国社会科学出版社, 2000.

[75] 彼尔斯, 哈格斯特洛姆. 美国志:五十州现状[M]. 中国社会科学院美国研究所编译室, 译. 北京:中国社会科学出版社, 1987.

[76] 李宠华, 杜英, 马燕玲, 等. 资源型城市产业结构分析:以甘肃省白银市为例[J]. 资源开发与市场, 2010, 26(1):32-36.

[77] 江升, 苏文. 西北典型资源型城市转型的特殊约束机制[J]. 中国矿业, 2010(51):92-97.

[78] 田苗, 武友德. 资源枯竭型城市产业转型实证研究[J]. 经济地理, 2006, 26(4):585-588,597.

[79] 雷诚, 范凌云. 国外沿海开发对中国滨海地区发展的启示[J]. 国际城市规划, 2010, 25(1):107-111.

[80] 周勇. 国际产业活动路径演进分析[J]. 内蒙古社会科学, 2008, 29(6):88-92.

[81] 张米尔, 孔令伟. 资源型城市产业转型的模式选择[J]. 西安交通大学学报(社会科学版), 2003, 23(1):29-31,39.

[82] 武春友, 叶瑛. 资源型城市产业转型问题初探[J]. 大连理工大学学报(社会科学版), 2000(3):6-9.

[83] 朱明峰, 冯少茹, 潘国林. 资源型城市可持续发展与生态城市建设[J]. 合肥工业大学学报(自然科学版), 2005, 28(2):155-158.

[84] 陈爽英, 唐小我, 邵云飞. 基于因子分析的中国城市循环经济发展水平的聚类研究[J]. 管理工程学报, 2008, 22(4):155-158.

[85] BROWNELL B A, GOLDIFLD D R. The city in southern history: the growth of urban civilization in the South[M]. New York: Kennikat Press, 1977.

[86] LEVENGOOD P A. For the duration and beyond: World War II and the creation of modern Houston[D]. Houston: Rice University, 1999.

[87] 赵姝. 资源枯竭型城市转型财税政策研究[J]. 山西财税, 2009(8):17-19.

[88] 侯振明, 张晓峰. 资源型城市经济转型中政府的作用与职责[J]. 理论界, 2005(2):193-194.

[89] 李德虎. 科学发展观视野下的公共政策创新探析[J]. 铜陵学院学报, 2009, 8(3):52-54.

[90] 李德虎, 曾艳. 公共政策创新的价值取向及路径选择[J]. 郑州航空工业管理学院学报(社会科学版), 2009, 28(5):8-10.

[91] 巴伦, 李军. 莱斯联盟经验对黄河三角洲高效生态经济发展的启示[J]. 滨州学院学报, 2011, 27(1):29-31.

[92] 万秋月. 公共政策创新要体现以人为本[J]. 贵州民族学院学报(哲学社会科学版), 2009

[93] 黄溶冰,刘国禹,丁艳.休斯敦、鲁尔和洛林的转型策略及启示[J].辽宁工程技术大学学报(社会科学版),2004,6(6):592-594.

[94] 秦勃.公共政策创新的实现机制及影响因子分析[J].行政论坛,2011,18(1):44-47.

[95] 马小宁.美国西海岸大都市洛杉矶经济腾飞原因探析[J].河南师范大学学报(哲学社会科学版),2007,34(3):147-150.

[96] 谢菲.20世纪60年代以来洛杉矶大都市区经济和社会结构的变化[J].扬州大学学报(人文社会科学版),2006,10(2):93-96.

[97] FINNEY M. The Los Angeles economy: a short overview[J]. Cities,1998,15(3):149-153.

[98] ABU-LUGHOD J L. New York, Chicago, Los Angeles: America's global cities[M]. Minneapolis: University of Minnesota Press, 2000.

[99] 陈雪明.洛杉矶城市空间结构的历史沿革及其政策影响[J].国外城市规划,2004,19(1):35-41.

[100] 刘敏.浅析高科技革命影响下美国郊区的新发展[J].湖北社会科学,2004(12):85-87.

[101] 王大明."后郊区化"的魅力:美国橙县经济发展历程分析[J].政策,2002(10):60-61.

[102] 乌兰察夫.建设国际化城市的文化思考[J].决策与信息,2004(5):26-29.

[103] 王子彦,丁旭.我国城市生活垃圾分类回收的问题及对策:对日本城市垃圾分类经验的借鉴[J].生态经济,2009(1):176-178.

[104] 段慧珠,王丹.日本循环经济实践及对我国的启示[J].环境保护与循环经济,2009,29(3):12-14.

[105] 泠风.什么是低碳城市[J].中外能源,2010(5):39.

[106] 陈明忠.建设低碳生态型城市的思考[J].城市与减灾,2010(3):10-12.

[107] 张泉,叶兴平,陈国伟.低碳城市规划:一个新的视野[J].城市规划,2010(2):13-18,41.

[108] 唐丁丁.日本发展低碳经济的启示[J].世界环境,2009(5):62-64.

第十六篇

中国循环经济发展状况

第一章 东部城市循环经济发展状况

第一节 大连市循环经济发展状况

一、大连市经济现状

大连市位于东北亚地区中心地带，是环渤海和东北经济区重要连接点，交通发达，具有独特的口岸区位优势。大连市现辖2个县级市（瓦房店市、庄河市）、1个县（长海县）和7个区（中山区、西岗区、沙河口区、甘井子区、旅顺口区、金州区、普兰店区）。另外，还有金普新区、保税区、高新技术产业园区等3个国家级对外开放先导区，以及长兴岛临港工业区和花园口经济区等。据第六次全国人口普查结果显示，大连市总人口达669万人。大连市是东北地区对外开放的龙头区域和临港临海产业优势明显的经济聚集区，也是辽宁省沿海经济带建设不可或缺的重要依托和支撑。大连市的优势主导产业和产品具有较强的国际竞争力，管理体制和机制较为完善，已经成为辽宁省改革开放的先导区、产业和劳动力转移的承载区、集约用地和保护环境的示范区、东北振兴的新经济增长区。

作为老工业城市，大连市是国家重要的石油炼化基地；是国内重要的数字化电子视听产品的生产、出口基地；装备制造业中，机车、机床、轴承、柴油机、石化通用设备、大型起重设备等产品的生产居全国前列；造船业规模占全国的1/3，是国内10万吨级以上大型船舶和海洋工程的制造基地，为国家工业化和辽宁老工业基地发展做出了巨大贡献。大连市是全国第一批对外开放城市之一，其拥有的经济技术开发区、旅游度假区、保税区、出口加工区、高新技术产业园区及国家软件产业基地构成了开放功能区。经过多年的建设，大连市城市环境优美，基础设施完备，成为东北地区对外开放的服务中心和国际新一轮产业转移的主要选择地。

"十五"以来，大连市经济增长迅速。"十五"前三年，大连地区生产总值(GDP)年均增长13.7%，固定资产投资和实际利用外资总额均已超过"九五"时期的总和。2004年，大连GDP达1 961.8亿元，比上年增长16.2%；2006年，大连GDP达2 569.67亿元，比上年增长16.5%。随着经济的发展，大连市不可避免地面临日益严峻的人口、资源和环境等生态压力。大连市要在资源、环境约束下保持经济快速增长，抓住契机，振兴大连老工业基地，实施可持续发展战略，根本的措施是改变传统的经济发展模式，按照新发展理念的要求，大力发展循环经济，使大连市步入可持续发展的良性循环。只有将循环经济的发展理念贯穿到区域经济发展和产品生产中，减少生产过程中的资源消耗，使资源得到最有效的利用，可持续发展才能得以实现。

根据2013年大连市国民经济和社会发展统计公报，2013年大连市实现GDP 7 650.8亿元，比上年增长9.0%；固定资产投资6 478.1亿元，比上年增长15.2%；社会消费品零售总额2 526.5亿元,比上年增长13.6%;公共财政收入850亿元,比上年增长13.3%;实际使用外商直接投资136亿美元,比上年增长10.12%;城市居民人均可支配收入30 238元、农村居民人均纯收入17 717元,分别比上年增长9.8%、10.8%;城镇登记失业率2.61%。经济实现逆势发展,保持了区域竞争的优势地位。2013年,大连市全部工业增加值3 438.6亿元,比上年增长10.0%,高于辽宁省0.4个百分点,但低于2012年同期1.2个百分点,工业增加值受宏观调控以及经济转型的影响,增速同比下降。全社会固定资产投资增加值低于辽宁省平均水平4.73个百分点,固定资产投资增速同比也出现下降趋势。

大连循环产业经济区位于庄河市城区西南端,是辽宁沿海经济带重点发展区域之一。经济区规划面积27 km²,由大连国家生态工业示范园区和大郑新城组成,规划面积分别为12 km²和15 km²。经济区重点发展环保设备制造、新能源等新兴产业和带有静脉产业特点的动脉产业项目。大连国家生态工业示范园是国务院批准的,由国家发展改革委具体落实的振兴东北43个重点督办事项之一。2009年12月31日,原环保部批准大连国家生态工业示范园区实行进口废物"圈区管理"和再生资源拆解利用。

大连循环产业经济区基础设施完善,已完成总体规划和起步区控制性详细规划,通过了国家环境评价,完成了起步区路网建设和给水、排水、通信、供电、有线电视、土地平整工程,具备承接项目的条件。园区发展享受辽宁沿海经济带重点发展区域的全部优惠政策和大连市"一岛十区"优惠政策,享受实施生态工业园支持政策。自2011年3月1日起,凡列入大连市再生资源利用产业集中布局目录的新建、扩建项目,都必须进入生态工业园;现有再生资源利用生产企业在3年内要按计划向生态工业园转移。其他区市县及先导区不再布局此类产业及专门区域。通过建立再生资源集散交易市场、原料中转站和配送中心,大连市将区域内可再生资源集中到生态工业园进行加工处理。入驻园区的企业,按国家规定享受增值税、所得税优惠政策。大连市政府对入驻园区的再生资源利用企业免征涉企的行政事业性收费。在生态工业园投资产业项目且固定资产投资额达到500万元以上的,投资者本人、配偶及未婚子女可落户大连市。以2010年的税收量为基数,5年内入驻生态工业园的再生资源利用企业贡献的税收增量大连市地方留成部分,全额用于生态工业园的建设,以支持企业的发展。

二、大连市循环经济工作进展

(一)申报中日韩循环经济示范基地

大连循环产业经济区经层层选拔,被国家发展改革委、外交部、财政部确定为中日韩循环经济示范基地三个备选园区之一。根据三部委要求,大连循环产业经济区编制了大连循环产业经济区建设中日韩循环经济示范基地实施方案。市委、市政府领导对园区申报工作十分重视。为确保申报成功,常务副市长率队赴日韩推介大连循环产业经济区,拜访了日韩政界、企业界和学术界等领域的知名机构和人士,并签署了16份合作协议,为大连循环产业经济区创建中日韩循环经济示范基地奠定了坚实基础。

(二)全力推进国家循环经济试点示范项目建设

一是完成对部分国家循环经济试点单位的验收工作。依据国家发展改革委等7部委相关要求,大连市组织了对国家第一批循环经济试点园区——大连经济技术开发区和第二批国家循环经济试点单位——松木岛化工园区的验收工作。通过验收,大连市总结经验,推广试点单位建设模式。

二是积极组织申报国家循环经济试点。大连市组织申报了国家园区循环化改造试点单位和循环经济示范市、县。大连经济技术开发区被国家发展改革委和财政部确定为园区循环化改造试点,中央财政下达专项资金支持开展园区循环化改造项目建设。

三是积极推进城市餐厨废弃物资源化利用和无害化处理试点工程建设。作为国家餐厨废弃物资源化利用与无害化处理试点城市,大连市积极推进餐厨废弃物资源化利用与无害化处理末端处理设施及回收和监管体系试点项目建设。末端处理设施项目已完成日处理餐厨废弃物100 t的生产线和餐厨废弃物收运体系项目建设,为第十二届全运会期间餐厨废弃物无害化处理提供了保障。为确保餐厨废弃物的有效收集,市政府出台了《大连市餐厨垃圾管理办法》。

四是积极推动再制造试点项目建设。大连市配合国家发展改革委组织完成了对大众一汽发动机(大连)有限公司发动机再制造项目的验收工作;积极推进了国家再制造第二批试点单位——大连峰华汽车零部件再制造有限公司汽车零部件再制造项目的建设工作。

(三) 加快推进再生资源利用产业集聚发展

一是大力推进国家"城市矿产"示范基地——大连国家生态工业示范园区(静脉产业类)开发建设。大连市积极发挥园区开发建设领导小组办公室作用,协调解决了园区在开发建设中遇到的各种问题,组织召开园区建设领导小组办公室会议,贯彻落实市长办公室会议纪要精神;将各相关单位在园区建设方面承担的任务进行了明确分工,并确定了时间节点;大力支持园区外配套基础设施建设;积极支持园区外配套项目和大郑新城建设。

二是积极推进再生资源回收体系建设。2013年8月,大连市政府办公厅印发了《大连市再生资源回收体系建设规划(2011—2020年)》(以下简称《规划》)。《规划》主要以规范、整合现有体系为主,初步建成覆盖城乡、布局合理的再生资源回收体系,将城市90%以上的回收人员纳入规范化管理,90%以上的社区设立规范的回收站点,90%以上的再生资源进入标准化、专业化的回收站点、分拣配送中心,最终集中送至静脉产业园区拆解、加工利用。规划到2020年回收站点总量为1 617个。

三是大连市政府起草了《关于加快推进大连市再生资源产业集聚发展意见》(以下简称《意见》)。为推进再生资源加工利用产业健康、有序、集聚发展,更好地支持国家"城市矿产"示范基地——大连国家生态工业示范园区的开发建设,根据大连市政府主要领导指示精神,《意见》主要明确了全市再生资源加工利用产业向大连国家生态工业示范园区搬迁集聚的目标任务和政策措施。

(四) 不断加强水资源节约

一是积极创建水生态文明城市。根据国家相关要求,大连市积极组织水生态文明试点申报,成立了大连市水生态文明建设试点工作领导小组,全面启动了水生态文明建设工作。经积极争取,大连市被水利部确定为全国"水生态文明城市建设"试点,《大连市水生态文明城市建设试点实施方案》通过了水利部组织的专家审查。

二是深入推进节水型社会建设。大连市加强节水管理和制度建设,颁布实施了《大连市节约用水条例》;完成了全市万元GDP用水量降低率的考核任务。各领域节水取得新进展。2013年,万元工业增加值用水量达到12 m^3,工业用水重复利用率达到93.89%,工业间接冷却水循环利用率为98.79%,计划用水率达到95%,推广应用节水型卫生洁具6.9万套(件)。非常规水资源利用不断加强。2013年,海水直接利用量达到23.29亿 m^3,海水淡化水量为752.2万 m^3,污水再生水利用量为9 223.55万 m^3。积极保护地下水源,组织实施了封井行动。2013年封闭地下水取水井366眼,削减地下水取水量1 426.78万 m^3。

(五) 积极推进建筑领域资源综合利用

一是新型墙体材料发展应用上了新台阶。2013年,完成新型墙体材料备案15项,对全市131家备案企业进行了年检。以混凝土空心砌块为代表的新型墙体材料发展迅速,新型墙体材料年产量达到35.7亿块标准砖,占墙体材料总量的83.8%。建设工程中新型墙体材料使用率达到82%。

二是粉煤灰综合利用工作稳步开展。截至2013年底,粉煤灰产出量196万t,实际利用194万t,综合利用率达99%。大连升华电力能源集团有限公司在发电厂区内投资建设2座4万 m^3储灰能力的钢板仓,已投入使用。

(六) 有效推进节约集约利用土地资源

大连市加强对区市县节约集约利用土地水平考核，认真落实"十二五"单位GDP用地下降32%的责任目标；大力推进标准化厂房建设，满足中小企业用地需求，推动存量建设用地挖潜增效、低效地和工矿废弃地高效利用工作；严格执行国家和省市出台的各类建设用地标准，在预审和供应两个环节有保有压，保障科技含量高、附加值高、污染少、效益高的企业用地，抑制不符合新型工业化发展的用地，切实提高项目投资强度和土地利用效率；积极创建国土资源节约集约利用模范县(区)，旅顺口区获此称号。

三、推进循环经济发展，构建循环型社会

(一) 落实节能减排责任

一是分解落实年度节能减排指标任务。2013年，为更好地推进节能减排工作，大连市节能减排领导小组办公室印发了《大连市2013年节能工作和应对气候变化工作实施方案》及减排任务分解表，将年度节能减排目标任务分解下达到各区市县政府、先导区管委会、市政府各有关委办局、重点耗能和排污企业，并将节能减排目标完成情况作为对领导班子和领导干部综合考核评价的重要依据，实行问责制和"一票否决"制。

二是组织节能减排年度目标责任考核。2013年，根据国家和辽宁省相关要求，大连市节能主管部门和减排主管部门分别以《大连市"十二五"单位GDP能耗考核体系实施方案》和《"十二五"主要污染物总量减排考核办法》为指导，牵头组织市政府相关部门对全市各区市县、先导区2012年度节能减排目标任务完成情况进行了评价考核。经综合评定，金州新区和普兰店市(含普湾新区)成为大连市2013年节能减排优胜地区，市政府根据《大连市节能减排资金管理暂行办法》的有关规定，对上述优胜地区分别给予了100万元的资金奖励。

三是建立了节能减排考核体系。为确保全市"十二五"以及今后一段时间内节能减排约束性目标的完成，使考核工作更加科学、便捷、有效，市发展改革委组织开展了《大连市节能减排目标责任评价考核体系研究》工作，在认真分析研究大连现行节能减排目标责任考核现状的基础上，科学提出了大连市今后节能减排目标责任考核工作的指导思想、体系构建原则、体系架构和指标模型。

(二) 严格执行节能评估制度

进一步严格落实固定资产投资项目节能评估和审查制度，从源头上控制高耗能项目建设，将固定资产投资项目节能评估和审查制度作为控制地区能源消费增量和总量的重要措施。2013年，大连市组织了第二批节能评估机构登记备案工作。2013年，全市通过节能评估登记备案的咨询机构25家，全市全年完成的固定资产投资项目节能评估和审查工作达750项。项目能源消耗总量为297.98万t标准煤，经过节能评估和审查，核减的能源消耗量达1.46万t标准煤。

圆满完成2013年全国固定资产投资项目节能评估和审查工作培训。受国家发展改革委环资司及国家节能中心委托，大连市发展改革委承办组织了2013年全国固定资产投资项目节能评估和审查工作培训，全国15个省及计划单列市发展改革委，中国国际工程咨询公司，部分节能评审机构、节能评估机构等单位共350多名代表参加了此次培训。

(三) 强化重点领域管理

认真抓好工业领域节能。一是对大连市列入国家万家企业[①]名单的82家重点耗能企业实施了2012年节能目标责任考核。"十二五"前两年，大连市万家企业累计实现节能量已达131.139万t标准煤，占"十二五"期间节能总量目标的91.15%，超额完成节能量进度目标。二是认真落实《大连市节约能源监察和检测管理

[①] 万家企业：年综合能源消费量1万t标准煤以上以及有关部门指定的年综合能源消费量为5 000 t标准煤以上的重点用能单位。

办法》，对102户重点用能企业实施了节能监察和检测，共出具《节能监察意见书》97份，提出监察建议意见413条，下达《限期整改通知书》21份，推进企业扎实做好节能工作。三是积极开展"节能产品惠民工程"工业产品和高效照明产品的推广工作。2013年，共有11家企业总计申请补贴产品120台、补贴金额79.4万元，共推广高效照明产品109万只。四是严格落实国家、省有关政策，加大落后产能淘汰力度。根据工信部《高耗能落后机电设备（产品）淘汰目录（第二批）》公告要求，组织对重点用能企业机电设备（产品）使用情况进行了大检查，共查出高耗能落后机电设备192台（套）；根据省淘汰落后产能工作协调小组要求，2013年，拆除机械立窑2座和磨机4台，淘汰落后水泥产能70万t，超额完成省政府下达的淘汰落后产能任务。

持续推进建筑领域节能。一是以市长令的形式颁布实施了《大连市民用建筑节能管理办法》，使大连市节能工作在法规制度建设上得到了进一步加强。二是制定印发了《大连市绿色建筑实施方案》，确立了"十二五"期间，完成新建绿色建筑250万m^2、既有居住建筑节能改造600万m^2、公共建筑和公共机构办公建筑节能改造30万m^2的目标任务。三是2013年新增节能建筑700万m^2，全市累计建成节能建筑已达8 500万m^2，其中居住节能建筑达6 200万m^2。四是启动了大规模既有居住建筑节能改造工作，按照《大连市既有居住建筑节能改造工作实施方案》要求，2013年完成了160万m^2改造任务。五是开展大型公共建筑能耗统计、能源审计工作，对大连市36栋大型公共建筑进行了能耗统计，并按照《国家机关办公建筑和大型公共建筑能源审计导则》规定，对其中的15栋建筑进行了能源审计，并将审计结果进行了公示。六是按表计量供热收费工作取得了一定进展，全市2013年全年热计量收费面积达2 036万m^2，其中，公共建筑1 303万m^2，居住建筑733万m^2。

积极开展交通领域节能。一是按交通运输部《道路运输车辆燃料消耗量检测和监督管理办法》要求，严格执行道路运输车辆燃料消耗量限值标准和工作规范，2013年全年共核查车辆7 387辆（不合格842辆，合格6 545辆）。二是成功申报国家2013—2015年新能源汽车示范城市试点，积极推进节能与新能源汽车在交通行业中的推广与应用。2013年，大连市节能与新能源汽车已达2 014辆。三是积极淘汰高能耗、高污染的老旧营运车辆，2013年全年更新老旧公交车和营运客货车辆6 506辆。四是着力推动港航业转型升级，积极探索甩挂运输节能方式。例如，大连新海航运有限责任公司2013年完成甩挂运输量已达2 000多箱，年节能量达9 828 t标准煤，被省交通厅列为示范项目。

深化公共机构节能。一是管理体制进一步完善。大连市委、市政府高度重视公共机构节能工作，2013年在市政府办公厅设立公共机构节能处，全市公共机构节能工作形成了统一管理、分级负责、分工配合、相互协调的管理体系。二是严格规范公共机构节能工作。印发了《大连市公共机构节能工作管理办法》《大连市公共机构节能考核办法》《大连市公共机构节能联络员工作制度》和《大连市公共机构能源资源消费统计制度》等规章制度，保证了公共机构节能工作的有序开展。三是抓好"节约型公共机构示范单位"创建工作。根据国家、省有关部门要求，积极组织力量开展试点单位建设，努力形成以点带面、全面推进的工作格局，对申报单位的节能工作，市财力给予大力支持。

2013年，大连市公共机构人均能耗同比下降4.32%，单位建筑面积能耗同比下降3.65%，均完成了年度计划下降4%和3.2%的目标要求。

（四）深化节能科技研发

一是围绕产业共性难点问题，整合优势资源，搭建节能减排创新联盟，聚力产学研协同创新，积极推进城市生态化公共照明与低碳建筑、污水源热泵与太阳能供暖等关键技术研发与集成示范。全年累计投入研发经费近1 000万元。

二是积极发展新型节能玻璃钢渔船。针对大连市现有小型木质渔船较多，且续航性差、航速低、能耗大等实际，大连獐子岛集团股份有限公司与日本雅马哈发动机株式会社联合成立了

"獐子岛雅马哈(大连)玻璃钢船舶制造有限公司",现已建成投产。

(五)落实各项经济政策

一是积极落实相关价格政策。依据国家和辽宁省有关政策要求,2013年,大连市收取差别电价的企业由2012年的9家增加至22家。二是认真落实国家相关财税政策。2012年,市国税局、地税局依据国家有关节能减排税收优惠政策,全年共为企业减免税额2.588亿元。三是积极落实节能服务财政奖励政策。截至2013年底,全市通过国家审核备案的合同能源管理服务企业已达30家。2013年,大连市和外地节能服务企业在大连市实施的合同能源管理项目,年节能量达2.7万t标准煤。为加大市投资对节能服务项目的支持力度,2013年,市政府对节能服务项目国家奖励资金的配套比例调整为1:1。

(六)加强节能能力建设

一是修订完成了《大连市产业能效指导目录(2012年本)》,制定能耗限额标准和新建项目能耗准入限额,引导企业发展低消耗、高产出的战略性新兴产业。市节能监察支队在对重点用能企业实施节能监察工作中,已将对能耗限额标准执行情况的监察作为节能监察工作的一项重要内容。

二是节能监察能力建设有了较大提高。获2012年节能机构监察能力建设中央预算内投资支持的市节能监察支队能力建设项目已完工并顺利通过验收。该项目共购置执法车辆2辆,购置各种检测仪器、仪表184台(套)。

三是积极推进万家企业能源管理体系建设。市发展改革委、市质监局联合印发了《大连市推进万家企业能源管理体系建设工作方案》,就万家企业能源管理体系建设的指导思想、基本原则、总体目标和时间安排等提出了明确要求。同时,为提高全市企业能源管理体系咨询机构指导与服务水平,市发展改革委组织了"万家企业能源管理体系咨询机构培训"。

(七)加大资金支持力度

一是积极争取国家、省专项资金支持。华能国际电力股份有限公司大连电厂"燃煤锅炉集中供热改造工程"等2个项目获得国家2013年节能技术改造财政奖励资金;大连远洋运输有限公司船舶效能管理项目获得交通运输部专项资金支持;大连因泰化工品物流有限公司"LNG①车辆在道路运输中的应用"等2个项目获得交通运输部节能减排专项资金;大化集团有限责任公司合成氨副产低压蒸汽回收利用等5个项目获得辽宁省节能专项资金支持。

二是加大市投资支持力度。2013年,市投资安排专项资金,对全市现有的10 t以下燃煤供热锅炉实施拆炉并网,拆并锅炉房107座、锅炉144台,新增集中供热面积750万 m²,可节约标准煤2.5万t,减排氮氧化物4.1万t、二氧化硫445 t、化学需氧量441 t,综合利用资源76.4万t。

四、小结

大连市资源节约与环境保护工作以邓小平理论、"三个代表"重要思想、科学发展观和习近平新时代中国特色社会主义思想为指导,认真贯彻落实党的十八大、十八届三中全会和十九大精神,紧紧围绕资源节约与环境保护基本国策,积极推进经济社会转型发展,全面推进生态文明建设,在加强宏观政策引导、推进节能减排、加快循环经济发展、加强生态环境保护、提高资源综合利用效率等方面开展了一系列扎实有效的工作,取得了显著成绩。其中,大连市资源节约和环境保护相关指标完成良好。

在取得成绩的同时,大连市积极推进循环经济建设,落实节能减排目标,完善管理和考核制度,并依托科学技术的应用,加大资金支持力度,发展出具有自身特色的沿海城市循环经济,并在今后的发展过程中,逐步完善大连市循环经济发展模式。

2017年,大连市出台了《大连市标准化体系

---

① LNG:液化天然气。

建设发展规划(2016—2020年)》，提出将实施农产品安全标准化、节能减排标准化、环境保护标准化、高端装备制造标准化、信息技术标准化、公共服务标准化等重大工程。实施农产品安全标准化工程，"十三五"期间，大连市实现农业标准入户全覆盖，实现农药、化肥使用量零增长。进一步完善覆盖农业产前、产中、产后全过程，从农田到餐桌全链条的农产品安全保障标准体系，有效保障农产品安全。实施节能减排标准化工程，建立健全循环经济标准化体系建设，科学引导农房执行建筑节能标准，实施农房节能改造。继续开展市级公共建筑能耗监测平台建设，开展民用建筑能效测评工作，实行建筑节能产品备案制度。实施环境保护标准化工程，预计到2020年，碧流河水域水质达到或好于Ⅲ类标准。新建城镇(市、县、区城市建成区)污水处理设施执行一级A排放标准，完成12座(市区7座)城镇污水处理厂提标改造工程。实施高端装备制造标准化工程，强化优势装备制造业标准化工作，重点加强高档数控机床、智能装备与机器人、汽车及零部件、船舶和海洋工程装备、轨道交通装备、重大成套装备、风电核电机组关键设备、新型储能设备及关键基础零部件标准制修订工作。完善轨道交通的运营管理及技术装备标准体系。加大适应快运货车的车体、转向架、制动、钩缓技术及相应标准研究。实施信息技术标准化工程，围绕工业软件研发及服务、高性能集成电路设计、IC装备、下一代互联网、数字视听、下一代通信网络与设备、云计算与大数据、物联网、卫星导航与位置服务等领域，鼓励企业积极参与或主导制定关键技术和共性基础标准，推进规模化、产业化。实施公共服务标准化工程，健全公共教育、劳动就业、社会保险、医疗卫生、食品安全、公共文化、公共安全等基本公共服务重点领域标准体系，加快推进基本公共服务标准化工作，促进基本公共服务均等化。

第二节 日照市循环经济发展状况

一、日照市经济现状

(一)日照市简介

日照市位于山东省东南部，东临黄海，西接临沂市，北望青岛，南连连云港，具有优越的地理位置。日照市拥有贸易发达的港口、自然平衡的生态、丰富的自然资源，是我国对外开放的重点城市之一，同时也是我国重要的港口生态城市。

日照市经济总量较小，但保持了青山、碧海、蓝天、金海岸的个性优势。日照城市建成区面积达到39.9 km^2，城市化水平达37.1%，全市绿化覆盖率达40%，人均公共绿地面积达13 m^2，保持了一级大气、第一类海水、饮用水合格率100%的环境优势，被省政府评为"山东省园林城市"，获"山东人居环境范例奖"，并被提报为"国家人居环境范例奖"候选城市。为保持这个个性优势，日照市政府提出"港口立市、工业强市、科教兴市、生态建市"的发展战略。延续传统发展模式很难将日照建成生态海滨城市，选择新的与自然和谐相处的经济社会发展模式将是日照市人民所面临的一个现实选择。根据国际上多年的实践经验，循环经济是一条有别于传统经济发展模式，能够有效解决众多环境问题，并支持未来经济高速发展的可持续发展之路。因此选择循环经济发展模式，能够使日照市生态环境良好，自然资源得到保护和合理利用，环境污染得到根本控制和基本消除，最终建成适合人类生活、发展的循环型社会。

(二)日照市循环经济现状分析

1. 工业结构不合理

日照市已进入工业化中期阶段，形成了以机械、建材、轻纺、化工、浆纸、钢铁、食品、电子等行业为主的工业体系。日照工业的前期发展表现出较为明显的"高资源投入,高污染排放"的粗放型发展特征。在日照市工业体系的主导行业中,以资源密集型产业为主,传统意义上的重污染行业占有很大比例,而且在一段时间内这种比例很难改变,产业结构失衡导致了明显的结构性污染。对日照市 2002 年 80 家重点企业废水排放数据的分析表明,废水排放量排在前 10 位的企业主要以浆纸、化工、电力、食品和纺织企业为主,废水排放量占到总量的 55%。如果按照传统模式发展,日照市将面临日益严峻的生态环境压力,甚至影响日照市的特色旅游资源,严重阻碍日照市经济、社会和环境的协调发展。

日照市高新技术产业化步伐不快。科技进步对经济增长的贡献率仅为 45%,远远低于发达国家 70%~80% 的水平;高新技术产业产值占限额以上工业总产值的比重仅为 6.7%,与山东省的平均水平 19.6% 相比也存在明显的差距。科技支撑能力的不足,导致了工业发展处于低层次水平,大大限制了日照市工业的技术升级改造和产品更新换代,一定程度上削弱了日照市工业的核心竞争力,同时不可避免地增加了对资源和环境的压力。

2.资源利用率不高

2002 年,日照市万元 GDP 综合能耗达到 1.04 t 标准煤,低于国内的平均水平,但与同期国际平均水平 0.81 t 标准煤相比仍存在一定差距。万元 GDP 用水量为 280 m³,工业用水重复利用率为 62%,这两个指标与国内平均水平相比也仍有较大差距。随着日照市经济的快速发展,对资源和能源的消耗也将大幅度增加。

日照市缺乏重要的传统能源资源,境内几乎没有探明的能源矿产,能源主要依靠外部输入。现有的能源结构以煤为主,煤炭的使用比例达 84.2%,高于国内的平均水平 69.9%;石油、天然气和水电等提供了部分用能,太阳能、潮汐能、生物能等清洁可再生能源的开发利用处于起步阶段,尚未产业化,在近期还不能作为主要能源。根据日照市的能源禀赋条件,这种状况今后多年内不可能有太大变化。随着日照市经济的发展,特别是临港大工业的建立和发展、大量高耗能企业的建立,日照对能源的需求量必将越来越大,能源供应不足以及能源发展与环境保护的矛盾将成为制约日照市工业发展的重要因素之一。

日照市人均水资源占有量约为 616 m³,远远低于全国平均水平的 4 000 m³,并且时空分布不平衡。随着工业化、城市化进程的加快和人民生活水平的提高,水资源对经济发展、社会进步和生态改善的保障能力将呈下降趋势,水资源供需矛盾将逐渐显露。按照传统发展模式预测,在今后 20 年内,日照市将出现不同程度的缺水。

3.区域竞争压力大

日照市的经济发展起步较晚,对外开放的辐射力还不足,吸引外资、发展临港生态工业的竞争力还不强,与临近的青岛、烟台、连云港等沿海城市不可避免地在资源、能源、人才、技术以及产业发展等方面存在着激烈竞争。在山东省新一轮半岛城市群定位中,日照市将面临严峻的区域竞争压力。日照市港口陆向经济腹地城市密度低,城市体系弱小,经济处于欠发达状态。作为港口直接腹地的鲁南 5 市,尚处在工业化初期阶段,人均 GDP 低于全省平均水平,不到全省平均水平的 60%。腹地的城市组团尚在组合中,关联度较低,经济网络发育滞后,规模经济效益不高,内聚力不足,鲁南其他城市与日照市尚未形成"双核联动"的发展格局,使日照市在对外开放与区域竞争力中缺乏强大城市带和产业带的依托与支持,成为制约日照市临港生态工业快速发展的深层次原因。

4.经济要素资源短缺

日照市的资金、人才、技术等经济要素资源较为短缺,不能满足经济社会发展的需要,成为日照市工业发展的主要瓶颈之一。在资金方面,日照市地方财力比较薄弱,企业自我积累、发展能力弱,居民收入水平和投资能力较低,争取国家投资难度较大,直接融资渠道不畅,资本运营水平不高,招商引资力度不够,多元化、市场化投融资机制尚未建立,导致企业经营资金短缺,投资增长乏力,影响了工业增长的速度和质量。在人力资源方面,虽然日照市劳动力资源丰富,成本较低,但高等教育发展滞后、人才培养引进力度不足、用人机制不活、人才创业环境欠佳等原因,导致人才总量少,结构不合理,高层次人才匮乏,科技研发力量薄弱。每万人中具有大学文化程度者不到全省平均水平的一半,各类专业技术人员中本科以上学历的仅占11%,科技研发、经济管理等专业人才短缺。人才匮乏导致企业科技创新能力和经济管理水平低下,已经成为制约日照市企业竞争力提高的突出因素。在技术方面,人才资源匮乏,科技创新能力弱,加上技术引进、消化和吸收水平不高,导致企业技术工业设备落后,产品更新换代不快,产品质量档次低,市场竞争力弱,高新技术产业发展滞后。全市70%以上的限额工业企业技术开发机构不健全,80%的工业企业技术装备仍处于全国同行业一般及以下水平。

(三)区域循环经济发展原则

循环经济理论对于区域经济发展具有指导意义,根据循环经济的原则,即3R原则(减量化原则、再使用原则、再循环原则),统筹规划区域经济建设,可以在源头上节约资源,提高资源利用率,使区域经济和谐快速发展。所以区域经济建设与规划,要符合循环经济的原理。

首先在区域内建立企业的物质循环体系。在资源利用过程中尽可能做到"闭路循环,吃干榨尽"。例如,钢铁企业可以回收生产过程中的煤气,加大煤气燃用力度,利用煤气发电、加热,使厂内的废气资源逐步被开发成为生产资源。又如,钢铁企业原来污染严重的转炉污染,现在经过加工处理后,作为制造剂、冷却剂直接返回转炉炼钢,既减少了萤石、石灰的用量,又降低了转炉的钢铁量消耗,改善了炼钢条件,提高了炉龄。转炉污染物的企业内循环利用对于优化冶炼工艺、节约资源、保护环境等均具有重要意义。

其次是建立区域内企业间的物质循环体系。这主要通过大力发展生态工业园来实现。生态工业园是根据循环经济理论和工业生态学原理来建立的一种与生态环境和谐共存的新兴工业园区。它用工业生态学的理论与方法来研究工业生产,把工业体系当作一个封闭的自然生态系统。对想进入园区的生产企业的原料、产品、排放物等进行考察,把能够构成循环的企业放在同一园区内。使园区内某一企业生产的"废物"或副产品成为另一个企业的原料,实现变废为宝、价值增值、减少最终废料排放和保护环境的目的。

最后,还要构建区域内生产和消费循环利用体系。产品在设计阶段就要考虑使用便于循环利用的原材料、利用过程中产生污染较少的原材料,从源头堵住对环境的污染。随着我国经济的快速发展和人民生活水平的提高,生产和生活中产生的能够被回收利用的再生资源日益增多,这就要求生产企业必须进一步扩大再生资源的回收加工体系,及时回收各种再生资源。同时要提高人民群众的资源意识和环保意识,使人民群众树立自觉利用再生产品、自觉承担废弃物处理成本的意识。再生资源利用企业要提高分类和回收加工技术。中央政府和地方政府要借鉴国外经验,制定相关的法律法规,实施依法管理。

二、日照市循环经济工作进展

(一)发展循环经济的思路和目标

1.总体思路

依照需求收入弹性、经济效益、技术水平、比较优势、关联度、环境影响等基准,依托日照港口,结合日照市工业发展现状和区域资源要素禀赋条件,准确把握工业定位,借鉴发达国家经验,接受半岛制造业基地核心城市辐射,深化日照作为鲁南出海门户和亚欧大陆桥重要的东方桥头堡的战略地位,体现"港口立市,工业强市,科教兴市,生态建市"的重大战略决策,建立完善产品链,构筑日照市生态工业链网,整合提升现有工业园区,高起点构筑以临港工业为核心的港口型生态工业体系,培育临海工业走廊,加速日照市工业化进程,迅速提高日照市工业整体规模,尽快融入半岛制造业基地,实现日照市工业的生态化转型和可持续发展。

2.战略目标

立足于日照市独具特色的区位优势,以优越的环境承载力、可靠的资源和能源支撑力为基础,以清洁生产和经济结构、产业结构及其发展模式的优化调整为主线，以科技创新、体制创新、观念创新、能力建设为依托，重点建设五大优势产业和三大新兴产业，实现传统产业全面改造提升，优势产业充分膨胀壮大，高新技术产业快速健康发展，形成以日照经济技术开发区循环经济园、岚山开发区循环经济园、莒县循环经济园和五莲县循环经济园四大园区为基础的布局合理的工业体系，核心产业链得到发展与完善，生态产业链网逐步构筑，外向型临海工业走廊初步形成，临港工业体系颇具规模，最终建立以十大临港工业基础园为核心、自身不断优化完善的临港生态工业体系。

（二）工业循环经济发展模式

循环发展模式是通过两个或两个以上的生产体或环节之间的系统耦合，借助物质流、能量流、价值流、信息流分析，实现物质的循环利用和能量的梯级利用，减少资源消耗和污染排放，提高资源利用效率，推动企业生态化转型，实现资源的高效可持续利用和经济、社会、环境的协调可持续发展的工业循环经济发展模式。工业循环经济发展模式的构建首先通过在企业推行清洁生产，建立生态型企业，选择主导生态产业，逐步配置共生企业，构建生态工业链网，培育生态工业园区和循环经济园区，以构建工业循环经济的运行体系。

日照市工业基础较为薄弱，应充分发挥后发优势，依托临港资源，选择浆纸、化工、电力、钢铁等主导产业为着力点，认真研究对原材料、副产品和废物的利用技术，建立完善工业废物资源化系统和危险废物合理化处置系统，大力推行清洁生产，培育生态企业，以此为基础高起点构筑以浆纸产业、机械加工产业、食品加工产业、电子信息产业和海水养殖—精细化工—生物制药等五大生态产业链为核心的循环共生网络，重点建设十大临港基础生态工业园区和循环经济园区，培育日照市临港生态工业体系，实现物质的闭路循环，最大限度地使物质和能量在整个生产活动中得到合理利用，最大限度地提高资源环境的配置效率，构建循环经济发展模式，

提升工业经济整体运行质量，解决结构性污染和区域性污染问题，实现新型工业化和可持续发展目标。

（三）工作进展与成果

日照市在推动清洁生产审核方面取得了较大的成效，但随着工业化步入新阶段和众多新兴产业的发展，工业污染将出现许多新的变化。因此，日照市按照企业自愿与政府激励相结合的原则，抓好重点企业、重点行业的清洁生产审核工作，特别对排放有毒、有害污染物企业以及超标排污企业实施强制性清洁生产审核，积极建立清洁生产示范点，由点到面，逐步全面推行企业清洁生产审核，做好污染预防工作，从源头上实现污染物的削减。

面对"结构性污染"，日照市立足现有工业基础，以膨胀总量、优化结构和提高效益为主攻方向，抓住胶东半岛制造业基地和半岛城市群建设的机遇，借助国际产业转移，以企业清洁生产为优先行动领域，加快对化工、浆纸、钢铁、电力、建材等重点优势行业的结构调整，通过引进高新技术，加大技术改造与创新力度，进行技术转化与嫁接，提高企业技术装备水平和产品档次，培植高新技术企业，培育新兴工业经济增长点，改造提升传统优势工业门类，优化调整工业结构，推进工业经济的信息化，实现工业结构高效化、合理化，加快日照市现代化进程。

日照市生态工业基础发展较好，推行清洁生产和生态工业初见成效，循环经济园、企业间废物交换、资源回收再利用产业不断发展，已有26家企业先后通过了清洁生产审计或ISO14001环境管理体系认证，开始向清洁生态型企业转化。以日照森博浆纸有限公司、日照发电厂等大企业为核心建设的日照经济技术开发区已初具规模，在水资源重复利用、能量梯级利用和废物资源化等方面取得了显著的成效，生态工业链网初步建立，日照市已经成为国家级循环经济试点城市。在此基础上，日照市应积极研究和借鉴国内外先进的经验和手段，以解决工业污染为切入点，通过企业清洁生产，推动企业的生态化转型，并以浆纸、钢铁、电力、化工等重点行业和企业为依

托,积极发展上下游产品,拓展延伸产品产业链,增强行业关联效应,形成产业配套完善、技术领先、质量一流的支柱产业群,逐步构建日照市生态产业核心链网,培育生态工业园区和循环经济园区,建立具有日照市地方特色的临港生态工业体系。

在监督管理方面,日照市加强了环境管理体制建设,强化环境管理在工业决策中的作用,将环境保护真正纳入工业发展规划当中,统一部署,通过严格执法,切实保证对工业决策全过程实施科学的环境管理,避免因决策过程缺乏对环境因素的考虑而造成的环境污染。同时,日照市加强对清洁生产、生态工业和循环经济重点行业技术、节点技术、链接技术的研究开发与示范推广,积极开展相关技术研发项目,在以企业为主体的技术创新体系中,积极引导和鼓励企业开发清洁生产技术,建立清洁生产信息系统和污染预防基本数据库,及时向社会提供有关清洁生产的政策、技术、管理等方面的信息,也为经济发展和管理决策提供科学可靠的依据,积极制定配套的经济、财政、税收和技术等相关政策,建立合理完善的投融资机制。

三、推进循环经济发展,构建循环型社会

(一)发展循环经济的有利条件

地理位置优越。日照市因"港连陆桥"而居重要地位,是国家正式确立的新亚欧大陆桥东方桥头堡之一。日照市位于太平洋经济圈、环黄渤海经济圈和新亚欧大陆桥的结合部,国家重点开发的沿海主轴线与日照-西安沿桥经济带交汇处,是山东省对外开放的前沿城市,是鲁南和中西部沿桥地区便捷的出海口,属于山东省重点发展和建设的半岛城市群,战略地位突出。

环境优良。这是日照市人民世世代代保存下来的宝贵财富,也是日照市的优势所在,可以借助这个优势积极扩大招商引资项目。这方面的发展已经初见成效,如多地大学的进驻、国际帆船比赛的成功申请、旅游业的持续升温等。

海陆空交通便捷,发展空间广阔,投资环境日益优化。特别是山东省启动了生态省建设、半岛城市群建设和胶东半岛制造业基地建设等为日照市快速提升经济质量、扩大经济规模提供了前所未有的机遇。另外,世界经济转移和经济一体化进程的加快,为日照市经济参与国际竞争和承接国际产业分工与转移提供了良好的氛围。

生态农业发展较快。五莲县按照国家批复的生态示范区建设规划,通过建设生态农业等九大重点工程,使生态农业得到长足发展,成为国家第一批也是山东省第一家通过验收的国家级生态示范区。

建设了一批生态工业园区。围绕传统产业的生态转型,日照市对现有工业园区按照循环经济理念进行了改造,积极引进与现有企业配套互补的企业和项目,努力实现企业间资源的循环利用与园区内的废物零排放。如矿石球团烧结项目,每天可将排放水回收到城市污水处理厂进行深度处理,处理后的排放水近万吨,再将出厂水供给木浆厂使用。

日照市还规划建设了 10 km² 的大学科技园,北京大学、清华大学、曲阜师范大学等十几所国内知名高校在此设立了研发基地或分校。以知识的开发利用为主要特征的大学经济正在成为日照市生态城市发展的有力支撑。

政府的高度重视和支持。日照市政府吃透市情,及时提出"港口立市、工业强市、科教兴市、生态建市"的发展策略,以发展循环经济建设生态城市为目标。一方面,引导现有企业加快技术改造步伐,积极推行清洁生产和环境管理体系认证,加强环境管理,促使其向清洁生产企业转化;另一方面,结合培育临海工业,规划建设了一批新的生态循环型项目和企业。

(二)循环经济发展重点

日照市经济的跨越式发展取决于其经济总量的快速膨胀和产业间比例的调整。就日照市现有的经济结构看,第二产业相对薄弱是制约城市快速发展的主要因素。由于受城市区位、发展历史等诸多因素的影响和经济社会发展规律的制约,日照市的经济社会发展不可能逾越第

二产业而直接使第三产业成为日照市经济决定性产业。

日照市工业现有食品、纺织、机械、化工、浆纸、电子、建材等几大主要门类，还有电力和冶金等部分重工业。第二产业规模相对较弱小，主导产业不明显。提升日照市的经济发展水平，必须利用日照市的港口优势、环境优势和交通优势，形成日照市独特的产业优势，建立以冶金、浆纸、粮油加工、海洋化工、木制品加工、高新技术为主导产业的临港大工业框架。

1. 冶金产业

以日照钢铁有限公司煤电铝等企业项目为依托，采用先进的金属冶炼加工工艺技术和装备，突出发展H型钢、中厚板、建筑型材和不锈钢冶炼及深加工制品等主导产品。

2. 浆纸产业

以日照森博浆纸有限公司与新加坡金鹰集团、日照经济开发总公司与印尼金光集团合资生产浆纸等企业项目为依托，引进利用国外先进的浆纸生产工艺及装备，重点发展纸浆、特种纸板、各种系列高档纸等拳头产品。

3. 粮油加工产业

以黄海粮油工业有限公司、山东新粮油脂有限公司、山东三维油脂有限公司、凌云海糖业有限公司等四家骨干企业为依托，突出发展大豆精炼油、色拉油、精糖加工制品等优势拳头产品。

4. 海洋化工产业

在继续保持传统海洋产业，如海洋航运、制盐、海洋捕捞、海水养殖业发展势头的同时，结合海洋产业发展的现状和潜力，积极培养新兴海洋生态产业，如海洋化工、海洋制药及生物技术等。

5. 木制品加工产业

以日照三木木业股份有限公司、日照岚桥集团和岚山家具城等骨干企业为依托，重点发展系列实木家具、卫浴橱柜等出口主导产品。

6. 高新技术产业

以已初具规模的高科技工业园为基础，发展高技术含量、低耗能、低排放的高精产业，培植高新技术产业，促进科技产业化，实现工业强市的载体。重点发展电子信息、生物工程、新材料等行业，辐射带动全市高新产业的发展。

(三) 行业依托发展循环经济

实现废水、固体废物、废热等在企业间和产业间的循环利用。与大主导产业相适应，重点推进相关清洁工艺。

1. 炼钢行业

依托炼钢行业，形成一个水、煤、钢的循环利用产业链。采用关键的链接技术和工艺，建设冶金工业配套设施和新的关联产业，实现物质循环和能量梯级利用。炼钢厂周围要建设相关的企业将炼钢产生的废物进行消化，建设水泥厂以消化炼钢产生的大量钢渣；炼钢过程中产生大量的废热，炼钢厂应设废热锅炉，用于回收能量并用于发电和供热。炼钢厂所需的大量焦炭将促进炼焦业的大发展，而炼焦所产生的焦炉煤气可用于供应城市人工煤气，还可以直接用于燃气轮机发电。此外，炼钢厂应尽可能采用最新的清洁工艺，努力做到废物排放和能源使用的最小化。从日照市水资源的储量和用量发展趋势看，日照市的水资源不会有大的增加，随着城市的发展，日照市将出现用水紧张的现象，因此水资源不足必将成为日照市跨越式发展的主要瓶颈之一。从战略意义看，炼钢厂要加快中水的利用，把中水作为炼钢行业的循环冷却水，如开发区木浆厂的废水经处理后用于炼钢厂的部分生产工艺过程，岚山区污水处理厂的排放水也是重要冷却水水源。此外，炼钢厂的废热也可作为海水多效蒸发淡化所需的能源，用于开发新的淡水资源。

2. 农产品加工产业

依托现有农产品加工产业形成产业链。粮油加工业应加强副产品的综合利用，下脚料可以作为原料生产饲料，用于发展养殖业，其他废物生产有机肥料用于有机食品的生产。高浓度废水可以生产沼气，作为加工过程的能源，从而实现物料和能源的循环流动，同时减少了污染物的排放，降低了工业生产对环境的影响。

3. 木制品加工产业

依托木制品加工产业形成产业链。木屑和

筛渣用于生产短纤维木浆和中低档纸张,或者用于制作家具板材。浆纸生产过程中的副产品松节油、碳酸钙作为研发精细化工的原料和建材产品。废纸及废碱液可回收重新用于制浆、造纸,实现资源的循环使用。木浆厂有机废水可以用于生产沼气为温室供暖,其他废水经处理后可以用于浇灌林木,或者供给电厂、炼钢厂作为冷却用水等。废水处理后的污泥可经处理后用于生产有机肥料。

4.电力工业

依托电厂冷却循环的海水来建设四季浴场,拓展日照市在冬季的旅游市场,以促进日照市旅游业的发展。电厂产生的大量粉煤灰可用于生产砖、水泥等建筑材料。

此外,发展新能源是能源建设实施可持续发展战略的需要,对促进电力工业结构调整、减少环境污染、推进技术进步、培育新的经济增长点具有重要意义。风力发电是新能源发电中技术最成熟、最具规模化开发条件和商业化发展前景的发电技术之一,是人类绿色能源的重要来源。

发展垃圾发电。将废弃物转化为清洁燃料,利用垃圾、废气等可燃废弃物发电是新能源开发的一个重要组成部分。垃圾发电不仅可以使废弃物变为清洁能源,而且还可以较好地解决令大中城市头痛的垃圾处理问题。垃圾发电成本已经基本接近火力发电,若再加上节省的垃圾处理费用,则已经成为具有商业开发价值的新能源项目。同时,垃圾发电产生的余热还可以用于城市居民的供热。

5.海水养殖及加工工业

(1)海水养殖

在保护好海洋生态环境的前提下,发展海洋水产业是海洋资源型产业的重要项目。要继续贯彻保护海洋资源,增殖渔业资源,养、捕、加工并举,以养为主的方针。调整近海作业,逐步扩大远洋捕捞,严格执行禁渔期、禁渔区、渔法的规定。提高海水养殖技术水平,在人为干预下,利用天然水域和环境、饵料基础、空间及生物特性,保证渔业资源的再生能力,使其生态容量合理并改善种间关系,充分发挥水域的生产潜力。改同一地区连续多年养殖同种生物的模式为混养、套养、轮养模式,发展海洋深水大流养殖,以充分利用从海面、水中到海底的空间,大搞立体海水养殖。充分利用时间及营养生态位,防治病虫害,提高海洋生物的成活率。使用专门的饵料,刺激养殖动物的食欲,加速育肥,使单位面积产量提高进而提高经济效益和生态效益。丰富养殖品种,逐步探索与增加名、特、优、珍、稀品种的养殖。在现有人工海水养殖基础上,在沿海滩和浅海区域内,继续引进优良的海产新品种,发展海水养殖技术,如基因工程育种、细胞工程育种、海洋农牧化工程等。

(2)海产品加工

海水养殖也为临海工业中的海产深加工业提供了充足的原料保证。岚山区的昌华集团、华洋农副水产品有限公司、永兴食品有限公司、岚阳食品工业有限公司等一批水产品加工企业已在低级鱼货加工等方面做出了一定的成绩,开创出模拟蟹肉、竹轮鱼卷、紫菜、星鳗鱼等产品。今后要进一步拓展水产品加工产业新领域。

(3)海洋化工

进一步探索与扩展海洋化工技术和工艺,例如,利用加工虾、蟹的下脚料的壳,加工成甲壳素、壳聚糖;利用加工扇贝等贝类的下脚料贝壳,制造钙制剂等。同时,在充分、准确调研国内外市场需求和技术成熟状况的基础上,转化有关科技成果,引进海产加工提取新产品的新技术,扩大生产具有广阔市场前景和巨大市场回报的食品、药品、保健品等海产新品种。所引进的新技术还要同时具有清洁生产和循环利用的特性,这样才能在取得预期经济效益的同时,保证良好的生态环境效益。

(4)海洋制药及生物技术

在这方面,日照已有一定的基础,如现已有山东洁晶集团股份有限公司以海藻为原料,通过技改,开发食品级褐藻酸钠、岩藻聚糖硫酸酯、胞磷胆碱钠、甘露醇、碘等产品。应用现代科学技术,还可以从海洋的藻类、无脊椎动物、脊椎动物中,提取出抗菌、治癌和医治心血管、消化道、呼吸道等疾病的良药，以及提取血浆代用品和使人延年益寿的滋补药品。例如，我国科学家从海洋棘皮动物"罗氏海盘车"身上提取的血浆代用品，在治疗大出血、烫伤、烧伤及其他外伤引起的休克等症时，静脉注射"罗氏海盘车明胶代血浆"，可维持血压或增加血液循环中的血容量，与输入的人血浆所起的作用相同。从褐藻中提取出的"藻酸双脂钠"，具有抗凝血、降低血液黏稠度、降血脂及改善微循环的作用，是一种治疗心脑血管的新药。

(5)新兴海洋产业

在继续保持传统海洋产业，如海洋航运、制盐、海洋捕捞业发展势头的同时，结合海洋产业发展的现状和潜力，积极培养新兴海洋生态产业，如海洋能源、海洋建材、海水直接利用、滨海旅游、海水淡化、海洋工程及其他海洋生物工程等。

四、小结

日照市整体工业开发较早，已经形成以机械、建材、轻纺、化工、浆纸、钢铁、食品、电子等行业为主的工业体系，但资源利用效率较低，具有较明显的高投入、高污染的粗放型经济特征。随着中国经济新常态的到来，日照市延续传统发展模式很难建成生态海滨城市，选择新的与自然和谐相处的经济社会发展模式将是日照市人民所面临的一个现实选择。

根据国际上多年的实践经验，循环经济是一条有别于传统经济发展模式，能够有效解决众多环境问题，并支持未来经济高速发展的可持续发展之路。日照市提出了发展循环经济的整体思路，依托日照港口城市的优势，贯彻"港口立市，工业强市，科教兴市，生态建市"的重大战略决策，不断完善沿海循环经济发展体系。循环型社会作为一种理念，不仅涉及自然系统的生态问题，还涉及经济、社会与文化。理想的社会应该是自然、经济、社会、文化四个要素在空间运行机制上达到高效、和谐、统一，因此选择循环经济发展模式，能够使日照市自然资源得到保护和合理利用，环境污染得到有效控制，实现生态环境良好，最终建成适合人类生活、发展的理想的循环型社会。

日照市围绕"加快推进循环经济发展"这一课题，分析了本市循环经济发展的现状。随着循环经济的推进，日照市工作机制日趋完善，且有力推动了"生态建市"战略的深入实施，各试点示范工作扎实推进，循环技术进步明显，循环型产业体系初步形成。但进一步加快推进循环经济发展需要解决一些问题，如循环经济法律法规落实有待进一步加强，技术创新和技术支撑不够，园区建设存在薄弱环节，对发展循环经济的认识不到位等。为此日照市需要做到，继续强化政府推动，切实加强执法监察，大力推进技术创新，认真抓好示范带动，着力培育重点企业，努力构建一流生态园区，积极创建循环型社会。

第三节 上海市循环经济发展状况

一、上海市经济现状

多年来，上海市结合世界大都市的建设，积极探索具有发展中国家特点的可持续发展之路。早在1995年左右，上海市就开始关注德国和日本的循环经济实践，迄今为止，上海市循环经济实践大致经历了三个阶段：

1)1995—1998年，开始将循环经济研究纳入中国21世纪议程上海行动计划中。

2)1999—2001年，将循环经济纳入国民经济和社会发展"十五"计划。

3)2002—2005年，确立以循环经济为导向的专项计划，分别在企业内、企业间、行业间和综合层面开展工作,重点确立了生活垃圾回收、城市森林和崇明开发等几个关键项目。

上海市在化工、冶金、医药等行业开展了清洁生产的试点,制定并推进了清洁生产的规划。在能源基础设施领域,上海市加大了新能源与可再生能源的利用,装机总容量3 400 kW的奉贤海湾风力发电项目已建成投产,装机总容量达2万kW的崇明、南汇风力发电场也投入运行。在工业固体废物的综合利用方面,上海市达到了很高的水平,走在了全国的前列,其工业固体废物综合利用率已达到97%。

2013年是"十二五"规划实施承前启后的关键之年,在市委、市政府的正确引领下,上海以十八届三中全会精神为指导,紧紧围绕实现"四个率先"、建设"四个中心"和现代化国际大都市的总体目标,充分利用生态文明建设的重大战略机遇,按照"减量化、再利用、资源化"的原则,坚持开发与节约并重、节约优先的方针,着力推进能源资源节约和环境优化保护,在《上海市循环经济发展"十二五"规划》的实施和循环经济发展方面取得了显著成效,全市循环经济工作步入全面深化发展的新阶段。

二、上海市循环经济工作进展

(一)工作目标

在2010年之前,上海市仍处于重化工业持续发展阶段,经济社会发展对资源环境影响的增幅开始小幅递减直到停止增长。表现为资源、能源消耗和污染排放的增长速度显著下降,如废气排放总量的增幅从6.9%平均每年递减2%左右,到2010年,上海市的年废气排放量达到11 935亿 m³,但之后废气排放总量不再增长;而工业固体废物的排放量的增幅从3.2%平均每年递减1%左右,到2010年,上海市的工业固体废物排放量达到最高值1 951万t,但之后不再增长。2010年,万元GDP能耗下降到0.6 t标准煤以内;万元GDP用水量下降到113 m³,用水重复利用率达到50%,节约用水达到中等发达国家水平;实现人均生活垃圾"零增长"和原生垃圾"零填埋",再生资源回收利用率达到90%以上。

2010年之后,上海市进入以现代服务业为主的第三产业加速发展阶段,经济社会发展对资源环境影响出现拐点,即减幅开始小幅递增。资源能源消耗和污染排放的总量不再增长,真正实现经济与环境的脱钩式发展。着手建立真正意义上的循环经济型社会,并率先在全国建成资源节约型城市。到2020年,经济社会发展对资源环境影响的水平回落到2000年水平。如从2011年起,废气排放总量以每年平均5.8%左右的幅度递减,工业固体废物以每年3.6%左右的幅度递减,到2020年,上海市的废气排放总量及工业固体废物的排放量将与2000年基本持平。

(二)循环经济工作进展

1.节能减排工作取得显著成效

2013年,全市万元GDP能耗比2012年下降4.32%,超额完成年初确定的目标,"十二五"前三年万元GDP能耗累计下降率15.01%,已完成"十二五"规划目标进度的81.94%。能耗总量方面,全市能源消耗净增341.62万t标准煤,低于425万t标准煤的控制目标;"十二五"前三年全市能源消耗累计增量约698万t标准煤,实际年均增速2.07%,低于国家下达的年均增速2.7%的控制目标。节能减排领域成效显著,得益于如下几个方面工作的顺利开展。

(1)落实目标责任,加强考核制度

为确保完成2013年全年节能目标,上海市政府印发了《上海市2013年节能减排和应对气候变化重点工作安排》,在明确全市年度目标任务的基础上,进一步将节能目标合理分解到各领域和各区县。市发展改革委会同市统计局按季度发布全市节能目标"晴雨表",及时督促相关领域和区县加快完成节能目标。为推进落实目标任务,上海市还加强了节能减排考核制度的建设。市发展改革委会同相关部门对17个区县2012年节能目标完成情况和节能措施落实情况进行了现场评价考核。考核结果于2013年8月向社会公布,接受社会监督,并同步抄送市委组织部、市公务员局等部门,作为对领导班子绩效考核的重要内容之一。

(2) 淘汰落后产能，优化产业结构

2013年11月，上海市政府印发实施《上海市清洁空气行动计划(2013—2017)》，进一步严格产业节能环保准入，明确提出制定严于国家要求的产业准入目录。

上海市制定了比国家标准更严、范围更广的劣势企业和落后产能淘汰政策。2013年，共启动实施"三高一低"调整项目680项，超额完成全年调整500项的年度目标，减少能耗量超过60万t标准煤。全市铁合金、平板玻璃、焦炭、皮革鞣制行业退出，铅蓄电池、砖瓦企业进行了专项调整，外环线内传统纺织印染企业调整完成，水泥生产企业整合到8家，工业区块外危险化学品企业累计关停、搬迁390家，其中88%的生产企业调整完成；嘉定南翔等12个成片区域实施了专项调整。

(3) 实施重点工程，提高能效水平

工业领域，上海市颁布《关于进一步加大力度推进燃煤(重油)锅炉和窑炉清洁能源替代工作的实施意见》，加快实施燃煤锅炉清洁能源替代，全年共替代或关停燃煤(重油)锅炉和窑炉1 036台；组织了两批节能技改重点项目的申报，71个项目符合条件，总投资额5.76亿元，节能量约23.7万t标准煤。建筑领域，获得绿色建筑标识的建筑245万m^2，完成既有公共建筑节能改造281万m^2，实现可再生能源建筑应用428万m^2，落实装配整体式住宅101万m^2。交通领域，推进公交、长途、货运黄标车更新淘汰，支持清洁能源和新能源公交车推广应用93辆，鼓励本市道路运输领域应用液化天然气(LNG)等替代能源；拆解老旧船舶4 317t(总吨)；扩大不停车电子收费系统(ETC)使用覆盖率，统一ETC车道设置位置，实行ETC通行费优惠政策，提高ETC通行效率；实施加装飞机机翼、翼梢小翼等技改项目，用桥载电源和地面电源车等来替代使用航空煤油的辅助动力装置(APU)。能源领域，有序推进风电开发，崇明、长兴、老港等陆上风电基地建设深入推进，全市风电装机总容量达到32万kW；积极发展分布式光伏，宝钢50 MW光伏项目等一批项目建成投产，全市光伏装机总容量达到170 MW，松江工业区被列为国家首批18个分布式光伏示范区之一。生活领域，继续推广节能产品，全市共有51家企业的85项节能产品列入本市《节能产品推广目录》，市场销售额近200亿元；推进实施节能产品惠民工程，共向国家推荐家用电器、交通工具、照明产品、工业设备4类节能产品8个批次；组织开展"家电产品节能领跑榜项目"，鼓励企业开发生产高于现行能效标准的产品，不断提升用能产品的能效水平。

(4) 开发节能技术，加大推广应用

2013年，上海市重点支持前沿技术、产业支撑技术和产业化综合示范工程3大类型、9个专题共50余项科技项目，投入政府支持资金1.91亿元。重点围绕超导材料、燃料电池、分布式供能、超导电机、海上风电、大容量储能、整体煤气化联合循环发电系统(IGCC)关键部件国产化制造等，开展共性技术和关键技术研究。在强化政府引导的同时，充分调动和鼓励企业、社会对科技的投入，提升清洁能源、可再生能源和节能环保技术的国产化水平和市场竞争力。

在加强技术研发投入的同时，上海市还注重节能技术的产业化示范和推广应用。一是加快推进大宗固体废物综合利用专项，推动宝钢冶金渣固体废物综合利用示范基地建设和城建物资建筑废弃物信息化示范平台建设；二是大力推广高效节能技术和装备，重点推广应用高效电机及拖动设备、工业变频设备、余热余压利用装备、新型热电联产集中供热技术等；三是开展新能源汽车推广工作，发布了3批共6个符合条件的新能源汽车产品目录，新进入国家节能与新能源汽车示范推广应用工程推荐目录的车型13个(截至2013年，上海企业累计进入推荐目录的车型已达54个，全年完成投资30亿元)，加快配套设施建设，2013年全年累计完成12个充换电站、1 800个充电桩的建设。

(5) 利用市场机制，发挥市场作用

2013年，上海市积极推行合同能源管理。一是支持合同能源管理项目，201个项目得到支持，年节约8.2万t标准煤。二是做好节能服务机构备案和分类管理,53家企业成为国家第五批备案节能服务公司。2013年,全市已有备案企业337家,其中,国家备案192家,上海备案145家。三是开展合同能源管理绿色融资活动,全年两次举办合同能源管理未来收益权质押百亿绿色融资银企对接活动,协调中国银行上海分行等13家银行承诺在"十二五"期间以未来收益权质押形式为合同能源管理项目提供总额130亿元绿色信贷,全年对接成功100多个项目,融资约10亿元;在节能领域建立合同能源管理各方信用评价体系,建立备案节能服务公司、用能单位、金融机构、第三方审核机构信用报告,为合同能源管理项目提供全程的全面信用评价。

上海市探索开展碳排放交易试点与节能量交易相衔接工作,2013年完成191家碳排放交易试点企业碳排放初始盘查核算和全市2011至2012年温室气体清单编制工作;出台《上海市碳排放管理试行办法》及配额分配方案、交易规则等配套制度,并于2013年11月底正式启动交易。

(6)强化监督检查,加大执法力度

加大节能监察力度。通过上海市能效监控平台,对663家重点用能单位按月度开展了能效监控;根据59项国家和地方能耗限额标准,对62家重点用能单位的能耗限额标准执行情况和重点用能行业落后产能淘汰情况进行了监督检查;开展能源消费预警预测,按月度监控17个区县和24个工业集团能源消耗情况和节能目标完成进度,落实五大高载能集团减量措施;组织开展本市年用能量5万t标准煤以上工业和通信业重点用能单位能源审计工作;在夏季用电高峰阶段,对商场、写字楼、宾馆等公共建筑空调温度控制情况进行专项监察,并督促有关部门对空调系统进行维护、清洗和节能改造。

加强质量技术执法监督。以酒类、茶叶、保健食品、化妆品等商品为重点监管对象,开展限制过度包装专项监督检查,全市共抽查1 120批次商品,查出并依法处理183批次过度包装商品。以高耗能、高污染生产许可证企业,以及节能减排相关产品为监管重点,共受理涉及"三高"产品企业申请81次,不予行政许可15家,注销企业137家。开展了照明用自镇流荧光灯、电热水器、车用汽柴油等54种节能减排产品的监督抽查,共抽查1 320家企业的1 873批次产品,合格1 745批次。

(7)重视基础工作,完善能力建设

制定实施高耗能产品能耗限额标准。开展上海市节能地方标准体系研究,为节能和环境地方标准体系不断完善奠定基础;狠抓标准制定,2013年全年发布节能减排领域地方标准51项,内容涉及重点用能产业单位产品能源消耗限额、资源综合利用、土壤保护、节能管理等,涵盖工业、建筑、交通和服务等多个领域。

加强重点企业能源计量工作。持续开展计量检查,督促重点用能单位计量器具配备,树立先进典型推广能源计量管理先进经验,有效提升上海市重点用能单位的能源计量意识和计量器具配备水平。深入推进国家能源计量中心(上海)建设,实现了对全市570家重点用能单位关口电能表和燃气表的数据采集。深化开展能源计量审查,根据国家质检总局制定的《重点用能单位能源计量审查规范》,对全市100余家重点用能单位开展能源计量审查。开展能源计量评估,2013年共完成48家用能单位的能源计量评估,帮助企业找到了能源计量工作中存在的问题,进一步节能挖潜。

加强能耗在线实时监测能力建设。加强公共建筑能耗在线监测,全市"1+17+1"的建筑能耗监测平台已初具规模。2013年,全市共有541栋建筑接入市级平台;市级机关和区县分平台建设基本完成,有800余栋建筑接入区级平台;市区两级平台的日常数据已实现自动传输。加强能耗在线监测系统的顶层设计,整合工业、建筑、交通等重点用能单位、重点用能建筑的能耗信息,建立全市统一、数据共享的能源利用状况"大数据"平台,为深化节能管理提供支持。

加强节能统计能力建设。健全完善能源统计制度和指标体系,围绕完善能源统计制度,不断夯实能源统计基础工作。一是完成全市、各区县、各主管部门能耗核算工作,确保核算数据真实可信;二是在国家统计局新的核算方法基础上,通过能源弹性系数等指标,进一步加强对核算结果的评估,进一步提高分季度的全市能耗核算以及各区县、主管部门的节能指标核算质量;三是继续加大统计监测力度,以全市重点用能企业为重点,加强跟踪监测,进一步加强能源统计分析。

(8)加大宣传力度,动员社会参与

连续多年参加"地球一小时"活动。2013年3月23日,上海市政府响应世界自然基金会的号召,正式宣布加入2013年"地球一小时"活动。

继续广泛深入开展"节能减排全民行动"。市政府办公厅转发了由市发展改革委、市委宣传部等17个部门研究制定的《上海市2013年市民低碳行动方案》,并组织开展以"城市生活,乐享低碳"为主题的市民低碳行动,重点聚焦"农、食、住、行、用"5个方面,倡导一些"简单、易行、实践性强"的低碳行为,促进全社会加快形成更加健康、环保、时尚的低碳生活方式。

上海市经济信息化委等部门联合举办2013年节能宣传周系列活动,全市共开展288项各类节能宣传主题活动。市总工会召开节能减排专项立功竞赛推进会,对职工节能减排先进成果予以表彰;联合东方卫视录制了专题节目《劳动最光荣——绿色出行(上下班的N种方式)》。市妇联通过媒体、微信等方式,分层分类开展低碳生活、源头减量、垃圾分类知识宣传;坚持以"绿色星期六资源回收日"活动为抓手,依托"绿色账户",组织社区垃圾分类培训;开展"小手牵大手环保家家行"项目,带动广大家庭广泛参与。原市建交委组织33家交通企业参与"车、船、路、港"千家企业低碳交通运输专项行动。

2.提升农业循环经济发展水平

(1)深入推进秸秆综合利用

2013年,为进一步防治农作物秸秆焚烧污染,引导鼓励企业和农户推进秸秆综合利用,上海市发展改革委会同市农委、市环保局、市财政局等研究制定了第二轮"实施秸秆综合利用的扶持政策"。在延续原有对秸秆还田、资源化利用等项目进行补贴政策之外,更进一步明确了秸秆禁烧的责任分工,要求加强"三夏""三秋"期间秸秆禁烧监督和巡查力度,并引入第三方核查机制,加大对发现火点的相关责任人的资金扣减力度。据统计,2013年全市机械化还田总面积为16.48万公顷次,全市秸秆综合利用率约为89%,比2012年提高了3个百分点;除还田外的秸秆综合利用达到10.07万t,比2012年提升近37%。2013年,市区扶持资金为1.2亿元,其中市级补贴资金逾9 000万元。

(2)推动规模化养殖场减排

2013年,根据原环保部对农业源污染减排要求,市政府出台了规模化畜禽养殖场污染减排工程实施方案。2013年共开展了39个规模化畜禽养殖场污染减排项目建设,至2013年11月底,工程建设已基本完成,进入调试运行阶段。2011—2013年,已累计建成投运58个减排项目,完成"十二五"农业源减排计划的63%。其中,2011—2012年建成的项目,实现年减排化学需氧量1 545 t、氨氮41 t;2013年建成的项目实现新增减排量化学需氧量2 580 t、氨氮260 t。同时,因地制宜地推进畜禽养殖场污染减排和粪尿的能源化、资源化利用,包括推进标准化畜禽养殖场的建设和改造,对分散型中小养殖场实施片区式沼气工程项目等,有效改善养殖场环境,提升畜禽粪尿资源化利用,使周边农户也用上了清洁能源,实现了较好的环境、经济和社会效益。

(3)实施农业节水节肥工程

在蔬菜和水果等经济作物上开展节水节肥技术示范,应用滴灌、渗灌、漫灌技术,优化用肥结构,大幅提高肥料利用效率,达到节水节肥增效的效果。2013年实施水肥一体化约1 333 hm^2,与此同时,全市化肥农药使用总量不断下降,氮化肥平均每公顷减少22.5 kg,肥料利用率提高2个百分点。依靠科学预测和绿色防控技术,粮油作物用农药次数平均减少0.5~1次,用药量平均每公顷减少450 g。蔬菜生产用农药次数平均减少1次,全年菜地农药用量平均每公顷减少729 g,进一步巩固了农药减量的成果。

3.工业固体废物利用能级不断提升

坚持以"保增长、调结构、促转型"为指导思想,坚持以废弃物"减量化、无害化、资源化"为原则,通过政策激励、市场导向、技术创新、全社会参与等多项措施并举,不断增强上海市固体废物安全处置及资源综合利用推进力度,扩大利用规模,增加科技投入,完善政策措施,取得了显著的经济效益、社会效益和环境效益。

(1)资源化率稳步提高

2013年,上海市粉煤灰产生量为521.6万t,通过把粉煤灰作为商品混凝土、砂浆、水泥混合材料生产过程中的掺和料,实现综合利用粉煤灰520.1万t,综合利用率为99.7%,较2012年提高1.4个百分点;上海市脱硫石膏产生量为114.1万t,通过把脱硫石膏作为水泥辅料或生产建筑石膏,实现综合利用脱硫石膏113.6万t,综合利用率为99.6%,较2012年提高1.2个百分点;上海市冶炼渣产生量为1 164.32万t,通过把冶炼渣作为水泥原料、混凝土掺和料、混凝土骨料,实现综合利用冶炼渣1 149.79万t,综合利用率为98.8%,与2012年综合利用率基本持平。

(2)政策文件及时出台

为贯彻国家发展改革委等10个部委《粉煤灰综合利用管理办法》文件精神,进一步加强对上海市粉煤灰综合利用管理工作,2013年6月14日,上海市发布了《关于进一步加强本市粉煤灰综合利用管理工作的通知》,提出调整资源综合利用的统计工作、规范商品粉煤灰质量检验合格证、强化商品粉煤灰生产企业质量管理、建立商品粉煤灰生产企业诚信体系4个方面的工作任务。并修改完善了《上海市商品粉煤灰质量检验合格证》和《上海市商品粉煤灰产品出厂质量跟踪单》2个附件。

(3)管理工作不断强化

组织开展了2013年全市商品粉煤灰生产企业质量管理动态检查。上海市市场管理总站建材科、水泥协会、检测机构派员共同组成了检查组,随机对14家取得上海市建设工程材料备案证明的商品粉煤灰生产企业的台账资料、现场管理、产品质量等进行了全面检查。从检查情况看,大多数企业的台账较为齐全、规范,现场管理也比较有序。产品质量是这次抽检的主要部分,检测机构严格按照抽样规定,从成品库抽取样品,随车带回去对样品相关技术指标进行检测。检测结果显示,全部抽样产品的检验指标均符合国家标准的要求,情况良好。

4.积极推进生活垃圾分类减量

2013年,生活垃圾分类减量工作继续坚持"规划引领、政府主导、市场运作、社会参与"的基本思路,坚持远近统筹、有序推进,促进生活垃圾分类减量"技术、政策、社会"系统建设,继续强化"舆论导向、行为导向、目标导向"。截至2013年11月底,全市新增生活垃圾分类减量场所达到5 163个,其中,居住区2 093个,机关288家,企事业单位939家、菜场390个、学校1 363所、公园90座,覆盖居民户数约205万户。

(1)做实技术系统

一是生活垃圾分类与减量工作稳步推进。以提高湿垃圾运输和处理水平为目标,推进分类运输和处理系统建设,湿垃圾单独收运处置系统逐步建立,全市湿垃圾处置能力已超每日1 300 t,进入湿垃圾处置系统的集贸菜场垃圾和居民区厨余垃圾日均达1 015 t。二是大分流体系不断完善。2013年,共有24.27万t厨余垃圾实行专项收运处置;促进一般工业垃圾从生活垃圾处置系统中剥离;配合市民政局完善中心城区废旧衣物回收网络布局,形成回收工作方案。三是生活垃圾分类覆盖面不断拓展,以"3+2"整区域推进为重点,基本实现生活垃圾分类的整区域覆盖。四是探索专项垃圾分流处置系统建设,包括打通专业处置利用企业和区县回收单位的纵向联系,以利用带回收,开展废旧玻璃、废旧服装、电子废物专项回收体系建设;研究废旧荧光灯管专项回收处理试点方案,在长宁、宝山两区部分街道,以及全市100个机关和企事业单位、100幢商务楼、200个商场销售终端等先行开展废旧荧光灯管专项收集和处理等工作。

(2)做强政策系统

一是推进既有政策有效落实。推进实施生活垃圾节能减排专项补贴政策,落实"以奖代补"激励机制。对各区2011年生活垃圾分类减量补贴资金进行了绩效评价,同时为完善补贴政策提供了依据。二是加强法规体系建设。顺利完成了《上海市促进生活垃圾分类减量办法（草案）》的编写工作，完成《生活垃圾分类减量指导手册》《生活垃圾分类收运标准》等一系列法规配套文件的起草工作，并举办了《上海市促进生活垃圾分类减量办法》立法听证会。三是以制定和修订标准为突破口，逐步实现生活垃圾分类减量的标准化管理。原市建交委修订了住宅设计标准，新建全装修住宅配置厨余垃圾粉碎机纳入修订后的标准；市绿化和市容管理局对湿垃圾加工产物标准和施用操作技术规程进行了研究。根据重新明确的单位生活垃圾收费管理办法，鼓励各区县因地制宜，激发社会单位参与垃圾分类减量，制定相应的单位生活垃圾收费减免标准。

（3）做深社会系统

一是完善机制。房管部门指导试点小区建立了居委会、物业联手的工作机制，落实了保洁员"二次分拣"及考核奖励机制等。二是持续宣传。继续推进"绿色星期六——资源回收日"活动，全市拓展绿色家园1 863家，覆盖场所3 805个。三是创新模式。以绿色账户为载体，建立"分类有积分，积分可兑换，兑换可获益"的上海垃圾分类激励模式。在静安、松江、黄浦等区的部分居住区开展了绿色账户试点工作，通过试点，"上海模式"初见成效。四是筹备民办非企业单位。2013年6月份以来，由上海市废弃物管理处和中国银行上海市分行共同发起，筹备民办非企业单位，为绿色账户进一步试点和今后可持续运行提供组织和后台支撑。

5.全面推动循环经济示范工作

（1）认真开展国家循环经济试点验收工作

2013年，国家发展改革委、原环保部、科技部、工信部、财政部、商务部和国家统计局等7部委联合下发了《关于组织开展国家循环经济示范试点单位验收工作的通知》（以下简称《通知》），要求对2005年和2007年组织开展的两批国家循环经济示范试点工作进行验收。

上海市政府高度重视，认真对照验收要求，组织了对上海化学工业区、上海市莘庄工业区、宝山钢铁股份有限公司、伟翔环保科技发展（上海）有限公司、上海新格有色金属有限公司等5家试点单位的验收工作。一是研究制定工作方案。市发展改革委会同市环保局、市科委、市经信委、市财政局、市商务委和市统计局等部门认真研究了相关验收标准、方法程序，经充分协商，制定了上海市验收工作方案，确定了各部门职责分工。二是指导各试点单位开展自查自评。向上海市5家国家循环经济示范试点单位传达了《通知》的精神，要求各家单位对照原实施方案开展自查自评工作，并编制完成自查报告。三是对试点单位开展第三方评价。委托第三方机构对试点单位工作进行了初审，包括对试点单位逐一进行了现场踏勘，组织专家对照原试点实施方案和验收要求逐项进行了对比、分析和论证，形成了第三方验收建议。四是开展部门会审，形成初步验收意见。市发展改革委会同市环保局、市科委、市经信委、市财政局、市商务委和市统计局等部门根据试点单位自查情况、第三方评估意见以及专家初审建议，围绕试点工作完成情况（包括目标指标、主要任务和重点工作、重点项目以及保障措施的完成情况）、试点实施效果、试点的示范性和试点过程中存在的问题等方面，对5家循环经济试点单位的试点实施情况进行了会审，最终形成一致意见上报国家。

此外，上海还对自身"十一五"期间开展循环经济的各项工作进行了梳理和总结，并形成了自查报告。

（2）积极争取国家中央预算投资资金支持

根据国家要求，上海积极组织申报国家资源节约和环境保护2013年中央预算内投资备选项目。经过政府部门初审、专业机构评估以及综合平衡和认真遴选，申报单位5家，项目总投资5亿元，其中，申请2014年中央预算内投资4 200万元。

（3）稳步推进上海市生态工业示范园区创建

2013年，上海配合国家有关部委完成对上海张江高新技术产业开发区和上海闵行经济技术开发区创建国家生态工业示范园区的现场验收工作，以及上海青浦工业园区创建规划的专家论证工作。上海市环保局会同市商务委、市科委、市经信委和张江高新区管委会共同推进上海市生态工业(产业)园区的创建工作,完成了星火开发区、南汇工业园区的创建规划专家论证,并发文批复同意创建。

6.全面实施环保三年行动计划

2013年,上海把防治固体废物污染作为维护人民健康、保障环境安全和发展循环经济、建设资源节约型、环境友好型社会的重要策略之一。紧密结合滚动实施上海市环保三年行动计划,积极推进固体废物综合利用工作,取得了明显成效。工业固体废物综合利用率、危险废物和医疗废物无害化处置率达到规划控制要求。

(1)强化危险废物的源头管理工作

经过努力,上海危险废物信息化管理工作完成了从区域试点到全面铺开的转变,形成了"17个区县+2个管委会"的危险废物管理格局,市、区两级环保部门的联动机制日趋完善。上海市环保局始终以危险废物信息化管理为抓手,自2013年4月起,全市所有危险废物重点监管单位的管理计划备案、转移联单、应急预案等管理内容通过网络进行申报、统计、汇总,有效地提升了危险废物的管理效率,发挥了危险废物转移实时追踪的功能,有效降低转移环节的风险。上海市、区两级环保部门累计对4 000余家产生单位进行信息化申报操作培训,通过对危险废物属地化、信息化管理的推动,危险废物监管覆盖面不断完善,监管力度不断加大。推进危险废物信息化管理系统建设,引入电子标签、物联网射频识别(RFID)等智能功能。

(2)提升危险废物无害化处置能力

按照上海市环保三年行动计划和"十二五"规划固体废物污染防治规划的总体要求,2013年,上海市完成了上海化工区集惠环保科技发展有限公司污泥扩建处置工程、老港综合填埋场飞灰填埋专区建设项目并投产运行,有效地保障了全市危险废物的安全处置。此外,继续推进嘉定、青浦、临港等区域危险废物处理处置设施建设,进一步提升危险废物处理行业专业化水平。

(3)大力推进电子废物循环利用

一方面,加快推进电子废物回收体系建设。上海先后将电子废物回收体系建设列入上海市政府实事工程、环保三年行动计划以及城市生活垃圾分类减量的重点项目和工作。上海市环保部门积极配合商务部门推进回收网络体系建设,积极培育新锦华"在线收废"、金桥再生资源"阿拉环保"等专业回收模式和平台。另一方面,搭建回收处理的循环链条,建立对接机制。市环保部门配合市商务委、市绿化和市容管理局,积极搭建平台,推动回收企业和处理企业对接,确保再生资源回收体系回收的大件电子废物和生活垃圾源头分类减量分流出来的小件电子废物进入环保处置系统。

7.不断强化循环经济管理能力

(1)深入研究相关支持政策

一是修订完善市级循环经济发展专项扶持政策。《上海市循环经济发展和资源综合利用专项扶持办法》(以下简称《办法》)自2009年开始实施,到2014年安排补贴资金共计11 860万元,扶持了54个示范项目,较好地促进了上海资源节约型和环境友好型城市的建设,有效推动了上海市循环经济发展和资源综合利用工作。2013年,上海市发展改革委会同相关部门对煅烧脱硫石膏、建筑废弃物、废旧衣物、废玻璃、电子废物等领域进行了调研,并对领域内重点企业项目运营情况进行分析,在此基础上,对《办法》中的支持范围和方式、项目要求、补贴标准和申报流程等方面提出了修订意见,经征求相关委办意见,形成了《上海市循环经济发展和资源综合利用专项扶持办法(修订稿)》。二是出台区域的循环经济发展专项。2013年9月,上海化学工业区设立了上海化学工业区循环经济发展和资源综合利用专项并颁布了配套的扶持政策实施细则。三是研究并修订了《上海市可再生能源和新能源发展专项资金扶持办法》《上海市光伏发电项目管理办法》,通过加大扶持力度、简化审批程序、加强行业管理等措施,进一步推进上海非化石能源发展。

(2)加大专项资金扶持力度

2013年,上海继续支持了一批工业、农业、城建等领域废弃物资源化利用项目,扶持资金近 2 000 万元,带动企业投入近 1.1 亿元,减少使用原生矿产资源约 44 万 t;安排清洁生产扶持资金 2 000 余万元,对前期实施清洁生产经审核通过验收的项目给予支持;安排生活垃圾分类和减量化试点扶持资金 7 000 余万元,对 2013 年区县生活垃圾分类工作给予支持;对各类新建节能居住建筑和既有建筑改造项目落实市级财政补贴 6 654 万元。经核算,2013 年上海市级财政下达 12 批资金使用计划,实际安排节能减排专项资金 20.9 亿元,超过年初预算 4.9 亿元,比 2012 年实际支出增加 5.1 亿元。

(3) 落实税收优惠支持政策

2013 年,上海市积极落实国家有关所得税、增值税税收优惠政策,大力促进节能环保产业发展。上海市设立专门的环境保护节能节水项目认定机构,落实国家税收优惠政策。一是设备退税,2013 年度第一批符合税收优惠政策的专用设备企业共 10 家。二是项目退税,2013 年度第一批符合税收优惠政策的项目共 3 个。三是资源综合利用项目退税,共认定资源综合利用企业 104 家,其中新认定 26 家,复审 78 家,减免增值税 3.8 亿元,减免所得税 0.7 亿元。

三、推进循环经济发展,构建循环型社会

(一) 全面推进重点地区规划建设

积极研究深化老港地区循环经济功能,谋划老港固体废物综合利用基地转型,深入探索适合环境特点和城市发展需求的模式,力争建成"环境整洁、空气干净、示范效应显著的现代化新型固体废物综合处理和环境综合利用示范点基地。加快临港国家再制造示范基地建设,积极推动国家机电产品再制造产业示范园落户临港产业区,吸引上海新孚美汽车自动变速箱技术服务有限公司、三立(厦门)汽车配件有限公司等一批国内技术领先的再制造企业入驻。推进宝山宝钢地区建设宝山循环经济园区,推动钢渣建材等资源综合利用功能和循环经济服务业功能在园区的集聚。继续推进国家和上海市生态园区创建工作,充分发挥生态园区示范引领作用;开展实施工业园区(开发区)循环化改造,推动各类园区完善废物交换利用、能量分质梯级利用、水分类利用和循环使用。开展低碳试点示范,推进低碳社会建设,深入推进虹桥商务区、崇明县、长宁虹桥地区、临港地区、原卢湾区中南部、徐汇滨江地区、金桥出口加工区、奉贤南桥新城等第一批低碳发展实践区开展试点工作。

(二) 做好各类国家示范试点工作

积极协调推进国家"城市矿产"示范基地、国家餐厨废弃物资源化利用和无害化处理试点备选城市、国家循环经济教育示范基地、国家汽车零部件再制造试点等国家示范试点项目的建设。

(三) 抓好节能减排和清洁生产工作

上海市将围绕"打造绿色园区新模式,开创工业节能新局面"的工作主题,以绿色产业园区建设为核心,以实施重点示范工程为着力点,强化技术标准支撑,研究完善政策举措,促进绿色发展、循环发展、低碳发展。一是通过开展重点节能工程、完善能源管理体系、推进能效对标达标、完善能效监控体系、强化专项节能监察等举措,实现工业能效的提升;二是通过大力推进清洁生产、大力推进资源综合利用、实施工业园区循环化改造、及时应对气候变化等方法,实现工业领域循环经济发展的提速;三是通过促进节能环保产品消费、健全合同能源服务领域诚信体系、推广合同能源管理融资模式、大力发展节能服务业、开展节能环保产业园区示范等工作,实现节能环保产业的健康快速发展。

(四) 推进节水、节地、节材相关工作

节水方面,落实最严格水资源管理制度,深入推进节水型社会建设,加强节约用水长效管理,推进城市生活节水重点工程,推进一批大用水户实时监管点建设,创建一批节水型园区、企业、学校和小区,进一步完善上海市节水型社会建设评价指标体系及考核办法。

节地方面,严格控制新增建设用地规模,积极盘活存量土地资源,土地开发强度控制在 39% 以内,加强用地节地责任考核,在控制性详细规

划中严格落实集约用地要求。

节材方面，继续推进适度包装，加大限制商品过度包装的监督检查力度；减少使用塑料购物袋，减少宾馆、饭店等一次性用品使用；积极推进学校、机关、餐饮饭店等开展"光盘行动"。

(五) 推进生活垃圾分类和减量化

不断加强基础能力提升，加快生活垃圾分类与相关标准的衔接，加快《上海市促进生活垃圾分类减量办法》的研究制定工作，在强化清洁生产、绿色流通、绿色消费和绿色办公等源头减量措施的基础上，通过规章明确垃圾分类标准，建立生活垃圾分类减量责任人制度、分类减量激励机制等。依托生活垃圾分类试点和源头减量工作推进，全面落实《上海市再生资源回收管理办法》，健全"再生资源"回收体系，试点开展废旧灯管、废旧服装等废旧物资回收利用。以"绿色账户"为载体，探索构建前台操作、平台管理、后台支撑的再生资源回收利用之"上海模式"。

(六) 探索循环经济信息化发展新路径

为全面分析循环经济领域发展现状，及时反映行业发展趋势，正确引导政府管理决策，使资源获得最有效配置，提升政府经济社会管理能力水平，上海市将研究在市级层面建立统一的废弃物回收和资源化利用信息统计平台。通过信息统计平台、信息数据渠道和配套管理制度的建设工作，整合散落在各政府机关、企事业单位、社会组织中的循环经济相关信息数据，实现上海市在循环经济领域精细化、科学化、智能化的政府管理。

四、小结

上海市紧紧围绕实现"四个率先"、建设"四个中心"和现代化国际大都市的总体目标，充分利用生态文明建设的重大战略机遇，按照"减量化、再利用、资源化"的原则，坚持开发与节约并重、节约优先的方针，着力推进能源资源节约和环境优化保护，全市循环经济工作步入全面深化发展的新阶段。

上海市在循环经济发展过程中，积极完善制度，重视基础建设，大力淘汰落后产能，优化产业结构，并开发和推广节能技术，降低经济发展的能耗，依托沿海城市以及市场的调节作用，使得循环经济发展取得了显著成效。

发展循环经济是我国经济社会发展的一项重大战略，是上海市生态文明建设的重点产业之一。党的十九大召开以来，上海市政府将按照问题导向、需求导向、市场导向，做好顶层设计、制定战略规划；方法要新，按照创新驱动发展方针，创新循环经济发展模式，发展互联网+等新技术、新产业、新模式、新业态；工作要实，要在继续做好"城市矿产"开发利用的基础上，扎实推进以园区为主体的循环化改造，要落实一批"减量化、再利用、资源化"项目。拓展工作面和工作思路，整合更多的资源推进循环经济向更高层次、更高水准发展。我国正在对《中华人民共和国循环经济促进法》修法，循环经济发展将迈入新的发展时代，上海市将把握机遇、勇于担当、积极探索，做全国各省市推进资源综合利用和循环经济发展的排头兵。

第四节 苏州市循环经济发展状况

一、苏州市经济现状

(一) 苏州市简介

苏州市是我国重要的历史文化名城、著名的风景旅游城市。苏州市位于长江三角洲中部，东邻中国最大的工业、金融和贸易中心上海，南接浙江，西抱太湖，北依长江。辖区总面积 8 488 km²，人口约 1 000 万人。现下辖张家港市、常熟市、昆山市、太仓市、吴江区、吴中区、相城区、姑苏区，以及苏州工业园区、苏州高新区(虎丘区)。苏州境内气候温和,土地肥沃,物产丰富,自古以来被誉为"人间天堂"。

(二)苏州市循环经济

以高速、高质实现"两个率先"和建设"生态新苏州"为目标,以"四沿"开发和全面建成小康社会为契机,用30年左右的时间,充分发挥苏州市得天独厚的区位优势和高起点的经济优势,通过技术创新、体制革新和观念更新,建立起企业内部微循环、生态园区中循环、城市经济带和城市整体乃至"长三角"及全国的大循环等不同层面的循环经济体系及其保障体系,大力提升城市可持续发展能力,实现经济、社会和生态环境协调发展,使苏州市成为高度发达的国际知名的循环经济型生态城市。这是苏州市发展循环经济的总目标,总目标的实现需要加快循环经济发展的法规制度、经济制度、科技支撑体系、产业体系、公众参与能力等方面的建设,这些构成了苏州市发展循环经济保障体系的主要内容。建立并完善苏州市循环经济的发展体系的任务已摆在了苏州市委、市政府的重要议事日程上。

(三)苏州市发展循环经济存在的问题

1.土地资源问题

(1)土地供需矛盾日益突出

2004年底,苏州市土地总面积8 487.9 km², 其中,耕地2 575 km², 比2002年下降10.6%。2002年,全市土地利用率高达99.13%。随着社会经济的快速发展,需要新的发展用地,而可开发用地总量不断减少,土地供需矛盾日益突出。

(2)人均耕地少,耕地被占用严重

1982年土地详查时,苏州市共有耕地3 953.3 km²。2004年末,耕地总量已经下降到2 575 km², 苏州市人均耕地已不足333.3 m², 远低于全国平均水平(人均766.7 m²),并已在联合国的警戒水平(人均533.3 m²)以下。

(3)城建用地结构不合理,公共绿地不足

城镇建设用地中,工业和仓储用地所占比例过大,公共绿地所占比例偏小。以苏州市区为例,2002年末,工业仓储用地占全部城镇建设用地的45.13%,而建设部标准为15.25%,国外代表性大城市一般为10%以内。

(4)土地利用浪费严重

从市域空间布局上看,苏州市集聚城市化与分散城市化并存,空间资源使用集约度降低,不利于中心城市成长。工业企业布点存在着严重的随意、分散现象,工业集聚度亟待提高;企业配套设施自建自用,导致了土地资源的极大浪费;农村居民点用地规模较大,浪费严重。

(5)土地利用效率偏低,未能充分发挥经济效益

历史上粗放型批租的工业用地实际开发量不足,批租围占后长期闲置,使城市土地效益未能得到充分发挥。多数开发区,尤其是省(市)级开发区过多地承担了城市功能,区内基础设施条件较好的地块大多被非生产性的机关、单位占据。苏州市除张家港保税区和太湖旅游度假区外的9个以生产性项目开发为主的各类开发区,在已开发的近42 km²面积中,生产性用地不足30%。

2.水资源问题

(1)水资源相对不足

苏州市客水多,本地产水少,入境水资源量占水资源总量的60%~80%,本地降水形成的水资源占20%~40%。苏州市人均占水量少,本地水资源年人均占水量为350 m³,加上入境水量,人均占水量也只有1 800 m³,仅为全国人均占水量的75%和世界人均占水量的20%。

(2)水质型缺水日益突出

地表水资源普遍受到污染,可利用水资源量减少,湖泊沼泽化、富营养化日趋严重,部分湖泊从生态良好的草型湖向藻型湖发展,水体普遍受到污染使本地区表现为典型水质型缺水。

(3)水源地供水可靠性降低

苏州市水源地水产养殖的过度发展,加速了湖泊的淤浅消亡,水生植被严重退化。长江水源上游为化工区,下游为港口、码头和工业区,工业和航运事故的污染风险较大;太湖水体受工农业污染比较严重,阳澄湖、尚湖、傀儡湖水源也存在一定的事故污染风险,供水可靠性较低。

(4)地下水资源利用问题突出

苏州市已采取限采地下水措施,使地下水位普遍回升,由于地面沉降的滞后效应,地下水超采引起的地面沉降等地质灾害未得到全面控制。同时,地下水限制开采使取水量压缩,加剧了城镇用水需求矛盾。

3.能源问题

苏州市能源结构以煤电为主,石油、天然气所占比例较低。这种能源结构在一定程度上妨碍了产业、产品结构的调整,与苏州市未来的发展不相适应。苏州市能源浪费严重主要表现在燃煤锅炉热效率较低、建筑采暖热能浪费严重、电机综合效率低等方面。其重点用能单位万元工业总产值能耗总体偏高。发达国家能源综合利用效率达60%左右,而苏州市能源综合利用效率仅为30%~40%。苏州市经济快速增长,带动了能源消费的持续增长。如2005年,全市工业用电量为483.56亿kW·h,比上年增长25%。因此,能源利用效率低已成为苏州市经济快速发展的瓶颈之一。

4.生态环境问题

(1)生态环境安全受到威胁

在苏州市目前的增长方式中,对土地资源的依赖成为关注焦点。以经济增长为目标的价值导向使土地这种稀缺资源从乡村景观向城市景观迅速转变,并由此产生生态环境破坏的链式反应。

(2)污染压力较大

本地工农业的面源污染和上游来水水质下降造成苏州市地表水污染严重,特别是区域性总磷、总氮超标导致水环境问题突出。苏州市能源结构以煤为主,且石油消耗量大,导致了煤烟型和石油型并重的复合型空气环境污染。可吸入颗粒物是常年影响空气质量的首要污染物,二氧化硫已成为市区工业废气中的首要污染物。

二、苏州市循环经济工作进展

苏州市循环经济规划模式是从微观层面、中观层面、宏观层面和大循环圈共4个层面展开,以6个领域为重点,分3个阶段进行循环型农业、工业、第三产业以及循环型社会4个循环体系的建设。

(一)苏州市循环经济的规划模式

1.规划层面

根据国内外循环经济的实践经验,循环经济规划一般从企业、产业(或产业园区)、社会共3个层面具体展开。苏州市针对自己的特点,规划中沿用这种发展循环经济的层面分法,并将实践拓展到"长三角"区域,形成第四层面。

第一层面(微观层面)是在企业内部实施的。企业是社会经济的细胞,也是发展循环经济的基本单元。这里循环经济规划应将企业视为第一、二、三产业的企业。

第二层面(中观层面)是在产业领域或产业园区内企业之间进行资源共享或梯级利用。这是发展循环经济的有效途径。苏州市把社区视为生活园区,把建设生态社区作为人们在生活园区发展循环经济的具体实践。

第三层面(宏观层面)是从社会整体循环的角度实现消费过程与消费过程后物质和能量的循环使用。

第四层面(大循环圈)主要强调在"长三角"区域内社会经济生产、流通和消费等各个环节。这样可以充分发挥苏州市的区位优势、经济外向型优势和"长三角"经济圈的优势。苏州市通过大循环圈更广阔的空间,使广域的资源循环成为可能;通过市场调节的静脉物流,解决在有限的苏州区域内再生资源的需求难问题;最终可以使循环经济具有持久生命力,取得既循环又经济的效果。

2.重点发展领域

苏州市根据国家发展循环经济的政策和苏州市实际,重点规划6个领域:建立促进循环经济发展的体制和机制;加快传统企业的生态化改造;积极建设产业生态园区;实施节能和绿色能源战略;建立完善再生资源回收利用机制;促进绿色消费。

3.发展阶段

苏州市循环经济规划采取循序渐进、分阶

段实施的办法。其规划分为3个阶段：近期为2003—2007年；中期为2008—2010年；远期为2011—2020年。

(二)苏州市循环经济的成效

结合苏州市的循环经济指标体系，用苏州市2006年循环经济指标实现情况与2006年的规划值进行分析比较。

1.经济发展水平指标

苏州市在实施循环经济规划的两年里，国民经济和社会发展取得了长足的发展。2006年GDP为4 820亿元，在全国城市(不含港、澳、台)中，GDP总量排名第四；GDP年平均增长率15.5%；人均GDP为79 406.92元，高于2006年规划的人均GDP预期数值63 926元。

2.经济发展潜力指标

根据苏州市2006年统计数据，苏州市研究与试验发展(R&D)经费投入占GDP比例已经超过了1.5%，达到了规划中的预期值；科技进步对GDP贡献率约52%，低于当年的预期值55.3%。国际通行惯例：R&D经费支出占GDP不到1%的地区缺乏创新能力；为1%~2%才会有所作为；大于2%则这个地区的创新能力比较强。由此可见，苏州科技创新能力还不足够强，企业和全社会的技术创新体系尚未形成。

3.土地资源产出率指标

2006年，苏州市的土地资源产出率快速增长到了5 678万元/km^2，高于规划的4 360.4万元/km^2。承载力分析是可持续发展土地规划的关键部分。2005年，苏州市完成土地整理总面积40 km^{2}以上。参照2004年深圳市地均产出17 562万元/km^{2}指标，苏州市的地均产出仍有较大上升空间。

4.能源利用率指标

根据2006年的苏州市蓝皮书，"十五"时期的苏州市万元工业产值综合能耗呈现增长态势：2000年为0.87 t标准煤，2004年上升到1.07 t标准煤，2006年为1.0 t标准煤。虽然2006年指数低于预期的1.02 t标准煤，但苏州市能源消费环节浪费还是比较严重，能源综合利用效率只有30%~40%。

5.水资源利用率指标

2006年，苏州市工业用水重复率达到65%，低于规划预期的67%。苏州市区域性水资源供需矛盾未充分暴露，苏州市水资源相对不足，人均占水量仅为全国的75%和世界的20%；水质型缺水问题日益突出；水源地供水可靠性降低；地下水资源利用问题突出。

6.清洁生产与环境管理指标

苏州市一直注重循环经济的研究与推广，已有280家企业通过清洁生产审核验收，330家企业通过ISO14000环境管理体系认证。比例要进一步提高，可通过实施工业园企业的进入许可制度、提高准入门槛等方式实现，逐渐在工业领域扩大规模。

三、推进循环经济发展，构建循环型社会

(一)完善促进循环经济加快发展的法规制度

各国实施循环经济的经验表明，完善的法规制度是循环经济得以顺利推进的重要保证。在市场经济条件下，必须依靠法规制度来规范循环经济的发展。

1.完善现有法律制度

根据发达国家的经验，在循环经济实践的基础上，必须加快制定必要的循环经济法律法规，做到有法可依、有章可循，政府在法律法规的制定上责无旁贷。针对日益严重的工业污染和固体废物堆积问题，我国自20世纪80年代以来，已制定了4部环境法律、8部资源管理法律、20多个环境资源管理行政法规、260多项环境标准，初步形成了环境资源保护的法律法规体系框架。这些法律法规使我国总体生态环境状况恶化的局面有所缓解。但传统的环保法所提供的手段与方法显然已不能满足现实的需要和可持续发展的要求。因此，制定循环经济法成为必然。循环经济作为一种经济模式，有强烈的贴近市场经济的需求及接受市场经济规律支配的内在驱动力，而其经济活动的主要内容与环境保护

和资源利用息息相关。因此,制定循环经济法有利于充分发挥循环经济的优势,实现当前环保机制对市场化改革的要求。结合苏州市实际,苏州市制定了《苏州市循环经济发展条例》以及有关促进绿色消费和废旧资源循环再生利用的地方性法规。

2.完善现有资源价格体制

现实经济中,环境资源的价格未能正确地反映其供求关系,低价甚至免费的资源使用使人们产生了资源丰富的错觉,促使人们对有关资源过分使用,引发大量的资源浪费。实际上,一种资源价格的确定不应只考虑它的使用价值,还要考虑它的生态价值,因此我们需要建立一个全新的资源价格体制。这种资源价格体制的建立不可能通过市场自发调节获得,需要政府有规划地组织对资源价值(包括生态价值等)进行货币化评估,计算出各种资源的生态费用。这些费用可以以税收的形式计入某种产品或某项服务的市场价格,从而促使相关产业对自身不环保行为(即不经济行为)做出调整。

3.加强垃圾回收利用制度

在许多国家,再生资源的回收利用已经成为一个十分重要的产业。利用再生资源进行生产,不仅可以节约自然资源,遏制垃圾泛滥,而且要比利用天然原料进行生产能耗低、污染物排放少,同时可以创造巨大的经济效益。首先,应加紧实施生活垃圾的分类收集处理。应通过宣传,使人们认识到垃圾分类处理的益处,调动人们的主动性;各级政府应增加相关方面的投入,保证垃圾分类的设施建设。其次,垃圾回收要有相应的技术支持。如何获取清洁能源,如何改进工艺减少废弃物排放,如何减少资源的投入、加大资源的利用效率,这些都需要相关技术的支持。再次,用税收政策进行配合。如存在较垃圾回收利用的综合成本更低的方式,人们很难主动选择高成本的垃圾处理方式。所以,应改变现有的便宜甚至是免费的垃圾焚烧、填埋方式。通过征收垃圾填埋税、焚烧税、污染物排放税等,迫使企业选择回收利用的方式处理垃圾。

(二)促进循环经济发展的政策制定与实施

1.购买性支出政策

在购买性支出中的投资性支出方面,政府应增加投入,促进有利于循环经济发展的配套公共设施建设,加大市县各级财政对区域性危险废物集中处置项目、城市垃圾分类回收及再生资源利用、公共设施建设的投入,如大型水利工程城市地下管道铺设、绿色园林城市建设、公路修建等,可考虑有计划地组织出让部分污水处理厂的股权和经营权,采用"官办民营、合股建设"等方式积极引进各种国内外资金。由于以上公共设施建设的承建企业经济负担较重,所以政府通过投资性支出,既可为企业创造公平的竞争环境,同时也可以调动企业建设循环经济的积极性。在购买性支出中的消费性支出方面,政府可通过实际的绿色购买行为促进循环经济的发展,例如,优先采购具有绿色标志的、通过ISO14000体系认证的、非一次性的、包装简化的、用标准化配件生产的产品。改变政府的购买行为,可以影响消费和企业的生产方向,从而促进循环经济的发展。

2.财政补贴政策

建立循环经济发展基金,拓展融资渠道,对企业清洁生产项目和循环经济链接技术开发及产业化给予支持,充分利用国家有关资源综合利用和废旧物资回收经营的税收优惠政策。政府可以考虑给开展循环经济的企业以财政补贴的照顾,如给予物价补贴、企业亏损补贴、财政贴息、税前还贷等。同时,对企业生产经营过程中使用的无污染或减少污染的机器设备实行加速折旧制度。政府对企业实行有针对性的财政补贴,可调动企业循环经济建设的积极性,从而指导整个社会资源向循环经济的方向发展。

3.许可证制度

政府确定某一地区的最优污染水平,然后根据这一水平确定污染许可证的数量。只有购得许可证的企业才有权进行所允许的一定量污染。发放许可证时,可结合企业现有排污情况,成比例缩小允许的污染物排放数量,对超标部门给予经济甚至是法律的惩罚。许可证可在生产者之间相互买卖交易,也可在专门的许可证拍卖场所全额拍卖或余额拍卖。这一方式,可刺激企业主动寻找减污的方法,将污染物控制在一定的水平之下,它适合在循环经济建设的初期,在污染物的排放依然严重的情况下使用。2003年7月,太仓港环保发电有限公司与大唐南京下关发电厂异地二氧化硫排污权正式成交,这也是我国首例异地二氧化硫排污权交易的成功案例。从中可以看出,许可证制度包括排污权交易完全可以在市场机制下打破地域限制,达到企业、社会"双赢"的目的,同时也为我国今后排污权交易的规范化操作做出了有益的尝试。

4. 改革税费

政府可考虑试行并建立对企业征收新鲜材料税和产品包装税的税收制度,对城市生活用水、一次性木筷、一次性塑料包装等征收特别消费税。在国家及省市现有产业政策、技术改造管理政策的基础上,对投资生态工业、生态农业、生态建设项目和社会公益等项目的投资者,在基础设施使用、土地使用、税费征收以及项目审批等方面给予适当的优惠和政策倾斜。

(三)完善循环经济的科技支撑体系

1. 创造有利于循环经济发展的科研环境

建立循环经济的技术支撑体系是实现循环经济的根本保证,包括用于消除污染物的环境工程技术,进行废物再利用的资源化技术,生产过程无废少废、生产绿色产品的清洁生产技术。政府应为这些技术的产生创造适宜的科研环境,同时通过科学教育、科学知识普及,进一步增进大众对科技的理解和参与,形成一个政府、产业、教育、学术、金融、民间组织及个人共同推动科技创新的局面。

2. 建立绿色技术支撑体系

苏州市应以发展高新技术为基础,以开发循环经济生态链接技术为关键,形成环境工程、废弃物资源利用和清洁生产技术等在内的循环经济的绿色技术支撑体系。重点研究开发引进一批有广泛推广前景的先进实用技术,如用于消除污染物的先进实用环境工程技术、工业废物资源化技术、生物化工链接技术、能源的梯级利用技术、煤矸石等大宗工业废物的综合利用和深加工等二次资源开发技术;开发引进生态农业的关键链接技术,加快禽畜粪便的沼气化利用、秸秆综合利用以及农业薄膜综合利用步伐。成立循环经济研究中心,做好先进实用技术的推广、筛选、信息传播和技术服务工作。江苏省首个循环经济推广中心已在苏州市高新区正式成立,该中心将在更高层面和更大范围里提供相关技术和信息支持,推动循环经济更快发展。

3. 建立绿色经济核算体系

改革现行经济核算方法,逐步建立一套绿色经济核算体系,包括绿色国民经济核算体系和绿色会计制度。绿色经济核算体系建立的核心是对现行GDP统计方法进行改革。现行的GDP核算不包括对资源存量和流量的统计,不能反映经济增长造成的生态破坏、环境污染的成本,对资源的使用也没有计价,所以它的统计结果不全面,也不真实,其结果必然导致对资源的忽视。绿色核算体系强调采用绿色GDP概念。绿色GDP是指绿色国内生产总值,它是对传统的GDP只是考量经济产出总量或经济总收入的情况,但是无法反映这背后的环境污染和生态破坏以及经济增长的可持续性等状况的一种纠偏。绿色GDP是对传统GDP指标的一种调整,是扣除经济活动中投入的环境成本后的国内生产总值,它能较全面地反映环境与经济综合核算的框架。积极研究绿色GDP考核体系,应重点围绕以下几方面进行:一是原材料消耗强度,即万元产值的主要原材料消耗,体现工业增长对原材料的消耗程度,是技术、管理水平、经济结构调整的综合体现;二是能源消耗强度,即万元产值的能源消耗;三是水资源消耗强度,即万元产值水资源消耗;四是环境污染排放强度,即万元产值的"三废"排放总量,体现了经济增长对环境的压力水平和程度;五是全社会劳动生产率,综合体现一个地区劳动资源利用水平和劳动素质的高低。结合苏州市全面建设小康社会的战略目标,苏州市委、市政府已建立了一套包括经济增长、资源消耗、环境质量和人民福利的综合评价指标体系,以反映苏州全面建设小康社会的建设进程。

(四) 完善循环经济发展的产业体系

苏州市经济发达，产业齐全，经济发展水平普遍较高，加快苏州循环经济建设的关键任务在于规划构建社会与自然、行业与行业、企业与行业、企业与企业乃至企业内部生产工序、环节之间的一个个大大小小的循环圈。因此，保证循环经济运行的关键是组织协调好各部门、行业、企业内部和它们之间的关系和流通环节，即完善相关的产业体系建设。

1. 大力发展企业内生态工业和生态农业

生态工业是以清洁生产为导向的工业，而生态农业是一种符合循环经济的农业模式。张家港沙钢集团积极引入循环经济理念，改变过去"资源—产品—废物"单向的直线形生产模式，变为"资源—产品—再生资源"的圆圈形循环经济生产模式，尽可能地充分利用资源，使经济发展的成本最低、质量最好、效益最高、污染物排放最少直至为零。在能源和原材料价格居高不下的情况下，2006年苏州市从废水、废气和废渣中抠回了约10亿元，沙钢集团95%以上的工业"三废"实现了循环利用。以电能、燃油等清洁能源代替煤炭等不清洁能源，利用除尘灰为烧结材料，用高炉煤气余热发电，将高炉水渣、钢渣销至相关企业做生产原料，仅此4项每年可增加经济效益7 000万元；同时还通过工业废水回收利用，水资源循环回收率达95%；通过有机污染物排放减量化，污染物排放量大幅减少，企业在提高经济效益的同时，减少了对环境的污染，实现了经济总量变大且污染减少的双重目标。

2. 大力发展企业间生态工业链和生态工业园区

生态工业链是在更大的范围内实施循环经济的法则，把不同的工厂连接起来形成共享资源和互换副产品的产业共生组合。这种循环经济的生态链甚至可以扩大到工业、农业和畜牧业。生态工业园区是依据循环经济理念和工业生态学原理设计建立的一种新型工业组织形态，目标是尽量减少废物，将园区内一个工厂或企业产生的副产品用作另一个工厂的投入或原材料，通过废物交换、循环利用、清洁生产等手段，最终实现园区的污染零排放。生态工业园区的建设，能够更好地形成集聚效应。企业间的横向耦合和纵向闭合使企业间距离拉近，从而使运输成本和信息成本降低，区域内的废气、废水、废渣得到综合利用与无害化处理。成功的生态工业园区建设，可在其内部形成物质流、能量流、信息流与价值流的高速运转和良性循环。因此，生态工业园区是极具环境保护意义和生态绿色概念的工业园区。苏州工业园区以循环经济理念指导区域的开发建设，建设高标准、生态型的工业园区，从强化环境管理入手，以环境规划为龙头，以环境基础设施建设为落点，全方位、多层次地开展了环境整治和环境建设工作。2002年，园区获"江苏人居环境示范奖"。园区还建成约800万m^2的公共绿地，绿地覆盖率超过45%。苏州高新区围绕打造绿色竞争力，通过开展"绿色伙伴、绿色采购、绿色产品"活动，一个以实现循环经济零排放为目标、打造国家生态工业示范园区的规划浮出水面，其ISO14000环境管理体系覆盖面从32 km^2扩展到258 km^2。区内"绿色企业"已占苏州市总量的40%，区内20多家外资企业已同133家国内企业建立"绿色采购"关系，从而为生产"绿色产品"，加速国家生态工业示范园区建设奠定了坚实的基础。

3. 大力发展绿色消费市场和资源回收产业

绿色消费和资源回收是必须与绿色生产相衔接的两个环节，只有这样才能在整个社会的范围内形成"自然资源—产品—再生资源"的循环经济环路。苏州素有"上有天堂，下有苏杭"之美誉，建设循环型城市更具有独特的意义。苏州市借鉴国外成功经验，努力倡导绿色消费，逐步提高消费者的环保意识，使其自觉购买环境友好产品，大力提倡消费过程与消费过程后物质和能量的循环利用，最大限度地降低自然资源的消耗，建设资源循环型社会。例如，发展以减少物质消耗和废弃物排放为特征的生态型居住园区，并通过自然化设计减少居民社区能源、用水、土地等资源消耗，使生活废水、生活垃圾得到回收利用，以实现城市居住生活系统减物质化和减污染化；通过鼓励生产和使用具有耐用性质生活用品与城市设施，即用性能好、持久性强的产品取代质量差、一次性产品，以延长物质为社会服务时间；鼓励使用具有共同享用型生活用品与城市设施，如发展更具减物质化意义的城市轨道交通取代只注重汽车私人化倾向；对城市固体废物尤其是城市生活垃圾，从以填埋或焚烧为重点，转向关注废弃物减量化和资源化，以控制城市垃圾处理费用，产生有利于可持续发展的生态环境效益。

四、小结

循环经济的应用理论研究已经展开，由于受到经济学理论基础的约束，这种应用理论的进展带来的整体效果微弱。针对经济相对优势明显的苏州市，在循环经济规划初期，政府应该提供更多的资金支持和财政优惠政策。循环经济本质上是一种生态经济。产业和区域层面的循环经济实践探索多是政策推动的结果，其长期效应还有待时间和实践的检验。苏州市政府应该采用一定的经济手段，建立长期推动循环经济发展的激励机制，包括税收激励机制、资金激励机制、排污许可证市场化机制等，逐步强化企业实施循环经济的政策动力和经济动力。循环经济规划中可以引入参与式治理和民营化的思想。参与式治理是当代公共管理理论变革的核心内容。它要求建立一个由利益相关者组成的社会治理结构，可以避免由政府单一主体调控环境公共事务带来的一些问题，要求政府、企业、社会联手形成参与式的管理，模糊政府、企业、社会的界限，形成依赖和互动的伙伴关系。苏州市循环经济评价指标体系需要优化改进。指标设定要注意其普遍性、动态性和可量化性，既要力争做到客观、准确地反映循环经济发展情况，又要符合国家的政策法规和行业发展趋势。比如，苏州市这个有大小湖泊300多个、各类河道2万多条的城市，在循环经济实施初期应该适当弱化中水回用指标，从而使指标的实现更加可行，并随着规划深入实施逐步强化中水回用指标。

在指标的体系中可以加入量化实现程度的问责制度等。在统计数据方面，还存在数据收集难和处理难的问题，影响了循环经济实施评估的质量。规划中的指标随时间而线性增加不尽合理，应在规划的后期弱化GDP的指标。西方学者极少认为GDP是体现健康的城市经济与社会发展的最有力甚至是唯一的指标。

苏州市循环经济规划的最大的亮点是在传统规划的企业、产业园区和社会3个层面的基础上，将实践拓展到"长三角"范围，从而有效地增强了产业生态链的柔性，增强了循环经济的可操作性。其规划的区域相关性为我国其他城市的循环经济规划提供了借鉴。

党的十九大以来，围绕"加快建立绿色生产和消费的法律制度和政策导向，建立健全绿色低碳循环发展的经济体系"，苏州市"坚持'加减乘除'四法并重，做好大力发展循环经济的'加法'，积极推进节能降耗的'减法'，不断提高项目准入门槛的'乘法'和强力推进环保敏感企业关停搬迁的'除法'，实实在在为生态'减负'"。

在推动发展的动能转换中，2018年苏州市迎来一个标志性转折点：新兴产业占比将超过50%——这是苏州市经济新旧动能转换的关键节点，也是江苏转型发展的最佳缩影。

生态保护引领区，没有先例可循，没有经验参照，在敢于先行先试的苏州人眼中，这就是探索"绿水青山就是金山银山"的实践样本，是党的十九大报告提出的生产发展、生活富裕、生态良好的文明发展道路的具体体现。按照推进生态文明建设的战略部署，以提高资源产出效率为目标，实施"大循环苏州"战略，把循环经济理念融入工业、农业和服务业发展以及城市基础设施建设，在生产、流通、消费各环节推行循环型生产方式和绿色生活方式，构建覆盖全社会的资源循环利用体系，普及绿色循环文化，用循环发展带动绿色发展和低碳发展，加快构建循环型社会，提高资源节约效益、环境友好水平和新型城镇化质量。

从技术手段角度，全面推行污染治理技术、废物利用技术和清洁生产技术。从资源利用角度,实现资源的高效利用、相互利用和再造利用。从市场领域角度,主要有节能环保技术市场、社会废弃物静脉回收再造市场、循环经济咨询服务市场。从产业发展角度,企业层面,注意清洁生产和污染排放最小化;区域层面,企业间促进物质和能源的充分循环;社会层面,建立城市生活垃圾以及其他废旧物分类、回收、再造系统,生态型产业系统,信息系统等,初步建设循环型社会。从园区建设角度,在园区规划建设中,土地集约利用,产业结构合理;在园区管理方面,明确入园企业投资强度等门槛要求,对园区生态环境进行及时监控管理等。

在党的十九大精神指引下,一幅更加美好的"美丽江苏"新长卷,正在徐徐展开。

第五节 舟山市循环经济发展状况

一、舟山市经济现状

(一)舟山市简介

舟山市作为我国首个以群岛建制的地级城市,在发展海洋经济方面具有优越的资源优势。舟山群岛是我国沿海地区最大的群岛,总面积约 22 200 km²,其中海域面积 20 800 km²,有面积 500 m² 以上的海岛 1 390 座,占我国海岛总数的 25.7%,陆地面积总计 1 440 km²。

舟山全市共拥有海岸线约 2 444 km,约占全国岛屿海岸线总长的 17.5%,占浙江省岛屿海岸线总长的 57%。舟山港域内共有适宜开发建设港口的深水岸线 50 余处,其中水深 15 m 以上的岸线长约 200.7 km,水深 20 m 以上的岸线长约 103.7 km,深水岸线长度约占全浙江省的 55.2% 和全国的 18.4%,战略性资源深水岸线长度约占全国的 20%。舟山群岛的深水岸线长度相当于海南、广西和上海 3 个省市区深水岸线长度总和,是荷兰鹿特丹港的 10 多倍,是全球深水岸线最长的一个城市。同时,在途经我国海域的 7 条国际主要海运航线中有 6 条经过舟山海域,舟山还有可供 15 万吨级以上船舶进出的航道 13 条,供 30 万吨级船舶进出的航道 3 条,锚地 50 处,锚泊作业水域面积达 390 km²,可锚泊 10 万吨级船舶锚地 20 处,可锚泊 30 万吨级船舶锚地 5 处,是包括上海港和宁波港在内的上海国际航运中心的枢纽之一。

舟山海域地处长江、钱塘江和甬江 3 条河流的入海口,海水表层年平均水温为 16~20℃,表层年平均盐度为 1.28%~3.32%,水深 2~70 m,大陆径流平均每年入海量达 1 万亿 m³,是多种经济鱼虾类的产卵、索饵和生存场所,是我国最大的渔场,也是浙江省、江苏省、福建省和上海市三省一市渔民的传统作业区域。舟山渔场共有鱼类 365 种,其中,属暖水性鱼类占 49.3%,暖温性鱼类占 47.5%,冷温性鱼类占 3.2%;虾类 60 种,蟹类 11 种,贝类 134 种,海藻类 154 种,海洋哺乳动物 20 余种。其中,主要经济鱼类有带鱼、大黄鱼、小黄鱼、乌贼、梭子蟹、牡蛎、马面鱼等,是我国渔业资源最丰富、产量最高的海区。

舟山海域蕴藏着丰富的风能、潮汐能、波浪能等能源以及海底油气、矿产等资源。位于岱山县的衢山岛是我国东南沿海风能资源一类地区,该岛的山脉走向大致与主导风向相垂直,具有得天独厚的地理优势。于 2005 年动工兴建的衢山岛风力发电厂总投资 4.2 亿元,年利用小时数约 2 200 h,年平均发电量约 9 000 万 kW·h,是浙江省最大的风力发电项目。国家潮汐资源普查结果显示,浙江省潮汐能理论装机容量约为 2 900 万 kW,其中,可开发的潮汐能装机容量为 880 万 kW,占全国总量约 40%,而舟山海域水道航道遍布,全市海域的潮汐能总蕴藏量为 481.39 万 kW,可开发的潮汐能规模相当于 8 个秦山核电站的发电量,且潮汐能的能量密度高,资源开发环境条件好,是我国潮汐能开发最为理想的地区之一。

国务院在2011年批准舟山群岛新区为我国首个以海洋经济为主题的国家级战略新区,是推动我国的区域发展从陆域延伸到海洋,全面实施国家海洋发展战略的重要一步,具有特殊的战略意义。

作为我国最大的群岛型城市和海洋经济占国民经济比例最高的城市之一,舟山市拥有良好的发展海洋经济的自然资源和社会经济条件。但作为我国"深耕蓝色国土"的先行先试地区,舟山市在海洋经济发展过程中仍然存在着一系列问题,不合理的海洋经济发展模式和产业结构、对自然资源的盲目开采利用等问题影响了舟山市乃至我国东部沿海地区海洋经济的进一步健康可持续发展。

(二)舟山市经济发展现状

舟山市位于我国经济最发达的"长三角"核心地区,拥有良好的发展海洋经济的经济条件。2012年,全市共实现GDP 851.95亿元,比上年增长10.2%,按常住人口计算,人均GDP达到7.49万元,折合美元为1.18万元,达到中等富裕国家和地区水平,跃居浙江省第三位,仅次于杭州市和宁波市。城镇居民人均可支配收入34 224元,比上年增长12.2%;农渔村人均纯收入18 601元,比上年增长12.0%。三大产业结构比例进一步优化,经济结构实现了从单一的传统农渔业经济向综合的现代海洋经济的转变。全市2012年全年实现海洋经济总产出1 959亿元,按可比价计算比上年增长13.1%,"十一五"期间年均增长率达到16.8%;海洋经济增加值为585亿元,比上年增长12%,"十一五"期间年均增长16.4%。海洋经济增加值占全市GDP的比重达68.7%。

2011年2月和6月,国务院先后批复设立浙江海洋经济发展示范区浙江舟山群岛新区,舟山市的海洋经济发展被正式纳入国家战略。在"两区"的规划中,国家承诺给予舟山市在发展海洋经济方面充足的资金支持以及政策倾斜,在体制机制创新上"先行先试",将舟山群岛新区打造为陆海统筹发展先行区、海洋综合开发试验区、浙江海洋经济发展先导区以及长江三角洲地区经济发展的重要增长极。

舟山市按照要建设以海洋渔业、海洋旅游、临港产业、港口物流四大产业为主的城市定位要求,对全市经济结构特别是产业结构进行了较大的调整,国民经济总量得到长足发展。根据历年舟山市统计年鉴提供的数据,从1999年至2007年舟山市经济呈现快速发展的态势。9年间,全市的GDP从106.15亿元增加到408.52亿元,增长速度保持在20%以上。全市的财政收入从8.19亿元增加到52.56亿元。2007年,城镇居民可支配收入达到19 856元,人均GDP达到42 118元,已经接近中等收入国家的平均水平。

(三)舟山市生态环境状况

由于工业发展、机动车尾气排放等原因,舟山市生态环境发生了变化。城市经济的快速发展带来了一定的环境问题。以工业污染物排放强度为主要指标,工业废水排放量从1999年的826万t,增长到2007年的1 687万t,增长了1倍。工业废气二氧化硫排放量从1999年的9 982 t,增长到2007年的26 557 t,增长了近2倍。工业固体废物产生量也从1999年的14.01万t增加到2007年的65.35万t,产生的工业固体废物在9年间增长了近4倍。总体来说,随着经济的快速发展,工业污染物的增加是不可避免的。

舟山市在经济快速发展的同时,进行了环境污染治理与防治工作。用于环境污染治理的排污费的征收从1999年的551.01万元,到2007年增加至2 736.93万元。工业废水排放达标率从1999年的48.8%提高到2007年的90%,工业固体废物综合利用率从9年间最低2002年的74.2%提高到2007年的98.36%。城市建成区绿化覆盖率不因为工业占地等因素而减少,反而增加到38.38%。绿化覆盖面积与1999年的2 410 hm²相比,曾一度在2005年达到2 919 hm²,到2007年仍然能够保持在2 200 hm²以上。

(四)舟山市发展循环经济的制约因素

1.产业结构不合理

与沿海计划单列市相比,舟山市的三大产业结构是不合理的。从纵向比较角度分析,2007—2011年,舟山市的第一产业比重从11%下降到

9.9%，但和沿海计划单列市相比仍然明显偏高，是同期浙江省平均水平（4.9%）的2倍以上。舟山市的第一产业产值主要来自渔业，2011年，舟山市渔业总产值为134.69亿元，占第一产业总产值149.99亿的89.8%，同比增长达到了25.6%，远高于同期11.3%的GDP增速。第一产业比重过高说明舟山市渔业经济较为发达的同时也暴露出其第二、三产业的相对薄弱。

得益于临港工业产值的迅速增长，舟山市的第二产业从2007年的43.7%增加到2011年的45.1%。但是舟山的第二产业的产业结构较为单一，工业经济由船舶工业支撑，2011年全市船舶修造业产值占临港工业产值的63.1%，占工业总产值的41.2%，其他工业产值较为薄弱，新能源开发、海洋资源开采、海洋生物医药、海水利用等产业尚处于起步阶段，产值很低。

第三产业的比重略有下降，从2007年的45.3%下降到2011年的45.0%。第三产业中的港口物流运输、对外贸易、大宗商品交易和海洋旅游等都是舟山群岛新区规划中的舟山市海洋经济主要发展方向，第三产业比重的下降不利于舟山现代海洋产业体系的构建。

2.生态环境形势严峻

随着经济的快速增长，海洋生态环境的恶化正逐步成为沿海各地区社会经济进一步发展的重要阻碍，成为海洋经济可持续发展的一大制约因素。舟山市在发展海洋经济的同时也面临着严峻的生态环境问题。

一是海洋生物资源日趋枯竭。由于海洋生物资源被过度开发利用和海洋环境被破坏，我国近海各海域的渔业资源和生物多样性受到严重影响。拥有我国最大渔场的舟山海域受到的影响尤为严重，传统的"四大鱼"——大黄鱼、小黄鱼、带鱼和墨鱼现在已经基本不能形成鱼汛。传统渔业资源的过度捕捞，还导致了捕捞力量之间的非良性循环，部分被破坏的资源（如大黄鱼、墨鱼）已无法恢复，一些品种（如鲳鱼、小黄鱼）出现种群退化现象，也使部分生物群落的生存空间发生转移，海洋的生态平衡受到严重破坏。

二是海水污染严重。由于工业污水过度排放、海洋生态系统平衡遭到破坏、油污现象没有得到有效控制等原因，舟山海域的海水污染较为严重。2006—2010年，舟山全市海域第一类、第二类海水占海域面积比例下降了17.3%，第四类和劣四类海水比例上升了6.8%，赤潮发生次数从12次增加到14次，占全国总次数近1/5，累积面积约2 890 km^2，占全国的26%。

三是海岛生态环境遭到破坏。在人为改造海岛的过程中，如果规划或管理不当，就极容易对海岛的生态环境造成不可逆的破坏。位于岱山县衢山岛西北0.7 km处的桥梁山岛，现为国家海岛生态修复示范试验点。从20世纪90年代初一直到2006年，桥梁山岛被大量炸山采石用于上海等地区的填海造陆，滥采盗采活动严重。至2006年，整个岛屿约10 hm^{2}的土地中有超过1/3的地形地貌遭到严重破坏，桥梁山岛还因此受到松毛虫侵害，岛上松树全部死亡，整个岛屿水土流失严重、植物群落生产力低下、生态系统不稳定，海岛生态问题严重。此外，城乡的不合理规划布局、废水废气的随意排放、过度的养殖放养等都是造成海岛生态环境被破坏的主要因素。

3.海洋人才与科研力量薄弱

要实现海洋经济的快速发展和海洋产业的成功转型升级，就必须依托大批知识型和技术型的海洋人才，运用先进的科学技术，促进海洋经济发展由粗放型增长向科技含量高、经济效益好、环境污染低的集约型增长方式转变。舟山市长期以来的海洋经济发展基本属于粗放型模式，人才结构性矛盾突出，捕捞业、水产养殖业等传统产业的从业人员中高素质高技能人才比例极低，而新兴海洋产业在舟山处于起步阶段，非常缺乏创新型科技领军人才。

高层次人才的缺口更加明显。至2012年底，舟山市共有博士生222人、硕士研究生2 300余人、有高级技术职称的人才5 400余人、高技能人才12 600余人，这些人才储备量与我国沿海各主要城市和其他国家级新区相比，存在明显差距，无法满足舟山市海洋经济发展的需求。

4.基础设施建设水平较落后

加强基础设施建设是促进地区经济发展的

重要前提条件。受海岛地理环境的制约,舟山市的基础设施建设水平落后于"长三角"各主要城市。舟山市是浙江省唯一一个不通铁路的地级市,也是全省高速公路通车里程最短的城市。近年来随着朱家尖大桥、东海大桥、舟山大陆连岛工程等的相继建成通车,舟山市的交通条件有所改善,但大部分住人岛屿仍然只能通过渡船到达,造成了舟山市部分地区物价较高、居民生活水平较低等现象。同时,舟山市丰富的港口资源条件也没有得到充分开发利用,部分港口码头基础设施、装备条件较为落后,配套设施不完善。

二、舟山市循环经济工作进展

(一)循环经济发展成果

1. 初步具备循环农业发展基础

到2011年底,舟山市蔬菜种植面积稳定在0.8万hm^2,水果种植面积0.7万hm^2,生猪饲养量达到40.21万头;渔农业龙头企业121家,联结各类基地0.53hm^2,带动农户10万余户;农民专业合作社241家,拥有社员农户9 600余户,涉及种植业基地0.42万hm^2,水产养殖基地0.12万hm^2。全市农业"两区"(现代农业园区和粮食生产功能区)建设有序推进。"两区"内全面推行规模化、标准化、生态化生产,推进良种良法、良机良制综合运用,定海的瓜稻轮作区等一批核心示范基地初具规模,示范带动效应显著增强。

2. 开展农业清洁化生产

到2011年底,舟山市规模化畜禽养殖场全部完成治理任务,有20家规模养殖企业实行干粪处理,规模化畜禽养殖场排泄物综合利用率达到95%以上。舟山市年实施测土配方施肥技术1.3万hm^2,实施农药减量增效控害面积0.17万hm^2,水稻重大病虫综合防治面积0.33万hm^2。累计建成生活污水净化沼气池2.9万m^3,农村清洁能源利用率达到78.5%以上。舟山市无公害农产品产地达到50个,面积0.67hm^2,47个全国无公害农产品和19个全国绿色食品完成认证。农业清洁化生产稳步推进,有效地降低了农药、化肥等对环境的污染。

3. 推广生态循环农业模式和试点

舟山市各地在深入开展农业面源污染、开发利用农村清洁能源及实施农业品牌战略的基础上,以试点探索和模式创新为基础发展生态循环农业。普陀展茅、岱山衢山、嵊泗本岛、定海岑港等地计划形成以"畜粪、沼液、沼渣"综合利用为核心的农业循环经济产业链。其他如普陀的林地鸡合作社实施小型屠宰场污水沼气工程并开展"三沼"综合利用果园养鸡模式;普陀南岙农庄开展农作物秸秆综合利用试点并开展果园、鱼塘"三沼"综合利用模式;定海马岙等地探索实施的"鹅(兔)—草—稻(蔬菜瓜果)"种养结合产业循环模式以及初具规模的瓜稻轮作"千斤稻万元钱"高效生产模式等。这些都为舟山市农业转型升级树立了较好的典范。

(二)生态循环经济的发展模式

1. 节约型农业模式

舟山市大力推广节水、节地、节能、节药、节肥、节工等节约型农业技术,农业生产投入物减少,从而实现减量化的农业生产。如推广农田节约增效技术,采用环保节能型设施工艺,发展设施农业,施用高效高产农作物种子,节约用水、节约用能、减少化肥施用,推行农作物病虫害绿色防治技术,减少化学农药使用。

2. 农业资源循环利用模式

通过林下经济、立体种植、养殖模式的推广应用,在农业产业内部物能相互交换,使得农业资源循环利用,从而实现再循环的农业生产。如农作物间作、套作、轮作以及水旱轮作、粮经饲(草)轮作,充分利用空间、时间,提高土地、光温资源综合利用,实现农业产业内部循环,增加农田综合效益;林地养鸡,园地养鹅、养兔,山地养羊、养獐,荒岛种植经济作物、发展养殖业、开发休闲观光农业等,实现农业与养殖业产业之间循环,实现品质改善、地力培肥、生态改良的共赢效果。

3. 农业废弃物利用模式

通过沼气工程、生物工程和高效提取技术,经加工或技术处理将农业废弃物变为有用的资源(肥料化、饲料化、原料化、能源化),从而实现再利用的农业生产。如通过沼气工程将秸秆、畜禽粪便、蔬菜残渣、农业污水以及农产品加工下脚料变成沼气、沼液、沼渣,成为能源和肥料;利用葡萄枝条等生产食用菌再还田,成为原料和肥料;将贝壳、虾壳、蟹壳加工综合利用,制成饲料或肥料,消除环境污染和生态破坏。

(三)海洋城市发展循环经济的经验

一是空间和资源利用方面。发展海洋经济,重点已经不在陆地区域,海洋空间和海洋资源的合理布局及开发利用是新的增长点。如何提高海岛地区的单位面积经济产出,如何优化和完善海岛的产业和空间布局,是舟山市在发展海洋经济时需要向宁波市等地区学习的地方。

二是产业结构优化升级方面。新加坡从一个基础薄弱的小岛国发展成为海洋强国,是通过5次持续不间断的产业升级实现的。玉环市也通过对现代海洋产业的大力度培养和发展实现了海洋经济结构的优化。舟山市的海洋产业结构较这些地区明显落后,合理优化产业结构,促进产业升级是当务之急。

三是基础设施建设方面。交通等基础设施的落后是制约海岛地区社会经济发展的一个重要因素。宁波市通过对交通设施的大力建设,从交通末端扭转成为"长三角"地区重要的交通枢纽,为海洋经济的发展提供了基础设施保障。因此,舟山市要大力推进海洋经济发展,就必须要加大基础设施建设投资,致力把舟山市打造成我国东部沿海重要的交通枢纽。

三、推进循环经济发展,构建循环型社会

(一)推进岛陆一体化

岛陆一体化,又叫陆岛一体化,指距离大陆一定距离内的近海海岛区域,在统筹和实施区域经济发展时,把海岛和附近的大陆看成一个紧密联系的整体,从而统筹岛陆社会和经济发展的一种战略。岛陆一体化这个概念是20世纪90年代我国编制国家海洋开发保护规划的时候提出来的,是沿海国家和地区统筹岛陆发展关系的一种战略思维,同时也是依靠岛陆优势实现区域经济发展的一种有效途径。海岛和大陆地区自然条件、资源禀赋各不相同,发展经济时具有各自的优劣势,若在发展过程中忽视或割裂了它们的联系,使其各自为政,则既不利于集聚效应的产生,也不利于双方优劣势的互补。但在岛陆一体化的思维之下,海岛和大陆被看作一个密不可分的整体,内部要素可以自由流动,从而把岛陆之间的矛盾降到最低,增强了岛陆两地的竞争力,大大提高了区域经济的综合效益。

岛陆一体化,不仅仅是海岛和大陆简单的物理联通,而是政治、经济、文化、资源等全方位的统筹一体化发展。从海洋经济角度看,岛陆一体化包括岛陆交通一体化、岛陆生态环境保护一体化、岛陆城乡规划一体化、岛陆产业一体化等内容,通过资源要素的充分融合,实现海岛和大陆的共赢。

舟山群岛是一个与陆地区域有着紧密联系的群岛,它背靠世界第六大都市圈——"长三角"城市群,距离大陆的最近点仅 1.7 n mile。由于自身面积狭小,资源紧缺,舟山市很多生产原料都离不开大陆的供给;而同时,舟山市的港口运输业、捕捞和养殖业、海洋旅游业等产业的发展亦是以大陆区域为经济腹地的。

舟山市的岛陆一体化,具体而言就是舟山市与宁波市、上海市和"长三角"区域各城市通过科学的规划和布局来统筹并促进各方社会经济发展的组织过程。这个战略思想早在2001年通过的《舟山市城市总体规划(2000—2020年)》中就已提出。舟山群岛的岛陆一体化可以通过以下几条策略来具体实施。

一是实施岛陆差异化发展。海岛和大陆在社会经济和资源禀赋上存在着明显的差别,拥有各自的优劣势。所以在实施岛陆一体化战略时,必须充分认识到岛陆间存在的差异,对两者的条件及发展潜力做科学的评估,根据双方各自的优劣势,实施分工协作,才能促进海岛和大陆的共同发展。

二是促进岛陆互补发展。在岛陆一体化战

略的实施过程中,岛陆双方应充分认识到自己和对方的优势、劣势,取长补短,互补发展,促进岛陆的融合。舟山市与周边的"长三角"大中城市相比,在人口文化素质、教育水平、物价、交通等方面存在着明显的劣势,但在港口岸线、水产品资源、旅游资源、自然环境等方面与周边城市相比具有显著优势。因此,舟山市一方面可以通过提高人才待遇等方式从周边城市引进各类人才和优质教育资源,另一方面也可以为周边城市提供优质的港口和码头(如洋山港和大浦口码头)、水产品、旅游等资源,从而满足双方的社会经济发展需求。

三是要积极加强岛陆交通联系。岛陆一体化的前提是把两地视为一个有机整体,所以就必须通过加强岛陆之间的交通联系来使这个整体更加紧密,从而破除交通条件这个限制海岛地区社会经济发展的重要因素。已经建成的舟山跨海大桥很大程度上改善了本岛的交通状况,但是全市的出行难、成本高现象仍然没有得到有效地解决,绝大多数的住人海岛上的居民还是只能通过渡船出行,严重阻碍了海岛经济的进一步发展。因此,接下来舟山市要积极争取环杭州湾东方大通道、甬舟跨海铁路大桥、六横跨海大桥等交通工程的尽早立项和开建,进一步优化岛陆间、海岛间的客货船航线,尝试开通运营直升机等新兴交通工具,为岛陆联动提供完善的基础设施服务。

(二)优化主导产业

主导产业这个概念最早由美国经济学家阿尔伯特·赫斯曼提出,是指那些运用先进技术,具有高增长率、高产业关联度,并在区域经济中起主导地位的产业。主导产业可以高效、迅速地吸收最新的创新技术并能对该地区的其他产业和整个区域的社会经济发展起到较强的带动作用。在前文的分析中已经得出,产业结构不合理、主导产业优势不突出是制约舟山市海洋经济发展的一个重要因素,因此,选择一个科学的海洋主导产业,构建起合理的产业体系,成为关系到舟山市整个区域经济发展的突破口和切入点。

(三)探索可持续发展新路径

我国海洋经济发展存在着较为严重的自然环境被破坏以及资源被浪费的现象,如不计生态后果的围海造陆、过度的渔业捕捞、无节制的污染物排放、海岛植被的滥砍滥伐等,在发展区域经济的同时严重破坏了自然界的生态平衡,危及了子孙后代的生存权利。与大陆地区不同的是,海岛地区由于特殊的地理条件形成了不同的自然生态环境,具体表现在:陆地面积狭小且分散,生态系统较为单一且稳定性较差,优势种群相对明显,环境自我恢复能力较差,每个海岛各自形成相对封闭和独立的生态系统单元等。在海岛地区的经济发展过程中,如果因为一味追求经济效益而忽视了环境和生态的保护,则往往有可能带来比大陆上更为严重的生态后果。因此,选择可持续的海洋经济发展模式,走循环经济道路,从而保证海岛地区人口、资源和环境的协调健康发展,日益成为舟山市制定和实施国民经济战略的一个重要着眼点。

循环经济是指在物质资源的循环、再生、利用的基础上的经济发展模式,其基本特征是资源的低消耗、低排放以及经济的高产出,是可持续发展模式的具体路径。随着舟山市海洋经济的迅速发展,生态环境已经成为舟山市一个严峻的社会经济问题,海水污染日益严重、海洋生物资源枯竭、海岛生态环境遭到破坏等一系列生态问题已经成为阻碍舟山市海洋经济进一步发展的重要因素。因此,走循环经济道路,将可持续发展原则作为海岛地区海洋经济发展的根本原则,对舟山市的社会经济发展具有重要意义。

舟山市在走循环经济道路,探索可持续发展新路径时必须要考虑以下几个因素。

1.充分考虑海岛资源承载能力

海岛资源承载能力是指海岛地区一段时间内在保证资源的科学合理利用和生态环境良性循环的条件下,资源及环境能够承载的人口数量及相应的经济社会活动总量的能力和容量,反映的是海岛区域内的资源能够满足其人口生存和发展需要的能力。舟山市是陆地资源小市,同时也是海洋资源大市,但是如果在发展海洋经济时不考虑其资源承载能力,毫无节制地开发利用资源,那么不仅会进一步加剧舟山市已出现的生态环境问题,而且会严重影响其未来的社会经济发展。因此,舟山市政府应该成立专门的资源环境勘察部门(小组),对舟山地区的海洋、海岛资源环境承载能力做全方位的科学勘察,得出具体详细的资源环境承载力数据,并根据勘察结果严格制定舟山市海洋经济和产业发展战略方针,确保各项开发建设充分符合资源环境承载要求。

2.充分考虑海岛经济稳定性

海岛经济稳定性是指海岛地区在社会经济发展中,抵抗经济波动、金融危机、自然灾害以及从中恢复和重建的能力。海岛地区由于特殊的地理环境和产业结构,其经济稳定性要明显低于大陆区域,受外部环境条件影响较大,恢复能力较弱。舟山地区每年受到台风影响,经济损失都要高于宁波、台州等周边陆地城市,很多受损的基础设施往往要较长的时间才能恢复正常使用。同时,由于舟山市较为单一的产业结构,船舶修造业和水产加工业两大支柱产业占了舟山海洋经济总产出的近50%,当外部经济环境产生波动时,舟山市的经济发展就容易受到较为严重的影响。因此,发展舟山市海岛经济时,要充分考虑到海岛经济的稳定能力,一方面促进产业的多元化发展,提高经济稳定性,另一方面也要因地制宜,做好防灾和危机预防以及灾后重建工作。

3.走循环型的新型工业化道路

循环型的新型工业化道路是一条科技含量高、经济效益好、资源消耗低、环境污染少的产业发展道路。将循环经济理念贯穿到舟山市整个区域的布局规划、产业升级转型中,打造出一条资源高效循环利用的产业链。切实提高资源和原材料的利用率,监督和指导各工业企业健全资源综合利用制度,实现企业内部和企业间的物质绿色循环,最大限度减少不必要的能耗,将舟山群岛新区打造成为一个资源节约型、环境友好型的新区,成为一个绿色的群岛新区。

四、小结

海洋经济是21世纪沿海国家和地区社会经济发展最为重要的增长极,有关海洋经济的各类研究正日益成为学者研究的热点和重点。海岛作为"第二海岸带",地理位置优越,蕴藏着丰富的资源,拥有巨大的发展潜力,是海洋经济发展中的重点和亮点。舟山群岛地处我国海岸线的中间,背靠经济发达的"长三角"地区,拥有超过全国1/4的海岛,是浙江省乃至我国海洋经济发展的重要区域。随着舟山群岛新区、浙江海洋经济发展示范区等国家级海洋经济战略在舟山市的集中建设,对舟山市的海洋经济发展展开系统深入的研究具有重要的理论和实践意义。

舟山市具有比较优越的发展海洋经济的自然资源条件和社会经济条件,其中,自然资源条件位居沿海城市前列,社会经济条件以人均量化的指标衡量亦位居前列。但舟山市海洋经济的资源开发利用不够合理,水产渔业资源等利用过度,港口物流等方面需要提升;海洋产业结构不够合理,与各沿海发达城市相比具有明显差距;海洋经济开发方式存在问题,可持续发展程度不高,生态环境形势日益严峻;人才和科研力量薄弱。

舟山市依托海洋经济,学习国内外各沿海城市发展经验,积极发展循环经济,大力推进岛陆一体化,构建合理的产业体系,坚持科教兴海和人才强市战略,抓住国家海洋经济战略建设机遇,推进舟山市海洋经济的大开发、大开放、大发展,并取得了一定的成果。

"十三五"时期,舟山群岛新区深入落实国家战略、全面加快发展。随着"一中心四基地一城"[①]建设的深入开展,舟山市经济发展进入新常态,这既需要有良好生态环境的依托,同时也将不可避免地给舟山群岛现有生态环境带来一系列压力,对舟山市的环境保护和生态文明建设提出了更高要求。

---

① "一中心四基地一城":舟山江海联运服务中心;临港先进制造基地、海洋休闲旅游基地、绿色石化基地、远洋渔业基地;海上花园城。

"十三五"时期,舟山市要做到:一是注重全局统筹,明确各区域的生态保护目标、污染物总量控制和产业准入要求,实施差异化开发利用和保护,最大限度提高海岛资源利用价值、减少对生态环境的负面影响。二是保护优先,绿色发展,预防为主,加强污染源头控制。三是大力发展循环经济,培育完善循环经济示范试点体系,鼓励产业集聚发展,实施园区循环化改造,推进能源梯级利用、水资源循环利用、废物交换利用、土地节约集约利用,促进企业循环式生产、园区循环式发展、产业循环式组合,构建循环型工业体系。四是加强资源合理开发与集约利用,包括水、土地、海岸港口、海岛、滩涂等资源。

党的十九大之后,舟山市更加注重舟山群岛新区的海洋旅游业发展,未来海洋旅游业也必将成为舟山群岛新区的支柱产业和核心产业。实现海洋旅游业可持续发展将使该产业在舟山市国民经济中占据越来越重要的地位,在社会经济发展中起到更加积极的作用。实施舟山群岛新区海洋旅游业可持续发展战略,必须建立注重整体、兼顾重点的海洋旅游业布局,避免景点重复、景观重复、项目重复,加大资源整合,拓展空间结构,推进舟山海洋旅游业集群化、规模化、多样化。

舟山市发展循环经济的总体目标是:通过若干年的努力,逐步建立适应循环经济发展要求的经济管理体系、政策法规体系,形成具有循环经济特征的产业体系和消费体系,把舟山市逐步建设成为资源循环型的国际性海上开放门户、国内一流的现代化海洋产业基地、全国独特的群岛型港口宜居城市。

第六节　天津市循环经济发展状况

一、天津市经济现状

(一)天津市简介

天津市,简称"津",位于海河下游,地跨海河两岸,是北京通往东北、华东地区的铁路交通咽喉和远洋航运的港口,有"河海要冲"和"畿辅门户"之称。北南长 189 km,西东宽 117 km,陆界长 1 137 km,海岸线长 153 km。对内腹地辽阔,辐射华北、东北、西北 13 个省、市、自治区,对外面向东北亚,是中国北方最大的沿海开放城市。天津市是中华人民共和国直辖市、中国国家中心城市、中国北方经济中心、环渤海地区经济中心、中国北方国际航运中心、中国北方国际物流中心、国际港口城市和生态城市、国际航运融资中心、中国中医药研发中心、亚太区域海洋仪器检测评价中心,拥有人口 1 500 余万。

(二)天津市循环经济现状

1. 资源利用

在水能资源方面,天津市是一个水资源严重匮乏的大城市。但天津拥有充足的油气资源。天津有渤海和大港两大油田,是国家重点开发的油气田,年产原油近 1 000 万 t,天然气 9 亿 m^3。2003 年,天津市能源消耗总量为 3 264.15 万 t 标准煤,与 1990 年的 2 027.99 万 t 标准煤相比,年平均递增 3.1%,同期 GDP 年平均递增 11.5%,能源消费弹性系数 0.278;万元 GDP 能源消耗由 1990 年的 6.33 t 标准煤下降到 2002 年的 2.50 t 标准煤,万元产值能耗由 1990 年的 1.89 t 标准煤下降到 2003 年的 0.50 t 标准煤。2003 年,天津市年平均节能效率为 7%~8%,全社会累计节能量达到 2 500 万 t 标准煤。

根据中国科学院可持续发展战略研究组分析,以及天津市经济和信息化委员会提供的情况,2006 年天津市万元产值消耗标准煤 0.54 t,仅为全国平均水平的 1/5。工业用水重复利用率由"八五"末的 65.4%提高到 2006 年的 86%,高出全国平均水平 34 个百分点;万元产值用水量下降到 25 m^3,为全国平均水平的 1/3,天津新型工业化水平居全国前列。

2. 生态环境

首先,在人口方面,2003年末,天津市常住人口1 011.30万人,到2016年,天津市实际居住人口达到1 500多万人,增长的人口无疑需要有相当的资源环境容量做支撑;其次,在经济方面,天津市的人均GDP有一巨大飞跃,社会经济水平和人民消费水平的提高必然伴随着相应的环境影响;再次,在技术方面,当前天津市的生产工艺仍然具有明显的高消耗、高排放特征,虽然与国内其他地区相比,天津市整体的耗能是比较低的,仅为国内平均值的1/5,但与西方发达国家相比还存在很大差距。如果生产技术不及时地向环境无害化方向转化,那么高消耗的技术效率将给天津市环境带来巨大的压力。

此外,2003年全市污水排放总量为46 329万t,其中,工业废水排放量为21 605万t,生活污水排放量为24 724万t。全市排放二氧化硫25.93万t,比上年增加10.29%(其中,工业排放量为23.02万t,比上年增加14.64%);烟尘排放量为10.26万t,比上年增长5.23%(其中,工业排放量8.65万t,比上年增长11.15%);工业粉尘排放量为2.20万t。

3. 物质基础

循环经济的主要目的就是解决社会经济发展过程中资源消耗和环境污染之间的冲突问题。其核心内容在于资源使用的"减量化(reduce)、再利用(reuse)、再循环(recycle)",有效提高资源利用的效率,减少污染性排放,减轻对环境污染的压力。因此,循环经济模式在一定程度上成为可持续发展的基本模式,特别是为一些资源短缺的地区提供了一种有效的发展模式,为社会经济和谐发展提供了方案。

由于其自身的资源状况的约束,特别是水资源的严重缺乏,天津市在国内是较早倡导循环经济的地区之一,从20世纪90年代初期就开始引入循环经济理念。经过多年的努力,在解决资源消耗与经济发展的协调问题上取得了比较显著的成绩。有关统计数据显示,"九五"以来,天津市经济一直以年均11.3%的速度快速增长,但同时并没有引起能源和水资源消费的同步增长,相反,水资源消费还出现了负增长,能源消费的弹性系数也出现了负值,主要污染的排放总量呈现削减趋势。这在一定程度上缓解了资源消耗对环境的压力,促进了天津市经济的健康持续发展。

(三)天津市发展循环经济的主要任务

天津市结合经济结构和产业布局调整,以制造业为重点,兼顾农业和其他产业,全面推进循环经济。以"政府推动、市场运作、公众参与、法律保障"为基本原则,大力发展高能耗、高污染企业和行业的清洁生产;形成以"六大支柱产业"和"十二大具有竞争力的工业产品基地"为核心的动、静脉产业协同发展的新型工业化体系;建设一批具有代表性的循环经济型示范企业、示范园区和示范社区;绿色制造和绿色消费初见成效;循环经济的科技体系、法规体系和社会服务体系基本形成。天津市率先成为循环经济型国际大都市。

1. 积极推进清洁生产

冶金、电力、石化、造纸、印刷、纺织、建材等高能耗、重污染企业全面推行清洁生产,加强对能源、原材料、水等资源消耗的管理,提高废渣、废水、废气的综合利用率。

2. 实施循环经济示范工程

遵循"减量化、再利用、再循环"原则,增加投入,发展生态工业、生态农业,倡导绿色消费,实施循环经济示范工程。建立起比较完善的循环经济法律法规体系、政策支持体系、技术创新体系、评价指标体系和有效的激励约束机制。

培育一批循环经济型示范企业。大力研发和推广清洁生产的关键与共性技术,力争创建不同行业的国家级循环经济型示范企业,30~50个市级循环经济型示范企业。

建设循环经济型示范园区。以原国家环保总局批准的天津泰达生态工业园区建设规划为契机,将天津市滨海新区建成国内一流的综合性循环经济示范区(示范企业、生态工业示范园、生态社区、区域生态产业链)。重点建设天津大港石化生态工业园区,参照丹麦卡伦堡模式,整合区域内的电力、海水淡化、石油化工、建材等行业,形成资源共享、上下游对接、互换副产品的产业共生体系,力争将园区建成国内乃至世界有重要影响的生态工业园。另外,在其他经济技术开发区、高新技术产业园区和企业聚集区等区域,建设多个生态工业园区。

构建区域型循环经济生态产业链。以天津市及其周边地区产业结构调整为背景,以天津市"六大支柱产业"和"十二大具有竞争力的工业产品基地"为龙头,构建生态产业链,初步建成以冶金、汽车、新能源(锂电池)、海洋化工、电力、污水处理等行业为核心的若干生态产业链,实现天津市及其周边地区动、静脉产业的协同发展。

3.实施能源结构调整

优化能源结构,提高清洁生产能源比例。开发洁净能源新技术,发展新能源和可再生能源产业,适度发展太阳能、风能、氢能,合理开发利用地热,扩大天然气适用范围;综合利用各种建筑废弃物和秸秆、畜禽粪便等农业废弃物,积极发展生物质能源,继续在农村推广沼气工程。

4.加强资源综合利用

制定颁布资源综合利用等方面的地方规章,健全执法体系,形成比较完善的资源综合利用宏观管理体系和运行机制。加大投资力度,加快资源综合利用技术攻关与创新,对生产过程中产生的废渣、废水(液)、废气、余热、余压等进行回收和合理利用,减少废物排放量。以化工、冶金、电力、汽车制造等行业为重点,组织实施工业废水零排放技术,中水回用技术,废渣、废气综合利用技术,能源、原材料节约利用技术等一批资源综合利用技术项目,推广资源综合利用新工艺、新设备、新产品,推进资源综合利用产业化进程。规范资源综合利用认定工作,落实优惠政策,发挥政策导向作用,支持资源综合利用企业发展。2010年,工业"三废"(废气、废水、废渣)综合利用产值200亿元,其中综合利用石灰石尾矿600万t,粉煤灰综合利用率100%,钢渣综合利用率100%。

5.建立社会再生资源回收利用体系

建立和完善再生资源回收管理体系和运行机制,形成再生资源回收加工利用的产业链条。建立生产废弃物、生活垃圾分类收集和分选系统,规划建设一批成规模、上水平、符合环保要求的废旧物资回收利用项目,开发"废物信息管理网络交换系统"平台,加快城市生活污水再生利用设施建设,加强垃圾资源化利用。创建一批示范社区。

6.发展循环型服务业,促进绿色消费

发展循环型现代商贸物流业。推动物流企业积极采用现代物流管理技术和装备,提高物流业社会化、规模化、集约化、信息化程度,加快推进重点商贸流通企业 ISO14001 环境管理体系认证。推进餐饮娱乐业废物资源化利用,回收利用餐饮和食品工业废弃物。

发展废旧物资再生产业。规范发展废旧物资二手交易市场,促进闲置设备和废旧物资循环利用,开展闲置设备租赁和旧货调剂交易。建设旧家电、旧电脑处置利用中心,扶持报废汽车回收拆解企业发展,形成产业化基地。建立信息畅通的废品回收信息网络,培育旧货服务中介。积极发展连锁维修业,重点抓好汽车维修、家电维修、住宅维修、家庭水电气维修,发展一批连锁维修集团,健全维修网络。大力促进绿色消费。树立节约资源、减少污染、环保选购、重复使用、分类回收、循环再生的绿色消费理念,加快建立产品设计、生产、消费、无害化排放、资源化处理的循环消费机制,鼓励企业开发环保型消费品,推广使用可降解、无毒性生态包装材料,控制过度包装。倡导消费者购买绿色产品,推行政府绿色采购计划,党政机关和财政拨款的事业单位优先采购环境友好的办公设备。

7.完善发展循环经济的科技新体系、社会支撑体系和法规体系

鼓励和支持大专院校和科研院所开展循环经济相关理论和技术的研究,建立循环经济与生态工业工程研究中心、实验室和孵化地,推动循环经济与生态工业技术的产业化。

建立健全促进循环经济发展的相关政策及地方法规,建立循环经济的评估指标体系和评估机制,形成以非政府组织和非营利组织为主体的

循环经济型社会咨询服务支撑体系。

二、天津市循环经济工作进展

（一）发展循环经济的指导思想

以全面、协调、可持续发展为思想指导；以实现经济发展和人口、资源、环境相协调，统筹人与自然的和谐发展，解决天津市在推行循环经济和构建循环型社会中的重大问题为基点；以转变不可持续的高消耗、高排放、低效率的生产模式和消费模式为驱动力；以提高能源、资源生产效率为核心，以制造业为重点，兼顾农业和其他产业；建立"政府推动、市场运作、公众参与、法律保障"的运行机制，夯实"一个基础"，实现"三个突破"，构建"三个保障"。

"一个基础"，清洁生产是循环经济的基础，循环经济是清洁生产的扩展。在理念上，它们有共同的时代背景和理论基础；在实践中，它们有相通的实施途径，应相互结合。因此，今后仍然要重点研究天津市企业中具有共性的关键清洁生产技术。

"三个突破"，以绿色制造和绿色消费为驱动，突破天津市传统制造业落后的制造技术和产品创新方法；以改善天津市及其周边地区的生态与环境质量为出发点，突破天津市现有工业聚集区、工业园区向生态型产业群、生态工业园区转化的关键技术瓶颈；以天津市及其周边地区产业结构调整为背景，突破天津市动、静脉产业协同发展的关键链接技术。

"三个保障"，以建立循环经济型社会为目标，构建天津市发展循环经济的科技创新保障体系、社会保障体系和法律法规保障体系。

（二）发展循环经济的目标

建立天津市循环经济型社会的创新体系。通过科学技术的研发与应用，引领天津市成为国内一流、世界知名的循环经济型国际大都市，最终实现京津冀、环渤海区域的经济、环境、社会协调发展。

到2020年，主要目标是建立面向京津冀和环渤海的、具有鲜明天津特点的、较完善的循环型社会科技支撑体系。具体目标是，构建以典型企业和重点行业为核心的、辐射周边地区的循环经济产业链；大部分工业园区成为生态工业园区；形成面向循环经济型社会的多层次、宽领域、具有地方特色的法规政策体系；形成以市场为主体的经济激励机制；绿色GDP核算体系更加完备；建成基于产业和行业的循环经济评估体系与预警系统；市内六区和周边重点区域成为循环型社区，形成以非政府机构（NGO_S）和非营利组织（NPO_S）等为主体的循环型社会咨询服务支撑体系；循环经济的科技创新能力和管理水平达到国内一流。

（三）"十一五"期间天津市循环经济发展的主要成效

1.城市综合实力显著增强

2010年，天津市GDP达到9 108.83亿元，比上年增长17.4%，人均GDP突破1万美元。高端化、高质化、高新化产业结构初步形成：服务业占全市GDP比重达到45%以上；工业中八大优势支柱产业占工业总产值的比重达到90%以上；农业设施化步伐明显加快，沿海都市型农业初具规模。这些都充分显示出经济结构调整的积极成果，形成了发展循环经济的强大动力。

天津市委、市政府统筹滨海新区、中心城区、各区县三个层面联动协调发展，新格局初步形成，滨海新区龙头带动作用不断增强，中心城区服务功能全面提升，涉农区县以示范小城镇建设带动农村居住社区、示范工业园区、农业产业园区统筹发展。城乡面貌发生显著变化，重大基础设施建设全面加快，城市综合承载能力明显增强。生态市建设三年行动计划全面完成，城市环境更加和谐优美。科技、教育、文化、卫生等社会事业全面进步，人民群众的文明素质及物质和文化生活水平不断提高，为循环经济建设奠定了良好的社会基础。

2.循环经济政策法规不断完善

为加强循环经济发展的组织领导，天津市成立了"发展循环经济建设节约型社会领导小组"，建立了相应的工作机制，逐步形成"区域横向管理，部门纵向指导"的循环经济发展建设责任体系。天津市政府批转了《关于发展循环经济建设节约型社会近期重点工作实施意见》，有效加强了对全市循环经济发展的宏观指导。天津市还出台了《天津市清洁生产促进条例》《关于加快天津市再生资源回收体系建设的指导意见》《天津市生活废弃物管理规定》《天津市试点小城镇循环经济发展指导意见》及《天津市试点园区企业循环经济发展指导意见》等地方性法规、政府规章和规范性文件，并将《天津市循环经济促进条例》纳入天津市政府立法计划。从2007年起，天津市设立了每年2 000万元的发展循环经济专项资金，重点支持53个具有良好经济、社会和环境效益，同时具有推广示范作用的重点循环经济项目，较好地发挥了政府对社会投资的引导性作用，有效地调动了企业发展循环经济的积极性。

3.循环经济试点特色模式

围绕构建生态工业、生态农业、绿色服务业三次产业互动的循环经济发展格局，天津市重点培育了一批工业、农业、服务业领域的园区、企业和小城镇作为循环经济试点。目前，已有天津经济技术开发区、临港工业区、天津子牙循环经济产业区、北疆电厂和大通铜业有限公司等多个国家循环经济试点，以及涉及工业园区、企业、小城镇，包括冶金、化工、建材、医药、食品、造纸、环保、服务业、农业等诸多领域和行业的多个市级循环经济试点。在试点工作的基础上，天津市积极探索企业内、企业间或园区内及社会等层面发展循环经济的有效模式，初步形成了"泰达""子牙""临港""北疆""华明"等5种具有天津特色和推广意义的循环经济发展模式。5种模式的形成和推广，对天津市循环经济发展起到了良好示范带动作用。

4.建立废旧资源回收体系

天津市作为商务部确定的再生资源回收体系建设试点城市，其再生资源回收利用体系建设有了较快发展。截至2010年底，天津市有再生资源回收经营单位2 000余家，回收站点5 100多个，从业人员3万余人；已建及在建初级分拣加工中心9个，专业加工中心12个，产业园区1个，信息中心1个。据对326家企业的检测统计，2010年回收总量达650万t，销售额200亿元。天津子牙循环经济产业区是国家第二批循环经济试点，是国家级废旧电子信息产品回收拆解处理示范基地、国家进口废物"圈区管理"园区，被国家发展改革委、财政部列为国家首批"城市矿产"示范基地之一。多年来，天津市始终把天津子牙循环经济产业区作为全市发展循环经济工作的重中之重，大力推进园区的规划建设。园区以最初的简单拆解进口7类物资为基础，不断延伸产业链条，逐步发展成为我国北方地区最大的资源综合利用大型园区。园区已入驻企业160家，年拆解加工能力为100万~150万t，每年向市场提供再生铜40万t、再生铝15万t、再生铁20万t、橡塑材料20万t，其他材料15万t，形成了覆盖全国、较大的有色金属原材料市场。

5.积极推进资源综合利用

城市基础设施投入方面，天津市已正式投入运营的生物质发电厂共3座，总装机容量3.7万kW，年垃圾处理能力60万t。滨海新区汉沽垃圾焚烧发电厂项目，装机容量2.4万kW，日处理垃圾1 500 t。工业废物资源化利用方面，全市工业固体废物综合利用率达到98%以上；2009年万元工业增加值用水量降至11.8 m^3，居国内领先水平。农村资源综合利用方面，截至2009年底，天津市农村共建户用沼气3.39万户，年产沼气1 161.95万 m^3；各类型畜禽养殖沼气工程188处，供气户数0.89万户，年产沼气814.27万 m^3；秸秆沼气集中供气工程2处，供气户数0.06万户，年产沼气32.40万 m^3；秸秆气化集中供气工程55处，供气户数2.31万户，年产秸秆燃气4 215.75万 m^3。

6.节能减排成效显著

"十一五"期间，天津市通过建立节能减排工作机制、制度体系、激励机制，制定节能减排实施方案，实施节能减排重点工程，不断加大节能减排工作力度，节能减排工作取得显著成绩，万元GDP能耗5年累计下降21%，二氧化硫、化学需氧量排放量分别下降11.26%和9.61%，超额完成国家下达任务。

三、推进循环经济发展,构建循环型社会

(一)深化示范试点建设,提高循环经济发展水平

1.推进国家循环化改造示范试点园区建设

天津经济技术开发区按照国家批复的园区循环化改造实施方案,推进重点项目实施,及时落实补贴资金,确保中央财政资金尽快发挥效益,试点工作取得良好进展。依据《天津市国家园区循环化改造示范试点管理办法》,制定了《天津经济技术开发区国家园区循环化改造示范试点实施细则》,细化了规范项目管理、严格专项资金使用、加强项目考核等要求。进一步完善地方配套政策,修订了《天津经济技术开发区节能降耗、环境保护重点鼓励项目名录》,加大了对再生水管网、地源热泵、烟气脱硝、有机废气治理、资源综合利用等一批有利于循环化改造目标完成的重点项目的支持力度。国家园区循环化改造专项资金支持的东海炭素(天津)有限公司的炭黑尾气发电及脱硫、金耀生物工业园循环化改造、再生水管网拓展及膜系统改造等项目进展情况良好。积极实施产业共生项目,围绕电子通信、装备制造、生物医药、食品饮料、石化产业等支柱产业构建与完善区域循环经济产业共生网络,还搭建了废物资源产业共生链。截至2013年底,已有248家企业加入区域循环经济产业共生网络,完成99组废物对接,实现减少废物填埋量约98.1万t,增加收入1.58亿元。同时,积极推进循环经济技术推广基地建设。

2.加快推进国家"城市矿产"示范基地建设

天津子牙循环经济产业区积极推动再生资源产业体系和配套基础设施建设,不断增强园区综合实力。一是延伸优化循环经济产业链条。以新能源、新材料及精深加工等产业为突破口,与格林美股份有限公司、中能集团等多家企业合作的一批大型产业项目签约落地。二是继续实施"专家引进和人才培养战略"。完成科技型中小企业认定162家,其中符合科技小巨人标准的企业17家。国家863计划"废旧高分子产品回收利用技术与示范"项目在天津子牙循环经济产业区完成中期检查。天津子牙循环经济产业区再生资源数据库完成验收。成功举办第三届全国稀贵金属及电子废弃物综合利用科技创新高层论坛等专题论坛。三是加快教育示范基地建设。天津子牙循环经济产业区被确定为首批国家循环经济教育示范基地,并通过了国家发展改革委、教育部、财政部、国家旅游局4部委组织的现场考核验收。产业区建设了基地培训服务中心和循环经济展厅,建成了集农业观光、有机养生、农业实践于一体的综合性农业循环产业基地,并依托废旧家电处理、精深加工等企业建设了多条工业观光通道,积极为社会公众和青少年进行循环经济实践创造条件,年接待游客1万余人。四是天津子牙循环经济产业区获国家发展改革委、外交部、财政部批准,成为全国获准开展中日韩循环经济示范基地前期工作的3个园区之一。

3.推进餐厨废弃物资源化利用和无害化处理试点

天津市津南区是第一批餐厨废弃物资源化利用和无害化处理试点城市(区)。针对试点城区坐落津南区又覆盖全市其他部分区的特点,天津市摸索出"津南试点,全市联动"方式,有效推动了相关试点工作的开展。一是加强收运能力建设。在全市部分区2 100余个单位设置餐厨废弃物收集容器,购置餐厨废弃物专业运输车辆100余台,运输能力达到每日300 t以上,满足处置能力需要,最大日收运量160 t。二是加强业务技能培训,建立了150余人的专业收运队伍,实现全天收运和日产日清。三是加强中转站点建设。在全市建设了7个中转站点,合理分配、调整收运能力。四是加强监管能力建设。建成餐厨废弃物无害化处理设施信息化监管平台,对全市餐厨废弃物处理设施实现在线监管。五是推进油水分离装置和隔油池安装。在津南区40多家餐饮单位设置油水分离装置和隔油池,并制定进一步推动此项工作的实施方案。六是加快处置设施建设。天津碧海环保技术咨询服务有限公司

是天津市唯一获得"餐厨废弃物收集运输处置特许经营权"的企业，已基本具备每日 300 t 的处置能力，实际日均处理量为 130 t 左右。

4. 申报国家海水淡化产业发展示范试点

根据国家发展改革委《关于公布海水淡化产业发展试点单位名单（第一批）的通知》，天津滨海新区被确定为全国海水淡化试点园区，北疆发电厂被列为淡化水供水试点企业，在滨海新区重点布局发展海水淡化与综合利用工程及装备制造业。截至 2013 年底，天津市海水淡化装机规模已达到 31.6 万 t/d，居全国首位。北疆电厂作为国家循环经济、海水淡化产业发展首批试点单位，首创"发电—海水淡化—浓海水制盐—土地节约整理—废物资源化再利用"五位一体循环经济模式，20 万 t/d 海水淡化装置于 2013 年全部建成投产。

（二）提升规划政策引导作用，夯实循环经济发展基础

1. 强化规划引导

一是完成循环经济专项规划中期评估。按照国家和天津市"十二五"规划中期评估要求，对天津市循环经济发展"十二五"规划开展了中期评估，完成评估报告。"十二五"以来，通过发展循环经济，天津市万元 GDP 能耗、用水量等进一步降低，资源产出率得到提高，4 大类、14 项指标总体完成情况良好。二是完成秸秆综合利用规划中期评估。按照国家发展改革委和农业部要求，完成天津市农作物秸秆综合利用规划中期评估报告。三是完成国家试点验收与自查。按照国家发展改革委等 7 部委要求，天津市组织开展了国家循环经济示范试点园区、企业的验收工作，并完成《天津市国家循环经济示范试点城市自查报告》，上报国家有关部委。

2. 加强资金支持

天津市继续发挥市级发展循环经济专项资金的支持引导作用，对技术、工艺先进，利用各类废弃物延伸循环经济产业链，具有显著经济、社会效益的循环经济项目，给予了资金支持。天津物产化轻旭阳物流有限公司物流园项目、天津道成再生资源有限公司废旧汽车发电机回收处理项目等循环经济项目，以及津南污水处理厂配套进出水管网工程、津南再生水厂配套输水管网工程、北塘地区再生水工程、大港生活区城市废水深度处理回用等项目，获得了中央财政资金支持，对于加快项目建设起到了积极推动作用。

（三）推动农业循环经济发展，加快形成绿色消费模式和生活方式

1. 深入开展农业固体废物资源化利用

2013 年，天津市新增农村户用沼气 1 780 户、养殖小区沼气工程 20 处、农村沼气服务网点 35 个。截至 2013 年底，全市已累计建成农村户用沼气 4.87 万户，处理规模化养殖场粪污的大中型沼气工程 20 处，养殖小区沼气工程 375 处，秸秆沼气集中供气工程 3 处，乡村服务网点 195 个，已有 6 万余户农村人口的生产生活用上了沼气。各类模式沼气工程年产沼气 2 200 万 m^3，年可替代标准煤 1.6 万 t。以沼气建设为纽带拉动了养殖业、种植业等产业发展，带动了农业循环经济发展。

2. 积极构建农业循环经济产业链

以项目建设为抓手，引导各区大力发展农业循环经济，初步形成了种植业主导区域、养殖业主导区域、种植业养殖业综合区域、旅游观光农业区域、海水鱼养殖区域、花卉产业主导区域等 6 条典型生态循环产业链。

3. 探索农业循环经济有效模式

依托各区农业生态园区，探索形成稻蟹、稻鳅等稻田立体种养，以及秸秆沼气循环利用、林下养殖、全封闭循环水海水鱼养殖、名优花卉节能设施产业化生产等多种较为成熟的循环农业模式。筛选出这些针对不同经济条件地区和农业主导产业的实用技术和模式并加以推广，对转变天津市农业发展方式、推进新农村建设具有重要的现实意义。

（四）加强国际交流合作，拓宽循环经济发展深度广度

为落实天津市和日本北九州市关于循环经济及建设低碳社会合作备忘录，进一步加强两市在循环经济建设领域的交流，共享合作项目成果，两市进行了多次交流和研讨，并成功举办了循

环经济合作发展论坛。天津市绿天使再生资源回收利用有限公司与日本绿环科技株式会社共同签署了开展废旧塑料项目合作的备忘录。

四、小结

天津是一个大型老工业城市,中小型企业发展迅速,已有中小型企业4万多家,其中,直接从事生产加工的有1万余家。其中,一些企业技术及设备相对落后,为追求效益,这些企业往往忽视环境保护,严重超标排放废气、废水、废渣等污染物,对环境造成破坏。不对其进行严格控制管理,将对天津的环境和经济造成很大的影响。

随着循环经济发展模式的兴起,天津市按照国家发展改革委的统一部署和要求,把发展循环经济作为推进生态文明建设、实现可持续发展的重要途径,加大力度推动全市循环经济产业体系进一步完善,使循环型社会建设水平不断提高,国家循环经济示范试点城市建设取得新进展,为天津市转变经济发展方式、建设美丽天津奠定了良好基础。

近年来,循环经济的发展理念逐步得到社会各界的广泛认同,为落实全面、协调、可持续的发展观念,促进经济社会和人的全面发展提供了现实可行的新经济模式。《天津市国民经济和社会发展第十一个五年规划纲要》指出,在"十一五"期间,要节约资源能源,发展循环经济。天津市通过积极发展循环经济,建设循环经济示范区,发展循环经济产业链,形成节约资源的机制,改善城市生态环境质量,创建国家园林城市。

《"十二五"节能减排全民行动实施方案》和《国务院关于加快发展循环经济的若干意见》提出,在全国建设一批技术先进、管理规范、示范作用强、循环经济特征明显的循环经济教育示范基地。形成了循环经济发展的政策环境和社会氛围,创造出了一批各具特色的循环经济典型和模式。为打造区域循环经济,实现资源的再生利用,天津市工业和信息化委员会2017年组织编写了《天津市资源循环利用产业发展三年行动计划(2018—2020)》(以下简称《行动计划》)。《行动计划》提出,到"十三五"末,天津市主要工业固体废物综合利用率将保持在98%以上,全市资源循环利用技术装备水平明显提升,利用领域有效拓展,产业规模不断壮大,促进资源循环利用发展的长效机制基本形成,主要指标继续保持全国前列,成为推进节能减排的强大动力和发展循环经济的重要支撑。到2020年,天津市资源循环利用产业规模达到360亿元,年均增速保持在10%以上。

党的十九大以来,为实现上述目标,天津市将鼓励支持大宗废弃物综合利用、再生资源利用等一批资源循环利用龙头企业,通过联合、兼并、收购等方式实施产业整合,促进人才、技术和科研资源向龙头企业集中,推动企业做大做强。到2020年,培育一批年产值超亿元的资源循环利用龙头企业,形成龙头企业引领和中小企业协同发展的产业格局。

根据《行动计划》,天津市将发挥天津子牙循环经济产业区聚集作用,发挥其针对京津冀城市群的再生资源加工利用功能,进一步做大做精再生资源产业,引进废弃电器电子产品回收、报废汽车回收与装备制造、废旧橡塑再生利用、废旧金属再生利用等一批重点项目,通过项目建设完善产业链条,扩大产业规模,提升产业水平,在今后的发展过程中,逐渐完善天津市循环经济发展模式。

第二章 中部城市循环经济发展状况

第一节 武汉市循环经济发展状况

一、武汉市循环经济发展背景及政策

(一)武汉市循环经济发展背景

武汉市位于长江中游,全市下辖13个市辖区,辖区总面积近8 500 km²。2017年武汉市GDP为13 410.34亿元。武汉是我国内陆最大的水陆空交通枢纽,在我国的经济地理中也处于中心地带,被称为"九省通衢"。

随着武汉市经济的飞速发展,经济总量的大幅度增加,居民生活水平的不断提高,城市化进程的不断加快,资源和环境这两个制约全球经济发展的重大问题在武汉市也越来越突出。如何促进经济增长方式的转变,如何利用有限的资源支撑经济的高速发展,如何改善日益恶化的环境,如何创造适宜人们居住的生态城市等一系列的问题,成为人们在感受经济增长、人民生活水平不断提高带来的喜悦的同时,不得不认真考虑的一个重大问题。

改革开放多年来,在实现经济高速发展的同时,随着对经济结构的调整、高科技产业的引进和第三产业的发展,以及政府和相关部门对环保事业的重视,武汉市的环境污染得到进一步控制,环境质量趋于稳定。但是武汉市资源能源消耗大,城市环境建设发展相对滞后,城市环境质量改善还不能满足人民的迫切要求。武汉市的资源、能源消耗量远高于发达国家,经济持续快速增长的同时,武汉市城市生态环境的压力日益增大。

国内外一些理论研究和经济发展现状显示,发展循环经济能够很好地解决经济增长与环境保护的瓶颈问题,实现经济、自然、社会的和谐发展。以环境无害化技术、资源回收利用技术和清洁生产技术为主要载体的循环经济,将以环境友好方式利用资源、保护环境和发展经济,逐步实现以最小的代价、更高的效率和效益,实现废弃物减量化、资源化和无害化,开辟武汉市发展史上的新纪元。循环经济的新趋势,为武汉市提供了站在新时代的最前沿开创世纪新辉煌的机遇与途径。

(二)武汉市循环经济发展政策

武汉市委、市政府高度重视发展循环经济工作,把发展循环经济作为"两型社会"建设的突破口和调整经济结构、转变发展方式、实现节能减排目标的重要措施,放在十分突出的位置。

武汉市贯彻落实《国务院关于加快发展循环经济的若干意见》,依托两个国家级循环经济试点园区——东西湖区和青山区,以点带面,循环经济从理念变为行动,在全市范围内得到较快发展。

1.加强组织领导,建立和完善发展循环经济的工作机制

为加快循环经济发展,在2005年初,武汉

市人民政府就成立了推动循环经济发展工作领导小组，制定了《关于推动武汉市循环经济发展的工作方案》，统筹规划和协调循环经济发展工作。2007年底国家批准武汉市为"两型社会"建设综合配套改革试验区以来，武汉市委、市政府把发展循环经济作为"两型社会"建设的突破口，将其列为"两型社会"建设的12项重点工作之首，狠抓落实，持续推进。武汉市发展改革委拟订了《武汉市发展循环经济专项实施方案》，明确了发展循环经济的基本思路、指导思想、基本原则、规划目标和发展重点。同时，按照"项目化、资金化、政策化"要求，细化了实施方案，建立了武汉市循环经济重大项目库，共收录项目678个，总投资1 342亿元，进一步夯实了循环经济发展的基础和载体。

2.加强规划对发展循环经济的宏观指导

制定科学的规划是发展循环经济的重要前提条件。武汉市坚持在组织编制各类专项规划、区域规划和城市总体规划时，自觉运用循环经济发展理念指导规划编制工作。特别是在武汉市"十一五"规划编制和中期评估过程中，武汉市把发展循环经济作为编制和修订"十一五"规划的重要指导原则，加强了对发展循环经济的专题研究。武汉市结合"两型社会"建设，全面启动了循环经济发展中长期规划编制工作。武汉市发展改革委拟订了《武汉市循环经济发展规划编制大纲》《武汉市区域循环经济发展试验区规划编制大纲》，指导全市循环经济发展。

3.试点工作进展顺利，初步形成了不同层面的循环经济体系和各具特色的循环经济发展模式

东西湖区和青山区先后成为国家级循环经济试点园区，东风鸿泰汽车股份有限公司成为国家汽车再制造试点，阳逻开发区成为省级循环经济试点园区，市级循环经济试点也开始启动。在试点的基础上，武汉市初步探索形成了企业、企业间或园区、废物回收及社会4个层面的循环经济发展体系。高耗能、高排放行业不同工艺流程的企业，不同类型的产业园区初步形成了各具特色的循环经济发展模式。作为全国第一批循环经济试点园区，东西湖区坚持以提高资源利用效率为核心，以建设清洁生产企业、生态工业园区和资源循环型社会为重点，围绕主导产业——食品加工业，在区内和武汉城市圈形成上下游产业链，将循环经济项目和理念渗透到建设社会主义新农村行动中去，初步形成了以武汉世源热电有限责任公司热电厂为中心的电厂循环经济圈和东流港牧业园循环经济圈。

作为全国第二批循环经济试点园区，青山区紧紧抓住重化工集聚区的区情实际，依托辖区内一大批钢铁、石化、船舶、电力、机械制造等国家重点企业，按照差异化发展的原则，以清洁生产、节能减排、污染治理、"三废"循环利用为切入点，推动企业间、产业间能源资源梯级利用，重点推进了青山热电厂—武汉石化蒸汽热电联供、武钢集团—武汉石化工业气体利用、武汉钢电—中国建研院脱硫石膏综合利用、青山热电厂—青山都市工业园集中供热等耦合项目。同时，加快推进武钢集团烧结烟气脱硫、焦炉及炼钢除尘系统改造工程、武汉石化6万t硫黄回收装置和高浓度污水处理工程、青山热电厂12号机组脱硫改造以及2×300 MW级热电联供工程等重点节能环保项目，全面推进循环经济发展，力争走出一条低投入、高产出、低消耗、少排放、能循环、可持续发展的新型工业化和城市化道路。

4.稳步推进清洁生产，着力培育一批循环型示范企业

武汉市充分发挥清洁生产在发展循环经济中的促进作用，坚持以企业为主体，政府指导为推动，强化政策引导和激励，大力推行清洁生产。在重点行业规模以上企业中，全面推行清洁生产审核，努力实现企业各工艺之间的物料能量循环，减少物料能量的使用，达到少排放甚至零排放的目标，着力培育一批资源利用率高、污染排放少、经济效益好的清洁生产示范企业。重点抓好钢铁、有色金属、建材、化工、电力等重点行业清洁生产，制定了《武汉市清洁生产实施方案》和《武汉市清洁生产审核管理办法》，成立了武汉市清洁生产促进中心，编制完成了钢铁、轻工（造纸）、化工、建材等4个行业实施清洁生产、

发展循环经济的实施方案,对武钢集团、武汉石化、神龙汽车、晨鸣纸业、武昌造船厂等多家企业进行了清洁生产审核。

5. 积极开展循环经济技术研发,强化发展循环经济的科技支撑能力

武汉市充分发挥科教比较优势,通过引进、消化、吸收和自主创新,开发、示范和推广了一批对行业有重大带动作用的共性和关键性技术,为循环经济发展提供了科技支撑。热电联产、余热利用、绿色照明、可再生能源开发利用、废水回收利用、材料防腐和保护、节能监测等一批适用技术得到广泛应用,一批成熟的农业循环经济技术在广大农村也逐步推广。重点建设了钢铁行业节能减排、建筑节能、分散式污水处理、垃圾堆肥技术应用、光伏发电与应用、风能发电、节能照明、村镇太阳能沼气新能源应用、农村污水处理、农业生产节能等一批循环经济示范工程。

6. 加强政策研究,促进循环经济发展的政策法规体系不断完善

随着《中华人民共和国节约能源法》和《中华人民共和国循环经济促进法》的陆续颁布,武汉市及时制定和修订了与发展循环经济有关的相关地方法规,开展了循环经济促进办法的立法调研,着手制定和修订武汉市节能、节水、节地、节材、资源综合利用等法规和政府规章,出台了《武汉市再生资源回收利用管理办法》和《武汉市节能监察管理办法》,加大了对有关法规和政府规章的检查和落实督办力度。

7. 政策体系逐步完善

一是财政资金支持节能减排和循环经济的力度不断加大。2007年和2008年,武汉市财政预算分别安排500万元和550万元节能专项资金,2008年在企业挖潜改造资金中安排1 000万元用于工业节能减排,2007年和2008年在科技三项费中分别安排1 315万元和3 150万元用于节能。市财政还从2009年起每年安排不少于5 000万元的循环经济发展专项引导资金,用于支持实施市级循环经济试点、重点生态工业园区建设以及国家和湖北省安排武汉市的重大循环经济项目地方配套。同时,武汉市发挥政府采购导向作用,推行政府强制采购节能产品制度,拟对空调、电视机、电热水器、计算机、打印机、显示器、荧光灯、便器、水嘴等9类产品实施强制采购节能产品,对采用竞争性谈判或询价方式采购的,同等条件下节能清单产品报价不高于一般产品最低报价10%的,优选节能产品供应商。二是税收政策鼓励节能减排和循环经济。2007年,武汉市对符合国家税收政策的资源综合利用及环境保护方面的企业实行增值税减免231户,减免税额24 497万元;实行即征即退12户,退税额2 731万元。对符合国家税收政策的节能环保企业实行所得税免、减、抵共计40户,涉及税额59 006万元。降低或取消"高耗能、高污染、资源性"企业的出口退税。三是价格政策引导节约资源。建立了节水型价格机制。2005年武汉市出台了阶梯式计量水价制度,即将居民生活用水计量水价分为3级,级差为1:1.5:2。2007年出台了《再生水价格管理指导意见》,为促进水资源循环利用,提高再生水的利用效率,促进节水型城市建设提供了有力的政策支持。认真贯彻国家、湖北省关于节能降耗的电价政策,落实峰谷电价,实行分时制电价的各项规定,坚持对高耗能行业实行差别电价政策。武汉长顺金属制品有限公司等15家高耗能企业因电价等原因停产或转产,退出高耗电行业,每年可节约电量约1.3亿 kW·h。相关政策的不断完善,促进了循环经济发展。

8. 广泛开展宣传,循环经济理念深入人心,发展循环经济的良好社会氛围逐步形成

围绕大力发展循环经济主题,武汉市开展了形式多样的系列宣传教育活动,将与循环经济有关的科学知识和法律常识纳入宣传教育计划,充分利用广播、电视、报刊、网络等新闻媒体广泛开展多层次、多形式的舆论宣传和科普教育,及时报道和表扬先进典型。编制"两型社会"建设白皮书,开展"两型"机关、企业、社区、村镇、家庭、学校示范创建活动,不断提高全社会对发展循环经济重大意义的认识,倡导节俭、文明、适度、合理的消费理念,使节约资源、保护环境变成每个公民的自觉行动，形成发展循环经济的良好社会氛围。

二、武汉市循环经济发展机制创新及科技对策研究

(一) 武汉市循环经济发展现状

武汉市在发展循环经济方面进行了许多有益探索，并创造了巨大的经济效益、社会效益和环保效益，但经济发展与资源环境约束的矛盾依然比较突出，长期以来形成的传统增长方式并未彻底改变，资源与环境问题成为武汉市经济发展的瓶颈。从资源情况来看，武汉市是一个典型的重工业城市，武钢集团、东风汽车等重工业企业是带动武汉市经济增长的主导产业，对资源消耗巨大。在重工业发展阶段，国民经济对能源和矿产等资源的需求将会持续增长，但武汉市能源资源相对短缺，简单讲就是缺煤少油乏气，能源对外依存度比较高，资源总体潜力实为有限；并且随着武汉建设山水园林型城市，对资源开发利用的限制将逐步显现，当地矿产可供应品种和能力极其有限，这种需求缺口是客观和必然的。武汉市第二产业比重占比约为50%，投资和融资平台的建设面临着许多挑战。武汉市虽以江城著称，水资源丰富，但实际水况不容乐观。总的来说，武汉市污水处理率较低，大部分城市污水未经任何处理就直接排入附近的江河湖泊，这些流域的水质情况不容乐观。武汉市环境保护局在发布的《2011年武汉市环境状况公报》中指出，2011年报告的70个处于重点监控的湖泊(水库)的水质量，符合相关环保标准的有18个湖泊，占25.7%。70个湖泊(水库)中，水质符合Ⅱ类标准的有1个湖泊，占1.4%；水质符合Ⅲ类标准的有12个湖泊，占17.1%；水质符合Ⅳ类标准的有20个湖泊，占28.7%；水质符合Ⅴ类标准的有12个湖泊，占17.1%；其他25个湖泊(水库)水质较差，均为劣Ⅴ类，占35.7%。水质差的区域比例较大。如汉阳湖水域水质较差比例为30%，其周边排污口多达31个。武汉市内绝大多数的城内湖泊污染较严重，部分湖泊水体富营养化状况已经远超警戒线。虽然得益于政府多年的不懈治理，东湖的水质近年有所改善，但湖水水质指标仍然在富营养化的界限徘徊。从产业发展的角度来看，武汉市作为我国具有悠久历史的老工业基地之一，传统产业在工业经济中的比重过高，工业结构仍呈现重工业化的趋势。一些老工业基地的结构性矛盾仍然突出，经济增长模式仍然没有得到彻底改变，产业转型升级的任务很艰巨，转变经济发展模式进而发展循环经济以走出这一困境已成为越来越多有识之士的共识。在相当长的一段时间内，武汉市完成城市发展模式的转型需要经历很多艰巨的考验，随着一些国家战略的实施，武汉市在继中部崛起战略之后又相继被国家批准为资源节约型和环境友好型改革配套试验区，并首先尝试国家自主创新示范区，这些国家战略对武汉市的发展提出了更高的要求。

武汉市完成了循环经济发展阶段性任务。武汉市万元GDP能耗年均降低4%~5%，完成情况均高于全省平均水平。2013年，武汉城市圈工业用水重复利用率达到88.7%、工业固体废物综合利用率达到86%，分别比2007年提高13.9%和11.9%。与2007年相比，二氧化硫排放强度、化学需氧量排放强度分别下降57.3%和58.8%。2012年城市圈14个重点湖库Ⅰ~Ⅲ类水质比例为64.3%，比2009年上升了14.3%，达到Ⅱ类水质的湖库比例从14.3%上升到28.6%，消除了Ⅴ类水体。2007—2012年，武汉市再生资源回收率提高20%，万元工业增加值用水量从114 m^3 下降到63 m^3。武钢集团、武汉石化、神龙汽车、晨鸣纸业、武昌造船厂等39家企业成为清洁生产示范企业。

武汉市培育了一批循环经济产业骨干企业和名牌产品。一批具有自主创新能力、自主知识产权和自主品牌的循环型产业骨干企业在激烈的市场竞争中站稳脚跟，企业迅速发展壮大。如潜江市华山水产食品有限公司利用小龙虾废弃虾壳提取甲壳素生产精细保健品，成为该行业领军企业；洪湖浪米业有限责任公司利用稻壳灰生产白炭黑，使农副产品原料的综合利用率达到了

99%；东风康明斯发动机公司、湖北新生源生物工程股份有限公司等一大批企业已初步成长为各自领域里发展循环经济的领军骨干企业。

武汉市形成了一批拥有自主知识产权的专有技术和优势领域，已拥有一批具有世界先进水平和国内领先水平的重大科研成果，为发展循环型产业提供了重要的技术保障和支撑。如武汉锅炉股份有限公司木浆碱回收技术已接近世界先进水平；武汉法利莱切割系统有限公司基本建成了国内第一条量产的激光再制造设备生产线；武汉千里马工程机械再制造有限公司拥有工程机械旧设备再制造一系列工艺的自主知识产权；华新水泥股份有限公司利用水泥窑协同处置城市生活垃圾技术处于国内领先水平。

提升了循环经济发展的参与度和关注度。通过在企业、园区和区域三个层面共同组织开展省级循环经济试点，较好地带动了关联产业的发展，也为同行业其他企业或类似园区提供了发展模式参考，引导激发更多的企业参与循环经济建设，圈域内循环经济规模不断扩大。一部分市县自行规划并推动了一批循环经济园区建设，取得了比较明显的经济和环境效益，圈域上下对循环经济发展的关注度和参与度进一步提升，循环经济发展理念逐步深入人心。

"十一五"期间，湖北省大力发展循环经济，全省生态环境得到明显改善。资源枯竭型城市转型顺利推进，低碳生产生活方式逐步推行。根据湖北省"十二五"规划，"十二五"时期湖北省经济工作的重点之一是加快核电、太阳能、生物质能源、风电等新能源开发及实施进程；推广应用太阳能热水系统，加快推进太阳能建筑一体化；积极推进非粮生物燃料产业发展；适度加快风电建设，鼓励企业投资先进风能装备；推动插入式混合动力汽车、纯电动汽车的发展，加快实现大规模生产纯电动公交车以及电池组快速更换技术的推广。此外，推进企业循环式生产，促进园区和区域内产业循环式组合。在园区和区域内实现不同企业或产业间副产品、能源和废弃物的循环利用，促进资源循环式利用；构建再生资源循环利用体系，培育一批资源综合利用

示范基地；培育循环经济消费体系，促进循环标识推广以及扩大循环经济消费市场；建立健全循环经济评价考核制度；加快运作武汉市循环经济产业投资基金，支持循环经济产业发展。

(二) 武汉市循环经济发展机制

武汉市围绕"两型社会"建设的重点领域和关键环节，着力先行先试，破除体制机制障碍，重点创新八大体制机制，探索出充满活力的"两型社会"建设武汉模式，为推动全国"两型社会"建设综合配套发挥示范和带动作用。

这八大体制机制，即为促进资源节约和环境保护的体制机制、促进产业转型升级的体制机制、促进扩大开放的体制机制、提升城市功能的体制机制、统筹城乡和区域发展的体制机制、促进土地集约利用的体制机制、促进服务型政府建设的体制机制、促进社会发展和改善民生的体制机制。

在环保节能管理机制上，武汉市出台了《武汉市合同能源管理项目支持办法》，推行合同能源管理和电力需求管理，引导用户合理用能，节能率大大提升；出台了《武汉市固定资产投资项目节能评估和审查办法》，从源头控制高耗能产业；出台了《武汉市湖泊整治管理办法》，开展府河、梁子湖等跨区域综合治理。

在土地集约利用的体制机制上，除推进农村土地流转外，武汉市在中心城区实施"退二进二""退二进三"战略，推进传统重化工企业搬迁，盘活现有工业土地存量，实现了土地集约利用和环境效益改善的双提升。2006—2010年，武汉市中心城区地均工业产值由每平方千米21.1亿元提升到38.5亿元。

武汉市正努力建设具有全球影响力的循环经济、低碳产业、新能源技术等产业创新基地和研发中心。武汉市政府与华中科技大学共同组建了武汉新能源研究院，与中钢集团安全环保研究院共同组建了武汉循环经济研究院，另外还参与了中美清洁能源联合研究中心的成立。

(三) 武汉市循环经济存在的问题

1) 武汉市循环经济法规体系存在诸多不足。一是缺乏有关循环经济的综合性地方性法

规。现有的法规,有的仅从某一方面规范循环经济,如节水、节能、资源回收等,有的只是在法规的个别条款中体现了循环经济的理念,而对循环经济的发展缺乏全面、系统的规范和保障机制。二是有关循环经济方面的单项法规还不够完善。从武汉市现有的立法看,已制定了再生资源回收、节水、建筑节能等有关循环经济方面的单项法规,但对节能、节地等其他方面的单项法规还没有涉及。

2)认识尚未完全到位,一些区和部门仍把GDP增长作为硬任务,把节能减排当成软指标,清洁发展、集约和节约发展、循环利用资源的意识不强。

3)传统产业进行循环经济改造的直接融资比重不高,直接融资渠道有待进一步拓宽。在中国人民银行武汉分行的大力推动下,短期融资券为企业开展直接融资提供了渠道。2007年,武钢集团、东风集团分别发行30亿元和21亿元的短期融资券,为武汉市循环经济发展提供了资金支持。但是总体来看,湖北省拥有直接融资渠道的企业还不多,以短期融资券发行为例,2005年以来发行短期融资券的企业只有13家。

(四) 加快武汉市循环经济发展的对策

武汉市两院院士、国家重点实验室及工程技术研发中心数目在全国处在前列,但相比较而言,在技术创新研究方面投入的科研人员数较少,获专利数量也少。要提高自主创新能力,必须要健全技术研究和开发体系,完善鼓励创新的政策体系,培育富有创新能力的各类人才,促进先进技术引进和消化、吸收、创新相结合,其中加强科技投入是促进自主创新能力提高的关键。国际上科技经费投入以研究发展经费与地区生产总值的比值作为重要的衡量指标。武汉市科技投入不断提高,但仍处于较低水平。经验表明,只有快速提高科技投入,才能促进自主创新、支撑产业的转型和经济的发展。

1.加强政府对科技投入的引导

武汉市场经济已逐步完善,科技资源的配置已转到以市场为基础的轨道,企业已成为科技投入的主体,但政府在科技资源配置的宏观调控、政府目标的实现、导向带动等方面仍然起着重要的作用,因此必须加大政府对科技的投入。财政科技投入增长率应稳步提高,应不低于一般性财政收入的增长率;各级政府科技投入占财政总支出的比重应逐年提高。同时,要改进政府科技投入方式。重视公益、共性科技问题,明确社会公共科技在政府公共科技资源配置中的优先地位。从社会和公共安全需求出发,优先解决社会领域一系列突出矛盾中的科技问题。加强普及科学,提高创新能力,发展公益性科技事业,保护环境,开发节能技术、循环经济技术,建设科技基础平台等。政府、企业应建立良好的科技投入互动机制。政府要营造有利于企业独立投入研发的导向性环境,形成鼓励企业加强自主创新的氛围。

2.提高企业对科技投入的主动性

通过政府的引导和政策的支持,武汉市企业科技投入已大幅增长,企业已成为科技投入的主体,但企业科技投入不足的现象仍然普遍。武汉市政府应不断加大宣传,制定、落实优惠政策,提高企业对科技投入的主动性。要引导大中型企业、高新技术企业、民科企业加大研究开发投入,大中型企业科技投入增长比例应大于销售增长比例。同时要引导外资企业和合资企业设立研发机构和开展技术创新活动,鼓励外资企业加大对科技的投入力度,对外资企业开展技术创新活动要与内资企业同等待遇,给予税收等政策方面的优惠。

3.引导金融风险机构加大对科技的投入,构建科技金融平台,拓宽科技成果产业化融资渠道

科技融资对科技创业企业的发展至关重要,应积极探索符合市场机制的科技融资机制,支持科技创业,加大金融机构对科技的投资力度。积极推荐创业型高新技术企业融资上市,逐步建立以中小企业板、创业板市场为核心的多层次支持科技的资本市场体系。要鼓励商业银行在信贷方面对科技企业的支持。要充分发挥现有风险投资机构的作用,使其成为高新技术企业创业以及科技成果产业化的重要资金来源

之一。

4. 积极拓宽融资渠道，加大循环经济直接融资力度

第一，努力争取武汉市国家产业基金试点资格，通过产业基金的带动作用，引导其他资金加入，从而为循环经济发展提供前期资金支持。第二，通过税收减免等优惠政策发展壮大风险投资规模，吸引国内外大型风险投资机构来武汉市设立分支机构，引导和吸引风险投资向循环经济领域加大投入。第三，充分利用债券融资工具。成立由武汉市发展改革委、中国人民银行武汉分行、湖北证监局等部门组成的领导小组，发挥骨干企业信用等级高的优势，争取更多的循环经济骨干企业获得发行股票、可转债、短期融资券、公司债的资格，为循环经济企业债权融资创造条件。第四，积极推广循环经济技改项目外包模式。可以从比较成熟的合同能源管理（EMC）开始，选择部分骨干企业试点，借助循环经济以外的技术、资金资源，为本地循环经济的发展拓宽空间。

5. 构建武汉市绿色 GDP 核算体系

2004 年 9 月 1 日，原国家环保总局发出公报，中国绿色 GDP 核算体系框架已初步建立。武汉市依据该核算体系框架，建立了武汉市环境实物量核算、环境价值核算、环境保护投入产出核算，以及环境经济调控的绿色 GDP 核算体系。通过绿色 GDP 核算体系，我们可以看到武汉市资源耗减成本和环境损失的严重代价，武汉市必须抛弃传统的经济发展模式，走经济、社会和环境相结合的可持续发展之路。

（五）武汉市循环经济发展的政策需求

在市场经济条件下，发展循环经济，减少能源资源消费和污染物排放应该主要依靠市场机制进行协调。但市场不是万能的，发展循环经济需要政府提供政策供给，实现能源资源的合理开发利用。

第一，由于能源资源消费和环境污染成本不能在按市场规律作用的价格机制中体现出来，因此能源资源消费和环境污染在市场价格体系中得不到反映，能源资源的市场价值定位偏低，导致能源资源过量开采和浪费。

第二，能源资源的可持续利用意味着要实现代际公正，能源资源消费不仅要满足当代人的需要，而且要考虑后代人的需求。仅仅依靠市场来配置资源，容易造成市场主体追求自身近期经济效益最大化，而忽视了长远利益和整体利益。而政府作为社会公共利益的代表，应该从社会整体和长远发展的角度，制定出相应的宏观发展战略和政策体系。

三、武汉市青山区循环经济发展模式研究

青山区是武汉市中心城区中工业最集中的区域，2010 年工业总产值 1 222.94 亿元，占武汉市中心城区工业总产值的 45.3%，而且主要集中在钢铁、石化、火力发电等高耗能、高排放重工业领域。武汉市青山区也是二氧化碳、各类硫化物、氮化物、工业粉尘、工业废水的高排放区，"三废"排放量长期居武汉各区之首。资源和环境的压力已经制约了青山区的发展。青山区经济发展要突破资源和环境的双重瓶颈，迫切需要走循环经济之路。循环经济是一种最大限度地利用资源和保护环境的经济发展模式。其基本行为准则是 3R 原则："减量化原则（reduce）"，通过减少进入生产和消费过程的物质量，从源头节约资源，减少污染物排放；"再利用原则（reuse）"，通过提高产品和包装的利用效率，产品和包装容器被多次使用，减少一次性用品的污染；"再循环原则（recycle）"，要求物品完成使用功能后能够重新变成再生资源。青山区发展循环经济是根据高耗能、高排放企业集中的现状，积极推进结构调整，转变经济增长方式，响应武汉市建立资源节约型和环境友好型社会，走新型工业化道路的重要手段和途径。

（一）发展循环经济的实践模式

武汉市青山区借助武汉城市圈构建资源节约型和环境友好型社会试验区的有利时机，选择循环经济作为全区经济发展主方向，并被成功列为国家循环经济试点园区。青山区大力推动

循环经济的发展已取得明显成效,在GDP保持每年15%以上增长的同时,万元GDP能耗在"十一五"期间大幅下降23%,主要污染物化学需氧量和二氧化硫的排放量分别下降13%和22.6%。青山区发展循环经济的实践方式可以归纳为以下三种模式。

1. 以企业为主导,在企业内部层面上建立的小循环模式

企业为了降本增效,实现政府下达的节能减排指标,主动进行技术改造创新,在企业内部对资源进行循环利用。这种模式实施难度较低,项目推进速度较快,单一企业可以直接受益。武汉市青山区的武汉石化、武钢集团等企业都主动投入资金进行废水、废热、废气等的回收使用,取得明显的社会效益和经济效益。武汉石化通过余热发电、催化焦化炼油装置低温位热源回收利用等项目降低能耗,折合每年节约标准煤2.5万t;2010年投用的污水处理回用装置每小时处理200 t污水进行水资源的循环使用,既减少了污水排放又降低了新鲜水的消耗。2011年通过硫黄回收装置从炼油的废气废液中回收硫黄1.92万t,减少二氧化硫有害气体排放3.84万t,同时销售硫黄创效3 500万元。武钢集团通过实施150 MW燃气蒸汽联合循环发电机组建设回收炼钢副产热能发电,通过建设矿渣微粉生产线使矿渣变废为宝。

2. 以政府为引导,企业为主体,在企业与企业之间区域联合层面上建立的中等循环模式

从历史的发展和现实的状况分析,青山区的工业企业集中在钢铁、石化、造船、火力发电、建材等领域,产业关联度较高。过去,企业的目光向内,企业的资源利用自成体系,主要资源依存关系不强。随着节能减排的不断深入,在单一企业内部实现资源充分利用的难度越来越大,投入越来越高,企业内部挖潜遇到了瓶颈。青山区发挥区内企业距离近、集中度、关联度高的优势,积极引导区内企业从关联企业间寻找资源区域联合利用的机会,打开了充分利用资源、倡导循环经济的新思路。2011年,武汉石化与武钢集团之间实施投用的氮气回收利用项目就是"循环利用、资源节约"的典型代表。在钢铁企业,生产氧气过程中的副产品氮气是无用的废气,每年大量排放;但在石油化工企业里,氮气则是不可或缺的有用气体,每年需要消耗大量能源生产氮气。武汉石化每年需要氮气2 500万m^3,回收利用武钢集团的氮气,可为武钢集团增效366万元/年,武汉石化降低生产成本450万元/年。武汉石化已经完全停掉生产氮气的空分装置,一年内节约电力消耗2 000万$kW·h$,减少排放二氧化碳近2万t,节能减排效果显著。

于2011年10月至2012年5月实施的青山热电厂对武汉石化工业供热项目,也是在企业与企业之间区域联合层面上建立中等循环模式的成功案例。在政府引导支持下,两家企业共同投资6 175万元,建设青山热电厂至武汉石化长度约3.4 km的热网工程,将两家企业联合在一起,实现资源共享和副产品互换的产业共生组合。该项目实施后,武汉石化得到稳定而优质的汽源,节约自己建设锅炉的投资成本2亿元;青山热电厂也在开发电力生产副产品效应上取得突破,不仅提高了青山热电厂的供热负荷和经济效益,而且满足了国家对热电厂实施热电联产、保护环境的要求,企业的经济效益和社会效益显著提高。

3. 以政府为主导,市场为主体,在社会层面上建立的大循环模式

为了在社会层面建立废物回收利用的大循环系统,青山区发挥市场的主体作用,于2011年6月30日,成立了全国第一家专业从事城市矿产交易的武汉城市矿产交易所。城市矿产是指工业化和城镇化过程中产生的蕴藏于废旧机电设备、汽车、家电、电子产品、包装物等各种"废弃物"中,可循环利用的钢铁、贵金属、塑料、橡胶等各种资源。"废弃物"进入交易平台出售、公开竞价,转让方的销售收入得以提高。同时,城市矿产交易所为企业提供一种全新的销售渠道,通过网络推广帮助企业发现更多客户,实现资源循环利用企业的规模化发展,对城市矿产资源回收、安全储运、环保处理体系建设起到了积极的促进作用。武汉城市矿产交易所由武汉市青山区国有资产经营公司、武汉光谷联合产权交易所等4家单位共同发起设立,按现代企业制度进行公司化管理,具有信息发布、交易服务、融资咨询服务等功能。交易所实行会员制度,会员为交易所的交易主体。该交易所已吸收会员企业50多家。在2011年6月30日交易所成立首日,就有12家会员企业在此进行了铁精矿、粗灰分、粉煤灰等6种"废弃物"的转让交易,成交金额达700余万元,转让方的"废弃物"通过交易成为受让方的生产原料。

(二) 三种循环经济模式的难点及对策

1. 小循环模式的难点及对策

以企业为主导,在企业内部层面上建立的小循环模式的难点在于如何持续地保持和增强企业进行技术改造创新、在企业内部对资源进行循环利用的动力。企业实施资源循环利用项目的动力来源于三个方面:一是实施资源循环利用项目会产生直接经济效益的吸引力(价值量 F_1);二是政府在发展循环经济方面对企业产生的有效用的政策影响力(价值量 F_2);三是社会公众对企业的有效用的舆论影响力(价值量 F_3)。三个方面动力价值模型为:

$$F=F_1+F_2+F_3$$

式中:F_1=项目产生的经济效益-项目花费的总成本;

F_2=政府对企业实施项目给予的专项奖励资金+企业实施项目带来政府罚款和税赋减少产生的收益;

F_3=企业实施项目带来的公众好感产生的商誉价值+企业实施项目带来维护企业形象费用减少产生的收益。

当 $F>0$ 时,企业就会有实施资源循环利用项目的动力,F 越大,动力越强。为增强企业动力,可采取以下措施:加强资源循环利用项目方面新技术的产学研攻关,降低资源循环利用项目的成本,增加循环利用项目的收益;建立政府循环经济的专项奖励基金,加大政府对循环经济项目的奖励力度;提高对排放超标、能耗超标企业的处罚力度,建立推动企业发展循环经济的倒逼机制;加强循环经济的宣传,提高全社会对发展循环经济的关注度,增强支持循环经济发展的舆论氛围。

2. 中等循环模式的难点及对策

以政府为引导,企业为主体,区域联合层面上在企业与企业之间建立的中等循环模式需要通过企业间的资源买卖交易行为来实现,实现买卖交易行为离不开买方需求、离不开买卖双方可接受的交易价格,因此这一模式的难点在于:一是如何使企业相互及时了解潜在需求,发掘企业之间资源相互循环利用的商业机会;二是如何有效降低企业之间资源相互循环利用的物流成本和税赋成本,促使双方达成可接受的交易价格。建议采取以下措施。

一是增强企业与企业之间的协调,定期收集区域内企业废弃排放物目录,向区域内企业发布,构建信息交流平台。定期组织区域内企业间的联系交流活动,建立沟通交流平台,同时引入科研机构,发掘潜在需求。二是增强政府的服务职能,帮助企业降低物流成本和税赋成本。企业间铺设传输管道可以降低物流成本,但铺设传输管道常常需要穿越公共绿地、道路等设施,需要政府支持协调。阻碍循环利用废弃物的不合理税收政策在于:当企业间相互循环利用的废弃物排放掉时不会有税赋,但一旦被另外一家企业回收利用,就会有各类税赋,从而打击了企业间相互循环利用废弃物的积极性。政府应制定相应的税收优惠减免政策,鼓励企业间废弃物资源相互循环利用,最大限度地实现区域减排的经济效益和社会效益。三是在"源头"环节下功夫,审批新建企业和新建工业园区选址时就要注重科学规划,按照有利于发展循环经济,有利于不同企业间和不同产业间产品连接成链、复合成网,有利于用资源综合利用的原则来优化企业和产业布局。按照资源循环利用、规模化经营、专业化分工的原则,合理构建循环经济产业链,形成各具特色、优势互补、互利共赢的生态产业网络。

3. 大循环模式的难点及对策

以政府为主导,市场为主体,在社会层面上

建立大循环模式的难点在于如何尽快扩大交易市场的影响力和覆盖面。武汉城市矿产交易所的市场影响力还不强,交易量还不足。建议采取以下措施。

一是通过完善交易规则,提高交易效率,编制交易指数,扩大市场影响力;二是加强市场推介和拓展,扩大市场的覆盖面,尽快由武汉地区性市场向湖北省及全国性市场转变;三是加强与碳排放权交易市场的合作。2012年初,国家发展改革委同意湖北等7个省市开展碳排放权交易试点。湖北在武汉成立碳排放权交易所,在2013年底启动碳排放权交易。加强武汉城市矿产交易所与武汉碳排放权交易所之间的合作,可以充分发挥武汉城市矿产交易所的实物交易和武汉碳排放权交易所的额度交易的互补优势,更加有助于青山区乃至武汉市循环经济的发展。

四、小结

纵观武汉市的经济发展历程,我们发现,武汉市经济社会发展是以消耗大量的资源和一定的环境退化为代价的,武汉市万元GDP能耗显著高于发达国家水平,揭示了武汉经济的高速发展伴随着大量的资源开发和低效利用的单位物质输入,其发展经济的生态环境成本较高。一方面,武汉市人均耕地资源压力巨大,工业化、城市化进程进一步增加了耕地资源压力;另一方面,武汉市是一个以"煤烟型污染"为主要特征的城市,每年排放的废气总量约为1亿 m^3(不包括汽车尾气)。武汉市的资源和环境状况不利于其可持续发展战略目标的实现。

武汉市积极倡导并推进循环经济的发展。自国家批准武汉市为"两型社会"建设综合配套改革试验区以来,武汉市委、市政府把发展循环经济作为"两型社会"建设的突破口,将其列为"两型社会"建设的12项重点工作之首。武汉市充分发挥科教优势,通过引进吸收和自主创新,开发和推广了一批对行业有带动作用的关键链接技术,为循环经济发展提供了科技支撑。在不同领域、行业、企业开展了有效的试点工作,努力转变经济增长方式,已取得一定成绩。

东西湖区和青山区先后成为国家级循环经济试点园区,东风鸿泰汽车股份有限公司成为国家汽车再制造试点,阳逻开发区成为省级循环经济试点园区。在试点的基础上,武汉市初步探索形成了企业、企业间或园区、废物回收及社会4个层面的循环经济发展体系。高能耗、高排放行业不同工艺流程的企业,不同类型的产业园区初步形成了各具特色的循环经济发展模式。

截至2015年,武汉市基本形成行业良性运行机制,大幅提升节能减排的速度,成为全国性循环经济建设的示范城市。武汉市大力推进节能低碳循环发展,加强东西湖区、青山区等国家级循环经济试点园区经验的推广,加快工业园区循环化改造,构建循环型服务业体系。深化低碳城市试点,推动钢铁、化工、电力等重点行业节能控碳、交通低碳,综合利用生活垃圾"变废为宝"。武汉市推出《武汉东湖新技术开发区关于促进外资企业投资发展的若干政策(试行)》《武汉东湖新技术开发区关于推进文化科技产业融合发展的实施意见(试行)》等相关政策,引入创新型人才,扶持高新区发展光电子信息、生物医药、高端装备制造、新能源环保、现代服务业等产业项目,大力推动循环经济新区的发展。

2016年,武汉市公布了《武汉市循环经济发展"十三五"规划》。依托"大临港""大车都""大光谷"和"大临空"产业板块,大力发展静脉产业,推动清洁能源及环保设施一体化建设,打造覆盖都市发展区的循环产业链条。完善"三位一体"回收利用体系,加快建设阳逻、青山、新沟、军山4个大型再生资源加工利用基地,推动再生资源回收产业集聚发展,大力发展再制造产业。建立"十三五"循环经济重点项目库,对入库项目设立"绿色通道",实行"以奖代补"奖励政策。

党的十九大提出"加快建立绿色生产和消费的法律制度和政策导向,建立健全绿色低碳循环发展的经济体系"。武汉市就推进绿色发展做出系列部署。为了加快建立绿色生产和消费的法律制度和政策导向，建立健全绿色低碳循环发展的经济体系，湖北省人大高票通过了《湖北省人民代表大会关于大力推进长江经济带生态保护和绿色发展的决定》，给生态环境治理、长江大保护等提供了有力的法制保障。到 2020 年，武汉市废弃物综合利用产业产值达到 160 亿元，再生资源回收利用产业产值达到 500 亿元，资源循环利用产业产值达到 720 亿元，中心城市布设 500 个以上智能回收箱，生活垃圾资源化利用率达到 90%，无害化处理达到 100%，综合利用文化、科技等手段，将循环经济的理念深入到人民的生活中，共同拥抱蓝天，拥抱绿水青山。

第二节 长沙市循环经济发展状况

一、长沙市循环经济发展背景

长沙市为湖南省省会，同时也是国家首批历史文化名城，国家综合配套改革试验区之一，国家级两化融合试验区之一，国家"十二五"规划确定的重点开发区域，我国综合性交通枢纽。长沙市地处湖南省东部偏北，湘江下游和长浏盆地西缘。

长沙市加快转变经济增长方式和经济增长结构，经济总量日益扩大，产业结构不断优化，经济发展的全面性、协调性和可持续性明显增强。2013 年，长沙市实现 GDP 7 153.13 亿元，比上年增加 753.22 亿元，总量突破 7 000 亿元大关，比上年增长 12.0%。

从总体来看，湘江流域云集了电力、冶金、化工、煤炭、建材、纺织、食品、造纸等工业。这类工业的成长发展过程就是不断消耗自然资源，同时使景观生态不断受到侵袭和损害，导致资源节约压力较大。湘江的生态环境亟待改善，与此同时，湘江近年枯水现象频发，沿江城市的供水、航运交通、工农业生产等均受到了较大的影响。环境保护、资源节约与产业发展的有机结合还没有取得实质性突破。

在全国大力推动循环经济发展的大环境下，2007 年 12 月，中央正式批准长株潭城市群为全国资源节约型和环境友好型社会建设综合配套改革试验区。自此，长沙市的循环经济发展上升到国家战略层面，进入一个新的历史起点，长沙市"两型社会"建设以此为起点有序地向前推进。

二、"十一五"期间长沙市循环经济发展情况

"十一五"（2006—2010 年）以来，长沙市根据国家和省政府关于推进循环经济有关精神，结合地方实际，强抓节能减排，大力发展清洁生产，深入推进废弃物回收综合利用，提高资源利用效率，有效促进了循环经济发展。

(一) 循环经济发展取得的主要成绩

1. 节能工作卓有成效

从年度指标来看，2006 年，长沙市万元 GDP 能耗为 0.990 t 标准煤，降幅 3.89%，比全省平均降幅高 0.5 个百分点；规模工业万元增加值能耗为 1.20 t 标准煤，降幅 4.57%；万元 GDP 电耗为 608.0 kW·h，降幅 10.76%。2007 年，长沙市万元 GDP 能耗为 0.943 t 标准煤，降幅 4.69%；规模工业万元增加值能耗为 1.10 t 标准煤，降幅 6.75%；万元 GDP 电耗为 580.9 kW·h，降幅 4.45%。2008 年，长沙市万元 GDP 能耗为 0.888 t 标准煤，降幅 6.10%；规模工业万元增加值能耗为 0.74 t 标准煤，降幅 13.72%；万元 GDP 电耗为 549.1 kW·h，降幅 5.48%。至 2009 年底，全市万元 GDP 能耗为 0.846 t 标准煤，降幅完成了"十一五"节能目标 90% 以上；规模工业万元增加值能耗为 0.6 t 标准

煤,降低幅度超额完成"十一五"目标,连续三年被省政府评定为"超额完成"等级,能耗控制水平始终处于中部省会领先地位。

2.主要污染物减排达标

主要污染物砷、镉"十一五"减排目标提前完成。2008年,长沙市砷排放总量为0.4 t,比2005年消减了27.27%,比"十一五"减排目标多完成3.67个百分点;镉排放总量为0.33 t,比2005年消减了36.54%,比"十一五"减排目标多完成11.547个百分点。2009年,长沙市全年排放化学需氧量57 540 t,完成化学需氧量减排16 683 t,较上年消减了16.77%,消减率全省排名第一;排放二氧化硫60 800 t,完成二氧化硫减排19 981 t,较上年消减了12.3%,消减率全省排名第二,完成了省政府下达的减排指标任务。2009年上半年,化学需氧量排放基本完成年度减排任务,二氧化硫完成减排1 973.32 t,占年度任务的44.2%。

3.污水处理率大大提高

2009年,全市污水排放量42 608.6万 m^3,污水处理总量为29 307万 m^3,污水处理率为68.8%;2010年,由于污水管网的不断完善,污水处理率得以大大提高,全年污水排放43 078.1万 m^3,污水处理总量为38 511.2万 m^3,污水处理率为89.4%。

4.循环经济试点积极推进

"十一五"以来,长沙市注重以点带面来推动全市循环经济的发展,既有面上的宏观谋划,又有企业、园区等点上的探索。

一是积极开展循环经济企业试点。涌现了武广客运站的地源热泵空调项目、湖南省脑科医院的水源热泵空调项目、中南勘测设计院的光伏发电项目、杨子冶金实业有限公司的轧辊回收再制造项目、新城新世界地产的中水回用项目等一大批具有示范意义的循环经济项目,培育了长沙蓝天回收有限公司、长沙长泰机械股份有限公司、长沙市亿利达厨房设备有限公司、湖南金龙铸造有限公司、湖南三环颜料有限公司、湖南万荣科技股份有限公司等几十家清洁生产企业、环境友好型企业,在电子废弃物、铜铝业废弃物、污水和余热等固、液、气废弃物和生物废料等的综合回收循环利用方面形成了独有的模式。此外,长沙市还组织中联重科股份有限公司、三一集团有限公司、湖南浏阳制造产业基地成功申报了国家机电产品再制造试点单位。

二是积极开展循环经济园区试点。宁乡经济技术开发区、望城经济开发区铜官循环经济工业基地是湖南省循环经济示范试点园区,利用园区的产业形成多元化、多层次的循环经济产业链,推动园区逐步建立大循环机制。宁乡经济技术开发区重点打造了两条循环经济产业链——"酒渣、酱渣、薯渣—生物废料、饲料—农副产品及深加工"农业产业化循环经济产业链和"热电—废渣、废水资源再利用"产业链。望城经济开发区铜官循环经济工业基地以资源的高效和循环利用为核心,以科技创新为动力,按照"总体规划、分期实施、突出重点"的建设原则,坚持"严格准入条件、严格环境保护"的项目准入机制,接纳国内外以循环经济产业为主导的产业项目,以精细化工、电力及配套、新型环保建材、仓储物流四大产业为主导产业,依托华电长沙电厂,充分利用电厂热能、水资源、废渣、脱硫石膏、闲置运力等,实现园区各企业之间资源综合利用,降低各类污染物排放,逐步形成以产业集聚、物资循环利用和能量梯级利用为特征的工业经济循环体系。

5.农村循环经济发展如火如荼

一是沼气工程普及率较高。"十一五"以来,累计新建户用沼气池9.6万个,截至2009年底,全市户用沼气池保有使用量33.2万个,占宜建池农户的50%左右,位于全国领先行列。户用沼气建设实现了由星星点点向成片开发的跨越,由几户一组发展到整村推进,有420个村沼气入户率达75%以上;池型规模实现了由小池向大中型池的跨越,新建了135处大中型沼气工程,总容积突破了1万 m^3。

二是农村节能和新能源开发步伐加快。5年来,长沙市共推广省柴节煤炉灶150万台(套),普及率达90%;推广太阳能热水器5.1万 m^2;引进推广了太阳能照明工程,在望城区光明村等7个示范村推广的太阳能路灯亮化工程,为"两型"

新农村建设增添了无限光彩;引进开发了长沙广安生物科技有限公司沼气发电、湖南天心牧业有限公司沼气发电和湖南亮之星米业有限公司生物质发电等一批可再生能源开发利用技术和项目。农村生活用能中,清洁、环保的可再生能源比重逐年提高,达到了16%,比"十五"末提高了近1倍。

三是农村可再生能源服务体系逐步壮大。农村可再生能源服务体系从无到有、从单一提供建池服务,逐步向建、修、管、用等领域拓展。长沙市新建农村可再生能源服务网点245个,有国家颁发资质证的技术人员620人,一个以县级服务站为主导、乡村服务点为支撑的农村可再生能源服务体系正在形成和完善。依靠循环经济发展模式,长沙市农村形成了年开发利用新能源(包括节能)50万t标准煤、减排二氧化碳约55万t的节能减排能力和年处理近亿吨有机废弃污染物的治污能力,在改善120多万农民的生活卫生环境的同时,每年为全市推广有机生态农业约6.6万hm^2,为农户增收3.5亿元以上。

(二)长沙市发展循环经济的经验做法

1.统一思想,提高认识

发展循环经济,是缓解本地资源环境约束、实现可持续发展的根本出路,是长沙市实施资源节约型、环境友好型社会建设的重要抓手。为此,长沙市委、市政府立足长远,多次召开推进循环经济工作会议。长沙市上下统一思想,集中发展,大力探索发展循环经济,以长沙经济技术开发区和宁乡经济技术开发区为代表的园区均纷纷编制了循环经济发展规划和方案,并在实践推进中取得了较好效果。

2.成立机构,狠抓落实

为贯彻循环经济发展思路,引导企业转变粗放的传统生产模式,提高资源利用率和降低废弃物排放量,推进技术革新,成立了长沙市发展循环经济领导小组,市发展改革委等为成员单位,领导小组下设办公室,为推进循环经济的发展提供了机构保障。

3.加强立法,制度保障

长沙市编制了《长沙市发展循环经济试点工作实施方案》(征求意见稿),指导规范循环经济试点工作。几大园区相继出台了一系列促进循环经济发展的优惠政策,在税收、土地等方面给予循环经济企业以一定的倾斜。同时,根据国家出台的《中华人民共和国清洁生产促进法》和《中华人民共和国循环经济促进法》有关要求,长沙市人大、市政府将《长沙市节约能源管理办法》《长沙市餐厨垃圾管理办法》《长沙市水资源管理条例》等一批有关循环经济的地方性法规、政府规章列入了立法计划。

4.广泛参与,全面推进

"十一五"以来,长沙市开展了创建"生态园区""环境友好型企业""两型企业"等活动,把能耗、水耗、主要污染物减排量、资源利用率、清洁生产审核等内容列入了考核指标体系,推动企业自觉开展清洁生产和资源综合利用等工作。大力推进节能降耗,抓好"百家企业节能行动",推进工业锅炉改造工程、电机系统节能工程、绿色照明工程,以及建材、化工等行业的余热余压利用工程;积极推进垃圾分类回收再利用;率先启动了以"绿色"为核心的"两型社会"城乡建设体系研究;提出宾馆酒店等场所不主动提供一次性日用品的活动倡议等。

(三)长沙市发展循环经济存在的不足

1.企业间、产业间、区域间循环经济网络仍不够健全

在长沙市企业与企业之间、园区与园区之间,以及园区内的循环链尚不够健全,园区间、园区内没有形成较完善的共享资源和互换副产品的工业共生体系。

2.没有形成发展循环经济的长效机制

对发展循环经济的重要性和紧迫性认识仍有待进一步加深,在确定经济发展思路、制定规划和政策上,对人与自然生态的相互协调还需深入研究,发展循环经济还没有得到有效的组织和考核,没有形成发展循环经济的长效机制。

3.政策激励和引导力度不够,缺乏强有力的经济调控手段

循环经济的发展主要靠市场驱动、科技带动,同时也离不开政府推动。有关促进循环经济

发展的制度和政策措施有待制定和完善，循环经济发展引导资金有待设立。

4. 促进循环经济发展的科技研发能力较弱

发展循环经济仍存在很多技术瓶颈，对资源节约与替代、能源梯级利用、绿色制造、污染物零排放、相关产业链接技术的研发和推广有待加强。

5. 循环经济信息平台不健全

部分企业生产过程中产生的废弃物是非常有利用价值的，但是由于没有一个很好的废弃物综合利用的信息平台，这些废弃物没能变废为宝，得到有效利用。如长沙航空工业中南传动机械厂每年产生镁屑1 t以上，这些镁屑却因为金属镁性质不稳定（易燃烧，易爆炸）、不便储藏，且找不到回收再利用企业，而选择在监督下被定期烧毁。另外，该厂每年还产生含铁、含硅砂粉约60 t，也因为没有寻求到利用途径而被当成垃圾倾倒。

三、长沙市循环经济未来发展指导思想、基本原则、目标和主要任务

（一）循环经济未来发展的指导思想

全面贯彻党的十八大精神，以构建社会主义和谐社会为目标，以循环经济理念为指导，以转变经济增长方式为主线，以科技创新和机制创新为动力，通过政策引导、经济激励、宣传教育等方式，将资源利用和环境保护融入经济发展和社会建设之中，形成政府推动、市场驱动、科技带动、公众参与的循环经济发展长效机制，多层次、全方位地推进长沙市循环经济发展。

（二）循环经济未来发展的基本原则

一是转变方式，两型发展的原则。积极转变增长方式和发展模式，走新型工业化道路，形成有利于节约资源、保护环境的生产方式和消费模式，从根本上改变高消耗、高污染的粗放型经济增长方式，建设资源消耗低、环境污染少、经济和环境协调统一的可持续发展体系，实现人与自然和谐统一。

二是节约为本，减量化优先的原则。把资源节约放在首位，生产环节优先实施资源节约利用，最大限度减少废弃物产生，用最少的资源消耗创造更多的社会财富；在流通与消费领域坚持以人为本，倡导科学消费，推广资源节约型产品和服务，反对奢侈浪费。

三是以点带面，全面推进的原则。通过一批高起点、高效益和高效率的示范工程，实现"试点小循环—链条中循环—社会大循环"的发展态势，促使循环经济发展融入整个经济社会发展各个领域，吸引社会全员参与，推动循环经济全面铺开。

四是政府推动、科技带动、市场驱动原则。要依托于科技创新，提高资源利用效率，变不能利用为充分利用，实现再循环、再利用。既要强调政府推动，又要遵从市场经济规律，以企业为主体、政府为引导，推进形成舆论导向与利益导向相结合、依法管理与政策激励相结合、政府推动与社会参与相结合的循环经济发展社会氛围。

（三）循环经济未来发展的目标

长沙市要争取湖南省的支持，纳入国家循环经济试点城市。基本形成促进循环经济发展的政策支撑体系和比较有效的激励约束机制，产业结构趋向合理，资源利用效率大幅度提高，环境质量明显改善。建成完善的再生资源回收利用体系，全社会资源节约意识进一步增强，发展循环经济和建设资源节约型社会的自觉性普遍提高。循环经济发展主要指标在省会城市中处于领先地位。长沙市循环经济发展指标如下。

万元GDP能耗下降到0.697 t标准煤；规模工业万元工业增加值能耗下降到0.73 t标准煤；万元GDP电耗下降到350 kW·h；新建民用建筑实施节能65%的设计标准；万元GDP用水量降到全国均值50%或年降低率大于等于50%；规模工业用水量重复利用率提高到80%；万元工业增加值用水量下降到全国均值50%或年降低率大于等于5%；农田灌溉、综合灌溉水利用系数提高到0.65左右；城镇供水综合漏失率降低到小于12%；农村户用沼气池普及率超过可建池农户的80%；工业废水排放达标率达到95%以上；城镇

生活污水处理率达到95%以上；工业固体废物综合利用率达到90%；木材综合利用率达到85%；化学需氧量排放总量比2005年降低50%以上，二氧化硫排放总量比2005年降低50%以上。

(四) 循环经济未来发展的主要任务

1. 固体废物垃圾处理

建立分类垃圾回收网络，建设垃圾分类投放、收集、运输、处理系统，实现垃圾收集容器化、密闭化。实现全市生活垃圾清运率达到100%，废旧电器等固体废物处理率达到95%，资源化利用率达到90%。

2. 污水处理

长沙市城镇污水处理设施处理能力达245.1万 m^3/d，其中，长沙市区污水处理能力为182万 m^3/d，县(市)城区污水处理能力为47万 m^3/d，建制镇污水处理能力为16.1万 m^3/d。规划城镇污水处理率达到90%，其中，长沙市区污水处理率达到95%，县(市)城区污水处理率达到85%，建制镇污水处理率达到80%。

3. 能源节约

按长沙市GDP年均增长14%计算，终端能源总消费量年均增长控制在10%以内，规模工业能源总消费量年均增长速度降至4.0%以内，万元GDP能耗降低率达到15%以上，规模工业万元增加值能耗降低率达到20%以上。单位土地能耗和人均能耗达到同期国内先进水平，初步预计分别约为0.005 t标准煤/m^2和6.6 t标准煤/人。在能源结构调整目标方面，优质能源在终端能源消费结构中所占的比重达到65%以上，其中，太阳能、生物质能等可再生能源利用率达到12%以上，农村清洁能源普及率达到30%以上；煤炭在终端能源消费量中的比重控制在35%以下，在燃料消费结构中的比重控制在30%以下，实现优质能源占主导地位的能源结构目标。全市煤炭消费量控制在1 800万t以下，取消市区燃料结构中的终端燃煤。

4. 循环经济试点工程

在继续抓好省级循环经济试点企业和园区建设的基础上，通过开展市级循环经济试点示范工作，加快提升企业、园区和社会3个层面的资源节约水平，带动全市循环经济深入开展，初步建立循环经济发展体系、评价体系。

(1) 企业试点

以工业支柱产业、资源能源型产业和废旧物资回收再加工产业为重点，培育30家循环经济的试点示范企业。可在湖南伏龙江超硬材料有限公司、湖南海旭实业集团有限公司、湖南省仁和垃圾综合处理有限公司、湖南中野高科技特种材料有限公司、湖南惠明环保能源有限公司、湖南华强电气股份有限公司等一批清洁生产企业、生态环保产业企业进行试点，在这些试点企业内贯穿循环经济、节能环保、清洁生产理念，新增一批循环经济试点企业，扩大示范效应。

(2) 园区试点

继续抓好宁乡经济技术开发区循环经济试点园区建设，推动铜官循环经济工业基地、湖南省浏阳制造产业基地的循环经济试点工作，进一步完善和抓紧实施长沙高新开发区、长沙经济技术开发区、湖南环保科技产业园、湖南天心环保工业园等园区循环经济规划工作。充分发挥各园区内产业集聚和生态效应，按照"减量化、再利用、资源化"原则对产业园区进行规划、建设和改造。

(3) 县(市)试点

选择1个县(市)，按照循环经济原则进行城市建设的生态化改造，促进循环型产业结构、循环型消费结构和节约型生态城市的建立。

5. 农村循环经济

农作物秸秆综合利用率达95%，农村畜禽粪便无害化处理与资源化利用率达到85%，农村使用沼气等清洁能源80%以上。一是加快畜禽粪便的资源化利用，以沼气池厌氧发酵处理为主，大力发展"畜禽—沼—果""畜禽—沼—稻""畜禽—沼—菜"等生态模式；二是加快开发农作物秸秆综合利用，推广利用农作物秸秆青贮、氨化、干贮等技术生产饲料，利用秸秆生产食用菌，推广果园秸秆粉碎深埋肥田等，提高秸秆综合利用率；三是加快应用可降解地膜技术，控制白色污染，废弃农膜回收利用率达到80%以上；四是加快生物质能转化，发展燃料乙醇和生物柴油,逐步提高新能源和可再生能源比例。

四、循环经济规划项目

(一) 再生资源利用工程

为提高资源利用率,长沙市策划和实施了以下工程。

1.再生资源社区回收网点建设项目

拟在全市建设 3 000 个社区回收网点(含初级中转站、加盟店),20~30 个中转站(二级),建设再生资源分拣加工交易中心 6 个、废旧物资交易大市场 2 个、省级循环经济产业园 1 个,自建再生资源加工厂 1 个,自建城市生活垃圾资源化综合利用示范基地 1 个,引进 5~10 个再生资源深加工项目。项目预计总投资 21.947 亿元,由湖南省蓝天再生资源企业管理有限公司联合协会及有关企业共同建设。

2.生活性废旧物资分拣加工中心

由湖南省仁和垃圾综合处理有限公司为开发单位建设,占地面积 10 hm²,市场仓储和交易面积达到 6.7 hm²,总投资 2 亿元。

3.生产性废旧物资分拣加工中心

建立和扩建湖南望城废旧物资大市场废旧金属分拣中心。经过几年的经营发展,该分拣中心成为长沙河西地区成熟的收购网络体系,直设几十个废品收购站和废品收购店。2015 年,该中心直设和通过网络加盟的废品收购站及废品店达到 240 多家,成为长沙市再生资源回收网络体系的一个重要组成部分。

4.长沙市电子废弃物回收拆解中心

长沙市电子废弃物回收拆解中心规划建于长湘高速公路、京珠高速复线和铜官循环经济工业基地交汇处。该中心融入望城循环经济工业建设,本着"严格环境保护"的宗旨,打造成一个科技型、环保型、生态型的再生资源加工基地。项目由湖南省蓝天再生资源企业管理有限公司投资建设。

(二) 节能、节水及循环经济项目

重点实施一批节能、节水、循环经济和资源综合利用项目。

1)湖南伏龙江超硬材料有限公司循环利用合成金刚石用过的触媒金属制备代钴预合金粉末产业化项目。

2)湖南海旭实业集团有限公司窑炉煤改气及余热利用节能环保改造项目。

3)湖南省仁和垃圾综合处理有限公司长沙市城市餐厨废弃物资源化利用和无害化处理项目。

4)湖南新亚胜科技发展有限公司高亮度LED绿色照明产业化示范项目。

5)湖南中野高科技新材料有限公司无废水酚醛泡沫环保节能防火保温材料项目。

6)湖南惠明环保能源有限公司长沙市固体废物处理场填埋沼气资源综合利用发电三期技改项目。

7)湖南浩润科技有限公司采用一步高温固相法年产 2 000 t 磷酸铁锂清洁生产示范工程。

8)湖南佳信佰生物技术有限公司利用柑橘皮提取生物类黄酮及其综合利用示范工程。

9)南华强电气有限公司新能源汽车全封变频卧式涡旋压缩机节能示范工程。

10)长沙远大住宅工业有限公司住宅产业化工业园项目。

11)湖南泰通电力科技有限公司合同能源管理节能项目。

(三) 农村循环经济建设工程

为加快推进"两型社会"建设综合配套改革,长沙市制订实施新的农村环保行动计划,全力推进城乡环保一体化进程,并形成农村环保自治的长效机制。投资 9.4 亿元,主要实施以下农村环保建设项目。

1.乡镇污水处理项目

加快乡镇污水处理厂建设,全面实施乡镇、集镇工业园污水处理工程,支持城镇周边村庄纳入城镇污水统一处理系统,进行生活污水收集管网建设,规模较大的村庄建设集镇污水处理工程,居住分散的村庄进行分散性农村居民污水处理工程。

2.规模化养殖场污染治理项目

全面推进畜禽污染治理,完成畜禽养殖的区

域布局和规模化养殖的畜禽污染治理,对宁乡县、望城县、长沙县和浏阳市一定规模以上的养殖场实施污染零排放治理。

3. 乡镇生活垃圾收集运输处理项目

全面推广并形成"户分类、村收集、镇转运、县处理"或"户分类、村收集、镇处理"等符合农村实情、具有长沙特色的农村垃圾收集处理体系,实现城乡生活垃圾处置全覆盖。

4. 沼气利用项目

进一步提高农村沼气工程普及率,2015年农村户用沼气池普及率超过可建池农户的75%,推动75%的养殖基地实现沼气能源利用,年产沼气5亿m^3以上,实现开发清洁能源100万t。

上述项目的实施,使乡镇污水处理设施实现全覆盖,畜禽养殖废物综合利用率达到80%,农村地区生活垃圾无害化处置率不低于70%,全面改善长沙农村环境质量,全面完成湘江支流流域环境整治。

(四) 其他项目

1. 污水处理及配套工程

通过实施"三年环保行动",长沙市城市污水处理厂处理率由之前的40%提高到80%。为进一步提高长沙市污水处理率,促进污染物减排,保护湘江饮用水源水质,长沙市投资72.9亿元,新修、改扩建长沙市苏家托污水处理厂等21个污水处理工程,并对金霞污水处理厂等7个污水处理厂实施水质提标改造。通过以上工程,长沙市逐步实现主城区"污水全截污、全收集、全处理、零排放"的目标。

2. 湘江流域及其他河流污染治理工程

长沙市投资30亿元,实施湘江重金属污染治理工程和四县(市)河流综合整治工程。湘江重金属污染治理工程已经纳入上级规划笼子,请求上级给予优先安排。关于四县(市)河流综合整治工程,长沙市拟对涉及的各大河流进行综合整治,主要包括截污工程、雨污分流设施建设、工业污染治理、农村面源污染、河道修复、生态建设等,以减少河水污染、提高水质环境、保护沿河生态为最终目的。

3. 空气、噪声污染治理工程

长沙市投资3.5亿元,实施机动车尾气污染整治工程和城区主要交通干道环境敏感地段噪声污染治理工程,改善大气,净化环境,建设现代生态型城市。

4. 固体废物综合治理工程

长沙市投资11.54亿元,重点实施餐厨废弃物综合处理项目、污泥集中综合处理项目、市固体废物处理场(黑麋峰)二期改扩建项目、站厕建设工程、电子废弃物拆解和环保处理中心等项目,以促进长沙固体废物的资源化和无害化。

五、小结

传统经济发展带来的诸多社会、环境问题已成为威胁人类生存和发展的严峻挑战,发展循环经济正逐步成为现代经济发展的必然趋势。长沙市作为湖南省的省会和政治、经济、文化、科教、信息中心,虽然经济保持了快速发展,但经济增长的背后,环境污染日趋严重,生态系统遭到破坏,资源制约日益加强。因此,必须摒弃传统的发展模式,走可持续发展的新经济模式——循环经济。

"十一五"以来,长沙市根据国家和省政府关于推进循环经济的精神,结合地方实际,强抓节能减排,大力发展清洁生产,深入推进废物回收综合利用,提高资源利用效率,有效促进了循环经济发展。

长沙市经济社会发展取得了显著成效,推进循环经济和"两型社会"的发展有了积极的进展,资源节约与综合利用取得了一定成效,但经济发展与人口、资源、环境之间的矛盾仍然突出。需要政府实施更完善的政策,企业之间建立成熟的循环经济网络,重点解决经济发展所造成的环境恶化和能源不足问题。

为落实国家循环经济试点城市相关工作要求,长沙市制定出台了《长沙市循环经济专项资金管理办法》以及《2017年度长沙市循环经济专项资金项目申报指南》等规章制度文件,并从"长沙市产业投资基金"和市财政资金中共计安排

8 000万元专项资金,加上湘江新区及五大国家级循环经济园区自筹资金2 000万元,共计筹措资金1亿元用于支持长沙市与循环经济发展相关的环保产业、示范项目等。财政资金的引导作用,促进了资源高效循环利用,实现了生产、流通和消费环节"减量化、再利用、资源化"。2017年,长沙市主要资源产出率比2016年提高5%。规模以上工业企业重复用水率达40%,一般工业固体废物综合利用率达90%,农作物秸秆综合利用率达80%。城市再生水利用率达到15%,主要再生资源回收率达75%,城市餐厨废弃物资源化处理率达95%,城市建筑垃圾资源化处理率达15%。

党的十九大以来,湖南省人民政府正式发文批复,同意长沙市在铜官循环经济工业基地的基础上,筹建望城高新技术产业开发区,实行现行的省级高新技术产业开发区政策,铜官循环经济工业基地的各项工作提速增效,全面实现"跻身省级工业园区,打造百亿产业集群"工作目标。铜官循环经济工业基地采用围绕主导产业招大引强,优化科技创新环境增活力,狠抓项目建设、投产达效,加强基础配套设施建设,强化要素保障破解瓶颈,加强安全环保日常监管工作思路以达到工作目标,力求在建设循环经济的同时,提升园区知名度和影响力,协助企业吸引人才,实现工业"三废"排放达标率达100%,确保园区安全生产无重大事故和环保无重大事故发生的"双无目标",切实达到惠及人民的目的。

第三节 界首市循环经济发展状况

一、界首市循环经济发展背景

界首市是安徽西北大门,位于京九经济带和欧亚大陆桥经济带交汇处,面向以上海为中心的华东经济圈,背靠中原腹地,是东西进出的重要门户。界首市占地667.3 km²,拥有80.2万人口,人均耕地不足0.06 hm²,自然资源较匮乏。过去,界首市规模以上工业企业多达60多家,每年对财政的贡献份额均在70%以上,依靠工业这一重要支柱,界首市在安徽拥有着"南有宁国,北有界首"的美誉。然而,"九五"(1996—2000年)后期至"十五"(2001—2005年)前四年期间,由于观念、体制、机制不能适应市场经济发展的要求等原因,界首市以国有经济为主体的工业企业的诸多矛盾开始呈现,一批规模以上的大中型企业停产倒闭。沉痛的教训使界首市委、市政府开始了发展农村循环经济的伟大尝试,并提出了"三年打基础,五年快发展"和"科技兴市"的战略。

废旧电瓶、铜、铅、塑料的收购加工行业在界首市有较长的历史,是部分农民收入的重要来源。例如,田营镇加工生产的再生铅原料占据全国1/2的市场份额,有6 000多人的废旧电瓶收购队伍;光武镇从事塑料制品收购、加工户达2 000户;大黄镇鸭王村有近千人的塑料绳网加工、销售人员。过去,界首市再生铅等再生资源产业技术落后、资源浪费巨大、环境污染严重,曾是"环境治理的难点、媒体关注的热点、群众反映的焦点"。2005年,国务院下发《国务院关于加快循环经济若干意见》后,界首市委、市政府明确以循环经济理念指导资源再生产业的发展,在加大治理、坚决取缔的同时,采取了疏导政策,建立了循环经济工业园区,吸引企业入园,进行统一规划集中管理,已转变成为"循环经济的示范点、经济发展的增长点、产业聚集的亮点"的"新三点"。2007年,界首田营循环经济工业区被确定为国家第二批循环经济试点园区后,加大工作力度,加速产业结构优化与调整,提高静脉产业技术水平,现已形成以废旧电瓶回收、再生铅冶炼、塑料深加工、蓄电池极板生产为主导产业的循环经济园区,初步实现了兴一个产业、活一方经济、富一方百姓、建一方和谐的目标。

2008年6月,国家发展改革委环资司会同安徽省发展改革委、阜阳市发展改革委到安徽界首田营循环经济工业区考察调研,调研组对界首走循环经济的发展路子和界首再生铅、再生铜铝、再生塑料循环经济园区取得的发展成绩做出了充分的肯定和积极的评价,认为界首发展循环经济取得成功主要归结于该市党政主要领导重视、发展思路正确、措施有力。

2014年,界首市被国家发展改革委正式确定为19个国家循环经济示范城市之一。这是继界首市田营循环经济工业区获得国家循环经济试点园区、国家"城市矿产"示范基地称号后,界首市获得的又一个国家级荣誉称号。

二、界首市循环经济发展情况

界首市的循环经济得到一定的发展,科技的创新为其发展提供了有力的保障。下面就介绍一下界首市循环经济发展情况及发展过程中的科技创新。

(一)界首市循环经济发展情况

界首市自2004年以来,按照循环经济的理念和节能减排的要求,特别是2005年国务院下发《国务院关于加快循环经济若干意见》后,市委、市政府明确,要发展循环经济,积极引导、整合、规范和提升再生金属、再生塑料两大产业,走资源综合利用、清洁生产之路,逐步将原来松散无序的废品回收加工行业培育发展成特色突出、管理科学、效益明显的新型产业,初步建成了田营再生铅、西城再生铜铝、光武再生塑料、鸭王再生绳网四个循环经济工业区。四个工业区规划面积22 km²,完成固定资产投资26.7亿元,入驻企业181家,吸纳就业人员5万多人。其中,田营循环经济工业区已形成年回收40万t以上废旧电瓶和年产30万t以上再生铅的能力,实现了"进去一个废电瓶、出来一个新电瓶"的闭合式产业循环,先后被批准为安徽省首批循环经济试点园区和国家第二批循环经济试点园区;光武和西城循环经济工业区的再生塑料和再生铜铝循环综合利用项目分别被列入安徽省"861"行动计划;鸭王循环经济工业区已成为全国重要的尼龙绳网生产销售市场之一。同时,界首市也被列入安徽省循环经济试点市。界首市的做法是:强化两种意识,落实四项措施。

强化两种意识:即强化"发展是第一要务、环保是第一生命"的意识,强化"资源有限、创造无限"的意识。

落实以下四项措施。

1. 政府积极主动

一是决策上主动。2004年前,界首市在全国各地从事废旧物资回收的购销人员有15 000多人,联结了16万个购销网点,形成了较为可观的产业基础、技术基础和市场基础。当国家大力倡导发展循环经济的时候,界首市通过调研论证,及时做出了以循环经济理念改造和提升这些传统产业的决策,并先后出台了《关于加快循环经济发展、促进界首奋力崛起的决定》《关于加快园区建设、实施工业突破的通知(试行)》等指导性文件,为该市循环经济发展提供了依据。二是规划上主动。市财政先后拿出300多万元,邀请国家有色金属工业协会和安徽省冶金科技院、安徽省国土资源厅、安徽省环保局、安徽省建筑设计院以及南京环境科学研究所等省内外权威部门和专家,按照"一园一特色、一区一产业"的思路,编制了四个循环经济工业区的建设规划、土地利用规划、环境保护规划和产业发展规划,有效解决了该市工业循环经济发展中的产业布局、发展导向、环境保护、土地利用等问题。三是管理上主动。市委、市政府指定每个园区均有一名市长或副市长牵头负责,分别设立了正科级建制的管委会,形成了有领导、有机构、有编制、有人员的领导机制。定期召开园区建设工作调度会、现场办公会,研究解决园区发展中遇到的突出问题。四是建设上主动。界首市采取"政府组织推动、干部支持启动、内资外资联动"的办法,积极筹集资金,加大投入力度,着力化解影响园区建设进度的关键问题。

2. 企业配合联动

在循环经济发展实践中,界首市注意突出企

业的主体地位。一是帮助企业组团造舰。针对田营12家再生铅企业规模小、经营分散、市场竞争力弱、生产工艺落后的被动局面，界首市引导企业按照现代企业制度要求，组建了以资金、品牌、资源为纽带的紧密型股份制公司——安徽华鑫铅业集团有限公司。公司组建后，筹资1亿多元，很快淘汰旧工艺、上马新工艺，采用了国内最先进的冶炼技术，为集中治污和集约发展奠定了坚实的基础。二是成立行业协会。四个循环经济工业区均成立了行业协会，在加强企业互动、行业自律、维护市场秩序等方面，尤其是在积极主动配合环保治污中发挥了不可替代的作用。各协会还多次组织企业到外地参观考察，学习先进企业的环保设施、管理经验和生产技术，使企业经营者拓宽视野，更新观念，增强社会责任感，更加注重经济效益与社会效益、生态效益的统一。

3. 科技创新推动

首先，实现了发展观念和思路的创新。界首市聘请省环保、冶金、化工等领域有关单位的6位高级技术人员和国家有色金属研究院2名高级工程师为顾问，成立了再生有色金属研发中心，为该产业发展提供了强大的技术、智力上的支持。其次，实现了生产工艺及环保设施的创新。对于再生铅、再生铜铝及再生塑料产业，界首市着眼于可持续发展，注意研究全国业内动态。先后组织环保等有关部门和企业负责人行程3万多千米到江苏、山东、天津、上海等7省2市的同类企业考察学习先进经验，引导企业上马新工艺，以有效解决发展中的环保问题；认真执行国家发展改革委、原国家环保总局等9部委《关于规范铅锌行业投资行为的通知》要求，在清洁生产、节能降耗、减排增效等方面确保达到标准。华鑫铅业集团制定的《再生铅锭标准》已被国家标准化委员会批准实施。

4. 招商引资带动

针对企业产业结构不优、产业链条不长、产品附加值不高等诸多问题，加之资金和技术的相对弱势，界首市依托资源和产业优势，招商引资引进各类深加工项目，以此推动界首市循环经济快速起跳。首先坚持解放思想，眼睛向外。鼓励和引导一些企业主克服小富即安、小有即满的心态，树立全局观念和远大抱负，积极寻求与国内外大企业、大集团的合作，敢于干大事业、当大老板。其次是优化环境，开门迎客。在抓好硬环境的同时，狠抓软环境建设，在行政服务中心设立外商办事窗口，提高办事效率。着力打造诚信政府形象，对外商做到有诺必践，并严厉查处了一批破坏经济环境的人和事。再次是"走出去，请进来"。界首市委、市政府有关负责同志多次赴江苏、浙江等地有针对性地组织与界首市产业相关联的招商推介会，邀请外商到界首市参观考察。由于不懈的努力，界首市四个循环经济工业区连续不断地接纳外来深加工企业，仅田营工业区就引进11家外来企业，总投资近10亿元。这些企业带来了先进的生产技术和管理理念，有效提升了界首市循环经济的档次。

由于措施比较得力，界首市循环经济发展取得了三个方面的明显效益。一是经济效益。四个循环经济工业区产值、利税持续快速增长，已成为拉动该市经济增长和财政增收的重要支柱。2006年，四个循环经济工业区实现产值34.1亿元、税收1.08亿元，同比增长36.4%、42.9%，2007年，实现产值50.3亿元、税收1.63亿元，同比增长47.5%、50.9%，分别占全市工业总产值和财政收入的88.4%和58.2%。二是社会效益。四个循环经济工业区经济的持续快速发展，吸纳了5万多农村富余劳动力就业，使全市农民人均纯收入增加10%以上。同时带动了交通运输、商贸物流、餐饮住宿、信息通信等相关产业的发展，大大加快了该市工业化、城镇化和社会主义新农村建设的进程。2007年国家和省领导到园区考察并给予较高评价。三是生态效益。界首市用循环经济理念改造传统落后产业，发展循环经济，不仅从根本上解决了界首市再生资源产业对当地环境和生态的污染损害问题，还推动了资源综合利用和节能减排工作的开展。如位于界首市田营循环经济工业区的安徽省华鑫铅业集团有限公司采用的新工艺使铅资源回收率达到98%以上，循环利用率100%，资源产出率为每吨铅1.96

万元，仅此一项每年可以节煤 20 000 t，节约资金 1 600 万元，减少二氧化碳排放 192 t，减少烟尘排放 120 t，此技术申报了国家专利和科技进步奖。界首市用循环经济理念做大做强再生铅业的做法，在全省、全国都具有典型示范意义，先后在西宁、广州、北京等全国和世界性论坛大会上作为典型经验进行介绍。2008年6月，国家发展改革委环资司副司长视察了界首田营循环经济工业区后给予了充分肯定，他要求不仅要做好全国循环经济的试点，还要做好全国的示范。界首市再生资源产业已由"老三点"，即环保治理的难点、媒体关注的热点、群众反映的焦点，转变成为"新三点"，即循环经济的示范点、经济发展的增长点、产业集聚的亮点。初步实现了兴一个产业、活一方经济、富一方百姓、建一方和谐的目标。

（二）界首市循环经济发展过程中的科技创新

界首市循环经济大多是以废旧物资作为生产原料，属污染行业，要想做强做大再生资源产业，必须要解决污染问题。为此，界首市紧紧依靠科技进步，推进生产工艺和环保设施的创新，破解污染难题，使再生资源走上了快速健康发展的道路。市科技、人事、环保等部门积极为企业提供技术支撑，帮助企业突破环保和技术瓶颈，聘请全国知名专家担任循环经济顾问，多次邀请有关专家考察指导。同时引导各循环经济园区成立行业协会，并聘请8位专家组成再生有色金属研发中心，从规划、生产、管理、技术、信息等方面研究解决企业经营中存在的问题，帮助企业提高治污技术水平，提高产品的科技含量和附加值。

科技是第一生产力，在大力依靠和引进人才力量的同时，界首市还不断加大技术创新和环保设施的投入，实现节能减排增效。为发展壮大园区经济，各园区企业也不惜斥巨资改造落后工艺。四个循环经济工业区共投入研发和环保治理资金近4亿元，先后引进了重力式除尘、袋式除尘、水洗脱硫等24项新工艺、新技术、新成果，园区各企业实现了达标排放、节能降耗，企业对资源的综合利用率已达96%以上，特别是袋式除尘设备的上马和技术完善，仅收集的铅烟废渣再次进炉冶炼的净收益，每年就达 3 000 多万元，既减少了粉尘污染，又实现了环保与效益的双赢。围绕节能减排，加大自主研发创新力度，安徽省华鑫铅业集团有限公司投入 8 000 多万元进行反射炉改造，由原来的吨耗煤 550 kg 降到 130 kg，使用袋式除尘、水洗脱硫等工艺，年节煤达 1.5 万 t，减少成本 1 000 多万元，同时还提高了铅回收率，降低了硫排放率，减少了烟尘排放，美化了环境。

除此之外，界首市在规划、生产、管理、环保等方面提升科技水平。2008年10月，界首市政府和阜阳市科技局联合成功举办了"中国·阜阳（界首）循环经济高端报告暨项目技术对接会"。会上，中国工程院张懿院士做了循环经济报告，中科院工程研究所、南京理工大学、合肥工业大学等 20 余家科研院校分别与界首市四个循环经济工业区的 36 个企业签订了产学研合作协议、合同书，同时合肥工业大学、安徽大学、南京理工大学、南京师范大学与界省市人民政府签订了全面合作协议书，为界首市循环经济做大做强提供了强有力的技术支撑。

界首市还提出了"三年打基础，五年快发展"和"科技兴市"的战略。为把发展循环经济的理念落实到实践中去，界首市委、市政府坚持以绿色发展战略为指导，明确提出"发展是第一要务、环保是第一生命、科学技术是第一生产力"的口号，先后出台了《关于进一步加快循环经济发展、促进界首奋力崛起的决定》《关于加大循环经济发展、提高科技进步的决定》《关于进一步推进自主创新加快发展的意见》等一系列政策文件，成立了由市委、市政府主要领导挂帅的市科技工作领导小组、科技富民强市领导小组、循环经济领导小组和工作研究会，加强对循环经济发展的领导和指导。经过多年的艰苦奋斗，界首市已建成占地 5 km² 的界首田营循环经济工业区、占地 3 km² 的光武循环经济工业区、占地 1.5 km² 的西城循环经济工业区、占地 1 km² 的鸭王循环经济工业区。

由于政策对路，措施有力，界首市的循环经

济发展势头强劲,田营循环经济工业区被国家发展改革委、科技部等部门批准为国家循环经济试点园区,实现了"收购一个废电瓶,出来一个新电瓶"的产业循环;光武、西城两个循环经济工业区被批准为省级循环经济示范区并列入省级"861"行动计划,实现了由初加工向深加工的转变;鸭王循环经济工业区被列入阜阳市"6611"工程建设项目。2008 年,四个循环经济工业区实现产值 49.25 亿元,实现税收 1.879 7 亿元,占全市财政收入的 50%以上。

田营再生铅、西城再生铜铝、光武再生塑料、鸭王再生绳网四大循环经济工业区,呈现出旺盛的发展势头,由过去环保治理的难点、媒体关注的热点、群众反映的焦点,转变为循环经济的示范点、经济发展的增长点、产业聚集的新亮点,为建设社会主义新农村提供了样板。

三、界首市重点循环经济工业区案例——田营循环经济工业区

在界首市田营镇东南方,昔日低洼的废弃地上,兴建起一座具有现代化规模和档次的工业区,这就是具有"国家循环经济试点园区""国家首批'城市矿产'示范基地""国家涉重金属类危险废物集中利用处置基地""安徽省新型工业示范区"等多项美称的田营循环经济工业区。园区实现超常规、跨越式、可循环、可持续发展,成功探索出了发展再生铅循环经济的特色模式。

(一)发展历程

界首市田营循环经济工业区发展循环经济经历了一段漫长的艰辛过程。

1.1999—2005 年,从无序到规范

早在 1 000 多年前,田营镇就开始用铅做釉烧陶制瓷。改革开放后,铅的市场需求不断扩大,当地群众纷纷在家手工拆解、土锅冶炼。粗放、原始的冶炼方式在给当地群众带来不菲的经济收入的同时,也对当地生态环境造成了很大破坏,涉污纠纷不断发生。田营镇一直是省环保厅挂牌治污的重点地区之一。界首市委、市政府多次试图关停这个产业,但是效果有限。1999 年,界首市委、市政府提出"既要金山银山又要碧水蓝天",决定将年产量 2 000 t 以上的 11 家冶炼企业统一搬迁到远离村庄的陶庄湖低洼地(也就是现在田营循环经济工业区所在地),实行集中管理、统一治污,其余小冶炼点全部取缔拆除。至此,田营铅冶炼摆脱了散乱、小规模、高污染的生产模式,在生产方式上实现了从无序到规范的转变。

2.2005—2007 年,从规范到规模

随着冶炼企业的搬迁,田营再生铅产业迸发出旺盛的生机和活力,但带来的环保风险始终高悬在头。面对有喜也有忧的形势,界首市委、市政府从 2005 年开始建设田营循环经济工业区,同时批准成立管委会,重点指导铅冶炼企业逐项对照治污规定,对铅冶炼环节的各项环保措施进行完善,使产业发展有了载体和组织保障。到 2007 年,园区规模效益加快形成,整合融资、技改能力和市场竞争力得到了提升,产业也从单一、分散模式发展为集群集聚模式,在生产方式上实现了从规范到规模的转变。

3.2008 年以来,从规模到高值

2008 年,园区积极创造条件,大胆创新工作方式方法,扎实推进产业发展。2010 年,国家"十二五"规划提出把再生资源确立为战略性新兴产业。界首市委、市政府及时敏锐地抓住这一政策机遇,对园区实施"双改双百"战略("双改"即改制和技改,"双百"即通过改制和技改使园区龙头集团企业实现产值 200 亿元)。科技进步贡献率和产品附加值进一步提高,产能规模进一步扩张,从而促使园区整体在生产方式上由规模化向高值化转变。

(二)在发展中采取的主要措施

1.加强组织领导,强化园区管理

园区实行由一名副市长牵头,市经信委、科技局、环保局、安监局、园区管委会等 5 部门组成的"五位一体"的管理体制,为入驻园区企业提供全方位服务。在业务管理上建立服务平台,提供良好优质服务;在污染治理上,严格监管,完善和落实环保治理措施;在安全生产上,严格监察,督促企业建立健全安全生产管理制度。

2. 加大科技投入，提升科技创新能力

再生铅产业造成环境污染严重，除了管理不到位的因素外，主要是由于技术装备水平不高。园区强化再生铅回收利用以及下游产业的新技术、新设备、新工艺的开发和应用，千方百计筹措资金发展科技创新，提高再生铅及其下游产业链的产业技术综合水平和减排能力。聘请季昆森等国内知名专家担任园区发展顾问，成立园区再生铅有色金属研发中心。如华鑫铅业集团有限公司先后两次进行大投入、大换血技改。第一次技改投入1.2亿元资金，引进氧气底吹、重力式除尘、水洗脱硫等先进生产工艺，使铅资源回收率达到98%以上，冶炼能耗降至每吨铅87.3 kg标准煤，大大低于每吨铅130 kg标准煤的国家标准。第二次技改于2013年2月开始，总投资10亿元，占地26.67 hm²，采用国内最先进的拆解和冶炼工艺，实现从原料到产品全过程的机械化、自动化、规模化、智能化清洁生产。竣工达产后，每吨成品铅可节能30%，可减排50%，废水循环利用率达到100%。

3. 注重招商引资，延伸产业链条

借助田营循环经济工业区优势，采取各种方式加大招商引资的力度，注重引进科技含量高、资本运营能力强、管理水平高的国内知名企业。园区以项目为抓手，发展壮大了以华鑫铅业集团有限公司为龙头的再生粗铅、精铅、氧化铅、合金铅加工板块，先后引进浙江天能集团、南都华宇电源有限公司等企业为龙头的极板、蓄电池产品加工项目，以骏马工贸有限公司为龙头的铅化工产品加工项目，以凌鑫工贸有限公司为龙头的塑料产品加工项目。随着相关企业纷纷落户园区，形成了园区循环经济的集群集聚发展，提升了园区循环经济产业整体发展实力和发展后劲。

4. 抓生态建设，打造绿色发展

建园以来，园区始终树立生态文明理念，坚持走可持续发展之路。一是从产业循环的角度，以节约资源、清洁生产和废弃物多层次循环利用为特征，通过科技创新，建立起类似生态系统的"食物链"，初步实现了能源、资源的梯次循环和形式转换。二是从自然生态的角度，抓好生态建设。园区通过持续不断地抓配套设施建设和防护林扩围、沟塘改造、园区绿化、污水处理，园区内郁郁葱葱，花草掩映，沟塘水清如碧，道路宽阔洁净，一个生态园林型的现代化园区正在快速成长。

(三) 在发展中取得的成效

1. 形成六大发展优势

经过几年的快速发展，园区形成六大优势。一是品牌优势。园区先后获得国家循环经济试点园区、国家首批"城市矿产"示范基地、国家涉重金属类危险废物集中利用处置基地、安徽省新兴工业化示范园区、全国循环经济试点先进单位等称号。二是产能优势。园区再生铅的产量已占到全国的1/3，极板蓄电池的产量占到全国的1/5，形成了再生铅冶炼、极板蓄电池生产、铅化工和塑料加工四大板块，是全国规模最大、效益最好的再生铅循环经济产业园。三是产业优势。实现了"进来一只旧电瓶、出去一只新电瓶"的产业链条闭合式循环，成为全国同行业产业链最长、最完整的产业。四是科技优势。获得了国家授权专利61项，其中发明专利13项。华鑫铅业集团有限公司被国家标准化委员会指定为《再生铅及合金锭标准》制定单位。五是人才优势。已建立3支队伍，即懂经营、善管理的企业家队伍，技术熟练的产业工人队伍和足迹遍及全国的专业收购营销队伍。六是人和优势。园区发展循环经济产业的做法，得到了上级领导、社会各界和当地群众的肯定与认可，中央、省及阜阳市有关领导，多次亲临园区视察，给予赞赏及鼓励，当地群众在征地拆迁、基础设施建设等方面也给予了大力支持和配合。

2. 获得四大效益

一是经济效益。2013年，园区实现产值170亿元，税收6.15亿元，分别是2005年园区刚建立时的13.6倍和26.7倍，占界首市2013年工业总产值和财政收入的59.5%和42.4%，已成为支撑界首市经济发展的重要产业集聚区。二是社会效益。园区吸纳劳动力就业近2万人，职工年平均收入达48 000元，为田营镇及周边地区剩余

劳动力开启了创收致富的门路。自2006年起，园区先后组织企业拿出近亿元资金，为当地修路、助教、助残、丰富群众文化生活等公益事业进行捐助。三是资源效益。每年可为国家节省铅矿石约3 000万t、标准煤约374万t，有效缓解了我国铅矿藏匮乏的问题。四是环保效益。建立废旧电瓶的回收体系和加工环节的集中治理机制，降低了废旧电瓶的二次污染。

（四）园区发展循环经济的启示

田营循环经济工业区经过多年的发展，成功走出了一条符合国家产业政策，不断发展壮大的新型工业化之路，剖析其成功的原因，有以下启示。

1. 坚持用循环经济的理念指导发展

循环经济以"减量化、再利用、资源化"为特征，是对"大量生产、大量消费、大量废弃"的传统增长模式的根本变革。界首市委、市政府结合再生铅产业的实际，积极引导全市上下深刻认识到：发展再生铅循环经济不是垃圾经济，而是生态经济、环保经济；不是急功近利、盲目发展，而是科学发展、依法发展、可持续发展，是结合国家产业政策和自身实际做出的现实选择，是为国分忧、为民造福。

2. 科学决策，因势利导

界首市委、市政府用循环经济理念科学谋划本地县域经济的发展，在园区整体产业发展中，思路清晰、目标明确，并牢牢把握产业发展的重点，积极引导产业发展，及时做出科学决策。通过制定规划、建设园区、引资引智、规范管理、科学发展，田营的再生铅循环经济产业不断发展壮大。园区再生资源产业先后实施两次重大技改，一步一个大台阶，实现从规范化到规模化到高值化的转变。

3. 认准的事情一干到底，务求成功

界首市委、市政府在田营循环经济工业区再生铅产业发展过程中，曾存在某些认识上的误区，也遇到过一些阻力，但园区发展并没因此止步。界首市委、市政府始终坚持"发展是根本、环保是生命"的理念，从垃圾堆里开辟出了一条致富路，一直坚定地走下去。园区实现了由污染向环保的转型，培育了"勤奋、务本、创新、责任"的园区精神，使垃圾产业变成了循环经济产业，走出了具有自身特色的开发城市矿产资源的新路子。

（五）提升园区发展的战略思考

1. 总体思路

坚持贯彻节约资源和保护环境的基本国策，落实国家关于有色金属产业发展振兴规划。树立新的资源发展观，走清洁生产之路，加速转型升级；精心培植园区发展后劲，提升园区总体综合发展能力和水平，实现园区可持续健康发展。

2. 战略目标

把田营循环经济工业区打造成资源节约型、环境友好型、科技创新型、经济高效型、生态园林型、民生改善型为一体的"六型园区"，成为全国一流的再生资源综合处置利用基地，百亿元产值企业、千亿元产值园区。

3. 主要对策

（1）加强园区文化建设

随着全国再生铅产业规模的扩大、园区数量的增多，产业园区竞争加剧。在竞争激烈的市场形势下，必须从战略高度分析园区发展的内、外部环境，培育园区核心竞争力，以拥有比竞争对手更强的管理方式，取得园区的长期竞争优势，而加强构建再生铅产业园区文化建设，无疑是一条基本途径。

园区文化包括园区物质文化、行为文化和精神文化三个层面。田营循环经济工业区文化建设各方面取得了一些成效，但还显得比较薄弱，需要进一步加强完善。一是在物质文化层面上，要完善配套设施和服务功能，通过建设职工宿舍、购物超市、休闲娱乐、医疗保健、现代物流、文体中心、公交线路等设施，提升园区综合服务功能。二是在行为文化层面上，成立园区文化建设领导小组，建立工作机制，强化园区科学化、规范化、严格化管理；提升企业管理科学化和信息化水平；科学规划、制定《园区及企业文化发展五年规划》，开展园区"企业文化建设年"活动。三是在精神文化层面上，树立新型资源环保观，培植绿色文化，增强节能环保意识，提炼出园区精神；加快园区城市矿产展厅升级改造，建设循环经济宣传教育示范基地；树立品牌意识，打造全国一流再生铅产业园品牌；建立园区文化培训中心，健全科技研发中心，提升工艺、技术、产品创新能力；加强企业员工文化和职业技术培训，提高员工素质、技能水平；开展园区与周边村庄互动交融的文艺活动，丰富文化生活，建设和谐文化园区。

（2）着力打造全国最大的废铅回收及再生铅产品交易市场

要创新废铅回收渠道，拓宽再生铅资源市场，积极开发再生铅产品，着力打造铅产品交易市场。由市政府牵头，以界首、太和一带传统回收体系为基础，吸收全国、省内废旧物资回收公司和再生资源公司参与组建回收公司，设立专项资金补贴回收公司。鼓励铅蓄电池生产企业与华鑫铅业集团有限公司通过经济合约建立规范的回收联盟。建立界首市再生有色金属专业实体交易市场。建立界首市再生资源循环利用专业网站，设立电子在线交易平台。扩大省外定点回收网点范围。随着新型城镇化进程的加快，城镇人口数量增加，电瓶车用量增加，可考虑在县、乡镇设立废旧电瓶回收网点，扩大网点覆盖范围。

（3）高起点科学规划园区生态建设，创建人文和谐绿色园区

党的十八大明确提出构建生态文明、建设美丽中国的发展战略，十八届三中全会又提出健全生态文明制度体系、形成人与自然和谐发展新格局，《国家新型城镇化规划（2014—2020）》要求"生态文明、绿色低碳"，把生态文明的理念全面融入城镇化进程，着力推进绿色、循环发展、低碳发展，强化生态保护和生态修复，减少对自然的干扰和损害，形成绿色低碳的生产生活方式和城市建设运营模式。根据这些原则要求，园区规划建设要有新的思路，经营模式创新要有新的提升，在生态文明建设上"先行快跑"是理性明智的选择。田营循环经济工业区从战略高度、高起点科学规划园区生态建设。委托权威机构科学规划，全面衔接周边城镇和居民区，加快高标准规划设计陶庄湖公园，把园区内外真正打造成"远看像森林、近看像公园、走进企业像花园"的人文和谐绿色园区，努力创建生态示范区、品牌循环经济工业园区。

（4）以科研、技术、人才、项目为强力支撑，深化再生铅产业链条

园区再生铅产业循环链条（"进来一只旧电瓶，出去一只新电瓶"的循环体系）短且面窄，要增强竞争优势，仍需要加大建设和引进产业链接或延伸关键项目：引进国内品牌电动二轮、三轮车生产厂家；引进战略投资者，开发新能源电池、新能源纯电动车；引进国内大型塑料加工企业，有效利用园区内再生塑料资源，生产铅酸蓄电瓶塑料外壳；引进先进硫酸生产工艺，充分利用冶炼过程中的氧化硫气体。同时，加快高端人才引进，组建高科技人才研发团队，设立院士工作站、博士后工作站，加大技术研发创新方面的资金投入，提高园区研发中心技术、产品研发实力和创新能力。

总之，界首市田营循环经济工业区发展再生铅循环经济产业，符合循环经济理念和国家支持产业方向，为缓解铅资源紧缺、减少废铅蓄电池的分散污染做出了积极贡献。园区秉承"发展是根本、环保是生命"的发展理念，坚持"勤奋、务本、创新、责任"的园区精神，推进"强化管理、科学决策、科技创新、生态建设、产业延伸、企业培育"等方面的重要举措，"开发城市矿产资源，发展循环经济园区，建设生态文明界首，造福国家人民后代"，这就是以田营循环经济工业区为代表的界首市大力发展循环经济的模式。

四、界首市循环经济发展成果与展望

（一）循环经济发展取得的成就

界首市委、市政府站在科学发展的高度，立足全市丰富的再生资源和坚实的群众基础，秉承"发展是根本，环保是生命"的理念，坚持"高标准规划、高起点建设、高层次发展、高效益产出"打造园区平台，致力于将再生资源产业培育发展成为新的支柱产业，实现了以"更少资源消

耗、更低环境污染"创造"更大经济效益、更多社会就业"的良性循环。初步探索出"回收体系网络化、产业发展规模化、产业链条延伸化、科技支撑提升化、运营管理规范化、产业效益显著化"的发展思路,形成了一条依托再生资源产业发展循环经济的特色模式。田营循环经济工业区先后被评为国家循环经济试点园区、国家首批"城市矿产"示范基地。界首市年回收废旧电瓶40万t以上,年产再生铅达30万t以上,约占全国再生铅产量的一半,成为安徽省有色金属材料产业基地和中国再生铅的重要生产基地;年回收废塑料120万t以上,加工量80万t,深加工量10万t,产品销售范围遍及全国,并远销日本、韩国,是全国最大的再生塑料加工集散地之一;已形成年产20万t再生铝和10万t再生铜的生产能力,成为皖北地区再生铜铝的产业龙头以及全国再生铝产业基地之一;年产再生绳网10万t,成为全国最大的农用绳网基地。

(二)循环经济未来发展的思路和目标

1.指导思想

全面贯彻落实习近平新时代中国特色社会主义思想,紧紧抓住国家大力发展循环经济和战略性新兴产业的重要契机,以优化资源利用为核心,以提高资源产出率和减少废物排放为目标,以技术创新和制度创新为动力,构建资源回收、园区共生、资源再生、社会循环四大体系,形成"政府推动、企业主体、科技支撑、法律规范、政策保障、市场运行、公众参与"的良性运行机制,推动再生资源产业形成"规模大、水平高、链条长、效益好"的发展格局,探索充分体现"城市矿产"基地和再生资源产业特色的县域经济发展新模式。

2.基本原则

循环经济发展应遵循五大原则:资源回收与再生利用一体化原则、规模提升与科技驱动并重化原则、科技创新与制度创新相结合原则、多维层面资源循环协同推进原则,以及经济、环境、社会效益多赢发展原则。

3.规划目标

总体目标:促进经济增长方式转变,实现资源利用效率整体提高、循环产业体系有效构筑、循环型工业布局合理、产业结构优化升级、产品的技术含量提高,形成以科技含量高、经济效益好、资源消耗低、环境污染少、人力资源得到充分发挥为特征的循环经济体系,努力把界首市建设成为全国知名的国家级循环经济示范市。

阶段目标:分近期重点突破、中远期全面发展完善两个阶段。

(1)重点突破阶段

重点推进循环经济发展,启动一批清洁生产、生态园区、资源回收利用等循环经济示范项目,城乡人居环境明显改善,污染得到有效整治。

(2)全面发展完善阶段

循环经济发展加快推进,全方位渗透,在各个领域取得实效。循环经济系统和资源再生利用体系基本形成,资源利用率显著提高。经济、生态、社会复合系统呈现良性循环,完善循环经济持续发展的财政投入、科技等支撑体系。

4.具体指标

各园区发展具体指标如下所述。

1)田营循环经济工业区加快国家首批"城市矿产"示范基地建设,重点完善基础设施和回收体系、延伸产业链条、推进技术进步、提高管理水平,形成三大产业板块(再生铅冶炼产业板块、极板产业板块、新电瓶产业板块)和三个示范基地("城市矿产"示范基地、绿色能源示范基地、转变发展方式示范基地)。5年后,年产再生铅及各类合金铅60万t、极板6 000万套、铅酸蓄电池3 000万只、纯硫酸3万t、黄丹等化工产品各2万t、电动自行车20万辆,工业区总产值达到200亿元,税收6亿~8亿元,使田营循环经济工业区成为中国最有竞争力的再生铅交易中心和生产加工基地。

2)西城循环经济工业区依托华翼金属集团、枫慧金属股份有限公司等企业,延伸产业链条,形成以铜铝精深加工为龙头,以铝铸件、铝型材、铜制品产业为基础,块状经济为支撑,再结合上下游配套的产业园,力争5年后建成全国最大的再生铜铝回收加工制造基地之一,工业总产值达

60亿元。同时,努力发展废旧家电回收和拆解业等新型产业。

3)光武循环经济工业区以现有的规模企业为基础,通过产业招商、靠大联强、延伸产业链等措施,重点发展化纤制造等特色优势企业,加快配套和关联企业的发展,做强再生塑料精深加工产业基地,力争5年后园区企业数达30家以上、工业总产值达80亿元。

4)鸭王循环经济工业区以市场为依托,以绳网加工、塑料制品为主导,加快建设"中国绳网之乡"的步伐,争创省级产业集群专业镇和新型工业化产业示范基地。力争5年后,工业总产值达10亿元,建成国内著名的绳网工贸基地。

(三)循环经济发展的主要任务是着力构建"四大体系"

1.构建资源回收体系

对回收网点进行统一规划、合理布局、规范建设,以回收站点为基础、集散市场和分拣中心为核心、加工利用为目的,逐步提高回收集散能力,为再生资源产业发展提供有效前提保障。通过再生资源基础回收中心、再生资源分拣加工中心(集散市场)、废旧家电拆解中心、再生资源综合利用中心和支持服务系统中心的建设,形成界首市较为完善的再生资源回收网络。争取用5年的时间,使城乡90%以上的乡镇社区设立规范的回收站点,生产性废旧金属进入指定的交易市场进行收购、拆解、加工处理和销售;再生资源主要品种的回收率达到90%,实现再生资源回收、集中分拣、加工处理、交易的规模化发展,使之成为界首市循环经济产业集聚区的亮点,使界首市成为辐射周边省份、服务全国的再生资源集散中心、加工处理及利用中心。

2.构建园区共生体系

根据工业布局规划和生态园区设计理论,建设设施共享平台、物流信息平台、公共服务平台,对界首市现有的再生资源工业园区——田营循环经济工业区、西城循环经济工业区、光武循环经济工业区、鸭王循环经济工业区等进行生态化改造,按园区一体化建设原则,构建园区内企业、产业之间的生态链,实现产品和废料的上下游产业链,从而推进现有园区之间产业集聚耦合和交互共生,更加有效地发展循环型工业,培育产业群体竞争优势。完善入园企业的土地、能源、水资源利用及污染物排放综合控制标准,制定和实施生态工业园区建设管理办法和实施方案,对不合理的产业布局进行调整,提升园区产业整体素质和竞争力,推进优化产业整合和互补,引导和强化企业间工业生态的链接,引进与现有企业配套互补的项目,使上游企业的废料成为下游企业的原料,建设几大园区内资源循环利用的产业链。

3.构建资源再生体系

(1)再生铅产业

一是发展环保型再生铅冶炼技术,提高铅二次资源的预处理分选等技术装备的自主创新力度,推进装备的改造,淘汰落后的生产设备,购置工艺性能先进的废旧铅酸电池拆解、脱硫、粗炼、精炼和熔炼渣处理等成套装备,采用先进工艺进行再生铅冶炼。落实再生铅产业发展规划和各项配套政策措施,形成结构优化、布局合理的产业格局,建成新能源基地和绿色能源基地。二是发展再生铅下游产业,科学延伸再生铅产业链,实现从单一线性模式向多种模式转变。三是加强再生铅冶炼中所产生的余热余压的综合利用,提高资源产出率和资源综合利用率,充分进行二次资源回收利用。

(2)再生铜铝产业

一是完善再生铜铝产业园区基础设施建设,扩大再生铜铝产业规模。二是逐步实现产品结构由初产品为主向精深加工产品为主的转型。提升企业技术装备,不断优化提升再生铜铝产业层次和实力,促进产业集约化生产,提高产业的竞争力。三是围绕规模化发展需求,建设规模化回收体系,整合再生铜铝企业资源,培育2~3家大型企业集团。重点抓好年产1万t铜棒,年产5万t铝板、铝箔,年产5万t建筑铝型材等项目建设。

(3)再生塑料产业

一是大力调整再生塑料产业园区的产业结构。合并规模小、技术含量低、污染严重的小作坊;扩大企业规模,重点发展高科技含量、高附加值、低耗能、低污染、有较强的自主创新能力产品的企业。二是纵向延长产业链条。以废旧塑料分类和深加工为主,建立主导产业链,形成废旧塑料—再生塑料成品产业链。三是重点建设废旧塑料高效清洗粉碎、再生塑料颗粒生产、再生塑料成品生产三大工程和年产10万t再生瓶级聚酯切片、年产20万t再生聚乙烯制品等项目,力争建成全国塑料产品的商品集散中心。

(4)再生绳网产业

一是将再生绳网作为突破口,全力扶持壮大骨干企业,大力发展以回收废旧丝线和再生塑料颗粒为基础,经捻线拉丝制作成质量水平较高、销售较好的工程绳网、安全绳网等绳网贸易加工产业。二是重点推进界首市鸭王绳网交易市场建设工程、鸭王再生绳网加工产业示范工程项目。力争5年后,建成国内一流的绳网商贸基地和全国最大的农用、建筑多功能绳网生产基地。

(5)家电拆解产业

一是以家电以旧换新为契机,建设规范的废家电回收拆解中心,将分离拆解获得的铜铝、塑料、有色金属作为再生金属、再生塑料园区的原料,构成完整产业链。二是引进先进的废旧电视机、电脑、洗衣机、电冰箱、空调等家电产品的自动化、半自动化分拆处理生产线,重点做好再生金属回收贸易大市场和家电回收拆解利用的项目建设。三是努力建设成国家定点的家电回收拆解基地,建立覆盖安徽和中原地区的固体废物回收信息交换平台和交易平台。形成年处理废旧家电产品300万台(套)、回收可再生金属、塑料等物资5 000 t以上的规模。

4.构建社会循环体系

社会循环体系建设以再生资源回收利用体系为主线,以文化创意产业和绿色生态农业为两翼,重点发展文化创意产业、绿色生态农业和绿色商务产业,推行绿色城镇建设、绿色社区建设和绿色村庄建设,大力倡导群众绿色生活和营造绿色生态环境。

(四)循环经济未来发展面临的机遇和挑战

1.机遇和优势

中共中央在"十二五"规划建议中提出"大力发展循环经济,加强规划指导、财税金融等政策支持,加快资源循环利用产业发展,完善再生资源回收体系,推进资源再生利用产业化"。首先,东部产业加速转移,安徽省支持皖北发展力度前所未有,这有利于界首市进一步挖掘循环经济发展潜力,提高产业整体实力,实现产业转型和产品升级。其次,界首市工业基础雄厚,园区发展迅猛,产业配套能力增强,再生资源产业发展态势良好,为界首市加快循环经济发展提供了重要平台。

2.挑战和不足

随着界首市经济快速发展,受节能减排、资源、环境承载力和生态安全、土地、人才等要素制约的问题越发凸显。国家扶持再生资源产业发展的财税政策尚不健全,再生资源产业资金主要靠企业积累和社会借款,银行信贷困难;高层次的技术人才和高水平管理人才缺乏;科技支撑作用尚未充分发挥,企业研发能力和科技创新能力不强等。

因此,界首市政府必须增强忧患意识,努力改进不足,并把握机遇,主动适应环境变化,充分利用各种有利条件,推进循环经济又好又快发展。

(五)循环经济发展过程中所需要的保障体系

1.加强组织领导,明确责任分工

加强对循环经济工作的组织领导,明确责任,抓好落实工作。成立由市委、市政府主要领导任组长,相关部门各司其职,各级组织分工有序的循环经济发展领导小组,协调推进循环经济工作。

2.加强科技研发,开展人才培训

加强自身技术研发能力,重点引进和开发各种清洁生产技术和废弃物资源化技术,支持鼓励工业企业与科研院所、高等院校建立技术合作关系。重视管理人才和技术人才的引进和培训,建立高水平的循环经济人才队伍。

3.落实相关政策,制定配套措施

认真落实和贯彻国家和安徽省已出台的促

进循环经济发展的相关政策。争取多渠道融资和优惠贷款,争取上级资金和银行信贷的大力支持。利用财政、税收等手段加大对再生资源综合利用项目的支持力度。重视资源再生利用项目的引进,对企业新上循环经济项目在土地、税收等方面给予特殊优惠政策。

4. 理顺管理体制,实施考核评估

完善循环经济管理的激励和约束机制,完善领导干部考核体系,将发展循环经济纳入相关考核内容,明确各行政主管部门和企业在促进循环经济发展中的职责并落实到个人,将发展循环经济融入日常管理工作。

5. 执行相关法规,强化管理监督

严格执行《中华人民共和国循环经济促进法》等国家法律法规,强化依法行政意识,加大节能环保执法力度,加强对重点耗能企业和污染源的日常监督检查。

6. 建设信息平台,提供公共服务

建立循环经济中介服务体系,完善再生资源与循环经济信息化平台建设。及时发布相关信息,为企业发展循环经济提供便利。

7. 加大宣传力度,引导公众参与

组织形式多样的宣传活动,利用媒体广泛宣传界首市再生资源产业发展形势,积极开展重大主题宣传活动,使循环经济理念深入人心。

8. 加强区域合作,扩大对外交流

加强与周边其他区域的合作,积极开展循环经济产业和技术发展、资源综合利用、环境治理、生态保护等方面的合作,推动大区域循环经济产业链的形成。

五、小结

界首市作为中国重要的工业城市,连接了京九经济带和欧亚大陆桥经济带,面向华东经济圈,背靠中原腹地,是东西进出的重要门户,拥有众多大规模的工业企业。特别是废旧电瓶、铜、铅、塑料的收购加工行业在界首市有较长的历史。但是由于在经济快速发展时期,这些行业的技术落后,造成了大量的资源浪费以及严重的环境污染,这对于界首市经济、环境的可持续发展造成了很大的影响。

随着循环经济理念的快速传播,特别是2005年国务院下发《国务院关于加快发展循环经济的若干意见》后,界首市委、市政府及其党政领导均十分重视该项意见,并以此指导界首市资源再生产工业的发展。明确了发展理念之后,便通过积极引导、整合、规范和提升再生金属、再生塑料两大产业,走资源综合利用、清洁生产之路,逐步将原来松散无序的废品回收加工行业培育发展成特色突出、管理科学、效益明显的新型产业,初步建成了田营再生铅、西城再生铜铝、光武再生塑料、鸭王再生绳网四个循环经济工业区。

界首市已转变成为循环经济的示范点,经济发展的增长点,产业聚集的亮点。2014年,界首市被国家发展改革委正式确定为19个国家循环经济示范城市之一。

界首市经过过去一段时间的循环经济发展,取得了突出的成绩,这充分显示了循环经济发展的科学性与必要性。因此,界首市在今后将进一步促进经济增长方式转变,实现资源利用效率整体提高、循环产业体系有效构筑、完成循环型工业合理布局、产业结构优化升级、产品技术含量提高,形成以科技含量高、经济效益好、资源消耗低、环境污染少、人力资源得到充分利用为特征的循环经济体系,努力把界首建设成为全国著名的国家级循环经济示范市。

"十二五"以来,界首市成为全国循环经济发展的重要先行区域和极具特色的试点区域。其资源回收规模大,田营循环经济工业区年回收废旧电瓶约45万t,光武循环经济工业区年回收利用废旧塑料120万t以上,西城循环经济工业区年产再生铜铝共30万t,鸭王循环经济工业区年再生绳网10万t。再生铅产业、再生塑料产业、再生铜铝产业及再生绳网产业涵盖各领域再生产品100多个品种,每年可减少开采铅矿石约660万t、铜铝矿约1 000万t,节约石油约360万t,同时减少了相应的废气和废水排放。2014年,界首市资源产出率达到每吨2 998元,再生资源加工产业有效减少了原生资源的消耗,全年再生金属和再生塑料产业分别完成产值224.62亿元和65.02亿元,共占当年全部工业产值的80%,再生资源产业有效带动了全市工业和经济的快速增长。同时,循环经济极大地带动了界首市的就业和推进了界首市城镇化进程。再生资源产业从业人员共计达10万人,约占界首市总人口的1/8,分拣和转运环节促进了城乡结合区域的人员就业与产业集聚,加快了人的城镇化转变,"一区四园"建设在一定程度上提升了周边乡镇道路、环保等基础设施的建设水平,促进了硬件设施的城镇化转型。

在国家政策的指导下,界首市将优化资源回收、加快存量升级、统筹多维推进、产业协同发展、优化空间布局、突出重点领域、科技创新驱动、完善支撑保障、兼顾多重目标、实现效益共赢确定为大力发展循环经济的五条基本原则,规划坚持"以人为本、生态优先、综合利用、循环发展"的理念,按照新常态下加快全市经济发展方式转变、产业结构调整的具体要求,强调资源要素的高效循环利用,"实现三大转变、完成三大优化、创新三化发展",形成"3+3+3"的循环经济发展路线,加快资源节约型和环境友好型社会建设步伐,为建设生态文明城市奠定基础。至2017年8月,界首市的循环经济产业带动了4万多个家庭的就业和致富,全市农民人均纯收入的增幅超过10%。在资源效应方面,以再生铅回收冶炼为例,界首每年回收铅酸蓄电池45万t,每年相当于减少开采铅矿石3 000万t,相当于少建10个大型铅矿企业,使我国铅自给能力由10年延长到50年。界首市积极加强环保设施投入,坚定推进技术改造,加强源头控制,不断提升清洁生产能力。加强园区生态建设,建设了约1 300 hm^{2}生态防护林、3座污水处理厂、1座固体废物处理中心,综合利用物理、技术、制度、生态等手段,构筑立体化、多层次的污染治理防控体系,较好地解决了资源再生的二次污染问题。预计到2020年,全市各领域的循环经济发展格局基本明确,实现生产方式和消费方式的根本变革,界首市将建设成为在全国具有表率作用的生态文明示范城市。四个特色循环经济工业区产值将超过800亿元,再生资源年保有量300万t以上,再生金属、废塑料等主要废旧物资回收率远远高于全国水平,城区和重点乡镇的建筑、交通和基础设施基本实现绿色化,循环型生活方式和文化氛围被广泛推行,资源产出率较2015年提升20%,节能减排等约束性指标符合或优于上级政府分解指标。

第四节 娄底市循环经济发展状况

一、娄底市简介

娄底市为湖南省辖地级市,位于湖南的地理中心,辖娄星区、涟源市、冷水江市、新化县、双峰县,全市东西宽160 km,南北长102 km。2016年,全市GDP达1 400.14亿元,同比增长7.6%。其中,第一产业增加值206.07亿元,同比增长3.6%;第二产业增加值676.34亿元,同比增长6.3%;第三产业增加值517.73亿元,同比增长11.3%。

娄底市积极抢抓政策机遇,大力实施"科学发展,加速赶超"战略,把发展循环经济作为娄底市走出资源困境、提升发展质效、推进科学发展的重要抓手,紧紧围绕创建循环经济示范城市的总体目标,突出循环经济示范企业和示范园区的龙头带动作用,推进节能减排、清洁生产、综合利用三大工程,健全组织体系、政策体系、技术体系和标准化体系(即围绕一个目标、突出两个带动作用、推进三大工程、健全四大体系),实施了"绿色娄底四年行动计划""城乡整治四年行动计划""服务业四年行动计划""湘江流域污染防治三年行动计划",加快推进了"九大环保工程",全市基础设施建设、产业发展、环境整治、民生保障等得到了全面提升,循环经济工作成效显著。

二、娄底市循环经济发展策略

(一)围绕一个创建目标,做好顶层设计

1.制定总体和年度目标任务

为顺利完成创建目标任务,娄底市政府印发了《关于做好创建国家循环经济示范城市重点工作及责任分工的通知》,对全市循环经济发展工作任务进行总体安排部署,将主要创建指标目标任务细分至各年度和各职能主管部门,确保循环经济发展各项工作顺利开展。

2.开展资源产出率统计试点

资源产出率是循环经济统计体系的核心指标,根据《国家发展改革委办公厅国家统计局办公厅关于开展资源产出率统计试点工作的通知》,娄底市正式开展资源产出率统计试点工作,市发展改革委、市统计局联合下发了《关于开展资源产出率统计试点工作的通知》,成立了全市资源产出率统计试点工作领导小组,召开了全市资源产出率统计试点动员暨业务培训会议,对全市资源产出率统计试点工作进行了总体安排和部署,建立了数据核查机制,为进一步完善娄底市主要资源消耗量统计指标、报表制度和核算方式,建立循环经济"可量化、可操作、可考核"的评价考核指标体系奠定了坚实基础。

(二)培育两个示范带动,促进产业发展

1.示范企业是推进产业化发展的重要载体

娄底市高度重视示范带动建设,积极培育各行业循环发展、资源综合利用示范企业。娄底市是一座典型的资源型城市,支柱产业主要集中在钢铁、煤炭、化工、有色金属、建材、火电这六大高污染高能耗领域,占全部工业的比重达60%,这既是娄底发展循环经济的"主战场",也是城市转型急需唱好的一部"重头戏"。为唱好这部"重头戏",取得全市循环经济"主战场"建设的阶段性胜利,娄底市重点推进了涟钢集团、闪星锑业有限责任公司、泰基建材有限公司、三泰轧辊有限公司、湖南宜化化工有限责任公司、海螺水泥有限公司、华新水泥股份有限公司等一批传统支柱产业发展循环经济示范企业。大力推进水泥行业水泥窑协同处置生活垃圾项目,双峰海螺水泥有限公司水泥窑协同处置300 t/d生活垃圾项目投入试运行,华新水泥(冷水江)有限公司水泥窑协同处置1 000 t/d生活垃圾项目也投入试运行。

循环型农业方面,娄底市重点推进了湘村高科农业股份有限公司和湖南五江集团天华牧业公司的禽畜养殖粪便循环利用、湖南味菇坊生物科技有限公司和湖南忠食农业生物科技有限公司的农林废弃物综合循环利用、湖南灯塔米业有限公司和湖南卓越粮油实业有限公司的大米米糠深加工循环利用示范带动。循环型服务业方面,以将新化县建设成文化旅游特色产业强县为契机,重点推进了紫鹊界梯田、大熊山、古桃花源、龙山梅宫等重点景区建设;充分利用娄底市传统工业资源,发展"世界锑都"锡矿山循环文化示范区、涟钢-锡矿山工业旅游文化走廊等工矿旅游建设;科学规划、推进龙山国家森林公园、水府庙生态旅游区、曾国藩故里文物保护与旅游开发、古镇古村落、美丽乡村和乡村旅游富民工程等项目。

2.园区是推进产业化发展的重要集聚区

娄底市在加大园区配套基础设施建设、鼓励引导企业和产业大户入园的同时,坚持"一县一园一策",优化园区产业空间布局,加快循环经济产业聚集,打造具有特色和优势的循环经济示范区。娄底经济技术开发区与长沙经济技术开发区签订了战略合作协议,主要依托涟钢,建设完善汽车板电工钢项目的配套产业的闭合循环,延伸产业链,打造先进制造业集聚区;发展建设废旧轧辊再利用,高炉废渣生产矿渣微粉,钢渣、除尘灰、瓦斯泥回收利用及深加工等项目。

娄星工业集中区主要实施涟钢周边环境综合治理和污染集中整治工程,建设资源再生利用集聚区。冷水江市经济技术开发区主要是以建设全省循环经济示范县为契机,围绕资源枯竭城

市转型发展,推进锡矿山生态环境整治修复,开展共伴生矿产、尾砂、砷碱渣的综合利用,提高资源采选回收率。涟源市经济技术开发区主要实施煤矿绿色开采,加强煤矿共伴生矿综合利用;加强洗煤废水循环利用,推进矿井水综合利用和煤矿瓦斯抽采发电等项目。双峰县经济技术开发区主要加强园区循环化改造,建设完善农机制造配套产业的闭合循环,推进农机再制造产业;推进粮食加工行业副产品循环经济建设。新化县经济技术开发区主要围绕电子陶瓷产业,开展节能降耗,提升产业附加值;围绕生态旅游,推进旅游区开发、管理、消费各环节绿色低碳循环化发展。

(三) 推进三大重点工程,提升资源利用率

1. 节能减排工程

娄底市积极推进的节能减排重大工程超百余个,投入节能减排资金达百亿元,节能减排工作成效显著。截至2014年,娄底万元GDP能耗较2010年末下降17.9%,二氧化硫、氮氧化物、化学需氧量和氨氮较2010年末分别减少34 499 t、8 024 t、2 468 t和588 t,均顺利完成省定节能减排目标任务;冷钢集团获国家"节能先进典型"殊荣,湖南宜化化工有限责任公司总经理助理获"节能感动人物"殊荣。涟钢集团、冷钢集团等大型钢企普遍采用了高炉、转炉、烧结、加热炉余压余热余气发电技术。2014年,全市钢企余压、余热、余气发电总装机容量达50万kW,年发电量约34亿kW·h,自发电率超过70%。华润电力实施了脱硫、脱硝工程,开展了大型能量系统优化、发电机组节能技改工程等。2014年,华润电力供电煤耗率为330.07 g/(kW·h),比2010年末下降22.06 g/(kW·h)。湖南宜化化工有限责任公司实施了原料路线优化改造、造气系统改造、生产装置节能技改、合成氨净化系统节能技改,合成氨单位产品能耗由2006年的1 948 kg标准煤下降到2014年的1 287 kg标准煤以下,主要污染因子化学需氧量、氨氮、二氧化硫、悬浮物含量大大削减。湖南海螺水泥有限公司和华新水泥股份有限公司等均完成了新型干法水泥生产线纯低温余热发电配套建设,实现自发电率50%以上,其中,湖南海螺水泥有限公司、双峰海螺水泥有限公司的熟料和水泥综合能耗约比全国平均水平低12%和15%。积极推进国家可再生能源建筑应用示范城市,以学校、医院、办公楼、住宅小区为主,主要推广采用太阳能光热建筑一体化应用、土壤源热泵技术应用、地下水源热泵技术应用、地表水源热泵技术应用、太阳能光热与地源热泵结合系统应用等先进建筑节能技术。

2. 综合利用工程

积极推进国家产业废弃物综合利用"双百工程"示范基地建设,积极开展企业废弃物循环利用,做到"吃干榨尽""变废为宝",使各类废弃物真正成为"放错地方的资源"。2014年,全市工业固体废物综合利用率达到83%,粉煤灰、脱硫石膏、钢渣、高炉渣、耐火材料等新产生工业固体废物利用率基本达到100%,基本实现零排放;重点推进了冷水江金筑新型墙材公司和涟源华天能新型建材公司利用粉煤灰生产蒸压加气混凝土砌块和蒸压标砖项目、华中新型建材公司利用脱硫石膏生产纸面石膏板项目、泰基建材公司和高安环保科技公司利用高炉渣生产矿渣微粉项目,极大地促进了钢铁、电力行业与建材行业的耦合链接。加大了煤矸石和矿井水综合利用力度,全市煤矸石综合利用率超过80%,矿井水综合利用率达到70%左右,重点推进了新化福美来建材公司利用煤矸石生产页岩建材等项目。

推动湘村黑猪原种场大型沼气工程、多孔烧结砖项目和涟源斗笠山矿业矿井水综合利用工程。积极推进锡矿山环境综合整治力度,成功实施了锡矿山闪星锑业有限责任公司5 000 t砷碱渣回收利用工程,它的建成标志着由锡矿山承担的国家"863"计划项目——"锑冶炼砷碱渣综合利用关键技术与示范"课题研究取得阶段性成果,对湘江流域的环境治理具有重要意义,并在全国锑行业中产生辐射效应。

3. 清洁生产工程

严格执行《中华人民共和国循环经济促进法》《中华人民共和国清洁生产促进法》《中华人民共和国大气污染防治法》等有关法律,对钢铁、

有色金属、煤炭、化工、电力、建材、焦化等企业开展强制性清洁生产审核及评估验收。2014年，娄底市对涟钢集团、锡矿山闪星锑业有限责任公司、湖南宜化化工有限责任公司等38家高耗能高污染重点企业开展了强制性清洁生产审核及评估验收，严格禁止有毒、有害原料进行生产或在生产中排放有毒、有害物质，有效遏制了污染治理再污染现象重复上演。积极推进双峰县国家生猪养殖清洁生产示范县工作，与湖南农业大学、湖南畜牧研究院合作，研究开发畜禽养殖污染治理技术。对26家规模化养殖场进行发酵床技术改造，建设完成生物发酵床17 000 m^2，每头生猪经济效益增加80~100元，生猪成活率增加5%左右，粪污实现零排放。

(四) 健全四大体系建设，完善机制创新保障

1. 加强领导，建立组织管理体系

娄底市委、市政府高度重视循环经济发展工作，成立了娄底市循环经济工作领导小组，由市长任组长，常务副市长任副组长，相关部门主要负责同志为成员，办公室设在市发展改革委，实行联席会议制度。领导小组办公室及时安排、部署、检查全市循环经济工作，及时协调解决工作中存在的实际问题，各有关部门各司其职，相互配合，实现内外协调、上下联动，形成齐抓共管的合力局面，形成全市发展循环经济的良好的长效机制。在全省率先开展了由市纪委、监察局牵头，市发展改革委、市环保局、市经信办等部门参与的全市节能减排联合执法检查工作，对各县市区36家重点用能企业进行节能工作评价考核，采取"自下而上自查自纠—县市区交叉执法检查—自上而下回头看"的方式；根据检查结果，下发整改通报，责令县市区政府和企业制定切实可行的整改方案，抓好落实；通过检查整改，县市区政府节能减排体制机制进一步完善，企业节能目标责任制进一步强化，项目推进明显加快，检查效果显著，得到省纪委、监察厅的高度评价。

2. 科学规划，建立政策保障体系

一是完善规划体系。借鉴国内外的成功经验，娄底市先后邀请中科院、长株潭"两型办"、省信息中心、湖南师范大学等的有关领导和专家，研究编制了《娄底"两型"产业发展规划》《湘江流域(娄底)科学发展实施方案》《生态环保建设规划》《湖南省娄底市创建国家循环经济示范城市实施方案》等重点专项规划，出台了《关于促进资源型城市可持续发展的实施意见》《关于进一步开展资源综合利用的若干意见》《大力开展大宗固体废物综合利用实施方案》《娄底市民用建筑节能管理办法》《关于推动娄底市绿色建筑发展的指导意见》《娄底市可再生能源建筑应用推广管理办法》《娄底市关于限制生产销售使用塑料购物袋的实施意见》等政策。娄底市通过这些规划和政策，确定了工作方向、发展战略，把循环经济工作要求落实到全领域、全过程、各层面、各环节，使循环经济工作有方向可循、有文件可依。二是加大财税支持。扩大财政资金杠杆效应，设立娄底市循环经济引导专项资金，制定出台《娄底市循环经济引导资金管理办法》，2015年投入250万元，以后逐年递增，主要用于全市循环经济重大项目、示范企业的建设。落实并完善废弃电器电子产品处理、再制造产品推广应用等的财政补贴政策，加大新型墙体材料专项基金对发展新型墙体材料的支持力度。继续落实和完善国家、省资源综合利用税收优惠政策。三是创新金融支持。成功发行锡矿山地区重金属污染防治债券12亿元，为锡矿山重金属污染防治提供了资金保障。

3. 依靠科技，建立技术保障体系

支持循环经济技术研究和开发，组织资源节约和循环利用关键技术的研发攻关，深化产学研合作，注重发展方式由要素驱动向创新驱动转变。以企业为主体，加强创新能力建设。例如，锡矿山闪星锑业有限责任公司理化分析实验室开展砷碱渣综合回收利用、锑锌冶炼废渣综合利用等有自主知识产权、处于世界领先水平的新工艺技术研究；涟钢企业技术中心开展钢渣、转炉污泥、高炉瓦斯灰等综合利用的技术研究；湖南宜化化工有限责任公司采取加压碳化法生产纳米碳酸钙的储碳技术在国内处于领先地位，公司发表的《纳米碳酸钙生产技术与应用》提升了碳酸

钙生产行业的整体节能技术水平。加快建设检测平台，其中，国家质量检测中心建设进入试运行阶段，产业废弃物综合利用产品检测检验中心已挂牌运行，主要负责产业固体废物综合利用产品的检验检测、研发、标准制定和综合技术服务。

4.重视标准，建立循环经济标准体系

积极推进国家循环经济综合标准化试点城市建设，成立了娄底市循环经济综合标准化技术委员会，建立健全包括国家标准、行业标准、地方标准和企业标准在内的有色金属、钢铁、建材、电力、化工等循环经济标准体系，使"减量化、再利用、资源化"渗透于产品的研发、生产、检验、销售等环节。

三、娄底市循环农业研究

循环农业是指运用以生态学、生态经济学、生态技术学原理及其基本规律为指导的农业经济形态，通过建立农业经济增长与生态系统环境质量改善的动态均衡机制，以绿色GDP核算体系和可持续协调发展评估体系为导向，将农业经济活动与生态系统的各种资源要素视为一个密不可分的整体加以统筹协调的新型农业发展模式。循环农业的应用与发展，可实现农业资源合理利用，保护生态环境，延缓资源枯竭，实现农业可持续发展。

在循环农业中引入沼气工程技术，把能源、养殖业和种植业有机结合起来，可促进循环农业中物流、能流的合理利用和良性循环，有效提升农业整体效益。沼气技术已成为循环农业的重要组成部分。

娄底市依托沼气技术大力发展循环农业，取得了显著成效，不仅有效改善了农村用能结构，实现了人与自然和谐发展，充分拓展了农业功能，提高了农作物产量和品质，促进了区域经济发展和农民增收，而且对保护生态环境、改善农村生产生活条件、推进社会主义新农村建设起到了非常重要的作用。

但是，娄底市农村脏、乱、差现象还未得到根本改变，农业资源利用率依然较低，特别是随着畜牧业的快速发展，畜禽粪便资源化利用尚显不足，大量禽畜场粪便污水直接作为肥料或排入池塘河道，农作物秸秆普遍采取低效益的直接燃烧方式，再生能源利用效率低。同时，沼气工程的主副产物尚未得到充分利用，没有形成物流、能流的高效良性循环。因此，大力推广以沼气为纽带的循环农业大有可为，前景非常广阔，必将成为转变农村经济发展方式、调整农业产业结构的有效途径。

（一）娄底市发展以沼气为纽带的循环农业的基础与优势

1.资源丰富，潜力巨大

娄底市境域以丘陵、山地为主，地势西北高，东南低，呈阶梯状倾斜，群山连绵，丘岗起伏，河川溪流纵横密布。娄底市又是一个以农业为主、林牧业并举的农业地区，生物质资源丰富，发展潜力巨大。娄底市可利用的生物质资源主要是禽畜粪便、农作物秸秆。娄底市是一个以"粮—猪"型经济结构为主要特征的农业区，具有较大的发展循环农业的潜力，特别是发展以沼气为纽带的循环农业，是农民增收节支的有效途径。2008年，全市出栏猪500万头，存栏猪300万头、牛38万头，年产粪便达980万t，为大力发展农村沼气提供了有力的物质保证。全市农作物总播种面积为36.4万hm^2，其中粮食作物播种面积为28万hm^2，年可产农作物秸秆140万t。如果60%的秸秆通过沼气发酵和气化处理，就可年产沼气3亿m^3，可解决46万户农家的生活用能，可年增收节支达5亿元。

2.沼气建设与发展现状

发展沼气实际上是运用沼气技术对农业废弃物资源进行综合开发利用，是农业综合开发的重要组成部分。娄底市相继实施了国债农村沼气建设项目、退耕还林后续工程沼气建设项目、扶贫沼气建设项目和为民办实事农村沼气等项目，促使娄底市农村沼气池建设从数量到质量都上了一个新台阶。截至2008年12月，全市已建设农村户用沼气池49 421口，总容积为49.4万m^3，可年产沼气2 000万m^3，折合标准煤

1.5万t。结合建池"三改""五改",实施"猪—沼—果(菜)""牛—沼—草"等循环农业模式,全市年增收节支达1亿元以上,获得了良好的生态、经济和社会效益,以沼气为纽带的循环农业成为农民增收节支的有效途径。生态家园富民工程、大中型畜禽养殖场能源环保工程和城镇生活污水净化沼气池工程建设也得到了长足发展。截至2008年12月,全市兴建了养殖场大、中型沼气工程1 721处,总容积7.5万m³,可年处理废弃物112万t;修建了城镇生活污水净化沼气池工程213处,总容积达1万m³,年处理生活污水达120万t。

因此,根据娄底市的自然资源状况,充分嫁接沼气建设与发展的良好成效,着力推进循环农业建设成为娄底市现代农业发展规划的一个重要课题。

(二)娄底市以沼气为纽带的循环农业模式选择

循环农业应当以提高农业资源的多级循环利用作为改善农业生态环境和提高农业效益的重要手段,其主要发展模式应当以农业内部产业循环为核心,加强与其他产业的联合,构建以农业为主体的新型资源循环体系,实现物质能量最大化利用和整体效益最高的目标。根据娄底市"粮—猪"型农业经济结构的实际,在沼气工程建设的基础上,娄底市着力推广了以下四个层面的循环农业模式。

1.以基地建设为依托的循环农业模式

该模式强调的是以地方特色产业基地为依托,即凭借地方优势产业发展,引入循环经济理念。实现种养的有效对接,发展以沼气为核心的循环农业,从而实现能量多级利用,物质良性循环,进一步拓展农业功能,提升产业发展潜力,调整与优化产业结构;提高农业效益,达到高产、优质、高效、低耗的目的,获得生态、经济和社会效益的最大化。一方面,充分利用种植业或养殖业基地的秸秆、粪便等有机废弃物进行资源的再利用和循环化,生产清洁能源,改善生态环境;另一方面,种养加产业结合,提升农业整体效益,增加农民收入,实现产业的可持续发展。娄底市形成了以粮油、猪牛、果蔬、药材、南竹等产业为支柱的农业产业结构,建立了多个优质稻生产、无公害农产品生产、绿色食品生产基地和大中型畜禽养殖场。为了保持农业农村经济平稳较快发展,娄底市应继续围绕五大支柱产业,以无公害种养基地建设为依托,引入沼气发酵技术,大力发展循环农业,实现种植与养殖两大产业的有效对接,着力培育优势,形成特色。

2.以龙头企业为依托的循环农业模式

该模式强调的是以农业龙头企业为主体,以农村合作组织为载体,组织会员发展循环农业。娄底市农村人均耕地面积少,农业规模小,生产品种趋同,单个农户对农业资源及生产、生活废弃物的资源化利用和循环利用成本较高而难以实现。因此,易于推广应用的模式是由农业龙头企业牵头组织,对农业资源及生产、生活废弃物进行集中处理和利用,并销售清洁能源和有效替代化肥的有机肥,既能实现资源的循环利用,减少环境污染,又能增加农民收入,实现生态与经济的统一。娄底市现有农产品加工企业860余家,其中,省、市级龙头企业达92家。要大力发展循环农业,可重点依托这些龙头企业,带动千家万户建设能源生态工程。

3.以乡村为单元的区域循环农业模式

该模式强调的是以乡村为单元,依据区域布局优化与分工优化的原则,以产业为链条,通过建立健全区域生态整合机制与产业共生机制,将种植业、养殖业、农产品加工业和生物质产业四个子系统纳入整个循环农业产业体系内,使上游产业的产品或废弃物转变成下游产业的投入资源。通过多层次产业间的物质和能量交换,实现区域内不同产业系统的物流与能流的共生耦合及相互依存,最大化延伸产业链条,从而提高资源和能源的利用率以及农业有机物的再利用和再循环,减轻环境污染,实现经济增长与生态保护的动态均衡。娄底市循环农业的建设,应紧紧抓住沼气工程建设这一成果,在乡村进行统筹规划设计,开展循环农业示范区域建设,结合各自乡村的优势产业资源,分别实施以种植业、养殖业、林业或加工业为主的循环农业模式,实现畜禽粪便、生活垃圾与污水、农作物秸秆资源化利用以及区域内农业生产与其他产业的有机耦合。具体可考虑以下四种类型。①粮食主产区:畜牧水产生态养殖—小区沼气工程—优质稻种植—生态加工业。②特色产业基地:特种养殖—小区沼气工程—特色种植—生态加工业。③生态旅游区:农牧生态种养—小区沼气工程—生态旅游业(休闲农业)。④林区:农牧生态种养—小区沼气工程—生态林业。

4.以家庭为单元的庭院循环农业模式

该模式强调的是以家庭为单元,以庭院经济为主,把人居环境和生产环境有机结合起来,利用农村庭院这一特殊的生态环境和独特的资源条件,建立高效农户生态系统,以种植业、养殖业为主,辅之以加工业,通过立体经营的种植业、链式循环的养殖业和技术密集的加工业,进行综合发展,多次增值利用,形成一个无废弃物的循环式结构。在娄底市农村,大部分农户畜圈舍养,人居环境差,影响村容村貌。发展家庭型循环农业模式,从保护环境的角度充分考虑"减量化、再利用、资源化"的原则,可高效利用资源,循环利用废弃物,降低生产成本,提高经济效益,全面整治卫生环境,实现人与自然和谐共处。由于农村家庭是一个相对独立的经济单元或生产单位,因此该模式更适合于广大农村的千家万户,在具体应用中主要结合"一池三改"推广"猪(牛、禽)—沼—菜(果、粮、花卉、菌)"循环类型。

(三)娄底市发展以沼气为纽带的循环农业的对策和建议

娄底市以沼气为纽带的循环农业虽有了一定起步,对改善农村生活用能结构、实现清洁化生产、提高农民收入产生了一定的成效,但其综合经济效益并没有充分体现出来,其发展尚处于探索性的初级阶段。循环农业建设是一项系统工程,离不开社会各方面的广泛参与。因此,要大力推进娄底市循环农业建设与发展,必须动员全社会力量,在现有沼气建设成果的基础上,强化"两个意识",突出"三个更加注重"。

1.强化"两个意识"

(1)强化农业循环经济发展意识

思路决定出路,建设循环农业的关键是确立循环农业经济发展的新理念,要彻底摒弃依靠消耗资源来发展经济的做法,把农业系统作为经济再生系统,寻求各种资源的优化配置,提高资源的利用率,走低消耗、高增长、可持续的循环农业发展的新途径。

1)各级领导干部特别是涉农基层干部要树立循环经济发展理念。要深刻认识到娄底市农业资源日趋枯竭、能源日益紧张的现实,大力发展循环农业的必要性;要深刻认识到发展循环农业是对传统农业的变革,是世界农业发展的最新趋势,是现代农业发展的主要方向,对社会主义新农村建设和生态文明建设具有十分重要的意义;要深刻领会循环农业的内涵和实质,立足娄底市农作物剩余秸秆、畜禽粪便和农产品加工副产品等农业废弃物量大面广、利用率不高、环境污染严重的实际,坚持以解决农村生活能源为重点,以提高农业综合效益为目标,大力推动农业废弃物资源化利用,促进农村用能结构、乡村面貌和生态环境的同步改善,推动循环农业大发展。

2)要加强宣传教育,形成发展共识。要广泛而深入地宣传发展循环农业对于农业可持续发展的重要性和紧迫性,宣传发展循环农业是功在当代、利在千秋的伟业,从而使农业循环经济发展理念深入人心;培育全社会的参与意识,号召广大农民走生态发展之路,加快推进当地资源消耗型的常规农业向资源循环利用型的现代生态农业转变。

(2)强化能源与农业的协同发展意识

各级领导要树立能源与农业协同发展意识。既要充分认识到沼气等可再生能源建设是发展循环农业的重要内容之一,对提高农业综合生产能力、增加农民收入、实现农业可持续发展意义重大;又要充分认识到沼气建设离不开农业的发展,发展循环农业是巩固沼气建设可持续发展的重要途径。因此,能源部门与农业部门要紧密结合,将沼气等可再生能源建设与循环农业建设有机结合起来。

2. 突出"三个更加注重"

(1)注重规划设计

政府应切实将循环农业摆上现代农业建设的优先位置，加强顶层设计与规划。

1)要建立或者指定专门的机构负责循环农业建设的协调组织工作，有目标、有责任地推进循环农业建设。

2)要将循环农业的建设纳入农业与农村规划，确定明确的战略目标、战略部署和战略重点，制定切实可行的政策和措施，有计划、有步骤、有重点地引领和推动循环农业建设。

3)要出台一系列扶持政策，建立奖励和约束机制。从财政、税收、投资、信贷、价格等方面制定一系列的优惠政策，引导和扶持循环农业的建设；整合政府支农资金，全面实施循环农业区域示范、循环农业产业化推进、循环农业废弃物综合利用、循环农业产品推广等工程项目，大力推进循环农业的建设与发展；通过完善农业政策性保险试点工作，加大对循环农业政策性保险的扶持力度；通过"以奖代补"激励符合循环农业建设要求的单位和农户，相应地，对不符合要求的则进行处罚。

(2)注重农民的主体作用

以沼气为纽带的循环农业的推广主要受制于政府的财政支付能力，是一种不可持续的、缺乏抗干扰性的推广模式。而发展循环农业归根到底应以农民的自身意愿和实际能力为基础，以农民的自我管理和自发推动为动力。因此，政府更应注重农民的主体作用，让农民自觉参与到循环农业的建设中来，将"要我建"的思想转化为"我要建"的自觉行动。一方面，政府要重视循环农业技术的引进与培训，使农民切实掌握相关技术，从而降低循环农业产品的生产成本，扩大利润空间，实现生态与经济的"双赢"，让农户得到真正的实惠；另一方面，要充分发挥循环农业示范村、农业龙头企业和种养大户的示范带头作用，以农村合作组织为载体，将广大农民纳入建设循环农业的队伍中来。

(3)注重技术创新

循环农业的发展实际上是一种技术范畴的革命，没有技术创新带来农业生产的低成本，就会带来发展循环农业的"不经济"，导致发展循环农业的可行性受阻。政府应结合自身发展循环农业的实际，加强农业废弃物综合利用技术、可再生资源开发利用技术、农业污染综合防治技术等循环农业关键共性技术和重大技术的引进、消化、吸收与集成、创新，着力推进循环农业技术标准规范的制定，建立相对完善的推动农业循环经济发展的技术创新体系。

四、娄星工业集中区循环经济研究

(一)娄星工业集中区发展环境分析

娄星工业集中区地处湖南省辖地级市娄底市的市辖区——娄星区。娄底市位于湖南省的地理几何中心，北进川黔，南下粤桂，东连长株潭城市群，西接大湘西经济板块，在湘中形成了人流、物流集散中心。娄星区位于娄底市东北部，区内长韶娄高速公路、娄益衡高速公路、上瑞高速公路、娄湘公路、娄涟公路等路网密布，洛湛铁路和湘黔铁路则在娄星工业集中区东南角呈"十"字交汇，形成了良好的交通优势。

娄底市娄星区是湖南省能源原材料基地，矿产资源丰富，现已探明发现的铁、铜、锰、矾等矿种达12种，矿产地达到38处。娄星区已探明的锰矿储量达到230万t，矾矿带绵延近7 km，煤储量超过了11亿t，据专家实地勘验，其远景储量将超过30亿t。另外，黏土、石灰石、磷矿石等矿产资源遍布全区。2012年，全区土地面积426 km²，耕地面积11 650 hm²，其中，水田7 590 hm²，旱地4 060 hm²。

娄星工业集中区内有涟水河、祖师河和高溪河，其中，高溪河流过湖南最大的钢铁生产企业——涟钢集团厂区，祖师河宽3~5 m，兼具灌溉和排水功能。园区用地中间高、四周低，南部略高于北部，地势较为平坦。现状用地以耕地、林地、园地、村镇建设用地为主，低岗、丘陵地貌保存较好。

"十二五"(2011—2015年)以来，娄星区社会经济取得了长足的发展，为娄星工业集中区的发展打下了坚实的基础。2012年，娄星区全区GDP为291.55亿元，较2008年翻了近1倍。其中，第一产业增加值9.67亿元；第二产业增加值184.62亿元；第三产业增加值97.26亿元。2012年，娄星区全区全部工业实现增加值166.61亿元，区属规模以上工业增加值29.28亿元。地方财政收入在4年内实现了翻番，全社会固定资产投资虽有下降，但仍稳中求进。高速发展的社会经济为娄星工业集中区的发展带来了强劲的动力。

在经济快速发展的同时，娄星区的产业结构一直维持得比较稳定。2010年，娄星区三次产业结构比为3.3:62:34.7。到2012年，三次产业结构比调整为3.32:63.32:33.36。在农业产业化经营不断发展壮大、城郊型农业格局基本形成的同时，新型工业化步伐进一步加快，2012年完成规模以上工业增加值166.61亿元，比2010年增长43.1%。以第二、三产业为主导的产业格局并未改变，产业结构呈现出高度稳定的状态。

娄星区内工业园区共3个，各园区按照要素集约、布局集中、功能集合的要求，延伸产业链条，完善企业协作配套，培育形成分工专业、配套紧密、具备一定规模效应的产业集群。经过几年的发展，娄星区基本形成了以冶金、机械、煤炭、建材为主导的产业体系，钢铁、原煤等产量在湖南省各县(市)、区中名列前茅。

娄星工业集中区不断加大投入，加强园区道路、水、电等基础设施建设，进一步提升了园区的承载能力。

依托娄底市娄星区的产业基础和园区毗邻涟钢区位，园区积极实行招商引资，2011年引进了包括节能建材、机械制造、再生资源加工、商贸物流等行业在内的7个投资上亿元的建设项目，到2012年底，园区共集聚工业企业61家，其中，规模企业5家，战略性新兴产业企业1家，大大提升了园区的竞争力和影响力。

(二)娄星工业集中区发展循环经济面临的问题

1.受短期利益驱使，发展循环经济缺乏积极性

按发展循环经济的国际惯例，企业发展循环经济的先期投资总额一般要高于非循环经济的10%左右，对能耗高、污染大的投资项目，企业增加的环保投资比例更高。如涟钢集团"十二五"期间为淘汰落后产能、污染严重的项目，用于技改和新建投资的46.6亿元中，节能减排设备改造总投资约8.8亿元，占投资总额的18.8%。娄星工业集中区内部分企业由于受制于短期利益，没有树立长远的发展目标，而缺乏发展循环经济的积极性。

2.资源型产业占主导地位，工业结构不合理

整个娄星区的工业仍然是以机械制造业、原材料工业为主体的传统格局，高新技术企业、环保产业尚处在起步阶段，资源型产业占主导地位，加剧了水、电、油、煤、运的紧张态势和其他物质资源消耗，使日益尖锐的资源矛盾和环境治理压力更加突出，经济的可持续发展受到影响。娄星区已经对一些重污染企业进行了生产线改造，但从工业投资方面看，全区能源、原材料类项目投资比例较高，缺乏高新技术产业投资，循环经济产业链的衔接作用不明显，发展循环经济缺乏强有力的项目支撑。

3.中间产业发展滞后，循环体系不完善

要形成资源、能源的循环利用，建立以废物回收利用为主的中间产业至关重要，对于循环经济整体建设和生态产业链构建意义重大。娄星区废物分类收集、进行有规模的资源化回收利用的中间产业还未起步，废旧物资回收业以小型企业或个体经营为主，物流业的发展水平低，循环体系中的中间产业结构松散，实力不强，新型的中间产业尚未得到良好的发展。

4.缺乏发展循环经济的关键技术支撑

从技术层面看，通过引进先进适用技术，降低企业生产的资源消耗和污染排放是发展循环经济的重要途径。受体制、机制等因素的影响，娄星区循环经济科技成果转化为现实生产力的水平有限，产品技术含量不高。同时，娄星区高校、科研机构较少，科技人才匮乏，缺乏资金支持，导致新技术成果引进也不够，循环经济先进科技的应用推广面较窄，循环经济科技贡献率偏低。

5. 政府对企业发展循环经济的支持力度有待提升

发展循环经济需要增加工业设备技改投资,加长了企业生产投资回收期,阻碍了企业特别是中小企业的主动性。而地方政府为了片面追求 GDP,忽视了企业的节能降耗减排,进一步加剧了生态环境的恶化。同时,从娄底市娄星区出台的有关政策来看,地方政府对促进循环经济建设的政策和资金支持力度有待提升。

(三) 循环经济理念下,娄星工业集中区工业发展创新思路

娄星工业集中区有自身的特色和不足,循环经济建设中,工业的发展与优化应遵循因地制宜的原则,借鉴国内外循环经济工业园区发展的成功经验,扬长避短,将园区打造成地域特色鲜明、产业集聚度高、生态环境良好的工业园区。根据娄星区的产业实际及发展趋势,娄星工业集中区工业循环经济的发展应从如下几方面突破与创新。

1. 明确转型目标,确立发展方向

首先,需要通过树立具体的量化目标,全面提升园区循环经济建设水平。即用 2 年时间,夯实娄星工业集中区发展循环经济的工作基础,在完善废弃金属回收网络、废弃金属综合回收利用体系和资源再生加工转化技术的基础上,提升工业园的产业发展能力和水平;用 5 年时间,围绕钢铁冶炼废弃物再生深加工产业,提升资源综合利用率与产业深加工水平,主要环境质量评价指标要达到国家二级标准以上,工业集中区达到国家循环经济示范园区的要求。

其次,在园区发展如何定位上,娄星工业集中区应在充分发挥机械加工与再生资源方面的优势情况下,抓住工业园的发展机遇,以钢铁冶炼废弃物再生利用与深加工为基础,以清洁生产与节约生产为条件,通过循环经济产业延伸方式,建成优势突出、高起点规划的金属资源循环利用经济板块;形成"金属冶炼提取—综合回收—再生利用—精深加工"的循环经济产业链,促进企业集约化、规模化经营;以湖南循环经济试点为支撑,以优势企业为保障,成为能够提供一体化、多层次、高规格、高科技、高效益的行业性循环经济试点园区。

2. 对现有产业实行改造升级,构建循环经济产业链

(1) 依托涟钢,大力发展钢铁循环经济

钢铁循环经济的发展应以"钢铁产业发展规模更加壮大、资源回收利用率显著提高、钢铁循环型产业链和产业体系基本建成"为具体工作目标,以资源综合循环利用为主线,以提高资源集约利用水平为纽带,以加快推进资源开发模式、体制机制、重大技术、产品结构的创新为动力,以项目建设为抓手,以要素和政策保障为支撑,以娄星工业集中区建设为平台,以推动产业壮大升级为核心,坚持资源开发与生态环境保护、企业节能减排相协调,坚持壮大产业集群与延伸产业链并重,重点建设机械装备制造、汽车零部件生产、家电制造、钢铁仓储物流、钢铁产品深加工、电子信息、冶金加工等产业部门,推行钢铁循环经济模式。

(2) 实行企业整合,形成机械制造业良性循环

娄星区的机械加工与制造业呈良好发展态势,三一重工股份有限公司等龙头企业生产能力不断提升。娄星工业集中区机械、汽车零部件产业的整体提升,应从一体化、专业化角度,以推动整个娄星区机械、汽车零部件产业发展,规范产业环境,整合行业资源和促进园区合作为目标,促进娄星区内机械、汽车零部件产业的整合,帮助机械、汽车零部件企业做大做强,形成机械制造业的良性循环。

园区内生产企业资源整合可采取重组、兼并、收购等多种方式。企业整合期间,新建、改建、扩建项目应符合循环经济的发展要求,并对具有一定生产设施、生产条件的企业先行整改。同时,园区应以废钢材、废有色金属回收利用为核心,以机械、汽车制造产品生产为纽带,连接机械制造行业与加工业,通过与钢铁加工企业进行耦合链接,形成"机械制造行业—机械制造生产加工—机械制造产品—废钢材、废有色金属回收利用—机械制造产品"的循环产业链。

(3)加强废旧物资回收利用体系建设,发展再制造产业

为配合主导产业发展与循环经济建设,娄星工业集中区还应加快完善废旧汽车零部件、工程机械等的回收物流体系,主要发展废旧汽车、家电等金属制品以及废旧电池的回收利用产业。同时,加强旧件分类和回收管理,形成与循环经济产业规模相匹配的旧件收集能力。

3.发挥园区集聚优势,构建高效益的产业集群

产业集群是提高工业园区竞争力的重要途径,结合循环经济建设要求,娄星工业集中区应重点建设四大产业集群,将其做大做强:其一,运用高新技术改造和提升传统的钢铁、机械等产业类型,发展壮大其集群效益;其二,充分发挥地区劳动力优势,承接包括日用消费品在内的产业转移,建设劳动密集型产业集群;其三,通过基础设施建设,加强园区物流配送功能,建设物流产业集群;其四,把培育优势产业和高新技术产业集群作为重点,以点带面,重点搞好新材料、电子信息、新能源、技术孵化等产业集群建设。

4.积极承接经济发达地区的产业转移

娄星工业集中区在循环经济建设的进程中,应依托当地的资源和劳动力优势,从优势产业选择、区域功能对接、投资环境改善等方面着手,借助产业转移加速园区发展。

可重点承接"长三角"地区的纺织、服装、玩具、家居等劳动密集型产业转移,充分发挥其吸纳就业的作用。引进先进技术工艺,加快娄星区传统产业的改造升级,实行激励机制促进企业实施自主知识创新,应用先进的管理模式,建设园区劳动密集型产业集群。同时,承接我国经济发展地区的高新技术产业转移。鼓励相关企业加强与沿海地区的技术对接,依托省内大学和科研机构,建立科技研发中心和科技成果"孵化园",促进技术成果转化。加强主导产业与"长三角""珠三角"等经济发达地区相关产业的对接合作,完善产业转移对接机制,落实促进产业转移优惠政策,吸引企业转移落户,强化企业转移的全程服务。

5.巩固园区产业,发展配套服务

随着园区工业企业对土地、资金、信息等生产要素需求的日益增加,园区应结合自身主导产业特点,通过合作建设,为产业发展提供良好的配套服务。

(1)合理利用园区土地

根据园区生态承载能力的评价,对各类企业用地进行统筹安排,在涟钢与园区交叉处建设生态隔离带,避免钢铁生产企业工业"三废"排放对园区生态环境造成不利影响。

(2)设置企业准入门槛

在确定园区环境容量的基础上,按照循环经济的发展理念,禁止对园区污染较大、循环经济效应不明显或较难与园区其他企业形成生产链接的企业入园发展。在此过程中,园区管理机构应转变传统的经济发展数据化的政绩理念,走转型低碳、循环发展的道路。

(3)提供坚实的资金保障

充分发挥地方财政资金的支撑作用,引导重点项目、示范项目入园发展,对自身有要求降低废弃物排放量、实行节能减排的企业可减免其相关税收。

(4)加大人才引进、培养

积极引进高新技术产业、循环经济等领域所急需的各类专业技术人员和高级经营管理人员,具有国内领先水平、积极参与国际科技竞争的学术技术带头人,各学科领域成效显著、起骨干作用的高层次中青年专家,发挥人才的巨大潜力和作用,支撑娄星工业集中区的优势特色产业发展。

五、小结

娄底市位于湖南省的地理中心,是湘中的人流、物流集散中心。除此之外,娄底市还是湖南省能源原材料基地,矿产资源丰富。但是单纯的原材料的开采运输,不仅利润微薄,而且会给自然环境造成不可恢复的损坏。

为了走出资源困境、提升当地的发展水平、

推进科学发展的重要手段,娄底市积极抢抓政策机遇,把发展循环经济作为创建经济示范城市的总体目标,突出循环经济示范企业和示范园区的带动作用,推进节能减排、清洁生产、综合利用三大工程,健全组织体系、政策体系、技术体系和标准化体系四大体系建设(即围绕一个目标、突出两个带动、推进三大工程、健全四大体系),实施了"绿色娄底四年行动计划""城乡整治四年行动计划""服务业四年行动计划""湘江流域污染防治三年行动计划",加快推进了"九大环保工程",使全市基础设施建设、产业发展、环境整治、民生保障等得到了全面提升,循环经济工作成效显著。

娄底市依托沼气技术大力发展循环农业,有效改善了农村用能结构,实现了人与自然和谐发展,充分拓展了农业的功能,促进区域经济发展和农民增收;而且对保护生态环境,改善农村生产生活条件,推进社会主义新农村建设起到了非常重要的作用。

娄底市作为典型的资源型老工业城市和能源原材料基地,长期以来三次产业占比失衡、现代服务业发展迟缓、环境治理压力大。将发展循环经济作为走出资源困境、提升发展质效、推进科学发展的重要抓手,广泛推行循环型生产方式,推广普及绿色消费模式,建立资源循环利用体系。

"十二五"以来,娄底市投入节能减排资金达100亿元,推进节能减排重大工程超过100个。2015年,万元GDP能耗较2010年末下降23.6%,2016年较2015年下降5.47%,均超额完成省定节能目标任务,节能减排工作成效明显。

根据自身资源禀赋、产业结构和区域特点,娄底市以国家循环经济示范城市创建为契机,实施大循环战略,把循环经济理念融入工业、农业和服务业发展以及城市基础设施建设,重点推进节能项目、循环经济项目、资源综合利用项目、环境整治项目建设,初步形成了循环型工业、循环型农业和循环型城市建设的"三位一体"发展模式,正朝着打造一个高层次的循环经济示范城市,实现绿色发展的目标,一步一个脚印地稳步前进。

第三章 西部城市循环经济发展状况

第一节 成都市循环经济发展状况

一、成都市经济现状

(一)成都市简介

成都是四川省的政治、经济和文化中心,是国务院规划确定的中国西南地区的科技、商贸、金融中心和交通通信枢纽。成都市地处四川省中部,东北与德阳市、东南与资阳市毗邻,南面与眉山市相连,西南与雅安市、西北与阿坝藏族羌族自治州接壤。成都位于四川盆地西部、成都平原腹地,境内地势平坦、河网纵横、土壤肥沃、物产丰富、农业发达,自古就有"天府之国"的美誉。截至2016年末,成都总面积为14 335 km², 市区面积为4 241.81 km², 其中建成区面积为837.27 km², 户籍总人口为1 398.93万人,其中城镇人口784.6万人,是西部地区的特大城市。成都历史悠久,文化灿烂,是首批国家历史文化名城、中国最佳旅游城市和南方丝绸之路的起点,3 000多年的建城史孕育了都江堰、武侯祠、杜甫草堂、金沙遗址等众多名胜古迹,是全国著名的历史文化名城和重点风景旅游城市。

(二)成都市经济现状

自"十一五"时期开始,成都市以建设世界现代田园城市为目标,大力实施产业发展的追赶型跨越式发展战略,加大产业结构调整力度;大力发展战略性新兴产业,抢占高端产业发展制高点,推动重点产业高端化。成都促进城市产业升级,逐步建立起以现代服务业和总部经济为核心、以高新技术产业为先导、以强大的现代制造业和现代农业为基础的市域现代产业体系。成都用循环经济的理论去指导产业体系的构建,使之成为适应世界现代田园城市发展的循环经济产业体系。

"十一五"期间,成都市的发展取得了如下瞩目的成果。

1.经济发展

"十一五"时期,全市经济实力显著增强,2010年全市GDP达到5 551.33亿元,比2005年增长95.9%,年均增长14.4%,高于全国平均增幅4个百分点左右;地方财政一般预算收入达到526.9亿元,年均增长30.1%。

2.产业结构

"十一五"以来,成都市加大产业结构调整力度。第一产业发展势头良好,农业产业化、科技化步伐加快;第二产业特别是工业发展步伐加快,对地方经济的支撑作用更加突出;第三产业发展迅速,产业实力进一步提升。2010年,三次产业结构由2005年的7.7:42.5:49.8优化为5.1:44.7:50.2。

3.产业布局

随着经济快速、稳定发展,成都市形成了中心城区以现代服务业和总部经济为主,二、三圈层以制造业和现代农业为主的产业发展格局。在服务业发展上,构建了"一核集聚、四城辐射、两带带动"的战略性空间格局,优先规划建设了23个现代服务业重点集聚区;在工业发展上,按照"一区一主业"的原则,形成了21个各具特色的工业集中发展区,工业集中、集约、集群发展势头良好;在农业空间布局上,在城市近郊发展"插花式""镶嵌式"景观农业,在城市中郊发展规模化、标准化、精品化的优质高效农业,在城市远郊发展规模化、区域化、标准化优质高效农业和山地丘陵特色生态农业。

4.社会发展

"十一五"时期,成都市社会民生显著改善。城乡居民收入大幅提升。2010年,全市户籍人口1149.1万人,城镇居民人均可支配收入达到20830元,比2005年增长83.4%,年均增长12.9%;农村居民人均纯收入达到8205元,比2005年增长82.9%,年均增长12.8%。城乡就业体系进一步完善,社会保障扩面提质,教育事业更加均衡,医疗卫生保障能力稳步提升,人口计生服务管理体系进一步完善,文化事业和产业快速发展,民主法治建设加快,精神文明建设成效显著。

(三)成都市发展循环经济的有利条件和制约因素

1.有利条件

(1)优越的科教资源

"十一五"期间,成都市新增国家级和省级重点实验室30家、工程技术研究中心28家,总数已分别达到76家、69家;拥有国家级和省级企业技术中心112家,国家级技术检测中心6家,省级以上科技企业孵化器16家,引导建立了产业技术创新战略联盟17个;组建了成都新能源、新材料、物联网产业研究院(研发中心)等一批新兴产业创新载体;建成了成都科技应用创新服务平台,聚集了高校、科研院所、重点企业200多家,新增大型科学仪器设备2019台(套)。在电子、生物、新技术、新材料、光通信等高新技术领域所具有的综合优势和技术能力,为发展循环经济奠定了技术基础。

(2)独特的地域文化

成都是一座具有3000多年文明史的历史文化名城,孕育了独具特色的休闲文化。世界旅游组织和国家旅游局联合授予成都市"中国最佳旅游城市"荣誉称号;2010年,成都被联合国授予了亚洲首个"世界美食之都"称号。鲜明独特的休闲娱乐文化,为成都构建循环型社会提供了良好文化底蕴。

(3)较强的经济实力

2010年,全市GDP达到5551.33亿元,地方财政一般预算收入达到526.9亿元,位列中西部省会城市前列。雄厚的经济实力,为发展循环经济提供了坚实的财政保障。

(4)突出的产业基础

2010年,成都市的第一、二、三产业比例关系由2005年的7.7:42.5:49.8优化为5.1:44.7:50.2,第一、二、三产业增加值分别达到285.1亿元、2480.9亿元和2785.3亿元,服务业逐步成为支撑国民经济发展的主导产业。此外,在产业空间上,基于全域统筹发展以及与市域生态本底相协调的原则,划定13个市级战略功能区和多个区(市)县级战略功能区。不断优化的产业结构和空间布局,为构建循环经济产业体系和空间格局奠定了基础。

2.制约因素

(1)循环经济发展意识较为薄弱

成都市资源消耗型和粗放型的经济增长方式尚未根本改变,污染减排形势严峻;水资源利用效率较低、节水措施不足、水质污染堪忧、再生水利用水平不高、河流生态用水缺乏;建设用地增长较快,耕地占补平衡难度不断增大;能源自主调节能力较弱,节能任务艰巨;城市生活垃圾产生数量大,资源化利用水平不高。

(2)循环经济能力支撑体系较弱

成都市循环经济取得了一些成绩,但发展仍然不平衡。循环经济的法规体系、责任延伸制度、统计制度等不够完善,区(市)县制定循环经济发展规划工作较为滞后;试点单位示范带动能力不强,企业主体作用有待进一步发挥,公众对循环经济的认识和参与度亟待增强。

(3)循环经济关键技术基础较弱

发展循环经济所需要的污染治理技术、废物利用技术和清洁生产技术研发投入不足,研发平台建设滞后；先进适用技术引进不足，且未得到普遍推广，还缺乏系统完善的技术标准和技术规范。

二、成都市循环经济工作进展

(一)节能减排取得积极进展

"十一五"以来，按照国家和省节能减排工作要求，以及《成都市节能减排综合性工作方案》规定的任务，成都市大力推进节能减排工作，强化目标管理，加大对电力、钢铁、建材、电解铝、铁合金、电石、焦炭、煤炭、平板玻璃、造纸、酒精、味精等行业落后产能的淘汰力度，全市产业结构不断优化，万元GDP能耗持续降低。2010年，成都市万元GDP能耗比2005年下降了20.23%，化学需氧量和二氧化硫排放量分别下降了23.7%和22.7%，全面完成"十一五"节能减排目标。

(二)资源综合利用取得显著成效

"十一五"期间，成都市大力推进资源综合利用以及废弃物再利用、资源化工作，按"资源—产品—再生资源"的反馈式流程思路，废弃物资源化率不断提高。建成成都洛带生活垃圾焚烧发电厂，启动了成都九江垃圾发电厂、青白江祥福垃圾发电厂、龙泉驿万兴环保发电厂建设；加快了成都市再生资源回收体系试点建设，建成1 530个社区回收网点、13个再生资源市场、4个再生资源分拣加工中心，2010年回收废铜铁、废纸张、废塑料等再生资源约150万t；推进城镇污水处理再生利用；启动餐厨垃圾无害化处理试点，获批为国家"可再生能源建筑应用示范城市"。

(三)循环经济试点工作稳步开展

"十一五"期间，成都市被省发展改革委确定为全省首批循环经济试点城市。通过政府引导，成都市循环经济试点单位扩大到46家。其中，国家级循环经济试点单位2家，省级循环经济试点(包括工业区循环经济试点)单位24家，省级清洁生产试点单位9家，市级循环经济(再生资源回收)试点单位11家。

(四)林业、园林发展成效显著

至2015年，成都市森林覆盖率达到38.3%，森林蓄积量达到3 224万m^3，成都市共建成各类林产业基地13.46万hm^2，林业产业总产值达到514.8亿元，农民年人均从林业中获得收入达2 420元。林业有害生物防控工作成绩突出，成都市林业有害生物成灾率为0；森林火灾损失率控制在0.003‰以内。城市建成区(十城区)绿地率、绿化覆盖率分别达到35.57%、39.84%，人均公园绿地面积达到14.59 m^2；中心城区(六城区)绿地率、绿化覆盖率分别达到34.19%、38.63%，人均公园绿地面积达到14.03 m^2。完成新农村绿色家园建设524个。全市经济社会可持续发展的生态基础得到了有效巩固。2015年4月，成都顺利通过了国家园林城市复查验收考核。

(五)循环经济成果不断

成都市贯彻落实党的十八大精神，推进生态文明建设，发展循环经济，取得了许多成果。2016年2月，经国家发展改革委、财政部和住建部委托中国国际工程咨询公司组织专家进行评审，蒲江县被确定为国家循环经济示范城市(县)建设地区。2016年5月，新都区荣获中国循环经济发展论坛授予的"中国循环经济十佳绿色发展城市"称号。四川能投新都华润雪花啤酒分布式能源项目，是四川省发展改革委核准的首个天然气分布式能源项目，建成后实现冷、热、电三联供，年减排二氧化碳18 614 t、二氧化硫160 t、氮氧化物43 t、烟尘29 t，综合能源利用率达83.34%。四川省新都三益翻胎有限公司建立了集炼胶、挤出成型、预硫化胎面、预硫化轮胎的整套生产系统，充分发挥翻新轮胎的循环利用功能，资源循环利用率达100%。大力发展循环经济，将进一步提升新都区在全国乃至世界的影响力和知名度，为建设"国际化现代化新型卫星城市"奠定坚实基础。2016年6月，金牛区、邛崃市循环经济项目通过成都市节能监察中心核查，有利于促进成都市企业积极探索循环节约利用资源，大力发展循环经济，积极创建特色循环经济型企业。

三、推进循环经济发展，构建循环型社会

(一) 推进土地资源高效与集约利用

从城镇建设、工业建设、城市立体空间建设和农村土地开发整理四个领域整体推进节约集约用地。2015年，完成土地整理20万hm^2，新增耕地面积2万hm^2；预计到2020年，人均城镇工矿用地95 m^2，中心城区城镇建成区面积控制在435 km^2。

1.城镇建设节地工程

围绕构建以中心城区和天府新区为双核，6条城市走廊带为骨架，中等城市、小城市网状分布的新型城镇体系，做好城镇建设节地工程。通过科学合理规划，优化城镇布局，加快14个中等城市与34个小城市的规划编制工作；做好城镇建设存量挖潜工作，制订中长期挖潜盘活计划，将土地利用率不高的企业用地、居民点用地、搬迁用地、废弃地、空闲地作为挖潜盘活的重点；完善土地市场运行机制，发挥市场在土地资源配置中的基础性作用；实行用地管控，控制新增用地总量，实行建设用地全程管理，严把用地关；合理开发城镇地下空间，推进城镇体系立体发展，中心城区新建建筑严格执行地下空间开发标准，加快中等城市及小城镇地下空间开发。

2.工业建设节地工程

规范管理工业建设用地，继续推进企业向园区集中，清理和盘活建设用地存量，提高单位土地的投入强度和产出效率。在中心城区，大力发展总部经济和楼宇经济；在近郊区，清理整顿现有企业用地，加快调整园区产业空间布局，推进多层标准厂房建设；在远郊地区，科学制定园区布局规划，提高企业准入标准。

3.住宅用地节地工程

合理规划住宅建设用地，充分利用周边配套公共建筑设施，在保证住宅功能和舒适度的前提下，确定居住区人口规模和住宅层数，发展高层建筑，提高单位住宅用地的住宅面积密度。改进建筑结构形式，提高建筑空间的使用率。充分利用地下空间，提高住宅质量，减少重复建设。合理控制住宅户型，鼓励建设90 m^2以下中小户型。合理配置居住区的绿化用地，推进立体绿化。

4.城市立体空间建设节地工程

将城市规划与土地开发结合起来，按照地上空间、地面空间与地下空间"三位一体"的规划理念，合理开发城市立体空间。深入推进地下空间开发，重点建设地下停车场、地下商业、地下交通网等地下设施和多功能地下综合体，着力推动地铁1号线、2号线和人防工程等重大建设项目地下空间的开发利用。提高中心城区的容积率，实现城市空间多维度综合利用。

5.农村土地开发整理节地工程

科学编制农村土地综合整治规划并统筹推进，实现农村土地集约化、规模化利用。健全农村宅基地管理机制，继续推进"拆院并院"以及山、水、田、林、路的综合整治。加强农村宅基地整理示范村建设。加大耕地保护力度，确保全市基本农田保护面积不低于35.24万hm^2，实现耕地占补平衡。

(二) 促进水资源节约与安全利用

通过提高水资源再生能力与循环利用效率，促进经济社会与水资源的协调发展。2015年，成都市万元GDP用水量下降到67.75 m^3，农业灌溉用水有效利用系数达到0.55，工业用水循环利用率达到90.6%，城市污水再生利用率达到7.9%。

1.加强节约用水

加强工业节水，在火力发电、造纸、钢铁、化工、建材等高耗水行业，推广节水技术。到2015年，万元工业增加值用水量比"十一五"期末降低30%。推进农业节水，加强农田水利工程建设，抓好大型灌区节水改造与续建配套工程，加快雨水集蓄利用、农机提灌站改造，因地制宜地推广渠道防渗、管灌、滴灌、微灌等节水灌溉措施。加强生活节水，推广使用节水器具，大力宣传节约用水。

2.加快节水机制建设

实施梯级水价，以总量控制和定额管理为核

心,积极推进城乡居民生活用水阶梯式水价制度的建立,大力推行城乡非居民用水超额累进加价制度。推进分质供水,逐步对低品质水、回用水等非饮用水源另设管网,实现各种水资源的综合利用。建立水质水量联合调度系统,调节水资源时空分布,建立水资源的科学调配和控制系统,优化水资源配置。

3.推进再生水回用

加强工业用水(主要是冷却水)、建筑用水、市政设施用水、农业用水等再生水利用系统的建设。推动工业园区企业之间的再生水利用和阶梯循环利用。逐步推进原有建筑再生水回用改造工程,鼓励新建小区、宾馆、饭店、学校等配套建设再生水利用、雨水利用系统。大力推进市政绿化和农业灌溉再生水利用,加快污水处理厂再生水利用设施建设。

4.开展水生态环境保护与修复

加强水土保持工程建设,推进小流域综合治理;大力推进河湖水网修复,实施江安河、东风渠、清水河和锦江等河流再造综合整治工程,加快堤防岸线生态、亲水型改造;加快城区及市域生态湿地的保护和恢复,推进龙门山、龙泉山、"198"绿地等功能区内生态湖泊和人工湿地的建设,保障水源地供水安全。"十二五"期间,新增河湖生态修复面积 11.2 km², 改造生态河道 62.4 km,规划建设湿地公园,提高河流、湖泊、湿地的生态功能。

5.加快水利工程建设

加快水资源优化配置的重点工程建设,科学有序地对岷江、沱江流域水资源进行可持续开发。重点抓好李家岩水库、东风水库、东林寺水库等大中小型水库水资源屯蓄工程的前期工作和开工建设,规划建设中心城区供水第二水源,推进龙门山、龙泉山水源工程建设,规划实施"百湖"工程,优化水资源时空分布。抓好山坪塘、石河堰整治工作,加快微水池、提灌站建设,提高山丘区抗旱保水能力。

(三)构建循环经济产业体系

以循环经济理念为指导,瞄准高端产业和产业高端,加快产业结构调整,通过物质流和能量流实现企业间的有机连接,形成资源与基础设施共享,产品互换的产业共生组合,构建由循环型现代农业、循环型现代工业和循环型现代服务业组成的循环经济产业体系。2015年,三次产业结构优化为3:45:52,高新技术产业增加值占工业增加值的比重达到55%以上。

1.构建循环型现代农业体系

围绕建设国家级现代农业示范区目标,重点发展优势特色产业,加快规模化、标准化基地建设,按照循环经济的理念,构建不同形式的循环型现代农业产业链。围绕粮油、蔬菜、食用菌、生猪、家禽、水产等产业,重点发展"种—养—深加工"循环型农业;围绕伏季水果、猕猴桃、花卉苗木、茶叶等产业,重点发展生态休闲型循环农业,延伸产业链,提升农业循环经济发展水平,增加农民收入。2015年,农产品深加工率达到50%以上,建成标准化、规模化的现代农业园区50个以上。

2.构建循环型现代工业体系

大力发展战略性新兴产业、高技术产业和高端制造业,围绕电子信息、汽车、石化、食品、装备制造、冶金建材等行业,通过强链、补链、延链等措施,构建六大循环型现代工业产业链,形成工业循环体系的基本框架,实现物质流、能量流平稳运行与流畅互补,工业与生态环境协调发展。2015年,万元工业增加值能耗降至0.965 t标准煤,工业集中度提高到75%以上。

3.大力发展现代绿色服务业

(1)大力推进绿色旅游业

依托龙门山、龙泉山生态旅游综合功能区,龙门山-邛崃生态旅游度假带和成青旅游快速通道发展轴,整合集约利用资源,保护生态环境,建立旅游区生态文明建设机制。遵循低碳旅游开发理念,开发绿色旅游产品,完善生态旅游产业链。严格防治景区环境污染,采用绿色交通工具,降低旅游消费过程中污染物的排放,完善垃圾及污水集中处理措施,促进生态旅游发展,推进资源节约型和环境友好型社会建设。

(2)培育壮大生态物流业

加快成都国际航空物流园区、成都国际集装

箱物流园区、青白江散货物流园区、新津物流园区和保税物流中心、双流物流中心、龙泉物流中心、新都物流中心建设,整合流通资源,大力发展生态物流业。推进综合物流园区建设的生态化,加快园区信息平台建设,加强物流企业的管理指导,促进物流企业选择合适的运输方式,提高配送效率;加强生态物流标准建设,推进物流运作的生态化,完善物流企业资格认证制度。

(四)培育新型"静脉"产业

完善市场化运作机制,强化监督管理,推广使用先进技术,提升对废物的收集、处置和综合利用水平。2015年,实现工业固体废物综合利用率达到99%,秸秆综合利用率达到91%,集约化畜禽粪便综合利用率达到100%。

1.餐厨废弃物循环再利用

推进国家餐厨废弃物资源化利用和无害化处理试点城市建设,加强餐饮业废弃物的资源化利用和无害化处理。2015年末,中心城区餐饮业废弃物收运量达到每天454 t,集中收集率达到76%(大型餐饮企业、单位食堂和农贸市场餐厨废弃物收集率达到95%,中型餐饮企业餐厨废弃物收集率达到75%,小型餐饮企业餐厨废弃物收集率达到40%),餐厨废弃物相关的法规制度和配套政策基本完善,高效、完善的餐厨废弃物收运、处置系统基本形成。

完善餐厨废弃物收运处置的相关制度,采用政府补贴、收费与特许经营等方式构建餐厨废弃物收运处置价值链,实施市场化收运,建立收运市场准入和退出机制,实行资质管理,逐步培育和建立餐厨废弃物处理的市场化运作机制。

建立全市标准统一、资源共享、功能完备的餐厨废弃物信息化动态管理平台,实现餐厨废弃物产生源的定位和餐厨废弃物收集量、收运路线、收运时间、进厂处理量、处理过程、污染物排放参数等数据的实时监控、记录和共享,使全市餐厨废弃物监管工作达到国内领先水平。

加快餐厨废弃物处理厂建设,以集中和分散相结合的方式,采用分离工艺、泔水油处理工艺、固态混合物加工工艺,通过资源化处理,将餐厨废弃物转化为饲料、肥料、生物燃料、肥皂等再生资源。

2.深入挖掘"城市矿产"

积极开展"城市矿产"示范基地建设,结合实际,以金堂电子电器"城市矿产"示范基地、新津有色金属"城市矿产"基地和成都经济技术开发区为示范,重点推进废旧家电及电子产品、有色和贵金属、废旧汽车等资源回收利用。

推进废旧家电及电子产品回收利用示范基地建设。制定并完善废旧家电及电子产品回收利用制度,建立区域性废旧家电及电子产品回收利用体系,形成回收、拆解、加工、利用一体化的电子信息产业链条,推进高端电子产品再制造,促进流通领域电子信息产业的提档升级。

推进报废汽车回收和标准化拆解场地示范基地建设,完善报废汽车回收拆解行业管理,加大报废汽车回收拆解技术研发,实现报废汽车回收拆解行业的发展与现代化大规模汽车生产消费相适应。建立有效的零配件再生利用体系,以及相应的再生产品标准,积极推进汽车废旧配件(包括废旧轮胎)再制造。

3.推进垃圾的减量化、资源化与无害化

加强生活垃圾分类收集处理。制定和实施生活垃圾清运差异化收费标准,合理分布垃圾分类设施,建设大型分拣中心,改造和新建一批生态性良好的集装箱垃圾压缩转运站,构建小型压缩转运站为主、大型转运站为辅的垃圾收运体系,提高垃圾收运系统现代化水平,建成全面涵盖、运转高效、科学完善的垃圾分类收集系统。加快推进成都九江垃圾发电厂、青白江祥福垃圾发电厂、龙泉驿万兴环保发电厂建设,构建全市生活垃圾集中处置系统。

4.提高农业废弃物资源化综合利用能力

重点发展养殖废弃物能源生态循环经济,建设生态家园。以户用沼气池建设带动改厨、改厕、改圈;鼓励养殖场、养殖大户建设配套沼气工程,推广"生态养殖业—沼气—有机肥料—高效种植业"内循环模式;以村或联合村为循环单元,发展秸秆沼气技术和集中供气系统,实现农业生产无害化、农村环境优良化。加强秸秆综合利用,积极发展秸秆建材、秸秆包装材料生产等

产业建设，推进秸秆、食用菌渣等农业废弃物覆盖还田、堆沤还田。

(五)推广清洁生产方式

加大清洁生产方式推广力度，2015年，化学需氧量排放、二氧化硫排放、氨氮排放和氮氧化物排放较2010年分别减少3.9%、6%、5.5%和14.9%。

1. 实施清洁生产强制审核

以火力发电、钢铁、化工、冶金建材、装备制造等行业为重点，确定清洁生产强制审核重点企业名单，对污染物排放超过国家或地方排放标准或超过核定的排放总量控制指标的企业，以及使用有毒有害原材料进行生产或在生产过程中排放有毒有害物质的企业，依法实施强制性清洁生产审核。扩大清洁生产范围，探索不同行业发展清洁生产的有效模式和关键技术。

2. 推广清洁生产和资源综合利用新技术

鼓励企业开发和推广清洁生产技术，开发应用无污染、低污染的高新技术及节能节水技术、工艺、装备，重点推广洁净煤、多联供、余热余压回收、"三废"综合利用、共伴生矿产资源综合回收利用、水泥窑处理城市垃圾及污泥等技术，引导企业对生产中产生的废物、废水和余热余压等进行循环利用。

(六)倡导绿色消费

从生产者、消费者和政府三个层面着手，充分发挥政府绿色采购制度的带动作用，加强绿色消费教育，提高全社会绿色消费意识，逐步建立符合生态文明的绿色消费市场体系。

1. 实施政府绿色采购

完善政府绿色采购机制，明确绿色采购的主体和责任，分行业、分产品制定绿色采购对象和标准，定期公布政府绿色采购的实际执行情况，加强对政府绿色采购的监督，逐步提高绿色产品在政府采购中的比例。

2. 建设绿色消费市场体系

建设绿色食品、绿色服装、绿色家电、绿色建材等绿色消费品市场，绿色原材料、绿色技术、绿色生产设备等绿色产业用品市场，以及绿色产品的专营商店、连锁店与交易市场，建立从批发到零售的绿色产品流通网络体系。实施环境标志产品认证标准，限制一次性资源消耗型物品的使用，培养绿色消费需求，促进消费结构与消费方式的转变。

3. 加强绿色消费教育

加强绿色消费理念的宣传，传递绿色消费信息，普及绿色消费知识，广泛开展多种形式的绿色消费宣传活动，通过制度化、系统化、大众化的教育，提高全社会的环境保护意识，建立合理的绿色消费结构和多样的绿色消费渠道。

(七)加强循环经济基础能力建设

1. 建立废物分类收集系统

建立完善的生活垃圾、工业废物、危险废物、强制回收产品、包装物分类收集系统。以社区为基础，合理指导居民实施生活废弃物分类，将废物分类收集与社区建设结合起来，完善社区废物分类收集网点，逐步建立全市统一的多层次废物集中分拣整理场所。

2. 设立区域性废旧物资交换中心

按照行业布局情况，统一规划，整合、改造现有废旧物资交易场所，设立区域性废旧物资交换中心，培育和发展面向全国的可再生资源市场，重点开展汽车废旧配件、废旧家电、废旧电子产品、废旧轮胎、废旧塑料、废钢铁、废纸的资源回收和循环利用交易，建立行业性废旧物资的数据库和交易系统。

3. 建设技术创新开发推广平台

大力推动企业进行技术研发，充分发挥全市各级政府宏观调控职能，整合重点高校、科研院所、骨干企业科技资源，强化产学研合作，建立节约资源、降低消耗、减排污染的循环经济技术创新开发平台和转让推广网络体系。

四、小结

党的十八大以来，成都市围绕建设城乡一体化、全面现代化、充分国际化的世界生态田园城市的工作总体目标，把握西部经济核心增长极的发展定位，遵循"减量化优先"，整体统筹推动，试点先行、重点突破和政府引导、企业主体、公众参与相结合的原则,紧紧围绕科学发展的主题,加快转变经济发展方式,节约集约利用土地和水资源,构建耦合共生的产业体系,推动企业、园区、区域、社会四个层面共同发展,基本形成了资源环境与经济社会协调发展的格局。

成都市初步建立了法规规章体系、政策制度体系和技术创新体系,形成了良好的循环经济发展市场机制,建成了以循环经济技术研究为主体的科技支撑平台,实现了多个循环经济关键领域和技术的突破,建成了一批循环经济示范工程、示范园区,并起到了良好的示范带动作用,与资源环境本底和经济发展相适应的循环经济体系基本形成,基本实现经济社会与资源环境协调发展。

党的十九大之后,四川省发展改革委正式印发了《四川省循环经济发展规划(2017—2020年)》,成都市将认真贯彻落实党的十九大精神,紧紧围绕这一重要纲领性文件,推进经济绿色发展、循环发展、低碳发展,进一步发展循环经济。

第二节　贵阳市循环经济发展状况

一、贵阳市经济现状

(一)贵阳市简介

贵阳,贵州省省会,有"林城"之美誉,因位于贵山之南而得名,是贵州省的政治、经济、文化、科教、交通中心和西南地区重要的交通枢纽、通信枢纽、工业基地及商贸旅游服务中心,还是全国生态休闲度假旅游城市、全国综合性铁路枢纽。贵阳位于贵州省中部,东南与黔南布依族苗族自治州的瓮安、龙里、惠水、长顺4县接壤,西靠安顺市的平坝县和毕节市的织金县,北邻毕节市的黔西、金沙2县和遵义市的播州区。

贵阳地处黔中山原丘陵中部,地势西南高、东北低,海拔1 100 m左右。属于亚热带湿润温和型气候,年平均气温为15.3 ℃,年平均相对湿度为77%。2016年森林覆盖率为46.5%,有森林公园11个。截至2017年,贵阳市下辖6个市辖区、3个县、1个县级市、4个国家级开发区,辖区总面积8 034 km²,全市总人口472.18万人。2017年实现GDP 3 537.96亿元。

贵阳是国家级大数据产业发展集聚区、呼叫中心与服务外包集聚区、数据中心集聚区。为中国首个国家森林城市、国家循环经济试点城市、中国避暑之都,荣登"中国十大避暑旅游城市"榜首。2017年,贵阳市复查确认保留"全国文明城市"荣誉称号。

(二)贵阳市循环经济现状

贵阳市于2000年开始探索循环经济发展途径,2002年贵阳市政府做出了建设循环经济生态城市建设的决定,同年被原国家环保总局确认为全国建设循环经济生态城市首家试点城市,并启动循环经济生态城市建设工作。2003年,编制完成了《贵阳市循环经济型生态城市建设总体规划》等一系列总体和单项规划,并将循环经济生态城市建设的内容纳入当期国民经济和社会发展计划中进行安排。2004年,制定了《贵阳市建设循环经济生态城市条例》,并于同年11月1日正式颁布实施,这是我国第一部关于建设循环经济的地方性法规。2006年,筛选了24个国债项目上报国家发展改革委,力争2006—2007年度实施。2007年7月,贵州省人民政府发布《关于促进循环经济发展的若干意见》,确定了促进循环经济发展的总体要求、基本原则、主要目标和重点任务,制定了促进循环经济发展的4条经济政策、3条环保政策、3条技术政策、2条社会政策。2008年5月,以磷化工、煤化工、有色金属、电力、建材等行业及其带有共性要求的关键问题为重点,启动了54个循环经济试点项目。以上行动对推动贵州省和贵阳市循环经济发展起到了重要的作用。

1. 资源综合利用工作现状

(1) 工业固体废物综合利用

贵阳市磷、铝资源丰富，形成了铝及铝加工、磷煤化工为主导产业的重化工产业结构。主要工业固体废物种类有磷石膏、粉煤灰、赤泥、磷渣、铁合金渣、煤渣、电石渣、选矿尾矿等，综合利用率约为65%，资源综合利用产值超过10亿元。其中粉煤灰、冶炼废渣、炉渣、电石渣的资源综合利用率分别达到80%、100%、86%、100%。全市工业固体废物年产生量居前四位的是磷石膏、粉煤灰、赤泥、磷渣，年产生量分别为580万t、160万t、121万t、110万t，这4种工业固体废物的年产生量占到全市工业固体废物年产生总量的80%。

(2) 工业气体废物综合利用

贵阳市每年平均产生的黄磷尾气约为2.3亿m^3，热值相当于6万t标准煤，黄磷尾气的利用率达到73%。由贵阳市公交公司自主研发的合成氨尾气生产液化天然气设备，主要是利用贵州开磷集团生产合成氨过程中产生的工业废气作为原材料，生产汽车清洁能源液化天然气。贵阳市公交大巴车及部分出租轿车陆续改用液化天然气，车辆污染物排放基本能达到排放标准。仅贵阳市每年即可减少石油耗费15万t，降低燃油成本2.6亿元，减少污染物排放1万t以上，并带动相关产业，实现工业增加值3亿元左右。

(3) 建筑废弃物综合利用

2014年，贵阳市年建筑废弃物至少3 600万t。现有贵州筑利福建材有限公司等建筑废弃物利用企业近10家，主要通过专业的设备、技术生产线对建筑垃圾进行破拆，加工成骨料，可以用于园林绿化用土、制成透水砖和混凝土制品。建筑废弃物资源化利用率达到40%。

(4) 农业废物综合利用

推进农村沼气工程建设和秸秆利用，构建了"养殖—畜禽粪便—沼气""种植—秸秆—食用菌/沼气/饲料"等循环经济产业链，建成了贵阳台农种养殖有限公司生猪养殖基地沼气利用、贵州开阳南江现代农业发展有限公司沼气利用及畜禽粪便生产有机肥等项目，形成了以"草、畜、沼、菜(果)"为代表的农业循环经济发展模式。

(5) 矿产资源综合利用

贵阳市磷、铝资源丰富。通过积极推广用矿产开采过程中产生的磷矿、铝矿和石灰石矿尾进行有价组分回收、建筑材料生产、矿山采空区充填等利用技术，引导尾矿综合利用企业向多途径、大规模、高附加值综合利用方向发展，尾矿利用率在15%以上。

(6) 再生资源综合利用

建立了以社区绿色回收为基础、市场交易和集散为主要目标的贵阳市再生资源回收体系，再生资源回收利用率已达到60%左右。2013年，贵阳白云经济开发区再生资源产业园区获国家批复成为全国第四批"城市矿产"示范基地。

2. 贵阳市磷化工工业循环经济发展现状

自2002年5月贵阳市被原国家环保总局确定为全国建设循环经济生态城市首家试点城市以来，在党中央"大力发展循环经济"方针指引下，贵阳市磷化工工业循环经济建设掀开了新的篇章。

企业层面上，推行清洁生产，实施循环经济建设，推进工业排放污染物无害化、资源化再利用的磷石膏制新型建筑材料工业化示范项目的建成，磷石膏、锅炉粉煤灰充填磷矿废矿矿井踩空区及环保型无废害开采技术研究试验取得初步成果，黄磷尾气净化后综合利用制甲酸、甲酰胺等示范项目开工建设。

区域层面上，以延伸产业链、聚集产业和促进不同产业耦合为特征，实施循环经济典型模式的开阳磷煤化工(国家)生态工业示范基地和息烽循环经济磷复肥示范基地大规模、大投入、大配套建设；磷煤化工耦合配套、硫酸遇热发电、蒸汽锅炉热电联产、磷矿在矿区制浆并实现管道输送、全厂水平衡循环综合利用等项目陆续启动实施。

社会层面上，延伸产业链、发展精细磷制品、调整产品结构、大幅度提高磷资源附加值的息烽信科环化有限公司利用贵州西洋集团副产盐酸生产氯化钡、硫脲的装置建成投产，贵州威顿晶磷电子材料股份有限公司电子级磷酸项目开工建设,磷渣做水泥掺和料普遍推广等。

二、贵阳市循环经济工作进展

(一)贵阳市发展循环经济及工业重点项目建设的基本情况

自2002年3月,贵阳市委、市政府做出建设循环经济生态城市的重大决定以来,通过全市上下的共同努力,贵阳市循环经济在制度建设、法规保障、科学规划、项目实施、宣传教育等方面开展了大量工作,一批工业重点示范项目取得了积极进展,为贵阳市实现经济增长方式的转变,创造良好生态环境,促进区域经济全面健康、协调和可持续发展奠定了较好的基础。

1.制定了贵阳市发展循环经济的重要目标和建设内容

(1)确定了贵阳市循环经济建设的总体目标

总体目标即经过20年的努力,将贵阳市建设成为经济运行高效、质量良好、基础设施配备齐全、城市布局科学合理、人居环境优美舒适、生态循环健康协调、支撑体系健全有力、居民生态意识和文化素质良好的生态中心城市之一,圆满完成并率先实现全面建设小康社会的战略目标。

(2)明确了贵阳市循环经济建设的三个实施过程

三个实施过程即循环经济试点和基础设施建设阶段;重点建设、跨越发展阶段;全面提高、协调发展阶段。

(3)确定了循环经济建设的具体内容

具体内容即"实现一个目标,转变两种模式,构建三个核心系统,推进八大循环体系建设",具体内容如下。①实现一个目标,即全面建成小康社会,在保持经济持续快速增长的同时,不断改善人民的生活水平,并保持良好生态环境。②转变两种模式:一是转变生产环节模式,另一个是转变消费环节模式。③构建三个核心系统:一是循环经济产业体系的构架,涉及三大产业;二是城市基础设施的建设;三是生态保障目标的建设。④推进八大循环体系:一是磷产业循环体系;二是铝产业循环体系;三是中草药产业循环体系;四是煤产业循环体系;五是生态农业循环体系;六是建筑与城市基础设施产业循环体系;七是旅游和循环经济服务产业体系;八是循环经济消费体系。

2.循环经济建设基础工作进展顺利

(1)组建工作机构,形成了一整套完整的工作机制

2002年,贵阳市政府成立了专门的循环经济办公室,现有专职副主任两名,内设相关工作部门。已形成以贵阳市政府为中心、市循环经济办公室牵头协调、各职能部门分工负责、全市上下齐抓共管的有效工作机制,并以领导小组会议、办公室主任会议、联席会议、专题会议等形式,及时协调相关政府部门的工作,解决有关问题,推进阶段工作的实施。

(2)制定相关法规制度,构建保障体系

贵阳市于2002年便开展了循环经济法制制度建设工作,在完成"贵阳市循环经济生态城市建设法律法规构建体系研究"的基础上,于2004年制定了《贵阳市建设循环经济生态城市条例》,这是我国第一部建设循环经济的地方性法规,并于2004年11月1日正式施行,引起了全国上下的广泛关注。

(3)编制建设规划,确保科学发展

贵阳市相继委托清华大学、中国环境科学院编制完成了《贵阳市循环经济型生态城市建设总体规划》《金阳新区零排放系统及第一批子项目建议书》《贵阳磷化工工业园区规划》《贵阳市循环经济首批试点项目方案》《贵阳市开阳磷煤化工(国家)生态工业示范基地规划》,这些规划都已通过评审,并已组织实施。

(4)开展宣教活动,增强公民意识

建设开通了全国第一个循环经济专业网站,与中央和贵州省、贵阳市十多家新闻单位共同组建贵阳市循环经济生态城市建设宣传网站;编印《贵阳市建设循环经济生态城市市民必读》小册子,组织媒体进行报道和宣传;邀请国内外专家举办各种学术报告和培训班等,初步形

成了发展循环经济的氛围。

(5) 扩大对外联络

在国内方面,加强与生态环境部、国家发展改革委、财政部、科技部等部委的联系;与清华大学建立了以环境保护为重点、以循环经济建设为突破口的市校合作关系;聘请国内外专家成立了贵阳市循环经济建设专家顾问团。在国外方面,加强与日本、德国等国家的政府部门,联合国环境规划署、欧盟等国际组织及日本国际协力银行、德国复兴信贷银行、世界银行、欧洲复兴开发银行等国际金融机构的联系,形成了良好的合作关系。

3. 抓好示范项目,强力推进重点项目

1) 根据以项目为载体的思想,开发了一批循环经济的建设项目。例如,贵州省首批3个清洁生产重点项目;包括生态工业、生态农业、生态小区、生态超市商场等在内的首批8个循环经济试点项目;规划和启动了贵阳市开阳磷煤化工(国家)生态工业示范基地、清镇循环经济煤化工示范基地和息烽循环经济磷复肥示范基地的建设。此外,在项目建设过程中,还向国家发展改革委等部门报送了24个总投资248亿元的重点项目;建立了循环经济项目库,现已累计入库包括生态农业、生态工业、旅游及服务业、基础设施、生态建设、支撑保障体系等6类总投资达682亿元的245个建设项目。

2) 贵阳全市已编制了90多个循环经济项目,总投资拟达到300多亿元。在这些项目中,已经开工建设了43个项目,投入建设资金超过20亿元。

4. 着力构建循环经济生态工业体系建设

1) 在企业层面,结合市情启动了一批循环经济试点项目。2004年,贵阳市选定了贵州开阳国华天鑫磷业有限公司、贵州科伦药业有限公司和贵州开磷集团3个清洁生产试点单位,开展了颇有成效的工作。为进一步扩大清洁生产试点、巩固成果,在全面总结第一批试点工作的基础上,2005年又启动了贵阳发电厂等第二批14家清洁生产试点项目的建设工作。

2) 为提高资源利用率,贵阳市以拉长磷产业链为重点,在下游产品上做文章,推进了一批循环经济项目。例如,开阳双流开发公司已经开工建设的年产2万t甲酸项目,就是利用黄磷尾气净化后得到的一氧化碳经羰基合成得到甲酸甲酯,甲酸甲酯再经水解制甲酸;贵州开磷集团利用磷石膏和磷渣年产135万m^2全息石膏砌块项目也已经开工,可部分解决磷石膏的综合利用问题;开阳安达磷化工有限公司利用黄磷尾气作为三聚磷酸钠的聚合热源,成功地实现了黄磷尾气的循环使用;清镇市兰花水泥厂,年产水泥60万t,每年消耗上游企业排放的10万t煤渣、8万t粉煤灰、5万t煤矸石、5万t磷渣、5万t锰渣和3万t硫铁矿渣,既免除了上游企业处置废渣的负担,又降低了下游企业的生产成本,还减轻了环境压力和提供了就业机会,实现了经济效益、社会效益、生态环境效益的共赢。

3) 在生态工业园区建设层面,已经启动贵阳市开阳磷煤化工(国家)生态工业示范基地、清镇循环经济煤化工示范基地、息烽循环经济磷复肥示范基地的建设工作。3个循环经济基地中,有的项目已开始启动。例如,开阳磷煤化工(国家)生态工业示范基地,除了通过产品进行产业链延伸外,还可通过产业和再生资源的横向联合关系形成工业生态链,生态链涵盖了磷化工、煤化工、氯碱化工等方面,在跨行业、跨部门的领域进行物质循环和能量利用,最大限度地利用资源,使参与生态工业园区构建的各个部门和企业实现多方共赢。该基地采用先进技术推进多资源加工向纵深发展和横向联合,不断提高开阳磷、煤资源的综合利用效率,调整产业结构,优化产业布局,促进区域环境整治,降低废弃物排放量,造就磷煤化工产业的整体优势,壮大支柱产业,对开阳县磷煤化工产业加强国内竞争、走向国际将起到积极的推动作用。

4) 在可持续消费层面,在工业体系内强调物质封闭循环的同时,也高度关注工业和社会消费中大量废弃物的循环利用。已经与德国有关方面建立了良好的合作关系,准备发展静脉产业,进行废弃物分类、收集,进行有规模的资源化回收,并已起草《贵阳市鼓励采用新技术对废旧物资回收利用管理办法》，制订了有关的方案和计划。

（二）贵阳市发展循环经济存在的问题和困难

贵阳市是较早提出循环经济的省会城市，也是发展循环经济的首个试点城市。虽然在循环经济的理念倡导及积极推动具体实践上做了大量卓有成效的工作，也取得了一定的成绩，但是由于缺少经验可借鉴，工作中还存在不少问题和困难，其发展过程仍任重道远，主要表现在以下几个方面。

1.对发展循环经济认识不足

一方面，一些地区、部门和行业对发展循环经济的认识不够，忽视资源和环境问题的解决对转变经济增长方式的重要作用，对节能降耗、减少污染的相关工作重视不够。在指导思想上，有些人认为发展循环经济只是一个理念炒作，缺乏相应的建设内容，以致没有发挥应有的积极性和主动性；有些人则认为循环经济是一个什么内容都可以往里装的大概念，对发展循环经济缺乏科学的认识，把握不准实质。另一方面，有些人认为贵阳发展循环经济已处于全国领先位置，殊不知国家正在把发展循环经济作为国家发展战略中的一种重要经济发展模式进行统筹安排，我国东部沿海发达地区已将此项工作全面推进，取得了令人瞩目的成果，其在资金、技术、人才和公共信息平台等方面也具有明显的优势，因此，贵阳市并无多少优势可言，还要进一步提高认识。

2.对发展循环经济的领导力度仍显不够

一是尚未把发展循环经济作为对各级各部门考核的重要内容；二是管理体制不顺，贵阳市虽然成立了循环经济办公室，但此机构实质上仍属松散的临时机构，没有明确为市政府独立的常设工作机构，且其经费、人员编制等都不能满足工作需要，协调能力极为有限；三是仅有个别区县设有循环经济办公室，且都挂靠在政府其他部门。

3.对循环经济的深度宣传上尚有较大差距

据贵阳市循环经济办公资料介绍，虽有**92.89%**的市民理解和支持贵阳市循环经济建设，但是多数市民对什么是循环经济、怎样建设循环经济生态城市，以及市民应尽的责任和义务并不清楚。以新闻媒体为主渠道的宣传机构对循环经济的深度宣传报道还有相当的欠缺。

4.项目建设上缺乏有效的扶持政策体系和激励机制

由于资金制约和缺乏相关的政策手段，一些循环经济建设基地配套基础设施跟不上，企业在土地利用、能源支撑、资金信贷等方面得到的优惠较少，缺乏项目推进的有力手段。例如，在开阳磷煤化工（国家）生态工业示范基地建设中，虽然地方政府和企业强力推进项目，但在用地、供电、供水、地质灾害治理、物流、融资方面还是困难较大，已形成发展制约。

5.在发展循环经济上缺乏项目支撑，存在重理念、轻实践现象

一些企业在发展循环经济上仅有理念、规划，但对如何发展循环经济研究不够，规划执行得不好；由于资金、人才和技术、工艺等原因，企业在对"三废"的循环利用上积极性不高，在废水循环、废渣和废气处理利用上，真正形成实效的项目不多，项目实施滞后、推进速度缓慢；虽然贵阳市发展循环经济比较早，但做出来可供示范的实施项目还很有限。

6.法律法规体系不够完善

尽管贵阳市已经出台了《贵阳市建设循环经济生态市条例》，但法规的内容只是倡导性的，政策措施不配套，在实际实施的操作中面临一定的困难，可操作性不强。

7.缺乏完善的技术人才支撑体系

发展循环经济，其目的是使产业发展逐步摆脱对自然禀赋的初级生产要素的依赖，向高技术、高端生产要素要生产力，以建设集约型社会，保持经济社会的可持续发展。目前，贵阳市缺乏支撑高技术支柱产业的公共科技平台，多数企业还没有能力开发大幅度提高资源利用效率的关键技术，自主创新能力较弱，缺乏引进人才的激励机制和了解相关核心技术信息的渠道，一些企业紧缺关键技术人才及熟练工人，对加快循环经济发展形成制约。

8.发展循环经济缺乏具体的评价指标体系

在发展循环经济过程中,对如何评价和考核循环经济发展成效缺乏一套科学的技术评价指标体系,对如何发展循环经济存在较大的盲目性,一定程度上制约了循环经济的健康发展。

(三)意见和建议

1.统一思想、提高认识,坚定不移地发展循环经济

循环经济是一种建立在物质不断循环利用基础上的经济发展模式。贵阳市大力发展循环经济,其原因是:第一,党中央、国务院已把发展循环经济作为维系我国经济安全、资源安全和建设节约型社会,保持经济社会可持续发展的经济战略发展模式,不是要不要干的问题,而是必须干、怎么加快干的问题;第二,由于贵阳市是资源型城市,这种特征决定了贵阳市经济发展主要依靠磷、铝、煤等资源,产业发展具有高能耗、高物耗、高污染特点,要实现经济效益、社会效益、生态环境效益共赢,必须大力发展循环经济;第三,贵阳市的喀斯特地貌特点造成其生态环境较为脆弱,既要发展地方经济,又要提高资源利用率,还要减少地质灾害,以人为本,保护生态环境,必须发展循环经济;第四,贵阳市处于西部不发达地区,经济发展滞后,要实现经济社会发展的历史性跨越,必须有超常规的发展手段,在发展定位上要站在更高的高度,因此,必须大力发展循环经济。市委、市政府应把发展循环经济作为贵阳市经济社会发展的一项基础性和长期性工作来抓,以目标考核、举办干部培训班等多种方式,进一步统一干部职工的思想认识,科学把握循环经济的实质,一步一个脚印、坚实地推进循环经济的发展。

2.从广度和深度上进一步加大对发展循环经济的宣传力度

建议贵阳市新闻媒体充分发挥宣传主渠道作用,开办循环经济专栏,从国家产业政策、区域经济发展要求、地方法规讲解、已取得实效的循环经济项目及相关知识介绍等多方面,从广度和深度上加大对发展循环经济的宣传力度;建议市有关职能部门组织编印相关知识手册发放到广大人民群众手中,广泛宣传循环经济的基本知识,同时,发挥街道办事处(乡、镇)、社区(村)等基层组织的作用,使循环经济在贵阳市各个层面、各个地区人人知晓,以形成良好的社会氛围。

3.做好科学发展规划,完善相关政策、法规

建议贵阳市有关部门立足贵阳市资源优势,认真研究国内外循环经济的发展趋势和国家产业政策,结合贵阳市资源优势、产业特点及发展条件,制定和完善发展循环经济及基地建设的专业规划,并在土地利用、资源能源支撑、环境容量、交通运力等方面留足发展空间;建议市有关部门继续加强对完善发展循环经济政策法规的调研,对保护和合理利用资源(如矿产资源开采量控制、优矿优用等)、科学设置产业布局、调整优化产品结构、明确招商引资项目条件、保护生态环境等提供政策法规保障。

4.确定循环经济重点实施项目,并力求在重点项目上取得实质性进展

建议贵阳市有关部门对贵阳市经济产业结构进行认真的分析研究,既注重循环经济理念,又强调循环经济的具体实践,使企业发展循环经济实现从技术路线、技术理念向技术实践的真正转变。生态经济建设涵盖生态农业、生态工业、生态旅游、生态消费等多方面的内容,实施循环经济的重点应放在工业项目上。在全面推进生态经济建设的同时,必须按照循环经济发展模式的要求,把以磷煤化工、铝化工、现代制药为重点的生态工业作为贵阳市生态经济建设的重中之重,采取相关优惠政策和有力措施,在项目审批、资源配置、资金组织、配套基础设施建设和税收等方面予以扶持,以项目支撑作为发展循环经济的突破口,扎扎实实抓工业重点项目的推进和突破。例如,使贵阳市磷煤化工传统产业,从出卖原材料及粗加工向磷煤资源深加工、精细加工及资源再生利用、"三废"治理利用转变,切实转变经济增长方式,提高资源综合利用率,变资源优势为产业优势,最终形成经济优势。同时,要以重点项目的实施成果展示作为首个循环经济试点城市的精神风貌和创造能力的体现。

5. 建立发展循环经济具体的评价指标体系

建议贵阳市有关部门加强对发展循环经济具体评价指标体系的研究,学习和借鉴国内外发展循环经济评价指标体系设置的经验,结合贵阳实际,尽早建立起贵阳市具体的评价考核指标。

6. 建立培养、引进人才的激励机制和工作机制

建议贵阳市有关部门对贵阳市循环经济实施项目各企业的人才状况进行一次摸底调查和需求测算,出台相关优惠政策,搭建各类人才科学合理流动平台;引导、鼓励和支持企业主动加强与大专院校、科研机构的联系与合作,采取产学结合、产研结合等方式培养、引进高端人才。同时,在企业技改资金、银行贷款贴息、税收优惠等方面向实施循环经济项目并具有发展前景和核心技术研发能力的重点企业实行倾斜,为贵阳市实施循环经济重点项目的企业在人才、技术支撑方面创造良好的条件。

7. 帮助企业尽早解决发展过程中的困难和问题

发展循环经济是一项涉及自然、经济、社会各个领域,生产、流通、消费各个环节,以及地区、产业、企业各个方面的系统工程,需要得到政府、企业、公众三方的推动和社会各界的支持。建议贵阳市有关部门站在执政为民、力求实现贵阳市经济社会发展历史性跨越的战略高度,克服"等、看、靠"的思想,主动加强与省有关部门的联系、沟通和协调,帮助企业解决诸如土地审批、银行贷款、用水用电需求等方面存在的困难和问题,落实项目基地水、电、路基础设施建设配套资金,为企业推进循环经济重点示范项目做好优质服务。

8. 进一步加强对发展循环经济工作的领导

建议贵阳市政府进一步加强对发展循环经济的领导力度,明确具体的分管副市长抓此项工作,保持市级领导主抓循环经济发展的连续性。作为首个发展循环经济的省会城市,贵阳市循环经济的发展理应走在前列,为全省乃至全国提供成功的经验。虽然贵阳市在发展循环经济过程中做了一些探索和实践,但是,无论是理念深入,还是具体实践,发展水平还不高,循环经济的发展仍处于初级阶段,还需要付出长时期的努力。鉴于以上原因,建议贵阳市委、市政府将市循环经济办公室作为市政府独立的常设机构,进一步明确和规范其工作职能,加强市循环经济办公室的力量,并在人员、资金予以充分的保障,赋予市循环经济办公室相应的职权,增强其指导协调能力;建议各区(市、县)政府[特别是循环经济重点示范项目多、任务重的区(市、县)]设立起具有独立性的循环经济办公室,明确其工作责权,为贵阳市大力发展循环经济提供强有力的组织保障。建议市委、市政府将发展循环经济及项目实施情况作为对各区(市、县)及市直有关部门的重要考核内容,并严格兑现奖惩,以形成贵阳市各级各部门对发展循环经济齐抓共管的良好局面。

三、推进循环经济发展、构建循环型社会

(一) 全面推进重点地区规划建设

循环经济生态城市,是一种新的城市发展模式,贵阳市要建设循环经济生态城市必须要根据贵阳市实际情况做好合理规划,才能确保可持续发展。贵阳市相继委托清华大学、中国环境科学研究院编制完成了《贵阳市循环经济型生态城市建设总体规划》《金阳新区零排放系统及第一批子项目建议书》《贵阳磷化工生态工业园区规划》《贵阳市循环经济首批试点项目方案》《贵阳市开阳磷煤化工(国家)生态工业示范基地规划》。贵阳市在建设循环经济生态城市过程中,以实施工程建设为载体,开展项目建设以带动贵阳市循环经济城市建设,通过各类"规划""实施方案"的研究和编制,为贵阳市循环经济生态城市建设提供了科学、合理的依据。

(二) 做好各类国家示范试点工作

循环经济的建设项目是循环经济生态城市建设的基础和载体。为此,贵阳市循环经济生态城市的建设提出了"以效益为中心,以项目为载体"的工作要求,并结合当前贵阳市的实际启动

了一批循环经济试点项目(清洁生产项目和生态工业项目)。全市循环经济工作已由前期的制定法规、规划、宣传、培训、动员,逐步转向具体实施和落实,并已经取得了一定进展。其中,山东兖矿集团已与贵州开磷集团合作,投资 25 亿,共同参与贵阳市开阳磷煤化工(国家)生态工业示范基地的开发和建设。贵阳市共有大小 20 多个基于循环经济理念的生态工业项目有了合作投资伙伴,部分项目已经开工建设,计划总投资 9.1 亿元,已经落实资金 4.3 亿元。联合国环境规划署对贵阳市推动循环经济发展、创建生态城市的做法,给予高度评价;德国政府也决定在中德两国环境保护合作总体框架内,将贵阳作为两个重点支持城市之一,大力支持贵阳市的循环经济建设工作。

(三) 抓好节能减排清洁生产工作

贵阳将围绕"项目实施,打造城市名片"的工作主题,在建设循环经济生态城市过程中,以实施工程建设为载体,开展项目建设以带动贵阳市循环经济城市建设。第一,实施生态林建设工程。第二,实施南明河沿岸绿化建设工程。第三,推进循环经济试点项目建设。第四,加强各项设施建设,全面提高城市污水处理能力。

(四) 探索循环经济信息化发展路径

贵阳市积极贯彻落实党的十九大和中央经济工作会议精神,按照创新、协调、绿色、开放、共享五大发展理念,落实贵州省"工业强省"战略的决策部署,以改革、开放、创新为动力,以提质增效为中心、以转型升级为主线,围绕打造贵阳发展升级版的总体目标,紧抓"中国制造 2025""互联网+""大数据"等历史性发展机遇,克服瓶颈,强化资源整合力,提升投资吸引力,优化产业集聚力,打造技术创新力,提升核心竞争力和可持续发展能力,增强区域带动力,将贵阳市开发区建设成为中关村全国发展战略布局先导区、贵州省产业转型升级引领区、西部内陆开放型经济新高地、国家产业创新发展样板区,使贵阳市发展实现弯道取直、后发赶超,形成高附加值、高科技含量和高集聚度的现代产业体系,在全省发展中当好"火车头"和"发动机"。

四、小结

"十三五"期间,贵阳市在抓好已有国家级产业园建设的同时,积极争取一定数量的、综合竞争力较强的省级产业园升级为国家级产业园。鼓励和支持具备条件但尚未设立产业园的区县(如花溪区、观山湖区、云岩区)设立省级产业园。力争到"十三五"末,贵阳市基本形成 3 个千亿级、5 个五百亿级和 2 个三百亿级产业园,其中 3 个千亿级开发区营业总收入(或工业总产值)分别达到或超过 1 200 亿元,全市千百亿级产业园营业总收入(或工业总产值)突破 7 000 亿元。全市产业园土地利用效率和产出效益及可持续发展能力得到大幅度提升,生态工业园区建设,自主创新能力提升,大数据、高新技术与现代制造产业发展等方面取得突破性进展,对贵阳市经济发展的辐射带动作用进一步增强。

第三节 青海柴达木地区循环经济发展状况

一、青海柴达木地区经济现状

(一) 柴达木循环经济试验区简介

柴达木循环经济试验区在青海省海西蒙古族藏族自治州(简称海西州)境内,位于青藏高原北部、青海省西北部,主体为举世闻名的柴达木盆地,南有昆仑山,东北有祁连山,西有阿尔金山,是青、甘、新、藏四省区交汇的中心地带。2005 年 10 月,柴达木循环经济试验区被国家发展改革委、原国家环保总局、科技部、财政部、商务部、国家统计局等六部委列入国家首批循环经济试点产业园区,是目前国内面积最大、资源较为丰富、唯一布局在青藏高原少数民族地区的循环经济试点产业园区。

柴达木地区东西长约850 km,南北宽350~450 km,面积达25.6万km²。该地区地广人稀,平均每平方千米1.8人,是一个典型的资源型地区,矿产资源潜在经济价值占全省总价值的95%。在已探明的各类矿产中,盐湖矿产具有突出地位,钾盐、镁盐、锂矿、锶矿、芒硝、化肥用蛇纹岩、石棉等7种矿产储量居全国首位,保有储量在全国名列前10位的主要矿产有24种,石油、天然气、铅锌等矿产在全国也占有一定地位。该地区是青海省经济社会发展最具有活力的地区,承担着支撑青海省经济社会发展、保护三江源、支援西藏建设的重任。但该地区生态系统十分脆弱,草地严重退化,水土流失加重,土地沙化加剧,湖泊萎缩,湿地减少,森林覆盖率低,水源涵养功能差,水生态平衡失调,生态环境的敏感性和不稳定性十分突出,使得环境保护的任务十分艰巨。为在该地区发展经济的同时兼顾自然环境的保护,发展循环经济是唯一的现实选择。循环经济,是以资源高效利用和循环利用为核心,以"减量化、再利用、资源化"为原则,以"低消耗、低排放、高效率"为基本特征,符合可持续发展理念的经济增长模式。而发展循环经济,就是充分利用该地区富集的资源,促进资源集约化程度,优化资源配置,实现资源的高效利用、循环利用,最大限度地减少和降低因资源开发造成的环境污染、生态破坏,实现区域经济健康、可持续发展,进而推动产业融合发展,构建资源精深加工和横向扩展相结合的循环工业体系,优化产业结构,提升试验区产品产业竞争力。

(二)青海柴达木地区循环经济现状分析

柴达木循环经济试验区成立以来,相继建成投产盐湖开发、炼油扩建、生物资源开发及铁矿采选、煤炭开发等40多个重大产业项目,形成了以盐湖资源开发为核心,以融合盐湖化工、油气化工、金属冶金、煤化工、新能源、高原特色生物等产业为主导的循环型产业体系。格尔木、德令哈、大柴旦、乌兰四个循环经济工业园区建设加快,形成了优势互补的循环产业布局和良性互动的发展机制。各工业园区功能定位、产业发展布局逐步明晰,为加快构建结构优化、技术先进、清洁安全、附加值高的现代产业体系奠定了基础。试验区积极推进清洁生产、节能降耗,逐步加大了低能耗、高附加值行业在工业经济规模中的份额,万元GDP能耗和万元工业增加值能耗指标逐年下降,为全省最低水平。但在循环经济试验区的发展中,仍存在许多问题。

1.基础设施建设日趋完善,但仍不能满足发展的需要

从总体上看,水、电、路等基础设施日趋完善,但依然不能满足循环经济快速发展的需要。

一是电网覆盖程度提高,一些重点工矿区已经实现大电网覆盖,电力保障能力显著提高,项目建设得以大力发展,但仍须进一步提高。

二是交通运输条件改善,试验区内产品运输难度减小,成本降低,但是铁路未能全线开通,有的尚在规划阶段,资源、产品的运输问题须进一步解决。

三是水资源短缺,工程性缺水严重。柴达木地区淡水资源总量为52.7亿 m³,单位面积产水量仅为2.04万 m³/km²,是全省平均水平的23.1%,全国平均水平的7%。试验区区域内急需建设的水库因无资金来源尚不能开工建设,格尔木万亩灌区改造工程因资金不足,进展缓慢。

2.科技创新能力不足,综合开发水平较低

试验区科研力量还较薄弱,企业自主创新能力有限,一些制约循环经济发展的技术瓶颈、共性问题和相关产业链接技术难题还未解决,高水平、多层次、稳定型的科技支撑与服务网络体系尚未形成,资源综合开发利用的关键性技术尚待突破。生产工艺方面的关键性技术至今未能取得产业化突破,资源综合利用仍处于低级阶段。

柴达木地区有一批有资源、有市场、有效益、能吸引外来资金的好项目,如盐湖水氯镁石资源低成本连续脱水、共伴生金属矿产综合回收利用等,由于关键技术未能过关,影响了资源开发的进程和产业、产品结构的优化升级,致使产业链

"断链",向下游延伸受阻,形成了产品大多属附加值较低的初级产品、增值率低的局面。

3.地质勘查严重滞后,资源保障程度低下

试验区内地质勘查处于20世纪五六十年代的普查水平,资源成矿带、柴达木盆地水资源等勘查严重滞后,资源情况不清晰,后备资源保障能力不足的问题日趋突出,不能满足资源规模开发与规划项目建设需要,不能适应试验区规模化、集约化建设和发展的需要。

4.节能减排的压力日趋增大

随着柴达木循环经济试验区建立以来,一大批工业项目相继开工建设和陆续建成投产,高耗能工业企业所占比重不断增加,能耗呈持续上升趋势。采选矿回收率和伴生矿、共生矿、尾矿的利用率不高,锂、镁、硼等多种有用成分没有得到有效利用,资源开发过程中的资源、能源的消耗比较高,资源开发利用过程中产出的副产品、废弃物资源化程度低,二次资源利用率低,这些既产生了一定的环境影响,也造成了资源的长期闲置和浪费。百万吨钾肥综合利用工程等一批项目建成投产后,能源消耗和万元工业增加值能耗进一步增加,节能减排压力日趋增大。

5.地理位置远离市场

试验区主要矿点距离青海省省会西宁约1 000 km,特殊的地理位置,致使试验区距离物资材料采购、自主产品销售市场都比较远,增加了成本。

(三)青海柴达木地区循环经济发展原则

根据我国循环经济"减量化、再利用、资源化"的原则,2010年,国家发展改革委发布了《青海省柴达木循环经济试验区总体规划》(简称《总体规划》)。《总体规划》明确指出柴达木循环经济试验区的五条发展基本原则:一是统筹规划,合理布局;二是保护生态,协调发展;三是科学发展,先行先试;四是集约利用,循环发展;五是科技支撑,市场引导。

《总体规划》实施的重点是建设"一区四园"和构建"六大产业"体系。"一区四园"中,"一区"即柴达木循环经济试验区,是以"资源开发、综合利用"为核心,以"低度排放、高效利用"为特点的资源型、区域型循环经济特色产业示范区。"四园"即格尔木、德令哈、乌兰、大柴旦四个循环经济工业园,其中格尔木循环经济工业园以盐湖化工、石油天然气化工、金属冶金产业融合发展为特色;德令哈循环经济工业园以盐碱化工、新材料、生物医药、硅产业融合发展为特色;乌兰循环经济工业园以煤炭深加工和综合利用、高原特色生物资源开发、配套盐湖资源开发为主要特色;大柴旦循环经济工业园以能源、煤炭、有色金属综合利用,盐湖化工一体化发展为特色。

《总体规划》确定了六大循环经济主导产业体系:一是以盐湖资源综合利用为核心、以钾资源开发为龙头的盐湖化工循环型产业体系;二是以盐湖资源综合利用为基础的金属冶金产业体系;三是以配套盐湖资源开发为主导的油气化工循环型产业体系;四是以配套盐湖资源开发为前提的煤化工综合利用产业体系;五是以高原特色生物资源开发为核心的高原特色生物循环经济产业体系;六是以太阳能、风能等可再生能源开发为核心的新能源产业体系。

《总体规划》从矿产、能源、土地、水、交通以及技术等方面对试验区发展的支撑能力进行了深入分析,同时,从节水体系建设、基础配套体系建设、水利工程体系建设、能源工程体系建设以及技术支撑体系建设等方面进行了规划,提出了法律法规、管理、科技、组织、安全防灾和宣传教育等六个方面的保障措施,为试验区的发展搭建起了一整套配套体系和支撑体系,有效保证了试验区的健康快速发展。

2012年8月,柴达木循环经济试验区《主导产业体系规划》出炉。此规划广泛吸取了来自地方政府、园区、企业的意见,紧跟国际国内产业技术发展前沿,强调产业间融合,带动产业发展。《主导产业体系规划》进一步健全了产业体系,增加了新材料产业,对新能源、煤炭综合利用、钢铁等产业进一步深化。依据此项规划,包括新能源、新材料在内的七大产业体系将引领试验区发展,到2020年,力争建设成为在世界类似产业中发展循环经济模式的典范和窗口。

试验区以实施可持续发展战略为宗旨,以

资源综合利用和废弃物减量化、资源化、无害化为手段，切实转变工业经济增长和污染防治方式，坚持走以最有效利用资源和保护环境为基础的循环经济之路，实现循环经济示范区的可持续发展。

二、青海柴达木地区循环经济工作进展

(一)发展循环经济的思路和目标

1.总体规划思路

发展循环经济是加快转变发展方式、调整结构的一个具体措施。柴达木循环经济试验区总体规划思路突出强调了五个方面的内容。

一是按照合理配置、集约开发、循环利用、永续发展的原则，注重处理好加快发展与转变方式的关系，处理好发展速度、开发强度与生态建设之间的关系。

二是用循环经济"减量化、再利用、资源化"的原则，重点规划建设格尔木工业园、德令哈工业园、乌兰工业园、大柴旦工业园等四个循环经济工业园，构建以盐湖化工为核心的循环经济主导产业体系，形成资源、产业和产品多层面联动发展的循环型产业格局，努力做到"吃干榨尽"，争取在整个区域，在经济发展的同时，实现废水、废气、废渣等零排放或者是最少的排放。

三是做好矿产、能源、土地、水资源的支撑能力分析。在矿产资源方面，规划期的钾肥、金属镁等重点资源产品，年原矿开采消耗量均不足各类资源探明保有储量的1%，可以保持这个地区的长期可持续发展。在水资源方面，经过反复核算论证，规划水资源的利用量能够满足区域水资源平衡的要求。

四是把环境保护与生态建设放在突出的位置，提出了15项环境保护和生态建设措施，确保经济发展与资源环境效益的统一。

五是强化政策支持，从产业、土地、投资以及基础设施建设等方面强调了国家为加快柴达木循环经济试验区发展制定的10项支持政策，具体如下：

1)制定产业结构调整和产业布局政策时，将试验区重大项目纳入国家的产业发展规划。

2)在不降低技术水平和环保标准前提下，对合理配置生产要素和延伸产业链的配套项目，可适当放宽准入条件。

3)对试验区用于循环经济产业化项目的天然气优先保障资源配额。

4)对试验区机场、铁路、给排水、污水垃圾处理等基础设施项目给予支持。

5)试验区内企业用于绿化的土地视为实施生态工程用地，享用国家土地划拨政策。

6)在试验区发展过程当中，对急需解决的公共技术、延长产业链的关键技术给予研发经费支持。

7)为满足试验区循环经济发展所需产业工人等人才需要，进一步加大对试验区职业技能培训设施建设的支持力度。

8)加强规划水利枢纽、绿洲灌区改造、节水农业项目建设。

9)进一步支持资源开发集中区域公路基础设施建设。

10)进一步支持电网建设。

2.战略目标

柴达木循环经济试验区发展战略目标总的要求是以转变经济发展方式为主线，以体制、机制创新和科技进步为动力，按照循环经济的基本原则，综合考虑资源优势、环境承载能力、现有开发强度和发展的潜力，统筹传统产业的改造升级和新兴产业的健康发展，切实加强循环经济产业园区的规划和建设，积极培育循环经济产业链和循环经济骨干企业，加大循环经济支撑技术的研发、推广力度，努力把试验区建成国家循环经济的示范区，为推动循环经济发展，建设资源节约型和环境友好型社会做出贡献。

试验区矿产资源富集，分布有丰富的石油、天然气、煤炭、湖盐、有色金属、太阳能、风能及特色生物等资源，区内土地广袤，且具有集中连片、地势开阔、平缓及构造好等特点，是发展大工业和光伏、光热产业的理想用地。

西部大开发以来，试验区交通、电力、水利、通信等基础设施建设日益完善,基础承载能力全面提升,形成了以高速公路、铁路、航空、输油管线、输气管线为主的立体交通运输网络,以兰西拉光缆、移动数字通信为主的信息网络,以 750 kV、330 kV、110 kV 大电网为主和以小水电、光伏、风电、火电为辅的供电格局,以调蓄水库及配套渠系、机井取水及输水管道为主的水利设施体系,具备了支撑循环经济产业集中布局、集聚发展的条件。

立足于柴达木地区独具特色的区位优势,以可靠的资源和能源支撑为基础,以科技创新、体制创新、观念创新为依托,试验区加快形成了以格尔木、德令哈、乌兰、大柴旦循环经济工业园为主体的"一区四园"发展格局,确定了盐湖化工、油气化工、有色金属、煤化工、新材料、特色生物、新能源等七大循环经济主导产业体系。已开始建设格尔木工业园昆仑工业区、察尔汗工业区两个千亿元产业基地和德令哈工业园、大柴旦工业园、乌兰工业园、都兰特色产业聚集区四个五百亿元产业基地,特色优势产业正在逐步培育壮大。丰富的自然资源、坚实的产业基础,给循环经济大发展创造了得天独厚的条件;优惠的政策保障、良好的发展机遇,给试验区插上了腾飞的翅膀。

(二) 循环经济的发展模式

柴达木循环经济试验区主动适应世界经济形式新变化和国内产业格局调整新趋势,着力打造"4+3+3"产业发展格局。

四大基础性产业,包括:盐湖化工循环型产业,以钾钠资源开发为基础,以镁资源利用为突破口,实现盐湖资源综合利用,构建盐湖化工业群和产业链;金属冶金产业,以传统产业改造升级为基础,加快建立盐湖轻金属资源开发体系,重点建设金属镁一体化、金属锂、金属锶等盐湖轻金属深度开发及精深加工产业;油气化工循环型产业,以产业链延伸为重点,积极推动石化和盐化产业融合,打造独具柴达木特色的油气化工产业体系;煤化工综合利用产业,以平衡盐湖资源综合利用副产氯气、氯化氢气体为核心,围绕盐湖资源综合利用,通过煤焦化来制烯烃,实现煤化工综合利用、清洁利用,与盐湖化工相融合。

三大战略性产业,包括:特色产业,以高原特色生物资源开发为核心,构建生物农牧业产业、生物医药产业等特色生物产业体系;新能源产业,以科学开发可再生能源为核心,加快构建以装备制造—电站建设—产业消纳为主导的新能源循环经济产业体系;新材料产业,围绕各产业发展的基础和需求,结合镁、锂、锶、硼等盐湖矿产资源,及其他有色金属资源优势和改性塑料等产品优势,开拓轻质金属以及特种高分子材料。

三大新兴产业,包括:现代信息产业,加快信息基础设施建设,推进4G网络和智慧城市建设,启动大数据中心建设,推动信息产业与试验区发展融合;生产性服务业,推动重点物流园建设,发展研发设计、电商平台、节能服务等中高端生产服务业,创新使用金融债、市政债、结合债等多种融资工具,推动直接融资,实现新突破;特色旅游产业,开发一批特色旅游精品线路,推进昆仑山国家地质公园、柏树山森林地质公园等重点旅游项目建设。

至此,柴达木循环经济试验区以盐湖化工产业为核心、多产业融合发展的现代循环产业体系已初见成效。盐湖化工产业与油气化工、煤化工产业,盐湖化工产业与金属冶炼产业,盐湖化工产业与新能源产业实现了多产业融合发展,同时还开辟了新材料产业的发展空间。

在"4+3+3"战略的推动下,未来试验区的两个千亿元、四个五百亿元产业基地发展前景无懈可击。试验区将在省委、省政府的正确领导和州委、州政府的指导支持下,引领经济发展新常态,加强党建治理能力提升,保障工作效应,健全法制,着力深化改革创新,进一步优化产业结构、布局结构、技术结构和所有制结构,推动产业发展由注重规模速度向以质量和效益为中心转变,由依赖生产要素消耗向更多依靠科技进步、劳动者素质提高和管理创新转变,由外延粗放式向内涵集约型转变,建立创新驱动、集约高效、环境友好、惠及民生、内生增长的产业发展模式,不断增强产业核心竞争力和可持续发展能力。

(三) 工作进展与成果

柴达木循环经济试验区创新型盐湖化工循环经济产业集群构筑了钾肥基础产业，镁、锂、硼综合利用，天青石、芒硝加工，钾盐、钠盐化工，循环化有机化工，盐湖特色新型材料等多个产业。此外，该产业集群还形成了完善的科技创新服务体系，拥有公共科技创新平台的钾系列产品基地，"两碱"系列产品基地，镁系列产品基地，锂系列产品基地，硼系列产品基地，PVC材料产品基地，硫化碱产品基地，锶、铯、铷等稀有金属产品基地等八大产品基地。依托先天的资源优势，以自主创新为驱动，丰富产业链条，实现内涵式发展。这是资源驱动的创新型产业集群的成长路径，打破了传统资源型产业集群单一的产业结构和简单的供应链形式瓶颈，探索出了一条资源型企业发展与资源的可持续利用的新路径。

为加快培育和发展新材料产业，全面推进经济结构调整，试验区提出打造新材料产业集群的发展战略，规划在"十三五"及其未来，将发展军民融合材料、金属镁及镁基合金材料、无机非金属材料、功能高分子材料、镍钴及高纯铁下游新材料、新型建材与节能材料等多个产业，打造千亿元新材料产业集群，推动试验区经济转型跨越发展。

柴达木循环经济试验区是国家首批13个循环经济产业试点园区之一，是西北地区重要的交通枢纽、战略通道和开放门户，也是西北地区最具投资空间和发展潜力的区域之一。试验区在经济上承担着支撑青海经济社会发展，支援西藏、稳定新疆和支持全国发展的重任，是国家实施新一轮西部大开发及"一带一路"倡议的重要节点之一。

三、推进循环经济发展，构建循环社会

(一) 发展循环经济的有利条件

1. 地理位置

柴达木循环经济试验区位于青藏高原北部、青海省西北部，地处青、甘、新、藏四省区交汇的中心地带，主体为举世闻名的柴达木盆地，占地25.6万 km^2，是我国极其重要、影响范围巨大的生态区域。

2. 自然资源充足

柴达木循环经济试验区是我国乃至世界上少有的资源富集区。区域内盐湖、石油、天然气、有色金属、非金属矿产等资源和水能、太阳能、风能、地热能等清洁能源都具有突出优势，储量丰富，种类齐全，潜在经济价值高达16万亿元，占青海省矿产资源潜在价值的90%以上。

按照国家优势资源的界定标准，柴达木矿产资源中有色金属矿产优势明显。区域内主要矿产有石油、天然气、煤、铁、铜、铅、锌、钴、钼、金、盐湖矿产以及建材非金属矿产。各类矿产已查明的矿床中，大部分共伴生矿产有多种有益组分可供综合利用。石油、天然气、煤炭、铁矿、铜矿、铅矿、锌矿、金矿、锂矿、制碱用灰岩、钾盐、硼矿、石棉、玉石、建筑用花岗岩等21种矿产的产值超过1 000万元。

试验区太阳能、风能、未利用荒漠土地资源丰富，具备建设大型太阳能、风能发电站的优势资源条件。试验区的新能源资源优势，利于开发太阳能、风能，探索生物质能等新能源，推动硅资源、光伏产业、风电装备制造业发展，构建"装备制造—太阳能发电，风力发电，风光互补，水光互补—产业消纳"循环经济产业链，形成太阳能、风能等新能源产业，推进电力外送。试验区现有新能源企业16家，其中，风电企业14家，光伏企业2家，总装机容量达1 401 MW，2017年新并网401 MW，目前在建850 MW。2017年试验区新能源发电量达7.29亿 $kW \cdot h$，同比增长14.66%，实现工业产值3.95亿元，完成工业增加值2.24亿元，同比增长2.71%，占全区增加值的比重为10.8%。

3. 政府大力支持

自2005年10月柴达木循环经济试验区被国家发展改革委、原国家环保总局、科技部、财政部、商务部、国家统计局等六部委列为循环经济试点产业园区以来，国家与当地政府对试验区的

循环经济发展给予了很大的鼓励与支持。

为扶持新能源产业发展，2016年青海省加大扶持力度，支持域内新能源装备制造、技术开发企业和发电企业申报国家各类专项补贴，争取国债资金和中央预算内补助资金，并给予一定的地方配套补贴政策。对新能源类省级重点实验室或研发中心一次性补贴资金1 000万元；对国家级重点实验室或研发中心一次性补贴资金2 000万元。对本地新能源及其相关产业企业通过自主创新取得自主知识产权并能够较好地推广应用的技术，一次性补贴资金200万元；对填补国内空白并达到世界先进水平的创新技术，一次性补贴资金400万元。

滚动实施"百项创新攻坚工程"项目，以教育合作、科技合作等方式，努力为"校企合作"搭建平台、提供服务，使更多科研成果落户柴达木循环经济试验区。截至2018年，海西泓景化工有限公司、青海柴达木兴华锂盐有限公司、青海柴达木硼业化工有限公司等企业分别与四川大学、上海有机化学研究所、青海省化工设计院等科研院所建立合作关系。

(二)循环经济发展重点

柴达木循环经济试验区着力打造"4+3+3"产业发展格局，把基础性产业、战略性产业、新兴产业作为循环经济发展重点。

1.基础性产业

(1)盐湖化工产业

主要围绕盐湖卤水资源综合开发，以钾资源开发为核心，以盐湖镁资源开发为龙头，深化盐湖资源的合理、有效利用，构建盐湖化工产业群和产业链。盐湖钾盐的开发摒弃了以往单一提钾的粗放开发模式，坚持以钾资源开发为核心，从盐湖提钾出发，规划建设了盐湖集团百万吨钾肥综合利用一期、二期工程，中信国安科技发展有限公司西台吉乃尔盐湖钾、锂、硼资源开发等项目。盐湖钾肥产业不断壮大，钾盐下游产业和产品不断丰富，产业链不断延伸，加快了钾肥生产过程中废物的综合利用。大力发展以镁、锂等轻金属，锂离子电池材料，硼酸镁晶须等为主的新材料产业，逐步实现以金属镁为代表的盐湖资源综合开发新突破和质的飞跃。未来根据不同盐湖类型，确定不同的开发方案，大力发展盐湖综合利用梯级产品及其深加工产品。稳步扩大钾肥生产规模，完善硫酸钾、硝酸钾、氢氧化钾、碳酸钾等主导产品的开发，成为工业增长的重要支撑点。盐湖钠盐产业的开发依托试验区丰富的盐湖资源，以综合利用为重点，大力发展两碱产业，在已经形成440万t纯碱生产能力的基础上，继续推进盐湖含钾尾盐综合利用，积极推进纯碱企业兼并重组，支持行业龙头牵头成立纯碱行业协会或产业联盟，全面提升纯碱行业整体竞争力。着力推动低钠盐、氯酸钠、高氯酸钠、双乙酸钠、速溶层状偏硅酸钠、硼氢化钠、钠硫电池等下游产品开发，不断提升钠资源开发的广度和深度，积极推动研发以纯碱为基础、应用于海西州新能源产业的特种玻璃、超白玻璃、玻璃纤维等产品，发展薄膜液晶玻璃等光电子信息玻璃、太阳能电池基板、太阳能集热管玻璃等产业。2017年9月，青海盐湖镁业有限公司金属镁一体化项目金属镁厂氯化镁作业区脱水单元造粒系统试车成功。金属镁一体化项目是国家推进柴达木循环经济、推行绿色产业发展的示范工程，以金属镁为核心构筑了一套完整的循环经济产业链。

(2)金属冶金产业

依托试验区丰富的盐湖轻金属资源，重点以推进盐湖钾、钠、镁、锂、钙等轻质金属与镁基合金等新材料产业发展为核心，大力发展高性能镁合金与盐湖轻质金属及其合金，加强对铅、锌、铁等传统金属采选冶金产业的改造升级以及共伴生矿产资源和矿山废弃物的综合利用，综合回收锌、银、金等有色金属和贵重金属，适度发展冶炼产业和精深加工产品，逐步形成以盐湖轻金属、有色冶金为核心的产业发展格局。下一步将以盐湖轻金属资源开发为重点，适度发展冶炼产业和精深加工产品，加快建设都兰产业园等以金属产业为主导的特色园区，构建西部地区重要的黄金冶炼和有色冶金生产基地。

(3)油气化工循环型产业

已建成青海油田分公司年产30万t甲醇、格尔木炼油厂产品质量升级改造、昆仑能源日产

100万 m³液化天然气等重点项目。围绕盐湖化工氯平衡，规划建设了百万吨天然气甲醇制烯烃产业升级项目，并提出了下游市场成长性好的聚氯乙烯、聚丙烯、丙烯酸及丙烯酸酯、工程塑料、合成树脂等下游产品项目。此外，又启动了油页岩、油砂、焦炉煤气制液化天然气等非常规油气资源开发项目。

(4)煤化工综合利用产业

截至2014年，已形成年产1 600万t焦煤、1 000万t原煤、200万t焦炭、1 000万t洗精煤、30万t粉煤灰建材、6 000万块煤矸石砖、6 000万块免烧砖的生产能力。试验区将着力构建以平衡盐湖资源综合利用副产氯气、氯化氢气体为重点的煤炭、能源、化工一体化清洁综合利用产业体系，实现煤化工、能源与盐湖化工等多产业融合发展，建成以煤化工、能源、盐湖化工、冶金相结合为特色的新型煤化工能源基地。目前，已建成庆华集团煤焦化一、二期项目，重点推进煤制烯烃、煤焦油、粗苯加工、焦炉煤气制液化天然气，煤矸石制砖等项目，实现煤炭清洁利用。

2.战略性产业

(1)特色产业

依托辖区内高原冰川水资源、察尔汗盐湖资源和昆仑山玉石资源，大力发展高端矿泉水和低钠盐、玉石加工等特色产业。同时，以高原特色生物资源为依托，大力推进农牧业种养殖结构调整，深度挖掘资源潜力，采取保护、治理与开发利用相结合的综合措施，发展了枸杞深加工、反季节蔬菜、饲草、牦牛、绒山羊、中藏药、农用生物有机肥等特色农牧业产业，培育了柴达木福牛、野血驴、茶卡羊、枸杞鸡等一批特色明显、类型多样、竞争力强的知名品牌。同时，还围绕农畜产品精深加工，有针对性地深度开发骨肽、血红蛋白、枸杞黄酮、甜菜碱、枸杞叶保健茶、枸杞籽油、枸杞软胶囊保健食品等高附加值产品，初步形成"种植、养殖—加工—综合利用"的现代特色农牧业产业链及独具高原特色的生物产业集群和产业基地。

(2)新能源产业

在国家可再生能源中长期发展规划指导下，依托丰富的太阳能、风能、未利用荒漠土地资源条件，试验区太阳能综合利用开发全面起步，带动太阳能产业的快速发展。特别是近年来，在第三代高效太阳能电池制造、高效光热发电、高原风电制造、能源系统集成、电站建设及配套领域加大招商引资力度，启动建设了德令哈300 MW晶体硅太阳能产业链垂直一体化、光热产业装备制造及大型光热电站、风光装备制造及风电互补电站产业一体化等项目，全力推动试验区新能源产业向"装备制造—大型荒漠化电站—产业消纳"的方向发展，逐步形成了试验区光伏发电、光热发电、风电及装备制造一体化的可再生能源开发利用格局，成为全国可再生能源产业开发基地。

(3)新材料产业

依托盐湖化工、油气化工等产业发展，着力打造以镁系新材料、硅系新材料、锂系新材料、PVC工程性结构板材为核心的新材料产业。重点开发盐湖化工、油气化工、金属冶金等产业的下游产品，构建以盐湖化工新材料、轻质金属及其合金材料、改性塑料及复合材料、特种钢材、新能源材料、新型建筑材料为特色的新材料产业体系，建成国家重要的盐湖轻质金属新材料新型工业化产业发展基地。

3.三大新兴产业

(1)现代信息产业

依托试验区优势产业发展以及柴达木独特的气候、地质等自然条件，积极推进"互联网+"工业信息平台、园区信息化服务平台、智慧能源、物联网、云计算等支撑平台建设，提升基础构架、数据中心、灾备系统等硬件设施水平。打造柴达木钾盐及盐化产品电商平台、工业电商综合交易平台、枸杞等特色资源电商交易平台和跨境电商综合交易平台，实现了电商平台与企业管理、融资服务无缝对接，推动企业的互联网化和产业的电商化，在企业经营管理、成本利润控制、客户拓展等多方面取得了很好的效果，着力解决销售难、回款难、融资难、定价难等方面的问题，为钾肥、纯碱、焦炭、枸杞、镁合金、高纯镁砂等优势产品走出柴达木创造有利条件,实现了试验区循环经济产业体系与信息产业联动发展,推动了工业园区智慧化、信息化。

(2)生产性服务业

依托试验区蓬勃发展的工业经济,以物流仓储业、商贸流通业、金融服务业、科技服务业、商务会展业和农牧区生产性服务六大行业及领域作为重点,构建试验区高效、快捷和专业化的生产性服务业产业体系。

(3)特色旅游产业

将试验区工业旅游发展纳入海西州旅游业发展蓝图之中,以独特的视角和切入点,大力发展以工业场景游、黄金探险游、枸杞和福牛生态游以及老工业基地历史游等为主的试验区特色工业旅游产业。同时,积极推进旅游业开发、管理、消费各环节绿色化,构建循环型旅游服务体系。

(三)行业依托发展循环经济

柴达木地区资源类型全、品位高、品种组合好、产业关联度高,相互间的融合性较强。在发展循环经济的过程中,通过企业间的物质集成、能量集成和信息集成,很容易形成产业间的代谢和共生耦合关系。柴达木循环经济试验区通过七个方面的产业链接,形成了以盐湖资源开发为核心,融合盐湖化工、金属冶金、油气化工、煤化工综合利用、新能源、新材料等多产业横向扩展,资源深加工纵向延伸的循环型工业体系。一是加快推进盐湖化工、金属冶金、油气化工、煤化工综合利用、高原特色生物、新能源、新材料七大主导产业的融合进程,提升产业关联度;二是重点推进盐湖化工、氯碱化工等产业副产品的循环利用;三是着力推进各类无机盐产品生产工艺过程中产生的固体废物的循环利用;四是着力推进有色金属冶炼副产品和固体废物的循环利用;五是着力推进煤化工综合利用及建材工业消纳固体废物的循环利用。

1. 以钾资源开发为龙头的盐湖化工产业链

该产业体系以钾、钠资源开发为基础,以镁资源利用为突破口,深化盐湖资源的综合开发、合理利用,构建盐湖化工产业群和产业链。包括盐湖副产镁钠资源综合利用产业链、盐湖卤水深工产业链、盐湖副产品再利用和工业废弃物循环利用产业链。截至2016年,构建形成了"盐湖卤水—钾肥—提钾老卤—金属镁—镁合金及其压铸件""提钾老卤—高纯氯化锂及高纯碳酸锂—锂电池下游产品"等5个盐湖化工循环产业链,先后建成青海昆仑碱业有限公司100万t/a纯碱、青海盐湖海虹化工股份有限公司10万t/a ADC发泡剂(偶氮二甲酰胺)、青海锂业有限公司1.7万t/a碳酸锂产业化示范工程二期项目。在建的项目包括盐湖集团40万t/a金属镁一体化、盐湖集团百万吨钾肥综合利用二期工程、盐湖集团新增百万吨钾肥,促进了盐湖资源的梯级开发和综合利用。

2. 以配套盐湖资源开发为主导的盐湖化工—油气化工产业链

目前,柴达木已形成了"石油勘探开发—石油裂解—汽油+柴油""天然气勘探开发—甲醇—甲醇下游产品"2个油气化工循环产业链,建成了青海油田公司150万t/a炼油、青海中浩天然气化工有限公司60万t/a甲醇项目。

3. 以配套盐湖资源开发为前提的盐湖化工—煤化工产业链

以平衡盐湖资源综合利用副产氯气、氯化氢气体为核心,围绕盐湖资源综合利用,构建煤化工综合利用、清洁利用与盐湖化工产业相融合的产业链。构建了"煤炭资源勘探开发—煤炭洗选—焦炭—电石—乙炔+盐湖副产氯—聚氯乙烯""焦炉煤气—合成氨—尿素"等4个煤化工循环产业链,建成鱼卡矿区90万t/a煤炭、大煤沟矿区90万t/a煤炭、鱼卡矿区年产6 000万块煤矸石烧结砖项目等。

4. 以盐湖资源综合利用为基础的盐湖化工—金属冶金产业链

以柴达木地区盐湖轻金属资源开发为龙头,优化产品结构,合理规划布局金属冶炼项目,适度发展冶炼产业和精深加工产品,构建有色冶金产业链。同时,有效利用冶金项目副产的硫酸与盐湖化工相结合,发展盐化工产品,延伸盐化工产业链。已构建"多金属矿石采选—多金属冶炼""金属冶炼副产硫酸+盐湖卤水—硼酸"等4个金属冶金循环产业链,建成肯德可克矿区250万t/a

铁矿开发,青海西豫有色金属有限公司10万t/a粗铅冶炼等项目。

5.高原特色生物循环产业链

以高原特色生物资源开发为核心,构建生物农牧业产业、生物医药产业、生物环保产业等特色生物产业体系。通过生物产业重大项目的实施,带动技术突破和产业壮大,形成具有明显竞争优势的生物产业集群和产业基地。构建了"枸杞种植—鲜(干)果初加工产品—枸杞酵素(多糖、黄酮等)生化加工产品""牦牛养殖—加工—骨钙制剂"等多个高原特色生物产业链体系,建成格尔木市工厂化蔬菜育苗基地、德令哈万头仔猪繁育基地等项目。

6.新能源产业链

以科学开发太阳能、风能等可再生能源为核心,加快构建以"技术研发—装备制造—光伏发电、风电及风光互补、水光互补、光热发电—产业消费"为产业链的新能源循环经济利用产业体系。截至2016年,19个太阳能光伏(热)电站项目通过有关部门核准开展前期工作,其中10个项目开工建设。

7.新材料循环产业链

格尔木东出口、德令哈西出口等4个光伏产业园区,完成投资250多亿元,实现光伏并网发电1 413 MW。成功构建了"盐湖镁资源—金属镁—镁及镁合金""氯化锂—电池级锂电材料—锂电正极材料"等10个新材料循环产业链。

四、小结

柴达木循环经济试验区,立足察尔汗盐湖,并依托柴达木盆地丰富的矿产资源,以镁盐、钠盐、煤炭、石灰石为原料,以循环经济的理念来实现各种资源的综合利用。该试验区内现有天然气化工、煤化工、无机盐化工、氯碱化工、金属冶炼、新能源、新材料等多种行业,在目前化肥及氯碱产能过剩的前提下,合理发展循环经济,既能有序开采柴达木的自然资源,又能使资源达到有效利用,且效益最大化。大力发展循环经济,推行清洁生产,将经济社会活动对自然资源的需求和对生态环境的影响降低到最低程度,是解决经济发展与环境保护之间矛盾的有效方法。

落实产业经济的发展方向,谋求公用基础与辅助配套设施运营管理专业化,按照"统一规划、分步实施、急用先上、优化复制"的工作方针,推进工业化与信息化深度融合。持续推进深化改革,以科学的变革管理工具、最佳管理变革实践,着重解决公司治理结构、集团管控模式问题。善于总结,善于思考,善于发现问题,善于解决问题,提炼经验,查找不足,不断创新,巩固提升"十二五"发展成果,再创新业绩。以"十三五"产业发展规划调整循环经济试验区发展蓝图,着力打造盐湖资源综合开发升级版,打造盐湖循环经济升级版,打造创新发展升级版。

党的十九大以来,试验区在党的十九大精神指引下,坚决以习近平新时代中国特色社会主义思想为引领,以"四个转变"推动落实"四个扎实实"重大要求,深入践行"海西四个走在全省前列"决策部署,扎实推进试验区建设和循环经济发展的进程。

参考文献

[1] 张丽莉. 日照市循环经济建设基础分析及发展模式研究[D]. 济南:山东师范大学,2004.

[2] 范昌伟. 日照市工业循环经济模式研究[D]. 济南:山东大学,2006.

[3] 王涛. 苏州市循环经济发展的保障体系探究[J]. 唯实,2007(6):54-57.

[4] 朱曙光. 苏州市循环经济规划的研究进展[J]. 安徽建筑工业学院学报(自然科学版),2007,15(5):38-40.

[5] 朱曙光. 苏州市循环经济发展规划的研究[D]. 上海:同济大学,2006.

[6] 许刚,王蕾. 天津市循环经济发展现状与对策研究[J]. 环渤海经济瞭望,2011(9):9-12.

[7] 宋鸿鹰. 天津市循环经济发展战略及对策研究[D]. 天津:天津大学,2007.

[8] 刘旌. 循环经济发展研究[D]. 天津:天津大学,2012.

[9] 张腾豪. 舟山海洋经济发展及路径选择研究[D]. 舟山:浙江海洋学院,2013.

[10] 赵珍. 舟山市经济与环境协调发展评价研究[J]. 北方经济,2009(14):81-82.

[11] 方巍,叶维寅. 舟山市生态循环农业发展研究[J]. 绿色科技,2012(6):25-26.

[12] 王全省. 舟山市渔业循环经济发展问题研究[D]. 成都:四川农业大学,2013.

[13] 张勇. 中国循环经济年鉴[M]. 北京:冶金工业出版社,2016.

[14] 王正标,项海光. 园区整体循环化改造的探索与实践[J]. 资源节约与环保,2017(12):105-106,112.

[15] 蒋秋菊. 再生资源回收利用体系建设的研究:以苏州市为例[D]. 苏州:苏州大学,2016.

[16] 徐颖娜. 舟山群岛新区海洋旅游业可持续发展研究[J]. 经济研究参考,2017(37):48-54.

[17] 应萍. 坚持绿色发展 优化区域资源配置[N]. 舟山日报,2017-03-26(002).

[18] 李立群. 天津市制造业循环经济效率评价研究[J]. 再生资源与循环经济,2017,10(6):16-18.

[19] 肖琰. 武汉市循环经济发展的政府行为分析[D]. 天津:天津商业大学,2013.

[20] 宋来胜,陈尧. 武汉市循环经济发展对策研究[J]. 现代商业,2011(7):56.

[21] 张保军. 武汉市循环经济发展评价及对策研究[D]. 武汉:武汉理工学,2006.

[22] 孙红华. 武汉市青山区循环经济发展模式研究[J]. 当代经济,2012(15):88-89.

[23] 湖北省发展改革委(省发展战略规划办). 以循环经济为途径加快武汉城市圈"两型"社会建设[J]. 政策,2014(8):47-49.

[24] 黄滔. 整体性治理视域下地方循环经济发展策略研究[D]. 武汉:武汉大学,2010.

[25] 尹善良,苏平,王蕴欢,等. 界首市田营工业园区发展循环经济模式的战略思考[J]. 中外企业家,2014(13):35-38.

[26] 韩啸. 工业园区循环经济建设研究:以娄底市娄星工业集中区为例[D]. 湖南:湖南师范大学,2014.

[27] 陈勇. 沼气利用与循环农业探析:以湖南娄底为例[J]. 农业现代化研究,2010,31(3):382-384.

[28] 段洪. 用循环经济模式提升贵阳市资源型产业的思考[J]. 贵阳市委党校学报,2008(4):28-32.

[29] 石广明. 贵阳市循环经济发展评价指标体系与评价方法研究[D]. 贵阳:贵州大学,2009.

[30] 夏禹锦. 贵阳市生态经济建设路径研究[D]. 贵阳:贵州师范大学,2009.

[31] 高红艳. 贵阳市城市化经济成本研究[D]. 重庆:西南大学,2010.

[32] 窦智. 循环经济:再造"生态文明城市"新范式:贵阳市生态立法之路径研究[J]. 贵阳市委党校学报,2012(4):27-29,53.

[33] 游仁龙. 贵阳市区域建设用地节约集约利用评价研究[D]. 贵阳:贵州师范大学,2016.

[34] 刘葭. 成都市循环经济发展的对策研究[D]. 成都:西南交通大学,2008.

第十七篇

中国工业循环经济发展的总体思路与政策措施

第一章 发展循环经济的总体思路

第一节 发展循环经济的指导思想、主要原则和近期目标

一、指导思想

以马克思列宁主义、毛泽东思想、邓小平理论、"三个代表"重要思想、科学发展观、习近平新时代中国特色社会主义思想为指导，落实节约资源和保护环境的基本国策，围绕提高资源产出率，遵循"减量化、再利用、资源化，同时减量化优先"的原则，坚持统筹规划、重点突破、全面推进相结合，因地制宜、示范引领、推广普及相结合，制度创新、技术创新、管理创新相结合，政府推动、企业实施、公众参与相结合，健全激励约束机制，积极构建循环型产业体系，推动资源再生利用产业化，推行绿色消费，形成覆盖全社会的资源循环利用体系，加快转变经济发展方式，推进资源节约型、环境友好型社会建设，提高生态文明水平。

二、基本原则

强化理念，减量优先。推动全社会树立"减量化、再利用、资源化"的循环经济理念，坚持减量化优先，从源头上减少生产、流通、消费各环节能源资源消耗和废弃物产生，大力推进再利用和资源化，促进资源永续利用。

完善机制，创新驱动。健全法规标准，完善经济政策，充分发挥市场配置资源的基础性作用，形成有效的激励和约束机制，增强发展循环经济的内生动力。加强制度创新、技术创新、管理创新，提升循环经济发展水平。

改造存量，优化增量。对现有各类产业园区、重点企业进行循环化改造，提高资源产出率。产业园区、企业和项目要从规划、设计、施工、运行、管理等各环节贯彻循环经济的要求。按照自然资源开发利用和产品生产制造产业即动脉产业的特点，统筹对废弃物资源化利用相关产业即静脉产业进行合理布局，推动动脉产业与静脉产业协同发展。

示范引领，全面推进。在农业、工业、服务业各产业，城市、园区、企业各层面，生产、流通、消费各环节培育一批循环经济示范典型，全面推广循环经济典型模式，推动循环经济形成较大规模。

因地制宜，突出特色。根据主体功能定位、区域经济特点、资源禀赋和环境承载力等状况，科学确定各地区循环经济发展重点，合理规划布局，发挥区域优势，突出地方特色，切实发挥循环经济促进经济转型升级的作用。

高效利用，安全循环。提高资源利用效率，

推动资源由低值利用向高值利用转变,提高再生利用产品附加值,避免资源低水平利用和"只循环不经济"。强化监管,防止资源循环利用过程中产生二次污染,确保再生产品质量安全,实现经济效益与环境效益、社会效益相统一。

三、近期目标

绿色循环低碳产业体系初步形成。循环型生产方式得到全面推行,实现企业循环式生产、产业循环式组合、园区循环式改造,单位产出物质消耗、废物排放明显减少,循环发展对污染防控的作用明显增强。

城镇循环发展体系基本建立。城市典型废弃物资源化利用水平显著提高,生产系统和生活系统循环链接的共生体系基本建立,生活垃圾分类和再生资源回收实现有效衔接,绿色基础设施、绿色建筑水平明显提升。

新的资源战略保障体系基本构建。节约集约循环利用的新资源观全面树立,资源循环利用制度体系基本形成,资源循环利用产业成为国民经济发展资源安全保障重要的来源之一。

绿色生活方式基本形成。绿色消费理念在全社会初步树立,绿色产品使用比例明显提高,节约资源、垃圾分类、绿色出行等行为蔚然成风。

四、现 状

党中央、国务院高度重视循环经济发展工作。党的十八大以来,以习近平同志为核心的党中央,把绿色循环低碳发展作为生态文明建设的重要任务,不断加大推进力度,在过去工作的基础上,取得了重大进展,开创了新的局面,循环经济发展成效显著。

顶层设计基本形成。党的十八大明确要求,到2020年要初步建立资源循环利用体系,更多依靠节约资源和循环经济推动经济发展方式转变。党的十八届五中全会把绿色发展理念作为新的发展理念,进一步赋予了循环经济重要的历史使命。党中央、国务院先后印发实施《关于加快推进生态文明建设的意见》和《生态文明体制改革总体方案》,把发展循环经济摆到了重要位置,强调在生产、流通、消费各环节大力发展循环经济。国务院印发实施《循环经济发展战略及近期行动计划》,首次以国家级规划的方式,明确了发展循环经济的总体思路、主要目标、重点任务和保障措施。这些要求形成了循环经济发展的总体部署和顶层设计。

制度框架不断健全。围绕建立健全发展循环经济的制度体系,出台了一系列重要法律法规和政策举措。在法律法规层面,全国人大颁布实施《中华人民共和国循环经济促进法》(以下简称《循环经济促进法》),构建了由发展规划制度、总量控制制度、评价考核制度、生产者责任延伸制度、重点企业监管制度、激励政策制度六大制度组成的循环经济法律体系。国务院颁布实施《废弃电器电子产品回收处理管理条例》,将发展循环经济有关制度在具体领域予以明确。有关部门出台了《再生资源回收利用管理办法》,修订了粉煤灰、煤矸石综合利用管理办法。在政策措施层面,印发了《循环发展引领行动》,设立了循环经济专项补助资金和废弃电子电器产品拆解处理基金,实行了差别电价、惩罚性电价、阶梯水价举措,出台了煤矸石、余热余压、垃圾和沼气发电的优惠政策,制定了资源综合利用产品和劳务的税收优惠政策。这些法规政策为推进循环经济发展提供了有力支撑。

绿色经济体系加快建立。按照新的发展理念,着眼于优化经济结构,形成绿色循环发展体系,开展了一系列工作并取得积极成效。建立了园区循环化改造、城市矿产示范基地建设、餐厨废弃物资源化利用、再制造产业化、大宗固废综合利用、再生资源回收体系建设等试点,积累了一批可复制可推广的重要经验。开展多种发展模式探索,产生了北京德青源、安徽铜陵、青海柴达木等一批行业区域代表性强、创新特色突出的循环经济典型模式。产业集聚效应逐渐凸显,形成了一批循环经济龙头企业和产业集聚区,以此为依托,企业循环式生产、园区循环式发展、产业循环式组合的循环型工业体系,以及绿色化和清洁化的循环型服务业体系初步建立。

资源、环境、社会效益初步显现。发展循环经济带来了多方面的效益,尤其在资源利用、环境保护和促进就业等方面十分明显。在资源利用效率上,资源产出率提高20%以上,回收利用各类再生资源近2.6亿t,相当于节能近2亿t标准煤,减少废水排放90亿t,减少固体废物排放12亿t。在能源消耗强度上,单位国内生产总值能耗降低20.9%。在经济总量和就业上,2016年,我国资源循环利用产业产值达2.3万亿元,从业人员达到2 000多万人。

第二节 发展循环经济的基本途径和重点

发展循环经济,要大力推进节约降耗,提高资源利用效率,减少自然资源的消耗;全面推行清洁生产,从生产和服务的源头减少污染物的产生;加强资源综合利用,最大限度地利用各种废弃物和再生资源,减少废弃物的最终处置量;积极发展环保产业,为资源高效利用金额循环利用提供物质技术保障。当前和今后一个时期,我们要重点抓好以下五个环节。

(1)在资源开采环节,要大力提高资源综合开发和回收利用率

对矿产资源开发要统筹规划,加强共生、伴生矿产资源的综合开发和利用,健全资源勘查开发准入条件,实现资源的保护性开发。积极推进矿产资源深加工技术的研发,开发并完善适合我国矿产资源特点的采、选、冶工艺,提高回采率和综合回收率,大力推进尾矿、废石的综合利用。

(2)在资源消耗环节,要大力提高资源利用效率

加强对钢铁、有色、电力、煤炭、石化、化工、建材、纺织、轻工等重点行业的能源、原材料、水等资源消耗管理,实现能量的梯级利用、资源的高效利用和循环利用。电动机、汽车、计算机、家电等生产企业,要从产品设计入手,优先采用资源利用率高、污染物产生量少以及有利于产品废弃后回收利用的技术和工艺,尽量采用小型或重量轻、可再生的零部件或材料,提高设备制造技术水平。包装行业要大力压缩无实用性材料消耗。

(3)在废弃物产生环节,要大力开展资源综合利用

加强对冶金、有色、电力、煤炭、石化、建材、造纸、酿造、印染、皮革等废弃物产生量大、污染重的重点行业的管理,提高废渣、废水、废气的综合利用率。综合利用各种建筑废弃物及秸秆、畜禽粪便等农业废弃物,积极发展生物质能源,推广沼气工程,大力发展生态农业。推动不同行业通过产业链的延伸和结合,实现废弃物的循环利用。加快城市生活污水再生利用设施建设和垃圾资源化利用,充分发挥建材、钢铁、电力等行业废弃物消纳功能,降低废弃物最终处置量。

(4)在再生资源产生环节,要大力回收和循环利用各种废旧资源

积极推进废钢铁、废有色金属、废纸、废塑料、废旧轮胎、废旧家电及电子产品、废旧纺织品、废旧机电产品、包装废弃物等的回收和循环利用,支持汽车发动机等废旧机电产品再制造。建立垃圾分类收集和分选系统,不断完善再生资源回收、加工、利用体系,在严格控制"洋垃圾"和其他有毒有害废物进口的前提下,充分利用两个市场、两种资源,积极发展资源再生产业的国际贸易。

(5)在社会消费环节,要大力提倡绿色消费

树立可持续的消费观,提倡健康文明、有利于节约资源和保护环境的生活方式与消费方式;鼓励使用绿色产品,如能效标识产品、节能节水认证产品和环境标志产品等;抵制过度包装等浪费资源的行为。政府机构要发挥带头作用,把节能、节水、节材、节粮、垃圾分类回收及减少一次性用品的使用逐步变成每个公民的自觉行动。

第三节 发展循环经济的主要措施

一、转变观念

这是发展循环经济的重要前提。党中央、国务院对发展循环经济高度重视，习近平总书记强调："要用循环经济和生态经济的理论来指导工业发展，实现工业化和资源、环境、生态的协调发展。"

大力发展循环经济，必须摒弃传统的发展思维和发展模式，把发展观统一到党的十九届三中全会提出的以习近平新时代中国特色社会主义思想为指导的、适应新时代中国特色社会主义发展要求的科学发展观上来。传统的发展观，偏重于物质财富的增长而忽视人的全面发展，简单地把经济增长等同于经济发展而忽视经济社会的全面进步，相应地把 GDP 作为衡量一个国家或地区发展的单一标尺而忽视人文的、资源的、环境的指标，单纯地把自然界看作是人类生存和发展的索取对象而忽视自然界首先是人类赖以生存和发展的基础。在传统发展观的影响下，尽管人类曾创造了历史上从未有过的经济增长奇迹，积累了丰富的物质财富，但也为此付出了巨大的代价。

发展循环经济，实现经济增长方式的根本转变，必须更新发展观念，理清发展思路，辩证地认识物质财富的增长和人的全面发展的关系，转变重物轻人的发展观念；必须辩证地认识经济增长与经济发展的关系，转变把增长简单地等同于发展的观念；必须辩证地认识人与自然的关系，转变单纯利用和征服自然的观念。要充分认识到，一方面资源对经济增长具有重要的支撑作用，没有必要的资源保障，经济就难以持续快速增长；另一方面，资源对经济增长又有重要的约束作用，资源的承载能力反过来也会制约经济增长的速度、结构和方式。在发展思路上要彻底改变重开发、轻节约，重速度、轻效益，重外延发展、轻内涵发展，片面追求 GDP 增长，忽视资源和环境的倾向，加快经济增长方式转变，切实推进循环经济发展。

二、搞好规划

在编制总体规划和各类专项规划、区域规划以及城市规划的过程中，要把发展循环经济放在重要位置。一方面，要用循环经济理念指导各类规划的编制；另一方面，在规划编制过程中，要加强对发展循环经济的专题研究，加快节能、节水、资源综合利用、再生资源回收利用等循环经济发展重点领域专项规划的编制工作。"十三五"规划指出，我们要坚持绿色发展，着力改善生态环境，推动低碳循环发展，实施循环发展引领计划，全面节约和高效利用资源。坚持节约优先，树立节约集约循环利用的资源观。2016 年 8 月，国家发展改革委公布《循环发展引领计划》（征求意见稿），向社会公开征求意见。其中明确，要初步形成绿色循环低碳产业体系，实现企业循环式生产、产业循环式组合、园区循环式改造。此外，要建立科学的循环经济评价指标体系，加快研究建立以资源生产率、资源消耗降低率、资源回收率、资源循环利用率、废弃物最终处置降低率等为基本框架的循环经济评价指标体系及相关统计制度，并把主要指标逐步纳入国民经济和社会发展计划。在此基础上，研究提出国家发展循环经济的战略目标及分阶段推进计划。各地区、各行业要结合各自实际情况，制订切实可行的发展循环经济的推进计划，明确工作目标和重点。

三、调整结构

加快调整产业结构、产品结构和能源消费结

构是发展循环经济的重要途径。要按照走新型工业化道路的要求,振兴装备制造业,加快高技术产业化,积极推进信息化,采用高新技术和先进适用技术改造传统产业和传统工艺,淘汰落后设备、工艺和技术。当前和今后一个时期,一方面,要遏制部分地区和行业盲目投资、低水平重复建设,特别是严格限制高耗能、高耗水、高污染和浪费资源的产业,以及开发区的盲目发展,限制和淘汰能耗高、物耗高、污染重的落后工艺、技术和设备;另一方面,要加快低耗能、低排放产业的发展。抓紧制定重点行业的产业政策和准入标准,促进服务业特别是现代服务业的快速健康发展。同时,还要根据资源条件和区域特点,用循环经济理念指导区域发展、产业转型和老工业基地改造,促进区域产业布局合理调整。开发区建设要按循环经济模式规划、建设和改造,形成资源循环利用的产业链,建设集中供热和废弃物集中处置中心。

四、健全法制

面对新时代新战略新要求,加快建立绿色生产和消费的法律制度和政策导向成为基本任务。现行的《循环经济促进法》难以满足新时代要求,需要与时俱进,进行大幅度修订,以促进经济向高质量发展转变和建立健全绿色低碳循环发展的经济体系。然而,针对新形势修订好《循环经济促进法》,既面临重大机遇,也带来严峻挑战。为了发挥好立法对改革的引领和推动作用,我们必须客观认识现行《循环经济促进法》存在的突出问题,进一步明确法律修订的目的、方向和制度选择。

1.加快法规建设

完善《循环经济促进法》相关配套法律规章,研究制定限制商品过度包装条例、循环经济发展专项资金管理办法、汽车零部件再制造管理办法、再制造旧件和再制造产品进出口管理目录及管理办法、强制回收的产品和包装物名录及管理办法、餐厨废弃物管理及资源化利用条例、农业机械报废回收办法等法律规章。加快修订报废汽车回收管理办法、商品零售场所塑料袋有偿使用管理办法。

2.建立健全标准和计量体系

加快制定可降解产品、再生利用产品、餐厨废弃物资源化产品、利废建材等产品标准和农业机械禁用及报废标准。完善节能、节水、资源综合利用产品标准。健全过度包装商品标准。制定生产过程协同资源化处理废弃物,再生资源回收、拆解、利用和再制造质量控制等相关规范。深化循环经济标准化试点工作,建立完善循环经济计量检测体系。

五、完善经济政策

1.产业政策

落实《产业结构调整指导目录》《外商投资产业指导目录》《限制用地项目目录》《禁止用地项目目录》。进一步提高高耗能、高耗水、高耗地、高排放行业准入门槛,严格节能、环保、土地、安全方面的约束。发布国家鼓励、限制和淘汰的技术、工艺、设备、材料和产品名录,再制造产品目录和限制生产、销售的一次性产品名录及管理办法。鼓励煤矸石、余热余压、垃圾和沼气等发电上网。研究制定在脱硫石膏产生量大的地区限制开采天然石膏的政策。保障符合国家产业政策和投资管理规定的循环经济项目用地。

2.投资政策

各级政府要将循环经济项目列为重点投资领域。加强固定资产投资项目资源循环利用管理,项目申请报告和可行性研究报告应包含循环经济相关内容。发挥政府投资的引导作用,吸引社会各类资金投向循环经济。

3.价格和收费政策

深化资源性产品价格改革,进一步发挥市场机制在资源性产品价格形成中的作用。推行城市居民生活用水阶梯式价格和非居民用水超定额累进加价制度。试行居民用电阶梯电价制度,完善电力峰谷分时电价政策,加大差别电价、惩罚性电价实施力度,完善鼓励煤矸石、余热余压、垃圾和沼气等发电的价格政策,试行脱硝价格政策。对污泥处理处置费用，研究实行纳入污水处理收费和财政补贴共同承担的政策。研究减征实现废水零排放企业和园区污水处理费的政策，严格执行对实现废水零排放的企业免征排污费的政策。研究鼓励生产过程协同资源化处理废弃物的价格政策。研究建立建筑垃圾排放收费制度，改革生活垃圾处理收费方式，提高征收率。研究建立餐厨废弃物处理收费制度。

4. 财政政策

中央和省级人民政府依法设立循环经济发展专项资金，支持循环经济重大工程、重点项目及能力建设。创新循环经济发展专项资金支持方式，扩大财政资金的杠杆效应。落实并完善废弃电器电子产品处理基金征收补贴政策。研究鼓励再制造产品推广应用和强制回收产品、包装物的专项政策。加大新型墙体材料专项基金对发展新型墙体材料的支持力度。研究制定激励流通企业采购节能环保产品的政策。对已报废老旧农机并取得回收拆解证明的农民，优先给予农机购置补贴。对属排污费资金支持范围的循环经济类项目给予优先支持，国有资本经营预算要支持企业发展循环经济项目。建立对国家认定再生产品的推广机制。加大政府采购支持力度，优先采购节能节水环保产品和再利用产品。

5. 税收政策

继续落实和完善资源综合利用税收优惠政策。研究制定并完善促进再生资源回收体系建设的税收政策，研究完善减少使用一次性消费品的税收政策。对国内不能生产、国家鼓励引进的循环经济技术装备，在规定范围内减免进口关税，研究完善鼓励资源性产品进口的关税政策。积极推进环境税费改革。

6. 金融政策

鼓励金融机构对循环经济重点项目和循环经济"十百千"示范工程给予包括信用贷款在内的多元化信贷支持，创新信贷产品，拓宽抵押担保范围，完善担保方式。支持循环经济示范试点企业发行企业（公司）债券、项目收益债券、可转换债券和短期融资券、中期票据等直接融资工具。探索循环经济示范试点园区内的中小企业发行集合债券、集合票据。支持符合条件的资源循环利用企业申请境内外上市和再融资。鼓励设立循环经济创业投资基金，研究设立循环经济产业投资基金。各地要根据国家有关政策制定支持循环经济发展的配套投融资政策和实施方案。

六、加强管理监督

1. 实行生产者责任延伸制度

完善相关法律法规，建立生产者责任延伸制度，推动生产者落实废弃产品回收、处理等责任。落实废弃电器电子产品处理基金管理办法，研究建立强制回收产品和包装物、汽车、轮胎、手机、充电器生产者责任制。

2. 加强循环经济管理

继续开展资源综合利用企业（产品）和资源综合利用电厂认定。开展循环经济项目、企业、园区认定试点。强化再生资源回收企业备案管理。对报废汽车、废弃电器电子产品拆解企业依法实行严格的资质管理。对资源消耗量和废物排放量大的重点企业实施动态跟踪管理。继续巩固"限塑"成果，适时研究扩大"限塑"范围。深入推进禁止生产和使用实心黏土砖工作。建立低效用地评价机制，规范推进农村建设用地和工矿废弃土地复垦利用。研究制订管理措施，在有条件使用再生水的地区限制将城市自来水作为城市道路清扫、城市绿化和景观用水。鼓励建设静脉产业园，对生活垃圾、餐厨废弃物、建筑废弃物、"城市矿产"等资源化利用和无害化处理实行园区化管理。

3. 探索市场化管理机制

研究建立强制回收产品和包装物、重点再生利用产品、汽车零部件等再制造产品的标识管理制度。研究建立循环经济认证认可体系。鼓励专业化服务公司采用市场化模式对企业和园区进行循环化改造。研究试行手机、充电器、饮料瓶等废旧产品押金回收制度。

4.加强监督检查

组织开展《中华人民共和国循环经济促进法》《中华人民共和国清洁生产促进法》《中华人民共和国节约能源法》等法律法规的执法监督行动。加强对地方政府、各类产业园区、企业落实循环经济政策措施情况的监督检查。组织开展国家循环经济相关名录执行情况的监督检查。加大对生产、销售过度包装商品行为的查处力度。严厉查处资源综合利用、再生资源拆解处理造成二次污染的企业。加强对再制造产品标识使用的监督检查,强化产品质量监管。

七、强化技术和服务支撑

1.加快共性关键技术开发

制订循环经济科技发展规划,在国家、地方科技计划(专项)中,加大对循环经济共性关键技术研发的支持力度。支持建立各类循环经济技术支撑机构。推动组建重点领域循环经济产业联盟,加强产学研用结合,共同研究解决循环经济关键和共性技术问题。引进、消化、吸收和再创新循环经济关键技术和装备。

2.加强技术装备产业化示范

实施循环经济技术产业化示范工程,重点支持共伴生矿和尾矿综合开发和回收利用、废物资源化利用、可回收利用材料、有毒有害原材料替代、再制造、再生资源高值利用、延长产业链和相关产业链接、零排放等关键技术和装备产业化示范。

3.加快先进适用技术推广应用

加强循环经济技术推广体系建设。建立循环经济技术遴选、评定及推广机制。发布国家鼓励的循环经济技术、工艺、设备名录。探索通过政府买断的方式对先进适用技术进行推广应用。实施循环经济"走出去"战略,加快具有竞争力的循环经济关键技术装备的出口。

4.健全循环经济服务体系

培育和扶持一批为发展循环经济提供规划、设计、建设、改造、运营的专业化服务公司。鼓励发展循环经济信息服务业。鼓励科研院所、行业协会等为企业提供循环经济技术、管理等咨询服务。鼓励构建全国性、区域性、行业性的废弃物逆向物流交易平台、交易中心或交易市场。鼓励建立循环经济产品、技术、装备等的展示、展览、交易平台。

八、建立循环经济统计评价制度

1.完善循环经济统计制度

健全循环经济统计指标体系,完善统计核算方法,建立统计核算制度和数据发布制度。建立健全循环经济统计调查制度,做好数据采集和分析工作。开展区域层面资源产出率统计试点。发布国家层面资源产出率指标。

2.建立循环经济评价体系

制订循环经济评价指标体系,把资源产出率作为评价循环经济发展成效的综合性指标。研究制订循环经济示范城市(县)、园区、企业评价指标体系。研究建立区域循环经济发展成效评价机制,对发展循环经济成绩显著的单位和个人依法给予表彰和奖励。

3.加强统计能力建设

加强循环经济统计基础工作,各级统计部门要有人员负责循环经济统计,保障必要的工作经费。推动企业健全计量器具,完善统计台账,提高统计的准确性和及时性。

九、强化宣传教育和人才培养

1.加大宣传力度

组织开展形式多样的宣传培训活动,通过广播电视、报刊、互联网、手机等多种途径普及循环经济知识,宣传典型案例,推广示范经验。新闻单位要加大循环经济公益宣传力度,在重要版面、重要频道、重要时段增加报道频次。鼓励开展各种形式的循环文化创意活动。在全国建设一批技术先进、管理规范、特征显著、教育示范作用强的循环经济教育示范基地。开展"反食品浪费行动",推动餐饮企业、机关和企事业单位食堂、公务宴请、家庭等各方面节约粮食。

2.强化教育和人才培养

把循环经济理念和知识纳入基础教育、职业教育、高等教育相关课程，研究在高等学校、职业学校设置循环经济类专业。制定循环经济培训纲要，编制循环经济培训教材，实施循环经济培训计划。鼓励教材重复使用，降低循环利用成本。利用各级党校、行政学院和高等学校的培训力量，加强对各级领导干部和企业管理人员的循环经济培训。

十、积极开展交流合作

1.积极开展国际交流与合作

加强与有关国际组织、政府在循环经济领域的交流与合作，研究和借鉴国际先进经验，鼓励从海外引进循环经济技术和管理等方面的高层次人才。将循环经济作为中国对外援助培训的重要内容，利用各种国际交流平台，宣传循环经济理念和模式。建设中日韩循环经济示范基地。

2.积极开展与香港、澳门、台湾的交流与合作

加强与香港、澳门、台湾在循环经济领域的交流，开展人才、技术、项目的深度合作，不断拓展合作内容，创新合作方式，共同推动绿色发展。

十一、加强组织领导

国务院要建立健全发展循环经济组织协调机制，研究有关重大问题，部署重大任务，把握实施进度和效果，进行定期监督检查。各级人民政府和有关部门要切实履行职责，扎实开展工作，确保完成各项目标任务。

地方各级人民政府对本地区发展循环经济工作负总责，切实加强组织领导和统筹协调，建立相应的工作机制，抓紧编制实施本地区循环经济发展规划和年度推进计划，出台配套政策，明确任务分工，做到层层有责任，逐级抓落实。

国务院有关部门要按照职责分工做好相关工作，出台配套政策措施，加强协调配合，形成工作合力。充分发挥发展循环经济部际联席会议的作用，国家发展改革委要会同有关部门加强对计划实施的指导、支持以及监督和评估，制订实施全国循环经济年度推进计划，针对计划实施中出现的新情况新问题，适时提出解决办法，重大问题及时向国务院报告。

第二章 工业循环经济发展机构

第一节 政策法规

循环经济是一种全新的发展观,它作为人类对传统经济发展模式反思的结果,体现了可持续发展的理念。循环经济是一种全新的经济观,它用循环经济理念重构传统经济流程,运用生态学原理和规律来指导经济发展。循环经济是一种全新的生产观,它倡导最大限度地优化配置自然资源,提高自然资源的利用效率和使用效益。循环经济是一种全新的科技观,因为它要求科学技术发展应有利于统筹"人与自然"的关系,实现和谐发展。循环经济倡导的是一种全新的消费观,因为它提倡人类物质财富的适度消费,同时考虑废弃物的回收利用和资源化,减轻对环境的污染。循环经济也是一种全新的社会观,因为它倡导构建资源节约型和环境友好型社会。总之,发展循环经济可以有效解决经济社会发展与资源环境之间的矛盾,促进全面协调可持续发展,是人类面向21世纪的发展模式和发展道路的理性选择,也是我国加快全面建设小康社会和现代化进程的必然选择。

一、政府在发展循环经济过程中的作用

(一) 循环经济的非自发性

通常认为,循环经济是政策法规引导型的经济发展模式。由于资源成本和环境代价等要素的引入,它不是一种自发的经济发展模式,而是需要政府通过政策引导和法规约束来加以推进的新经济发展模式。循环经济的主要根源是公众对环境质量的需求,对可持续发展的需求。这种需求大多只有通过国家制定的环境法规、标准和各种环保政策,才能转化为现实的市场需求,才会形成循环经济产业的土壤。从世界范围来看,环保法规、标准、政策越严格的国家,循环经济发展越快。

从另一方面来说,资源与环境具有社会公共产品的特征。长期以来,企业对消耗资源和污染环境常常不以为然,传统企业不会从宏观上关心全球资源总量的减少对人类未来产生的影响,也不会考虑污染环境给社会或公众造成的危害。传统市场经济以利润最大化为动力来配置资源,资源代价和环境成本往往被市场所忽视。当人类开始关注资源和环境,关注经济可持续发展,把资源与环境的重要性提升到经济效益之上,提出大力发展循环经济时,人们突然发现传统的市场机制出现"失灵",企业也缺乏"内源驱动力",企业对发展循环经济有一个共同反映,即"经济上不合算""无利可图"。

此时,法制的推动力和政策的拉动力共同构成的"命令+控制"机制开始在循环经济的发展中起着重要作用。构建推进循环经济发展的政策法规体系,能够使政府通过法律手段、金融政策、税收政策、补偿政策、优惠政策、价格机制、激励机制和约束机制等促进循环经济发展。同

时,在市场经济条件下,政府的行政调控作用相当弱化,而且传统的"命令+控制"模式已不能满足环境质量最优目标要求,经济手段成为市场体制中更为有效的管理手段。利用"经济人"的本性可促使其向有利于环境的方向发展。就我国而言,尽管"市场+意识"的作用日益增强,当前"命令+控制"还是循环经济产业发展的主要推动力,循环经济的发展具有"政策与市场的双重依赖性"。循环经济的非自发性促使政府把发展循环经济的信号转换成市场的自发信号,充分发挥市场在资源配置方面的优势,充分调动企业和社会公众参与发展循环经济的主动性和积极性。

(二) 政府在推动循环经济发展中的作用

政府是公共理性的代表,是政策法规的制定者,也是解决市场运行机制缺陷的主体。从政府的角度看,推动循环经济发展的手段有很多,但主要有两条。

一是法律的强制和约束,即有关资源与环境的法律法规的实施和环境标准的执行,是循环经济发展的外在因素。也就是说,不准随意排放任何废弃物,排放者应该承担责任,企业必须树立环境效益观念。

二是政策引导和利益驱动。利益驱动有两层含义:降低成本和创造价值。用了其他企业的废弃物或副产品,就可以省一部分原料费用,产品的成本就降下来了;同时,在废旧物资利用过程中也产生一定的经济效益,这是企业发展循环经济的内因。而政策引导是企业选择循环经济的一个重要外因。

法律强制和经济利益是每一个国家发展循环经济不可或缺的前提。没有环境保护法律及其标准的强制执行,企业就不会主动地、自发地去利用废弃物;没有经济效益,即使政府强制去要求,企业也会找出种种借口来拖延和规避,在市场经济条件下,环境污染是企业行为的外部不经济性所造成的。这种外部不经济性所引起的私人成本与社会成本的不一致,导致了市场机制在保护环境、防治环境污染上的失灵。当污染超过环境的自我调节容量时,政府的环境保护职能就成为必要。

二、理论与现实的共同需要催生循环经济政策法规体系

(一) 国内理论的研究

从近年来各类期刊发表论文的内容来看,国内理论界对循环经济政策法规体系的研究主要集中在:①循环经济法的性质,即循环经济法是属于环境资源法、经济法,还是部分属于经济法,部分属于环境资源法;②循环经济法与循环经济促进法之争;③循环经济法的框架设计,即是按权利义务主体、管理对象(各个行业)、循环经济实施的过程、3R原则的基本顺序或循环经济行政管理的程序设计循环经济法的框架;④循环经济的基本制度;⑤促进循环经济发展政策,包括税收优惠、投资倾斜、循环经济专项资金、财政贴息、政府绿色采购制度、合理定价等方面的内容;⑥循环经济立法与相关立法的关系;⑦循环经济法律体系及其立法模式。

理论研究总是为现实服务的,我国理论界对循环经济政策法规的研究正说明了构建循环经济政策法规体系的必然性和可能性。

(二) 国内相关政策法规的制定

从立法内容上看,我国自20世纪80年代以来制定或修改的相关法律、法规、规章都或多或少涉及循环经济的内容。例如《环境保护法》第二十五条,《固体废物污染环境防治法》第三条、第四条、第十七条、第十八条,《大气污染防治法》第十五条,《水污染防治法》第二十二条,都规定生产者应当采用资源利用率高、污染物排放量少的设备和工艺,回收并综合利用产生的废物。此外,《关于开展资源综合利用若干问题的暂行规定》(1985年)、《关于进一步开展资源综合利用的意见》(1996年)都直接规定了资源综合利用的原则及优惠政策。

2002年6月29日国家颁布了《中华人民共和国清洁生产促进法》,它标志着我国环保工作从被动的"末端处理"转向主动的"管端防治",体现了循环经济的基本理念。从理论上讲,清洁生产只是循环经济的一个重要的组成部分,要

推动循环经济的发展还需要有一个完整的政策法规体系来保障。2004年9月29日,中国第一部循环经济类地方法规——《贵阳市建设循环经济生态城市条例》出台,并于2004年11月1日正式施行。2004年12月29日第十届全国人大常委会第十三次会议以高票通过了《中华人民共和国固体废物污染环境防治法》(以下简称《固体废物污染环境防治法》)修订案,并于2005年4月1日起施行。这是我国大力发展循环经济、推进可持续发展的重要举措,是我国环境保护立法基点从被动的"末端处理"到主动的"管端防治"的又一次重大转变。

(三) 理论与现实的双重需要催生循环经济政策法规体系的建立

恩格斯在《自然辩证法》中指出:"一个民族想要站在科学的最高峰,就一刻也不能没有理论思维。"循环经济政策法规体系的建立离不开循环经济理论发展与相应制度的制定与实施。

发展循环经济是一项涉及各行各业的事业,必须依靠各方面的共同努力,做到"政府带头,示范引路,加大投入,创新推动,联动发展"。尽管环境保护意识、资源节约意识可以通过思想教育、宣传手段和道德规范来加以引导,但是,在国民素质和道德水平参差不齐的情况下,更需要的是法律手段和政策手段对行为的规范和引导,需要的是法律约束和政策鼓励对新道德规范形成的加速作用。只有通过法制建设、政策手段和道德教育相结合,才能把循环经济从一种经济理论转变为人人都要遵守的社会行为规范,从一种外在的理念转变为一种内在的需求。这对于我国而言是至关重要的。

循环经济的实践提出了新的立法政策要求。近年来,循环经济的理论问题在国内学术界已有一定程度的探讨,以清洁生产为代表的循环经济实践活动正在全面推进。原国家环保总局在全国重点支持循环经济八大示范园区,已经探索出了不同地区、不同行业的循环经济发展模式及其规则要求。这些实践活动所形成的经验,还缺乏法律规范予以确定和推广,这在一定程度上也会影响循环经济的全面发展,需要将发展循环经济的各项政策上升为法律。

国际化市场竞争要求完善的循环经济法律体系。我国已经成为世界贸易组织成员方之一,在世界贸易组织的各项规则中,包含了一系列根据可持续发展原则确定的贸易规则。对此,一方面,我国有遵守的义务,应当据此制定国内法,引导国内企业的生产经营活动;另一方面,世界贸易组织的环境保护贸易规则会形成"绿色贸易壁垒",成为我国产品在国际市场上销售的障碍。因此,我国应该尽快制定和完善循环经济政策法规体系,全面推行绿色生产,在保护自然环境的同时,保持和提高我国产品的国际竞争能力,增强我国在国际上的经济竞争力。

基于以上对于循环经济政策法规理论及现实的概述,为了更好地促进循环经济的发展,我们必须构建循环经济政策法规体系,以满足我国经济发展理论与现实的双重需要,为循环经济发展提供指引和保障。

三、我国建立循环经济政策法规体系的紧迫性和必要性

(一) 我国循环经济立法的客观性

世界《21世纪议程》指出:"为了有效地将环境与发展纳入到每个国家的政策的实践中,必须发展和执行综合、可实施的、有效的并且是建立在国家的社会、生态、经济和科学基础上的法律和法规。"

无论作为一种理论还是一种经济发展模式,循环经济的发展在我国都还处于初级阶段,通过宣传教育来建立相应的道德规范需要长期的过程。从我国的实际情况来看,由于国民素质参差不齐,对循环经济的理念也还没有普及,因此法制建设比道德建设见效更快,通过法律的约束也可以加速道德教育。

要将法制建设与道德建设相结合,将循环经济从一种反传统的经济模式、经济理念转变为一种大众都要遵守的行为规范,必须尽快进行循环经济立法,将循环经济的发展、推行、管理纳入法律的范畴,明确政府、企业、公众等在发展循

环经济过程中的责任和义务。

(二)我国建立政策法规体系的紧迫性和必要性

循环经济不是一种自发或自觉的经济发展模式,它的发展需要政府通过政策引导和法规约束来加以推进。从国内外循环经济的实施情况来看,发展循环经济必须采取有效的保障措施,这些保障措施包括法律法规、经济政策、科学技术和监督考核等方面。加快循环经济立法和政策出台,是促进我国循环经济健康持续发展,建设资源节约型和环境友好型社会的一个基本保障。我国建立循环经济政策法规体系的紧迫性和必要性主要表现在以下几个方面。

(1)发展循环经济需要专门的政策法规作为支撑和保障

以法制、政策为支撑和保障来实现自身的稳定有序发展,这是循环经济发展的内在要求。循环经济的特点决定了它不是一个自发的市场行为,而是一个政府的自觉行为,需要一个明确的政府导向系统和可靠的支撑系统。而体现国家和政府意志的法律、政策,因其固有的规范性、强制性和指导性,很适合用来表达循环经济的发展理念、价值判断和行为规范,尤其是在传统的生产、生活方式仍占主导地位的情况下,要加速循环经济的发展就必须超前地研究循环经济的政策和法规。

(2)循环经济的实践和发展提出了循环经济的政策、立法要求

改革开放以来,国家对环境保护工作十分重视,相继出台了环境保护的各种政策和法规。但是,这些政策和法规产生的背景是经济发展与环境保护的尖锐对立。它们倚重于"事后裁定",体现了"限制理念",以"末端处理"作为利益减损分担的立法基点。循环经济对传统的环保理念有了新的提升,为环境保护立法带来了全新的思路:从被动限制到主动统筹,从末端处罚到前端预防,从开环流程到循环流程。为把可持续发展的理念和循环经济的思想体现到经济社会的各个领域,已有的实践和发展提出了新的政策、立法要求,其政策法规体系的构建是发展循环经济模式的基础性工作。

(3)政府需要通过政策导向和经济手段推进循环经济的发展

政府需要建立资源环境有偿使用、排污权交易、环境标志、财政信贷鼓励等制度,充分发挥市场机制和经济杠杆的作用,使企业、社会和公众都能承担起发展循环经济的责任。通过制定税收、金融、价格和财政等优惠和鼓励政策,来推动环境友好技术、清洁生产技术、废弃物资源化技术的发展,让循环型企业和生态工业园区真正得到实惠。

(4)我国循环经济相关立法上存在的问题迫切要求构建循环经济政策法规体系

目前,我国在循环经济方面出台的法规和政策,与循环经济的要求相距甚远。借鉴西方国家立法先行的经验,必须尽快制定和建立起比较完善的、适合我国循环经济发展的法律法规体系,做到有法可依,有章可循,依法推动我国循环经济发展,实现可持续发展。构建循环经济的政策法规体系,为循环经济发展提供政策法律依据和保障机制,把发展循环经济的信号转换成市场的自发信号,充分发挥市场在资源配置方面的优势,充分调动企业和社会公众参与的主动性和积极性,是我国发展循环经济的当务之急。

四、国内循环经济政策法规体系现状

(一)我国现有的与循环经济相关的政策法规

我国颁布了数量较多的、与循环经济相关的政策法规,具体来说,主要有以下几个大类。

1.法律层面

《中华人民共和国宪法》(2018年修正,以下简称《宪法》)第九条规定:"国家保障自然资源的合理利用,保护珍贵的动物和植物。禁止任何组织或者个人用任何手段侵占或者破坏自然资源。"以基本法的形式保障了合理利用自然资源的重要地位,成为其他法律法规制定资源综合利用相关内容的立法依据和基本准则。

《中华人民共和国节约能源法》(1997年,以

下简称《节约能源法》)对合理利用和节约能源方面进行了详细的规定;《固体废物污染环境防治法》(2004年修正)从总体上确立了国家处理固体废物的基本原则和政策,分章规定了有关工业固体废物、城市生活垃圾、危险废物等的回收利用问题;《中华人民共和国可再生能源法》(2005年,以下简称《可再生能源法》)明确规定了政府和社会在可再生能源开发利用方面的责任与义务,确立了一系列制度和措施,鼓励可再生能源产业发展和技术开发等。

《中华人民共和国循环经济促进法》(2008年,以下简称《循环经济促进法》)提出发展循环经济是国家经济社会发展的一项重大战略,应当遵循统筹规划、合理布局、因地制宜、注重实效,政府推动、市场引导,企业实施、公众参与的方针;《中华人民共和国清洁生产促进法》(2012年修正,以下简称《清洁生产促进法》)对清洁生产进行引导、鼓励和保障支持为主要内容,从各个不同角度规定了对资源的综合有效利用,减少废弃物的产生,实现清洁生产。

2.规章政策层面

指导性文件:《关于加快推行清洁生产的意见》(2003年)、《国务院关于加快发展循环经济的若干意见》(2005年)、《国务院关于加强节能工作的决定》(2006年)、《关于印发循环经济评价指标体系的通知》(2007年)、《关于推进园区循环化改造的意见》(2012年)、《循环经济发展战略及近期行动计划》(2013年)、《重点流域水污染防治规划(2016—2020年)》(2017年)、《进口废物管理目录》(2018年)、《关于促进石化产业绿色发展的指导意见》(2017年)以及《国家重点节能低碳技术推广目录》(2018年)等。

产业政策:《促进产业结构调整暂行规定》(2005年)、《关于推进再制造产业发展的意见》(2010年)、《关于进一步加强城市生活垃圾处理工作意见》(2011年)、《废弃电器电子产品规范拆解处理作业及生产管理指南》(2015年)、《绿色制造工程实施指南(2016—2020年)》(2016年)、《"十三五"全国城镇污水处理及再生利用设施建设规划》(2017年)、《高端智能再制造行动计划(2018—2020年)》(2017年)等。

价格政策:《高效照明产品推广财政补贴资金管理暂行办法》(2007年)、《国家发展改革委关于完善农林生物质发电价格政策的通知》(2010年)、《国家发展改革委关于完善垃圾焚烧发电价格政策的通知》(2012年)等。

财政政策:《秸秆能源化利用补助资金管理暂行办法》(2008年)、《中央财政清洁生产专项资金管理暂行办法》(2009年)、《合同能源管理项目财政奖励资金管理暂行办法》(2010年)、《关于印发循环经济发展专项资金支持餐厨废弃物资源化利用和无害化处理试点城市建设实施方案的通知》(2011年)、《节能技术改造财政奖励资金管理办法》(2011年)等。

税收政策:《财政部、国家税务局关于再生资源增值税政策的通知》(2008年)、《财政部、国家税务局关于以农林剩余物为原料的综合利用产品增值税政策的通知》(2009年)、《调整完善资源综合利用产品及劳务增值税政策》(2011年)、《财政部、国家税务局关于资源综合利用及其他产品增值税政策的通知》(2014年)等。

投融资政策:《关于支持循环经济发展的投融资政策措施意见的通知》(2010年)、《关于进一步做好支持节能减排和淘汰落后产能金融服务工作的意见》(2010年)等。

以上政策法规在遏制破坏和污染环境,改善环境质量,促进循环经济发展等方面发挥了重要作用。但由于我国起步晚,相关法律法规的制定还很不完善,在立法理念、立法内容以及相关法律法规的衔接上还存在一些问题,一定程度上也阻碍了循环经济的发展。

(二)我国循环经济相关政策法规的特点和存在的问题

1.循环经济相关政策法规的特点

自1979年《中华人民共和国环境保护法(试行)》(以下简称《环境保护法》)颁布以来,我国在环境资源的保护方面一直关注的是工业污染的防治,并且以《环境保护法》为核心形成了环境保护法律体系,主要包括环境保护宪法性规定、以《环境保护法》为代表的综合性环境基本法、环境和自然资源保护单行法律法规、环境标准、其他部门法中的环境保护规范、我国参加的国际法中的环境保护规范六个方面的内容。同样，国家环境保护主管部门的职责范围也主要限于污染防治，自然资源保护主要由相关经济管理部门负责。

2. 点上的循环经济法制建设问题

即单个企业层次上的循环经济法律规制问题：1989年的《环境保护法》、1995年的《固体废物污染环境防治法》、2002年的《清洁生产促进法》和2004年修改后的《固体废物污染环境防治法》借鉴和总结了国内外污染防治、资源综合利用、废弃物回收利用的经验，为企业层面循环经济的发展提供了一些法律机制的保障。但是，关于废弃条件的设置、强制回收和回用目录的建立、回收和回用率的确定、经济刺激机制的系统化和可操作化、工艺标准及技术规范的设立、循环利用信息的公开、生态税收和生态补偿等问题，还有待进一步的立法规制。

3. 面上的循环经济法制建设问题

即区域和全社会层次上的循环经济法律规制问题。1989年的《环境保护法》对此缺乏专门的规定。虽然1995年的《固体废物污染环境防治法》第三条规定了固体废物的减量化、资源化和无害化原则，第十七条和第十八条分别规定了包装物和农用薄膜的回收利用问题，但在其他农用废物的循环利用方面（修改后的《固体废物污染环境防治法》对农村固体废物污染提出了防治要求，农村被纳入新法的调整领域）、在行业内和跨行业的固体废物综合利用方面（如生产者把中介组织回收来的废旧电子产品委托给专门公司拆解回用）缺乏相应的法律规定。1996年的《中华人民共和国水污染防治法》（以下简称《水污染防治法》）缺少关于缺水城市中水回用的规定。2002年《清洁生产促进法》第九条、第十条、第十三条、第十六条、第三十五条虽然规定了企业间和区域内的废物综合利用问题，但这些规定基本上是围绕企业清洁生产的，其附带的循环经济效果只是辅助性的和不系统的。它未对工业、农业和第三产业的物质良性循环和减量的梯级利用问题、行政区域的循环经济建设问题和生态工业园区的建设问题等做出规定。对于行政区域的循环经济建设问题和生态工业园区的建设问题，工业、农业和第三产业间物质的良性循环和能量的梯级利用问题，《清洁生产促进法》和其他的法律、法规、规章尚未加以系统化和明确化。

4. 综合层次上的循环经济法制建设问题

有些循环经济法律问题，如主要工业废弃物、农业废弃物、废包装、废塑料、废玻璃、废旧家电、废旧电子产品、建筑废物、厨房垃圾、废旧汽车及其配件等大宗废物的专业性循环利用问题，既属于企业层次上的问题，又属于区域和全社会层次上的问题，现行的相关法律和行政法规规定零散，缺乏系统性和综合性的解决机制。

五、国内外循环经济政策法规体系比较

（一）政策的侧重点不同

从时间上来讲，德国和日本的循环经济立法早于我国，但是德国与日本的循环经济概念显然不适合中国。因为中国提出发展循环经济的背景和所要实现的目标与德国和日本完全不同。日本发展循环经济的基本背景是"废弃物数量的增多""废弃物丢弃"与"最终处置场所不足"等。中国发展循环经济的背景是"传统的高消耗、高排放、低效率的粗放型增长方式仍未根本转变，资源利用率低，环境污染严重"以及"21世纪头20年，我国将处于工业化和城镇化加速发展阶段，资源和环境形势十分严峻"（《国务院关于加快发展循环经济的若干意见》国发〔2005〕22号）。严重的资源短缺和环境污染是中国提出发展循环经济的基本背景。在此情形下，将循环经济限定在"废物管理"上，显而易见是不可行的。因此，我国与其他各国在发展循环经济的政策法规方面是各有侧重的。

概括来说，日、德、美等发达国家侧重于抑制废物、避免废物的产生和综合利用废弃物。它们从本国的具体国情出发，选择发展循环经济的切入点和发展目标,并由此形成各自的特色和优势产业。总体来说,发达国家走的是"先污染,后治理"的发展道路,其循环经济的发展自觉或不自觉地都以回收利用废弃资源和发展可再生资源为重点。因此,其循环经济政策法规侧重于废弃物的综合利用,同时也呈现多面性。

相对而言,我国现有的循环经济政策法规的内容,主要还是以传统的节约能源、降低物资消耗、防止污染为主,侧重于清洁生产、节能降耗,把循环经济视为一种全新的经济增长方式,体现的是一种泛循环经济的概念。

(二) 立法模式不同

对循环经济进行立法规制,并不是单纯的环境问题,而是涵盖了整个社会综合性发展的问题,要从社会经济内部协调经济与环境的关系,通过国家的宏观调控与市场调节相结合,从根本上解决经济与环境之间的矛盾与冲突。

就立法目标而言,目前发达国家有关循环经济的立法模式大体上可分为两种:一种是污染预防型,如美国将资源的回收利用纳入污染预防的法律范畴,属于广义上的环境法;另一种是循环经济型,如德国1994年颁布实施的《循环经济和废物处置法》、日本2000年颁布实施的《建立循环型社会基本法》,将整个社会活动纳入循环经济轨道,建立循环型社会,已经超出了一般意义上的环境法范畴。

就立法体系而言,德国、日本从全面落实和发展循环经济角度出发,选择的是既有统一的一部立法,又有各个方面的单行立法的模式。两者的不同之处是,德国是首先在个别领域立法,再制定统一规范的综合性法律;而日本则是先确立循环经济基本法,然后在各个具体领域进行专项立法。相反,美国在污染预防目标模式的指引下,选择的是单行法律法规的模式,目的是在传统的开环线性经济中,对任何一个出现问题的环节通过立法来加以约束。

相对的,目前我国的循环经济政策法规基本上是以预防污染、清洁生产、节能降耗等为主,并没有将循环经济的概念纳入到法律体系内,因此还算不上具有循环经济的立法模式,充其量也只能算是有一些松散的法规和政策,与其他国家完备的立法模式不能相提并论。

一部统一的基本法,可以使循环经济的理念渗透于各个法律部门之中。但一部统一的基本法并不是意味着只有唯一的一部法,它的主要作用是统领各单行法,体现的是一种指导思想,提供的是一种法律思路,使各单行法不会偏离其应遵循的轨道。而各个单行法又可以通过对具体情况的分析,及时地对法律进行查缺补漏,降低法律滞后的风险,它们是对基本法必要而且必需的补充。从这个角度来讲,我国应当以制定出一部从总体上统领循环经济的法律,然后在此基础上制定完备的法律体系为立法模式的首要选择。当然,立法模式必然受到本国的政治环境、历史背景以及经济发展状况的影响。因此,不同的国家的循环经济立法模式无法按照统一的方式进行,而应根据各国的实际情况来选择适合该国发展的循环经济立法模式。

六、我国循环经济立法与相关立法的关系

(一) 我国循环经济法规与现有环境资源法规体系的关系

1. 循环经济法在环境资源法律体系中的地位

我国是一个区域发展不平衡、城乡发展不平衡、行业发展不平衡的国家,循环经济立法不仅要在中央和地方两个层面推动,而且要在基本法和单项法两个层面进行探索。新法要注意与现有法律体系的配套。任何一部法律的制定都会涉及很多方面,特别是与其他法律法规的关系,应尽量避免法律条文上的冲突,否则会造成执法、司法的运行失调。因此,现在我们一方面要积极开展循环经济基本法的立法研究,另一方面要积极开展相对成熟的循环经济单项法的立法研究。在此过程中,必须解决循环经济立法与其他相关立法的关系问题,例如《节约能源法》《清洁生产促进法》和《固体废物污染防治法》要在循环经济法出台前后,适时进行增补修减,解决立法内容的回归与复位,避免法律之间的冲突与重

叠、增强可操作性,解决实施效果不力的问题。循环经济法应尽量避免、减少与原有环境资源法律法规的重复,但不是取代或包含《环境保护法》等环境资源法。循环经济法既要包含循环经济的主要内容,又要为今后具体领域循环经济立法和地方循环经济立法指明方向,留出空间。循环经济的始端防治和事前预防与传统经济模式的末端治理和事后处罚完全不同,因此可以与环境保护法相区分。在适用主体上,循环经济是全社会共同参与的,因此循环经济法不仅仅只适用于企业,所以它可以与《清洁生产促进法》相区分。在行为主体上,循环经济的减量化原则强调在全社会范围内节约能源和高效利用资源,其覆盖的范围很广,因此可以与《节约能源法》相区分。所以,从这几个方面来说,循环经济法完全有自己独立的调整对象和完整的生存空间。

循环经济法作为环境资源法体系的一个重要子体系,它与环境资源法体系中的其他子体系既有共同点也有其特点,其主要特点是:主要适用于循环经济活动,强调结合经济发展过程保护环境资源和解决环境资源问题;是一部有关自然资源合理利用、节约利用、综合利用、持续利用、减少废物和废物循环利用、综合利用的法律。

与其他环境资源法相比,循环经济法有独特的法理基础。从立法理念上来说,循环经济法关注的是经济循环、资源有效利用,不同于环境资源法关注的是污染预防、保护环境、末端治理。它转变了环境与经济发展对立的观念,体现了以全过程控制,从源头控制和资源循环利用的立法理念,将法的调整对象从人与人的社会关系扩展到了人与环境的社会关系。从法理学角度来说,传统的法"只调整社会关系"的观点存在两方面的逻辑错误:第一,马克思在论述法学原理时提到法律调整人与人在历史上形成的社会关系,但他并没有明确地指出法律仅调整人与人在历史上形成的社会关系,所以,法律调整人与环境的关系的观点并不是马克思法学原理所反对的;第二,人类制定的一些保护动植物的法律规范只是表面上保护动植物的利益,其实质还是为了保护人类的利益,只有承认法调整人与人之间社会关系之外的人与环境的关系,即法在保护人类合理开发、利用动植物资源行为的基础上承认保护和尊重动植物内在价值的必要性,才能从法律上推导出人类在自己的必需范围之内非必要地损害动植物行为的违法性。所以,认定自然资源成为法律调整对象是符合法学逻辑的。

2.循环经济法与环境保护法的关系

1989年12月26日由第七届全国人民代表大会常务委员会第十一次会议通过的《中华人民共和国环境保护法》,是全国统一的环境保护基本法,它的颁布标志着我国环境保护工作进入了法制建设的新阶段。2014年4月24日,中华人民共和国第十二届全国人民代表大会常务委员会第八次会议重新修订了《中华人民共和国环境保护法》(以下简称《环境保护法》)。《环境保护法》是保护生活环境与生态环境,防治污染的基本法律规范。它既是我国广大人民同一切破坏环境与生态平衡的行为做斗争的法律武器,也是我国人民在保护环境和生态平衡方面的行为准则;它既是调整国民经济各部门在发展经济与保护环境之间的法律依据,也是我们子孙后代繁荣昌盛的保证。

从关键词来讲,循环经济与环境保护两者是彼此交叉的,循环经济中有环境保护的内容,或者说实行循环经济的一个最主要的目的就是保护环境,但保护环境不是循环经济发展的唯一目的。环境保护是时代发展的要求,这一要求导致了循环经济这一全新经济观的出现,后者的出现使得环境保护与经济发展的矛盾得到了一定程度的解决。

与循环经济法相比,《环境保护法》是环境保护基本法,循环经济法是关于循环经济的单行法,两者之间是隶属不同法律体系的平等法关系,两者的侧重点不同。作为环境保护基本法,《环境保护法》的内容涉及环境、资源保护的各个方面,其内容包括有关环境的概念、环境保护工作的任务及各级政府的职责,环境监督管理的规定,保护和改善环境的规定,防治环境污染和其他公害的规定,法律责任及奖惩的规定等;而作为循环经济专属法的循环经济法,其内容只涉及调整与循环经济发展相关的各种社会关系,从面上来说,有关环境保护的内容没有《环境保护法》全面、翔实。

再者,1989年制定的《环境保护法》与各单行环境保护立法在效力方面是平等的,互不隶属,但在实际的立法中,也出现了环境单行法的许多规定与《环境保护法》规定不一致的情况。从其自身的情况来看,它存在以下几个方面的问题:一是没有阐述国家对环境问题的基本认识;二是没有明确政策的总体框架和目标,基本政策的规定也是零碎的,不系统的,职责既不明确,也没有受到有效的监督;三是没有树立法治政府的理念;四是没有突出可持续发展、循环经济的基本国策和战略,既没有考虑代内公平的问题,也没有考虑后代人的环境需求;五是没有重视市场对环境资源的基础性配置作用;六是仍然以公民的环境义务为本位,没有突出公民环境权利与社会公益的保护,没有调动公众参与环境保护的主动性和积极性;七是没有涉及生物多样性的保护和生态安全政策,没有重视环境文化的培养;八是环境问题的相关性和环保协作的区域性与全球性没有得到重视,缺乏国际合作的政策;九是没有确定环境法与民法、刑法、行政法等其他基本法的关系。这些问题的有效解决将有助于树立环境保护法基本法的地位,也有助于调和其与循环经济法等单行法的关系。

3.循环经济法与《清洁生产促进法》的关系

我国2002年通过的《清洁生产促进法》是世界上第一部冠以"清洁生产"的法律。其所规定的清洁生产,是指不断采取改进设计、使用清洁的能源和原料、采用先进的工艺技术与设备、改善管理、综合利用等措施,从源头削减污染,提高资源利用效率,减少或者避免生产、服务和产品使用过程中污染物的产生排放,以减轻或者消除对人类健康和环境的危害(《清洁生产促进法》第二条)。循环经济法和《清洁生产促进法》的共同点都是有助于节约资源、保护环境,但是区别也是比较明显的。

(1)从相同之处来分析

一是两者具有相同的立法目的。《清洁生产促进法》第一条规定:"为了促进清洁生产,提高资源利用效率,减少和避免污染物的产生,保护和改善环境,保障人体健康,促进经济与社会可持续发展,制定本法。"可见,《清洁生产促进法》是以提高资源利用效率,减少和避免污染物的产生为目的的,与循环经济法以减缓资源供需矛盾、降低环境污染为目的显然是一致的。

二是两者均强调对资源能源的节约使用。《清洁生产促进法》第二十三条规定:"餐饮、娱乐、宾馆等服务性企业,应当采用节能、节水和其他有利于环境保护的技术和设备,减少使用或者不使用浪费资源、污染环境的消费品。"第二十四条规定:"建筑工程应当采用节能、节水等有利于环境与资源保护的建筑设计方案、建筑和装修材料、建筑构配件及设备。"节约资源和能源不仅是《清洁生产促进法》的重要内容,也是循环经济法的重要内容。

三是两者均强调产品的生命周期、抑制过度包装。《清洁生产促进法》第二十条规定:"产品和包装物的设计,应当考虑其在生命周期中对人类健康和环境的影响,优先选择无毒、无害、易于降解或者便于回收利用的方案。企业应当对产品进行合理包装,减少包装材料的过度使用和包装性废物的产生。"这与循环经济强调废物减量化、抑制废物产生是一致的。

四是两者都强调综合利用和资源利用效率。《清洁生产促进法》第十九条规定:"企业在进行技术改造过程中,应当采取以下清洁生产措施……(二)采用资源利用率高、污染物产生量少的工艺和设备,替代资源利用率低、污染物产生量多的工艺和设备;(三)对生产过程中产生的废物、废水和余热等进行综合利用或者循环使用……"第二十五条规定:"矿产资源的勘查、开采,应当采用有利于合理利用资源、保护环境和防止污染的勘查、开采方法和工艺技术,提高资源利用水平。"这和循环经济法强调提高资源利用效率、循环与综合利用废物的理念是完全

(2)从不同之处来分析

一是所处的层次不同。《清洁生产促进法》强调单个企业的污染预防,按照循环经济的一般理论,将循环经济分为大、中、小三个层次的循环来看,清洁生产总体上属于小循环,属于微观领域,处于较低层次;而发展循环经济包括大、中、小三个层次的循环,不仅强调企业内部的小循环,更强调企业之间、全社会范围的中循环和大循环,属于微观和宏观综合领域的循环,处于较高的层面。

二是规范的范围不同。清洁生产虽然将污染预防延伸到消费领域,但主要内容还是预防生产过程中的污染。而循环经济则强调包括生产、消费等诸多环节、全方位的能源和资源节约以及减排废物。

三是实施的义务主体不同。由于清洁生产主要预防的是生产过程中的污染,所以,其义务主体主要是企业。而发展循环经济不仅涉及生产领域,还涉及流通与消费等领域,因此其义务主体不仅包括企业,还包括政府、社会组织和消费者个人。

四是约束的主体不同。《清洁生产促进法》主要定位于"促进",强调的是法律的指导性;而循环经济法强调的应是法律对企业、社会组织、公民个人的强制性,对企业等主体有更加刚性的要求。总的来说,循环经济法在理念、范围、层次等方面均远远广于《清洁生产促进法》。清洁生产只是循环经济中的一个重要方面,而不是全部。清洁生产是循环经济形态的微观基础,循环经济则是清洁生产的最终发展目标,各种产业的、区域的生态链和生态经济系统则构成清洁生产到循环经济系统的中间环节。因此,《清洁生产促进法》的存在不影响循环经济法的制定。

4.循环经济法与《节约能源法》《资源有效利用法》的关系

循环经济法与《节约能源法》《资源有效利用法》的共同之处是:三者都是实现资源节约型社会的手段。不同之处是:三者的适用范围不同。循环经济法的范围大于《节约能源法》和《资源有效利用法》,前者包括节约能源、资源有效利用、清洁生产、环境保护、污染防治等,后两者只是单一地规范节约能源或资源有效利用。因此,体现的是种从属的关系。

具体来说,《节约能源法》在保障能源安全方面具有独特的意义和作用,对节约能源进行单独立法是十分必要的。《资源有效利用法》在有效利用资源、降低资源消耗方面具有不可替代的作用,单独立法也实属必须。循环经济作为一个上位概念以及循环经济法作为上位法,不可能对节约能源、资源利用进行十分具体的规定,因而,《节约能源法》《资源有效利用法》在循环经济法出台后仍然具有独立存在的价值和作用。

5.循环经济法与《固体废物污染环境防治法》的关系

1995年颁布、2016年修订的《固体废物污染环境防治法》是现行所有环境立法中对循环经济的发展最为有利也是最具有积极意义的立法。

原因一,它强调废物的减量化、资源化、再循环和再利用。如第三条第一款明确规定:"国家对固体废物污染环境的防治,实行减少固体废物的产生量和危害性、充分合理利用固体废物和无害化处置固体废物的原则,促进清洁生产和循环经济发展。"这实际上明确规定了发展循环经济的要求和措施。

原因二,它明确鼓励转变生产方式和生活方式,鼓励绿色采购,抑制过度包装等。如第七条规定:"国家鼓励单位和个人购买、使用再生产品和可重复利用产品。"第十八条规定:"产品和包装物的设计、制造,应当遵守国家有关清洁生产的规定。国务院标准化行政主管部门应当根据国家经济和技术条件、固体废物污染环境防治状况以及产品的技术要求,组织制定有关标准,防止过度包装造成环境污染。生产、销售、进口依法被列入强制回收目录的产品和包装物的企业,必须按照国家有关规定对该产品和包装物进行回收。"这些规定与循环经济要求转变生产、生活方式,要求公众参与,以及其"生产者延伸责任制度"的要求是相一致的。

原因三,它不仅要求在生产和消费中减少废物的排放,而且要求在资源的开采利用中也要减少废物的排放。如第三十一条规定:"企业事业单位应当合理选择和利用原材料、能源和其他资源,采用先进的生产工艺和设备,减少工业固体废物产生量……"第三十三条规定:"企事业单位应当根据经济、技术条件对其产生的工业固体废物加以利用……"第三十六条规定:"矿山企业应当采取科学的开采方法和选矿工艺,减少尾矿、矸石、废石等矿业固体废物的产生量和贮存量。"这些规定体现了循环经济要求动静脉产业同时循环的精神。

原因四,它将减少废物产生从工业生产延伸至农业和城市生活。如第十九条规定:"国家鼓励科研、生产单位研究、生产易回收利用、易处置或者在环境中可降解的薄膜覆盖物和商品包装物。使用农用薄膜的单位和个人,应当采取回收利用等措施,防止或者减少农用薄膜对环境的污染。"第三十八条规定:"县级以上人民政府应当统筹安排建设城乡生活垃圾收集、运输、处置设施,提高生活垃圾的利用率和无害化处置率,促进生活垃圾收集、处置的产业化发展,逐步建立和完善生活垃圾污染环境防治的社会服务体系。"第四十二条规定:"对城市生活垃圾应当及时清运,逐步做到分类收集和运输,并积极开展合理利用和实施无害化处置。"

总之,从具体的内容上来看,其调整的范围远远大于固体废物管理本身,实际上包含了一些发展循环经济的内容。

对于循环经济法与《固体废物污染环境防治法》的关系问题,笔者认为,《固体废物污染环境防治法》作为一项专门防治固体废物污染的立法,现有内容很全面地与循环经济发展相衔接,这是在中国没有循环经济专门立法的情况下所做出的选择。在循环经济立法后,《固体废物污染环境防治法》作为专门防治固体废物污染的立法,就没有必要再对固体废物管理的内容加以规定,如倡导绿色采购、防止过度包装等。因此,建议在循环经济立法后的适当时间内对《固体废物污染环境防治法》进行再次修改,删除其与循环经济法重复的内容。

(二) 循环经济法的性质

关于循环经济法性质的讨论主要有三种观点:其一,循环经济法属于环境资源法;其二,循环经济法属于经济法;其三,循环经济法部分属于经济法,部分属于环境资源法。

以上三种观点从不同的侧面揭示了循环经济法的主要内容和基本特征,均具有一定的合理性。但从循环经济法的定位来看,循环经济法应该是一部环境友好型经济法,是具有可操作性的专项法,应与现行其他法律互为补充,与其他环境法相衔接形成一个完整的新型法律体系。

1. 循环经济法属于环境资源法

武汉大学环境资源研究所蔡守秋教授认为循环经济法属于环境资源法。因为循环经济法虽然调整循环经济活动或行为,但循环经济不是一般意义上的经济,而是与环境资源的开发、利用、保护、治理及其管理有关的经济,即循环经济是生态经济、绿色经济或环保经济,与此相适应,循环经济法就不是一般意义上的经济法,而是与经济活动相结合的环境资源法。虽然循环经济法与经济法有关,但其立法的目的、内容大都与环境资源的开发、利用、治理、保护及其管理有关,其遵循的生态规律和 3R 原则主要是环境资源法所坚持的规律和原则,因而国内外学术界通常把循环经济法视为环境资源法律体系的一个重要组成部分。

同时,循环经济法虽然包含经济法的某些内容,具有经济法的某些特点,但基本上或本质上应该属于环境资源法的范畴,即循环经济法是当代环境资源法的一个重要组成部分、一个分支或一个子系统。

2. 循环经济法属于经济法

根据传统法学分类的观念,作为规制经济管理手段的法律之一,循环经济法属于经济法部门。经济法有着独特的调整对象、调整范围、调整主体、调整手段等,它以国家在调整经济运行过程中所产生的经济法律关系作为自己的调整对象,体现了政府对经济活动的调控及干预;其主体广泛,涉及国民经济运行中的国家机关、企业、事业单位和社会团体以及个人等方面;其调整手段既包括直接的强制性的手段,也包括间接的调控手段。从这个角度来说,循环经济法无论从调整对象、调整范围,还是从调整主体、调整手段等来看,与经济法在本质上都是相通的。首先,循环经济法调整的是人、经济、资源、环境之间的社会关系,这种社会关系发生在以国家、企业、公民、社会团体等相关主体在发展循环经济的活动中,国家在这一系列的社会关系形成过程中起着主导的作用;其次,循环经济法综合利用了行政强制手段和民事、经济等法律手段;循环经济法的主体广泛,包括了因循环经济活动而形成的社会关系各方,如国家、企业、公民、社会组织等。

另一方面,循环经济法的调整,使线性经济(狭义经济法调整)转向循环经济,它通过实施经济结构调整和区域布局优化及创新技术支撑,建立可持续发展的新模式,这些都在经济范畴内进行;循环经济不是自发性经济,而是政府推动性经济,其模式选择、规划制定、绿色采购实施、绿色税费征收应为企业和消费者提供方便;就经济与环境关系来看,末端治理强调环境行政部门对企业的监管,直接针对加工流程或经济系统中产生的废弃物,采取惩罚的方式强制企业服从环境标准,因此环境规章通常被认为是企业的负担,遭到企业的抵制。然而,循环经济法强调鼓励,达到经济与环境双赢,而不是强制,使企业认识到创新设计是实现生态效应的关键,帮助企业获利,这是经济法部门典型的规范手段。综上所述,循环经济法属于经济法部门。

3.循环经济法部分属于经济法,部分属于环境资源法

基于以上两种观点衍生出了第三种观点,即循环经济法部分属于经济法,部分属于环境资源法。此观点认为,我国的循环经济法既包括了经济法的内容,对循环活动进行调整,解决循环活动中出现的各种法律问题,也包括了环境资源法的内容,对节约能源、资源有效利用、废物回收循环利用等方面进行规定。因此,它是一部综合性的法律,既有经济法性质,又有环境资源法性质。这正好体现了法律部门之间互相融合、综合调整的发展趋势,人为地划分循环经济法的部门法性质将很可能导致法律体系丧失系统性和有效性。

第二节 发展协会

一、中国循环经济协会

中国循环经济协会是经民政部批准(2013年8月15日)由原中国资源综合利用协会更名成立的跨地区、跨行业、全国性的社团组织,由国务院国资委管理,业务上接受国家发展改革委等部门指导。中国资源综合利用协会成立于1995年,经原国家经贸委批准,民政部注册,2003年国务院机构改革后由国务院国资委管理。

(一)建设宗旨

遵守国家法律法规,贯彻节约资源和保护环境基本国策,落实循环经济促进法,依靠广大会员,联系各方力量,发挥协会桥梁纽带作用,为构建覆盖全社会的资源循环利用体系,提高资源利用效率,源头防治环境污染,推进绿色、循环、低碳发展,加快建设生态文明,促进经济发展方式转变,实现可持续发展,建设美丽中国做出积极贡献。

(二)主要职责

为政府制订战略规划,健全法规标准,完善政策机制,推进技术进步,开展示范试点,强化宣传培训,加强监督管理,推动循环经济发展,建设生态文明提供技术支持;为行业、企业和会员单位制订发展规划,编制实施方案,开展项目论证,推广先进技术和运营模式,以及对政策、

管理、技术、市场需求等信息提供咨询服务；反映企业和社会诉求及政策建议，发挥政府和企业桥梁纽带作用，推动循环经济健康发展。

(三) 技术平台

1. 行业科技成果管理

中国资源综合利用科技进步奖评奖资质；行业科技成果鉴定资质；行业技术中心认定资质；行业重点实验室认定资质。

2. 产业技术创新战略联盟

国家再生资源产业技术创新联盟；尾矿资源化利用产业技术创新战略联盟；废旧纺织品资源化利用产业技术创新战略联盟；危险废物无害化处置与资源化利用产业技术创新战略联盟。

(四) 业务范围

1. 区域循环经济和生态文明建设

推动地区在生产、流通、消费各环节推行循环型生产方式和消费模式，加快建设循环型社会体系。推进循环经济示范城市（县）建设和生态文明示范区建设。

2. 工业循环经济

推动矿产资源综合开发利用，共（伴）生矿综合回收利用，尾矿、废石综合利用，推动粉煤灰、煤矸石、冶炼和化工废渣等大宗工业固体废物综合利用，推动生产过程各环节废气、粉尘回收利用，推动工业废水循环利用，再生水、苦咸水和海水淡化及综合利用；促进企业循环式生产，产业循环式组合，构建循环型工业体系。推进资源综合利用重点工程建设。

3. 农业循环经济

推动农业领域资源利用节约化、生产过程清洁化、产业链接循环化、废物处置资源化、构建农、林、牧、渔农业循环经济体系和工农业复合型循环经济体系。推进农作物秸秆综合利用、畜禽养殖废弃物资源化利用、林业"三剩物"资源化利用及农业循环经济示范工程。

4. 资源再生循环利用

推动废金属、废塑料、废橡胶、废玻璃、废纸、废旧家电、废弃电子产品、报废汽车、废电池、废弃通信工具、废旧纺织品等再生资源回收利用规范化、规模化、产业化发展。推进"城市矿产"示范基地建设。

5. 再制造

推动汽车零部件、机电产品、工程机械、矿山机械等再制造以及轮胎翻新产业化发展。推进再制造示范试点。

6. 园区循环经济

推动各类产业园区构建循环经济产业体系，实现企业内部废物交换利用，废水循环利用，能源梯级利用，土地集约节约利用，基础设施绿色化。推进现有产业园区循环化改造。

7. 生活垃圾资源化

推动城市、乡村生活垃圾资源化利用，建筑和道路废弃物资源化利用，餐厨废弃物资源化利用，污泥资源化利用，生产过程协同资源化处理废弃物等。

二、中国环境保护产业协会循环经济专业委员会

为配合国家发展循环经济的需要，中国环境保护产业协会于2006年开始筹备成立循环经济专业委员会。在原国家环保总局、中国环境科学研究院、中国家用电器研究院、中国橡胶工业协会、国家发展和改革委员会循环经济研究中心等单位的支持和推进下，委员会于2007年5月18日在民政部正式登记。2007年6月21日，原国家环保总局吴晓青副局长和中国环境保护产业协会王心芳会长为专业委员会揭牌。

(一) 委员会组织机构

中国环境保护产业协会循环经济专业委员会设常务委员会，由主任委员、副主任委员、秘书长、常务委员组成；常务委员会另设秘书处为日常办事机构，由秘书长领导，分设综合办公室、技术部、培训部、国际部、信息部、专家组六个部门。

(二) 委员会宗旨

根据国家有关政策和《中国环保产业协会章程》的规定，促进行业循环经济相关信息和知识的汇集和交流；搭建公众、企业和政府部门之间多方沟通和交流平台，维护会员的合法权益；为

协会会员单位、本委员会会员单位及国内从事环境保护的企事业单位提供循环经济信息和技术咨询服务。

(三) 委员会职责

根据国家有关政策和《中国环境保护产业协会章程》规定，在中国环境保护产业协会领导下，搭建公众、行业(企业)和政府部门之间多方沟通和交流平台，促进行业循环经济相关信息和知识的汇集和交流。

组织开展环保产业循环经济技术的识别、筛选、综合、集成、优化，并积极开展推广与示范工作，促进环保产业技术创新，提升环保产业发展水平。

为协会会员单位、本委员会会员单位及国内从事环境保护的企事业单位提供循环经济信息和技术咨询服务，维护会员的合法权益。

三、广东省循环经济和资源综合利用协会

广东省循环经济和资源综合利用协会是经广东省经济和信息化委员会及省民政部门批准注册的广东省社团组织(原为广东省资源综合利用协会，成立于2006年11月，于2011年12月更名)，现有员工30人，是跨行业、跨部门、跨所有制的全省性社会团体，在建设节约型社会、发展循环经济等方面已经有了越来越广泛的影响。

协会的宗旨是为企业服务、为政府服务，维护会员的合法权益，充分发挥政府与协会会员之间的桥梁和纽带作用；促进广东省资源综合利用、循环经济事业的发展，为建设资源节约型、环境友好型社会，促进经济可持续性发展提供强有力的支持。协会由广东省从事和热衷于资源综合利用的企事业单位、科研院校等团体和个人自愿组成。现在已有会员单位300多家。协会通过广泛开展相关领域的政策研究、咨询服务、技术推广、市场开发、专业培训、会议展览以及国际交流与合作等项目，维护会员单位的合法权益，帮助会员单位充分享受国家相关税收优惠政策等方面的工作，为会员单位提供全方位的服务。

协会现承担了广东省经济和信息化委员会委托的对企业资源综合利用认定工作的初审及现场审查、省有关部门委托的循环经济试点建设、全省再生资源回收利用体系的试点建设、全省资源综合利用的现状调研、全省节能系列宣传活动、全省资源综合利用认定培训班等相关工作。组织省内外知名能源利用专家为企业编制能源审计报告及节能规划，组织有关专家开展了循环经济试点单位的方案编制、审查及落实工作。

协会与各级政府、企业、行业协会、新闻媒体等建立了良好关系，并形成了较强的社会影响力和凝聚力。协会创办了会刊《广东资源利用》及广东省循环经济和资源综合利用网站，为会员单位提供了宣传自己、了解政府、解决供需关系的广阔平台。

四、安徽省循环经济研究院

(一) 机构简介

安徽省循环经济研究院于2011年1月6日在合肥成立，成思危任安徽省循环经济研究院名誉院长，省人大常委会原副主任季昆森任院长。

(二) 组织机构

研究院聘请了150多位各方面的特邀专家，其中有袁隆平、何多慧、常印佛、钱易、金涌、左铁镛、陆钟武、徐滨士、张齐生等16位院士。研究院内设工业循环经济研发中心、农业循环经济研发中心、区域循环经济研究中心、循环经济产业服务中心、新农村建设研发中心、微生物产业研发中心、砂产业研发中心、物联网与信息化研发中心、循环经济法制研究中心、创意文化艺术研究中心、专家团队联络服务中心。研究院具有多学科、多层次的专业研究、指导能力和开展循环经济实践活动的组织推动能力。

(三) 具体工作

安徽省循环经济研究院的指导思想是"一个坚持""三个注重""五个服务"，即坚持自主创新、注重实践、注重应用、注重解决实际问题，为政

府决策服务、为企业服务、为基层服务、为全民创业服务、为合作对象服务。主要从事循环经济理论、模式、链接技术与课题研究,宣传、指导、推动循环经济发展,为党委、政府及有关部门发展循环经济提供决策咨询和建议;为企业、区域编制发展循环经济规划与实施方案等。主办有循环经济专业网站——中华循环经济网和《循环经济》内刊。

近年来,安徽省循环经济研究院开展了50多项循环经济专题研究,先后承担并完成了国家发展改革委、科技部等多个课题研究,一些研究成果发表在《人民日报》《经济日报》等国家级报刊上。有多位党和国家领导人对研究院的研究成果做出批示,多个中共中央1号文件采纳了研究院关于加快发展循环农业的建议,对在全国广大农村发展循环经济起到重要的推动作用。研究院还先后出版了《循环经济的原理与应用》《循环经济在安徽》《创意与创意经济》《壮大循环经济推进创业就业》《发展低碳循环经济强力推进节能减排》《提高资源产出率——来自安徽的循环经济实践》等共400多万字的循环经济专著。

安徽省循环经济研究院注重将循环经济理论与实践相结合,深入到全省各市及部分县(市、区)的工矿企业、广大农村,调查研究,开展了很多有益的探索和扎实的实践,不断破解发展难题,总结出一大批各类循环经济典型,培养了一大批发展循环经济的骨干队伍,探索了许多好的经验,为发展循环经济提供决策咨询和建议,取得了显著成效,为转变经济发展方式,推进节能减排,建设资源节约型、环境友好型社会,加速崛起、实现又好又快发展做出了巨大贡献,在全国有着广泛的影响。

五、山东省循环经济协会

山东省循环经济协会是山东省民政厅批准注册,由致力于发展循环经济的企业、科研院所、高等院校等相关组织与个人组成的全省综合类非营利的社会团体组织,具有独立法人资格。

(一)建设宗旨

坚持为会员服务、为政府服务、为社会服务的方针,积极推动山东循环经济发展和节约型社会建设,促进经济和社会的可持续发展。

(二)主要职责

协会认真遵守国家、省有关中介组织的法规,按照章程规定积极履行各项职责,充分发挥政府与企业沟通联系的桥梁和纽带作用,搭建社会各界共同推进循环经济发展的平台,汇集全社会的智力、人力、物力,形成加快发展循环经济的强大合力。及时掌握国内外循环经济发展动态,总结推广循环经济先进典型,研究提出发展循环经济的意见建议,为政府和有关部门决策当好参谋,为企业可持续发展搞好服务,为生态文明建设做出积极的贡献。

(三)业务领域

1.区域循环经济和生态文明建设

推动地区在生产、流通、消费各环节推行循环型生产方式和消费模式,加快建设循环型社会体系。推进循环经济示范城市(县)建设和生态文明示范区建设。

2.资源综合利用

推动矿产资源综合开发利用,共(伴)生矿综合回收利用,尾矿、废石综合利用;推动粉煤灰、煤矸石、冶炼和化工废渣等大宗工业固体废物综合利用;推动生产过程各环节废气、粉尘回收利用;推动工业废水循环利用,再生水、苦咸水和海水淡化及综合利用;促进企业循环式生产,产业循环式组合,构建循环型工业体系。推进资源综合利用重点工程建设。

3.园区循环化改造

推动各类产业园区构建循环经济产业体系,实现企业内部废物交换利用、废水循环利用、能源梯级利用、土地集约节约利用、基础设施绿色化,推进现有产业园区循环化改造。

4.城市矿产示范基地

推动废金属、废塑料、废橡胶、废玻璃、废纸、废旧家电、废弃电子产品、报废汽车、废电池、废弃通信工具、废旧纺织品等再生资源回收利用规范化、规模化、产业化发展。推进"城市矿产"示范基地建设。

5. 再制造示范

推动汽车零部件、机电产品、工程机械、矿山机械等再制造以及轮胎翻新产业化发展。推进再制造示范试点。

6. 农业循环经济

推动农业领域资源利用节约化、生产过程清洁化、产业链接循环化、废物处置资源化，构建农、林、牧、渔农业循环经济体系和工农业复合型循环经济体系。推进农作物秸秆综合利用、畜禽养殖废弃物资源化利用、林业"三剩物"资源化利用及农业循环经济示范工程。

7. 生活垃圾资源

推动城市（乡村）生活垃圾资源化利用、建筑和道路废弃物资源化利用、餐厨废弃物资源化利用、污泥资源化利用、生产过程协同资源化处理废弃物等。

8. 绿色消费

弘扬生态文明理念，推行绿色消费模式，抑制商品过度包装，限制生产销售使用超薄塑料袋，反对食品浪费，减少使用一次性用品，鼓励提倡绿色采购等。

9. 清洁生产

推广清洁生产先进技术，组织行业清洁生产现场经验交流，验收评估，开展审核培训，推荐国家清洁生产项目，申报政策资金等。

六、上海市循环经济协会

上海市循环经济协会是经上海市民政局、上海市社会团体管理局批准由原上海市资源综合利用协会更名成立的社团法人组织，始建于1997年1月。

上海作为一个人口众多、自然资源相对匮乏、环境容量有限的特大型城市，发展循环经济产业，推进资源的综合利用、节约利用，不仅意义重大，而且十分紧迫。更名"上海市循环经济协会"适应了上海建设生态文明国际大都市、实现绿色发展的需要。

上海市循环经济协会的业务主管部门是上海市经济和信息化委员会。协会坚持节约资源和保护环境的基本国策，贯彻落实《中华人民共和国循环经济促进法》；坚持"服务企业、服务政府、服务社会"的办会宗旨，发挥政府联系企业的桥梁纽带和组织协调作用，服务企业、规范行业、发展产业；以"创新、协调、绿色、开放、共享"的理念，按照"减量化、再利用、资源化"原则，促进经济发展方式转变，构建绿色循环低碳型产业体系，促进资源再生循环利用产业化和绿色消费，形成覆盖全社会的资源循环利用体系；充分运用互联网、大数据、云计算和共享平台等信息化技术和新经济模式，加快产业转型升级，推进重点行业、重点领域、重点企业、重点园区循环化、低碳化、绿色化发展；提高资源利用效率、防治环境污染、确保城市安全，加快上海建成生态文明城市，实现可持续发展。

协会业务范围：协调专业工作、调研行业信息、推进循环化改造、示范试点，制定行业标准，开展政策技术咨询、会展会务、业务培训等（涉及行政许可的，凭许可证开展业务）。

协会同时受上海市经济和信息化委员会的委托，履行上海市推进清洁生产办公室、上海市燃煤（重油）锅炉清洁能源替代推进办公室、上海市工业环境保护三年行动计划协调推进办公室等的管理职能，开展日常工作。

协会下设办公室、会员工作部、行业发展部、咨询服务部；设立固体废弃物综合利用、再制造与再生利用、资源综合利用发电、船舶、冶炼渣、粉煤灰、集中供热热电联产和园区循环化发展等专业委员会。

第三节 研究机构

一、清华大学中国循环经济产业研究中心

清华大学中国循环经济产业研究中心成立于2008年底，主要针对重点产业的减量化、再利用和资源化，以产业循环经济的理论、战略、规划和管理，以及国家产业政策、技术政策、投资项目技术评估、技术集成和产业化为核心，建设循环经济产业数据库平台和重点行业项目库，开发专业化的系统分析软件，组织各层次的学术活动和国际合作，推动循环经济产业关键技术的推广应用和产业化，致力于逐步发展成为具有国际先进水平的、在国内外有重要影响的循环经济产业研究基地，为国家、地方和企业循环经济产业的发展提供关键技术和决策支撑。

二、北京工业大学循环经济研究院

北京工业大学循环经济研究院是致力于循环经济研究的矩阵式跨学科研究机构，成立于2005年4月。由时任全国政协常委、中国科协副主席、北京工业大学学术委员会主任的中国工程院院士左铁镛教授任院长，中国工程院院士、中国社科院学部委员、北京工业大学经济与管理学院院长李京文教授任院学术委员会主任，并且聘请若干知名学者、政府官员、企业家以及驻外使馆科技、教育参赞等任院学术委员会委员。

1. 发展足迹

现有包括院士、教授、副教授、博士等50余人直接参与循环经济研究工作，形成了一支跨学科的专（兼）职研究队伍。2006年"构建有中国特色的循环经济理论与技术支撑体系"创新团队，获评北京市人才强教深化计划学术创新团队；2007年率先在"人口、资源与环境经济学"专业硕士培养中设立循环经济研究方向，实行多学科联合培养方案；2008年"资源、环境及循环经济"交叉学科荣获北京市重点学科；2009年《"资源、环境及循环经济"交叉学科创新人才培养模式研究》获北京工业大学教育教学研究重点课题；2010年与材料学院联合申报"资源循环科学与工程"本科专业。

2. 科技成就

循环经济研究院主持和参与了国家及北京市自然科学基金以及科技部、中国工程院、国家发展改革委、教育部等数十项重大课题，并在 Resources Conservation and Recycling、Enviromental Pollution、Enviromental Science and Technology、《中国环境科学》、《金属学报》、《资源科学》等国际一流学术期刊上发表学术论文，出版了我国首套《循环经济研究丛书》，与相关政府部门、各高校科研机构、社会行业各界等建立了广泛的联系。

3. 国际交流

循环经济研究院的发展定位是建设成为在国内外有相当影响力的、具有一流研究水平的循环经济研究机构，培养有战略眼光和研究能力的多学科交叉高层次人才。循环经济研究院与国际循环经济学界广泛交流，已与德国、日本、美国、丹麦、俄罗斯、加拿大等国家重点大学和研究机构建立了深入的学术联系，应邀参加日本社会科技论坛（STS）、博鳌亚洲论坛、中德经济技术合作论坛和21世纪欧盟–中国学术研究和经济发展关系展望研讨会等重要国际会议并发表演讲。

三、国家开放大学循环经济学院

国家开放大学直属教育部管理,是借鉴国际惯例,如英国开放大学、印度英迪拉·甘地国立开放大学、韩国国立开放大学等,结合我国广播电视大学当前改革发展的实际情况,以及未来发展走势,依托中央广播电视大学基础组建成立。

国家开放大学循环经济学院是根据教育部相关文件精神,探索联合开展应用型人才培养的新模式、新机制,在服务学习型行业建设和构建终身教育体制发挥主要作用的构架方案成立的。

循环经济的发展与建设已被定为我国的基本国策,党和政府十分重视资源的节约与再利用。中国物资再生协会作为循环经济学院的直管单位,为学院提供行业资源、行业信息以及就业大平台。循环经济产业在我国发展很快,仅从事资源回收利用的企业就有10多万户,从业人员1 800万人,年回收利用再生资源约2亿t,产值达1万亿元,为我国经济建设和节能减排工作做出了应有的贡献。为了解决循环经济行业从业人员文化水平、人员素质和其他行业相比相对较低的困境,中国物资再生协会响应教育部号召,与国家开放大学合作办学成立循环经济学院,通过国家开放大学这种新的教育方式来提高全行业的文化水平和人员素质,为整个循环经济行业输送高技术、高学历、综合型优质人才。

四、天津理工大学循环经济研究院

1.研究院简介

天津理工大学循环经济研究院成立于2005年,是一个跨学科、跨部门的开放式研究实体,也是一个与国内外相关学术机构资源共享,并积极为政府部门和企业服务的开放性研究平台,与美国耶鲁大学、罗切斯特大学国家循环经济与再制造研究中心有良好的合作关系。

研究院在循环经济领域的研究工作在天津市居于前列,拥有一支跨学院、跨专业的学术队伍。本着"汇聚多方资源、实施多学科交叉"的开放式研究方针,研究院积极整合天津理工大学管理学院、机械学院、材料学院、化学化工学院、环境学院、外语学院等与循环经济相关的学术资源,瞄准本地区循环经济发展相关的战略问题、工程技术问题开展全方位、多学科的研究工作,先后承担并完成10余项重大课题和规划项目,研究领域涵盖工业工程、环境与安全工程、机械制造、材料科学、化学工程、自动化工程、系统工程等学科领域,积累了丰富的研究成果,是天津市乃至国内循环经济领域具有重要影响的学术团队。

2.常设研究方向

1)材料与循环经济的交叉:例如废旧锂离子电池、废旧家电等电子废弃物无害化处理等。

2)管理与循环经济的交叉:例如循环经济发展机制与运行模式、绿色制造系统的集成管理模式等。

3)区域规划与循环经济的交叉:例如城市、生态工业园和企业三个层面的循环经济区域规划等。

4)化学与循环经济的交叉:例如区域水资源的循环利用、区域有害化学物质处理等。

5)信息科学与循环经济的交叉:例如区域循环经济网络建设等。

第三章 工业循环经济发展专项领域

第一节 产业循环经济发展

一、第一产业的循环经济发展

第一产业是直接提取自然界产品的产业部门，以利用自然力为主，主要生产不必经过深度加工就可消费的产品或者工业原料。第一产业一般包括农业、林业、渔业、畜牧业、采集业等，有的国家还包括采矿业。我国统计局规定，第一产业是指农业、林业、畜牧业、渔业，下面将分析各个产业的循环经济发展模式。

(一)农业的循环经济发展

农业是第一产业中比重最大的部分，这里的农业是狭义的概念，主要是指种植业和庭院养殖业，主要提供粮食、蔬菜、肉类、蛋类、菌类、水果、干果、花卉、药材、棉麻、烟草等产品。传统的农业生产方式已经具备了一些循环特征，例如将作物秸秆燃烧后的剩余物以肥料的形式重新返回农田等，但在循环经济理念的指导下，农业的循环还可以发展到更高的层次。

世界各地的农业循环经济实践主要集中在以下的领域：一是节水型农业建设，主要是对以往地面漫灌方式进行改进，建设新型水利工程，充分利用各种水源，发展喷灌、滴灌和微灌等新型的水资源利用方式，形成大面积的节水灌溉区，用更少的水资源获得更好的灌溉效果；二是化肥农药的减量化，通过改用有机肥料来改善土壤的质量，同时用生物防治方法替代农药；三是沼气利用，主要是在农户居住的庭院或农场中建设沼气池，利用秸秆、禽畜排泄物等生物质产出沼气，沼气可作为燃料或用于照明，剩余的沼渣、沼液则可以用作肥料，我国北方有些农村将沼气池、禽畜舍、厕所和温室大棚等组合在一起，构成了典型的四位一体模式；四是生物质发电，有些地区建成了生物质发电厂，主要是将农业中的秸秆、稻壳以及周边的林产工业剩余物作为燃料直接燃烧，用于发电或者热电联产；五是农产品精深加工，主要是通过各种方式来增加农产品的附加值，这实际上是第二产业，但也同时也属于农业循环经济范畴；六是实施退耕还林和退耕还湖，以便还原土地原有的生态功能。

(二)林业的循环经济发展

林业是通过培育和保护森林来获得木材和其他林产品，同时利用林木的自然特性来保护生态环境和维持生态平衡的产业部门。林地在生态系统中具有制造氧气、净化空气、过滤尘埃、杀灭细菌、消除噪声、涵养水源、保持水土、防风固沙、调节气候的多重功能，在低碳经济时代，林地还发挥着固碳的重要作用。因此林业的生态功能比经济功能更为重要，应该在保持林木蓄积量持续增加的情况下分块开发。

林业循环经济主要包括林木循环经济和林下循环经济。林木循环经济包括三方面内容：一是高端木制品开发,在获得木材资源以后,对其进行多种方式的加工,丰富产品的种类,从以往单纯地输出木材转变为输出板材、家具,甚至输出整套的木屋别墅,大大提升木材产品的附加值;二是发展林浆纸一体化,向造纸产业延伸,利用林产工业的废弃物制造纸浆,生产纸张和纸板,造纸企业在生产的同时也有造林的义务,因此林浆纸融为一体以后不但有助于处理林业废弃物,还能明确植树造林的主体,意义显著;三是林业生物质发电,这与农业的生物质发电原理相同,产生的电力可以提供给其他产业使用。林下循环经济能够充分发挥林下的土地资源和林荫资源优势,主要包括林下种植和林下养殖两种。林下种植的产品主要是食材和药材,往往具有较高的营养价值,可用于生产食品和药品;林下养殖的产品主要是肉类、蛋类、皮毛等,林下养殖所产生的废弃物可以和其他生物质一起用于生物堆肥,所得肥料对于林木和林下植物都是有益的。

(三)畜牧业的循环经济发展

畜牧业也是第一产业的重要组成部分,产品形式主要有肉蛋奶、皮毛绒、蚕丝、药材等。从动物类型上划分,畜牧业可以分为家禽家畜饲养业和野生动物驯养业,前者涉及的动物种类包括牛、马、羊、猪、鸡、鸭、鹅、兔等,后者主要有鹿、狐、貂、鹰、水獭等。从所处地区划分,畜牧业可以划分为农区畜牧业、牧区畜牧业、半农畜牧业、城郊畜牧业等。

畜牧业的循环经济主要体现在两方面。一是牧区草原资源的养护。由于草原大多位于纬度偏高地区,冬春枯草期长,夏秋青草期短,生态系统极为脆弱,所以畜牧业的规模必须严格控制在草地的承载范围之内,同时还必须及时对草原进行生态修复,确保畜牧业的可持续发展。二是畜牧业循环经济产业链的构建,包括纵向延伸和横向拓展两种情况。纵向延伸主要是对各种资源进行初加工和精深加工,横向拓展主要是发展复合型畜牧业。复合型畜牧业有很多种形态,但大都属于禽粪畜模式,主要是由于禽粪中含有大量的氮、磷、蛋白质等有机质,经过发酵以后可用于喂猪,而猪粪经过处理后还可以喂牛或鱼,禽畜粪便还是高效的有机肥料,也可以用于生产沼气等。因此,草原地区实施循环经济以后,可以形成以畜牧业为核心,以种植业为依托,以沼气生产为纽带的物质能量循环流动的复合生态系统。

(四)渔业的循环经济发展

渔业是对鱼类等水中生物进行捕捞、养殖和加工,从而获取水产品的产业部门,按水域可以分为海洋渔业和淡水渔业,按生产特性可以分为养殖业和捕捞业。与渔业密切相关的还有渔船、渔具、渔用器械等物资的生产和供应部门,以及水产品储藏、深加工、运输、销售等部门。渔业不但可以为人类提供食品,还可以为畜牧业提供精饲料,还可以为医药、化工等行业提供原材料。

渔业资源属于可再生资源,但是这种资源的使用不是无限度的。当每年的捕捞量不超过其自我更新的能力时,渔业资源是可持续的;但是如果捕捞的区域或强度过大,该地的渔业资源就会逐渐丧失再生能力,最终资源会耗竭。因此,渔业必须实施循环经济,加强可持续发展的能力。渔业循环经济就是在渔业资源可持续发展思想的指导下,以渔业资源的高效和循环利用为核心,对渔业资源及其废弃物实行综合利用的生产活动过程。

对于养殖业,首先要对水体进行保护,避免育种区和养殖区受到污染,以便产出绿色的产品;在产品的收集过程中,需要注意有序采集,延长养殖区的服务年限;在加工过程中提倡发展精深加工类产业,以便融入更多的附加值;对于生产过程所产生的贝壳等废弃物需要分类收集并回收利用,能继续服务于养殖业的就全部留用,其他的废弃物进行处理以后可以提供给其他产业作为原材料。

对于捕捞业,最重要的就是要做好船舶及捕捞设备的日常维护,以便延长它们的使用寿命。出现问题的时候,如果不是严重损伤,应该尽力修缮,维修后继续服务或转为其他用途;如果问题严重,应该尽快报废并进行拆解,未损坏的部分应该尽可能转让出去,以便继续发挥其功能,剩余的部分再按照废弃物来处理,其中可资源化的部分应充分回收,最后再对无法利用的剩余物进行焚烧或填埋。

二、第二产业的循环经济发展

第二产业是对第一产业和本产业内提供的原料或产品进行加工的部门,一般简称为工业,具体包括采矿业、制造业、电力燃气及水的生产和供应业、建筑业等。18世纪工业革命以后,第二产业在各国的比重都陆续上升,但从20世纪60年代以后,英、美等发达国家第二产业的增加值在国内生产总值的比重以及从业人数在国内就业人口总数中的比重都开始下降,尽管如此,第二产业增加值的总量还是在持续提升的。

(一) 煤炭产业的循环经济发展

煤炭是重要的基础能源,也是重要的化工原料,传统的煤炭开采方式以优质易采资源为重点,低质难采煤炭资源被大量遗弃,开采过程还产生了大量的矸石、矿井水、煤层气等废物,废弃物随意排放又进一步污染了土地和大气。传统的利用方式也同样粗放,煤炭大多用于直接燃烧,不但资源效率低下,还产生了大量固体废物和废气。毫无疑问,如果延续现有的开采方式和利用方式,不但很快面临资源枯竭的局面,还会严重破坏环境,因此煤炭产业必须积极发展循环经济。煤炭产业的循环经济主要包括煤炭资源的精深加工以及废弃物的综合利用两部分,二者之间也会有交叉。煤炭资源精深加工方面,首先可以对原煤进行洗选,从中分离出精煤、煤泥产品,其中精煤可以直接销售,也可以通过液化生产煤基合成油,或者用于炼焦;煤泥可以作为燃料,用于坑口电厂的发电,或者再和精煤按比例重新混合生产水煤浆;副产品洗煤水可以重复利用。另外,煤炭也可以不升井,直接在地下气化,这样就可以使煤炭和煤层气一起转化为煤气,煤气可以直接用作燃料,或者作为化工原料。煤炭资源的精深加工是对原始产业链的纵向延伸。

废弃物综合利用方面,主要是对矿井水、煤层气、矸石等废物进行充分的利用,在减少废弃物的同时也获得经济效益。对于矿井水,需要进行净化处理,初步净化以后得到的中水可以作为洗煤水、绿化用水等,深度净化以后可以作为饮用水。对于煤层气,可以专门抽取出来,压缩以后可以作为城市燃气,或者直接和煤炭一起直接在地下转变为煤气。对于矸石,以往各国都是采取原始的堆积方法,不但需要征用大量土地,还会由于矸石自燃而发生危险,对大气的污染也比较严重。在循环经济理念下,矸石可以有多种利用方法:首先可以用于在井下修建支柱,从而替换煤柱;其次可以用于回填采空区或地表塌陷区,以便使被破坏的土地得到修复;第三可以用于生产建筑材料,矸石建材具有显著的成本和性能优势,矸石中已发生过自燃的红矸可以用于生产水泥,水泥厂所需的煤炭燃料可以由煤矿直接提供,水泥窑尾的余热可以用于发电,未自燃过的黑矸可以用于生产矸石砖,由于黑矸具有较高的热值,所以可以利用它的自燃来进行烧结,不再需要使用外部燃料,成本优势显著。与煤炭资源精深加工不同,废弃物的综合利用是对原始产业链的横向拓展。

就废弃物的综合利用而言,这些废弃物实际上已经不再是废弃物了,而是成了新产业的主要资源,所以在循环经济的视角下,这些废弃物准确的称谓应该是煤炭伴生资源,新增的这些产业实际上就是伴生资源利用产业。对于每一种伴生资源,又都可以再继续发展以它为起点的纵向延伸产业,这样最终就形成了一个立体的产业网络,其中的各个产业都是存在关联的,所以这种发展方式可以称为相关多元化。

(二) 石油产业的循环经济发展

石油是全球最重要的资源,具有无可比拟的战略意义。石油是各种烷烃、环烷烃、芳香烃的混合物,与石油伴生的天然气主要成分是烷烃,石油天然气可以统称为油气。石油产业是对与油气相关的产业的总称,主要包括油气勘探、油气开采、油气炼制、油气化工、油品储运等具体产业。

油气勘探是为了获取油气资源，通过各种地质手段勘探地下状况，认识油气环境条件，明确油气田面积，分析油气总体储量，确定油气分布特点，探明油气层具体情况，估算产出能力等的一种过程。具体包括陆地勘探和海洋勘探。

油田信息明确以后，就可以进入试采阶段，利用钻机挖掘探井，待发现油气以后，就可以扩大打井范围，在发现工业油气以后，就可以做出大量生产的决定。陆地开采由钻井公司负责掘进生产井，由采油公司安装抽油机、建设计量站，由油建公司建设地面管线以及油气联合站，最后再由井下作业公司对油井实施作业，进行采油生产。海洋开采主要是建设海洋钻井平台，使石油和船舶能够有机结合。在油气的具体开采过程中，陆地开采需要重点注意污泥和废水的回收利用，特别是含油污泥和含油废水的利用，海洋开采需要特别注重海洋生态保护。需要注意的是，对于一般的油井，经过若干年的开采以后，油井将会进入衰退期。当油井每月的产出不能弥补其生产成本时，就应该及时关闭油井，以确保同区块其他油井的产能，然后对可用设备进行转移，对其他的生产资料要及时回收利用。一直持续到区块最后一个油井的时候，再在经济技术条件允许的情况下，尽可能地将原油全部采出。

油气炼制和油气化工一般统称为油气炼化，但二者是有区别的。油气炼制是把原油等裂解为适合内燃机使用的煤油、汽油、柴油、重油等燃料的具体过程，同时还可以分离出苯、甲苯、二甲苯、乙烯等中间体。炼油的具体工艺包括催化裂化、催化重整、加氢裂化、芳烃分离等。油气化工是化学工业的重要组成部分，是利用石油炼制后的中间体，生产出一系列化工产品的过程，产品包括塑料、合成纤维、合成橡胶、合成洗涤剂、溶剂、涂料、农药、染料、医药等多种形式。油气炼制和化工是石油产业循环经济的主要领域，具体的措施有很多种。第一，通过技术改造和结构调整来降低能耗和水耗。技术改造主要是提升生产装置的规模和技术含量，结构调整主要是关闭那些规模小、能耗高、污染重的落后装置，改用节能环保型装置。第二，通过严格管理来提高石油资源利用效率。主要是减少生产过程中的跑冒滴漏，并根据原油的不同属性优化出最佳的加工方案，争取将每一滴石油都吃干榨净，比如每购进 1 t 原油，应该至少将其中的 95%转化为商品，4%可以作为燃料，必须把加工过程中的损失控制在 1%以内。第三，发展清洁生产，提供清洁能源。主要是在企业内实施清洁生产，建立健康安全环境及管理体系，使企业的经济效益、社会效益和环境效益有机结合，同时加大研发投入，努力研究清洁油品，降低汽油中的硫、烯烃、芳烃的含量，降低柴油中硫和芳烃的含量，提高油品的环境友好性。第四，减少"三废"产生，加强废弃物综合利用工作。这二者是统一的，废弃物充分利用以后，对外排放就会大大降低，因此废弃物的利用是重点内容。由于炼化环节涉及的资源种类特别多，因此废弃物的利用方式也是多种多样。废水方面，基本上是根据废水的不同特点，采取多种方法从中回收油、硫、酚、碱、稀土等多种资源。废气方面，有的采取回收燃烧，有的采取加氢回收法。废渣方面，炼油废渣可用于制造环烷酸和环烷盐等，酸性废渣可以用于制造硫酸，碱性废渣可用于替代硫化钠和烧碱等。

在油品的运输消费领域，循环经济也是有发展空间的。主要是加强管道维护，可减少油品运输途中的损失，同时也有助于延长管道的服务年限。另外，在油品消费时，也应该注重节油方法，争取用最小的油品消耗创造出最大的经济价值。

(三) 化工产业的循环经济发展

化工产业是对从事化学工业生产和开发的所有产业的总称。化工产业在各国国民经济体系中都占有重要地位，还是很多国家的基础产业和支柱产业。由于化工产业涉及范围太广，而且新的产品不断涌现，因此对化工产业还没有统一的分类方法。国泰君安证券公司将 A 股中化工类上市公司归为 3 类，即石油化工、基础化工、化学化纤，其中基础化工包含内容最多，又可以划分为化肥、有机品、无机品、氯碱、精细与专用化学品、农药、日用化学品、塑料制品、橡胶制品9种。我国现在是世界化工产业的生产大国和消费大国，但由于工艺技术和装备水平相对落后，因此我国的化工产业不仅是耗能大户，同时也是污染大户。

我国化工产业的循环经济主要集中在以下几个领域。一是实施清洁生产。将防治污染从末端治理转向全过程控制，将生产过程中的污染物产生量尽可能降到最低，同时努力提升企业的生产效率。二是加强废弃物的利用。主要通过"三废"治理技术的研发和推广，促进废弃物的回收。三是严格防范化工事故。主要是加强设备的维护力度，避免由化工设备损坏所导致的化学品泄漏及爆炸等，保护周边环境。四是建设生态型化工园区。国家第一批试点单位包括山西焦化集团、山东鲁北集团等12家企业以及上海化学工业区、四川西部化工城这两个园区；第二批试点单位确定了山西丰喜肥业集团、山西安泰集团等5家企业，产业园区方面确定了天津临港工业区、大连松木岛化工园区、吉林四平循环经济示范区等20个园区。这些全部都是重化工聚集区，充分体现了国家对于化工产业循环经济的高度重视。

(四) 电力产业的循环经济发展

电力产业是进行能源生产和转换的行业，是国民经济的基础产业，而且几乎涉及其他所有的产业。电力产业主要包括发电、输电、变电、配电四个环节，其中发电可以称为发电板块，后三种可以统称为输电板块。

发电板块方面，传统的发电形式主要是火电和水电，新的发电方式有核电、风电、光电和生物质发电等。火电需要消耗大量煤炭等燃料，还需要水来冷却发电汽轮机，而且直接排放大量的烟气和粉尘污染。而火电以外的方式都属于清洁能源，但是仍然存在不少弊端。水电建设时会淹没上游大量土地，导致生态环境和人文资源破坏，而且一旦发生危险，后果将不堪设想，另外还受季节的影响。核电必须确保反应堆的安全，因为放射性物质对人体健康危害极大，而且投资成本太高。风电会产生噪声和视觉污染，而且对植被破坏较大，其最大的问题是能源不稳定、不可控。光电主要包括光热发电和光伏发电。光热发电只适合于阳光辐射量强且土地坡度小的地区，同时还需要大量的水来冷却；光伏发电的光电转化率较低，成本太高，而且太阳能电池的生产过程能耗高、污染重。生物质发电是相对理想的发电方式，具体包括农林废弃物燃烧发电、农林废弃物气化发电、垃圾焚烧发电、垃圾填埋气发电、沼气发电等，但是在我国农林废弃物的采购成本较高，导致生物质发电厂难以赢利并扩大规模。尽管如此，这些电力生产方式都是具有价值的，通过循环经济改造以后，还是可以降低环境影响的。

电力产业的循环经济措施主要包括以下几方面。一是优化发电结构。应该结合区域内的实际情况，选择合适的发电方式组合，要优先考虑水力发电和生物质发电。政府部门应该对库区移民和生物质电厂进行补贴，有条件的地区，要积极推进煤矸石发电和城市垃圾发电，但要注意防治污染。要严格控制火电的规模，并逐步减少，对于不适合发电的区域则应该完全从外部购进电力。二是加强电网建设，发展分布式供电系统。需要优化区域内部和区域间的电网布局，使电力资源能够在更大的空间内得到合理配置。分布式供电系统具有良好的可控性、安全性和低损耗性，非常适用于偏远地区的供电。三是推进热电联产和热电冷三联产。热电厂能够同时提供电力和热能，对发展集中供热系统很有利，因此客观上减少了所在区域的煤炭使用。四是强化污染物治理、废弃物综合利用和生态环境保护。要求火电厂加强污染物治理，最大限度地减少废弃物的排放，严格控制二氧化硫的排放，同时要完善电厂回水系统。废水处理后，水质好的要继续用于循环冷却，水质差的可以用于绿化或清洁。粉煤灰和脱硫石膏可以用来制造建材或改良土壤。水电厂建设期间要采取有效措施维护生态平衡，运行投产后要加强上下游的水土保持和生态修复。

(五) 钢铁产业的循环经济发展

钢铁产业是国民经济的基础产业，是典型的

资源密集型和能源密集型产业。钢铁具有良好的物理、机械和工艺加工性能,所以是建筑业、交通运输业和国防工业等多个行业必不可少的结构材料和功能材料。

我国的钢铁产业在资源环境方面存在很多问题。首先是资源消耗过多。据统计,在我国每生产 1 t 钢材,大约需要消耗 23 t 铁矿石、100 kg 废钢、1 t 煤炭、数百千克石灰石以及萤石,此外还需要约 10 t 水以及相应的电力、动力、运力和人力支持。这种资源消耗比国外先进水平高很多,平均吨钢能耗比国外先进水平高 15% 左右,水用量比国外高 1.5 倍左右。其次是环境污染严重。每生产 1 t 钢材会产生约 10 t 废水、0.2 t 钢渣、20 t 的固体废物以及 1.6 万 m^3 的废气。如果维持这种发展方式,那么铁矿资源将很快面临枯竭。因此,发展循环经济势在必行。

钢铁产业的循环经济主要集中在以下几个方面。一是提高资源的开采效率。要对矿产资源进行全面普查、统筹规划、整体开发、综合加工,选用与铁矿品位相适应的开采方式,尽可能提高开采回采率、选矿回收率。要求实施安全生产、水土保持、土地复垦,并注重尾矿的综合利用,暂时无法利用的要合理堆放并做好防护。二是注重提高产品质量。要加大研发投入,生产出更多高品质、高性能、高强度的钢铁产品,提高钢材的使用寿命。三是减少生产过程前端的资源消耗。要从源头上实施清洁生产,选用先进的工艺、技术和设备,优化产品结构,尽可能不用或少用含有杂质的原料,尽量减少焦炭的使用量,还要加强水资源管理和能源高效转化。四是减少生产过程末端的废物排放并对废物进行综合利用,要对生产的全过程进行控制,尽可能提高回收利用率,对废水、废渣、废气需要采取各种方法进行资源化,如废渣可以转化为建筑材料等,争取实现废弃物的零排放,不得不排放的必须严格实行无害化处理。五是完善钢铁资源的回收体系。鼓励公众协助回收社会上闲置的钢铁制品,以便实现对铁矿石资源的替代。

(六) 有色金属产业的循环经济发展

有色金属产业是重要的基础原材料产业,在目前已发现的 100 多种元素中,共有 90 余种金属,除了铁、锰、铬 3 种是黑色金属以外,其余的都是有色金属。我国有色金属矿产资源相对不足,对外依存度比较高,资源约束比较严重,资源的利用率、能源消耗水平和废弃物利用等方面与发达国家还有很大差距。

有色金属产业和钢铁产业存在共性,但是循环经济措施并不完全相同,因为有色金属的价值较高,所以国外的有色金属循环经济主要以有色资源的综合利用和回收再生为主导,同时也注重实施清洁生产。我国的有色金属产业循环经济措施与此类似,主要集中在三个领域:首先,在开采阶段,尽可能提高有色金属矿产资源的回收率,切实提高开采回采率、选矿回收率、冶炼回收率以及共(伴)生矿产的综合利用率,同时还要注重矿山的生态修复;其次,在生产阶段,注重实施清洁生产,减少生产过程中废弃物的产生,还要通过构建相关产业链来利用废弃物,最终使生产过程实现零排放;再次,推进社会闲置的有色金属制品的回收再生,可以由专业的回收公司来负责分类回收,其中完整的部件可送至深加工企业直接再生产,其余的可以转化为资源以后再送至初加工企业,用于生产新的材料。

(七) 机械制造产业的循环经济发展

机械制造产业是提供机械产品的行业,产品主要包括农业机械、矿山机械、冶金设备、动力设备、交通设备、化工设备以及机床设备等,主要为工业、农业、交通运输业和国防部门等提供功能装备。在全球制造业价值链的分工中,我国仍处于比较低端的位置,高新技术产品与发达国家相比还有很大差距,主要原因是生产设备相对落后,缺乏核心技术,自主创新能力较弱,同时能耗相对偏高,污染排放较多。

我国高度重视机械制造产业的发展,要求大力发展先进制造业。先进制造是指在生产制造的过程中,不断引进机械、材料、冶金、化工等领域的最新成果,将其应用于产品设计、制造的全过程,重视节能节材以及减少环境污染,从而生产出低消耗、低排放、高品质、高效益的新型产品的制造技术。先进制造技术的内涵十分广泛,其中需要强调的一个分支就是再制造技术。再制造技术不同于传统的维修概念，维修仅仅是对产品使用过程中个别零部件的损坏进行修复或更换，而再制造技术是在整个产品报废以后，以该产品为毛坯，利用先进的工艺和技术手段，在原有制造的基础上进行一次新的制造，使制造出的产品的性能和质量都不亚于原先的产品。再制造技术使产品的生命周期成倍延长，使原来的制造、使用、报废三阶段，转变为制造、使用、报废、再制造、再使用、再报废六阶段甚至更多。因此，再制造的本质是从原有废弃产品中直接获得相似新产品的过程。

另外还值得一提的是绿色制造。此概念目前还没有权威的定义，它的本质是一组绿色生产技术的集合，具体包括产品绿色设计、绿色制造技术、废弃产品回收利用等，体现了精益生产、柔性生产和敏捷制造等理念，甚至将再制造也包括进来。其中绿色设计最具有价值，它也可以称为生态设计，主要是从源头上确保产品的环境友好性，要求产品尽可能采用可再生、易加工、易回收、无污染的材料，要求对同一组功能的元件进行模块化设计，同时要求选用科技含量高、资源消耗低、环境污染少的生产工艺。绿色制造与清洁生产相似，但它还强调环境无害化和工业生态化。

(八) 电子信息产业的循环经济发展

电子信息产业和信息产业在大多数国家的内涵是不同的，电子信息产业主要指硬件生产，产品包括计算机、通信设备、消费类电子产品三类。而信息产业则主要负责将信息转化为商品，产品主要包括软件、数据库、无线通信服务、在线信息服务等，也有少数国家将这两种统称为信息产业。

面向软件的信息产业，本质上属于第三产业，因为它的产品主要是服务，信息产业本身具有良好的环境友好性，只需要投入极少的资源，就能够获得较高的经济收益。但是信息产业需要用到许多的计算机设备和电力资源等，而计算机和电力的生产过程并不都是完全环境友好的，因此不能说信息产业是完全环保的。尽管如此，信息产业还是值得大力发展的，计算机人才充足的区域可以优先发展软件产业和外包产业。

面向硬件的电子信息产业，本质上属于第二产业中的制造业，这部分是循环经济关注的重点。循环经济的措施主要集中在以下的领域。首先是对电子产品进行生态设计（也称为绿色设计）。注重产品的模块化、易拆解、材料的可循环性，重点降低产品中有毒有害物质的含量，如铅、汞、镉、六价铬、聚溴二苯醚、聚溴联苯等。其次是完善废旧电子产品回收处理体系。我国的回收体系比较完善，主要形式有维修更新部门的收购、销售部门的以旧换新（返还至生产厂商）以及民间废品收购等；但是电子废物的处理还比较落后，专业的处理公司比较少，大多数拆解处理都是采用简单的物理和化学方法，只获得其中价值高的资源，很少提取功能完好的元件，对有毒废物的处理也比较少，对环境影响比较严重。因此必须尽快加以改善，建设集中的专业的处理园区。此外，还要加强电子产品包装物的简化和回收。

(九) 轻工产业的循环经济发展

轻工业主要是生产消费资料的工业部门，包括制糖、酿造、造纸、玻璃、陶瓷、纺织、皮革、日用化工等多种产业。轻工产品的易降解程度比较高，但是轻工产品在生产过程中的废物排放和环境污染还是很严重的。

以制糖业为例，制糖业是我国古老的传统产业，原材料主要是甘蔗、甜菜。目前国内制糖企业数量较多、规模偏小、集中度差、污染较重，制糖方式以亚硫酸法为主，产品中含有硫，而国外大多采用膜过滤技术和离子交换技术，几乎不含硫。产业废物方面，以甘蔗制糖为例，其生产过程会产生废糖蜜、蔗渣和废水。废糖蜜大都用于生产酒精，但是同时还会产生大量的酒精废液，酒精废液大都是简单处理后就直接排放；蔗渣以堆放为主，有的利用蔗渣造纸，但是碱法制浆的工艺会产生大量的黑液，黑液的排放对环境会造成严重的影响。其他轻工产业也都有类似的问题，如酿造业会产生大量的废水和废渣；造纸业以非木浆为主，废水排放量极大，而且废水中化学需氧量较高。

轻工业的循环经济措施主要集中在以下几方面。一是大力实施清洁生产。通过工艺技术改进和设备更新，提高生产过程中能源和水资源的利用效率，从源头上减少废弃物的产生量。二是通过产业链的延伸来治理产业废弃物，尽量构建封闭式的循环链条。例如，制糖业利用废糖蜜制造酒精时产生的酒精废液可以用于生产复合肥，然后再重新返回甘蔗田中；而酿造业的酒糟可用于发展养殖业，动物的排泄物可以产生沼气，沼气又用于酿酒，剩余的排泄物还可以作为肥料。三是加强废弃轻工产品的回收利用。其中的重点是加大废纸产品的回收力度，需要尽可能将废弃产品进行再生。

（十）建筑产业的循环经济发展

建筑业是国民经济的基础部门，也是很多国家的支柱产业。建筑业是从事土木工程的勘察设计、建筑施工以及设备安装的产业部门，产品主要包括交通基础设施、居住建筑、公共建筑、工业建筑和农业建筑等。建筑业是资源消耗的重点领域，对环境的影响很严重，因此非常有必要发展循环经济。建筑业的循环经济主要集中在以下几方面。

第一是对建筑进行绿色设计，即建设绿色建筑。绿色建筑是指在建筑的生命周期内，最大限度地节约资源、保护环境和减少污染，为人们提供健康、适用和高效的使用空间，与自然和谐共生的建筑。因此在建筑物的设计阶段，需要全面考虑项目的选址、朝向、温度、采光，确保建筑能够充分利用自然资源，要尽可能采用绿色材料，并加强建筑物节水节能的能力。

第二是强化建筑材料的环境友好性。传统的建材产业是典型的资源能源消耗型产业，消耗了大量不可再生的矿产资源和能源，并且严重污染环境。如果不能确保建筑材料的高环保性，那么绿色建筑就是无稽之谈，因此必须大幅提升建筑业上游的建材产业的循环经济水平，从源头上减少对不可再生资源的消耗，提高建材资源的利用效率，提高建材产品的质量，增强产品的生态属性，同时还要充分发挥建材产业可以吸纳其他产业废弃物和生活垃圾的优势，使建材产业向生态化和可持续方向发展。

第三是加强工程施工过程中的环境保护以及废物利用。环境保护的重点是严格控制施工期间的噪声污染和粉尘污染，废物利用主要是对建筑垃圾进行处理。建筑垃圾是建设单位对建筑物、管网等进行建设、铺设、维修或拆除过程中所产生的渣土、弃土、余料等废弃物，大多呈固体形态。建筑垃圾大多数都是未经处理便被运往郊外或乡村，直接露天堆放或填埋，占用了大量土地。建筑垃圾的利用主要是通过破碎、剔除、分拣、集中等方式，使钢材、铁丝、玻璃、电缆等资源得到回收，剩余的砖石、混凝土等可以进一步粉碎，作为沙土的替代材料。

第四是加强建筑使用过程中的性能维护。我国建筑的平均寿命仅约30年，美国建筑平均寿命约有60年，而欧洲大部分国家这一数据都能达到80年，如法国是102年，英国甚至达到132年。这其中除了建筑设计、区块更新以外，其中最主要的因素就是我国对于建筑的维护不够重视，没有对建筑物进行及时修缮、加固、管线更新以及病虫害防治，这是我国需要重点加强的地方。

第五是建筑使用过程中的资源节约。建筑物的使用者需要尽可能地减少资源的使用，具体包括节水和节能两方面。节水主要通过采用节水器具，实现一水多用，并对建筑物内的污水进行回收利用。节能包括多方面内容：首先是节约电能，要采用能源效率高的电器、太阳能热水器、节能灯具等设备；其次是科学调节温度，北方可以采用集中供热、分户计量、分户调节、地源热泵等方式，南方则可以采用自然通风、地热制冷等方式；最后是节约燃气，应该采用低能耗厨具并合理使用燃气。

第六是建筑寿命到期后再进行拆除。拆除的时机应该是在建筑物自然衰老，不能使用以后再进行拆除，不能人为强制拆除。拆除后的废弃物应该全面粉碎并分类，对钢铁、玻璃、电缆、木材等资源应该全部回收，并送至相应的再生企业重新转化为资源，对于砖石泥土等废物应在磨成粉末以后就地或就近使用。

三、第三产业的循环经济发展

第三产业是指不生产物质产品的产业，一般称为服务业。它涵盖了第一、第二产业以外的所有产业，主要包括流通部门、生产和生活服务部门、公共事业服务部门以及机关团体等四类。第三产业具有良好的环境友好性，资源消耗相对较低，环境污染较少，就业弹性较高，而且服务业相对第一、二产业来说增长波动比较平稳，可以有效减轻整体的经济波动幅度，因此，是促进产业结构高度化的重要因素，可以从结构层面上改善经济增长的质量。发展第三产业能够用较少的资源创造较多的价值，其本身就具有典型的循环经济属性，但是仍然可以进一步实施循环经济改造，以便进一步提高资源的利用效率，降低环境影响。

(一) 交通运输业的循环经济发展

交通运输业是国民经济中专门从事货物和旅客输送的生产部门，运输方式主要包括铁路、公路、水运、航空和管道五种形式。铁路是其中最高效的运输方式，运力强、成本低，土地资源占用少，能源消耗少，二氧化碳排放也比较少，但铁路往往由国家统一建设管理，低级别的区域不具有管理权限。水运是最清洁的运输方式，消耗能源很少，沿海地区可以发展海陆运输，内陆地区在条件允许的情况下可以发展内河航运，但是对航道的要求比较高，而且港口建设对环境的影响较大，因此不是所有的区域都适合发展水运。航空运输业能耗相对较高，但是在远距离运输上时间优势明显，是人口高密度区域和边远区域的必然选项。管道运输主要负责长距离运输液体和气体，安全可靠，甚至还可以运输矿石、煤炭、建材、化学品、粮食等，但管道运输灵活性较差，需要其他运输方式的配合才能完成，而且承运的货物比较单一，成本也比较高，也不能运输旅客。只有公路运输，才是所有区域都普遍具有的运输方式，公路运输在运输业中占据主导地位，很多国家公路运输客货周转量都占总周转量的90%左右。

公路运输机动灵活、适应性强，中短途运送速度快，但是同时也存在很多问题，比如运量较小、成本较高、安全性较差，最主要的是能源消耗高，环境污染大，因此必须按照循环经济理念尽快改善，具体措施集中在以下几方面。

第一，在基础设施建设方面，要科学规划，合理分配土地资源，并充分利用地下和空中资源；建设施工时要尽量就地取材，多用再生材料，并注重生态保护；要注意优化路网结构，提高区域内的畅达性，提高路网的整体承载能力和运行效率。

第二，在公众的出行方式上，应该优先选择步行、骑车和公共交通等绿色的出行方式，减少私人汽车的使用，同时政府部门也应该采取各种措施确保公交优先，主要包括规划优先、土地优先、路权优先、政策扶持优先、资金支持优先等，提高公共交通的覆盖率和便利度。

第三，在交通工具准入方面，必须制订严格标准，引导公众选择绿色的交通工具，对自行车、公共汽车、小排量汽车给予鼓励，对排量大的汽车要额外征税，污染排放不达标的要及时予以退出。

第四，在交通能源方面，要分析交通行业的节能潜力，包括结构性节能、技术性节能和管理性节能等，通过多种途径实现交通能源的节约，全面提高能源的利用效率；同时积极开发替代能源，研究适用新能源的交通工具，比如燃气汽车、乙醇汽车、电动汽车、太阳能汽车、混合动力汽车等。

第五，在交通废物的治理方面，要逐步减少单位交通工具的尾气排放量，控制噪声污染，另外还要对报废的交通工具尽快拆解、分类回收，以便使之重新转化为资源，并进入新一轮的循环。

(二) 旅游业的循环经济发展

旅游业是以特定的旅游资源为基础，以相应的旅游设施为条件，向旅游者提供旅行游览服务的行业。旅游资源主要包括自然类资源、人文类资源和综合类资源。旅游业是第三产业中的重要组成部分,是世界上发展最快的新兴产业。旅游业的景区资源重复利用率极高,因此被称为无烟工业,但是如果管理不善,旅游业会产生严重的环境影响,甚至使景区资源不复存在。

旅游业不能盲目追求经济效益,应该在循环经济的理念下实施可持续发展,具体可以采取以下几方面措施。

一是旅游景点的生态环境保护。景区管理者应该在保持景区的原有生态功能的基础上进行少量开发或者不开发,尽可能减少自然景区中人工建筑的比例,合理优化景区内的动植物群落,避免外来物种的入侵。在环境保护方面,要加大环境管理和整治力度,全面清理景区中的固体废物,严格控制每日进入景区游客总量,确保游客能够在轻松优美的环境中进行游览、娱乐。

二是配套服务的完善。配套设施主要包括餐饮设施、住宿设施、交通设施、废物处理设施等,要进行合理的设计,使配套设施能够与景区融为一体,对于餐饮、住宿设施,重点是在设施内进行最大化的节水节能,同时对固体废物进行分类回收,将可再生废物、有机废物分离出来,再分别送至相应的企业进行资源化;对于交通设施,要对道路及两侧进行生态美化,停车场可以采用网格式的透水地砖,景区内的交通工具应全部采用电动汽车,减少交通活动对景区的影响。

三是旅游商品的合理开发,满足游客购物的需求。要合理利用景区内部和周边的特产资源,对可再生特产资源需要优化规模和质量,有序开发;对不可再生资源要严格限制开发。

四是游客的环境保护教育。景区通过多种方式的宣传、教育、引导,使游客能够提升环境保护的意识,主动和景区管理机构共同维护景区资源,使景区能够实现可持续发展。

(三) 餐饮业的循环经济发展

餐饮业是以赢利为目的的提供餐饮服务的部门。目前餐饮业大都是单向的线性经济,资源综合利用率低,环境污染比较严重。餐饮业需要消耗大量能源,大都是直接燃烧燃料,有时还需要使用电力。餐饮洗涤废水以及废油的排放会导致下水道堵塞,还会发酵产生甲烷,容易爆炸,如果下水管网直接流向河流和海洋,那么还会进一步扩大污染范围。餐饮固体垃圾包括厨房废弃原料、顾客的剩余饭菜以及大量一次性餐具等,不但浪费了大量资源,处理困难,还是传播疾病的根源之一。此外,餐饮业的废气和噪声污染也都比较严重。餐饮业发展循环经济,不但能有效解决环境污染问题,还能加强对原材料的控制能力,从而提升全行业的环境友好性。

餐饮业的循环经济措施主要包括以下几方面。首先,要以提供绿色食品为根本。从源头上采购无污染的应季食材和辅料,按照绿色饮食标准和顾客需求来精细加工,强化食品安全和卫生。其次,要倡导绿色消费。引导顾客文明消费和按需消费,避免食品浪费,全面减少一次性产品的使用,同时强化餐具的杀菌消毒。再次,积极采用有助于环境保护的新技术和清洁能源。燃料方面,要改善燃烧设备的结构,提高燃烧效率,减少二氧化碳排放;洗涤剂方面应采用无磷产品,废水必须与城市污水处理系统连接,禁止废水废油直接外排;油烟和噪声方面,应该加强相应设备的改造,减少对环境的危害。最后,对餐饮废弃物进行分类回收与利用。要避免流体垃圾与其他废弃物混合,以便使可用资源更加易于提取。木质废物经过消毒以后可以用于造纸或燃烧发电等,其他的固体废物也应该分别提取并返还至第二产业中相应的资源回收部门;对流体垃圾也应该在源头分类,然后再分别出售给第一产业中的相关部门。

(四) 流通业的循环经济发展

流通业是使商品从生产环节转移到消费环节的中间部门,在国民经济体系中意义重大,主要包括物流业、批发业、零售业。流通业主要是以第二产业提供的设施、设备、能源为基础,通过转移第一、第二产业的产品而获得收益。

物流业是使物品从供应地移向需求地的实体流动过程,包括运输、仓储、包装、搬运、装卸、配送、信息处理等多项活动。物流业的循环经济包括很多内容。政府方面,主要是对物流产业进行总体规划,确定物流产业的相关政策,设置关键的物流节点,建设相应的物流产业园区。企业方面,首先要更新运输设备和管理设备,减少噪声和尾气污染,提高能源效率;其次要对物流系统进行优化,对供应方和需求方的货物流动规律进行分析研究,以便确定最优的取送货方案和路线。公众方面,主要是物流包装物的重复利用,包装物在未损坏的情况下经过消毒以后可以多次利用,等到无法使用以后再交给专门的回收企业进行再生。

批发业和零售业的循环经济措施比较相似,主要有三方面内容:一是场地资源的充分利用,要合理设置库存水平,避免货物过多堆积,还要充分利用库存区域和销售区域的空间;二是设备和能源的集约利用,要合理调整销售区域的通风和照明水平,优先采用节能的设备,并对设备进行科学维护;三是包装废弃物的回收,批发零售商有义务对包装物进行最详细的分类,并使其尽快重新回到再生领域。

第二节　园区循环化发展

产业园区作为中国工业化发展的重要载体,是实现资源型城市转型的重要突破口。对资源的过分依赖及资源的不可再生等特点,决定了资源型城市发展的不可持续性,若不及时实施经济转型,适时调整产业结构,资源型城市就会随着资源的枯竭而衰退。一般当矿产资源开发进入后期、晚期或末期阶段,其累计采出储量已达到可采储量的70%以上的城市即定义为资源枯竭型城市。

一、园区循环化发展的意义

(一)园区是中国工业化发展的重要载体

园区作为一种有效推动产业集聚、资源高度集中的发展模式,能够为集群经济的发展提供良好的设施、制度和服务等综合环境和平台,是工业化发展的重要载体。特别是在新型工业化阶段,园区具备发展信息产业和高新技术产业的各种优势,能够促进就业容量大、经济效益好、资源消耗低、环境污染少的新型工业化道路的发展。对于依赖某种主导产业而发展经济的资源型城市来说,围绕一个优势产业建设完整的产业链,通过打造各种产业园区和产业内的专业园区,引起聚集效应,可在较短的时间内形成产业链,完成区域的生产力空间布局,尽快实现效益,带动整体产业的发展。

(二)园区是实现城市可持续发展的重要支撑

园区的建设,可以充分发挥土地、资金、水、电、人才、信息等生产要素的集聚效益,集约利用各种资源,特别是土地资源,突破资源有限性的制约,使资源发挥更大效益。同时,产业园区可以通过集中联片生产、对环境污染物进行统一综合治理、降低治理成本,促进园区及整个区域经济的可持续发展。通过产业园区建设,不仅可以减轻城市基础设施建设的压力,提高基础设施投入效益,加快城市人口的集聚,增强城市的产业支撑,而且可以引导企业向园区集聚,充分利用园区基础设施齐全的优势,以项目带开发,以开发促发展,进而促进城市的经济可持续发展。

中国资源型城市遍布全国各个地区,有煤炭、森工、石油、冶金等多种类型。随着资源开采和城市发展阶段的不同,各个城市对资源产业的依赖程度也不同。这些不同发展阶段、不同类型的城市构成了全国不同类型的产业园区,这些产业园区是促进经济又好又快发展的重要力量,同时也在一个高层次、宽领域的范围为资源型城市的可持续发展发挥重要作用。

二、园区循环化发展的思路

推进园区循环化改造,是在"双层面"(即园区层面、区域经济层面)发展循环经济产业的重大系统工程,其复杂程度远远大于企业个案的循环经济示范试点。因此,需要认真理清现状,精心规划,科学设计,稳步推进。应该看到的是,国家级、省级的各类园区经过多年的发展建设都已具有较大规模,各类园区名称和功能有所区别,但其共同特点是进驻企业数量多、产品多样等。这对构建循环经济产业链条、实现资源循环利用既有利也有弊。

因此,为了有效推进园区循环化改造,应注意以下几个方面。

第一,应以循环经济理念深入梳理入驻园区所有企业资源状况以及生产经营管理现状。梳理中应把着眼点放在准确摸清各种资源使用数量和效率上。其目的是为循环利用资源、提高资源产出率设计方案,构建循环链条,找出全面量化可靠的资源依据。

第二,应依据既定园区功能,结合园区内主体企业群体行业的特点,组织有实践经验的专业技术人员,包括环保方面专家,以世界眼光,站在国内外同行业核心技术水平高度,综合考查各企业所采用核心技术的先进程度、使用效率、创新潜力等,为构建园区内乃至向外延伸循环经济产业链条准备可供选择的支撑技术。

第三,应以循环经济理念为指导,从园区存量资源(含技术、人才资源)实际状况出发,借助循环经济咨询机构的智力资源,突破一家一户的企业界线,本着有利于改变发展工业的传统模式,探索创建工业新型发展道路,重新规划园区发展蓝图。

第四,应注重协调好各方关系,求得共识,形成合力,这是推进园区循环化改造的独特任务。国家级、省级园区中的企业,不仅有本省、本地企业进驻,还引进了外省、外地企业,也有外企。虽然都是企业,进驻园区的共同宗旨是在享受国家某些优惠政策前提下快速成长。但是多元化的企业成分,不完全相同的经营理念和利益诉求,各属其主的背景,会增加取得园区循环化改造共识的难度。这就需要充分估计到由园区内成分的特殊性所带来的障碍和阻力,协调各方在改造园区所涉及的重大问题上取得共识,园区管理机构也非常需要各级政府相关部门给予足够的助力,因为有些重大协调工作,尤其涉及外企的事项,往往是园区机构力所不及的。

最后,应从国家统筹全局层面考虑,把国家级、省级园区循环化改造与加快七大战略性新兴产业发展适度融合。这样操作可能获得相得益彰的收效。在使新兴产业发展采用循环经济模式的同时,园区凭借先进技术和先进管理也为新兴产业发展提供了资源和场所,在避免重复建设的同时,双方都取得新的发展空间。

三、园区循环化发展的案例

作为循环经济的引入者及推动者,原国家环保局在20世纪90年代就提出我国要大力发展循环经济。2000年后,原国家环保总局进一步将发展循环经济、建设生态工业园区作为实现区域可持续发展、经济和环境双赢的重要举措,在全国范围内,从不同层次、不同角度和不同领域进行了理论和实践的探索,探索出了"3+1"的循环经济发展模式。1999年,在广西贵港、内蒙古包头、山东鲁北等进行了工业园区建设示范。2003年,我国进一步将生态工业理念引入各类经济技术开发区、高新技术产业开发区,在天津、苏州、大连等5个国内较大的经济技术开发区进行国家生态工业园区建设试点。2007年,原国家环保总局、商务部、科技部联合发布了《关于开展国家生态工业示范园区建设工作的通知》,共同开展国家生态工业园区建设工作。此后,我国不断扩大试点示范数量。到2013年2月,全国共批准建设了69个国家生态示范园区,命名了20个国家生态工业示范园区。

(一) 综合类产业园区案例研究

苏州工业园成立于 1992 年，是典型的综合类产业园区。区内电子信息和机械制造产业形成了较有竞争力的产业集群，同时区内生物医药、纳米技术应用、云计算等战略性新兴产业也迅速发展壮大。2013 年，园区国内生产总值比去年同期增长 10%，达到 1 910 亿元，园区用极少的人口和土地资源创造了苏州市 15% 的经济总量。苏州工业园在江苏省国家级高新区排名中一直保持第一位，在全国范围内也连续四年位居"中国城市最具竞争力开发区"排行榜第一位，其综合发展指数在国内仅次于天津开发区居国家级开发区第二位。园区在取得产业经济巨大发展的同时不忘大力发展循环经济，坚持集约节约发展，注重生态环境保护和资源有效利用。工业园区的生态环保指标达标水平连续四年位居全国各类产业园区第一位，园区 COD（化学需氧量）排放量仅为全国平均水平的 1/18，SO_2 排放量仅为全国平均水平的 1/40，万元GDP能耗仅为 0.284 t 标准煤，2008 年被原国家环保总局、商务部和科技部联合确立为我国第一批国家级生态工业示范园区。

苏州工业园依托现代制造业和服务业，以资源循环利用和高效利用为特色的综合性园区循环经济发展模式很值得推广和学习。苏州工业园可以作为正处于转型升级、新城建设的开发园区或开放度较高的发达地区产业园推进循环化改造的范式。

苏州工业园模式主要包含四大方向上的循环化发展和改造。第一大方向是产业结构上的全周期绿色化。在园区产业规划时期，以充分和高效利用园区资源能源为基本理念，设计电子信息和新材料等为主导的产业结构体系；在建设时期，以是否符合循环经济准则为入园标准，严格控制招商引资的指标和企业类型；在生产时期，要求企业内部大力实施清洁生产和节能减排，以主导产业为基础，在相关产业链条上打造循环产业链，积极整合园区内外的废弃物回收处理资源，并与废弃物资源化系统相结合，集成为符合园区特色的循环利用体系。第二大方向是改造和建设一批公用的基础设施。在园区的规划阶段便统筹了园区基础设施的循环型体系，通过物质交换和能量交换，实现了能量的梯级利用、水资源的收集和分级循环利用等，建设了一批余热利用、污泥处置、集中供冷供热和中水回用设施。第三大方向是园区消费模式的绿色化。积极推广循环经济的社区消费模式，以社区"邻里中心"为基础，实现物品循环利用、垃圾分类回收和污染集中防治。第四大方向是人居体系的生态化。以产城一体为原则，推广绿色建筑，积极开发和利用地下空间，发展智能化的交通，让园区居民的生活和工作环境变得更舒适和健康。

(二) 静脉类产业园区案例研究

静脉产业园是指以静脉产业为主导的生态工业园区。传统工业的生产经济模式一般为单线性的"资源—产品—废弃物"，通过静脉产业的加入，可以在园区实现"资源—产品—废弃物—再生资源"的循环经济封闭回路，将工业生产中的废弃物和日常生活中的垃圾进行集中的资源化加工处理，实现再利用。位于丹麦的卡伦堡生态园是国外最为著名和成功的静脉产业园区，其先进的生态工业理念和高效的再生资源利用模式，被世界各地的工业园区学习和研究。国内也有不少较为成功的静脉类产业园区。

(三) 化工类产业园区案例研究

随着国民环保意识的提高和对自身环境安全的重视，我国各地屡有发生针对化工类产业园区和企业的群体性矛盾。因此，让园区和企业发展不以牺牲老百姓生存环境为代价，推进化工类产业园区实现循环化改造，是值得研究的重点领域之一。

嘉兴港始建于 1986 年，开港于 1992 年，此后，伴随着改革开放的不断深入，港区作为浙江省北部地区唯一的出海口，迎来了自身的高速发展。港区化工园区依托其优越的地理位置，相继引来了英荷壳牌和嘉兴石化等一大批国内外知名企业落户，园区石油化工产业特色鲜明，迅速成为园区的支柱产业。在石化行业已有相当基础的前提下,作为国家战略新兴产业之一的化工新材料产业在园区得到迅猛发展,入园的化工新材料企业近30家,且科技水平不断提高,形成了较为完善的循环产业链和生态工业体系,已经成为园区的第一主导产业。2008年7月,港区被授牌为"中国化工新材料(嘉兴)园区",无论在产能、市场占有率还是科技创新能力等方面,都处于全国领先水平。嘉兴港区化工园区依托化工新材料产业,构建起了上下游企业相互关联的循环经济产业链和多产业共生的生态工业网,其模式可以作为我国化工类产业园区推进循环化改造的参考范式。

嘉兴港区化工园区将"生态、低碳、循环"理念融入园区规划、建设,推动形成产业网络化,产品生产链式化,废物利用循环化,运营管理专业化,提升了产业集聚效应。一是根据不同材料构建相应的循环产业链,如"丙烯—环氧乙烷—橡塑材料"的橡塑材料产业链,"二氧化硅—有机硅单体—硅橡胶材料"的有机硅材料产业链,"二氧化硅—多晶硅—光电池"的光伏产业链,以及甲酯、脂肪酸、过氧化氢、磺酸盐、石蜡等的副产品高值化回收利用产业链,促进多种主副产品链式互补;二是构建园区生态工业网,进行园区物质流、能源流分析,依托主导产业中的核心企业为园区其他企业提供化工原料以及纯水、蒸汽等资源,构建生态工业网络,同时园区内部的工业管理系统实现上下游企业的物料交换利用和能源梯级利用,产业链条上各企业之间形成互利共生、分工协作的局面;三是建设共享的园区基础设施,通过补链招商,合作建设供热、供气、供水、供电、排污等园区配套的基础设施,运作专业化的企业平台统一管理园区热电、工业气体、污水处理、化工物流等,实现公用物流一体化。"十一五"期间,园区通过推行循环化改造,2010年与2005年相比,园区总产值提高了484.1%,土地产出率提高了156.8%,能源产出率提高了295%,单位工业增加值用水量下降了19.6%,工业固体废物综合利用率提高2个百分点,达到100%。

第三节　资源再生利用发展

发达国家十分注重资源的回收和再利用,并将其发展成一个集"回收"与"再制造"为一体的独立产业——资源再生产业。随着我国经济持续快速增长,能源资源紧缺压力不断加大,对经济社会发展的瓶颈制约日益突出。《中共中央关于制定国民经济和社会发展第十一个五年规划的建议》提出,要加快建设资源节约型、环境友好型社会,促进经济发展与人口、资源、环境相协调。大力发展资源再生产业,是解决我国资源短缺问题的有效途径,也是发展循环经济、建立节约型社会的必然选择。

一、再生资源利用现状

1. 对发展资源再生产业认识不足

专家指出,废旧物资是"放错位置、混合在一起的资源",是全球唯一在增长、迟早要取代地下矿藏、俯拾皆是的"富矿"。但在我国,目前还有一些人对资源再生产业发展存在认识误区,往往把回收利用再生资源与假冒伪劣、污染环境画等号;一些人不加区分地把进口废旧物资视为"洋垃圾""丢面子""有损国家形象"等。在国外,资源再生产业的从业人员被尊为"创造未来的工程师",而在我国则被称为"破烂王""拾荒人""丐帮""扒拉大军"等,社会地位不高。一些地方还以回收废旧物资影响城市形象而取消"再生行业"。这些都严重阻碍着我国资源再生产业的发展。

2. 行业发展目标不明

长期以来,我国资源再生行业没有形成以市场为核心的社会服务宗旨,行业发展缺乏明确的目标。主要表现为:一是缺乏对资源再生市场的专业化研究,产业目标市场局限在报废汽车回收拆解、废钢铁和废有色金属回收等个别品种市场,加之政府机构的条块分割,各自从自身利益出发,致使资源再生市场上形成了"个别品种大家抢,大多品种无人抓"的现象;二是整个行业没有按照规范回收、拆解利用和无害化处理这三大系统来建立产业体系,而是停留在过去民间"捡破烂""拾垃圾"等小农经济生产方式为主要形式的个人行为基础上,资源回收率和再加工能力较低,浪费和污染严重;三是由于行业发展目标不明确,相关企业也是按照各自对资源再生产业的理解来制订企业发展计划,不可避免地偏离了资源再生产业应有的发展方向,也在某种程度上限制了资源再生产业的发展壮大。

3. 我国鼓励资源再生产业发展的法规和政策不健全

现有的一些激励政策缺乏系统性、配套性和可操作性,对资源再生产业发展的激励作用有限,不仅导致资源再生产业无序化发展,而且使得企业和个人对该产业的发展心存疑虑,信心不足,不敢投入太多资金以扩大经营规模、提高技术水平。

4. 再生资源产业没有形成专业化、规模化经营

资源再生产业涉及冶金、化工、机械、纺织、造纸、环保等众多领域,具有专业性强、涉及面广以及二次原料的质量和数量难以界定和计算等特点,这就要求从事资源再生生产经营的企业应该具有较强的技术水平和较大的经营规模。但多年来,我国资源再生企业经营规模小、工艺技术落后,企业现代化、产业化程度在600余个行业中都排在末位,整个行业也没有形成一支专业化经营、生产的队伍,更缺乏一整套技术标准和技术规范,导致资源再生技术停留在手工劳动水平,生产效率低下,产品的技术含量和附加值较低。同时,由于我国资源再生企业没有形成规模经营,对品类繁杂的废旧物资只能"各取所需",价值不高、难以提取的只好丢弃或焚烧,既极大地浪费了资源,又严重污染了环境。

5. 资源再生技术比较落后

由于重视不够,投入较少,我国资源再生技术开发能力弱,导致废旧物资加工处理工艺落后,技术装备水平较低,与资源综合利用和环境保护的要求差距甚远。特别是对环境污染影响大的蓄电池、干电池以及电脑、电视机、电冰箱等废旧物资的回收利用技术还比较落后,导致大量的电子"垃圾"不能有效利用。多年来,虽然国家加强了对相关技术的研发,也取得了一些成果,但部分先进适用的技术仍由于缺少资金而难以推广应用。

为了大力促进可再生资源的开发利用,中国于2005年颁布了《可再生能源法》。2007年发布了《可再生能源中长期发展规划》,提出到2010年和2020年,中国的可再生能源在能源消费总量中的比重将分别达到10%和20%。已实行可再生资源发电全额收购、优惠电价、全网分摊的政策,设立了可再生能源发展专项资金,中国可再生能源得到了快速发展。到2008年底,水电装机容量达到1.7亿kW,沼气年利用量达到120亿m^3,风电装机容量达到1 200万kW,太阳能热水器总的集热面积达1.25亿m^2,生物质发电达到约400万kW,生物燃料乙醇超过100万t。2008年,可再生能源利用量约2.5亿t标准煤,约为一次能源消费总量的9%。中国可再生能源技术和设备制造也取得了显著的进步,已有十多家企业具备生产大型风电机组的能力。中国太阳能光伏电池制造业发展迅速,2008年产量达到260万kW,占到全世界产量的1/3。多年制约中国太阳能发电产业发展的高纯多晶硅生产技术也有较大突破,生产能力每年2万t左右。2009年开始实行的金太阳工程,对太阳能光伏发电新技术应用、关键零部件的产业化等给予财政补助支持。中国是世界上最大的太阳能热水器生产国和使用国,拥有完全自主知识产权的真空集热管制造技术。在生物质发电、沼气工程、海洋能利用、地热能利用等方面,也有较高的技术水平。国家已初步建立了以市场为导向的支持可再生能源快速发展的政策体系,大力支持新能源技术

的产业化应用。

二、再生资源利用发展思路

中国能源发展的总体思路是,坚持节约优先,立足国内多元发展,保护环境,加强国际合作,努力构筑稳定清洁的能源供应体系。我国将围绕以下几个方面推进可再生能源发展:一是在保护环境和妥善安置移民的基础上,有序开发西部丰富的水电资源,到2020年,预计水电总装机达到容量3亿kW;二是加强风能资源开发规划和配套电网建设规划,加快建设陆地风电基地和海上风电基地,预计到2020年,风电总装机容量可达到1.2亿kW以上;三是以适度规模优先开发西部优越的太阳能资源,创新技术,降低发电成本;四是因地制宜发展生物质能,以生物质资源为基础,合理布局生物质发电项目,建设大中型养殖场和工业有机废水处理的沼气工程,支持生物质液体燃料的示范项目建设;五是大力支持农村采用可再生能源技术解决生活用能,发展绿色能源经济。到2020年以后,中国可再生能源利用量可达到8亿t标准煤左右,每年减少二氧化碳排放量约18亿t。

三、再生资源利用发展领域

(一)中国水资源循环利用发展

1.水资源利用现状

(1)水资源短缺,已是世界性问题

我国除了人均水资源拥有量仅为世界平均值的1/4以外,还存在着水资源时空分布不均、一些河流泥沙含量高、部分水资源开发利用困难等不利因素。

(2)水资源污染严重

资料记载,"八五"末我国城市污水处理率是5.5%,2001年的工业废水处理率是32.2%,全年排放废水3.54×10^9 m³,相当于黄河兰州段多年平均径流量(3.54×10^9 m³)。全国饮用水不安全的人口比例很大,而其中的绝大多数是水质达不到饮用水标准,如总大肠菌群的超标率为76.1%,即使是自来水,全国的合格率也不足90%。

(3)用水量不断增长,且增长率高于人口的自然增长率

我国自1980年至2001年,人口从9.8亿增加到13亿,年增长率为1.42%;用水量从4.437×10^8 m³增加到7.096×10^8 m³,年增长率为2.38%。用水量增长率为人口增长率的1.67倍。另外,城镇生活用水和工业用水占全国总用水量的比例分别从1980年的1.5%和10.3%增加到2001年的3.0%和21.4%。用水量不断增加,远高于人口的自然增长率。

(4)对饮用水水质的要求不断提高

由于饮用水水质与人的健康有着直接关系,因此各国对饮用水的水质非常重视。在20世纪80年代中前期,国家对饮用水的水质标准进行调整补充后,于20世纪80年代后期和90年代中期又再次进行修改和增补。

2.水资源利用发展模式

我国在水资源循环利用方面应当做到以下几点:①要形成将污水和废水作为可利用水资源的一部分来考虑的水资源统筹规划观念;②在水环境保护的大前提下,制定将水域生态环境修复和水资源再生相结合的基本战略;③研究和推广高效、低耗能的污水和废水处理回用技术。这三点都与"可持续发展的前提下开发和利用水资源"的原则相辅相成,其中心问题是要因地制宜地拟定适宜的资源再生对策,从而实现可持续发展的战略。根据农业用水量大的特点,提出了农业用水和城市污水处理水循环的模式。

(二)中国有色金属"二次资源"再生利用发展

1.有色金属"二次资源"利用现状

采掘业是有色金属工业的基础产业。我国有色金属行业的采掘总量次于煤炭和铁矿,居第三位。有色金属资源的特点是:除铝、镁外,重有色金属矿的原矿品位比较低,开采过程中产生大量的废石和尾矿,堆存在矿山附近,对附近的环境造成危害。多年来,有色金属矿山所产生的

废石只有少量用于建筑和修路,大量都未利用,矿山地处偏僻、交通不便,废石经济效益不高是影响利用的主要原因。

再生金属资源的回收利用在国内一直受到重视,有关部门进行了宏观管理,但没有把统计工作建立起来,至今仍缺乏完整的统计资料,历史上曾通过物资和商业两大系统的网点,对废旧金属进行回收利用,有一定成效。改革开放以来,物资回收多元化,废旧金属回收公司、国有冶炼企业、乡镇和个体企业多管齐下,深入全国各地开展回收。

(1) 再生铜

随着我国电解铜产量增长,再生铜产业发展很快。特别是乡镇企业和私营企业的介入,更促进其高速度发展。河北省清苑、新安,江苏省宜兴、吴江,浙江省台州、永康、富阳、嘉兴等县市已出现相当规模的废杂金属交易市场,其中废杂铜交易占很大比重。这些市场的兴起,繁荣了再生金属的生产经营,改变了过去回收网点少、等货上门、回收主动性差、机制不灵活等弊端,调动了大批个体户的回收积极性,给行业注入新的活力。

铜废料回收一般包括两部分:一是企业在生产过程中产生的边角废料,由于铜加工材的综合成品率只有60%左右,废料量很大,这部分废料在美国都是打包出售,自己很少处理,而在中国则是返回生产系统循环使用,但国内未将其做再生铜统计;二是社会上积存的废杂铜,这部分是国内回收的重点,保守估计,近几年中国每年回收的废杂铜含铜量已超过70万 t,占国内铜消费量的25%左右。由于中国铜的资源储量有限,自产铜数量不足,大量依靠进口,供需矛盾突出,因而铜资源的再生利用显得特别重要。随着我国铜消费量的增长,我国铜废料量也在迅速增加,若干年后,我国的废杂铜回收量有可能像世界工业发达国家一样,超过铜消费量一半,再生铜生产的前景广阔。

(2) 再生铝

国内再生铝产业的起步晚于再生铜。再生铝生产的原料也包括两部分:一是加工企业生产过程产生的边角废料;二是社会上积存的废杂铝。

社会上废铝回收主要依靠个体户和分散的废品回收站,回收效率不高,回收方法有待改进。

废杂铝利用一般需要进行预处理,然后进行火法熔炼。除少数骨干企业外,多数再生铝厂由于规模小,设备简陋,技术落后,造成烧损大、能耗高、金属回收率低。以处理铝制易拉罐为例,铝回收率只有50%左右,而工业发达国家能达到80%以上。此外,再生铝的质量不稳定,产品均匀性差,得不到市场认同,难以进行深加工。这方面再生铝不如再生铜,再生铜质量与原生铜无差别。

(3) 再生铅

我国的再生铅生产起步较早,原料来源比较多,85%以上来自废旧铅酸蓄电池,少量来自电缆包皮、耐酸容器衬里、印刷合金、铅锡焊料及各类轴承合金等。长期以来,我国在蓄电池销售中执行"交旧买新"办法,废铅回收情况比较好。

我国有再生铅企业300余家,包括再生铅冶炼厂、蓄电池制造厂等。废旧蓄电池多头回收,其中有蓄电池厂、物资及商业系统回收公司、再生铅生产厂、集体及个体回收站,回收效率较高。随着汽车、农用车、摩托车产量增长和保有量增加,我国每年产生废旧铅酸蓄电池6 000万~8 000万支。通常,铅回收率可达90%左右,预计全年可回收再生铅50万~60万 t,加上其他行业的废铅生产回收得到的再生铅,预计再生铅总产量将接近原生铅产量。

(4) 再生锌

含锌废料的再生利用,比铜、铝、铅都困难。在金属锌的几项主要应用领域:冶金产品镀锌、干电池、氧化锌、铜材、压铸合金等,其废料中的锌都不容易回收,而且回收率较低,因而再生锌产量都比较少,统计更为困难。

国内再生锌企业很少,用于生产再生锌的原料主要有热镀锌厂产生的浮渣和锅底渣、钢铁厂产生的含锌烟尘、废旧锌和锌合金零件、废镀锌管以及旧电池。

2.有色金属"二次资源"利用发展模式

(1)不断创新,提高有色金属"二次资源"利用水平

随着科技进步,我国对有色金属"二次资源"的利用取得了不少成绩:一些资源较丰富矿山利用废石或尾矿进行采空区充填,提高回采率;对斑岩型和砂岩型的低品位铜矿石、含铜废石和尾砂,采用"浸出—萃取—电积"工艺处理,回收了大量铜;对重金属冶炼厂释放烟气中的低浓度二氧化硫进行了回收和制酸。这些措施进一步加强了废杂金属回收、拣选、加工工作,提高了铜、铝、铅、锌等再生金属产量,对节约有色金属资源、减少环境污染起到了重要作用。但应该看到,我国回收利用废杂金属的生产技术水平还不高,许多矿产资源,特别是低品位矿石、废石、尾矿还未得到充分利用,这方面还有潜力可挖,今后应加强再生金属资源回收利用的科研工作,不断开展技术创新,提高有色金属"二次资源"利用水平,增加再生金属产量,争取三五年内达到或接近工业发达国家利用水平。

(2)积极引导,组建一批具有国际竞争力的再生金属大型企业或集团公司

世界工业发达国家已有一批大型再生金属企业和跨国集团公司,专门从事再生金属回收、提炼、加工,产量从十几万吨到几十万吨,技术先进、产品质量优良,经营业绩突出。中国也出现了一批具有相当规模的再生金属生产企业,包括上海新格有色金属公司、天津大通铜业公司、宁波金田铜业集团、江苏徐州春兴(集团)公司等。在再生金属行业有一定影响,生产工艺和技术装备比较先进,产品质量优良,售后服务周到是这些企业的特色,各级地方政府应对这些企业给予大力扶持,使其进一步做优做强,发展壮大,形成各类再生金属骨干力量,带动产业更大发展。

(3)鼓励发展废旧有色金属市场,逐步形成规模

随着废旧有色金属收购工作全面展开,全国已形成几十处废旧有色金属集散地,集中了个体户和集体企业掌握的大部分再生资源进行交易,对打通回收渠道起到积极作用,十分有利于废杂金属的回收和利用。这些市场主要分布于河北保定地区,浙江宁波、温州、台州地区,以及广东佛山等地,经过多年发展,现已逐步形成规模,出现大批的经营专业户,交易量越来越大。应该积极鼓励废旧有色金属市场的形成和发展,调动收集废杂金属积极性,增大收集数量,促进该行业逐步进入健康发展道路。

第四节　再制造产业发展

再制造作为实现资源再利用的手段之一,能够最大限度保持产品原有附加值,正在逐渐影响并改变着我们的生产与消费模式,同时也成为各国家、各企业在实现资源再利用领域的重要竞争手段。有人曾指出:"再制造也许是促进美国产业发展的最大未开发机会。"我国作为一个生产制造及消费大国,是否有必要或者是否能够在再制造产业上创造出更多的优势,关于此问题的思考将有助于更加合理定位我国产业的未来发展方向。

一、中国再制造产业发展现状

(一)中国再制造产业发展概况

中国的再制造概念从2000年左右开始明确,相比欧美发达国家,发展相对较晚,但具有自身的明显产业发展及技术运用特色,发展势头良好,基本上遵循"概念提出—技术研发—企业试点"的发展模式,目前已成为世界上最重要的再制造中心之一。

20世纪90年代末期,徐滨士在中国第一次介绍了再制造的概念,并迅速被国家关注。2008年3月21日,汽车零部件再制造试点工作启动,14家汽车及其零部件生产企业入选。2009年1月,《循环经济促进法》正式出台,规定"销售的再制造产品和翻新产品的质量必须符合国家规定的标准,并在显著位置标识为再制造产品或者翻新产品"。2009年11月,工业与信息化部启动了包括工程机械、矿采机械、机床、船舶、再制造产业集聚区等在内的8大领域35家企业参加的再制造试点工作,为加快发展我国再制造产业又迈出了重要一步。2010年3月,《装备制造业调整和振兴规划》发布,将再制造列为发展现代制造服务业的重要内容,推动装备制造骨干企业发展再制造,由生产型制造向服务型制造转变。2010年10月,《国务院关于加快培育和发展战略性新兴产业的决定》中指出,要加快资源循环利用关键共性技术研发和产业化示范,提高资源综合利用水平和再制造产业化水平。

我国再制造具有自身的特色。国外再制造主要采用换件修理法(指将损伤零件整体更换为新品零件)和尺寸修理法(指将失配的零件表面尺寸加工修复到可以配合的范围,如缸套-活塞环磨损失效后,通过镗缸的方法恢复缸套的尺寸精度,再配以大尺寸的活塞环以完成再制造)。而我国的再制造是在维修工程、表面工程基础上发展起来的,主要基于表面工程、纳米表面工程和自动化表面工程技术,不仅准确恢复尺寸,而且显著提升性能,已达到国际先进水平,形成具有中国特色的再制造技术路径。再制造产品的质量控制是再制造工程的核心,再制造成型技术和表面技术是再制造工程的关键技术,而这些技术的应用又离不开产品的失效分析、检测诊断、寿命评估、质量控制等,所以发展再制造技术还能带动其他领域的发展,其他领域的发展又反过来促进再制造技术的完善。

中国再制造支撑技术主要包括以下几部分。

1.装备全寿命周期理论

装备全寿命周期指装备从预想到淘汰的整个过程,一般可分为方案论证、设计规划、研制生产、制造、服役使用、维护修理和退役报废等阶段。

2.装备再制造的寿命预测技术

装备再制造的寿命预测包含两方面内容:一是废旧零件的剩余寿命评估,用于判断废旧零件能否再制造,能再制造几次(剩余疲劳寿命是否足够);二是再制造零件(即再制造之后的零件)的服役寿命预测,用于判定再制造零件是否具有足以维持下一个服役周期的使用寿命。

借助无损检测技术,结合力学和材料学等多学科理论和技术,探索再制造无损寿命评估理论与方法,进行零部件的损伤检测和寿命评估。近年来,我国在多种无损检测技术方面进行了较系统的研究,内容有:无损检测装置(零件检测装置、特殊管道检测机器人等)、零件表面缺陷检测(视频、涡流、磁记忆、表面波等)、零件内部缺陷检测(超声等)、零件残余应力测定分析(X-射线、金属磁记忆、超声等)、再制造零件服役过程状态监测(声发射等)、废旧零件损伤程度检测评估理论与方法、再制造涂层质量无损评价理论和方法。

3.高效无损拆解与分类回收技术

拆解作为再制造的头道工序,直接影响再制造的加工效率和旧件再利用率。应用高效无损拆解技术和分类回收技术,可有效提高废旧零部件的回收利用率,提高再制造企业的规模化和自动化水平。

4.环保高效绿色清洗技术

废旧零件的清洗工作是再制造过程的重要环节。国外先进再制造企业已能做到清洗物理化(完全取消化学清洗),拆洗水平已完全达到零排放。应用无污染、高效率、适用范围广、对零件无损害的自动化超声清洗技术、热膨胀不变形高温除垢技术、无损喷丸清洗技术与设备,可以显著提高再制造生产过程的排污标准。

5.激光再制造技术

激光熔覆技术作为一种修复技术已得到许多重要应用。如英国劳斯莱斯航空发动机公司将它用于涡轮发动机叶片的修复,美国海军试验室用它修复舰船螺旋桨叶。国内对此项技术的应用近年来也取得很大进展。天津工业大学已将此技术用于冶金轧辊、拉丝辊的修复,石油行业的采油泵体、主轴的修复,铁路、石化行业大型柴油机曲轴的修复,均收到良好的效果。激光再制造技术的基础是激光熔覆。激光熔覆原本是一种表面强化技术,以激光熔覆为修复技术平台,加上现代先进制造、快速原型等技术理念,最终发展成为激光再制造技术。

6.纳米表面工程技术

在现阶段,此技术为将纳米颗粒弥散分布在表面涂层内,使纳米材料与传统表面工程技术得到融合,从而发挥纳米材料的优异效果。国内用于机电产品再制造的纳米表面工程技术主要有纳米颗粒复合电刷镀技术、纳米减摩自修复添加剂技术、纳米热喷涂技术等。

(二)中国再制造技术及产业发展的重点领域

1.汽车零部件再制造工程

中国作为汽车制造和使用大国,推进汽车零部件再制造工程产业化势在必行。2008年,国家发展改革委启动了汽车零部件再制造试点工作,确定了第一批14家试点企业,其中,济南复强动力有限公司、潍柴动力再制造分公司等取得了较好的成果。

同时,调研发现我国的汽车零部件再制造企业的水平参差不齐,其生产技术模式主要分为两类。一类是照搬欧美的尺寸修理加换件修理法,是在原型产品制造工业基础上发展起来的,已形成一套比较成熟的工艺,有利于企业快速形成能力。但缺点明显:再制造零部件为非标件,资源能源消耗大,旧件再制造率低,再制造成本高。另一类为基于先进检测和表面工程技术的中国特色再制造。这种模式优点显著,符合我国循环经济发展战略和中国实际国情,但不足之处是:技术体系还有待进一步完善,相关设备尚未形成产业化生产。

2.机床再制造工程及其数控化升级

中国各类机床设备保有量约550万台,居世界第一,数控化率不到3%,役龄超过10年的传统机床占60%以上,未来将有大量机床面临淘汰。机床再制造工程主要是采用纳米表面工程技术对机床进行精度恢复,通过更换电气控制元件、加装数控系统,提升老旧机床的机械性能,改善其控制及加工精度,实现装备整体性能恢复与提升,以及精确化加工的过程。

机床再制造作为一种基于废旧机床资源循环利用的机床制造新模式,在我国具有广阔的发展前景,对于实现我国量大面广的废旧机床资源的循环再利用具有重要意义。我国机床再制造的模式主要有再制造商与用户之间的订单式服务、回收二手旧机床进行再制造以及机床置换等三类。从事机床再制造的主要力量是专业机床再制造企业、机床制造企业及数控系统制造企业。其中机床制造企业由于品牌、技术、人才、物流等方面的优势,在机床再制造方面取得了较大成果。

3.工程机械、农用机械、矿山机械再制造工程

中国是工程机械、农用机械和矿山机械的使用大国,设备保有量大,品种多。此类设备多是由于重载而导致零部件表面磨损、腐蚀和断裂,从而失效报废。采用热喷涂技术(TST)、电刷镀技术(EBP)、激光熔覆技术(LMT)及微束等离熔覆技术(MPAWT)等再制造工程方法可快速修复上述磨损表面及断裂,并保证修复后的零部件质量不低于新品,而成本远远低于新品。因此,在上述设备中实施再制造工程能够显著提高设备的使用年限,获得节能减排效果,从而创造巨大的社会经济效益。

在我国工程机械市场中,不同档次的产品存在不同的用户群,而多样化的需求也使再制造产业的建立成为可能。而我国各类工程机械市场保有量的迅速增加,也为开展再制造并实现产业化的经济规模创造了有利条件。此外,鉴于工程机械用户对产品信息的把握能力相对更强、更专业,信息的对称性同样为工程机械再制造产业的建立提供了良好的市场基础。

4.废旧电子电器产品再制造与资源化

废旧电子电器再制造与资源再生是我国资源再生产业面临的新问题,国家相关部门从不同的角度正在修订和制定相关的法律法规,在规范该产业发展的同时,也有利于资源节约和环境保护。从2003年起,国家发展改革委在青岛海尔、天津大通、北京华星、杭州大地等单位开展回收利用试点,建立废旧电子电器的拆解处理示范厂,以期引导我国废旧电子电器再制造与资源再生行业的发展。一些地方也出台了有关文件,规范电子废料的回收利用和无害化处理。

但是由于回收价格、运输、仓储、处理成本等问题,国家现有电子废料正规处理企业难以获得足够货源,导致实际产量明显小于设备的生产能力。我国旧电子电器市场繁荣,但因为缺少相关法律法规的约束,行业素质参差不齐,其产品质量往往难以保证。

5.重大技术装备再制造工程

能源、化工、冶金、电力等行业的重大技术装备再制造工程意义重大,可以瞄准冶金重大技术装备中的高炉渣口、风口、轧辊、连铸机轧辊、炉底辊、热轧工具、水压机油压柱塞,石油化工重大技术装备中的高温高压反应容器、裂解炉管、大型储油设施,火力发电重大技术装备中的汽轮机叶片、缸盖、磨煤机零部件、锅炉"四管",水力发电重大技术装备中的水轮机叶轮,以及风力发电机、燃油发电机、太阳能发电机的关键零部件开展再制造工程。

二、中国再制造发展面临的问题

中国的再制造在产业化的过程中也面临着若干问题,需要相关部门加以重视及解决。

(一)社会层面

2000年左右,中国引入了再制造的概念。经过一定时间的发展,经研究发现,再制造的环境及社会效益显著。再制造在节能、节材、环境保护等方面做出了重大的贡献。国家发展改革委和工信部为再制造产业的发展提供了各种支持,但这并没能引起其他相关职能部门的重视,导致至今没有形成有利于再制造产业健康发展的政策环境。另外,相比于新品,再制造产品的社会认可程度至今仍不是很高,一般的顾客不能区分再制造与维修的区别,甚至把二者等同对待,认为再制造品就是二手货,导致了再制造产品的市场开拓难度加大。

(二)产业层面

再制造在中国起步较晚,但是受到了国家相关部门的重视,相关产业管理部门及科研单位为再制造的发展提供了政策支持及技术支撑,并以汽车零部件再制造为试点产业,探索再制造产业在中国的发展之路。随后,全国绿色制造标准化技术委员会再制造分技术委员会成立,负责再制造术语标准、再制造技术工艺标准、性能检测标准、质量控制标准,以及关键技术标准的制订等相关工作,为再制造在中国的发展提供规范化的保证。但是,因为当前再制造规范的不明确,导致了再制造市场中企业水平参差不齐,有些再制造企业开展的业务甚至不能称为再制造,其产品质量水平得不到保证,这对再制造市场的开拓及发展造成了一定的负面影响。如要保证再制造产业的健康稳定发展,则需要包括经济、环保、工商、公安、立法、科研等在内的相关部门的继续努力及协调。另外,具有活力的中小企业发展再制造困难重重,中小企业即使有技术,在旧件来源、产品论证和市场营销方面还存在许多困难,不仅得不到原制造商的支持和配合,甚至还被许多原制造商当作是对自己既有市场的威胁。再制造产业发展过程中不能指望若干家企业就可以推动整个产业的发展,也不能对部分企业只要政策而不开展再制造业务的现象放任不管。

(三)企业层面

以济南复强动力有限公司为代表的一批汽车零部件生产企业开展了汽车零部件再制造业务,采用的发展模式有科研合作、平台合作及技术合作等。经过一段时间的发展,汽车零部件再制造在中国已具有一定技术基础、管理积累及市场空间。同时,由于一些客观存在的原因,再制造企业的发展也面临一定的困难。通过对国内14家汽车零部件再制造试点企业的调研,发现这些困难主要有国家相关政策的冲突及缺失、再制造回收网络的建立、再制造专业技术人员和设备的缺乏、回收产品质量状态的随机性、再制造生产计划安排的复杂性、再制造信息系统的兼容性、再制造市场的培育等。另外,还有部分再制造企业的认识不够,从事再制造的企业只是看到了这一行业潜在的利润和前景,对于如何进行定位、如何开发市场、如何健康发展等方面缺乏认知。

(四) 技术层面

在再制造体系中,主要的关键技术包括再制造性设计技术、再制造零部件剩余寿命评估技术、无损拆解与分类回收技术、绿色清洗技术、纳米表面工程技术、快速成型再制造技术、运行中的再制造技术以及虚拟再制造技术等,其中体现了注重环境效益、社会效益的特点。目前,这些技术获得了较好的发展,已进入实用化阶段,但是离产业化应用还有一定的距离,而这一方面正是再制造企业亟须解决的问题之一。

三、中国再制造产业发展模式

(一) 中国再制造产业发展模式的选择

在当前的循环经济建设实践中,各地对循环经济的理解停留在单个循环经济项目建设和对资源浪费项目进行回收利用改造这一初级阶段,还没有实现循环经济所要求的产业化和集群化模式。针对上述现象,我国制定了《中华人民共和国循环经济促进法》,并从2009年1月1日起开始实施。该法案中明确提出要发展再制造产业以促进循环经济向产业化、集群化方向发展。

从再制造产业的发展历程看,技术产业化是一个普遍的发展模式。我国在这一环节上采取的是企业试点模式,其总体上是分散化运作,产业集群能力明显不足,不符合"产业要集聚化、集聚要规模化"的基本思路。

鉴于再制造产业有其独特的技术和相应的政策法规环境,需要加强和完善,因此,需要探索建设再制造产业基地的形式。所以,建设再制造产业基地或园区就成为再制造产业发展的一个重要模式。工业园区是产业集聚的重要载体,它依靠科学的管理、优化的产业链结构、完善的服务平台等实现对企业的集聚效应,从而实现产业的集聚和规模化发展。

再制造产业园区可以与当地现有工业优势相结合,产业园区以"园区+中心+企业"为基本架构,形成一种紧密的相互依存、相互支撑的科学发展态势。这一模式总体遵从"技术产业化、产业集聚化、集聚规模化、规模园区化、园区科学化"的建设理念,既可以有效地弥补当前再制造产业企业试点模式的不足,也可以带动多支点产业的发展。可以说,发展再制造产业基地是实现循环经济的典型模式。

(二) 中国再制造产业发展的工作思路

中国再制造产业发展的工作思路是通过再制造产业基地的建设,进一步加速现代装备制造业基地建设步伐,着力提升工业核心竞争力,切实推动产业升级和结构转型,实现制造和再制造的协调发展,加快建设"两型社会"。

第一,按照国家有关部委的部署,优先推进重点领域的再制造。一是大力发展工程机械、机床、电机等再制造,引进国内外有实力的企业投资装备再制造,发展机床、工程机械、工业机电设备、铁路机车装备再制造;二是大力发展电子及办公信息设备再制造,突破各种制约瓶颈,扩大产业化规模。

第二,以科技创新为本。再制造本是科技创新的产物,国内再制造产业发展,要靠科技支撑。缩小我国再制造产业与国外的差距,要靠科技创新。一是加大科技投入,并积极争取国家的科技扶持资金,加强与国内高校及科研院所的合作,组建再制造重点技术研发中心和院士工作站,围绕再制造产品设计、旧件性能评价、经济环保的拆解和清洗、纳米表面工程、无损检测等技术的研发及再制造产品安全检测等方面进行创新;二是引进国内外高端人才,千方百计构筑人才高地,加强与国内高校的合作,加大高层次、复合型、创新型再制造人才的培养力度,充分发挥高等职业技术教育方面的资源优势,加速教育和科技产业的集聚和整合。

第三,全面建设再制造配套服务体系,为再制造企业的发展提供有力支撑。一是积极争取国家有关部门的支持,在再制造产业基地建立再制造产品质量检验检测中心,以良好的再制造经营环境吸引国内外再制造企业落户。二是依托产业优势,完善再制造产业链。三是把再制造产业所需装备作为再制造产业发展的重要内容,发挥机械装备制造业优势,大力发展再制造装备研发和生产,逐步形成再制造关键设备生产研发体系。四是发挥区位以及物流优势,与国内外原厂生产商合作发展逆向物流,建立再制造产业发展所需的工程机械、机床、废旧汽车零部件等的逆向回收物流体系,形成适应再制造产业发展所需的旧件收集能力。五是在企业现有质量管理体系建设的基础上,进一步完善适应再制造的管理体系要求,加快信息化手段的建设,实现再制造产品、性能等信息化管理,实现基地共享的旧件回收系统和逆向物流服务。六是强化安全、环保和职业健康工作,建立严格的再制造环保安全保障体系。从严执行国家相关标准和技术规范,统一建设再制造所产生废水和固体废弃物处置设施,对再制造过程中产生的各类废物分类管理和处置,提高后续废物再利用潜力,消除再制造产品的安全环保隐患。七是加强领导,完善配套政策保障体系。配备相应的科技、招商人员,健全再制造产业基地管理体系。同时,尽快制定和落实涉及再制造产业发展的相关政策,为再制造产业发展创造优良的软环境。

(三)中国再制造产业发展支撑体系建设规划意见

促进再制造产业化发展,不仅需要在再制造市场方面下功夫,更重要的是全面打造发展再制造产业链所需的支撑体系和配套环境,加快建设各类公共服务平台和配套产业。

1.打造公共技术研发平台

发展再制造产业,要以技术创新引领未来。再制造产业基地应与国内有关行业协会、科研机构和高校合作,把握行业技术发展动态,围绕再制造产业化发展所需的众多关键技术,兴办研发中心、重点实验室和研究院,大力推进产学研合作。

第一,大力发展再制造新技术,如绿色拆解技术、绿色清洗技术、零件剩余寿命评估技术、激光熔覆技术等,提高纳米电刷镀、高速电弧喷涂、微脉冲冷焊、粘涂、微弧等离子熔覆等技术的应用水平。

第二,大力发展再制造配套技术,包括新材料及应用、新装备及应用、质量保障与检测技术,逆向物流技术和电子商务技术等,促进再制造产业集聚发展。

第三,在科技创新的同时大力培养再制造专业人才。与国内有关科研院所和高校合作,大力培养再制造产业所需实用人才,特别是高级技工,保持再制造产业基地的可持续发展,为先进再制造技术的产业化创造条件。

2.构建逆向物流和旧件回收体系

美国物流管理协会对逆向物流的定义是:计划、实施和控制原料、半成品库存、制成品和相关信息,高效地和经济地从消费点返回到起点的过程,从而达到回收价值和适当处置的目的。狭义的逆向物流,可以定义为通过配销的网络系统将所销售的产品进行回收的过程。逆向物流在发展循环经济的过程中处于非常重要的地位,发展逆向物流成为物流领域中新的经济增长点。循环经济需要逆向物流作为循环的支撑。但是,再制造过程中的逆向物流,必须区别于资源再生体系下的废旧物资回收、拆解和利用。资源再生着眼于回收利用旧件中的各种材料,是循环经济的初级阶段。再制造是循环经济的高级形式,是绿色制造的重要形式。再制造要走产业化经营、规模化生产之路,不可能依靠资源再生体系下的废旧物资回收、拆解和利用。因此,发展再制造需要根据自身特点科学打造逆向物流体系,根据不同产品的特点建立旧件回收网络。

第一，要大量发展订单再制造。对于汽车零部件、机床、铁路设施、冶金、煤矿机械等装备，重点推广订单化生产。有针对性地回收客户所用旧件，进行再制造和性能升级后再送交客户使用。

第二，要发展网络化回收。要大力发展电子商务，通过互联网定型回收再制造所需旧件；加强与国内原厂制造商的合作，依托制造厂商的维修服务网点获取和配送旧件至再制造基地；构建独立运作的旧件回收网络，负责旧件信息的搜集、客户档案和资源数据库的建立，以及旧件的质量判定、旧件估值、旧件费用申报、财务支付跟踪、旧件的标识管理、旧件的仓储和旧件的运输等。

第三，建立旧件逆向物流基地（中心）。推动再制造业务流程社会化外包，集中储存乃至拆解、清洗回收的各种旧件，统一处置废弃物和不可再制造的旧件。

第四，适当进口国外旧件。要加强与国外制造大厂的合作，利用国外制造厂商批量回收的旧件，在国内发展再制造，产品既可在国内销售，又可出口。

第五，优化逆向物流运营，提高再制造资源回收率和回收质量。一是细化回收网络的职能，将网络的触角延伸到具体的大客户、终端群体客户，建立回收代办点专门回收大客户和群体客户的可再制造旧件。二是细化旧件回收标准，简化回收手续。制定严格的旧件回收条款和定价标准，根据旧件的质量状况，对旧件质量进行分级管理，对不同质量等级的旧件实行不同的回收价格标准。三是制定严格的旧件包装、运输管理标准。适当增加旧件的包装费用，添置专用旧件运输工位器具，从制度上、手段上避免旧件资源的二次损坏。四是强化技术培训和技术支持，采取集中培训和现场培训相结合的方式，对旧件回收工程师和鉴定员进行系统培训，组建专业的旧件鉴定员队伍，全面负责再制造旧件资源的回收，并对旧件鉴定员实施资质认可管理。组建逆向物流研发中心，对旧件网络的运营提供技术支持。五是对旧件回收实行园区化管理，创建政府管理平台，方便工商、税务、公安、环保、劳动、安监、质检等职能部门工作，对再制造实施统一规范的管理，保证进园的是旧件，出园的是性能、质量不低于新品的再制造产品。

3.完善环境管理体系

与新品制造相比，再制造增加了旧件清洗工艺，生产过程产生的废弃物更多。再制造主要污染物有废水、废液、废气、废渣、粉尘和噪声。再制造产业基地应按照国家有关规定执行最严格的节能、环保标准。

工业固体废弃物主要有除尘设施收集的粉尘、机械加工过程中产生的金属边角料、焊接过程中产生的废焊条和废包装材料等。废水主要为旧机清洗过程中产生的废水、地面冲洗废水和生活污水。工业废液主要包括废机油、废乳化液、隔油池产生的废油、机械加工过程产生的废切削液和切削油泥，及镀锌、铬钝化等工序定期更新的废液。工业废气主要是火焰切割废气、喷砂废气、焊接单元产生的焊接废气。噪声污染主要来源于机械加工设备及辅助风机系统等，各种车床、钻床、镗床等加工设备运行过程中产生的噪声值都比较大。

再制造产业基地要强化环境管理。一是推动再制造企业严格执行环保标准，按照ISO14001环境管理体系要求建立环境保护规章制度并按规章制度严格管理。二是对再制造基地实行污染排放联网监测，力求杜绝违规。三是对主要废弃物实行统一管理。企业生产中产生的废液用密封容器收集运至基地废水综合处理站处理；生产过程中产生的固体废弃物全部收集在专用容器中，专人管理，综合利用，不能综合利用的集中运往相关废物处理公司进行处置。

针对再制造过程中拆解、清洗和修复过程中产生的废液、废气和噪声污染，采用先进技术进行治理，使再制造的全过程实现绿色清洁生产。执行《污水综合排放标准》（GB 8978-1996）一级标准。

（1）废水处理措施

再制造生产的主要工业废水为含油综合废

水,应采取分散与集中相结合的治理方式,先对各类废水分别进行预处理,再集中到污水处理站二次处理至符合污水处理厂接收标准,最后进入污水处理厂。

(2)废气治理措施

1)油漆废气治理措施:油漆废气污染物主要包括漆雾和有机废气污染物(主要为二甲苯),漆雾产生于喷漆及补漆工段,采用旋流式喷淋装置处理;有机废气(二甲苯)主要产生于油漆烘干工段,采用强制通风,经 15 m 高排气筒稀释扩散后排放。

2)含尘废气治理措施:加强车间通排风,保证车间内气流通畅,车间喷砂、焊接烟尘、机械加工金属粉尘等采用单机袋式除尘器处理,再制造产品试验废气等采用强制通风经车间顶部排风机高空排放。

3)为员工配备相应的防护设施。

(3)噪声污染治理措施

通过选择低噪声设备、机座减震、设置专门的隔声间等措施减少噪声,厂区昼间噪声不得高于 65 dB,夜间不得高于 55 dB,应符合《工业企业厂界环境噪声排放标准》(GB 12348-2008)要求。

(4)工业固废污染治理措施

①工业固废分类处理;②废金属统一进行回收利用;③拟在再制造基地设置高温分解炉,就地集中处置浓缩后的废液;④废渣及一般工业垃圾,送相关环境工程公司填埋场填埋;⑤含有机物的工业垃圾送相关危险废物处理公司,用旋转式焚烧炉进行焚烧处置;⑥生活垃圾运到环卫部门指定的垃圾处理场。

按照"减量化、再循环、再利用"原则,在筹划发展再制造产业的同时,应依托经济发展规划设立"城市矿产"基地,综合利用再制造产生的金属废弃物,构建"企业—园区—社会"的循环体系,进一步促进资源循环利用的最大化。

4.建立公共检测平台与质量保证体系

再制造产业基地应严格按照国际标准建立严格的质量控制体系,推动基地内企业的技术管理全面与国际接轨。

(1)再制造质量控制

再制造的质量控制主要包括再制造毛坯的质量检测、再制造生产过程的质量控制、再制造产品的质量检验。

再制造毛坯的质量检测一般采用无损检测等方法,检测旧件的局部变形、磨损、氧化、老化、表面变质、裂纹、孔隙、强应力集中点等缺陷。

再制造生产过程的质量控制采用全面质量控制法,发动全体再制造加工员工,综合运用各种现代管理技术、专业技术和各种统计方法与手段,通过对产品再制造寿命周期的全过程、全因素的控制,保证用最经济、最环保的方法生产出质优价廉的再制造产品。

再制造产品的质量检验将采取新品或者更严格的质量检验标准,对组装后的再制造产品在准备入库或出厂前对其外观、精度、性能、参数及包装等进行检查与检验,保证再制造产品的质量与性能水平达到或超过原新产品。

(2)建立再制造产业基地质量检测平台

再制造产业基地应积极争取国家质检部门支持,加强与国内外检测机构的合作,建立再制造产业基地质量检测中心,引进先进的试验设备、检测手段和工艺,为广大企业提高再制造相关质量检测服务。

再制造产业基地质量检测中心要配合政府部门和基地内企业,不断提高再制造生产质量检测水平,完善企业再制造生产质量管理体系,提升再制造产业基地质量信誉。

质检中心要结合国内再制造发展现状,从再制造技术发展角度,服务基地内企业制订、完善旧件接收标准、旧件估值标准、旧件回收标准、再制造工程技术标准、工艺方法及检测标准等。同时,加强与装备再制造技术国防科技重点实验室和其他科研院所合作,在新技术的引进和应用过程中完善绿色清洗技术标准和零件表面处理技术标准,尽快形成一套完整的中国特色再制造技术标准,服务再制造产业发展。

（3）全面构建再制造产业全面质量管理体系

第一，根据国家相关部门的要求，积极推广再制造标识，体现再制造的技术品质，打造再制造品牌。

第二，协助企业根据生产及发展需要编制质量标准和完善工艺规范，强化旧件质量控制、再制造过程质量控制，突出对旧件回收、拆解、清洗、表面处理、加工环节质量控制，推动企业对质量体系引入第三方认证，构建再制造产品质量保证体系。

5.拓展再制造外包加工体系

再制造产业基地将带来再制造产业的集聚，再制造产业集聚也为再制造生产流程的外包创造了条件。无论是整机再制造业务，还是零部件再制造业务，对其中的拆解、清洗、再制造加工和检测等生产工序进行外包，可以发挥再制造产业基地的规模化生产优势，降低企业经营成本，提高再制造生产的整体水平。

第一，再制造企业可以将一些产生环境污染较多的生产流程外包，如拆解、清洗、电镀等，有利于将污染源相对集中，便于落实环保措施。

第二，再制造企业可以将零部件再制造外包，龙头企业集中资源于关键产品和关键工艺，提高再制造技术水平。可以委托外包供应商对外协零部件按再制造质量标准进行再制造，经检查验收合格入库后，直接用于再制造产品的装配。也可直接利用原厂生产商的零部件供应商的旧件资源，由外包供应商对其自身产品进行再制造，再由企业按再制造产品的价格采购，用于再制造产品的装配。

第三，有利于大力发展零部件再制造产业集群，促进当地机电制造行业的中小企业投身再制造产业。

6.设立创业孵化中心平台

应筹组再制造创业孵化中心，同时积极争取国家的科技扶持资金和人才奖励资金，鼓励国内外高端再制造科技人才到再制造产业基地转化技术成果。

再制造创业孵化中心将与地方科技、人事部门合作，设立再制造专项基金，加大招才引技和培养提高力度，为自主创新提供智力支持。再制造专项基金，将对进入再制造创业孵化中心的高端人才提供激励，支持进入再制造创业孵化中心的科技企业引进人才，为现代制造业基地的建设奠定扎实的人才基础。

再制造创业孵化中心加强与科研院所的联系与协调，加快推进产学研合作，支持进入再制造创业孵化中心的科技企业与国内外工程技术中心和科研院所共同进行科技攻关和成果转化，完善以企业为主体、高等院校和科研院所广泛参与，利益共享、风险共担的产学研联合创新机制。

7.发展再制造信息平台与电子商务

发展现代再制造产业，必须建立覆盖再制造资源分布、回收、生产、销售、服务、再回收全过程的信息体系。

结合现代网络信息技术和电子商务的发展，再制造产业基地要成立电子商务平台和再制造信息平台，让再制造企业、客户和旧件供应商分享有关再制造旧件分布、回收、生产和贸易等方面的信息，借助网络平台举行电子商务买卖和再制造服务外包。在再制造信息平台，企业可以与客户及供应商实现相关信息的实时共享。

第一，对旧件回收实行监控，与回收站点终端相连，实时掌握旧件资源的品种、数量及质量状况。

第二，在再制造过程中，实现在线计划管理、工艺管理、装配管理、库存物料管理，记录再制造产品的装机信息，包括主要零部件的信息编码及再制造产品的识别编码，实现再制造零件和整机的动态可追溯。

第三，成立在线客户关系管理（CRM）体系，让再制造企业与客户及时互动，及时获取再制造产品的售后质量信息和客户的需求，及时进行质量改进和提高服务质量，满足用户的需求。

第四，建立在线零部件故障数据库，将与之

配套的再制造技术和工艺方法存入系统中,为进一步提高再制造技术水平和产品质量提供数据支撑。

第五,实现再制造产品电子商务,让再制造各个环节旧件回收、生产、销售、服务和使用等关联方开展电子商务,拓宽再制造业务渠道,推动再制造产品社会资源信息共享,丰富旧件来源,明确潜在客户需求,扩大再制造产品定制业务。

第四章 雄安新区循环经济发展研究

一、雄安新区简介

2017年4月1日,中共中央、国务院决定设立河北雄安新区,这是继深圳经济特区和上海浦东新区之后又一具有全国意义的新区。涉及河北省雄县、容城、安新3县及周边部分区域的雄安新区,迅速成为海内外高度关注的焦点。设立雄安新区是以习近平同志为核心的党中央做出的一项重大的历史性战略选择,是一项承载着"千年大计、国家大事"的历史性战略部署。

(一)优势

雄安新区是"京津冀协同发展"战略布局下的时代产物,其身上最鲜明的定位就是"集中承载地"。历史选择了雄安新区成为首都的"集中承载地",那么相比于其他的地区,雄安新区具有哪些优势呢?简而言之,雄安新区的优势大致体现在以下四个方面。

(1)区位优势

雄安新区地处华北平原,一马平川,与北京、天津构成一个等边三角形,距离北京、天津、石家庄和保定市分别约105 km、105 km、155 km、30 km。

(2)交通便捷

雄安新区东至大广高速、京九铁路,南至保沧高速,西至京港澳高速、京广客运专线,北至荣乌高速、津保铁路等交通干线,基本形成与北京、天津、石家庄、保定的半小时通勤圈。同时具备空港优势,距离北京新机场约55 km,完全可以满足高端高新产业的发展需要。

(3)生态良好

雄安新区拥有华北平原最大的淡水湖——白洋淀,漕河、南瀑河、萍河、南拒马河等多条河流在区域内交汇。九河下梢,汇集成淀,星罗棋布的苇田,摇船入淀,但见浩渺烟波,苍苍芦苇,悠悠小舟,岸上人家,宛若"华北江南"。

(4)开发度低

雄安新区范围内人口密度低,建筑少,拆迁量不大。核心区所辖人口尚不到10万人,仅相当于北京的一个社区。可开发建设的土地较充裕且可塑性强,具备一定的城市基础条件。

(二)意义

首先,成立雄安新区,是解决北京"大城市病"问题的重要一环,是尊重城市建设规律,开创创新区域发展的新路径。在国际上解决"大城市病"问题,大多数国家都用另外建设新城的方法。而我国在改革开放以来,通过建设上海浦东新区和深圳经济特区,都有力推动了当地周围区域的发展。雄安新区的建设,既体现了创新和共同发展的时代思考,也借鉴了国内和国外的良好经验,为拓展区域发展开创一条新路。

其次,雄安新区的政治经济意义同样重要。雄安新区是继上海浦东新区、深圳经济特区之后,又一个国家级的特区。但与前两个特区有所不同,前两个特区主要体现经济意义,而雄安新区的政治意义要更为重要。它们三者分别代表中国改革开放的三个不同时期:深圳经济特区是沿海改革开放的时期,上海浦东新区是改革开放从沿海向内陆渗透的时期,前两者均处于我国改革开放的初期,充分享受改革开放后经济发展带来的利益;而雄安新区的设立,正处于我国改革开放攻坚期和转型的艰难时期,其意义要更加丰富重大。

二、循环经济的工作开展

我国已进入经济新常态,面临体制机制深度改革以及结构性转型升级等重大问题。因此,推进中国特色社会主义事业"五位一体"建设、实现全面协调的现代化是城市发展的必然选择。中共中央明确规划建设雄安新区要突出七个方面的重点任务,多次提到"绿色""现代"和"生态"等关键词,这无疑证实了雄安新区的建设,应坚持生态、绿色、低碳、可持续的循环经济发展,实现人与自然的和谐发展。因此,自雄安新区成立以来,各级政府大力发展循环经济,治理生态环境,取得了显著的成效。

(一) 白洋淀治理

河北省政府于2017年9月印发《雄安新区及白洋淀流域水环境集中整治攻坚行动方案》(以下简称《方案》)。《方案》指出,要快速行动,把雄安新区及白洋淀流域周边1 km范围内区域环境清理干净,杜绝垃圾、污水入淀。《方案》提出,围绕雄安新区及周边地区、白洋淀及其外延连通水系等重点区域,以实施工业生产、城镇生活、农业农村等方面污染源整治为重点,加大对入淀河流、黑臭水体、纳污坑塘等整治力度,大力削减入河入淀污染负荷,推进雄安新区及白洋淀流域水环境质量改善。《方案》表示,到2017年底,雄安新区乡(镇)及村庄生活垃圾无害化处理率达到100%,新区及白洋淀流域上游两侧城乡垃圾无害化处理率达到75%以上。2018年春节前,保定市在全市范围内部署开展河湖清理行动,针对市域内河湖存在的乱倒乱排、乱采乱挖、乱围乱堵、乱占乱建问题,开展清除垃圾、清理违建、清洁水质行动,打造河畅、水清、岸绿、景美的水生态环境。这是雄安新区设立以来,保定市持续推进白洋淀上游流域生态治理的一项攻坚举措。

截止到2018年2月,保定市共封堵河道非法排污口1 574个,清除河道垃圾615万 m^3,清理无证堆场244处,拆除阻水违章建筑64处,取缔非法采砂场32处,回填平整采砂尾堆71处。总计投入治理资金近2亿元,排查出各类坑塘1 774个,完成治理1 669个。建立起一支包含8名市级河长、260名县级河长、1 621名乡级河长、4 534名村级河长在内的河长队伍,累计巡河1.3万次以上。西部山区水源涵养林建设规模日益扩大,已完成水源林建设3.13万 hm^2,2013年以来,全市完成绿化24万 hm^2。

(二) "千年秀林"工程

2017年11月中旬,雄安新区"千年秀林"工程已经正式启动。作为雄安新区第一批实施的项目,"千年秀林"预计造林达到6万 hm^2。项目预计到2030年时,雄安新区蓝绿空间占比大于70%,森林覆盖率达到40%以上,超过全国平均水平约1倍。

这次生态建设工程体现了雄安新区发展的"五新"理念:新理念——人民城市人民建,建好城市为人民,绿水青山就是金山银山,金山银山和人民有关,在城市发展中让群众有更多的获得感;新机制——按资源变资产、资金变股金、农民变股东的"三变"合作方式,以企业与农户或集体间多要素、多方式合作,使群众获得稳定的长期收益;新模式——坚持因地制宜,通过多种经营、多元发展、多业并举、多轮驱动的方式,让群众实现融入城镇化、务工产业化、合作股权化、收入多元化的目标;新技术——建设千年秀林,打造全冠种植、异龄复层混交的近自然森林;新环境——干群一心,创建新区良性致富生态,共建共享新区发展成果。

(三) 科技创新雏形

党的十九大报告指出,创新是引领发展的第一动力,是建设现代化经济体系的战略支撑。当前,我国经济发展进入新常态,面临经济结构调整、转型等重大问题,要实现经济结构优化,经济增长动力由要素驱动、投资驱动转向服务业驱动、创新驱动,就必须坚持"科技是第一生产力、创新是第一动力、人才是第一资源"的发展战略。走科技创新的道路,也是"高起点规划、高标准建设雄安新区"的必然要求。

2017年9月28日,河北雄安新区管委会发布消息称,按照严控入区产业的原则,经过审核,首批48家企业获得批准在新区设立公司,其中包括阿里巴巴、腾讯、百度、京东金融、奇虎360、中国电信、中国人保等知名企业。这48家企业全部为高端、高新企业，其中前沿信息技术类企业14家，现代金融服务业企业15家，高端技术研究院7家，绿色生态企业5家，其他高端服务业企业7家。2017年末，北京中关村科技园区管委会与河北雄安新区管委会正式签署共建雄安新区中关村科技园协议，并带领碧水源、小桔科技、金山软件、首航节能等12家中关村节能环保及智慧城市服务企业与雄安新区签署了战略合作框架协议。在引导北京科技企业与雄安新区签约之前，北京与雄安新区（甚至河北省）早已开展政策层面的合作。早在2017年8月，北京市就与河北省签署了《关于共同推进雄安新区规划建设战略合作协议》，明确支持中关村科技园区与雄安新区合作共建雄安新区中关村科技园，打造高水平创新创业载体，促进雄安新区发展新经济、形成新动能。

在信息时代，数据占据着重要的地位，在雄安这座白纸上建起来的城市，数据是最重要又无所不在的地基和砖块。大多数城市都是先有基础设施，再搞数字化，雄安新区是在一开始建设的时候就把数字和硬件结合起来，这种基础条件不仅独一无二，更重要的是开创了国内数字和硬件结合建设的示范，是我国数字化建设的又一座里程碑。

（四）其他基础建设

1. 交通建设

雄安新区是非首都功能疏解的集中承载地，在交通网的建设上，雄安新区致力做好综合交通系统的顶层设计，建设绿色智慧交通系统，实现与京津"零阻抗"的交通联系。一套"快捷、高效、绿色"的交通体系规划正在打造。

（1）高效便捷通勤圈

雄安新区区位优势明显、交通便捷通畅，现有多条高速公路（荣乌高速、京港澳高速、大广高速）、铁路（京保高铁、京雄城际），基本形成与北京、天津、石家庄的半小时通勤圈。

（2）绿色智慧交通系统

以轨道交通为骨干，以常规公共汽车交通为主体，以共享单车为补充，建设末端交通绿色、先进、高度智能化的世界一流交通体系。

（3）交通枢纽与周边用地一体化开发

改革土地取得与使用模式，突破单一用地功能制约，真正实现交通设施和周边用地一体化开发。

2. 体制机制创新

雄安新区自设立以来，不断深化行政体制改革，探索管理新模式，综合设置7个内设机构，减少管理层级，推行"聘任制"和灵活的用人制度，逐步完善各项规划编制工作。为提高行政效能，更好地为民服务，新区综合设置了党政办公室、党群工作部、改革发展局、规划建设局、公共服务局、综合执法局和安全监管局等7个内设机构。同时，部门内部不再设置科室，而是实行岗位管理，新区在承接好省级下放的行政审批权的同时，还加大了向县级放权的力度，尽可能地减少管理层次。在用人制度方面，新区党工委、管委会及管理层实行任期制，其他人员全部实行聘任制。受聘到新区的公务员（含事业单位人员）与新区签订聘任合同，实行档案封存，"双轨"运行，个人的社保、住房公积金随原身份档案标准缴纳，调出时以档案身份和实际级别调出，不影响以后在行政或事业单位的任职和晋升。雄安新区按照"精简、高效、统一"的原则，实行"大部门制、扁平化、聘任制"，科学设置管理机构，激发新区发展活力。

3. 禁止炒房，保持经济平稳

为防止新区房价被恶意炒作，雄安根据中共中央部署，所有楼盘、二手房或中介禁止销售，在建工程一律停工，雄安三县的房地产交易一律冻结。但是雄安新区的建设不可能长期"叫停"，无论怎样也离不开房地产开发的持续推进；因此，市场经济环境下，政府还需要找到合适的方法对房地产市场进行调控。

2018年2月10日，河北雄安新区管委会召开以"住房租赁积分为切入，探索住房租赁管理新模式"为主题的学术性研讨会，并邀请国内专业研究机构、高等院校、金融机构等相关机构的专家，为新区住房租赁制度建言献策。此次会议表明了雄安新区将以发展住房租赁市场为抓手,以大数据监管平台为依托,引入国内外知名房屋租赁管理机构,实施住房租赁积分制度,规范租赁市场,从而避免走房地产主导的城市发展老路,努力探索城市开发建设运营新模式,构建新的住房保障体系。雄安新区的住房体系设计是为了准确有效地服务于雄安的公众群体,真正让那些为雄安当前发展做出努力的人有房住、租得起,让那些为雄安长远发展做出贡献的人有房产、买得起。为此,雄安新区积极探索建立住房租赁积分制度,从住房租赁市场主体属性、政策激励、租赁行为三方面,运用区块链、大数据等前沿技术,建立科学、有效的住房租赁积分全生命周期管理机制,营造活力、健康、有序、可持续的住房租赁生态。

三、循环经济发展规划

中央明确,规划建设雄安新区要突出七个方面的重点任务:一是建设绿色智慧新城,建成国际一流绿色现代智慧城市;二是打造优美生态环境,构建蓝绿交织、清新明亮、水城共融的生态城市;三是发展高端高新产业,积极吸纳和集聚创新要素资源,培育新动能;四是提供优质公共服务,建设优质公共设施,创建城市管理新样板;五是构建快捷高效交通网,打造绿色交通体系;六是推进体制机制改革,发挥市场在资源配置中的决定性作用和更好发挥政府作用,激发市场活力;七是扩大全方位对外开放,打造扩大开放新高地和对外合作新平台。雄安新区成立以来,当地政府严格遵守党中央的指示,大力从环境、生态、科技等方面进行雄安新区的建设,取得了令人欣喜的成果。但是也应当注意到,想要打造具有"世界眼光、国际标准、中国特色、高点定位"的雄安新区,仍然还有很多路需要走。

(一)基础设施建设

完备的公共基础建设才能够吸引、聚集各方资源,才能承担起"集中承载地"的重任。雄安新区政府指出,应牢牢抓住"生态、绿色、便捷、高效"等关键词对新区进行改造、建设:建设一个绿色、智慧的综合交通系统;充分开发地热资源,促进清洁环保、安全高效的新能源体系建设;完善新区的网络通信基础设施和信息应用规划,确保雄安新区在规划上要达到国际一流的城市水平。此外,还可以积极探索创新型开发方式,包括通过利用公共私营合作制模式(PPP)引入社会资本、鼓励外资注入等,以期尽快实现基础设施建设的目标,为新区进入真正的建设开发模式及未来循环经济的发展奠定基础。

(二)探寻房地产全新开发模式

房价稳定才能使年轻人有信心发展产业、科技,给建设者实现目标的环境和心态。雄安新区应积极探寻一条既能够发展房地产又能控制房地产的方法,确保需要房的人有房住。新加坡以公租房、廉租房为主的建设模式是可以借鉴的对象。该模式通过制定保障房准入和退出的相关政策,使房价总体保持稳定。因此,雄安新区应尽快探索出一条新的房地产发展路径,对于当地循环经济的发展以及未来我国房地产市场的改革和长期健康发展产生影响。

(三)深化体制改革

相比于深圳、上海浦东两个沿海的经济特区,深居内陆的雄安新区缺少了外向型经济的发展道路。面对经济新常态,雄安新区要走循环、可持续的经济发展道路,就必须把创新力作为发展的根本动力,积极吸纳创新要素与资源,打造合作新平台和对外开放新高地。同时,应当深化体制机制改革,探索开发的新模式,建立长效稳定的资金投入机制和创新投融资体制改革等。这些改革工作将在新区的建设中实现体制性、机制性的突破,将新区打造成为创新与开放的北方中心,同时为全国范围内的全面深化改革提供可借鉴的宝贵经验。

(四)发展高端绿色产业

雄安新区位于京津冀大气环境和水环境敏感地带,建设必须以保护生态和治理环境为前提,秉持生态优先、绿色开发的原则。要充分保护白洋淀水域及当地相互交织的水网系统,构建陆地绿色空间体系。同时,将要进驻雄安新区的企业,必须拥有实际的高科技优势或行业内高精尖的技术,对于高污染的工业企业要坚决拒之门外。在布局方面,应采用组团式布局方案,更多地应用多功能混合、密路网、小街区等空间布局方式,提高新区发展的灵活度。另外,新区的布局要始终秉持区域协同、城乡一体的原则。既要加强与北京、天津、石家庄等周边区域的协同发展,又要加强与雄县、安新县和容城的协同开发。

四、小结

设立雄安新区,是以习近平同志为核心的党中央深入推进京津冀协同发展做出的一项重大决策部署。按照中央部署,未来的雄安新区要着力打造绿色生态宜居新城区、创新驱动引领区、协调发展示范区、开放发展先行区,循环经济理念必将贯穿雄安新区的规划与建设的全过程。

雄安新区将以习近平新时代中国特色社会主义思想为指导,在中央加快构建京津冀世界级城市群的进程中,大力发展循环经济,高标准、高起点起步,立足当前、着眼长远,成为改革开放的高地和创新驱动发展的重要引擎。

参考文献

[1] 王毅,程多威.关于修订循环经济促进法的几点思考[J].中国人大,2018(1):5.

[2] 范恒山.推进循环经济发展 助力生态文明建设[J].宏观经济管理,2018(1):10-11.

[3] 陈向国.新时代绿色循环低碳发展正当其时[J].节能与环保,2018(1):48-49.

[4] 北京现代循环经济研究院.产业循环经济[M].北京:冶金工业出版社,2007.

[5] 包菊芳,诸圣国.我国钢铁产业循环经济发展模式研究[J].科技和产业,2007,7(10):1-4,12.

[6] 赵燕林.中国铁路发展物流的思考[J].铁道运输与经济,2002,24(10):12-13.

[7] 张磊,李振林.对我国运输结构演进趋势的分析[J].综合运输,2007(5):12-15.

[8] 孟繁婷.试述地方政府在发展旅游产业中的职能[J].理论观察,2009(5):72-73.

[9] 朱坦,王天天.资源型城市产业园区循环化改造是实现可持续发展的重要途径[J].中国发展,2012,12(5):9-12.

[10] 方龙.产业园区循环化改造范式及评价研究:以广安经济技术开发区为例[D].成都:西华大学,2014.

[11] 刘新民.大力发展我国资源再生产业[J].中国金融,2006(5):20-21.

[12] 李育鸿.探析中国低碳经济发展与可再生资源利用[J].财会研究,2010(4):72-75.

[13] 石勤卷.水资源再生利用的探讨[J].地下水,2008,30(2):117-118,123.

[14] 金丹阳.我国再生资源回收利用发展趋势[J].中国市场,1999(9):33-35.

[15] 曹异生.中国有色金属二次资源再生利用的现状[J].中国金属通报,2005(31):3-7.

[16] 刘渤海.再制造产业发展过程中的若干运营管理问题研究[D].合肥:合肥工业大学,2012.

[17] 中国科学院.2012高技术发展报告[M].北京:科学出版社,2012.

[18] 李易.养殖屠宰项目环境影响评价技术方法研究[D].大连:大连理工大学,2008.

[19] 邵震宇.基于机器视觉的微细孔壁缺陷检测关键技术研究[D].天津:天津大学,2013.

[20] 姚巨坤,杨俊娥,朱胜.废旧产品再制造质量控制研究[J].中国表面工程,2006(7):115-117.

[21] 孙振华.创元公司薪酬制度的研究[D].北京:华北电力大学,2013.

[22] 李靖.锦州港三标一体化管理体系建立研究[D].大连:大连海事大学,2013.

[23] 李聪波.绿色制造运行模式及其实施方法研究[D].重庆:重庆大学,2009.

[24] 伍琴.产业生态系统的演进及其供应链管理战略[D].长沙:湖南大学,2006.

[25] 雷宏伟.基于运作机理的再制造存在问题及政府管理决策研究[D].临汾:山西师范大学,2014.

[26] 张自荣.基于遗传算法的家电再制造物流网络布局优化研究[D].合肥:合肥工业大学,2008.

[27] 张为峰.e时代虚拟企业构建机理研究[D].哈尔滨:哈尔滨工程大学,2004.

[28] 钟永华.四川内江四海锻压机床有限公司

营销战略研究[D].成都:西南财经大学,2006.

[29] 胡博智.清水塘循环经济工业区物流中心规划与设计[D].长沙:中南大学,2009.

[30] 梁岩.汽车再制造企业旧件回收业务系统的优化研究[D].苏州:苏州大学,2013.

[31] 孟上飞.宜居城市建设过程中政府行为分析:以苏州市为例[D].苏州:苏州大学,2013.

[32] 刘元园.雄安新区经济发展的SWOT分析[J].商业经济研究,2018(2):154-155.

第十八篇

规划环境的影响与评价

第一章 规划环境影响评价概述

第一节 规划环境影响评价

规划环境影响评价(简称规划环评)指在规划编制阶段,对规划实施后可能造成的环境影响进行分析、预测和评价,提出预防或者减轻不良环境影响的对策和措施的过程。就其功能、目标和程序而言,规划环评是一种结构化的、系统的和综合的过程,用以评价规划及其替代方案的环境效应;通过评价将结果融入制订的规划,或将成果体现在决策中,以保障可持续发展战略落实在规划中。

2003年《中华人民共和国环境影响评价法》(以下简称《环评法》)的实施,正式确立了中国规划层次环境影响评价的法律地位,明确要求对土地利用、区域、流域、海域和10个专项规划进行环境影响评价,这是对中国环境影响评价制度的重大完善。

规划环评制度的核心和宗旨是将环境因素纳入决策制订中,它是联系环境和发展的纽带,是实施综合决策、实现可持续发展的途径与手段。主要功能表现在以下四个方面。

1.规划环评着眼于消除长期的、广域范围的环境影响

规划环评具有跨地区和跨部门的性质,在开展过程中能综合考虑区域范围内的环境影响并协调部门间的工作,使规划决策更具科学性,同时对保护区域环境具有重要的作用。

2.规划环评有助于保证决策与环境政策、法规的协调性

长期僵化的计划经济体制,导致条块和部门分割,地方和部门闭门造车,使得各种规划之间矛盾重叠。通过规划环评能够搭建一个平台,即是将社会、环境和经济作为一个整体综合性地考虑,强调各地和各部门发展规划的协调性和均衡性,使资源分布和生态功能区域的划分更加科学有机地结合。

3.规划环评考虑规划区域内的环境累积影响

通过规划环评,能够设定整个区域的环境容量,限定区域内的排污总量,从而将区域经济发展规模控制在生态环境容量许可的范围内。规划环评的早期介入,从更高层次分析决策的环境影响,同时对决策和决策下层项目进行合理的分析,从而指导未来项目的开展。

4.规划环评促进政务公开和公众参与

规划环评能为公众提供范围更广、层次更高的平台,使公众能及早地对涉及他们切身利益的发展规划享有知情权与发言权。规划环评对协调政府、企业、公众的环境权益具有非常积极的意义,可以有效推进政府决策的民主化与科学化。

我国规划环评是在政策法规制定之后、项目实施之前,对有关规划进行科学评价,内容涉及土地利用,区域、流域、海域开发建设,工业、农

业、畜牧业、林业、能源、水利、交通、城建、旅游、自然资源开发等主要经济发展部门。根据《环评法》的规定，需要开展环境影响评价的规划主要包括以下两类。

1. 专项规划

专项规划，一般指规划的范围或者领域相对较窄，内容比较有针对性的规划，包括工业、农业、畜牧业、林业、能源、水利、交通、城市建设、旅游、自然资源开发的有关专项规划。根据一定的标准，专项规划可以分为指导性的专项规划和非指导性的专项规划。对专项规划中的非指导性规划，需要编写环境影响报告书；对于专项规划中指导性规划，需要编写规划实施后的环境影响的篇章或者说明。

2. 综合性规划

综合性规划，即土地利用有关规划，区域、流域、海域建设、开发利用规划。其中，土地利用有关规划，从习惯上看，其范围应当包括土地利用总体规划等土地利用规划。土地利用总体规划指在一定区域内，根据国家社会经济可持续发展的要求和当地自然、经济、社会条件，对土地开发、利用、治理、保护在空间上、时间上所做的总体安排和布局，是国家实行土地用途管制的基础，具有综合性、长期性（期限一般为15年）、战略性和强制性等特点。

土地利用有关规划，区域、流域、海域的建设、开发利用规划要求编写规划实施后有关的环境影响的篇章或者说明，对于一些比较重要、实施后对环境影响比较大的规划，用"篇章"的形式；对于一些重要性较弱、实施后对环境影响相对较小的规划，可以用"说明"或者"专项说明"的形式。规划有关环境影响的篇章或者说明，应当对规划实施后可能造成的环境影响做出分析、预测和评估，提出预防或者减轻不良环境影响的对策和措施，作为规划草案的组成部分一并报送规划审批机关。未编写有关环境影响的篇章或者说明的规划草案，审批机关不予审批。需要提交环境影响篇章或说明的规划的具体范围见表18-1-1。

表18-1-1 编制环境影响篇章或说明的规划的具体范围

规划	范围
1.土地利用的有关规划	设区的市级以上土地利用总体规划
2.区域的建设、开发利用规划	国家经济区规划
3.流域的建设、开发利用规划	(1)全国水资源战略规划 (2)全国防洪规划 (3)设区的市级以上防洪、治涝、灌溉规划
4.海域的建设、开发利用规划	设区的市级以上海域建设、开发利用规划
5.工业指导性专项规划	全国工业有关行业发展规划
6.农业指导性专项规划	(1)设区的市级以上农业发展规划 (2)全国乡镇企业发展规划 (3)全国渔业发展规划
7.畜牧业指导性专项规划	(1)全国畜牧业发展规划 (2)全国草原建设、利用规划
8.林业指导性专项规划	(1)设区的市级以上商品林造林规划(暂行) (2)设区的市级以上森林公园开发建设规划
9.能源指导性专项规划	(1)设区的市级以上能源重点专项规划 (2)设区的市级以上电力发展规划(除流域水电规划) (3)设区的市级以上煤炭发展规划 (4)油(气)发展规划
10.交通指导性专项规划	(1)全国铁路建设规划 (2)港口布局规划 (3)民用机场总体规划

规划	范围
11.城市建设指导性专项规划	(1)直辖市及设区的市级城市总体规划(暂行) (2)设区的市级以上城镇体系规划 (3)设区的市级以上风景名胜区总体规划
12.旅游指导性专项规划	全国旅游区的总体发展规划
13.自然资源开发指导性专项规划	设区的市级以上矿产资源勘查规划

《环评法》规定国务院有关部门、设区的市级以上地方人民政府及其有关部门,对其组织编制的工业、农业、畜牧业、林业、能源、水利、交通、城市建设、旅游、自然资源开发的有关专项规划(以下简称专项规划),应当在该专项规划草案上报审批前,组织进行环境影响评价,并向审批该专项规划的机关提供环境影响报告书。前款所列专项规划中的指导性规划,按照《环评法》第七条的规定进行环境影响评价。编制环境影响报告书的规划的具体范围见表18-1-2。

表 18-1-2 编制环境影响报告书的规划的具体范围

规划	范围
1.工业的有关专项规划	省级及设区的市级工业各行业规划
2.农业的有关专项规划	(1)设区的市级以上种植业发展规划 (2)省级及设区的市级渔业发展规划 (3)省级及设区的市级乡镇企业发展规划
3.畜牧业的有关专项规划	(1)省级及设区的市级畜牧业发展规划 (2)省级及设区的市级草原建设、利用规划
4.能源的有关专项规划	(1)油(气)田总体开发方案 (2)设区的市级以上流域水电规划
5.水利的有关专项规划	(1)流域、区域涉及江河、湖泊开发利用的水资源开发利用综合规划和供水、水力发电等专业规划 (2)设区的市级以上跨流域调水规划 (3)设区的市级以上地下水资源开发利用规划
6.交通的有关专项规划	(1)流域(区域)、省级内河航运规划 (2)国道网、省道网及设区的市级交通规划 (3)主要港口和地区性重要港口总体规划 (4)城际铁路网建设规划 (5)集装箱中心站布点规划 (6)地方铁路建设规划
7.城市建设有关专项规划	直辖市及设区的市级城市专项规划
8.旅游的有关专项规划	省及设区的市级旅游区的发展总体规划
9.自然资源开发有关专项规划	(1)矿产资源:设区的市级以上矿产资源开发利用规划 (2)土地资源:设区的市级以上土地开发整理规划 (3)海洋资源:设区的市级以上海洋自然资源开发利用规划 (4)气候资源:气候资源开发利用规划

第二节 规划环境影响评价工作程序

规划环境影响评价的工作程序是指准备阶段—编制阶段—反馈阶段—跟踪管理阶段的全过程。评价机构在接受委托后,开展规划的环境影响评价工作的步骤包括规划分析、现状调查、筛选识别、预测评价、提出减缓措施,以及开展跟踪评价等几部分,这部分内容是由评价机构负责完成的,《规划的环境影响评价技术导则(试行)》(HJ/T 130-2003)中推荐的工作程序指的就是这方面的内容。

中国《规划环境影响评价技术导则(试行)》中推荐了一套规划环境影响评价技术程序（见图18-1-1),并对每一步骤的工作内容进行了详细的阐述。

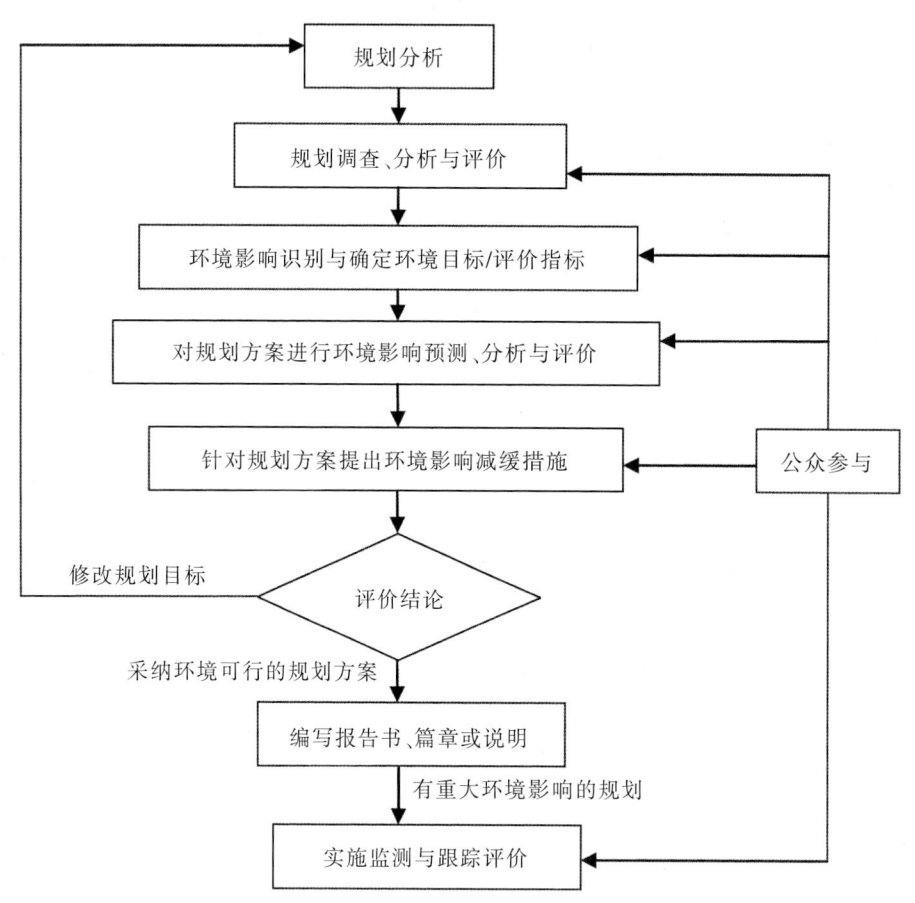

图 18-1-1 规划环境影响评价技术程序

按照《规划环境影响评价技术导则（试行)》推荐的程序,当前规划环评主要步骤和内容主要包括规划分析、现状调查、分析与评价、筛选与识别、预测、分析与评价、确定较优方案、提出减缓措施及跟踪评价与环境管理几个部分。

此外,为适应新形势下环境保护工作的需要,进一步提高规划环评的科学性、规范性和有效性,原环保部组织了《规划环境影响评价技术导则》的修订工作,2009年《规划环境影响评价技术导则》发布征求意见稿,正式导则出台后,规划环评的工作程序以此为准。

第二章 中国规划环境影响评价实践

第一节 规划环境影响评价法律规章

一、国家部门规划环境影响评价法律规章

2003年9月1日生效的《中华人民共和国环境影响评价法》(以下简称《环评法》)在立法上确立了规划环境影响评价的法律效力。《环评法》实施后,为配合指导规划环境影响评价的实施,促进规划环境影响评价的科学化和规范化,国家环保部门组织编制并颁布了各项配套法规。

2003年,原国家环保总局颁布了《规划环境影响评价技术导则(试行)》和《开发区区域环境影响评价技术导则》,以贯彻《环评法》,规范、指导规划和区域环境影响评价。导则规定了规划环境影响评价开展的技术方法、程序等。同年,为了规范专项规划环境影响报告书的审查,保障审查的客观性和公正性,原国家环保总局颁布了《专项规划环境影响报告书审查办法》《环境影响评价审查专家库管理办法》。

2004年,原国家环保总局会同有关部门发布了《编制环境影响报告书的规划的具体范围(试行)》和《编制环境影响篇章或说明的规划的具体范围(试行)》,规定了规划环境影响评价的具体领域和范围。

2005年,国务院出台了《国务院关于落实科学发展观加强环境保护的决定》,强调"必须依照国家规定对各类开发建设规划进行环境影响评价……对环境有重大影响的决策,应当进行环境影响论证"。要求各类开发建设规划必须依照国家规定进行环境影响评价,各级环境保护行政主管部门负责召集有关部门代表和专家对各类开发建设规划的环境影响评价文件进行审查。进一步强化了规划环境影响评价在政府决策中的重要地位和作用。

2006年,原国家环保总局颁布了《环境影响评价公众参与暂行办法》(以下简称《暂行办法》),《暂行办法》第四章明确了公众参与专项规划环境影响评价的权利、具体范围、程序。建议土地利用的有关规划,区域、流域、海域的建设、开发利用规划的编制机关积极开展公众参与。2007年,原国家环保总局公布了《环境信息公开办法(试行)》,明确了环境信息公开的主体,详细规定了环境信息公开的范围和方式,并且建立了相应的考核制度和问责制,在环境保护领域提升了公众参与的机会。

2007年,原国家环保总局加快推进9个专门领域(煤炭矿区、土地利用、流域建设及开发利用、矿产资源开发等)的规划环境影响评价技术导则的制订工作。

2008年,原环保部制定《环境保护部机关"三定"实施方案》明确将规划环境影响评价列入职责之中,规定对重大经济和技术政策、发展规划

以及重大经济开发计划进行环境影响评价。其中提到开展融合政策环境评价(PoEA)的要求，这是对现有规划环境影响评价制度的一种突破和尝试。

2009年3月，原环保部批准《规划环境影响评价技术导则 煤炭工业矿区总体规划》为国家环境保护标准；同年8月12日，《规划环境影响评价条例》(以下简称《条例》)在国务院第76次常务会议通过，并于2009年10月1日起施行。《条例》在《环评法》的基础上，进一步完善了规划环境影响评价程序，明确实施主体，落实相关方的责任和权利，从而保障《环评法》关于规划环境影响评价的规定得到更好的实施。该《条例》要求将区域、流域、海域生态系统整体影响作为规划环境影响评价的着力点，将经济效益、社会效益与环境效益的统筹作为推进规划环境影响评价的关键点，有利于从决策源头防止生产力布局、资源配置不合理造成的环境问题，也有利于在机制体制层面促进经济、社会与环境的全面协调可持续发展，同时这也标志着环境保护参与综合决策进入了新阶段。

2009年底，原环保部先后发布了《规划环境影响评价技术导则 林业规划》(征求意见稿)、《规划环境影响评价技术导则 土地利用总体规划》(征求意见稿)以及《规划环境影响评价技术导则 城市总体规划》(征求意见稿)，规划环境影响评价所涉及的范围更全面，并且所依赖的条款制度也愈加完善。

《环评法》要求对"一地、三域、十个专项"等规划进行环境影响评价，其中涉及部门行业较多，单一的法规难以适应不同性质部门、行业的规划环境影响评价开展；此外，规划关乎利益的调整与分配，是不同级别、不同地区政府以及部门共同具有的职权，部门之间利益权衡使得各部门"各司其职"的同时力求本部门的发展。鉴于此，一些部门以《环评法》为基础，针对本部门规划的特点出台了一些实施方案和法律规章(表18-2-1)，与此同时，不同部门也着手推动规划环境影响评价实践的开展，国家发展改革委加强了对区域规划、工业和能源类指导性规划环境影响评价的编写；住房和城乡建设部将环境保护和环评作为城乡规划的重要内容；铁道部"十一五"规划环境影响评价探索了部门联合审查规划环境影响评价的模式；交通部和国土资源部等部门对本部门规划环境影响评价的范围、评价内容和方法等做了明确的规定。

表18-2-1 不同部门规划环境影响评价的法律规章

部门	颁布时间	法律规章	主要内容
交通部	2004年8月	《关于交通行业实施规划环境影响评价有关问题的通知》	规定了交通规划环境影响评价的范围，如国、省道公路网规划、主要港口总体规划和流域内河航运规划需编制环境影响报告书；规定了从事交通规划环境影响评价单位的资质
国土资源部	2005年12月	《省级土地利用总体规划环境影响评价技术指引》	对土地规划环境影响评价的目的、原则、内容、方法和成果要求做了明确的规定
水利部能源部	2006年10月	《江河流域规划环境影响评价规范》	规定了对流域、区域水资源开发利用规划和专项水利规划开展环境影响评价的技术方法等；明确江河流域规划的适用范围和原则、公众参与的内容
中央军委	2006年3月	《中国人民解放军环境影响评价条例》	要求军级以上单位有关主管机关组织编制涉及军用土地利用的规划，进行环境影响评价，并规定了环境影响评价的内容和审批要求

二、地方规划环境影响评价法律规章

从2003年《环评法》实施到2005年底的两年时间里,上海、天津、河北、山东、陕西、内蒙古、大连、深圳、杭州等10个省市以不同形式出台了开展规划环境影响评价工作的有关配套规定。如上海市政府于2004年5月发布了《上海市实施〈中华人民共和国环境影响评价法〉办法》,明确规定了由市政府及其有关行政管理部门审批的规划,应在规划上报审批的同时提交环境影响评价文件,并由市环保局组织专家审查,以及审查专家选取的原则,规定了规划环境影响评价的惩罚细则、相关责任,这是我国第一部地方性规划环境影响评价规定。河北省政府2005年4月发布了《关于进一步做好规划环境影响评价工作的通知》,并组织专家对邢台市城市总体规划实施后可能造成的环境影响进行了分析。

2005年,国务院出台了《国务院关于落实科学发展观加强环境保护的决定》(以下简称《决定》),提出深入开展规划环境影响评价工作的要求,促进环境优化经济增长,从决策源头上防止环境污染和生态破坏,有效地控制新增污染。之后,全国大部分地方政府及其环境保护行政主管部门陆续出台了规划环境影响评价相关的配套规章。《环评法》实施后我国不同地区规划环境影响评价的配套规章文件见表18-2-2。全国各地政府都以不同形式出台了规划环境影响评价的相关规章文件,对规划环境影响评价的实施方案、技术方法、管理规章等方面做了明确规定,有效地推动了当地规划环境影响评价的开展。

表18-2-2 不同地区规划环境影响评价的配套规章文件

省(区、市)	颁布时间	规章文件	主要内容
上海市	2004年5月	《上海市实施〈中华人民共和国环境影响评价法〉办法》	明确了对规划环境影响评价文件编制机构的要求;严格规范规划环境影响评价文件的审查;鼓励对有关区域开发、产业发展、资源开发利用等方面的政策开展环境影响评价
	2006年8月	《贯彻〈国务院关于落实科学发展观加强环境保护的决定〉的意见》	要积极推行规划和政策的环境影响评价,对相关政策开展环境影响论证,从决策源头预防污染
	2008年11月	《关于开展环境影响评价公众参与活动的指导意见(暂行)》	PEIA和REIA报告书编制过程中的公众参与,原则上按照环境保护部的相关规定执行;评价机构应在公众参与开展前和环境保护主管部门就公众参与方式和内容进行沟通
	2011年5月	《关于印发〈上海市建设项目及规划环境影响评价文件编制格式要求(试行)〉的通知》	上海市建设项目及规划环境影响评价文件编制格式要求(试行)范例(以建设项目环境影响评价文件为例)
北京市	2004年2月	《北京市环境保护局关于加强环境影响评价资格证书管理的通知》	开展规划环境影响评价的单位相关管理规定
天津市	2004年2月	《天津市政府批转市环保局关于贯彻〈中华人民共和国环境影响评价法〉实施意见的通知》	要求做好规划环境影响评价的宣传立法以及抓好规划环境评价和管理工作,强调做好公众参与工作
	2009年7月	《关于做好区县示范工业园区规划环境影响评价工作的函》	要求做好工业园区规划环境影响评价的开展管理工作,强调做好公众参与工作
	2010年2月	《关于做好规划环境影响评价工作保障天津经济健康快速发展的函》	加强区域流域的环境影响评价,规定了规划环境影响评价的审批和推进工作

续表

省(区、市)	颁布时间	规章文件	主要内容
重庆市	2005 年 4 月	《关于开展规划环境影响评价工作的实施意见》	规定了需要进行环境影响评价的规划范围和不同规划环境影响评价文本编制要求
	2007 年 5 月	《重庆市环境保护条例》	第三章规定了规划环境影响评价的范围、内容和程序
河北省	2004 年 4 月	《关于进一步做好规划环境影响评价工作的通知》	强调了需要进行环境影响评价的规划范围,对规划环境影响评价的内容提出了具体要求,明确了评价单位的资质及由环保部门对环境影响评价进行审查论证
	2011 年 7 月	《河北省人民政府办公厅关于进一步加强规划环境影响评价工作的通知》	加强对区域、流域开发利用的规划环境影响评价,提高城市规划环境影响评价质量,注重矿产资源开发规划环境影响评价的实效性,开展跟踪评价
河南省	2009 年 5 月	《河南省环境保护厅关于加快推进产业集聚区规划环境影响评价工作的通知》	规划环境影响评价范围;报告书编制单位、规范等
	2009 年 7 月	《河南省环境保护厅关于加快产业集聚区规划环境影响评价工作的紧急通知》	加强组织协调和指导调度,适当简化规划环境影响评价内容,严格把关,协调推进
	2010 年 1 月	《河南省人民政府关于贯彻落实〈规划环境影响评价条例〉的通知》	加强区域流域的环境影响评价,规定了规划环境影响评价的审批和推进工作
	2010 年 6 月	《河南省环境保护厅关于印发推进产业集聚区发展 2010 年工作方案的通知》	完成规划环境影响评价;创新环境影响评价管理机制,建立监测服务平台
山东省	2005 年 11 月	《实施〈中华人民共和国环境影响评价法〉办法》	明确编制环境影响评价报告书的专项规划的范围;要求县级人民政府开展流域水电规划的环境影响评价
	2011 年 3 月	《德州市规划环境影响评价工作实施办法》	开展规划环境影响评价
	2011 年 6 月	《贯彻落实环发〔2011〕14 号文件加强产业园区规划环境影响评价有关工作的通知》	抓好经济开发区和产业园区的规划环境影响评价工作,执行审查程序,完善规划和项目环境影响评价的互联机制,部门协调配合
山西省	2005 年 11 月	《关于做好规划环境影响评价工作的通知》	提出规划的环境影响评价工作费用应纳入规划的编制费用预算
	2010 年 1 月	《山西省人民政府关于贯彻实施〈规划环境影响评价条例〉的意见》	建立规划环境影响评价齐抓共管机制,落实政府规划环境影响评价责任,进一步规范规划环境影响评价管理程序
湖北省	2002 年 12 月	《关于加强开发区区域环境影响评价有关问题的通知》	开发区区域环境影响评价应体现"科学规划、合理布局、总量控制、集中治理、统一监管"的方针
	2004 年 2 月	《关于推荐专项规划环境影响评价审查专家的通知》	评审专家实行专家库管理,提出入选专家库的专家的条件
	2005 年 12 月	《关于切实做好规划环境影响评价工作的通知》	分级审查,责任监督,提出将规划的环境影响评价工作费用应纳入规划的编制费用预算

续表

省(区、市)	颁布时间	规章文件	主要内容
广西壮族自治区	2005年11月	《关于做好规划环境影响评价工作的通知》	强调环境影响评价报告书的审批,将规划环境影响评价费用纳入规划编制费用预算;对沿海工业规划、重点行业规划提出编制规划环境影响报告书的要求
	2010年11月	《自治区人民政府办公厅关于贯彻执行国务院〈规划环境影响评价条例〉的通知》	要严格规范各类开发区、工业集中区(园区)规划环境影响评价
广东省	2010年6月	《关于进一步做好我省规划环境影响评价工作的通知》	对开展规划环境影响评价的实施单位和具体范围、评价机制、审查程序进行要求
安徽省	2006年12月	《关于省人大常委会对实施环境影响评价工作评议意见整改情况的报告》	对未依法开展环境影响评价的规划和项目,审批部门不得审批或核准
	2010年3月	《关于进一步加强规划环境影响评价工作的通知》	严格按照《条例》执行
陕西省	2006年12月	《陕西省实施〈中华人民共和国环境影响评价法〉办法》	对规划环境影响评价的内容、公众参与和法律责任等做了相关规定
	2007年1月	《关于进一步做好开发区和工业园区规划环境影响评价工作的通知》	规定高新技术、经济技术开发区、保税区和农业区、旅游度假区以及各类工业园区,应开展规划环境影响评价,重视专家意见
福建省	2008年4月	《开展流域面积500平方公里以下流域综合规划环境影响评价工作实施方案》	要求市各部门应按各自职责分工积极开展我市辖区内流域面积500平方公里以下流域综合规划环境影响评价工作
	2010年10月	《福建省关于进一步规范专项规划环境影响报告编制工作的通知》	认真执行法规和规范的要求,不断提高报告编制质量、增强服务意识,提高规划环境影响评价质量与效率、合理收取环境影响评价费用;进一步规范规划环境影响评价行为、形成有序环境影响评价市场
江苏省	2006年1月	《关于依法开展规划环境影响评价工作的通知》	强调要加强规划环境影响评价工作的组织领导,促进规划环境影响评价制度化、规范化;要求相关部门密切配合
	2008年5月	《江苏省规划环境影响评价试点工作方案》	明确了规划环境影响评价的主要内容和任务,明确"十一五"期间规划环境影响评价的重点,包括农业行业规划、农业发展专项规划等12项重点规划
	2008年8月	《关于做好沿海开发规划环境影响评价工作的通知》	明确了环境影响评价的重点、目的和原则,以及环境影响评价的工作安排
	2011年5月	《关于切实加强规划环境影响评价工作的意见》	要求全省各市、县政府和省相关部门,必须坚持"规划要先行、环境影响评价须同步"
吉林省	2006年7月	《关于编制规划的环境影响评价的实施意见》	提出了综合性规划和专项规划的编制要求,要求将规划环境影响评价执行情况的监察工作纳入年度工作计划
	2007年6月	《开发区(工业集中区)区域环境影响报告书编制技术要点》	规定了开发区环境影响评价报告书编制的要求和技术要点

续表

省(区、市)	颁布时间	规章文件	主要内容
内蒙古自治区	2005年9月	《关于做好规划环境影响评价工作的通知》	开展规划环境影响评价的范围,强调跟踪评价和监督管理
	2008年4月	《规划和建设项目环境影响评价审批程序》	对规划和建设项目环境影响评价审批程序进行规定
	2009年7月	《内蒙古自治区工业园区规划环境影响评价审查要点》	自治区工业园规划环境影响评价审查重点
	2009年7月	《工业园区规划环境影响评价审查要点》	重点从园区环境敏感性、资源环境承载能力、污染物总量控制和环境风险预警等10个方面,整体评估工业园区规划的环境可行性
	2009年9月	鄂尔多斯《关于贯彻主导产业和重点区域发展规划环境影响评价实施意见》	辖区行业和区域发展
云南省	2007年7月	《关于进一步加强环境影响评价管理工作的通知》	要求抓好工业园区、经济技术开发区、旅游度假区等规划和流域水电开发规划的环境影响评价工作;对环境影响评价行政机关及其工作人员的各种违法违纪行为做了明确规定
新疆维吾尔自治区	2007年7月	《自治区环保局规划环境影响评价与建设项目环境管理办法(试行)》	侧重于建设项目环境影响评价,要求对专项规划和工业园区规划进行环境影响评价
海南省	2006年8月	《贯彻〈国务院关于落实科学发展观加强环境保护的决定〉的实施意见》	强调积极开展区域和行业发展规划环境影响评价
四川省	2007年2月	《关于大力推进战略环境影响评价的意见》	加强开发区规划环境影响评价制度;强调把规划环境影响评价纳入重要议事日程,作为规划审批的前置条件,进入宏观经济决策程序,纳入一把手目标考核
	2007年9月	《四川省〈中华人民共和国环境影响评价法〉实施办法》	对规划环境影响评价的评价重点、范围和法律责任等做了相关规定,着重说明了流域水利水电开发规划和区域规划环境影响评价的内容,要求规划实施期每两年报告跟踪评价情况
	2008年1月	《四川省战略环境影响报告书审查办法》	要求对国民经济和社会发展规划进行环境影响评价,加强审批管理;要求凡产业定位涉及石化、化工、电镀、制浆造纸等工业园区及流域规划的环境影响报告书应报省环保局审查批准
浙江省	2007年2月	《关于进一步依法推进规划环境影响评价工作的通知》	强调加强部门沟通合作,指出环境影响评价的规划范围,其中要求重点推进流域、工业集聚区、能源、交通、水利、城建、矿山资源开发等重点区域和重点行业开展规划环境影响评价
	2008年9月	《关于进一步规范完善环境影响评价审批制度的若干意见》	加强规划环境影响评价管理,由省和设区市政府及有关部门负责审批的专项规划,要依法开展规划环境影响评价
江西省	2009年12月	《关于加强规划环境影响评价工作的意见》	统一思想,认真组织,分工合作,抓住重点,完善制度

续表

省(区、市)	颁布时间	规章文件	主要内容
甘肃省	2009年1月	《关于贯彻落实全国环境影响评价会议精神 加快环境影响评价制度改革创新的通知》	在工业开发区区域环境影响评价的基础,加强对城镇总体规划和供热、给排水、交通、供电等专项规划依法开展环境影响评价
西藏自治区	2008年1月	《西藏自治区人民政府关于加强规划环境影响评价工作的通知》	规定了进行环境影响评价的范围、审批机制,重点抓好矿产、旅游等资源开发和交通、电力、水利等重点行业以及流域开发规划的环境影响评价工作
宁夏回族自治区	2011年4月	《自治区人民政府办公厅关于进一步加强全区规划环境影响评价工作的通知》	加强重点领域、区域、流域规划环境影响评价工作,把区域、流域生态系统的整体性、长期性环境影响作为环境影响评价工作的关键点;开展对重点区域规划环境影响评价执行情况检查
黑龙江省	2009年9月	《关于学习贯彻〈规划环境影响评价条例〉加强规划环境影响评价工作的通知》	对工业园区规划环境影响评价的开展情况进行调查,如规划环境影响评价报告书的名称、审查单位、审查时间、审查文件文号等情况;对未进行规划环境影响评价的开发区、工业园区督促其尽快完成规划环境影响评价文件的编制、报审等工作

第二节 规划环境影响评价理论研究进展

《环评法》实施后,我国研究人员开展了大量的规划环境影响评价的理论研究工作并取得了一定的成果,目前规划环境影响评价的多数研究主要集中在以下几个方面(图18-2-1):①规划环境影响评价基本理论,如规划环境影响评价定义、规划环境影响评价开展的必要性及其开展的目的等,近年来,规划环境影响评价的理论建设出现起色,有些学者开始研究规划环境影响评价和规划、决策间的关系,并取得了一定的进展;②规划环境影响评价的实施开展,包括宏观水平和微观水平的开展,宏观即整个规划环境影响评价系统的开展,微观水平主要关注规划环境影响评价的程序和方法应用;③规划环境影响评价的实施效果,如规划环境影响评价的执行效果和现实意义等。

《环评法》出台的前两年里,国内规划环境

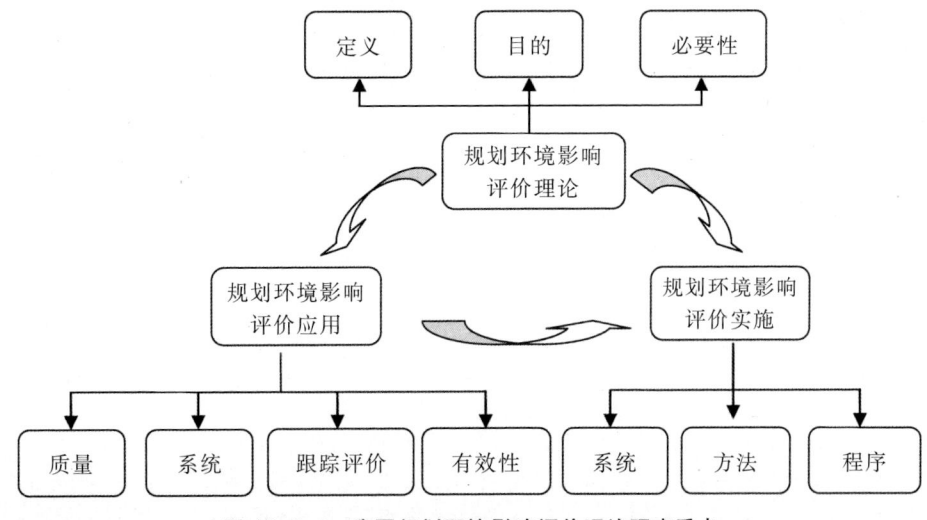

图18-2-1 我国规划环境影响评价理论研究重点

影响评价的理论研究着重于法律机制、程序框架、规划环境影响评价与项目环境影响评价、可持续发展的关系等方面,伴随着规划环境影响评价在全国范围的深入展开,对其研究开始"由粗入细",研究重点逐渐转向规划环境影响评价的实施现状、困境、对策、管理等方面,其中主要对空间规划和行业规划环境影响评价的内容、原则、程序框架进行了深入探讨。

在不同的规划体系方面,《环评法》规定的"一地、三域、十个专项"的规划环境影响评价中,受关注较多的是交通、土地、区域、流域、煤矿区等规划的环境影响评价研究,其中交通规划环境影响评价的研究较为透彻和全面,研究人员分别从交通规划环境影响评价的意义作用、主要内容、评价方法、指标体系建立、风险分析、替代方案和生态适宜性等方面展开了研究;土地利用规划方面的研究也相对较多,其中大多集中在对土地利用规划的程序框架、指标与方法进行深入研究;此外,学者们对城市规划对规划环境影响评价的介入时间、评价过程、方法指标和生态环境影响进行了深入的探讨。

通过大量的文献回顾和分析,我们对2002—2010年涉及规划环境影响评价领域的主要期刊文献数量进行了统计,结果如图18-2-2所示。

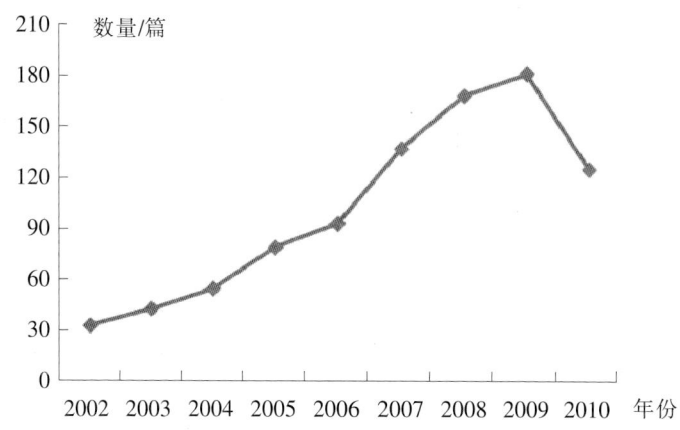

图18-2-2 2002—2010年规划环境影响评价领域期刊文献数量统计图

由图18-2-2可以发现,《环评法》实施后,规划环境影响评价领域的研究成果逐年增加,尤其是2006—2007年论文数量有大幅度增加的过程。

规划环境影响评价的研究主要集中于四个领域:规划环境影响评价的基础理论研究,技术方法学、指标体系的研究,"一地、三域、十个专项"的专项应用研究以及案例研究四部分,见表18-2-3。从《环评法》出台以来,对每个领域的研究力度也有所差别,见图18-2-3。

由图18-2-3可以发现,从《环评法》出台以来,关于基础理论的研究最多。《环评法》出台初期,国内规划环境影响评价的基础理论研究着重于规划环境影响评价的意义、程序框架、规划环境影响评价与项目环境影响评价、可持续发展的关系等方面。如朱坦讨论了在中国开展规划环境影响评价应考虑的一些原则,提出了中国开展规划环境影响评价的管理程序和技术路线;毛文锋等对实施规划环境影响评价的意义进行了分析,并提出了规划环境影响评价应遵循的原则、方法和基本程序,分析了规划环境影响评价和可持续发展之间的内在联系,着重考察了规划环境影响评价的实施可持续发展的理论依据和方法。

表18-2-3 《环评法》出台后规划环境影响评价的研究范围和重点领域

研究领域	基础理论研究	方法指标研究	专项应用研究	案例研究
研究重点	规划环境影响评价的制度建设、程序框架、困境和建议等	不同方法的介绍及其在规划中应用和改进	规划环境影响评价理论和方法学在"一地、三域、十个专项"的应用研究	不同地区空间规划和行业规划环境影响评价实践研究

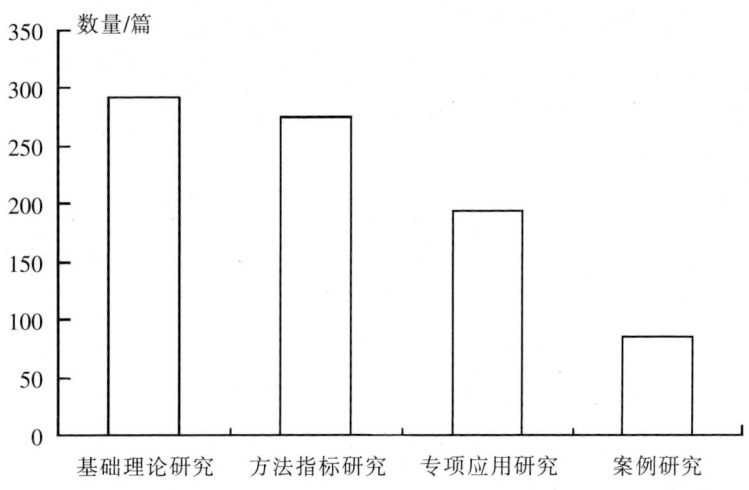

图 18-2-3　2002—2008 年各领域论文数量比较图

伴随着规划环境影响评价在全国范围的深入展开，对其研究开始"由粗入细"，研究重点逐渐转向规划环境影响评价的实施现状、困境、对策、管理等方面，其中主要对空间规划和规划行业环境影响评价的内容、原则、程序框架进行了深入探讨，尤其是近年来对于推行规划环境影响评价存在问题的研究比较多。如秦建春等从法律角度，对规划环境影响评价的发展提出了相关建议和对策；田丽丽等探讨了我国城市国民经济和社会发展规划规划环境影响评价的技术思路和技术方法，王超分析了当前我国推进土地规划环境影响评价过程中存在的主要障碍，有针对性地探讨了克服困难的对策。

关于法律制度，研究人员也进行了研究。在《环评法》出台后的前几年，主要针对的是《环评法》中规划环境影响评价的部分。如付璐着重分析了《环评法》中有关规划环境影响评价制度的若干主要内容，指出了规划环境影响评价的不足；李爱年等在比较中美两国规划环境影响评价制度的基础上，为建立完善我国规划环境影响评价制度提出了建议。2009 年《规划环境影响评价条例》实施后，曾贤刚等对条例促使"区域限批"走向完善进行了分析。

而随着规划环境影响评价波及范围日渐宽广，对于基础理论的研究也开始基于不同角度，将相关的理论融入规划环境影响评价中。朱坦等对规划环境影响评价在生态城市建设与管理中的应用进行了探讨；刘涛从工效学的角度分析了规划环境影响评价的评价流程；李燕等从循环经济角度阐述了规划环境影响评价与循环经济的相容性、匹配性和效果等；林而达等指出应该将适应气候变化纳入我国的规划环境影响评价；徐鹤等开展了气候变化、低碳经济与规划环境影响评价的研究，构建了将气候变化纳入规划环境影响评价的理论框架和程序。

中国对于规划环境影响评价的研究很多集中在规划层次，涉及多种规划内容。针对不同的规划体系，《环评法》规定的"一地、三域、十个专项"的规划环境影响评价中，受关注较多的是交通、土地利用、城市建设、区域等规划的环境影响评价研究。

对土地利用规划环境影响评价的研究颇为多产，初期对理论方面的研究较多，主要集中在土地利用规划环境影响评价的程序框架、指标方法，随着研究的深入，更多的转向结合实际应用进行研究。赖力等总结了土地利用总体规划环境影响评价的理论基础，初步提出了土地利用总体规划环境影响评价的方法框架，探讨了土地利用总体规划环境影响评价的内容、程序、指标体系、方法等；周永红等以生态系统服务价值为评价指标，对马鞍山市土地利用总体规划进行了评估。

对交通规划环境影响评价的研究也较为透彻和全面，研究人员分别从交通规划环境影响评价的意义作用、主要内容、评价方法、工作难点、指标体系、风险分析、替代方案和生态适宜性等方面展开了研究。梁波等探讨了城市交通规划环境影响评价的特点和要点,包括评价目标、范围、指标体系、技术工作程序与方法;陈冲分析了交通发展战略环境评价的基本工作程序,针对交通发展战略环境评价方法应用的缺陷性,提出需对技术方法进行系统集成。

对于城市建设规划环境影响评价的研究也比较多,研究人员多从建设总体规划切入,对其中指标体系构建、规划环境影响评价的介入时间、评价重点、景观风险评价及环境承载力等进行了研究。如熊鸿斌等对城市规划环境影响评价中指标体系的构建、评价重点、如何进行评价工作等问题进行了探讨;代欣召等提出建立一体化的城乡规划环境影响评价组织机制、工作程序和审批管理制度。

除了对以上几个规划体系的研究比较集中以外,还涉及对矿产资源规划的承载力分析、水利和农业规划环境影响评价工作程序和指标体系建立的研究、旅游规划环境影响评价中旅游环境承载力研究、流域开发规划环境影响评价的研究意义和评价指标体系的建立及环境影响评价中累积影响等。

第三节 规划环境影响评价实践进展

一、国家部门规划环境影响评价实践

《环评法》实施的初期,规划环境影响评价在全国的实践稍有涉及但尚未深入展开。在国家层面,应进行环境影响评价的规划占所有各类城市总体规划、行业发展规划和专项规划的90%以上,但仅有近1/3的省区在规划环境影响评价方面开始起步。全国每年审批数千项各类发展规划,但是依法进行规划环境影响评价并报同级主管部门审批的屈指可数,原国家环保总局仅在2004年受理了《全国林纸一体化建设"十五"及2010年专项规划》的环境影响评价工作,国家级规划的环境影响评价受理仅此一项。在地方层面,规划环境影响评价的展开主要以区域环境影响评价、流域环境影响评价以及交通行业环境影响评价为主,如包括广州开发区、北京经济技术开发区在内的11个国家级开发区开展了区域环境影响评价,另外还有澜沧江中下游、塔里木河流域、四川大渡河等流域开发利用规划环境影响评价以及天津港港口环境影响评价等。

从2005年起,规划环境影响评价逐渐为政府部门所重视并主推,各级政府、部门加大土地、工业、农业、能源、城市建设、交通和林业等10个专项规划中规划环境影响评价的开展。2005年,我国开展了典型行政区、重点行业和重要专项规划3种类型23个规划环境影响评价试点。2006年,武汉市开城市战略环境影响评价先河,武汉市国民经济和社会发展第十一个五年总体规划纲要战略环境影响评价是我国环境影响评价史上一项开创性、示范性的工作,武汉市的成功尝试为国家环评法制建设及管理提供了模式。2008年开始,原环保部组织开展了汶川地震灾后重建规划环境影响评价和新增千亿斤粮食规划环境评价,推动了决策的科学化、合理化。此外,原环保部组织开展辽宁沿海经济带"五点一线"、江苏沿海地区及广东横琴重点开发区域规划环境影响评价,推动上海等30个重点城市开展轨道交通规划环境影响评价。截至2009年底,我国112个煤炭矿区中的66个已开展或正在开展规划环境影响评价,沿海25个主要港口中的10个已完成规划环境影响评价。

《环评法》的实施优化了各地产业结构和行业结构,如内蒙古自治区通过国民经济和社会发展"十一五"规划纲要环境影响评价,将煤炭年产能从5亿t调整为4亿t,淘汰落后火电装机容量超过1 100万kW；重庆市对三峡库区产业发展开展规划环境影响评价，科学指导产业发展；通过规划环境影响评价，山东省全部关闭5万t以下的小制浆造纸厂。一些省通过规划环境影响评价，合理限定区域排污总量，促进了经济结构优化。

在重点行业上开展了大量的规划环境影响评价实践，如交通运输部近年来完成了多个港口及公路网的规划环境影响评价工作、"长三角"高等级航道网规划以及四川省内河水运发展规划等规划环境影响评价工作；铁道部规划环境影响评价试点从2005年开始，涉及16个省（区、市）的23个规划。上海、大连、苏州等19个重点城市开展了轨道交通规划环境影响评价，湖北、湖南、安徽、广东等31个省市基本完成高速公路网规划环境影响评价，包括焦煤矿区在内的33个国家规划煤炭矿区和沿海16个主要港口启动了规划环境影响评价工作。

有些部门和行业还开展了规划环境影响评价的回顾性评价，如对已经批复的黄河上游、澜沧江中下游等流域水电规划，国家发展改革委开展了环境影响回顾评价；经国务院批准，中国工程院组织开展了三峡工程前期论证及运行情况的阶段性后评估；黑龙江、贵州等地对若干已批行业规划也进行了环境影响后评价，积极探索跟踪监督机制。

二、地方规划环境影响评价实践

近年来，各省市均开展了不同程度和范围的规划环境影响评价。本书根据各省市环保局公布的资料数据进行统计分析，统计不同省市规划环境影响评价开展情况，供研究人员参考。需要指出的是，由于一些数据信息的不完整，我们只能对部分省市的规划环境影响评价实践情况进行大体趋势的研究，并不能给出绝对准确的统计情况。

（一）江苏省

江苏省政府和环保部门很重视规划环境影响评价，积极推进当地规划环境影响评价的发展。特别是在2006年向原国家环保总局申请列入规划环境影响评价试点省后，江苏省的规划环境影响评价有了更快、更显著的发展。并且，随着《江苏省规划环境影响评价试点工作方案》的出台，明确了江苏有沿江开发、沿海开发和"十一五"期间的农药产业、国土资源开发、电力发展、能源发展、生态农业建设、综合交通体系、公路水路交通和铁路建设等12个重点规划必须进行规划环境影响评价，江苏省的规划环境影响评价的评价方向逐渐变得多元化。

通过初步统计，江苏省在2005年至2009年规划环境影响评价开展情况如表18-2-4所示。

表18-2-4 江苏省2005—2009年规划环境影响评价开展情况统计

单位：个

年份	区域规划环境影响评价	交通规划环境影响评价	总和
2005	15	0	15
2006	26	0	26
2007	27	0	27
2008	49	2	51
2009	8	4	12

从表18-2-4可以看出，江苏省规划环境影响评价以工业园区规划环境影响评价为主，且交通规划环境影响评价的发展呈上升趋势。

（二）天津市

天津市2003年在全国率先开展规划环境影响评价实践工作，对海河两岸综合开发规划进行了环境影响评价，并据此编制了《海河两岸综合开发改造环境保护规划》，为政府从决策的源头防治环境污染和生态破坏提供了科学依据，促进了该区域的招商引资和海河经济的健康、快速可持续发展。

2004年2月，天津市政府下发的《批转市环保局关于贯彻中华人民共和国环境影响评价法实施意见的通知》中规定："各区县人民政府和市有关部门要高度重视贯彻落实环境影响评价法的工作,切实加强对这项工作的组织领导,把编制规划环境影响评价和建设项目环境影响评价纳入工作规划、工作程序和审批环节"。

2009年7月,天津市环保局印发《关于做好区县示范工业园区规划环境影响评价工作的函》,要求各有关区县政府按照国家的规划环境影响评价的要求,督促本辖区内的示范工业园区及其开发区依法做好工业园区规划的环境影响评价及报审工作,确保园区建设的顺利开展。

2010年2月,天津市环保局印发《关于做好规划环境影响评价工作保障天津经济健康快速发展的函》,落实规划环境影响评价法律法规,做好"十二五"规划工业园区规划等环境影响评价、补充环境影响评价及报审工作。

截至2010年底,依据《环境影响评价法》以及《规划环境影响评价条例》,天津市各级环保部门会同有关部门代表和专家对海河两岸综合开发改造规划、天津市城市供热规划、空客A320系列飞机总装线及配套产业用地控制性详细规划、部门区县总体规划以及各类工业园区规划等100多个规划的环境影响报告书或者环境影响篇章进行了审查。通过调研统计,天津市2003—2006年通过审查的规划环境影响评价为3个(海河两岸综合开发改造规划、天津市城市供热规划、天津市城市总体规划);2006—2008年通过审查的规划环境影响评价为54个;2009年通过审查的规划环境影响评价为19个(不包括区县);2010年通过审查的规划环境影响评价为22个。具体的规划环境影响评价开展情况如表18-2-5所示。

表18-2-5　天津市历年规划环境影响评价开展情况统计

单位:个

年份	区域	城建	土地	交通	总和
2003—2006	1	2	0	0	3
2006—2008	39	4	9	2	54
2009	19	0	0	0	19
2010	22	0	0	0	22

通过表18-2-5可知,天津市规划环境影响评价的开展呈现逐渐递加的趋势,其中以区域规划环境影响评价为主,同时开展了少量的土地、交通和城建环境影响评价。从2003年至2010年底,天津市共开展了规划环境影响评价98个,其中区域规划环境影响评价87个,占总规划环境影响评价的比率达88.8%,城市建设类规划环境影响评价6个,土地规划环境影响评价9个,交通规划环境影响评价2个。总体看来,天津市的规划环境影响评价仍是以区域规划环境影响评价为主。

(三)内蒙古自治区

2005年8月,作为第一批规划环境影响评价试点单位之一,内蒙古自治区在全国率先开展了全区国民经济和社会发展"十一五"规划纲要的战略环境影响评价,同年下发了《关于做好规划环境影响评价工作的通知》,明确要求相关部门、行业及经济技术开发区、工业园区均应按国家要求开展规划环境影响评价。内蒙古自治区环保局下发了《规划和建设项目环境影响评价审批程序》配套文件,草拟了《内蒙古自治区〈中华人民共和国环境影响评价法〉实施条例》,明确了规划环境影响评价的审批权限。鄂尔多斯市制订了《关于贯彻主导产业和重点区域发展规划环境影响评价实施意见》,全面统筹辖区行业和区域发展。为了加强全区工业园区(开发区)的建设和管理,规范规划环境影响评价审批工作,内蒙古自治区环保局出台了《工业园区规划环境影响评价审查要点》,重点从园区环境敏感性、资源环境承载能力、污染物总量控制和环境风险预警等10个方面,整体评估工业园区规划的环境可行性。内蒙古自治区严格按照"先规划环境影响评价,后项目审批"的原则,稳步推进重点行业、园区的规划环境影响评价工作,明确要求全区各行业、工业园区都必须编制规划环境影响评价,并依据环境影响评价提出的约束条件,审批相关建设项目,有效避免了发展的盲目性和无序性。截至2009年,内蒙古自治区已经编制审批园区规划环境影响评价15个、煤炭资源矿区总体规划环境影响评价9个、旅游区规划环境影响评价6个、城市建设类规划环境影响评价4个。总体看来,内蒙古自治区的规划环境影响评价仍是以区域规划环境影响评价为主。

(四) 福建省

福建省自2006年8月起首次全面启动流域综合规划的环境影响评价工作,对所有重要流域综合规划进行环境影响评价,共涉及流域68条,面积均在500 km²以上。2008年,在已完成全省68条流域面积500 km²以上流域综合规划环境影响评价工作的基础上,开展全省905条流域面积500 km²以下的流域综合规划环境影响评价工作。2010年10月22日,福建省环保厅发布了《关于进一步规范专项规划环境影响报告编制工作的通知》,就进一步规范省专项规划环境影响评价报告编制工作做出了具体要求。截止到2011年6月3日,福建省的规划环境影响评价开展情况如表18-2-6所示。

从表18-2-6可以看出,从2008年至2010年这3年间,福建省的规划环境影响评价以区域环境影响评价为主且数量呈现缓慢增加的趋势;同时还开展了煤矿规划环境影响评价、交通规划环境影响评价和流域规划环境影响评价,虽然数量不多,但是涉及的范围比较广。

表18-2-6 福建省2008—2011年(截至2011年6月)规划环境影响评价开展情况统计

单位:个

年份	区域	煤矿	交通	流域	总和
2008	10	2	0	1	13
2009	11	0	2	0	13
2010	16	0	0	0	16
2011	5	2	0	0	7

(五) 新疆维吾尔自治区

2005年11月,新疆维吾尔自治区首个规划环境影响评价项目新疆克拉玛依市石化工业园规划环境影响评价通过评审。这是自2003年9月《中华人民共和国环境影响评价法》颁布实施以来,新疆维吾尔自治区审批的第一个规划环境影响评价项目。近几年来,新疆的规划环境影响评价工作开展领域不再局限于区域规划环境影响评价,还涉及流域、煤矿、城建、旅游等领域。具体开展情况如表18-2-7所示。

由18-2-7表可知,新疆的规划环境影响评价是以区域规划环境影响评价为主,同时开展了少量的旅游、煤矿、城建、流域和水利环境影响评价。

表18-2-7 新疆2007—2010年规划环境影响评价开展情况统计

单位:个

年份	区域	旅游	煤矿	城建	流域	水利	总和
2007	20	1	0	0	1	0	22
2008	8	0	2	2	0	2	14
2010	23	1	0	1	0	0	25

(六) 其他省市

四川省先后出台了《关于大力推进战略环境影响评价的意见》和《四川省〈中华人民共和国环境影响评价法〉实施办法》,强化了战略和规划环境影响评价的法律地位;开展了"泸州、德阳、攀枝花"战略环境影响评价试点,以及大渡河干流水电规划、卧龙自然保护区生态旅游总体规划和全省各地的工业园区、开发区等的规划环境影响评价工作。从总体上来说，四川省的规划环境影响评价是以区域规划环境影响评价为主，同时伴有流域、水利和交通规划环境影响评价的开展。

截至2010年1月，广西南宁规划的工业集中区已完成10个规划环境影响评价的审查。2008年至2009年8月间，桂林市环保局共组织通过了荔浦长水岭工业园区、平乐二塘工业园区、阳朔县城总体规划（2008—2025）等9个规划环境影响评价的审查。

广东省广州市南沙区在2006年由原国家环保总局授予了全国规划环境影响评价试验区的牌匾，南沙成为首个国家规划环境影响评价试验区。截至2008年7月，广东省在部分行业和区域的规划环境影响评价工作也取得了积极进展，在交通、水利、电网等行业开展了专项环境影响评价和区域环境影响评价，截止到2009年，广东省已上报原环保部审查的专项规划环境影响评价8项，省环保局组织审查专项规划环境影响评价15项，产业转移工业园和重污染行业基地的规划或区域环境影响评价执行率达100%。2009年12月，广东省石化产业调整和振兴规划环境影响报告书通过审查，这是自10月国家《规划环境影响评价条例》施行以来，广东省组织审查通过的第一个行业规划环境影响评价。2010年6月，广东省人民政府下发了《关于进一步做好我省规划环境影响评价工作的通知》，确定开展规划环境影响评价的实施单位和具体范围；建立健全由环保、发展改革、经贸、国土资源、建设、规划、交通、财政、水利、农业、林业、海洋渔业、旅游等部门参加的规划环境影响评价联动工作机制；完善规划环境影响评价审查程序；加强组织领导和监督检查。

安徽省截至2007年6月底，89个省级及以上开发区全面启动了区域环境影响评价工作。在这89个省级及以上开发区的99个工业园区中，33家园区区域环境评价已通过审批，66家园区环境影响评价正在编制报批中。

浙江省织里镇和练市镇于2004年开展了总体规划的环境影响评价工作并通过了专家评审。这是浙江省开展的首个城镇总体规划环境影响评价。2006年，为使交通建设与资源环境保护更为协调，浙江省交通厅组织了《浙江省公路网建设规划环境影响报告书》的编制工作。作为原国家环保总局全国规划环境影响评价第二批试点城市之一，宁波市国民经济和社会发展第十一个五年规划环境影响评价工作方案于2007年3月28日在北京通过专家评审。2009年，浙江省环保厅在年底的工作总结中指出，全省117个省级及以上开发区（工业园区）基本完成了区域环境影响评价或规划环境影响评价。浙江省先后完成了全省电力发展规划、省公路网建设规划、台州石化工业园区规划、长兴县蓄电池行业发展规划等规划环境影响评价，提高了土地节约集约利用水平。

吉林市人民政府在2006年印发了《吉林市人民政府办公厅关于编制规划的环境影响评价的实施意见》，就综合性规划的环境影响评价的编制和专项规划的环境影响评价的编制给出了具体的实施意见。"十一五"时期，吉林省坚持以规划环境影响评价和项目环境影响评价为抓手，优化区域产业布局和结构，完成了66个开发区、工业集中区区域环境影响评价，积极开辟绿色通道，建立了超前谋划，提前介入，现场办公等审批长效机制，审批效率提高了一倍以上。

辽宁省大连市环保局在2005年印发了《大连市关于做好规划环境影响评价工作的通知》，《通知》要求有关部门今后组织编制各类规划时，必须进行环境影响评价，避免因规划的实施对环境造成不良影响，从规章上为开展规划环境影响评价铺好路。在推进规划环境影响评价工作中，大连市环保局选择《大连城市发展规划》进行规划环境影响评价，以此带动其他规划环境影响评价的开展。同年，《沈阳农业高新区区域规划》通过规划环境影响评价审查，是国内首例以农业高新技术开发区总体规划为对象的规划环境影响评价。2006年3月，作为抚顺市在工业园区建设中首次实施的规划环境影响评价，《抚顺市望花冶材深加工工业园区规划环境影响评价报告书》通过了由辽宁省环保局组织的专家评审。2006年6月,《大连金港区总体规划(2005—2020)》和《大连港总体规划》的环境影响评价通过原国家环保总局审查;同时,大连市城市发展规划环境影响评价、长兴岛临港工业区规划环境影响评价、高新技术园区规划环境影响评价、大孤山半岛区域风险评价等也已完成;辽宁省环保局组织编制的《辽宁省"五点一线"沿海经济带建设战略环境影响评价报告书(讨论稿)》发布,原国家环保总局将其列为全国战略环境影响评价试点。2007年,编制完成《大连市城市快速轨道交通建设及线网规划环境影响报告书》,并于2008年正式通过原国家环保总局审查。至2020年,大连市将在市内四区及金州、旅顺建设包括地铁在内的轨道交通线网约193 km。2008年,辽阳市城市总体规划(2001—2020)环境影响评价通过专家评审。这是辽宁省第一个将城市总体规划报经国家审查的城市。

山西省人民政府办公厅于2005年下发了《关于做好规划环境影响评价工作的通知》,规定省人民政府及其有关部门、各市人民政府及其有关部门编制的规划,须依法进行环境影响评价工作,同时省、市环境保护行政主管部门应当会同有关部门负责建立规划环境影响评价专家库和基础数据库,预防因规划实施对环境造成不良影响,促进经济、社会和环境的协调发展。2006年,省农业厅决定对《山西省农业和农村经济发展"十一五"规划》进行环境影响评价,从农业和农村经济发展"十一五"规划源头进行规划环境影响评价,深入分析制约和影响农业发展的主要因子,制订切实可行的减缓措施,实施农业生态环境保护战略,逐步实现农业的可持续发展目标。2007年,经原国家环保总局批复,临汾市成为山西省首个列入全国规划环境影响评价试点的城市。临汾作为一个典型的以煤为主的资源型工业城市,环境污染问题突出,列入全国规划环境影响评价试点城市,对促进临汾市进一步科学调整产业结构,推动经济、社会和环境协调可持续发展具有至关重要的指导意义。2008年,《山西省人民政府关于推进规划环境影响评价的意见》中对规划环境影响评价的编制与审批以及规划环境影响评价的管理做出了具体的规定,推进省、市、县(市、区)人民政府及其有关部门编制的综合规划及专项规划依法进行环境影响评价,作为山西省当前和今后一段时间规划环境影响评价的主要任务,并给出了具体范围。

河北省石家庄市环境保护局于2004年主持召开了《2003—2020年石家庄市集中供热规划》环境影响评价工作讨论会,这是石家庄市,也是河北省首次对规划开展环境影响评价。2005年1月,衡水市人民政府办公室印发了《关于各类规划执行环境影响评价制度的通知》,标志着衡水市首部对各类规划要进行环境影响评价的规范性文件正式出台。2007年8月,政府办公厅下发《关于进一步做好规划和区域环境影响评价工作的通知》,要求编制土地利用规划要进行环境影响评价,以防止规划和建设项目实施后对环境造成不良影响。近年来,河北省开展了涿鹿矿区总体规划环境影响评价、西山产业集聚区总体规划环境影响评价、矿区规划环境影响评价等多个规划环境影响评价,且规划环境影响评价的重点主要集中在区域规划环境影响评价上。截至2011年5月,全省5个国家级园区、100个产业聚集区、44个省级园区中,有116个完成规划环境影响评价审查,20个正在编制规划环境影响报告书,其他类别工业聚集区共有47个完成规划环境影响评价审查。

小结:根据各省市环保局的收集统计的数据,总结出全国每年规划环境影响评价开展的情况和不同省市自2007—2010年间的规划环境影响评价开展情况。由于网上资料的不完整性,各省市在2007—2010年间的数据会有不同程度的缺失,此次统计结果仅以网上发布的数据为准,详见表18-2-8、表18-2-9。

规划环境影响评价的重点是区域环境影响评价,其开展的数量远远高于其他7个领域。城建、交通、煤矿、土地和旅游等规划环境影响评价开展比重也较大。不过,需要注意的是,由于网上资料的不完整性和数据的缺失,表中数据统计应用于实际数据。

表 18-2-8　2007—2010 年不同领域规划环境影响评价开展情况统计

单位:个

年份	区域	旅游	煤矿	流域	城建	水利	交通	土地
2007—2010	245	8	13	2	11	2	10	9

表 18-2-9　部分省市 2007—2010 年规划环境影响评价开展情况总计

单位:个

省市自治区	江苏省	天津市	内蒙古自治区	吉林省	福建省	河南省	新疆维吾尔自治区
总计	90	73	34	66	42	78	61

在这 7 个省市自治区中,江苏省的规划环境影响评价实践较多,规划环境影响评价数量最多,其次是河南省、天津市、吉林省和新疆维吾尔自治区。总体而言,我国规划环境影响评价实践的展开主要集中于中部和东部沿海地区,这些地区大都属于经济相对发达的地区,同时,规划环境影响评价开展力度较大的地区一般都出台了相应的规划环境影响评价的法规文件。可见,规划环境影响评价的开展力度和强度与地区的经济发展水平和政府对环境的重视程度有关。需要指出的是,由于数据收集不完善,我们只能对部分省市的规划环境影响评价实践展开情况进行大体趋势的研究,并不能给出绝对准确的统计。

第三章 规划环境影响评价技术方法研究

第一节 规划环境影响评价技术方法研究应用现状

有关规划环境影响评价的学术研究，最为突出的热点是对规划环境影响评价技术方法学的研究应用。规划环境影响评价方法学是如何开展规划环境影响评价的科学方法的总称，是指在规划环境影响评价中使用的技术手段、操作规程以及模拟模型。

规划环境影响评价方法学的研究包括宏观和微观两个层次的内容：宏观层次包括规划环境影响评价的评价思路、管理及工作程序等；微观层次则是指在规划环境影响评价各活动阶段所使用的方法。在我国，从20世纪90年代中期开始，一些学者就规划环境影响评价的理论方法开始了系列研究，总结了微观层次上的规划环境影响评价方法，并结合《中华人民共和国大气污染防治法》"中国能源战略体系""经济技术开发区战略"等进行了尝试性案例研究，为我国的规划环境影响评价积累了经验。《中华人民共和国环境影响评价法》（以下简称《环评法》）实施后，规划环境影响评价的方法学研究在规划环境影响评价研究领域中仍占有重要的地位，原环保部出台的《规划环境影响评价技术导则（试行）》也推荐了一些规划环境影响评价方法。

一、国外方法学研究和应用现状

国外规划环境影响评价的方法学研究主要基于以下三部分。

（1）对传统的环境影响评价方法的提升和改进

将项目环境影响评价的评价方法学直接应用到较高层次上，就可以克服项目环境影响评价在程序和技术上固有的缺陷。美国、荷兰、欧洲的战略环境影响评价都与项目环境影响模型有关，或者根本就建立在这种模型上，它们均利用了项目环境影响评价的经验，并将相关的要求和程序扩展到规划和计划的制订当中。

（2）从规划实践和政策分析中发展起来的技术方法

英国结合战略环境影响评价的目的和特点，推荐了若干适用于战略环境影响评价的技术方法。这些方法大部分是定性或半定量的，具有灵活性强和可操作性强的特点，应用这些方法得到的评价结果能够影响决策。英国2005年推出的《战略环境评价操作导则》等结合本国特点推荐了一些技术方法，其中既包含了传统的项目环境影响评价方法，如数学建模法、费用效益分析法、风险分析评价法、专家判断法等，也着重推荐了基于地理信息系统的叠图法、可持续发展能力评价法、多目标分析法、网络法、生活质量评价法、情景分析法等。

（3）新发展的技术方法

如英国、美国等国家开始尝试从定性到定量

的综合集成方法、政策评估方法等。其中重点对地理信息系统、环境承载力、不确定性和基于生态学的方法进行了探索和应用研究。

目前国外战略环境影响评价技术方法研究注重实用性和可行性,以现实条件为基础,处理好科学性与针对性、前瞻性与实用性的关系;战略环境评价中使用过于复杂的方法,会耗费大量的时间和精力,从而影响到战略环境评价的有效性。因此,战略环境评价应该尽可能地使用简单的方法,如核查表、矩阵等,以判断战略可能产生的影响以及是否需要进一步使用复杂方法。战略环境影响评价的目标是实现增益,不能成为发展的包袱,鼓励使用新知识、新手段来实现评价方法的改革和创新。

二、国内方法学研究和应用现状

从20世纪90年代中期开始,我国一些学者就规划环境影响评价的理论方法开始了系列研究,并结合《中华人民共和国大气污染防治法》"中国能源战略体系""经济技术开发区战略"等进行了尝试性案例研究,为我国的规划环境影响评价积累了经验。但这些研究的缺陷在于评价思路沿袭项目环境影响评价,使得技术方法复杂化,不利于规划环境影响评价的推广。

在如何将方法学进行扩充推广上,也出现了诸多研究。彭应登和王华东认识到传统项目环境影响评价方法应用于区域环境影响评价的局限性,提出应借鉴国外规划环境影响评价的方法来研究区域开发环境影响评价。李明光等指出,由于我国的规划环境影响评价方法倾向于对项目环境影响评价的思路照搬,使得评价不够高效和灵活,建议采用与规划结合更紧密、宏观、灵活性更强的方法。随着规划环境影响评价工作的深入开展,循环经济理论与方法、公众参与方法、投入产出模型、景观生态评价法、风险评价法、生态足迹法、地理信息系统(GIS)、生态服务功能评价法等技术方法在规划环境影响评价中得到了广泛探讨研究与实际应用。

我国规划环境影响评价的方法学研究主要基于三部分。

(1)项目环境影响评价方法以及一些对传统的环境影响评价方法的提升和改进

规划环境影响评价与项目环境影响评价在程序、参与者等方面有很多相似之处,因此很多项目环境影响评价的方法在规划环境影响评价中依然可以发挥作用,特别是核查表法、矩阵法等实用、易懂的方法,在目前的规划环境影响评价方法中仍占有重要地位。此外,系统学中的系统流程图、灰色系统分析法、系统动力学法及引入资源价值核算的费用效益分析和投入产出分析法等都为经过改进可以应用到战略环境影响评价中的方法。如李明光等在划分评价层次的基础上,对层次间的相互作用、效益及条件进行了分析,探讨了评价层次与评价方法间的关系。

(2)区域环境影响评价方法的应用

区域环境影响评价更加重视对区域环境承载力和环境容量的分析,注重研究区域内的累积影响。这些方法在规划环境影响评价实施过程中起到很大作用。如环境容量评价法、环境承载力评价法和累积环境影响评价法等。郭怀成等建立了基于不确定性多目标的规划环境影响评价模型,以反映系统内不同组分间的多目标性、动态性和不确定性等特征,吴静探讨了累积环境影响评价在战略环境影响评价中的应用,王宪恩等讨论了模糊模式识别理论在规划环境影响评价中的应用,朱俊等建立基于GIS的基础数据平台,运用GIS的空间分析功能对港区规划的生态环境影响进行分析和评估。

(3)规划政策方法的应用

目前的规划环境影响评价,以计划和规划层次为主,计划和规划的制订本应是与规划环境影响评价紧密结合的综合决策过程,这样就很难将计划和规划的制订方法与规划环境影响评价方法截然分开,因此,一些在经济部门和规划研究中使用的方法,经过适当的修正后也为规划环境影响评价所利用,如各种形式的情景和系统模拟分析、区域预测、投入产出法、投资-效益分析、循环经济、产业生态学、替代方案的优化选择等也成为规划环境影响评价方法学的一部分。这些方法的提出和应用,不仅促进了相关规划理论的发展,而且大大丰富了规划环境影响评价的方法体系。但是在具体方法选择上同样需要根据规划环境影响评价的对象、层次以及主要议题进行选取,目前该类方法还处于探索阶段。

随着科学发展,其他各领域出现的许多新技术、新方法也可以有选择地应用到规划环境影响评价中。如在系统学方面的系统流程图、灰色系统分析法、系统动力学等方法;在经济学方面,传统的费用效益分析和投入产出分析在引进资源价值核算后也可以在规划环境影响评价中得到应用;在新技术方面,GIS技术、新的数学模型、生态足迹评价等得以应用;此外,逼近理想状态、可持续发展能力评估、物质流分析、效率分析、绿色GDP核算等方法也不失为规划环境影响评价的有效方法。

第二节 规划环境影响评价的具体方法及应用

规划环境影响评价的程序和项目环境影响评价差别不大,通常包括环境影响识别、预测和评价三个阶段。与之相对应的就出现了环境影响筛选识别方法、预测方法和评价方法,具体可选择的方法见表18-3-1。

表18-3-1 规划环境影响评价的技术方法

方法	规划环境影响评价				
	筛选识别	现状调查阶段	预测	评价阶段	减缓措施与环境管理
定义法	☆				
专业判断法	☆	☆	☆	☆	☆
网络法	☆		☆		
幕景分析法			☆	☆☆	☆☆
对比、类比分析	☆		☆☆	☆☆	☆
风险分析、评价与管理	☆		☆		☆☆
逼近理想状态排列法				☆	☆
收集资料法	☆☆	☆☆			
现场调查和监测法		☆☆			
层次分析法	☆			☆	
加权比较法	☆			☆	
博弈论分析	☆		☆		☆
数学模型法			☆	☆	
投入产出法				☆	☆
叠图法+地理信息系统法	☆☆	☆☆	☆	☆☆	☆
费用效益分析法			☆	☆	☆
多目标分析	☆			☆	
逻辑框架法				☆	☆
核查表法	☆			☆	
矩阵法	☆			☆	
趋势外推预测法			☆		
规划相容性分析法	☆				
可持续发展能力评价法				☆	
承载力分析法				☆	

续表

方法	规划环境影响评价				
	筛选识别	现状调查阶段	预测	评价阶段	减缓措施与环境管理
会议讨论(听证会、论证会、专家咨询等)	☆	☆	☆	☆	☆
调查表(实地采访和信函等)	☆	☆	☆		☆
传媒(报纸、广播、电视和网络等)		☆		☆	☆

注:"☆"的多少代表使用的频率。

一、筛选、识别阶段常用方法应用

(一)专家咨询法

1. 方法介绍

专家咨询法是通过向专家咨询的途径对城市规划的环境影响进行求证。该方法的特点是反馈比较系统,获得的结果普遍性强,可靠性高,缺点就是效率较低。专家咨询法主要包括判别法、头脑风暴法和德尔菲法等。

判别法是列出规划实施后可能的建设行动或者某种行动的环境后果,请专家对规划的环境影响做出判断。这种判断可以是定性的、半定量或定量的。但是由于不同专家背景不同,对环境影响的判断可能存在较大的分歧。

头脑风暴法通常以会议形式出现,参会各方对各种行动的环境后果做出判断,并当场进行交流,以修正各自的看法,最终形成较为一致的观点。头脑风暴法的好处是不同专家能够面对面地就问题进行讨论,在讨论中相互启发,修正观点,趋向一致。不足之处在于,由于专家的背景和研究体系不同,部分专家的观点可能有更大的"权重",导致会议讨论不尽充分。

德尔菲法依据系统的程序,采用匿名发表意见的方式,即专家之间不得互相讨论,不发生横向联系,只能与调查人员发生关系,通过多轮次调查专家对问卷所提问题的看法,经过反复征询、归纳、修改,最后汇总成专家基本一致的看法,作为预测的结果。这种方法具有广泛的代表性,较为可靠。德尔菲法的不足之处是占用的时间比较多,需要多轮通信,有的专家由于时间等因素,可能临时委托他人通信,使得意见不能完全透明地反馈回来。

2. 优缺点

专家咨询法的优点:快速、廉价;能考虑到那些无法量化的、局部的和与政治有关的信息等;能得出新颖、双赢的解决方法;有助于专家信息共享,相互启发;其结果的不确定性不一定比其他更复杂方法的大。

专家咨询法的缺点:因为参与的专家不同,结果可能出现偏差;可能导致评价过程不具透明性;专家的判断可能会受到心理因素的影响(屈服于权威或多数人意见而产生偏差);不可重复,不具科学性。

3. 方法应用示例

以《邛崃市土地利用总体规划(2004—2020年)》规划方案的环境影响评价为例。

在邛崃市土地利用总体规划环境影响评价中,指标权重是通过德尔菲法确定的:①进行德尔菲法征询表设计,根据邛崃市土地利用总体规划环境影响评价的评价指标,设计出了邛崃市土地利用总体规划环境影响评价指标权重值调查表;②测算程序设计,根据德尔菲法调查表和德尔菲法赋分的要求,设计出测算均值和方差的计算机程序;③制作德尔菲法说明书,该说明书简要说明了邛崃市土地利用总体规划环境影响评价工作开展的意义,采用的方法,德尔菲法的原理、操作步骤,测定的目标和内容,专家的作用和任务等内容;④选择专家,根据专家应具有权威性、广泛性、代表性和熟悉邛崃市土地利用总体规划和环境以及专家人数适当的原则,邀请30位专家。

第一轮因素因子权重调查表收回后,立即进行统计处理,测算出各因子专家赋值的平均值和方差,并将结果反馈给专家,请专家根据各因子权重的均值和方差所反映的专家总体意见趋向和离散程度进行第二轮赋值。

第二轮调查表收回后,同样进行统计处理,测算出各因素因子权重的平均值和方差;并对第一轮和第二轮的均值和方差进行显著性检验,以检验第二轮和第一轮方差的离散程度是否具有显著差异。如果两轮方差检验量有显著差异,则表明方差离散度较大,还需进行第三轮专家征询,如果两轮方差检验量没有显著性差异(即两轮方差具有显著整齐性),就表明方差离散度较小,不需要再征询专家意见,即专家征询的轮次到两轮间方差无显著性差异时为止。评价指标及权重示例如表 18-3-2。

表 18-3-2 评价指标及权重示例

指标层	权重/%	元指标	权重/%
生产力因子	C_1	土地利用率	C_{11}
		基本农田保护面积	C_{12}
		非农建设用地率	C_{13}
		粮食单产水平	C_{14}
稳定性因子	C_2	土地利用结构多样性	C_{21}
		土地开发率	C_{22}
		土地整理率	C_{23}
		土地复垦率	C_{24}
		耕地转化率	C_{25}
保护性因子	C_3	生态用地面积比例	C_{31}
		森林覆盖率	C_{32}
		自然和人文景观保护区面积比例	C_{33}
		水面指数	C_{34}
		城镇人均公共绿地面积	C_{35}
经济活力因子	C_4	建设用地产值指数	C_{41}
		农用地产值指数	C_{42}
		人均 GDP	C_{43}
		经济密度(地均 GDP)	C_{44}

(二)核查表法和矩阵法

1. 方法介绍

核查表法是将可能受规划行为影响的环境因子和可能产生的影响性质列在一个清单中,然后对核查的环境影响给出定性或半定量的评价。核查表法使用方便,容易被专业人士及公众接受。但建立一个系统而全面的核查表是一项烦琐且耗时的工作;同时由于核查表没有将"受体"与"源"相结合,无法清楚地显示出影响过程、影响程度及影响的综合效果。

矩阵法将规划目标、指标以及规划方案(拟议的经济活动)与环境因素作为矩阵的行与列,并在相对应位置填写用以表示行为与环境因素之间的因果关系的符号、数字或文字。矩阵法可用于评价规划筛选、规划环境影响识别、累积环境影响评价等多个环节。

2. 方法优缺点

矩阵法的优点:可以直观地表示交叉或因果关系,矩阵的多维性尤其有利于描述规划环境影响评价中的各种复杂关系,简单实用,内涵丰富,易于理解。

矩阵法的缺点:对影响产生的机制解释较少,不能表示影响作用是立即发生的还是延后的,长期的还是短期的;难以处理间接影响,也难以反映规划在复杂时空关系上的不同层次的影响。

简单矩阵法(表 18-3-3)只是二维的图表,一轴表示环境要素,另一轴表示开发活动。从某种程度上说,矩阵法是在了解开发项目不同要素的不同影响基础上,对核查表法的拓展。

表 18-3-3　简单矩阵法示例

环境要素	开发活动		
	道路建设	搬迁移民	……
土壤和地质			
生物多样性			
空气质量			
水环境质量			
就业			
交通			
住房			
……			……

核查表法和矩阵法都是以表格的形式将行动与环境后果联系起来。二者的区别在于是否仅仅列出环境影响因子还是对环境影响因子进行某种程度的定量估计。武汉市"十一五"国民经济社会发展规划环境影响评价案例中采用矩阵法进行了环境影响识别，示例见表18-3-4。

表 18-3-4　区域发展的环境影响识别矩阵

规划引发的开发活动	环境质量					城市生态						资源利用				气候
	空气质量	水环境质量	土壤环境	声环境	固体废物	生物多样性	生态敏感区	水土流失	洪涝灾害	园林绿化	历史文化遗产	土地资源	水资源	能源	林地资源	城市热岛
A.区域发展及功能分区																
1.青山-阳逻:钢铁化工及环保产业板块	-3	-3	?	-1	-3	-1	-3	-1	?	-1	-1	-1	-3	-3	0	-2
2.武汉经济技术开发区-汉阳-蔡甸:汽车及机电产业板块	-1	-1	-1	-1	-1	-1	-3	-1	0	0	0	-1	-2	-1	0	0
……																
B.产业发展																
1.钢铁制造业	-3	-3	-1	-1	-3	-1	-3	0	0	0	0	0	-3	-3	0	-2
2.以汽车为重点的机械制造业	0	?	-1	-1	-3	-1	-3	0	0	0	0	-1	-2	-1	0	0
……																
C.交通体系																
1.建设轨道交通系统	+3	-1	0	-3	0	-1	-2	-1	0	-2	?	+2	0	+2	0	0
2.优先发展城市公共交通	+3	0	0	+1	0	0	0	0	0	?	0	+3	0	+2	0	+1
……																

注：表中"0"表示基本无影响，"1"表示轻微影响，"2"表示一般影响，"3"表示重大影响，"?"表示不确定；"+"表示有利影响，"-"表示不利影响。

(三) 网络法

1. 方法介绍

网络法利用网络图对规划行动的后果进行判断和分析，将多级影响逐步展开。该方法是对上述列表法的发展和改进，其关键之处在于分析行动-后果的直接影响后，寻求后续影响。该方法能够分析累积的和间接的影响。网络法可用于建设项目和规划环境影响识别,包括累积影响或间接影响。网络法主要有以下形式。

(1)因果网络法

因果网络法,实质是一个包含有建设项目或规划与其调整行为、行为与受影响因子以及各因子之间联系的网络图。其优点是可以识别环境影响发生途径,便于依据因果联系考虑减缓及补救措施。其缺点是要么过于详细,致使花费很多本来就有限的人力、物力、财力和时间去考虑不太重要或不太可能发生的影响;要么过于笼统,致使遗漏一些重要的间接影响。

(2)影响网络法

影响网络法,是把影响矩阵中的关于经济行为与环境因子进行的综合分类以及因果网络法中对高层次影响的清晰追踪描述结合进来,形成一个包含所有评价因子(即经济行为、环境因子和影响联系)的网络。

网络法的步骤:通过专业判断,画出流程图(行为、结果)和箭头(表示它们之间的相互作用)构成的网络系统,用来表示行为的直接影响和间接影响。为了识别累积效应,应提供评价人员查询相关行动对资源可能产生的各种影响的性质和范围,通过展示因果关系预测各种影响,从而展示对每一种资源附加的次级影响。

2.方法优缺点

网络法的优点:易于理解、透明,有利于公众参与;快速,成本低;能明确地表述环境因子间的关联性和复杂性;识别有效实施战略行为的制约因素;能够为其他规划环境影响评价方法提供信息,例如建模。

网络法的缺点:无法定量,不能重现;不能反映空间关系和时间跨度的变化影响;图表可能变得非常复杂。

二、预测阶段常用方法应用

环境影响预测可分为定性、定量和综合预测3种方法,主要用于预测战略性环境影响评价指标体系中各指标在战略实施后某一时间所处的状态,它反映了战略对环境影响的程度,如约束外推法、模拟预测法、模糊预测法、神经网络预测法、数值模拟法。

(一)情景分析法

1.方法介绍

情景分析法(scenarios analysis)是对系统未来发展的可能性和导致系统从现状向未来发展的一系列事件的描述和分析。将规划方案实施前后、不同时间和条件下的环境状况,按时间序列进行描绘的一种方式。可以用于规划环境影响的识别、预测以及累积影响评价等环节。情景分析的内容主要由如下几部分组成:情景设立、未来多重情景方案的描述、情景发展的敏感度分析和引入突发事件后对未来情景发展的影响和调整。

2.步骤

情景分析法的步骤如图18-3-1所示。

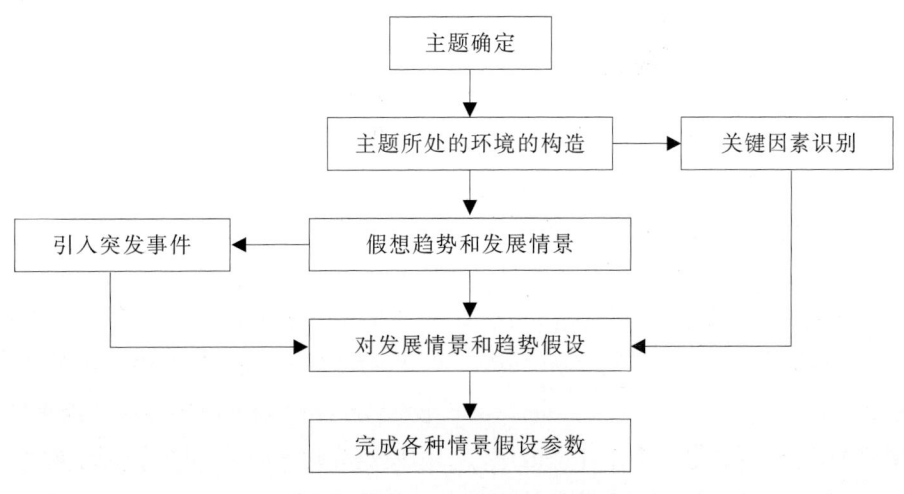

图18-3-1 情景分析法的步骤

3. 方法优缺点

情景分析法可以反映出不同的规划方案（经济活动）情景下的环境影响后果，以及一系列主要变化的过程，便于研究、比较和决策。情景分析法还可以提醒评价人员注意开发行为。但情景分析法只是建立了一套进行环境影响评价的框架，分析每一情景下的环境影响还必须依赖于其他一些更为具体的评价方法，例如环境数学模型、矩阵法或GIS等。情景分析法在交通规划环境影响评价中的应用范例见图18-3-2。

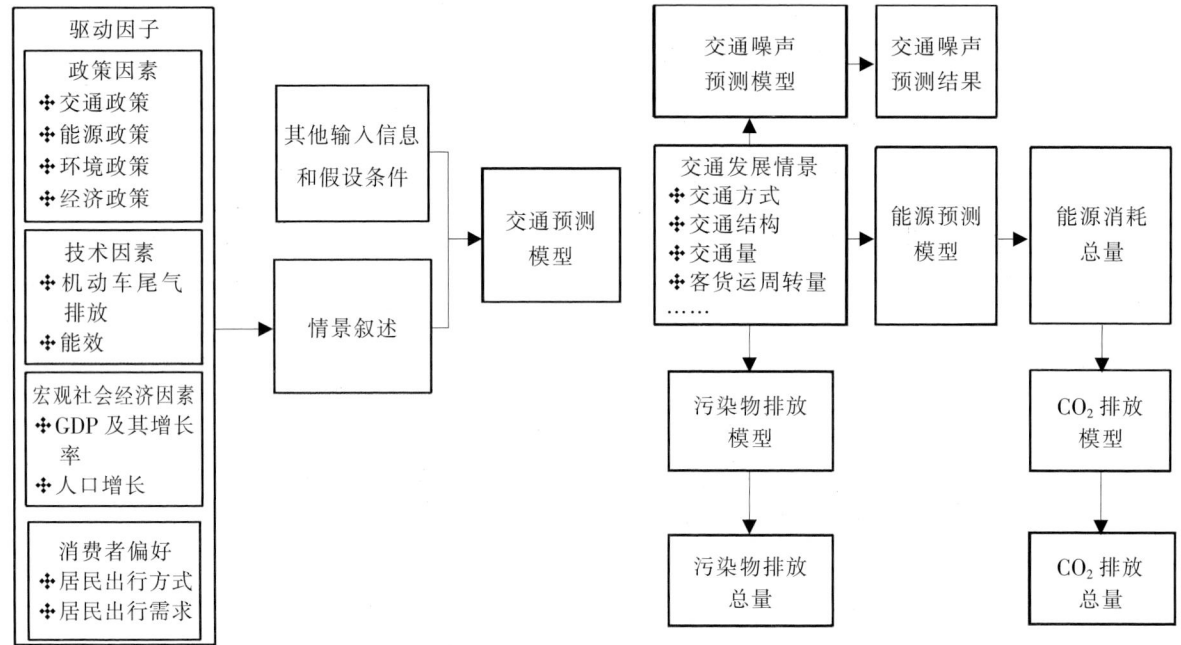

图18-3-2 交通规划环境影响评价的情景分析法

（二）环境数学模型法

1. 方法介绍

环境数学模型法基于污染物迁移及转化的规律建立数学模型，模拟预测污染物进入环境后对环境质量的影响。目前，环境科学及其相关学科的模型很多，可以用来模拟环境质量的变化，但这些模型一般以污染源数据作为输入，还没有直接与社会经济的内容相联系。下文将对水环境和大气环境模型进行详细的介绍。

建模分析需要在不同情景下对未来状况进行一系列假设，并计算由此产生的影响。建立模型首先选用一个已有模型，或建立新模型，而后获取用于建立和利用模型所必需的数据。规划环境影响评价中所用到的许多模型是从环境影响评价中的方法发展而来的，而且许多模型是用计算机处理的。

2. 方法优缺点

数学模型法的优点：定量描述多个环境因子和环境影响的相互作用及因果关系；充分反映环境扰动的空间位置和密度，可以分析空间累积效应以及时间累积效应；具有较大的灵活性，适用于多种空间范围，可用来分析单个扰动以及多个扰动的累积影响。

数学模型法的缺点：对基础数据要求较高，然而通常我们对规划进行环境影响评价时，由于介入的时期较早和评价单位与权力机构的关系，很难获得全面的基础数据；应用于人们了解比较充分的环境系统，这些模型多是用于狭义的环境质量方面，如水、气、声环境质量等；应用于建模所限定的条件范围内，通常模型的许多条件都是在理想条件下，而现实中许多情况往往与之不符；费用较高且通常只能分析对单个环境要素的影响。

（三）投入产出法

1. 方法介绍

投入产出法原是经济学中的一个联系生产投入与产出关系的方法，它是以表格为基础，将国民经济的不同部门联系起来，构成一个模拟现实的国民经济结构和社会产品再生产过程的经济数学模型,借助计算机,综合分析和确定国民经济各部门间错综复杂的联系和再生产的重要比例关系。目前,它的应用范围已广泛扩展,可用于分析和计量一个地区、一个部门、一个公司或企业的经济活动,也可以用于研究国际经济关系,还可以用于环境经济问题和城市生态系统研究。环境科学将它引入,将生产过程与环境联系起来,考察生产过程中产生的各种废弃物,研究减少废弃物的方法和策略。采用此方法需要做大量的调研工作,以获取数据,数据处理的工作量也比较大。在规划环境影响评价中,投入产出分析可以用于拟定规划引导下区域经济发展趋势的预测与分析,也可以将环境污染造成的损失作为一种"投入"(外在化的成本),对整个区域经济环境系统进行综合模拟。

2.编制投入产出表的基本程序

(1)准备工作阶段

在这阶段要进行成立机构、明确编表要求、进行表式设计、制订工作计划、筹集工作经费等工作。

(2)资料收集阶段

资料收集阶段包括明确调查要求、确定调查方法、进行调查试点、全面开展调查、审核调查资料等工作。

(3)汇总编表阶段

汇总编表工作包括汇总调查资料、进行比较推算、反复平衡调查、计算各种系数、写出技术报告。

3.方法优缺点

投入产出法的优点:为经济学家和决策者广泛接受,在研究多个变量在结构上的相互关系时极为有用,适用于作为处理某些类型的环境问题的手段,分析投入产出系统中可以用实物表现的各种物资交换。

投入产出法的缺点:不适于较长时间段;需要大量的数据,计算方法复杂,耗费大量的时间和资源;约束条件过多,在环境经济分析中难以得到广泛的应用。

4.方法应用举例

水泥行业粉尘污染较为严重,根据相关数据分析,提高水泥散装率是治理水泥粉尘污染的重要措施。散装率每提高1个百分点,粉尘排放量将减少14.24万t。提高散装率需要增加投入,控制粉尘排放量也需要增加除尘设施等的投入,这时,可以通过投入产出法来研究水泥散装率变化对粉尘排放的影响。示例见表18-3-5。

表18-3-5 水泥价格提高的不同水平对各个产业部分成本和价格的影响

	每个水泥袋的专项资金/元	0.05	0.1	0.2	0.3	0.4	0.5	15个受影响行业比重
	每吨水泥的专项资金/元	1	2	4	6	8	10	
水泥价格变动影响/万元	水泥制造业	43 855	87 711	175 422	263 132	350 843	438 554	
	农业	1 418	2 836	5 672	8 509	11 345	14 181	2.420 1%
	其他工业	9 536	19 071	38 143	57 214	76 285	95 357	16.273 2%
	煤炭采选业	323	647	1 294	1 941	2 588	3 235	0.552 0%
	非金属矿及其他矿采选业	167	333	667	1 000	1 334	1 667	0.284 6%
	造纸及纸制品业	196	391	783	1 174	1 565	1 957	0.333 9%
	塑料制品业	247	494	987	1 481	1 975	2 469	0.421 3%
	水泥及石棉水泥制造业	5 064	10 128	20 255	30 383	40 511	50 639	8.641 8%
	金属制品业	554	1 108	2 216	3 324	4 433	5 541	0.945 6%
	其他普通机械制造业	267	534	1 067	1 601	2 134	2 668	0.455 3%
	废品及废料	0	0	0	0	0	0	0.000 0%
	电力生产和供应业	414	828	1 657	2 485	3 314	4 142	0.706 9%
	建筑业	33 088	66 176	132 351	198 527	264 702	330 878	56.466 3%
	运输邮电业	680	1 360	2 719	4 079	5 439	6 799	1.160 2%
	商业饮食业	1 693	3 386	6 772	10 159	13 545	16 931	2.889 4%
	非物质生产部门	4 951	9 902	19 805	29 707	39 610	49 512	8.449 5%

(四)对比分析方法

1.方法介绍

对比分析方法是目前研究城市规划环境影响的常用方法,具体做法是选择与规划城市类似的城市,这种类似体现在城市自然环境条件、社会经济发展状况等方面,当规划城市在一个或多个方面与对照城市有一定程度相似时,就可以做一些类比。对比分析法广泛地应用于政策评价。具体来说,对比评价法有前后对比分析和有无对比分析两种方法。

2.两种方法的优缺点

前后对比分析法是将规划实行前后的环境质量状况进行对比,从而评价规划环境影响。其优点在于方法简单易行,缺点是可信度较低,因为难以确定这些变化(环境效益)是否是由该规划引起的,因此难以确定对比法所确定的环境影响就是规划"净"影响。

有无对比分析法是将规划环境影响预测情况与若无战略执行这一假设条件下的环境状况进行比较,以评价规划的真实或净环境影响。确定无规划实施这一假设条件下的环境状况可以通过类推预测法、类比预测法进行。与前后对比分析法相比,有无对比分析法能更为客观、准确地反映"净"影响,但是,合适的对照点的选择很难,对照点选择不当,会造成评价结论出现较大的偏差。类推预测法是预测评价战略实施后某一时刻的社会经济环境状况,同时预测假设没有该战略实施同一时刻的社会经济环境状况,两者的差值即为评价战略的"净"环境影响。而类比预测法则是选择与评价区域有共同之处或类似之处,但不实施评价战略的地区作为对照区,预测评价战略实施后评价区域的社会、经济和环境变化情况,同时,考察对照区的社会、经济和环境的变化,以两者之差作为评价战略的"净"环境影响。

三、评价阶段常用方法应用

(一)技术方法

1.遥感原理

遥感(remote rensing,RS)于1960年在美国问世,正式采用是在1962年第一届环境遥感学术讨论会上。遥感主要涉及的是电磁波谱遥感,应用原理为电磁波和地球表面物质相互作用,应用功能为利用航天、航空(包括近地面)遥感平台上的遥感仪器,获取地球表层(包括陆圈、水圈、生物圈、大气圈)特征的反射或发射电磁辐射能的数据,探测、分析和研究地球资源与环境,定性、定量地研究地球表层的物理、化学、生物、地学过程,为资源调查和环境监测服务,揭示地球表面各要素的空间分布特征与时空变化规律。

2.GIS概况与基本功能

地理信息系统简称GIS,由加拿大测绘学家R. T. Tomlinson博士提出,是在计算机软、硬件支持下,采用地理模型分析方法,适时提供多种空间的、动态的地理信息,对地理空间数据库和信息实现输入、存储、管理、检索、处理和综合分析的技术系统。简而言之,GIS就是集用户、分析方法、空间数据和属性数据、计算机软硬件和个人设计能力于一体,能有效地收集、处理、存储、修正、管理、分析和显示所有与地理有关的计算机信息系统,通过地理信息系统自动匹配管理和传输信息。

GIS的基本功能可归纳为以下几点。

(1)空间数据的采集、编辑和处理功能

GIS在计算机软硬件的支持下,具备一般数据库系统的数据采集、编辑能力及专题图形存储能力。同时可以进行编辑和修改,清除图形数据,描述数据错误;为了更有效地利用遥感资料,还具备处理航空、航天技术获得的空间数据的能力。

(2)空间数据的管理能力

地理信息数据库是GIS的核心,为了实现数据共享,提供最新的数据资源,该数据库提供了庞大的地理图形和文本数据管理功能,并能与其他数据库管理系统相互转换。

(3)空间查询与空间分析能力

具有综合、分解、计算等各种空间分析能力,围绕总体目标从实体图形数据和属性数据的空间关系中获得派生的信息和知识,协助空间关系的查询,进行空间分析。

(4)图形处理和制图功能

GIS 具有处理、制作、修改、整饬图形、多层次框架叠置分析能力等多种功能,可绘制全要素地图或分层绘制各种专题地图,还可以通过空间分析得到特殊的地学分析用图。

(5)分析结果的各种输出与转化功能

GIS 可将空间查询和空间分析的结果以数学表格或转化为二维、三维图形等多种形式输出,输出范围相当广泛。

3.RS+GIS 方法案例研究

张林波等以深圳市为例,将景观生态概念模型与生态系统服务功能价值评估方法结合起来,在 GIS 技术的支持下,构建了城市最小生态用地空间分析模型,并分别按照保留城市面积 30%、40%、50% 和 60% 生态用地的四种情景,分析最小生态用地空间分布的合理性,结果表明本文所构建的最小生态用地模型能够很好地将城市中具有重要生态系统服务功能的土地提取出来。

(1)数据收集

遥感信息源:包括 1989 年、1995 年、2000 年、2003 年等 4 个时段的深圳 Landsat-5 遥感影像,用于深圳市生态环境状况动态分析;购置 2003 年的 SPOT5 遥感影像,用于和 2003 年的 Landsat-5 影像融合,提取包括土地利用现状、河流水系、海洋岸线与湿地、道路交通、绿地分布等在内的专题信息。

GIS 数据源包括深圳市 1:10 000 的 DEM 数据用于坡度、坡向、水土流失等专题信息提取,以及深圳市土壤图等数据。

收集文字材料:政府正式颁布的统计年鉴和统计公报等数据。重点对植被覆盖和城市扩张情况进行现场踏勘,以校核遥感解译数据。

(2)理论分析、影响因子识别

最终确定以"集中与分散相结合"的景观空间格局分析方法,结合生态系统服务功能价值估算,以景观组分(土地利用类型、生态活力)、生态系统服务功能和景观空间结构为主要评价因子,建立基于城市发展目标的最小生态用地空间分析模型,为生态用地空间评价提供良好的理论基础。

(3)模型建立

模型构建立足于 GIS 和 RS 技术,根据对生态景观自身的性质、所处的空间位置所具有的一些服务功能(如水源涵养、土壤侵蚀防护等)以及该生态景观与其他生态景观之间的空间位置关系等方面信息的解读,选取有代表性的指标因子组成模型的指标体系,通过对指标数据的叠加分析和计算,实现对城市最小生态用地的定量化表达。

(4)评价步骤

城市生态景观综合评价可按以下步骤进行。

第一步,按照评价指标体系中第三层次的指标项、指标值划分等级及相应等级的评价分值,生成相应的专题栅格数据。

第二步,按照评价指标体系第二层次中的分类对各自所属指标进行乘积运算,相关叠加计算方法如表 18-3-6 所示。

表 18-3-6 第二层次独立指标项计算方法

指标项		计算式
景观组分		景观组分=$\sqrt[2]{生态系统类型 \times 状态}$
生态服务功能	水源涵养功能、土壤敏感性防护功能、生物多样性保护功能项的评价分值赋值为"max"	生态服务功能=5
	其他条件	生态服务功能=$\sqrt[2]{水源涵养功能 \times 土壤敏感性防护功能}$
景观空间结构		景观格局=距离指数

第三步,对第二层次中 3 个指标进行加权叠加运算得出综合评价指数,其算式如下:

$$城市景观综合=景观格局 \times W_1 + 景观组分 \times W_2 + 生态服务功能 \times W_3$$

其中,$W_1=0.3$、$W_2=0.4$、$W_3=0.3$,为 3 个指标因子各自的权重值,权重值由专家打分得到。

第四步,为了防止建设用地和未利用地等非生态用地类型的干扰,在最终的结果中,对该用地类型的区域赋以最低分值"0"。

(5)情景分析与研究结果。

根据上述综合分析,以城市生态景观评价综合指数来反映生态用地需保护的级别,指数分布范围为0~5,指数越高,需要受保护的级别也就越高。将综合评价结果按从高到低排序,分别以全市土地面积的30%、40%、50%和60%为标准,从综合评价结果中提取相应的生态用地范围。

4.RS+GIS深层次探索

在人地关系日益紧张的今天,一些可能产生视觉景观不良影响的项目不得不建设于自然保护区、历史文化遗迹等视觉景观敏感区内或附近,为避免建设项目对自然、历史、文化、旅游资源产生不必要的损失和造成难以弥补的遗憾,视觉景观环境影响评价就显得尤为重要。

以张林波所写的《基于GIS的视觉景观影响定量评价方法研究——以对明十三陵景区的景观影响评价》为例,研究结合传统建设项目环境影响评价的程序步骤,采用反视的分析方法,综合应用GIS技术,以基础数据采集、敏感视点选择、暴露程度分析、可视距离分析和减缓措施分析为重点,建立了基于GIS的视觉景观环境影响评价技术流程,如图18-3-3所示。

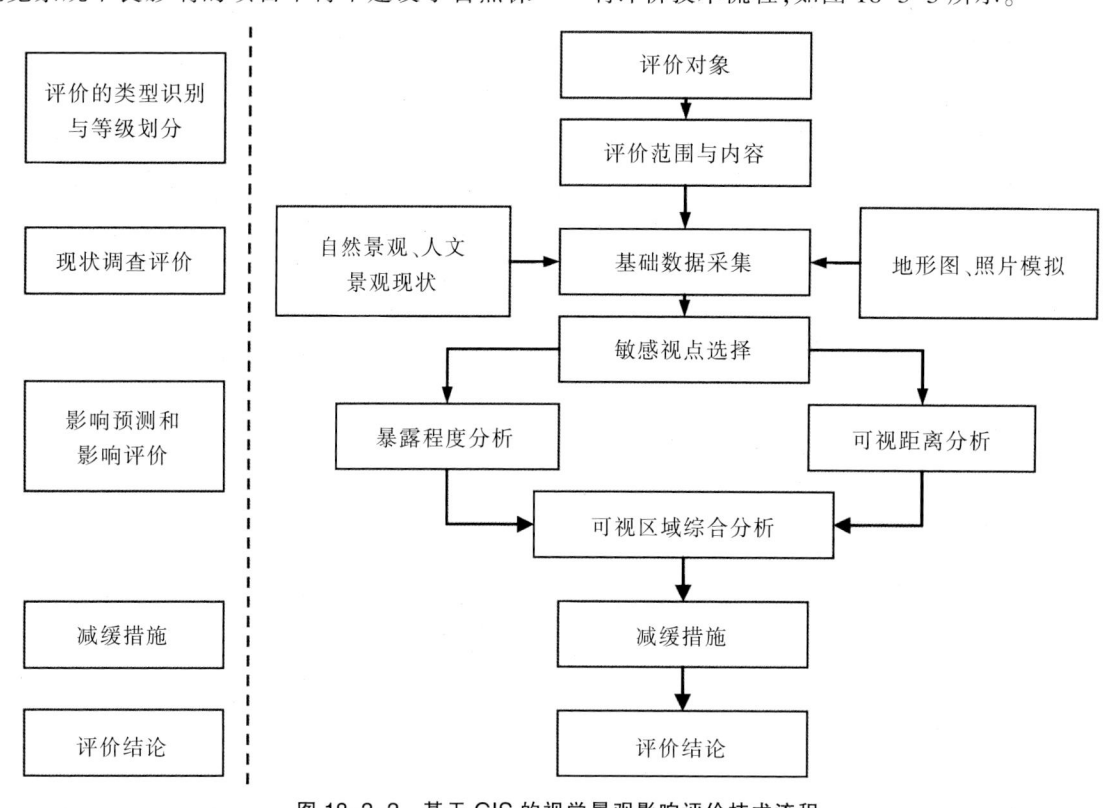

图18-3-3 基于GIS的视觉景观影响评价技术流程

(二)资源环境承载力分析

1.方法介绍

资源环境承载力分析是要估算在一定时期,某种特定状态下,一定区域内的资源和环境对人类社会经济活动的支持能力的阈值。承载力的大小可用人类行动的方向、强度、规模等来表示。

利用资源环境承载力分析评价城市发展规划的环境影响主要是在确定各区域的资源环境承载力的基础上,结合预测的按照规划的经济、社会发展方式与速度需要的资源量和环境容量,将区域资源与环境容量的需要量与区域资源环境承载能力进行对比,计算环境承载率,通过环境承载率判断规划的规模、结构、布局的合理性。

2.方法优缺点

承载力分析法的优点:在阈值的基础上对累积效应进行近似真实的度量,在对一个地区的环境承载力进行分析后,确定各环境因子的阈值,从而使预测和评价更具科学性;以系统观点表达影响和表达时间因素。

承载力分析法的缺点:几乎不可能准确度量承载能力;往往在确定很多的阈值时缺乏所需的相关地区的资料。

3.方法应用

承载力分析适用于下列评价阶段:规划环境影响的预测与评价;累积环境影响评价。这种方法尤其适用于累积影响评价,因为环境的承载力可以作为一个阈值来评价累积影响显著性。在评价下列方面的累积影响时,承载力分析较为有效可行:基础设施或公共设施,空气和水体质量,野生生物数量,自然保护区域的休闲使用,土地利用。

资源环境承载力的分析,可采用综合指标评价法,一般包括:①建立资源环境承载力指标体系,确定指标的具体数值(通过现状调查或预测);②建立资源环境承载力评估的具体准则和方法;③对城市现状或未来的资源环境承载力进行估算和评估,提出相应的结论和对策建议。资源环境承载力分析,也可以通过建立人口经济与环境资源消耗之间的数学模型,测算出承载力的大小。环境承载力的计算方法见表18-3-7。

表18-3-7 环境承载力的计算方法

计算方法	判断承载力的依据	方法局限
资源与需求差量法	资源存量、需求量、生态环境现状和期望状况之间的差值	该方法比较简单,但不能表示研究区域的社会经济状况及人民生活水平
自然植被净第一性生产力估测法	生态系统内自然植被的第一性生产力估测值	不能反映生态环境所能承受的人类各种社会经济活动的能力
状态空间法	根据时间空间,比较准确地判断某区域某时间段的承载力状况	定量计算较为困难,所需资料较多
生态足迹法	一个地区所能供给的人类的生态生产性土地的面积总和	不能反映社会、经济活动等因素
模型预估法	数学模型定量计算 如大气环境容量模型、水环境容量模型、系统动力学模型、模糊目标规划模型、层次分析模型等	对基础数据要求较高,很难获得全面的基础数据;多是用于狭义的环境的质量方面;通常模型都是在理想条件下,往往不符合现实情况;费用较高及通常只能分析对单个环境要素的影响

(1)应用案例1:承载力方法在煤电、煤化工基地规划环境影响评价中的应用

时进钢等以某煤电、煤化工基地规划环境影响评价为例,探讨了以区域资源、环境承载力为约束条件,以经济效益最大化为规划目标,采用线性规划法优化煤电、煤化工基地规划结构的过程。

案例背景:某地区规划的煤电煤化工基地具有丰富的煤炭资源,规划发展煤电、煤化工(甲醇、二甲醚、煤制油、烯烃、尿素、天然气)等产业。区域水资源缺乏,水资源完全靠调水补给。研究目标:煤电化基地的工业增加值最大化。

构建线性规划模型:

$$\max F = V \times X$$
$$C \times X \leq B$$

$$X = [x_1 \quad x_2 \quad \cdots \quad x_7]^T$$
$$V = [v_1 \quad v_2 \quad \cdots \quad v_7]^T$$
$$C = \begin{bmatrix} c_{11} & c_{12} & \cdots & c_{17} \\ c_{21} & c_{22} & \cdots & c_{27} \\ \cdots \\ c_{61} & c_{62} & \cdots & c_{67} \end{bmatrix}$$
$$B = [b_1 \quad b_2 \quad \cdots \quad b_6]^T$$

式中:F为煤电化基地总的工业增加值;

$x_i(i=1,2,\cdots,7)$为煤电化基地各产品的规模,数字下标1~7分别对应的是煤电、甲醇、二甲醚、煤制油、烯烃、尿素、天然气;

$v_i(i=1,2,\cdots,7)$为各产品单位产量的工业增加值;

$c_{ij}(i=1,2,\cdots,6;j=1,2,\cdots,7)$各行向量分别代表各产品单位产量的资源消耗量和污染

物排放量(包括各产品单位产量的水资源消耗量、蒸汽消耗量、电能消耗量、煤炭资源消耗量、SO_2排放量和CO_2排放量);

$b_i(i=1,2,\cdots,6)$为煤电化基地可用资源量或环境容量(以原规划产品结构及规模下的水资源消耗量、蒸汽消耗量、电能消耗量、煤炭资源消耗量、SO_2排放量和CO_2排放量为约束条件)。

资源、环境的约束条件:
- 水资源消耗量≤原规划规模及结构下的消耗量;
- 煤电化基地电力规模≥煤电化基地中各产业电力消耗量总和;
- 蒸汽消耗量≤原规划规模及结构下的消耗量;
- 煤炭消耗量≤原规划规模及结构下的消耗量;
- SO_2排放量≤原规划规模及结构下的排放量;
- CO_2排放量≤原规划规模及结构下的排放量。

规划结构优化过程包括规划规模及利润、规划优化规模及利润、优化后可行产品规模的利润三部分。首先列举出煤电化基地各产品的规划结构,以及各种规划结构情况下的利润、能耗及污染物排放;之后采用 Excel 软件中"规划求解"模块,对煤电、煤化工产品的规模进行优化,并求解得出优化产品方案下,煤电化基地的利润、能耗及污染物排放情况;根据以上规划求解得出的优化产品方案,考虑各个产品生产的实际技术水平情景,将规划求解规模按最接近的可能发展的实际规模进行取整,得到各产品的可行规模。

(2)应用案例2:承载力方法在大气环境影响评价中的应用

规划环境影响评价中大气环境承载力分析原则是在环境容量和大气环境承载率的约束条件下,寻找大气环境承载力的最优利用水平,确定规划适度的规模、布局和结构。

大气污染物排放不超过环境容量:

$$\sum_{i=1}^{n} x_i m_i(h,s) \leq Q$$

式中:x_i为规划i活动的规模;

m_i为第i活动的排污系数;

h,s为影响排污系数的参量,如生产工艺等;

Q为污染物的大气环境容量。

大气环境容量测算方法及特点分析见表18-3-8。

表18-3-8 大气环境容量测算方法及特点分析

模型	原理及特点
ADMS 大气扩散模型	分"ADMS-评价""ADMS-工业""ADMS-城市"等系统,用点源、线源、面源、体源和网格源模型来模拟污染源,该模型对研究大气质量管理措施比较实用
ISC-AERMOD 大气扩散模型	由 ISCST3、AERMOD 和 ISC-PRIME 三大模型组成,其核心是高斯烟流模型
大气扩散烟团轨迹模型	把某时间段内烟气的实际轨迹分成不同的折线,每段折线长度范围内采用烟流模式的方法计算污染物浓度
环评助手	以《HJ/T2.2-93 导则-大气环境》《JTJ005-96 公路建设项目环境影响评价规范-大气部分》《中国环境影响评价培训教材》等文献中推荐的模型和计算方法作为主要框架
区域大气污染物总量控制模型	可以选择各种不同的大气扩散参数、风速扩散指数和计算参数,确定污染物基础排放量,进行一些基础计算
A-P 值法	首先利用 A 值法计算出控制区大气环境容量;然后利用 P 值法,在区域内所有污染源的排污量之和不超过上述容量的约束条件下,确定出各个点源的允许排放量;计算简单、可操作性强,应用最广泛
城市多源模拟模型	考虑控制区内每一个污染源及其扩散过程对每一个控制点的浓度影响,对照控制点的目标浓度来确定各源的允许排放量从而确定整个控制区或功能分区的总量

大气环境承载力利用率<1：
$$AECR(c,b)<1$$
式中：$AECR$ 为大气环境承载率；

c、b 为影响大气环境承载率的参量，如环境容量、社会经济活动等。

为了更好地反映区域环境大气环境质量状况，更科学地度量区域人类活动与环境系统之间的关系，也需要引入区域大气环境承载力动态表征量——区域大气环境承载力相对剩余率概念和计量模型。所谓区域大气环境承载力相对剩余率是指在一定区域范围内，在某一时期区域大气环境承载力指标体系中各项指标所代表的在该状态下的取值与该指标理想状态值的差值与比值。

区域大气环境承载力相对剩余率的计算方法如下：

$$p=\sum p_i W_i + \sum p_j W_j$$

式中：p 为区域大气环境承载力剩余率；

i 为指标体系中大气环境供给变量；

j 为指标体系中社会支持变量；

W_i、W_j 为各指标的权重；

p_i、p_j 为单项指标的环境承载力相对剩余率。计算方法如下。

正向指标的承载力相对剩余率，正向指标是指数值越大，环境质量越好的指标：

$$p_i = \frac{C_i}{C_{i0}} - 1$$

反向指标的环境承载力相对剩余率，反向指标是指数值越大，环境质量越差的指标：

$$p_i = 1 - \frac{C_i}{C_{i0}}$$

式中：C_{i0} 是环境标准值；

C_i 是实测值。

单项指标的环境承载力相对剩余率反映了区域实际的环境承载力与其环境承载力之间的量值关系，如果一个区域的相对大气环境承载率>0.2，表示开发强度不足，0<相对大气环境承载率<0.2，表示达到开发平衡，需注意控制开发；当区域综合大气环境承载力相对剩余率小于0时，说明区域环境承载力已经超载，需要采取措施降低区域的大气环境承载量或提高区域的环境承载力，否则将导致区域的发展趋向不可持续。

(三) 多目标分析法

1. 方法介绍

多目标分析又称多属性分析或多目标规划等，它是系统科学和管理科学的重要研究分支。现实世界中的决策问题，大多是多目标的，一般评判某项决策的好坏往往需要同时考察很多个指标，尤其对复杂的大系统，需考虑的指标就更多。在这些指标中，有主要的，也有次要的，有近期的，也有远期的，有相互补充的，也有相互对立的，因而使决策者难以决断。多目标分析，实际上就是要在各种目标和各种限制条件之间寻求一个合理的妥协，即通常所说的寻求一个最优解。多目标分析法分析和比较不同替代方案所能达到的目标，从而确定首选替代方案。以表格形式，将各个替代方案的得分和权重相乘，然后将结果相加，选出得分最高的替代方案。

2. 方法优缺点

多目标分析法的优点：承认社会是由不同目标和价值观的利益相关者组成的，并且充分考虑了他们的观点；反映了某些问题比其他问题更"重要"；简单可行，能够用于多种情况，包括公众参与；能够比较各种替代方案；能够使用定量和非定量数据。

多目标分析法的缺点：可能会使用"存在偏差的"数据，会因为制定权重和设计计分系统人员的改变，而得到不同的结果；通常不能很好地突破无法避免的或重要的限制；表现出不管其他方面的影响有多么重要，都不能超过某一因素带来的不利影响。

3. 方法的步骤

1) 选择相应的评价标准/影响和替代方案。
2) 将每个替代方案的影响计分。
3) 指定影响的权重。
4) 合计每种替代方案的得分和权重。

结果以表格形式，将各个替代方案的得分和权重相乘，然后将结果相加，选出得分最高的替代方案。

(四) 加权比较法

1. 方法介绍

加权比较就是对环境影响评价指标赋予权重和分值,求出该评价因子的实际分值,然后加以比较的一种方法。加权比较法是综合评价的一种方法,该法主要是为了使评价指标定量化,便于比较和说明问题。

2. 方法优缺点

加权比较法的优点:在加权比较评价法中,分值和权重的确定是最为关键的两个环节,并且在很大程度上取决于主观经验。分值和权重的确定可以通过德尔菲法进行评定,以尽可能降低其不可靠性。加权比较法可以使指标定量化,并把分散的指标联系起来加以比较,选出较优方案;同时该法比较直观,可以根据综合值直接比较,而后得出结论。

加权比较法的缺点:加权法确定权重和分值时,都是由人根据经验确定的,权重的确定含有较多的主观成分,不同层次的人、不同的方法可能得出不同的计算结果。而且各环境因子随规划时间的变化,其影响也在变化。

加权比较评价法多用于环境影响综合评价中的多方案比较,可以直观清晰地表达出各方案的综合得分,并且对各方案的各个操作子系统的优劣用得分的形势表达出来,由此可以看出该方法的适用性很强。

3. 加权比较法的步骤

加权比较法的应用思路:加权比较法是对包括替代方案在内的每一个战略方案的环境影响依据评价基准进行打分,比如分值在1~10之间,分值越高表明该方案在这一环境因子方面越理想;同时,由于不同类型的环境影响产生不同程度的后果,而且对于人类社会经济环境系统的意义或重要性也不相同,因此还必须根据各类环境因子的相对重要程度予以加权。这样分值与权重的乘积即为某一战略方案对于该评价因子的实际得分;所有评价因子的实际得分累计相加就是这一战略方案的最终得分。最终得分最高的战略方案即为最优方案。

打分系统的建立:建立打分系统,首先要求出预测时段内所有方案中每一个环境因子,如具体污染物或污染形式的年平均排放量、产生量或能够表示环境影响大小的其他平均数值等,并以此平均值作为评价基准,然后分别就预测时段内各方案的该因子所指示污染物或污染形式(如SO_2、CO_2等)得负分,高出越多,得分越多;反之,如低于该基准,则得正分,低得越多,得分也越多。对于定性评价指标,其影响大小与造成该类影响的规模呈正相关关系,规模越大,所致风险越大,造成损失就越大,对人们心理影响也越大,打分方式同上。而对于人均用能指标,则与上述两种情况相反,即高于评价基准者得正分,低于评价基准者得负分,越远离该评价基准,得分越多。

评价结果及分析:应用加权比较法,通过打分系统,评价各方案的环境影响,评价结果得出不同方案环境影响的最终得分,从高到低依次排列。如通过加权比较法对某一战略环境影响进行评价,最后形成如下评价结果,见表18-3-9。

表18-3-9 加权比较法评价结论表

环境影响类型	权重	方案					
		A		B		C	
		得分	得分×权重	得分	得分×权重	得分	得分×权重
大气污染	0.4	4	1.6	5	2	10	4
噪声污染	0.1	6	0.6	3	0.3	3	0.3
景观	0.5	4	2	4	2	7	3.5
总分			4.2		4.3		7.8

在加权比较评价法中,分值和权重的确定是最为关键的两个环节,并且在很大程度上取决于主观经验。因此分值和权重的确定可以通过德尔菲法进行评定,以尽可能降低其不可靠

性;权重也可以通过层次分析法(AHP法)予以确定。

(五)层次分析法

1.方法介绍

层次分析法(AHP)是一种灵活、简便的多目标、多准则的决策方法。它把一个复杂的问题按一定原则分而治之,即分解为若干子问题,对每一个子问题做同样的处理,由此得到按支配关系形成的多层次结构,对同一层的各元素进行两两比较,并用矩阵运算确定出该元素对上一层支配元素的相对重要性,进而确定出每个子问题对总目标的重要性。层次分析法是能够将定性分析与定量分析相结合的新型多目标决策方法,是处理综合评价问题的有效模型,在简单加权法的基础上推导得出,是确定权重的有效方法。利用定性和定量分析相结合的层次权重决策分析方法确定各评价指标的权重,对各项指标的相对重要性做出定量描述。

2.方法优缺点

层次分析法的优点:层次分析是对复杂问题做出决策的一种简易方法,它可将一些量化困难的定性问题在严格数学运算基础上定量化;将一些定量、定性混杂的问题综合为统一整体进行综合分析。特别是该方法在解决问题时,可对定性-定量转换、综合计量等解决问题的过程中人们所判断的一致性程度等问题进行科学检验;同时该法集中了所选专家的共同意见,综合反映多数人的观点,模拟决策思维过程。层次分析法尽可能地增加定量分析的成分,从而使评价的结果更直观、更清晰,使规划环境影响评价的结论更加可信和明确。

层次分析法的缺点:随着判断矩阵的增大,会出现前后矛盾、判断差错率很高的问题,难以满足一致性的要求,而如何合理修正判断矩阵尚未可知。同时,由于各地情况不同,目前还没有统一的、准确的确定权重的方法。另外在环境影响评价的实际运用过程中,用层次分析法确定各因子的权重的过程比较复杂,操作比较麻烦。

3.方法应用示例

太仓市沿江地区规划土地利用规划环境影响评价。

(1)明确问题:考虑规划选择的模型

当选用某一规划方案或比较判断使用的规划方案是否合理时,对规划考虑3~5项环境影响判断准则:B_1为是否能促进社会经济稳步发展;B_2为对土地资源利用持续利用是否构成威胁;B_3为能否保证土地利用结构的合理性;B_4为对生态环境的影响是否为良性;B_5为是否违背相关法律法规及能否被公众所接受。

由此,我们可得到公式:

$$Y = B_1W_1 + B_2W_2 + \cdots + B_5W_5$$

式中,$W_1, W_2, \cdots, W_5$称为准则层的权系数,通过权系数与判断准则指标计算不同规划的Y值,来最终判断确定选择的规划是否合理。

(2)建立系统的层次结构模型(见图18-3-4)

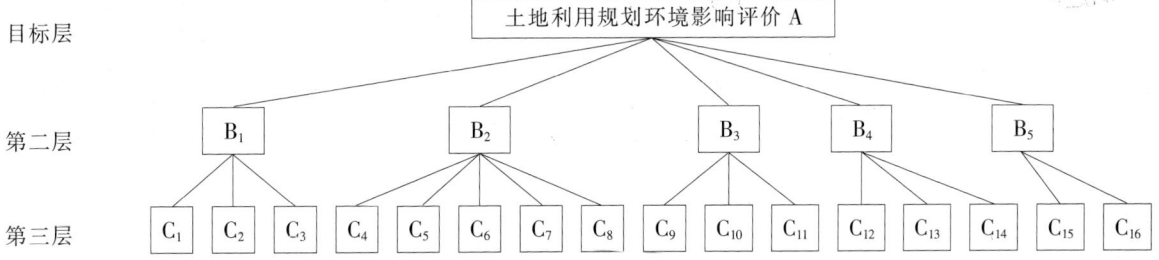

图18-3-4 土地利用规划环境影响评价的层次结构模型

(3)构造判断矩阵

由于层次结构模型确定了上下层元素间的隶属关系,就可针对上一层的准则构造不同层次的两两判断矩阵,两两比较评价指标的重要性(见表18-3-10)。

表 18-3-10　各评价因素的权重判断矩阵

	C_1	C_2	C_3	C_4	C_5	C_6	C_7	C_8	C_9
C_1	1	1/3	1/7	1/5	1/5	1/6	1/5	1/3	1/4
C_2	3	1	7/5	1/3	1/2	1/5	1	1/2	1
C_3	…	…	…	…	…	…	…	…	…
C_4	…	…	…	…	…	…	…	…	…
C_5	…	…	…	…	…	…	…	…	…
C_6	…	…	…	…	…	…	…	…	…
C_7	…	…	…	…	…	…	…	…	…
C_8	…	…	…	…	…	…	…	…	…
C_9	…	…	…	…	…	…	…	…	…

(4) 单排序和排序一致性检验

针对每一个评价因素对替代方案两两比较，进行层次单排序，在层次单排序的基础上，进行总排序，得到一组经归一化后的反映各因素相对重要性的数据。根据这组数据可以给出评价的重点和影响规划实施的主要因素，见表18-3-11。

表18-3-11　层次总排序

	C_1	C_2	C_3	C_4	C_5	C_6	C_7	C_8	C_9	层次总排序
	0.025	0.057	0.202	0.165	0.098	0.150	0.101	0.072	0.130	
A_1	0.045	0.270	0.050	0.048	0.039	0.055	0.116	0.121	0.046	0.07
A_2	…	…	…	…	…	…	…	…	…	…
A_3	…	…	…	…	…	…	…	…	…	…
A_4	…	…	…	…	…	…	…	…	…	…

(六) 系统动力学

1. 方法简介

系统动力学是一门分析研究信息反馈系统的学科，也是一门认识系统问题和解决系统问题的交叉的综合性学科。它是系统科学和管理科学中的一个分支，也是一门沟通自然科学和社会科学等领域的横向学科。系统动力学研究处理复杂系统问题的方法是定性与定量结合、系统综合推理的方法。按照系统动力学的理论与方法建立的模型，借助于计算机模拟可以用于定性与定量地研究系统问题。

2. 方法目的

规划环境评价涉及多个研究领域，应由环境学、经济学、政策学、社会学、管理学、系统工程学等学科的专家依据其掌握的知识、理论共同探讨并做出判断。对复杂的非线性系统进行研究，最有效、最常用的是系统动力学方法，该方法可以对系统进行仿真研究，常被称为"战略和策略实验室"。系统动力学应用于规划环境影响评价，就是按照一定原则把各个系统模型化，然后将其输入电子计算机，通过计算机模拟，对各种政策实施的结果予以显示，为决策者提供待选的各种政策方案。在规划环境影响评价过程中运用系统动力学的方法，是进行科学决策的要求。区域系统是由许多环节组成的"循环圈"，一般称之为"反馈环"。要着眼于反馈环的整体效益，局部的高效率有时对全局是有害的。系统是信息化的系统，在循环圈中各个环节的内部及其相互之间，都有大量的信息产生和传递，没有准确（低噪声）的、及时的信息处理和传递网络，就无法控制这种循环圈的行为。

系统动力学是在运筹学的基础上，为适应系统的管理需要而发展起来的，是针对系统实际观测信息建立动态仿真模型，并通过计算机实验来获得未来行为的描述。

3. 方法步骤

在规划环境影响评价中应用系统流图的步骤如下：系统总是处于不断变化的动态之中，某一时刻反映区域发展变化的主要矛盾,在另一时刻可能会降为次要矛盾。由于人们对复杂系统认识上具有相对性,因而在规划环境影响评价中所建立的指标体系也具有相对性。

(1) 系统流图设计

系统动力学的基础是系统流图的设计,根据复杂系统内部各因素之间的关系设计系统流图,其目的主要是反映系统各因素因果关系中所没能反映出来的不同变量的性质和特点,使系统内部的作用机制更加清晰明了,然后通过流图中关系的进一步量化,实现政策仿真的目的。流图中一般包含两种重要变量:状态变量和变化率。

(2) 主要状态方程描述与模型构建

根据环境系统承载能力及要素之间的联系的反馈关系,建立描述各类变量的数学方程,以模型用计算机进行仿真。这些描述方程通常包括状态方程、常数方程、速率方程、表函数、辅助方程等。系统模型正是由这一组动态方程有机组合而成。

(3) 模型的仿真计算

对不同方案确定不同的变量输入值,通过仿真操作运算,得到不同发展方案下的水资源承载力仿真运算结果,包括GDP、人口数、资源条件、环境状况等量等各种具体的指标,通过对比分析来进行方案的比较择优。

4. 结果形式

在规划中采用不同的行为,可通过系统动力学的计算,模拟和仿真出因输入因子变化而最终造成对外界环境的影响。

例如,沈阳市浑南新区规划战略环境评价与研究融入了系统动力学技术,采用了Vensim模型,较好地对浑南新区各产业的发展方向进行了预测,并提出了产业发展方向的建议。研究中尝试用系统动力学方法进行战略环境评价,采用了Dynamo模型,从人口、资本、环境三个方面对区域系统进行综合集成研究,模拟其动态变化趋势,为决策者提供决策支持。基于可持续发展的目标,研究了战略环境评价的方法,提出评价模型。并以长春市为例,对评价模型进行了验证。仿真结果表明,资本、环境和人口三个子系统显著相关,任一系统的变化都会影响到其他系统,并且三个系统的变化呈现非线性关系。

5. 优缺点

规划的作用范围涉及社会、经济、自然等子系统,由于各子系统作用机制和使用量纲不同,用传统的方法很难进行分析,但运用系统动力学方法进行战略环境评价,却可以从定性和定量两方面综合地研究系统整体运动的机制,通过对信息联系和反馈机制的分析,综合协调各方面的因素,促进区域的可持续发展,从而为制订区域可持续发展战略提供指导。采用系统仿真模型进行战略环境评价,结果可信度高,对于战略调整的反映性较好。

系统动力学方法的主要不足仍是系统的复杂性问题,一般的系统动力学使用的参数较少,对实际系统的模拟中简化和忽略的因素较多。较大规模的系统动力学模型需要的参数过多,很难逐个准确设定,从而可能导致预测结果失真。

第三节 专项规划环境影响评价方法应用

规划环境影响评价方法在"一地、三域、十个专项"规划环境影响评价的应用中以土地利用、矿产资源、交通、流域以及城市规划环境影响评价的方法研究为主,研究人员主要对该类规划环境影响评价的应用方法进行了介绍,提出适用于规划环境影响评价的方法体系。规划环境影响评价方法在"一地、三域、十个专项"规划环境影响评价的应用中,不同阶段应用方法不同,总结如表18-3-12。

表 18-3-12 规划环境影响评价不同阶段方法应用

规划环境影响评价不同阶段	多种方法结合应用
影响评价的筛选和识别	网络法、系统流图法、灰色关联分析法、博弈分析、生命周期分析、层次分析法、对比分析、加权比较法、调查表、叠图法、地理信息系统法等
传统影响评价预测方法	更多地使用定性或半定量方法,如叠图法+地理信息系统集成法,同时开展新方法的研究应用
影响评价阶段	更多选用的是基于现状或预测的结果与既定的环境目标(标准)进行比较的方法,诸如专业判断法和对比、类比分析法等

马铭锋对完成质量较高的国家发展战略及综合规划、流域综合规划、区域开发、能源规划、交通规划和城市建设规划等环境影响评价的 9 个案例进行了总结和归纳(见表 18-3-13),所使用的技术方法具有一定特色和创新性,前 6 个案例分别属于规划环境影响评价的不同类型,具有代表性;后 3 个案例为原国家环保总局首批战略环境评价试点项目,基本代表了我国规划环境影响评价发展现状。

表 18-3-13 近年来我国开展的几个典型规划环境影响评价案例

案例名称	主要完成单位	案例类型
《2003—2020 年电源规划环境影响评价研究》	—	能源规划
《沈阳市浑南新区战略环境评价研究》	北京大学环境学院	区域开发(具有城市建设规划性质)
《塔里木河流域近期综合治理规划环境影响评价》	水利部水利水电规划设计院	流域综合规划
《振兴东北老工业基地战略环境评价研究》	原国家环保总局环境工程评估中心	国家战略和综合规划
《大连城市发展规划环境影响评价技术方案》	清华大学	城市综合规划
《重庆市骨架公路网规划环境影响评价》(专题报告)	中科院生态研究中心	交通规划
《中国 2010 年上海世博会规划区总体规划环境影响评价案例》	上海市环境科学研究院	城市建设(具有旅游规划性质)
《内蒙古自治区国民经济和社会发展"十一五"规划纲要战略环境影响评价报告》	中国环境科学研究院	区域综合规划
《武汉市城市发展规划战略环境评价》	南开大学	城市综合规划

针对该 9 个案例研究的评价阶段技术方法进行的统计表明:专业判断法、对比类比分析法等在既定环境目标进行比较时较为常用;核查表法、矩阵法、灰色系统分析、加权比较等均为使评价结果的重点更加突出的方法;国家与区域等大范围的规划等综合性分析多使用投入产出分析、多目标分析。值得一提的是,环境承载力方法在规划环境影响评价领域尚处于探索阶段,或仅仅停留在单要素的简单分析上,仍需要加强该方法的深入和综合运用。

一、工业规划环境影响评价

目前在工业领域规划环境影响评价方法学的研究较少,但是在工业的战略环境影响评价中典型的安全问题、经济与环境相关性问题、资源型城市的发展等方面有了较细致的研究。

在工业领域,安全是人们密切关注的问题,对于风险性较大的工业,需要考虑用风险评价的方法对其进行战略环境影响评价。在规划环境影响评价中通过进行风险评价对风险源进行识别分析,为区域内项目的布局、规模以及土地利用提出合理的建议。尹航、李小敏以平顶山化工城规划环境影响评价中风险评价的内容为例,对风险评价在规划环境影响评价中的应用进行了探讨。在选取评价方法时使用《非现场后果分析风险管理计划指南》(以下简称《指南》)进行后果分析。《指南》给出各种情景下有害物质泄漏后果分析方法，相对于《建设项目风险评价技术导则》中的后果计算方法，《指南》更具有概括性。

工业常常能带动一个地区的发展。对于对当地经济发展影响深远的工业，如石化制造业，可以采用环境库兹涅茨曲线(EKC)的方法，从时间上和空间上分析出经济与环境的相关性。肖黎姗、石晓枫应用环境库兹涅茨曲线(EKC)的方法对福建省某一石化工业基地进行战略环境影响评价。选取1999—2006年的人均GDP和污染物的相关数据，构建经济增长与环境污染水平关系模型，运用SPSS软件，采用cubic曲线对原始数据进行拟合，从而对后来的规划提出科学的指导性建议。

工业往往能耗较大，对城市资源型建设是一个很大的挑战。李巍、侯锦湘、刘雯应用环境基线空间评价方法对资源型城市工业规划进行了研究。首先通过剖析城市发展的资源、生态、环境等制约因素及其承载能力，提出了评价城市工业发展环境合理性的环境基线空间评价理论，结合环境友好和资源节约的科学发展要求，构建了承载力增值和坏境空间占用率两项评估标准及其评价指标体系。在此基础上，针对资源型城市发展的特点和环境保护重点，建立了资源型城市工业发展规划环境影响评价的环境基线空间评价方法，并将其应用于鄂尔多斯市主导产业发展规划环境影响评价，对规划实施的潜在环境影响进行了系统分析和综合评价，并据此提出了规划方案的优化调整建议。

二、能源规划环境影响评价

对于能源规划环境评价，我国的研究主要集中在煤炭规划和水电规划上。赵雷以榆神矿区煤炭规划环境影响评价为例，建立基于系统动力学(SD)模型的规划环境影响评价方法。在综合考虑了区域发展战略及煤炭产业规划中的发展规模、煤炭产业结构等不确定性因素后，调整规划中的重要参变量，结合情景分析的方法技术建立榆神矿区煤炭规划环境影响评价的SD模型，对榆神矿区的环境发展进行了预测，并提出相应的指导建议。模型建立过程主要分为五个步骤。

第一步确定系统仿真目标，即对战略与经济行为、经济行为与环境因子以及环境因子之间的关系及作用机制进行研究，做出定性判断，并从系统思想和观点界定研究边界及内容。

第二步是系统结构分析和因果分析。这一步又分为四小点：一是对榆神矿区的总体结构和反馈机制进行研究；二是根据实际情况以及构模的需要划分系统的子块，以便分系统建立模型的流程图与因果关系图；三是根据系统中变量的因果关系，确立变量的种类；四是确定系统中的反馈回路和各反馈回路之间的耦合关系。

第三步是建立系统动力学模型。首先建立系统中各变量的系统动力学方程，初步估计方程中的有关参数，运用Dynamo语言，构建计算机仿真模型。

第四步确定系统参数和输入参数。系统参数数据主要是通过榆神矿区相关资料数据和对矿区的空气污染现状分析以及国家环境空气质量标准获得。

最后一步是模型检验。采用2005年的预测数据和收集到的2005年实际数据进行对比分析，得出此模型与实际数据的误差小于5%的概率为71.43%，说明该模型具有有效性，可以用来预测未来该系统的发展趋势。

水电开发会改变原有自然河道及其周边地区的水环境和生态环境，造成河槽萎缩、断流、水质下降，进而破坏周边的生态系统。因此，在做水电战略环境影响评价时，对水电开发造成的生态系统影响的研究非常有意义。雷声等利用景观生态学中景观内部生境面积的破碎化指数表示规划水电站对生境的破坏程度。景观内部生境面积破碎化指数原指某一景观类型的生境破碎程度，表现为景观内大面积连续分布的斑块体逐渐破碎、萎缩变小，破碎化指数越大说明景观破坏程度越严重。该研究以景观破碎化指数来表示水电站建设工程对建设区域的影响，以工程建设前分析区域的自然景观格局为基准，考察不同建设工程对生态系统的综合影响。水电站重点影响区域内的生境破碎程度，采用以下公式计算：

$$FI_1=1-A_i/A$$
$$FI_2=1-A_1/A_i$$
$$F=FI_1\times FI_2$$

在景观生态学中，式中的 FI_1 和 FI_2 为景观内生境破碎化指数；A_i 为某种景观的生境总面积；A_1 为该类景观内最大斑块面积；A 为景观总面积。该研究中，A_i 为某工程重点影响区的面积；A_1 为重点影响区的生境损失面积；A 为整个分析区域的流域面积；FI_1 为某工程对整个区域的影响，FI_1 越小，表示该工程的作用越大；FI_2 为某工程重点影响区域的破碎化程度，FI_2 越小表示破碎化程度越高；F 为工程对整个分析区域的影响，F 值越小表示工程对整个分析区域或流域的影响越大。

三、水利规划环境影响评价

对于水利领域的规划环境影响评价方法研究目前只是在水电梯级规划评价中涉及。牟忠霞以理县孟屯河水电梯级规划评价为例对水电梯级规划环境影响评价方法进行了研究。她将评价过程分为方案比选、环境影响因素识别和影响综合评价3个阶段。规划方案比选一般采取的方法有矩阵法、费用效益分析法、分级一览表法以及对比分析法，根据水电开发的特点和各个方法的适用特征，最后确定采用对比分析法和分级一览表法确定最优方案。环境影响因素的识别，目前最常用的是核查表法和矩阵法，基本沿用了项目环境影响评价中的影响因素识别方法。规划环境影响分析的主要方法有对比评价法、承载力分析法、幕景分析法、叠图法等，但这些方法在实际应用上都有一定的困难，对小流域水电规划来说，适应性不强，而且有些基础数据的获得有一定的困难，而层次分析法具有深刻的理论内容和简单的表现形式，并能统一处理决策中的定性与定量因素，所以被广泛应用于许多领域。环境分析与评价实际上也是一个多因素综合决策的过程，因而将层次分析法应用于环境影响分析中不但可行，而且具有简单、有效、实用的特点。在流域规划环境影响评价中，可应用层次分析法进行影响分析。各阶段应用的方法见表18-3-14。

表 18-3-14 方法选择与应用

评价内容	方案比选		规划影响因素识别	规划影响综合评价
方法选择	评价方案各因素的等级分值	确定各规划方案的优劣	相关矩阵法	主观概率累和模型、层次分析法
	对比分析法	一览表法		

《灰色关联度分析在水电规划环境影响评价中的应用研究》中应用灰色关联度分析法来进行水电规划环境影响评价。水电梯级开发对环境的影响是多层次、多目标的复杂灰色系统，为了在生态评价方面对环境可行规划方案的比选方法有一个明确的结论，文章应用了灰色关联度分析法评价中国西南地区某流域梯级水电开发对流域内水生生物的影响；并且通过比较各方案与最理想方案的灰色关联度，确定了最优方案；进而证明了将灰色关联度分析法应用于水电规划环境影响评价，不仅可以量化水电梯级规划对环境的影响程度，而且更有利于多个开发方案的比较优选。

中国西南地区某流域规划进行梯级水电开发，需要对其进行规划环境影响评价。该流域规划的3级开发方案和4级开发方案均为可行方案，文章将灰色关联度分析法应用于预测评价这2种方案的梯级水电开发对流域内水生生物的影响，比较两方案与最理想方案的关联度来确定最优开发方案，进而以此作为出发点来研究灰色关联度分析法在水电梯级规划环境影响评价中的应用。

灰色系统理论提出了对各子系统进行灰色关联度分析的概念，意图透过一定的方法，去寻求系统中各子系统（因素）之间的数值关系。简言之，灰色关联度分析的意义是指在系统发展过程中,如果两个因素变化的态势是一致的,即同步变化程度较高,则可以认为两者关联度较大;反之,则两者关联度较小。因此,灰色关联度分析对于一个系统发展变化态势提供了量化的度量,非常适合动态的历程分析。

灰色关联度可分成局部性灰色关联度与整体性灰色关联度两类。主要的差别在于局部性灰色关联度有一参考序列,而整体性灰色关联度是任一序列均可为参考序列。关联度分析是基于灰色系统的灰色过程,进行因素间时间序列的比较来确定哪些是影响大的主导因素,是一种动态过程的研究。

1. 确定最优指标集

设 $F=[j_1^*, j_2^*, \cdots, j_n^*]$,式中 j_k^* 为第 k 个指标的最优值。此最优序列的每个指标值可以是诸评价对象的最优值,也可以是评估者公认的最优值。选定最优指标集后,可构造矩阵 D(矩阵略)。

2. 指标的规范化处理

由于评判指标间通常有不同的量纲和数量级,故不能直接进行比较,为了保证结果的可靠性,因此需要对原始指标进行规范处理。设第 k 个指标的变化区间为 $[j_{k1}, j_{k2}]$,j_{k1} 为第 k 个指标在所有被评价对象中的最小值,j_{k2} 为第 k 个指标在所有被评价对象中的最大值,则可以用下式将上式中的原始数值变成无量纲值 $C_k^i \in (0,1)$。

$$C_k^i = \frac{j_k^i - j_{k1}}{j_{k2} - j_k^i}, i=1,2,\cdots,m \quad k=1,2,\cdots,n$$

3. 计算综合评判结果

根据灰色系统理论,将 $\{C^*\}=[C_1^*, C_2^*, \cdots, C_n^*]$ 作为参考数列,将 $\{C\}=[C_1^i, C_2^i, \cdots, C_n^i]$ 作为被比较数列,则用关联分析法分别求得第 i 个被评价对象的第 k 个指标与第 k 个指标最优指标的关联系数,即:

$$\xi_i(k)=\frac{\min\limits_i \min\limits_k |C_k^*-C_k^i|+\rho \max\limits_i \max\limits_k |C_k^*-C_k^i|}{|C_k^*-C_k^i|+\rho \max\limits_i \max\limits_k |C_k^*-C_k^i|}$$

式中:$\rho \in (0,1)$,一般取 $\rho=0.5$。

这样综合评价结果为:$R=E \times W$

若关联度 r_i 最大,说明 $\{C\}$ 与最优指标 $\{C^*\}$ 最接近,即第 i 个被评价对象优于其他被评价对象,据此可以排出各被评价对象的优劣次序。

四、交通规划环境影响评价

近年来,有大量的针对交通专项规划方法的研究。常用的方法有情景分析法、生态足迹-成分法、加权比较法、环境数学模型方法等,较之更为系统的方法以系统动力学为主。

梁勇阐述了生态足迹法在城市交通环境影响评价中的应用。张利鸣提出了适合于港口总体规划特点的环境风险评价的内容与模式。尚金城从系统论的角度来研究青藏铁路工程决策的战略环境评价,在探讨青藏铁路施工期和运营期环境影响的基础上,用矩阵模型法来确定青藏铁路工程施工期和运营期对生态环境、大气和水的直接和次生影响,提出减缓环境影响的调控措施。腊孟珂、朱祉熹等都探讨了情景分析法在交通规划环境影响评价中的应用。

系统动力学以及 GIS 在交通规划环境影响评价中应用较为广泛。史其信、李瑞敏对交通战略环境评价进行技术方法学研究,探讨了 GIS 技术在交通规划环境影响评价中的应用;马蔚纯、林健枝开发了基于 ArcView GIS 的道路交通噪声预测评价系统,利用该系统工具计算出不同建筑类型各单元的噪声级,统计出各型建筑的噪声分布;邵立国研究了 SD-GIS 集成模型在城市交通规划环境影响评价的应用。徐凌、尚金城进行了大连国际航运中心建设规划环境影响评价的系统动力学研究;许野以长春市为例研究了城市交通规划环境影响评价的替代方案。

交通规划环境影响评价的方法学研究中,除了对城市综合交通规划环境影响评价进行研究,还特别针对公路、港口、铁路、航运等具体交通规划环境影响评价进行研究分析。

董博对成都市快速轨道交通线网规划环境影响评价和成都地铁 1 号线一期工程环境影响评价中的振动环境影响评价进行了比较分析,以说明环境影响评价(EIA)和规划环境影响评价(PEIA)在同一类方法使用上的差异。

对比《大连国际航运中心建设规划环境影响评价的系统动力学研究》和《基于系统动力学方法的城市交通规划环境影响预测实证研究》，虽然二者都是系统动力学方法在交通规划环境影响评价中的应用，但应用的对象不同，前者是航运中心，后者是吉林市交通规划。

1. 模型建立

大连国际航运中心建设调控系统是一个综合的巨系统，其各子系统之间存在着密切的联系，任何一个子系统的变化都将导致整个系统及其他子系统的变化，信息在各子系统之间反馈。大连国际航运中心建设调控系统模型包括5个子系统：人口子系统、经济子系统、交通子系统、能源子系统和环境子系统，这5个子系统共同完成国际航运中心建设系统的特定功能。人口子系统是国际航运中心建设调控系统的基础；经济子系统和环境子系统是该系统发展建设的核心；能源子系统和交通子系统则是保证该系统正常运作的支撑。

进行吉林市交通规划环境影响的系统动力学研究时，其系统动力学模型的设计包括如下几个子系统：经济、社会、交通以及资源与环境子系统。各个子系统内部可以根据构成元素的特点和相互关系进一步划分，建立仿真模型，模拟其动态变化趋势。

2. 真模拟

系统动力学模型参数的确定方法有观察法、经验法、估计法、拟合法及试验寻优法等。大连国际航运的模型采用的参数值主要来源于：《大连统计年鉴》《大连城市发展规划（1997—2010）环境影响评价》《大连城市发展规划（2003—2020）环境影响评价》《大连市志（环境保护志）》。用Vensim对系统历史行为进行计算机模拟（即拟合分析法），确定系统模型中的未知参数。模型中预测范围为1998—2020年，其中1998—2003年为模型的检验年，步长为1年。

模型建立之后，为确保模型的运行结果和客观实际相符合，应对模型的有效性进行检验，本文检验年为1998—2003年，检验变量为大连市GDP、口岸货运量，这两个变量具有可比性、准确性、稳定性。通过相对误差的分析得出模型的仿真模拟值与历史值的误差的绝对值不超过5%，说明运行结果与实际数据高度拟合，建立的国际航运中心建设系统动力学模型能有效代表实际系统，适合进行仿真模拟和政策分析。

在吉林市的案例中，模型建立之后，基于实地调查数据和统计资料，对模型的有效性进行检验，以确保运行结果与实际系统行为相符。在模型建立的过程中，不断地对模型的结构、参数的选取等进行修正，使模型基本反映真实系统的特征，完成了模型结构适合性检验以及结构与实际系统一致性检验。在灵敏度分析中，由于模型中涉及的参数很多，逐个进行检验很烦琐且无必要，所以该研究将重点选取系统内关键的5个参数和8个变量进行灵敏度分析。分析过程从2001年至2015年，取某一参数变化值（增加或减少10%）在模型上运行、计算，各参数对系统行为的灵敏度见表18-3-15。从表18-3-15可以看出，有1个参数对系统的影响比较大，超过0.1，灵敏度高，其他参数对系统的影响比较小。模型通过历史性检验和灵敏度分析之后，可以认为该模型能够真实反映现实系统，稳定性较强，是强壮性较好的模型，适合进行仿真模拟和政策分析。

表 18-3-15 灵敏度分析结果

	市区人口出生率	私人汽车增长速率	四级路评价利用系数	二级路平均宽度	大型汽车百公里耗油量
总人口	0.015 5	0.000 0	0.000 0	0.000 0	0.000 0
城市化水平	0.201 5	0.000 0	0.000 0	0.000 0	0.000 0
人均GDP	0.000 0	0.000 0	0.000 0	0.000 0	0.000 0
吉林市汽车数量	0.000 0	0.000 0	0.000 0	0.000 0	0.000 0

续表

	市区人口 出生率	私人汽车 增长速率	四级路评价 利用系数	二级路 平均宽度	大型汽车 百公里耗油量
公路总里程	0.000 0	0.000 0	0.000 0	0.799 9	0.000 0
交通用地面积	0.015 2	0.000 0	0.000 0	0.142 2	0.000 0
交通能源消耗量	0.015 4	0.000 0	0.000 0	0.105 5	0.072 2
交通平均噪声	0.217 3	0.000 0	0.800 1	0.000 0	0.000 0
总烃排放量	0.047 5	0.002 0	0.080 0	0.105 5	0.007 2

3.预测分析

大连国际航运中心建设进行系统动力学模拟，就是通过选择模型中某些决策点作为决策因子，将这些因子进行不同组合，得到不同方案，然后将每个决策方案在模型上进行仿真实验，经过多次反馈调整决策方案和仿真实验，以获得反映系统动态行为并能达到系统目标的政策方案。模型选用就业弹性、GDP增长率、三次产业增长率、环境影响因子、货运量增长对三次产业的增长系数、交通状况改善对三次产业刺激系数等作为调控参量。模型设置两种发展方案：①传统趋势型(0方案)，即未制定《大连国际航运中心建设规划》之前的发展状况，参照系统现有的参数值，不作大的调整；②经济发展型(1方案)，即实施规划之后的发展状况，强化经济发展在国际航运中心建设中的重要地位，加大第三产业的投资系数，并提高第三产业的投资比重，同时考虑国际航运中心建设的需要，大力建设交通基础设施。

在吉林市交通规划案例中，利用吉林市交通规划SD预测模型，把交通规划目标作为参数，针对不同的规划内容，变化有关系统参数，使模型在相应条件下运行，对各子系统在不同情景下的发展变化进行分析。为衡量交通规划的实施对社会、经济、环境系统的影响，选取有无对比方法设计幕景进行方案比较分析，幕景一是依据交通规划方案实施各类交通建设和运营投入，在此条件下对社会、经济和环境发展状况进行预测，得出"规划值"；幕景二是对系统进行本底方案(0方案)预测，即在保持各类交通设施、运行状况不变的条件下，对社会经济和环境状况进行预测，求出"本底值"；最后将二者相比较便可得出交通规划在不同方面的影响。

在预测分析中，两个研究的方法基本相同。最后，根据预测分析的结果，两个案例分别提出解决对策。

五、城市建设规划环境影响评价

城市建设的规划环境影响评价可以分为城市整体建设的规划环境影响评价和城市建设某个专项的规划环境影响评价。

在城市整体建设的规划环境影响评价的方法研究中，马文林、焦思明全面总结了我国目前进行城市规划环境影响评价的工作程序、技术方法和评价内容。

我国在城市整体建设的规划环境影响评价过程中对以上各种方法进行了实践、应用的研究。比如，李湘梅对武汉城市总体规划期间资源利用状态与经济发展的关系、环境质量与经济增长之间的关系以及整个城市生态系统经济、社会和资源环境的协调发展趋势进行了研究。案例研究中研究问题采用的技术方法如表18-3-16。

表18-3-16 城市建设规划环境影响评价方法应用

研究内容	研究方法
资源利用状态	偏最小二乘法、集对分析方法
环境库兹涅茨曲线	多元回归统计方法
协调问题	主成分分析、偏最小二乘法、支持向量机、径向基神经网络

我国在城市建设某个专项的规划环境影响评价方面的方法研究对城市整体规划的规划环境影响评价做了很好的补充和完善作用。

如在城市建设中，高压电网跨越城市的整个上空，李艳结合某城市高压电网规划的环境影响评价，使用遥感、GIS 技术对各种调查资料及数据进行管理，为电网规划的环境影响评价提供直观的基础数据及图形，并根据规划环境影响评价的要求进行叠图分析，输出了如下 7 幅环境影响评价专题图。

- 城市高压电网规划范围影像图：该图主要表示规划范围及评价范围的环境现状。
- 城市高压电网构架与影像叠加图：该图主要表示规划电网与评价区域的相互关系。
- 城市高压电网构架与环境敏感区域叠加图：该图用于表示环境敏感区域与规划电网的相互关系。
- 城市高压电网构架与土地利用叠加图：该图用于表示土地利用与规划电网的相互关系。
- 城市高压电网构架与道路交通及居民点分布图及影像图叠加：该图用于表示道路、交通及居民点与规划电网的相互关系。
- 地下电缆控制范围与影像叠加图：该图用于表示规划电网采用地下电缆的控制范围。
- 城市高压电网构架与城市生态廊道规划叠加图：该图表示城市规划的生态廊道，用于输电线路走廊与城市生态廊道的相符性分析。

随着我国道路交通的发展，人们生活水平的提高，以及人们对生活环境质量要求的提高，城市道路交通的噪声问题受到了很大的关注，因此在城市建设规划时应当对道路交通的噪声问题进行研究评价。马蔚纯等对不同建筑形态道路交通噪声的典型分布进行研究，基本方法是采用简化 DoT 模型计算道路交通噪声，以基于 GIS 的道路交通噪声评价预测系统为工具，计算不同建筑类型各单元的噪声级，再统计出各型建筑的噪声分布。采用的噪声预测模型是英国 DoT (Department of Transport)模型。英国 W. S. Atkins 公司依据 DoT 模型的有关研究报告 CRTN88 研制了相应的交通噪声预测软件 RoadNoise。林健枝等将该噪声模拟计算程序与 ArcView GIS 相结合，开发了基于 ArcView GIS 的道路交通噪声预测评价系统。

城市的规划布局在一定程度上会影响城市上空的大气环境，而对城市上空大气环境进行评价又反过来对城市的规划布局进行指导。李宏等根据城市规划战略环境评价层次大气污染源的结构和空间布局具有显著不确定性的特点，选用不确定性分析方法来求解规划的综合大气环境影响。以廊坊市城市规划的大气环境影响评价为例，取不确定性分析 50 000 次采样结果的平均值，得到 2020 年 SO_2 年均浓度的状况。在现状及规划方案给出的约束条件下，通过数值模拟，对城市未来发展空间布局的所有可能性进行随机抽样，对合理样本应用大气模型并给出相应的大气环境影响预测结果。据此预测廊坊市环境空气质量的变化趋势，从保障城市环境空气质量的角度，对城市规划的空间布局、产业发展规模和能源政策等提出改进措施和建议，促进廊坊市环境可持续发展。

方法学的发展过程正是城市规划与经济、社会、生态、环境科学、管理学、政策学等多门学科相互交叉，不断融合的过程。在城市建设战略环境评价的研究和实践过程中，各种新的方法不断融入评价方法体系中。

车秀珍等将生态学理念纳入城市化进程中战略环境评价的应用，从生态学和系统科学的角度来看，城市化、生态化实质上就是城市生态系统的建立和完善、变化与发展的过程，并最终要求系统整体功能的优化和生态经济保持动态平衡。

张海华以秦皇岛市生态城市规划为例，将多级模糊模式识别理论和集对分析理论应用到规划环境影响评价方法研究中，两种方法的评价结论一致表明该规划对环境影响较小。在制订秦皇岛市生态城市建设规划时已充分考虑到环境问题，文章的评价结论也验证了这一点，这在一定程度上验证了这两种方法的可靠性。

朱蓉建立了第二代大气污染物排放源强反

演模式(SSIM2),SSIM2 由中尺度气象模式(MM5)模式提供气象背景场,先在目标浓度分布的基础上,应用确定大气容量 A 值法得到污染源强分布的初估场,然后应用多箱格大气平流扩散模式,反复计算污染浓度分布和订正污染源强估算场,直到计算范围内所有网格点上的浓度与目标浓度的偏差小于 5%,即可得到合适的大气污染源强分布。采用山西长治地区大气污染源清单对模式的验证表明,反演的大气污染源强分布与真实源强分布非常接近。SSIM2 在天津市的城市规划大气环境影响评价中,为城市新建开发区和城市污染源的规划布局提供了科学依据。第一代大气污染源强反演模式(SSIM1)采用平直气流,只适用于地形平坦开阔的区域,并且只能考虑 8 个方向的风,限制了大气污染源强反演的精度。SSIM2 由 MM5 提供区域气象背景场,既适用用于平坦地形,也适用于复杂地形。

总之,新方法的融入会使城市建设规划环境影响评价的内容更全面,评价的结果更科学,进行的预测更准确,对规划的指导意义更大。

六、旅游规划环境影响评价

对旅游专项规划的环境影响评价方法,马兰以旅游开发项目为例,研究了对比分析法在规划环境影响评价中的应用。周嘉探讨了模糊综合评判法在生态旅游战略环境评价中的应用。李俊对旅游环境承载力在旅游规划环境影响评价中的应用进行了初探。李飞利用罗斯水质指数、分级评价法和菲罗模型等数学方法,建立了旅游规划环境影响的综合评价系统。

陈鹏研究构建了生态旅游战略环境评价的方法系统,即:①模糊数学法进行战略初步判断;②清单法进行环境影响识别;③承载力分析法进行环境影响预测;④可持续发展能力评判法进行综合评价。并应用该方法系统对黑龙江省绥化市金龟山庄的生态旅游项目进行实证研究。研究首先采用模糊数学法进行战略判断,对战略内容失误问题采取战略否定的办法,然后对保留战略提出若干替代方案,进行替代方案的环境影响识别,找出影响因子,分析影响程度及影响途径。紧接着要进行环境影响预测,根据现状预测未来的环境质量状况。旅游地的环境状况受多方面的影响,表现在空气污染、水污染、固体废物污染,尤其是生态破坏方面,如果分别对这几方面的环境状况进行预测,所得结果很难综合到一起反映整体环境效果。环境承载力分析能把大气、水、固体废物及生态等方面有机地结合起来。

鉴于生态旅游对可持续性的要求程度较高,采用可持续发展评判法对诸多方案的可持续发展能力进行评价,从发展度、支持度、资源承载力和环境容量 4 个方面考虑,最后根据综合评价结论找出最优方案。若最优方案仍未达到满意程度,可依据满意程度的差异再次提出替代方案,再按照前面的步骤反复进行,直到满意为止,此时所得方案可供决策部门使用。

马兰等结合规划区特定条件,以旅游开发项目的环境影响评价为研究对象,评价工作设定了两个层次的规划方案分析工作。其一为采用对比法明确区域限制性条件,粗线条清理、修正规划中可能存在的保护不到位问题;其二采用情景分析法分析判断区域对规划方案的适应性,提出有利于环境保护的意见和建议。

七、自然资源规划环境影响评价

自然专项规划包括矿产资源规划,张明燕选择陕北榆神府国家规划矿区、云南"三江"地区矿产资源规划作为研究实例,以矿产资源规划的环境影响组成分类为主线,系统分析矿产资源开采引起的环境影响问题,探索矿产资源规划环境影响评价的指标体系和评价方法,提出了可适用于矿产资源规划环境影响评价的方法即环境成本-效益分析法。

环境成本-效益分析法基于地理信息系统(GIS)的评价方法和可持续发展能力的评价方法,提出了矿产资源规划环境影响的政策性量化指标。该研究从评价方法的特点、评价方法体系的基本框架,以及评价方法的选择等方面来探讨矿产资源规划环境影响评价方法。

(一)评价方法的特点

1.与规划的宏观性相适应

规划在时间上具有宏观性。矿产资源规划作用的时间跨度往往较大，涉及的一般都是中长期规划或计划，对环境的累积效应、协同效应、次生效应等需要相当长时间后才会表现出来。可见，规划实施造成的环境影响具有滞后性，而且可能持续较长的时间。因此，矿产资源规划环境影响评价需考虑较大时间尺度上的环境问题，即长期效应。

规划在空间上也具有宏观性。一般地，矿产资源规划行为作用区域范围较大，即评价规划实施范围和影响范围(二者统称为作用范围)一般比项目环境影响评价要大得多。另外，全国或区域的矿产资源规划造成的环境影响还具有全局性。

规划在时空尺度上的宏观性，也必然要求矿产资源规划环境影响评价的方法学与之相适应，具有预测、估算规划行为宏观环境影响的能力。

2.综合性

矿产资源规划通常涉及较大的领域，具有不同的类型，某一类型规划的实施又可分为多个不同的阶段或过程，涉及各个部门，具有阶段性、跨部门性和综合性。不同类型的规划所关注的环境要素不同，显然采用的技术方法也不同，而不同层次的规划或在规划的不同阶段，所采用的技术方法也可能有所不同。可见，矿产资源规划环境影响评价的有效实施有赖于多种技术方法的综合运用或集成，即其技术方法具有综合性的特点。

3.与规划的制订程序和方法结合

矿产资源规划环境影响评价针对的是政府部门的规划行为所造成的环境影响。只有融入政府的政策和规划方案的研究中，规划环境影响评价才能真正发挥其效能。

4.定性与定量相结合

与项目环境影响评价相比，规划环境影响评价涉及更为广泛的环境要素或环境因子，各种要素和因子间的关系也更为复杂；又由于规划的宏观性和不确定性，在某些情况下，难以进行定量研究，所以定性方法和综合性分析方法占有重要地位。同时在时间、财力、人力、技术手段等条件允许的前提下，也要尽可能多地使用定量法，以降低规划环境影响评价的不确定性，保证其客观性和科学性。

评价方法体系的基本框架：国内外许多学者对一般规划环境评价的基本程序和过程进行了研究，研究根据矿产资源规划的主要过程和阶段建立矿产资源规划环境影响评价方法体系的基本框架，归纳了评价工作各阶段可选用的主要技术方法，如表18-3-17。

表18-3-17 矿产资源规划环境影响评价方法体系的基本框架

基本程序/阶段	可选用的技术方法
评价战略选择	定义法、列表法、阈值法、敏感区域分析法、对比类比法、矩阵法、网络法、系统模型和系统图示
规划环境影响识别	列表法、对比类比法、专家咨询法、矩阵法、网络法、系统模型和系统图示、叠图法、灰色关联分析法、层次分析法、从定性到定量的综合集成
规划环境影响预测	定性预测技术：专家咨询法 定量预测技术：对比类比法、投入产出分析法、系统动力模型、灰色预测法、模糊预测法、人工神经网络预测法、数学模型模拟预测法、从定性到定量的综合集成
规划环境影响综合评价	列表法、专家咨询法、矩阵法、叠图法、灰色关联分析法、层次分析法、投入产出分析法、系统动力学模型、模糊综合评价、人工神经网络预测法、从定性到定量的综合集成、加权比较法、逼近理想状态法、费用效益分析法、可持续发展能力评估、地理信息系统、环境承载力分析
累积环境影响评价	列表法、专家咨询法、矩阵法、网络法、系统模型和系统图示、叠图法、系统动力学模型、从定性到定量的综合集成、地理信息系统、数学模型模拟预测法、环境承载力分析
公众参与	会议讨论、咨询、问卷调查

(二) 评价方法选择

根据矿产资源规划的特点,现阶段可适用于矿产资源规划环境影响评价的方法有:环境成本-效益分析法、基于地理信息系统(GIS)的评价方法、基于可持续发展能力的评价方法。

1.环境成本-效益分析法

环境问题直接或间接地与矿产资源开发利用密切相关。资源、环境系统一旦被破坏,将很难恢复。许多古文明的衰亡都与此有关。因此,矿产资源规划必须慎之又慎,除了投资和开发的企业准入论证外,还应该有生态、地质遗迹、环境保护、遗产保护和人文、社会科学等多学科的论证。矿产资源开发归根结底是一个经济活动,特别是要进行完整的成本-效益分析。

首先,矿山规划一定要进行成本-效益的分析研究。矿井建设不同于其他项目建设,需在选定的范围内建设矿井地面生产系统以及按选定的开拓方式建设生产系统,对周围的环境影响较大。从一定意义上讲,矿山建设的成本是很高的。矿山在环境方面的投入成本是相当低的,因此可行性研究只能体现在矿山开采取得的经济利益上,而矿山在环境方面的成本-效益问题却被忽略了。

其次,要分析矿产资源开发的社会、环境影响的外部性问题。外部性是指成本-效益所产生的外在影响。一般将成本的外部性称为"负"外部性,收益的外部性称为"正"外部性。矿产资源开发的"负"外部性主要表现在风景名胜、自然保护区的景观价值、生物多样性价值和环境污染造成的生态及社会问题。从现代经济学的角度看,完整的矿产资源开采的成本-效益分析应该将外部性成本和效益纳入其中,这样关于矿产资源开采的可行性分析才是科学的、合理的。

采矿不可避免地会扰动环境。矿产开发活动既产生大量的物质财富,也广泛、直接地影响生态平衡,导致矿山环境恶化。采矿和选矿(初加工)过程中产生的3类固体废弃物:剥离的覆盖层土壤和岩石、分离的废石堆和选弃的尾矿库,不仅挤占大量土地和农田,破坏地貌景观和植被,而且易于成为矿山酸性排放水的来源,加上矿产选冶加工过程中生成的有毒有害气体、废水、粉尘和废渣等,对矿山和选(冶)厂周围的大气、水质和土壤造成严重污染和环境危害;因采空或疏干排水引起或诱发的地面沉降、塌陷、地裂缝、地震、滑坡和泥石流,露天矿边坡的崩落以及因爆破形成的飞石和冲击波,都直接威胁着矿区地面建筑物和人员的安全,都给人类生产和生活带来严重影响和危害。而且在大多数情况下,解决和治理上述环境问题不仅难度大,而且代价昂贵,有时进行环境恢复和土地复垦的费用甚至超过开采出的矿产品的价值。

2.基于地理信息系统(GIS)的评价方法

地理信息系统(GIS)的技术方法广泛应用于各行各业和多个学科领域,其强大的空间分析和处理功能为矿产资源规划环境影响评价提供了快速有效的工具。应用GIS进行环境影响评价可以按照如下步骤进行。

1)规划区环境现状数据采集,包括图形数据和属性数据的采集。

2)制作单要素专题图。按照环境影响组成,包括区域自然地理专题图、区域地形地貌环境专题图、区域大气环境专题图、区域水环境专题图、区域生态(物)环境专题图、区域经济社会环境专题图等。

3)制作综合性的区域环境现状评价图。利用GIS的图层叠加分析、缓冲区分析、地理统计分析等,形成一张综合性的区域环境现状评价图。

4)根据规划的目标和规划实施后可能对环境造成影响的因素,制作规划环境影响评价图,并与区域环境现状评价图进行对比,从而得出环境影响评价的结论。

3.基于可持续发展能力的评价方法

国内外许多专家和学者就如何判定可持续发展的问题,提出了一些评价指标体系和评估数学模型。矿产资源规划涉及资源的合理开发利用与保护,编制规划时,要回答规划能否符合可持续发展的战略目标。因此矿产资源规划环境影响评价方法可参考可持续发展评估数据模型。黄思铭提出的可持续发展评估模型是指人口、社会与经济发展,资源的承载力和环境容量三者协同发展的程度,参考该评估模型,提出基于可持续发展的矿产资源规划环境影响评价模型如下。

1)环境风险指数。是指规划实施后某一环境内容可能对环境造成的风险的大小,用 R 表示,数值越大对环境造成的风险越大。

$$R=\sum_{i=1}^{n}S_iC_i$$

式中: C_i 为某一环境内容中第 i 项指标的环境可恢复系数。共分为3级:易恢复,系数为0.2;不易恢复,系数为0.6;不可恢复,系数为1.0。

S_i 为某一环境内容中第 i 个环境指标的预测值与环境标准值的比值,即 $S_i=b_i/b_{0i}$,其中, b_i 为第 i 项环境指标的预测值; b_{0i} 为第 i 项环境指标的环境标准值。

2)发展度指数。是指规划实施后对经济、社会、人口综合发展状况的度量,用 Del 表示。

$$Del=\sum_{i=1}^{n}X_iW_i$$

式中: Del 为发展度指数;

X_i 为构成发展度的经济发展综合指数、社会发展综合指数和人口状况综合指数的数值;

W_i 为各综合指数的权重,根据对发展的贡献详细确定。

(三)评价方法的运用与发展

上述矿产资源规划环境影响评价技术方法,均借鉴自国内外学者在相关方面的有益的探索。由于国内矿产资源规划环境影响评价尚处于起步阶段,因此该方法体系也尚需在实例研究中进一步补充与优化。在实践应用中,应该根据矿产资源规划的类型、所涉及的主要环境问题、可利用的资源(如时间、数据的可获得性等)、备选方案及政府的约束条件等选择合适的技术方法。同时,必须注意到,由于规划环境影响评价的复杂性,不可单纯依靠一种技术方法,其有效实施有赖于多种方法的综合运用。矿产资源规划环境影响评价技术方法的研究必须与矿产资源规划环境影响评价的实证研究密切结合。

八、土地开发利用规划环境影响评价

土地开发利用规划环境影响评价比较常用的方法有专家判断法、核查表法、矩阵法、叠图法、情景分析法、地理信息系统和遥感技术、驱动力—压力—状态—响应(DPSR)的概念模型方法、生态服务价值的方法以及累积影响的分析方法等多种定性和定量方法。

李贞针对城市土地利用规划环境影响评价开展评价指标与方法研究,指出该领域一般采用指标法和叠图法相结合的评价方法。

利用指标法可以定量评价土地结构、数量调整可能带来的环境影响,指标法的关键是构建合理的评价指标体系。作者将DPSIR(驱动力—压力—状态—影响—响应)概念模型应用于评价指标体系的构建,评价指标可划分为驱动力指标、压力指标、状态指标、影响指标和响应指标。采用"问题驱动"的模式对土地利用的环境影响链进行系统、深入的分析,摸清相关活动、问题、状态、影响、措施之间的因果关系,并利用德尔菲法对初选指标进行筛选,以此得到城市土地利用规划环境影响评价的指标体系框架。

叠图法可以更直观地反映土地利用空间布局调整可能带来的生态环境影响,运用GIS技术将规划土地利用现状图与潜在水土流失地区分布图、草地退化地区分布图、水资源分布图、自然保护区图、湿地分布图、历史文化遗产分布图等相叠加,分析和预测土地利用空间结构的调整可能对生态环境造成的影响。

汤晓雷以《武汉市汉南区土地利用总体规划修编(2005—2020)》作为案例,开展了土地利用规划的环境影响评价方法的实例研究。研究技术方法流程如图18-3-5所示。

该研究将现代遥感技术、生态评价技术、生态价值量化方法融于土地规划环境影响评价之中,并基于遥感技术,尝试了从生态和价值两方面的变化对土地规划进行多视角的分析和评价的方法。

遥感图像判读及地类面积量算以目视判读为主,辅以数字图像处理。进行逐级的地类判读及地类面积量算和统计。由于一些线性地物如道路、沟渠、田埂、林带等,往往在遥感图像上难以独立勾勒,而混入了耕地中。为了提高耕地面积的准确度,通过系数扣除法来进行耕地中线性地物面积的扣除。利用光谱增强、空间增强、辐射增强三大类基本方法对遥感图像进行加强,具体如表18-3-18所示。

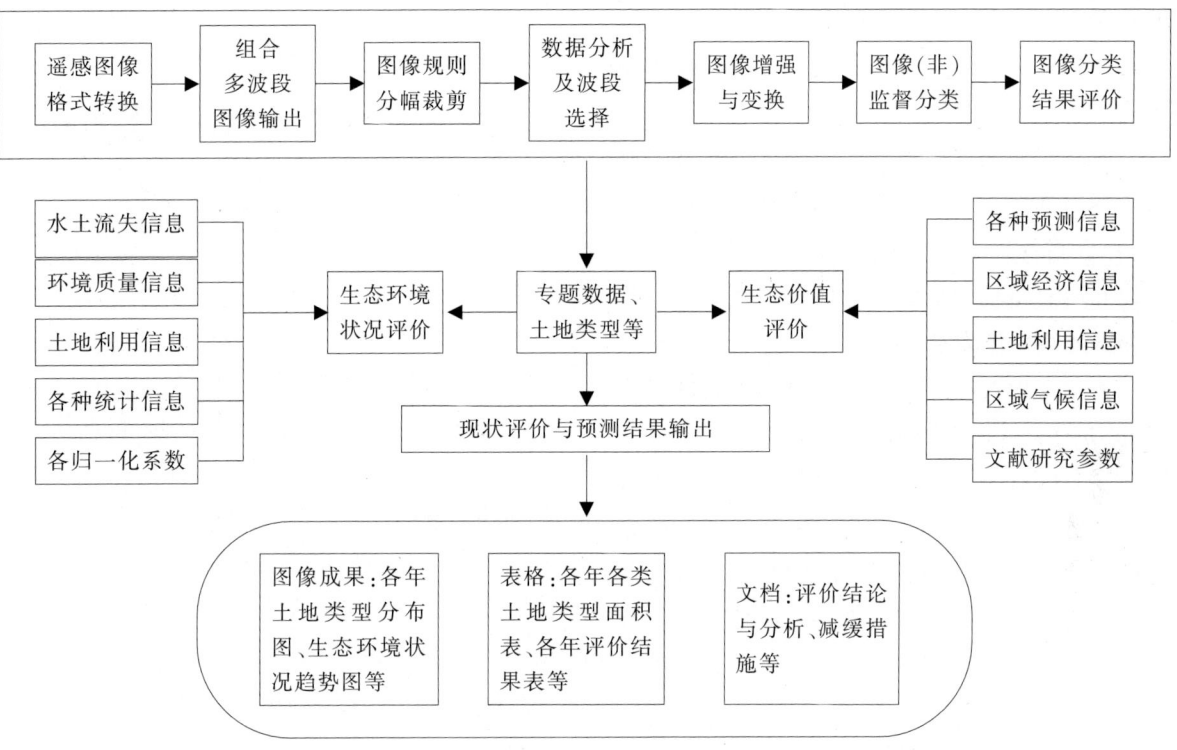

图18-3-5　汉南区基于遥感技术(RS)的土地利用规划技术方法流程

表18-3-18　对遥感图像进行加强的三大类基本方法

基本方法分类	具体方法
光谱增强	主成分变换
	去相关拉伸
	自然色彩变换
空间增强	卷积增强处理
	非定向边缘增强
	聚焦分析
	纹理分析
	自适应滤波
	锐化增强处理
辐射增强	直方图均衡化
	去霾处理

在具体运用上,对技术规范评价指标体系的3项指数计算进行了改进。指数法的改进在类似的土地利用环境影响评价中都应该遵循"因地制宜"的原则。由于汉南区的土地利用状况具有耕地面积比重过大,林地不足,分布集中,水域面积较大,建筑用地比重偏小,水利设施比例较大等特点。该案例不仅为土地利用规划环境影响评价提出了一种科学的可供借鉴的新方法,而且提供了具有创新意义的案例。

王广洪、黄贤金对江苏省1997—2010年土地利用总体规划实施环境影响评价采用了指标法进行了研究。该研究相对于李贞、冷飞使用概念模型对指标体系进行构建更加简单化，直观上却相对清晰。研究仅仅对土地利用过程中工业三废的排放量和对资源的消耗量分别利用SPSS软件进行线性预测和比较。土地利用对资源的消耗量只采用工业耗水量及工业耗煤量预测这两项指标。

该研究强调了土地利用总体规划要坚持刚性指标与弹性指标相结合。刚性指标即耕地数量，弹性指标即存量土地、非耕地和瘠薄土地。土地利用总体规划修编要把保证耕地面积只能增加不能减少作为刚性指标。

关于土地规划环境影响评价的脆弱度变化研究，亦有自成体系的趋势。

脆弱度既是水、土壤、生物等环境要素的变化，也是各要素构成的综合体——复杂的环境系统的变化；既是系统的整体性变化，也是因外部作用不同所出现的系统内部各空间单元的差异性变化。这里选取较有代表性的一篇脆弱度评价方法进行阐述。

周炳中选择浙江省武义区域土地资源系统开展环境影响评价，并且对土地资源的脆弱度评价模型进行了阐述和解释。脆弱度的表达式，目前较多的是在地理学方面得到的研究成果，较常见的有集合论法、信息度量法、模糊分析法、定量分析法、生态脆弱性指数法(EFI)等；脆弱度评价指标的选择方面，在识别环境影响因子基础上，采用枚举法、公式法等定性与定量相结合的综合方法进行处理。

采用脆弱度变化模型对脆弱度进行计算之后，选取对比分析方法来分析占用量与各类土地实际面积，对土地利用多样性进行现状图的综合分析方法，评价方法采取远期和中期评价方法。研究给出了脆弱度变化模型，并且对其内涵进行了分析。

从纯数学角度考虑，如果 $f(x)$ 为描述系统脆弱度的函数，则两个不同时间阶段脆弱度变化的定义为 $y=f(x_1)-f(x_2)$。倘若 $f(x)$ 为连续函数，则在时间区段内任一特定时刻，系统脆弱度变化率为 $\frac{dy}{dx}=\frac{df(x)}{dx}$。就目前国内外研究现状，较为公认的是运用下述公式：

$$G=1-\sum_{i=1}^{n}P_igW_i/[\max\sum_{i=1}^{n}P_igW_i+\min\sum_{i=1}^{n}P_igW_i]$$

根据脆弱度变化的定义，可以得到两个不同时间阶段脆弱度变化的数学模型：

$$G'=\sum_{i=1}^{n}P_{i1}gW_{i1}/[\max\sum_{i=1}^{n}P_{i1}gW_{i1}+\min\sum_{i=1}^{n}P_{i1}gW_{i1}]-\sum_{i=1}^{n}P_{i2}gW_{i2}/[\max\sum_{i=1}^{n}P_{i2}gW_{i2}+\min\sum_{i=1}^{n}P_{i2}gW_{i2}]$$

式中：P_i 为 i 指标初始化之值；

W_i 为 i 指标权重；

n 为系统内部划分的单元数；

max、min 分别为某项指标最高、最低值。

同理要研究 m 个时间段内脆弱度的变化状况，可以分析 $G'_{2-1}, G'_{3-2}, \cdots, G'_{m-(m-1)}$ 等表达式。

生态系统服务价值法中对建设用地的服务功能价值的核算尚未有统一、广泛认可的评价方法，而且估算结果在不同区域之间的可比性较小，且只能够评价出土地利用结构变化的环境影响。生态功能服务价值等方法从不同角度度量土地的生态环境质量，针对性、适用性、可行性比较强，但也存在由于从某一角度进行评价而难以综合度量等问题。赖力、符海月等分别采用生态足迹方法对全国土地利用总体规划的目标和廊坊市土地利用总体规划的生态成效进行定量分析。生态足迹方法需要收集大量的基础数据。

由于土地利用规划的生态环境效应存在难以衡量等原因，在研究方法上目前还没有非常有效的方法。这些方法通过不同角度以不同的方式度量土地利用规划产生的环境影响效应。

九、区域建设规划环境影响评价

我国的区域环境影响评价无论是理论研究还是实际评价案例，基本上是围绕以总量控制技术与环境承载力分析为核心的评价方法和技术，思路上突出了环境影响评价的"规划管理"功能(为区域规划提供规划手段)。

区域环境是一个复杂的系统，因而环境影响评价的方法具有多样性。在几十年的时间里，各国的环境影响评价工作者创造了大量的方法。从其功能上可分为影响识别方法、影响预测方法、影响综合评价方法；从其表现形式上可以分为定性分析方法和定量分析方法。

包存宽、陆雍森提出了西部开发中规划环境影响评价的重大功能，即可以作为连接宏观西部开发战略与可操作具体项目之间的桥梁，根据地域的特异性，对3种新发展的以系统、综合和集成为基础的方法进行总结分析，即定性与定量相结合的系统研究方法，"要素论"与"整体论"相结合的综合研究方法，环境、经济、社会三效益相结合的集成研究方法。由于规划环境影响评价的研究对象——社会经济环境是一个复杂、开放、动态的巨系统，信息不完全、关系不明确是这一系统的突出特点，特别指出以灰色系统理论作为适用的研究方法，包括：①灰色关联分析，用于规划环境影响评价中界定战略与环境影响的关联程度；②灰色预测，用于预测战略对未来的环境影响；③灰色决策，用来进行战略方案的优化；④多维灰色评估，即基于灰色关联分析，评定环境系统在战略影响下所处的状态。

在西部大开发规划环境影响评价研究领域中，李巍、程红光、毛渭峰将西部大开发概要性规划环境影响评价方法与环境影响预测分析相结合，建立投入-产出概要性规划环境影响评价模型，并结合地理信息系统（GIS）技术，针对不同时段，以省（区）为单元分析并绘制环境影响的时空分布与趋势变化图。

例如，利用前后对比法对长春经济技术开发区开展战略环境影响综合评价。采用简单"前-后"对比分析评价开发区战略的"绝对"效应，"有-无"对比分析评价其"净"效应。

钱瑜等选取区域发展规划为研究对象，采用层次分析法将定性分析与定量分析相结合，以太仓市沿江地区规划为具体研究案例，对社会、经济、环境资源三个方面的可持续发展目标进行量化，建立科学的评价体系。评价体系包括9个评价因素，对筛选出的4个替代方案，即"零行动方案""将产业发展定位为国际的制造业基地""改变'国际的制造业基地'产业定位，限制、减少重污染项目，走新型工业化道路""重点发展第三产业"分别进行分析，并且比较优势、劣势和相互间的差距。

王志霞对区域规划的非突发性风险和突发性风险进行了研究。针对非突发性风险，提出了非突发性风险源模型，用来估计一个具体区域规划的土地利用类型有毒污染物的排放量，然后再利用大气扩散模型，进行该地区大气中有毒污染物浓度的分布估计和风险评价。针对突发性风险，建立以GIS为基础的风险评价系统框架，即应用GIS技术结合ISCST和风险评价模型，对区域和区域规划突发性风险进行评价，并以GIS为平台，通过各种幕景的分析，为区域风险管理决策提供依据。提出区域规划突发性风险评价方法：建立了以企业风险度为基础的比较和评价方法，提出了区域风险源排序方法和风险源布局优化的方法。

董博以平顶山化工城总体规划环境影响评价为例，用园区生态化水平评价方法来评价化工城产业结构与循环经济状况。文章根据规划的产业链，用Cohen群落矩阵表示各企业间的相互关系来进行分析。由分析结果可以看出，平顶山化工城企业间生态关联度和园区副产品、废品资源化率高于南海生态工业园、沈阳铁西生态工业园、抚顺矿业生态工业园等园区；企业间的总关联度为所比较的各工业园区中最高的。可见，平顶山化工城产业共生关系紧密，产品代谢和废物代谢途径通畅，利于产业集聚效应的发挥，同时较好地体现了生态产业的网络结构特征。用生态关联度和副产品、废品资源化率两项指标对平顶山化工城的生态产业链进行评价，以衡量园内企业间相互连接关系以及副产品、废品资源化的程度，可以看作是规划设计类的评价方法应用于规划环境影响评价的具体实例。这两项指标的引入丰富了工业园区规划环境影响评价的内容，弥补了以往环境影响评价中对产业结构生态化特征定量化分析不足的缺陷。

何凯对武都、文县、康县、舟曲、徽县、成县、西和县及两当县等8个重点受灾县市土地利用现状及区域内环境敏感目标进行统计调查，并对评价区域进行了详细的基础数据和专题数据的收集、统计和分析；然后利用GIS技术输出和显示8个受灾县市区域内的土地利用现状，并对8个受灾县市内的自然保护区和国家森林公园的功能区划范围进行了图形数字化；最后在此基础上利用GIS技术重新对8个受灾县市的适宜重建区和不适宜重建区进行了划分并以重新划分的重建区类型对灾后重建规划中的原址重建和异地重建进行了调整，使其更好地与环境保护相容，达到了良好的评价效果。该研究是规划环境影响评价方法论研究方面一次较好的尝试，使用了ArcGIS、Photoshop、Microsoft Office等系列软件，横跨环境科学和空间信息科学等领域。

彭王敏子以数学建模为依托，尝试运用系统分析法和信息扩散法对规划区域的环境风险进行评价，并以福建泥洲湾石化基地泉惠石化工业区产业布局规划为例进行了案例分析。首先以环境风险最小化建立目标函数，应用系统分析法对规划区域的产业布局进行微调，得到了最优化的布局坐标。然后利用Visual Basic编程和mapinfo技术的结合实现了利用信息扩散法对规划区的环境风险等级进行区划，得到了规划区域的环境风险水平区划图。两种方法对石化基地进行的环境风险评价的目的不同，一个是从布局调整方面考虑，一个是从区域风险水平区划角度出发。对于石化基地来说两种方法都是适用的，一方面，布局优化有利于从石化环境风险源头减少风险；另一方面，区域风险水平区划有利于制订区域事故应急预案。两种方法都能够用来进行替代方案的对比分析。

彭王敏子采用文献调研、系统分析、理论与实践相结合的研究方法对环境承载力分析在规划环境影响评价中的应用框架路线和方法手段进行了探讨，以期为完善规划环境影响评价技术方法库、指导规划环境影响评价有效开展提供参考。

文章提出了规划环境影响评价中环境承载力分析工作程序和方法，即单要素环境承载力分析和综合环境承载力分析相结合的评价技术路线。文章还指出在单要素环境承载力分析阶段，可借用经济学供需分析方法，在对生态系统瓶颈要素识别的基础上，对制约规划区域环境承载力大小的关键因子详细、重点分析。而在综合环境承载力分析技术方法上，借鉴PSR和DPSR模型，采用"目标—准则—领域—指标"的框架模式，参考《规划环境影响评价技术导则》、中国科学院可持续发展战略研究组提出的可持续发展指标评价系统等，提出了区域发展规划综合环境承载力的55项初选指标。遵循科学性、系统性、动态性和稳定性相结合，可操作性、普遍性和区域性相结合等五大原则，采用频度统计、多重共线性分析和专家咨询相结合的方法，提出了适用于该研究案例的土地利用适宜度、水资源利用强度、排放总量等20项独立指标，构建了综合环境承载力评价指标体系，并采用改进的模糊评价方法建立了各评价指标的量化模型。利用所构建的规划环境影响评价环境承载力分析技术程序和方法，对天津市滨海新区先进制造业产业区规划进行评价，验证其实用性和可行性。

十、海域规划环境影响评价

刘岩等以海岸带可持续发展为目标，进行厦门东部海岸发展规划的战略环境评价，对现行规划进行了详细的分析，制定出规划环境影响评价大纲。在大纲中，通过对开发规划可能产生的影响因子和公众关心的环境因子的矩阵分析以及资源定位的方法，得出有价值的环境因子作为评价因子；利用社会、经济、环境三效益综合集成的评判方法对概念性规划及其替代方案进行综合评估，择出最优方案。

在该研究大纲基础之上，作者于2002年开展厦门岛东海岸开发规划战略环境评价的基本原理与方法研究，由于评价对象是中观、宏观层次的景观生态以及旅游资源的可持续性利用和社会经济的影响,不确定性较大。因此在总体方法和具体方法上进行了系统性和综合性完善。总体上采用了自然科学与社会科学学科交叉、综合的方法。在评价的不同阶段,由于研究的内容不同,其方法和手段也不尽相同。利用资源定位法确定区域发展战略目标;根据资源经济学理论,从区位条件、区域资源稀缺性和对社会的效用性,对区域全部资源进行适宜性分析;采用层次分析法对区域旅游资源质量进行综合评价;利用环境经济学方法——旅行费用法、支付意愿法评估区域生态资源价值的直接使用价值;利用机会成本法对区域资源可能利用方式的产业未来50年的机会成本进行评估、分析;采用资源定位与参与式方法对不同层次公众进行调查分析,以形成实现区域发展战略目标的替代方案。在评价影响的方法上,采用较为实用的类比预测、分析方法,重点放在分析影响环境变化的原因上,而不是它的结果上。同时在影响预测时特别注意预防性原则的运用。

唐晓辉应用三维潮流数学模型——COHERENS,对威海湾、乳山口港区和靖海作业区等规划水域进行三维潮流数值模拟,研究规划工程实施后对规划海域的水动力影响。结果表明,影响很小,可以忽略不计。在三维潮流数学模型基础上,再加入化学需氧量(COD)的对流-扩散方程,建立一个三维对流-扩散模型,对威海湾、乳山口港区和靖海作业区等规划水域水环境承载力进行模拟分析。结果表明规划水域在规划实施后仍能满足各功能区要求的结论,说明了此次规划总体上是合理可行的。

小结:本章通过对大量已公开出版的研究文献的梳理,对《环评法》出台以来,国内学者和环境影响评价实践者在"一地、三域、十个专项"规划环境影响评价方面开展的研究和实践工作进行了研究分析,对采用的方法从原理、特点以及具体应用等方面进行总结。由于规划环境评价涉及的尺度和空间不尽相同,具体方法的应用需要根据实际情况酌情考虑。

第四章 规划环境影响评价主要技术方法的应用

第一节 指标体系分析方法在规划环境影响评价中的应用

一、规划环境影响评价指标体系研究

指标体系就是由一系列相互联系、相互制约的指标组成的科学的、完整的总体。规划环境影响评价指标体系是反映受规划影响区域环境可持续发展系统内部结构、外在状态及其发展变化趋势指标和部分反映相关社会、经济因素状态指标的集合。

规划环境影响评价指标体系的基本概念如下。

1.指标

指标是用来反映一定时间尺度上对象系统的状态,通过指标可以使人们对对象系统产生一种较小的、易操作的、切实的和生动的实体画面。

从指标反映的内容范围来划分,指标可以分为三类:①单项指标,侧重于对基本情况的描述,反映系统中的一个侧面,综合性比较差;②专题指标,选择有代表性的专题领域进行研究制订指标,用来反映一个特定方面的问题;③系统化指标,在一个确定的研究范围和框架中,对大量的有关信息进行综合与集成,从而形成一个具有明确含义的指标。

2.体系

体系则是若干事物或某些意识互相关联而构成的整体,是指由一些有规律的互相作用或互相依赖的形式联合起来的物体的聚集物或集合体。

3.指标体系

指标体系是指两个或两个以上的指标组合,它可以表示一个系统一般的发展趋势,通过多种指标和数据的综合,可以勾画出对象系统的发展变化整体趋势。用指标体系来描写综合目标,目的在于寻求一组具有代表意义、同时又能全面反映对象系统各方面要求的特征,通过指标组合使人们对整个系统有一个定量或定性的了解。

规划环境影响评价指标的三个来源如下。

(1)根据有关法规确定的指标

这类指标是根据有关法规、政策或文件,比如《环境影响评价导则》《环境质量标准》等确定的,一般都比较明确且定量化程度高。

(2)通过公众参与确定的指标

这类指标是通过公众参与的形式,根据公众所关注或重要的环境问题确定的。一般来说,须经评价者转化后方可成为评价指标。比如,渔民所担心的某一土地规划所引起的水土流失会影响其收入,这一问题需转化为悬浮物、溶解氧浓

度等与鱼类生存、生长与繁殖关系密切的水体环境质量指标。

(3) 通过科学判断确定的指标

这类指标主要指既没有被已有的法规、文件所规定,也没有被公众所意识到或公众对其重视程度不够,但又是规划环境影响评价中所不能忽视的因子。

规划环境影响评价与建设项目环境影响评价相比具有广泛性、复杂性、战略性、不确定性等特点,正处于研究和发展的初级阶段,尚未形成统一、完善的理论体系和有效的评价方法。在规划环境影响评价中,指标是用来揭示和反映环境变化趋势的工具,具体包括表示和描述环境背景状况、可预测的规划环境效益、替代方案对比以及监测规划执行情况与规划目标的偏差等。在规划环境影响评价中,由于涉及领域广、因子多,也就决定了评价指标的复杂性,这也是全面、科学、客观地描述、测度和评价规划环境影响评价所必需的,如此众多层次、众多类型的指标也就构成了规划环境影响评价的指标体系。

建立指标体系,常用的一种方法就是首先将目标分成具体的目标层和准则层,然后再细分成更小的、可以建立指标的小系统,通过对这些小系统进行指标建立从而确立整个指标体系。最后还要对建立指标体系中存在的问题进行说明,对存在的数据来源和误差进行解释,对指标的优先性进行排序。

规划环境影响评价指标体系的设置原则如下。

1) 选择的指标应直接与规划指定的目标相关联,尽量采用能定量表达的指标。

2) 指标体系包含的指标数目,宜少而精。

3) 指标体系应有层次性,各层次中的各项指标也应有主次。

4) 指标体系的设计在概念上要具体清晰。

5) 获取定量的指标值或定性概念给出所须投入的费用可行并合理。

6) 清晰地识别出因果链。

7) 指标具有相对独立性、可比性、可追索性和可分解性。

(一) 指标体系构建模式

1. 基本指标模式

基本指标模式一般是以"生态—环境资源与能源利用—社会经济"为基本模式,再分成若干个具体指标,建立多层次指标体系。这种形式的指标体系不仅反映了规划环境影响评价的核心,即协调社会经济发展和环境保护之间的关系,而且反映了可持续发展的要求,与可持续发展评估指标中"社会—经济—环境"三分量指标体系模式相衔接。生态环境指标应包括水生生态环境和陆生生态环境等环境要素;自然环境指标可以包括地表水环境、地下水环境、大气环境、声环境和土壤环境等环境要素;社会经济指标应包括社会经济发展、能源消费等要素。在具体运用时,还须在此模式基础上进一步细化和明确。基本指标模式结构清晰、简单明了,能够直观地反映规划环境影响评价指标体系的结构,为规划环境影响评价指标体系的建立提供了一个基本框架。

2. 基于 DSR 的指标体系模式

DSR,即"驱动力—状态—响应"(Drivers-Status-Responses)模型,其中,驱动力指标用以表明那些造成发展不可持续的人类的活动和消费模式或经济系统的一些因素;状态指标用以反映可持续发展过程中的各系统的状态;响应指标用以表明人类为促进可持续发展进程所采取的对策。DSR 模型突出了环境受到的压力和环境退化之间的因果关系,因此与可持续的环境目标之间的联系较密切,这是 DSR 模型的优势。但对于社会和经济指标,这种分类方法不可能得到其所希望的因果关系,即在"驱动力指标"和"状态指标"之间没有逻辑上的必然联系,这是 DSR 模型应用于可持续发展中的缺陷。

3. 基于 LCA 的指标体系模式

生命周期评价(life cycle assessment, LCA)指标体系是按照一项规划的生命周期来设计指标体系,以反映政策或规划存在的全过程的环境影响。构成 LCA 框架结构的过程为:首先确定目标及范围界定,然后进行生命周期清单分析,接下来进行影响评价,最后进行结果解释。这一阶段的目的是对研究进行评估,得出建议与结论。

4. 基于 DPSIR 的指标体系模式

DPSIR，即"驱动力—压力—状态—影响—响应"（Drivers-Pressures-States-Impacts-Responses）模型，反映了人类与环境之间的相互作用与关系，是可持续发展指标体系中"压力—响应"框架模式的演变与拓展。在这里"驱动力"是社会、经济、人口的发展与增长，由于"驱动力"的作用，对环境产生"压力"，从而造成生态环境"状态"的变化，对人体健康、生态环境产生各种"影响"，这些影响导致人类对生态环境状态变化做出"响应"，或转化成新的"驱动力"，直接作用于环境状态和影响。

（二）指标体系应用研究

2002 年《中华人民共和国环境影响评价法》（简称《环评法》）颁布，明确提出环境影响评价的范围从项目扩展到规划，规划环境影响评价被推上新的历史舞台，进入实践阶段。关于指标体系构建基础理论研究逐渐深入实践，出现了大批实例研究，研究对象也更多地深入细化到了行业层次上。工业、交通、土地、流域、农业、能源、资源等方面的指标体系研究纷纷涌现。

随着近年来灾害频发，学者们也针对性地做出了相关研究。如陈瑾等人针对灾后重建进行了规划环境影响评价指标体系的研究探讨。钱洪伟初步尝试建立应急避难场所规划环境影响评价的指标体系。基于低碳和循环经济的指标体系构建也浮出水面。郑少露等探讨了基于低碳循环经济的规划环境影响评价指标体系的构建方式。近三年指标体系的研究较多集中在行业、专项相关的指标体系构建，尤其是交通、城市建设、旅游等方面。

总的来看，对指标体系的研究从 2002 年《环评法》颁布之后成为热点。指标体系基础理论的总体研究贯穿始终，研究内容逐步深入本质；行业专项的实践研究则是随着时间的推移逐渐增多，研究领域也逐步拓宽。

图 18-4-1 展示了 2003—2010 年间，对各专项规划环境影响评价指标体系研究的比例分布情况。

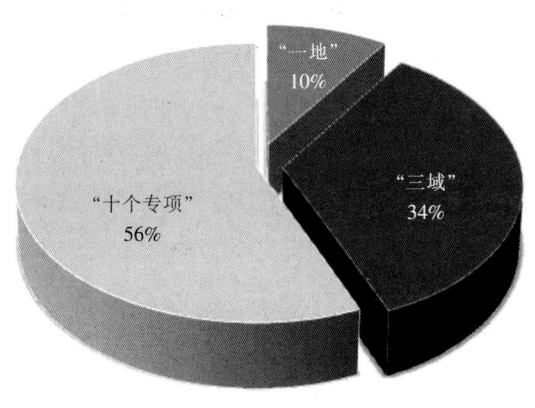
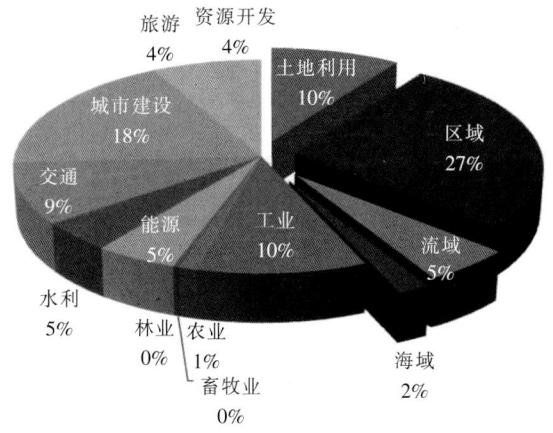

图 18-4-1　各专项规划环境影响评价指标体系研究的比例分布

二、专项规划环境影响评价指标体系

由于规划的不确定性，规划分类较多，规划环境影响评价指标的种类繁多、性质各异，而且不存在统一的量纲，有的可以量化而有的只能定性分析。当前针对不同专项规划环境影响评价指标没有统一和标准的指标体系。本研究基于 2003—2010 年中国规划环境影响评价指标指标体系的研究成果和实践经验，在系统分析和整理的基础上，按照非指导性专项规划（即"一地、三域"）和指导性专项规划（即"十个专项"）的分类，对各行业规划环境影响评价指标体系的研究进行归类总结。

由于不同种类规划环境影响评价性质迥异，规划受地域限制较大，因此，在实践中进行指标设定和应用时，应根据规划的特点和当地的背景具体分析，设定适合于特定规划的指标体系。

（一）土地利用规划环境影响评价

按照规划的内容不同，土地利用规划可分

为土地利用总体规划、土地利用详细规划、土地利用专项规划，即总体规划、专项规划和项目规划。由于专项规划和项目规划的指标体系随特定案例的变动较大，国内的研究基本都集中在土地利用总体规划。

指标构建方法一般采用 DPSIR、DSR 等模型，并利用德尔菲法等方法对初选指标进行筛选，土地利用规划环境影响评价指标体系示例见表 18-4-1、表 18-4-2、表 18-4-3、表 18-4-4。

表 18-4-1 土地利用总体规划环境影响评价指标体系

总目标层	环境目标		评价指标
规划方案的环境影响评价	土地资源的规划与管理	确保对土地资源的有效规划与管理，平衡对有限可利用土地的竞争性需求，维护重要的城镇中心	土地利用率
			生态建设用地比率
			人均生态建设用地面积
			土地利用结构是否合理
			土地复垦程度
	土地覆盖和景观	保护具有环境价值的自然景观及动植物栖息地，保护生物多样性	绿地覆盖率
			草地面积
			生态承载力
	水土保持	保护土壤，防止水土流失	25°以上坡地退耕还林程度
			水土流失治理率
			单位农田面积农药的使用量
			单位农田面积化肥的使用量
	空气	改变现有城市布局不合理局面，控制空气污染	居民点及工矿用地率
			森林覆盖率
			大气污染的综合指数
	水环境	维护与改善地表水和地下水水质及水生环境，确保可获得充足的符合环境标准的水资源，保护泉水补给源，避免水源补给区过度开发	水域面积率
			泉水补给源区生态保护程度
			人均水资源量
			水利设施用地率
			地表水中氨氮的浓度

表 18-4-2 城市土地利用规划环境影响评价指标体系（DPSIR）

城市土地利用规划环境影响评价指标体系	驱动力指标	社会经济发展用地所占比例
		单位国土面积 GDP
		每平方千米人口数量
	压力指标	主要大气污染物年排放量
		主要水污染物年排放量
		固体废物年排放量
	状态指标	生态建设用地所占比例
		水域面积所占比例
		水土流失面积所占比例
	影响指标	大气环境质量二级以上天数
		水环境功能区水质达标率
		噪声达标区覆盖率
	响应指标	绿地率及人均公共绿地面积
		受保护地区所占比例
		特色风景线长度
		烟尘控制区覆盖率

表 18-4-3　国家或省级土地利用规划环境影响评价指标体系

土地利用规划环境影响评价指标体系（国家或省级）	生态保护	自然景观变化指数
		生态多样性保护指数
		生态服务功能变化指数
	土地退化防治	边际耕地退耕指数
		退化土地整治指数
	耕地资源保障	人均基本农田变化指数
		耕地综合变化指数
	建设用地增长	建设用地增长指数
		人均建设用地变化指数
		建设占用耕地变化指数
	补充耕地风险	湿地影响指数

表 18-4-4　县级土地利用规划环境影响评价指标体系（DSR）

县级土地利用总体规划环境影响评价指标体系	驱动力指标	人口增长对土地造成的压力
		经济发展对土地造成的压力
		城市化水平
		灾害发生率、受污染土地面积、生态退耕压力
	状态指标	土地利用多样性状况
		可开发后备土地资源情况
		人均水资源状况
		喀斯特①地区的石漠化②状况
		水土流失状况
		森林覆盖率状况
		人均水资源量、人均建筑面积
		生物多样性
	响应指标	湿地保护措施
		自然保护区保护措施
		水土流失治理、退化土地治理措施
		基本农田保护措施
		退耕还林措施
		防灾减灾措施

(二) 区域建设规划环境影响评价

区域建设规划环境影响评价指标体系的构建程序见图 18-4-2，指标体系示例如表 18-4-5 所示。

---

① 喀斯特：指可溶岩在天然水中经受化学溶蚀作用形成的具有独特的地貌和水系特征的自然景观。

② 石漠化：指在热带、亚热带湿润、半湿润气候条件和岩溶及其发育的背景下，受人为活动干扰，地表植被遭受破坏，导致土壤严重流失，可溶岩大面积裸露或砾石堆积的土地退化现象，是岩溶地区土地退化的极端形式。

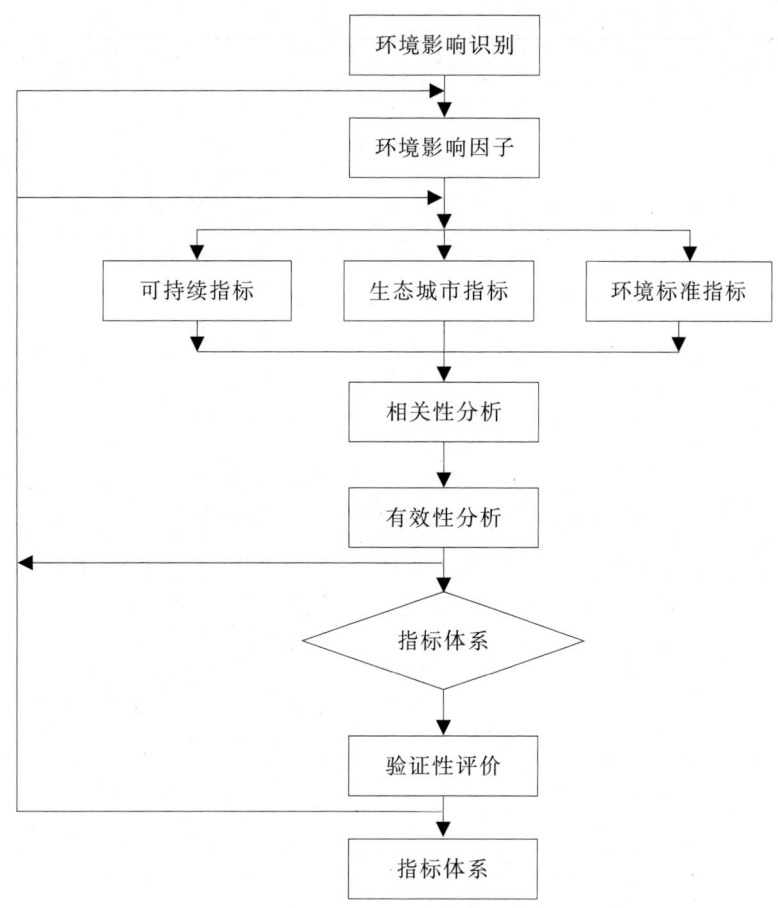

图 18-4-2 区域建设规划环境影响评价指标构建程序

表 18-4-5 区域建设规划环境影响评价指标体系

高层指标	中层指标	单项指标
经济发展指标	经济实力指标	人均 GDP
		建成区 GDP 密度
		经济增长率
		投资率
	经济效益指标	科学进步贡献率
		高新技术产业占 GDP 比重
		研发经费占 GDP 比例
		全员劳动生产率
		人均利税
		企业亏损率
		单位 GDP 能耗
		单位 GDP 水耗
	经济结构指标	农业占 GDP 比重
		制造业占 GDP 比重
		服务业占 GDP 比重
		经济活动人口比例
		外贸依存度

续表

高层指标	中层指标	单项指标
社会文明指标	人口发展指标	建成区人口密度
		人口增长率
		平均受教育年限
		每万人拥有科技人员数
	生活质量指标	人均住房面积
		每万人拥有医生数
		人均信息通信业务量
		基尼系数
	社会保障指标	人均供水能力
		人均供电能力
		每万人拥有标准公交运营车辆数
		宽带网覆盖率
		气化率
		失业率
		社会保险覆盖率
生活舒适指标	环境质量指标	大气环境质量
		水环境质量
		饮用水源水质达标率
		声环境质量
		生活垃圾无害化处理率
		建成区绿化覆盖率
	环境保障指标	环保投资占GDP比重
		工业用地比例
		居住用地比例
		道路广场用地比例
		绿地比例
		清洁能源比重
		每万人拥有环境管理人员数

这里以工业区规划环境影响评价为例。工业区规划环境影响评价中的环境目标既包括工业区开发活动所涉及的区域环境保护目标、工业区开发规划相关的环境保护政策、法规和标准拟定或确认的环境目标，也包括区域开发规划设定的环境目标。同时还应该体现国家、地方的工业污染防治的环境目标。此外，工业区规划环境影响评价指标体系还需要根据工业区开发类型、工业区开发规划的具体内容、规划性质和所涉及的区域和行业的发展状况来具体确定。

通常可采用DPSIR等模型的方法来构建工业区规划环境影响评价的指标体系，综合考虑可持续发展理论、工业生态学理论和生态工业园理论等。指标构建程序和指标体系示例如图18-4-3和表18-4-6所示。

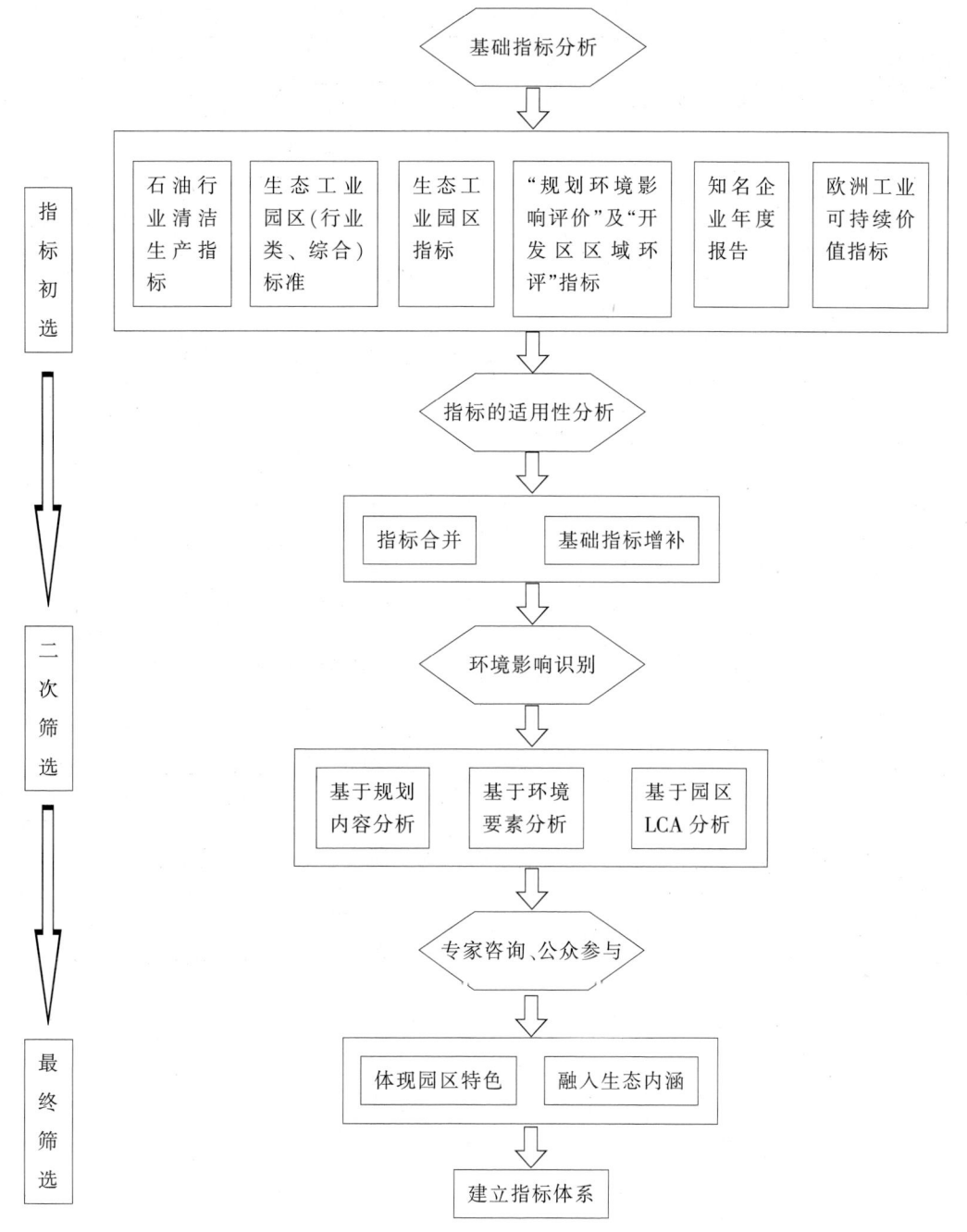

图 18-4-3　工业区规划环境影响评价指标构建程序

表 18-4-6　工业区规划环境影响评价指标体系

指标类型	指标	单位
周边区域环境指标	主要工业区及重大工业项目与生态敏感区的临近度	km
	海洋沉积物特征污染物含量	mg/kg
	近海海域主要污染物（COD_{Cr}、BOD_5、石油类、NH_3-N、挥发酚等）及溶解氧的平均浓度	mg/L
	冷却水排放口附近水温	℃
园区环境指标	空气质量指数（AQI）	
	常规空气污染物（SO_2、PM10、NO_2 等）平均浓度	mg/m³

续表

指标类型	指标	单位
园区环境指标	空气特征污染物(乙烯、苯、烃类、丙烯腈、氢氰酸)平均浓度	mg/m³
	地表水污染物年平均浓度(COD_{Cr}、BOD_5、石油类、NH_3-N、挥发酚)	mg/L
	区域噪声平均值(昼/夜)	dB(A)(昼/夜)
	园区绿化覆盖率	%
清洁生产、资源与能源循环利用率	单位工业增加值综合能耗	t 标准煤/万元
	单位工业增加值新鲜水耗	m³/万元
	单位工业增加值主要大气污染物排放量	kg/万元
	单位工业增加值主要水环境污染物(COD_{Cr}、BOD_5、石油类、NH_3-N、挥发酚等)排放量	kg/万元
	单位工业增加值固体废物产生量	t/万元
	工业固体废物综合利用率	%
	工业废水处理率与达标排放率	%
	中水回用与雨水综合利用率(冲洗道路用水、绿化用水、消防补充水、循环水补充水)	%
	能源回用率(余热、余压、火炬气、布局)	%
污染物排放指标	废气主要污染物排放浓度	mg/m³
	废水主要污染物排放浓度	mg/L
	排入近海海域的主要污染物的量(油类物质、N、P 等)	t/a
	主要污染物排放总量控制指标(COD、SO_2)	t/a
	危险固体废物年产生量	t/a
环境安全与环境管理指标	安全运输事故率	次/万次运输
	园区及区内企业环保机构与管理制度的完善程度	完善/比较完善/基本完善/不完善
	环境信息公开制度及信息平台的完善度	完善/比较完善/基本完善/不完善
	园区内企业的项目环境影响评价实施率	%
	通过 ISO14001 认证的企业的比例	%
	环保投资占园区总产值的比重	%
	每年接受一次及以上环境培训的企业员工比例	%
全球可持续发展指标	温室气体(CO_2、NO_x、SO_x、CH_4、VOC 等)的排放量	×10³t/a
	消耗臭氧层物质(HFC、PFC、SF_6 等)的排放量	×10³t/a
经济发展与社会进步指标	园区增加值	万元/a
	增加值年增长率	%
	工业企业利税	万元/a
	工人平均工资水平	万元/a

(三) 流域建设规划环境影响评价

根据流域规划特点，涉及的环境主题与保护目标将评价指标分为水资源、水环境、生态、土地资源、经济社会 5 类。各类主要指标及判断依据可参考表 18-4-7、表 18-4-8。

表 18-4-7　流域规划环境影响评价主要指标及判断依据

环境主题	环境保护目标	评价指标
水资源	·保护流域地表水资源量，促进可持续利用 ·保护地下水资源量，维持地下水排补平衡	流域及分区水资源量/亿 m³ 地表水资源开发利用程度/% 地下水开采率/%
水环境	·维持和保护河流（湖、库）水功能 ·恢复和改善工程低温水状况	水功能区水质达标率/% 下泄低温水恢复状况/℃
生态	·保护流域生态系统功能 ·维护生态平衡 ·保护流域生物多样性 ·保护生态敏感区 ·防止流域水土流失	生物量/(t/hm²) 植被覆盖率/% 生物多样性指数 生态需水量/(m³/s、亿 m³) 水土流失治理率/%
土地资源	·合理开发利用与保护土地资源 ·防止土地退化	土地资源量/hm² 土地资源开发利用程度/% 耕地占用量/hm² 防止土地退化面积/hm²
经济社会	·促进流域（区域）经济、社会可持续发展 ·防洪安全 ·合理开发水能资源 ·改善城市、生活与农业供水条件	防洪标准/% 装机容量与年发电量/(万 kW、亿 W·h) 灌溉、治涝面积/hm² 供水水量及保证率/(亿 m³、%)

表 18-4-8　流域规划环境影响评价指标体系

环境系统	环境要素	环境因子	评价指标
发展战略	可持续发展能力	资源支撑能力	资源承载力
		环境支撑能力	环境承载力
			生态承载力
	可持续发展战略	经济社会可持续发展战略	防洪安全
			水资源优化配置
			水电开发利用
		环境保护战略	水环境保护目标及质量标准
资源开发	水文	径流量	流域（河段）年、月平均径流量
		流量	流域（河段）年、月平均流量
		洪水	洪水位
			洪水流量
			时段洪量
		枯水	枯水位
			枯水流量
		泥沙	流域（河段）年、月平均含沙量
			流域（河段）年、月平均输沙量

续表

环境系统	环境要素	环境因子	评价指标
资源开发	水资源	地表水资源	河流水资源量
			湖(库)水资源量
			流域(区域)供需水量
		地下水资源	流域(区域)地下水资源量
			流域地下水可开采量
			地下水超采程度
	土地资源	土地利用	土地适宜性
			流域耕地面积
			流域林草地面积
			基本农田保护区及占地数量
		土壤环境	区域土壤环境质量
			区域次生土壤盐渍化
			区域土地沙化
			区域荒漠化
生态与环境	水环境	地表水环境	河流水环境质量
			湖(库)水环境质量
			河口及近海水环境质量
			内陆河尾间湖水环境质量
			水功能区及水域纳污能力
		地下水环境	区域地下水环境质量
			地下水水位
			地下水污染状况
		水温	水库水温及下泄水温
			梯级开发水库水温
	生态	流域生态完整性	流域生态系统生物生产力
			流域生态系统结构与功能
		自然保护区	自然保护区类型、对象、功能分区及面积
		重要生态功能区	生态功能区类型、保护对象、面积
		流域水生生态	水生生物区系组成及资源量
			珍稀、濒危水生生物及栖息地
			重要经济水生生物、特有水生生物及栖息地
			水生生物洄游通道
			保留天然河段长度及所占比重
		流域陆生生态	陆生生物区系组成及资源量
			珍稀濒危陆生生物及栖息地
			有重要经济、科学研究价值的陆生生物
		水土流失	流域水土流失分区及特征
			流域水土流失类型及面积

环境系统	环境要素	环境因子	评价指标
经济社会	经济	宏观经济	规划综合效益
			GDP 贡献值
			流域宏观经济结构与布局
		区域经济	区域经济协调性
	社会	社会稳定与文化	社会稳定与安全
			民族与宗教
		生活质量与健康	生活质量
			人群健康
		移民	移民环境容量
			农村移民人口及土地面积
			集镇迁建规模及环境合理性

(四) 工业规划环境影响评价

省级及设区的市级工业各行业规划类型众多，国内战略环境影响评价对工业规划的研究主要集中在化工、石化行业及汽车工业。

1. 化工、石化行业

化工、石化行业规划环境影响评价指标体系涉及的内容多，贯穿于资源、环境、社会三大主题。在指标体系的筛选中，要综合考虑化工、石化行业规划引起的社会、经济、资源和环境问题，以环境影响识别为基础，结合行业规划特点、环境背景调查及区域环境保护目标，初步确定评价指标，并在评价工作中补充、调整和完善。

化工、石化行业规划环境影响评价应当把化工、石化企业区及周边区域的环境、生态和资源与社会作为一个有机整体，进行系统综合分析与评价。化工、石化行业要求综合考虑相关区域的生态与环境影响、资源与环境承载力等；要结合产业链，从循环经济的角度进行全面分析，对规划全过程实施经营性评价和环境管理。指标构建方法包括环境影响识别、相关指标调研、建立针对该规划行为及备选方案的具体评价指标体系、确定各项指标权重。指标构建程序和指标体系示例见图 18-4-4 和表 18-4-9。

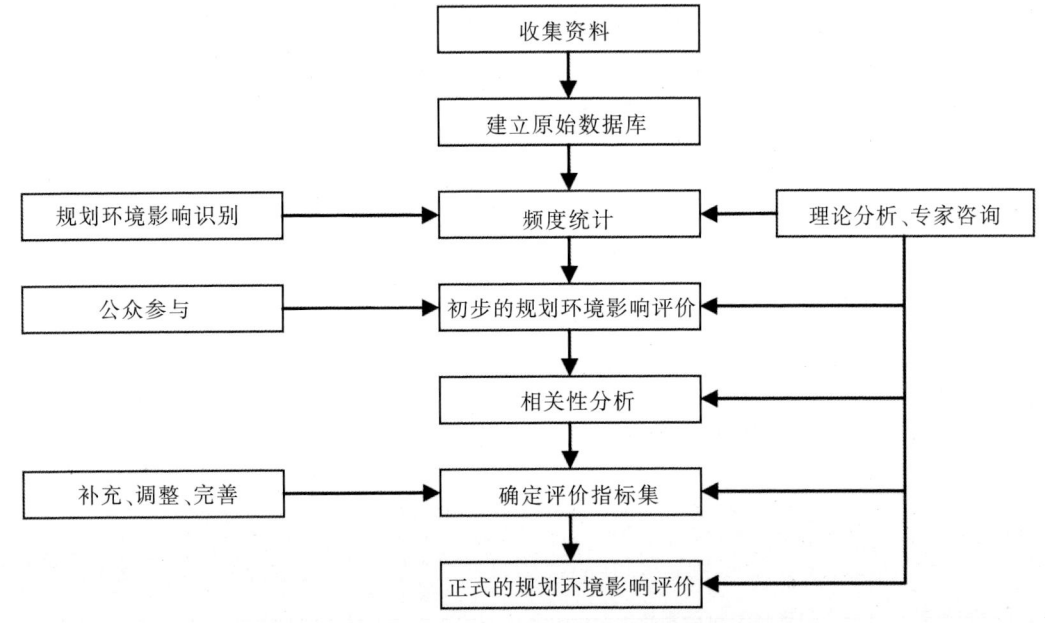

图 18-4-4 化工、石化规划环境影响评价指标构建程序

表 18-4-9　化工、石化规划环境影响评价指标体系

环境主题		环境目标	评价指标名称及单位
资源	能源	优化能源结构,提高能源利用效率	万元 GDP 能耗/(t 标准煤/万元)
			主要产品(原料)能耗/[t 标准煤/单位产品(原料)]
	水资源	提高水资源利用效率	万元 GDP 水耗/(m³/万元)
			主要行业产品水耗/(m³/单位产品)
			污水回用率/%
			工业水回用率/%
			循环冷却水重复利用率/%
			规划用水量占区域可利用水资源总量的比例/%
	土地资源	提高土地资源利用效率	单位土地面积 GDP 产出/(万元/hm²)
			投资强度/(万元/hm²)
			容积率
			建筑系数
			工业型项目所需行政办公及生活服务设施面积
			占用基本农田面积及补偿情况
环境	水环境	·保证水质符合环境功能区划标准和城市环保要求 ·保护饮用水源	废水排放达标率/%
			万元 GDP 废水、COD 和氨氮排放量/(t/万元)
			COD、氨氮、总氮(重点控制水域)、总磷(重点控制水域)和主要特征污染物排放总量/(t/a)
			纳污水体控制断面功能达标情况/%
	空气环境	保证空气质量符合环境功能区划标准和城市环保要求	环境空气质量达标率/%
			万元 GDP 废气及 SO₂、NOₓ、PM10 和 TSP 排放量/(t/万元)
			SO₂、NOₓ、PM10、TSP 和主要特征污染物排放总量/(t/a)
	声环境	保证声环境功能区达标	周边敏感目标噪声达标率/%
			噪声超标区域占关心区域比例/%
	生态环境	维持生态系统的稳定	生物多样性指数
			生物量变化
			植被覆盖率变化
			生态功能区目标可达性
			景观敏感性
			珍稀、濒危、特有生物保护状况
	固体废物	满足化工、石化固体废物处置能力	万元 GDP 固体废物产生量/(t/万元)
			固体废物(一般工业固体废物和危险废物)处理处置率/%
			固体废物综合利用率/%
	环境风险	建立环境风险防范区	建立规划区内各级环境风险防范体系
			规划区周边建立风险防范区
			建立规划区和周边社会联动应急救援体系
	环境敏感区	环境敏感区得到有效保护	环境敏感区要求的可达性
			规划区和重大工程项目与环境敏感区的临近度
社会	社会经济效益	促进当地社会经济发展	年利税收入/万元
			新增就业机会/人

2. 汽车工业

依据生命周期评价(LCA)框架识别汽车工业的环境影响因子,其指标应覆盖原材料、生产过程等各个主要环节,尤其是在原材料生产和汽车使用阶段,既要考虑对资源、能源的消耗,又要考虑污染物的产生及生态环境的破坏,因此,可从以下几个阶段建立指标体系。

原材料获取阶段指标,包括生态影响指标、能源强度指标、生态资源消耗、污染物产生指标。

汽车生产阶段指标,包括生态资源消耗指标、能耗指标、污染物产生指标。

汽车使用阶段指标,包括能源消耗指标、污染物产生指标、安全影响。

汽车报废阶段指标。

相关产业的环境影响指标。

汽车工业发展规划环境影响评价指标体系示例见表18-4-10。

表 18-4-10 汽车工业发展规划环境影响评价指标体系

准则层	指标层		单位
资源消耗	水资源		万 m³
能源消耗	以标准煤计		万 t
环境质量影响	水环境质量影响	废水	万 m³
		COD	t
		BOD	t
		石油类	t
		SS	t
	大气环境质量影响	烟尘	t
		SO_2	t
		一甲苯	t
		CO	万 t
		HC	万 t
		NO_x	万 t
全球环境影响	温室效应	CO_2 当量	万 t
	酸雨	SO_2 当量	万 t
	臭氧层破坏	CFC-11 当量	t
噪声影响	道路交通噪声年均值		dB(A)
交通事故影响	事故次数		千次
	死亡人数		人
	受伤人数		人
	经济损失		万元
费用效益分析	费用		万美元
	环境效益		万 t

(五) 交通规划环境影响评价

交通行业规划环境影响评价的指标构建程序和指标体系示例参见图18-4-5和表18-4-11。

我国战略环境影响评价在交通领域的研究最多且最系统、全面,下面就各具体的交通规划进行指标体系的总结分析。

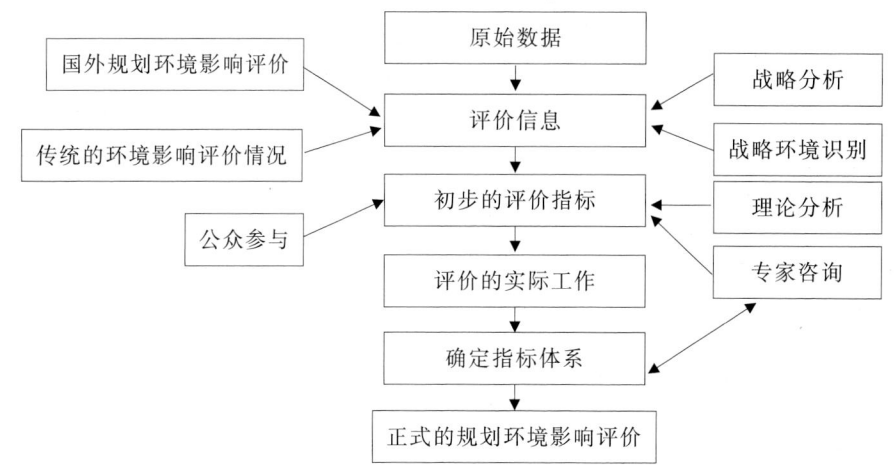

图 18-4-5 交通规划环境影响评价指标构建程序

表 18-4-11 交通规划环境影响评价指标体系

指标类型	涉及的专题及环境要素	评价指标
驱动力指标	经济发展水平与规划经济效益	人均 GDP 及年增长率
		交通行业产值占 GDP 的比例
		营运费用及设备折旧
		营运收入及利润率
		内部收益率
		节约时间效益
	社会发展	年机动车增长率
		人口密度及期望寿命
		城市化水平、城区面积规划面积的比例
		人均公共机车拥有量
压力指标	大气环境	区域和人均主要空气污染物(SO_2等)年排放量
		单位土地面积主要空气污染物(SO_2等)年排放量
		臭氧层损耗物质年排放量
		单位交通用地面积或道路长度主要空气污染物年排放量
		由交通排放的温室气体年排放量
		机动车出行里程 NO_2、CO、$NMHC$ 的排放量
	噪声	平均时速下大型车产生的噪声
		平均时速下中型车、小型车产生的噪声
	振动	公路两旁垂直方向产生的震动级
状态指标	大气环境	规划区域内主要空气污染物年日均
		规划区域内臭氧年最高小时平均浓度
		由交通产生的主要空气污染物年日均浓度
		空气质量指数
	声环境	城市交通干线两侧噪声平均值/dB(昼/夜)
		规划交通网络两侧噪声平均值/dB(昼/夜)
	生态和景观保护	生物多样性指数
		道路综合景观指数
影响指标	大气环境	空气质量超标区域的面积及占规划区域面积的比例
		自然保护区及其他环境敏感点空气质量超标区及比例
		暴露于环境中的人数及占人口的比例
		规划交通网路干线与居民住宅区的临近度

指标类型	涉及的专题及环境要素	评价指标
影响指标	声环境	规划交通网路与噪声环境敏感点交界面的长度
		规划交通网络两侧500 m范围内噪声敏感区的面积
		暴露于超标声环境中的人口数及占总人口的比例
	生态保护	规划交通网络与生态敏感点的临近度
		规划交通网络与生态敏感点交界面的长度
		规划交通网络两侧500 m范围内生态敏感点的面积
		交通规划网络所占用的土地面积，其中占用生态敏感点的面积
		土地利用结构变化（土地利用类型变化矩阵）
		酸雨发生率
响应指标	大气环境	清洁燃料使用率
		路检汽车尾气达标
		装有催化净化装置
	声环境	交通主干线两侧噪声达标率
		环境保护投资占交通规划投资的比例
	生态环境管理	公众对城市环境的满意率
		通过ISO14000认证的运输企业占工业企业的比例
		交通建设项目环境影响评价实施率
		与生态环境保护和可持续发展相关的法律支持
	经济发展	私有小汽车拥有比例
		清洁能源占一次能源消费总量比例
		交通运输业效益
		居民公交出行率

1.高速公路网

高速公路网规划环境影响评价指标体系示例如表18-4-12。

表18-4-12 高速公路网规划环境影响评价指标体系

影响类别	评价指标
社会经济	18~64岁人口占总人口比例
	居民搬迁的安置费用和就业补偿安置
	交通运输对地方财政的贡献
土地利用	占用的重点用地类型和比例
	土地被公路分割的破损指数
大气环境	暴露于超标大气环境中的人数
	自然保护区等环境敏感点空气质量超标区数量
	NO_x排放的增加量
噪声	暴露与噪声超标区域的人口数
	公路两侧500 m范围内噪声敏感区数量
自然资源和生态保护	公路网络与生态敏感区域的距离和交界面的长度
	公路网规划造成的景观破碎化程度
	边坡绿化率
能源消耗和循环利用	客、货运平均能源消耗
	再生材料的使用率
事故风险	公路沿线交通危险地形所占比例

2. 港口

港口规划环境影响评价，作为交通规划环境影响评价的一种，其中的环境目标包括规划涉及的区域环境保护目标及规划设定的环境目标。一般根据《港口建设项目环境影响评价规范》中对港口建设项目环境影响评价的评价指标的要求进行指标体系构建。该规范中要求指标体系一般须包括自然环境和生态环境两个方面，对于社会经济环境评价仅涉及景观、征地等短期直接影响。但在实际实践中，往往吸取国内外的先进经验而将其纳入资源和社会经济指标。因此，我国港口规划环境影响评价的指标体系一般包括：自然环境指标、生态环境指标、资源指标、社会经济指标。港口规划环境影响评价的指标体系示例见表18-4-13。

表 18-4-13　港口规划环境影响评价指标体系

环境主题	环境目标	评价指标
水	控制水环境污染，保护近岸海域水环境	主要水域污染物的年排放量/(t/a)
		人均生活污水排放量/[L/(人·d)]
		万吨吞吐量污水排放量/(t/万 t)
		区域水功能区水质达标率/%
		污水纳管率/%
		污水处理率和达标排放率/%
		对水动力环境的影响程度
环境空气	控制空气污染物的排放，保护空气质量	主要空气污染物的年排放量/(t/a)
		区域主要排放空气污染物日均浓度/(mg/m³)
		万吨吞吐量污染物年排放总量/(t/万 t)
		空气污染物影响范围
		区域空气质量达标区范围
		超标面积占区域面积的比例/%
声环境	控制区域环境噪声水平，保障声环境质量	港界昼夜噪声值/dB(A)
		疏港道路昼夜噪声值/dB(A)
		区域声环境质量达标区范围
		噪声超标面积占区域面积的比例/%
固体废物	降低固体废物生成率，使固体废物减量化和资源化，促进集中处理	固体废物年排放量/(t/a)
		人均固体废物产生量/[kg/(人·d)]
		万吨吞吐量固体废物产生量/(t/万 t)
		危险固体废物年产生量和无害化处理与处置率/%
		生活垃圾分类收集和资源化利用率/%
自然资源与生态环境	减少可能造成的对敏感资源的危害，保护区域自然资源与生态系统	规划港区与敏感目标的最小邻近度
		自然保护区及其他具有特殊价值的受保护区域面积/km² 及比例/%
		围垦对湿地、红树林等生态系统影响程度
		区域规划前与规划后的植被覆盖率/%
		生物多样性指数
		港区绿化率/%
		规划岸线占自然岸线的比例/%
		土地资源的占有量/km²
		港区日用水量/(L/d)
社会经济环境	促进社会就业，促进产业结构优化	对扩大就业的贡献
		对产业结构调整的贡献
		对旅游业发展的影响
		对渔业生产、渔民生活的影响程度

3. 公路

公路处于整个社会经济系统和综合交通系统这些大环境之中，它与周围事物有着千丝万缕的联系。公路建设和运营所影响的环境有政策环境、经济环境、文化环境、生活环境和生态环境。在公路规划环境影响评价中重点研究经济环境、生活环境和生态环境的影响。

评价因子的筛选取决于各个评价时期所包括的开发行为和各种评价因子有无相互作用，对有长期、显著、不可逆或累计影响的评价因子要重点评价，对没有相互作用或影响很小的因子可以不评价。在具体的公路规划环境影响评价中，先建立相应的评价因子筛选矩阵进行因子选择，再建立评价因子体系结构。指标构建程序及指标体系示例见图18-4-6和表18-4-14。

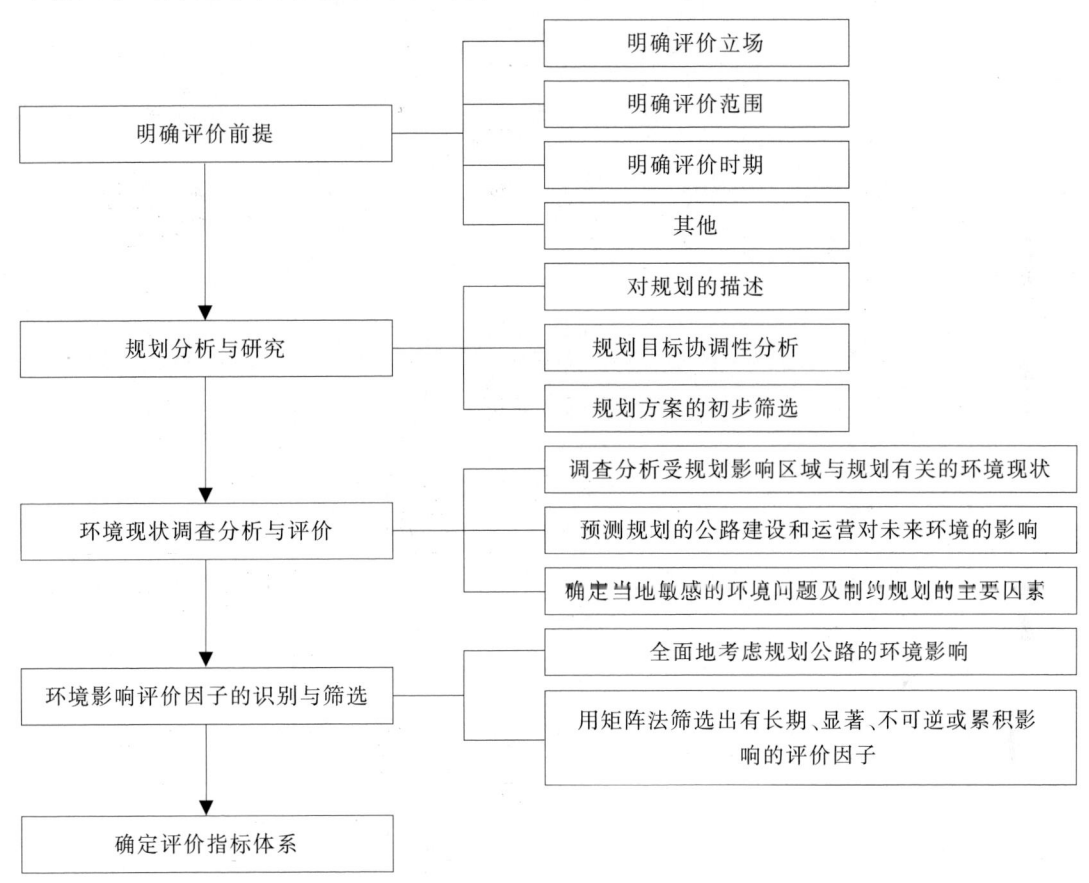

图18-4-6　公路规划环境影响评价指标构建程序

表18-4-14　公路规划环境影响评价指标体系

一级指标	二级指标	分类
经济环境	促进产业发展	定性
	扩大市场范围	定性
	促进生产运输合理化	定性
	增加人们就业机会	定性
生活环境	噪声	定量
	大气污染	定量
	空间的隔断	定量
	历史遗产和古迹	定量
生态环境	地形、地貌	定量
	动物	定量
	植物	定量

4.铁路交通

通过以下方法进行指标筛选：①传统项目环境影响评价指标；②借鉴国外研究经验；③根据规划环境影响识别进行理论分析；④专家咨询；⑤公众参与意见。指标体系示例见表18-4-15。

表 18-4-15 铁路交通规划环境影响评价指标体系

指标	主题	评价指标
物理系统指标	资源占有量	枢纽建设土壤占有资源量/[hm²/(t·km)或hm²/(人·km)]
		岩石资源消耗量/[m³/(t·km)或m³/(人·km)]
		电力消耗量/[kW·h/(t·km)或kW·h/(人·km)]
		燃料用量/[m³/(t·km)或m³/(人·km)]
		经济效益综合指数
	大气	运输废气年排放量/[m³/(t·km)或m³/(人·km)]
		枢纽区域内主要空气污染物(SO_2、NO_2、TSP)平均浓度/(mg/m³)
		温室气体排放量/[m³/(t·km)或m³/(人·km)]
	水环境	主要水环境敏感区(集中式饮用水源地、生态敏感区)
		运输(客运、货运)净产值废水年排放量/(m³/万元)
		主要水环境污染物及年排放量/(t/a)
		废水处理率与达标率/%
	噪声	区域噪声平均值/[dB(A)](昼/夜)
		区域噪声达标率/%
	振动	区域振动平均值/[dB(A)](昼/夜)
		区域振动达标率/%
	电磁	区域电磁辐射量平均值
		区域电磁辐射达标率/%
	固体废物	运输固体废物产生量/[t/(t·km)或t/(人·km)]
		危险固体废物年产生量/[t/(t·km)或t/(人·km)]
		再生材料的使用率及排放综合利用率/%
		新材料及新工艺的使用
生态系统指标	自然资源与生态保护	铁路枢纽与生态敏感区的临近度
		铁路枢纽造成的视觉入侵和美学的影响
		边坡绿化率/%
		规划可能造成的生态区域破碎情况
		规划对农业、林业、草地生态的影响
	水土流失与地质灾害	水土流失面积/hm²，水土流失侵蚀模数/(t/km²)
		不良地质数量统计/处
		规划对水土流失及地质灾害影响
社会系统指标	与其他规划的相容性	城市交通的相容性
		土地利用规划相容性
		旅游规划相容性
		工业规划相容性
	易达性	交通系统的易达性；交通影响的人口数和生活质量
		社会的阻隔：交通影响的人口数和生活质量
	安全	事故、安全：人类健康、交通影响的人口数和生活质量
		铁路枢纽节点及沿线村庄、城镇人口总数和城市化人口数
		居民搬迁的安置费用和就业补偿安置
	社会发展水平和经济结构	沿线经济总量和经济结构
		节点及沿线地方财政及税收增加
		建设成本年收益比

5.城市轨道交通

指标建立程序：①环境影响识别；②指标筛选；③初步建立指标体系；④确定指标权重；⑤完善指标体系。指标体系的示例见表18-4-16。

表18-4-16 城市轨道交通规划环境影响评价指标体系

目标层	准则层	指标层
交通环境资源承载力	土地资源	城市轨道交通网及辅助设施所占用的土地面积
		城市轨道交通网及辅助设施所占用的土地类型
		对土地利用格局的影响
	水资源	对饮用水源地的影响
		配套设施用水量
		对地下水的疏干或阻隔的影响
	能源	运营期电力消耗占公共交通总消耗的比重
		运营期燃油消耗占公共交通总消耗的比重
	生态环境	城市轨道交通工程设施与生态敏感区的临近度、交界面的长度或穿越长度
		敷设类型（高架、地面、地下）和里程对生态敏感区的影响
		工程土方的处理方式对水土保持的影响
交通环境污染承载力	噪声与振动	城市轨道交通网与噪声敏感区(居民住宅、学校、医院等)交界面的长度
		振动防护控制距离
		轨道路基条件
		施工机械的类型和数量
		机车运行频率及行驶速度
	电磁	轨道高架线段无线电干扰对电视接收产生的影响（信噪比）
		主变电所的工频电场强度和磁场强度
	水	车站、车辆段、停车场、综合基地污水排放与城市污水处理厂服务范围和处理能力的协调关系
		施工期排水处理方式
		车站、车辆段、停车场、综合基地污水处理配套设施建设时序及污水处理方式
		地下段敷设里程与水文地质条件的关系（水源地、补给区）
	空气	风亭异味的规划控制距离
交通环境经济承载力	经济发展	对GDP增长的影响（GDP增长与城市轨道交通投资的比值）
		对产业结构的影响
		单位投资增加的就业岗位
		对公众消费方式的影响
	物流	货运量及其占公共交通客运量的比例
		客运量及其占公共交通客运量的比例
		与其他交通方式的衔接程度
交通环境心里承载力	景观美学	造成的视觉入侵和美学的影响
	道路交通	公众出行方式的影响
	拆迁安置	拆迁面积及人口
	社会接受度	公众对城市轨道交通环境保护建设的满意率

(六) 农业规划环境影响评价

农业规划环境影响评价指标体系特征有以下几点。

1. 农业环境可持续性

农业规划环境影响评价指标体系应体现农业环境和经济发展长期稳定的关系,反映一定时期内农业环境系统承受外界压力(如农业开发、资源过度利用等)的能力或环境影响的程度。即农业规划环境影响评价应考虑某一区域未来可持续发展的环境可行性。

2. 农业生态系统的完整性

指标体系的建立等同于确定了环境影响评价的重点内容,因此必须保证建立的指标体系能够最大限度地反映出农业生态系统的完整性。农业规划环境影响评价要求以生态为中心,在保护环境的同时,保持生态系统的完整性和生物多样性。因此,指标体系应全方位多层面体现农业生态系统的所有内容。

3. 农业环境的时空特性

农业规划实施的时间跨度较大,其评价指标既要反映当前的环境要求,又要反映未来各个不同时期的环境要求。随着经济水平的提高,人们对环境质量的要求也在不断提高,如果规划环境影响评价中一直采用一个单一的静态的标准,则不能满足系统发展的要求。另外,评价指标还要考虑空间的跨度,因为农业生态环境系统是开放性的,开发活动所造成的环境影响是跨区域的,因而评价指标要适当体现一定空间的适用范围。

农业规划环境影响评价指标体系示例见表18-4-17。

表 18-4-17　农业规划环境影响评价指标体系

主题	评价指标
农业经济发展及效益	农业经济总产值
	单位耕地面积产值
	农民人均纯收入
农业非点源污染及水质	单位面积化肥施用量
	单位面积农药施用量
	禽畜排泄物处理率
	使用沼气农户比例
	有机肥施用面积率
土壤环境	土壤水土流失面积比例
	土壤综合污染指数
农业固体废物	灌溉水有效利用率
	地膜回收率
资源利用	秸秆综合利用率

(七) 能源规划环境影响评价

国内规划环境影响评价领域在能源方面的研究主要集中在水电和火电开发规划两大方面。

1. 水电

指标构建方法:基本指标、LCA 指标、DSR 指标等。三种指标体系模式的比较见表18-4-18。指标构建程序及评价指标体系示例见图18-4-7和表18-4-19。

表 18-4-18　三种指标体系构建方法的比较

模式	优点	缺点
基本指标体系	能快速地反映规划带来的影响，综合了DSR模式和LCA模式下的一些基本指标，做到了取长补短。基本指标体系准确度高，研究的定性指标较少，研究的定量指标较多，规划程度高	描述指标之间的关系不够系统、详细
LCA指标体系	时间顺序分明，在各时间段具体内容阐述较详细	需要大量的经济理论和经济论证来支持，这类资料不容易获取，造成指标成本较高。体系的发展相对不够完善，另外仅从过程的角度来阐述环境影响具有一定的局限性
DSR指标体系	能较全面地反映规划影响，着重反映生态、社会经济、环境质量、资源利用等方面。层次多样化	指标过多，分析权重较烦琐，不易操作，时间对应性不强

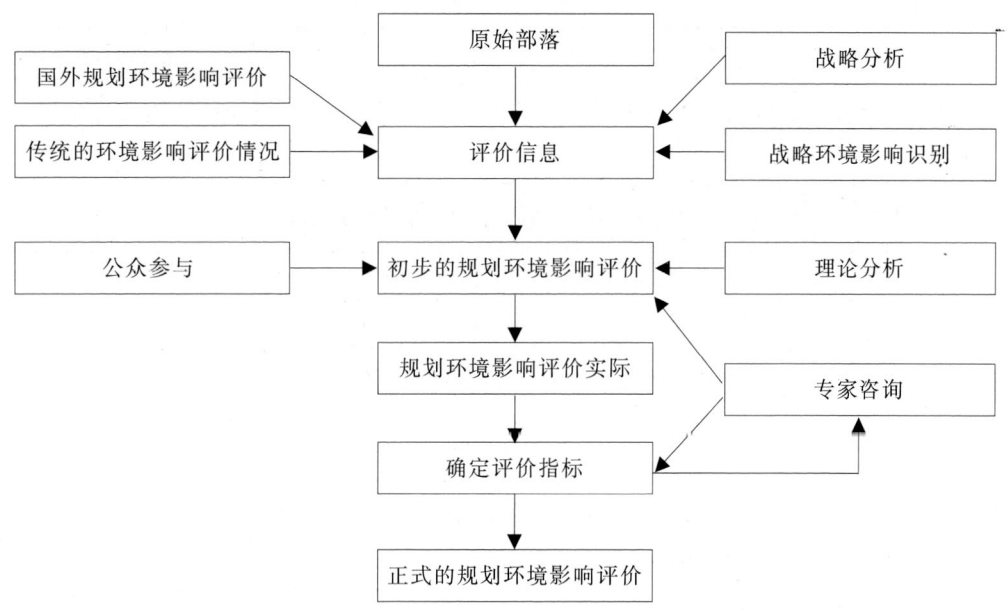

图 18-4-7　水电规划环境影响评价指标构建程序

表 18-4-19　水电规划环境影响评价指标体系

主题	环境目标	评价指标
建设用地	尽可能减少淹没占地、耕地损失和移民数量	单位装机淹没耕地/(hm²/MW)
		单位装机迁移人口/(人/MW)
		人群健康水平
水环境	加强污染防治，保护流域水质，确保用水要求；保证农业灌溉区的用水量需求	水库富营养化程度
		达到水环境功能要求河段比例/%
		施工期废水达标排放率/%
		生产、生活用水保证率/%
		枯水期下游水量增加率/%
		灌溉用水保证率/%
防洪	保证防洪要求	防洪标准/年

续表

主题	环境目标	评价指标
生态环境保护	保护生物资源、水生生态环境和特有鱼类资源	自然保护区
		珍稀动植物种类
		洄游鱼类
		特有鱼类
水土保持	控制水土流失,涵养水源	工程拦渣率/%
		水土流失治理度/%
经济可持续发展	结合旅游修建对外公路,与自然景观协调,促进旅游业发展	世界自然遗产价值
		风景旅游区
		文物古迹
社会	保障移民切身利益,提高群众生活质量	移民生活水平
		民族传统文化

2. 火电

规划环评方法:DPSIR 指标、LCA 指标、基本满足的环境目标:①大气和生态环境保护;②优化发电机组结构;③提高能源转换效率;④水环境与水资源保护;⑤固体废物综合利用。指标体系示例见表 18-4-20。

表 18-4-20 火电规划环境影响评价指标体系

主题	环境目标	评价指标
大气和生态环境保护	减少火电大气污染物排放,改善规划影响区域环境空气质量,降低酸雨及酸沉降污染	脱硫机组装机比例/%
		脱硝机组装机比例/%
		除尘机组装机比例/%
		区域和城市平均地面 SO_2 浓度贡献率/%
		区域和城市平均地面 PM10 浓度贡献率/%
		区域和城市平均地面 NO_2 浓度贡献率/%
		空气环境质量超二级标准的城市比例/%
		火电规划对区域酸沉降贡献率/%
		火电规划对周边地区造成的酸沉降量/万 t
		达到酸沉降临界负荷地区面积比例/%
发电机组结构	优化发电结构,适当提高天然气发电机组比例	天然气发电机组比例/%
能源转换效率	提高发电效率,降低发电用能源消耗	发(供)电标准煤耗/[g/(kW·h)]
		电厂平均自用电率/%
		发电设备平均利用小时数/h
水环境及水资源保护	提高水资源利用率,减少新鲜水耗;降低发电厂污水排放,避免造成对当地水环境造成进一步污染	空冷机组装机比例/%
		干除灰机组装机比例/%
		单位发电量的废水排放量/[t/(MW·h)]
		单位发电量用水量/[m³/(kW·h)]
固体废物综合利用	提高灰渣综合利用率,减少土地占用	灰渣综合利用百分比/%
		灰渣堆存土地占用面积/hm²

(八) 旅游规划环境影响评价

风景名胜区总体规划环境影响评价指标体系的构建，简化了风景名胜区总体规划环境影响评价过程的各个步骤。

1）指标体系简化了影像识别，将风景名胜区内纷繁复杂的各种要素和关系简化为有限的若干指标。

2）指标体系简化了影响预测，使得影响性质、影响程度等可以通过指标变量的定性或定量的变化来表达。

3）指标体系简化了影响评价，将评价的依据和准则简化为指标体系的标准和权重的设置，在此标准上判断影响的可接受程度。

风景区规划环境影响评价指标体系示例见表18-4-21。

表18-4-21 风景区规划环境影响评价指标体系

主题	环境目标	评价指标
水环境	尽可能保持水环境的自然程度，维护与改善地表水和地下水水质及水生环境	水量指标：受人为干扰自然水系水量变化，使用风景区内水源的用水量
		水质指标：排污量，污水处理后排放水质达标率
声环境	尽可能保持自然声环境，控制人为噪声污染源	生活噪声：游客容量和游客密度
		交通噪声：机动车道数量以及路网密度
大气环境	尽可能保持自然大气环境，控制空气污染	机动车道路数量
		垃圾焚烧控制
		尾气排放管理
		周边污染
土壤环境	减少固体废弃物，水土保持，改善土壤环境	工业固体废物的排放和综合利用率
		生活垃圾的排放和处理
		植树造林
		水土保持工程
视觉景观	保护自然视觉景观和文化视觉景观，控制视觉污染源	游览设施、接待服务设施建设影响区域：影响范围大小
		影响重要景点的程度
		风景名胜区入口的服务型居民点：对建设规模和风格的控制管理程度
多样性	保护风景区特有的生态系统	生物功能分区的合理性；生物物种资源的变化
		核心区、缓冲区的范围大小，保护措施及影响程度
社会经济文化等	促进区域社会经济的发展，协调周边社区公平受益	风景名胜区内部经济收益：门票（日游客的数量）；宾馆床位（保留的床位数量）
		风景名胜区周边社区的社会经济：周边社区的宾馆床位数的总需求量；服务基地、服务设施布局是否均衡

(九) 资源开发规划环境影响评价

国内规划环境影响评价领域对资源开发规划环境影响评价的指标体系的研究主要集中在矿产资源规划、煤炭开发规划方面。

1. 矿产资源规划

指标构建方法：在指标体系的建立过程中要充分考虑各环境要素累积效应的影响和社会经济环境的影响。矿产资源规划环境影响评价指标体系示例见表18-4-22。

表 18-4-22　矿产资源规划环境影响评价指标体系

一级评价因子	二级评价因子	三级评价因子
自然地理环境	土地沙化	气候情况,年降水量,蒸发量
		植物密度、大小及种类
	水土流失和荒漠化	水土流失面积、立方量和侵蚀速率
		土壤沙化、荒漠化程度和荒漠化速率
地貌环境	地面沉降、地面塌陷和裂缝	地面沉降面积和深度
		塌陷区的形状、面积和深度
	可能引起崩塌、滑坡和泥石流	地质构造和岩石特征
		开采面积、深度及扰动范围
		可能引起崩塌、滑坡和泥石流的数量、方量、单体方量和频率
大气环境	毒性气体污染	矿井 SO_x,NO_x,CO_x 的产量和浓度
		酸雨范围与沉降强度、频度
	粉尘污染	采区粉尘产量、浓度、频度
		废石场或尾矿库扬尘量、尘粒粒径
水环境	地下水水源衰竭	矿坑突水量、涌水量变化
		地下水枯竭、影响程度
	区域地下水位下降	地下水下降面积、降落漏斗深度
		疏干排水时对工农业、饮用水影响
生态环境	土壤污染	渣场堆积体积、占地面积、复垦面积
		土壤 pH 值、重金属离子深度及分布
		土壤生产力、肥力影响
	动植物生存环境	植被破坏面积、森林覆盖率、植物多样性
		物种减少、灭绝数量
		动植物吸收、累积重金属离子含量
社会经济环境	工农业发展	产值、利润和劳动力利用率
		环保效益和三废回收利用率
	交通运输	水路和陆路运输网、障碍、通道等

2. 煤炭开发规划

指标构建方法：一般依据煤矿区总体开发规划指标体系的选取原则以及目前已有煤矿区总体开发规划环境影响报告书，提出煤炭开发规划环境影响评价指标体系。煤炭开发规划环境影响评价指标体系主要包括系统发展指标、环境影响指标和环境规划指标三部分，评价根据环境主体、环境目标分设了若干具体评价指标。

煤炭开发规划环境影响评价系统发展指标包含资源能源配置与消耗指标和社会经济环境发展指标。环境影响指标分为环境现状评价指标和环境预测评价指标两部分，环境现状评价指标和环境预测评价指标又按不同环境要素进行分类。应用示例见表 18-4-23、表 18-4-24、表 18-4-25。

实际操作中，还应根据不同矿区的实际情况，进行适当的删减和增加。

表 18-4-23　煤炭开发规划环境影响评价(系统发展指标)

二级指标	三级指标
资源能源配置与消耗指标	煤炭资源回采率/%
	原煤入洗率/%
	占地面积/(hm²/Mt)
	百万吨煤新鲜水消耗/(m³/Mt)
	发电水耗/[m³/(GW·s)]
	供电煤耗/[g 标准煤/(kW·h)]
	全员工效/(t/工)
社会经济环境发展指标	规划区人口数量和密度的变化
	搬迁人口指数/(人/万 t)
	工业总产值/万元
	税收/(万元/万 t)
	占地区工业总产值的比重/%

表 18-4-24　煤炭开发规划环境影响评价(环境影响指标)

环境现状评价指标		环境预测评价指标	
二级评价指标	三级评价指标	二级评价指标	三级评价指标
生态环境指标	万吨煤沉陷率/(hm²/万 t)	生态环境指标	
	土地利用类型	土地利用情况分析	人口密度/(人/hm²)
	植被类型		人均耕地/(hm²/人)
	植被覆盖度	土地复垦	排矸场复垦率/(hm²/万 t)
	土壤侵蚀强度		沉陷土地复垦率/(hm²/万 t)
地表水环境指标	pH 值	水土保持	扰动土地整治率/%
	COD/(mg/L)		水土流失总治理/%
	BOD/(mg/L)		土壤流失控制比
地下水环境指标	pH 值		拦渣率/%
	高锰酸盐指数/(mg/L)	生态系统完整性	林草植被恢复率/%
	总硬度/(mg/L)		林草覆盖率/%
	总大肠菌群/个		生物量的变化/[g/(m²·a)]
大气环境指标	TSP/(mg/m³)	景观生态影响	异质性程度
	SO₂/(mg/m³)		优势度
固体废物	煤矸石物排放量/(t/a)		变化趋势分析
	锅炉灰渣排放量/(t/a)	地表水环境指标	pH 值
	生活垃圾排放量/(t/a)		COD/(mg/L)
	水处理站污泥及其他/(t/a)		BOD/(mg/L)
声环境	厂界噪声达标率/%	地下水环境指标	地下水动储量
		大气环境指标	TSP/(mg/m³)
			SO₂/(mg/m³)
		固体废弃物	煤矸石物排放量/(t/a)
			锅炉灰渣排放量/(t/a)
			生活垃圾排放量/(t/a)
			水处理站污泥及其他/(t/a)
		声环境	厂界噪声达标率/%

表 18-4-25　煤炭开发规划环境影响评价（环境规划指标）

二级评价指标	三级评价指标	
生态环境建设指标	土地复垦	排矸场复垦率/(hm²/万 t)
		沉陷土地复垦率/(hm²/万 t)
	水土保持	扰动土地整治率/%
		水土流失总治理/%
		土壤流失控制比,拦渣率/%
		林草植被恢复率/%
		林草覆盖率/%
环境管理	环保政策、法规综合执行率/%	
地表水环境	生产、生活污废水达标排放率/%	
	生产、生活污废水综合利用率/%	
	矿井水达标排放率/%	
	矿井水综合利用率/%	
地下水环境	第四系潜水不受影响	
固体废物	煤矸石综合利用率/%	
	锅炉灰渣综合利用率/%	
	生活垃圾处置率/%	
	水处理站污泥及其他废弃物处置率/%	
声环境	厂界噪声达标率/%	
总量控制指标	大气环境	TSP/(t/a)
		SO_2/(t/a)
	地表水环境	COD_{Cr}/(t/a)
	固体废物	煤矸石/(t/a)
		锅炉灰渣/(t/a)
		生活垃圾/(t/a)
		水处理站污泥及其他废弃物/(t/a)

(十) 城市建设规划环境影响评价

国内规划环境影响评价领域对城市建设规划环境影响评价的指标体系的研究主要集中在城市总体规划与新区规划两大方面。

1. 城市总体规划

指标构建方法：LCA 指标、DPSIR 指标、基本指标。指标构建程序和指标体系示例见图 18-4-8 和表 18-4-26。

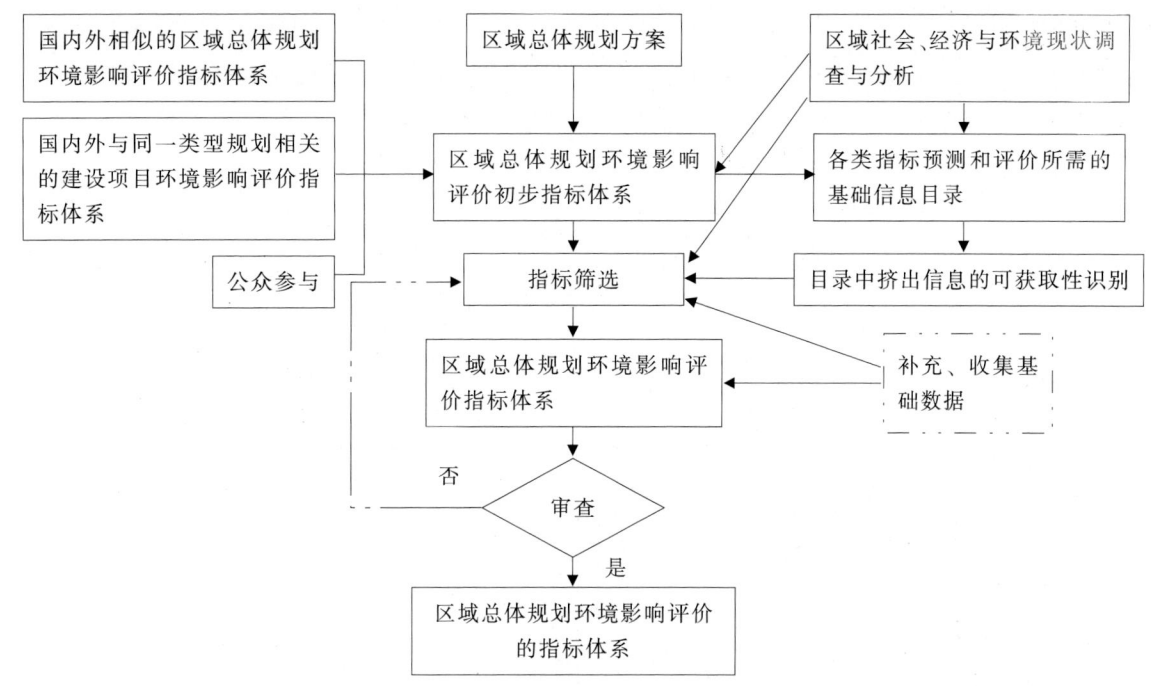

图 18-4-8　城市总体规划环境影响评价指标构建程序

表 18-4-26　城市总体规划环境影响评价指标体系

环境主题		环境目标	评价指标
环境	水环境	·保证水质符合环境功能区划标准 ·保护饮用水源 ·保证食品(主要是水产品)安全	饮用水源水质达标率/%
			城市水功能区水质达标率/%
			近岸海域水环境质量达标率/%
			万元 GDP 的 COD 排放强度/(kg/万元)
	大气环境	保证空气质量符合环境功能区划标准	环境空气质量好于或等于二级标准的天数/(天/年)
			万元 GDP 的 SO_2 排放强度/(kg/万元)
	声环境	保证声环境功能区达标	城市区域环境噪声平均值/dB
			噪声达标区覆盖率/%
	固体废物	满足城市固体废物处置能力	生活垃圾无害化处理率/%
			危险废物安全处置率/%
			工业固体废物综合利用率/%
	生态环境	维持生态系统的稳定性	人均公共绿地面积/m^2
			城市绿化覆盖率/%
			森林覆盖率/%
	敏感区	保护环境敏感区域,维护生态平衡	自然保护区面积比例/%
	环境风险	制订有效防范环境风险措施,将影响降至最小	环境风险/事故发生率/%
资源	水资源	提高水资源利用效率,保证生态用水量	万元 GDP 水耗
			工业用水重复率
	土地资源	提高土地资源利用效率,保证基本农田和生态用地	万元 GDP 建设用地/(m^2/万元)
			基本农田保护面积/hm^2
	能源	优化能源结构,提高能源利用效率	万元 GDP 能耗/(t 标准煤/万元)
			清洁能源所占比重/%
	生物资源	维持生物多样性	物种年减少率/%

2.新区规划

指标构建方法:①建立指标原始数据库;②评价指标的筛选包括人口子系统、经济子系统、社会子系统、环境子系统;③相关性分析。

新区规划环境影响评价的指标体系可以参照区域环境影响评价的指标体系,其应用的示例见图18-4-9。

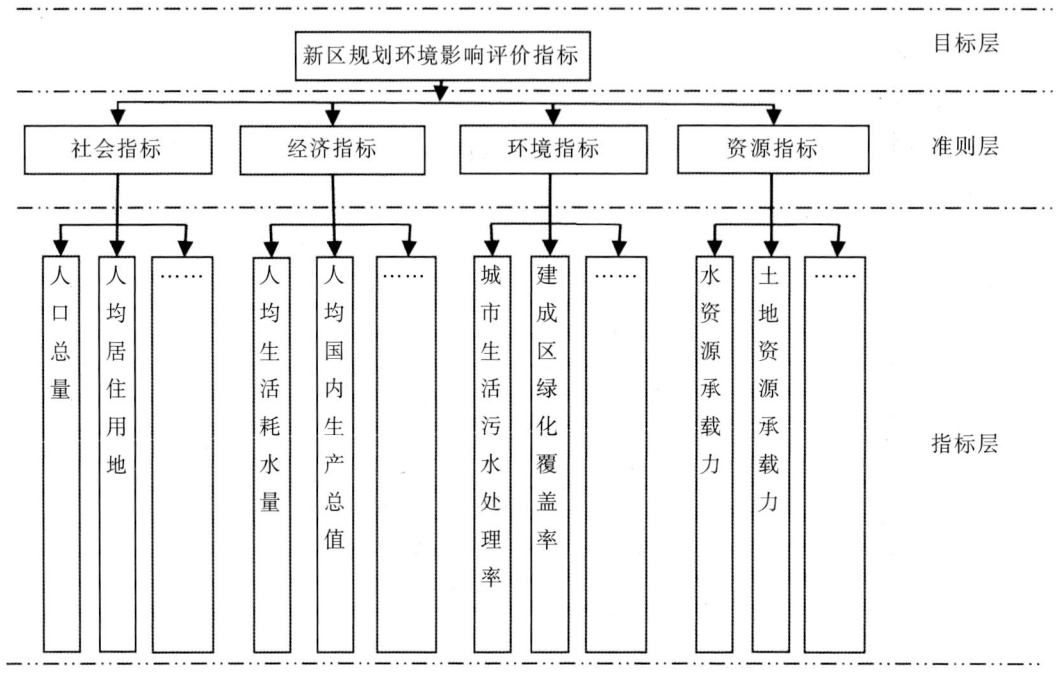

图 18-4-9 新区规划环境影响评价指标体系

三、小结

规划环境影响评价指标体系是反映受战略影响区域环境可持续发展系统内部结构、外在状态及其发展变化趋势指标和部分反映相关社会、经济因素状态指标的集合。

从结构上看,指标体系分为目标层、准则层和指标层三个层次。指标可分为重点指标和相关指标。指标体系的研究重点主要集中在两个问题上:一是指标体系建立的原则,二是指标体系的构建模式。常用的指标体系建立的原则有:科学性原则、全面性原则、相对稳定性与绝对动态性相结合的原则、静态指标和动态指标相结合的原则、可操作性原则、层次性原则、简明性原则、整体系统性原则和战略性原则等。指标体系的构建模式主要有:基本指标模式、基于 DSR 的指标体系模式、基于 LCA 的指标体系模式、基于 DPSIR 的指标体系模式和基于 PSR 的指标体系模式。

指标体系的研究从 2002 年《环评法》颁布之后成为研究热点。指标体系基础理论的总体研究贯穿始终,研究内容逐步深入本质;行业专项的实践研究则是随着时间的推移逐渐增多,研究领域也逐步拓宽。专项领域的前期研究主要是关于工业、交通、土地、流域、农业、能源、资源等方面的领域,而近年则更多集中于交通、城市建设、旅游等领域,并随着时间的推移加入了新元素。针对灾害、应急、低碳及循环经济、气候变化的指标体系研究也应运而生。

总的来看,指标体系研究在"一地、三域、十个专项"各个领域都有非常多的研究,但同类别的指标体系构建趋于雷同,在构建方法和构建程序上缺少创新。本节基于已经发表的研究成果,对各类指标体系进行了总结,由于"一地、三域、十个专项"涉及的规划种类非常广泛,研究范围又不尽相同,所提供的示例仅供参考,研究者和实践者在实际运用中应根据实际情况进行适当调整。

第二节 情景分析法在城市发展规划能源评价中的应用

一、情景分析法概述

情景分析法是将规划方案实施前后、不同时间和条件下的环境状况，按时间序列进行描绘的一种方式，对评价对象可能出现的情况或引起的后果做出预测的方法。情景分析法首先要识别未来发展的驱动因素，在对各种未来事件进行假设的基础上，分析各个因子间的因果关系，构成未来一段时间内事件沿不同路径发展的过程，并经过详细、严密的推理来描述多种未来情况；不同的情景为决策者提供参考依据，影响决策的制定。

在长期预测中，传统的以趋势外推法为主的统计预测方法面对错综复杂环境下的不确定趋势，被证明是有缺陷的。情景分析方法优点在于能够不拘泥于思维束缚，不局限于现状技术条件，能够充分考虑未来可能出现的任何重大技术(能源、环境等)演变，未来社会、经济、环境发展过程中种种不确定性因素可能带来的影响等。使管理者能发现未来变化的某些趋势和避免两个最常见的决策错误：过高或过低估计未来的变化及其影响。

情景分析是假定某种现象或某种趋势将持续到未来的前提下，对预测对象可能出现的情况或引起的结果做出预测，探索基于各种不确定性所可能产生的不同结果。而传统的预测方法旨在找出最可行的途径并评价其不确定性。因此，传统的预测方法和模型只有基于大量已知信息才更为有效。当预测系统影响因素和不确定性较多时，情景分析法比传统预测法可以更加详细地描述未来的变化过程。情景分析法与传统预测法的异同见表18-4-27。

表 18-4-27 情景分析法与传统预测法的对比

项目	情景分析法	传统预测法
原理	注重过程、策略和知识	注重分析和结果(原理性)
目的	建立一些有见识性的路径，寻找不确定性	建立最有可能的途径，分析不确定性的特征
方法	基于不确定性分析建立定性与定量指标，并建立预测模型计算	分析模型和动因
整体性	整体性的方法，可以应用于多个领域	局部预测方法，应用于个别环节
不确定性因素	寻找分析不确定性，在处理资料时区别确定与不确定因素	概率、统计、回归和假设
人力资源	小组推动、专家、头脑风暴等	依据专家和政府规划编制机构

二、情景分析法在城市发展规划资源环境影响评价中的应用

本节综合考虑我国城市发展规划和情景分析特点，建立一套预测城市发展过程能源消耗的情景分析模型。该模型以剖析未来城市发展中不确定因素的来源为基础，统筹考虑城市发展的驱动因子；通过因子预测、筛选和聚类构筑城市发展综合情景及资源能源消费情景；利用传统的

影响预测技术将定性情景与影响分析结合起来,最后进行基于情景的环境影响评价,并拟定相应的对策和措施。

(一) 不确定因子识别

预测城市发展规划可能产生的能源环境影响时,必须解决规划内容本身存在的不确定性以及来自城市系统内外的不确定因素。城市发展规划通过指导、调整社会经济活动,改变内部自然环境,使城市系统朝预期的方向发展。然而,由于战略决策是在大空间尺度下统筹安排中长期的人类活动,不可能对未来的活动做出详细、具体的计划。因此,未来城市系统本身的发展变化存在高度的不确定性。同时,外界因素如外部政策、社会经济条件、技术进步因素以及该城市系统所隶属大系统中的自然环境等,都是城市发展的驱动因子。在内外因素的驱动下,城市系统未来将可能沿着不同的路径发展,在不同的时间点呈现不同的状态(图18-4-10)。

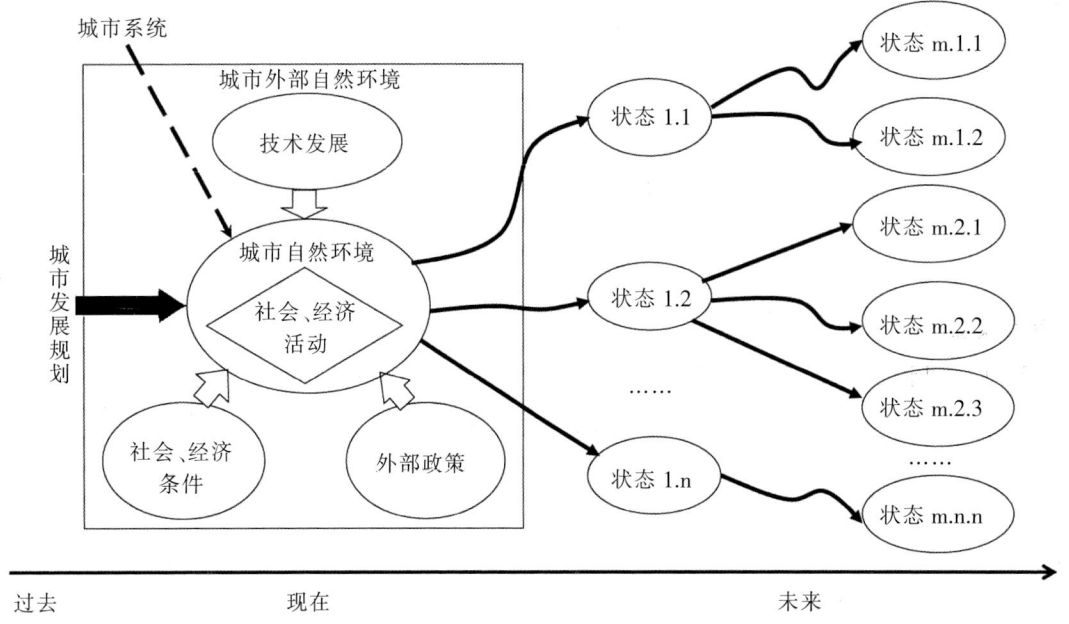

图18-4-10 城市发展不确定性的来源

(二) 情景设计及其参数设定

上述不确定因子是城市发展的关键驱动因素。识别驱动因子后,在把握其历史和现状的基础上利用类比分析等方法预测因子的发展路径、构建情景。一般的,预测未来城市发展中的资源、环境问题要开展定量预测。因此,还应当在定性情景下设定相应的定量参数,为后续的定量预测和评价做好准备。

1. 综合情景及分情景构筑方法

预测城市发展规划可能产生的影响时,有必要采用综合情景和分情景相结合的方法。首先按照以下基本步骤建立城市社会经济发展和自然环境变化的综合情景,这是各类资源、环境影响产生的大背景。

(1) 预测驱动因子的发展路径

构筑综合情景的关键是基于历史情况和现状,利用类比分析、头脑风暴、咨询调查等方法大胆预测驱动因子所有可能的、看似合理的发展路径。

(2) 筛选驱动因子

情景分析不可能包罗万象,应当关注未来城市发展的重点领域,对预测后的驱动因子进行筛选。现阶段建立我国城市发展综合情景时,主要考虑产业发展、人口增长和城市环境保护三方面的驱动因素。

(3) 驱动因子聚类

筛选后按照驱动因子的发展路径及其在预测时间点所呈现的状态,采用因果链或因果网络等分析因子间的逻辑关系,对其进行聚类。

(4) 选择主题、撰写综合情景

根据每类因子的特征选择情景主题,完善情景的"故事情节",构成多个综合情景。

综合情景完成后,再在其基础上展望各个资源和环境要素的变化,设置详细的分情景,为定量预测各类影响服务。分情景是综合情景的深化,一方面要挖掘某类资源或环境影响的驱动因子并深入分析其变化,按上述规则构建分情景;另一方面分情景须符合其所隶属的综合情景,满足一致、协调的原则。

2.情景参数定量方法

情景分析最终要落脚到对资源、环境影响的定量预测上。定性的综合情景、分情景与预测模型之间依靠定量参数连接。在城市发展综合情景中,须定量的参数包括常规的经济、人口、产业发展参数,数据允许的条件下还应当进一步预测重点行业生产能力及产品结构等。分情景中则须根据资源、环境影响预测模型的需要对相应的参数进行定量。由于复杂性和不确定性的存在,一般可在回顾分析的基础上联合专家咨询、头脑风暴、横向类比和参考国际数据等方法确定不同情景下参数的取值。

3.基于情景的影响分析与评价

设计定性的城市发展综合情景、资源环境分情景及其定量参数还不是完整的情景分析,还应当将情景分析与数学模型、系统动力学模型、地理信息系统(GIS)技术等传统的方法相结合,对各类资源环境影响展开预测、做出评价,并提出预防或减缓的对策和措施。

三、案例分析——基于情景的天津滨海新区发展能源环境影响评价

(一)滨海新区未来发展的不确定性

在识别滨海新区未来发展的不确定因素之前,首先要开展回顾分析,了解新区的社会、经济、环境现状。分析显示滨海新区的产业发展与资源利用、环境保护状况将成为未来资源环境问题的驱动因素。因此,应当从系统内外对这三方面的不确定因子进行识别。

从滨海新区内部来看,新版的《天津滨海新区城市总体规划2009—2020年》是推动新区中长期发展的重要战略。规划对2020年经济社会发展、资源节约利用和生态环境保护等设定了目标。但规划文本更多是采用定性的描述,对于关键的主导产业、重点行业规模、结构、居民生活水平以及资源利用和环境保护的具体措施并没有明确和细化,这些内部因素可能引导滨海新区城市系统沿着不同的轨迹发展。同时,滨海新区本身的自然资源禀赋如水资源、可再生能源的保障能力等也是制约其未来发展的不确定因素。

来自滨海新区外部的驱动因素包括:①国务院对滨海新区的定位及支持政策;②京津、环渤海区域内各省市的联动与竞争;③资源节约利用、环境保护技术(如海水淡化技术、各行业节能技术、汽车尾气排放控制技术等)的发展;④华北、环渤海地区的环境变化,全球气候变化(如海平面上升)等。

(二)滨海新区发展综合情景及其参数定量

回顾历史可以发现滨海新区的发展与深圳特区和浦东新区的早期发展有一定的相似性。目前滨海新区二产比重仍处于高位,与浦东新区开发早期相当,主要原因是近年三产比重的下降,这与深圳近几年的趋势类似。另外,滨海新区与浦东工业内部的支柱产业较相似,包括电子信息产品制造、石油化工、装备制造和医药制造等。因此,展望滨海新区城市发展时,浦东和深圳的发展轨迹、国外发达国家的历史经验是重要的参考。

但同时也必须认识到滨海新区外部政策已不同于深圳特区和浦东新区,其自身的资源禀赋也有别于发达国家,因此其未来发展不会完全遵循其他地区或国家已有的道路。因此,基于对滨海新区现状的判断及对相关规划的分析,通过对三次产业规模、工业内部结构、人口增长、资源利用与环境保护等方面的发展进行预测可知,滨海新区未来可能沿着以下两条路径发展。

1.基准情景

受前期重大工业项目连续密集投产的惯性推动,滨海新区在该情景下将延续现状发展趋势,产业结构调整周期较长。总体而言,滨海新

区的发展依然遵循浦东、深圳以及发达国家产业结构演变的历史规律:随着人均GDP水平不断增长,服务业增速加快,第一、二产业比重不断下降,第三产业比重逐步提升。滨海新区第二产业内部建筑业的发展类似浦东及深圳,前期受基础建设带动,建筑业发展将快于工业。随着设施的完善,2010年后其比重逐年下降。受工业增长的带动,第三产业中为生产提供基础性服务的物流业增长速度高于其他服务业。随着政策效应的显现以及一系列现代服务业项目的快速推进,将逐步扭转其他服务业发展较弱的状况,远期金融、地产、旅游等中间性服务业将成为第三产业增长的主要动力。基于上述情景,设定参数如图18-4-11所示。

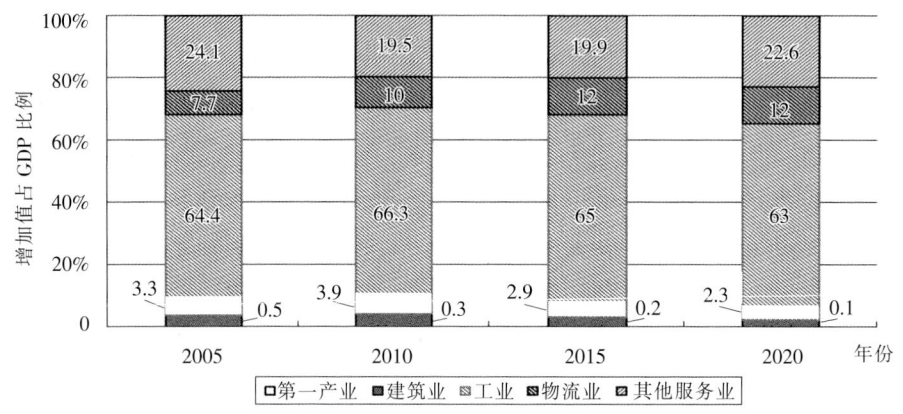

图18-4-11 基准情景产业结构预测

工业方面,滨海新区未来经济总量扩张势头迅猛,但工业结构优化推进缓慢。重工业在投资带动下增长迅速,钢铁、石化、建材等基础原材料行业成为支柱产业,装备制造、电子信息、新能源和新材料以及航空航天等行业作为先导产业开始起步。虽然装备制造、生物医药等技术密集型行业受惠于产业发展政策,比重有所上升,但增度不快。由此设定基准情景下工业结构发展见表18-4-28。

表18-4-28 基准情景工业结构发展预测

单位:%

行业	2010年	2015年	2020年
石油和天然气开采业	7.9	4.5	3.4
石油加工炼焦及核燃料	10.0	8.5	6.6
化学原料及化学制品制造业	12.1	12.2	12.0
黑色金属冶炼及压延加工业	12.1	13.6	15.7
装备制造业	21.1	26.6	28.6
医药制造业	1.6	1.9	2.3
通信设备、计算机及其他电子设备制造业	23.2	19.1	15.7
仪器仪表及文化办公用机械制造业	1.6	2.7	3.4
电力、热力的生产和供应业	2.1	2.1	2.3
其他行业	8.4	8.8	10.0
工业合计	100.0	100.0	100.0

根据滨海新区新的发展形势和资源承载能力预测该情景下人口将以目前每年13.2%的速度增长,趋势外推得到2010年人口为260万人,2020年人口调整为550万人。

环境保护方面,由于追求近期经济利益,滨海新区没能对自然资源和环境进行更有效的管理。新上项目的环境准入标准较低,重点发展行业多属于资源消耗和污染物排放大户。滨海新区各行业的清洁生产水平仍不高。

2. 高端情景

该情景下滨海新区将加快三次产业的结构演变和工业结构的优化。第三产业增速快于基准情景,工业增长速度则持续下降。自2010年开始服务业内部金融、地产、旅游等中间性服务产业的发展速度就已超越物流业,成为滨海新区第三产业发展的主要推动力量。2015年后,以知识和技术密集为特征的信息、研发、教育等高端服务业开始起步,进一步巩固了服务业高速发展的势头。由此设定该情景下的产业结构(图18-4-12)。

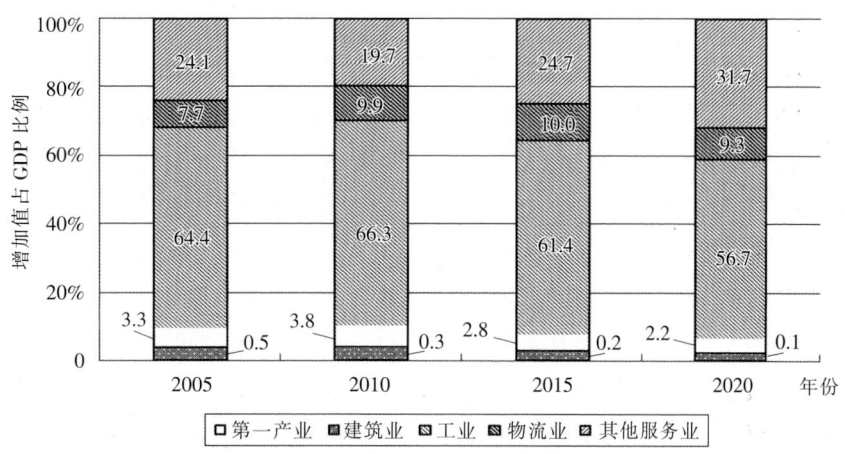

图18-4-12 高端情景产业结构预测

尽管该情景下目标年工业经济总量略低于基准情景,但工业结构更加合理,高新技术产业得到了更好的发展。滨海新区航空航天、新材料、新能源等技术密集型行业成为工业发展的主体。到2020年,技术密集型行业占制造业比重接近于浦东2005年的水平,基础原材料行业则下降到浦东2000年的水平。钢铁、石化等资源密集型行业不仅生产规模和产能增速得到控制,还降低了初级产品的比重,进一步优化了产品结构。到2020年,工业发展基本达到技术集约化阶段,滨海新区开始进入后工业化时期。与基准情景相似,本研究也确定了高端情景工业行业结构的相关参数。

现代服务业的迅速发展拉动了就业,滨海新区将吸引大量市区及周边地区劳动力转移,人口规模年均增长率比基准情景更高,预测2010年、2015年及2020年常住人口将分别达到265万、415万和580万人。

在抓好经济和社会发展的同时,滨海新区对自然资源和环境的管理也更加科学、有效,提高了新上项目的环境准入标准。在产业结构升级的同时,滨海新区各行业的环境管理总体水平有所提升,部分行业清洁生产水平较基准情景更早达到国际先进水平。

(三)滨海新区能源情景及其参数

以能源情景为例,在综合情景所设定的大背景下,进一步细化了各产业和工业行业能源利用效率、生活能源消费、可再生能源利用、节能技术发展及推广、节能政策等方面的情景预测。

1. 重点工业行业能源消费

工业内部,在考察了滨海新区各行业能效水平现状,对比国内先进水平、国内领先水平和国际先进水平之后,预测在高端情景下,除石化和石油加工行业的工序能耗水平较明确外,其他重点工业产品和工序的能耗水平都将比基准情景较早达到国内领先水平和国际先进水平。而不确定性较大的非主导行业在高端情景中将执行更加严格的节能政策。

2. 产业部门能源消费

对工业以外的其他产业而言,高端情景中第一产业、建筑业、其他服务业万元增加值能耗水平与基准情景一致。但高端情景将通过加强交通运输领域的节能力度及实施更加严格的机动车燃油消耗标准等政策进一步降低物流业万元增加值能耗。

3. 生活能源消费

类比北京和滨海新区人居生活能源消费及

主要家庭耐用消费品普及率,本文预测在基准情景的发展背景下,滨海新区人均生活能源消费量在 2010—2020 年期间保持与北京 5 年左右的差距。而高端情景受高层次服务业的带动,人均收入水平、主要用能耗耐用品消费能力以及人均生活能源消费水平要高于基准情景。2010—2020 年期间,滨海新区年人均生活用能增长速度基本与北京市 2003—2007 年期间的年均增长率相当。据此为两情景设置了年人均生活能源消费增长率等指标。

4.可再生能源供给

除了能源消费的情景分析,还应当考虑未来能源供给的情况,其中可再生能源的开发与利用具有很大的不确定性。本文通过类比滨海新区与上海市的可再生能源禀赋、产业技术基础,分析滨海新区自身资源优势,进行了可再生能源产业发展的情景分析。基准情景下,滨海新区将充分发挥雄厚的风电装备和光伏发电装备产业优势,实现可再生能源利用带动产业发展、产业发展为可再生能源利用提供物质技术保障的联动效应。据此设置基准情景下 2010 年滨海新区可再生能源占能源消费总量比重为 0.2%,2020 年上升至 2%。

在国家和地方节能政策的推动下,滨海新区还可能扩大可再生能源开发规模、推进多样化的利用。因此在高端情景下,滨海新区将进一步挖掘得天独厚的地热资源,扩大风电、光伏发电、地热采暖的规模,形成以风电、生物燃料、地热能为主体,太阳能热水、生物质能发电和光伏发电为辅的可再生能源利用方式。在这种发展态势下,高端情景的可再生能源占能源消费总量比重 2010 年为 0.3%,2015 年达到 2.5%,2020 年上升至 4%。各类可再生能源的利用比例的设置见图 18-4-13。

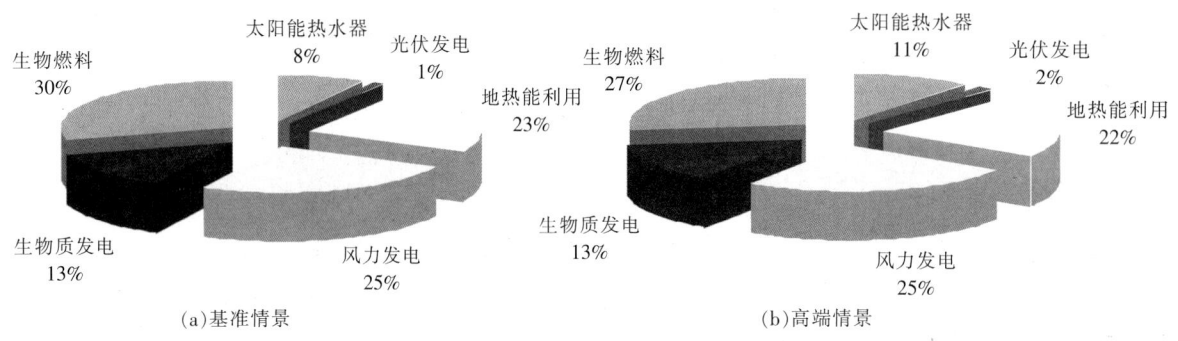

图 18-4-13　2020 年各情景下各类可再生能源利用量(折标准煤)比例

(四)基于情景的影响分析与评价

1.滨海新区能源消费预测

根据上述滨海新区能源情景,构建如下模型分部门预测滨海新区的能源消费总量。首先将滨海新区能源消费分为 6 个部门:第一产业、工业、建筑业、物流业、其他服务业和居民生活。然后采用指标法对产业部门的能源消耗进行预测。其中,前 5 个部门的能源消耗强度以万元增加值能耗为指标,生活能源消费以人均生活用能指标结合人口规模进行计算。

$$E = GDP \cdot \sum_i \alpha_i E_i + \gamma \cdot P \cdot 10^{-4}$$

式中:E 为目标年滨海新区能源消费总量(t 标准煤);

GDP 为目标年滨海新区国内生产总值(万元);

i 为依次代表第一产业、工业、建筑业、物流业和其他服务业;

α_i 为各产业增加值在 GDP 中所占比例;

E_i 为各产业万元增加值能耗(t 标准煤/万元);

γ 为人均生活能源消费(t 标准煤/人年);

P 为人口规模(万人)。

经模型计算,得到如表 18-4-29 所示的能源消费总量。

表18-4-29　滨海新区基准情景与高端情景能源消费预测

情景	项目	2005年	2010年	2015年	2020年
基准情景	能源消费总量(万t标准煤)	1 819.3	3 942.5	6 987.5	12 202.7
	生活能源消费总量(万t标准煤)	63.6	140.4	296.0	544.5
	单位产业增加值能耗(t标准煤/万元)	1.082	0.951	0.836	0.777
	单位GDP能耗(t标准煤/万元)	1.121	0.986	0.873	0.814
高端情景	能源消费总量(万t标准煤)	1 819.3	3 517.7	5 997.3	9 129.2
	生活能源消费总量(万t标准煤)	63.6	145.8	327.9	638.0
	单位产业增加值能耗(t标准煤/万元)	1.082	0.854	0.718	0.566
	单位GDP能耗(t标准煤/万元)	1.121	0.891	0.759	0.609

2.滨海新区节能综合评价

基于能源消费的预测,本文分析了两种情景的能源消费弹性系数(表18-4-30)。基准情景的能源消费弹性系数在2015年后出现反弹,说明在该情景下滨海新区经济增长对能源消耗依赖性趋于增长,能源消费总量的快速增长对滨海新区资源、环境构成了较大的压力,对经济健康、持续的增长起到一定的制约作用。而高端情景的能源消费弹性系数先上升后下降的变化,则主要源于2015年后工业能源消费增长速度趋缓。

表18-4-30　滨海新区基准情景与高端情景能源消费弹性系数

情景	2005—2010年	2010—2015年	2015—2020年
基准情景	0.84	0.81	0.88
高端情景	0.66	0.68	0.5

本节对能源部门需求结构进行了分析评价。滨海新区未来产业用能比重将持续下降、生活用能比重稳步上升;尤其在高端情景下,2005—2020年生活能源消费比重增幅达100%,说明随着人口规模以及人均生活用能水平的迅速提高,未来生活能源需求的快速增长对滨海新区万元GDP能耗下降所构成的压力将越来越大。如何在不影响人民生活品质的同时控制生活能源消费的快速增长是亟待解决的问题。

根据上述分析可知,滨海新区若沿着基准情景的路径发展,将难以完成城市发展规划中提出的单位GDP能耗下降的节能目标;而在高端情景的发展模式下,滨海新区进一步优化产业结构,提升工业内技术密集型行业的比重,促进钢铁、石化等传统高耗能行业产品结构的升级,提高企业技术装备水平,从清洁生产水平角度提升行业准入门槛。通过实施这些措施,能够达到预期的节能目标。最后,通过分析两种情景的节能驱动因素,本研究认为滨海新区只有坚持结构节能、技术节能两条腿走路,才能实现资源、环境与经济的协调发展。在对两种情景进行对比、总结的基础上,还从促进节能目标实现的角度为滨海新区未来产业的发展提出了对策和建议。

四、结论

城市发展所带来的资源、环境问题必须在城市规划的早期加以预防,而预测城市规划可能产生的影响存在着较大的不确定性。滨海新区的案例说明,本文所构建的以综合情景和分情景为基础、定性-定量相结合的情景分析模型能够很好地解决城市发展环境影响预测中的不确定性问题,辅助评价规划实施可能产生的资源、环境影响,为制订预防、减缓的对策、措施提供支持,最终促进城市的可持续发展。

第三节　系统动力学在水资源承载力研究中的应用

一、系统动力学概述

(一)系统动力学理论

系统动力学(system dynamic)是由美国麻省理工学院的福瑞斯特(Jay W. Forrester)教授于1956年创立的一种以反馈控制理论为基础的、以计算机仿真技术为辅助手段的研究复杂社会经济系统的定量分析方法。系统动力学从系统的微观结构入手建模,构造系统的基本结构和信息反馈机制,进而模拟与分析系统的动态行为,可以分析研究信息反馈结构、功能与行为之间动态的辩证对立统一关系,是一种从结构机制上认识与理解动态系统的科学思维方法。系统动力学同时还是定性与定量结合、系统分析、综合与推理的方法,它以定性分析为先导,定量分析为支持,两者相辅相成,多次反复循环,逐步深化、螺旋上升来解决问题。实践证明,系统动力学对于处理高阶次、非线性、多重反馈的复杂时变系统时往往能表现出其他研究分析方法所无法比拟的优势。

系统动力学的研究范围可大可小,大的系统如城镇社会福利系统、区域交通系统、国家经济系统、世界生态系统甚至是天体运行系统;小的系统如生产销售系统、员工雇佣系统、房屋供暖系统甚至是动物心肺和血液循环系统等。

应用系统动力学方法可以有效研究区域水资源承载力。它可以进行长期的区域水资源系统变化情况的仿真预测模拟,在建模时将水资源系统中大量有效信息融入模型当中,而在部分信息或数据无法获取的情况下仍然能保证其预测结果具有一定的参考价值,同时还能预测出情景变化时水资源承载力的变化情况。可以说,系统动力学的上述所有特点都是与水资源承载力的特点一一对应的,这也体现了系统动力学在研究区域水资源承载力上的独特优势。

(二)系统动力学建模过程

系统动力学建模以及解决问题的步骤可分为以下五步。

1.系统分析

系统分析是用系统动力学解决问题的第一步,其主要任务在于明确研究的对象,确定系统的目标和边界。其主要内容包括:调查收集有关系统的情况与统计数据;了解用户提出的要求、目的,明确所要解决的问题;分析系统的基本问题与主要问题、基本矛盾与主要矛盾、基本变量与主要变量;初步确定系统的界限,并确定内生变量、外生变量、输入量;确定系统行为的参考模式。

2.系统结构分析

这一步主要任务在于处理系统信息,分析系统中的主要变量及其有关因素之间的反馈机制。主要包括分析系统总体与局部的反馈机制;划分系统的层次与子块;分析系统的变量及变量间的关系,定义变量(包括常数),确定变量的种类及主要变量;确定回路及回路间的反馈耦合关系;初步确定系统的主回路及其性质;分析主回路随时间转移的可能性。

3.构建数学规范模型

建立系统要素之间的水平方程、速率方程、辅助方程等诸方程,估计或确定方程参数。

4.模型仿真模拟和模型修改调整

利用计算机仿真模拟软件对所建立的模型进行模拟仿真,对仿真运行结果进行解释;同时将结果与实际情况进行对比检验,并对模型结构及相关参数进行调整和修改,使之尽量符合实际系统的行为特点,然后再重新运行模拟仿真,重复数次直至模型行为基本符合实际系统、满足目标要求。

5.政策分析

使用检验好的模型,针对相关政策实施后,系统目标问题所产生的变化做出仿真模拟预测,并根据仿真结果对政策提出修改建议。

目前国内外常用的系统动力学软件包括 Stella/ithink、Powersim、Anylogic、Vensim 等。每一款软件均各有其设计理念及其功能,对一般使用者和专业模式构建者各有贡献。本节内容采用的系统动力学仿真软件为 Vensim 5.9 DSS。

Vensim 软件是由 Ventana 公司开发,在全球获得最广泛使用的系统动力学建模软件。它具有图形化的建模方法,除具有一般的模型模拟功能外,还具有复合模拟、数组变量、真实性检验、灵敏性测试、模型最优化等强大功能。

二、基于系统动力学的水资源承载力研究方法

应用系统动力学方法进行水资源承载力分析时,一般包括以下程序:划定系统边界、划分系统层次、建立仿真模型、模型分析检验。

(一)划定系统边界

系统动力学中的"边界"隐含的意思是:某一特定的动态行为,主要是由系统边界内部的因素所决定的,因此在边界内部凡涉及与所研究的动态问题有重要关系的概念与变量均应考虑进模型中。按照系统动力学的观点,正确地画出系统界限的一条准则是把系统中的反馈回路考虑成闭合的回路。

由于水资源承载力系统是一个自然和社会相结合的开放性动态复合系统,与社会经济系统和生态环境系统之间存在着频繁而复杂的能源、物质和信息的交流。所以系统的边界模糊,不易确定。针对研究目的的需要,本研究划分系统边界的原则是将与水资源承载力有较大关联的因素划在边界之内,关联较小的因素划在边界之外。研究的范围为城市或与其对等的行政区域,主要考虑区域内部与水资源相关的经济、社会、行政管理、人口、生活、生态环境等因素之间的相互联系和相互作用,并以边界内系统的整体动态行为为研究核心。

(二)划分系统层次

根据水资源承载力系统的构成以及研究的目的,本研究将水资源承载力系统划分为水量子系统、水质子系统和水资源损耗及补偿经济子系统。其中,水量子系统由总需水量、总可供水量两个二级子系统组成,还包括水量稀缺指数;水质子系统是研究区域内各河流的水质状况因子的集合。水资源损耗及补偿经济子系统则由两部分组成:一是表征由于水资源开发利用(包括水量和水环境的开发和利用)而造成的水资源短缺和水质污染的水资源退化经济损失的二级子系统;二是为了减少水资源破坏和减缓水资源退化而投入的治理经费,即环保投入二级子系统。一级子系统和二级子系统之间的关系链如图 18-4-14 所示。

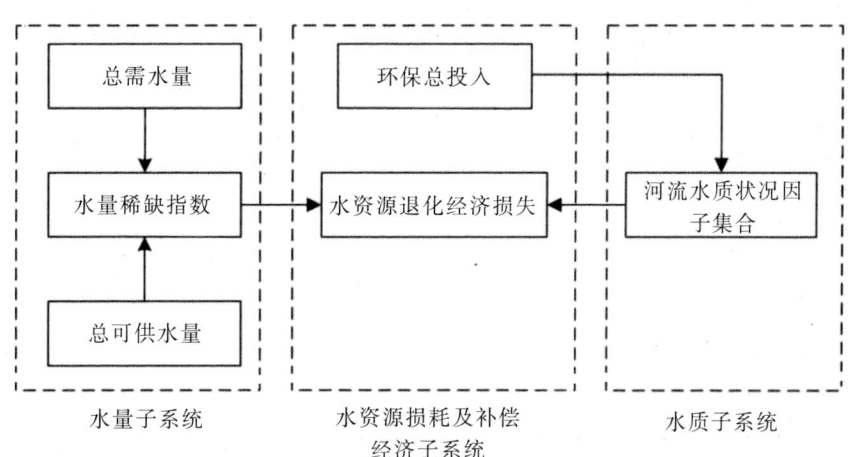

图 18-4-14 水资源承载力子系统关系图

(三) 建立仿真模型

区域水资源承载力系统动力学流图如图 18-4-15 所示。根据前文所划分的区域水资源承载力的水量、水质、水资源损耗及补偿经济三大子系统,对系统的整体结构进行分析。

在完成主要反馈回路和主要影响因素分析的基础上,利用 Vensim 系统动力学软件建立区域水资源承载力系统动力学仿真模型。

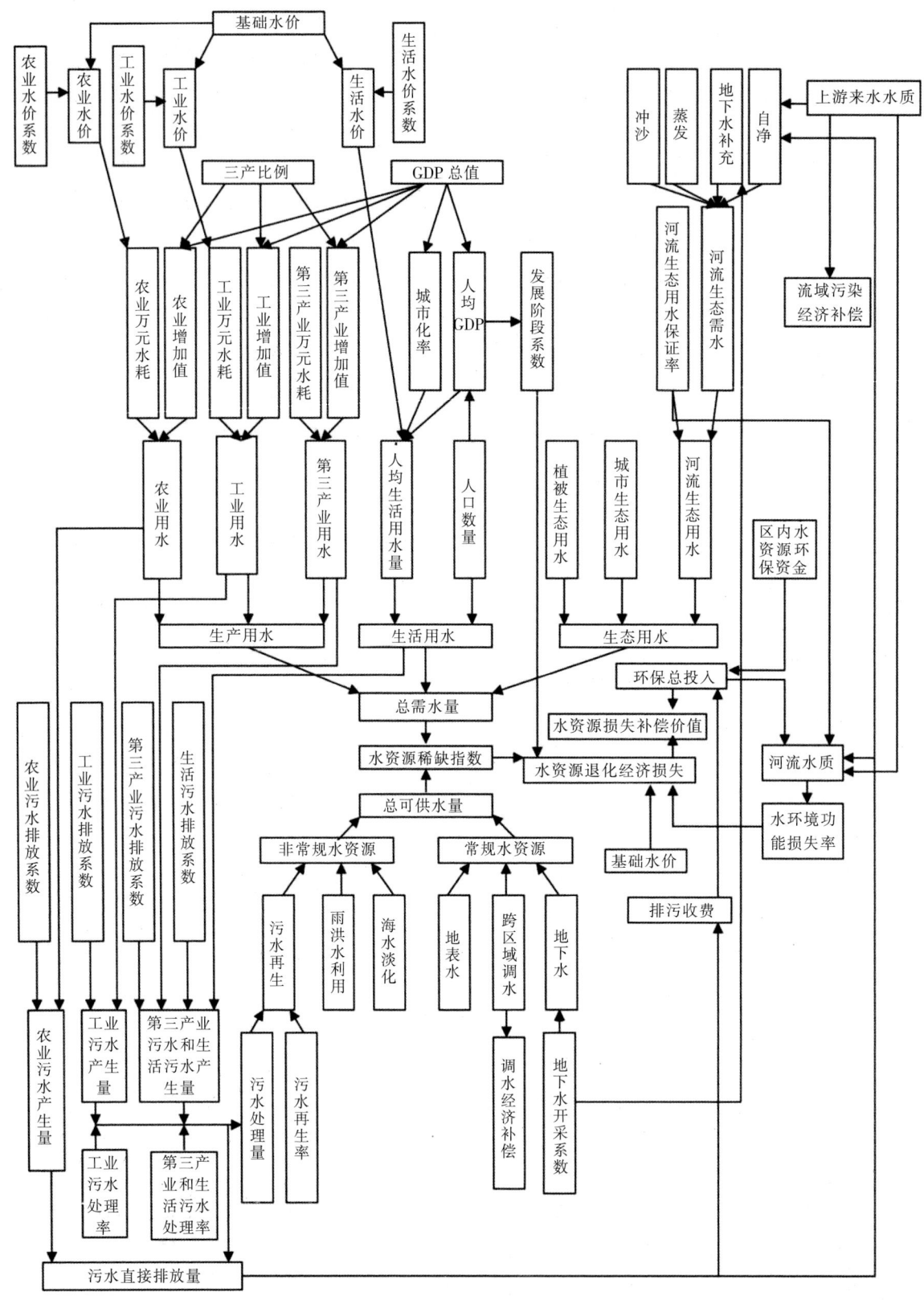

图 18-4-15 区域水资源承载力系统动力学流图

(四)模型分析检验

对系统动力学模型检验的目的是验证所建立的模型是否能较好地反映系统的本质特征和某些主要特征。通常进行模型表达正确性和模型有效性研究。表达正确性须首先将系统动力学模型用计算机语言表达后上机运行，应用 Vensim 软件所提供的编译检错和跟踪功能检验模型的表达正确性。检验模型的有效性，要对系统状态变量的仿真值与历史统计数据进行比较，检验二者间的拟合度。

三、案例研究——基于系统动力学模型的天津滨海新区水资源承载力研究

(一)案例背景

滨海新区水资源严重匮乏。经过多年的演化，形成了地表水、地下水、外来水、海水淡化与海水直接利用等为主的多元供水结构。2003年天津滨海新区供水结构中当地地表水约占滨海新区供水量的43%，为最大的供水来源，引滦入津水约占供水量的25%；地下水和区外引地下水分别占供水量的17%和5%；海水淡化与海水直接利用占供水量的9%。

滨海新区位于海河流域及天津市的下游，上游入境污染问题十分突出。2005年对滨海新区境内有流量的8条主要干支流的污染物负荷比进行分析(本年度马厂减河一级段干涸)，结果显示除蓟运河为V类水质外，其他河流入境断面、出境断面和境内水质均为劣V类(9项指标)。

(二)系统动力学模型建立

根据水资源承载力特点，以建立的区域水资源承载力系统模型为基础，结合滨海新区水资源的特点和区域社会经济的实际状况，以滨海新区水资源的供需关系为基础，综合考虑水质的影响因素，并结合相关的水资源利用、损耗过程中的经济损失和补偿分析，构建起适用于滨海新区的，由水量—水环境—社会经济三大部分所组成的滨海新区水资源承载力模型。模型边界为包括塘沽区、汉沽区、大港区和东丽区及津南区划归滨海新区部分的整个滨海新区行政区域，模型的模拟年限为2020年，基准年为2006年。

(三)系统动力学模型参数的确定

模型中参数的种类有常数类、表函数和初始值，本研究采用的参数估计方法有以下四种：①经调查获得第一手材料；②从模型中部分变量间关系中确定参数值；③分析已掌握的有关系统的知识估计参数值；④根据模型的参考行为特性估计参数。

通过对滨海新区社会经济发展现状、人口及城市化水平、水资源需求、水资源供给、水环境现状以及水资源利用收支等进行分析，确定模型的参数取值和参数间定量关系。

(四)系统动力学模型有效性检验

系统动力学模型的有效性检验具体包括以下几个内容：清晰的模型结构；能清楚地解释系统的基本假说；便于人机交互；模型所说明的系统随时间变化的结果应具有可靠性。

在整个模型的建立过程中，已经充分考虑了前三项的要求，并且将其作为建模的原则贯彻于模型建立的全过程中。现在仅须对最后一项要求，即系统随时间变化的结果应具有可靠性进行历史检验。检验时间为：2006年至2008年；检验的项目具体包括：总人口数、工业生产总值、第三产业生产总值、地下水开采量、工业需水量、城市生活需水量、工业废水量、城市生活废水量。

检验结果如表18-4-31所示。由计算结果可知，所考察的8个变量的模拟仿真计算结果与历史实际值基本吻合，误差均在5%以内。可认为各参数取值较为合理，模拟结果与实际值拟合较好，模型具备预测实际未来情况的能力。

表 18-4-31　滨海新区水资源承载力模型历史检验

项目	2006 年			2007 年			2008 年		
	计算值	历史值	偏差	计算值	历史值	偏差	计算值	历史值	偏差
总人口数/万人	153.0	153.9	0.58%	167.4	172.4	2.9%	188.3	202.8	5.1%
工业生产总值/亿元	1 370	1 370.77	0.06%	1705	1 694.84	0.60%	2 108	2 246.24	4.15%
第三产业生产总值/亿元	582.2	582.21	0.002%	649.1	662.09	1.96%	834.8	848.56	1.62%
地下水开采量/亿 m³	0.867	0.854	1.52%	0.926	0.913	1.42%	0.887	—	—
工业需水量/亿 m³	1.425 6	1.451 6	1.79%	1.705 2	1.722 5	1.0%	2.024 0	1.937 5	4.4%
城市生活需水量/亿 m³	0.551	0.590	3.61%	0.657 7	0.717 4	4.32%	0.807 0	0.752 7	3.24%
工业废水/亿 m³	1.311 5	1.321 4	0.75%	1.568 8	—	—	1.862 1	—	—
城市生活废水量/亿 m³	0.441 8	0.466 0	4.19%	0.526 2	—	—	0.645 6	—	—

注：历史数据来源为《天津滨海新区统计年鉴》《天津市环境统计资料汇编》《滨海新区发展战略水资源、水环境影响研究》；-代表缺乏相应历史统计数据或无法计算相应偏差值。

(五) 系统仿真

系统动力学模型对未来的预测需要在一定的情景下完成，所以合理的情景设定是完成对预测年份 2020 年时滨海新区水资源承载力合理预测的关键步骤。本研究设计两种未来滨海新区可能出现的情景。

情景 1 为社会经济优先发展情景。在该情景中，将优先满足现状规划下政府对滨海新区社会发展类决策性指标的规划要求，仅有部分区域性、地方性强制力较大的环境政策、制度，如地下水开采量控制政策、调水区的生态补偿制度等得到贯彻执行，但流域间未开展污染生态补偿。国民经济收入中将划分一定比例的资金作为环境治理的专项经费。

情景 2 为经济发展与环境保护并重情景。在该情景中，将以区域水资源和水环境作为区域经济发展速度和人口数量调整的基本依据。经济、城市规模和人口数量都将被限制在水资源和水环境可以承载的范围之内。流域、调水区域间的生态补偿也已经开展，水价、水污染当量收费都将达到充分反映本区域水资源、水环境价值的定价水平。同时，区域内河流的水质全部保证达到规划的 V 类水体标准。

(六) 仿真结果与讨论

1. 水资源供需平衡分析

1) 情景 1：图 18-4-16 为情景 1 下 2010—2020 年滨海新区水资源短缺量的变化情况。从长期趋势来看，在南水北调尚未通水之前随着

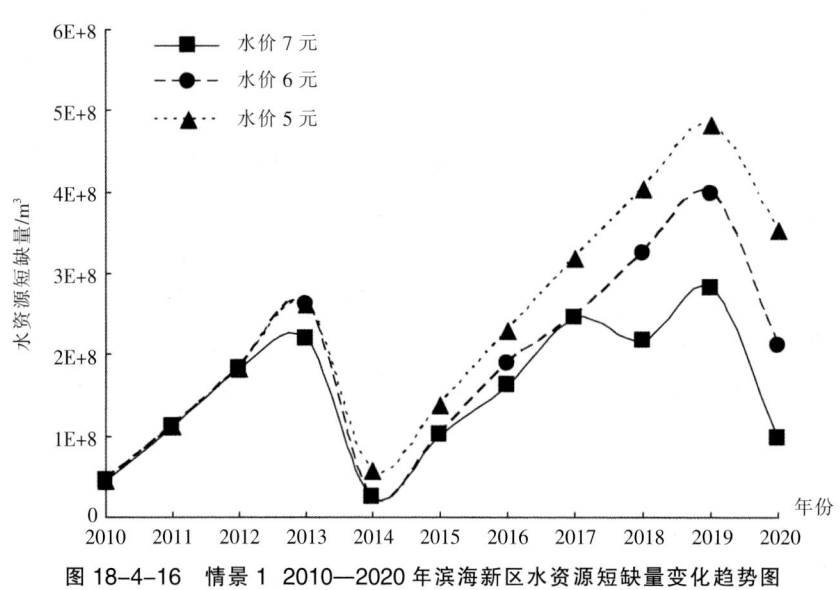

图 18-4-16　情景 1 2010—2020 年滨海新区水资源短缺量变化趋势图

经济的发展、人口的增长、城市规模不断扩大，水资源短缺量是不断增加的。在 2014 年南水北调中线工程通水之后，水资源短缺的情况能够在一定时期内得到缓解，但区内的水资源仍旧供不应求，而且在随后 5 年滨海新区的水资源仍将因为经济的高速发展和人口的迅速扩张而再次出现短缺状况逐年加剧的现象，直至 2020 年南水北调东线工程通水之后，水资源紧张的情况才能再度得到缓解，但此时区内水资源仍处于短缺状态。

2）情景 2：图 18-4-17 为情景 2 下滨海新区 2010—2020 年水资源短缺量的变化趋势。从长期趋势来看，该方案下未来 10 年滨海新区水资源都会出现短缺的现象。从长期来看，生产总值的增长率是该方案下决定水资源短缺量的主要因素，而三产比例仅能在小范围内对水资源的供需差额产生影响。

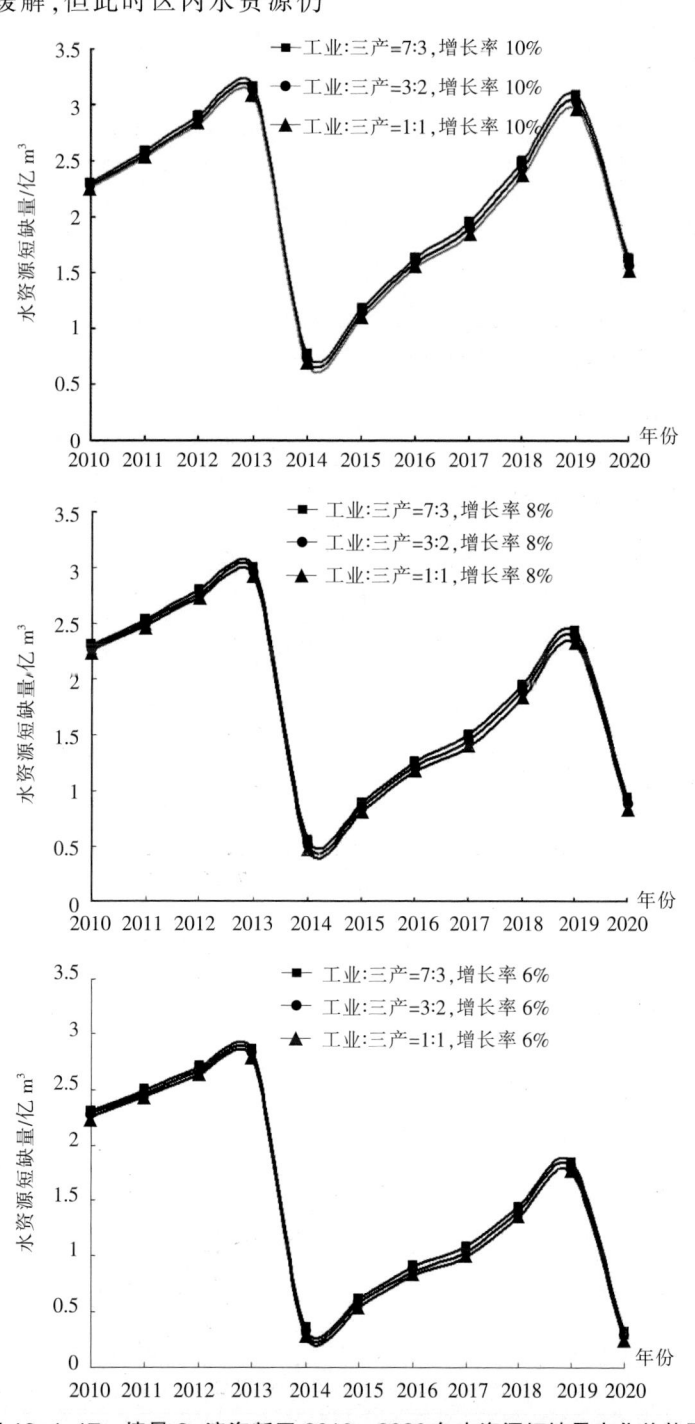

图 18-4-17　情景 2 滨海新区 2010—2020 年水资源短缺量变化趋势图

2.水环境质量分析

(1)情景1的水环境质量分析

图18-4-18和图18-4-19是在不同水价下河流COD和氨氮污染物浓度随环保资金投入比重变化的情况。从总体的长期趋势来看，在这一方案下河流大部分的决策变量组合都能够获得河流水质环境不断改善的效果。在区域水环境调控的过程中，尽管提高环保资金在国民经济收入或政府财政支出中的比重是一种行之有效的办法，但是辅以合理的水价调控政策将在保证同样水环境治理效果的同时，有效缓解政府环保资金投入上的财政压力。当

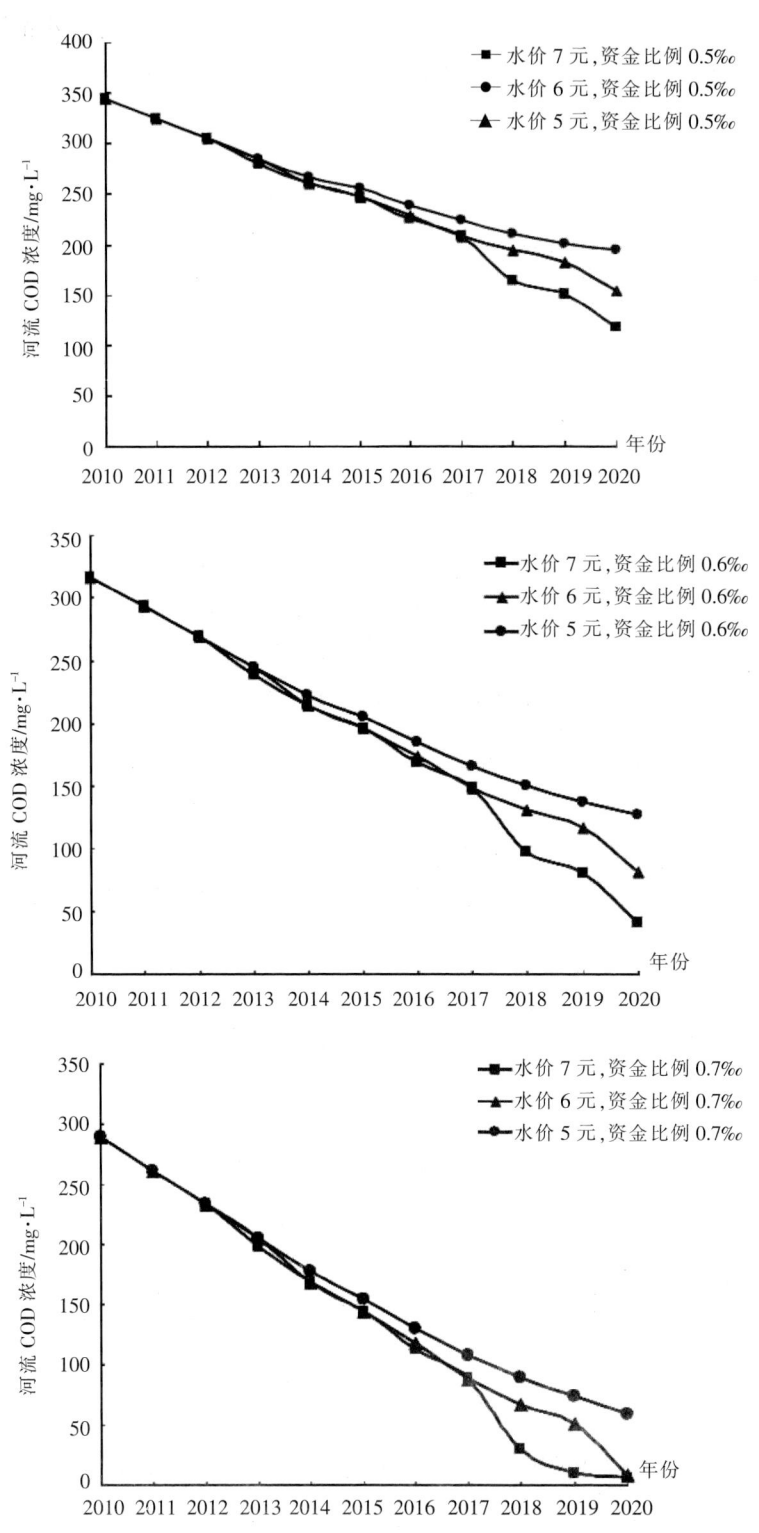

图18-4-18 情景1 滨海新区2010—2020年河流COD浓度变化趋势图

然,若是想单纯依靠提高水价来使区域水环境质量达标也是不可能实现的,地方财政也必须保证水污染治理资金维持在一定比例之上才能够实现河流水质的改善。

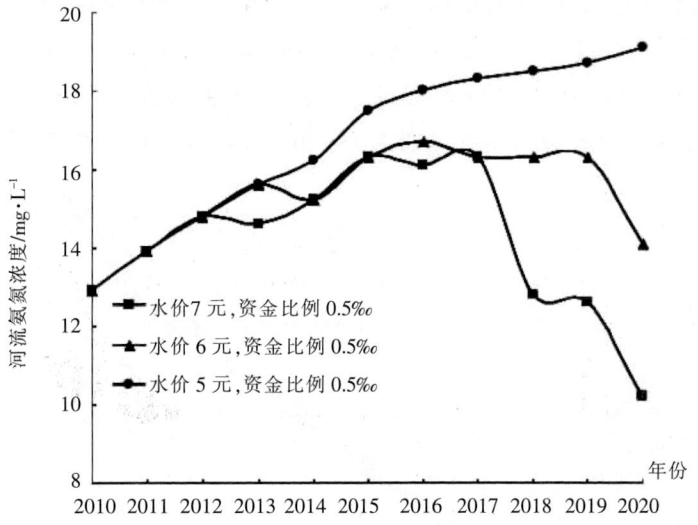

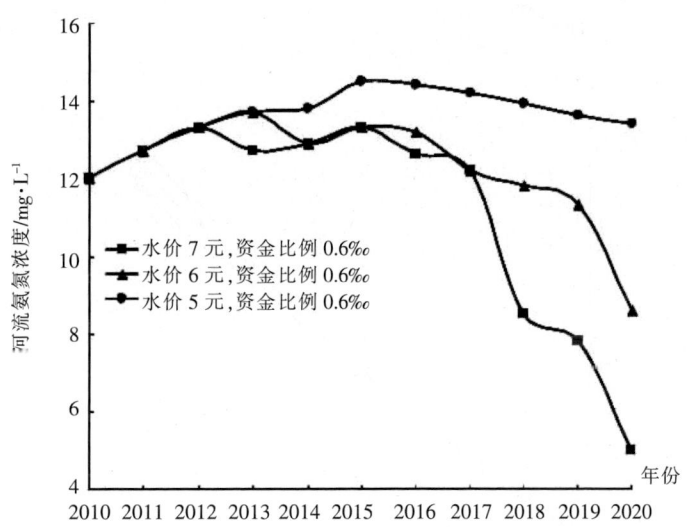

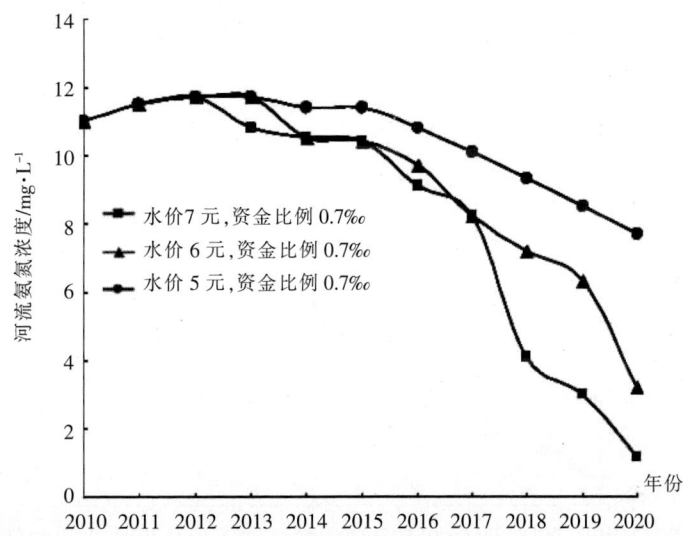

图 18-4-19　情景 1 滨海新区 2010—2020 年河流氨氮浓度变化趋势图

(2) 情景 2 的水环境质量分析

图 18-4-20 和图 18-4-21 是不同地区生产总值增长率下,滨海新区河流 COD 和氨氮浓度随工业和第三产业生产总值比例变化的情况。从长期趋势来看,在这一方案下河流的水质是向着不断恶化的趋势发展的。在该方案下长期主导区内河流水质的主要原因仍旧是地区生产总值的增长率。同时可以看到,在同样的增长率下,工业生产总值比重的上升将加重区域内河流水质的污染水平,但是这一影响对水质影响的程度较小,河流水质在方案设计中工业和第三产业产值三个不同比例下的变化幅度并不大,河流COD

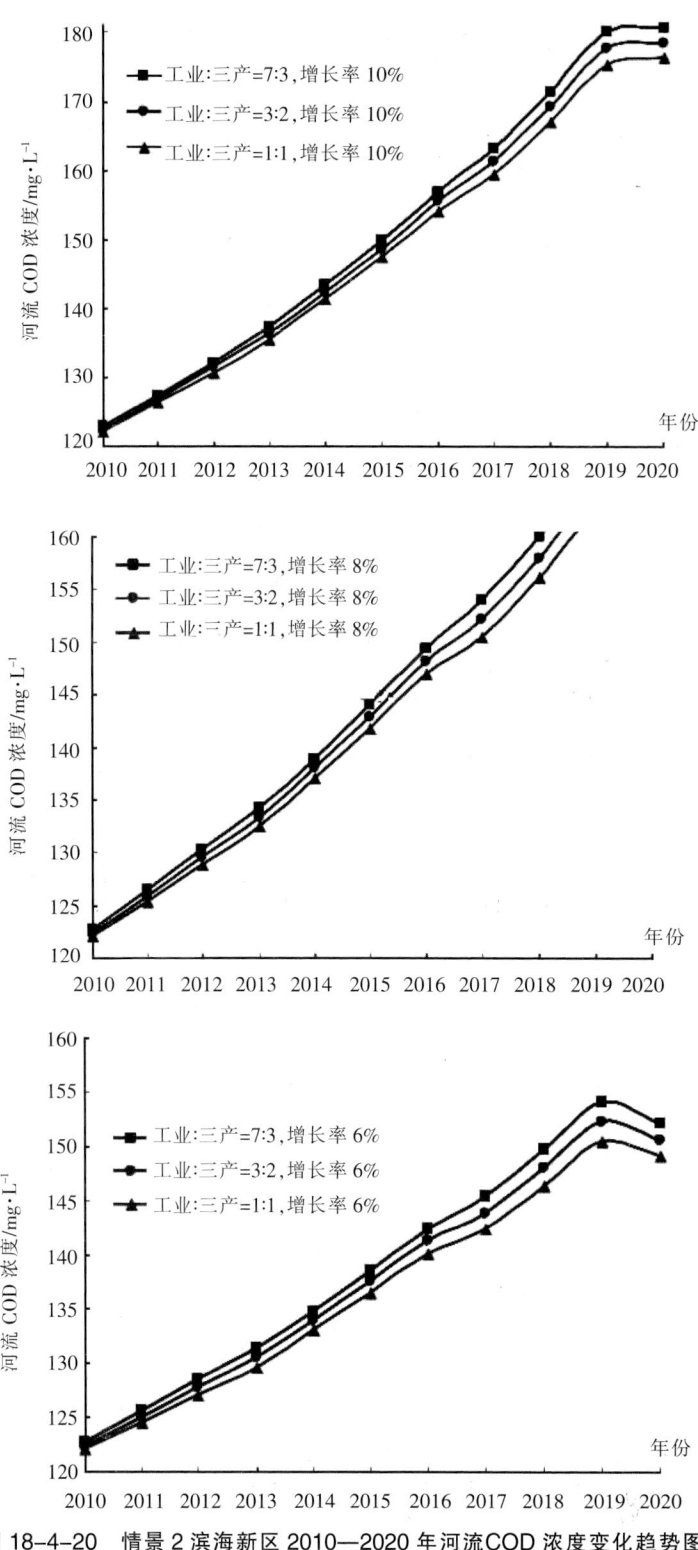

图 18-4-20　情景 2 滨海新区 2010—2020 年河流 COD 浓度变化趋势图

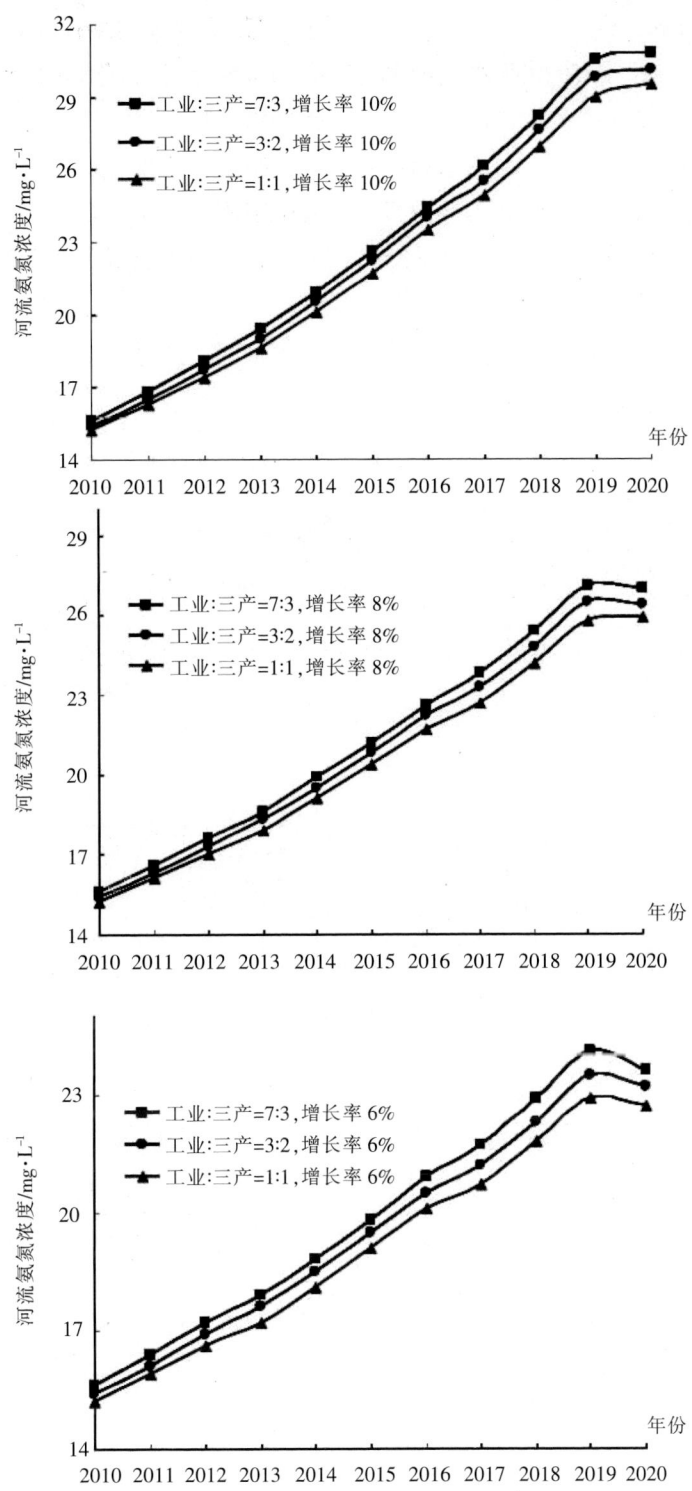

图 18-4-21 情景 2 滨海新区 2010—2020 年河流氨氮浓度变化趋势图

和氨氮的污染物浓度的变化均在 1% 左右。但是要注意的是，工业污水与第三产业污水相比，其最大的特征就是含有大量的有毒有害的金属和非金属污染物；而由于本模型为了简化模型只研究了 COD 和氨氮两种污染物并未将这些污染物指标纳入模型的水环境子系统中，所以导致结果无法体现出工业污水在这些污染物指标上对区域水环境的危害。所以在此只能说，对 COD 和氨氮两类污染物而言，工业产值和第三产业产值比重的变化并不会对目标河流水质产生明显的影响。

3. 水资源利用经济收支分析

1) 情景1: 图18-4-22是2020年水资源利用收支差额与生态用水保证率和水价之间的关系图。从图中可以看出,在该方案下,滨海新区所获取的各类水资源利用、水环境保护效益费用总额少于其对区域水资源利用所付出的代价,即其水资源利用存在额外的经济损失,但损失的金额是不断降低的,到2018年之后,水资源利用的收入将大于支出。

结合分析发现,在同一水价水平下,尽管随着生态用水保证率的增加,水资源短缺的情况加剧,但是水资源利用所需要额外付出的金额

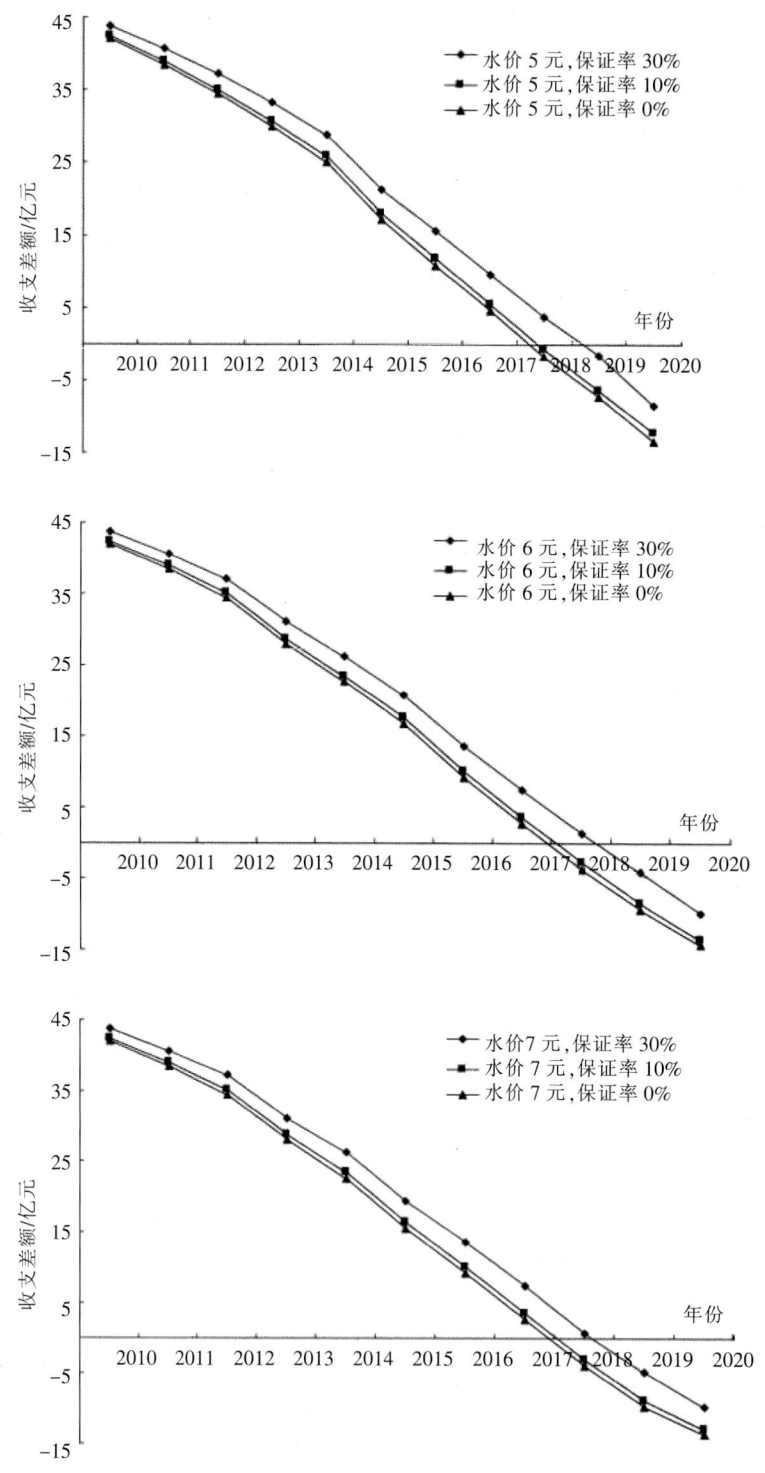

注:正值表示支出＞收入,负值表示收入＞支出

图18-4-22 情景1滨海新区2010—2020年水资源利用收支差额变化趋势图

反而降低了。这就意味着:为了提高生态用水保证率造成的水资源短缺,与为了缓解区域水资源压力而降低或牺牲生态用水保证率两种情况相比,后者带来的水环境退化经济损失远比前者要大。所以,从区域水资源和水环境承载力全局来看,即便在水资源短缺的地区,只有将生态用水量维持在适当的水平上,才能够有效地减少水资源不足或水环境退化所带来的经济损失。

2)情景2:图18-4-23是不同工业产值和第三产业产值比例下,滨海新区水资源利用收支差额随地区生产总值增长率变化的情况。在该方案下,滨海新区水资源利用一直处于支出大于收入的状态,尽管两者间是朝着收支平衡的方向发展的,但是直到2020年支出值仍旧比收

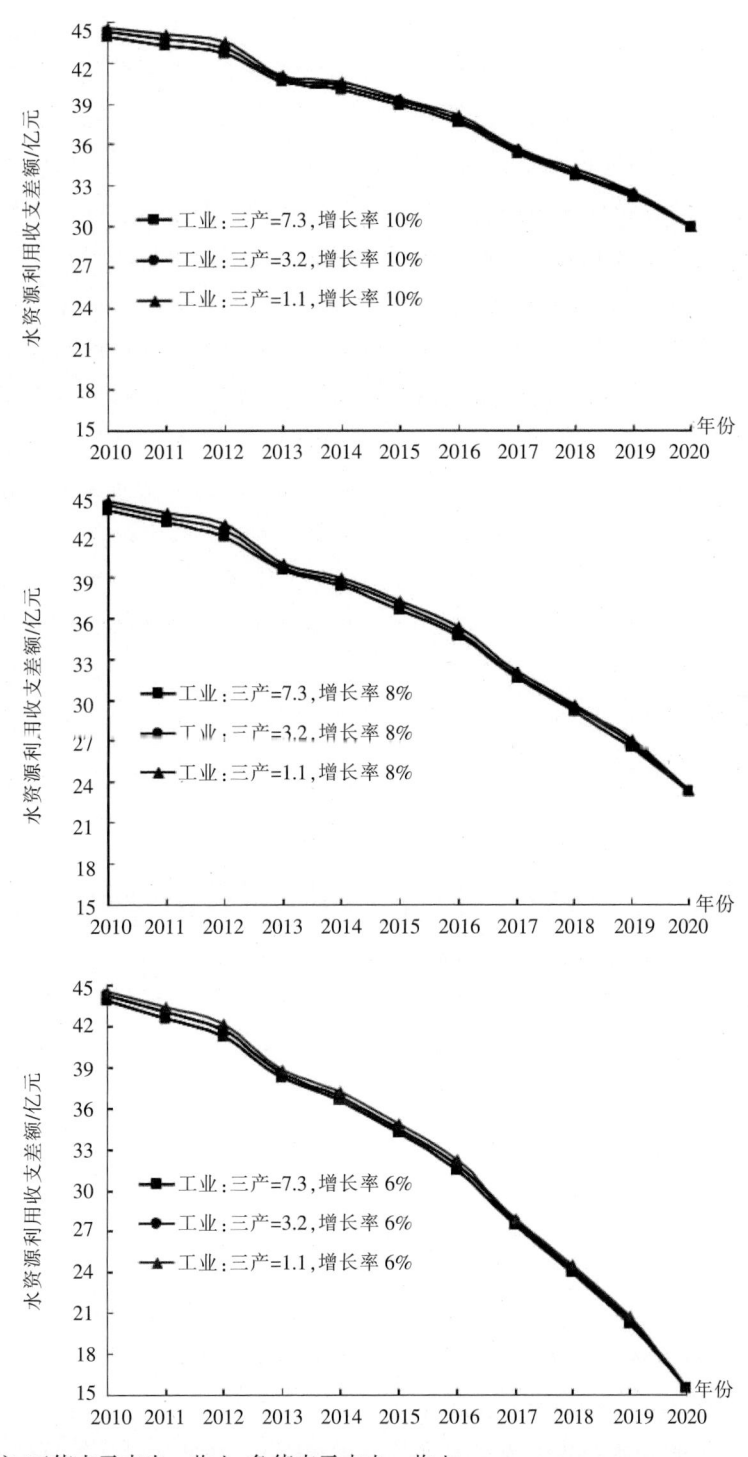

注:正值表示支出＞收入,负值表示支出＜收入

图 18-4-23　情景 2 滨海新区 2010—2020 年水资源利用收支差额变化趋势图

入值高出15亿元。

从长期来看,地区生产总值的增长率是决定水资源利用收支差额变化的主要因素,增长率越高这一水资源利用入不敷出的情况就越严重。工业与第三产业产值的比例在早期对这一差额的调控作用较为明显,但是随着时间的推移,这一调控的能力逐渐减弱。出现这一情况的原因一方面可能是由于时间的推移,工业生产的万元用水量不断下降,甚至最后有可能十分接近第三产业的万元水耗,故而第三产业比重提高在减少用水总量上的效果不再明显;而另一方面,由于模型中考虑的目标污染物变量只有COD和氨氮两种,而工业和第三产业污染在这两种污染物指标上的差距不大,因而工业产值比重的提高给区域水环境污染带来经济损失也未能体现出来,从而使最终的结果表现出产业比例调整对这一收支差额影响不大的假象。

四、结论

系统动力学方法集系统论、控制论和信息论于一身,融会了组织管理理论的精髓,并采用计算机模拟技术,通过模型构建和仿真,可以较好地对战略实施过程中的环境影响进行评价,且其环境影响评价结果以定量的形式输出,可以在战略制定中予以体现。

区域水资源环境承载力系统是一个非常复杂庞大的系统,庞大模型中的各个子系统组成和变量的取值、变量之间的关系不可能做到完全无误,由于本研究关注的是系统整体性问题,因此并不追求结果的具体计算值,而是更注重分析整个系统在不同情景和方案下所表现出的不同变化趋势,以及影响这些变化趋势的决策变量有哪些、它们对变化的影响大小如何。

在情景的设计上立足于实际,分别为未来可能出现的两种情景设计了方案,通过方案中不同决策变量取值的调整,研究区域社会经济发展下的水资源环境的变化情况,反映出在不同情景中应该采取哪些调整手段,能够取得哪些效果,而其中的经济收支情况又如何等具体而实际的问题,从而为决策者制定相关的政策提供可供参考的建议。

系统动力学是一种系统分析工具,可以分析预测众多参变量随时间的变化响应,但空间分析能力较弱,较难解决区域发展的空间布局优化问题,而SD模型的系统分析与GIS空间分析功能的融合在未来将具有较大的发展空间。

第四节 第二代法规空气质量模型在规划环境影响评价中的应用

一、空气质量模型概述

空气质量模型,是用数学方法来模拟大气污染物的扩散和反应的物理和化学过程。空气质量模型是大气环境影响预测的主要分析手段,它在大气环境影响评价、制定大气排放标准以及日常对大气环境质量控制和管理等方面具有非常重要的作用。法规空气质量模型是指由政府部门在法规性文件中推荐或准备推荐使用的空气质量模型。

我国先后于1993年和2008年颁布和修订了《环境影响评价技术导则——大气环境》,这两个技术导则规定了我国第一代法规空气质量模型与第二代法规空气质量模型。第一代法规空气质量模型又称"93导则"推荐模型,为高斯模型。第二代法规空气质量模型包括AERMOD、ADMS、CALPUFF精确模型。项目环境影响评价、区域环境影响评价、规划环境影响评价在评价范围、评价深度、技术要求上对法规模型的要求不断提高,法规模型的演进顺应了我国环境影响评价的要求,推动了我国环境影响评价的发展。

常规的空气质量监测无论在时间上、空间上,还是在分辨个别污染源对环境质量的贡献上,具有其一定的局限性。采用空气质量模型预测才能比较完善地解决以下问题:①给出各类或各个污染源对任一接受点污染物浓度的贡献(污染源分担率);②预测未来规划方案实施后对空气质量影响的程度和范围;③比较各种规划方案对空气质量的影响;④优化城市或区域的污染源布局;⑤实施科学的总量控制和日常的环境质量管理。

二、第一代与第二代法规空气质量模型比较分析

第一代空气质量模型是基于20世纪60—70年代的大气边界层理论,适用于小尺度范围的预测模拟。第二代AERMOD、ADMS及CALPUFF法规模型是基于20世纪80—90年代的大气边界层理论。第二代模型得力于数值研究的深入和计算机技术的发展,通过数值运算将数学模型与计算机技术相结合,不仅扩大了模型的应用范围,还可以通过图形将模拟结果直观地显示出来。

(一) 第一代法规空气质量模型

第一代空气质量模型为"93导则"推荐模型,"93导则"推荐模型基于传统的高斯扩散模型。高斯扩散模型是在分析大量实测资料之后,应用湍流统计理论得到的一种经验模型,主要考虑个别污染物的扩散,采用物理输送算法估算下风向的环境浓度,假定空气污染物在空间中遵循高斯分布。第一代模型主要有以下几个假设:①风的平均流场稳定,风速均匀,风向平直;②污染物的浓度在水平、垂直方向符合正态分布;③污染物在扩散中质量守恒;④污染源的源强均匀连续。

第一代空气质量模型有如下特点:浓度计算在水平方向和垂直方向上都采用高斯分布假定,以及湍流分类和扩散参数采用离散化的经验分类方法。因此,"93导则"模型主要存在以下几个不足:①不稳定条件下,垂直方向的扩散采用正态扩散模型预测,对于较高的有效源高,其地面浓度预测值和实测值之比,明显偏低;②在处理污染物反射问题上,采取了地面和混合层全反射的处理方法,未能反映浮力烟羽抬升到混合层顶部附近的实际扩散过程,地面浓度预测值误差较大;③大气稳定度采用修订的帕斯奎尔稳定度分类方法,不连续,误差大;④湍流分类采用离散化的经验分类方法,扩散参数(如气象参数、风速幂指数及烟羽有效高度等)确定和选取通常通过实验实测或选取经验曲线而求算,往往存在一定误差;⑤没有考虑建筑物下洗等问题。

由于第一代空气质量模型的假设限制,决定了第一代空气质量模型应用的局限性,其只能在大气小尺度(10 km)范围内,基本能满足工程项目环境影响评价的需要。

(二) 第二代法规空气质量模型

第二代法规空气质量模型包括AERMOD、ADMS、CALPUFF模型,是将20世纪80—90年代的大气边界层理论应用于大气扩散模型而开发出的新模型。AERMOD由美国国家环保局联合美国气象学会组建的法规模式改善委员会开发而成;ADMS由英国剑桥环境研究公司(CERC)开发,分为"ADMS-Screen""ADMS-Industrial""ADMS-Roads"和"ADMS-Urban"等独立系统;CALPUFF由西格玛研究公司开发,是美国国家环保局长期支持开发的法规导则模型。AERMOD、ADMS、CALPUFF模型系统部分性地弥补了第一代模型的不足,比第一代模型更能准确地模拟污染物在时空中的分布变化,对复杂地形、干湿沉降、化学反应、下洗有很好的处理,CALPUFF还适用于复杂风场。数值计算突破了高斯扩散理论均匀平稳湍流的限制,可以求解非均匀、非定常的污染物扩散问题,使模型的适用范围向中尺度、大尺度扩展,其中AERMOD在近场50 km范围以内使用,ADMS-Urban适用于评价范围在数百千米以内,CALPUFF烟团模式能在

300 km 范围以内使用。

相对于第一代法规空气质量模型,第二代空气质量模型主要有以下优点。

(1)气象数据翔实可靠

气象模块均基于常规气象资料,所必需的气象数据有地面参考高度上的风速、温度以及云量等。烟羽抬升和扩散计算所需要的特征参数,如摩擦速度、莫宁-奥布霍夫长度、混合层厚度以及湍流参数,均可通过常规气象数据计算得到。

(2)理论科学

第二代空气质量模型彻底抛弃了传统的离散的 Pasquill-Turner 稳定度分类法及 Pasquill-Gifford 扩散参数体系(或与此类似的其他体系),因此,已没有必要再将大气边界层的稳定度分成 6 类或 7 类,而只要根据热通量的正负,将其分成不稳定和稳定两类即可。在对流条件下,扩散模式在烟流的垂直分布上,不是采用高斯型的算法,而是采用概率分布函数(PDF)。

(3)可视化界面

图形化显示结果,人机交互操作。AERMOD、ADMS、CALPUFF 都有相应的界面操作版本,模型结果可以通过界面版的后续处理直观、形象地展示出来。其中 ADMS-Urban 可以作为一个独立的系统使用,也可以与一个地理信息系统联合使用。ADMS-Urban 与 MapInfo 以及 ESRI 的 ArcView 可以完全有机地连接,这样可以使用数字地图数据、CAD 制图或航片真实直观地设置污染问题。在所使用的不同类型的地图数据上,生成等值平面图。

此外,第二代法规空气质量模型也有其各自的特点和应用范围,具体如下。

AERMOD 是一个稳态烟羽扩散模型,可基于大气边界层数据特征模拟点源、面源、体源等排放出的污染物在短期(小时平均、日平均)、长期(年平均)的浓度分布,适用于农村或城市地区、简单或复杂地形。AERMOD 考虑了建筑物尾流的影响,即烟羽下洗。模型使用每小时连续预处理气象数据模拟大于等于 1 小时平均时间的浓度分布。AERMOD 包括两个预处理模型,即 AERMET 气象预处理和 AERMAP 地形预处理模型。

ADMS 可模拟点源、面源、线源和体源等排放放出的污染源在短期(小时平均、日平均)、长期(年平均)的浓度分布,还包括一个街道窄谷模型,适用于农村或城市地区、简单或复杂地形。模型考虑了建筑物下洗、湿沉降、重力沉降和干沉降以及化学反应等功能。化学反应模块包括计算一氧化氮、二氧化氮和臭氧等之间的反应。ADMS 有气象预处理程序,可以用地面的常规观测资料、地表状况以及太阳辐射等参数模拟基本气象参数的廓线值。在简单地形条件下,使用该模型模拟计算时,可以不调查探空观测资料。模型既可以考虑到孤立的点源或单个道路源等简单问题,还可以考虑最复杂的城市问题(例如,一个大型城市区域的多个工业污染源,民用和道路交通污染排放)。该模型可同时模拟 3 000 个网格污染源、1 500 个道路污染源和 1 500 个工业污染源(包括点、线、面和体污染源)。在污染源数量非常大时,模型可将较小的点源和道路源集成为网格源进行运算,可提高运行速度。

CALPUFF 是一个烟团扩散模拟系统,可模拟三维流场随时间和空间发生变化时污染物的输送、转化和清除过程。CALPUFF 适用于从 50 km 到几百千米范围内的模拟尺度,包括了近距离模拟的计算功能,如建筑物下洗、烟羽抬升、排气筒雨帽效应、部分烟羽穿透、次网格尺度的地形影响、海陆的相互影响;还包括长距离模拟的计算功能,如污染物的干、湿沉降,化学转化,垂直风切变效应,跨越水面的传输,熏烟效应,以及颗粒物浓度对能见度的影响。适合于特殊情况,如稳定状态下的持续静风、风向逆转、在传输过程中气象时空发生变化下的模拟。CALPUFF 模型系统包括三部分:CALMET、CALP UFF、CAL-POST,以及一系列对常规气象、地理数据进行预处理的程序。CALMET 是气象模型,用于在三维网格模型区域上生成小时风场和温度场。CALPUFF 是非稳态三维拉格朗日烟团输送模型,它利用 CALMET 生成的风场和温度场文件,输送污染源排放的污染物烟团,模拟扩散和转化过程。CALPOST 通过处理 CALPUFF 输出的文件,生成所需浓度文件用于后处理。

三、第二代法规空气质量模型在规划环境影响评价中的应用

(一)应用空气质量模型评价大气环境影响的适用范围及参数需求

第二代法规空气质量模型在规划环境影响评价中具有广泛的应用前景。对大气环境进行影响评价过程中,三种空气质量模型的技术应用流程如图 18-4-24 所示。

如图所示,AERMOD、ADMS、CALPUFF 模型应用中都要输入气象数据、地形数据、污染源数据、预测点数据及根据项目需求的控制参数,将所有的参数输入模型之后,运行模型,得到模拟结果。此外,AERMOD、ADMS、CALPUFF 都开发了界面版,其界面版都具有对模拟结果根据用户要求进行后续分析和将分析结果用图形等直观展示的能力,ADMS-Urban 可以与地理信息系统联合使用,可以使用数字地图数据、CAD 制图或航片真实直观地设置污染问题并生成等值平面图。

由于 AERMOD、ADMS、CALPUFF 模型原理、开发设计等的差异,决定了这三种模型在应用过程中存在着一定的差异,而模型在应用中的主要差异表现在模型的应用范围、应用条件及对参数的需求上,分别见表 18-4-32、表 18-4-33。

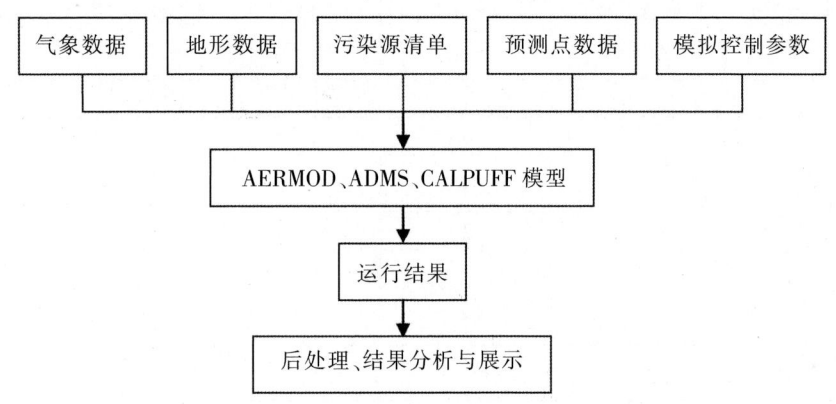

图 18-4-24 模型应用流程

表 18-4-32 AERMOD、ADMS、CALPUFF 模型应用范围

分类	AERMOD	ADMS	CALPUFF
适用污染源类型	点源、面源和体源	点源、线源、面源和体源	点源、线源、面源和体源
气象数据需求	地面与高空气象数据	地面气象数据	地面与高空气象数据
适用地形条件	简单地形、复杂地形	简单地形、复杂地形	简单地形、复杂地形、复杂风场
建筑物下洗	支持	支持	支持
干、湿沉降	支持	支持	支持
化学反应	简单化学反应	简单化学反应	复杂化学反应

表 18-4-33 AERMOD、ADMS、CALPUFF 模型主要输入参数

分类	AERMOD	ADMS	CALPUFF
地表参数	地表反照率、波温率、地表粗糙度	地表粗糙度、最小莫宁-奥布霍夫长度	地表粗糙度、土地使用类型、植被代码
干沉降参数	干沉降参数	沉降率	干沉降参数
湿沉降参数	湿沉降参数	清洗率	湿沉降参数
化学反应参数	半衰期、NO_x 转化系数、臭氧浓度等	化学反应选项	化学反应计算选项
其他参数	时区	模拟建筑物或山区	时区、地形影响半径、气象台站影响半径、风速幂指数、静风阈值、混合层阈值

(二)应用空气质量模型评价大气环境影响评价的一般步骤

规划环境影响评价中大气环境影响评价须要对规划方案、对大气的影响进行系统的分析。首先对规划方案进行分析,确定评价的气象条件、污染源条件、地形条件、评价因子、评价标准及控制点等,建立污染源(点源、线源、面源、体源)清单,将所有的参数带入模型得出结果;然后根据结果对规划方案进行分析,或者进行进一步处理,建立污染源与控制点之间的传递系数矩阵,以确定某一污染源对某一控制点影响程度的大小,核算大气环境容量,根据环境容量等分析结果对规划方案进行调整,最后得出分析结论。

总体来说,大气环境影响评价的步骤一般如下(图18-4-25):

1)确定评价因子。
2)确定评价范围。
3)确定计算点。
4)确定污染源清单。

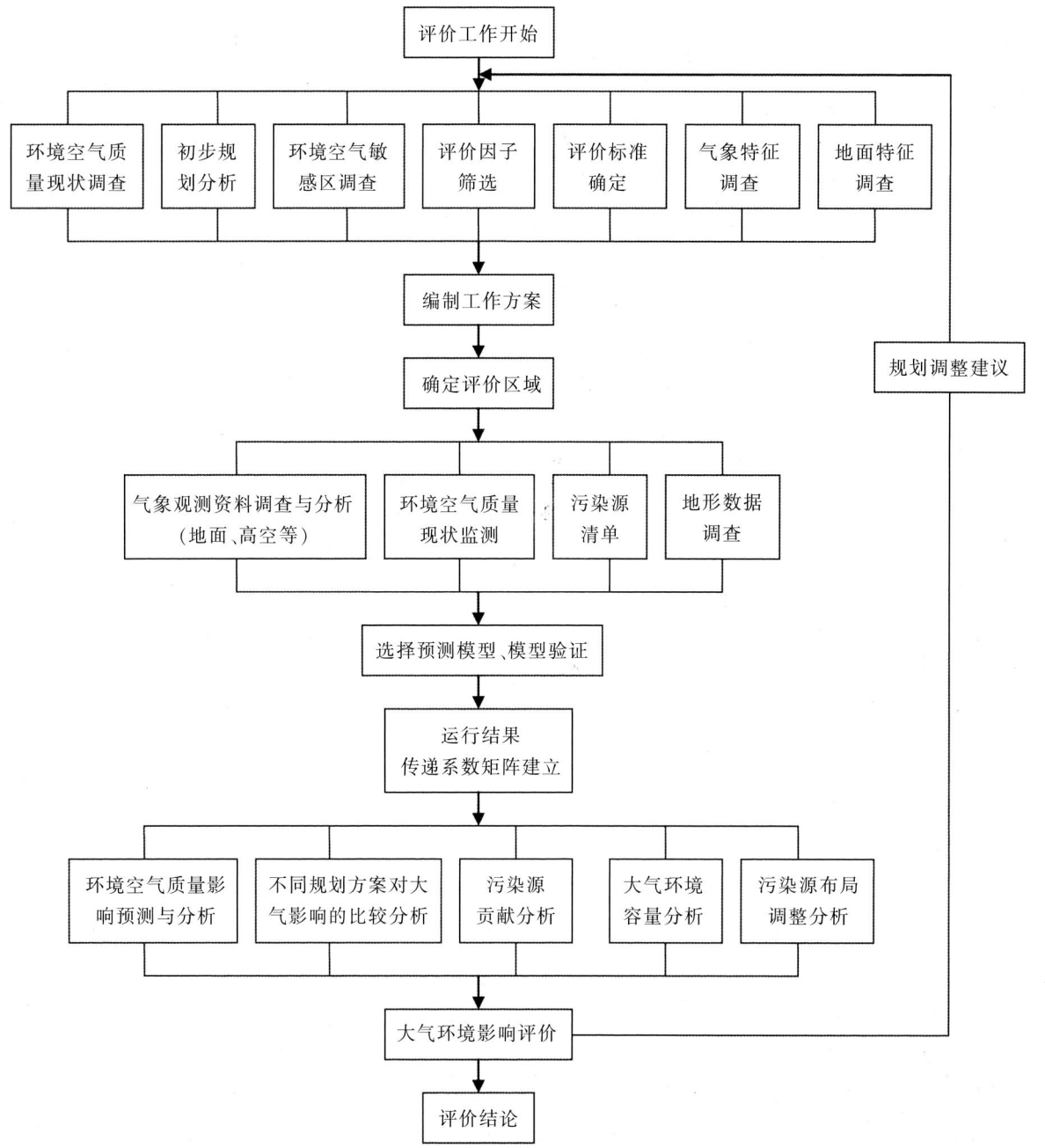

图18-4-25 大气环境影响评价流程

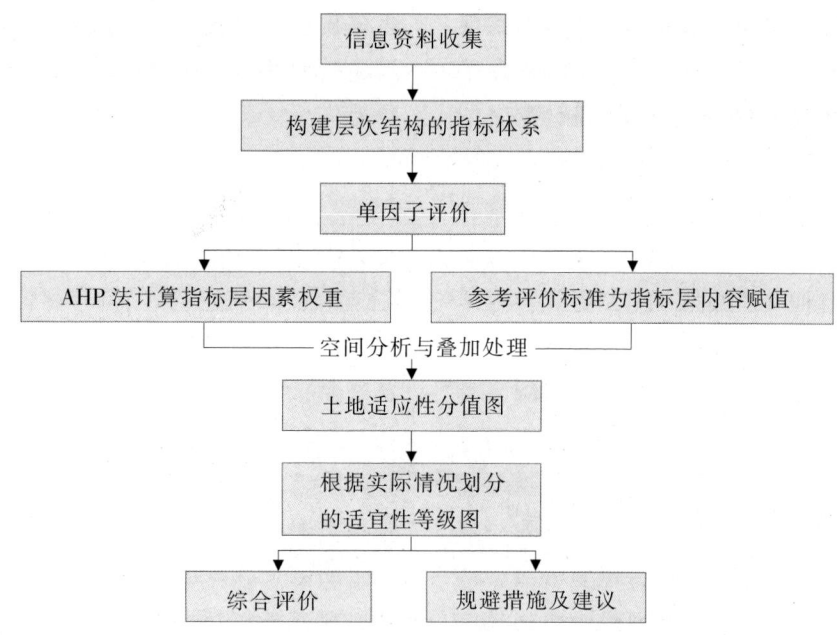

图 18-4-34　昌平区土地利用生态适宜性评价技术路线

表 18-4-40　昌平区土地利用生态适宜性单因子评价

评价因子	指标	评价因子情况
工程地质	地质灾害、水土流失、工程地质条件和断裂带分布	应尽量选择水土流失较微弱、泥石流等地质灾害发生可能性较小的地区,尽量避开活动断裂带进行城市建设
地形地貌	地貌类型和地形坡度等	通常平缓地形有利于城市建设和发展,即节约建设投资,又有利于布局,而山地地区的开发建设则需要更大的经济投资和工程措施,城镇形态和发展方向也受到限制
水文条件	防洪泄洪区、地表水保护区、地下水保护区和水源河道等	地表水域有利于改善城市空间景观环境、调节城市温度和湿度,同时也是城市易被污染的环境因子。土地的建设和开发对附近水域的生态环境有很大影响。原则上,开发用地应尽可能远离水域,以免造成对水域生态系统的破坏和水体的污染。防洪泄洪区担负着地区发生水灾等灾害时的排洪泄洪功能,应尽量避开在调蓄区及其附近范围进行建设项目的开发
自然生态	森林公园及植被类型分布区等	森林公园保护区不仅具有景观功能,还可发挥多种正面生态效应。对自然保护区的核心区应严格保护,禁止开发建设,缓冲区应禁止进行科学研究以外的活动。不同的植被类型具有不同的生态敏感性,应区别对待进行开发
基本农田	基本农田分布	我国制定了严格的基本农田保护制度,禁止除国家能源、交通、水利和军事设施等重点建设项目以外的建设活动

设情况和长期规划,取 2.21、2.78、3.50 作为划分适宜性级别的分类阈值,将昌平区土地利用的生态适宜性分为 4 个等级。

　　a.适宜建设区域:3.5~4。

　　b.较适宜建设区域:2.78~3.5。

　　c.较不适宜建设区域:2.21~2.78。

　　d.不适宜建设区域:0~2.21。

应用 ArcGIS 软件进行用地分析,将零碎的地块归类到邻近类别中,得到土地利用的生态适宜性综合评价结果。

5.分析结论

由生态适宜性综合评价结果可知,昌平区

件、地形地貌特点、水文河流分布、自然生态保护和人类人为影响等因素作为一级生态因子（准则层），然后结合评价区域的实际情况，细化分析出二级因子（指标层），构建了符合层次结构模型的生态适宜性指标体系，如图18-4-33所示。

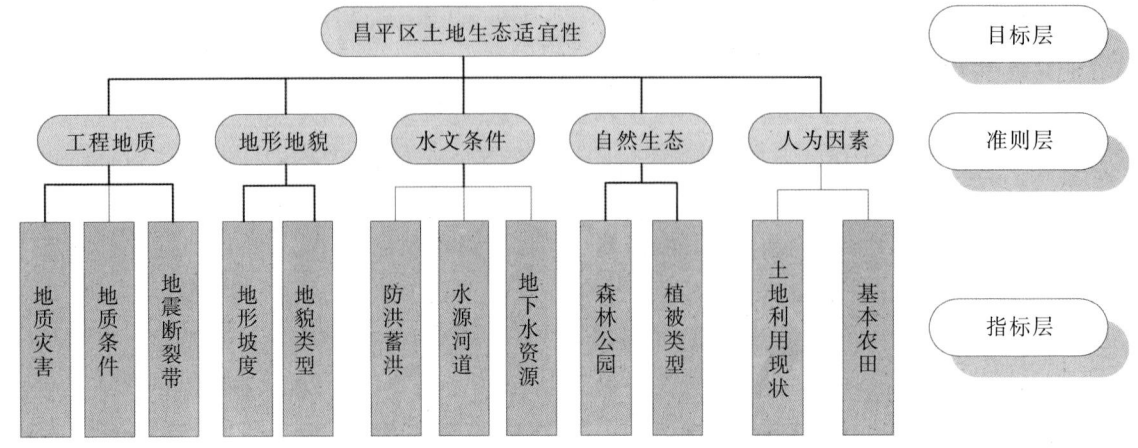

图18-4-33　昌平区土地利用生态适宜性评价指标体系

（2）分析影响因子

影响因子的分析主要包括对各因子进行等级划分，并确定因子权重。为了较好地反映土地生态环境类型与土地生态适宜性的关系，并便于定量计算，根据各生态类型的土地建设适宜性程度，将生态类型信息等级化、数量化。根据单因子评价结论对生态因子进行赋值：生态类型越适宜于建设，其得分越高。经过广泛的专家咨询和实际调研，本次战略环境影响评价将分值取在0~4。

结合昌平区的实际情况，运用层次分析法构造判断矩阵，对各评价因子重要性进行两两比较，根据排序原理确定各个评价因子的权重。

（3）评价土地利用生态适宜性

确定了各项因子的等级和权重后，将各因子图层在GIS中按照相应权重进行替加处理，得到最小图斑作为评价单元，每个评价单元得分值即为其综合适宜性分值。

在实际的适宜性分析工作中，由于计价指标中的各因子是相互独立的，在GIS下进行图形空间叠加时，某些评价单元的生态指标适宜性分位为0，即为禁止建设区，但是其他评价指标（如区位条件较好，土地利用程度较大）均适宜，适宜性分值较高，其最终得到的评价结果便为非禁止建设区。这样的结果与生态环境保护的要求是相违背的。为避免出现这样的结论，在GIS下

经过图形空间叠加而得到最小评价单元后，对该单元的各分项得分进行加权求和时，只要该单元的某一单项得分为0，则该单元的综合生态适宜性得分即为0，而不再进行加权求和计算。只有当该评价单元的所有单项得分均不为0时，该单元方可进行加权求和计算。这样，综合生态适宜性分值计算公式即为：

$$\begin{cases} S=0 & 当V_k=0时 \\ S=\sum_{k=1}^{n}W_k \times V_k & 当V_k \neq 0时 \end{cases}$$

式中：S为评定单元综合评价分值（建设适宜性值）；

n为评价因子数；

W_k为第k个评价因子的权重；

V_k为第k个评价因子的量化分值。

2.技术路线

昌平区土地利用的生态适宜性评价技术路线如图18-4-34所示。

3.指标因子分析

通过分析，得出昌平区土地利用生态适宜性单因子评价情况，见表18-4-40。

4.土地利用生态适宜性分析结果

根据上述的单因子分析结果，对其进行加权计算，得出区域每一地块的生态适宜性分值。将综合计算结果运用自然间断（Jenks）分类方法，并咨询专家意见，充分考虑昌平区的实际建

表 18-4-37　中国不同生态系统单位面积生态服务价值/(元/hm²)

服务功能	农田	森林	湿地	草地	水体	荒漠
气体调节	442.4	3 097.0	1 592.7	707.9	0	0
气候调节	787.5	2 389.1	15 130.9	796.4	407.0	0
水源涵养	530.9	2 831.5	13 715.2	707.9	18 033.2	26.5
土壤形成与保护	1 291.9	3 450.9	1 513.1	1 725.5	8.8	17.7
废物处理	1 451.2	1 159.2	16 086.6	1 159.2	16 086.6	8.8
生物多样性保护	628.2	2 884.6	2 212.2	964.5	2 203.3	300.8
食物生产	884.9	88.5	265.5	265.5	88.5	8.8
原材料	88.5	2 300.6	61.9	44.2	8.8	0
娱乐文化	8.8	1 132.6	4 910.9	35.4	3840.2	8.8

表 18-4-38　生态系统服务价值系数/(元/hm²)

土地覆盖类型	农田	森林	湿地	草地	水体	荒漠	城市工矿
生态价值系数	6 114.3	19 334	55 489	6 406.5	40 676.4	371.4	0

注：城市工矿的价值系数采用的是 Costanza 等的系数

表 18-4-39　2004—2020 年规划区生态系统服务价值变化

土地利用类型	农业用地	建筑用地	湿地	林地	水体	合计
单位面积价值/(元/hm²)	6 114.3	0	55 489	19 344	40 676.4	
2004 年面积/hm²	2 3148	121 110	30 827	470	19 720	
2004 年生态价值/万元	14 153.38	0	171 055.94	908.70	80 213.86	
2020 年面积/hm²	14 400	136 740	23 400	3 170	15 750	
2020 年生态价值/万元	8 804.59	0	129 844.26	6 128.88	64 065.33	
增减面积/hm²	−8 748	15 630	−7 427	2 700	−3 970	
生态价值增减量/万元	−5 348.79	0	−41 211.68	5 220.18	−16 148.53	−57 488.32

所增加，但是不足以提高总的生态价值，随着经济的增长，建成区面积的增长有一定的必然性，但是太多地占用农用地、耕地等，会对生态系统造成不可逆转的负面影响，应该在规划中提出减缓措施。

规划中指出的"调整现有自然保护区核心区内的耕地和建设用地，逐步实施还林、还草，控制自然保护区控制区、实验区内土地的过度开发利用"，有利于生态环境的恢复，提高总体生态系统价值。

林地是规划文本中所说的原有林地保留量及新增防护林，另外规划中提到的农用地和谢高地所指的农田也存在着一定的差别，因此计算结果难免会有一些误差。

(二) 生态适宜性分析：以北京昌平区战略环境影响评价为例

1. 分析方法

昌平区土地利用生态适宜性采用的是基于 ArcGIS 空间分析功能的加权因子叠加评价法，评价过程包括构建指标体系、确定因子权重、生态类型赋值、栅格叠加计算和综合评价等步骤。

(1) 建立评价指标体系

在充分调查了解昌平区用地现状和这些自然生态环境特点的基础上，咨询了相关专家的建议，分析了影响城市发展的主要因素，并参考 McHarg 对土地生态适宜性的定义和国内外已有的研究成果，选取了区域内的工程地质条包括:①3个功能区,即天津港、开发区、保税区全部;②3个行政区,即塘沽区、汉沽区、大港区城区部分;③海河下游冶金工业区,即东丽区无瑕街、津南区葛沽镇。

案例中土地利用现状及规划数据均收集自《天津市滨海新区土地利用总体规划(2006—2020年)》。

1.土地利用变化情况

案例中首先引进了土地利用类型动态度(K)来描述了规划区内各类型土地的变化情况,也就是研究区一定时间范围内某种土地利用类型数量的变化情况,应用的公式为:

$$K=\frac{U_b-U_a}{U_a}\times\frac{1}{T}\times100\%$$

式中:U_a,U_b 为分别为研究初期及研究末期某一种土地利用类型的数量;

T 为研究时段,当 T 的时段设定为年时,K 值就是该研究区域某种土地利用类型年变化率。

规划区各类土地利用变化见表18-4-36。

表18-4-36 规划区各类土地利用变化表

土地利用类型	2004年面积/hm²	2020年面积/hm²	期间面积净增减/hm²	动态度/%
农用地	23 148	14 400	-8 748	2.362
建筑用地	121 110	136 740	15 630	-0.806 6
未利用地	33 160	50 440	17 280	-3.256 9
湿地	30 827	23 400	-7 427	1.505 8
林地	470	3 170	2 700	-35.904 3
耕地	30 910	14 900	-16 010	3.237 2
水体	19 720	15 750	-3 970	1.258 2

由表可知,2004—2020年规划区的各类型土地利用变化情况。土地利用变化的总体趋势是:农田面积、湿地、耕地、水体面积减少,建筑用地面积、未利用地面积和林地面积增加。

2.生态系统服务价值系数

利用区域卫星航片资料或者统计资料对区域生态系统进行分类,并分别计算其面积。单位面积生态系统服务价值的估算方法国际上的做法是综合不同地区的研究,统计归纳出主要生态系统单位面积的服务价值。本案例是在分析本地生态系统状况的基础上,选取了Costanza和谢高地等给出的单位生态系统价值参数中适合本地的参数。

计算模式如下:

$$ESV=\sum_{i=1}^{n}(P_i\times A_i)$$

$$P_i=\sum_{j=1}^{k}F_{ij}$$

式中:ESV 为区域生态系统服务总价值(元);

P_i 为第 i 类生态系统的单位面积生态系统服务功能价值(元/hm²),$i=1-n$;

A_i 为第 i 类生态系统的分布面积(hm²),$i=1-n$;

F_{ij} 为第 i 类生态系统中第 j 类生态系统服务功能的单位面积价值,根据Costanza等的分类,j 取 1~17;根据谢高地等的分类,j 取 1~9。

中国不同生态系统单位面积生态服务价值如表18-4-37。

对表18-4-37中的不同土地利用类型各项功能的服务价值进行求和,得到我国平均状态下一级生态系统服务价值系数,见表18-4-38。

3.规划区生态系统服务价值变化

通过上面计算,规划区生态系统服务价值变化见表18-4-39,规划实施后区域总生态价值比2004年减少了57 488.32万元,说明规划从生态系统价值理论角度还存在一定问题,需要进一步修订。生态建设中,对于生态区化的策略符合各个地区自然概况及生态系统特征。

造成生态系统价值减少的主要原因在于建成区(包括建筑、交通、居民地等社会用地)对农用地、湿地、水体、耕地的占用。虽然林地面积有

续表

分目标		评价指标	单位	病态	不健康	亚健康	较健康	很健康
结构功能	结构	第三产业占GDP比重	%	<40	40~50	50~60	60~80	>80
		高新技术产业占GDP比重	%	<15	15~25	25~30	30~35	>35
		自然保护区覆盖率	%	<8	8~12	12~15	15~20	>20
		森林覆盖率	%	<20	20~30	30~40	40~50	>50
		建成区绿地覆盖率	%	<20	20~30	30~45	45~50	>50
	功能	万人拥有公交车辆	台	<10	10~16	16~22	22~30	>30
		万人拥有医生人数	人	<20	20~30	30~40	40~50	>50
		百人拥有电话数	部	<60	60~100	100~150	150~180	>180
可持续利用能力	环境	工业废水达标率	%	<70	70~75	75~85	85~95	95~100
		工业固体废物综合利用率	%	<30	30~50	50~70	70~90	90~100
		饮用水水源水质达标率	%	<50	50~65	65~85	85~95	95~100
		区域环境噪声平均值	dB	>75	75~60	60~50	50~45	<45
		城市道路交通噪声平均值	dB	>90	90~75	75~60	60~55	<55
	经济	总资产贡献率	%	<10	10~15	15~20	20~30	>30
		环保投入占GDP比重	%	<1.5	1.5~2	2.0~3.0	3.0~5.0	>5.0
		科教经费占GDP比重	%	<3	3~5	5~7	7~10	>10
	社会	城市人口失业率	%	>4.2	4.2~3.6	3.6~3.0	3.0~1.2	<1.2
		城市用水普及率	%	<65	65~75	75~85	85~95	95~100
		城市燃气普及率	%	<65	65~75	75~80	80~90	90~100
动态变化	人类活动	每平方千米城市人口密度	万人	>0.25	0.25~0.2	0.2~0.15	0.15~0.11	<0.11
		居民人均住房面积	m²	<20	20~28	28~35	35~40	>40
		建成区人均公共绿地面积	m²	<7	7~10	10~16	16~20	>20
		人均道路面积	km²	<10	10~15	15~20	20~28	>28
		人均生活日用水量	L	<120	120~180	180~240	240~300	>300
		恩格尔系数	%	>40	40~35	35~30	30~25	<25
	人群健康	婴儿死亡率	%	>15	15~12	12~10	10~8	<8
		人均期望寿命	岁	<68	68~73	73~78	78~80	>80
		人口平均受教育年限	年	<7	7~9	9~14	14~16	>16
		万人拥有高等学历人数	人	<360	360~580	580~1 000	1 000~1 500	>1 500

三、案例分析：生态学方法在规划环境评价中的应用

（一）生态系统服务功能价值评估：以天津市滨海新区土地利用总体规划环境评价为例

规划区天津市滨海新区位于华北平原北部，位于山东半岛与辽东半岛交汇点上、海河流域下游、天津市中心区的东面、渤海湾顶端，濒临渤海，北与河北省丰南区为邻，南与河北省黄骅市为界。紧紧依托北京、天津两大直辖市，拥有中国最大的人工港、最具潜力的消费市场和最完善的城市配套设施。滨海新区自然资源丰富，有大量开发成本低廉的荒地和滩涂，有丰富的石油、天然气、原盐、地势、海洋资源等，同时拥有雄厚的工业基础，是国内外公认的发展现代化工业的理想区域。

滨海新区拥有海岸线153 km，陆域面积2 270 km²，海域面积3 000 km²。规划面积2 270 km²，

与 W' 的权重分别采用主观赋权法和主成分分析法确定。

r_{kj} 为第 k 个指标对第 j 级标准的相对隶属度,相对隶属度的计算是模糊数学方法的关键,其计算公式对正向指标(指标值越大,健康程度越高)和负向指标(指标值越小,健康程度越高)有所不同。对正向指标而言,其计算公式如下(以第 i 项指标 x_i 为例,s_{ij} 为第 i 项指标的第 j 级健康标准):

1)当第 i 项指标 x_i 的实际值小于其对应的第 1 级标准值(很不健康)时,它对"很不健康"的隶属度为 1,而对其他健康级别的隶属度为 0,即:

当 $x_i \leqslant s_{i1}$ 时,$r_{i1}=1$,$r_{i2}=r_{i3}=r_{i4}=r_{i5}=0$

2)当第 i 项指标 x_i 的实际值位于其对应的第 j 级和第 $(j+1)$ 级健康程度标准值之间时,它对第 $(j+1)$ 级健康程度的隶属度为 $r_{ij+1}=\frac{x_i-s_{ij}}{s_{ij+1}-s_{ij}}$,对第 j 级健康程度的隶属度为 $1-\frac{x_i-s_{ij}}{s_{ij+1}-s_{ij}}$,而对其他健康程度的隶属度为 0,即:

当 $s_{ij} \leqslant x_i \leqslant s_{ij+1}$ 时,$r_{ij+1}=1-\frac{x_i-s_{i,j}}{s_{ij+1}-s_{ij}}$,$r_{ij}=1-r_{ij+1}$ ($j=1,2,3,4$)

3)当第 i 项指标 x_i 的实际值大于其对应的第 5 级健康级别标准值(很健康)时,它对"很健康"的隶属度为 1,而对其他健康程度的隶属度为 0,即:

当 $x_i > s_{i5}$ 时,$r_{i5}=1$,$r_{i1}=r_{i2}=r_{i3}=r_{i4}=0$

对负向指标隶属度的计算方法与此类似,其计算公式如下(以第 i 项指标 x_i 为例,s_{ij} 为第 i 项指标的第 j 级健康级别标准):

当 $x_i > s_{i1}$ 时,$r_{i1}=1$,$r_{i2}=r_{i3}=r_{i4}=r_{i5}=0$

当 $s_{ij} \geqslant x_i \geqslant s_{ij+1}$ 时,$r_{ij+1}=\frac{x_i-s_{ij}}{s_{ij+1}-s_{i,j}}$,$r_{ij}=1-r_{ij+1}$ ($j=1,2,3,4$)

当 $x_i > s_{i5}$ 时,$r_{i5}=1$,$r_{i1}=r_{i2}=r_{i3}=r_{i4}=0$

经过计算,会得出生态系统健康评价值,可根据评价值分为几种健康状态:疾病、亚病态、亚健康、健康、很健康。得出其健康状态后,应该分析规划实施的经济活动是否适宜开展或者提出减缓规划实施导致生态系统向不健康状态发展的调整建议及措施。

3.城市生态系统健康评价指标体系

生态系统健康评价首先也是要建立评价指标体系,大多是从生态系统的活力、组织结构、恢复力、生态系统服务功能、人类健康状况及教育水平等 5 个要素出发,也有按照其他的分类方法来设置指标体系的。结合评价区域的实际情况,对每一评价要素采用最具代表性的指标,采用专家咨询法、层次分析法等确定指标的权重,构成评价区生态系统健康评价的指标体系。由于生态系统具有多变量的特性,而且每个城市具有各自的生态特征,因此衡量生态系统健康的指标和标准也应具有动态性。指标体系建立之后,确定各指标的分级标准及各标准的区间范围。之后,选用合适的评价模型来计算健康评价结果。

参考国内外公认的健康城市、生态城市、国际化大都市标准,以及国内的园林城市、环保模范城市的建议值作为很健康的标准值,以全国最低值为病态的限定值,在前者基础上向下浮动 20% 作为健康和亚健康的划分标准值,在后者基础上向上浮动 20% 作为不健康和亚健康的划分标准值,前后两次确定的亚健康标准值相互调整得到最终值。根据以上所述,城市生态系统健康评价指标体系及评价标准如表 18-4-35。

表 18-4-35 城市生态系统健康评价指标体系及评价标准

分目标		评价指标	单位	病态	不健康	亚健康	较健康	很健康
结构功能	活力	人均 GDP	万元	<3	3~5	5~10	10~20	>20
		万元 GDP 能耗	t 标准煤	>1.75	1.7~1.25	1.2~0.85	0.85~0.5	<0.5
		人口自然增长率	%	>11.2	11.2~9.6	9.6~8	8~5	<5

生境生长，为最适宜建设区域。

4）最后，根据 GIS 系统的计算结果，生成综合生态适宜图，将计算结果直观地反映在图形中，同时根据图形的数据属性建立规划区域土地的生态适宜度模型。土地生态分析的结果显示出土地分为不同的生态区域，可以为土地的合理配置和有序开发提供科学依据。

（三）生态系统健康评价

1.生态系统健康评价概述

生态系统健康是以符合适宜的目标为标准来定义的一个生态系统的状态、条件或表现，应该包含两方面内涵：满足人类社会合理要求的能力和生态系统本身自我维持与更新的能力。

国外对生态系统健康的评价一般从以下4个方面入手：生物学范畴、社会经济范畴、人类健康范畴、社会公共政策范畴。这4方面应该结合在一起构成一个完整的体系。

1）从生物学角度来评价生态系统健康，主要包括物质循环、能量流动、生物多样性、有毒物质的循环与隔离、生物栖息地的多样性等方面。其中很有意义的是有关初级生产力下降、生物多样性减少及疾病暴发率上升等生态系统失调症状的研究。

2）从社会经济的角度来看，生态系统的健康直接关系经济发展，影响人类社会的福利，而且可以体现全球的经济价值，而社会经济指标集中反映了生态系统要满足人类生存与社会经济可持续发展对环境质量的要求。

3）健康的生态系统能够维持人类的健康，可以为人类提供清洁的空气、分解吸收废弃物等。没有健康的环境就不可能有真正的人类健康。近年由于环境恶化，人类健康已经受到威胁。

4）公共政策是处理自然系统与人类关系的中介，健康的生态系统必须有一套能够有效协调人类与自然之间关系的政策体系，由于生态系统的服务功能不能完全市场化，因此在制定政策时，往往不能得到足够的重视。现在，许多国家和地区已经意识到生态系统健康的重要，在制定一系列环境政策时，已考虑如何体现对生态系统健康的保护与管理。

2.城市生态系统健康评价模型

目前，规划环境影响评价中涉及的生态系统健康评价大多是指城市生态系统健康评价。有关生态系统健康评价的方法很多，但是考虑到城市生态系统是一个综合性很强的系统，而且城市生态系统健康状况的好坏是相对于标准值而言的，生态系统健康与否只是一个相对概念，可以作为一个模糊问题来处理。模糊数学方法的基本思想是应用模糊关系合成的原理，根据被评价对象本身存在的性态或隶属上的亦此亦彼性，从数量上对其所属成分都给以刻画和描述。采用模糊数学方法拟定的生态系统健康评价模型为：

$$H = W \cdot R$$

式中：H 为城市生态系统健康诊断结果；

W 为5个健康评价要素（活力、组织结构、恢复力、服务功能、人群健康）对总体健康程度的权矩阵，$W = (w_1, w_2, \cdots, w_5)$；

R 为各生态系统健康评价要素对各级健康标准的隶属度矩阵。

$$R = \begin{bmatrix} R_{11} & R_{12} & R_{13} & R_{14} & R_{15} \\ R_{21} & R_{22} & R_{23} & R_{24} & R_{25} \\ R_{31} & R_{32} & R_{33} & R_{34} & R_{35} \\ R_{41} & R_{42} & R_{43} & R_{44} & R_{45} \\ R_{51} & R_{52} & R_{53} & R_{54} & R_{55} \end{bmatrix}$$

R_{ij} 为第 i 要素对第 j 级标准的隶属度。

$$R_{ij} = (W_{i1}, W_{i2}, \cdots, W_{ik}) \begin{bmatrix} r_{1j} \\ r_{2j} \\ \vdots \\ r_{kj} \end{bmatrix}$$

式中：k 为各评价要素所包含的指标个数。

设 $W' = (w_{i1}, w_{i2}, \cdots, w_{ik})$，其中 w_{ik} 为第 i 要素中第 k 个指标对本要素的权重。

目前，确定权重的方法大致可分为两类：一是主观赋权法，如层次分析法、德尔斐法等，多是采用综合咨询评分的定性方法；另一类是客观赋权法，即根据各指标间的相关关系或各项指标的变异程度来确定权重，避免人为因素带来的偏差，如主成分分析法、因子分析法等。W

的丰富知识和实践经验,制定一系列的规则,在地理信息系统的支持下,按照土地适宜性分层次进行规则匹配的一种方法。首先,满足用地要求较高的,直至达到优化值,然后进行下一项,依此类推,将规划结果通过规则匹配,一一落实到地块上,从而实现土地资源的空间布局。

一般在评价过程中,都是将以上两种方法与GIS地理信息技术的空间分析相结合,可以得出生态适宜性综合评价值。

3.土地生态适宜性分析的过程

原国家环保总局于2003年8月1日颁布实施的《开发区区域环境影响评价技术导则》(HJ/T2003)明确指出,在开发区区域环境影响评价中,生态适宜度评价采用三级指标体系。但是其中没有给出标准的指标体系,可以利用GIS支持下的叠加图法进行环境影响识别,确定评价指标,进行指标加权和单项指标分级评分,在此基础上进行各种土地利用方式的综合评价。

土地适宜性分析与评价的主要步骤包括:规划区域内生态资源的调研与登记;选择影响特定土地利用的生态因子,建立评价集;单因子分级评分,绘制单因子图;利用层次分析法确定各因子所占权重,求取评价结果;确定生态适宜度分级标准;编制生态适宜度图;评析分析结果,确定土地开发、生态保护、建设的适宜方向。生态适宜性分析是在生态敏感性分析的基础上进行的,对生态敏感性分析中不适合纳入城市建设用地的生态敏感区,在这里将不计入生态适宜度评价的区域范围,具体步骤如下。

1)生态资源调研是土地适宜性分析的基础,目的是收集与规划有关的自然、社会、经济等相关要素的信息。影响土地适宜性的因素有很多,由于很难完全收集,而且其中一些要素对土地适宜性的影响很小,因此需要在相关专家的指导下选取一些主导因子,选取的主导因子应该对土地适宜性的影响较大,并且能准确地反映土地质量的内在差异。

在具体的规划中,可以根据用地现状、开发目标、开发性质等进行因子的选择。选择因子的原则是从生态资源调研目的与内容及规划的功能要求出发,从调查前期获得的要素的基础资料中,依据对土地利用方式的影响显著性以及资料的可利用性筛选出评价因子。这一步所做的是根据空间分析目标的要求,选择空间分析要素的工作。选择生态因子进行评价时,可以采用层级法,即由基础因子组合成层级结构分类选择。还可以采用代表法,即在每一类因子中选择最具代表性、最能反映生态资源情况的因子。确定所选择的层级因子结构或各类代表因子后,建立因子评价集。

2)选择的因子中,由于各因子对土地利用和自然资源的影响程度不尽相同,因此,应该根据影响程度赋予不同的权值,影响大的因子赋予较大的权值。这一过程可采用层次分析法确定各因子的权重。

3)在标准和权重确定的前提下,求取生态适宜性综合评价值后,根据区域空间分析的目的,对结果进行再处理,聚类、划分出若干类具有不同适宜度的用地。等级的划分和命名没有统一的标准,经研究发现,国家相关规定一般将其划分为4个等级,如2003年颁布实施的《开发区区域环境影响评价技术导则》中将区域的生态适宜性划分为很适宜、适宜、基本适宜、不适宜开发4个级别;2006年"十一五"规划也提出将国土空间划分为优化开发、重点开发、限制开发和禁止开发4个级别。

然而,在实践中一般可划分为5类,即最适宜生态用地、较适宜生态用地、基本适宜生态用地、较不适宜生态用地、不适宜生态用地。每类用地的具体含义如下。

a.最适宜生态用地:表示该地区最适宜自然生境生长,为不应或不可建设区域。

b.较适宜生态用地:表示该地区比较适宜自然生境生长,为不适宜建设区域。

c.基本适宜生态用地:表示该地区基本适宜自然生境生长,为基本适宜建设区域。

d.较不适宜生态用地:表示该地区较不适宜自然生境生长,为较适宜建设区域。

e.不适宜生态用地:表示该地区不适宜自然

弊,因此在进行评价时,需要根据不同的对象来选择方法,选择时注意时空尺度的转换。

3.生态系统服务功能价值评估在规划环境影响评价中的应用

关于生态系统服务的应用,国内外很多学者都进行了研究。在规划环境影响评价中,对生态服务功能进行研究评价,其技术路线为:首先,从分析基础资料入手,包括规划区域的生态现状、规划中涉及生态的部分;其次,确定规划可能造成的生态影响,同时建立评价指标体系以及相应的评估方法;然后,在此基础上对规划区现有的和规划实施后的生态系统服务功能进行计算;最后,通过对比各项以及总的服务功能价值的变化,来分析规划所造成的影响,进而提出具体的保护方案和规划的推荐修改方案,在反复的方案修改上最终得出评价结论。

生态系统服务功能价值评估尤其适用于土地利用规划及城市规划、交通规划等环境影响评价中,通过分析规划前后的区域生态服务功能总价值变化情况作为对该规划环境影响评价的综合性评价结论,并将评价结论反馈至规划并调整规划。从规划的角度来看,规划造成的生态影响主要来源于土地利用的变化,进而造成生态系统总面积、单元构成以及各部分比例的改变。规划环境影响评价中,应用生态系统服务功能来考察生态影响,应该主要把重点放在对土地利用改变具有敏感性的服务功能上。

(二)生态适宜性分析

1.土地生态适宜性分析概述

规划环境影响评价中所涉及的生态适宜性分析大多是指土地的生态适宜性。土地适宜性(Land-use Suitability)分析是由美国宾夕法尼亚大学麦克哈格教授提出,他认为,"土地生态适宜性是指由土地具有的水文、地理、地形、地质、生物、人文等特征所决定的,土地对特定、持续性用途的固有适宜性程度。因此,土地生态适宜性只有与特定用途相联系才具有意义"。规划环境影响评价中开展的土地生态适宜性,是指某一特定地块的土地对于某一特定使用方式的适宜程度。土地适宜性分析,就是指确定特定地块对某种特定使用方式适宜性的过程。

土地生态适宜性分析是环境影响评价中的一个重要部分,是在调查社会和自然环境要素资料并加以分析的基础上,对范围内土地资源规划布局合理性进行的评价。它不仅可以提供区域环境的相对发展潜力和承载能力,指导区域生态环境功能区的划分,而且可建成合理的土地利用结构、适宜的土地利用空间布局以及具有较高的土地利用率和最佳综合效益的土地利用模式。

土地利用规划的环境影响评价是在规划方案形成的时候就参与其中,从生态环境保护和建设的角度出发,分析规划方案可能会引发的积极与消极的影响,从而改善规划方案。其目的不是在规划实施后从技术的角度上减缓不利环境影响,而是从源头上减少产生不利影响的可能性。将土地生态适宜性分析引入土地利用规划环境影响评价的前期研究当中,为规划环境影响评价过程中对土地利用方式和空间布局的评价提供科学依据。

2.土地生态适宜性分析方法

现在适宜性分析的应用方法随着计算机应用技术的提高取得了长足的发展。在土地适宜性分析过程中,主要的应用方法包括:层次分析法、专家辅助决策法、基于GIS地理信息技术的空间分析方法。

层次分析法,简称AHP法,是基于系统论中系统的层次性原理建立起来的,它遵循认识事物的规律,有意识地将复杂问题分解成若干层次,逐步分析比较,把人的主观判断用数量的形式来表达和处理,是一种比较科学的定性分析和定量分析相结合的多因素评价方法,已广泛应用于土地评价工作之中,用以提高评价结果的可靠性和科学性。应用AHP法计算指标权重系数,实际上是建立在有序递阶的指标系统的基础上,通过指标之间的两两比较对系统中各指标予以优劣评判,并利用这种评判结果来综合计算各指标的权重系数。

专家辅助决策法是依土地利用规划结果和各行业对土地资源的要求,借助各个阶层专家可比性。景观生态学评价是在分析景观空间结构的基础上，从景观的角度来评价规划可能对生态环境造成的影响。生态功能分区评价是依据区域生态环境敏感性、生态服务功能重要性以及生态环境特征的相似性和差异性进行地理空间分区，可更深入地分析规划空间布局的环境合理性，通过协调性分析，发现城市规划中存在的问题。

目前，各种评价方法都在评价过程中采用了GIS 技术，运用 GIS 技术进行生态环境影响评价已成为一种主要趋势。而且，关于生态功能区划与生态承载力在战略环境影响评价中和规划环境影响评价的应用也越来越广泛。

本节根据生态学理论，重点介绍主要的 3 种生态学评价方法，即生态系统服务功能价值评估、生态适宜性分析以及生态系统健康评价在规划环境影响评价中的应用以及案例研究。

二、规划环境影响评价中主要的生态学评价方法

(一) 生态系统服务功能价值评估

1.生态系统服务功能概述

生态系统服务概念在 20 世纪 60 年代第一次被使用。20 世纪 70 年代初，《关键环境问题研究报告》(SCEP)提出了生态系统的服务功能，并列出了自然生态系统的"环境服务功能"。Holdren 和 Ehrlich 将其拓展为"全球环境服务功能"，随后 Ehrlich 又提出"全球生态系统公共服务功能"，后来逐渐演化成"自然服务功能"，最后由 Ehrlich 将其确定为"生态系统服务"。

生态系统服务功能是指生态系统与生态过程所形成及所维持的人类赖以生存的自然环境条件与效用。其重要性在于能为人类提供食物及其他工农业生产原料，更重要的是支撑与维持了地球的生命保障系统。生态系统服务功能主要包括两大部分：一类是生态系统产品，如食品、原材料、能源等；另一类是对人类生存及生活质量有贡献的生态系统功能，如调节气候及涵养水源、保持土壤、支持生命的自然环境条件等。生态系统服务功能的内涵可以包括有机质的合成与生产、生物多样性的产生与维持、调节气候、营养物质贮存与循环、土壤肥力的更新与维持、环境净化与有害有毒物质的降解、植物花粉的传播与种子的扩散、有害生物的控制、减轻自然灾害等许多方面。

Costanza 等人指出，生态系统的服务价值直接和间接地为人类的福利做了巨大的贡献，并将全球生态系统类型划分为海洋、森林、草原、湿地、水面、荒漠、农田、城市等 16 大类 26 小类；生态系统服务功能划分为气候调节、水调节、控制水土流失、物质循环、污染净化、娱乐、文化价值等 17 种功能。

2.生态系统服务功能价值评估方法

生态系统服务功能的评价工作开始于 20 世纪 60 年代，日本开展了森林功能经济价值评价工作，主要应用替代成本法对生态系统的服务功能进行了评价。之后，出现了许多具体的评价方法。根据生态经济学、环境经济学和资源经济学的研究成果，目前生态系统服务功能较为常用的评估方法主要分为 4 类：直接市场法、非市场价值评估法、模拟市场价值法、团体商议法。

直接市场法又称市场价值评估法。它是先定量地评价某种生态服务功能的效果，再根据这些效果的市场价格来估计其经济价值；一般包括费用支出法、市场价值法、机会成本法、恢复和防护费用法、影子工程法、人力资本法等。

非市场价值评估法主要采用替代成本法、旅行费用法等来评估生态系统服务的支付愿望或失去这些服务的补偿意愿，一般包括旅行费用法和享乐价值法。

模拟市场价值法主要用于评估通过假想市场体现的生态系统服务，主要通过描述不同状况，然后进行调查问卷，综合所有消费者的支付意愿与净支付意愿，即得到环境商品的经济价值，包括条件价值法等。

团体商议法是指通过公平、公正的讨论程序，不同的社会团体聚集一起讨论公共物品的经济价值，讨论结果可以用来指导环境政策的制定。

由于生态系统服务价值评估的方法各有利

图 18-4-32　台中市 3D 噪声地图

噪声水平进行了解;噪声级可以和实际的楼层甚至是单元相对应,从而为准确计算受超标噪声影响的人口数提供了基础;其强大的真实场景模拟功能方便了公众对其居住环境的噪声水平进行认识,提高了公众参与的积极性。对于降噪措施,3D 噪声地图也可以提供更为详细的降噪效果,从而为合理的费用效益分析提供支持。

第六节　生态学评价方法在规划环境影响评价中的应用

一、规划环境影响评价与生态学方法

规划环境影响评价工作中,一项重要的任务就是确定环境容量来指导规划区的后期建设,通过环境现状评价,摸清规划区的现状,为预测评价做好基础是十分重要的。在项目环境影响评价中,由于评价范围小或者受项目性质限制,因此生态评价开展比较少,但是进行规划环境影响评价时,必须通过生态学方法对一定范围内生态环境现状进行调查,预测规划可能带来的生态环境影响,才能为区域的可持续发展提供切实可行的对策。因此,在规划环境影响评价中使用生态学评价方法显得非常重要。由于生态系统环境是一个复杂而庞大的系统,生态环境影响评价从不同的角度出发,所评价的对象和方向各不相同,其理论和方法也处于不断完善之中。

生态环境影响评价作为规划环境影响评价中一个很重要的部分,目前应用较多的方法是生态敏感性分析和生态适宜性分析,二者的评价过程与方法基本相同。其他主要采用的评价方法还有生态系统健康评价、生态系统服务功能价值评估、生态足迹法、景观生态学评价和生态功能分区评价等。生态系统健康评价是针对自然、经济和社会组成的复杂而庞大的复合生态系统进行评价,其目的是分析构成当前生态系统健康中不利因素的根本原因,以便提出适当的对策,使得生态系统向健康方向发展。生态系统服务功能价值评估普遍采用 Costanza 的方法,与土地利用相结合,能够得出规划实施和建设带来的生态服务功能的丧失。生态足迹分析方法可以计算不同尺度、不同对象的生态足迹,对它们的足迹进行纵向的、横向的比较分析。通过引入生态生产性土地的概念实现对各种自然资源的统一描述,引入等价因子和生产力系数进一步实现各国各地区各类生态生产性土地的可加性和

表 18-4-34　噪声地图法技术流程

参数输入	处理阶段	资料输出
交通参数 • 车速 • 高峰车流量 • 路面宽度 • 车辆混合比 • 行进方向及车道数 **地理环境参数** • 土地面积 • 交通路线长度 **人文参数** • 人口及户数 • 各区人口密度 **建筑物参数** • 建筑物高度 • 建筑物基底面积 **固定音源参数** • 工厂 • 娱乐场所 **其他参数** • 噪声反射次数 • 各国法规规章 • 建筑物噪声损失比	 GIS 相关图层构建 利用 MapInfo 软件建立相关图层，包括交通、地理环境人文、建筑物以及固定音源等  进行噪声模拟计算，利用监测值修正	台中市中区 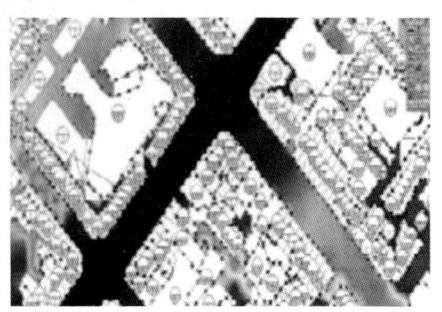 2D 噪声地图 台中市中区  3D 噪声图 除了呈现 2D 和 3D 的噪声地图外，还需呈现噪声暴露量

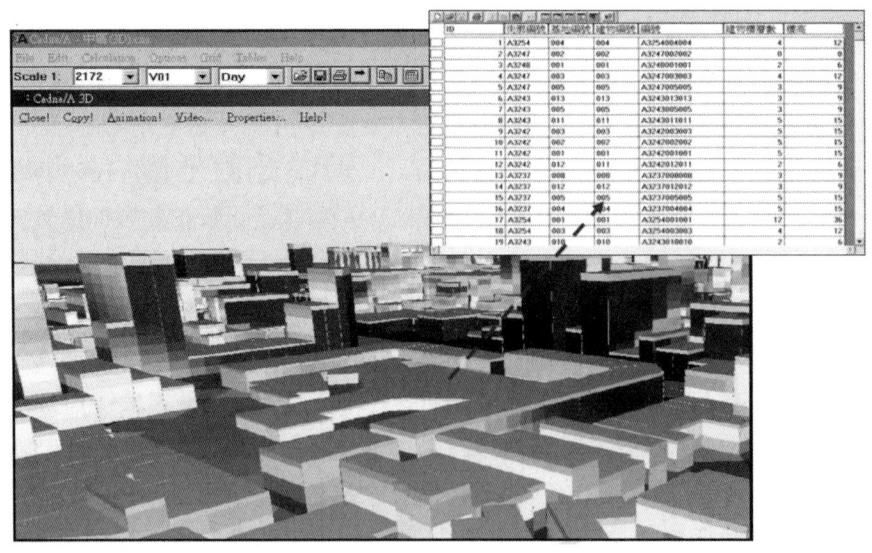

图 18-4-31　3D 图形构建模型

验证的方法。

2）国外现在已开发出的专用噪声地图软件有 LI-MA、Cadna、IMMI、Soundplan 等，有些已通过国家环保部门的技术认证。不同的噪声地图软件对计算机处理器、内存、硬盘、操作系统的要求不同，选用的预测模型也不尽相同，使用这类软件时应充分考虑我国的实际情况，建立一套动态服务和管理系统使用过程中的信息反馈，以利不断完善。

3）噪声地图是一项开创性的工作，主要是为城市规划和城市环境噪声管理服务的。随着信息化程度的日益提高，应该加强 GIS 等具有空间分析功能的技术系统与噪声预测模型的结合，在有针对性地引进和吸收国外先进技术的基础上，建立符合我国实际情况的通用模型，使噪声地图在城市规划中发挥更准确的决策作用。

4）理想的交通噪声预测模型应该根据国家的实际交通情况进行制定，而声导则模型与 RLS90 模型严格说来都不是我国自行开发的，并不能完全符合国内的交通情况。且声导则模型基于的 FHWA 公路交通噪声预测模型早已经被新模型（FHWA TNM）所替代，因而有必要结合实际情况，研究能体现我国城市道路交通噪声特点的新一代道路交通噪声预测模型。3D 的噪声地图是一个较新的领域，随着计算机水平的进步、GIS 平台的发展和噪声预测软件的更新，可用的技术和工具将会更多，今后有必要对 3D 噪声地图进行继续研究和改进，以期不断优化和完善。

四、案例应用：以台湾台中市噪声地图构建为例

（一）背景介绍

以台中市为例，对东、西、南、北、中 5 个主要行政区进行噪声地图模拟预测，5 个行政区面积为 30 km²，有 8 万栋建筑，人口 47 万，为标准都市区形态。本节对 5 个行政区主要道路构建模拟噪声地图的 2D 平面图和 3D 立体图。

（二）输入参数

目前，对于噪声地图来说，尚没有统一的噪声预测模型。此处选用 Cadna/A 默认的 RLS90 模型作为道路交通噪声预测模型。噪声地图对于噪声评价指标也缺乏统一的规定。研究采用等效连续声压级作为噪声评价指标。区域内除了道路交通以外没有其他大型噪声源，因此只需计算道路交通噪声，无须与其他声源产生的噪声合并。噪声级的插值方法采用 Cadna/A 内建的插值法。

本次噪声地图输入参数包括交通、地理环境、人文、建筑物以及固定音源等数据信息。建立 3D 地理模型，需要获取建筑物轮廓图，利用 Google Earth 获取建筑物轮廓图，然后采用实地测量的方式获取建筑物高程和其他地理空间数据。将这些数据在 ArcGIS 里面进行整理后，输入 Cadna/A。Cadna/A 可对 3D 地理模型进行直观显示，进而输出 2D、3D 图像以及噪声暴露信息，具体流程图见表 18-4-34。

以下简单介绍交通和建筑物参数。

1. 交通参数

交通参数建立主要包括车速、高峰车流量、路向宽度、车辆混合比等。将建立的参数转换到模拟软件中，主要步骤包括：转换图档格式，建立相关参数，合并交通图层等。

2. 建筑物参数

建筑物参数较为重要，包括建筑物高度、建筑物基底面积等参数；相关参数建立需在 MapInfo 格式中完成，并将建立的参数转化到模拟软件中，相关步骤包括：转化数据格式（利用 Cadna/A 模拟软件转换数据格式）；建立相关参数（依照建筑物的高度、面积和吸收系数等）；3D 图形构建（计算不同楼层高度及影响范围，将计算结果利用 Cadna/A 工具中的 3D special 功能生成 3D 结果），如图 18-4-31 所示。

（三）2D 和 3D 图形模拟

各区由于土地面积、建筑高度以及交通流量等不同，因此模拟的时间长短不同，大范围的面积模拟可以有效减少时间和人力成本。图 18-4-32 为台中市 3D 噪声地图。相比 2D 噪声地图，3D 噪声地图有着很大的优势。它提供了更为丰富详细的信息，可以据此对整个空间的

从预测范围上来说，噪声地图可以是小尺度的，但也可以是相当大尺度的(整个城市)，这就比一般建设项目的噪声环境影响预测范围大出很多。由于范围的扩大，预测噪声所需要的工作量就会迅速增长，一般需要用计算机软件进行专门的运算，尽管如此，仍有可能需要耗费数天的时间来计算和插值噪声级。因而，在进行噪声地图时，各个步骤的具体方法很有可能需要根据实际情况进行调整，在保证质量和精确度的前提下减少预测时间和工作量。

二、噪声地图法在规划环境影响评价中的应用

噪声地图相当于城市噪声的"晴雨表"，它直观地区分了城市安静地区与吵闹地区，提醒决策者哪些地区的噪声水平是需要改善的、哪些是需要维持不下降的，为环境评价工作者提供了高效的城市噪声预测与评价环境。规划环境影响评价人员能够直接在噪声地图上识别噪声污染控制优先区域及其空间分布情况，为下一步的污染治理制订行动计划；另外，噪声地图可以为规划项目选址提供依据，规划环境影响评价人员无须现场测量就可做"预决策"。在噪声地图上还可以给出与噪声限值的差异图，标明超出或低于限值 5 dB(A)、10 dB(A)、15 dB(A)的区域，当它与人口密度数据相结合时可预计受影响的人口数量，在城市规划环境影响评价中应充分考虑这些因素，致力于改进城市的生活品质。

噪声地图还具有检验噪声污染防治技术措施(如声屏障)和规划控制措施(如交通改道)有效性的功能。基于 GIS 的噪声地图模型可以通过调整输入数据来预测所采用措施是否能达到预期效果，也可以将不同设计方案下的噪声预测结果进行比较，并结合其他因子(如成本等)选择最优的设计方案。

应用方法：Kurakula 结合 GIS 构建了 3D 噪声地图的方法，用以评价规划或项目可能产生的噪声环境影响。构建 3D 噪声地图过程分为 5 个步骤，如图 18-4-30 所示。

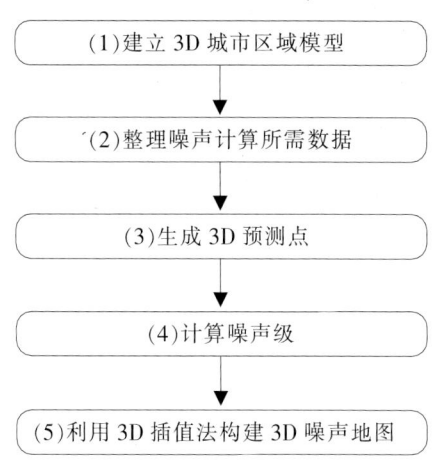

图 18-4-30　构建 3D 噪声地图过程

这些步骤都是与 GIS 紧密结合来完成的。在整个 3D 噪声地图构建过程中，基本的场景模型、模型之间的空间关系可以在 ArcGIS 中定义，利用 ArcGIS 中 ArcMap 的编辑、分析、浏览等功能以及 ArcCatlog 的数据管理功能，对预测区域进行预测点布置和插值；再利用 ArcScene 强大的 3D 编辑、显示、漫游等功能进行 3D 景观的模拟。鉴于 ArcGIS 本身的场景可视化建模功能并不强，因此采用 3ds Max 进行 3D 场景建模，随后导入 ArcScene 中进行显示与编辑。

三、噪声地图法应用前景

1)噪声地图具有长期性和战略性的特点，应当体现在建或规划项目的噪声影响。由于实测仅代表测量时的噪声状况而在该时间段不具代表性、受天气状况影响大、成本高等，因此实际编制噪声地图时，鼓励模型预测为主，辅以实测

1.地理建模,数据输入

建立噪声地图系统的首要任务是区域地理模型的建立,即地理信息和相关建筑的输入。在噪声地图系统的地理建模中,主要输入内容包括:①城市道路、铁路和地面轨道交通的平面和立体分布;②相关建筑物位置及高度;③地形高差;④声屏障等降噪构筑物。

噪声地图系统地理模型的主要特点在于,模型需突出其声源特性,对于道路、铁路、轨道交通等声源位置应重点关注,并明确它们与周围建筑之间的空间关系。

2.声源定义

在所建立的区域地理模型中,识别声源是主要的研究内容,识别声源又包括定义声源的地理属性和声源的流动特性。以道路声源为例,声源的地理属性主要包括红线宽度、车行道宽度、高程、坡度等;声源的流动特性则包括小时车流量、车型、车速等。声源定义阶段必须明确区域的噪声特点、声源分布以及控制措施情况。一般而言,交通噪声(即道路、铁路、轨道交通等流动源产生的噪声)是城市区域的主要声源,也是重点考虑的对象,应予以明确识别。

3.计算噪声级,叠加等声级线

在地理建模和声源定义后,应计算噪声级,计算原理遵循声波在空间传播规律,并考虑声源的指向性以及声能量在空间中的衰减等因素。主要的计算内容包括噪声源强的计算、声传播计算和交通噪声影响声级计算。同时,将周围环境与等声级线叠加。在噪声地图系统中,声学计算是通过声学模型软件来完成。

4.结果校验,确定影响

校验的目的是对系统进行误差分析。对于已建成的城市区域,校验主要通过计算点实测验证的方法,对计算结果和实测结果进行比较。对于噪声地图系统的实际应用应提出可靠的误差接受范围。在噪声地图系统中,校验结果应反馈给输入阶段,通过误差分析对建模、声源定义或参数输入进行必要的调整,进行再次计算,直至误差可接受。

5.输出描述与显示

噪声地图系统的输出以图像形式为主,可辅以表格形式。图像显示可以根据不同需求输出2D(二维)、3D(三维)或者动态图形。2D显示一般可用于声功能区的管理,3D显示可以判断声场的空间立体分布,动态显示则可用于表示区域噪声变化趋势和规律。

在环境噪声模拟软件方面,选用德国Datakustik公司开发的环境噪声模拟计算商业软件Cadna/A。它以Windows为操作平台,可以用来计算和评估由公路、铁路、机场、企业以及运动和娱乐设施所产生的噪声。该软件于2001年通过我国原国家环保总局认证,是用于城市或区域环境噪声预测、评价和控制方案设计的工具软件,包含多种声学计算模型,能够提供复杂的声学计算功能,在欧洲国家已获广泛应用。Cadna/A的特点如下。

1)Cadna/A具有较强的计算模拟功能,可以同时预测各类声源,包括点声源、线声源和面声源的复合影响。从声源定义、参数设定、模拟计算到结果表述与评价构成一个完整的体系,可实现功能转换和声源、构建物与预测点的确定,具有多种数据输入接口和输出方式。

2)对声源和预测点的数量没有限制,声源的辐射声级和计算结果除了可以用A计权声压级表示外,也可以用不同倍频带的声压级来表示。

3)可以考虑任意形状的建筑物群、绿化带、地形高程的影响。可以设置多种情景,因而很适合对噪声控制设计进行费效分析,其屏障高度优化功能可以广泛用于道路等噪声控制工程的设计。

4)Cadna/A软件流程设计合理,功能齐全,用户界面友好,操作方便,易于掌握使用。软件具有2D和简单的3D噪声地图功能,可以使预测结果可视化和形象化。

相比城市噪声环境影响的预测步骤,可以看到噪声地图实际上已经将整个预测步骤包括在其中。噪声地图与噪声环境影响预测在方法学上的区别在于,噪声地图将周围环境与等声级线进行了叠加,并且据此对噪声影响进行描述和显示。这使得噪声地图比一般的噪声环境影响预测更为形象和直观,更易让人理解。

中城市建立并不断发展,用于控制环境噪声,并用于城市规划、环境评价和公众参与等方面。2002年,欧盟成员正式通过实施《2002年噪声指引》。该指引规定:各欧盟成员国须在2007年6月30日前为超过25万人口的城市、年车流量超过600万次的交通干道、年车流量超过6万次的主要铁路干线以及主要机场建立噪声地图,并且每5年进行评估和更新。2005年,英国出版了一本当时世界上最大的官方噪声地图——《伦敦道路交通噪声地图》,将城市的噪声水平与人居环境密切结合。减少噪声污染已经成为欧盟国家新城市发展计划的重要部分。

亚洲噪声地图的建立稍晚于欧洲,目前,日本、韩国等均建立了本地区的噪声地图,在城市噪声控制方面取得了良好的效果。我国已有部分地区开始了区域噪声预测和噪声地图的尝试。但对于城市交通噪声预测模型的选择和三维的噪声地图方法,国内研究较少。这一方面增大了预测的不确定性,另一方面也影响了决策者和公众获取全面的声环境信息。为此,选择合适的噪声预测模型,建立一套适合我国实际情况的城市区域噪声预测方法,并以此为基础开发三维的噪声地图方法,对于我国城市的噪声管理与控制、噪声环境影响评价、公众参与以及方案决策,都具有十分重要的现实意义。

(二)噪声地图系统组成

城市区域噪声预测的服务目的之一是开展噪声地图。噪声地图可以用来查看噪声影响的区域,也可以用来计算处于高噪声环境中的敏感建筑物数目,或是敏感人群数。在规划和决策过程中,噪声地图是进行噪声控制的有效手段。它不仅可以给出现状噪声情况,而且可以对各个发展情景带来的噪声变化进行模拟显示,是进行费用效益分析和方案选择的有力工具。

噪声地图系统可由地理信息系统(GIS)、声学模型系统、显示系统和校验系统4个子系统组成。地理信息系统主要用于建立区域地理模型;声学模型系统是将地理模型通过一定方式定义为声学模型,并进行声学计算的过程,也是整个系统的核心部分;显示系统用于将计算结果以各种形式直观地显示出来;校验系统主要用于系统误差分析。系统将声学模型与三维GIS模型相结合,建立基于三维GIS的城市噪声地图。

(三)噪声地图建立过程

建立噪声地图系统分为输入、计算并检验、输出几个步骤,如图18-4-29所示。

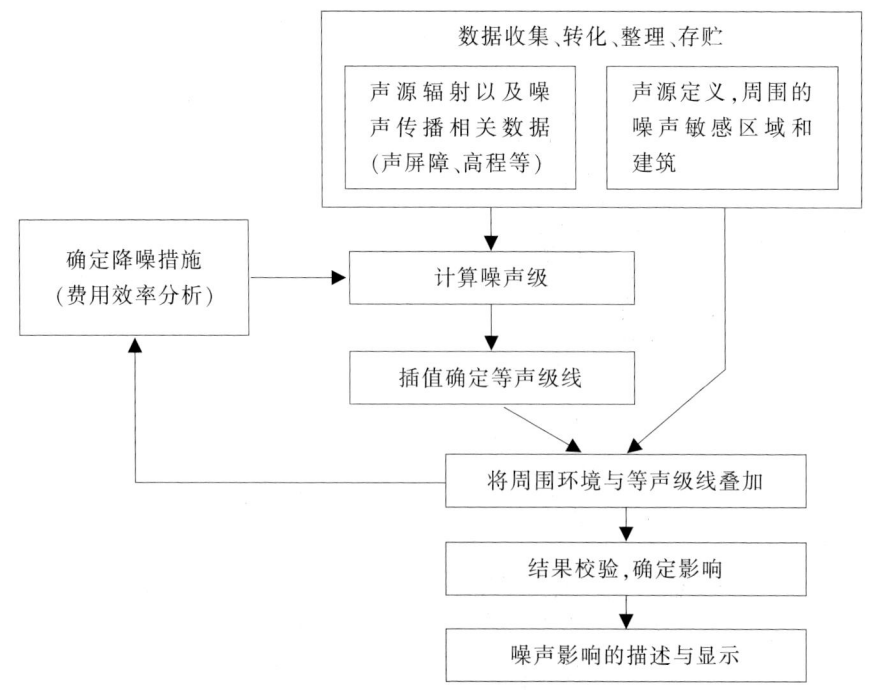

图18-4-29 建立噪声地图过程

2. 环境容量

环境容量对可持续性的要求程度较高,可采用控制点临界负荷约束,用 ADMS-Urban 模型计算输出长期平均污染物浓度,建立污染源与控制点之间的传递系数矩阵(方法如前文所述),通过线性优化模型对泰达东区的可吸入颗粒物、SO_2 和 NO_2 的允许排放总量进行计算。

五、结论

法规空气质量模型是规划环境影响评价的重要工具,为保护环境、控制大气污染提供了可靠的技术支持。第二代法规控制质量模型相对于第一代法规控制质量模型,基础数据更加翔实可靠,技术理论更加科学,大大提高了预测的精度和准确度。随着计算机技术的发展,各种可视化界面的出现方便了从业人员对模型的应用,同时能够直观地将模拟结果显示出来,使模拟更加形象生动。

同时应注意,由于规划区域污染源众多,气象条件、地形条件、区域面积和污染源状况等因素也存在着很多不确定性,这给模型的应用带来了一定的困难。因此,合理选择预测模型,科学分析气象条件、污染源种类和分布状况、控制点状况及当地的社会经济状况,对于提高模拟的准确性是相当重要的。

第五节 噪声地图法在规划环境影响评价中的应用

一、噪声地图法

近年来,随着城市汽车保有量的逐年增加、轨道交通网的不断发展,城市交通噪声污染在日益加剧的基础上,还呈现出复杂性、多样性的特征,为其管理和治理带来很大困难。目前,大城市的交通噪声具有多方面的成因,包括不同噪声源、道路条件、车况和所采取的控制措施的合理性等。由于传统的布点监测的时间和覆盖范围有一定的局限性,仪器实测数据无法区分不同的噪声源和不同影响因素的贡献量,城市交通噪声随时间起伏较大,因此固定测点的短期监测往往不能准确反映该点实际的声级情况。这样一来,完全通过布点监测来获取整个区域噪声污染水平的方法耗费大量人力物力,且无法满足目前噪声管理和技术上的需求,也不能提出具有针对性的控制措施。

噪声地图法(noise mapping)是指将噪声源的数据、地理数据、建筑的分布状况、道路状况、公路、铁路和机场等信息综合、分析和处理后,生成反映城市噪声水平状况的数据地图,以不同的颜色表示不同的噪声级。地图一般由地理信息系统结合声学仿真模型软件绘制,并通过实测数据检验校正。

噪声地图以数字与图形的方式显示了噪声污染在城市区域范围内的分布状况,通过噪声地图技术方法,能够较好地定义各类交通噪声源,比较准确地确定区域长期平均噪声水平,同时可以将不同噪声源、道路饱和度、车况、车速、交通管理手段等对交通噪声贡献量加以区分,准确地预测噪声污染水平,并能够了解采取的降噪措施的效果,分析某地区的噪声暴露水平,从空间和时间维度上较为全面地对噪声的影响进行判断和区分,使噪声控制更为有效。噪声地图法的有效应用可以为决策提供依据,同时,它也是进行声环境影响评价、方案选择或是公众参与的有效工具和技术支撑。

(一) 噪声地图法概述

目前,噪声地图已在大部分欧美国家的大

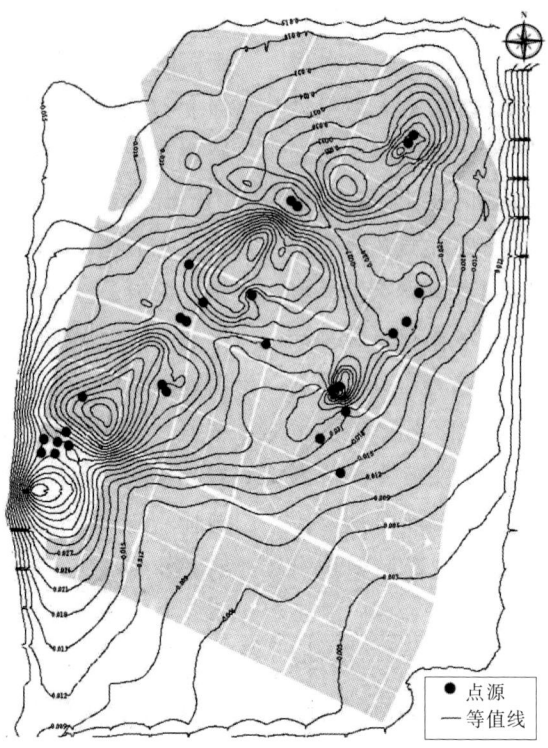

图 18-4-27　现状污染源格局的 SO_2 模拟浓度等值线图

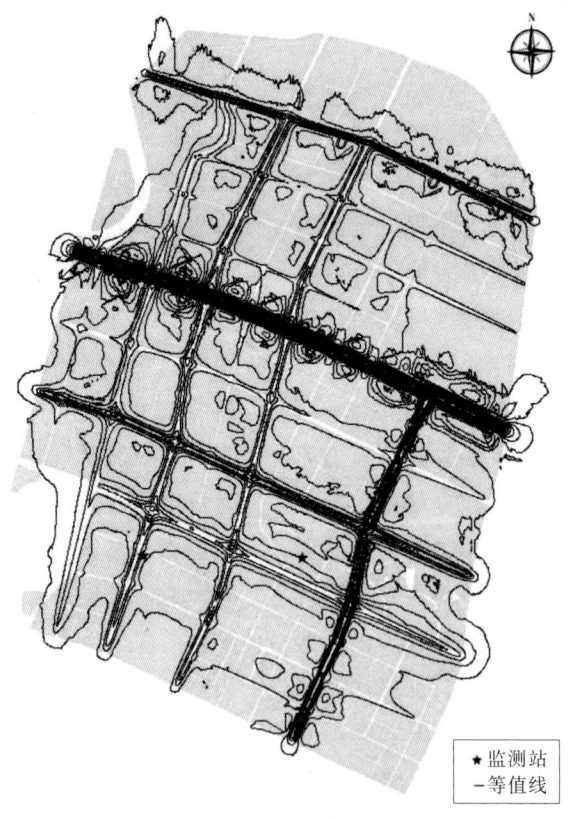

图 18-4-28　现状污染源格局的 NO_2 模拟浓度等值线图

据模型计算时采用的英国道路车辆划分标准，将机动车主要划分为重型车和轻型车。

面源主要为开放源，即露天堆场和在建工地，这些面源对可吸入颗粒物的贡献非常大。

(5)气象条件

采用 Weather Underground 网站(站号54527)确定天津市2009年逐日逐时的气象数据。

(6)地形数据

地理坐标、地面高程等数据采用 Google Earth 软件与实地测量相结合的方式确定。

(7)评价内容

模拟污染物对控制点的影响，计算大气环境容量。

(8)预测模型选用及验证

选用 ADMS-Urban 作为本评价的预测模型。

在对 ADMS-Urban 模型的模拟结果进行验证时，分别向模型中输入2009年各月的气象数据和污染源排放数据，由模型计算得到指定监测点位各月的污染物浓度日均模拟值，再将模拟值通过一定的公式转换成检验值，最后将检验值与自动监测站的大气环境质量浓度监测值进行对比。

(三)评价结果

1. 污染物浓度分布

1)可吸入颗粒物(PM10)主要由点源和面源排放。ADMS-Urban 模型在调用全年的污染源数据库及气象数据库后，计算得到可吸入颗粒物浓度的年日均值，将研究区域内污染物浓度相等的点位连接起来生成等值线图，如图18-4-26所示。

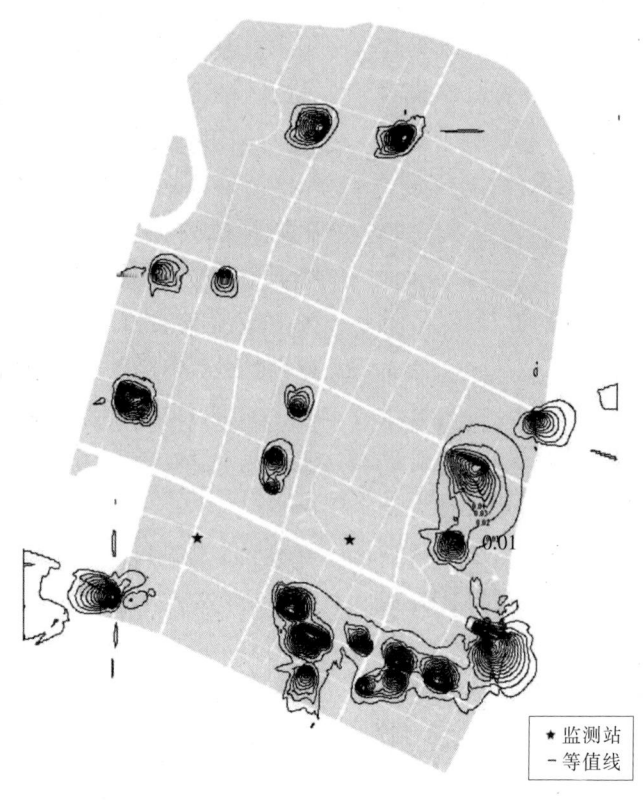

图18-4-26 现状污染源格局的 PM10 模拟浓度等值线图

2)SO_2 的排放源主要是燃煤点源，从相关部门获取并建立了点源排放数据库后，在2009年全年的气象条件下，通过 ADMS-Urban 模型计算得到了研究区域各输出点的污染物浓度值，绘制成等值线图如图18-4-27所示。

3)向 ADMS-Urban 模型输入点源和线源及 NO_2 的排放数据之后，依据2009年全年的气象条件，绘制得到 NO_2 年日均浓度的等值线图，如图18-4-28所示。

浓度限值；

n 为污染源个数；

m 为控制点个数。

2) 在应用中，还有经济优化模型，对污染源进行改善的情况下，经济投资最小。大气污染物总量控制经济优化模型可表述如下。

目标函数：$\text{Min } P = \sum_{i=1}^{m} P[i, k(i)]$

约束条件：$\sum_{i=1}^{n} a_{ij} Q[i, k(i)] \leq D_j$

$$k(i) \in \{1, 2 \cdots, L(i)\}$$

$$D_j > 0$$

式中：$P[i, k(i)]$ 为第 i 个污染源采用第 $k(i)$ 技术措施的投资额；

a_{ij} 为污染源与控制点之间的传递系数；

D_j 为第 j 个单元控制点临界负荷量/环境标准浓度限值；

$Q[i, k(i)]$ 为第 i 个污染源采用第 $k(i)$ 技术措施时的排放量；

$L(i)$ 为第 i 个污染源的方案数；

m 为控制点个数；

n 为污染源个数；

$k(i)$ 为第 i 个污染源被采纳的方案数。

6. 优化区域污染源布局

根据污染源对控制点的影响以及控制区域的大气环境容量，一方面对区域的功能区布局进行合理的规划，尽量使居住区、商业区在污染源影响范围之外；另一方面，规划方案中对污染源进行合理的调整，尽量降低污染源对控制点的影响，从而使规划区域的布局更加合理。

四、案例应用：ADMS 模拟天津经济技术开发区

(一)案例概况

南开大学应用 ADMS 对天津经济技术开发区东区规划现状进行了模拟。天津经济技术开发区东区位于天津市东部，是滨海新区的中心地带，距市中心 45 km，区域东起东海路，西至京山铁路，南靠新港四号路，北接塘沽北塘镇，规划面积 40 km²。该区域地处渤海湾西侧，属冲积-海积平原，填垫前为盐田。地面标高东高西低，按大沽高程系，平均高度为 2.5 m。经填垫后，地面标高可达 3.5 m。

该地区属温带大陆季风性气候，年平均气温 12 ℃（夏季 25.2 ℃，冬季 -2.3 ℃），年平均降水量 602.9 mm，年平均蒸发量 1 909.6 mm，年平均气压 101.64 kPa，日照百分度 65%，全年主导风向为西南风，年平均风速 4.5 m/s。

(二)评价参数确定

(1) 评价因子

天津经济技术开发区主要污染物为 SO_2、NO_2、$PM10$，因此选这三种污染物作为评价因子。

(2) 评价范围

天津经济技术开发区东区规划范围。

(3) 计算控制点确定

根据泰达东区的范围，以 500 m×500 m 对其进行网格化。将网格的交叉点作为控制点。

(4) 污染源清单

污染源划分为点源、线源和面源三类。点源的排放数据主要是从环保部门协调获取。线源数据是通过对泰达东区主要交通干道进行实地测量获得。根据该地区交通流量的特点，将一天分为忙、中、闲三个时段。忙时段是指 7:00—9:30，11:30—14:00，16:30—19:30；中时段是指 9:30—11:30，14:00—16:30；闲时段是指 19:30 至次日 7:00。对某条道路各时段轻、重两种车型的车速和车流量分别测量之后，求出一天中该道路轻、重两种车型的平均车速和车流量。该测量工作持续进行了一周的时间。面源数据的调查是先通过 Google Earth 软件确定面源位置，再进行实地测量确定面源形状与面积。

根据点源的划分，泰达东区符合点源条件的排污企业有 10 家，其中滨海能源发展有限公司热源二厂、五厂和国华能源发展有限公司属大型排污企业，共有 100 m 高烟囱 6 个。另外，还有排放高度为 30~100 m 的污染源 7 个。

道路交通源按线源处理，本研究对泰达东区 22 条主要交通干线进行了调查，调查内容包括道路长度、宽度、机动车流量、机动车车速等，并根

(三) 应用空气质量模型评价大气环境影响的主要内容

空气质量模型在规划环境影响评价中的应用主要体现在以下几个方面:①给出各类或各个污染源对任一接受点污染物浓度的贡献(污染源分担率);②预测未来规划方案实施后对空气质量影响的程度和范围;③比较各种规划方案对空气质量的影响;④实施科学的总量控制和日常的环境质量管理;⑤优化城市或区域的污染源布局。

1.污染源贡献分析

AERMOD、ADMS、CALPUFF 都可以计算出不同污染源在特定气象条件下对某一控制点的浓度影响的大小,根据不同污染源对特定控制点的浓度值,可以计算出各个污染源对任一接受点浓度的贡献,即污染源分担率。

污染源分担率:

$$k_{ij} = \frac{C_{ij}}{C_j}$$

式中:C_j 为第 j 个控制点上污染物浓度;

C_{ij} 为第 i 个污染源对第 j 个控制点的影响浓度;

k_{ij} 为污染源分担率系数。

2.污染源与控制点之间的传递系数

AERMOD、ADMS、CALPUFF 都可以计算出同一污染源在特定气象条件下对不同控制点浓度影响的大小,即传递系数,综合考虑规划区域多种、多个污染源对规划区域的影响,建立现有规划方案下污染源与控制点之间的关系,即建立污染源与控制点之间的传递系数矩阵。

污染源与控制点之间的传递方程:

$$\begin{bmatrix} C_1 \\ \vdots \\ C_n \end{bmatrix} = \begin{bmatrix} a_{12} & \cdots & a_{1n} \\ \vdots & \vdots & \vdots \\ a_{n1} & \cdots & a_{nn} \end{bmatrix} \begin{bmatrix} Q_1 \\ \vdots \\ Q_n \end{bmatrix}$$

传递系数:$a_{ij} = \dfrac{C_{ij}}{Q_i}$

式中:Q_i 为第 i 个污染源排放浓度;

C_{ij} 为第 i 个污染源对第 j 个控制点的影响浓度;

a_{ij} 为传递矩阵传递系数。

上述的传递系数矩阵包含了研究区域内污染物的长期平均特征信息。当某一种污染物的源强有所改变时,通过传递系数矩阵,能够根据源强的变化,很快得到污染物长期平均浓度分布的变化。

3.规划方案对空气质量的影响分析

某一规划方案确定之后,区域内的功能区布局及工业布局也随之确定,因此污染源也确定,将污染源清单带入预测模型,通过模型可以直接计算出控制点(敏感点)上某一污染物的浓度,结合控制标准,控制点达标与超标情况也计算了出来。运用模型后处理程序及 GIS 的软件等,可以绘出污染物扩散浓度分布图、浓度等值线图等,这样就可以对某一规划方案进行定性与定量分析。

4.规划方案对比分析

根据不同的规划方案,建立相应的污染源清单,结合当地的气候、地形等条件,通过模型计算出控制点上污染物的浓度。统计不同方案下污染物的达标率、最大值,对不同的规划方案进行比较分析,可以评价出不同规划方案对空气质量影响的差异。

5.污染物总量及环境容量分析

污染源清单建立之后,可以核算出规划区域内某一污染物的排放总量。污染源与控制点之间的传递系数确定之后,利用线性规划等方法,选取特定目标作为控制条件,可以核算出规划区域的环境容量,常用的控制条件如下。

1)控制点临界负荷约束,即保证控制点达标。

目标函数:$\text{Max } Q = \sum\limits_{j=1}^{n} Q_j$

约束条件:$\sum\limits_{i=1}^{n} a_{ij} Q_i \leq D_j$

$i = 1, 2, \ldots, n$

$j = 1, 2, \ldots, m$

$Q_i \geq 0$

式中:a_{ij} 为污染源与控制点之间的传递系数;

Q_i 为第 i 个污染源的允许排放量;

D_j 为第 j 单元控制点临界负荷量/环境标准

5）确定气象条件。

6）确定地形数据。

7）确定预测内容和预测情景。

8）选择预测模型、模型验证。

9）确定模型中的相关参数。

10）进行大气环境影响评价与预测。

11）建立污染源与控制点之间的传递系数矩阵。

12）规划方案分析、大气环境容量分析。

评价过程中应注意以下几个问题。

(1) 污染源调查

区域中的污染源比较多，且比较繁复，有点源、面源、线源、体源等，污染源数据还要满足模型计算的需求。大气污染源数据是进行大气环境容量测算的基础，因此要建立污染源排放清单，如源的位置、源的排放速率、烟气出口温度、源的高度、线源长度等。如果在模拟中考虑干沉降、湿沉降、二次转化等问题，源数据的需求情况会更加复杂。

(2) 基准气象控制条件的确定

气象条件对影响污染物的扩散至关重要，不同地区气候不一，同一地区不同时间的气象条件也不一样，合理地选用气象条件是保证评价科学性的重要基础。目前，确定气象条件的主要方法有：全年气象条件、年均值达标及污染分布图控制法、联合频率法以及典型日控制法。

全年气象条件、年均值达标及污染分布图控制法充分考虑全年气象条件和各类污染源对环境质量的影响，保证市区各功能区污染物的年均值达到国家二级标准，每年达标的天数为90%以上，用污染物的地面浓度分布图来保证市区超标区域面积低于总面积的5%。该方法紧密结合了我国现行的污染物达标概念，对扩散模型的要求较高，要求扩散模型可以计算全年每天的污染物浓度值，并且能够和地理信息系统结合，用电子地图来直观地显示污染物浓度计算结果。

联合频率法根据测算区域特征，基准控制时段多确定为采暖季，采用月平均浓度、季平均浓度为控制标准，把上述时期内的气象资料整理成为大气稳定度、风向、风速联合频率，也可以采用这些数据直接计算，计算这个时间段每天的污染物浓度和平均浓度。这种方法的优点是计算简单、方便，并且结合污染物季节性特点保证全年的污染物浓度达到国家标准。但是这种方法不能给出达标保证率，同时我国目前也无正式的污染物月或季的控制标准。

典型日控制法把当地某种大气污染物监测日平均浓度从小到大排列，寻找到一定累计概率，如90%或者95%所对应的那一天，用该天为中间值，按照浓度从小到大地排列前后 7 d 的气象条件作为基准控制条件，理论上可以保证城市区域大气环境质量90%天数或者95%天数达标。有的采用方差，即利用方差公式计算一年内每日污染物均值与95%保证率下各监测点位污染物日均值方差，选取方差最小所对应的日期，该日期作为95%保证率的控制日。该方法要求有足够的典型日天气资料和监测资料，然后对典型日天气类型分析，确定所采用的典型日确实是当地有代表性的，而不是特异天气类型，但这样做之前必须对整个冬季或者多年天气做天气类型分析，确定各种典型日条件，该基准控制日天气条件属于污染严重的典型天气。但该方法执行起来非常困难，因为一定的保证率可以对应不同的典型日气象参数组，各种参数组差别明显。

(3) 扩散模型的选取

AERMOD、ADMS、CALPUFF 在应用范围、计算数据需求上存在着一定的差异，在模型选择中要结合当地实际情况，综合考虑气象条件、污染源类型与数量条件、地形条件、测算区域大小选择合理模型。

(4) 控制点的选取

所谓控制点，就是用来标识整个控制区大气污染物浓度是否达到环境目标值的一些代表点。控制点的多少取决于所能承受的工作量，以在有足够代表性的条件下尽可能减少个数为原则。可选择如有人群分布的社区、风景名胜区、自然保护区和一些较敏感的保护区等作为控制点。另外，应尽量选择在控制区域年盛行风向下风向区域。

超过一半的土地适宜性较差,主要分布在西部和北部坡度较陡、海拔较高的山区,也包括东南平原地区的河道、水库、森林公园保护区等及其周边地区。其中,不适宜开发的土地面积约占昌平区总面积的 53.63%,较不适宜开发的土地面积占 6.53%。上述区域内不应进行大规模开发建设,在区域内应加强保护生态环境,控制城市开发建设。较适宜开发的地区主要分布在山地外围坡度稍缓的地区和东南部平原上,面积约占总面积的 11.66%,可在这些区域进行适度开发建设,并根据限制因素制定相应的防护措施。其余地区为适宜建设用地,是城市开发的优先考虑地区,建设成本相对较低,受生态环境因素的制约相对较少。

对于较不适宜的建设用地以及单因子中适宜性较差的土地,针对不同的限制条件,采取相应的规避措施,如表 18-4-41 所示。

表 18-4-41 较不适宜建设土地可采取的规避措施

限制因子	规避措施
断裂带	两侧预留 100 m 避让距离,或提高建筑物的抗震标准
地貌	200 m 高程以上土地加强绿化工作,避免大规模建设
坡度	坡度 15°以上地区避免开发建设,加强绿化,增强固土防冲能力,减少水土流失
水源河道、水库	周边预留一定范围的缓冲带,建设绿化带,禁止污水直排
蓄滞洪区	洪水淹没区域避免城镇开发建设,根据相关防洪标准建设防洪堤
森林公园	区域内部禁止进行科学研究以外的活动,外部缓冲区建设活动须执行相应环境标准
基本农田	禁止除国家重点建设项目以外的建设活动,当占用基本农田时,应根据相关规定置换

四、结论与展望

1)生态系统服务功能价值作为规划环境影响评价中的一项量化指标,适合于空间特点的规划,对于土地利用变化的生态环境影响进行综合分析。生态系统服务功能价值核算方法的引进,对土地利用规划环境影响评价技术方法体系的发展、完善具有重要的理论意义和应用价值。生态系统服务价值方法的优点在于简单实用,资料易于获得,其计算结果既能反映环境影响的现状,又能体现评价环境影响的变化趋势。缺点在于计算结果往往反映的是生态服务价值的理想值,没有考虑人类社会经济活动的改变将会对生态服务功能产生重大影响,计算结果与实际的吻合性尚不理想。为了提高生态服务价值方法在土地利用规划环境影响评价中的实用性,应该结合实际将由于外界的干扰和破坏带来的生态服务价值损失考虑在内,进行适当的修正后使用,也可以和绿色 GDP 的核算体系联合使用。同时,在生态系统服务功能价值评估的过程中,必须认真分析生态系统各项服务功能之间的关系,在分析的基础上找到价值评价的有效结点进行计算并终止,只有这样才能避免计算过程中的重复或者遗漏计算。生态系统服务功能价值评估中有效结点的确定,如何消除重复计算和遗漏计算将是今后一个重要的研究内容。

2)生态适宜性分析在规划环境影响评价中的应用相对成熟,使用比较多。将土地生态适宜性评价引入土地利用规划环境影响评价的前期研究中,可以为规划环境影响评价过程中对土地利用方式和空间布局的评价提供科学的生态适宜性依据,从而指导土地利用规划环境影响评价,进一步协调土地利用与生态环境建设的关系,在土地利用规划环境影响评价过程中具有指导意义。但是,适宜性分析过程中,等级的划分仍然缺乏更有力的依据,取得适宜性评价结果后如何更科学地指导下一步的规划工作也有待进行更深入的研究。同时,生态适宜性分析方法与生态功能分区和生态敏感性分析方法在进行评价时可能会有重复,建议进一步具体规范,同时对适宜性分析的指标体系进一步规范,在选取和量化上进行地理、农林、生态、统计等学科的综合分析,必要的时候借助强大的GIS技术来使其更加合理和完善。

3)生态系统结构和功能的复杂性使得生态系统健康评价很难选取出合适并且容易测定的具体指标,导致现有的生态系统健康评价指标体系比较庞大,应该考虑是否概括为一些简单的指标来为决策制定者提供参考;同时在进行评价时,应该注重人在生态系统中的位置,从不同角度进行评价,以表现生态系统的完整性。上文提出的指标体系是在一定的数学基础上进行计算比较,虽然能说明一些问题,但是如果能与其他生态学理论进行结合,应用遥感、地理信息系统、景观生态学原理来全面研究检测生态系统健康,会使之更具有科学性和权威性。

4)由于生态系统研究涉及面很广,有待研究的问题也很多,会受到多种因素的影响,会表现出一定的复杂性和不确定性,因此,要开展生态环境的综合评价,不仅要注重每种方法理论和技术的完善与规范,也要注重各种方法的交叉综合应用,同时要引导生态学评价方法向制度化、规范化、法制化的方向发展,达到更好的预测和评价结果。

因此,应该深入开展基于动态的生态环境评价模型的研究以及综合评价研究,比如,城市生态系统健康评价与景观生态学原理结合研究等。同时,如何科学地确定适合的生态学评价方法和评价标准,并进行细化和规范化将是需要研究的重要领域。

第七节 循环经济分析方法在规划环境影响评价中的应用

发展循环经济是提高资源利用效率,缓解我国经济快速发展带来的不利环境影响,实现可持续发展的有效途径,同时也是规划环境影响评价中的重要内容。《规划环境影响评价技术导则(试行)》(HJT130-2003)中,对规划环境影响评价中开展循环经济分析做出了直接或间接的规定。2008年颁布的《中华人民共和国循环经济促进法》明确提出,"各级政府在制定产业政策、环境保护规划、社会经济发展规划等各种规划时,应当包括发展循环经济的内容",对这些规划进行环境影响评价时,循环经济分析必然成为重要的内容,规划环境影响评价中的循环经济分析有了法律上的要求。但不管是在规划环境影响评价的技术导则中,还是具体的实践中,对于规划环境影响评价中循环经济分析的重点、技术程序和方法并无明确的规定,目前也尚无较为成熟的经验和做法,亟待研究和完善。

一、规划环境影响评价中循环经济分析的目的和意义

规划环境影响评价是环境保护参与综合决策的主渠道,是从源头防止环境污染和生态破坏的根本途径,是实现可持续发展的重要制度保障。通过将循环经济理念纳入发展规划的环境影响评价,可以从循环经济角度进一步完善产业链、提高资源的综合利用率并减少污染物的排放。同时,规划环境影响评价在我国推行不久,技术方法还有待进一步完善,而规划往往涉及众多项目,已具备实施循环经济的较好条件,将循环经济理念纳入规划环境影响评价,可以拓展其评价思路,完善其评价内容,加强环境影响评价在资源管理中的作用,增强环境影响评价介入综合决策的能力,提高环境影响评价的效力。总体

而言,规划环境影响评价是一种制度和手段,而循环经济则是一种理念和方法,二者可以互相补充与促进。

二、规划环境影响评价中循环经济分析的主要内容

规划环境影响评价中的循环经济分析主要是针对产业系统,分析产业系统在生态效率和废物资源化利用方面与其他区域的差距以及与本区域环境保护、节能减排要求的差距,评价产业系统循环经济产业链的完整性和合理性,从而最终为规划环境影响评价中产业规划方案的优化调整及规划实施的环境管理提供建议。因而规划环境影响评价中的循环经济分析应以循环经济产业链、产业生态化水平、生态效率与资源生产力分析为重点研究内容。

(一) 生态产业链的稳定性评价

循环经济的实现依托于产业链,而产业链的稳定在于核心企业。在对生态产业链的稳定性进行评价时,首先对核心产业(企业)进行稳定性评价,主要包括该行业发展前景、企业发展潜力,以及废物(下游企业的原料)产生量、成分和性质的稳定性等。其后,对产业链链节的抗干扰能力进行分析,分析时要充分考虑到在上游企业出现波动时,下游企业的生存能力,就企业之间如何达到"规模和质量"的动态匹配进行分析和设计,提出相应的对策。

(二) 潜在产业链的挖掘和可行性评价

建立科学合理的产业链,跨越单个企业或行业,使企业产生的废物重新成为原料和资源,从而达到"减量化、再利用、资源化"的目的。将循环经济理念纳入规划环境影响评价后,规划环境影响评价应采取交叉(行业交叉、企业交叉)评价的方法,评价产业链是否可行、是否稳定,并从技术可行、经济可行、环境可行3个方面进行充分论证。

(三) 规划产业生态化水平分析

结合环境现状调查和经济发展与环境保护相关数据的搜集,采用环境库兹涅茨曲线(Kuznets)分析当前经济增长对环境质量的影响。根据发展规划和评价目标,分析产业的空间布局及区域开发、发展战略的环境影响,通过共享信息和公共基础设施以及区域范围内企业、社会和自然界之间的物质交换和能量利用,建立高效、低耗的可持续工业生态系统,以废物减量化、资源化、无害化为主线,在资源和能源上形成循环经济的系统,进而促进整个产业区工业生态系统的形成。

(四) 生态效率与资源生产力分析

生态效率是对经济绩效和环境绩效的有机整合,对企业可持续发展起到了重要的推动作用。由于它能反映经济和环境"双赢"的目标,因此逐渐被应用于区域和国家层面。目前,生态效率已被许多政府和企业所接受,并成为政策制定者的重要参考指标。资源生产力衡量的是单位生产和消费对环境产生的影响,主要体现了经济增长与资源环境压力之间的关系。区域生态效率和资源生产力分析,通过采用物质流分析方法研究经济活动中的资源代谢,利用进入经济系统的物质流作为环境压力和可持续发展程度的示踪指标,可以解决"定量评价循环经济发展水平"的难题。

三、规划环境影响评价中循环经济分析的技术程序

基于循环经济理论模型提出规划环境影响评价中循环经济分析技术程序(图18-4-35),主要包括规划方案分析、现状调查与评价、环境影响识别与指标体系建立、循环经济综合分析评价、循环经济发展措施建议、循环经济监测与跟踪评价等6个部分。它们分别可以融入规划环境影响评价中的规划方案分析过程,环境现状调查、环境影响识别与评价指标确定过程,环境影响预测、分析与评价过程,环保对策与减缓措施拟定、公众参与以及实施监测与跟踪评价过程中去,从而在规划环境影响评价全过程中体现和落实循环经济理念。

一般在区域规划环境影响评价中,建议设

置循环经济分析与评价专题，注重对潜在产业链的挖掘和可行性评价，突出生态产业链的稳定性评价，在区域发展循环经济"优势—弱势—机会—威胁"分析（SWOT分析）的基础上提出该区域发展循环经济的战略选择与对策。

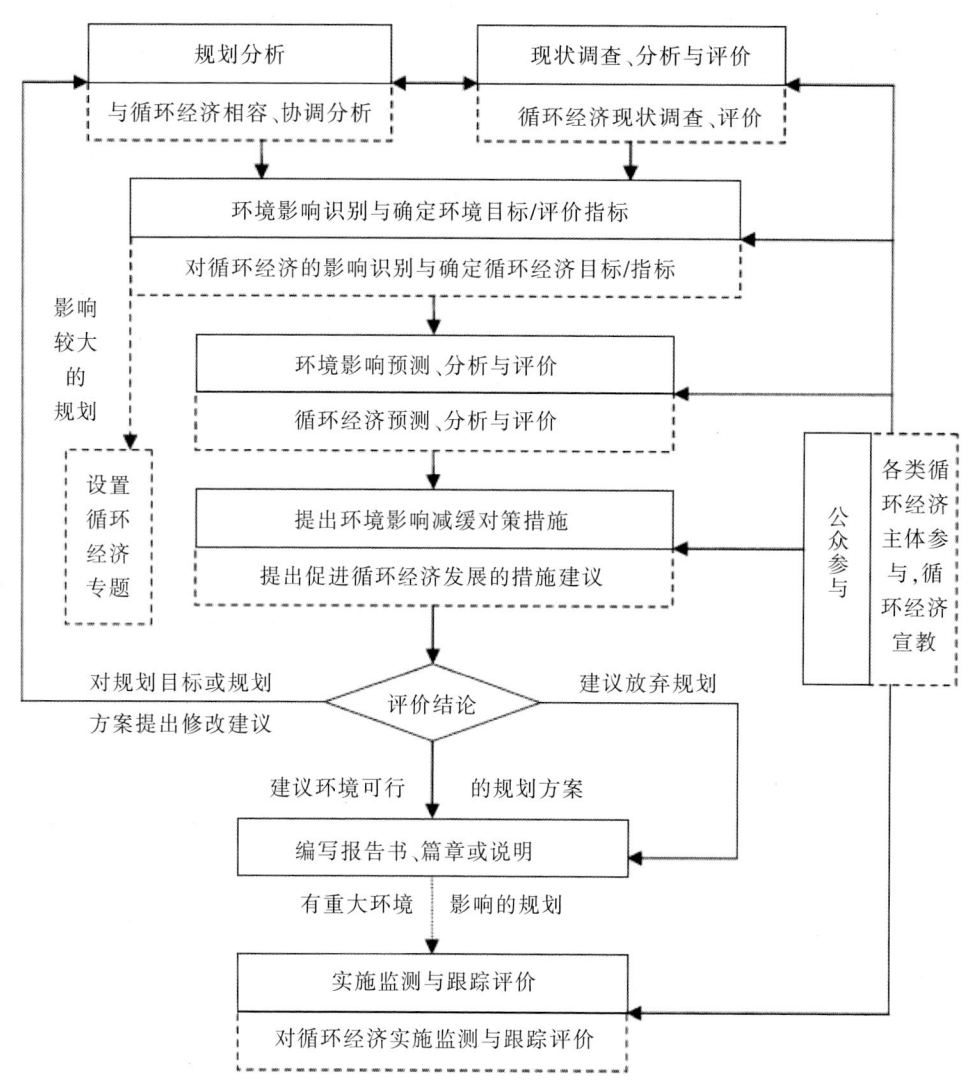

图18-4-35　规划环境影响评价中循环经济分析技术程序

四、规划环境影响评价中循环经济分析的主要方法

围绕循环经济分析的目标，主要进行基于循环经济理念的指标分析以及循环经济的SWOT分析，主要采用的方法如下。

（一）DPSIR模型分析方法

评价指标体系是整个规划环境影响评价工作的关键环节，直接影响评价的内容和深度，也是规划环境影响评价落实循环经济理念最直接、最有效的切入点。指标的建立应以资源、经济耦合关系进行分析，在区域人均GDP与能源消耗强度、水资源消耗强度、固体废物产生强度、废气产生强度的关联关系研究的基础上确定，确保指标体系能够体现区域循环经济的发展水平，从总体上衡量循环经济各方面发展的成果。通常，该指标体系包括环境和资源两个准则，环境指标主要体现传统环境影响评价末端控制的特点，如采用污染物排放综合达标率，污染物处理率等指标。而资源指标主要体现循环经济的"废物减量化、资源化、无害化"原则，充分反映资源的合理利用，如采用直接物质投入量（DMI）和单位资源的GDP产值等反映"减量化"原则；

用废物循环利用率反映"再循环"原则;用物质平均使用年限反映"再利用"原则。

指标体系建立的主要方法是以"压力—状态—响应"(PSR)模型或者"驱动力—压力—状态—影响—响应"(DPSIR)模型为基本工具,以循环经济理念为指导,确定模型中各类指标的内涵。图18-4-36为基于DPSIR模型的指标体系该框架,在具体应用中,可直接依据相关模型及各类指标的内涵,从所评价的具体规划的实际情况出发设定具体指标。

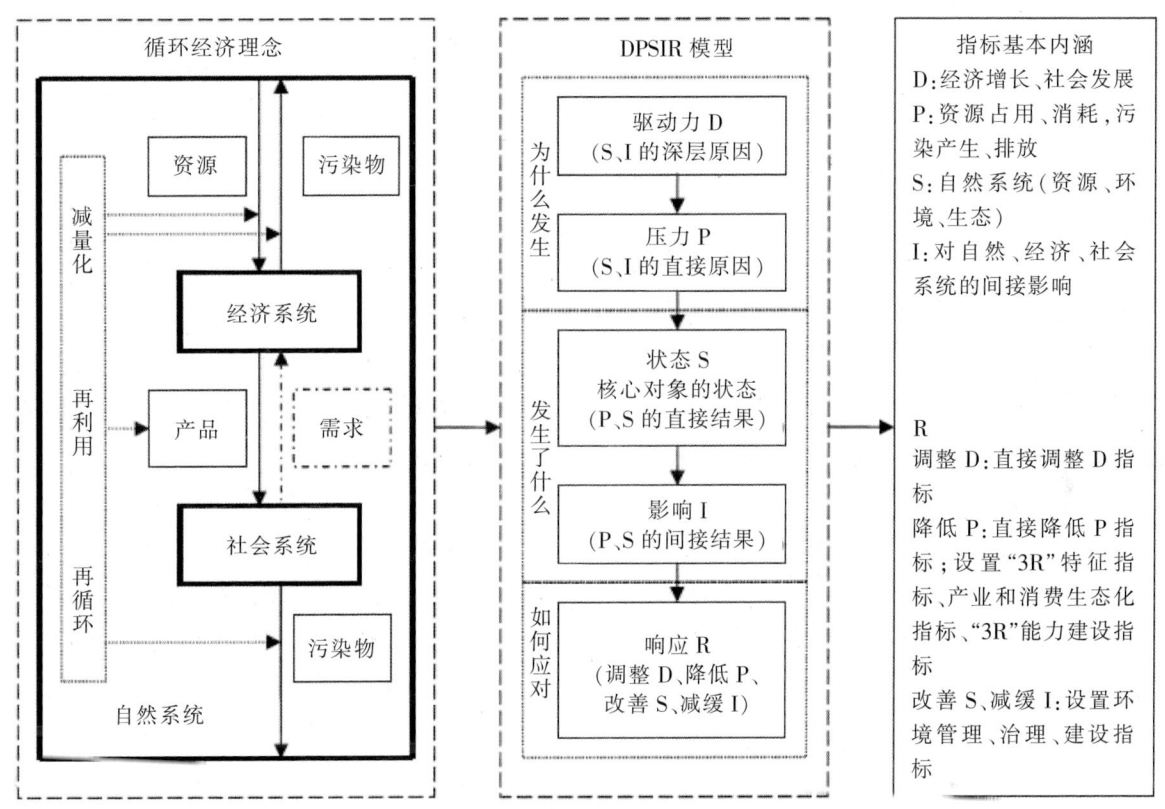

图18-4-36 基于DPSIR模型的指标体系建立框架

(二)SWOT分析方法

SWOT分析法是哈佛大学商学院的企业战略决策教授安德鲁斯(K. Andrews)在20世纪60年代提出的战略管理理论。SWOT分析,即对研究客体面临的优势(strength)、弱势(weakness)、机会(opportunity)、威胁(threat)的分析。其分析的基本原理是通过对组织、个人、产业或区域等研究对象内部条件和外部环境做系统分析,了解研究对象内部所具有的优势和存在的劣势,分析影响研究对象的外部机会和威胁,并在此基础上选择最优行动战略,最大限度地调动资源和优势,利用机会,规避风险,获得可持续发展的可能性。其概念性模型见图18-4-37。SWOT分析法是目前战略管理和区域发展规划领域中广泛使用的分析工具。对区域发展循环经济进行SWOT分析,可以明确主、客观条件,更好地发挥优点,避开不利因素,抓住当前机遇。

从整体上看,SWOT可以分为两部分。第一部分为SW,主要用来分析内部条件;第二部分为OT,主要用来分析外部条件。另外,每一个单项如S又可以分为外部因素和内部因素。

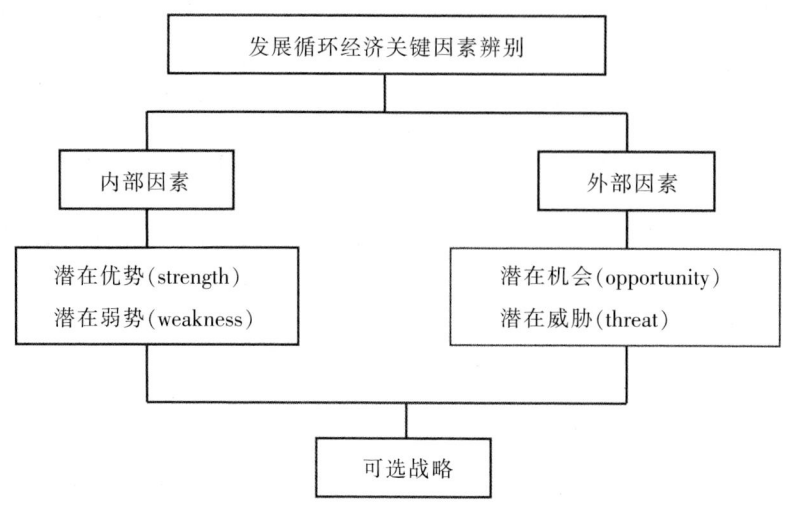

图 18-4-37　SWOT 分析概念模型

五、应用案例：武汉市"十一五"规划环境影响评价循环经济分析

(一)案例背景

本节以《武汉市国民经济和社会发展第十一个五年规划纲要(草案)》(以下简称武汉市"十一五"规划)环境影响评价为例,探讨循环经济分析方法在规划环境影响评价中的应用。

武汉市"十一五"规划环境影响评价从落实科学发展观的原则出发,评价"十一五"规划中城市建设与产业发展的相关内容。针对武汉市资源开发利用和环境保护中存在的主要问题,通过对武汉市国民经济和社会发展规划的全面分析,综合评价武汉市资源环境对"十一五"期间经济社会发展的支撑能力,分析预测规划可能产生的环境影响,并提出完善规划的对策与建议,为促进武汉市生产力的合理布局、资源的优化配置,建设资源节约型、环境友好型社会奠定科学基础。

(二)循环经济分析方法

1.基于循环经济理念的规划指标分析

本案例采用经济合作与发展组织(OECD)的"压力—状态—响应"(PSR)模型,建立指标体系逻辑框架,如图 18-4-38。

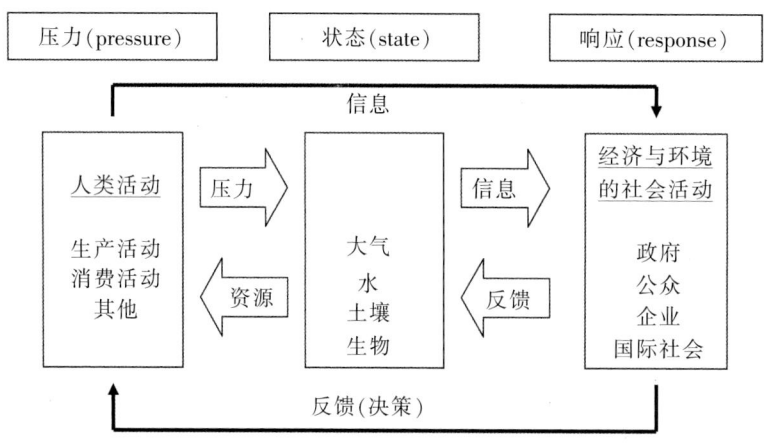

图 18-4-38　OECD"压力—状态—响应"(PSR)模型

由于循环经济主要解决资源环境对社会经济发展的瓶颈约束问题,协调生态系统与生产系统的良性运行,因此对于评价对象要考虑以下 3 个方面。

(1)资源循环利用与能源梯级利用

循环经济首先要以"减量化、再利用、资源化"原则来解决资源与能源的可持续利用问题,提高生产和再生产活动的生态效率,以最少的资源能源消耗,取得最大的经济产出和最低的污染排放。

(2)输入端、过程中和输出端3个环节

要形成效率较高的物质循环模式,必须进行输入端、过程中和输出端3个环节的全过程管理,实现"减量化、再利用、资源化"的有机结合。

(3)生产领域与消费领域

生产领域是发展循环经济的主体内容,消费领域是发展循环经济的"助推器",是重要的战略环节。评价循环经济的发展水平必须对这两个领域进行全面考察。

根据循环经济的3个方面的评价对象,对PSR模型进行修正。如图18-4-39所示,循环经济的生产、消费活动通过输入端、过程中和输出端3个环节对资源、能源进行合理利用,对环境与自然资源产生压力,一般来说为正压力,即对资源环境产生良性影响。决策者对这些影响所导致的资源环境状态变化做出响应,通过行政手段和市场手段相结合,激励循环经济相关技术研发应用,鼓励重点行业和企业积极主动改变生产方式,促进粗放型经济增长方式向集约型、环境友好型经济增长方式转变,进一步推动循环经济的良性发展。

根据该模型构建循环经济评价指标体系结构框架(表18-4-42),包括3个指标层面。

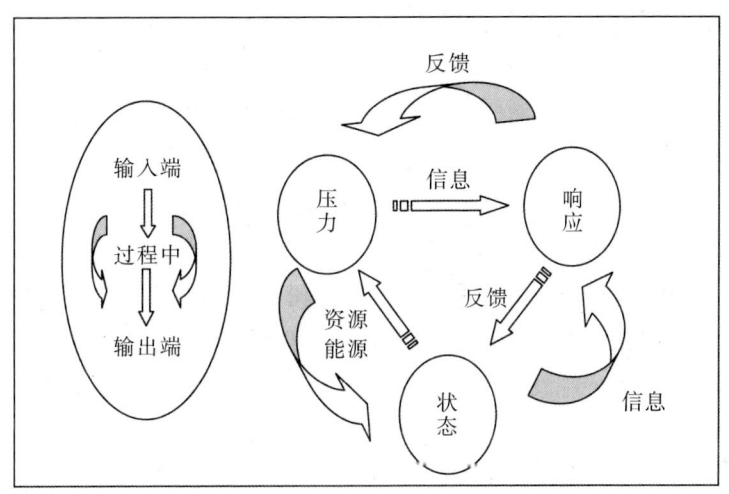

图18-4-39 基于循环经济评价的PSR模型

表18-4-42 循环经济评价指标体系结构框架

压力指标			
环节 \ 领域	输入端	过程中	输出端
生产领域	国民生产总值资源总量	国民生产总值资源消耗总量	国民生产总值废物排放总量
消费领域	人均资源可利用量	人均资源消耗量	人均废物排放量
状 态 指 标			
环节 \ 领域	输入端	过程中	输出端
资源利用	资源生产率	资源循环利用率	污染物最终处理率
能源利用	能源结构指标	能源利用效率	空气污染物排放指标
响 应 指 标			
社会支撑体系指标		产业支撑体系指标	

1)压力指标,即社会经济评价指标,分别从输入端、过程中和输出端3个环节考察生产与消费两大领域的循环经济活动。

2)状态指标,即环境与自然资源评价指标,用以反映循环经济对环境与自然资源所造成的状态改变,主要从3个环节考察对资源与能源利用的可持续性。

3）响应指标，即制度指标，用以反映政府或企业对环境与自然资源状态变化所做出的决策回馈，主要体现在社会支撑体系和产业支撑体系的建设。

通过采用基于PSR模型的循环经济评价指标体系结构框架对照规划草案中循环经济相关指标，分析这些指标的构成和设置是否以循环经济理念为指导原则，是否对武汉"十一五"期间发展循环经济具有导向性作用。

武汉市"十一五"期间循环经济的发展目标为形成低投入、低消耗、低排放和高效率的节约型增长方式，建设资源节约型、环境友好型城市，与循环经济相关的指标有：单位GDP水耗、万元生产总值能耗、工业用水重复利用率等10项指标。将这些指标，纳入循环经济评价指标体系结构框架当中。其中，单位GDP水耗、万元生产总值能耗属于输入端生产领域的压力指标。工业用水重复利用率、工业固体废物综合利用率、污水处理回用率这3个指标属于过程中资源利用状态指标。工业废水排放达标率、工业废气排放达标率、工业固体废物处置利用率、城市污水集中处理率、生活垃圾无害化处理率均属于输出端资源利用状态指标。

2. 发展循环经济SWOT分析

本部分运用SWOT方法，通过识别武汉市发展循环经济的优势、劣势，以及"十一五"期间武汉面临的机遇与挑战，分析武汉市"十一五"期间循环经济相关措施是否有利于武汉市实现节约型社会和环境友好型社会的建设目标，并给出相应的对策建议。

(1) 发展循环经济的潜在优势(strength)

S-1：承东连西、贯通南北的枢纽作用十分突出，发展壮大废物资源化再生中心有得天独厚的优势。

S-2：强大的科教与人力资源优势为武汉市通过技术创新、制度创新、机制创新，发展特色循环经济提供了支持。

S-3：武汉市的环保产业发展迅速，已成为武汉市环保工业生产结构乃至整个环保及相关产业结构最主要的部分，为构建虚拟产业链条积累了宝贵经验，奠定了良好基础。

S-4：武汉市已经初步开展发展循环经济的实践工作。

(2) 发展循环经济的潜在弱势(weakness)

W-1：传统工业所占比重较大，资源能源消耗率偏高。

W-2：循环经济实践经验不足。

W-3：经济环境困难。

W-4：缺乏促进循环经济发展的制度环境和管理机制。

(3) 发展循环经济的潜在机会(opportunity)

O-1：国家实施促进中部崛起战略的重大机遇，有利于提升武汉市在全国经济发展格局中的战略地位和作用，争取循环经济相关项目布点以及政策支持和资金支持。

O-2：全省大力推进武汉城市圈建设的机遇，有利于循环经济相关产业的兴起与发展壮大。

O-3：国务院明确提出必须大力发展循环经济，建设资源节约型和环境友好型社会，为武汉市发展循环经济指明了方向和途径。

O-4：我国循环经济的实践已经取得积极进展，对武汉市全面发展循环经济提供宝贵的借鉴经验。

(4) 发展循环经济的潜在威胁(threat)

T-1：各地区发展循环经济竞争激烈。

T-2：生产企业和公众对发展循环经济的目的和重要意义认识不足。

将以上4个方面识别的主要信息，进行组合因素分析，可以得到SO、ST、WO、WT的组合分析结果，即武汉市发展循环经济的措施，这些措施与武汉市"十一五"规划的对循环经济工作的部署进行对比，如表18-4-43。

对比武汉市所提出来的发展循环经济的具体措施，给出结论与建议，如武汉市生态工业园区的规划建设要避免工业园区刚性发展，建议引导虚拟型生态工业模式的发展；进一步完善循环经济政策支撑体系。

表 18-4-43　SWOT 分析结果与武汉市"十一五"规划主要措施对比

主要方面	SWOT 分析结果	"十一五"规划的主要措施
企业内部的小循环	在钢铁、电力、化工、建材等行业内,引入生态产业链接技术,开展物流的回用和能流的梯级利用。进一步推动中小型企业的开展清洁生产工作	全面推广清洁生产,在钢铁、电力、化工、建材等行业内形成一批循环经济企业
企业间的中循环	借国家试点的机会加快国家级循环经济工业园区规划建设。促进稳定、高效、柔性的虚拟产业链条的形成,同时避免废物处理造成的二次污染	开展循环经济试点,加快循环经济工业园区规划建设。建设生态工业园区
生产和消费领域的大循环	推进全社会节约能源,大力倡导建筑节能与交通节能;强回收网络的建设,提高末端回收利用水平	完善再生资源回收体系,推进工业废物综合利用和再生资源回收利用。推进绿色消费
辐射中部的地区性循环共赢体系	在区域层面上进行综合型的整合。建立起物质和能量间的闭路循环,形成规模经济。发展静脉产业	—
保障措施	进一步完善循环经济政策支撑体系,形成促进循环经济健康发展的良好制度环境	完善发展循环经济的政策体系,实施有利于资源节约的价格和财税等相关政策

六、结论

科学发展离不开规划环境影响评价,生态文明建设必须建立在循环经济的基础上。将循环经济理念和方法纳入区域规划环境影响评价,既能丰富环境影响评价的内容并能提高其实用性,又可为循环经济的推广提供有效途径,两者的结合有巨大的潜在价值。

目前,我国环境影响评价工作中已经开始对循环经济的问题进行分析和探讨,并且循环经济已经成为规划环境影响评价文件的重要内容而被广大环境影响评价工作者所接受,并进行了大胆的尝试。然而,将循环经济纳入区域规划环境影响评价是一新生事物,并且尚无国外成功经验可供参考,缺乏统一的规范和指导,环境影响评价文件中循环经济部分的内容还存在较多问题,仅仅是对一少部分能抓住的产业链或物质循环链进行分析,而不能对发展循环经济提出建设性的意见和对策。应当积极吸取清洁生产纳入项目环境影响评价的实践经验,加快建立适合循环经济发展要求的区域规划环境影响评价技术方法、评价指标体系和评价标准,把资源的合理利用放在环境影响评价的主要地位,用循环经济的理念指导规划环境影响评价工作的全过程。

通过区域生态产业链的设计与规划,减少生产过程的资源和能源消耗,实现废物再利用。随着规划环境影响评价的进一步推广及其研究的进一步深入,循环经济与区域规划环境影响评价的结合将日臻完善。

第八节 费用效益分析方法在规划环境影响评价中的应用

一、环境费用效益分析

(一)环境费用效益分析概述

环境费用效益分析,也叫"环境影响的经济评价""环境影响的经济损益分析",是环境影响评价中重要的技术方法。环境影响是人类的社会经济活动,包括政策和开发项目等对环境及自然资源配置造成的任何有益的或有害的变化,而且这种变化通常可以通过剂量反应关系进行量化。对于任何评估这些影响的范围,确定是否颁布和执行某项政策,是否开发和建设某个项目,都需要量化环境影响。环境费用效益分析就是通过对环境影响进行价值评估,从而把人们对环境的关注纳入项目或者规划的可行性研究中,它是评估环境影响的主要评价技术,也是鉴别和量度一个项目或者规划的经济效益和费用的系统方法。

(二)环境费用效益分析的理论基础

环境费用效益分析以古典经济学理论为基础,强调个人和社会的福利及其改进。该理论认为,个人所满足的程度和经济的福利水平,可以用人们为消费商品和劳务而愿意支付的价格来表示和度量。在很多情况下,个人消费的物品和劳务实际上并未支付,但是个人意愿支付的货币原则上可以从行为观察、调查资料或者其他方式得到。该理论还设想用个人货币支付累加值作为社会福利的度量。费用效益分析方法的作用主要表现在两个方面:一是判断政策或者环境项目经济的可行性和经济效益;二是对多个替代方案排序,识别最经济的替代方案。因此,费用效益分析是福利经济学的一种应用,以帕累托准则作为费用效益分析的基础。

在环境费用效益分析中,帕累托准则是一个重要的概念。该准则认为一个人得到好处而不造成对其他人损失时的资源分配,在经济上是最有效率的。根据这个效率准则,社会净福利和净效益最大时,也就是总效益与总费用之差最大时,社会的资源利用效率最高。因此,实际中帕累托准则不能够真正实现,只是要求总效益大于总损失。

二、环境费用效益分析主要方法

费用效益分析多从估算支付意愿或接受赔偿意愿入手,主要方法有3种:一是从直接受到影响的物品的相关市场信息中获得,即市场评价法;二是从其他事物中所蕴含的有关信息中获得,即揭示偏好法;三是通过调查个人的支付意愿或者接受赔偿意愿获得,即陈述偏好法。

(一)直接市场评价法

1.医疗费用法和人力资本法

医疗费用法计算由疾病引起的所有成本。人力资本法计算由于污染引起的过早死亡的成本,该法用收入的损失估计过早死亡的成本。这两种方法是用于估算环境变化造成的健康损失成本的主要方法,或者说是通过评价反映在人体健康上的环境价值的方法。

(1)步骤与方法

1)识别环境中可致病的特征因素(致病动因),即识别出环境中包含哪些可导致疾病或死亡的物质,如 $PM10$、SO_2 等。

2)确定致病动因与疾病发生率和过早死亡率之间的关系。

3)评价处于风险之中的人口规模。

4）估算由于疾病导致缺勤所引起的收入损失和医疗费用：对疾病所消耗的时间与资源赋予经济价值。

$$I_c = \sum_{i=1}^{k} L_i + M_i$$

式中：L_i 为 i 类人由于生病不能工作所带来的平均工资损失；

M_i 为 i 类人的医疗费用（包括门诊费、医药费、治疗费等）；

I_c 为由于环境质量变化所导致的疾病损失成本。

5）估算由于过早死亡所带来的影响：利用人力资本法来计算由于过早死亡所带来的损失，则年龄为 t 的人由于环境变化而过早死亡的经济损失等于他在余下的正常寿命期间的收入损失的现值。

$$Value = \sum_{i=1}^{T-t} \frac{\pi_{t+i} \cdot E_{t+i}}{(1+r)^i}$$

式中：π_{t+i} 为年龄是 t 的人活到 $t+i$ 年的概率；

E_{t+i} 为在年龄为 $t+i$ 时的预期收入；

r 为贴现率；

T 为从劳动力市场上退休的年龄。

(2)所需数据与信息

1）致病动因的水平（F）。

2）可致病的环境质量阈值（S）。

3）超过阈值的强度（X）。

4）与强度相对应的持续时间（Y）。

5）与上述因素相对应的发病率（N，每百万人口 n 例）。

6）暴露人群的评估：分布规律、敏感人群统计等。

7）剂量-反应关系：$N=N(F)F=(S,X,Y,\cdots)$。

8）与上述发病率对应的工时损失数和医疗费用耗费。

9）单位工时工资、医生工资、设备折旧、药品价格等。

2.重置成本法

重置成本法是估算环境被破坏后将其恢复原状所要支出的费用，重置成本是按在现行市场条件下重新构建一项全新环境资产所支付的全部货币总额。重置成本与原始成本的内容构成是相同的，而两者反映的物价水平是不相同的：前者反映的是环境资产评估日期的市场物价水平，后者反映的是当初购建环境资产时的物价水平。在其他条件既定的情况下，环境资产的重置成本越高，其经济价值就越大。

(1)适用范围与条件

1）空气污染、水污染、噪声污染。

2）土壤侵蚀、滑坡以及洪水风险。

3）土壤肥力降低、土地退化。

4）海洋和沿海海岸的污染和侵蚀。

(2)应满足条件

1）人们能够了解和理解来自于环境的威胁。

2）人们能够采取措施保护他们自己免受影响。

3）能够估算并支付这些保护措施的费用。

(3)影子工程法

影子工程法是重置成本法的一种特殊形式。当环境产品或服务由于某一开发项目的建设而损失或减少时，环境产品或服务的经济成本可以通过考察一个假想的、可以提供替代品的项目的成本来近似加以衡量。"影子工程"只是一个概念，并非实实在在的工程，通常，用来评估水污染造成的损失、森林生态功能价值等。用复制具有相似环境功能的工程的费用来表示该环境的价值，是重置成本法的特性。如果这种复制行为确会发生，则该费用一定小于该环境的价值，只能作为该价值的最低估计值。如果这种行为可能不会发生，则该费用可能大于或小于环境价值。

3.生产力损失法

生产力损失法属于直接市场评价法，该方法根据生产力的变动情况来评估环境质量变动所带来的影响。它把环境质量看作一个生产要素。环境质量变化导致生产率和生产成本变化，进而导致产品价格和产出水平的变化。而价格和产出的变化是可观察且可测量。该法就是利用市场价格赋予环境损害以价值（环境成本）或评价环境改善所带来的效益。这种方法认为环境变化可以通过生产过程影响生产者的产量、成本和利润，或是通过消费品的供给与价格变动影响消费者福利。

(1) 步骤与方法

1) 估计环境变化对受者(财产、机器设备或者人等)造成影响的物理效果和范围。例如，森林砍伐所造成的后果之一是导致土壤损失3%，受影响的区域有100亩(1亩≈666.67 m²)。

2) 估计该影响对成本或产出造成的影响。例如，土壤减少3%会导致玉米产量减少2%，假设未受影响前，每亩地的产量为500 kg，则每亩地的产量损失为10 kg。

3) 估计产出或者成本变化的市场价值，即：

$$E=\left(\sum_{i=1}^{k}p_iq_i-\sum_{j=1}^{k}c_jq_j\right)_x-\left(\sum_{i=1}^{k}p_iq_i-\sum_{j=1}^{k}c_jq_j\right)_y$$

式中：p 为产品的价格；

c 为产品的成本；

q 为产品的数量。

根据上面的假设，每亩地玉米的收成将因为森林砍伐减少10 kg，受影响的区域有100亩，假设玉米的市场价格为1.0元/kg，则因森林砍伐造成的该类损失为10×100×1.0=1 000元。

(2) 所需的数据与信息

1) 生产或消费活动对可交易物品的环境影响证据。

2) 有关所分析物品的市场价格的数据。

3) 在价格可能受到影响的地方(或时候)，对生产与消费反应的预测。

4) 如果该物品是非市场交易品，则需要与其最相近的市场交易品(或替代品)的信息。

5) 对可能的或已经实施的行为调整进行识别和评价。

4. 机会成本法

所谓机会成本，就是做出某一决策而不做出另一决策时所放弃的收益。它是一种非货币成本，不体现在会计账目中，通常被用来衡量决策的后果。在评估无价格的自然资源方面，运用机会成本法估算保护无价格的自然资源的机会成本(比如，保护自然保护区)，可以用该资源作为其他用途(比如，农业开发、林业)可能获得的收益来表征。机会成本法常用于那些资源使用的社会净收益不能直接评估的项目，尤其适用于对那些具有唯一性特征的环境资源进行开发的项目评估：其开发方案与环境系统的延续性是有矛盾的，其后果是不可逆的。项目开发可能使一个地区发生巨大变化，以至于破坏原有的环境系统，并且使这个环境系统不能重新建立和恢复。项目开发的机会成本是在未来一段时间内保护环境系统得到的净效益的现值，保护环境的机会成本是失去的开发效益的现值。

(二) 揭示偏好法

1. 旅行费用法

旅行费用法是通过交通费、门票费和花费的时间成本等旅行费用来确定旅游者对环境物品或服务的支付意愿，并以此来估算环境物品或环境服务价值的一种方法。旅行费用法是一种比较成熟的方法，常被用来评价那些没有市场价格的自然景点或者环境资源的价值。

(1) 步骤与方法

1) 定义和划分旅游者的出发地区：以评价场所为圆心，把场所四周的地区按距离远近分成若干个区域。距离的不断增大意味着旅行费用的不断增加。

2) 在评价地点对旅游者进行抽样调查，例如，站在评价地点的入口处，询问每个旅游者的出发地点，收集相关信息，以便确定用户的出发地区、旅游率、旅行费用和被调查者的社会经济特征。

3) 计算每一区域内到此地点旅游的人次(旅游率)。

4) 求出旅行费用对旅游率的影响，即：

$$Q_i=f(C_{Ti},X_1,X_2,\cdots,X_n)$$
$$Q_i=\alpha_0+\alpha_1C_{Ti}+\alpha_2X_i$$

式中：Q_i 为旅游率，$Q_i=V_i/P_i$；

V_i 为根据抽样调查的结果推算出的 i 区域中到评价地点的总旅游人数；

P_i 为 i 区域的人口总数；

C_{Ti} 为从 i 区域到评价地点的旅行费用；

X_i 为包括 i 区域旅游者的收入、受教育水平和其他有关的一系列社会经济变量，

$X_i=(X_1,\cdots,X_n)$。

5)确定对该场所的实际需求曲线:根据第一步的信息,对每一个出发地区第一阶段的需求函数进行校正可求出每个区域旅游率与旅行费用的关系,即

$$C_{Ti}=\beta_{0i}+\beta_{1i}V_i$$

$$\beta_{0i}=-\frac{\alpha+\alpha_2 X_i}{\alpha_1},\beta_{1i}=\frac{1}{\alpha_1 P_i}$$

6)计算每个区域的消费者剩余。

7)将每个区域的旅游费用及消费者剩余加总,得出总的支付愿望,即评价景点的价值。

(2)该方法适用范围

1)休闲娱乐场地。

2)自然保护区、国家公园、用于娱乐的森林和湿地。

3)水库、大坝、森林等兼有休闲娱乐及其他用途的地方等。

(3)该方法需要满足的条件

1)这些地点是可以到达的,至少在一定的时间范围内可以到达。

2)所涉及的场所没有直接的门票及其他费用,或者收费很低。

3)人们到达这样的地点,要花费大量的时间或者其他开销。

2.防护费用法

当某种经济活动有可能导致环境污染时,人们采用相应的措施来预防或治理环境污染的费用就是防护费用。这种方法常被用来评价环境资源价值。防护费用的负担可以有不同的形式:可以采取"谁污染谁治理",由污染者购买和安装环保设备自行消除污染的方式;可以采取"谁污染谁付费",建立专门的污染物处理企业集中处理污染物的方式;也可以采取受害者自行购买相应设备,而由污染者给予相应补偿的方式。

面对环境变化,人们可能会采取以下防护行为:采取防护措施,如采取防止土壤侵蚀的措施、安装水净化和过滤设施等,这些因为采取保护措施而发生的费用,就是防护费用;购买环境替代品,如为了避免当水源地受到污染而使公共供水系统受到影响时,人们可能会购买瓶装水,购买这些替代品的费用可被视为一种防护支出;搬迁,对环境变化反应较强烈的人会迁出受污染区域,这种迁移所发生的费用也可以看作防护支出。

(1)步骤与方法

1)识别环境危害:如城市交通的增长会带来噪声等级的增强和空气污染的增加;水的供应中可能会出现水质下降和供应短缺相交加的状况。

2)界定受影响的人群。

3)获得人们反应措施的信息和数据。

4)直接观察为免遭环境损害影响的实际支出(例如,为防止土壤侵蚀而修梯田,减少噪声而装双层窗)。

5)对所有受到危害的人进行广泛的调查。

6)对感兴趣的人抽样调查,主要用于对空气和水环境质量下降,或者对噪声采取个别措施的家庭。

7)专家意见:对预防和保护措施的费用,对损害进行恢复或者采用替代环境资产所需的费用,或者购买环境替代品所需的成本,都可以采用征询专家意见的方法。

(2)适用范围与条件

1)空气污染、水污染、噪声污染。

2)土壤侵蚀、滑坡以及洪水风险。

3)土壤肥力降低、土地退化。

4)海洋和沿海海岸的污染和侵蚀。

(3)应满足条件

1)人们能够了解和理解来自于环境的威胁。

2)人们能够采取措施保护他们自己免受影响。

3)能够估算并支付这些保护措施的费用。

(三)陈述偏好法

意愿调查价值评估法是陈述偏好法主要的应用方法,是以调查问卷为工具来评价对缺乏市场的物品或服务所赋予的价值的方法。它通过询问人们对于环境质量改善的支付意愿(WTP)或忍受环境损失的受偿意愿(WTA)来推导出环境物品的价值。

(1)步骤与方法

1)识别环境危害:如城市交通的增长会带来噪声等级的增强和空气污染的增加;水的供应中可能会出现水质下降和供应短缺相交加的状况。

2)界定受影响的人群。

3)获取信息和数据。

4)直接观察为免遭环境损害影响的实际支出(例如,为防止土壤侵蚀而修梯田,减少噪声而装双层窗)。

5)对所有受到危害的人进行广泛调查。

6)对感兴趣的人抽样调查,主要用于对空气和水环境质量下降,或者对噪声采取个别措施的家庭。

7)专家意见:对预防和保护措施的费用,对损害进行恢复或者采用替代环境资产所需的费用,或者购买环境替代品所需的成本,都可以采用征询专家意见的方法。

(2)适用范围与条件

1)空气污染、水污染、噪声污染。

2)土壤侵蚀、滑坡以及洪水风险。

3)土壤肥力降低、土地退化。

4)海洋和沿海海岸的污染和侵蚀。

(3)应满足条件

1)人们能够了解和理解来自于环境的威胁。

2)人们能够采取措施保护他们自己免受影响。

3)能够估算并支付这些保护措施的费用。

(4)局限性

1)各种偏差的存在:信息偏差、支付方式偏差、起点偏差、假想偏差、部分—整体偏差、策略性偏差。

2)支付意愿与接受赔偿意愿的不一致性。

3)抽样结果的汇总问题。

(5)意愿调查价值评估法的适用范围

1)空气和水质量。

2)休闲娱乐(包括钓鱼、游园)。

3)无价格的自然资产的保护,如森林和原始区域。

三、环境费用效益在规划环境影响评价中的应用

(一)规划环境影响评价与环境费用效益分析

环境影响评价作为我国一项基本的环境管理制度,在协调经济发展和环境保护方面发挥了重要作用。我国的发展经验一般以经济效益为主要目标,没有具体考虑环境影响所产生的费用和效益的评价模式,不可避免地存在诸多弊端。因此,将有关经济学的理论方法(如费用效益分析)融入传统的环境影响评价之中是很必要的。我国相关的法律法规规定,要对建设项目进行"环境影响的经济损益分析"。对于在规划环境影响评价中是否应该进行环境影响经济评价没有明确规定,相应的理论研究较少。但国内有不少环境费用效益分析的实践涉及的都是宏观环境问题,从研究尺度和内容上接近规划环境影响评价。费用效益分析在项目环境评价中得到了广泛的应用,同样,在规划环境评价中它仍然会发挥着重要的作用。规划环境影响评价的核心工作就是为规划方案的优化决策提供环境依据,并提出环境影响的减缓措施,而方案优选的基础工作之一就是进行环境影响的经济分析,通过对规划层次上的费用效益分析,更能有机地结合"环境"和"发展"两方面,便于决策者有效决策。

规划需要考虑经济和社会以及生态方面的问题,有必要在决策的过程中,尽早地考虑系统内部的成本和效益。这就需要一个能够给决策者提供必要信息的工具,使决策者在批准意向规划、计划方案前,认识到其决定会带来的总体效果。规划环境影响评价是将环境影响评价引入规划阶段,以期望在规划过程开始就关注环境问题,避免规划完成后对环境造成重大的不可挽回的影响。所以,规划环境影响评价中引入环境经济分析,目标就是对规划方案的环境影响用经济价值予以表征,以便更完整地分析整体规划的费用效益,为最终决策提供服务和支持。同时,环境经济分析能更直观地向专家和公

众表达环境影响的严重程度,有利于公众参与。所以,从费用效益分析的完整性角度来讲,环境经济分析是规划环境影响评价中非常重要的一个环节。

费用效益分析法既可应用于规划环境影响评价的预测阶段,还可应用于评价的减缓措施与环境管理阶段:①将环境影响的经济评价结果纳入规划的费用效益当中,从而影响规划或为规划的某些方面提供参考;②在具体的规划过程方案比选时,发挥重要的依据作用,帮助决策者制定出符合费用有效原则的决策;③在是否采用某些重大环保措施时,将环保措施的费用和可能避免的环境损失或者可能创造的环境效益进行比较,衡量环保措施的经济可行性,实现有效的环境管理。

规划环境影响评价要求环境费用效益分析在宏观上提供决策的依据和参考,要求具有很强的可操作性和实用性,所以规划环境影响评价的费用效益分析应该满足以下条件:①精确度不必太高,但方法要求有很强的操作性和实用性;②不必面面俱到地进行分析,而是需要分析筛选,抓主要问题,把握大方向;③进行环境经济分析的前提是验证该项目的合法性,比如,是否有可能违反涉及土地、自然保护区等的相关法令,并且满足重大生态环境因素的制约,比如,是否穿越重大生态敏感区域,是否破坏重要动植物物种等。

(二)环境费用效益分析的技术程序

项目环境影响评价中开展费用效益分析的方法研究较多,由于规划层面涉及的规划种类较多,因此应用费用效益分析的结构也不同。一般而言,规划环境影响评价中,开展费用效益分析的步骤如下。

(1)环境影响的筛选,确定规划目标和研究范围

费用效益分析的任务是评价解决某一环境问题各方案的费用和效益,然后通过比较从中选择净效益最大的方案,辅助决策的制定。因此,首先应确定规划目标和研究范围,以及为解决这一环境问题的各种方案和该方案跨越的时间范围。确定了费用效益分析的对象和范围,即评价对象是环境影响,范围是环境影响评价的范围。在进行环境费用效益分析时,环境影响筛选遵循的原则为:一是环境影响是外部影响;二是环境影响是重大的、已经确定的影响;三是环境影响易于被量化和货币化。

(2)环境功能分析

环境问题带来经济损益,是由于环境资源的功能遭到破坏,反过来影响经济活动。环境资源的功能是多方面的,环境问题带来的损失也是多方面的,因此要分析研究对象的功能,进而计算环境问题带来的经济损失。

(3)确定环境破坏程度与环境功能危害的关系

环境破坏程度与环境功能危害之间的定量关系是费用效益分析的关键,通常通过科学实验和统计调查而得到。

(4)备选方案的环境影响分析

备选方案改善环境功能的效益取决于方案改善环境的程度,分析阐述不同方案的影响。

(5)计算备选方案的环境保护效益费用与效益,并进行对比分析

费用包括投资和运转费用,计算各备选方案可以获得的直接经济利益,从费用中扣除。最后根据各自的形成时间,计算费用和效益的现值,进而用现值进行费用与效益做比较,得出净效益的现值,综合对比后根据环境经济净现值或环境效费比评判环境经济可行性。

规划环境影响评价中,费用效益分析的程序见图18-4-40。

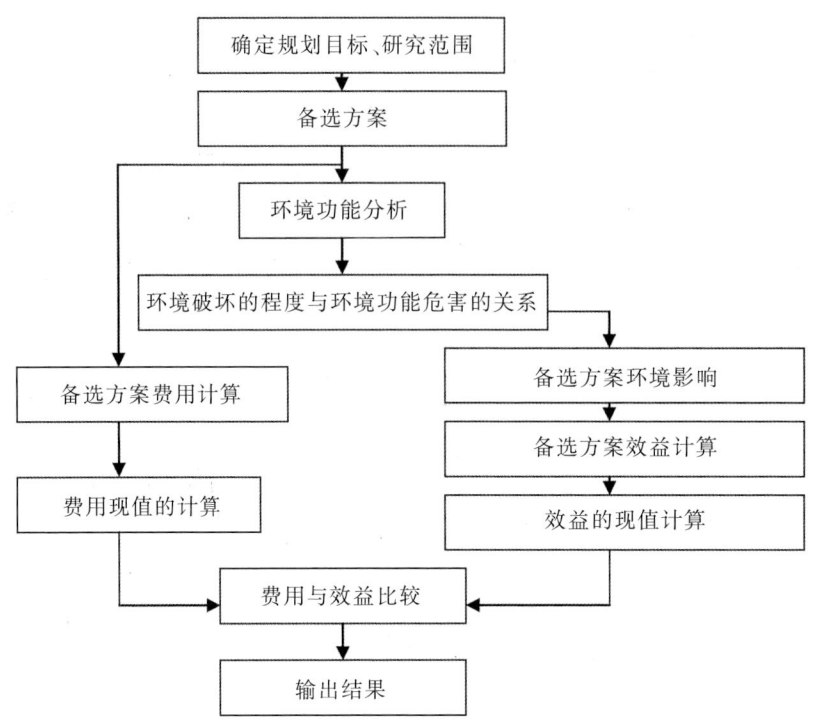

图 18-4-40 费用效益分析的程序

(三) 案例分析：天津市经济技术开发区土地利用的环境影响经济评价

本次研究对开发区的土地利用中的工业、房地产、商业、农业、基础设施、水面积及总面积等七项内容进行了调查。这是一个区域环境影响的实例，也属于规划环境影响评价的范畴。

在对该经济技术开发区的土地利用情况和环境污染状况进行调查后，以 1992 年和 1995 年的工业利税为代表(从土地占有看，1992 年工业用地占产业用地的 70%，1995 年占 87%)分析了土地利用的经济收益情况。

1) 1992 年工业利税为 1.46 亿元，开发区内工业用地 509 亩(1 亩≈666.67 m²)，亩均工业利税为 29 万元。占用土地后，其环境损益值包括以下几项。

农作物产值：1 400 元×509 亩=71.26 万元

产氧功能损失值：8 600 元×509 亩=437.74 万元

废气造成损失值：5.00 元×2 800 t(煤)=1.40 万元

废水损害值：0.15 元×34 500 t=0.52 万元

废渣损害值：3.10 元×840 t=0.26 万元

环境损益值共 511.18 万元，其中农业经济和制氧损益值为 509.00 万元，占总损益值 99%，而工业环境污染损益值仅占 1%，损益值与工业和税收收益相比为 0.03。

2) 1995 年工业利税为 4.86 亿元，工业用地 3 428 亩，亩均工业利税为 14 万元。环境损益如下。

农作物产值：2 000 元×3 428 亩=685.60 万元

产氧功能损益值：8 600 元×3 428 亩=2 948.08 万元

废气损害值：5.00 元×1 200 t(煤)=6.00 万元

废水损害值：0.15 元×1.50 万 t=2.25 万元

废渣损害值：3.1 元×2.89 万=8.96 万元

环境损益值共 3 650.89 万元，其中农业经济和生态损益值 3 633.68 万元，占总损益值 99%。工业环境污染损益值也占 1%。而损益值与收益比为 0.08。

最后，对比 1992 年和 1995 年的环境损益和经济效益的情况，认为 1995 年的经济收益和经济效益两项指标均低于 1992 年，是亩均收益减少和工业用地、环境污染增加等原因所造成。应用货币化技术很好地表征了开发区土地利用中环境效益和经济效益之间的关系。

(四) 环境费用效益分析结果的不确定性

在环境费用效益分析当中，各种研究方法

均包含了一定程度的估算成分，对环境影响的货币价值的估算和贴现率的选择均有主观判断的因素，所以其评价结果只是真实价值的近似值，因为其中包括省略、偏差和不确定性因素。省略、偏差和不确定性是一些没有被量化的环境影响或者是出于其他原因被省略的环境影响。例如，计算空气污染物导致的发病率和死亡率时，就有很大的不确定性。所以，在一定程度上，评估的结果都是不确定的，不确定性的类别和来源决定必须对其进行充分的认识。

规划环境影响评价中，环境费用效益分析涉及的关键性的省略、偏差和不确定性，如果对评价结论产生影响，需要在分析的报告中列出，其可能影响应以"+""-"和"不确定性"的等级来表现，以使决策者能够理解这些环境影响将如何改变所估算的现值或者收益率，表示出其对环境影响的收益、成本的影响趋势。此外，应该试着用一些简单的、单一的敏感性分析，专门考察高度不确定的假设条件，并改变这些假定，看它们对规划的经济分析结果有什么影响。

为此，需要在结论中清楚地说明诸多影响因素产生以及处理后可能出现的结果。报告需将每一部分评价的成果，按照顺序先后，用清楚、高度概括的逻辑语言表达确定或否定的结论。

四、结论

我国的环境影响评价制度中早就明确了要对环境影响进行经济评价，但是到目前为止还没有明确地规定出环境费用效益分析的概念、范围、方法和程序，也没有对其所需的资料提出相应的要求。因此，需制定环境费用效益分析的相关导则，对环境费用效益分析的一些具体内容予以规范。

环境费用效益分析建立在环境影响评价的基础上，但很多的分析方法都是针对受体进行的，特别是直接市场法，然而环境影响评价的结果却不能完全满足环境费用效益分析的需要。

第九节 低碳分析方法在规划环境影响评价中的应用

环境影响评价实施30多年来，经历了从浓度控制到污染物总量控制、从末端治理到清洁生产、从工厂车间到区域环境、从项目环境影响评价到规划环境影响评价的发展历程，对于遏制环境污染和生态破坏、协调经济发展与环境保护发挥了重要作用。随着社会经济的发展和人类对自然规律认识的不断深入，全球气候异常现象促使人类开始反省自身行为对全球范围环境的影响和作用机制，环境管理的视角随之逐步由工厂和区域的常规污染治理转向全球尺度的温室气体总量控制，低碳理念首次从全球尺度来考量人类的经济活动与环境保护的关系。在这个最前沿的研究领域中，规划环境影响评价需要紧跟国家战略调整的步伐和环境管理的发展，在关注环境问题的范围上主动向全球拓展，在寻求环境问题的根源上积极向战略源头迈进。将低碳分析方法纳入我国的规划环境影响评价，从战略高度评价区域的碳排放，可以保障决策过程充分融入对碳减排目标的考虑。本节将探讨碳排放分析方法在我国规划环境影响评价中的应用及其实践。

一、用于规划环境影响评价的碳排放计量方法分析

（一）IPCC（政府间气候变化专门委员会）碳排放核算模型

规划环境影响评价对碳排放的考虑，是从

战略层面对拟评规划或区域碳排放的审视和评估,因此适合采用自上而下的计算方法,即利用国家官方公布的能源统计数据来计算主要化石燃料燃烧产生的CO_2排放量。

目前使用较普遍的估算化石燃料燃烧的碳排放量计算公式为:

$$C_{total}=\sum_i C_i$$

$$C_i=(Q_i\times\beta_i\times\alpha_i-B_i\times\beta_i\times\alpha_i\times\eta_i)\times\gamma_i$$

式中:C_i 为第 i 种化石燃料的碳排放量(t);

Q_i 为第 i 种化石燃料的实物表观消费量(t);

β_i 为第 i 种化石燃料的能源转换系数(标准煤换算系数与标准煤能源转换系数的乘积,TJ/t 标准煤);

α_i 为第 i 种化石燃料的潜在碳排放因子(t/TJ);

B_i 为第 i 种化石燃料用作原料、材料的实物消费量(t);

η_i 为第 i 种化石燃料用作原料、材料时的固碳率;

γ_i 为第 i 种化石燃料燃烧过程的碳氧化率。

按照《中国能源统计年鉴》对能源消费的分类,i 值包括原煤、洗精煤、其他洗煤、型煤、焦炭、焦炉煤气、其他煤气、原油、汽油、煤油、柴油、燃料油、液化石油气、炼厂干气、天然气、其他石油制品、其他焦化产品等17种燃料。

具体来讲,该模型的计算过程可以表述为以下几个步骤。

1.估算各种化石燃料的消费量 Q_i

用于计算碳排放的化石燃料消费量,理论上是指直接发生在研究区域的地理范围内的能源实际消费总量。由于实际消费量很难准确统计,在计算碳排放量过程中,大都使用表观消费量来表征实际消费量。虽然两者有些差异,但是表观消费量基本上可以较为真实地反映一个国家一定时期内的能源消费状况。

表观消费量=生产量+进口量−出口量−国际航线加油和库存变化

但是由于国际航线加油和库存变化数据在某些国家和区域可得性较差,有些学者经过研究认为,国际航线加油和库存变化数据相对很小,可以省略,表观消费量可直接简化定义为:

表观消费量=生产量+进口量−出口量

根据我国能源统计数据的特点,表观消费量一般可直接采用《中国能源统计年鉴》中能源平衡表的"可供本地区消费的消费量"项的各种能源消费量数据进行计算。

由于 IPCC 提供的碳排放因子是以单位能源消耗的碳排放量,因此如果统计数据为实物消费量,则还应转换为标准消费量,即将实物能源消费量统一为通用的能源单位,一般是万亿焦耳(TJ):

燃料标准消费量=燃料实物消费量×标准煤折算系数×能量转换系数

2.估算燃料的含碳量

燃料含碳量由燃料表观消费量与潜在碳排放因子的乘积而得。潜在碳排放因子是指燃料的单位热值含碳量。由于我国没有国内权威的燃料潜在碳排放因子,已有研究大都采用 IPCC 推荐的国际通用参数。

3.估计用作原料、材料的燃料碳储藏量

用作原料、材料的能源消费是指石化能源产品没有作为能源使用(即不作为燃料、动力使用),其消费实质是作为生产其他产品(一般是非能源产品)的原料或作为辅助材料。因为没有发生燃烧过程,所以其使用过程的碳排放与能源的燃烧消费方式不同,不是单纯的碳原子经过氧化反应而生成 CO_2 的过程,即其内部的碳不会像燃料燃烧一样基本以 CO_2 的形式排入空气中。例如,石油化学工业、化肥工业等行业生产乙烯、化纤单体、合成氨、合成橡胶等产品所消费的石油、天然气、原煤和焦炭等,这些能源作为原料投入生产过程,通过一系列化学反应逐步生成新的物质,构成新产品的实体。能源用作原材料与用作加工、转换有着本质的不同。用作加工、转换的过程,投入的是能源,产出的主要产品还是能源,或属于加工、转换过程中产生的不做能源使用的其他副产品和联产品。而用作原材料时,投入的是能源,产出的主要产品却是能源范畴以外的产品,包括产出的某种产品在广义上可以用作能源(比如,可以燃烧以提供热量),但通常意义上不做能源使用(能源加工转换产出的不做能源使用的其他副产品和联产品除外)的产品。由于它只是化石燃料消费的一种趋向,因此它的值一定比化石燃料的表观消费量要小,其数据来源一般与表观消费量相同。我国的能源统计体系专门单独列出了工业终端能源消费中的用作原料、材料的能源消费量。因此,在估算化石燃料燃烧的碳排放时,需要扣除这部分能源使用后的碳储藏量。

各种能源作为原料、材料使用后的碳储藏量不同,实际监测的工作量繁重,一般采用固碳率来进行估算固碳量。

固碳量=用作原料、材料的燃料消耗量×含碳量×固碳率

固碳率就是固定在产品中的碳占原料中总碳量的百分数。

4.估算碳排放量

将燃料总的含碳量减去保留在产品中的碳储藏量,理论上就是燃料燃烧产生的碳排放量。IPCC推荐的碳氧化率缺省值为1,即假定燃料完全燃烧、内部的碳完全氧化成CO_2的理想情况。我国目前很多研究也采用了碳氧化率为1的默认值。实际上,限于当前的科技水平和人为因素,燃料燃烧过程不可能为完全燃烧,碳排放率很难达到1。不同的燃料,其燃烧过程的碳氧化率也不同。通常情况下,气体的碳氧化率高于液体的碳氧化率,而液体的碳氧化率则高于固体的碳氧化率。

碳排放量=(燃料总的含碳量−固碳量)×燃料燃烧过程中的碳氧化率

(二) IPCC 碳排放核算模型的缺陷

国家作为一个行政整体,根据系统的物质守恒原理,各类能源的总投入量等于终端能源的消费量加上加工转换和输送过程的损失量。因为表观消费量已经考虑了能源的进出口量和库存变化,因此以国家为尺度进行能源消费的碳排放统计,不存在进出口之外的其他超出国家边界的能源流动途径,即用表观消费量可以既方便又完整地计算一个国家的能源燃烧碳排放量。但是对于省域等区域范围的碳排放计量而言,这些方法则存在较大的缺陷,主要表现在没有科学考虑电力等区域间流动能源消费引起的间接碳排放的责任分担问题。

区域间的流动能源,主要是指经过能源加工行业生产的、可以在不同区域流动调配的二次能源,包括发电、供热、炼焦、炼油、制气和煤制品加工等行业生产的电力、热力、洗精煤、焦炭和成品油等产品能源。这些能源的生产过程直接消费了大量的原煤和原油等一次能源,并且这些数据相对容易统计并且已纳入我国的统计体系。但是此过程的"消费"并非全部是燃烧而直接排放CO_2的过程。实际上,除了火力发电和供热等生产方式外,相当一部分"消费"仅仅是"转化"过程,将原煤、原油等一次能源加工转化为更方便人类利用的洗精煤、焦炭、汽油和柴油等二次能源。而这些二次能源的终端消费才是碳排放的主要途径,"转化"过程的能源消费相对很小,在数据缺乏的情况下甚至可以忽略不计。

通过对流动能源的分析可知,有些能源的实际消费过程和碳排放过程在空间上是分离的(比如,火力发电),有些能源的表观消费统计量并非是直接发生碳排放的能源消费量(比如,原煤的表观消费统计量就包括了转化为洗精煤、焦炭等的消费量)。从系统整体的角度可知,这对国家层次碳排放计算的影响是不大的,因为电力、洗精煤和焦炭等二次能源基本上是在国家范围内流动调配并消费,即可以用能源的表观消费量计算,也可以用终端消费量计算。但是,对于国家层次以下的不同区域而言,由于这种区域间的流动调配,直接用表观消费量计算区域碳排放,可能会由于责任分担不公平而造成发展空间的不平等问题。在研究区域的碳排放计量时,由于表观消费量仅仅是指研究区域内的煤炭、油品、天然气等实物能源的消费,由此计算出的是在研究区域内部消费的能源利用的直接碳排放。从表面上看,这种计算方法准确地表征了该区域地理范围上的碳排放,所有区域排放量的总和也等于全国的碳排放总量,然而这种计量过程忽略了电力等流动能源消费所引起的间接碳排放。在当前还没有征收碳税而要评价碳排放

责任的时候,正是由于碳排放的外部成本没有体现在商品价格上,即消费者没有承担这种成本,参照以往的污染物生产者责任原则,人们往往仅从生产排放的角度来衡量碳排放,而忽略了CO_2的污染属性(影响范围和时效等)与以往的污染物不同。在当前低碳技术尚不成熟的时候,不能简单地服从"谁排放谁负责"的原则,而应该是"谁受益谁负责"。从战略环境评价(SEA)的角度来讲,更应关注消费者的碳排放,从而促进低碳发展。对于电力生产者的低碳化转型,从行业评价角度去进行更为有效合理。

1.电力

随着我国经济社会的发展和产业结构的升级,我国发电量增加迅速,从1990年的621.32 TW·h发展到2009年的3 714.7 TW·h,增加了将近6倍,同时电力消费在我国终端能源消费中的比重也日益增加。从电源结构上看,火力发电是我国电力生产的最主要来源,近20年来一直保持在80%左右的比例。火力发电消耗大量的碳基能源,一直是各个国家和地区碳排放的最主要来源之一。从生命周期的角度看,战略环境评价(SEA)不应忽略电力消费所引起的间接碳排放,否则不利于低碳理念在全社会的普及。并且,由于电力消费的特殊性,本区域生产的电力未必是在本区域消费,本区域消费的电力也无法区分是高排放的火电,还是相对低排放的水电、核电和风电等,因此在现有的技术水平和统计体系下,往往无法直接计算本区域电力消费的实际碳排放。此外,我国电力生产的区域差异性较大。2008年火力发电量最大的江苏达到2 631.34亿kW·h,而青海的火力发电才103.23亿kW·h,并且随着区域经济发展的不平衡,这种差异性也将日益加大。区域间的电力调配规模较大,而且火电相对于水电、核电、风电等清洁电力生产方式的碳排放系数也较高,这样会造成拥有较高的火力发电比重的区域碳排放量也将偏高,而电力消费则发生在其他区域。火力发电行业的地理空间分布现状有其历史原因,也有区域的资源禀赋原因,在短期内很难得到改变。简单地将电力消费引起的间接碳排放责任归咎于电力生产部门,这样的计量方法有失偏颇。因此,区域的碳排放计量应科学地考虑电力消费引起的间接碳排放。

2.热力

一般情况下,我国的热力生产主要供应于本地消费,因此本地热力消费的间接碳排放可以直接由本地热力生产所消耗的各项化石燃料总量进行计算。

3.洗精煤、汽油等二次能源

由于资源禀赋和产业结构等原因,二次能源在我国区域间的调入调出量很大,由此造成表观消费量与能源的终端消费量差异巨大,即本地生产的二次能源未必在本地消费,而它却反映在表观消费统计数据中。直接用表观消费量进行计算,会将其他区域消费的能源排放量归于能源加工区域,从而造成以能源加工为主的区域碳排放偏高。与电力消费的间接碳排放不同,二次能源构成复杂,且其流通途径难以有效统计,考虑到其消费过程是碳排放的主要途径,因此使用研究区域的能源终端消费量进行碳排放计算,更为合适。

(三)适用于环境影响评价的碳排放核算模型

基于以上分析可知,在计算区域碳排放时,直接使用表观消费量的计量方法有失偏颇,也会造成不同区域的发展空间不公平。若用这种方法进行碳排放计量和决策评价,则会产生错误的产业发展导向。因此,基于对上述问题的分析和我国能源消费统计的特点,提出一种适用于规划环境影响评价的、面向区域公平发展的碳排放计量改进模型。考虑到电力生产的高排放,将碳排放量区分为本地非电力生产的直接排放量和电力间接排放量。

基于发展公平的能源消费碳排放计量公式如下:

$$C_{total}=C_{直接}+C_{电力}$$

$$C_{直接}=\sum_i [Q_{终端\ i}+Q_{供热\ i}+Q_{损失\ i}]\times\beta_i\times\alpha_i-(B_i\times\beta_i\times\alpha_i\times\eta_i)\times\gamma_i$$

$$C_{电力}=(E+\varepsilon)\times\sigma$$

$$\sigma=TC/TE$$

$$TC = \sum_i TQ_i \times \beta_i \times \alpha_i \times \gamma_i$$

式中：C_{total} 为区域的碳排放总量(t)；

$C_{电力}$ 为本地电力消费的间接碳排放量(t)；

$C_{直接}$ 为本地非电力生产的能源消费直接碳排放量(t)；

$Q_{终端_i}$ 为第 i 种化石燃料的终端消费量(t)；

$Q_{供热_i}$ 为用于本地供热的第 i 种化石燃料消费量(t)；

$Q_{损失_i}$ 为第 i 种化石燃料的损失量；

β_i 为第 i 种化石燃料的能源转换系数(标准煤换算系数与标准煤能源转换系数的乘积，TJ/t 标准煤)；

α_i 为第 i 种化石燃料的潜在碳排放因子 (t/TJ)；

B_i 为第 i 种化石燃料用作原料、材料的实物消费量(t)；

η_i 为第 i 种化石燃料用作原料、材料时的固碳率；

γ_i 为第 i 种化石燃料燃烧过程的碳氧化率；

E 为区域的电力终端消费量(kW·h)；

ε 为区域的电力损失量(kW·h)；

σ 为全国电力消费平均等效排放因子 $[t/(kW·h)]$；

TC 为全国电力生产的碳排放总量(t)；

TE 为全国电力生产总量(kW·h)；

TQ_i 为用于全国电力生产的第 i 种化石燃料消费量(t)。

按照《中国能源统计年鉴》对能源消费的分类，i 值包括原煤、洗精煤、其他洗煤、型煤、焦炭、焦炉煤气、其他煤气、原油、汽油、煤油、柴油、燃料油、液化石油气、炼厂干气、天然气、其他石油制品、其他焦化产品等 17 种燃料。

这样的计量模型，由电力消费区域承担电力生产过程中的碳排放责任，符合环境经济学的"消费者责任"原理，既保证了资源禀赋不同的区域拥有相同的发展空间，也促使全国所有区域重视电力消费的间接碳排放，有利于全国碳排放总量的削减和低碳理念的全面落实。

我国的电力生产主要是由火电、水电、风电和核电构成。其中，火力发电是依靠大量燃烧煤炭等化石燃料来提供发电动力，而水电、核电和风电则是依靠水利势能、核能和风能等清洁能源，其生产过程基本属于零碳排放。从生命周期的角度评价，水电、核电和风电在发电设备的生产和运行等过程中也消耗了原料和能源，也间接排放 CO_2 等温室气体。本文认为，发电设备的生产和运行等过程的碳排放已经在工业生产过程的终端消费时进行了计算，不应在电力生产过程进行重复计算，因此可以认为，水电、核电和风电在电力生产过程中的碳排放系数近似为零，电力生产的碳排放近似等同于火电发电的碳排放。在计算全国电力生产的碳排放总量时 TC，只要计算全国火力发电的能源消费碳排放即可。

二、规划环境影响评价中的碳排放分析

我国不同地区的碳排放由于其经济发展水平、自然资源禀赋和技术水平等因素的差异性，当前的低碳发展处于不同的阶段，因此有着不同的发展特征。为了保证区域间的均衡发展和行业间的合理发展空间，在制定区域的低碳发展目标和碳排放目标的过程中，有必要基于区域的低碳发展阶段特征来制定既适合自身特点又保证全国碳排放目标的低碳发展方式。不同区域的规划环境影响评价关注重点也有所不同，因此有必要在低碳发展潜力分析的基础上，对拟议战略规划所处区域的低碳发展阶段进行科学评价。

基于全国各省(区、市)的碳排放面板数据的相关性分析和回归分析，碳排放强度、资源禀赋指数、高耗能产业比重和人均 GDP 等 4 个指标被认为是判定我国不同区域低碳发展阶段的表征因素。实际上，碳排放强度代表的是碳排放水平，资源禀赋指数代表着资源禀赋的自然条件，高耗能产业比重代表工业内部结构和技术进步水平，人均 GDP 则是经济发展水平的标志。规划环境影响评价在进行碳排放评价因子选取

时,可根据拟评区域的实际情况和数据可得性,酌情选择最能反映区域的碳排放水平、自然条件、工业结构和技术水平以及经济发展程度的量化指标。

在选定量化指标之后,绘制各项指标值与当年全国平均水平的比值构成的区域低碳发展雷达图。根据雷达图的形状并充分咨询专家和相关部门的意见,最终确定区域的低碳发展类型。对于经济发达型的低碳发展区域,规划环境影响评价要关注进一步优化能源结构和产业结构,提高技术密集型产业的比重,重点考虑能源结构和工业产业结构等指标的设置及战略规划的发展目标合理性。对于能源资源丰富的高碳发展区域,规划环境影响评价一方面要重视经济发展衡量指标,促进该地区经济的快速发展;另一方面要通过构建过程性指标,定量考查区域碳强度的削减绩效。而我国大部分地区,目前处于经济快速发展的高碳发展水平上,规划环境影响评价要全面分析地区低碳发展的基础条件和机遇优势,从发展阶段、产业结构、能源利用、技术水平以及制度建设等多方面构建评价指标。

三、案例分析:天津滨海新区发展规划环境影响评价中的低碳分析内容

滨海新区发展规划环境影响评价是对滨海新区发展战略进行评价,不同于一般的规划环境影响评价以单一的规划作为评价对象,而是以指导滨海新区未来发展的多个规划中提炼、总结出未来的总体发展战略作为评价对象。经过初步的现状调查和规划分析表明,滨海新区正值工业化、城市化的快速发展阶段,新区发展不仅关系到天津的发展,还关系到环渤海地区的发展。低碳作为一种以"低消耗、低排放、高产出"为特征的经济发展模式,有利于滨海新区在积极应对气候变化的同时,加快转变经济发展方式,进一步优化能源结构、促进产业结构调整,因此有必要开展滨海新区未来发展的碳排放水平分析及低碳发展潜力评估。

(一) 低碳发展现状分析

1. 碳排放水平

碳排放水平是衡量区域低碳发展的首要因素,可以用碳排放总量、人均碳排放、单位GDP碳排放等因素来表征。鉴于我国提出的碳排放目标是基于单位GDP的CO_2排放量指标,因此本评价选取碳强度来分析滨海新区的碳排放水平。

基于改进的碳排放核算模型,估算出滨海新区的碳排放量(表18-4-44)。其中,评价基准年2007年滨海新区CO_2排放总量为5 978.69万 t,第一、二、三产业CO_2排放量分别为12.45万 t、5 104.54万 t、655.17万 t,生活能源消费排放的CO_2为206.53万 t,其中工业部门碳排放量所占比例最大,约为滨海新区总量的84%。

对历史碳排放数据进行分析,滨海新区的CO_2排放总量增加较快,从2000年的2 794万 t上升到2008年的6 645万 t,平均年增长率达到15%。2005—2008年滨海新区的万元GDP CO_2排放量由3.14 t下降到1.98 t,均高于同年的全国平均水平(图18-4-41)。这说明滨海新区经济

表18-4-44　2007年滨海新区分部门CO_2排放量

	CO_2排放量/万 t	在CO_2排放总量的比例/%
第一产业	12.45	0.2
第二产业	5 104.54	85.3
其中:工业	5 037.83	84.2
其中:建筑业	66.70	1.1
第三产业	655.17	11.0
生活消费	206.53	3.5
合计	5 978.69	100

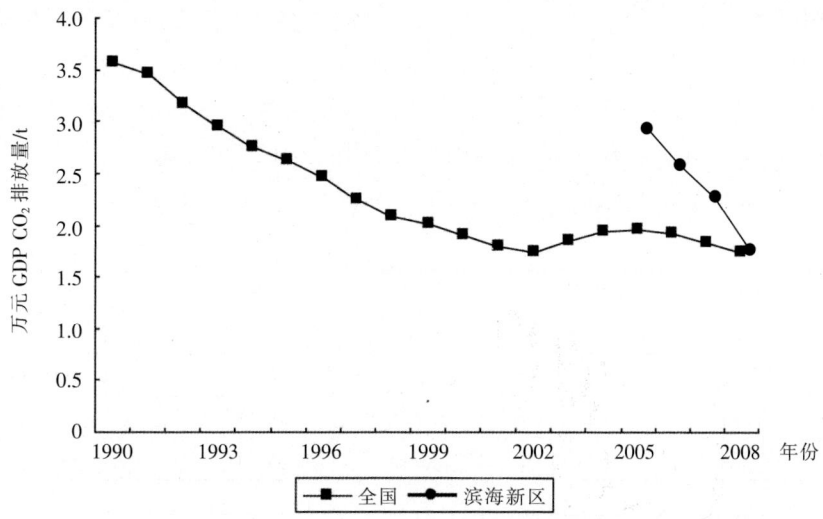

图 18-4-41 滨海新区的碳排放强度

发展的碳生产力较低,低碳发展水平有待进一步提高。但是这 4 年滨海新区的碳强度下降幅度很大,平均年下降率达到 14.2%,远高于同一时期全国平均 3.9%的下降率。通过产业结构调整和能源效率提高,滨海新区经济发展的低碳化转型效果明显,碳减排绩效优于全国水平。

2.自然资源禀赋

资源禀赋是指区域的自然资源和人力资源的产出能力,实质上也可以理解为区域的资源产出对本地区经济发展的支撑能力。由于滨海新区的流动人口量较大,因此用人均能源生产量这一指标不能准确反映出滨海新区的资源禀赋特征。为了方便表征滨海新区的资源禀赋水平对低碳发展的影响,本评价用一次能源生产量和地区生产总值的比值(定义为资源禀赋指数)来分析。

从能源种类来看,滨海新区的一次能源生产主要是原油和少量的天然气,没有原煤生产。并且滨海新区的资源禀赋指数一直远远低于全国的平均水平,2008 年只有全国平均水平的 37.9%(图 18-4-42)。这说明滨海新区是在较低的资源禀赋条件下取得了较高的经济产出。

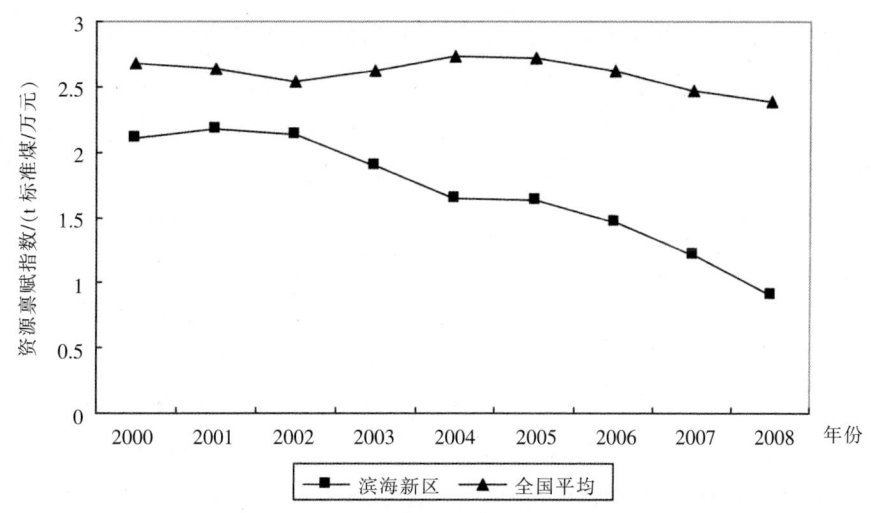

图 18-4-42 滨海新区资源禀赋指数与全国平均水平的比较

3.经济发展阶段

经济发展的水平在很大程度上影响着能源消费强度与规模,被认为是影响碳排放的首要因素,因此也是判断区域低碳发展阶段的重要指标之一。此处基于不同经济学家对经济发展阶段的划分,综合讨论滨海新区当前所处的经济发展阶段。

(1) 人均GDP指标

通过计算，2005年滨海新区人均GDP为12 090美元，远高于浦东新区8 274美元的水平；2007年人均GDP达到了14 234美元，比2005年增长了18%，按2000年美元价格计算，2005年滨海新区已达到后工业化初级水平。滨海新区与国内主要发达经济区域人均GDP指标对比见表18-4-45。

表18-4-45　滨海新区与国内主要发达经济区域人均GDP指标对比

单位：美元

年份	滨海新区	天津	上海	浦东	深圳	苏州
2000	6 578	2 053	3 584	4 629	3 768	3 219
2005	12 090	3 794	5 679	8 274	6 800	6 305
2006	13 298	4 214	6 295	9 182	—	7 178
2007	14 234	4 681	7 040	9 815	—	8 215

(2) 产业结构发展指标

自2000年开始，滨海新区第二产业比重不断上升，2005年出现下降。然而2005年后，第二次产业再次攀升，2007年已经达到了71.7%，尽管第一产业的比重已经下降到了10%以下，但进入"十一五"以来，滨海新区的第二产业发展速度明显高于第一产业和第三产业，并有加速发展的趋势。因此，根据工业化进程中产业结构变化规律，滨海新区已达到了工业化中期的初级阶段，工业部门正成为拉动地区经济增长的重要引擎。

(3) 城市化水平指标

2005年，滨海新区的城市化率达到了76.2%，略高于德国的城市化水平，说明了滨海新区城市化水平发展很快，在人均GDP远低于日本、美国等西方发达国家的同时，城市化水平已经与之相当。但在国内进行横向对比来看，滨海新区仍然低于浦东新区92.1%的水平。从这一角度分析，与浦东新区相比，滨海新区城市化发展要滞后于工业化发展水平。

综上分析，由于滨海新区流动人数较多，因此用户籍人口衡量的人均GDP要略显偏高，因此，滨海新区人均GDP虽然已经达到了后工业化水平，但滨海新区现阶段经济结构偏重，经济发展比较依赖资本和资源密集型产业的投资带动，资源环境与经济发展耦合特征明显。根据各项指标综合判断，天津滨海新区总体上处于工业化中期的初级阶段。

4. 产业技术水平

技术水平对碳排放的影响主要是通过提高能源效率和优化工业内部结构等途径，因此本评价选取万元GDP能耗指标和高耗能行业指标来分析滨海新区的产业技术水平。

(1) 万元GDP能耗指标

总体来看，2005—2007年滨海新区万元GDP能耗水平处在全国中上游水平，但是通过与国内经济发展水平较高的几个城市对比，滨海新区的能耗水平差距较大。2005年，北京、上海和深圳的万元GDP能耗分别为滨海新区的71%、79%和53%。到2007年，差距虽有所减小，但是与能耗水平接近的上海市仍有13%的差距，即使是人均GDP水平最低的青岛市，其万元GDP能耗也比滨海新区低0.088 t标准煤。2005年，滨海新区与世界主要国家和经济体能源效率对比见图18-4-43。

通过与国际上主要国家和经济体进行对比，滨海新区能源效率差距体现得更加突出。2005年，滨海新区每千美元的能源消耗是同时期日本的6.8倍，德国的4.1倍，美国的3.4倍，巴西的2.6倍。并且在发展中国家和地区中，仅仅低于印度和中低收入国家的能耗强度。研究显示，人均GDP水平与能源消耗强度成反比例关系。2005年，滨海新区人均GDP达到11 894美元，韩国为13 240美元，两者水平较为接近，但是滨海新区的能耗强度却达到了韩国的2.2倍。这充分说明，能源利用水平与经济发展水平不相适应，能源利用效率亟待提高。

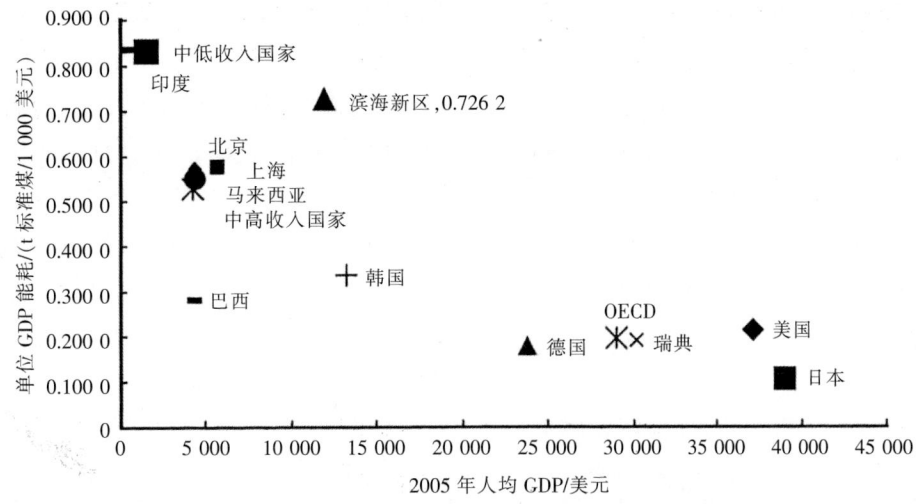

图 18-4-43　2005 年滨海新区与世界主要国家和经济体能源效率对比

(2) 高耗能行业分析。

2005 年，滨海新区钢铁、石化、有色金属等基础原材料工业在制造业的比重为 26.5%，装备制造、生物医药等技术密集型行业的比重为 62.2%。2006 年，基础原材料行业比重下降到 25.3%，技术密集型行业上升到 64.5%，这一变化趋势符合发达国家工业化普遍规律。但到 2007 年，基础原材料行业比重却大幅增长了 4.1 个百分点，达到 29.4%，技术密集型行业比重反而下降 5.5 个百分点。并且根据相关统计资料显示，2008 年滨海新区钢铁行业工业产值增长率达到 42.4%，不仅高于工业平均增长率的 29.4%，并且远高于电子信息、交通运输设备等技术密集型行业的增长幅度，工业内部结构出现再度重化发展的趋势。对比分析上海浦东新区的工业内部结构变化历程，自 1993 年开始，浦东新区基础原材料行业在制造业的比重就不断下降，2007 年下降到 17.9%，远低于滨海新区 29.4%，技术密集型行业比重由 1993 年的 32% 上升到了 68.4%，高于滨海新区 59% 的水平。结合浦东新区 2000—2007 年霍夫曼系数变化趋势分析，浦东新区制造业内部结构优化升级的进程正循序渐进地进行，技术密集型行业已经取代资本密集型的传统重工业行业成为工业发展的支柱，工业化真正进入了后期阶段。

2008 年滨海新区高耗能行业比重如图 18-4-44。

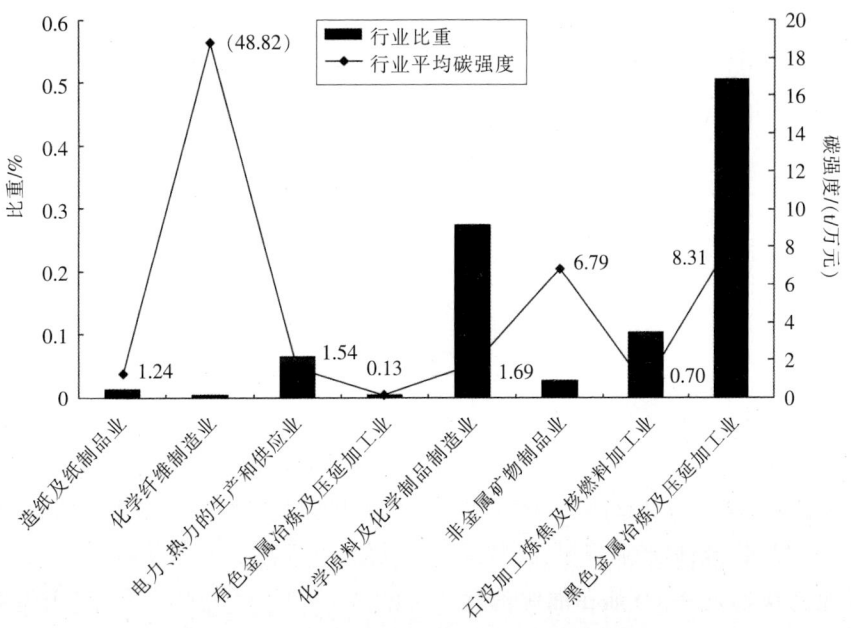

图 18-4-44　2008 年滨海新区高耗能行业比重

基于滨海新区与浦东新区的对比综合分析,2008年滨海新区霍夫曼系数已经达到0.197,根据霍夫曼对工业化阶段的划分标准,滨海新区工业化水平已处于后工业化阶段,但如果结合更具典型意义的制造业内部结构指标来看,滨海新区仍然处在以原材料工业为重心的重化工业化阶段向以重加工工业为重心的高加工度化阶段转变过程中。

5.低碳发展水平

在对碳排放水平、资源禀赋、经济发展水平和产业技术水平分析的基础上,可以构造滨海新区低碳发展的雷达图(图18-4-45),其中万元GDP碳排放强度为0.54 t/万元,约为全国平均水平的0.71倍;人均GDP达到10.82万元,是全国水平的4.92倍;资源禀赋指数为0.91 t标准煤/万元,略低于全国平均水平,而高耗能产业在滨海新区工业的比重为27.2%,低于全国的32.6%,滨海新区属于较典型的经济发达型低碳发展地区。

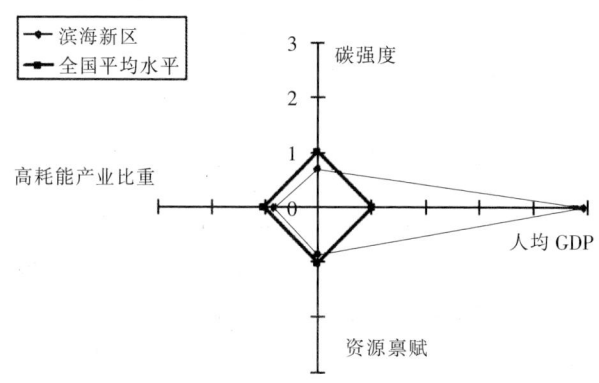

图18-4-45　滨海新区低碳发展雷达图

(二)碳排放预测分析

根据基准情景及高端情景下滨海新区各部门能源需求量预测,测算滨海新区规划期间的碳排放量及排放强度。

若不考虑能源结构调整、低碳技术进步、生活方式变化对碳排放量的削减,则基准情境下,2015年及2020年滨海新区基于能源消耗的碳排放总量分别约为4 200万t、8 190万t;高端情境下,2015年及2020年,滨海新区基于能源消耗的碳排放总量分别约为3 430万t、5 830万t。2020年,基准情境及高端情境下,单位GDP碳排放强度分别为0.55 t/万元、0.39 t/万元,单位GDP碳排放强度分别较现状下降27.2%及48.2%。基准情境下,2020年的CO_2排放强度大于1.76 t/万元的评价指标值,而在经济快速发展的高端情景下可以实现既定的碳减排目标。不考虑能源结构调整情况下的碳排放总量及排放强度见表18-4-46。

表18-4-46　不考虑能源结构调整情况下的碳排放总量及排放强度

	年份	碳排放量/万t	GDP/亿元	碳排放强度/(t/万元)	CO_2排放强度/(t/万元)
基准情景	2015	4 200	8 000	0.53	1.94
	2020	8 190	15 000	0.55	2.02
高端情景	2015	3 430	7 900	0.43	1.58
	2020	5 830	15 000	0.39	1.43

《天津市能源发展"十一五"规划》提出天津要进一步控制煤炭需求总量,以石油、天然气等较清洁的能源替代煤炭。根据产业规划,滨海新区石油化工行业将快速发展,石油在能源消耗总量中的比例将呈上升趋势。同等热量的原油、天然气燃烧排放的碳分别是原煤的50%、60%,因此能源结构的变化将很大程度上影响碳的排放量。《天津市能源发展"十一五"规划》同时提出,要充分利用地热资源,采用先进的热泵技术对井回灌,实现地热资源梯级利用、循环开发,

使地热资源得到科学、合理的利用；充分利用风力资源，开展风力发电；推进生活垃圾、秸秆等生物质能发电。《天津市资源综合利用"十一五"规划》提出，在农村推广太阳能热水器；在城市楼宇和工业厂房推广建材化太阳能集热设备；在滨海新区建设10万kW风力发电场，利用太阳能、风能发电实现替代和少用电能。各项能源结构调整、再生能源推广措施在"十二五"及其后继续深入推行，能源结构的优化将使碳排放强度进一步降低。优化后的终端能源消费结构见表18-4-47。

表 18-4-47　各规划年主要燃料在总能耗中所占比例

单位:%

年份	煤炭	焦炭	天然气	油品	热力	电力	其他
2015	25.6	12.6	6.5	14.5	2.1	32.3	6.4
2020	22.7	10.5	6.9	20.6	2.1	30.5	6.7

在考虑能源结构调整的情况下（表18-4-48），滨海新区基准情景的2015年及2020年石化燃料燃烧产生的碳排放总量分别约为3 420万t、6 850万t；高端情景下，分别约为2 950万t、5 380万t。2020年，基准情景及高端情景下，单位GDP碳排放强度分别为0.46 t/万元、0.36 t/万元，单位GDP碳排放强度分别较现状下降39.1%及52.2%，都基本达到了国家提出的碳减排战略目标。两个情景的CO_2排放强度也都顺利达标，充分论证了战略环境评价提出的低碳发展目标的可达性，但是这种可达性需要建立在滨海新区未来注重能源结构调整、大力发展可再生能源的基础上。

表 18-4-48　能源结构调整情况下的碳排放总量及排放强度

	年份	碳排放总量/万t	GDP/亿元	碳排放强度/(t/万元)	CO_2排放强度/(t/万元)
基准情景	2015	3 420	8 000	0.43	1.58
	2020	6 850	15 000	0.46	1.69
高端情景	2015	2 950	7 900	0.37	1.36
	2020	5 380	15 000	0.36	1.32

四、结论

在规划环境影响评价中引入低碳分析方法，其根本任务是在规划编制阶段，通过对低碳发展水平和目标的可达性分析，预测和评估拟评规划的发展目标、指标和规划方案的实施可能对碳排放产生的影响，并对产业、能源、交通、建筑以及生活消费和管理制度等领域提出低碳化措施和建议。我国规划环境影响评价应以实现碳强度减排目标为刚性约束条件，以保证社会经济又快又好发展为前提，以转变社会经济发展方式为最终目的，围绕这个约束条件和最终目的开展现状调查、问题识别和预测分析，并通过完善战略规划建议而促进产业低碳化，能源低碳化，交通、建筑和消费低碳化，以及碳汇体系的构建和发展。同时，由于我国的"一地、三域、十个专项"规划差别极大，对低碳发展和碳排放的影响也大为不同。本节仅从总体上分析了碳排放分析方法在区域规划环境影响评价中的应用框架，探讨的是较为通用的问题，而未能对不同类型的战略规划环境影响评价中的低碳评价特点和具体方法进行展开讨论，这也是未来规划环评所面临的技术难点。

第五章 规划环境影响评价技术方法应用案例
——以天津滨海新区规划环境影响评价为例

2009年8月,我国通过的《规划环境影响评价条例》规定:"国务院有关部门、设区的市级以上地方人民政府及其有关部门,对其组织编制的土地利用的有关规划和区域、流域、海域的建设、开发利用规划(综合性规划),以及工业、农业、畜牧业、林业、能源、水利、交通、城市建设、旅游、自然资源开发的有关专项规划(专项规划),应当进行环境影响评价。"基于此,我国各领域都开展了战略环境影响评价。从近年的实践看,开展工作较多的是土地、区域、流域、交通、煤矿区等规划的环境影响评价研究。研究规划环境影响评价案例,对我国发展规划环境影响评价方法,指导规划环境影响评价工作,促进可持续发展具有重要意义。本部分针对天津市滨海新区战略环境评价案例进行介绍。

"十一五"中期,天津滨海新区战略环境影响评价以《天津滨海新区国民经济和社会发展第十一个五年规划纲要》《天津滨海新区城市总体规划(2005—2020年)》中指导滨海新区发展的重要规划以及《天津滨海新区城市总体规划(2009—2020)》(阶段稿)中提出的新的发展战略为评价的对象,同时,参考《天津市滨海新区空间发展战略研究(2008—2020)》,对天津市滨海新区规划发展做出系统的评价分析。

第一节 评价技术路线

本次评价主要分为四个阶段(图18-5-1)。

第一阶段,在环境现状调查与回顾分析的基础上,辨识滨海新区的环境优势和主要环境问题。进行滨海新区发展战略的分析和环境影响识别与筛选,并结合环境现状分析的结果,确定评价内容及评价指标体系。

第二阶段,分析滨海新区的土地资源、水资源、能源对滨海新区未来社会经济发展的支撑能力;预测评价未来滨海新区环境空气质量、水环境质量、生态环境、近岸海域等环境要素的发展变化趋势;并对滨海新区未来发展战略开展环境风险评价、循环经济评价、低碳发展分析。

第三阶段,综合分析滨海新区发展目标、规模、空间布局、产业结构和交通发展等的环境合理性,并对保障滨海新区协调发展的环境管理保障体系进行设计与完善。

第四阶段,综合上述第二、三阶段预测和分析的结果,给出本次评价的结论,并提出滨海新区发展战略的优化调整建议、环境保护对策。

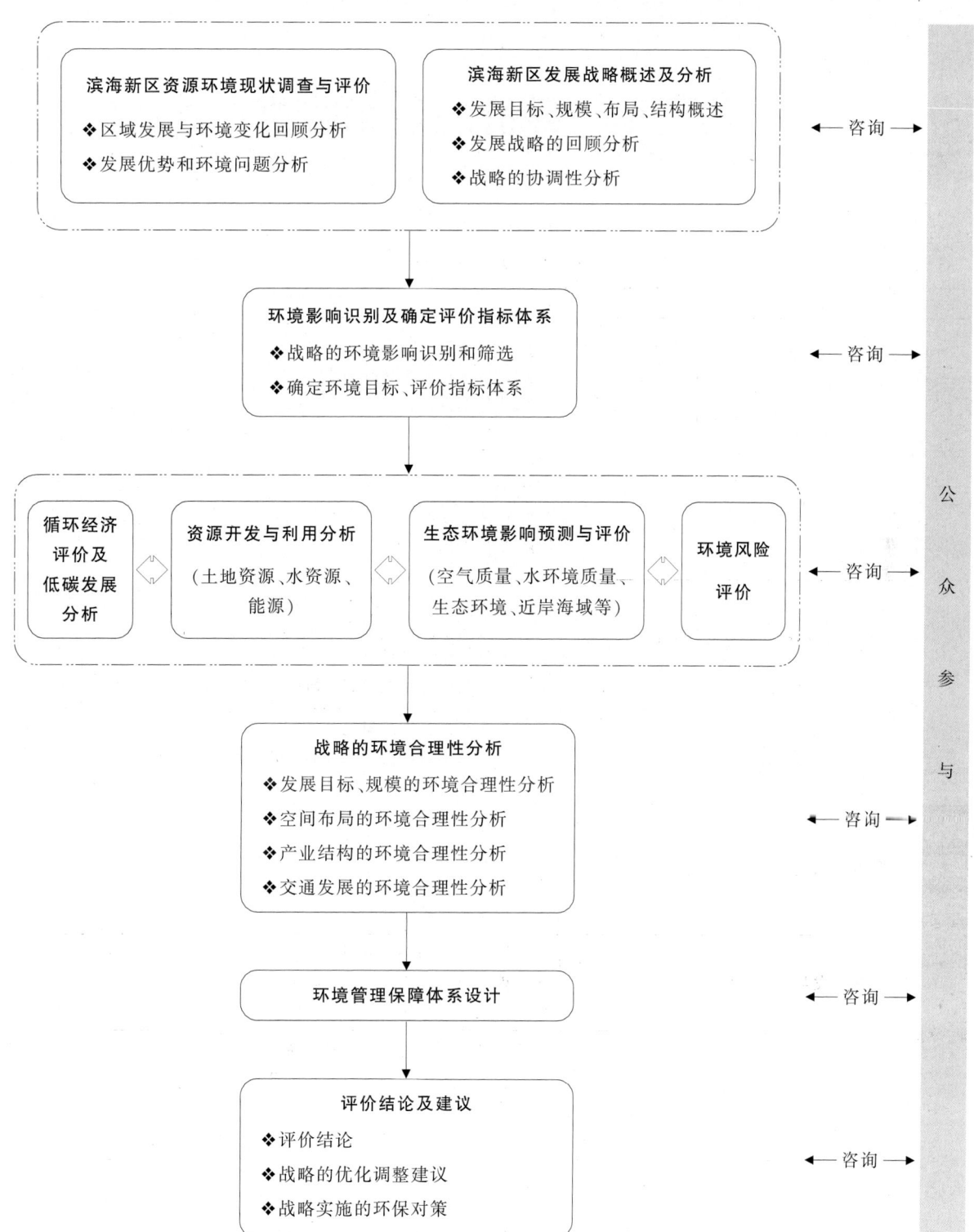

图 18-5-1 滨海新区发展战略环境影响评价技术路线

第二节 评价内容和思路

本次评价报告书章节设置如表 18-5-1 所示。

表 18-5-1 报告书章节设置

章	节
第一章 总论	1.1 评价背景 1.2 评价指导思想和原则 1.3 评价依据 1.4 评价标准 1.5 评价对象 1.6 评价范围 1.7 评价技术路线 1.8 评价方法
第二章 滨海新区发展战略概述与分析	1.1 滨海新区主要规划的背景分析 1.2 滨海新区主要规划的变化分析 1.3 发展战略要点概述 1.4 发展战略与相关规划的协调性
第三章 滨海新区发展优势及环境问题	3.1 自然与社会经济概况 3.2 资源利用及环境变化回顾性分析及现状评价 3.3 区域发展优势和主要环境问题
第四章 环境影响识别与评级指标体系	4.1 环境影响识别 4.2 环境影响筛选 4.3 评价目标 4.4 评价指标体系
第五章 资源开发与利用分析	5.1 水资源供需平衡分析 5.2 能源消费预测及节能指标分析 5.3 土地资源利用分析
第六章 生态影响分析与评价	6.1 湿地生态系统格局变化分析 6.2 生态网络的合理性与科学性分析 6.3 生态完整性评价 6.4 生态影响减缓对策与建议
第七章 环境影响预测与评价	7.1 大气环境影响预测与评价 7.2 水环境影响预测与分析 7.3 近岸海域环境影响预测与分析 7.4 固体废物环境影响预测与评价 7.5 交通发展的环境影响预测与评价
第八章 环境风险分析与评价	8.1 环境风险识别与分析 8.2 典型事故环境风险预测评价 8.3 环境风险时空分布趋势分析 8.4 环境风险管理
第九章 循环经济分析与评价	9.1 循环经济现状及规划存在的问题 9.2 循环经济体系建设建议

章	节
第十章 发展战略的环境合理性分析	10.1 定位、目标的环境合理性分析 10.2 发展规模的环境合理性分析 10.3 空间布局及产业布局的环境合理性分析 10.4 产业结构的环境合理性分析 10.5 交通发展的环境合理性分析
第十一章 公众参与	11.1 公众参与的目的 11.2 公众参与的方式 11.3 与规划编制部门互动 11.4 公众参与的作用 11.5 公众参与的主要成果
第十二章 环境管理体系建设与创新	12.1 滨海新区环境管理体系的现状及问题诊断 12.2 区域环境管理理念 12.3 区域环境管理体制 12.4 区域环境管理手段
第十三章 评价结论及对策建议	13.1 评价结论 13.2 战略的优化调整建议 13.3 战略实施的环保对策

在环境影响识别的基础上,根据环境目标,统筹考虑国家生态省、生态市建设指标,并结合滨海新区的特点、经济发展情况以及环境保护现状,确定本次评价的指标体系(表18-5-2)。指标体系以资源和环境指标为主,包括水环境质量、大气环境质量、固体废物、生态环境、资源利用指标。

表18-5-2 评价指标体系

环境要素	指标名称	单位	2007年现状值	评价目标
水环境质量	城市水环境功能区水质达标率	%	22	100
	城镇污水集中处理率	%	60	≥98
	万元GDP的COD排放量	kg/万元	1.22	≤0.9
大气环境质量	全年空气质量达到或优于Ⅱ级良好水平的天数比率	%	<85	≥85
	万元GDP的SO_2排放量	kg/万元	4.60	≤2.79
固体废物	工业固体废物处置利用率	%	96.8	100
	危险废物处置率	%	100	100
	生活垃圾无害化处理率	%	100	100
生态环境	受保护区域占国土面积比例	%	14	≥25
	建城区绿化覆盖率	%	19	≥39
	城镇人均公共绿地面积	m²/人	29	≥22
	湿地覆盖率	%	16	≥22
资源利用	单位GDP耗水量	t/万元	13.5	≤12
	单位工业增加值耗水量	t/万元	10.7	≤7
	农业灌溉有效利用系数	—	0.6	≥0.8
	单位GDP能耗	t标准煤/万元	0.96	≤0.72
	可再生能源占能源消耗总量的比重	%	0.3	≥4
	再生水回用率	%	3	≥60
	单位建设用地的GDP产出	亿元/km²	6.3	≥12

第三节 主要评价方法应用

本次评价综合运用情景分析法、数值模拟、景观指数分析法、地理信息系统、环境风险综合区划法、DPSIR 模型、专家咨询等方法进行分析与评估。

情景分析法：以滨海新区发展趋势和相关规划为依据，充分考虑发展过程中的不确定因素，构建区域未来发展的情景，并对各情景下滨海新区的资源利用、产业节能、环境影响进行预测和评价。

数值模拟：通过建立环境质量模拟模型，预测能源消费、水资源利用、大气环境质量等，为区域节能减排分析提供定量的依据。

景观指数分析法：应用 FRAGSTS 软件得出众多的景观指数，选择具有明确生态学意义的景观指数，主要包括非空间的组分指数（如斑块类型总面积、斑块密度、边界密度、多样性指数、均匀性指数）和空间的配置指数（欧氏最近邻体距离和连接度），对生态网络结构要素的破碎化程度进行分析。

地理信息系统：利用 ERDAS、ArcGIS 等软件，进行生态环境现状和土地利用/覆被的现状调查和回顾调查、生态环境现状评价、生态网络构建等。

环境风险综合区划法：将风险严重度区划图与受体脆弱性区划图叠加，得到反映不同受体受损害大小的环境风险综合区划图，以反映突发性环境污染事件的风险分布及风险水平。

DPSIR 模型：基于 DPSIR 模型原理，采用自上而下、逐层分解的方法，建立滨海新区环境风险变化趋势评价的指标体系。

专家咨询法：用于环境现状评价、环境影响识别、评价目标和指标体系建立、资源开发与利用分析、环境影响预测和综合评价等过程。

一、环境影响识别的方法

本评价利用矩阵法和专家咨询法识别滨海新区发展战略对资源、环境等方面产生的影响，判别影响程度及其是否为跨区域环境问题。根据滨海新区发展战略，将战略内容整理归类为功能定位与主要职能、城市规模、空间布局、产业结构及布局、基础设施建设、资源环境保护和其他 7 个方面；将发展战略作为环境影响识别矩阵中的行，将受影响的环境要素作为矩阵中的列，识别矩阵见表 18-5-3。

表 18-5-3 滨海新区发展战略环境影响识别矩阵

			大气环境	水环境	土壤环境	声环境	固体废物	陆地生态	近岸海域生态	环境风险	土地资源	水资源	能源
功能定位与主要职能			-1	-2	-1		-2	-1	-1		-1	-1	
城市规模	经济规模增加		-2	-2	-1		-3		-1		-2	-3	-3
	人口规模增加		-2		-1	-2		-2	-1		-2	-2	-2
	用地规模	城镇建设用地增加	-1	-1		-1	-1	-3			-3		
		围海造陆		-1				-3	-3	-3	±2		
空间布局：一城三片双港九区								±2	-1				

续表

			大气环境	水环境	土壤环境	声环境	固体废物	陆地生态	近岸海域生态	环境风险	土地资源	水资源	能源
产业结构及布局		产业结构调整	-1	-1							-1	-1	
	产业布局及发展	中心商务区	-1			-1	-1				-1	-1	-1
		临空产业区	-1	-1		-3		-1			-1		
		滨海高新区	-2	-2			-2			-1	-1		
		先进制造业产业区	-2	-2			-3			-2	-2		-1
		中新天津生态城	±1	±1	±2	-2	±2	±2			-3	-1	-1
		海滨旅游区					-1	-2	-3r				
		海港物流区	-2				-2				-1		
		临港工业区	-1			-1	-1	-2	-3r	-2			
		南港工业区	-3	-3	-1		-2	±1		-3	-2	-3	-3
基础设施建设	交通	空港(机场)建设	-1			-3	-1				-1		
		港口建设 北港区	-1			-1		-2	-3r	-2			
		港口建设 南港区	-3	-3	-1		-2	±1		-3	-2	-3	-3
		公路建设	-2	-1		-2		-2			-1		
		铁路建设				-1		-2			-1		
		城市道路系统建设	-1			-2		-2			-1		
	公共交通系统	地面快速公共交通建设	+3								+3		+2
		轨道交通建设	+2			-2		-2			+2		+2
	能源	电厂建设	-3				-2	-1		-2		-2	+2
		新建扩建变电站			-1			-1					+2
		发展热电联产	+2										+2
		发展清洁和可再生能源	+3	+1									+3
	给排水	水厂及再生水厂建设										+3	
		发展海水淡化							-2			+3	-3
		实行雨污分流		+2									
	防灾减灾工程建设									+2			
资源环境保护		岸线利用	-2	-2	-1	-1	-1	±2	±2	-2			
		绿地系统建设	+2					+3					
		生态工业区建设	+1	+1			+2					+1	+1
		循环经济产业链建设					+3				+1	+3	+3
		生态廊道、生态组团建设	+2					+3			-2		
		污水处理厂建设	-2	+3			-2						-1
		垃圾处理厂的新建、改造、扩建					+3			-1	±1		
其他		城乡统筹与新城镇建设	±2	±2		-1		-2			-2	-2	-2
		城乡居民收入提高				-1	-2					-1	-1

1. 资源开发与利用分析方法

本部分的主要内容包括水资源供需平衡分析、能源消费预测及节能指标分析、土地资源利用分析。用到的评价方法有情景分析法、数值模拟法、地理信息系统、专家咨询法等。

(1) 情景分析法

在水资源供需平衡分析中,设置了基准情景和高端情景两种情景,并在这两种情景下对滨海新区生活需水量、第一产业需水量、第二产业需水量、第三产业需水量、生态需水量进行预测。再根据基准情景和高端情景下滨海新区需水量预测结果和滨海新区可供水量预测结果确定滨海新区水资源供需差额。

在能源消费预测及节能指标分析中,设置了基准情景和高端情景两种。基准情景是指滨海新区经济总量、人口快速增长,装备技术水平得以提升,能源利用效率有所提高,但产业结构未明显优化。高端情景的设计原则是在2020年的经济总量及年均增长速度与基准情景基本一致的前提下,更加强调产业、工业内部以及产品结构的优化。并在这两种情景下预测2020年滨海新区能源消费情况结果和能源部门需求结构。同时评价了两种情景下节能的驱动因素和能源消费减物质化水平。

在土地资源利用分析中,将土地开发分为基准情景、低端情景和高端情景三种。基准情景是指滨海新区的土地利用模式按照原有趋势发展;低端情景是指滨海新区比较注重近期的经济效益,而导致的粗放开发;高端情景是指滨海新区坚持按照绿色发理念的指导加快了制造业结构的调整升级,实现集约利用。

(2) 数值模拟法

1) 万元增加值需水定额法。在水资源供需平衡分析中,对第二产业、第三产需水量采用万元增加值需水定额法预测。

由于影响万元工业增加值用水量的主要因素为社会经济的发展水平。人均GDP是表征社会经济发展水平的重要指标,因此通过对历史数据的回归分析建立工业万元增加值用水量与人均GDP之间的回归方程如下:

$$Y_2 = \text{EXP}(1.79 + 44\,580/X)\ (R^2 = 0.946)$$

式中:Y_2 为万元工业增加值需水量(单位:m^3/万元);

X 为人均GDP(单位:元/人)。

采用天津市统计数据建立第三产业万元增加值需水量与人均GDP之间的回归方程。方程如下:

$$Y_3 = \text{EXP}(0.766 + 46\,444/X)\ (R^2 = 0.91)$$

式中:Y_3 为第三产业万元增加值需水量(单位:m^3/万元);

X 为人均GDP(单位:元/人)。

2) 碳排放量及排放强度。滨海新区的碳排放强度的预测,是根据《2006年IPCC国家温室气体清单指南》,基于基准情景及高端情景下滨海新区各部门能源需求量预测,利用以下公式测算滨海新区规划期间的碳排放量及排放强度:

$$E = \sum_i \sum_m A_{im} \times NCV \times C_{im} \times O_{im}$$

式中:E 为能源转换和消费中碳排放量;

i 为部门;

m 为燃料类型;

A 为燃料消耗量;

NCV 为燃料低位热值;

C 为碳排放系数;

O 为燃烧氧化率(采用默认值100%)。

(3) 地理信息系统

主要用于对滨海新区的土地空间格局进行优化。采用基于ArcGIS9空间分析功能的加权因子叠加评价法进行土地利用的生态适宜性评价,建议新区发展战略遵从土地的适宜开发等级,为区域发展的合理规模和适宜的空间布局提供参考建议。评价的基础资料主要来自滨海新区历年Landsat TM卫星影像、1∶50 000国家基础地理信息库(DEM图)以及天津市城市规划设计研究院的规划图件和文本数据等,并且参考了滨海新区规划环境影响评价研究的部分成果。

(4) 专家咨询法

1) 在土地利用生态适宜性评价评价指标体系构建中,使用专家咨询法分析了影响城市发展的主要因素,并参考麦克哈格对土地生态适宜性的定义和国内外已有的研究成果,选取了区域内的工程地质条件、地形地貌特点、水文河流分布、自然生态保护和人为影响等因素作为一级生态因子(准则层),然后结合评价区域的实际情况,细化分析出二级因子(指标层),构建了符合层次结构模型的生态适宜性指标体系,如图18-5-2。

2)在对生态因子进行评价时,充分听取专家意见,结合现状调查分析的结论得出生态因子的评价结果。如表18-5-4所示。

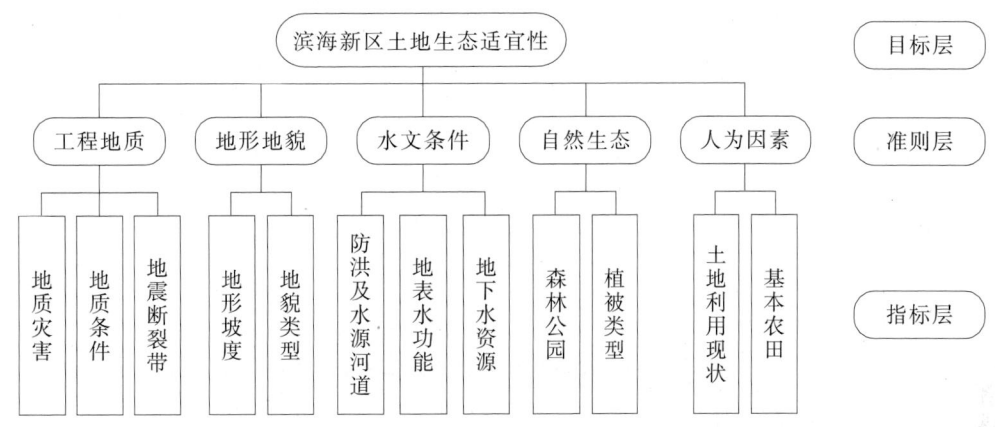

图 18-5-2 滨海新区土地利用生态适宜性评价指标体系

表 18-5-4 滨海新区土地利用生态适宜性单因子评价表

评价因子	指标	评价
工程地质	地质灾害、水土流失、工程地质条件和断裂带分布	应尽量选择水土流失较微弱、泥石流等地质灾害发生可能性较小的地区,尽量避开活动断裂带进行城市建设
地形地貌	地貌类型和地形坡度等	通常,平缓地形有利于城市建设和发展,既节约建设投资,又有利于布局,而山地地区的开发建设则需要更大的经济投资和工程措施,城镇形态和发展方向也受到限制
水文条件	防洪泄洪区、地表水保护区、地下水保护区和水源河道等	地表水域有利于改善城市空间景观环境、调节城市温度湿度,同时也是城市易被污染的环境因子。土地的建设和开发对附近的水域的生态环境有很大影响。原则上,开发用地应尽可能远离水域,以免造成对水域生态系统的破坏和水体的污染。防洪泄洪区担负着地区发生水灾等灾害时的排洪泄洪功能,应尽量避开在调蓄区及其附近范围进行建设项目的开发
自然生态	森林公园及植被类型分布区等	森林公园保护区不仅具有景观功能,还可发挥多种正面生态效应,必须严格按照对功能区的要求进行保护。对自然保护区的核心区应严格保护,禁止开发建设;缓冲区应禁止进行科学研究以外的活动。不同的植被类型具有不同的生态敏感性,应区别对待进行开发
人为影响	土地利用现状和基本农田分布等	现有的土地利用类型对开发建设活动有较大影响。特别是基本农田保护区,我国制定了严格的基本农田保护制度,禁止除国家能源、交通、水利和军事设施等重点建设项目以外的建设活动。当占用基本农田时,应根据相关规定置换

2.生态影响分析与评价方法

本部分主要是对滨海新区的湿地生态系统格局变化、生态网络的合理性与科学性进行分析,对滨海新区生态完整性进行评价,最后提出生态影响减缓对策与建议。本部分用到的方法有地理信息系统、景观指数分析、数值模拟法。

(1)地理信息系统

1)湿地生态系统格局变化分析中,用地理信息系统软件完成数据的基础处理,利用ArcGIS9.2软件和ERDAS9.1软件对地形图栅格数据及对

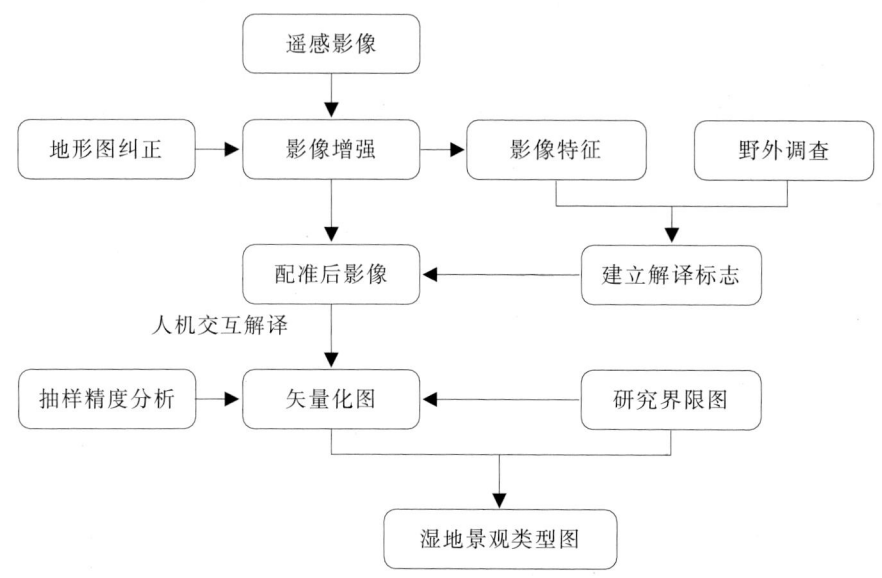

图 18-5-3 湿地景观类型数据库建立流程

TM 遥感图像做预处理,再通过对地形图和 TM 遥感图像的配准来完成。具体的数据处理过程如图 18-5-3。

2)景观格局指数的计算是以 ArcGIS9.2 为平台计算的。

3)构建生态完整性评价的指标体系时,通过遥感分析获得湿地研究区的土地利用信息,并结合历史数据建立生态完整性的评价指标体系。

(2)景观指数分析

1)用于分析湿地景观分布和指数特征,具体方法是基于 ArcGIS9.2 平台,利用景观格局指数和 2008 年滨海新区湿地景观类型斑块数据,应用 FRAGSTATS3.3 软件计算出各级景观格局指数。

2)景观指数分析还用于分析滨海新区生态网络规划的格局。景观格局特征在斑块类型和景观 3 个层次上分析。应用 FRAGSTS 软件可得出众多的景观指数,此项目参考文献并结合天津滨海新区生态网络的实际情况选择了具有明确生态学意义的景观指数,主要包括非空间的组分指数(如斑块类型总面积、斑块密度、边界密度、多样性指数、均匀性指数)和空间的配置指数(欧氏最近邻体距离和连接度)。

(3)数值模拟法

1)综合诊断指数计算。在滨海新区湿地退化诊断中,运用综合诊断指数计算公式计算生态系统退化程度:

$$P=\sum_{i=1}^{n} w_i P_i$$

其中:P 为被评价对象得到的综合诊断指数;

w_i 为第 i 评价指标的权重;

P_i 为第 i 指标标准化后的指数;

n 为评价指标个数。

每个单项评价指标指数按照未退化、临界状态、轻度退化、中度退化和严重退化五个等级分别定为 1、0.8、0.6、0.4、0。

2)景观生态体系结构指标及度量。用景观优势度和均匀度来表示景观结构,可以较好地描述斑块的组成和分布特征。景观优势度和均匀度是描述景观多样性和异质性的综合指标,优势度表示一种或几种类型斑块在一个景观中的优势化程度,测度景观多样性对最大多样性的偏离程度;均匀度指数反映各景观斑块类型在空间上分布的不均匀程度。

其中,景观优势度计算公式为:

$$D=H_{\max}+\sum_{i=1}^{m}(P_i \ln P_i)$$

式中:P_i 为第 i 种斑块类型在景观中出现的概率;

m 为斑块种类数。

对于给定的 m,当 $P_i=1/n$,H 达到最大值 $[H_{\max} \ln(n)]$。通常 D 值在 0~100 之间,优势度为 0 时表示组成景观的景观类型所占比例相等;优势度指数值为100表示景观中只有一种斑块类型。优势度指数越大,则表明偏离程度越大,即组成景观的各类型所占比例差异大,或者说某一种或少数景观类型占优势;优势度小则表明偏离程度小,即组成景观的各种景观类型所占比例大致相当。景观均匀度计算公式为:

$$E=-\sum_{i=1}^{m}(P_i \ln P_i)/\ln(n)$$

式中:n 为景观中最大可能的景观斑块类型数。

E 越大,景观斑块类型分布的均匀程度越高,多样性越大。

3)景观生态体系功能指标及度量。景观生态体系的功能包括生产功能、美学功能和生态功能三方面。不考虑美学功能,将生产功能用初级生产力来衡量,生态功能用景观隔离度来衡量。

生产力测量方法采用气候生产力。植物气候生产力是指某一地区植物群体在土壤肥力等其他条件满足其生长发育的情况下,由当地的光、温、水等气候因子决定的每年单位土地面积上的植物最大生物量,包括地上和地下部分。此处用迈阿密模型.

$$NPP(t)=30\,000/[1+\exp(1.315-0.119t)]$$
$$NPP(p)=30\,000/[1-\exp(-0.000664p)]$$

式中:t 为年平均气温;

p 为年平均降水量;

$NPP(t)$ 和 $NPP(p)$ 分别为以温度和降水量估算的植物干物质产量。

根据Liebig的限制因子定律,选取二者中的最低值作为各计算点的植物气候生产力。

景观隔离度用平均最近距离 ENN_MN 来表示:

$$ENN\_MN=\frac{\sum_{i=1}^{m}\sum_{j=1}^{n}h_{ij}}{N}$$

式中:h_{ij} 为在景观水平上有斑块与其邻近的距离;

N 为景观中具有最近距离的斑块总数。

ENN_MN 值较大时说明同类斑块距离较远,即隔离度较高。

4)景观生态体系稳定性指标及度量。当景观生态体系受到干扰时,稳定性就表现为系统两种完全不同的特征:一是恢复,表示系统发生变化后恢复到原来状态的能力,可用系统恢复到原状态所需的时间来度量;另一个是抗性,表示系统抵抗外界变化的能力,可用阻抗值来表示,该值是系统偏离其初始轨迹的偏差量的倒数。对于陆地生态系统来讲,阻抗能力常通过系统内部的异质性表征,而恢复能力一般通过陆地生物量来表征。湿地是一种由陆地向水域过渡的极为脆弱的生态系统,其可恢复性更主要依赖水源的稳定性,生物量指标难以作为重要指标来评估湿地的恢复力。

生态体系阻抗稳定性的强弱直接关系到在多大程度上可以保证生态体系内部的功能得以正常运作。阻抗稳定性受生态体系中主要生态组分的种类、数量、时空分布的异质性(异质化程度)所制约。景观等级以上的自然体系需要有高的异质性,因此生态体系的异质性可以作为阻抗稳定性的度量。对异质性的量化可用多样性指标表示,当生态体系发生变化后,用多样性指标可以直观地显示其异质性的改变情况,从而揭示该生态体系阻抗稳定性的变化结果。

选用香农(Shannon)多样性指数来进行估算,该指标既考虑了不同景观类型所占景观总面积的大小及分布的均匀程度,又考虑了景观类型的多少。其计算公式如下:

$$E=-\sum_{i=1}^{m}(P_i \ln P_i)$$

式中:P_i 为第 i 种斑块类型在景观中出现的概率;

m 为斑块种类数。

景观生态体系的恢复稳定性通常使用陆地生物量作为指标,湿地作为一个水陆过渡带,其稳定性主要决定于湿地水量情况。根据不同类型湿地景观的多年平均地表水位,以及平原型湿地特点,其地表蓄水量的计算公式表示如下:

$$W_{总}=S_{湖泊}\times H_{湖泊}+S_{沼泽}\times H_{沼泽}+S_{河流}\times H_{河流}+\\S_{滨海}\times H_{滨海}+S_{人工}\times H_{人工}$$

式中:$W_{总}$ 为区域内地表水的总量;

S 为湿地斑块类型的面积;

H 为湿地斑块类型的平均水深。

5)生态完整性的综合评价。生态完整性的

综合评价的计算公式如下:

$$A = aC_1 + bC_2 + cC_3 + dC_4 + eC_5 + fC_6$$

式中:A 为生态完整性综合指数;

C_1 为景观优势度值;

C_2 为景观均匀度指数;

C_3 为气候生产力与1979年气候生产力的比值;

C_4 为景观隔离度与1979年景观隔离度的比值;

C_5 为香农多样性指数;

C_6 为地表蓄水量与生态需水量的比值。

a,b,c,d,e,f 分别是 C_1,C_2,C_3,C_4,C_5,C_6 在生态完整性综合评价中的权重。在本研究中我们分别对 a,b,c,d,e,f 赋值为1/6。

二、环境影响预测与评价方法

1.大气环境影响评价方法

环境影响评价主要选择 SO_2、PM10、氮氧化物作为评价因子,结合滨海新区未来产业发展布局,对大气环境影响进行分析。以 SO_2 为例,讨论主要的技术方法。

(1)滨海新区不同燃煤源对 SO_2 环境浓度的贡献

根据2007年滨海新区污染源调查资料,利用环境空气质量模型对 SO_2 环境浓度分布进行模拟。按照燃煤的用途不同,将滨海新区内 SO_2 排放源分成电厂燃煤源、供热燃煤源、工业燃煤源以及民用燃煤源四类。利用环境空气质量模型模拟上述不同燃煤源对滨海新区采暖季及非采暖季环境空气中 SO_2 平均浓度的贡献,如表18-5-5所示。

表18-5-5 各类燃煤源对 SO_2 环境浓度的贡献模拟结果　　单位:μg/m³

	电厂	供热	工业	民用
采暖季	3.8	30.2	21.3	32.5
非采暖季	3.5	0	19.2	4.6

(2)滨海新区大气污染重点行业的现状排放绩效分析

对滨海新区主要大气污染行业的现状污染排放绩效进行统计分析,调查收集国内及国际同行业的排放绩效数据,进行对比,分析滨海新区主要污染行业的污染排放水平。如表18-5-6所示。

表18-5-6 滨海新区燃煤电厂 SO_2 排放绩效

企业名称	发电量/(10^4 kW·h)	供热等效发电量/(10^4 kW·h)	SO_2 排放量/(t/a)	SO_2 排放绩效/[g/(kW·h)]
天津大沽化工股份有限公司	28 316	67.6	2 551.2	9.0
天津渤海化工集团有限责任公司天津碱厂	53 477	56 050.1	3 871.2	3.5
天津长芦海晶集团有限公司	3 500	0.01	580.3	16.6
天津渤天化工有限责任公司	225 466	34.2	2 609.3	1.2
中石化天津分公司热电部	88 405	8 923.8	21 585	22.2
华北电网有限公司天津大港发电厂	777 300	0.0	22 649.0	2.9
天津滨海能源发展股份有限公司	11 039	0.04	2 750	24.9
国华能源发展(天津)有限公司	4 304	0.02	1 127.2	26.2
单位发电量 SO_2 平均排放水平 g/(kW·h)				4.6

(3)SO_2 容量总量控制技术方法

通过各类污染源排放绩效分析,结合空气质量模型,建立 SO_2 允许排放量分配技术方法。滨海新区 SO_2 容量总量控制的技术路线如图18-5-4所示。对 SO_2 排放源进行分类,计算代表各类排放源先进技术水平的绩效标准,确定基准允许排放因子,计算环境综合调节系数,根据各污染源的性质和排放状况设定其初始允许排

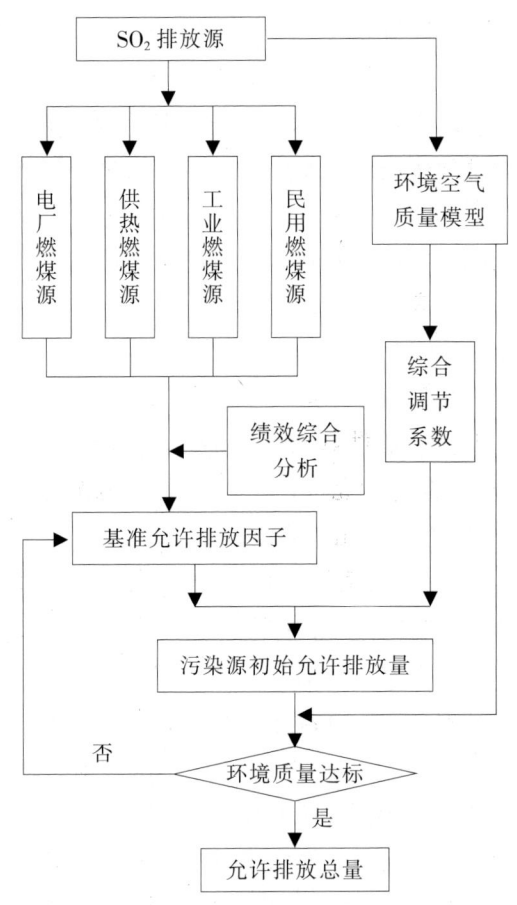

图 18-5-4 总量控制技术路线图

放量，利用环境空气质量模型进行环境目标可达性分析，对于未达到环境目标的总量分配结果，通过调节各类燃煤源的基准排放因子，循环模拟计算环境浓度，直到达到环境目标为止。

1) 电厂燃煤源基准排放因子。国家环境保护总局根据发电机组所在区域和投产时间，确定了不同类型机组的排放绩效值和各省（自治区、直辖市）火电行业 SO_2 排放量指标。根据发电绩效标准确定火电行业 SO_2 基准排放因子。各电厂燃煤源的基准排放因子取相应的排放绩效标准：

$$Q_{dci}=G_i$$

式中：Q_{dci} 为第 i 电厂燃煤源的基准排放因子；

G_i 为第 i 电厂燃煤源的 SO_2 排放绩效标准，即控制时期内期望达到的排放绩效标准，其值应小于现状排放绩效标准 G_c。

$$G_i<G_c=\frac{F_c}{D_c}=\frac{\sum\limits_{i=1}^{n}f_{ci}}{\sum\limits_{i=1}^{n}d_{ci}}$$

式中：F_c 为总量控制范围内电厂的现状污染物排放量；

D_c 为控制范围内电厂的现状发电量；

f_{ci} 为 i 电厂现状污染物放量；

d_{ci} 为 i 电厂现状发电量。

根据 Q_{dci} 得出各电厂燃煤源的 SO_2 基准排放量 T_{dci}：

$$T_{dci}=Q_{dci}\cdot D_{dci}\times10^{-6}$$

式中：D_{dci} 为控制时段内电厂发电总量估算值。

2) 工业燃煤源基准排放因子。选择单位产值 SO_2 排放量分析工业燃煤源的排放绩效。由于不同工业行业的排污系数、清洁生产水平、规模、效益等差别较大，因此，为了公平、公正地比较分析不同行业的绩效水平，需将工业燃煤源按行业类别分类统计绩效值。行业需达到的排放绩效值标准 P_{gyi} 建立在现状普遍生产工艺的排污水平上，须在一定程度上反映本行业先进生产工艺、治理技术的高产低排水平，采用不同类别行业现状绩效值的加权平均值 $E(X)$ 来表征此值：

$$E(X)=\sum_{k=1}^{n}x_k P_k$$

式中：将各行业的现状排放绩效值按大小分为 n 个等级；

P_k 为绩效值 x 在第 k 等级内出现的频率；

x_k 为第 k 等级绩效值的中值。

在计算中，可酌情筛除部分生产工艺极为落后的燃煤源，确保所得排放绩效标准能代表行业先进生产水平。各行业基准排放因子的确定按以下公式计算：

$$Q_{gyi}=\alpha\cdot P_{gyi}$$

式中：Q_{gyi} 为第 i 行业的 SO_2 基准排放因子；

P_{gyi} 为第 i 行业需达到的排放绩效标准，即 i 行业现状排放绩效的加权平均值；

α 为行业的重要程度系数，根据城市（地区）的发展规划、国家和地方的有关产业政策和环境保护政策，分为主导行业、鼓励发展的行业、限制发展的行业、逐步淘汰的行业 4 个层次分别设定 α 值。

工业燃煤源的 SO_2 基准排放量 T_{gyi} 按以下公式计算：

$$T_{gyi}=Q_{gyi}\cdot Y_{gyi}\times10^{-3}$$

式中：Y_{gvi} 为工业企业在控制时段内总产值的估算量。

3）供热燃煤源基准排放因子。选择在采暖期提供单位热量的污染物排放量为指标，用 $E(X)$ 来表征供热燃煤源需达到的 SO_2 排放绩效标准。供热燃煤源基准排放因子按以下公式计算：

$$Q_{gri}=\eta_i \cdot P_{gri}$$

式中：Q_{gri} 为第 i 供热燃煤源的基准排放因子；

η_i 为第 i 供热燃煤源的管道效率；

P_{gri} 为当地供热燃煤源须达到的排放绩效标准。

供热燃煤源的 SO_2 基准排放量 T_{gri} 按以下公式计算：

$$T_{gri}=Q_{gri} \cdot J_{gri} \times 10^{-6}$$

式中：J_{gri} 为供热源在控制时段内的供热量。

4）民用燃煤源。虽然民用燃煤源的排放量相对较少，但由于其煤质差，排放高度低且烟气未经净化直接排放，对 SO_2 环境浓度达标的影响不容忽视，因此将其单列一类。利用经济补偿等方式，鼓励没有集中供暖的居民使用电等清洁能源取暖；通过征收燃煤税等手段，限制民用烹饪燃煤的使用，实现民用燃煤源的逐步取代，故未给出其基准排放因子。

5）污染源初始允许排放量确定。第 j 类燃煤源中的第 i 个源的初始允许排放量 T'_{ij} 为基准排放量 T_{ij} 与综合调节系数 β_{ij} 的乘积。

$$T'_{ij}=T_{ij} \cdot \beta_{ij}$$

6）环境目标可达性分析及最终允许排放量确定。将确定的排放源初始允许排放量输入环境空气质量模型，进行环境目标可达性分析。对未达到环境目标的总量分配结果的，通过调节各类燃煤源的基准排放因子（采暖季调节重点为效率低的供热源，非采暖季则优先调整部分老旧火电机组和清洁生产工艺落后、对污染物环境浓度贡献较大的工业燃煤源），循环模拟计算环境浓度，直到达到环境目标为止，此时各污染源的排放量即为其最终的允许排放量。

2. 水环境影响预测与分析方法

(1) 情景设计依据

1）把滨海新区的水系概化为 3 个水资源单元，第一单元为北部水系；第二单元为海河干流下游段；第三单元为南部水系。

2）水库的蓄水量和水质受引水量和引水水质影响，不进行影响分析。

3）根据水资源需求预测及供需平衡分析的预测结果，预计 2020 年滨海新区的点源将产生 9.12 亿 t 污水，其中 6.29 亿 t 污水将进入环境中；非点源污染中的城市径流污染和农业非点源污染不变，非点源污染中的养殖废水排放大量减少（淡水养殖面积减少到 33.3 km²），COD 和氨氮排放达到 V 类水质标准。

4）滨海新区各项规划得到落实，其中工业废水排放达标率不低于 98%，城镇污水处理率达到 98%，污水再生回用率达到 60%。

5）在情景设计中，综合考虑上游入境断面水质是否达到海河流域《天津市水功能区划报告》的水质标准以及水环境修复措施的实施情况。

(2) 情景设计

见表 18-5-7。

表 18-5-7 情景定量参数设计

参数	2020 年		
	情景一	情景二	情景三
入境河流水质	上游入境断面水质达到《天津市水功能区划报告》的水质标准	上游入境断面水质达到《天津市水功能区划报告》的水质标准	上游入境断面达不到《天津市水功能区划报告》水质标准或水质保持现状水平
水环境修复措施	二级河道、七里海湿地恢复及西七里海水库建设、北大港水库分库及水生态恢复等	—	二级河道、七里海湿地恢复及西七里海水库建设、北大港水库分库及水生态恢复等

(3)水质预测与分析

依据拟定的评价指标,并结合远期上游入境断面水质是否达到海河流域《天津市水功能区划报告》对各条主要河流规定的水质标准以及滨海新区水环境修复措施是否实施设定3种情景,对滨海新区主要河流中污染物(COD和氨氮)浓度进行分析。

3.海域环境影响预测与分析方法

(1)渤海湾典型污染物海洋环境容量分析

海洋环境容量是在充分利用海洋的自净能力和不造成污染损害的前提下,某一特定海域所能容纳的污染物质的最大负荷量。容量的大小即为特定海域自净能力强弱的指标。海洋环境容量的概念主要包括自净容量、海洋环境容量和污染源分配容量三个系列。目前海洋环境容量的计算原理主要有标准自净容量法、水动力交换法、浓度场分担率法和排海通量最优化法。环境容量分析中用到的主要模型包括:三维水动力学模型、三维对流—扩散输运模型、多介质迁移—转化多箱模型以及迁移—转化过程 三维水动力输运耦合模型。

自净容量 SPC:在一定时间范围内,通过某一迁移—转化过程使得特定污染物自目标海域海水中去除的数量。

$$SPC_T=SPC_P+SPC_B+SPC_C$$

式中:SPC_T 为总自净容量;

SPC_P 为物理自净容量;

SPC_B 为生物自净容量;

SPC_C 为化学自净容量。

海洋环境容量 EC:在维持特定海洋学和生态学功能所要求的国家海水质量标准条件下,一定时间范围内,目标海域所能容纳某一污染物的最大数量。

基准海洋环境容量 EC_s:指整个目标海域海水中化学污染物平均浓度符合一定等级国家海水水质标准条件下的海洋环境容量。

极小海洋环境容量 EC_{min}:指整个目标海域最高污染物浓度水团中化学污染物平均浓度符合一定等级国家海水水质标准条件下的海洋环境容量。

极大海洋环境容量 EC_{max}:指整个目标海域最低污染物浓度水团中化学污染物平均浓度符合一定等级国家海水水质标准条件下的海洋环境容量。

剩余海洋环境容量 SEC:为达到特定海洋学和生态学功能所要求的国家海水质量标准,需要目标海域海水在容纳"额外"或目标海域海水去除污染物的数量。

剩余海洋环境容量与海洋环境容量的关系:

$$SEC=EC-(F+M)$$

式中:F 为污染物排海总量;

M 为污染物蓄存量。

评价中采用国家海水水质标准。

1)极小物理迁移环境容量。采用三维对流—扩散输运模型的排海通量最优化法。在国家一至四类海水水质标准条件下,计算得到海河流域的允许排放通量即渤海湾COD、DIN、PO_4-P、石油烃极小物理迁移环境容量。

2)基准海洋环境容量 EC_s。采用海洋环境中多介质迁移—转化多箱模型的标准自净容量法,在国家一至四类海水水质标准条件下,得到渤海湾COD、DIN、PO_4-P、石油烃基准海洋环境容量。

3)极小海洋环境容量 EC_{min}。基于COD主要迁移—转化过程——三维水动力输运耦合模型的排海通量最优化方法,计算得到了渤海湾COD、DIN、PO_4-P、石油烃污染物的极小海洋环境容量。

(2)滨海新区围海造地的生态环境影响评价

综合考虑围海造地对生态环境的影响面以及指标的可获得性,遵照科学性和综合性原则、可行性和代表性原则、层次性和系统性原则,基于层次分析法以及定性与定量相结合的评估方法,选取7个指标,建立围海造地的环境影响评价指标体系,见表18-5-8。

1)对生态环境的影响。围海造地对自然滩涂的破坏导致海域生物多样性受损,生物种类减少,因此选择该项指标来反映围海造地对生态环境功能的影响效应。

围海造地会破坏原来的海洋滩涂。沿海滩涂湿地是各种鱼类繁衍、海洋生物栖息、海鸟

表 18-5-8　围海造地的生态效应评价指标体系

目标层 A	效应指标层 B	分析指标层 C	具体指标要素 D
生态环境影响程度	生态效应	对生态环境的影响	生物种类数
		对渔业环境的影响	代表鱼种数量
	环境效应	对水动力条件的影响	水域面积
		对海洋冲淤条件的影响	岸线长度
		对环境质量的影响	无机 N 含量、无机 P 含量、COD 浓度

等野生动物觅食的场所，围海造地导致水禽、两栖类和爬行动物以及鱼类的栖息、捕食地和繁殖场所的改变或丧失，导致生物的种群数量减少。

2）对渔业资源的影响。渔业是沿海地区最重要的产业之一。围海造地破坏了生态环境，必然会进一步波及渔业，所以选取代表鱼种数量来衡量这一影响，这也是对生态系统生产功能影响的重要表征。

3）对水动力条件的影响。海域水动力条件对近海环境质量的影响是比较大的，而海域水动力状况与海域岸形岸线的变化又是密切相关的。不同深度水域面积的变化和岸线长度是反映岸线变化的基础指标。围海造地对岸形变化有必然影响，从而造成水动力环境的改变，而所以选择水域面积和岸线长度来表征这方面的影响，其中以滨海湿地面积变化最具代表性。

4）对环境质量的影响。围海造地会对海洋纳污能力产生影响，围海造地工程产生的悬浮物、N、P、COD、石油烃等物质将会影响相关区域的海水水质，所以需要通过考察海水中无机 N 含量、无机 P 含量和 COD 浓度变化来研究这种影响。

根据影响指标体系和指标可获得情况，考虑滨海新区在围海造地的同时所采取的生态补偿措施，在对所研究的滨海新区区域 1979 年、1989 年、1999 年、2005 年以及 2008 年 5 个时期 8 个指标的数据综合评价的基础上，对滨海新区围海造地的生态环境影响进行了评价。为反映影响效应，求得每项指标的区间年变化率，并利用极差标准化公式对数据进行标准化，以消除不同指标的取值范围和单位不同所产生的量纲影响。

对正指标：$x_{ij}=\dfrac{x_{ij}-\min\{x_{ij}\}}{\max\{x_{ij}\}-\min\{x_{ij}\}}$；

对逆指标：$x_{ij}=\dfrac{\max\{x_{ij}\}-x_{ij}}{\max\{x_{ij}\}-\min\{x_{ij}\}}$；

经过这种标准化所得的新数据，各要素的极大值标准化为 1，极小值为 0，其余的数值在 0 和 1 之间。将围海造地的环境影响以程度分为弱、较弱、中等、较强以及强等 5 个等级。

采用 GM(1,1)模型对滨海新区未来几年围海造地的生态环境影响进行预测。预测的基础是前期的生态环境影响评价结果，见表 18-5-9。

表 18-5-9　不同时期滨海新区围海造地的生态环境影响评价结果

时期	1979—1985 年	1985—1989 年	1989—1995 年	1995—1999 年
生态环境影响程度	较弱	较弱	较弱	较弱
时期	1999—2005 年	2005—2008 年	2008—2015 年	2015—2020 年
生态环境影响程度	中等	中等	中等	中等

4.固体废物环境影响预测与评价方法

固体废物的产生是一个多维随机的过程，因为影响因素错综复杂，而且有关影响因素的资料难以得到，所以详细预测较为困难。本评价采用时间综合因素替代这些因素，将其作为一维随机过程来进行处理，以期获得规划末期固体废物产生情况统计数据。此处采用灰色预测模型(GM)进行预测。灰色预测模型的基本思想是：把已知的现实和过去的、无明显规律的时间数据列进行加工，通过序列生成寻求现实规律，其特点是建模数据需求少，预测准确性较高，已被广泛应用于农业、环境等各个领域。

本案例以 2004—2007 年滨海新区工业固体废物和工业危险废物产生量为基础资料，分别建立了工业固体废物和工业危险废物的 GM 模型，预测规划末年（2020 年）的工业固体废物和工业危险废物产生情况。

(1) 预测模型介绍

GM(1,1) 反映了一个变量对时间的一阶微分函数，其相应的微分方程为：

$$\frac{dx^{(1)}}{dt}+ax^{(1)}=u$$

式中：$x^{(1)}$ 为经过一次累加生成的数列；t 为时间；a,u 为待估参数，分别称为发展灰数和内生控制灰数。

1) 建立一次累加生成数列。设原始数列为：

$$x^{(0)}=\{x^{(0)}(1),x^{(0)}(2),x^{(0)}(3),\cdots,x^{(0)}(n)\},$$
$$i=1,2,\cdots,n$$

按下述方法做一次累加，得到生成数列（n 为样本空间）：

$$x^{(1)}(i)=\sum_{m=1}^{i}x^{(0)}(m),i=1,2,\cdots,n$$

2) 利用最小二乘法求参数 $a、u$。设

$$B=\begin{bmatrix}-\frac{1}{2}[x^{(1)}(1)+x^{(1)}(2)] & 1 \\ -\frac{1}{2}[x^{(1)}(2)+x^{(1)}(3)] & 1 \\ \vdots & \vdots \\ -\frac{1}{2}[x^{(1)}(n-1)+x^{(1)}(n)] & 1\end{bmatrix}$$

参数辨识 $a、u：\hat{a}=\begin{bmatrix}a\\u\end{bmatrix}=(B^TB)^{-1}B^Ty_n$

3) 求出 GM(1,1) 的模型：

$$\begin{cases}\hat{x}^{(1)}(i-1)=(x^{(0)}(1)-\frac{u}{a})e^{-ai}+\frac{u}{a}, \\ \hat{x}^{(0)}(i)=\hat{x}^{(1)}(i)-\hat{x}^{(1)}(i-1),i=2,3,\cdots,n\end{cases}$$

4) 对模型精度的检验。检验的方法有残差检验、关联度检验和后验差检验，在本案例中采取后验差检验。

首先计算原始数列 $x^{(0)}(i)$ 的均方差 S_0。其定义为：

$$S_0=\sqrt{\frac{S_0^2}{n-1}},$$

$$S_0^2=\sum_{i=1}^{n}[x^{(0)}(i)-\bar{x}^{(0)}]^2,$$

$$\bar{x}^{(0)}=\frac{1}{n}\sum_{i=1}^{n}x^{(0)}(i)$$

然后计算残差数列 $\varepsilon^{(0)}(i)=x^{(0)}(i)-\hat{x}^{(0)}(i)$ 的均方差 S_1。其定义为：

$$S_1=\sqrt{\frac{S_1^2}{n-1}},$$

$$S_1^2=\sum_{i=1}^{n}[\varepsilon^{(0)}(i)-\bar{\varepsilon}^{(0)}]^2,$$

$$\bar{\varepsilon}^{(0)}=\frac{1}{n}\sum_{i=1}^{n}\varepsilon^{(0)}(i)$$

由此计算方差比 $C=\frac{S_1}{S_0}$ 和小误差概率 $P=\{|\varepsilon^{(0)}(i)-\bar{\varepsilon}^{(0)}|<0.6745\cdot S_0\}$。

最后根据预测精度等级划分表（见表 18-5-10），检验得出模型的预测精度。

表 18-5-10 预测精度等级划分表

小误差概率 p 值	方差比 c 值	预测精度等级
>0.95	<0.35	好
>0.80	<0.5	合格
>0.70	<0.65	勉强合格
≤0.70	≥0.65	不合格

5) 如果检验合格，则可以用模型进行预测。即用 $\hat{x}^{(0)}(n+1)=\hat{x}^{(1)}(n+1)-\hat{x}^{(1)}(n)$，$\hat{x}^{(0)}(n+2)=\hat{x}^{(1)}(n+2)-\hat{x}^{(1)}(n+1)$，$\cdots$ 作为 $\hat{x}^{(0)}(n+1)$，$\hat{x}^{(0)}(n+2)$，$\cdots$ 的预测值。

(2) 工业固体废物产生量预测

对 2004—2007 年工业固体废物产生量进行数据处理，构造灰色预测模型，并进行模型精确度检验。

根据建模原理，利用预先设计的计算机计算程序，对所选数据进行模拟计算，建立滨海新区工业固体废物产生量 GM(1,1) 预测模型为：

$$\hat{X}^{(1)}(i+1)=5\ 831.542\times\lambda^{0.076i}-5\ 570.432$$
$$i=1,2,\cdots,n$$

利用模型预测 2007 年的工业固体废物产生量为 524.13 万 t，实际产生量 524.14 万 t，绝对偏差 0.01 万 t，模型预测准确度非常高。

依据模型精度检验公式，该模型精度检验结果见表 18-5-11。

表 18-5-11　滨海新区工业固体废物产生量
预测模型精度检验结果

S_0	S_1	$C=S_1/S_0$	$0.6745\times S_0$	P
122.432	8.884	0.073	82.58	1

$\left|\varepsilon^{(0)}(i)-\bar{\varepsilon}^{(0)}\right|$，残差与残差均值的离差绝对值序列为{10.680, 0.688, 11.008, 1.016}。

由表 18-5-11 可知：$P>0.95$，$C<<0.35$，预测等级为好，可用来预测滨海新区工业固体废物产生量。

根据该模型预测，2020 年滨海新区工业固体废物产生量为 1 428.71 万 t/年。

(3) 工业危险废物产生量预测

根据 2005—2007 年工业固体废物产生量统计，构造灰色预测模型，并进行模型精确度检验。

建立滨海新区工业危险废物产生量 GM(1,1) 预测模型为：

$$\hat{X}^{(1)}(i+1)=222.542\times \lambda^{0.055k}-210.872$$

$$i=1,2,\cdots,n$$

依据模型精度检验公式，该模型精度检验结果见表 18-5-12。

$\left|\varepsilon^{(0)}(i)-\bar{\varepsilon}^{(0)}\right|$，残差与残差均值的离差绝对值序列为{0.002, 0.001, 0.001}。

表 18-5-12　滨海新区工业危险废物产生量
预测模型精度检验结果

S_0	S_1	$C=S_1/S_0$	$0.6745\times S_0$	P
0.807	0.002	0.002	0.544	1

由表 18-5-12 可知：$P>0.95$，$C<0.35$，预测等级为好，可用来预测滨海新区工业危险废物产生量。

三、环境风险分析与评价方法

环境风险分析与评价的内容包括环境风险识别与分析、典型事故环境风险预测评价、环境风险时空分布趋势分析和环境风险管理。用到的方法有环境风险综合区划、DPSIR 模型。

1. 环境风险综合区划

环境风险事件的发生由风险因子的释放、风险因子的转运和对受体产生危害 3 部分组成。风险因子的释放和转运在空间上形成风险严重度区划，而受体在空间上的脆弱性决定了发生一定的风险暴露时可能产生的危害后果。当且仅当受体空间与环境风险影响范围重叠时，环境风险危害才可能产生。因此，环境风险是风险严重度与受体脆弱性相关的函数：

$$RS=S\times V$$

式中：S 为风险严重度；

V 为受体脆弱性，包括人群及环境敏感目标。

突发性环境污染事件规模越大、频次越高，风险严重度越大；受体数量越多、价值越高，评价区生态环境越脆弱，抵抗风险的能力越差，这两方面的共同作用，决定了突发性环境污染事件的风险水平。采用编制环境风险区划图及其说明的形式反映突发性环境污染事件的风险分布及其控制条件，基本技术思路见图 18-5-5。

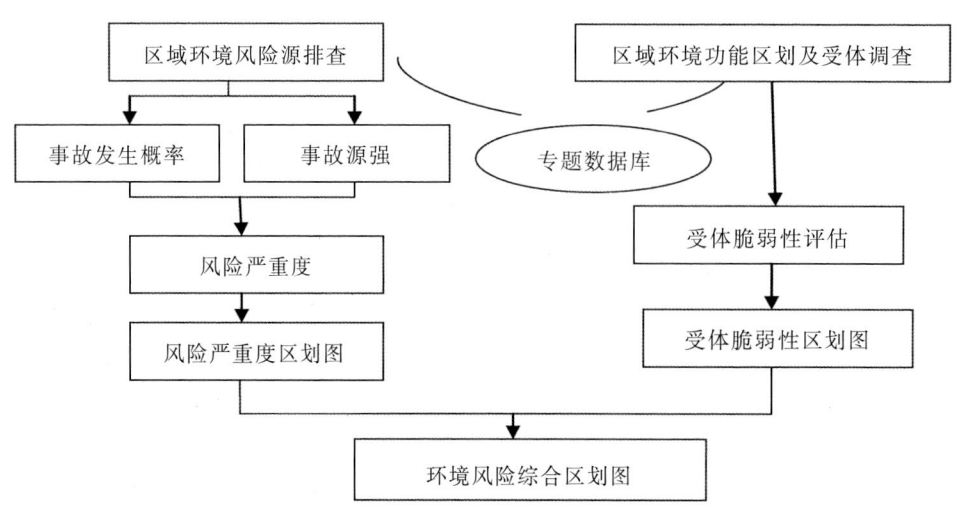

图 18-5-5　环境风险区划系统框图

环境风险综合区划可采用图形叠置法进行，首先要有一张合适比例尺的最新底图(世界银行建议为1:10 000)，并经过实地调查标出与地图不一致的特征。在叠置过程中，第一张地图为风险严重度区划图，第二张地图为受体脆弱性区划图。通过叠置过程，可以得到反映不同受体受损害大小的环境风险综合区划图。在敏感地区，可选用更为细化的网格划分，提高风险分析中空间辨别的灵敏度；对于非敏感地区，则可适当降低这种灵敏度。

2. DPSIR 模型

DPSIR 模型在我国水资源可持续利用、环境管理能力分析、农业可持续发展、水土保持效益、区域生态环境安全等方面得到了一定的尝试性利用。这些研究表明，DPSIR 模型强调经济运作及其对环境影响之间的联系，具有综合性、系统性、整体性、灵活性等特点，能揭示环境与经济的因果关系并有效整合资源、发展、环境与人类健康。因此，本次评价采用 DPSIR 模型建立指标体系，对滨海新区发展过程中的环境风险变化趋势进行分析。

(1) 指标体系

基于 DPSIR 模型原理，采用自上而下、逐层分解的方法，将滨海新区环境风险分为 3 个层次。遵守系统性、科学性、可比性、可获取性、相互独立性的原则，对每个层次分别选择反映其主要特征的要素作为评价指标，建立滨海新区环境风险变化趋势评价的指标体系。

第一层为目标层(O)，以环境风险综合指数为目标，用来度量滨海新区环境风险的总体水平；第二层为准则层(C)，包括驱动力、压力、状态、影响、响应等 5 部分；第三层为指标层(I)。

在国内外环境风险评价研究的基础上，结合我国相关环境保护标准和要求与有关专家的建议，同时考虑区域特征，建立天津滨海新区区域环境风险评价指标体系，如表 18-5-13。

表 18-5-13 基于 DPSIR 模型的区域环境风险评价指标体系

目标层(O)	准则层(C)	指标层(I)	说明
环境风险综合评价指数	驱动力 C_1	GDP 增长率 I_{11}	表征区域发展速度
		第二产业占 GDP 比重 I_{12}	表征区域工业发展程度
		人口自然增长率 I_{13}	反映城市人口增减速度
	压力 C_2	风险源分布密度 I_{21}/(个/100 km²)	表征风险严重度，数值越大，对区域环境安全的影响越大
		城市人口密度 I_{22}	城市人口与建成区面积之比，人口密度越大，抵抗风险能力越弱
		建筑密度 I_{23}	房屋占地面积与建设用地面积之比，建筑密度越大，抵抗风险能力越弱
		敏感区与工业区距离超标率 I_{24}	与各工业区之间距离大于安全防护距离的敏感区个数与敏感区总数之比，值越大，对区域环境风险的压力越大
		工艺先进性企业比例 I_{25}	用达到国际先进清洁生产水平的比例来计算，比例越高，对环境风险的压力越小
	状态 C_3	区域内突发性环境污染事件发生次数 I_{31}	表征区域环境质量，是环境污染压力或生态系统洁净环境功能的反表征
		装置危险性 I_{32}	对区域内工业装置危险性进行安全评价
		城市基础设施系统完好率 I_{33}	衡量区域社会发展、城市基础建设水平及应急反应能力的重要指标
	影响 C_4	亿元生产总值生产安全事故死亡人数 I_{41}	表征环境风险事件造成的损失，其中 I_{42} 用区域内环境风险事件造成的损失与全年 GDP 之比表示
		GDP 损失比 I_{42}	
		人群感知风险损失 I_{43}	人们对环境风险的恐惧心理所带来的损失
		区域环境风险可接受程度 I_{44}	环境风险可接受区域的比例
	响应 C_5	应急预案绩效 I_{51}	对环境风险的响应，指改善区域环境风险的措施，表征对环境安全所采取的实际行动力度
		应急能力指数 I_{52}	
		环境投入占 GDP 比重 I_{53}	表征对区域环境安全的重视程度

(2) 评价方法

1) 数据预处理。

A. 评价样本矩阵的建立。定义 X 为区域环境风险状况对应于 m 个评价指标与 n 个评价对象的样本矩阵，则：

$$X = \begin{bmatrix} x_{11} & x_{12} & \cdots & x_{1m} \\ x_{21} & x_{22} & \cdots & x_{2m} \\ \vdots & \cdots & \cdots & \vdots \\ x_{n1} & x_{n2} & \cdots & x_{nm} \end{bmatrix} = [X_{ij}]_{n \times m}$$

B. 矩阵元素标准化。指标确定以后，直接用它们去进行评价是困难的。因为各系数之间的量纲不统一，所以没有可比性。即使对于同一个参数，尽管可以根据实测数值的大小来判断它们对环境风险影响的程度，但也因缺少一个可做比较的标准而无法较确切地反映其对环境的影响。为此，必须对参评因子进行规范化处理。假设样本矩阵 X 标准化后记为 Y。

如果参评因子为定量指标，对于正向型指标（数值越大区域环境风险综合指数越大的指标，如 GDP 损失比）：

若以安全值为标准值：如 $X_{ij} \leq XS_j$，则 $y_{ij}=0$；如 $X_{ij} > XS_j$，则 $y_{ij}=1-XS_j/X_{ij} \times 100\%$。

若以不安全值为标准值：如 $X_{ij} \geq XS_j$，则 $y_{ij}=1$；如 $X_{ij} < XS_j$，则 $y_{ij}=X_{ij}/XS_j \times 100\%$。

对于逆向型指标（数值越大区域环境风险综合指数越小的指标，如城市人口密度）：

若以安全值为标准值：如 $X_{ij} \geq XS_j$，则 $y_{ij}=0$；如 $X_{ij} < XS_j$，则 $y_{ij}=1-X_{ij}/XS_j \times 100\%$。

若以不安全值为标准值：如 $X_{ij} \leq XS_j$，则 $y_{ij}=1$；如 $X_{ij} > XS_j$，则 $y_{ij}=XS_j/X_{ij} \times 100\%$。

式中，XS_j 为第 j 个评价指标的标准值。

若参评因子为定性指标，则 y_{ij} 为专家评分值。

本评价所采用的标准值（安全或不安全值）从以下几方面考虑：国家、行业和地方规定的强制性标准；天津滨海新区或者天津市的平均值；类比标准，即根据类比确定的值；国际或国内的公认值；专家经验值。具体见表 18-5-14。

表 18-5-14 区域环境风险评价指标的标准值

指标层	标准值	
	安全值	不安全值
GDP 增长率 I_{11}	7.5%	
第二产业占 GDP 比重 I_{12}	23%	
人口自然增长率 I_{13}	0.7%	
风险源分布密度 I_{21}（个/100 km²）	0.073	
城市人口密度 I_{22}（人/km²）		3 500
建筑密度 I_{23}		35%
敏感区与工业区距离超标率 I_{24}	0	
工艺先进性企业比例（化工）I_{25}	100%	
区域内突发性环境污染事件发生次数 I_{31}	156	
装置危险性 I_{32}	100%	
城市基础设施系统完好率 I_{33}	5.7	
亿元生产总值生产安全事故死亡人数 I_{41}	0.041 3	
GDP 损失比 I_{42}	2.4%	
人群感知风险损失 I_{43}		0.6
区域环境风险可接受程度 I_{44}	0.27	
应急预案绩效 I_{51}	70	
应急能力指数 I_{52}	70	
环境投入占 GDP 比重 I_{53}	3%	

2)指标权重分配。根据评价因子对评价等级的贡献大小确定各指标权重的大小,采用 AHP 法和 Delphi 法对准则层和指标层的评价指标进行权重分配。通过计算,对判断矩阵的一致性进行检验,认为判断矩阵的一致性是可以接受的。其对应的特征向量做归一化处理后可得准则层、指标层权重如下:

准则层:$C_1(0.15)$,$C_2(0.18)$,$C_3(0.20)$,$C_4(0.27)$,$C_5(0.20)$。

指标层:$I_{11}(0.16)$,$I_{12}(0.59)$,$I_{13}(0.25)$,$I_{21}(0.27)$,$I_{22}(0.17)$,$I_{23}(0.09)$,$I_{24}(0.38)$,$I_{25}(0.09)$,$I_{31}(0.54)$,$I_{32}(0.30)$,$I_{33}(0.16)$,$I_{41}(0.40)$,$I_{42}(0.34)$,$I_{43}(0.08)$,$I_{44}(0.18)$,$I_{51}(0.26)$,$I_{52}(0.26)$,$I_{53}(0.48)$。

3)综合评价方法。综合评价方法是在指标权重分配和指标标准化处理的基础上进行的。本文采用区域环境风险综合指数(RS)来表征区域环境风险状况,即:

$$RS=\sum_{j=1}^{m} W_j \times y_{ij}$$

式中:RS 表示区域环境风险综合指数;

　　W_j 表示各指标的权重;

　　y_{ij} 表示各指标标准化值。

RS 取值为[0,1]之间,其值越大,表明区域环境风险越高。按照区域环境风险综合指数从高到低排序,反映其从劣到优的变化,评价结果分为5个等级:[0,0.2]处于理想状态;[0.2,0.6]处于良好状态;[0.6,0.8]处于警戒状态;[0.8,0.9]处于较差状态;[0.9,1]处于恶劣状态。

第六章 规划环境影响评价有效性研究

第一节 规划环境影响评价有效性内涵

为客观了解规划环境影响评价开展的深度和强度，识别影响规划环境影响评价有效实施的关键因素，提高规划环境影响评价系统的功效，同时探寻规划环境影响评价对决策的作用，学术界于20世纪90年代中后期开始开展规划环境影响评价有效性的相关研究。

从评价理论来看，所谓评价，一般是指按照明确目标测定对象的属性，并把它变成主观效用(满足主体要求的程度)的行为，即明确价值的过程，因此，规划环境影响评价有效性评价是一个价值判断。由于规划环境影响评价具有目标的不确定性、环境影响因果关系的不确定性、规划和决策制定的复杂性及制定者目标的迥异，对规划环境影响评价有效性进行评估较为困难，国际上至今尚未有统一的规划环境影响评价有效性评估框架和标准。

一般认为，规划环境影响评价有效性研究的目的在于回顾它的实践史，研究它对决策的作用，检验规划环境影响评价预期目标与具体目标的实现程度。具体来说，规划环境影响评价有效性评价是指对已经完成规划环境影响评价的目的、执行过程、效益、作用和影响进行的系统的、客观的分析。通过对规划实践的分析总结，确定预期的目标是否达到、规划是否科学合理、主要效益指标是否实现，分析规划环境影响评价目标的可达性，并总结经验教训，通过及时有效的信息反馈，为未来决策和提高完善决策管理水平提出建议，同时也为规划实施运营中出现的问题提出改进建议。规划环境影响评价有效性评估基本内容包括：目标评价、实施过程评价、效益评价、影响评价和持续性评价。

第二节 规划环境影响评价有效性研究

一、国外规划环境影响评价有效性研究

国际上最早开展的是有关环境影响评价(EIA)有效性研究。国际影响评价联合会(IAIA)和加拿大环境评价局(CEAA)于1993年共同倡议开展EIA的有效性研究，认为EIA是将环境管理引入发展规划和决策的最主要方式，但也面临严峻的挑战，如EIA如何适应可持续发展战略的要求，如何在决策过程中更有效地发挥作用，如何开展更加全面、综合的EIA等。随后，不断有

学者针对 EIA 尤其是规划环境影响评价的有效性的概念内涵、程序进展以及评估方式等进行了探讨研究。

Sadler 于 1996 年首先开展规划环境影响评价的有效性研究，提出"规划环境影响评价有效性在于其规划环境影响评价执行情况的有效性，规划环境影响评价实践对理论和法规的遵循情况，以及规划环境影响评价目标的可达性"。Sadler 提出 3 个维度的有效性：目标有效性（目标的可达性）、程序有效性（EA 对导则法规的遵循程序以及规划环境影响评价过程的有效性）以及绩效（Transactive）有效性（时间—费用—效益的有效性）。

2000 年前后，一些学者对规划环境影响评价的有效性开展了系统的研究。Therivel 对英国过去 10 年 EA 和可持续评价的有效性进行评估。Thissen 对规划环境影响评价实施前后规划政策的改变进行比较研究，认为规划环境影响评价的直接效果在于对规划政策的改变。Fischer 分析了欧盟 3 个区域的交通规划规划环境影响评价，并初步提出规划环境影响评价有效性评估的标准。Lawrence 对规划环境影响评价质量和有效性进行研究，认为"质量"是对规划环境影响评价的制度安排和方法的评估，"有效性"是对结果的评估。此外，Lawrence 提出规划环境影响评价的直接有效性和间接有效性：直接有效性指规划环境影响评价的目标可达性、对环境保护效果、报告书的质量以及对导则规章的遵循程度，间接有效性指规划环境影响评价对环境管理和研究的效果。

Harridge 和 Curphy 认为规划环境影响评价的有效性依赖于更多的人力物力、技术方法以及能力建设方面。Therivel 通过问卷调查分别对英国区域和地方重要空间发展规划的规划环境影响评价的有效性，认为规划环境影响评价对规划起辅助作用，很难改变规划主体，规划环境影响评价也没有促进环境的可持续发展。Noble 在 IAIA 提出的标准的基础上，将规划环境影响评价评估的标准分为系统、过程和结果 3 部分，并以加拿大规划环境影响评价为例，评价规划环境影响评价程序的有效性。

对于规划环境影响评价的有效性研究，国外学者起初主要针对规划环境影响评价有效性的概念内涵、程序进展以及评估方式等进行了探讨研究，并针对规划环境影响评价的实施情况、规划环境影响评价开展内容等展开了研究。近年来，规划环境影响评价的有效性研究主要针对规划环境影响评价的评价过程，规划环境影响评价评价的科学性，对规划环境影响评价是否兑现了其开展的意义和目标，包括如何将规划环境影响评价纳入政策制定的过程中、规划环境影响评价对政策制定的辅助作用、规划环境影响评价对政策制定的影响以及规划环境影响评价结论的有效性等方面展开探讨，并尝试性地提出评估规划环境影响评价有效性的标准和框架。但是，国际上对规划环境影响评价有效性缺乏定量研究，有关规划环境影响评价有效性评估的实证研究较少。

二、国内规划环境影响评价有效性研究

近年来，我国首先尝试开展了 EIA 有效性研究。李天威等对影响 EIA 有效性的行为因素进行了分析，并将这些行为因素划分为战略规划行为、管理控制行为和技术业务行为；于连生等提出 EIA 有效性包括政策法规有效性、管理机制有效性和技术措施有效性，并进一步研究了环境价值核算对 EIA 有效性的影响，认为 EIA 有效性不应只被看作 EIA 制度本身的"完善"与"健全"，而要看它的实际效果；林逢春等从法规、管理机构、程序、参与人员、验收监测和强制执行、信息和技术支持等多个方面对我国 EIA 的完备性和有效性进行了评估；乔致奇从 EIA 国家能力建设的角度探讨了如何提高我国 EIA 的有效性；杨凯等对影响 EIA 有效性的因素进行了层次划分，分为国家层次、管理层次、具体建设项目层次和技术层次。从这些研究中可以看出，我国目前所开展的 EIA 有效性研究大多集中在单个要素对有效性的影响或将 EIA 体系要素划分为不

同层次,然后针对不同层次的要素实施分析,存在着较大的不系统性和片面性。

国内对规划环境影响评价有效性的研究较少,主要集中于对规划环境影响评价报告书的评估,即通过对多本报告书的比较总结,从规划环境影响评价的程序方面入手,研究报告书的有效性,研究范围较窄;中国虽然已经开始意识到有效性评估指标体系的重要性,并尝试提出一些评估指标,但仍缺乏系统的研究;在已有的个别有效性评估的研究中,直接引用国际上提出的一些评估指标体系,没有针对中国的国情和规划环境影响评价的发展阶段,也没有考虑规划环境影响评价不同类型的差异。

对比国内外规划环境影响评价有效性研究进展,不难发现,中国规划环境影响评价的研究尚未全面开展,在研究的深度和广度上都与国外的研究有一定的差距。因此,我国当前亟须加强规划环境影响评价有效性的研究。

第三节 规划环境影响评价有效性评估标准

在对规划环境影响评价有效性进行评估时,不同的学者提出了不同的评估标准。本节对当前规划环境影响评价有效性评估标准进行分析,总结出以下几种主要的评估标准:背景有效性标准、目标有效性标准、执行过程标准、绩效标准、直接有效性以及规划环境影响评价的增量标准(即规划环境影响评价实施之外潜在产生的有效性)。

背景有效性:规划环境影响评价的政治制度、法律背景的有效性。即规划环境影响评价开展过程中是否遵循了国家和地方相应的法规规章,国家和地方政府对规划环境影响评价的支持态度等。

目标有效性:国际上规划环境影响评价的主要目标是规划环境影响评价纳入规划的制定过程中,使规划更具科学性,同时保护环境促进可持续发展。《中华人民共和国环境影响评价法》中提出规划环境影响评价的目的为"实施可持续发展战略,预防因规划和建设项目实施后对环境造成不良影响,促进经济、社会和环境的协调发展"。规划环境影响评价目标有效性评价旨在评估规划环境影响评价目标的可达性和符合性。本研究规划环境影响评价目标有效性,主要评价规划环境影响评价是否使规划更具科学性;规划对规划环境影响评价的采纳情况;规划环境影响评价是否有利于环境保护,促进可持续发展等。

执行过程有效性:规划环境影响评价的程序以及采用的方法是评价规划环境影响评价报告书有效性的重要标准。规划环境影响评价的程序有效性,即规划环境影响评价执行过程对导则和法规要求的符合性,此外,规划环境影响评价过程的有效开展对规划的实施也有一定的作用。《规划环境影响评价技术导则总纲》中规定了规划环境影响评价开展的步骤和过程,包括替代方案的选择、筛选、识别、预测与评价、公众参与、减缓措施、跟踪监测、审批过程等。本研究从这几方面入手,评价规划环境影响评价程序的有效性;规划环境影响评价采用的方法是否先进可行也是评估规划环境影响评价有效性的重要标准。本研究对规划环境影响评价案例采用的规划环境影响评价方法以及方法的可操作性和先进性进行了评估。

规划环境影响评价绩效指规划环境影响评价时间成本的有效性,主要评价规划环境影响评价的成本-效益与时间-效益。一般来说,规划环境影响评价如果用时少且成本较低,并达到了很好的效果,那么规划环境影响评价的绩效就较高。

增量有效性:规划环境影响评价潜在的有效性。本研究中,评估规划环境影响评价的实施的增量有效性,主要通过评估规划环境影响评价是否能够提高决策者的环境意识,能否提高公众的环境意识和参与意识,能否增加不同部门间的交流,能否增加规划的透明度等方面实现。

直接有效性:一般来说,规划环境影响评价的直接有效性是指其对规划的作用以及规划环境影响评价执行过程的有效性。

第四节 规划环境影响评价有效性评估方法与框架

当前,研究人员对规划环境影响评价实施有效性的评估缺乏统一的认识,这是规划环境影响评价实践研究和理论研究的重要的障碍。建立评估的理论框架和基本方法是规划环境影响评价有效性评估的基础和重点,在此基础上才能客观地分析阐述规划环境影响评价的实施效果。目前,对评价规划环境影响评价有效性的理论体系的研究工作开展较少,本节主要介绍已有的具有代表性的3种理论体系。

一、分层次评估方法

该评估框架是一种涵盖规划环境影响评价框架以及详细清单的综合评估方法,分为4步:对规划环境影响评价的制度背景进行综合分析;对规划环境影响评价过程的技术方法、管理程序以及公众参与等进行评价;对规划环境影响评价对决策制定的影响进行评价;对规划环境影响评价实施效果进行评价。

上述对规划环境影响评价有效性的评估方法要求综合考虑 EIA 的背景因素、决策层次和尺度范围(图 18-6-1)。该理论框架从规划环境影响评价的主要目的、关键因素以及不同层次入手,提出从方法学、制度以及实践尺度等3个不同的方面评估规划环境影响评价的有效性,主要从规划环境影响评价自身的开展情况评估其有效

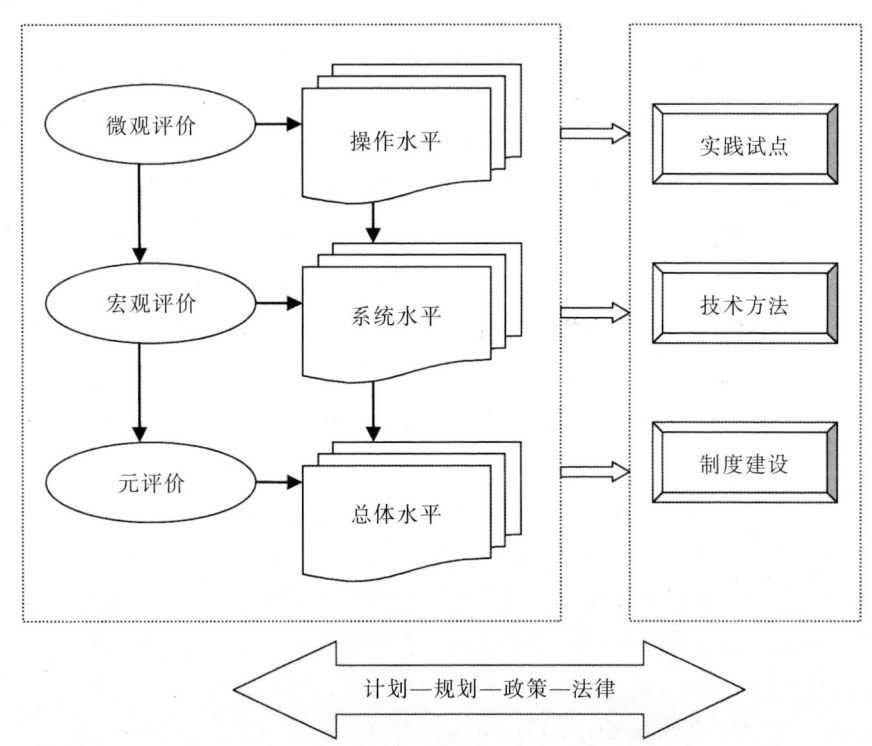

图 18-6-1 分层次评估规划环境影响评价有效性

性，评估对象局限于规划环境影响评价的建设发展(制度、理论和实践)，忽略了规划环境影响评价的开展对其外在环境，如政策、规划的制订、环境意识等背景因素的影响。

二、理想的有效性评估方法

"理想的规划环境影响评价有效性"的理论框架(图18-6-2)是在对现有评价规划环境影响评价有效性的不同方法、标准和重点进行比较分析的基础上提出的。该理论框架从规划环境影响评价的宏观背景体系入手，切入规划环境影响评价的微观层次和案例研究，评估规划环境影响评价过程、方法、数据以及其他直接或者间接结果的有效性。该理论框架的结构性比较好，对宏观和微观层次的比较分析较为清楚，且对影响有效性的不同内容进行了分析研究；但是该评估框架较为复杂，且对结果输出的界定不清楚，评估框架实施起来具有一定的挑战。

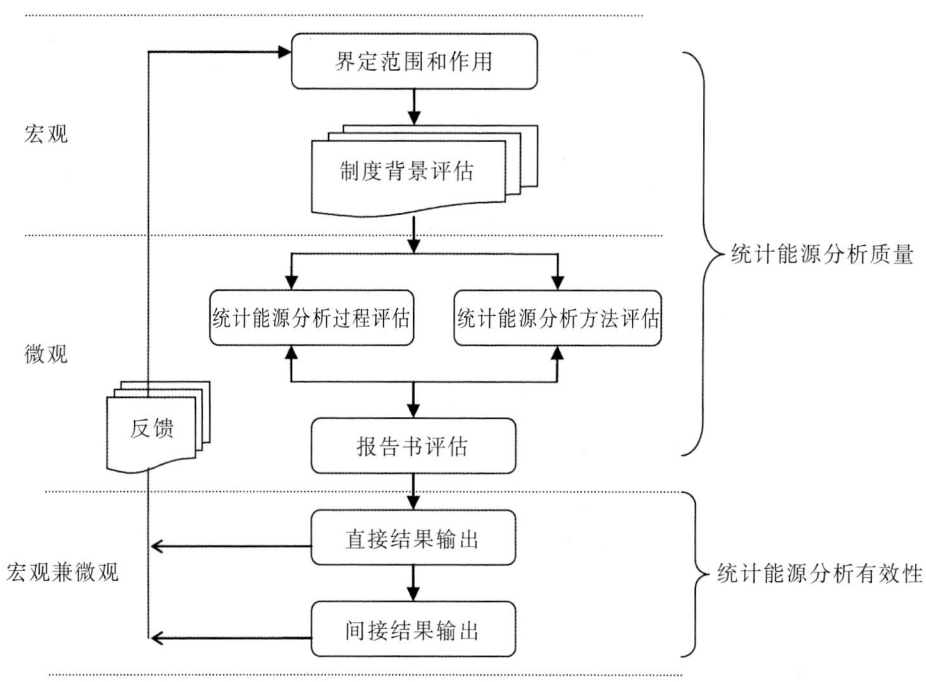

图18-6-2 理想的规划环境影响评价有效性分析

三、输入—输出质量评估法

该理论框架(图18-6-3)从规划环境影响评价程序和质量入手，分析规划环境影响评价不同阶段的输入质量，评价其实施效果和最终对政策、规划的作用。本评估框架提出规划环境影响评价开展过程的6种评估标准：输入标准、内容标准、过程标准、结果标准、有用性标准、效果标准。其中，前3种标准为规划环境影响评价的"输入质量"，包括规划环境影响评价的信息数据、程序、技术方法、公众参与等内容，属于规划

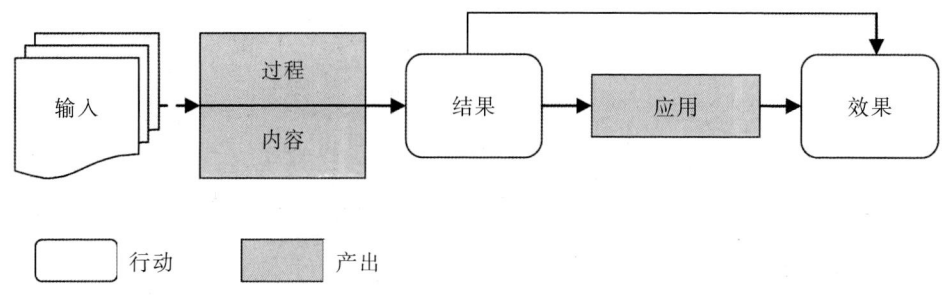

图18-6-3 基于输入—输出质量的评估框架

环境影响评价系统建设；后3种为规划环境影响评价实施的效果，如对政策、规划的改变、在政策、规划制定中的应用。

该理论评估框架严格说来是一种理论上的有效性，即强调规划环境影响评价体系各组成要素的完整性和体系结构的合理性，忽略了由于实施环境和机制上的问题产生的实施效果的改变，因此具有一定的局限性。

第五节 规划环境影响评价有效性案例分析

一、案例背景

《中华人民共和国环境影响评价法》(简称《环评法》)规定了"一地、三域、十个专项"规划的战略环境评价。《环评法》颁布至今，我国规划环境影响评价实践中开展最多的为区域建设开发利用规划和城市建设规划的环境影响评价（统归为区域发展规划的规划环境影响评价）。鉴于我国区域发展规划规划环境影响评价的开展范围广泛且具有一定的代表性，本研究在探讨中国规划环境影响评价的有效性时，选取区域发展规划规划环境影响评价为例，分析案例开展的有效性。

滨海新区依托天津，拥有中国最大的人工港——天津港。包括塘沽、汉沽、大港3个行政区和正在建设的8个产业功能区及中新天津生态城，陆域面积2 270 km^2，海域面积3 000 km^2，海岸线153 km。滨海新区人口2007年为114.41万人。2009年，国务院批复同意天津市调整滨海新区行政区划，建立统一的滨海新区行政区。滨海新区战略环境评价就是在此基础上开展的，也是环保部门的试点项目。

二、研究方法

由于有效性评估指标的种类繁多、性质各异，而且不存在统一的量纲，有的可以量化而有的只能定性分析，又由于规划所处地区差异，导致必然选择以经验判断为基础的定性与定量相结合的综合评价方法，本研究采用定性和定量结合的方法，通过半结构式访谈和专家咨询定性评价规划环境影响评价的有效性，通过层次分析法进行权重赋值，用模糊数学法评判对规划环境影响评价的有效性进行定量评价。本案例研究在对规划环境影响评价有效性影响因素分析的基础上，构建基于系统需求的规划环境影响评价有效性评估指标体系框架，通过对规划环境影响评价报告书的分析，研究规划环境影响评价实施情况，对规划环境影响评价相关部门、规划相关部门和人员的调查访问和研讨会，评估天津滨海新区规划环境影响评价的有效性。评价工作的程序如下。

(1)综合评价的准备工作

明确评价目的；确定被评价对象；系统分析规划环境影响评价的各个分部分的评价成果。

(2)建立评价指标体系

评价指标是目标的具体化，根据目标设立相应的评价指标。指标的设立，不仅要与规划环境影响评价的目标、特点等有关，而且还与规划有关。角度不同，评价的侧重点不同，设置的指标也不同。

(3)确立与各项评价指标相对应的权重系数

在实际有效性评价过程中，不同的指标对评价结果的影响程度不同。为了正确地反映各类分项指标对整个规划环境影响评价有效性影响的重要程度，通过加权的方法予以修正。重要的指标赋予较大的权重，相对次要的指标赋予较小的权重。运用层次分析法计算得到各指标的相对权重在获得各指标的相对重要性系数和判断矩阵的基础上，可以运用层次分析法计算各指标的相对权重。

(4)运用模糊评判法计算得到被评价项目的最终评价等级

专家打分，计算各系统的综合评价值并进行

排序或分类。通过相关专家问卷调查获得相应数据在构建了项目综合后评价的指标体系后,模糊判断中需要构建模糊关系矩阵的各指标等级的隶属度。

(5)得出综合评价结论

总体上说,有效性评价是从确定目标、评价范围开始,到确定指标体系、指标权重、选择综合评价方法,直至做出评价结论,其中包括分析、评定、协调、计算、模拟、综合等工作,而这些工作又是交叉反复进行的。

1. 层次分析法确定权重

采用层次分析法,构造判断矩阵。把指标体系中的某一上层元素和与其具有逻辑关系的下层元素进行两两比较,根据多位专家的经验判断,确定下层元素对于某一上层元素的相对重要性,获得判断矩阵。

$$S=\begin{bmatrix} 1.00 & 5.00 & 7.00 & 2.00 \\ 0.20 & 1.00 & 3.00 & 0.33 \\ 0.14 & 0.50 & 1.00 & 0.20 \\ 0.50 & 3.00 & 5.00 & 1.00 \end{bmatrix}$$

计算一致性指标,得 $C_1=0.053$,查得对应平均随机一致性指标为 0.90,可得随机一致性比率 $C.R.=\dfrac{C.I.}{R.I.}=0.053/0.90=0.059<0.1$,因此认为排序结果具有满意一致性,即权系数的分配合理。计算得到一级指标因子的权重为 $A=(0.06, 0.30, 0.52, 0.12)$。

同理,采用层次分析法对二级指标和三级构造判断矩阵,计算各二级和三级指标的层内权重,计算结果见表 18-6-1。

表 18-6-1 规划环境影响评价有效性评价指标及其权重

一级指标 A	权重	二级指标 B	权重	三级指标 C	权重	合成权重
背景有效性	0.06	政策背景指标	0.33	国家当地政府对规划环境影响评价的态度	1.00	0.02
		制度法律指标	0.67	制定相关法规并遵循	1.00	0.040
程序有效性	0.30	方法有效性指标	0.34	方法的可行性和灵活性	0.50	0.051
				定性定量方法结合	0.50	0.051
		程序的有效指标	0.52	对规划环境影响评价技术导则的遵循程度	0.33	0.05
				程序开展的有效程度	0.67	0.10
		报告书有效指标	0.14	内容完整,数据翔实	0.33	0.014
				结论清晰,公众易理解	0.67	0.028
目标有效性	0.52	环境影响的减缓	0.34	减缓环境影响程度	1.00	0.177
		对规划有效性	0.52	规划对规划环境影响评价结论的采纳程度	1.00	0.270
		规划环境影响评价结论有效性	0.14	结论的合理性	1.00	0.073
增量有效性	0.12	部门合作	0.36	促进部门合作	1.00	0.043
		规划透明	0.33	使规划更具透明度	1.00	0.040
		环保意识	0.31	公众的环保意识	0.33	0.012
				规划部门环保意识	0.67	0.025

2. 模糊综合评价

(1)建立模糊矩阵

在通过层次分析法确定了各个指标的权重以后,利用模糊评价,对规划环境影响评价有效性进行评价。

确定评价对象集:$V=\{$天津滨海新区规划环境影响评价有效性$\}$。

建立评价因子集:$D=\{d_1\ d_2\ d_3\ d_4\}=\{$政策法律背景、执行程序、目标、增量$\}$

建立模糊评语集:$P=\{p_4, p_3, p_2, p_1\}$,其中,p_4 为好,p_3 为较好,p_2 为一般,p_1 为较差(表 18-6-2)。

表 18-6-2 各等级对应评分值

评价	评价分值
好	>3.5
较好	(2.5, 3.5)
一般	(1.5, 2.5)
较差	<1.5

根据单因素评价三级指标对等级模糊子集的隶属度,构建各三级指标的模糊关系矩阵,选取规划人员代表和有关专家组成评审团,这些专家再结合自身的工作经验对指标体系的第三级指标进行单因素评价,然后用问卷调查的方法,对数据进行统计得到如下评语集。表18-6-3表示的是由10个专家对滨海新区规划环境影响评价各指标的评价结果。

表18-6-3 专家评判表

三级指标	好	较好	一般	较差
国家当地政府对规划环境影响评价的态度	9	1	0	0
制定相关法规并遵循	10	0	0	0
方法的可行性和灵活性	4	6	0	0
定性定量方法结合	9	1	0	0
对《规划环境影响评价技术导则》的遵循程度	8	2	0	0
程序开展的有效程度	8	2	0	0
内容完整,数据翔实	4	6	0	0
结论清晰,公众易理解	8	2	0	0
减缓环境影响程度	8	2	0	0
规划对规划环境影响评价结论的采纳程度	1	7	2	0
结论的合理性	3	7	0	0
促进部门合作	8	2	0	0
使规划更具透明度	4	5	1	0
公众的环保意识	0	7	3	0
规划部门环保意识	8	2	0	0

(2)计算规划环境影响评价有效性评价的隶属度

根据三级指标权重和对应各级评价等级的隶属度,采用加权平均模糊合成算子得到11个二级指标和4个一级指标对应各个评价等级的隶属度,结合一级指标对规划环境影响评价有效性的权重A,计算得到规划环境影响评价各个评价等级的隶属度(表18-6-4),评价结果如下。

表18-6-4 滨海新区规划环境影响评价有效性评价

评价指标	好	较好	一般	较差
背景有效性	0.97	0.03	0	0
执行有效性	0.73	0.27	0	0
目标有效性	0.37	0.53	0.10	0
增量有效性	0.59	0.35	0.06	0
综合有效性	0.54	0.40	0.06	0

(3)计算综合评价结果

根据各个评价等级的隶属度和评价等级的取值,加权计算规划环境影响评价有效性的综合评价结果,即$V=0.54\times4+0.40\times3+0.06\times2=3.48$,综合评价结果接近3.5,这表明天津市滨海新区规划环境影响评价的有效性较好。

三、结果与分析

1.程序的有效性分析

规划环境影响评价程序执行有效性是规划环境影响评价有效性评价的重要内容,是规划环境影响评价开展好坏的最直接体现。规划环境影响评价评价人员对规划环境影响评价的结论是否为规划采纳关注并不多,而关注更多的是规划环境影响评价开展过程中所采用的方法和规划环境影响评价的完整性。本研究主要通过规划环境影响评价的导则的符合性分析、规划环境影响评价过程分析、规划环境影响评价方法分析以及对规划环境影响评价报告书的整体分析等方面分析规划环境影响评价实践的有效性。

2003年,《规划环境影响评价技术导则(试行)》规定了规划环境影响评价开展的程序方法和内容,见表18-6-5。本研究通过分析天津滨海新区规划环境影响评价程序对《规划环境影响评价技术导则(试行)》遵循程度,研究规划环境影响评价的程序有效性,见表18-6-6。

表 18-6-5　规划环境影响评价程序与《规划环境影响评价技术导则(试行)》要求对比一览表

导则要求	导则标准	滨海新区	说明
总则的内容	1.规划的一般背景	是	增加评价目的与原则、依据、评价工作程序	规划环境影响评价过程是一个研究的过程,需要给出具体的技术路线
	2.与规划有关的环境保护政策、目标和标准	是		
	3.环境影响识别表	是		
	4.评价范围、环境目标和评价指标	是		
	5.评价方法	是		
规划概述与分析	1.规划的社会经济目标和环境保护目标	是	缺乏对替代方案的分析增加了规划的主要内容,分析规划的布局合理性,重点阐述了影响发展的资源环境因素	技术导则对规划概述要求较少,但规划作为环境影响评价的依据,需要对与环境保护相关的规划内容介绍清楚。替代方案应作为规划环境影响评价的考虑,两个案例中均没考虑
	2.规划与上下层次规划的关系和一致性分析	是		
	3.规划目标与其他规划目标、环保规划目标的关系和协调性分析	是		
	4.符合规划目标和环境目标要求的可行的替代方案概要	否		
区域环境现状调查分析	1.环境调查工作概述	是	应用情景分析法,详细阐述了区域承载力分析(水、能源、土地)	对区域环境承载力的分析很重要
	2.规划区域的环境问题,预计零方案下的环境发展趋势	是		
	3.环境敏感区域,环境影响区域	是		
环境影响分析与评价	1.按照环境主题识别、预测主要环境影响	是	应用不同情景对大气、水、海域、固体废物、交通进行预测评价增加环境风险和循环经济分析。缺乏累积影响分析评价	单独提出来社会影响分析,风险分析和循环经济分析加以重点关注。缺乏累积影响分析
	2.应用不同规划方案或不同设置情景描述识别、预测的主要的直接、间接和累积影响	是		
	3.对不同规划方案的环境影响进行比较	部分		
规划方案的优化建议与影响减缓措施	1.描述符合规划目标和环境目标的规划方案并概述防护措施、减缓措施的阶段性目标	是	提出规划的优化和减缓措施(产业结构),没有提供替代方案	
	2.环境可行的规划方案的综合评述	是		
	3.提供环境可行规划方案及替代方案	是		
	4.规划的结论性意见和建议	是		
公众参与	1.公众参与概况	是	通过规划展览和专家咨询进行公众参与	除专家咨询外的公众参与没有成效,公众参与意见的落实情况没有说明
	2.与环境评价有关专家咨询和公众意见	是		
	3.专家咨询和公众意见与建议的落实情况	是		
环境管理与监测体系	1.对下一层次规划或项目环境评价的要求	否	提出环境管理体系创新。缺乏监测与跟踪评价的计划	均未提出对下一层次规划或项目的环境评价要求,加强了风险评价
	2.监测和跟踪计划	部分		
评价结论与建议	执行总结:采用非技术性文字简要说明规划背景规划目标评价过程环境资源现状减缓措施公众参与和结果总体评价结论	是	将报告书主要内容作为小节内容重点关注总结	将报告书的主要内容作为小节的内容给以重点关注
困难性和不确定性	概述在编辑和分析用于环境评价的信息时所遇到的困难和由此导致的不确定性	否		对困难性和不确定性涉及较少

表 18-6-6　滨海新区规划环境影响评价程序开展的有效性

标准	标准	滨海新区
早期介入	有没有早期介入	在规划初稿完成后介入规划环境影响评价,相对较早
替代方案	有没有考虑替代方案	没有考虑规划的替代方案,但是在对大气、水、土地、噪声等环境因素进行评价时采用了情景分析
有效地识别过程	影响因子识别,影响范围识别,时间跨度识别,影响性质识别	识别滨海新区发展战略对资源、环境等方面产生的影响,判别影响程度及其是否为跨区域环境问题缺乏对社会和经济影响的识别,缺乏对积极的环境影响的识别
对重要的环境影响进行评价	直接间接累积影响,环境保护、质量、规划合理性分析	对环境影响进行了有效的评价,定量与定性相结合,定量为主
累积环境影响评价	从时间空间考虑累积环境影响	考虑较少,稍微考虑了多种影响源在时间和空间上的分布
公众参与的机会和效果	参与时间、形式、效果以及参与的主体	以规划展览和专家咨询为主,没有普通公众的参与,但是专家咨询做得很好
减缓措施	对规划目标和环境目标提出可行的减缓措施	提出环境影响的防护对策以及环境可行的规划方案
跟踪监测	跟踪监测的方案因子指标	没有跟踪监测方案

总体上,滨海新规划环境影响评价的程序有效性评价如下。

1)滨海新区规划环境影响评价的程序和报告书内容基本上遵循《规划环境影响评价技术导则》(以下简称《导则》)的要求,规划环境影响评价程序有效性较高,但也有一定的不足。

2)《导则》要求在对环境影响进行分析和评价时,需要"对不同规划方案可能导致的环境影响进行比较,包括环境目标、环境质量和可持续发展的比较",近年来规划环境影响评价的评价很少涉及替代方案的评价,滨海新区规划环境影响评价主要设置了不同的情景对环境影响进行预测和评价,中新天津生态城没有对替代方案进行评价,也没有设置不同的情景分析。滨海新区规划环境影响评价较为充分。

3)《导则》要求"规划涉及的环境问题可按照当地环境(包括自然景观、文化遗产、人群健康、社会/经济、噪声、交通)、自然资源(水、空气、土壤、动植物、矿产、能源、固体废物)、全球环境(气候、生物多样性)三类分别表述",2009 年国家颁布的《规划环境影响评价条例》中也规定"对规划实施可能对环境和人群健康产生的长远影响"进行分析评价,但是在案例的规划环境影响评价中,均没有涉及"人群健康和气候"评价。由于缺乏有效的定性和定量的标准,中国的规划环境影响评价很少涉及健康评价。

4)累积影响评价是规划环境影响评价的重要内容,导则要求"预测环境影响,包括直接的、间接的环境影响,特别是规划的累积影响",但是两个案例规划环境影响评价均没有考虑累积环境影响。

5)《导则》要求"概述在编辑和分析用于环境评价的信息时所遇到的困难和由此导致的不确定性",滨海新区规划环境影响评价对这两项内容均未涉及。

6)对于环境管理与监测体系,生态城提出监测与管理措施,增加了风险事故监控和应急预案,但是滨海新区仅提出环境管理体系创新,缺乏监测与跟踪评价的计划。

7)案例均进行了"风险分析与评价、循环经济分析评价"。《导则》提出了在拟定环境保护对策与措施时应遵循"预防为主"的原则和预防、最小化、减量化、修复补救与重建的优先顺序,但是未明确要求在环境影响评价过程中运用循环经济思想,也没有要求开展风险分析。本研究案例规划环境影响评价开展循环经济和风险分析是对规划环境影响评价探索和对环境的重视。

规划环境影响评价涉及不同的阶段和过程,下面本研究就案例规划环境影响评价不同阶段的实施效果进行评价，本次评价选取早期介入、替代方案、识别阶段、规划环境影响评价数据收集及评价、累积影响评价、公众参与、减缓措施和监测跟踪、规划环境影响评价的审查等方面进行规划环境影响评价程序有效性的评价。评价主要针对规划环境影响评价的报告书展开，同时通过访谈和问卷咨询了规划环境影响评价人员和规划部门的意见和建议。

滨海新区规划环境影响评价在规划制订过程中介入，辅助规划的编制，使规划更具有科学性；同时，滨海新区规划环境影响评价考虑了不同设置情景下的发展模式，从而提出环境经济社会相协调的方案；此外，滨海新区规划环境影响评价的识别评价过程较为科学合理，对主要的环境问题进行了有效识别，对环境影响进行了较为合理的论证，但是滨海新区规划环境影响评价没有考虑规划的累积环境影响评价，且缺乏相应的跟踪监测方案。

2.结果的有效性分析

近年来，国际上普遍认为判定规划环境影响评价是否有效的重要标准是判定规划环境影响评价的目标可达性，一般来说，规划环境影响评价的有效性在于规划环境影响评价是否减缓或者避免了规划、政策和项目的环境影响，是否促进了可持续发展，同时使规划更具科学性。

本研究就规划环境影响评价的目标有效性采访了规划环境影响评价专家和规划人员，通过数学模糊综合评判法得出结论，虽然相对于规划环境影响评价的背景有效性和程序有效性，滨海新区规划环境影响评价的目标有效性较为一般，但通过专家咨询和综合评判，得出评价等级为"较好"（0.53），说明滨海新区规划环境影响评价的目标可达性较为有效。评价标准及结果见表18-6-7。

表18-6-7 滨海新区规划环境影响评价目标有效性评价标准及结果

标准	滨海新区	说明
使规划更具科学性	规划完善环境保护的内容，修改可能导致不利环境影响的内容，影响程度中等	由于滨海新区规划环境影响评价部分规划的制定人员本身也是该规划环境影响评价的成员，很难界定规划的调整是否是采纳了该规划环境影响评价的成果
采纳情况 规划环境影响评价是否纳入规划决策	部分采纳	通过滨海新区规划环境影响评价，战略规划重点采纳了生态格局、水资源利用、产业布局、入区产业控制、滨海新区生态工业建设方面的建议，最大的优点是产业布局与结构的调整
有利于环境保护，促进可持续发展	部分采纳	规划环境影响评价评价人员和规划人员一致认为对重点开发区域开展规划环境影响评价是必要的，规划环境影响评价能够从源头上防范环境污染、保障区域生态环境安全。滨海新区规划环境影响评价结合现状及规划期间可能产生的主要环境问题提出了减缓措施与战略调整建议，有利于保护环境，减缓对环境和社会的影响
规划环境影响评价结论对决策是否起到至关重要的作用	规划环境影响评价提出可持续的建议，对经济发展不利的建议未采纳	仅仅辅助决策制定，决策仍以经济发展为重

四、结论

本研究通过问卷调查和半结构式访谈对滨海新区规划环境影响评价有关专家和规划编制人员进行了咨询，并采用层次分析法分析了规划环境影响评价有效性标准的不同权重（背景有效性、执行程序有效性、目标有效性和增量有效性），通过模糊数学综合评判法对滨海新区规划环境影响评价的有效性进行综合评价。得出结论如下：

1）滨海新区规划环境影响评价的政策制度背景有效性很好（"好"0.97），说明天津市滨海新区注重环境保护，针对滨海新区规划环境影响评价颁布了相关的法规规章，对滨海新区规划环境影响评价给予支持态度。此外，滨海新区规划环境影响评价的开展遵循国家生态环境部的相关规章，这些规章条文也为滨海新区规划环境影响评价的展开提供了法律支持和技术支持。

2）滨海新区规划环境影响评价执行的程序方法的有效性较高，规划环境影响评价的程序遵循《导则》的要求，同时增加了循环经济和风险评价的内容。滨海新区规划环境影响评价介入战略规划的时间较早，通过设置不同的情景方案综合评价战略规划的发展影响。由于滨海新区发展战略具有层次高、未来发展不确定因素多等特点，普通公众在知识、环境意识等方面都存在局限性，很难独立扮演公众参与的主体角色，而环境专家具备相关的专业知识，能够更加准确地为滨海新区的发展把脉，滨海新区在专家公众参与方面做得较为成功。但是滨海新区规划环境影响评价对战略规划的累积影响以及跟踪评价监测等方面鲜有涉及。

3）滨海新区规划环境影响评价的目标有效性相对"较好"（0.53），规划环境影响评价完善了规划环境保护的内容，修改可能导致不利环境影响的内容，影响程度中等，同时规划采纳了规划环境影响评价报告中有关滨海生态格局、水资源利用、产业布局与结构调整等方面的建议，对战略规划的开展具有积极的意义。

4）滨海新区规划环境影响评价的增量有效性为"好"（0.59），规划环境影响评价的开展在一定程度上加强了部门之间的合作交流，增加战略规划开展的透明度，通过规划环境影响评价的开展，规划人员和政府人员的环境意识有所增加。

根据隶属度的原则，滨海新区规划环境影响评价有效性的模糊综合评价"好"为0.54，"较好"为0.40，有效度较高。综合各个单项的评价结果，该规划环境影响评价背景效果为"好"，执行程序和方法等各指标评价为"好"，但是在目标的可达性方面稍有不足。专家认为规划环境影响评价对"减缓环境影响，将环境因素纳入规划考虑中，实现可持续发展"的作用相对较小。

第六节 结 论

对规划环境影响评价开展有效性评价，能客观了解规划环境影响评价开展的深度和强度，识别影响规划环境影响评价有效实施的关键因素，提高规划环境影响评价系统的功效，同时探寻规划环境影响评价对决策的作用。本研究在对国内外规划环境影响评价有效性研究进行分析总结的基础上，尝试性地构建了评价规划环境影响评价有效性评估的指标体系，并采用层次分析法分析了规划环境影响评价有效性标准的不同权重，通过模糊数学综合评判法对滨海新区规划环境影响评价的有效性进行综合评价。

本章虽然已经建立了规划环境影响评价有效性评价指标体系，但规划环境影响评价制度有效性评价指标体系不是一成不变的，它们都会随着规划环境影响评价理论和实践的深入发生变化，评价指标根据规划环境影响评价的现状进行修订，以更适应客观环境的改变。目前，规划环境影响评价有效性评价在国内外都处于起步阶段，其评估方法和运作程序尚无定量和定性的规定，有赖于评价方法、评价制度的进一步改进和完善。

第七章 中国规划环境影响评价的问题与展望

第一节 规划环境影响评价开展中的主要问题

自我国规划环境影响评价制度建立起，众多研究人员对规划环境影响评价开展的障碍和瓶颈进行了较为深入的探讨，研究大都集中在与规划环境影响评价有直接关系的一些问题，如规划环境影响评价法律体系不完善、管理机制欠缺、规划层次不科学、评价过程的制约因素（方法、指标、公众参与等）等方面。这些问题是影响规划环境影响评价开展的最为直接和重要的因素。但是有关规划环境影响评价开展的外部制约因素，如规划环境影响评价的机制问题、社会文化、行政管理等潜在的外环境，对规划环境影响评价的开展也有着举足轻重的作用，目前对这方面的研究还较少。

一、规划环境影响评价理论研究的不足

规划环境影响评价当前研究理论的症结主要表现如下。

1）从研究机构来看，与欧美国家不同，中国极少存在专门进行规划环境影响评价的学术研究机构。全国仅有少数几家规划环境影响评价研究中心，如 2004 年南开大学与原国家环境保护部环境工程评估中心联合成立国内第一家规划环境影响评价研究中心。由于研究经费的短缺、信息获得的有限性，因此相比于规划环境影响评价的实践，规划环境影响评价的专业研究整体水平较低，进展缓慢。

2）从研究主体来说，规划环境影响评价的理论研究主要在于两部分：其一是规划环境影响评价的基本理论知识、环境影响评价程序、环境影响评价方法学等方面；其二是规划环境影响评价在不同领域的应用研究和与相关理论的关系，如与可持续发展、生态文明、循环经济的关系。通过文献回顾，我们可知，规划环境影响评价的研究重点和研究范围大都是在前人研究的基础上进行补充完善，理论和技术的创新较少，对一些诸如规划环境影响评价与上位规划和下位项目的衔接方面、规划环境影响评价评价体系的有效性、规划环境影响评价运行机制和管理体制、规划环境影响评价技术方法的时效研究以及事后的跟踪评价研究较为缓慢。

二、规划环境影响评价制度建设的不足

环境问题主要产生于经济过程中的决策机制，以及经济过程中的各种社会和政治力量的运作，即制度本身。

历史经验表明，正确的理念，只有被设计为有效的公共政策，或者说只有被转化为一整套制度，才能在实践中变成充满活力而又规范有序的行动。规划环境影响评价要实现其价值和有序发展，制度建设就显得尤为重要。当前规划环境

影响评价的制度问题主要表现在3个方面：①有章不循，虽然规划环境影响评价有规范的法律体系以及明确的政策要求，但是在执行过程中往往得不到贯彻落实；②制度不规范，规划环境影响评价的制度建设涉及的部门、机构、程序较多，虽然各有制度，但是不同制度的衔接性和融合性较差，整体制度不规范，不完善，具体到实践中，规划环境影响评价在技术和操作层面的制度也不健全；③无章可循，规划环境影响评价开展过程中，一些环节如管理机制、责任监督、审批机制等方面没有具体的制度，从而为一些部门规避责任和争取不规范的利益提供了方便。

规划环境影响评价的实施需要完善法律体系作保障，《中华人民共和国环境影响评价法》面临着缺乏具有可操作性的实施细则以及有威慑力的责任追究条款，规划环境影响评价的具体管理细则不明确，监督职能缺失，责任条款软弱等不足。《规划环境影响评价技术导则（试行）》中提出了工作程序的要求和技术方法未与具体的政府决策流程建立联系，在实质上还是一个末端管理的思路。因此，现有的规划环境影响评价大多从"省事"的角度出发，在决策链的末端进行，这使得规划环境影响评价的真正效用无法体现。法律不完善，执行起来就会有漏洞。此外，由于不同行业和类别的专项规划具有其各自的特点和复杂性，规划环境影响评价的开展应结合不同专项规划合理展开，但是当前仍没有出台针对不同专项规划的规划环境影响评价导则，这使得环境影响评价的开展常常流于形式。

三、部门的协调合作

长期以来，我国行政部门突出的特点是，决策与执行不分，机构设置偏多，职权交叉重叠，部门利益冲突较为明显。除了环境影响评价机构、审批机构、监督机构等机构设置外，规划环境影响评价在实施过程中涉及的部门众多，如环保部门、交通部、国土资源部以及规划部门等多个部门，因此，部门间的有效协调显得尤为重要。目前在治理环境、推进环境影响评价工作方面，我国还没有形成部门合作的联动机制，从事相关工作的部门很多，但是部门间，在人才、资源等方面没有形成合力，实现资源共享，这就造成资源浪费，效率低下，影响规划环境影响评价的整体推进。

此外，与成熟的市场经济体制的国家相比，中国行政行为仍然带有经济干预的惯性，规划、政策等一般由政府部门操作，但是由于政府和相关部门对规划环境影响评价的认识不到位以及存在"唯GDP是图"的错误政绩观，环保部门无力抗衡地方政府的投资冲动，很难对地方官员支持的项目、规划、计划的实施进行严格的监管。环保部门在各大部门中处于弱势地位，其在规划环境影响评价实施中的综合协调和管理的职能得不到明确的法律界定，规划环境影响评价直接参与政府决策和部门规划必然遇到相关部门的抵抗，使得规划环境影响评价的作用大打折扣。

四、规划环境影响评价管理机制

对规划环境影响评价本身而言，其在实施运行过程中涉及了责任机制、监督机制和保障机制。在责任机制方面，规划环境影响评价的问题包括规划编制机关对规划的责任、组织开展环境影响评价的单位的责任、环境影响评价单位的责任、审批部门和专家等责任的缺失。这就造成了各机构对规划环境影响评价责任的规避，而导致责任缺失的主要原因还在于相关制度规章的不完善以及主体部门对规划环境影响评价的重视和认识不够。在监督机制方面，规划环境影响评价的监督仅仅存在于环保部门对环境影响评价的最后结果组织审查，缺乏对整个工作的监管力度，环境影响评价单位在没有压力和监管的温床下成长，势必会成为温室的花朵，经不起实践的考验。在保障机制方面，目前规划环境影响评价大都重审批轻质量，重事前评价轻事后监测评估，难以对后续项目的建设形成有效的制约，特别是生态建设指标、生态补偿制度和循环经济指标等都难以在具体的建设中实现,致使规划环境影响评价缺乏实用性,降低了规划环境影响评价对决策的影响力。此外,规划环境影响评价开展的经费和时间也是需要加以保障的方面,经费没有法定来源,评价周期过短等因素对规划环境影响评价质量有着重要的影响,只有在时间和经费这两个基本的条件满足的前提下,规划环境影响评价质量才有可能达到较高的水平。

第二节 规划环境影响评价发展方向

一、加强规划环境影响评价制度建设

1) 完善配套法规、规章是落实规划环境影响评价发展的必然要求。我国现有规划环境影响评价的法规规章、政策及标准体系滞后于现有规划环境影响评价的实践进展,多有体系不完善、规定不具体之短,建议尽快完善和维护法律的一致性和有效性,如按照规划环境影响评价、项目环境影响评价、"三同时"管理、竣工环保验收一体化原则对环境保护基本法和环境影响评价法规进行修订;此外,能源、交通、资源开发、流域和生态类环境影响评价管理等方面规划环境影响评价的技术导则也亟须制定。

2) 规划环境影响评价涉及的利益多元化,这就需要信息公开,需要公众主动参与,官员问责。可以从以下几个方面完善公众参与:建立环境信息公开制度,在现有的基础上,进一步扩大环境信息公开范围,接受社会监督,搭建起公众与相关部门沟通的桥梁;实行环境教育改革,加强宣教,提高公众的法律意识,引导公众合法维权;建立公众参与的保障机制,发展更多的非政府环保社团,提高公众的代表性和有效性。

3) 规划环境影响评价不仅要成为官员政绩的考评标准之一,还应渗透到国家财政等公共政策领域,以体现其在源头的控制功能。政府相关部门认识的改变,单靠宣传教育,无异于杯水车薪,必须要有强有力的约束机制,包括亟待建立环保考核问责、规划环境影响评价立法在内的经济、行政和法制保障体系及运行机制,使地方官员转变思想,加强部门沟通和协调。

二、加强规划环境影响评价能力建设

加强规划环境影响评价的能力建设可以从以下几个方面着手。

第一,成立专门的研究机构和研究系统,如依托高校和科研单位,组建专门的规划环境影响评价研究中心,形成较为完善的规划环境影响评价研究体系,同时实行"产研分开",规划环境影响评价研究机构专门从事规划环境影响评价的理论研究,环境影响评价单位开展规划环境影响评价的实践进展,将科研成果与实际操作挂钩,缩短新理论和新技术应用到实践的周期。成立规划环境影响评价网站,建立环境影响评价相关数据库,内容包括规划环境影响评价指南、不同行业和领域的做法和经验等,明确各有关部门在数据库建设中的主要职责和工作任务,推动形成环境信息共享机制和交流平台。

第二,经费和时间是限制规划环境影响评价开展的重要因素。目前,大部分规划编制无专项经费支持,开展规划环境影响评价无资金保障。应将规划环境影响评价经费作为规划编制经费的一部分,纳入政府财政预算或者设立专项财政资金,用于支持规划部门开展环境影响评价的工作。同时,建议环境影响评价相关单位实行"抱团发展"互惠合作的发展方式,即环境影响评价单位每年将业务经费的一小部分上缴国家,国家将这部分经费分配给研究机构,用于规划环境影响评价的专业研究，研究机构和环境影响评价单位的信息共享，双方合作，建立规划环境影响评价基础数据库和信息公开制度，以理论指导实践，以实践促进理论，研究成果双方共享。

第三，制定规划环境影响评价有效性评估考核体系，作为评估环境影响评价报告、考核环境影响评价机构、检验规划环境影响评价质量和效果的标准。探索通过试行规划环境影响评价资金托管制度，防止规划环境影响评价机构和业主单位存在利益关系，保证规划环境影响评价的客观性、独立性和公正性。现行的评价人员的数量和专业水平不能适应规划环境影响评价迅速发展的要求，加强规划环境影响评价的能力建设，还需组织开展规划环境影响评价管理人员和技术人员的培训工作。

生态环境主管部门可以根据规划环境影响评价方面的经验，选择几个试点做未来五年经济发展的规划环境影响评价；同时建议公开规划环境影响评价报告，这不但有助于分享经验，还可以提升报告质量，高质量的报告能够影响决策，并且为决策方寻找到真正良好的替代方案。

三、加强规划环境影响评价学术研究

由于规划环境影响评价实践在我国开展时间较短，现有的规划环境影响评价的思想和工作模式，不能完全满足"环境影响评价法"和实践应用的要求，需要探索新的、规划层次的环境影响评价理论方法体系与实证研究，可从以下几方面着手。

第一，构建规划环境影响评价的体系框架，扩展规划环境影响评价范围。目前，规划环境影响评价的研究体系主要用于规划环境影响评价，法律、政策、计划、规划等不同层次、不同要求和内涵的规划环境影响评价的链接和整体研究尚未成型，同层次的不同专项规划间的关系和研究体系仍需探索。

第二，建立规划环境影响评价基础数据库，即不同背景、不同层次、不同行业和领域规划环境影响评价的技术方法应有所异，对规划环境影响评价的不同技术方法进行比较和融合研究。明确将不同类型的政策、规划作为评价的对象，探讨规划环境影响评价与不同类型规划本身的理论与技术的衔接，研究其在实践应用中的时效性和可行性。在规划环境影响评价的应用研究上要持之以恒，对成功或者失败的经验及时总结和改进，以加强对案例的指导。

第三，目前对规划环境影响评价的实践基本上都属于反映型评价，应加强对因政策、计划、规划实施带来的区域空间结构、社会结构、景观格局等多方面变化产生的社会影响、累积影响、连带影响等进行深入分析，还应深入开展规划环境影响评价的有效性研究和规划环境影响评价的背景(政治、体制、机制等方面)研究。

四、加强部门间的合作和信息公开

规划环境影响评价的制度建设应逐渐建立部门之间和部门内部间的协调联动机制。传统的规划环境影响评价涉及不同部门时，部门间的合作协调较少(图18-7-1)，信息资源不共享，而且有些部门规避责任，从而降低了工作效率。建议加强部门间的协调合作，给政策制定提供数据和理论方法，理顺规划部门、环保部门、政府部门的关系和责任，对部门之间的分工职责加以明确，使相关部门能够建立起相互协调的机制和平台，促进决策的民主化(图18-7-2)。尤其是在规划环境影响评价的监督方面，专家咨询委员会或者人大执法检查可以提升为独立机构，对政府规划环境影响评价负责。主要职能应包括：对所涉及部门进行监督，保证各部门职能有效性；通过咨询和信息反馈，协调部门间、部门与公众间关系，促进沟通与互动合作；监督规划审批，将规划审批权与规划环境影响评价审查权分开，保证环境影响评价建议和结论在规划审批中得以充分考虑。

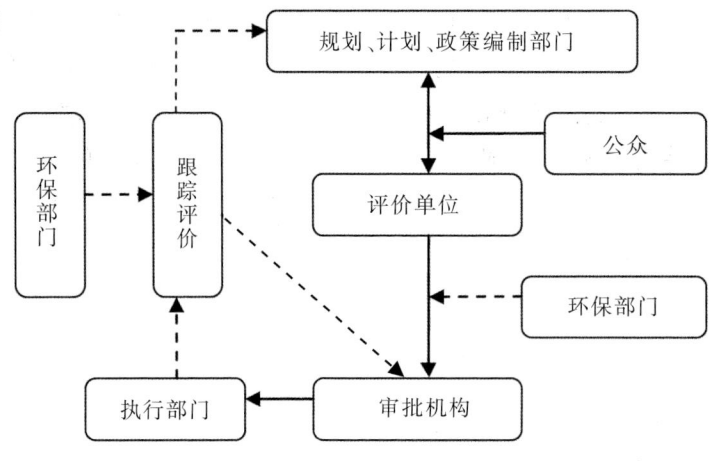

图 18-7-1　现有的部门联动关系图

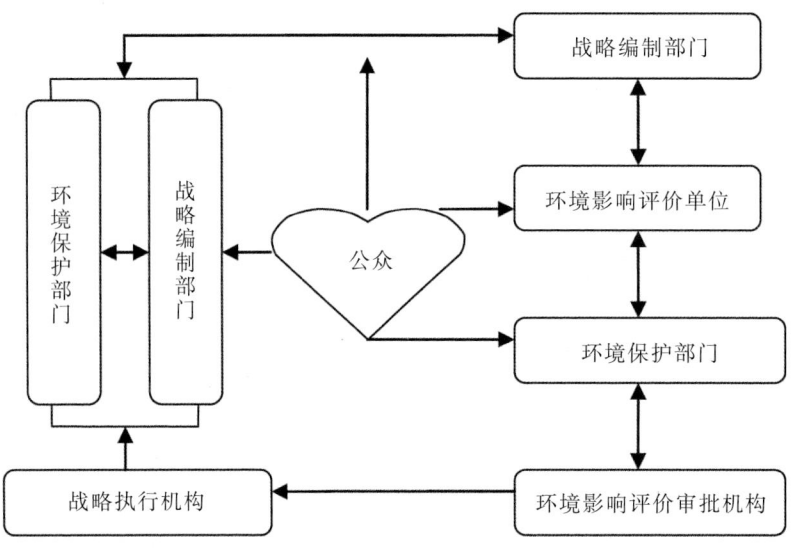

图 18-7-2　相对完善的规划环境影响评价部门联动机制

五、建立完善环境影响评价竞争机制

环境影响评价机构整体水平的低下是环境影响评价质量不尽如人意的一个重要原因。目前我国环境影响评价机构的主要问题在于评价单位的竞争机制和责任机制尚未建立，这是环境影响评价人员技术水平和工作效率低下的直接原因。完善的竞争机制是提高规划环境影响评价质量、利于规划环境影响评价发展的"加速器"。第一，建立完善规划环境影响评价市场和行政的奖惩机制，制定环境影响评价质量标准考核体系，严格淘汰机制和"黑名单"制，使环境影响评价机构的业务能力高低、社会责任感的强弱、社会效益的优劣等与其切身利益密切相关，促使环境影响评价机构选择愿意担责；第二，培植若干规划环境影响评价品牌机构，使其能够以强大的市场实力和规范的管理制度，摆脱行政单位的地方保护和不当的利益诱惑，独立开展工作并承担社会责任；第三，适时引进国际先进的环境影响评价机构参与国内环境影响评价市场竞争，给国内的环境影响评价机构压力，同时能够进行经验交流和共享，带动环境影响评价单位主体的多元化，促使环境影响评价业的整体进步；第四，组建由规划师和环境影响评价工程师组成的新的规划环境影响评价咨询团队，开展更有针对性和高效性的规划环境影响评价工作，实现规划环境影响评价辅助规划制定的目标。

第八章 工业生态系统监督保障
——以天津滨海新区为例

第一节 工业生态系统监督保障概述

一、循环经济与工业生态系统

循环经济是指在人、自然资源和科学技术的大系统内，在资源投入、企业生产、产品消费及其废弃的全过程中，把传统的依赖资源消耗线形增长的经济（即"资源—产品—废物"），转变为依靠生态型资源循环（即"资源—产品—再生资源"）来发展的经济。《中华人民共和国循环经济促进法》将其定义为："在生产、流通和消费等过程中进行的减量化、再利用、资源化活动的总称。减量化，是指在生产、流通和消费等过程中减少资源消耗和废物产生。再利用，是指将废物直接作为产品或者经修复、翻新、再制造后继续作为产品使用，或者将废物的全部或者部分作为其他产品的部件予以使用。资源化，是指将废物直接作为原料进行利用或者对废物进行再生利用。"

循环经济从国民经济的高度和广度将环境保护引入经济运行机制，其具体活动主要集中在3个层次上，即企业层次、企业群落层次和国民经济层次。其中，在企业群落层次上按照工业生态学原理，建立企业群落的物质集成、能量集成和信息集成，建立企业和企业间的废物输入和输出关系，即形成生态工业园区的工业生态系统。

《国家生态工业示范区管理办法（试行）》（环发〔2007〕188号）将生态工业园区阐述为："依据循环经济理念、工业生态学原理和清洁生产要求而设计创建的新型工业园区。通过园区的创建，可加快实现工业园区的生态化改造，促进我国工业粗放型增长方式的转变和高新技术产业发展，从根本上缓解环境污染的压力。"而所谓工业生态系统，就是生态工业园区内的一批相关工厂、企业组合在一起，它们共生共存、相互依赖，其联系纽带是废物，即这家工厂、企业的废物是另一家或几家工厂、企业的原料。这个系统的最大特点是使资源的利用率达到最高，而将工厂、企业对环境的污染和破坏降到最低。与自然生态系统相比，工业生态系统是人造的，是人类仿照大自然而着意设计出来的。它通过模拟自然生态系统建立工业系统中的"生产者—消费者—分解者"的循环途径，建立互利共生的工业生态网，利用废物交换、循环利用和清洁生产等手段，实现物质闭路循环和能量多级利用，达到物质和能量的最大利用以及对外废物的零排放。

我国的生态工业园区建设起步较晚，自1999年开始启动生态工业示范园区建设试点工作，建立了贵港国家生态工业（制糖）示范园区。在国家高层领导的重视和推动下，生态工业思想的影响逐步扩大，全国各地生态工业园区建设项目开展迅速，生态工业园区成为继经济技术开发区、高新技术开发区之后的第三代工业园区发展模式。截止到2014年4月18日,已有26个国家级生态工业示范区通过环保部批准验收(表18-8-1),有59个国家级生态工业示范区通过批准建设。我国的生态工业园区分类为综合类生态工业园区、行业类生态工业园区和静脉产业类生态工业园区3种类型。综合类生态工业园区主要指在高新技术产业开发区、经济技术开发区等工业园区基础上改造而成的生态工业园区。行业类生态工业园区是以一类工业行业的一个和几个企业为核心,通过物质和能量的集成,在更多同类企业或相关行业企业间建立共生关系而形成的生态工业园区。静脉产业类生态工业园区是以静脉产业为主体建设的生态工业园区。

《国家生态工业示范园区管理办法(试行)》(环发〔2007〕188号)指出:"园区建设应结合建设规划和生态工业园区标准《行业类生态工业园区标准(试行)》(HJ/T 273-2006)(表18-8-2)、《综合类生态工业园区标准(试行)》(HJ/T 274-2006)(表18-8-3)、《静脉产业类生态工业园区标准(试行)》(HJ/T 275-2006)(表18-8-4)进行评估。"所以,以上3项标准也是考查生态工业园区是否达到循环经济和监督保障目标的指标。

表18-8-1 通过验收批准命名的国家生态工业示范区

序号	名称	批准文号	主要产业	类型
1	苏州工业园区国家生态工业示范园区	环发〔2008〕9号	纳米光电新能源、生物医药、融合通信、软件与动漫游戏和生态环保	综合类(国家级经济技术开发区)
2	苏州高新技术产业开发区国家生态工业示范园区	环发〔2008〕9号	废蚀刻液、含金废物等10条生态工业链	综合类(国家高新技术产业开发区)
3	天津经济技术开发区国家生态工业示范园区	环发〔2008〕9号	高新技术产业和第三产业	综合类(国家级经济技术开发区)
4	无锡新区国家生态工业示范园区	环发〔2010〕46号	传感网研发、光伏太阳能组件制作、集成电路制造等半导体生产	综合类(国家高新技术产业开发区)
5	烟台经济技术开发区国家生态工业示范园区	环发〔2010〕46号	机械制造和电子信息	综合类(国家级经济技术开区)
6	山东潍坊滨海经济开发区国家生态工业示范园区	环发〔2010〕47号	海洋化工产业	行业类(海洋化工)
7	上海市莘庄工业区国家生态工业示范园区	环发〔2010〕103号	清洁高效发电及输变电设备、大型船舶关键件、新能源汽车及零部件、航天装备、电子信息装备	综合类(国家级工业园区)
8	日照经济技术开发区国家生态工业示范园区	环发〔2010〕103号	能源工业、粮油食品加工业、木制品加工业、机械加工业和临海密集型工业	综合类(国家级工业园区)
9	昆山经济技术开发区国家生态工业示范园区	环发〔2010〕135号	电子级玻璃纤维丝—玻纤布—环氧树脂—铜箔—覆铜板—印刷电路板	综合类(国家级经济技术开发区)
10	张家港保税区暨扬子江国际化学工业园国家生态工业示范园区	环发〔2010〕135号	粮油集群、化工集群	国家生态工业示范园区

续表

序号	名称	批准文号	主要产业	类型
11	扬州经济技术开发区国家生态工业示范园区	环发〔2010〕135号	光伏产业循环经济产业链	国家级经济技术开发区
12	上海金桥出口加工区国家生态工业示范园区	环发〔2011〕40号	电子信息整机及配套件、汽车及零部件、家用电器及配套件、生物医药及食品	综合类（国家级经济技术开发区）
13	北京经济技术开发区国家生态工业示范园区	环发〔2011〕50号	移动通信产业链	综合类（国家级经济技术开发区）
14	广州开发区国家生态工业示范园区	环发〔2011〕144号		综合类（国家级经济技术开发区、国家高新技术产业开发区）
15	南京经济技术开发区	环发〔2012〕35号	光电显示、医药产业集群、装备制造	综合类（国家级经济技术开发区）
16	天津滨海高新技术产业开发区华苑科技园国家生态工业示范园区	环发〔2012〕158号	IT、新能源、生物医药、先进制造业、现代服务业	国家生态工业示范园区
17	上海漕河泾新兴技术开发区	环发〔2012〕158号	微电子、光电子、计算机机器软件和新料材	国家级经济技术开发区
18	上海化学工业经济技术开发区	环发〔2013〕25号	乙烯、丙烯、碳四、芳烃为原料的产品链	国家生态工业示范园区
19	山东阳谷祥光生态工业园区	环发〔2013〕25号	铜冶炼废气、废渣和阳极泥为主原料的三条"循环经济产业链"	国家生态工业示范园区
20	临沂经济技术开发区	环发〔2013〕25号	工程机械产业	国家级经济技术开发区
21	江苏常州钟楼经济开发区	环发〔2013〕108号	新型复合材料、电子信息产业、装备制造业	
22	江阴高新技术产业开发区	环发〔2013〕108号	生物医药产业、新材料、精密仪器、电子信息产业	国家级高新技术产业开发区
23	沈阳经济技术开发区	环发〔2014〕8号	装备制造业、汽车整车及零部件产业、医药化工产业	国家级经济技术开发区
24	宁波经济技术开发区	环发〔2014〕48号	石化产业、装备制造业、汽车及汽配产业、清洁能源产业、高新技术产业	综合类（国家级经济技术开发区）
25	上海张江高科技园区	环发〔2014〕48号	生物医药创新链、集成电路产业链、软件产业链	综合类（国家高新技术产业开发区）
26	上海闵行经济技术开发区	环发〔2014〕48号	机电产业、医药医疗产业、食品轻工产业	国家级经济技术开发区

表 18-8-2 行业类生态工业园区指标

项目	序号	指标	单位	指标值或要求
经济发展	1	工业增加值增长率		≥12%
物质减量与循环	2	单位工业增加值综合能耗	t/万元	达到同行业国际先进水平
	3	单位工业增加值新鲜水耗	m³/万元	
	4	单位工业增加值废水产生量	t/万元	
	5	工业用水重复利用率	%	
	6	工业固体废物综合利用率	%	
污染控制	7	单位工业增加值COD排放量	kg/万元	
	8	单位工业增加值SO₂排放量	kg/万元	
	9	危险废物处理处置率		100%
	10	行业特征污染物排放总量注		低于总量控制指标
	11	行业特征污染物排放达标率注		100%
	12	废物收集系统		具备
	13	废物集中处理处置设施		具备
	14	环境管理制度		完善
园区管理	15	工艺技术水平		达到同行业国内先进水平
	16	信息平台的完善度		100%
	17	园区编写环境报告书情况		1期/年
	18	周边社区对园区的满意度		≥90%
	19	周边社区对园区的满意度		≥90%

注：行业特征污染物指除COD、SO₂等常规监测指标外，行业重点控制的污染物。

表 18-8-3 综合类生态工业园区指标

项目	序号	指标		单位	指标值或要求
经济发展	1	人均工业增加值		万元/人	≥15
	2	工业增加值增长率		%	≥15
物质减量与循环	3	单位工业用地工业增加值		亿元/km²	≥9
	4	单位工业增加值综合能耗		t标准煤/万元	≤0.5
	5	综合能耗弹性系数			<0.6
	6	单位工业增加值新鲜水耗		m³/万元	≤9
	7	新鲜水耗弹性系数			<0.55
	8	单位工业增加值废水产生量		t/万元	≤8
	9	单位工业增加值固体废物产生量		t/万元	≤0.1
	10	工业用水重复利用率		%	≥75
	11	工业固体废物综合利用率		%	≥85
	12	中水回用率注	人均水资源年占有量≤1 000 m³	%	≥40
			人均水资源年占有量>1 000 m³≤2 000 m³		≥25
			人均水资源年占有量>2 000 m³		≥12
污染控制	13	单位工业增加值COD排放量		kg/万元	≤1
	14	COD排放弹性系数			<0.3
	15	单位工业增加值SO₂排放量		kg/万元	≤1
	16	SO₂排放弹性系数			<0.2
	17	危险废物处理处置率		%	100
	18	生活污水集中处理率		%	≥85
	19	生活垃圾无害化处理率		%	100
	20	废物收集和集中处理处置能力			具备

续表

项目	序号	指标	单位	指标值或要求
园区管理	21	环境管理制度与能力		
	22	生态工业信息平台的完善度	%	100
	23	园区编写环境报告书情况	期/年	1
	24	重点企业清洁生产审核实施率	%	100
	25	公众对环境的满意度	%	≥90
	26	公众对生态工业的认知率	%	≥90

注：园区内没有城市污水集中处理厂的不考核该指标。

表 18-8-4 静脉产业类生态工业园区指标

项目	序号	指标	单位	指标值或要求
经济发展	1	人均工业增加值	万元/人	≥5
	2	静脉产业对园区工业增加值的贡献率		≥70%
资源循环与利用	3	废物处理量	t/a	≥3
	4	废旧家电资源化率*		≥80%
	5	报废汽车资源化率*		≥90%
	6	电子废物资源化率*		≥80%
	7	废旧轮胎资源化率*		≥90%
	8	废塑料资源化率*		≥70%
	9	其他废物资源化率*		符合相关规定
污染控制	10	危险废物安全处置率		100%
	11	单位工业增加值废水排放量	t/万元	≤7
	12	入园企业污染物排放达标率		100%
	13	废物集中处理外置设施		具备
	14	集中式污水处理设施		具备
园区管理	15	园区环境监管制度		具备
	16	入园企业的废物拆解和生产加工工艺		达到国际同行业先进水平
	17	园区绿化覆盖率		35%
	18	信息平台的完善度		100%
	19	园区旅游观光、参观学习人数	人次/a	≥5000
	20	园区编写环境报告书情况		1期/a

注：带 * 的指标为选择性指标，根据各园区废物种类进行选择。

二、监督保障体系

目前，我国及国际上对于生态工业园区工业生态系统的监督保障对策如下。

1. 强化立法和执法

随着生态工业园区在我国的发展，其对法律制度环境的需求会越来越大。为了推行生态工业园区的建设，我国逐步加强了对工业生态系统的法律保障。国家行政主管部门先后制定了《国家生态工业示范园区管理办法（试行）》《中华人民共和国循环经济促进法》《综合类生态工业园区标准》《关于在国家生态工业示范区中加强发展低碳经济的通知》等，从法律层面对循环经济和工业生态系统的建设和发展提供了有力的保障。目前，我国综合类生态工业园区、行业类生态工业园区和静脉产业类生态工业园区的建设效绩评估和验收分别执行《综合类生态工业园区标准（试行）》《行业类生态工业园区标准（试行）》《静脉产业类生态工业园区标准（试行)》3种标准和《关于在国家生态工业示范区中加强发展低碳经济的通知》。在此基础上，滨海新区也不断完善建设生态工业园区的政策法制保障，先后制订了《天津滨海新区城市总体规划(2009—2020年)》《天津滨海新区空间发展战略研究》《天津滨海新区产业布局规划》《天津滨海新区生态建设与城市保护规划(2007—2020年)》等一系列规范性文件。

在执法层面，对环境事故的应急响应和责任追究不仅停留在行政处理上，司法处理也不应缺位，以对环境事故的肇事者形成强制性制裁。如张家港保税区全面搭建现代化环境风险管理系统，园区消防特勤中队是苏州地区唯一的承担各类危险化学品事故的应急队伍，配备必要的应急设施，形成了园区、企业风险应急联动。建设了安全环保监控中心，形成了企业、园区污水管网和胜科水务应急系统三级污水应急关口。

2. 建立环境质量监督管理和考核体系

在环境管理方面，建立循环经济统计制度，加强资源消耗、综合利用和废物产生的统计管理，并将主要指标定期向社会公布。建立健全循环经济标准体系，制定和完善节能、节水、节材和废物再利用、资源化等标准。建立健全能源效率标识等产品资源消耗指标制度。监督执法人员在执法过程中也应享有更大的权限以获得企业的排污、能耗数据。园区内建立ISO14001环境管理认证体系，实施产业项目综合评价制度，完善项目筛选的资源利用和环境保护评价指标体系，把土地投资强度、投入产出效率和水耗、能耗以及环境要求作为审核项目和监督依据，严格限制高消耗、高排放、低效益的项目进入园区，带动工业生态系统效率的提高。截至2007年，我国已有32个ISO14000国家示范区，其中属于国家级生态工业区的有15个(表18-8-5)。以无锡新区(高新区)为例，新区以循环经济为发展理念，在全国率先制定了《无锡新区制造业项目评估办法》，设置地评、技评、业评、环境影响评价、能评、安评、人评、效评8道门槛，限制资源能耗大、污染程度高、环境行为差的企业进入无锡新区(高新区)。

保障工业生态系统的发展，必须有一整套行之有效的监督考核保障措施来"保驾护航"。以"绿色"评价体系取代传统经济指标评价，将资源的消耗、环境的污染及其防治的消耗计入总成本，使其准确地反映工业园区发展中资源环境的代价。将清洁生产、资源循环利用等循环经济发展目标纳入领导干部政绩考核，改革完善政绩考核体系，建立科学的政绩考核指标体系，树立全新的政绩观，以保障工业生态系统的持久运行。

表18-8-5　ISO14000国家示范区名录(国家级生态工业区)

序号	名称	批准文号	批准日期
1	苏州新区(高新技术产业开发区)	环函〔1999〕305号	1999.09.01
2	上海金桥出口加工区	环函〔2000〕300号	2000.08.28
3	无锡新区(高新技术产业开发区)	环函〔2000〕400号	2000.10.27
4	天津经济技术开发区	环函〔2000〕490号	2000.12.25
5	秦皇岛经济技术开发区	环函〔2001〕112号	2001.06.07
6	苏州工业园区	环函〔2001〕334号	2001.12.25
7	烟台经济技术开发区	环函〔2002〕151号	2002.06.03
8	北京经济技术开发区	环函〔2003〕40号	2003.02.10
9	上海漕河泾新兴技术开发区	环函〔2003〕226号	2003.08.14
10	上海市张江高科技园区	环函〔2005〕18号	2005.01.11
11	广州开发区	环函〔2005〕71号	2005.03.02
12	天津新技术产业园区华苑产业区	环函〔2006〕2号	2006.01.06
13	南通经济技术开发区	环函〔2006〕81号	2006.03.02
14	昆山经济技术开发区	环函〔2006〕200号	2006.05.18
15	宁波经济技术开发区	环函〔2006〕200号	2006.05.18

3.加强经济手段的应用

为了以确定的环境质量水平作为目标和依据,促进生态工业园区排放标准的执行并使环境维持在一定的质量水平内,对工业园区内的企业施行排污收费政策(我国已经出台了《排污费征收使用管理条例》及其配套规章)和排污许可权交易政策是必不可少的,也可以实施保证金制度和责任保险制度等。另外,作为调整环境经济的一项重要措施,我国环境税极有可能完成立法并出台,这将对生态工业园区的发展产生重要的经济影响。环境税一方面是对已被污染的环境的补偿,另一方面也是对环境资源的补偿。目前,可以根据国家政策征收水资源费和土地利用费,并逐步扩大征收范围。同时,政府也可以通过税收、信贷、补贴等多种手段调控企业行为,对表现优良和违规的企业进行奖惩。

4.环境监督的教育宣传与科学研究并重

重视环境监督教育宣传和公众参与环境管理。将民间力量作为监督管理的重要力量,在对工业生态系统的评价中,纳入民间力量作用指标。尽可能弱化政府在生态工业园区环境经济政策制定中的强势地位,借助民间力量制定能充分反映民意的生态工业园区发展规划。我国已于2006年3月8日实施了《环境影响评价公众参与暂行办法》,为推进和规范环境影响评价活动中的公众参与提供了良好指导,这也是工业生态系统监督保障体系建设应该借鉴的。

减量化、再利用和资源化,循环经济的每一个原则都离不开先进的处理和转化技术,也离不开这些先进技术的载体——设施、设备的开发和更新,因此相关科技的发展是保证生态工业系统得以顺利运转的重要途径。政府应在研究不同产业和不同企业间生态链的合理性和稳定性等领域加大投入,也应采取强有力的措施推进环境整治科学技术的研究和推广。

如上海市莘庄工业区利用商会、网站、杂志等诸多平台,开展多种形式的活动,树立"共融共赢、精进创新"的核心价值观,培育生态文化,传播生态文明理念,并与社区联动、高校联动和周边行政区域联动,按照"引领绿色智造、实现产城融合"的使命,凝心聚力,推进国家生态工业示范园区建设。天津经济技术开发区国家生态工业示范园区创新政府引导模式,设立了每年预算为1亿元的"泰达节能降耗、环境保护专项资金",向企业兑现补贴约1.6亿元,鼓励项目400多个。建立以物业服务机构为平台的办公电子废弃物回收模式,开展企业环境诚信体系评价、企业环境社会责任论坛、企业环境教室建设、家庭碳减排、泰达跳蚤市场、家庭有害垃圾回收等活动,建成2所国家级绿色学校,2所天津市绿色学校,积极引导社会各界共建生态文明。

第二节 国内外先进工业园区经验

本部分以化工产业园区为例,总结中国上海化工区、新加坡裕廊岛工业区、比利时安特卫普化工区的循环经济发展模式。通过对国际国内成功化学工业区在环境管理制度、产业共生(循环经济)方面的对照分析,总结其先进性和经验,从而讨论滨海新区构建工业生态系统的必要性。

一、中国上海化工区

1.园区简介

上海化学工业区位于杭州湾北岸,规划面积29.4 km²,是"十五"期间中国投资规模最大的工业项目之一,同时也是中国改革开放以来第一个以石油和精细化工为主的专业开发区。

上海化学工业区的开发建设引入了世界级大型化工区的"一体化"先进理念,通过对区内产品项目、公用辅助、物流传输、环境保护和管理服务的整合,为进区投资者提供最佳的投资环境。目前,英国石油化工、德国巴斯夫、德国拜耳、德国德固赛、美国亨斯迈、日本三菱瓦斯化学、日本三井等跨国公司以及苏伊士集团、荷兰孚宝、法国液化空气集团、美国普莱克斯等世界著名公用工程公司已落户区内。

2. 园区工业生态系统构建

(1) 循环经济产业链

上海化工区充分考虑化工产业的内在联系,在引进了赛科90万t乙烯项目后,才陆续引进巴斯夫、拜耳、高化、天原、璐彩特、三井化学等中下游化工企业,通过企业与企业间产品链关系的有机组合,实现原料互供、资源共享。目前,园区已建立起由上游赛科90万t乙烯项目,中游上海联合异氰酸酯、拜耳聚碳酸酯项目,下游德固赛精细化工等项目组成的关联体系,形成了企业之间化工原料、中间体、产品及废弃物的互供共享关系。主要包括:以石油为原料,生产乙烯、丙烯、丁二烯、苯类,再生产二氯乙烷、苯酚丙酮、丁苯橡胶、ABS等,到生产双酚A继而生产聚碳酸酯等4~5级梯次的乙烯产品链;以氯化工为核心的氯元素参与多家企业的异氰酸酯、二氯乙烷、聚氯乙烯和环氧树脂等多次重复利用的产业链。

(2) 先进经验

化工区按照"三个层次"原则进行产业布置。即中央河以南的南部地块布置重化工项目,中央河以北的北部地块布置精细化工和后加工项目,临近沪杭公路布置贸易、金融、海关、公用工程和辅助设施。此外,园区还将相似工业相邻摆放;不同工业水平和垂直方向分隔开。

上海化工区在起步之初就认识到,发展石油化工制造业必须围绕国家化工产业战略布局的部署,结合上海发展定位、总体规划和城市环境的要求,按照可持续发展要求,高度重视资源、能源供应的安全可靠,充分关注环境保护和生态平衡等问题,以一体化的模式推进园区的开发建设。上海化工区借鉴国外成功化工基地典范(如美国休斯敦、德国路德维希港、比利时安特卫普、新加坡裕廊),总结中国20余年开发区发展经验,结合上海化工区自身的特点,提出了产品项目、公用辅助、物流传输、环境保护和管理服务"五个一体化"开发理念。"五个一体化"是上海化工区成为中国最先进化工区的成功要素。

(3) 关注区域协调发展

2004年,上海化学工业区与金山、奉贤两区分别签订战略合作框架协议,约定三方将在化工区总体规划下,资源共享、优势互补、联动发展。合作框架协议明确,上海化工区与金山、奉贤两区将按照"三个集中"的要求合理分工、区域联动:化工区优先发展以石油和精细化工为主的先进制造业,金山和奉贤区优先发展以物流仓储、化工维修及生活和生产配套为主的现代服务业,努力促进化工主体项目向化工区集中,公用配套设施分别向金山、奉贤分区延伸。2009年12月25日,金山、奉贤两分区正式纳入上海化学工业区"一体化管理",实现"三合一",上海化工区管辖面积拓展为36.1 km^2。今后,第一阶段的发展定位为:上海化工区将重点发展石油化工、精细化工、高分子新材料等产业;上海化工区金山分区重点发展化工物流、化工检测中心和化工品交易等产业;上海化工区奉贤分区重点发展精细化工、化工机械装备、高分子材料等产业。第二阶段,将结合区域发展规划的进展情况,为分区发展扩大预留地,届时化工区加上两个分区将形成41.6 km^{2}的化工产业基地。

3. 监督保障体系构建

上海化工区设定了环境管理目标和要求,具体为:对新建项目严格执行"三同时"、排污收费、总量控制、污染物排放许可证、排污申报登记、节能减排等制度;对化工区污水集中处理系统执行严格的运行管理要求,对进水污染物种类、性质、浓度等进行监控,对污水管网、污水处理设施、泵站、排海系统进行监督检查,确保污水处理系统的正常运营;对化工固体废弃物收集、贮存、运输和处置全过程实施监督管理,特别是对危险废弃物焚烧炉运行工况进行监管。

上海化工区实行"开发领导小组、管理委员会、发展有限公司"三级开发管理体系。领导小组主要决定发展计划、政策、协调推进工作；管委会作为上海市人民政府派出机构，负责区内有关行政事务的归口管理，行使政府管理职能；发展公司作为园区开发建设的主体，负责园区内基础设施、招商引资和资本运作。管委会设有综合办公室、经济贸易处、规划建设处（环境保护办公室）、计划财务处、安全生产监督处。其中，规划建设处（环境保护办公室）负责园区主要的环境管理工作。该环境保护办公室现有4名工作人员，包括主任1名（规建处处长兼任）、2名专职工作人员和1名临时工作人员。上海市环保局对园区内企业进行直接管理，环境保护办公室的主要职责之一就是辅助市环保局的工作。环境保护办公室的主要工作职责包括：协助市环保局，对园区内新、改、扩建项目的建设项目环境影响评价进行预审；协助市环保局，受理企业排污申报登记并进行初审；受市环保局委托，对较小规模项目进行试生产检查和竣工验收；化工区内的大气、水体、土壤、辐射、固体废物、有害化学品等污染防治的监督管理；处理日常投诉；负责管委会ISO14001环境管理体系工作，组织企业清洁生产审核、推动循环经济工作。确定化工区内重点污染物排放源，编制《化工区重点污染源清单》；收集和更新化工区内企业的环境信息，负责数据的分析和处理，并编制《环境绩效报告》；制定和组织实施园区环境质量监测方案，编制《化工区环境监测报告》；编制《上海化工区环境公报》（从2009年开始）；识别适用于化工区及管委会的环境法律和法规；负责实施化工区的环境管理目标、指标和相应的环境管理方案；协助管委会综合办与区内企业以及化工区相关方进行环境信息交流；负责落实公共绿地的计划和建设，负责区内企事业单位绿化的审批管理；此外，管委会其他职能部门也有一定的环保相关职责分工，可全面、整体地落实各项环境影响评价要求。

自2005年国家发展和改革委员会和原国家环保总局将上海化工区列为第一批循环经济试点工业区以来，上海工业区以构建高效、完整的产业链为指导，通过开展企业、园区和区域三个层面的相关策略，提高资源和能源利用效率，减少废弃物和污染物的排放，初步构建完成了上海化工区的循环经济体系。

（1）企业层面

在企业层面，鼓励单个企业进行清洁生产。企业作为园区的"细胞"，其高效清洁的运作是园区循环经济建设的基础，因此项目选择成为上海化工区推动企业清洁生产关键。在招商引资中，优先引进能丰富和延伸区内产品链、生产工艺先进、原辅材料利用率高和污染排放少的项目，实现资源利用最大化。在确保园区生产总值不断增长的同时，万元产值能耗、水耗等指标不满足于同步上升，而是追求不断下降。此外，园区企业通过持续创新和技术改革，不断提高生产全过程的节能、降耗、减污和增效。例如，巴斯夫对年产能6万t的四氢呋喃装置实施预加氢反应器改造，按产能计，每年减少蒸汽1.6万t，催化剂寿命延长一倍以上。中石化三井公司在双酚A生产中，采用IER法新工艺，并以绿色催化剂替代无机酸，工艺流程简单，不产生含酸、含酚污水，不腐蚀设备，大大减少了环境污染。生产甲醛的上海申星化工公司，采用银触媒尾气循环法工艺，使吨产品耗甲醇量为国内最低，且吨产品副产蒸汽480 kg；生产过程无废液及废渣，产品通过管道直接提供区内用户，节省了大量包装材料。上海孚宝港务公司对苯储罐废气进行处理，将分液罐内的苯气通过催化热氧化反应，分解成无害的二氧化碳气体和水蒸气，从根本上解决了苯类的废气处理问题。

（2）园区层面

在园区层面，建立共生企业群，根据生态学的原理组织生产，形成生态工业园区。园区施行"五个一体化"，即产品项目一体化、公用辅助一体化、物流运输一体化、环境保护一体化、管理服务一体化，构建上海化工园区循环经济的基本框架，保证了园区层面上的资源和能源的合理、高效利用，降低了污染物的排放量。

1)产品项目一体化的开发理念是园区企业与企业按产品链关系有机组合,实现了原料互供、资源共享。在化工区148.7亿美元的投资中,约有117亿美元的投资项目具有上下游关系,产品之间的关联度达到79%。一体化的布局大大提升了资源的利用效率和能源的利用效率,使循环产业链上的"上一环节的产品正是下一环节的原料","上一环节的废气正是下一环节的热源",减少了物流运输,保证了副产品的最大价值利用,同时减少了污染物质的排放,具体案例如下。

"一份氯气打三份工"案例:在传统氯碱工业中,电解盐产生的氯气直接用于生产氯乙烯、聚氯乙烯。在化工区内,天原烧碱及聚氯乙烯装置中电解产生的氯气首先用于巴斯夫公司MDI/TDI生产,并将MDI/TDI装置的副产物氯化氢回流至天原,与赛科生产的乙烯反应生成二氯乙烷。这个过程实现了氯气的二次回用,每年可节约10.7万t标准煤,节水84万t。目前,化工区又引入陶氏化学,利用MDI/TDI装置的副产物氯化氢生产环氧氯丙烷,开创了"一份氯气打三份工"的新局面。

"废焦油利用"案例:赛科乙烯副产品的废焦油,原本只能用作锅炉的燃料,在上海化工区,则通过管道送到附近的哥伦比亚化学公司,用来生产炭黑。这不仅大量减少了CO_2和SO_2的排放,在提炼过程中产生的热蒸汽还可作为余热供发电使用。

2)公用辅助一体化。园区集中建设了热电联供、工业气体、污水处理厂、废物焚烧炉、天然气管网等公用工程,建成"公用工程岛"。共享"公用岛"资源为各化工生产装置更加经济、安全地运行创造了有利条件。据估算,如各企业自建配套设施,对资源和能源的消耗要比集中的公用工程高出30%,运营成本要高出50%。

3)物流传输一体化。除铁路、公路、海运等传统运输设施,园区根据项目产品链关系布局,集中建成了公共管廊、公用液体码头和公共储罐区。一体化的物流运输减少了原料、中间品和产品运输的能源消耗,在降低运输成本的同时也降低了运输风险。化工区的公共管廊系统,确保了气体、液体物料在区内外经济、安全地输送。目前,化工区已经完成21 km长的公共管廊建设,已经铺设完成200余根不同物料的管道。据测算,采用管道运输化工物料,其运输成本不到2元/t,而船运需7元/t、铁路运输需20元/t、汽车运输需50元/t。

4)环境保护一体化。上海化工区的环境保护一体化在物尽其用、提高能源利用效率及减少污染物排放上产生以下效果。以天然气为燃料的热电供给,相比较煤燃料的热电供给,大大减少了污染物的排放。采用热电联供装置,使供热发电的净效率提高64%~82%,每年可减少SO_2排放3 600 t,最大限度地降低化工区对周围环境的影响。危险废物焚烧装置产生的蒸汽和化工工艺装置产生的废热进入余热发电厂进行热能回收。园区利用原有的天然河道和规划绿化带,建设人工生态湿地废水处理及再利用系统。经过污水厂处理达标的废水依次通过兼氧稳定、藻类沉降、自然表面流人工湿地处理,在湿地植物、微生物和土壤的联合作用下得到进一步净化,再回用作为工业水源、景观用水和绿化喷灌用水,以减少废水排放、节约利用水资源。截至2008年底,湿地功能植物覆盖率达到85%。目前,园区正按5 000 t/日的水量进行湿地处理能力测试,当前的数据显示:COD、悬浮物、总氮、总磷、氨氮、石油类的去除率分别达到28.3%、71.5%、77.1%、64%、91.4%、27.4%,湿地设计的功能正逐步显现。生产工艺中产生的废氢气作为危险废物焚烧设施的燃料而被利用。

5)管理服务一体化。"一门式"行政管理服务和"一条龙"的后勤服务不但节约了企业管理人员的时间,而且避免了往返市区管理部门的交通等费用,这不但节约了企业人力、物力、财力,也是节约了资源和能源。

(3)区域层面

在区域层面上,将开发区与周边区域的经济发展结合起来,探索范围更广的社会层面上的循环经济发展模式,促进当地的经济、社会、环境的全面协调发展。上海化工区与金山区、上海石化建立"三区"同创共建机制,加强三区联动,实现区域经济、社会、生态环境保护共赢,2009年通过了"上海市金山区、上海石化、上海化学工业区环境事件应急响应预案"以构建信息、资源、专家互享的三区环境应急处置平台等。

二、新加坡裕廊岛工业区

1. 园区简介

裕廊岛是新加坡主岛以外的一个海上国际工业区,位于新加坡西南面,宽约1 km的裕廊海峡将其与新加坡主岛隔开,其间由2 km的堤道(1999年3月开通)相连。

裕廊岛大部分是人工建造的,用10年时间耗资70亿新元填土,将7个小岛连接。裕廊岛最初面积小于10 km^2,到2004年完工时,整个面积达到32 km^2。

2. 成功经验

裕廊岛的运行模式是一种"即插即用"的模式。例如,作为一个工业中心,公司不用担心基础建设的费用,所有的原料、产品和设备都能够通过环绕全岛的管道运送。

裕廊岛工业园还驻有多家著名的第三方服务公司,如胜科公用事业、孚宝、欧德油储等,为园区的生产企业提供全面的公用设施服务,包括能源供应、供水、码头、仓储等。此外,两家专业的物流公司(Banyan Logis Park, Meranti Logis Park)提供全面的物流和供应链支持。

除了裕廊岛之外,JTC还是附近工业区的土地所有者和管理者,如位于Tuas的生物制药园区(该处集中了医药公司)以及Tuas和Jurong工业地产。这些工业区是在裕廊岛的概念下发展起来的,拥有相关的景观规划和设备集中供应等。例如,SembGas天然气配送网络不仅供应裕廊岛,还供应Tuas和Jurong工业区的客户。

3. 监督保障体系构建

新加坡政府始终将环境保护放在重要的位置,并从发展战略规划开始就制定环境保护的目标、标准和要求,同时从规划、建设、项目引进、管理等方面具体落实,保证了裕廊岛的环境质量标准。在裕廊岛工业园的具体应用中,新加坡国家环保署提出以下几点要求。

在规划阶段就开展环境影响评价工作,确立环保目标,对具体设立的项目均进行了环境影响评价,提出了各项环保标准和要求,否决了污染严重的项目;高度重视环境保护基础设施建设,环保投资占园区基础设施总投资的20%至30%;化工岛上除生产、办公功能外,不安排居住等其他功能;企业之间有隔离带,有的用天然海域做间隔,防止交叉污染;推广污染物集中处理,由专业公司建立集中的废水处理厂,危险废物焚烧炉专业运营,危险废物焚烧炉尾气净化率达99.999 9%;倡导清洁生产,合理安排一些化工厂的排放物作为下游厂的原料;将生活污水厂排放的污水净化后作为工业用水;利用海水为冷却水。

此外,新加坡政府十分强调环境保护的前期介入。作为新加坡主要的两个经济发展部门,经济发展委员会(EDB,负责促进工业发展)和裕廊集团(JTC,负责供应工业用地)均十分熟悉工业开发项目的环保要求,可在规划阶段就将各项环保要求告知投资者,使投资者在可研阶段就综合考虑。裕廊集团表示,投资者被吸引进来,不是因为减税和补贴,而是取决于EDB-JTC伙伴关系推行的积极有效的市场战略。该岛使各公司减少20%用于建设厂房、储罐、管道和仓库的投资费用。

新加坡政府认为维持并保护新加坡的环境是非常重要的,环境保护要与新加坡人口的增长和工业发展相平衡。新加坡国家环保署负责新加坡的大气和水污染控制,同时,负责危险品及有毒工业废物的控制。

新加坡国家环保署通过定期的监测以及监测数据的保留、对比,分析预测新加坡的环境变化趋势,从而判断新加坡现有的环境法规是否充分,是否能够保证新加坡有一个安全、健康的环境。

新加坡国家环保署设有很多空气质量监测站,负责空气质量的定期监测;水质监测方面,除了监测饮用水水质、海岸线水的水质和内陆水水质（包括水库和河水），还监测饮用水和公共浴池用水等。

裕廊岛上企业的污染物排放监测，除企业自主进行的以外，新加坡国家环境署(NEA)每月一次进行强制性监测。

在实施一体化战略，即将周围化工企业集中到裕廊岛形成裕廊工业区之前，岛上的循环经济是自发的。一些已进驻的炼油厂和化工厂自然吸引着其他化学工业的加入，使岛上形成了一定的工业生态循环。

在实施一体化管理后，政府的直接管理和建设、市场化的运作形成了高起点的上下游产业链；基础设施和公用工程的统一管理和集中应用，使岛上的资源和能源利用效率进一步提高，装置规模的经济性进一步提高了该岛作为化学品生产中心的竞争能力。

裕廊岛垂直一体化的工业结构，使一个工厂的产出成为另一个工厂的投入，这样节约了成本，同时共享设施的原则使公司获得了经济成本上的规模效应。有价值链关系并与第三方服务公司连接的化工公司形成了化工簇，如辛醇（伊斯曼）、乙炔（塞拉尼斯）、苯乙烯（壳牌）、苯酚（三井化学）等化工簇。化工簇的形成使工艺技术和产品供求上有密切依存关系的企业连接起来，供应商和顾客都只在几百米距离之遥，大部分公司可以从供应商处既安全又便宜地购买原料，或者是将其产品卖给顾客。

此外，公用设施的发展包括电力、供水、蒸汽、冷却水、废水排放、危险废物管理等公用事业网络为化工簇的高效运作发挥了巨大作用，是裕廊岛发展的重要动力。集中式综合污水处理工厂和废物焚烧工厂所提供的服务比各个工厂单独处理处置不仅经济有效，而且功能完善，企业不仅降低了成本还解决了麻烦。

三、比利时安特卫普化工区

1.园区简介

比利时安特卫普港位于欧洲的中心，总面积 130 km²，可靠泊码头岸线长 160 km，是世界级大港，也是欧洲第二大海港。它横跨斯凯尔特河两岸，不仅是优良的内陆运输站，而且还是重要的海上转运站，其影响面呈辐射状，号称"360度港口"。

安特卫普港区包括石油化工、物流和货物装卸三大块产业。面积 35 km² 的安特卫普化工区地处公路、铁路、水路网络相交的安特卫港区，具有无与伦比的货物储存与分配条件，同时又被德国、法国和英国强大经济体所环绕，成为欧洲最大的石油化工中心。从重要性和所处的位置来看，安特卫普化工区不仅属于比利时，是属于整个欧洲具有世界级分量的化工区。

世界上 7 家最大的化工公司（巴斯夫、拜耳、陶氏化学、杜邦、阿托菲纳、埃克森美孚、阿克苏-诺贝尔）都在安特卫普化工区设立了一家或多家工厂。此外，沙特基础工业公司(SABIC)作为第八家，与安特卫普化工区通过管道相连成为一体。

2.园区工业生态系统构建

安特卫普港是欧洲最大的石油化工中心，世界十大化工公司中至少 7 个公司在安特卫普港的化工区有 1 个到多个生产区。安特卫普化工区的主要产业是炼油、敏感化学、橡胶、塑料化学。

在全世界几乎找不到其他的化工区可以像安特卫普港的化工区这样可以生产出如此多种的化工产品。同时，由于安特卫普港化工区一体化生产模式非常突出，在世界的其他地方也很难找到一体化达到这种程度的化工园区。很多企业直接从隔壁公司获取原料，再将自己的产品提供给同一工业区的另一家公司。这种一体化的生产模式大大节约了成本，提高了生产力。

区内的 5 个炼油厂奠定了化工区一体化的基础，从炼油厂提炼的石脑油经过 4 套裂解装置后裂解成石化工业基地的基础产品（如乙烯和丙烯），这些基础产品在园区进行进一步加工。

园区布局是根据其历史发展的特点形成的。从几家很小的公司，经过 20 世纪几个阶段的发展，逐步建成港区内最大的化学品基地，发展到今天的规模。园区没有事先的结构性规划，多家化工企业或一家公司的多家工厂按照产业链关系聚集成几个团块，分布在港区内不同的地块。该基地距市中心 5~20 km，这段距离就是为了保护安特卫普的居民。

3. 监督保障体系构建

安特卫普化工区是市场机制下自然发展而成的化工区。区域的资源、能源利用效率的提高主要是源于园区企业因为产业链关系自主形成的"一体化"模式，企业间为其产品链的上下游关系，比邻而居节省其物流和能量流本而形成一体化关系，以及化工企业和废物处理、物流等第三方服务商之间构成的一体化关系。

某些大企业在设立工厂时，其自身是按照"一体化"理念构建的。巴斯夫创建于 1964 年的安特卫普基地就是按照"一体化"理念在德国本土以外兴建的最大生产基地。目前，巴斯夫在安特卫普基地共有 54 个生产单元，分属 24 个工厂，整合为以下 7 条产品链：聚亚安脂原料（多羟基化合物）、苯乙烯、环氧乙烷相关产品、乙内酚胺聚酰胺、化肥无机物、丙烯酸酸性脂、裂解衍生品。巴斯夫的"一体化"布局，不仅减少了原料、中间体的物流成本和风险，而且通过物质的循环利用、废热的回收利用减少了污染物的排放。

港区内化工公司虽然归属不同投资者，但是由于产品链关系，所以自发寻求生产装置互联、上下游产品互供、管道互通、投资相互渗透，从而形成"一体化"，使资源得到充分利用。园区水平的"一体化"实例如下。

比邻而居——每条产品链所涉及的生产单元均"比邻而居"。如两家最大的炼油厂埃克森美孚和道达尔组建了一个合资公司，经营 3 个蒸汽裂解装置。

共享用地——土地的所有者邀请客户公司在他们的土地上投资以便共享服务并为双方降低成本。目前，在安特卫普化工区已经有 3 家公司把用地共享作为他们的核心业务之一，并积极进行宣传。

此外，在化工区内生产企业与独立仓储公司的关系，与电网、管线、天然气管道等管道投资公司的联系，都为化工区企业提供了具有竞争力的服务价格和合理的公用工程。企业间依靠规范的运作机制，能够长期稳定地协作。产业集群的形成及共用配套工程设施不仅有利于企业稳定地扩展自己的经营优势、减少竞争对手、减少科研经费投入风险，而且更有利于分散投资风险。

"一体化"产生的物质和能源的高效利用、生产工艺先进性的提高以及环境排放许可制度的严格执行，使得港区内污染物排放总量逐步下降。

第三节　滨海新区工业生态系统发展分析

一、滨海新区循环经济发展现状

1. 工业园区循环经济发展现状

滨海新区经济技术开发区率先开展了生态工业园建设，并于 2008 年 5 月被国家环境保护部、商务部、科技部正式授牌为首批国家生态工业示范园区。

（1）经济技术开发区循环经济产业链

天津经济技术开发区通过大力推动生态工业园区建设，不断优化产业布局，促进产业共生耦合和结构升级，形成了"政府推动、企业主体、全民参与"的生态工业园区建设格局。目前在电子通信、机械制造、医药化工和食品饮料方面搭建起四条循环经济产业链条，形成了企业类型多样、产品链接关系紧密、资源闭合流动、资源能源高效利用的产业共生网络。

1）电子信息业：摩托罗拉公司与开发区 20 余家相关企业，包括元器件及其辅助产品的生产企业，建立了以手机产品为核心的横向耦合关系，同时又主动与一些从事废物资源化的公司合作实现了废焊锡膏和废纸包装再生利用，在这些企业之间逐渐形成了以产品交换和副产品交换为特征的互利共生关系，形成具有一定规模的生态工业雏形。

2）生物制药业：诺维信公司将生产中产生的固体废物，如生物发酵残渣和污水处理活性污泥，加工改造成为优质有机肥料"诺沃肥"，应用于天津开发区及其周边的农田和绿地，形成了以诺沃肥为核心的生态链。此外，诺维信公司把废水处理后用于开发区的绿化灌溉，以及道路冲洗，形成了以水为媒介的生态链。

3）汽车制造业：包括日本、韩国企业在内的一大批汽车零部件配套企业落户开发区，表明了开发区汽车产业链发展正趋于完整和成熟。此外，天津虹冈铸钢有限公司和天津丰通资源再生利用有限公司的进驻，使得丰田汽车公司整车生产中产生的废物得到了资源化利用，形成了汽车行业中"资源—产品—废物—再生资源"的闭环循环流动。

4）统一工业公司较早开始实践生产者责任延伸，对其生产的铅酸蓄电池进行了跟踪研究，从工艺废物及废旧产品中提取再生铅、再生硫酸以及再生包装材料等，并将其作为原料重新输送到蓄电池生产过程中，形成了"原料铅—电解铅、合金铅—铅酸蓄电池—废电池中回收再生铅"的闭合循环。

5）食品饮料业：顶新集团采取了中心企业"康师傅"方便面与上游企业群簇发展的模式，形成了方便面生产上下游产品的稳定代谢。另外，从面粉的生产到废面、其他食品废物、废水的处理和综合利用过程中，物质在各组成企业间稳定循环，很大程度上实现了横向耦合、纵向闭合以及区域整合的跨产业生态共生关系。

(2) 空港物流加工区循环经济产业链

天津空港物流加工区于2007年开始筹备创建国家生态工业示范园区，成立了创建领导小组，开始组织编制生态工业园建设规划和技术报告。规划开展水资源、能源、固体废物循环利用，建设民航、电子信息、装备制造、高新纺织、食品加工五条生态产业链和产业集群网络体系。

在水资源循环利用方面，园区针对纺织工业园内放置企业建设了3万t/天的纺织污水处理厂，纺织园内企业直接排入纺织污水处理厂进行集中处理，避免了重复建设。并在区内部分企业分别开展了污水厂内处理回用、蒸汽冷凝水回收等水资源综合利用工程。园区开展了雨水资源利用，建设景观河湖，区内市政道路冲洗、绿化灌溉等对水质要求相对较低的市政用水则抽取景观水直接利用，节约大量新鲜淡水资源。

在节能与可再生能源利用方面，空港物流加工区在区域建设过程中，始终秉持节能降耗的理念，区内企业多数为新建企业，在生产工艺设计中大多考虑了节能降耗。在区内蓝领公寓安装了地源热泵，用于冬季采暖夏季制冷，通常地源热泵消耗1 kW的能量，用户可得到4 kW以上的热量或冷量，成为既可供热又可制冷的高效节能空调系统。另一方面，不少企业也利用太阳能，如天津生物制药厂、金威啤酒等企业在职工宿舍安装了太阳能热水器，职工全部用太阳能热水洗澡。

在循环经济产业链构建方面，目前已经形成了纺织业、食品行业、汽车配套产品制造和相关产业循环经济产业链雏形。

空港物流加工区纺织业基本形成纺纱→织造→染整→服装加工→物流等为主线的生态产业链雏形，棉纺厂和印染厂目前已形成稳定的上下游原材料供应链条，而且从管理体系接口，全部通过了ISO9000质量体系认证。梳棉过程中产生的下脚棉，织造过程中的废布头等，基本上都用作下游产品的原料销售给下游企业。

食品行业以中辰番茄为核心，形成了从原材料生产基地到成品生产出口的比较完整的产业链条。企业在新疆拥有番茄种植基地，并设有初加工厂，番茄加工为番茄酱后，采用区内高利尔包装有限公司的无菌包装袋密封包装，运至空港进行深加工和分装。中辰番茄公司内设有两个厂：中辰制罐和中辰番茄。前者专门为中辰番茄配套生产各种规格、各种型号的包装罐,原材料裁切过程中产生的边角废料全部送交物资回收部门实现再利用。

汽车配套产品制造和相关服务业,天津汽车模具有限公司是生产汽车冲压件和汽车零部件的一体化公司,主要产品包括汽车覆盖件模具、检具、装焊工具,为英国路虎、美国福特等20多家汽车厂家配套服务。区内拥有众多品牌的汽车4S店,同时,与之相配套的有国际汽车综合展厅、专业试车道、汽车检测线、二手车市场、汽车配件城、汽车生态公园等,基本形成了集新车销售、展览、试车、检测、售后服务和二手车交易、评估、置换、租赁、信息服务于一体的汽车服务链条。

(3)静脉产业发展

静脉产业方面,新能源产业初具规模,污水处理与资源化、海水淡化、电子废弃物处理与资源化、废钢再生利用等资源再生利用示范工程的建设,使区域资源能源得到高效的利用。如泰鼎(天津)环保科技有限公司,专门从事电子废弃物再利用的企业,开发区摩托罗拉、三星、LG等电子企业产生的电子废物经过粉碎、筛选、回收等环节后,可回收贵重金属、PVC等材料,可以实现90%的资源重复利用。此外,还引进了电子垃圾综合处理处置、铅资源再生、天津虹冈铸钢等支柱行业补链项目,提高了各类资源的使用效率。

(4)开发区循环经济发展成效

通过推进企业清洁生产、节水、节能等措施,减少了生产过程中的资源消耗,提高了能源效率,减少了主要污染物的产生和排放。

2007年,经济技术开发区单位GDP能耗仅为0.19 t标准煤/万元,不到全国平均水平(1.07 t标准煤/万元)的1/5;万元工业增加值用水总量仅为26.8 m³,远远低于139 m³的全国平均水平;万元工业增加值新鲜水耗5.78 m³,也远远低于美国13.5 m³和日本16.3 m³的水平。

2006—2008年,开发区地区生产总值持续稳定增长,而单位GDP能耗和新鲜水耗都在不断下降。开发区与滨海新区及塘沽区相比,单位GDP污染物排放量及能源消耗量都较低。可见开发区生态工业园建设中,构建生态产业链,在工业企业中宣传推广各种清洁生产、节能减排、资源能源循环利用措施,对区域资源能源高效利用、节能减排起到有益作用。

2.循环经济型示范企业

循环经济型企业的建立不但利于企业本身的发展,同时,可以大大改善建设循环经济的企业所在区域的环境状况,并能够取得一定的经济效益和社会效益。循环经济型企业的建立有利于推动循环经济的发展,促进环境、经济与社会的协调发展。

(1)北疆电厂能源产业循环经济型企业示范工程

北疆电厂位于天津市滨海新区,设计规模4×1 000 MW,共建设2×1 000 MW发电机组和2×1 000 MW热电机组。

工程设计全部采用海水淡化水作为工业用水和生活用水的水源,并实现了热电联产、水电联产,利用电厂生产的产品热能和电能来进行海水淡化;采用热电联产及循环冷却水余热分别对汉沽城区及规划中新天津生态城供热,建立了能量的梯级利用产业链,节约了能源和资源消耗;生产废水和生活污水不外排,采用零排放的方式,实现了水资源的合理的循环利用;海水淡化产生的浓盐水供给汉沽盐场作为制盐原料,可以节省盐田浓缩用地量;固体废物灰渣、脱硫石膏和污水处理中的污泥,用于建材、垫地、水泥搅拌站、制砖、工程土等,实现了灰渣全部的综合利用。

项目投产后,水资源、能源以及产生的固体废物在这个不断进行的经济循环中得到合理的利用,形成了"资源—产品—再生资源"的反馈式流程,体现了循环经济的"减量化、再利用、资源化"原则,初步构建了一个以发电、供热、海水淡化、制盐、建材为主的生态工业链,不仅减少了废物产生量和处理的费用,还产生了较好的经济效益,形成了经济发展与环境保护的良性循环。

北疆电厂通过循环经济设计实现了热电联

产,在产生电能的同时,为汉沽区提供集中供热,同时采用多级热泵等技术,提取循环冷却水的热量,为中新生态城供热,实现了能源的梯级利用及节约利用。实现了水电联产,降低了海水淡化的费用。海水淡化和电厂冷却的浓盐水用于制盐,可缩短制盐周期,减少晒盐的占地,降低制盐的费用。将工业固体废物卖给建材及其他企业循环利用,产生一定的经济效益。

(2) 荣钢冶金产业循环经济型企业

荣钢公司位于天津市东南部的津南区葛沽镇,目前已具备年产铁280万t、钢260万t、材200万t、焦炭28万t、烧结矿420万t的综合生产能力。

荣钢公司生产用水包括净循环和浊循环系统。其中净环水主要包括炼铁、炼钢、轧钢、连铸、制氧车间的设备冷却及炉体冷却水;浊环水主要包括轧钢、炼钢、连铸过程直接冷却水及旋流井水。

厂内各车间内部都包括一定的净环水和浊环水系统。净环水系统的排水可直接作为浊环水系统的补充水,而净环水补水来源为反渗透处理后出水。

以焦化车间为例,煤气冷却排水直接用于焦化炼焦;焦化炼焦产生的废水经处理站处理后被烧结车间所利用。

对于厂区外排水采用分区域闭路循环,从而大大提高了水系统的利用效率,解决了水质过剩和因水量不平衡造成的外排现象,在满足工艺要求的前提下,提高了工艺质量。

各工序生产车间生活污水与生产废水分开处理,在各处理站内建立各自独立的处理系统。

生活污水和雨水处理后部分回用于生产过程的补水,剩余部分排入氧化塘,在达到污水排放标准的基础上,尽可能使水质满足回用要求。

针对不同工序产生的生产废水的不同特性,分别建设炼铁废水处理站、轧钢废水处理站及炼钢废水处理站,将各工序废水处理达标后,部分回用于生产低质用水,剩余部分排至氧化塘。

各废水处理站处理后的水除部分作为各生产环节回用水外,部分需要进行深度处理,以达到工业新水及反渗透补水的要求。利用氧化塘对废水处理站出水进行存储调节的同时,采取生物技术,进一步进行处理。设计在氧化塘内建设沉砂池、隔油墙、沉淀池,并利用塘体自身水位差进行曝气,并种植水生植物,对水中污染物进行消化。

通过氧化塘处理,企业排水中金属离子、COD等污染物质进一步减少,同时由于各种水生植物的降解作用,减轻甚至消除了对地下水及土壤的污染。

荣钢公司设计建设荣钢污水处理厂,污水处理厂负责收集企业所在区域污水,包括葛沽镇的生活污水及部分大沽排污河的城市污水。

水资源区域综合循环系统把厂区经过各废水处理站及荣钢污水处理厂处理后的出水,经过深度处理达到工业新水及软水补水水质,厂内及水循环过程中损失部分由区域内的生活污水补充,实现区域性水资源循环利用。

工业新水和反渗透水作为整个厂区的循环回用水,其中反渗透水需达到净环水水质,用以补充净循环过程中损失水量,工业新水达到厂内所需补充的新鲜水水质即可。通过反渗透系统不同工艺环节可以达到不同的出水水质,便于分质供水。反渗透系统进水除氧化塘的出水外,还包括荣钢污水处理厂处理后的出水。这些水水质较好,已经达到了排放标准,通过反渗透系统的处理达到生产回用水标准。这种生活污水补充生产回用水的模式,既解决了生活污水的排放问题,又为荣钢增加了补水来源,节约了大量水资源。

通过上述车间、厂区、区域3个层次的水资源循环,部分循环水处理环节直接补充生活污水,与生产废水综合处理后回用;同时在生产过程中对水质要求不高的环节及生活用水中引入再生水。在满足水量、水质要求的同时,降低供水费用,减少对环境的污染。荣钢厂内及其所在葛沽镇实现区域性的水资源循环利用,节约了大量水资源,同时实现了生产水零排放,消除了对环境的污染。其效益额远远超过投资额,具有良好的环境、经济效益,同时增加了社会效益,为天津市节水技术的开发、发展提供了一个应用示范区和可借鉴的节水模式。

二、循环经济相关规划

1. 水资源循环利用现状及相关规划

滨海新区2007年万元GDP新鲜水消耗约为12.36 t/万元，比天津市平均水平低。但在再生水回用方面，除经济技术开发区目前建立了再生水利用及生态河道净化体系以及部分电力、冶金企业开展了企业内部再生水循环利用外，在滨海新区大部分地区尚未开展再生水资源循环利用，再生水回用率仅约为3%。

《天津滨海新区国民经济和社会发展第十一个五年规划》第六章"循环经济和生态建设"，规划滨海新区要"综合利用水源。坚持节流、开源、保护并重，建立以水资源梯级利用、分质供水和循环利用相结合的调配体系。优先利用地表水，搞好雨、洪水收集和利用，扩大海水直接利用和再生水回用。提高工业源水使用率，降低生产成本。严格限制开采地下水，控制地面沉降。增强企业和居民的节水意识，加快节水技术和设备、节水器具及水处理设备的研发和推广，调整水资源费征收范围，适度提高水价。到2010年，中水回用率达到30%，形成清洁、高效的水环境系统"。

《天津滨海新区城市总体规划(2009—2020)》第十二章"资源节约、保护与利用"第三节"水资源规划"，提出了滨海新区水资源保护利用原则、目标、总量平衡配置方案、节水措施以及开辟新水源的规划等。要求滨海新区构建水资源循环利用系统；推进多源供水，构筑以本地水资源为主，引滦和南水北调为重要补充，海水淡化、雨洪水利用和再生水回用相结合的多水源优化配置体系；逐步减少工农业生产用水，逐渐增加生态用水比例；重点推广海水淡化与海水循环冷却技术，开发再生水回用和雨洪水利用，保护地下水资源，形成外调水和海水主要供给生活和工业，当地水、再生水和浅层地下水主要供给农业、生态和工业低质用水的基本格局。到2020年，新区多种水资源合理配置，可供水量达到17.98亿m^3；水质达到水功能区划要求；加强雨水的集蓄利用，地表水利用量增加至0.4亿m^3；南水北调通水后，引滦水和引江水联合向滨海新区提供外调水量8.28亿m^3；污水再生回用率提高到60%。

在节水方面，规划提出坚持节约优先方针，严格按照全面建设节水型城市的要求，通过产业结构调整，控制高耗水行业的规模和布局，培育节水型企业和工业废水零排放企业，不断优化调整行业及产品用水标准；大力推行清洁生产，减少废污水排放，进一步提高工业用水重复利用率，通过污水资源化利用，构建生态园区污水治理回收与再利用的循环经济先进模式；开展节水示范工程，建立以水资源梯级利用、分质供水和循环利用相结合的高效用水系统；建立和完善工业和公民生活节水机制，推进居民生活节水，推广双水系统和人工智能计费，推广使用节水设备和器具；大力发展节水型农业，促进农业种植结构调整和先进高效节水灌溉技术的应用。

《天津滨海新区空间发展战略研究》提出滨海新区水资源利用目标为："建立水资源梯级利用、分质供水和循环利用相结合的水资源综合利用体系；推广中新生态城模式，促进节约用水，使滨海新区在我市率先建成节水型社会。"

在南水北调工程实现向滨海新区通水前(2013年)，改善水环境，充分利用地表水，地表水利用量增加至0.4亿m^3；严格控制当地的地下水超量开采，下调地下水利用量；加大污水循环利用，污水再生回用率提高到40%；增加海水资源开发力度，海水利用可替代淡水量达到1.46亿m^3。在南水北调工程实现向滨海新区通水后(2013—2020年)，进一步改善水环境，水质达到水功能区划要求，并通过工程设施加强雨水的集蓄利用，地表水利用量增加至1.4亿m^3；引滦水和引江水联合向滨海新区提供外调水5.63亿m^3；进一步加大水资源内部挖潜，污水再生回用率提高到60%；进一步增加海水资源开发力度，海水利用可替代淡水量达到3.51亿m^3，海水淡化厂规模达到50万 m³/日；增加海水利用量应结合产业进行浓排海水制盐的提炼和加工，形成海水淡化、海水冷却与海水化学资源利用循环经济产业链，减少海水利用对生态环境的影响。2020年至2050年间调整外调水分配比例，新区外调水供给量将增加至8亿 m³；水资源全部循环利用，污水再生回用率提高到100%。

2.固体废物资源化现状及相关规划

滨海新区固体废物资源化利用现已取得较好的成效，电子废弃物处理与资源化、废钢再生利用等资源再生利用示范工程的建设，使区域资源能源得到高效利用。如泰鼎（天津）环保科技有限公司，是专门从事电子废弃物再利用的企业，开发区摩托罗拉、三星、LG等电子企业产生的电子废物经过粉碎、筛选、回收等环节后，可回收贵重金属、PVC等材料，可以实现90%的资源重复利用。此外，滨海新区还引进了电子垃圾综合处理处置、铅资源再生、天津虹冈铸钢等支柱行业补链项目，提高了各类资源的使用效率。为了更好地促进固体废物资源化利用，天津经济技术开发区还创办了废物最小化俱乐部，组织专家到现场为企业的固体废物利用出谋划策；建立了"固体废物资源信息网"，不仅便于企业发现废物管理中的问题，而且还可以通过网络发布和查询废物交换以及其他环境管理信息；启动了工业废物生态管理标识活动，授予园区内遵纪守法、按照3R原则进行废物管理的企业生态管理标识，不仅实现了信息公开、有利于公众对废物流行进行监督，同时也便于更好地对园区废物资源进行生态化管理。

《天津滨海新区国民经济和社会发展第十一个五年规划》提出滨海新区要加强固体废物处理。推进工业固体废物再利用，延伸产业链。利用现有危险废物处理设施，搞好危险废物、医疗废物和放射性废物处理。2010年，工业固体废物综合利用率达到95%，危险废物、医疗废物和放射性废物处理处置率达到100%，城区生活垃圾无害化处理率98%。

《天津滨海新区城市总体规划（2009—2020）》第十一章"生态环境建设与保护"第四节"环境污染防治"要求到2020滨海新区固体废物处理处置率达到100%。规划要求滨海新区按照循环经济"减量化、再利用、资源化"原则处理处置固体废物：一般工业固体废物利用率达到100%；加强危险废物的全过程管理，建立滨海新区固体废物管理数据信息库、危险废物网上申报和危险废物转移流程管理系统；全面推进清洁生产审核；医疗废物统一送至天津危险废物处理处置中心处理，危险废物、医疗废物处理处置率达到100%；针对社会流通领域固体废物，建立覆盖全区的再生资源回收利用网络和交易市场，建设废旧有机物综合利用项目、废旧电池处理项目等固体废物综合利用工程；完善生活垃圾分类收集及回收利用系统，改扩建大港、汉沽等垃圾处理厂，使滨海新区生活垃圾日处理能力达到1 400 t，无害化处理率达到100%。

3.滨海新区循环经济发展相关规划

《天津滨海新区城市总体规划2009—2020)》第二章"城市定位、发展目标与策略"第七条"经济发展策略"要求滨海新区的发展要"坚持以经济建设为中心，走科技含量高、资源消耗低、环境污染少、人力资源优势得到充分发挥的新型工业化道路，大力发展循环经济"。第五章"区域划分与四区建设"中规划将北部宜居旅游片区建设成为天津海洋高新和循环经济产业基地，在南部石化生态片区构建循环经济产业链，建设化工产业研发孵化转化基地。

《天津滨海新区国民经济和社会发展"十一五"规划纲要》规划滨海新区"按照'减量化、再利用、资源化'的原则，以节水、节能、节地、节材和综合利用为基础，调整产业布局和产品结构，全面推进循环经济与清洁生产，使滨海新区在节约资源和发展循环经济方面走在全国前列"。并规划在"十一五"期间，滨海新区重点发展两个生态工业区。

开发区生态工业园区。以电子、生物制药、食品、机械为重点，完善固体废物资源管理和交换机制，促进产业链延伸，实现物流、能流、信息流的区域集成和高效运行。2010年，万元GDP用水量低于5.9 t，工业用水重复利用率达到90%以上,万元GDP固体废物产生总量低于0.04 t。

大港生态化工园区。整合大港区的火电、海水淡化、石油化工、建材等行业,通过物质、能量流形成共享资源和互换副产品的产业共生组合,建立稳定、高效、多样化的生态工业体系,最大限度地实现资源、能源的循环再利用。

《天津滨海新区生态建设与环境保护规划(2007—2020年)》规划"将滨海新区八个重要的产业区建设成为八个重要的生态型产业功能区。包括先进制造业生态工业区,滨海化工生态工业区,滨海高新技术生态产业园区,生态型滨海中心商务商业区,绿色海港物流区,临空生态产业区,滨海休闲旅游区及临港生态产业区"。

4.循环经济产业链发展规划

《天津滨海新区城市总体规划(2009—2020)》第五章"次区域划分与四区建设"中规划在南部石化生态片区加快建设南港工业区,实现石化产业快速聚集,建成世界级重化工业基地,构建循环经济产业链,建设化工产业研发孵化转化基地。

《天津滨海新区国民经济和社会发展"十一五"规划纲要》规划"十一五"期间,滨海新区重点建立4条循环经济产业链。

建立以石油炼制为源头的石油化工循环经济产业链。优化工艺,整合产品,在滨海化工区建立石化、海洋化工、一碳化工、能源综合利用等化工循环经济产业链,延伸塑料、化纤、橡胶和精细化工等产品链,力争在资源利用效率和污染物控制方面达到国际先进水平。

建立汽车整车、零部件生产和代谢循环经济产业链。依托一汽丰田,培育15~20家规模大、技术力量强的零部件生产企业,构建开发区汽车产业群。推行清洁生产,扩大废旧汽车回收,形成汽车分解与汽车废物回用的代谢链,形成资源的闭环流动和循环利用。

建立海河下游石油钢管和优质钢材深加工循环经济产业链。推进行业的整体集成和系统优化,大幅度降低水资源和能源的消耗量,努力实现废水的零排放,开展工业副产品及余热资源的回收循环利用。

建立以北疆电厂为依托的电水盐等循环经济产业链。一期建设2×100万kW级超超临界燃煤发电机组和20万t/天海水淡化国家循环经济试点项目,形成以北疆电厂为核心,集发电、海水淡化、浓海水制盐、盐化工、土地整理、废物资源利用为一体的循环经济型系统,成为国家发展循环经济的示范工程。远期形成4×100万kW级超超临界燃煤发电机组和40万t/天海水淡化规模。

《天津滨海新区生态建设与环境保护规划(2007—2020年)》规划滨海新区在建设生态型产业功能区的基础上,重点发展4条循环经济产业链。

建立以石油炼制为源头的石油化工循环经济产业链,重点发展石化、海洋化工、一碳化工和能源综合利用,延伸塑料、化纤、橡胶和精细化工等产品链。

建设汽车整车、零部件生产和代谢循环经济产业链,构建开发区汽车产业群和汽车分解与汽车废物回用的代谢链,形成资源的闭环流动和循环利用。

构建海河下游石油钢管和优质钢材深加工循环经济产业链,推进行业的整体集成、系统优化,大幅度降低水资源和能源的消耗量,努力实现废水的零排放,开展工业副产品及余热资源的回收循环利用,吨钢能耗、水耗和资源消耗达到国内先进水平。

建设以北疆电厂为依托的电水盐等循环经济产业链,将发电、海水淡化、制盐、建材等项目结合,实施资源的合理配置和更高效利用。

第四节　滨海新区工业生态系统监督保障建议

一、工业生态系统 SWOT 分析

1. 区域发展优势

(1) 区位优势

滨海新区位于京津城市带和环渤海湾城市带的交汇点,面朝渤海、背靠"三北",依托京津冀、面向东北亚,与日本、韩国隔海相望,是华北、西北地区通向世界各地最短最好的出海口,也是国外客商进入中西部市场的最佳通道,加上拥有的保税区在贸易服务领域的特殊优势,这里正成为中西部地区进入国际市场的"绿色通道"。新区内陆腹地广阔,遍及"三北",空间区位优势明显。

(2) 政策优势

2006 年,党中央、国务院把天津滨海新区开发开放纳入国家总体发展战略;2008 年,国家批准滨海新区为全国综合配套改革试验区,可以先行先试重大的改革开放措施。开发开放、先行先试政策将对新区调整产业结构、转变经济发展方式、推动循环经济、建设节约型社会、加强基础设施建设和改善生态环境,起到巨大的推动作用。

(3) 产业优势

滨海新区正全面开发建设九大产业功能区,并成为吸引国内外资金和技术的重要载体,聚集了国家级开发区、保税区、保税港区、综合保税区等多种对外开放形态,构筑了电子信息、装备制造、现代冶金、石油化工、航空航天、生物医药、新材料新能源、轻工纺织等八大高端制造业高地,航空航天、金融服务、现代物流、服务外包等新兴优势产业正在快速崛起,新区形成了科技含量高,产业链长,辐射功能强的高新技术产业群。

(4) 科技优势

滨海新区所处的京津冀地区集中了全国约 27% 的科技人才,培养了大批高素质的技术工人。新区组建了 20 亿元的滨海创业风险投资引导基金,创业投资规模达到 77 亿元。新区现有国家级和省部级工程中心 50 家,企业技术研发中心 83 家,外商投资研发中心 41 家,博士后工作站 52 个,还拥有一大批掌握国际先进技术和现代管理经验的高级人才。滨海新区的科技创新能力在不断提升。

(5) 资源优势

滨海新区河海相连、海岸平缓,湿地、滩涂、海洋和矿产资源丰富。①新区已探明渤海海域石油资源总量 98 亿 t,天然气储量 1 937 亿 m^3,年可开采地热 2 000 万 m^3,原盐年产量超过 240 万 t。②新区有大面积的湿地自然保护区和平原水库,湿地类型多、分布广、面积大,为改善滨海新区生态环境和建设生态新区提供了有利条件。③新区是全市太阳辐射量最丰富的地区,也是天津市风能资源最丰富的地带,地热资源丰富,因此新区是发展太阳能、风能、地热能最有前景的区域。

(6) 环境优势

①相对市区,滨海新区大气环流有利于大气污染稀释、扩散,具有较高的自净能力。②污水处理、再生水回用、生态河道水处理系统、水污染防治体系初步建立,泰达再生水生态示范工程效果显著。③大港区被评为全国环保模范城区,塘沽城区、大港城区被评为国家级卫生城区、国家园林城区。④天津经济技术开发区循环经济产业链逐步完善,在主要经济指标连续 9 年高居国家开发区排行榜榜首的同时,资源能源效率不断提高,环境质量保持良好稳定,创造了闻名全国的循环经济"泰达模式"。⑤北疆电厂作为循环经济试点项目,构筑起热电联产、余热梯级利用、海水淡化、浓盐水制盐、土地节约、废弃物资源化再利用等六位一体的产业链条,为资源综合利用实践提供了典型示范。⑥滨海新区在 40 项(46 小项)生态市指标中,已有 22 项(27 小项)指标达标,

为生态新区建设创造了有利的条件。

2.劣势分析

近些年,滨海新区在循环经济建设方面取得了一定的成绩,但是,值得注意的是,虽然滨海新区拥有良好的区位条件、政策优势、人才优势等,但这些都是比较优势,并不足以在长期的经济活动中形成绝对的竞争优势。同时,相对于其他区域而言,滨海新区在循环经济建设方面也存在着自身的短板与制约因素。

(1) 资源短缺,生态环境脆弱

虽然滨海新区石油、天然气资源丰富,但是由于天津市地质结构复杂,地质断层密布,软土分布广泛,再加上地表高程较低,地面沉降、海水入侵等情况,造成滨海新区的土地成分以盐碱荒地为主,自然资源匮乏,因此除了石油化工和海洋化工之外,其他制造业所需要的矿产资源基本依赖外地或外国。再有,天津作为北方缺水最严重的城市之一,水资源状况依然不容乐观。随着滨海新区的开发开放越来越深入,经济发展越来越迅速,城市化进程不断加快等,整个新区对水资源的消耗正呈现空前巨大的局面。截止到"十一五"末,天津水资源缺口已达到10亿 m^3,电力缺口100万 kW·h,天然气缺口11亿 m^3,这将严重制约经济发展。另一方面,随着新区经济发展速度逐渐提高,随之所产生的环境问题也日益体现出来。传统制造业所产生的工业废气、粉尘等将严重影响滨海新区的空气质量;同时,工业废水、酸雨、城市污水排放等给天津市的水环境造成了极大的破坏。截至2009年,滨海新区主要河流均为劣Ⅴ类水质,主要污染因子为 COD 和氨氮,这已经是国家地表水环境质量标准的最低标准,局部低于此标准的水体理论上已无任何使用价值;再有,围海造城、石油开采、大乙烯、大炼油等项目的连续上马,海洋渔业的过度打捞,工业污水、生活废水的大量排放等给滨海新区的海域生态环境造成了严重的破坏;另外,随着滨海新区不断增加的人口和经济发展压力,加上气候条件的变化,滨海新区的湿地状况正在朝着不良的方向发展,一个显著特征是很多湿地景观正在破碎化与盐碱化,湿地生态环境不同程度地遭到了破坏。资源匮乏与生态环境脆弱对滨海新区的经济发展构成了不小的阻力,同时也为循环经济建设出了一道难题。

(2) 产业结构严重失衡

滨海新区经济增长速度之快有目共睹,但是其所创造的经济总量绝大部分是由第二产业贡献的,而第二产业中的制造业特别是传统制造业比重超高,相比之下,滨海新区的一、三产业产值要远低于第二产业。特殊的地理位置和功能定位,造成滨海新区第一产业(主要指农业)发展较弱,农业用地较少、生产规模偏小、机械化、专业化、集约化、产业化程度不高成为制约农业发展最主要的问题。另外,第三产业(主要指服务业)虽有较大幅度的增长,但是与第二产业(主要指工业)所占比重仍相去甚远,而且服务业中传统服务业比重偏高,新兴服务业发展不足。金融保险、现代物流、信息、研发、产品设计、法律、广告、会计、管理咨询、会展、教育培训等生产性服务业发展不充分,仅占服务业比重的30%左右。由于滨海新区制造业的重心在传统制造业方面,传统制造业遵循的线性经济增长模式必然造成资源的高投入与高消耗,这将给本来就匮乏的资源现状增加更大的压力。同时,滨海新区宜居生态型新城区的建设也要面对较大的生态环境压力,这种压力主要表现在传统工业的"三废"(废水、废气、粉尘)排放对环境可能产生破坏和污染上。因此,产业结构的严重失衡将是制约滨海新区循环经济发展的一个重要因素。

(3) 局部建设良好,整体性有待加强

滨海新区的循环经济建设从局部来看成绩还是比较显著的,但是整体上缺乏统一规划,各局部之间的互补性也有待提高。2009年9月,滨海新区启动了管理体制改革,国务院批复同意天津市调整部分行政区划,撤销天津市塘沽区、汉沽区、大港区,设立天津市滨海新区,以原3个区的行政区域为滨海新区行政区域。撤销原行政区域之后的滨海新区按照管理委员会的行政体系进行管理,并把原先的3个行政区划分为9

大功能区和1个港口。从长远来看,这种管理体制的确立是为了更好地统一规划和集中管理,但改革之后的滨海新区运行需要一定的时间去调整与适应。这就造成了在新区的建设过程中,原先的区域划分方式不能马上适应新的制度,在行政资源、经济资源、空间资源以及社会资源上的统筹不协调,一定程度上形成了各个行政单位各自为政的局面。造成的结果是循环经济的局部发展成绩突出,但是各个局部之间缺少互补性,难以形成合力,导致新区整体的循环经济发展水平提高幅度较小,这在一定程度上也增加了循环经济建设与发展的难度。

(4)观念落后,认识不足

我国循环经济的发展是从20世纪末开始的,到现在也仅仅只有十几年的时间,循环经济对于大多数公众来说属于一个比较新的概念。虽然天津市很早就意识到循环经济的重要性,并开展了相关的推进工作,但是循环经济观念的普及却是一项需要持久坚持的任务,特别是滨海新区的很多基层干部,迫于经济增长和就业压力,往往容易强调经济效益优先,而忽视了资源的节约和环境的保护。而社会范围内的广大公众,往往还意识不到资源环境所产生的压力,尚没有形成一种发展循环经济的良好氛围。这些也给滨海新区循环经济的发展带来了一定的困难。

3.定位、目标的环境合理性分析

滨海新区相关发展规划中提出的滨海新区功能定位与国务院对滨海新区的发展定位是一致的,较充分地考虑了滨海新区已有的经济发展基础、产业现状及其区位优势,也突出了沿海城市的特点。滨海新区未来的主要职能,现代制造业、航运、物流业的发展,以及宜居生态新城区的建设,均体现了滨海新区努力建设成为环境友好型、资源节约型社会。

4.发展规模的环境合理性分析

从需水量预测来看,滨海新区2020年需水总量近18亿 m^3,其中生产用水量占总需水量的54.1%,生态用水量占总需水量的30.4%,生活用水占总需水量的15.5%。从可供水量预测来看,滨海新区2020年将形成多水源联合供水的局面,根据规划,可利用的水资源包括跨流域外调水资源(包括引滦、引江和引黄水)、再生水、海水、天津市水源地下水和当地地表水等,预计2020年在50%保证率下可供水量可达到19.9亿 m^3,75%保证率下可供水量可达到17.2亿 m^3,95%保证率下可供水量为16.8亿 m^3。近年来,天津干旱年份居多,海河流域上游地区大力修建水库拦蓄径流,入境水量逐年减少,预计未来多为偏枯水年份。因此,滨海新区2020年水资源有少量缺口。滨海新区可以通过水资源优化配置、直引海水、利用湿地净化处理污水处理厂一级A出水、利用水库蓄丰补枯和加强节水等措施对少量水资源缺口加以弥补。总体来讲,建立多水源供水保障体系、大力发展再生水、海水淡化,是未来滨海新区水资源实现供需平衡的关键。在丰水年、平水年,滨海新区水资源可以支撑滨海新区发展规模,但是一旦滨海新区与调出水源区同时发生极端气候,或者连续多年枯水年,水资源短缺成为制约滨海新区发展的重要因素。

从土地资源利用来看,滨海新区2007年的单位城镇建设用地的GDP产出为6.3亿元/km^2,到2020年达到22.9亿元/km^2,处于全国领先水平。新区未来规划的生态用地要保持在795 km^2以上,尤其是大面积的湿地等土地资源对滨海新区的生态系统结构稳定性及碳贮存具有重要意义,不宜进行大规模开发建设,滨海新区可供进一步开发的土地资源存量有限。规划建设的南港工业区,强调保护与开发并重,采用生态造陆的方式,科学利用滩涂资源,可有效增加滨海新区的土地资源存量,同时降低海河下游地区和大港油田石化区的环境风险,缓解新区核心区的港城矛盾和环境压力,对保护重要湿地及生态功能区具有一定作用。

5.空间布局及产业布局的环境合理性、可行性分析

(1)生态网络规划较现状有很大改善

滨海新区"2008空间发展战略"提出构建"三区三廊三带"的生态体系基本合理,核心生态区域与市域生态空间体系总体上相吻合。而且在构建"三廊三带三区"的生态空间结构框架

的基础上，增加了多个纵向的生态短廊道和生态斑块，使得区域的景观连通性增强。但在景观空间配置、降低破碎度、提高连通性等方面还需进一步完善。滨海新区"2005总规"也较充分考虑了区域内生态环境建设的格局，但缺乏分析与天津市整体生态网络在空间结构上的关系，缺乏与大区域空间结构的协调考虑。

(2) 建设南港工业区，工业布局逐步趋于合理

海河下游沿线等中部地区土地开发强度较大，工业区和居住区密集交杂，塘沽区与天津港之间出现了较严重的港城矛盾。中部地区土地资源的无序开发造成了该地区产业布局不甚合理，石化、冶金、制造业以及高新技术产业等多种产业类型斑驳聚集，土地使用功能复杂，造成了潜在的环境风险，也不利于产业规模的继续扩大。从产业布局上讲，滨海新区中部产业需要向外适当扩散转移。

滨海新区中部地区(东丽区无暇街、津南区葛沽镇、塘沽区)SO_2污染相对较重，年均浓度超标；北部(汉沽区)和南部地区(大港区)SO_2年均浓度达标，但已接近标准限值，环境容量有限。而滨海新区北部地区规划建设生态居住区和旅游区，对大气环境质量的要求较高。因此，滨海新区规划拟建的主要大气污染源应布设在滨海新区的南部区域。南港工业区所涉及填海海域位于渤海湾西岸的中南部，潮流速度较大，由于填海所造成的悬浮物和污染物扩散速度较快，由此所带来的生态环境影响也较低。南港区以石油化工、冶金及重型装备制造产业为主导，可以整合中部地区的石化、冶金和制造等产业。将原临港工业区等邻近滨海新区核心区(中心商务区)的地区的石油化工行业布局到南港区，使石化等产业的选址远离人口密集区，保证风险防护距离和缓冲空间，可降低和控制区域环境风险。

(3) 受滨海新区主导风向及海陆风环流的影响，部分产业功能区布局不尽合理

先进制造业产业区的冶金工业区紧邻葛沽镇和无暇街，位于海陆风通道上，对天津市区、塘沽等敏感区域均有影响；大港三角地石化企业与大港生活区的防护距离仅1 km，且处于港东新城选址常年主导风向的上风向，石化企业排放的常规大气污染物(SO_2、烟尘、NO_x)及VOC、异味等会对居住区的环境空气质量产生较大影响；汉沽新、老化工企业与旅游区、宜居生活区交错分布，海陆风环流的作用会对中新生态城的大气环境质量产生影响。

(4) 继续推进产业布局的优化调整，控制环境风险

虽然滨海新区布局有所优化，但产业布局分散、整体统筹不够的问题依然不同程度地存在。滨海新区应继续推进产业布局的优化调整，进一步推动重点产业向主要产业功能区集聚，加强产业的集约、高效发展，有效降低和控制区域环境风险。

石油化工产业进一步向南港工业区石油化工区、大港石化产业区集聚，应控制临港工业区和汉沽、塘沽等地的化工产业的规模，除循环经济类项目外原则上不再扩张产能，加强清洁生产和落后产能淘汰，调整产业方向，临港工业区的化工产业主要发展高附加值的精细化工、海洋化工，汉沽、塘沽等地的化工产业向环境友好型新能源新材料转化。

已形成的海河下游现代冶金产业区主要发展精品钢材等高端现代冶金，并进一步强化清洁生产，将来适时向南港工业区迁移。

航空航天设备制造业向临空产业区集聚，交通运输设备制造业、生物医药、新能源新材料、电子信息产业等高端制造业进一步向海河两岸的临空产业区、先进制造业产业区、滨海高新区集聚，并使各产业功能区在设备整机与配件等方面协调分工。

大型成套设备、海洋工程装备制造、船舶设备制造向临港工业区集聚，充分发挥其设备、产品物流成本低的优势，打造我国北方重要的重型装备制造基地、最大的造修船基地、最大的海上工程装备基地。

6. 产业结构的环境合理性、可行性分析

(1) 滨海新区产业结构仍需进一步优化

滨海新区还处于工业化中期阶段。自2005

年以来,代表重化工业发展阶段的基础原材料行业占工业总产值比重呈现出逐年上升的趋势。根据滨海新区发展战略,未来滨海新区重点发展航空航天、石油化工、现代冶金、电子信息、装备制造、生物医药、新能源新材料等八大支柱产业,充分体现了新区产业未来高端高新高质的发展方向,并且也充分考虑了天津工业悠久的历史、雄厚的产业基础条件、港口物流优势以及上下游产业整体带动效应。支柱产业中的石油、化工、现代冶金等传统重化工业属于高能耗、高物耗、高污染型企业。尽管在基准和高端情景,均提高了项目企业的清洁生产水平,但由于规划期内这些支柱行业发展规模大、增长速度快,能源消耗的增长效应将超过减量效应,对资源、环境的压力也会进一步增大。滨海新区的第二产业比重偏高,服务业的比重仍与发达国家同期水平有较大差距。因此,新区应大力发展现代服务业,不断提高第三产业的比重和水平,并应坚持结构节能、技术节能两条腿走路,在保持经济总量迅猛发展的同时,更注重经济发展的内在质量,大力开发和利用可再生能源。

(2)滨海新区装备制造业规模及质量的提升,有利于新区工业增长方式的转变

装备制造业是工业化进程的支柱产业,提高装备制造业技术实力与规模水平,对转变滨海新区工业增长方式,降低物耗和能耗具有重要意义。预测结果显示,高端情景装备制造业比重基本达到了主要工业化国家的水平。并且,随着空客飞机、大火箭、直升机制造基地、风电基地等国内外大型先进企业项目的相继落户,滨海新区装备制造业在发展规模及增长质量上都得到了巨大的提升。

(3)滨海新区加快发展战略性新兴产业既必要也可行

落实国家定位要求,依托现有产业基础,以航空航天、信息技术、生物医药、节能环保、新材料新能源和海洋科技产业为重点,加快发展战略性新兴产业对于促进滨海新区经济社会与资源环境协调发展来说是非常必要的,也是可行的。滨海新区可以"三机一箭一星"为核心,加快发展航空航天产业;以国家千万亿次超算中心等项目为支撑,加快发展新一代移动通信、基础软件、应用软件和航空航天电子、汽车电子产业;增强国际生物医药联合研究院的辐射功能,加快发展现代医药、生物工程产品;以电科光伏产业基地、VESTAS、力神电池等项目为龙头,加快发展新型动力电池、风力发电设备、光伏发电设备、新能源汽车产业。加强整机组装生产与科技研发、零部件配套、销售维修等环节的统筹协调,促进产业由嵌入型向根植型转变;大力发展知识型服务业,构建科技研发及其产业化为一体的产业聚集区,并通过知识型服务业和研发基地的稳步发展来提升滨海新区在环渤海地区的龙头带动作用。

适当控制石油、化工、钢铁、电力行业的总体规模,对这些行业首先应强调转变发展模式,大力淘汰落后产能,注重高质化发展,充分发挥滨海新区人才、技术及政策优势,着力发展高端产品。石油化工行业在达到一定规模后,应着重发展上下游循环经济产业链,鼓励高端产品研发,以高新技术带动产业发展,并辐射带动河北省周边地区的石化产业;冶金行业的主要发展方向不是扩大规模,而应强化钢材产品下游深加工,发展以优质钢管、高速线材、特种钢材和冷轧涂镀等高附加值产品为特色的高质、高端产品;电力行业除配套的热电联产、新能源发电和清洁能源类、循环经济类项目外,原则上不再新建纯电源点。

7.交通发展的环境合理性分析

滨海新区综合交通规划建设与新区社会经济发展战略目标相适应,体现了规划布局、土地使用与交通规划紧密结合的原则,能够有效减缓交通可能产生的对环境的影响。此外,《滨海新区综合交通规划》还专门提出了生态环境发展策略,这些原则及采取的措施对道路规划选线绕避生态敏感区域和保护生态环境起到了积极的指导作用,有利于综合交通体系环境友好模式的发展。

但随着路网密度的增加,已经出现了对生态

敏感区的侵占与破坏现象。未来交通基础设施建设应在选线上慎重考虑，规避对自然保护区等敏感区域的影响。在时序安排上，结合环境影响深化细化，适度控制敏感区域交通设施开工作业总面积，根据需要，规划可安排较晚时期建设穿越北大港水库的快速路，并对可能造成生态环境影响的交通设施的建设形式做出必要的规定。

二、循环经济建设保障政策建议

1.加强工业循环经济建设的资金、技术和人才支持

加强工业循环经济建设的资金、技术和人才支持，多渠道筹措资金，有效使用财政贴息资金，积极增强财政贴息引导技改资金投向和投量的作用。在相关法律法规框架下，运用价格、税收、补贴、押金、补偿费等相关经济手段，引导企业行为，使其自觉推动规划的实施，达到社会、经济和环境效益的"共赢"；调整和落实投资政策，多渠道加大对工业循环经济建设的资金支持。

加大对企业技术改造的扶持力度。通过对重点行业、重点企业、重点产品的技术改造以及高新技术产业化的信贷、财政、奖励等支持，促进生产要素的集中配置和规模化，重点实施一批应用资源综合利用技术的重点项目，并抓好项目的技术跟踪服务，促进资源综合利用技术的引进和突破。

组织企业、高校和科研机构通过产学研合作形式，开展基础研究和应用基础研究，对促进高新技术产业化和商业化的高校和企业给予奖励。落实国家资源综合利用技术淘汰、技术标准与技术激励政策，对高消耗、高污染、低效益的企业和产品，区别不同情况实行关、停、并、转、改；严格限制技术水平低、污染严重的建设项目，强制淘汰一批消耗大、污染严重的落后工艺和设备，搞好结构调整的宏观指导和协调，加强技改调研，做好项目储备和信息指导。

以落实先进制造业基地建设重地领域、关键技术和产品导向目录为重点，重点抓好资源节约和替代技术，能量梯级利用技术、延长产业链和相关产业链接技术，零排放技术、有毒有害物质替代技术、废弃物综合利用回收技术、绿色制造技术等，积极引进和消化吸收国外先进技术，加强行业关键性技术的技术攻关，建立工业循环经济信息交流平台和技术咨询服务体系，根据产业发展需要来制定重点引进的职业和专业人才目录，加强高校及科研院所与企业的人力资源互动，引导企业加快科技创新步伐等。

2.加强信息支持与宣传教育

建立循环经济建设信息网和信息服务中心。通过改善政府内部的信息网络建设，建立政府循环经济建设信息网，以此为平台做到规划实施的政策公开化和财务公开化，提高政府的办事效率和政策透明度，并利用网络的互动特点自觉接受市民质询和监督。同时建设大型循环经济信息服务中心，与世界上其他国家相关网站链接，加快相关信息交流，为全国循环经济型生态城市建设服务。

建立规划建设评估信息系统和决策支持系统，综合各种学术机构，建立规划建设评估信息系统，对各个部门规划的实施状况进行监理和评估，为政府和企业决策服务；建立资源回用信息网络，综合企业清洁生产审计信息，建立资源回收信息网络。通过专门发行旧货信息的报纸、建立旧货信息网站，介绍各类旧物的有关资料，及时向市民和企业发布信息并组织旧货调剂交易会，促进居民之间和企业之间的资源回用。

定期开展企业培训，定期组织企业的生产管理者及有关人员学习循环经济、清洁生产的知识，促使其形成自觉节约能源、资源的意识，并通过清洁生产效益与员工的奖惩的适当结合，调动他们进行清洁生产的积极性；针对企业和相关从业人员编制循环经济培训大纲和教材，举办培训班；发起各种活动周、活动日，充分利用媒体，采取多种形式，广泛开展循环经济、生态城市、清洁生产、可持续发展的宣传活动，逐步提高全社会的循环经济意识。

三、生态工业园区环境管理政策建议

工业园区的规划和建立应以循环经济的理念为指导,不仅要关注企业的技术含量,更要注重这些技术是否会产生环境污染;不仅要关注企业本身的清洁生产程度,更要注重是否对产业续接产生影响;不仅要关注企业自身减量化、再利用、再循环即3R理念的实施情况,更要注重产业链之间的匹配性、资源的共享性和园区成员的产业共生性。为此,对工业园区的运行管理要侧重以下几方面。

1. 创新环境管理方式

为鼓励公众参与,推进政府、园区、企业多层次的信息交流和宣传互动,可以搭建数字化管理平台和企业可持续发展潜力评价平台。围绕生态工业园区建设标准的基本指标和地方环境管理的新要求,建立环境数字化档案,建立园区建设绩效评估和环境风险预警体系。并以此为基础,引导企业发挥主体作用,通过企业环境责任公报、资源能源利用效率、污染减排等绩效进行横向和纵向比较,激励企业的环保责任感。

2. 一体化管理

将工业园区视为一个系统,管理和维护工业园区的基础设施以获得不同子系统间的集成。通过设计园区内的环境管理系统、执行监督操作和绩效改进的各项标准、完善入住企业的合约管理制度等系列措施,以保证园区的可持续性和提高园区运作效率之间的平衡。为此,要对园区进行一体化的生态型管理:一体化物质资源的集成应用、一体化水资源的循环利用、一体化能源集成梯级利用、一体化信息共享管理、一体化固体废弃物集中处理、一体化基础设施共建管理。同时,建议整合园区中分散在科研机构、科技企业的各类科技资源,建立统一平台,实现大型仪器设备、信息资源、人才资源共享。

3. 生态化改进

园区应大力发展高技术、高效益、低消耗、低排放的绿色经济、低碳经济和循环经济,加快可持续经济发展模式。因此,工业园区的招商工作要在滨海新区经济发展规划框架之下进行,不仅要考核企业本身的生态性素质,更重要的是要评估企业是否具有综合利用园区其他企业废弃物和副产品的现实和潜在能力的前景,以延长生态产业链,支持园区内部企业与整个园区经济和环境绩效的持续改进,为此可以设立高技术的企业孵化中心、生态化管理培训中心和技术咨询服务中心,为园区内产业链的续接提供技术支持。

4. 建立第三方环境监测机制

在园区内逐步支持和引进第三方环境检测机构,充分发挥第三方机构人力和智力优势,进一步提升执法监管的质量,实现对污染企业的精细化、专业化管理。在一定程度上,第三方检测可以满足企业提升环境管理和治理水平的实际需求,促进企业自觉守法。同时,培育客观公正的第三方市场,有利于提高检测透明度,增强环境管理的社会公信力。

5. 完善生态工业信息平台建设

创建生态工业园区信息平台网站,主要包括园区环境质量和污染排放情况,固体废物产生、供需和流向信息平台公开,主导行业清洁生产技术信息平台发布,企业环境绩效屏蔽结果平台公告等方面。同时,建立公共信息发布制度,对内定期通报环境质量和环境安全,对外通报环境标准执行情况等生态化信息。

6. 加强环保政策和法规制定

政策和法规是发展生态工业园区的保障,应该在实践中不断推陈出新,研究建立延伸生产者责任政策、产品导向的环境政策、行政代执行、环境准入等制度,以及政策、法规的一体化问题研究,综合运用约束、激励、压力和支持性政策手段,推进生态工业园区的发展。

参 考 文 献

[1] BAI H T, XU H. Application and Prospect of Geographical Information System in Strategic Environmental Assessment[J]. Advances in Natural Science, 2008,1(1):57-67.

[2] BAI H T, QIAO S, XU H, et al. Some institutional barriers in the application of Transport Strategic Environmental Assessment in China[J]. Advanced Materials Research, 2012, 518/523:1198-1201.

[3] LAWRENCE D P. The need for EIA theory-building[J]. Environmental Impact Assessment Review, 1997,17(2):79-107.

[4] POTSCHIN M B, HAINES-YOUNG R H. Improving the quality of environmental assessments using the concept of natural capital: a case study from southern Germany [J]. Land scape and Urban Planning, 2003,63(2):93-108.

[5] THAME R E. A global perspective on environmental flow assessment: emerging trends in the development and application of environmental flow methodologies for rivers[J]. River Research and Applications, 2003,19(5/6):397-441.

[6] FISCHER T B, XU H. Differences in perceptions of effective SEA in the UK and China [J]. Journal of Environmental Assessment Policy and Management, 2009, 11(4):471-485.

[7] TANG T, ZHU T, XU H. Integrating environment into land-use planning through strategic environmental assessment in China: Towards legal frameworks and operational procedures[J]. Environmental Impact Assessment Review, 2007,27(3):243-265.

[8] WANG H Z, XU H, XUAN X J. Review of Waste Tire Reuse & Recycling in China-current situation, problems and countermeasures [J]. Advances in Natural Science, 2009,2(1):31-39.

[9] LEU W S, WILLIAMS W P, Bark A W. Development of an environmental impact assessment evaluation model and its application: Taiwan case study[J]. Environmental Impact Assessment Review, 1996,16(2):115-133.

[10] WU J, XU H. SEA on the 11th five-year plan for national economic and social development of Wuhan City in China[J]. Management of Environmental Quality: An International Journal, 2007,18(3):340-352.

[11] ZHU Z X, BAI H T, XU H, et al. An inquiry into the potential of scenario analysis for dealing with uncertainty in strategic environmental assessment in China[J]. Environmental Impact Assessment Review, 2011,31(6):538-548.

[12] ZHU Z X, WANG H Z, XU H, et al. An alternative approach to institutional analysis in strategic environmental assessment in China [J]. Journal of Environmental Assessment Policy and Management. 2010,12(2):155-183.

[13] 白宏涛,徐鹤. 中国交通规划战略环境评价的若干问题探讨[J].环境污染与防治,2010,32(2):95-97,100.

[14] 车秀珍,尚金城. 城市化进程中战略环境评价的生态学理论基础[J]. 云南环境科学,

2001,20(3):4-6.

[15] 陈冲. 交通发展战略环境评价理论. 方法及实证研究[D]. 沈阳:东北师范大学,2009.

[16] 陈光建. 土地利用总体规划环境影响评价指标体系研究:以邛崃市土地利用总体规划为例[D]. 成都:中国科学院成都生物研究所,2006.

[17] 陈瑾,窦立宝,霍文冕,等. 甘肃地震灾后基础设施重建规划环境影响评价指标体系研究[J]. 牡丹江师范学院学报(自然科学版),2009(4):30-33.

[18] 陈鹏. 生态旅游战略环境评价的方法系统研究[J]. 环境科学动态,2005(4):40-42.

[19] 陈庆伟,刘昌明,郝芳华. 水利规划环境影响评价指标体系研究[J]. 水利水电技术,2007,38(4):8-11.

[20] 程波,常玉梅,陈凌. 农业规划环境影响评价指标体系研究[J]. 环境保护,2004(4):40-44.

[21] 崔亚伟. 系统动力学在中国环境科学领域的应用研究进展[J]. 环保科技,2008,14(3):44-46.

[22] 代欣召,肖荣波,刘云亚. 城乡规划与规划环评一体化实施机制思考[J]. 规划师,2010,26(8):82-86.

[23] 戴聆春,张换水. 公路规划环境影响评价指标体系研究[J]. 企业技术开发,2006,25(9):40-42.

[24] 董博. 规划环境影响评价方法学研究[D]. 北京:北京化工大学,2007.

[25] 董雯雯,程久苗,王翔. 我国土地利用规划环境影响评价研究综述[J]. 中国集体经济,2011(12):94-95.

[26] 方秦华,张珞平. 基于水动力数值模型的港口规划累积影响评价[J]. 环境污染与防治,2010,28(10):764-767.

[27] 付璐. 论战略环境影响评价制度的若干主要内容[J]. 中国环境管理,2003(5):10-11.

[28] 高永志,黄北新. 对建立跨区域河流污染经济补偿机制的探讨[J]. 环境经济,2003(9):45-47.

[29] 王吉华,刘永,郭怀成,等. 基于不确定性多目标的规划环境影响评价研究[J]. 环境科学学报,2004,24(5):922-929.

[30] 郭显光. 多指标综合评价中权数的确定[J]. 数量经济技术经济研究,1989,11(6):49-52.

[31] 环境保护部环境工程评估中心. 环境影响评价案例分析[M]. 北京:中国环境科学出版社,2009.

[32] 韩涛. 循环经济理论在快速轨道交通规划环境评价中的应用研究[D]. 西安:长安大学,2009.

[33] 郝明家,韩庆利,曹艳红. 沈阳市浑南新区规划环境影响评价指标体系的建立[J]. 环境保护科学,2004,30(2):52-55.

[34] 何凯. GIS技术在规划环境影响评价应用中的个例研究[D]. 兰州:兰州大学,2009.

[35] 胡安焱,郭海晋. 汉江中下游河流生态需水量探讨[J]. 中国水利,2006(23):14-16.

[36] 黄懿瑜,马蔚纯. 城市综合交通规划环境评价中大气环境预测的数学模型[J]. 上海环境科学,2003(5):335-338,345.

[37] 贾春明,张子宜,韩功纯,等. 土地利用的环境影响经济评价方法探讨[J]. 江苏环境科技,1999(3):16-18.

[38] 靳乐山. 2000年北京大气中SO_2浓度削减50%的健康效益:人力资本法实例研究[J]. 中国环境科学,1998,18(3):280-283.

[39] 寇刘秀,蒋大和,包存宽. 交通规划环境影响评价指标体系研究[J]. 河北科技大学学报,2007,28(1):82-86,封三.

[40] 腊孟珂,朱晓东,李杨帆. 情景分析在交通规划环境影响评价中的应用研究:以南通市支路系统规划环境影响评价为例[J]. 环境保护科学,2009,35(3):56-58,62.

[41] 赖力,黄贤金,张晓玲. 土地利用规划的战略环境影响评价[J]. 中国土地科学,2003,17(6):56-60.

[42] 雷声. 水电规划环境影响评价指标体系研

究[D].兰州:兰州大学,2009.

[43] 雷声,潘峰.生境破碎法在水电规划环评中的应用研究[J].安徽农业科学,2009,37(16):7599-7600,7603.

[44] 李爱年,胡春冬.中美战略环境影响评价制度的比较研究[J].时代法学,2004,2(1):109-120.

[45] 李飞.旅游区规划环境影响评价技术与方法研究[J].科技创新导报,2008(15):119-121.

[46] 李娜.煤炭规划环境影响评价指标体系研究[D].西安:西安科技大学,2009.

[47] 李珀松,朱坦,朱祉熹.电力规划环境影响评价的评价重点与指标体系研究.生态经济,2009(12):86-88,164.

[48] 李燕,龙炳清,张礼清,等.规划环境影响评价中的循环经济评价研究[J].环境保护科学,2007,33(6):119-121.

[49] 李巍,谢卧龙,王尧,等.循环经济分析在规划环境影响评价中的应用研究[J].环境科学与技术,2010,33(1):178-182.

[50] 李霞,黄冬梅,张景书,等.旅游环境承载力在旅游规划环境影响评价中应用初探[J].环境科学与管理,2006,31(3):169-172.

[51] 李湘梅.面向可持续发展的战略环境评价方法研究:以《武汉城市总体规划纲要》为例[D].武汉:华中科技大学,2007.

[52] 李云辉,贺一梅,杨子生.云南金沙江流域水土流失直接经济损失测算方法与区域特征分析[J].山地学报,2002(S1):36-42.

[53] 李贞,冷飞,刘艳菊.城市土地利用规划环境影响评价指标与方法研究[J].环境保护,2006(4):70-74.

[54] 李智,鞠美庭,史聆聆,等.交通规划环境影响评价的指标体系探讨[J].交通环保,2004,25(6):16-19,26.

[55] 梁波,陆雍森,杨瑾,等.城市交通规划环境影响评价的特点和案例研究[J].交通环保,2004,25(1):10-14.

[56] 梁勇,成升魁,闵庆文.生态足迹方法及其在城市交通环境影响评价中的应用[J].武汉理工大学学报(交通科学与工程版),2004,28(6):821-824.

[57] 林而达,高庆生.将适应气候变化纳入我国的战略环评[J].绿叶,2007(12):10-11.

[58] 刘光栋,吴文良,靳乐山,等.人力资本法评估农业污染地下水环境价值损失[J].中国环境科学,2004,24(3):372-375.

[59] 刘进.城市总体规划环境影响评价指标体系建立及其应用研究[D].合肥:合肥工业大学,2009.

[60] 刘涛.规划环境影响评价的工效学研究[J].广西工学院学报,2006,17(1):13-17.

[61] 刘亚萍.运用CVM对生态保护经济价值的评价:在武陵源国家自然保护区中的应用分析[J].绿色中国,2004(22):34-37.

[62] 刘勇,井文勇.地理信息系统技术及其在环境科学中的应用[J].环境科学,1997,18(2):62-66.

[63] 吕昌河,贾克敬,冉圣宏,等.土地利用规划环境影响评价指标与案例[J].地理研究,2007,26(2):249-257.

[64] 吕建华,朱坦,白宏涛,等.天津滨海新区土地利用及景观格局变化分析[J].环境污染与防治,2011,33(2):94-98.

[65] 吕蓉,林建国,徐洪磊.港口规划环境影响评价指标体系的研究[J].海洋环境科学,2006,25(2):92-95.

[66] 罗志军,芦贱生.土地利用规划环境影响评价指标体系研究:以武汉市黄陂区为例[J].安徽农业科学,2007,35(30):9657-9659.

[67] 马风才,黄学庭.无替代市场情况下大气环境影响经济评价[J].钢铁,2002,37(5):71-74.

[68] 毛文锋,张淑娟.可持续发展与战略环境评价[J].上海环境科学,2004(3):118-121.

[69] 苗立永.煤矿区总体开发规划环境影响评价指标体系的探讨[J].安全与环境工程,2008,15(1):7-9.

[70] 牟瑞芳.铁路交通规划环境影响评价指标

体系的建立[J]. 交通运输工程与信息学报, 2007,5(4):6-9,22.
[71] 牟忠霞. 流域规划环境影响评价方法研究[D]. 成都:西南交通大学,2006.
[72] 欧阳振宇,耿春香,赵朝成. 化工、石化行业规划环评指标体系建立的研究[J]. 油气田环境保护,2008,18(1):40-42.
[73] 潘岳. 战略环境影响评价与可持续发展[J]. 环境保护,2005(9):10-14.
[74] 彭王敏子. 规划环评中环境风险评价方法的探究与实践[D]. 厦门:厦门大学,2009.
[75] 彭应登. 区域开发环境影响评价[M]. 北京:中国环境科学出版社,1999.
[76] 钱洪伟. 应急避难场所规划环境影响评价体系初探[J]. 防灾科技学院学报,2010,12(3):1-5.
[77] 秦建春,李文水. 关于规划环境影响评价的思考[J]. 环境科学与管理,2007,32(5):189-190.
[78] 曲艳敏,白宏涛,徐鹤. 基于情景分析的湖北交通碳排放预测研究[J]. 环境污染与防治,2010,32(10):102-105,110.
[79] 冉圣宏,吕昌河,贾克敬,等. 基于生态服务价值的全国土地利用变化环境影响评价[J]. 环境科学,2006,27(10):2139-2144.
[80] 任彩银. 环境影响评价系统的开发与应用:以兴隆环境影响评价为例[D]. 哈尔滨:东北林业大学,2004.
[81] 任丽军,袁学良. 山东省电力发展SEA指标体系的建立[J]. 东北师大学报(自然科学版),2005,37(2):132-136.
[82] 邵立国. SD-GIS集成模型在城市交通规划环境影响评价的应用研究[D]. 长春:东北师范大学,2006.
[83] 石涓. 轨道交通规划环评声环境影响评价方法与指标[J]. 山西建筑,2007,33(8):351-352.
[84] 时进钢,王亚男,祝晓燕,等. 基于资源环境承载力的规划结构优化方法探讨[J]. 环境科学与技术,2010,33(9):187-191.
[85] 孙贵安. 公路规划环境影响评价方法初探[J]. 公路,2003(12):84-87.
[86] 孙苏,庄怡琳,陈帆,等. 化学工业园区规划环评指标体系初探[J]. 四川环境,2007,26(5):65-69.
[87] 汤晓雷. 基于RS的土地利用规划环境影响评价方法研究:以汉南区为例[D]. 武汉:华中科技大学,2006.
[88] 唐弢,徐鹤,吴婧,等. 武汉市"十一五"总体规划纲要战略环境评价研究[J]. 环境保护,2006,23(12):27-30.
[89] 唐晓辉. 三维潮流数值模拟在规划环评中的应用[D]. 青岛:中国海洋大学,2007.
[90] 王超. 土地利用总体规划环境影响评价研究:以将乐县为例[D]. 北京:北京师范大学,2010.
[91] 王浩. 灾后基础设施重建规划环评环境影响识别及指标体系研究:以"汶川地震甘肃灾后重建基础设施专项规划环境影响评价"为例[D]. 兰州:西北师范大学,2009.
[92] 王会芝,徐鹤. 基于制度背景下的中国战略环境评价体系建设[J]. 环境科学与管理,2010,35(10):169-172.
[93] 王会芝,徐鹤,吕建华,等. 中国战略环境评价实施现状及有效性研究:基于统计分析的调查研究[J]. 环境污染与防治,2010,32(9):103-106.
[94] 王敏,董金玮,郑新奇. 土地规划环境影响评价指标体系的构建[J]. 水土保持研究,2008,15(1):142-144,147.
[95] 王其藩. 系统动力学[M]. 北京:清华大学出版社,1988.
[96] 王西琴,刘昌明,杨志峰. 生态及环境需水量研究进展与前瞻[J]. 水科学进展,2002,13(4):507-514.
[97] 王宪恩,张海华,赵文晋,等. 模糊模式识别理论在规划环境影响评价中的应用[J]. 吉林大学学报(理学版),2006,44(1):137-141.
[98] 王兴太,李芳. 灰色关联度分析在水电规划

环评中的应用研究[J].西北水电,2010(1):1-4,18.

[99] 王玉梅,尚金城.汽车工业规划环境影响评价指标体系研究[J].环境科学与管理,2007,32(8):173-175,182.

[100] 王志霞.区域规划环境风险评价理论、方法与实践[D].上海:同济大学,2007.

[101] 吴静.累积影响评价在战略环评中的应用[J].城市环境与城市生态,2007,20(4):44-46.

[102] 吴飚.区域规划环境影响评价的评价指标体系及其应用[D].重庆:重庆大学,2004.

[103] 吴鸣颖,楼台芳.环境影响经济评价及其价值评估法在电厂建设中的应用研究[J].环境与开发,1999(1):21-22,44.

[104] 肖黎姗,石晓枫.环境库兹涅茨曲线在规划环境影响评价中应用的探讨[J].环境科学与技术,2008,31(5):122-124.

[105] 熊鸿斌,刘进,项芳,等.城市总体规划环评指标体系的建立及其应用[J].四川环境,2010,5:30-35.

[106] 胥清波.环境承载力分析在规划环境影响评价中的应用研究:以天津市滨海新区先进制造业产业园区规划环评为例[D].武汉:华中农业大学,2009.

[107] 徐从燕,赵善伦.2002年山东省大气污染造成的经济损失估算[J].上海师范大学学报(自然科学版),2004,33(1):102-106.

[108] 徐鹤,白宏涛.构建生态型新区的土地适宜性综合评价方法[J].中国发展,2007,7(4):116-120.

[109] 徐鹤,冯晓飞,白宏涛.省域路网规划噪声环境影响评价方法研究[J].噪声与振动控制,2009,29(5):165-169.

[110] FISCHER T B.战略环境评价理论与实践:迈向系统化[M].徐鹤,李天威,译.北京:科学出版社,2008.

[111] 徐凌,陈冲,尚金城.大连国际航运中心建设SEA的系统动力学研究.地理科学,2006,26(3):351-357.

[112] 许野.城市交通规划环境影响评价的替代方案研究:以长春市为例[D].吉林:东北师范大学,2006.

[113] 薛联芳,邱进生,戴向荣.流域水电开发规划环境影响评价指标体系的初步探讨[J].水电站设计,2007,23(3):12-14,20.

[114] 薛若晗.战略环境评价研究进展和方法探讨[J].环境科学导刊,2007,26(4):69-72.

[115] 严登华,何岩,邓伟,等.东辽河流域河流系统生态需水研究[J].水土保持学报,2001,15(1):46-49.

[116] 杨芳.工业区规划环境影响评价指标体系的构建研究[J].海峡科学,2007,6:28-30,35.

[117] 杨洁泉,贾宝全.库尔勒—鄯善段输油管道建设工程生态损失的经济估算[J].干旱区研究,1996,13(3):41-45.

[118] 姚静,杨辉,张玲.矿产资源规划环境影响评价指标体系及方法的探讨[J].环境科学与管理,2008,33(4):176-179.

[119] 宜慧,詹存卫,陈帆,等.我国城市轨道交通规划环境影响评价指标体系初探[J].城市环境与城市生态,2009,22(5):14-17.

[120] 尹航,李小敏.风险评价在规划环境影响评价中的应用[J].环境科学研究,2008,21(3):190-194.

[121] 袁英贤.GIS技术在环境影响评价中的应用[J].环境科学与管理,2007,32(4):169-173.

[122] 张海华.规划环境影响评价方法研究[D].长春:吉林大学,2006.

[123] 张江山,许丽忠.环境影响经济评价方法与应用:提高福州市空气质量健康效益评估[J].福建师范大学学报(自然科学版),2000,16(4):104-107.

[124] 张利鸣,李树兵,龚辉,等.环境风险分析在港口规划环境影响评价中的应用[J].中国航海,2006(2):91-95.

[125] 张林波,李伟涛,王维,等.基于GIS的城市最小生态用地空间分析模型研究:以深

圳市为例[J].自然资源学报,2008,23(1):69-78.

[126] 张美华.土地利用规划环境影响评价指标体系研究[D].武汉:武汉大学,2004.

[127] 张明燕.矿产资源规划环境影响评价方法与政策研究[D].北京:中国地质大学,2006.

[128] 张小梅.县域土地利用总体规划环境影响评价指标体系研究:以罗甸县为例[D].贵阳:贵州师范大学,2008.

[129] 张园园.滨海城市规划环境影响评价指标体系研究[J].科技创新导报,2008(16):89.

[130] 章路燕.城市轨道交通线网规划环境影响评价指标体系应用研究[D].西安:长安大学,2009.

[131] 赵蕾.系统动力学在规划环境影响评价中的应用研究[D].西安:西安科技大学,2009.

[132] 赵宁宁.基于人工神经网络的高速公路网规划环境影响评价[D].长沙:湖南大学,2009.

[133] 赵时英.遥感应用分析原理与方法[M].北京:科学出版社,2003.

[134] 赵新泽.巢湖风景名胜区总体规划环境影响评价指标体系初探[J].安徽农学通报,2009,15(13):207-209.

[135] 郑少露,吴仁海,阮文刚.基于低碳循环经济的规划环境影响评价指标体系的探讨[J].环境科学与技术,2010,33(6):199-204.

[136] 周炳中.脆弱度变化模型在规划环境影响评价中的应用[J].同济大学报(自然科学版),2007,35(5):695-700.

[137] 周国强.环境影响评价[M].武汉:武汉理工大学出版社,2003.

[138] 周嘉,张洪峰,尚金城,等.模糊综合评判法在生态旅游战略环境评价中的应用[J].东北林业大学学报,2004,32(2):52-54.

[139] 周永红,钟飞,赵言文.生态服务价值法在土地利用总体规划环评中的应用[J].江苏农业科学,2010(1):348-351.

[140] 朱俊,张利鸣,浦静姣,等.基于GIS的营口港总体规划生态环境影响分析[J].环境科学研究,2006,19(5):142-148.

[141] 朱祉熹,李珀松,白宏涛,等.基于情景分析的城市规划资源环境问题研究:以天津滨海新区为例[J].未来与发展,2010(4):39-45.

[142] 庄怡琳,杨海真,包存宽,等.化工石化集中区规划环境影响评价指标体系研究[J].四川环境,2009,28(5):99-103.

[143] 庄优波,杨锐.风景名胜区总体规划环境影响评价的程序和指标体系[J].中国园林,2007(1):49-52.

[144] 曾贤刚,王新,倪宏宏,等.规划环评条例促"区域限批"走向成熟[J].环境保护,2010(4):39-41.

[145] 邹家祥,袁丹红,傅慧源.江河流域规划环境影响评价指标体系的探讨[J].水电站设计,2007,23(3):15-20.

[146] 王会芝,徐鹤,吕建华,等.中国战略环境评价实施现状及有效性研究:基于统计分析的调查研究[J].环境污染与防治,2010,32(9):103-106.

附　录

附录一
中华人民共和国环境影响评价法

（2002年10月28日第九届全国人民代表大会常务委员会第三十次会议通过　根据2016年7月2日第十二届全国人民代表大会常务委员会第二十一次会议《关于修改〈中华人民共和国节约能源法〉等六部法律的决定》第一次修正　根据2018年12月29日第十三届全国人民代表大会常务委员会第七次会议《关于修改〈中华人民共和国劳动法〉等七部法律的决定》第二次修正）

目　录

第一章　总　则
第二章　规划的环境影响评价
第二章　建设项目的环境影响评价
第四章　法律责任
第五章　附　则

第一章　总　则

第一条　为了实施可持续发展战略，预防因规划和建设项目实施后对环境造成不良影响，促进经济、社会和环境的协调发展，制定本法。

第二条　本法所称环境影响评价，是指对规划和建设项目实施后可能造成的环境影响进行分析、预测和评估，提出预防或者减轻不良环境影响的对策和措施，进行跟踪监测的方法与制度。

第三条　编制本法第九条所规定的范围内的规划，在中华人民共和国领域和中华人民共和国管辖的其他海域内建设对环境有影响的项目，应当依照本法进行环境影响评价。

第四条　环境影响评价必须客观、公开、公正，综合考虑规划或者建设项目实施后对各种环境因素及其所构成的生态系统可能造成的影响，为决策提供科学依据。

第五条　国家鼓励有关单位、专家和公众以适当方式参与环境影响评价。

第六条　国家加强环境影响评价的基础数据库和评价指标体系建设，鼓励和支持对环境影响评价的方法、技术规范进行科学研究，建立必要的环境影响评价信息共享制度，提高环境影响评价的科学性。

国务院生态环境主管部门应当会同国务院有关部门，组织建立和完善环境影响评价的基础数据库和评价指标体系。

第二章　规划的环境影响评价

第七条　国务院有关部门、设区的市级以上地方人民政府及其有关部门，对其组织编制的土地利用的有关规划，区域、流域、海域的建设、开发利用规划，应当在规划编制过程中组织进行环境影响评价，编写该规划有关环境影响的篇章或者说明。

规划有关环境影响的篇章或者说明，应当对规划实施后可能造成的环境影响作出分析、预测和评估，提出预防或者减轻不良环境影响的对策和措施，作为规划草案的组成部分一并报送规划审批机关。

未编写有关环境影响的篇章或者说明的规划草案，审批机关不予审批。

第八条　国务院有关部门、设区的市级以上地方人民政府及其有关部门，对其组织编制的工业、农业、畜牧业、林业、能源、水利、交通、城市建设、旅游、自然资源开发的有关专项规划（以下简称专项规划），应当在该专项规划草案上报审批前，组织进行环境影响评价，并向审批该专项规划的机关提出环境影响报告书。

前款所列专项规划中的指导性规划,按照本法第七条的规定进行环境影响评价。

第九条 依照本法第七条、第八条的规定进行环境影响评价的规划的具体范围,由国务院生态环境主管部门会同国务院有关部门规定,报国务院批准。

第十条 专项规划的环境影响报告书应当包括下列内容:

(一)实施该规划对环境可能造成影响的分析、预测和评估;

(二)预防或者减轻不良环境影响的对策和措施;

(三)环境影响评价的结论。

第十一条 专项规划的编制机关对可能造成不良环境影响并直接涉及公众环境权益的规划,应当在该规划草案报送审批前,举行论证会、听证会,或者采取其他形式,征求有关单位、专家和公众对环境影响报告书草案的意见。但是,国家规定需要保密的情形除外。

编制机关应当认真考虑有关单位、专家和公众对环境影响报告书草案的意见,并应当在报送审查的环境影响报告书中附具对意见采纳或者不采纳的说明。

第十二条 专项规划的编制机关在报批规划草案时,应当将环境影响报告书一并附送审批机关审查;未附送环境影响报告书的,审批机关不予审批。

第十三条 设区的市级以上人民政府在审批专项规划草案,作出决策前,应当先由人民政府指定的生态环境主管部门或者其他部门召集有关部门代表和专家组成审查小组,对环境影响报告书进行审查。审查小组应当提出书面审查意见。

参加前款规定的审查小组的专家,应当从按照国务院生态环境主管部门的规定设立的专家库内的相关专业的专家名单中,以随机抽取的方式确定。

由省级以上人民政府有关部门负责审批的专项规划,其环境影响报告书的审查办法,由国务院生态环境主管部门会同国务院有关部门制定。

第十四条 审查小组提出修改意见的,专项规划的编制机关应当根据环境影响报告书结论和审查意见对规划草案进行修改完善,并对环境影响报告书结论和审查意见的采纳情况作出说明;不采纳的,应当说明理由。

设区的市级以上人民政府或者省级以上人民政府有关部门在审批专项规划草案时,应当将环境影响报告书结论以及审查意见作为决策的重要依据。

在审批中未采纳环境影响报告书结论以及审查意见的,应当作出说明,并存档备查。

第十五条 对环境有重大影响的规划实施后,编制机关应当及时组织环境影响的跟踪评价,并将评价结果报告审批机关;发现有明显不良环境影响的,应当及时提出改进措施。

第三章 建设项目的环境影响评价

第十六条 国家根据建设项目对环境的影响程度,对建设项目的环境影响评价实行分类管理。

建设单位应当按照下列规定组织编制环境影响报告书、环境影响报告表或者填报环境影响登记表(以下统称环境影响评价文件):

(一)可能造成重大环境影响的,应当编制环境影响报告书,对产生的环境影响进行全面评价;

(二)可能造成轻度环境影响的,应当编制环境影响报告表,对产生的环境影响进行分析或者专项评价;

(三)对环境影响很小、不需要进行环境影响评价的,应当填报环境影响登记表。

建设项目的环境影响评价分类管理名录,由国务院生态环境主管部门制定并公布。

第十七条 建设项目的环境影响报告书应当包括下列内容:

(一)建设项目概况;

(二)建设项目周围环境现状;

(三)建设项目对环境可能造成影响的分析、预测和评估;

(四)建设项目环境保护措施及其技术、经济论证;

(五)建设项目对环境影响的经济损益分析;
(六)对建设项目实施环境监测的建议;
(七)环境影响评价的结论。

环境影响报告表和环境影响登记表的内容和格式,由国务院生态环境主管部门制定。

第十八条 建设项目的环境影响评价,应当避免与规划的环境影响评价相重复。

作为一项整体建设项目的规划,按照建设项目进行环境影响评价,不进行规划的环境影响评价。

已经进行了环境影响评价的规划包含具体建设项目的,规划的环境影响评价结论应当作为建设项目环境影响评价的重要依据,建设项目环境影响评价的内容应当根据规划的环境影响评价审查意见予以简化。

第十九条 建设单位可以委托技术单位对其建设项目开展环境影响评价,编制建设项目环境影响报告书、环境影响报告表;建设单位具备环境影响评价技术能力的,可以自行对其建设项目开展环境影响评价,编制建设项目环境影响报告书、环境影响报告表。

编制建设项目环境影响报告书、环境影响报告表应当遵守国家有关环境影响评价标准、技术规范等规定。

国务院生态环境主管部门应当制定建设项目环境影响报告书、环境影响报告表编制的能力建设指南和监管办法。

接受委托为建设单位编制建设项目环境影响报告书、环境影响报告表的技术单位,不得与负责审批建设项目环境影响报告书、环境影响报告表的生态环境主管部门或者其他有关审批部门存在任何利益关系。

第二十条 建设单位应当对建设项目环境影响报告书、环境影响报告表的内容和结论负责,接受委托编制建设项目环境影响报告书、环境影响报告表的技术单位对其编制的建设项目环境影响报告书、环境影响报告表承担相应责任。

设区的市级以上人民政府生态环境主管部门应当加强对建设项目环境影响报告书、环境影响报告表编制单位的监督管理和质量考核。

负责审批建设项目环境影响报告书、环境影响报告表的生态环境主管部门应当将编制单位、编制主持人和主要编制人员的相关违法信息记入社会诚信档案,并纳入全国信用信息共享平台和国家企业信用信息公示系统向社会公布。

任何单位和个人不得为建设单位指定编制建设项目环境影响报告书、环境影响报告表的技术单位。

第二十一条 除国家规定需要保密的情形外,对环境可能造成重大影响、应当编制环境影响报告书的建设项目,建设单位应当在报批建设项目环境影响报告书前,举行论证会、听证会,或者采取其他形式,征求有关单位、专家和公众的意见。

建设单位报批的环境影响报告书应当附具对有关单位、专家和公众的意见采纳或者不采纳的说明。

第二十二条 建设项目的环境影响报告书、报告表,由建设单位按照国务院的规定报有审批权的生态环境主管部门审批。

海洋工程建设项目的海洋环境影响报告书的审批,依照《中华人民共和国海洋环境保护法》的规定办理。

审批部门应当自收到环境影响报告书之日起六十日内,收到环境影响报告表之日起三十日内,分别作出审批决定并书面通知建设单位。

国家对环境影响登记表实行备案管理。

审核、审批建设项目环境影响报告书、报告表以及备案环境影响登记表,不得收取任何费用。

第二十三条 国务院生态环境主管部门负责审批下列建设项目的环境影响评价文件:

(一)核设施、绝密工程等特殊性质的建设项目;

(二)跨省、自治区、直辖市行政区域的建设项目;

(三)由国务院审批的或者由国务院授权有关部门审批的建设项目。

前款规定以外的建设项目的环境影响评价文件的审批权限,由省、自治区、直辖市人民政府规定。

建设项目可能造成跨行政区域的不良环境影响，有关生态环境主管部门对该项目的环境影响评价结论有争议的，其环境影响评价文件由共同的上一级生态环境主管部门审批。

第二十四条　建设项目的环境影响评价文件经批准后，建设项目的性质、规模、地点、采用的生产工艺或者防治污染、防止生态破坏的措施发生重大变动的，建设单位应当重新报批建设项目的环境影响评价文件。

建设项目的环境影响评价文件自批准之日起超过五年，方决定该项目开工建设的，其环境影响评价文件应当报原审批部门重新审核；原审批部门应当自收到建设项目环境影响评价文件之日起十日内，将审核意见书面通知建设单位。

第二十五条　建设项目的环境影响评价文件未依法经审批部门审查或者审查后未予批准的，建设单位不得开工建设。

第二十六条　建设项目建设过程中，建设单位应当同时实施环境影响报告书、环境影响报告表以及环境影响评价文件审批部门审批意见中提出的环境保护对策措施。

第二十七条　在项目建设、运行过程中产生不符合经审批的环境影响评价文件的情形的，建设单位应当组织环境影响的后评价，采取改进措施，并报原环境影响评价文件审批部门和建设项目审批部门备案；原环境影响评价文件审批部门也可以责成建设单位进行环境影响的后评价，采取改进措施。

第二十八条　生态环境主管部门应当对建设项目投入生产或者使用后所产生的环境影响进行跟踪检查，对造成严重环境污染或者生态破坏的，应当查清原因、查明责任。对属于建设项目环境影响报告书、环境影响报告表存在基础资料明显不实，内容存在重大缺陷、遗漏或者虚假，环境影响评价结论不正确或者不合理等严重质量问题的，依照本法第三十二条的规定追究建设单位及其相关责任人员和接受委托编制建设项目环境影响报告书、环境影响报告表的技术单位及其相关人员的法律责任；属于审批部门工作人员失职、渎职，对依法不应批准的建设项目环境影响报告书、环境影响报告表予以批准的，依照本法第三十四条的规定追究其法律责任。

第四章　法律责任

第二十九条　规划编制机关违反本法规定，未组织环境影响评价，或者组织环境影响评价时弄虚作假或者有失职行为，造成环境影响评价严重失实的，对直接负责的主管人员和其他直接责任人员，由上级机关或者监察机关依法给予行政处分。

第三十条　规划审批机关对依法应当编写有关环境影响的篇章或者说明而未编写的规划草案，依法应当附送环境影响报告书而未附送的专项规划草案，违法予以批准的，对直接负责的主管人员和其他直接责任人员，由上级机关或者监察机关依法给予行政处分。

第三十一条　建设单位未依法报批建设项目环境影响报告书、报告表，或者未依照本法第二十四条的规定重新报批或者报请重新审核环境影响报告书、报告表，擅自开工建设的，由县级以上生态环境主管部门责令停止建设，根据违法情节和危害后果，处建设项目总投资额百分之一以上百分之五以下的罚款，并可以责令恢复原状；对建设单位直接负责的主管人员和其他直接责任人员，依法给予行政处分。

建设项目环境影响报告书、报告表未经批准或者未经原审批部门重新审核同意，建设单位擅自开工建设的，依照前款的规定处罚、处分。

建设单位未依法备案建设项目环境影响登记表的，由县级以上生态环境主管部门责令备案，处五万元以下的罚款。

海洋工程建设项目的建设单位有本条所列违法行为的，依照《中华人民共和国海洋环境保护法》的规定处罚。

第三十二条　建设项目环境影响报告书、环境影响报告表存在基础资料明显不实，内容存在重大缺陷、遗漏或者虚假，环境影响评价结论不正确或者不合理等严重质量问题的，由设区的市级以上人民政府生态环境主管部门对建设单位处五十万元以上二百万元以下的罚款，并对建设单位的法定代表人、主要负责人、直接负责的主管人员和其他直接责任人员，处五万元以上二十万元以下的罚款。

接受委托编制建设项目环境影响报告书、环境影响报告表的技术单位违反国家有关环境影响评价标准和技术规范等规定，致使其编制的建设项目环境影响报告书、环境影响报告表存在基础资料明显不实，内容存在重大缺陷、遗漏或者虚假，环境影响评价结论不正确或者不合理等严重质量问题的，由设区的市级以上人民政府生态环境主管部门对技术单位处所收费用三倍以上五倍以下的罚款；情节严重的，禁止从事环境影响报告书、环境影响报告表编制工作；有违法所得的，没收违法所得。

编制单位有本条第一款、第二款规定的违法行为的，编制主持人和主要编制人员五年内禁止从事环境影响报告书、环境影响报告表编制工作；构成犯罪的，依法追究刑事责任，并终身禁止从事环境影响报告书、环境影响报告表编制工作。

第三十三条　负责审核、审批、备案建设项目环境影响评价文件的部门在审批、备案中收取费用的，由其上级机关或者监察机关责令退还；情节严重的，对直接负责的主管人员和其他直接责任人员依法给予行政处分。

第三十四条　生态环境主管部门或者其他部门的工作人员徇私舞弊，滥用职权，玩忽职守，违法批准建设项目环境影响评价文件的，依法给予行政处分；构成犯罪的，依法追究刑事责任。

第五章　附　则

第三十五条　省、自治区、直辖市人民政府可以根据本地的实际情况，要求对本辖区的县级人民政府编制的规划进行环境影响评价。具体办法由省、自治区、直辖市参照本法第二章的规定制定。

第三十六条　军事设施建设项目的环境影响评价办法，由中央军事委员会依照本法的原则制定。

第三十七条　本法自 2003 年 9 月 1 日起施行。

附录二
中华人民共和国环境噪声污染防治法

（1996年10月29日第八届全国人民代表大会常务委员会第二十二次会议通过 根据2018年12月29日第十三届全国人民代表大会常务委员会第七次会议《关于修改〈中华人民共和国劳动法〉等七部法律的决定》修正）

目 录

第一章 总 则
第二章 环境噪声污染防治的监督管理
第三章 工业噪声污染防治
第四章 建筑施工噪声污染防治
第五章 交通运输噪声污染防治
第六章 社会生活噪声污染防治
第七章 法律责任
第八章 附 则

第一章 总 则

第一条 为防治环境噪声污染，保护和改善生活环境，保障人体健康，促进经济和社会发展，制定本法。

第二条 本法所称环境噪声，是指在工业生产、建筑施工、交通运输和社会生活中所产生的干扰周围生活环境的声音。

本法所称环境噪声污染，是指所产生的环境噪声超过国家规定的环境噪声排放标准，并干扰他人正常生活、工作和学习的现象。

第三条 本法适用于中华人民共和国领域内环境噪声污染的防治。

因从事本职生产、经营工作受到噪声危害的防治，不适用本法。

第四条 国务院和地方各级人民政府应当将环境噪声污染防治工作纳入环境保护规划，并采取有利于声环境保护的经济、技术政策和措施。

第五条 地方各级人民政府在制定城乡建设规划时，应当充分考虑建设项目和区域开发、改造所产生的噪声对周围生活环境的影响，统筹规划，合理安排功能区和建设布局，防止或者减轻环境噪声污染。

第六条 国务院生态环境主管部门对全国环境噪声污染防治实施统一监督管理。

县级以上地方人民政府生态环境主管部门对本行政区域内的环境噪声污染防治实施统一监督管理。

各级公安、交通、铁路、民航等主管部门和港务监督机构，根据各自的职责，对交通运输和社会生活噪声污染防治实施监督管理。

第七条 任何单位和个人都有保护声环境的义务，并有权对造成环境噪声污染的单位和个人进行检举和控告。

第八条 国家鼓励、支持环境噪声污染防治的科学研究、技术开发，推广先进的防治技术和普及防治环境噪声污染的科学知识。

第九条 对在环境噪声污染防治方面成绩显著的单位和个人，由人民政府给予奖励。

第二章 环境噪声污染防治的监督管理

第十条 国务院生态环境主管部门分别不同的功能区制定国家声环境质量标准。

县级以上地方人民政府根据国家声环境质量标准，划定本行政区域内各类声环境质量标准的适用区域，并进行管理。

第十一条 国务院生态环境主管部门根据国家声环境质量标准和国家经济、技术条件，制定国家环境噪声排放标准。

第十二条　城市规划部门在确定建设布局时，应当依据国家声环境质量标准和民用建筑隔声设计规范，合理划定建筑物与交通干线的防噪声距离，并提出相应的规划设计要求。

第十三条　新建、改建、扩建的建设项目，必须遵守国家有关建设项目环境保护管理的规定。

建设项目可能产生环境噪声污染的，建设单位必须提出环境影响报告书，规定环境噪声污染的防治措施，并按照国家规定的程序报生态环境主管部门批准。

环境影响报告书中，应当有该建设项目所在地单位和居民的意见。

第十四条　建设项目的环境噪声污染防治设施必须与主体工程同时设计、同时施工、同时投产使用。

建设项目在投入生产或者使用之前，其环境噪声污染防治设施必须按照国家规定的标准和程序进行验收；达不到国家规定要求的，该建设项目不得投入生产或者使用。

第十五条　产生环境噪声污染的企业事业单位，必须保持防治环境噪声污染的设施的正常使用；拆除或者闲置环境噪声污染防治设施的，必须事先报经所在地的县级以上地方人民政府生态环境主管部门批准。

第十六条　产生环境噪声污染的单位，应当采取措施进行治理，并按照国家规定缴纳超标准排污费。

征收的超标准排污费必须用于污染的防治，不得挪作他用。

第十七条　对于在噪声敏感建筑物集中区域内造成严重环境噪声污染的企业事业单位，限期治理。

被限期治理的单位必须按期完成治理任务。限期治理由县级以上人民政府按照国务院规定的权限决定。

对小型企业事业单位的限期治理，可以由县级以上人民政府在国务院规定的权限内授权其生态环境主管部门决定。

第十八条　国家对环境噪声污染严重的落后设备实行淘汰制度。

国务院经济综合主管部门应当会同国务院有关部门公布限期禁止生产、禁止销售、禁止进口的环境噪声污染严重的设备名录。

生产者、销售者或者进口者必须在国务院经济综合主管部门会同国务院有关部门规定的期限内分别停止生产、销售或者进口列入前款规定的名录中的设备。

第十九条　在城市范围内从事生产活动确需排放偶发性强烈噪声的，必须事先向当地公安机关提出申请，经批准后方可进行。当地公安机关应当向社会公告。

第二十条　国务院生态环境主管部门应当建立环境噪声监测制度，制定监测规范，并会同有关部门组织监测网络。

环境噪声监测机构应当按照国务院生态环境主管部门的规定报送环境噪声监测结果。

第二十一条　县级以上人民政府生态环境主管部门和其他环境噪声污染防治工作的监督管理部门、机构，有权依据各自的职责对管辖范围内排放环境噪声的单位进行现场检查。被检查的单位必须如实反映情况，并提供必要的资料。检查部门、机构应当为被检查的单位保守技术秘密和业务秘密。

检查人员进行现场检查，应当出示证件。

第三章　工业噪声污染防治

第二十二条　本法所称工业噪声，是指在工业生产活动中使用固定的设备时产生的干扰周围生活环境的声音。

第二十三条　在城市范围内向周围生活环境排放工业噪声的，应当符合国家规定的工业企业厂界环境噪声排放标准。

第二十四条　在工业生产中因使用固定的设备造成环境噪声污染的工业企业，必须按照国务院生态环境主管部门的规定，向所在地的县级以上地方人民政府生态环境主管部门申报拥有的造成环境噪声污染的设备的种类、数量以及在正常作业条件下所发出的噪声值和防治环境噪声污染的设施情况，并提供防治噪声污染的技术资料。

造成环境噪声污染的设备的种类、数量、噪声值和防治设施有重大改变的，必须及时申报，并采取应有的防治措施。

第二十五条 产生环境噪声污染的工业企业，应当采取有效措施，减轻噪声对周围生活环境的影响。

第二十六条 国务院有关主管部门对可能产生环境噪声污染的工业设备，应当根据声环境保护的要求和国家的经济、技术条件，逐步在依法制定的产品的国家标准、行业标准中规定噪声限值。

前款规定的工业设备运行时发出的噪声值，应当在有关技术文件中予以注明。

第四章 建筑施工噪声污染防治

第二十七条 本法所称建筑施工噪声，是指在建筑施工过程中产生的干扰周围生活环境的声音。

第二十八条 在城市市区范围内向周围生活环境排放建筑施工噪声的，应当符合国家规定的建筑施工场界环境噪声排放标准。

第二十九条 在城市市区范围内，建筑施工过程中使用机械设备，可能产生环境噪声污染的，施工单位必须在工程开工十五日以前向工程所在地县级以上地方人民政府生态环境主管部门申报该工程的项目名称、施工场所和期限、可能产生的环境噪声值以及所采取的环境噪声污染防治措施的情况。

第三十条 在城市市区噪声敏感建筑物集中区域内，禁止夜间进行产生环境噪声污染的建筑施工作业，但抢修、抢险作业和因生产工艺上要求或者特殊需要必须连续作业的除外。

因特殊需要必须连续作业的，必须有县级以上人民政府或者其有关主管部门的证明。

前款规定的夜间作业，必须公告附近居民。

第五章 交通运输噪声污染防治

第三十一条 本法所称交通运输噪声，是指机动车辆、铁路机车、机动船舶、航空器等交通运输工具在运行时所产生的干扰周围生活环境的声音。

第三十二条 禁止制造、销售或者进口超过规定的噪声限值的汽车。

第三十三条 在城市市区范围内行驶的机动车辆的消声器和喇叭必须符合国家规定的要求。机动车辆必须加强维修和保养，保持技术性能良好，防治环境噪声污染。

第三十四条 机动车辆在城市市区范围内行驶，机动船舶在城市市区的内河航道航行，铁路机车驶经或者进入城市市区、疗养区时，必须按照规定使用声响装置。

警车、消防车、工程抢险车、救护车等机动车辆安装、使用警报器，必须符合国务院公安部门的规定；在执行非紧急任务时，禁止使用警报器。

第三十五条 城市人民政府公安机关可以根据本地城市市区区域声环境保护的需要，划定禁止机动车辆行驶和禁止其使用声响装置的路段和时间，并向社会公告。

第三十六条 建设经过已有的噪声敏感建筑物集中区域的高速公路和城市高架、轻轨道路，有可能造成环境噪声污染的，应当设置声屏障或者采取其他有效的控制环境噪声污染的措施。

第三十七条 在已有的城市交通干线的两侧建设噪声敏感建筑物的，建设单位应当按照国家规定间隔一定距离，并采取减轻、避免交通噪声影响的措施。

第三十八条 在车站、铁路编组站、港口、码头、航空港等地指挥作业时使用广播喇叭的，应当控制音量，减轻噪声对周围生活环境的影响。

第三十九条 穿越城市居民区、文教区的铁路，因铁路机车运行造成环境噪声污染的，当地城市人民政府应当组织铁路部门和其他有关部门，制定减轻环境噪声污染的规划。铁路部门和其他有关部门应当按照规划的要求，采取有效措施，减轻环境噪声污染。

第四十条 除起飞、降落或者依法规定的情形以外，民用航空器不得飞越城市市区上空。城市人民政府应当在航空器起飞、降落的净空周围划定限制建设噪声敏感建筑物的区域；在该区域内建设噪声敏感建筑物的，建设单位应当采取减轻、避免航空器运行时产生的噪声影响的措施。民航部门应当采取有效措施,减轻环境噪声污染。

第六章 社会生活噪声污染防治

第四十一条 本法所称社会生活噪声,是指人为活动所产生的除工业噪声、建筑施工噪声和交通运输噪声之外的干扰周围生活环境的声音。

第四十二条 在城市市区噪声敏感建筑物集中区域内,因商业经营活动中使用固定设备造成环境噪声污染的商业企业,必须按照国务院生态环境主管部门的规定,向所在地的县级以上地方人民政府生态环境主管部门申报拥有的造成环境噪声污染的设备的状况和防治环境噪声污染的设施的情况。

第四十三条 新建营业性文化娱乐场所的边界噪声必须符合国家规定的环境噪声排放标准;不符合国家规定的环境噪声排放标准的,文化行政主管部门不得核发文化经营许可证,市场监督管理部门不得核发营业执照。

经营中的文化娱乐场所,其经营管理者必须采取有效措施,使其边界噪声不超过国家规定的环境噪声排放标准。

第四十四条 禁止在商业经营活动中使用高音广播喇叭或者采用其他发出高噪声的方法招揽顾客。

在商业经营活动中使用空调器、冷却塔等可能产生环境噪声污染的设备、设施的,其经营管理者应当采取措施,使其边界噪声不超过国家规定的环境噪声排放标准。

第四十五条 禁止任何单位、个人在城市市区噪声敏感建筑物集中区域内使用高音广播喇叭。

在城市市区街道、广场、公园等公共场所组织娱乐、集会等活动,使用音响器材可能产生干扰周围生活环境的过大音量的,必须遵守当地公安机关的规定。

第四十六条 使用家用电器、乐器或者进行其他家庭室内娱乐活动时,应当控制音量或者采取其他有效措施,避免对周围居民造成环境噪声污染。

第四十七条 在已竣工交付使用的住宅楼进行室内装修活动,应当限制作业时间,并采取其他有效措施,以减轻、避免对周围居民造成环境噪声污染。

第七章 法律责任

第四十八条 违反本法第十四条的规定,建设项目中需要配套建设的环境噪声污染防治设施没有建成或者没有达到国家规定的要求,擅自投入生产或者使用的,由县级以上生态环境主管部门责令限期改正,并对单位和个人处以罚款;造成重大环境污染或者生态破坏的,责令停止生产或者使用,或者报经有批准权的人民政府批准,责令关闭。

第四十九条 违反本法规定,拒报或者谎报规定的环境噪声排放申报事项的,县级以上地方人民政府生态环境主管部门可以根据不同情节,给予警告或者处以罚款。

第五十条 违反本法第十五条的规定,未经生态环境主管部门批准,擅自拆除或者闲置环境噪声污染防治设施,致使环境噪声排放超过规定标准的,由县级以上地方人民政府生态环境主管部门责令改正,并处罚款。

第五十一条 违反本法第十六条的规定,不按照国家规定缴纳超标准排污费的,县级以上地方人民政府生态环境主管部门可以根据不同情节,给予警告或者处以罚款。

第五十二条 违反本法第十七条的规定,对经限期治理逾期未完成治理任务的企业事业单位,除依照国家规定加收超标准排污费外,可以根据所造成的危害后果处以罚款,或者责令停业、搬迁、关闭。

前款规定的罚款由生态环境主管部门决定。责令停业、搬迁、关闭由县级以上人民政府按照国务院规定的权限决定。

第五十三条 违反本法第十八条的规定,生产、销售、进口禁止生产、销售、进口的设备的,由县级以上人民政府经济综合主管部门责令改正;情节严重的,由县级以上人民政府经济综合主管部门提出意见,报请同级人民政府按照国务院规定的权限责令停业、关闭。

第五十四条　违反本法第十九条的规定，未经当地公安机关批准，进行产生偶发性强烈噪声活动的，由公安机关根据不同情节给予警告或者处以罚款。

第五十五条　排放环境噪声的单位违反本法第二十一条的规定，拒绝生态环境主管部门或者其他依照本法规定行使环境噪声监督管理权的部门、机构现场检查或者在被检查时弄虚作假的，生态环境主管部门或者其他依照本法规定行使环境噪声监督管理权的监督管理部门、机构可以根据不同情节，给予警告或者处以罚款。

第五十六条　建筑施工单位违反本法第三十条第一款的规定，在城市市区噪声敏感建筑物集中区域内，夜间进行禁止进行的产生环境噪声污染的建筑施工作业的，由工程所在地县级以上地方人民政府生态环境主管部门责令改正，可以并处罚款。

第五十七条　违反本法第三十四条的规定，机动车辆不按照规定使用声响装置的，由当地公安机关根据不同情节给予警告或者处以罚款。

机动船舶有前款违法行为的，由港务监督机构根据不同情节给予警告或者处以罚款。

铁路机车有第一款违法行为的，由铁路主管部门对有关责任人员给予行政处分。

第五十八条　违反本法规定，有下列行为之一的，由公安机关给予警告，可以并处罚款：

（一）在城市市区噪声敏感建筑物集中区域内使用高音广播喇叭；

（二）违反当地公安机关的规定，在城市市区街道、广场、公园等公共场所组织娱乐、集会等活动，使用音响器材，产生干扰周围生活环境的过大音量的；

（三）未按本法第四十六条和第四十七条规定采取措施，从家庭室内发出严重干扰周围居民生活的环境噪声的。

第五十九条　违反本法第四十三条第二款、第四十四条第二款的规定，造成环境噪声污染的，由县级以上地方人民政府生态环境主管部门责令改正，可以并处罚款。

第六十条　违反本法第四十四条第一款的规定，造成环境噪声污染的，由公安机关责令改正，可以并处罚款。

省级以上人民政府依法决定由县级以上地方人民政府生态环境主管部门行使前款规定的行政处罚权的，从其决定。

第六十一条　受到环境噪声污染危害的单位和个人，有权要求加害人排除危害；造成损失的，依法赔偿损失。

赔偿责任和赔偿金额的纠纷，可以根据当事人的请求，由生态环境主管部门或者其他环境噪声污染防治工作的监督管理部门、机构调解处理；调解不成的，当事人可以向人民法院起诉。当事人也可以直接向人民法院起诉。

第六十二条　环境噪声污染防治监督管理人员滥用职权、玩忽职守、徇私舞弊的，由其所在单位或者上级主管机关给予行政处分；构成犯罪的，依法追究刑事责任。

第八章　附　则

第六十三条　本法中下列用语的含义是：

（一）"噪声排放"是指噪声源向周围生活环境辐射噪声。

（二）"噪声敏感建筑物"是指医院、学校、机关、科研单位、住宅等需要保持安静的建筑物。

（三）"噪声敏感建筑物集中区域"是指医疗区、文教科研区和以机关或者居民住宅为主的区域。

（四）"夜间"是指晚二十二点至晨六点之间的期间。

（五）"机动车辆"是指汽车和摩托车。

第六十四条　本法自 1997 年 3 月 1 日起施行。1989 年 9 月 26 日国务院发布的《中华人民共和国环境噪声污染防治条例》同时废止。

索 引

3R 原则 86,171,179,274,277,398,483,1340,
　1370,1391,1417,1418,1663,1787

B

包头国家生态工业(铝业)示范园区 11,49,329,
　330,331,332,335,336,337,338,342,1342
变量要素层 846
标歧立异 19,45
标准化管理 197,1674
不可再生资源 17,88,245,249,253,256,285,
　316,363,421,573,576,579,876,1349,1361,
　1383,1416,1474,1479,1481,1614,1802,1804

C

曹妃甸港 399,798,1250
层次分析法 193,216,909,1223,1853,1867,
　1952,2001
产业集群 99,186,387,604,990,1622,1816
产业结构 19,40,93,95,121,124,142,147,171,
　174,422,439,461,1377,1397
产业聚集 268,370,464,609,781,1525,1717
产业升级 90,101,102,256,275,593,601,1367,
　1689
产业生态化 52,53,54,92,93,94,95,100,278,
　351,352,429,450,1379,1394,1963
超营养作用 573
沉积功能 899,901,902
沉积物 385,552,766,864,900,922,988,1016
成本优势 19,20,417,798,1386,1524,1525,
　1632,1797
城镇化指数 894,895

D

大循环模式 1497,1707,1708,1709
丹麦卡伦堡工业共生体 22,497
单因子评价方法 851,852,853
低碳发展模式 266,1596,1644
低碳经济 51,52,217,266,417,506,593,595,
　1070,1392,1500,1501,1504,1545,1568,1644,
　1645,1647,1648,1795,1843,2029,2030,2050
低碳社会 1545,1644,1645,1647,1676,1698
第三代产业园区 10,366,392,513
点源 196,197,428,478,769,818,819,820,821,
　822,879,948,955,987,988,989,1012,1013,
　1864,1906,1936,1938
顶层设计 234,235,602,607,1041,1671,1677,
　1730,1736,1770,1824

F

非点源 769,820,821,822,828,876,877,879,
　881,987,988,989,990,1906,2000
废弃物资源化 277,281,1354,1375,1406,1421,
　1438,1450,1717,1727,1743,1746,1757,1773,
　1780,1807,2044
废弃物资源化利用 30,111,1385,1656,1657,
　1675,1676,1697,1715,1735,1746,1749,1769,
　1770,1781,1789,1792
富集系数 864,924,925,926
富营养化指数 923

G

概念模型 770,872,873,1861,1880,1882,1966
高标准规划 1724
高层次发展 224,1724
高起点建设 316,348,1724
高效益产出 1724
高新技术产业 7,9,12,55,190,267,384,939,
　1379,1717,1806
高新技术产业集群 1739

工业发展规划　177,476,1665,1871,1899
工业结构　38,69,92,175,249,308,509,939,1500,1661,1703,1982
工业领域节能　1658
工业生态学　3,4,5,11,15,17,18,55,85,229,295,579,1355,1663,1683,1892,2025
公共机构节能　1659
共生型生态工业系统　448,1409
供给链网　5
固体废物循环利用和污染控制　478
关联度　50,91,102,161,186,398,460,852,853,907,909,920,1041,1381,1662,1663,1690,1707,1763,1872,1873,1883,2003,2034
关联系数　852,853,907,909,1873
观念创新　1418,1486,1664,1759
管理指标　9,305,488,768,1221,1246,1680,1894
光化学烟雾　188,191,551,573,1237
规模化养殖　1672,1698,1715,1716,1732

H

海岸带管理模型　871,872,897,898
海岸带综合管理　767,768,769,770,779,871,872,874,875,934,1009
海岸堆积　778
海岸侵蚀　139,764,766,769,773,778,783,809,1041
海河流域　366,789,790,791,792,793,794,795,797,799,801,802,803,807,808,815,817,818,819,820,821,822,825,828,939,1925,1956,2000,2001,2046
海水富营养化　264,777,782,1015,1017,1018
海水水质标准　776,781,782,783,842,855,919,921,948,949,1029,1033,1036,1037,1038,1040,2001
海水水质基准　1033,1035,1036,1037,1038,1039,1040
海洋沉积物质量标准　782,1029
海洋生态企业　268
海洋生态文明建设示范区　268
海洋水质功能区　942
海洋资源生态化　265,266

行业类生态工业园区　121,392,473,476,484,1380,2026,2028,2029
核心产业链　152,1664
红树林海岸　764,765
环渤海地区　139,143,347,348,385,386,390,398,599,766,776,781,782,783,791,793,799,836,1042,1692,1917,1982,2048
环境保护指标　484,485,490
环境系统　8,79,80,81,82,88,107,143,144,165,214,846,851,852,853,854,1363,1365,1416,1858,1859,1865,1866,1869,1875,1895,1923,1972,2041
环境优化　14,94,395,423,1669,1677,1837
环境质量基准　1033,1036
黄骅港　299,303,370,393,401,765,797,798
灰色建模　878
灰色系统预测模型　873
灰色综合指数　854

J

基岩海岸带　764
技术密集　41,91,175,176,268,402,1064,1145,1450,1618,1620,1621,1735,1918,1919,1921,1982,1985
技术转化与嫁接　1664
寄生型生态工业系统　448,449,1409
建筑领域节能　1659
江苏化工园区　461
节能技术改造　1660,1781
节能减排　4,51,52,61,93,135,161,162,474,475,494,1392,1445,1658,1659,1660,1661,1807,1814,1963,1992,2032,2039
节水型社会　1657,1676,2041
节约资源　5,8,68,94,124,129,130,188,225,226,327,339,354,1000,1250,1352,1354,1369,1389,1399,1417,1429,1769,1770,1771
经济社会转型　1660
经济生态化　247,248,427
经济与生态协调　246,247,248,249
经济政策　32,50,66,97,257,373,430,1353,1463,1465,1481,1486,1495,1583,1593,1640,

1643,1660,1748,1753,1769,1858,1968,1969,2031

静脉产业类生态工业园区 64,121,282,473,477,484,583,1380,2026,2029

距离系数 851

聚类分析 153,154,216,848,849,851,858,859,861,862,934

K

科技创新 51,52,58,127,142,232,256,276,283,392,531,595,596,600,601,915,1356,1467,1476,1663,1664,1680,1682,1717,1720,1722,1808,1816,1817,1823

科技兴海 266,601

科学发展观 51,169,172,224,225,230,265,281,368,375,397,460,474,1250,1660,1769,1772,1835,1837,1840,1966

可持续的消费观 1771

可持续发展 4,5,7,8,11,18,20,501,767,1250,1362,1668,1908

可再生能源 45,52,63,95,128,130,158,263,268,380,404,426,772,1291,1378,1427,1429,1627,1759,1987

空气污染 82,188,195,988,1508,1871,1935

矿产资源 125,171,267,396,798,1367,1800

矿产资源生态文明示范区 277

矿区生态工业共生 274

L

垃圾分类 479,1342,1600,1676,1770,1902

立体经营 1735

链式循环 1735

零排放 6,20,38,69,162,352,580,600,1395,1636,1750

绿色产品 18,69,108,120,231,329,427,1368,1490,1683

绿色技术体系 13,14,1462

绿色经济核算 1355,1682

绿色企业 328,423,590,1350,1683

绿色消费 18,68,246,426,1405,1681,1769

绿色制造 95,121,259,323,507,543,1377,1391,1417,1693,1695,1713,1781,1794,1801,1815,1817,2049

M

美国化工生态园区 451

模糊逻辑模型 873,874

N

南阳化工园区 463

能量分质梯级利用 1676

能效水平 1670,1919

能源管理体系 1403,1660,1676

能源结构调整 1641,1694,1714,1986,1987

农村循环经济 1403,1405,1406,1711,1714,1715,1717

农业节水节肥 1672

农业清洁化 1688

农业污染综合防治技术 1736

O

欧盟化工生态园区 456

P

配置效率 86,96,403,1477,1664

平均湿地宽度 900

平原海岸带 764

Q

企业共生 14,54,156,359

清洁能源 9,126,268,397,538,590,1070,1500,1760,1892,1981,2027

清洁生产 3,15,21,85,120,188,297,425,502,767,1338,1680,1785,1802,1921

清洁生产工艺 14,21,66,390,391,396,424,425,426,427,429,1641,2000

区域功能对接 1739

区域规划 21,45,192,235,375,793,1001,1482,1520,1551,1636,1701,1772,1794,1836,1848,1882,1883,1902,1963

区域竞争 99,311,312,367,1463,1656,1662

R

人才引进 481,604,607,1631,1724,1739

人工岸线 765,774,782

人工神经网络模型 873

人与自然和谐 4,94,141,163,172,225,230,245,296,593,1346,1350,1377,1391,1713,1724,

1733,1735,1740
日本北九州生态工业园区 454,501
日本化工生态园区 454
容量总量控制 948,1998
溶解氧 32,255,768,857,858,920,921,922,1039,1886,1893

S

珊瑚礁海岸 764,766
熵权法 909,910,911
社会经济系统 52,86,105,106,107,227,436,847,848,875,876,894,896,1063,1128,1357,1358,1404,1418,1454,1903,1922,1923
社会劳动生产率 848,894,895,1628,1682
社会循环体系 1727
生产用水量 145,146,896,897,2046
生态工业 3,4,5,6,7,8,10,79,85,86,87,88
生态工业革命 417,418,419,420
生态化工园区 459,2043
生态环境评估指标体系 845,846,847,848,854
生态环境指标 9,305,485,845,848,1887,1902,1911
生态企业 51,268,427,428,429,430,508,1353,1378,1397,1498,1664,1824
生态网络指标 9,487
生态文明建设 55,64,85,162,258,542,1657,1735
生态系统健康等级 914,928
生态效率 6,13,28,46,53,62,90,92,100,109,111,122,140,240,314,317,347,443,457,475,546,1371,1378,1383,1387,1398,1439,1465,1963,1966
生态效益 85,124,125,163,164
生态型企业 1664
生态型循环经济 54
生态循环农业 1455,1688
生物多样性指数 224,1895,1898,1900,1902
湿地 138,140,141,147,177,187,220,261,264,352,366,393,1508,1594,1600,1745,1756,1861,1880
石河子市国家生态(造纸)工业示范园区 354,358

石油产业生态工业园 256
石油工业生态化 256
示范企业 296,398,588,1693,1701,1703,1714,1729,1730,1732,1740,2039
市政生活用水量 896
属性识别综合评价 906,907,908,909,911,919
水环境承载力 863,864,1885,1933
水交换矩阵 944
水体单元 949,950,951,952,953,957,958,959,960,961,962,963,964,965,966,967,968,969,970,971,972,973,977,978,979,979
水体富营养化分级标准 865
水循环利用和污染控制 477
水俣病 32,82,997,998
水质响应模型 875,876,889,892,954
水资源节约 161,499,1042,1402,1657,1744

T

梯级利用 100,120,121,129,329,1383,1666,1713,
体制创新 168,235,598,1382,1664,1759
天津东丽航空产业区 402
天津港 367,608,960,1086
天津经济技术开发区国家生态工业示范园区 342,2026,2031
天津临港工业区 390,1799
天津南港工业区 367,401,464,940
天津子牙环保产业园 287,405,406

W

万州盐气化工园区 461
稳定海岸线功能 899,901
污染物排放量 10,111,132,161,190,197,305,444,477,478,491,771,799,817,819,821,828,875,876,877,881,893,940,946,948,949,950,954,1397,1432,1557,1683,1778,1894,1999,2000,2039
污染物入海流达率 828
污染物入海通量 799,821,822,825,826,827,828,835
污水入海流达率 828
五个"一体化"理念 513

物质闭路循环 5,6,14,54,119,167,389,447,
　579,1480,2025
物质循环体系 1395,1663

X

系统层 526,846,1079,1226,1232,1923
系统动力学模型 873,1144,1863,1869,1871,
　1874,1878,1917,1925,1926
相关系数矩阵 848,849,850,858,860
小循环模式 1707,1708
协同创新 600,605,608,1659
协同发展度 930
新型工业化 19,91,100,101,217,227,329,602,
　1342,1427,1658,1701,1805,1883,2042
信息公开指标 484,485,494
循环经济 3,229,501,1337,1396,1709
循环经济园区 49,286,1664,1665,1676,1704,
　1711,1717,1718,1720,1724
循环经济政策法规 1463,1695,1753,1778,1779,
　1780,1782,1783
循环型服务业 1396,1694,1709,1730,1771
循环型社会 232,505,1340,1403,1636,1701

Y

野生动物栖息地功能 899,903,904
异生型生态工业系统 448,449,1409
因子载荷矩阵 849,850,851,853,858,860,861
有毒污染物 947,986,988,1013,1883
园区共生 229,1388,1725
园区共生体系 1726
园区循环化发展 1792,1805,1806

Z

再生产业 279,284,285,319,334,346,454,487,
　1468,1694,1717,1771,1808,1809,1815

再生资源产业园 279,282,283,286,291,1749
再生资源回收产业 268,282,1709
再生资源炼制 280,281
再生资源生态工业模式 287
再生资源循环经济 283,284
窄缝法 885,886
战略性新兴产业 19,93,123,142,260,267,268,
　609,1660,1721,1725,1737,1741,1745,1806,
　1807,1813,2048
植被结构因子 903
中新天津生态城 399,404,593,594,597,600,
　940,1993,2013,2017,2039
主因子分析 848,849,850
资源高效利用 30,141,227,229,230,260,298,
　391,593,1344,1463,1756,1771
资源回收体系 287,405,406,1464,1657,1675,
　1696,1726,1727,1743,1749,1770,1774,1969
资源利用率 157,260,521,799,1662
资源生态化利用 245,248,396
资源型产业 213,276,277,278,1462,1620,1667,
　1737,1760
资源循环流动 20
资源再生体系 1726,1817
资源综合利用 67,228,306,1671
自然岸线 765,774,1902
自然资源保护价值 992
自主知识产权 142,258,386,486,1096,1384,
　1703,1704,1732,1761,1809
综合类生态工业园区 121,123,473,476,484,
　1380,2026,2028,2029
总体层 846